LES 3 000 MOTS
ESSENTIELS
DE L'ÉCONOMIE
ET DES AFFAIRES

Sommaire

Préface de Viviane REDING (Membre de la Commission Européenne)		VII
Avant-propos		IX
À nos lecteurs		XI
Mots-clés de A à Z		1
A	Abattement à Ayant droit	1 à 26
B	Back up à Buzz marketing	27 à 45
C	Cabet Étienne à Cycles économiques	46 à 89
D	Database marketing à Dutyfree	90 à 108
E	Ebit à EXW	109 à 128
F	Facilités à Futures	129 à 140
G	G 5 à Gutenberg Erich	141 à 151
H	Haavelmo Tryve à Hystérésis	152 à 157
I	Iban à Isoquant	158 à 172
J	Jacobin à Just in time	173 à 175
K	Kahn Richard à Kydland Finn	176 à 178
L	Label à Luxemburg Rosa	179 à 188
M	Machiavelli Niccolo à Mystery shopping	189 à 208
N	Nanotechnologie à Numerus clausus	209 à 213
O	Objectif à Owen Robert	214 à 225
P	Pacage à Putatif	226 à 259
Q	Quaiage à Quotient familial	260 à 262
R	Rabais à Rythme d'approvisionnement optimal	263 à 277
S	Saint-Simon Claude à Système monétaire non métallique	278 à 300
T	Tableau de bord à Typologie	301 à 314
U	Une à Utility	315 à 319
V	Vademecum à Voucher	320 à 324
W	Wage push inflation à World Wide Web	325 à 327
X, Y, Z	Xénophobie à Zone franche	328
Graphiques		329
Sigles & acronymes		341
Glossaire français-allemand-anglais		347

Préface

Quiconque ouvre l'ouvrage de Pierre KAYSER et François VOISIN, *Les 3 000 mots essentiels de l'économie et des affaires*, s'aperçoit vite qu'il est tombé dans un piège : car ouvrir ce lexique est plus facile que le refermer, tant le style y est clair et précis, autant qu'est vaste l'érudition de ses auteurs. Au fil des pages, on passe de termes de l'économie sur Internet au programme Erasmus de mobilité des étudiants en Europe, de notions de droit indispensables à l'activité économique à un résumé de la pensée et de l'apport des grands économistes d'hier et d'aujourd'hui. S'il est question de « Luxemburg » dans cet ouvrage, ce n'est pas du pays de Messieurs Kayser et Voisin qu'il s'agit, mais de Rosa et de son apport à la théorie marxiste. Notre pays est cependant bien présent dans *Les 3 000 mots essentiels de l'économie et des affaires* avec Pierre Werner, principal inspirateur de l'Union économique et monétaire, mais aussi, par exemple, avec une présentation des institutions installées au Grand Duché.

Vous l'aurez compris, *Les 3 000 mots essentiels de l'économie et des affaires* ne se veut pas un dictionnaire compliqué reflétant tel courant économique plutôt qu'un autre, mais bien un ouvrage pour tous ceux que l'économie intéresse. Autant dire que le public potentiel se compte en millions, à un moment où l'Europe, en tout cas les pays de l'Ouest de notre continent, constatent un déficit de croissance avec les États-Unis et l'Asie, et tardent à entrer dans l'économie de la connaissance. Comme le notent les auteurs sous le terme « knowledge worker », « la société industrielle devient de plus en plus une société du savoir ». J'ajoute que si les Européens ont maintenant conscience du profond changement de paradigme, l'action se fait attendre, comme je l'ai dénoncé à de nombreuses reprises dans le domaine de l'éducation.

Bref, il faut lire d'urgence *Les 3 000 mots essentiels de l'économie et des affaires*, y puiser, y revenir. Cette lecture revigorante invite à la réflexion. Il faut donc féliciter ses auteurs et souhaiter à ce très bon ouvrage tout le succès qu'il mérite.

Viviane REDING
Membre de la Commission Européenne

Avant-propos

Pour répondre à un réel besoin, nous avons voulu concevoir, dans ces vastes domaines que sont **l'économie, la gestion et la pratique des affaires**, un outil aussi simple qu'utile, avec des définitions facilement comprises par un large public soucieux de trouver aisément l'explication qui lui permettra de mieux comprendre et de **mieux « décoder »** l'actualité.

Nous avons, **en plus des termes habituellement utilisés lorsqu'on parle des activités économiques et de celles des entreprises**, abordé aussi, bien sûr, **les auteurs, leurs doctrines et leurs théories**, celles du passé comme les plus récentes.

L'UNION EUROPÉENNE est aujourd'hui au cœur de la vie économique et sociale de 25 États (bientôt 27 et plus) ; **nous avons donné à ses Institutions, à ses politiques et à ses actions une place importante**. En Europe et sur tous les autres continents, **la mondialisation des échanges a fait naître de très nombreuses et souvent importantes organisations à vocation économique dont nous soulignons le rôle et dont nous précisons les objectifs**, en indiquant leur **site Internet** qui donne accès à un foisonnement d'informations, toujours actualisées.

Notre objectif est ainsi **d'apporter une aide efficace pour une approche sans difficultés d'un vocabulaire et d'une terminologie contemporaine parfois technique, dans un langage accessible à tous. Un glossaire des mots-clés classés par ordre alphabétique, en donne la traduction en allemand et en anglais.**

Notre travail s'adresse **à toutes celles et à tous ceux qui**, sans être des spécialistes, s'intéressent à l'économie et à la vie des entreprises ou souhaitent s'initier à leurs différents aspects : grand public, lycéens, jeunes étudiants et surtout tous ceux que la vie professionnelle confronte aux questions économiques et aux pratiques des affaires et de la gestion ; lorsque cela est nécessaire, **les définitions sont illustrées par des exemples, des schémas ou des graphiques**.

François VOISIN & Pierre KAYSER

À nos lecteurs

Les termes économiques, de la pratique des affaires et de la gestion de l'entreprise, les auteurs et les organisations ou les institutions à vocation économique sont classés, globalement, dans l'ordre alphabétique.

Chaque mot-clé est commenté ; les explications sont suivies de la mention des corrélations utiles ; elles sont indiquées par le signe ⇒ ; celui-ci invite le lecteur à se reporter à un autre terme, à un auteur, à une théorie ou à une loi ou encore à une organisation, soit à titre de comparaison, soit comme complément d'information.

Si les commentaires d'un mot-clé sont illustrés par un graphique, le numéro de celui-ci est indiqué par le signe ▶ ; tous les graphiques sont rassemblés en fin d'ouvrage.

Les auteurs, économistes ou hommes politiques qui font l'objet d'un commentaire ont *leur nom indiqué en italique* en tête de l'article les concernant.

Lorsque ces auteurs ont établi des doctrines ou des lois, formulé des théories ou encore déterminé des corrélations ou des règles,
– il en est fait seulement mention dans le texte consacré à l'auteur ;
– la loi ou la théorie concernée est décrite plus précisément, s'il y a lieu, comme « terme économique », sous son appellation courante habituelle.

La mention « Voir » qui suit un terme renvoie à un autre terme qui traite aussi du sujet concerné.

C'est, en principe, **le terme complet qui fait l'objet d'une analyse**, sauf si l'abréviation, l'acronyme ou le sigle est d'usage courant ; l'un et l'autre figurent alors dans l'ouvrage.

Les organismes, institutions et certains termes économiques spécifiques à un État ne figurent dans l'ESSENTIEL que sous une appellation générique et si leur caractère européen ou international le justifie ; dans ce cas, il est fait succinctement mention de ce qui existe dans le domaine qui y a trait, notamment en Allemagne, en Belgique, en France et au Luxembourg, d'une part, dans l'UNION EUROPÉENNE, d'autre part.

Le monde des affaires utilise volontiers des termes anglo-américains, notamment en informatique, en marketing ou dans la gestion de l'entreprise ; ces termes figurent dans l'ordre alphabétique ; nous en donnons une traduction en français, en nous référant, si nécessaire, aux documents officiels.

Pour une lecture plus facile, nous n'avons pas utilisé d'abréviation sauf lorsque celle-ci était d'usage très courant.

En fin d'ouvrage, **une table des acronymes et des sigles** en donne la définition complète et permet donc de s'y reporter. Lorsque l'acronyme ou le sigle est établi sur la base du nom en anglais, nous en donnons la signification complète en anglais, avec renvoi au terme complet en français.

Un glossaire reprenant tous les mots-clés du lexique en donne la traduction en allemand et en anglais ; il ne s'agit pas de traduction littérale mais du terme habituellement utilisé pour désigner le concept concerné dans les pays germaniques et dans ceux de langue anglaise.

Les auteurs ont pour objectif de permettre ou de faciliter une initiation à l'économie d'un public toujours plus concerné. Ils espèrent que ce guide saura répondre aux questions de ses utilisateurs confrontés au langage économique de plus en plus présent dans la vie de tous les jours et plus encore dans les activités professionnelles.

Mais toute œuvre humaine est perfectible et c'est toujours avec intérêt que nous accueillerons les observations et les critiques.

François VOISIN, Pierre KAYSER

Une édition en allemand (à paraître) et une édition en anglais (en préparation) reprendront le même contenu.

ABATTEMENT
Terme synonyme **de réduction, de diminution ou d'allégement**, soit pour des motifs de justice sociale soit pour appuyer une politique de développement économique.
En matière fiscale, l'allégement caractérise notamment une diminution d'impôt accordée sous réserve que l'intéressé réponde ou se soumette aux conditions fixées par la législation.

ABC
Sigle de l'« **American Audit Bureau of Circulation** » qui a mis au point une **méthode de classement et d'analyse**, dite « méthode ABC », utilisée dans de nombreux domaines et qui consiste à classer une série de produits, de coûts, d'activités, de salariés, de stocks, de flux divers ou d'éléments en 3 groupes :
– A pour ce qui est très important ou de grand intérêt,
– B pour ce qui est important ou conséquent,
– C pour ce qui est peu important, de portée limitée.

ABONDER
Terme **synonyme d'ajouter**, utilisé pour souligner un **complément de financement** apporté par telle ou telle organisation pour une opération déterminée nécessitant un investissement important dans une entreprise, une collectivité territoriale, etc.

ABONNEMENT
Formule par laquelle un fournisseur s'engage à **livrer un bien ou à procurer un service régulièrement**, à des dates convenues et dans des conditions déterminées. Le client s'engage au paiement soit à l'avance, pour une période convenue, soit à une échéance prévue, en un ou plusieurs versements.

ABSENTEE OWNERSHIP
Terme anglo-américain **désignant celui qui acquiert des actions d'une société anonyme et met à la disposition d'une entreprise un certain capital.** Par ce fait, il devient **actionnaire entrepreneur**, touche, en cas de bénéfices, sa part sous forme de dividendes, mais n'intervient pas, en principe, directement dans la gestion. Il obtient un revenu en fonction d'un droit de propriété sans qu'il ait besoin de déployer une activité.
L'expression est due à l'économiste Thorsten VEBLEN et peut se traduire, littéralement, par « **propriétaire absent** » ou mieux par « **actionnaire non participant** ».
⇒ action ; actionnaire ; dividende ; société anonyme ; VEBLEN

ABSENTÉISME
C'est la mesure de **l'absence au travail** du personnel dans une entreprise, une administration, une organisation ou une association pendant une période déterminée, quels que soient les motifs de ces absences qui peuvent aussi être mesurées et classées par nature.
Le **taux d'absentéisme** est un élément important de la gestion du personnel.

ABSORPTION
Voir : FUSION

ABUS D'AUTORITÉ
C'est **le fait de se livrer à des actes inadmissibles en vertu des pouvoirs que confère une position déterminée**. L'abus d'autorité concerne aussi les contraintes exercées sur des sujets de droit.

ABUS DE BIENS SOCIAUX
Il y a abus de biens sociaux chaque fois qu'une personne (physique ou morale) **s'approprie, essaie de s'attribuer ou utilise, en toute illégalité, des biens communs donc des biens qui appartiennent à l'État ou à des Collectivités** (communes, régions, etc.)
C'est aussi la **confusion par un dirigeant d'entreprise, d'organisation privée ou d'association, salarié ou non, entre le patrimoine de ceux-ci (les biens sociaux) et ses propres biens personnels.**
Les tribunaux, dans de nombreux pays, étendent largement la notion de ce **délit**, jusqu'alors considéré assez strictement, aux actes d'enrichissement personnel ou celui de tiers et même à des actes de gestion sans lien avec l'objet de l'entreprise.
On utilise aussi le terme de **malversation**.
⇒ patrimoine

ABUS DE BLANC-SEING
Voir : BLANC-SEING

ABUS DE POSITION DOMINANTE OU DE DOMINATION
C'est la situation **d'une entreprise** qui, même sans avoir nécessairement un monopole, **abuse de son poids économique et de sa puissance** sur un marché déterminé en imposant à ses fournisseurs des conditions exorbitantes qui ne reflètent pas normalement la situation du marché (rabais, ristournes, droits de référencement, conditions de livraison, de publicité de présentation, etc.) L'abus peut aussi se manifester vis-à-vis des clients en leur imposant, là encore, des conditions anormales.
Ces pratiques abusives vont à l'encontre d'une concurrence saine et loyale ; elles sont strictement surveillées et réprimées au plan national, européen et international par les services spécialisés qui ont pour mission d'assurer un **fonctionnement concurrentiel des marchés**.
Les contrôles sont particulièrement vigilants lors de fusions ou d'absorptions de sociétés.
⇒ concurrence ; rabais ; référencement ; ristourne

ACCÉLÉRATEUR
Il s'agit d'un mécanisme d'accélération. **Deux grandeurs sont mises en rapport : la demande de biens de consommation et l'investissement net.** C'est J.-M. CLARK qui a démontré qu'il y a un lien mathématique entre ces deux éléments : c'est le coefficient d'accélération.
Il faut considérer que **l'accroissement de biens de consommation entraîne un accroissement relativement plus important de l'investissement net**. Lorsque la demande de biens de consommation reste inchangée, l'investissement rétrograde au niveau de l'investissement de remplacement, autrement dit l'investissement net est nul. Aussi, un investissement net négatif est-il concevable. En pareil cas, l'accélérateur serait également négatif.

Il s'ensuit également qu'une demande de biens de consommation décroissante fait diminuer les investissements bruts et nets de façon absolue. **Les effets de multiplication et d'accélération expliquent les mécanismes conjoncturels.**
⇒ CLARK ; investissement ; investissement brut ; investissement net ; multiplicateur

ACCEPTATION D'UNE LETTRE DE CHANGE
En apposant sur une traite sa signature, éventuellement précédée du mot « accepté », et, dans certains cas, de la date, à l'endroit prévu à cet effet, **le tiré déclare qu'il payera l'effet à l'échéance**, comme prévu.
⇒ effet ; lettre de change ; tiré ; traite

ACCIDENT DU TRAVAIL
Accident survenu par le fait ou à l'occasion du travail, quelle qu'en soit la cause, à un salarié ou à celui qui travaille pour un employeur, à quelque titre que ce soit ; en outre, la loi considère généralement **l'accident survenu lors du trajet pour se rendre au travail ou en revenir** (y compris les détours nécessités par les obligations de la vie courante) **comme un accident de travail**.
Le salarié victime d'un accident de travail bénéficie à la fois de soins gratuits et du maintien, pendant une certaine durée, de son salaire s'il ne peut pas travailler et, ultérieurement, s'il y a lieu, de conditions privilégiées pour un reclassement éventuel dans une autre fonction, compte tenu de son état.
Le médecin du travail a un rôle de surveillance et de conseil dans l'entreprise pour la prévention des accidents du travail et des maladies professionnelles.
L'employeur peut, dans certaines circonstances, être reconnu comme responsable d'un accident du travail ou d'une maladie professionnelle s'il y a de sa part une **faute inexcusable**.
⇒ maladie professionnelle ; médecin du travail

ACCISES
Forme particulière d'impôt ou de taxe concernant un service ou un produit dont le montant n'est pas déterminé en fonction de la valeur du produit.
⇒ impôt

ACCORD D'AGADIR
Accord de libre-échange intervenu en 2004 et signé à Agadir (Maroc) entre la Jordanie, l'Égypte, la Tunisie et le Maroc auquel doit se joindre la Syrie et qui constitue une étape majeure vers la création envisagée d'une zone euro-méditerranéenne de libre-échange à l'horizon 2010.
Cet accord réalisé avec l'appui de l'UNION EUROPÉENNE – UE – concrétise un projet d'intégration économique entre les pays signataires mais il sous-tend aussi une éventuelle intégration politique, à terme.

ACCORD DE BÂLE
Deux accords économiques importants ont été signés à BÂLE (Suisse), sans liens entre eux.

ACCORD DE BÂLE 1968
Fortement dévaluée par rapport au dollar fin 1967, la livre sterling anglaise est l'objet de spéculations. Pour tenter de la sauver, un accord est signé à BÂLE en 1968 décidant d'un certain nombre de mesures mises en œuvre par la BANQUE DES RÈGLEMENTS INTERNATIONAUX – BRI – notamment des accords de change (Swap).
⇒ BANQUE DES RÈGLEMENTS INTERNATIONAUX ; swap

ACCORD DE BÂLE 1972
Au sein de la COMMUNAUTÉ ÉCONOMIQUE EUROPÉENNE – CEE – les plans concernant la monnaie, élaborés par R. BARRE et P. WERNER en 1969-1970 n'ont pas pu être réalisés. Les bouleversements monétaires internationaux et la fin de la convertibilité en or du dollar (1971) imposent aux 6 pays de la CEE (Allemagne, France, Italie, Luxembourg, Belgique, Pays-Bas) de mettre en place les conditions d'une politique monétaire plus interventionniste, notamment en limitant les marges de fluctuation des monnaies à plus ou moins 2,25 % et en les liant au dollar. C'est l'ACCORD DE BÂLE (1972) qui crée le **Serpent Monétaire Européen**.
À partir de 1973, les monnaies européennes ne seront plus liées au dollar et flotteront librement mais de façon concertée. Ces dispositions seront reprises en 1979 dans le SYSTÈME MONÉTAIRE EUROPÉEN – SME.
⇒ BARRE ; COMMUNAUTÉ ÉCONOMIQUE EUROPÉEN ; G10 ; Serpent Monétaire Européen ; SYSTÈME MONÉTAIRE EUROPÉEN ; UNION EUROPÉENNE

ACCORD DE COTONOU
Voir : CONVENTION DE LOMÉ ET ACCORD DE COTONOU

ACCORD D'ENTREPRISE
Accord négocié entre les responsables d'une entreprise et les représentants du personnel, délégués du personnel ou représentants syndicaux.
Ce type d'accord a pour objet de **régler des problèmes qui ne sont pas réglementés par la loi ou les conventions collectives de la profession.** Ces accords concernent les salariés et leur environnement de travail : salaires et rémunérations, conditions de travail, garanties diverses, congés, horaires et éventuellement le « règlement intérieur » de l'entreprise…
Lorsqu'il s'agit d'appliquer ou d'améliorer les dispositions d'une convention collective, on parle **d'accord collectif**.
L'accord d'entreprise peut concerner les entreprises et les établissements d'un groupe industriel ou commercial : il s'agit alors **d'accord de groupe**.
⇒ convention collective

ACCORDS DE BRETTON WOODS
Voir : BRETTON WOODS

ACCORDS DE GRENELLE
Accords intervenus en France, sur l'initiative du ministère des Affaires Sociales (qui siège rue de Grenelle à Paris) **entre le Gouvernement, les syndicats de salariés et les organisations patronales à la suite des événements, des grèves et de la grave crise sociale de 1968.**
Ces accords, qui n'ont d'ailleurs jamais été formellement signés mais qui seront appliqués, augmentent sensiblement les salaires (surtout les plus bas), étendent les moyens et les pouvoirs des syndicats de salariés dans l'entreprise, réduisent la durée du travail, améliorent l'aide à la famille et seront à l'origine de nombreuses conventions collectives et de leurs modifications.
Ces accords serviront d'exemple dans de nombreux pays.

ACCORDS DE LA JAMAÏQUE
Accords intervenus en préparation à une Assemblée Générale du FONDS MONÉTAIRE INTERNATIONAL – FMI – en 1976 et édictant de nouvelles conditions aux relations monétaires internationales :

– l'or n'est plus une monnaie de référence (la convertibilité du dollar en or, supprimé en 1971, avait mis fin aux Accords de Bretton Woods),
– utilisation par le FMI des Droits de Tirage Spéciaux – DTS – comme étalon monétaire international,
– changes monétaires libres, flottants.
⇒ Bretton Woods ; Droits de Tirage Spéciaux ; FONDS MONÉTAIRE INTERNATIONAL

ACCORD DE LIBRE-ÉCHANGE NORD AMÉRICAIN – ALENA
en anglais : NORTH AMERICAN FREE TRADE AGREEMENT – NAFTA

Accord signé entre les États-Unis, le Canada et le Mexique, entré en vigueur en 1994, et dont l'objectif est la création entre ces trois pays d'une zone de libre-échange.
Au sommet de Québec (Canada), en 2001, les partenaires de l'ALENA ont décidé le principe d'une ZONE DE LIBRE-ÉCHANGE DES AMÉRIQUES – ZLEA – qui regrouperait, en 2005, trente-quatre pays du continent américain et qui étendrait ainsi les zones de libre-échange déjà existantes telles que le MERCOSUR et la COMMUNAUTÉ ANDINE.
Il existe aussi un projet de zone de libre-échange entre l'UNION EUROPÉENNE et l'ALENA, le « NOUVEAU MARCHÉ TRANSATLANTIQUE » – NEW TRANSATLANTIC MARKET – NTM.
⇒ COMMUNAUTÉ ANDINE ; libre-échange ; MERCOSUR ; NOUVEAU MARCHÉ TRANSATLANTIQUE ; UNION EUROPÉENNE ; ZONE DE LIBRE-ÉCHANGE DES AMÉRIQUES

ACCORD DE MARRAKECH
Voir : ORGANISATION MONDIALE DU COMMERCE

ACCORD DE RÈGLEMENT
Terme utilisé dans l'assurance : c'est la cession par une compagnie d'assurances d'une partie de ses activités (les polices, les primes et les sinistres non réglés), dans un domaine déterminé. Les termes anglais de « cut-off » sont synonymes.
⇒ assurance ; police d'assurance

ACCORD DE SCHENGEN
Le principe de la libre circulation des personnes à l'intérieur de l'Europe s'est toujours heurté aux risques qu'il pouvait entraîner pour la sécurité des États concernés et leur contrôle efficace de l'immigration.
En 1985, l'Allemagne, la Belgique, la France, le Luxembourg et les Pays-Bas signent un accord à Schengen (village luxembourgeois symbolique puisque contigu à l'Allemagne et à la France) de libre circulation des personnes, complété en 1990 par un accord sur la politique des visas et le droit d'asile. Des dispositions ultérieures ont renforcé la coopération des pays signataires auxquels se sont associés l'Italie, l'Espagne, le Portugal, l'Islande, la Norvège et la Suède.
La Grande-Bretagne et l'Irlande n'adhèrent qu'à certaines dispositions.
Dans « l'espace Schengen » prévaut la liberté de franchissement des frontières sauf si l'ordre public ou la sécurité nationale exigent des contrôles pour les ressortissants des pays signataires (on dit qu'ils ont un « passeport Schengen »).
En matière de sécurité, la coopération judiciaire et la lutte contre la criminalité ont été renforcées en 2003 par la création de l'Unité Européenne de Coopération Judiciaire – EUROJUST.
Les pays partenaires des Accords de Schengen ont développé une banque de données spéciales, le « système d'information de Schengen » – SIS.
Des négociations avec la Suisse ont permis à ce pays d'intégrer, en 2004 « l'espace Schengen » tout en se refusant à être liée par les dispositions de l'UE pour lutter contre la fraude et l'évasion fiscales.
⇒ marché unique ; UNION EUROPÉENNE ; Unité Européenne de Coopération Judiciaire

ACCORD GÉNÉRAL SUR LES TARIFS DOUANIERS ET LE COMMERCE – AGETAC
en anglais : GENERAL AGREEMENT ON TARIFFS AND TRADE – GATT

Le terme de GATT est d'usage courant pour désigner cet accord intervenu en 1947 entre 23 pays pour organiser le commerce mondial après la fin de la Deuxième Guerre mondiale (1939-1945) et favoriser le libre-échange.
Le GATT a été un forum de négociations quasi permanentes avec une succession de huit cycles ou « rounds » [Genève (2), Annecy, Torquay, Dillon, Kennedy, Tokyo, Uruguay] dont le dernier s'est déroulé de 1986 à 1994. Les négociations multilatérales du GATT ont été à l'origine d'une sensible réduction des droits de douane dans les échanges mondiaux, l'objectif étant de faire bénéficier chacun des partenaires (de plus en plus nombreux au fil des années) de la « clause de la nation la plus favorisée ». C'est l'accord de Marrakech » (Maroc) signé par 132 pays qui a mis fin à l'Uruguay Round en 1994 et au GATT auquel a succédé le 1er janvier 1995 l'ORGANISATION MONDIALE DU COMMERCE – OMC.
⇒ clause de la nation la plus favorisée ; ORGANISATION MONDIALE DU COMMERCE

ACCORD MULTIFIBRES OU ARRANGEMENT CONCERNANT LE COMMERCE INTERNATIONAL DES TEXTILES
en anglais : MULTI-FIBER ARRANGEMENT – MFA

Accord signé en 1973 et prorogé à plusieurs reprises permettant aux pays développés de fixer des quotas protectionnistes pour limiter l'importation de produits textiles.
Il a été remplacé, sous l'égide de l'ORGANISATION MONDIALE DU COMMERCE – OMC – en 1995 par l'ACCORD SUR LES TEXTILES ET LES VÊTEMENTS – ATV – qui, en principe, expire fin 2004 ; les quotas devaient alors être supprimés.
⇒ Organisation Mondiale du Commerce

ACCORD MULTILATÉRAL SUR L'INVESTISSEMENT – AMI
Il s'agit d'un projet élaboré à partir de 1995 par l'ORGANISATION DE COOPÉRATION ET DE DÉVELOPPEMENT ÉCONOMIQUE – OCDE – qui avait pour objectif une ambitieuse organisation des investissements dans le monde.
Qualifié de « constitution d'une économie mondiale unique », le projet AMI organisait et harmonisait tous les accords existants dans un esprit ultra-libéral et dans une conception résolument orientée vers le libre-échange.

Les 3 000 mots essentiels de l'économie et des affaires

Son ampleur et le fait qu'il portait atteinte à la souveraineté des États, l'ont fait abandonner après la parution, en 1997, du texte définitif du projet.
Internet : http://www.oecd.org
⇒ ORGANISATION DE COOPÉRATION ET DE DÉVELOPPEMENT ÉCONOMIQUE

ACCORDS DU LATRAN
Accords intervenus en 1929 entre le Gouvernement italien et le Saint-Siège (Gouvernement de l'Église catholique) donnant à l'État du Vatican (Rome) le droit d'avoir sa propre monnaie et lui accordant un certain nombre de prérogatives, reconnaissant ainsi sa souveraineté territoriale et juridique.

ACCORDS DU LOUVRE
Voir : ACCORDS DU PLAZA

ACCORDS DU PLAZA ET DU LOUVRE
L'**Accord du Plaza** intervenu à New York (E-U) en 1985 entre les États-Unis, le Japon, l'Allemagne, la France et la Grande-Bretagne puis celui signé à Paris.
L'**Accord du Louvre** intervenu en 1987 entre ces mêmes pays plus l'Italie et le Canada, avait pour objectif de mieux coordonner les politiques économiques de ces pays, tous membres de G7, et d'assurer une certaine stabilité monétaire avec un flottement encadré du dollar.
⇒ G7

ACCORDS PRÉFÉRENTIELS
Terme générique désignant les accords par lesquels l'UNION EUROPÉENNE – UE – autorise **l'importation dans des conditions préférentielles** de certains produits ou marchandises en provenance des Pays d'Afrique, des Caraïbes et du Pacifique – ACP –, des pays de l'ASSOCIATION EUROPÉENNE DE LIBRE-ÉCHANGE – AELE – et de certains pays d'Europe Centrale et Orientale dans le cadre des conventions intervenues entre ces pays et l'UE.
⇒ ASSOCIATION EUROPÉENNE DE LIBRE-ÉCHANGE ; CONVENTION DE L'OMÉ ET ACCORD DU COTONOU ; UNION EUROPÉENNE

ACCOUNT MANAGER
Voir : GRANDS COMPTES

ACCOUNT-TRADE MARKETING
Voir : GRANDS COMPTES

ACCRÉDITATION
Attestation officielle délivrée par un gouvernement ou une administration permettant à une personne d'exercer auprès d'eux une fonction déterminée ou un métier spécifique avec leur accord. La personne qui est ainsi reconnue officiellement s'appelle l'**accrédité**.
Les représentants des médias sont accrédités auprès des principales Autorités Publiques.
En matière de relations internationales, l'accréditation qui atteste la qualité et le rôle d'un **Ambassadeur** est donnée par une « lettre de créances » du Gouvernement du pays auquel il appartient et qu'il remet à celui dans lequel il exerce ses fonctions.

ACCRÉDITIF
Document permettant **l'ouverture d'un crédit** chez le correspondant d'une banque ou d'un organisme financier pour l'un de leurs clients.
Le crédit accordé est dit aussi l'accréditif.
⇒ banque ; crédit

ACHALANDAGE
Voir : CHALAND

ACHAT
Opération consistant à obtenir un bien, produit ou service contre un paiement. La fourniture de ce bien, produit ou service est la **vente**.
Le **paiement** de l'achat peut être **immédiat** (achat au comptant) ou **différé** (achat à crédit, achat à terme).
L'achat est dit ferme s'il est définitif et irrévocable.
⇒ achat à crédit ; achat à terme ; vente

ACHAT À CRÉDIT
Le client obtient du fournisseur un bien, marchandise ou service, en s'engageant à un **paiement ultérieur**, en une ou plusieurs fois, dans des conditions en principe déterminées.
La législation de certains pays encadre souvent l'achat et la vente à crédit par des règles précises : montant à payer à la remise du bien, durée du crédit et taux, etc.
La fourniture d'un bien à crédit est la **vente à crédit**.
⇒ achat ; vente ; vente à crédit

ACHAT À TERME
C'est **un achat dont le paiement est, en totalité, différé** à une date (ou une échéance) fixée. Ce type d'opération concerne notamment les matières premières, les titres de bourse et les devises. Il a pour objectif de se prémunir (pour l'acheteur) des variations éventuelles de cours, le prix payé étant, en principe, celui convenu, quel que soit le cours à l'arrivée du terme. Il fait l'objet de techniques aux multiples modalités.
⇒ achat ; achat à crédit ; Bourse

ACHAT AU COMPTANT
Voir : ACHAT

ACHAT FERME
Voir : ACHAT

ACHETEUR
C'est **celui qui fait une opération d'achat**. C'est aussi **la profession de ceux dont le métier est l'achat** pour une entreprise ou une organisation, quelle que soit la nature du bien ou du service concerné par l'achat.
L'acheteur a, en face de lui, un **vendeur**.
⇒ achat ; vendeur

ACHETÉ-VENDU
Technique utilisée lorsque les plus-values en Bourse sont imposables et qui consiste le même jour (ou à la même séance) à **vendre des titres avec une moins-value** et à **les racheter au même cours** (ou à un cours très voisin), la moins-value compense alors des plus-values faites sur d'autres titres, si la législation fiscale du pays concerné le permet.
⇒ Bourse

ACOMPTE
Paiement partiel versé d'avance et à valoir sur une somme due dans le cadre d'un contrat (vente ou achat notamment) **et non encore exécuté**.
L'**acompte provisionnel** est, en matière fiscale, une somme versée d'avance par le contribuable dans le courant d'une année à valoir sur le montant de l'impôt dû pour l'année considérée.

L'acompte est synonyme d'avance lorsqu'il concerne un **salaire** partiellement versé avant la date normale de paiement.
⇒ arrhes ; avance

ACONAGE
Manutention et transport des marchandises dans un port de mer et chargement de celles-ci à bord des navires.

ACQUIS COMMUNAUTAIRES
C'est l'ensemble des **objectifs, des principes, des règles et des lois** de l'UNION EUROPÉENNE – UE – que les pays candidats à l'UE doivent non seulement s'engager à respecter mais qu'ils doivent aussi intégrer dans leur propre législation nationale.
⇒ UNION EUROPÉENNE

ACQUIT
Synonyme de quittance. Par l'acquit, **le créancier atteste le paiement d'une dette** ; il doit le dater et le signer.
La quittance émane toujours du créancier alors que le reçu est établi par le débiteur.
⇒ créancier ; dette ; reçu

ACQUIT-À-CAUTION
Document accompagnant certaines marchandises durant leur transport avec une description des produits concernés et **attestant que certaines obligations légales seront remplies** (paiement de taxes, d'impôt, droits de douane, etc.). Acquit-à-caution se dit aussi de marchandises sous douane soumises à un régime suspensif.
⇒ douane

ACROBAT
Logiciel informatique en format PDF (Portable Document Format) universellement utilisé pour l'échange de données et de documents notamment pour la transmission par INTERNET.
⇒ INTERNET

ACTE AUTHENTIQUE
Voir : PREUVE PAR ÉCRIT

ACTE DÉLICTUEUX
Un acte commis par celui qu'on appelle un délinquant. Celui qui est pris en défaut doit s'attendre à devoir supporter les conséquences de ses actes punissables.
⇒ partie civile

ACTE SOUS SEING PRIVÉ
Voir : PREUVE PAR ÉCRIT

ACTE UNIQUE
Traité signé en 1986, entré en application en 1987, entre les pays membres de la COMMUNAUTÉ ÉCONOMIQUE EUROPÉENNE – CEE – apportant des **modifications importantes et des évolutions substantielles** au TRAITÉ DE PARIS et au TRAITÉ DE ROME.
L'ACTE UNIQUE, met en place (au 1er janvier 1993) le « **grand marché intérieur** » (le « **marché unique** »), étend le **vote de nombreuses décisions à la majorité qualifiée** (au lieu de l'unanimité), élargit les **pouvoirs** du PARLEMENT EUROPÉEN – PE – et d'une façon générale, **relance la construction de l'Europe**. Le « marché unique » impose aux membres de la CEE qui deviendra l'UNION EUROPÉENNE – UE – la liberté de circulation des personnes, des marchandises, des capitaux et des services avec l'objectif de favoriser l'emploi et de stimuler la croissance. Le « marché intérieur » a été finalisé par l'Union Économique et monétaire avec l'euro.
⇒ euro ; marché intérieur ; majorité qualifiée ; PARLEMENT EUROPÉEN ; Traités Européens ; Union Économique et Monétaire ; UNION EUROPÉENNE

ACTIF
Il s'agit de **l'actif du bilan**. La partie active comporte des valeurs immobilisées corporelles, des valeurs d'exploitation donc des stocks de marchandises et de matières premières, des créances, des avoirs en banque, des encaisses, etc. En un mot, tout ce que l'entreprise possède chez elle et chez des tiers et qui est susceptible de procurer des revenus. L'actif nous indique également de quelle façon les ressources de l'entreprise sont employées.
« L'actif circulant » ou « **de roulement** » comprend les valeurs réalisables et disponibles ainsi que la valeur d'exploitation des stocks.
Les amortissements et les provisions pour dépréciation peuvent, s'ils ne sont pas comptabilisés dans un compte de charge, être affectés pour leurs valeurs estimées, à un compte d'actif soustractif.
⇒ bilan ; passif ; provision ; valeurs corporelles ; valeurs incorporelles ; valeurs d'exploitation

ACTION
Titre de propriété représentant une part (fraction) **du capital dans la plupart des sociétés** (sociétés anonymes notamment).
L'action est négociable (éventuellement en Bourse pour celles concernant les sociétés importantes qui y sont cotées) **et donne droit**, s'il y a lieu, **à un dividende**, c'est-à-dire à une part des bénéfices distribués de l'entreprise, **aux réserves et au bonus de liquidation** s'il y a lieu ; elle confère le **droit de vote aux assemblées générales** et elle permet l'exercice d'un droit au remboursement du capital en cas de liquidation de la société, après extinction de toutes les dettes ; elle donne droit aussi à **une information périodique sur la situation de la société**.
Le propriétaire d'actions est l'actionnaire ; l'évolution de la valeur de ses actions est liée à celle de l'entreprise et, pour les actions cotées, au cours de la Bourse.
⇒ actionnaire ; Bourse

ACTION À BON DE SOUSCRIPTION D'ACTIONS – ABSA
Cette action **permet à son propriétaire d'acheter d'autres actions à des conditions convenues**.
⇒ action ; Bourse

ACTION À BON DE SOUSCRIPTION D'OBLIGATIONS CONVERTIBLES EN ACTIONS – ABSOC
Ce type d'action permet à son propriétaire de souscrire à une obligation convertible en action. Ce genre d'opération est peu usité.

ACTION À DIVIDENDE PRIORITAIRE
Cette action offre **une rémunération supérieure à celle d'une action ordinaire**, mais, dans les pays où elle existe, la législation a, en général, très strictement encadré son usage. Notamment, l'action à dividende prioritaire ne donne pas de droit de vote aux assemblées générales et les dividendes majorés sont fixés dans des limites strictes.
Ces actions sont souvent converties en actions ordinaires dans le cadre d'une Offre Publique d'Échange – OPE.
⇒ action ; dividende ; offre publique d'échange

ACTION À DROIT DE VOTE PLURAL (OU DOUBLE)
Action nécessairement nominative qui **donne à son propriétaire un droit de vote au moins double**. L'actionnaire dispose ainsi d'un **pouvoir plus important** et peu apprécié des autres actionnaires qui disposent seulement d'un droit de vote normal.
⇒ action ; Bourse

ACTION À ORDRE
Ce type d'actions qui étaient transmissibles par voie d'endossement **n'existe plus aujourd'hui**.

ACTION AU PORTEUR
L'action au porteur ne porte pas le nom de son détenteur qui reste donc **en principe anonyme**. Un tel titre, comme le chèque au porteur ou le billet de banque circule librement et se transmet de la main à la main, au moins en théorie. **La plupart des actions sont établies au porteur.** Sauf cas particuliers, leur gestion impose généralement qu'elles figurent dans le « compte titres » du porteur (propriétaire) dans une banque ou un organisme financier.
⇒ action ; action nominative

ACTION COLLECTIVE
Action ou mouvement mené par un groupe d'individus quels qu'en soient le nombre, d'une part, l'objet ou le motif d'autre part, en général pour **faire prévaloir un point de vue, user d'un pouvoir de pression, revendiquer un droit**, etc.
Une action collective peut être organisée ou résulter de l'initiative de quelques-uns.
La grève est une forme d'action collective.
⇒ grève

ACTION D'APPORT
Leur libération doit être intégrale au départ, du fait que l'actionnaire apporte des éléments d'actif corporels, mobiliers ou immobiliers (terrains, immeubles, équipements) difficilement divisibles. **Ces actions confèrent les mêmes droits que les actions de capital.**
⇒ action ; action de numéraire

ACTION DE CAPITAL
C'est une **action obtenue soit en échange d'un capital lors de la constitution d'une société**, soit gratuitement, en totalité ou partiellement, lors d'une **augmentation de capital**. Les actions de capital sont des actions qui confèrent un droit au remboursement en cas de dissolution de l'entreprise et également le droit aux bénéfices à répartir (dividendes) en fonction des statuts.
⇒ action ; action de jouissance ; capital ; augmentation de capital ; part de fondateur

ACTION DE JOUISSANCE
Lorsqu'une société procède au remboursement anticipé du capital, l'actionnaire remboursé peut obtenir (éventuellement) **un titre sans valeur nominale** qui permet de participer, dans des conditions déterminées, aux bénéfices. On utilise aussi le terme **d'action amortie**.
⇒ action ; remboursement anticipé du capital

ACTION DE NUMÉRAIRE
Les actions de numéraire impliquent que les actionnaires se libèrent **en espèces** de leurs engagements. Ainsi, au moment de la création, il suffit généralement de verser un certain pourcentage fixé normalement par la loi ou les statuts (par exemple 25 %) afin de constituer un fonds de roulement.
⇒ action ; action d'apport ; fonds de roulement

ACTION D'OR
Voir : GOLDEN SHARE

ACTION EN COMBLEMENT DU PASSIF
Formule juridique signifiant que le dirigeant de droit ou de fait d'une entreprise en faillite ou une filiale de celle-ci, ayant commis des fautes ou des délits de gestion, ont l'obligation d'apporter leurs concours financiers pour combler tout ou partie du passif.
⇒ faillite

ACTION EN NULLITÉ
La nullité est l'une des sanctions prononcées par un tribunal du non-respect par une société des règles impératives de constitution : objet illicite ou contraire à l'ordre public de la société créée, incapacité des associés, etc.
La nullité peut, dans ce cas, être cependant réparée.
La nullité peut aussi concerner au plan général, et dans le cadre d'un procès, un acte de procédure que l'on conteste parce qu'il n'a pas été correctement établi.
⇒ procédure ; statut

ACTION EN REVENDICATION
Action en justice pour faire reconnaître un droit de propriété sur un bien meuble ; elle est mise en œuvre contre une entreprise en difficultés et s'applique tout particulièrement si le bien a été vendu avec une clause de réserve de propriété.
⇒ faillite ; livraison

ACTION GRATUITE
En cas d'augmentation du capital par incorporation de réserves, les anciens actionnaires se voient attribuer gratuitement des titres (selon un rapport déterminé). En fait, la gratuité repose sur le fait que, temporairement, des bénéfices auxquels les anciens actionnaires ont droit, n'ont pas été distribués.
Il faut cependant noter que l'attribution d'actions gratuites consécutive à l'augmentation du capital, peut avoir pour effet de diminuer la valeur boursière des actions.
⇒ action ; augmentation de capital

ACTION JUDICIAIRE OU ACTION EN JUSTICE
C'est le fait d'engager une action (un procès) pour faire valoir un droit ou un intérêt légitime.
L'action peut être civile (pour réparation d'un dommage) ou publique (c'est un magistrat qui engage des poursuites contre l'auteur d'une infraction, d'un délit ou d'un crime).

ACTIONNARIAT
Ensemble de ceux, individus, entreprises, organismes financiers, etc. qui ont des actions en général ou d'une société déterminée. De nombreuses législations incitent et favorisent l'actionnariat, notamment pour les salariés d'une entreprise.
⇒ action

ACTION NOMINATIVE
Ce type **d'action est établi au nom d'un actionnaire** et figure sur le registre des actions nominatives de la société. En cas de changement d'actionnaire, une transcription signée par le cédant et par le cessionnaire doit être faite dans le registre concerné. En fait l'opération est une cession de créance.
Certains titres ne sont transférables qu'avec l'assentiment

spécial de la société. Dans ce cas les statuts prévoient une « **clause d'agrément** ».

Les actions nominatives sont dites « **pures** » lorsqu'elles sont conservées au siège de la société ou dans une banque désignée ; elles sont dites **administrées** lorsqu'elles sont conservées au nom de l'actionnaire dans un établissement financier dans des conditions convenues avec celui-ci.

Retenons aussi que **les actions non entièrement libérées restent dans la forme nominative.**
⇒ action ; action au porteur

ACTION ORDINAIRE

L'action est **dite ordinaire, pour la distinguer des actions qui donnent des privilèges ou des droits préférentiels.**
L'action ordinaire a droit au bénéfice, au remboursement en fin d'existence de l'entreprise et au bonus de liquidation, mais il faut tenir compte du fait que l'action de priorité a toujours l'avantage d'être servie la première.

L'action ordinaire donne droit à la participation à l'assemblée générale de la société avec droit de vote et à **l'information sur celle-ci.**

La gestion par des moyens informatiques, d'une part, la dématérialisation des titres (plus de support papier et inscription en compte), d'autre part, ont apporté une évidente souplesse pour l'administration des actions, notamment pour les sociétés de taille importante avec un actionnariat international.
⇒ action ; action au porteur ; action nominative

ACTION PRIVILÉGIÉE

Les privilèges résident dans le fait que ces actions ont une **priorité dans la répartition bénéficiaire.** Lorsque l'entreprise est dissoute ou liquidée, l'action privilégiée est remboursée après le payement des dettes, avant les actions ordinaires. En cas de bonus de liquidation, les statuts peuvent prévoir de quelle façon ces titres participent dans l'attribution. Ils seront servis par préférence aux autres. On dit aussi « **action de préférence** » ou encore « **action de priorité** ». Ce type d'actions est **créé soit lors de la constitution de la société, soit lors d'une augmentation de capital.**
⇒ action ; action au porteur ; action nominative

ACTION RÉVOCATOIRE

Encore appelée **action paulienne.**

Un débiteur qui se trouve dans une mauvaise situation (les éléments actifs sont inférieurs aux dettes) pourrait **avantager un créancier au détriment d'un autre par des manœuvres** considérées comme négligentes ou dolosives. Le créancier lésé peut alors **demander en justice l'annulation de telles opérations,** c'est l'**action révocatoire du créancier désavantagé.**
⇒ action subrogatoire

ACTION SUBROGATOIRE

L'ensemble des biens du débiteur constituent la garantie de ses dettes. **Le débiteur, pour un motif ou un autre, pourrait s'abstenir de faire valoir ses droits et ainsi priver les créanciers d'une partie de leur garantie.**

Le créancier peut légalement se substituer au débiteur pour agir à sa place : cette action s'appelle **action subrogatoire (ou action oblique ou indirecte).**
⇒ action révocatoire

ACTUAIRE

C'est un spécialiste en mathématiques économiques et notamment en matière d'assurances. Le **calcul actuariel** se rapporte aussi aux problèmes de rentes ; il a pour finalité de fixer la valeur actuelle d'une somme déterminée à une date ultérieure en tenant compte d'un taux d'actualisation.
⇒ actualisation ; assurance

ACTUALISATION

Il s'agit de **calculer la valeur d'aujourd'hui d'un capital payable plus tard** compte tenu d'un certain taux appelé **taux d'actualisation** et compte tenu du temps écoulé.

Soit A : la valeur acquise d'un capital après un certain temps,
a : la valeur d'aujourd'hui ou valeur actuelle d'un capital,
i : le taux d'actualisation,
n : le temps,

La valeur actuelle est obtenue par la formule :
$$a = A (1 + i)^{-n}$$
et la valeur acquise par la formule :
$$A = a (1 + i)^{n}$$

Par exemple, une somme de 20 000 euros payable dans 20 ans avec un taux d'actualisation annuel de 5 % vaut aujourd'hui :
$$a = 20\,000 \times 1{,}05^{-20}$$
$$= 7\,537{,}79 \text{ euros}$$

Donc $1{,}05^{-20}$ représente la valeur actuelle d'un capital d'un euro payable ou exigible dans 20 ans.

C'est un calcul d'intérêts composés ; les tables financières facilitent les calculs et donnent les éléments pour $(1 + i)^{-n}$. Les calculs pourraient également être faits par voie logarithmique. La plupart des calculatrices et bien évidemment les moyens informatiques permettent d'effectuer ces calculs.

L'usage veut qu'on réserve l'expression **escompte** (commercial ou rationnel) aux opérations **à moins d'un an** et le terme **actualisation à celles à plus d'un an.**

Le calcul de l'escompte commercial et de l'escompte rationnel est toujours un calcul d'intérêt simple.

En cas de capitalisation et d'actualisation s'étendant sur plusieurs périodes, le calcul s'effectue avec une formule d'intérêts composés.

Le taux d'actualisation est un taux qui peut tenir compte de l'intérêt financier, c'est-à-dire de la rémunération du capital, de l'inflation prévue et de divers frais.
⇒ capital ; escompte commercial ; escompte rationnel

ADELMAN Irma (1930-)

Économiste américaine, professeur à l'Université de Berkeley (USA), elle s'est intéressée tout spécialement aux économies des pays en voie de développement, notamment, par des analyses statistiques, malgré la difficulté de prendre en compte des données souvent aléatoires.
⇒ pays en voie de développement

ADENAUER Konrad (1876-1967)

Juriste de formation, éminent homme politique allemand, K. ADENAUER a profondément marqué la construction de **l'Europe** dont il est l'un des « **pères fondateurs** » et **le rapprochement franco-allemand.**

Chancelier (Premier ministre) de la République Fédérale d'Allemagne de 1949 à 1963, il a contribué de manière très significative à l'élaboration du TRAITÉ DE ROME (1957) et du Traité d'Amitié Franco-Allemand signé en 1963 avec le Président français Charles DE GAULLE.

La « FONDATION KONRAD ADENAUER – KONRAD ADENAUER STIFTUNG – KAS » perpétue son œuvre avec pour objectif « **la promotion, en Europe et dans le monde, de la démocratie libérale, l'économie sociale de marché ainsi que le développement et la consolidation du consensus sur les valeurs ».**

La KAS a son siège à Sankt Augustin, près de Bonn (Allemagne).

Financée en majeure partie par l'État, elle est, avec d'autres fondations, un centre efficace de réflexions et de propositions (**think tank**) aussi bien pour l'Union Chrétienne Démocrate (CDU) que pour le Gouvernement allemand.

Internet : **http://www.kas.de**
⇒ DE GAULLE ; TRAITÉ DE ROME ; UNION EUROPÉENNE ; think tank

AD GUSTUM

Expression latine, signifiant « **au goût** ».
On peut acheter « ad gustum » ce qui veut dire que **l'acte de vente s'effectue après dégustation du produit**. Cela est par exemple le cas pour les produits viticoles, pour les produits laitiers et pour de nombreux produits alimentaires.

ADHÉRENT

Synonyme de membre, celui qui fait partie d'une association, d'une organisation, d'un groupe constitué, d'un syndicat ou d'un parti politique.

ADJUDICATION

Système de vente dont les modalités sont en général fixées par la législation et qui fait **intervenir les offres, sur un bien déterminé, de ceux qui sont intéressés à son achat** ou pour la fourniture de produits ou de marchandises, de travaux ou de services.
L'adjudication se fait par **enchères** (propositions de prix) ou à la suite de **soumissions** (offres de prix).
⇒ enchère ; soumission

AD LIBITUM

Expression latine signifiant « **à volonté** » c'est-à-dire que l'on peut prendre ou se servir à volonté, ou encore faire le choix que l'on veut.
Le terme est parfois abrégé en « **ad lib** ».

AD NUTUM

Terme latin, littéralement « **par un signe de tête** », utilisé pour qualifier la **révocation ou le renvoi** de quelqu'un par la simple décision de celui qui en a le pouvoir.
Par exemple : le gérant non statuaire d'une société en nom collectif ou d'une société en commandite simple est révocable ad nutum. C'est aussi le cas du président d'une société anonyme par décision de son conseil d'administration.

ADMINISTRATION

Ensemble des **services publics d'un État**, d'une organisation internationale, d'une collectivité territoriale ou de l'UNION EUROPÉENNE – UE.
On distingue, en général, l'**Administration de l'État** proprement dite de celle des **collectivités territoriales** (communes, régions etc.) et de celles **d'organismes dotés d'une personnalité juridique distincte** avec, éventuellement, un capital (dans lequel l'État n'est pas nécessairement majoritaire) assurant un service public dans un domaine déterminé : santé, prévoyance, assurances, transports, télécommunications, énergie, etc.
Les administrations de l'État sont, suivant les pays, souvent désignées en fonction de leur activité :
– Administration des Finances Publiques,
– Administration de l'Emploi,
– Administration de l'Environnement,
– Administration du Personnel de l'État,
– etc.
Le terme de Direction est aussi utilisé.

ADMINISTRÉ

Individu qui est concerné par une administration déterminée. Les administrés sont également les citoyens d'un pays. En effet ils sont appelés à se conformer aux règlements des administrations gouvernementales.
⇒ administration

ADMISSION TEMPORAIRE

Régime applicable aux **produits qui doivent être réexportés**, notamment après avoir été incorporés à d'autres produits ou transformés. Les douanes surveillent attentivement les produits en admission temporaire et exigent fréquemment le dépôt de cautions en gage de la réexportation.
⇒ caution ; douane

ADRESSE UNIVERSELLE

Voir : UNIFORM RESOURCE LOCATOR

ADSL

Sigle anglo-américain pour « Asymetric Digital Subscriber Line » – « **Ligne asymétrique numérique** ». Technologie permettant de transmettre par une ligne téléphonique classique des **informations à très grande vitesse** par INTERNET, la ligne téléphonique restant disponible pour des communications normales et la liaison INTERNET restant permanente.
⇒ INTERNET

ADULTÉRATEUR DE MONNAIE

Avant l'apparition de la monnaie de papier et du papier-monnaie, il y avait de **faux-monnayeurs** ou adultérateurs de monnaie (le terme est peu usité) qui ont contrefait des pièces métalliques. De nos jours la contrefaçon se rapporte essentiellement aux billets de banque.
Les faussaires sont normalement condamnés à de très lourdes peines.

AD VALOREM

Terme latin signifiant « **suivant la valeur** » ; il est utilisé pour qualifier le montant d'un impôt, d'une tarification ou d'un droit de douane en fonction de la valeur réelle ou estimée du produit de la marchandise ou du service concernés.

AFFACTURAGE

Voir : FACTORING

AFFECTATION

En comptabilité, c'est l'opération qui consiste à **répartir une somme sur un compte précis**. Dans certains contextes, il s'agit d'une imputation. Cela est le cas en matière de calcul du prix de revient industriel lorsqu'il s'agit de répartir les charges correctement.

AFFRÉTEUR

C'est un **professionnel du transport maritime qui loue un navire** (en totalité ou en partie) **pour transporter des marchandises** ; cette location est faite par un « fréteur ». Le terme s'applique aussi, par extension, à celui qui loue un avion, un camion ou un wagon.
⇒ fréteur

AFTALION Albert (1874 - 1956)

Économiste français d'origine bulgare, A. AFTALION a été professeur aux Universités de Paris et de Lille (France).
Il souligne, dans ses ouvrages riches de données statistiques, **le rôle primordial de l'entreprise et les conséquences de ses erreurs de prévision, telles la surproduction**.

Il soutient une **économie de marché néanmoins contrôlée par l'État** à qui il assigne la nécessité d'une **politique sociale redistributive** en prélevant une part des revenus de l'entreprise.
A. AFTALION a élaboré une formule qui exprime sa théorie monétaire du revenu.
⇒ économie de marché ; entreprise ; revenu ; surproduction ; théorie monétaire du revenu

AGENCE

Désigne **soit un organisme administratif** public dans un domaine déterminé, **soit une entreprise notamment commerciale** apportant un service spécialisé à sa clientèle, entreprises ou particuliers.
L'agence est aussi un établissement, une succursale ou le bureau d'une entreprise, située en dehors du siège social.
L'**agence de presse** fournit des informations (articles, reportages, documents audiovisuels) aux médias.
L'**agence de publicité** propose des actions publicitaires (« plan média ») pour les entreprises, administrations et organisations et les met en œuvre.

AGENCES COMMUNAUTAIRES

L'Agence Communautaire est un **organisme de droit public européen**, créée par l'UNION EUROPÉENNE – UE – pour remplir une **tâche de nature technique, scientifique ou de gestion**. L'UE a mis en place 15 agences :
– CENTRE EUROPÉEN POUR LE DÉVELOPPEMENT DE LA FORMATION PROFESSIONNELLE – CEDEFOP
– FONDATION EUROPÉENNE POUR L'AMÉLIORATION DES CONDITIONS DE VIE ET DE TRAVAIL – EUROFUND
– FONDATION EUROPÉENNE POUR LA FORMATION – ETF
– OBSERVATOIRE EUROPÉEN DES DROGUES ET DES TOXICOMANIES – OEDT
– AGENCE EUROPÉENNE POUR L'ÉVALUATION DES MÉDICAMENTS – EMEA
– OFFICE DE L'HARMOMISATION DANS LE MARCHÉ INTÉRIEUR (marques, dessins, modèles) – OHMI
– AGENCE EUROPÉENNE POUR LA SÉCURITÉ ET LA SANTÉ AU TRAVAIL – EU.OSHA
– OFFICE COMMUNAUTAIRE DES VARIÉTÉS VÉGÉTALES – OCVV
– AGENCE EUROPÉENNE POUR L'ENVIRONNEMENT – AEE
– CENTRE DE TRADUCTION DES ORGANES DE L'UNION EUROPÉENNE – DdT
– OBSERVATOIRE EUROPÉEN DES PHÉNOMÈNES RACISTES ET XÉNOPHOBES – EUMC
– AGENCE EUROPÉENNE POUR LA RECONSTRUCTION – EAR
– AUTORITÉ EUROPÉENNE POUR LA SÉCURITÉ DES ALIMENTS – EFSA
– AGENCE EUROPÉENNE POUR LA SÉCURITÉ MARITIME – AESM
– AGENCE EUROPÉENNE POUR LA SÉCURITÉ AÉRIENNE – AESA
– AGENCE DE SÉCURITÉ DE RÉSEAU EUROPÉEN ET D'INFORMATION – ENISA
La COMMISSION EUROPÉENNE a proposé de créer, dès 2005, une Agence pour aider tous les États membres de l'UE à coordonner leurs actions pour le contrôle des frontières extérieures de l'UE.

D'autres Agences Communautaires sont en cours de mise en place ou de création dans différents domaines : **industrie de l'armement de la défense, pêche** (contrôle des activités de pêche et surveillance des ressources notamment), transports ferroviaires, sécurité dans les télécommunications et les liaisons INTERNET, cybercriminalité, etc.
Internet : **http://europa.eu.int/agencies**
⇒ les organismes ci-dessus ; UNION EUROPÉENNE

AGENCE DE NOTATION OU AGENCE D'ÉVALUATION FINANCIÈRE – ADEF
en anglais : RATING

C'est un organisme privé qui **mesure la situation financière des entreprises et des États**. Pour les entreprises, sont pris en compte : la position sur les marchés, les perspectives d'avenir, la capacité d'autofinancement, la solvabilité, le management, etc. et pour les États : la capacité à honorer leurs dettes et le risque politique.
Plusieurs organismes assurent notamment ce type de notations (ils ont leur origine aux États-Unis) ; parmi les plus connus au plan mondial :
– STANDARD & POOR'S
– MOODY'S
– FITCH
Ces organismes attribuent des notes qui vont de AAA (triple A) pour une très bonne situation financière à CCC (le C qualifie une entreprise proche de la cessation de paiement) avec éventuellement un signe + ou – après les lettres pour souligner une évolution. **Un code international de bonne conduite pourrait être imposé aux agences de notation** en 2005, les contraignant à publier le détail de leur analyse et des informations plus complètes sur leurs notations.
La notation d'une entreprise a des répercussions importantes et significatives sur les cours de Bourse de ses actions ; il est donc nécessaire pour les entreprises concernées de connaître et de mesurer les conditions ainsi que les critères de la notation dont elles sont l'objet.
Certains organismes pratiquent la « notation sociale » en complément ou indépendamment de la notation financière.
⇒ solvabilité ; notation sociale ; autofinancement

AGENCE DE SÉCURITÉ DE RÉSEAU EUROPÉEN ET D'INFORMATION – ENISA
en anglais : EUROPEAN NETWORK AND INFORMATION SECURITY AGENCY – ENISA

Agence de l'UNION EUROPÉENNE – UE – mise en place en 2004 afin de constituer un réseau de conseil et d'information entre les pays membres de l'UE sur les problèmes de sécurité dans les télécommunications et la communication par INTERNET.
L'ENISA a aussi une mission de lutte contre la cybercriminalité.
⇒ cybercriminalité ; INTERNET
Internet : **http://europa.eu.int/agencies/enisa**

AGENCE DES PARTICIPATIONS DE L'ÉTAT – APE

Organisme français, créé en 2003 par le Gouvernement pour assurer **le suivi de la gestion des entreprises et des groupes publics dans lesquels l'État est actionnaire**.

Ce type d'organisation existe, sous différentes formes, dans la plupart des pays, à moins que le suivi des entreprises dans lesquelles l'État a des intérêts ne soit assuré, au plus haut niveau, par le ministère concerné.

AGENCE D'ÉVALUATION FINANCIÈRE – ADEF
Voir : AGENCE DE NOTATION

AGENCE EUROPÉENNE DE LA SÉCURITÉ AÉRIENNE – AESA
Organisme de l'UNION EUROPÉENNE – UE – créé en 2003 qui a pour mission de contribuer à la sécurité du transport aérien civil et à la protection de l'environnement aérien. L'AESA participe à la mise en œuvre au sein de l'UE, de la politique de libre circulation (personnes, biens et services) et, au plan mondial, contribue à la cohésion des règles du transport aérien et de celles de certification des avions.

Internet : **http://europa.eu.int/agencies/easa**
⇒ UNION EUROPÉENNE

AGENCE EUROPÉENNE DE LA SÉCURITÉ MARITIME – AESM
Agence créée en 2002 par l'UNION EUROPÉENNE – UE – **pour renforcer les systèmes de sécurité et de contrôle de la navigation maritime** en particulier dans les eaux communautaires et réduire les risques d'accident et de pollution.

Internet : **http://euro.eu/agencies/emsa**
⇒ UNION EUROPÉENNE

AGENCE EUROPÉENNE POUR LA RECONSTRUCTION – EAR
Instituée par l'UNION EUROPÉENNE – UE – en 1999 pour **apporter une aide à la reconstruction des pays des Balkans** touchés dramatiquement par les conflits de la fin du XXe siècle.
L'action de l'EAR concerne la Serbie-Monténégro (avec le Kosovo et la Voïvodine), la Croatie, la Bosnie et la Macédoine.
La mission de l'EAR a pour objectifs :
– le renforcement de l'État et le fonctionnement de l'Administration,
– le développement économique et de l'économie de marché,
– l'aide aux investissements,
– le développement social.
Le siège de l'EAR est à Thessalonique (Grèce) avec des centres opérationnels à Pristina (Serbie – Kosovo) ; Belgrade (Serbie) ; Podgornica (Monténégro) et Skopje (Macédoine).

Internet : **http://europa.eu.int/agencies/ear**
⇒ UNION EUROPÉENNE

AGENCE EUROPÉENNE POUR LA SÉCURITÉ ET LA SANTÉ AU TRAVAIL – EU-OSHA
Organisme de l'UNION EUROPÉENNE – UE – créé en 1994, l'EU-OSHA a pour mission de **rassembler les connaissances, les expériences et les informations sur tous les problèmes de sécurité et de santé au travail**, de les analyser et d'assurer la diffusion de la documentation et des renseignements recueillis. Fin 2004 a été signée la « **Déclaration de Bilbao** (**Espagne**) » qui engage tout le secteur européen de la construction (Bâtiment et Travaux Publics) dans une stratégie d'amélioration de la santé des travailleurs et de leur sécurité.
Le siège de l'EU-OSHA est à Bilbao (Espagne).

Internet : **http://europa.eu.int/agencies/osha**
⇒ UNION EUROPÉENNE

AGENCE EUROPÉENNE POUR L'ENVIRONNEMENT – AEE
Organisme créé en 1990 par l'UNION EUROPÉENNE – UE – pour rassembler toutes les **informations sur l'état et l'évolution de l'environnement** en assurant la diffusion des renseignements et des expériences recueillis et en sensibilisant aux problèmes de l'environnement les États, le public et les entreprises.
L'AEE regroupe non seulement les États membres de l'UE mais aussi la plupart de ceux qui y sont candidats ainsi que l'Islande, le Liechtenstein et la Norvège.
L'AEE coopère avec tous les organismes qui, dans le monde, poursuivent le même but. Le siège de l'AEE est à Copenhague (Danemark).

Internet : **http://europa.eu.int/agencies/eea**
⇒ UNION EUROPÉENNE

AGENCE EUROPÉENNE POUR L'ÉVALUATION DES MÉDICAMENTS – EMEA
Créée par l'UNION EUROPÉENNE – UE – en 1993, l'EMEA a pour mission la **protection de la santé humaine et animale**.
L'EMEA fonctionne en réseau avec 300 experts européens et les organismes nationaux et internationaux en charge de la santé pour recueillir l'information et la diffusion ainsi que pour harmoniser tout ce qui concerne les médicaments au plan mondial.
Le siège de l'EMEA est à Londres (Grande-Bretagne).

Internet : **http://europa.eu-int/agencies/emea**
⇒ UNION EUROPÉENNE

AGENCE FERROVIAIRE EUROPÉENNE
Organisme de l'UNION EUROPÉENNE – UE – créé en 2004 et qui sera opérationnel en 2006 : **il a pour objectif de renforcer la sécurité et surtout l'interopérabilité des réseaux de chemins de fer en Europe.**
Le siège a été fixé à Lille-Valenciennes (France).

Internet : **http://europa.eu.int/comm/transport/rail/era**
⇒ réseaux transeuropéens

AGENCE INTERNATIONALE DE L'ÉNERGIE – AIE
en anglais : INTERNATIONAL ENERGY AGENCY
Organisme de coopération dans le domaine de l'énergie regroupant 25 États membres de l'ORGANISATION DE COOPÉRATION ET DE DÉVELOPPEMENT ÉCONOMIQUE – OCDE.
La mission de l'AIE est **d'améliorer l'offre et la demande d'énergie au niveau mondial ainsi que de promouvoir le développement des sources d'énergie de substitution**.
Le siège de l'AIE est à Paris (France).

Internet : **http://www.oecd.org**

AGENCE INTERNATIONALE POUR LE DÉVELOPPEMENT – IDA
Voir : BANQUE MONDIALE

AGENCE MULTILATÉRALE DE GARANTIE DES INVESTISSEMENTS – MIGA
Voir : BANQUE MONDIALE

AGENCE SPATIALE EUROPÉENNE – ESA
Organisme de l'UNION EUROPÉENNE – UE – dont la mission est le **développement de la coopération entre les États européens dans le domaine de la recherche et de la technologie spatiale pour l'utilisation de l'espace à des fins scientifiques et non militaires** (satellites et lanceurs).
Créée en 1975, l'ESA a repris les activités de la Commission Préparatoire Européenne pour la Recherche Spatiale – COPERS.
L'ESA a son siège à Paris (France) et ses principales installations à Noordwijk (Pays-Bas).
Internet : **http://www.esa.int**

AGENCE TÉLÉVISÉE DE L'UNION EUROPÉENNE PAR SATELLITE – EBS
Ce service couvre chaque jour les grands événements européens en direct avec des rendez-vous d'actualité et une banque d'images. C'est le service d'informations télévisées de l'UNION EUROPÉENNE – UE : « **Europe by satellite** ».
Internet : **http://europa.eu.int/comm/ebs**

AGENDA 2000
Il s'agit d'un **plan de travail** élaboré par la COMMISSION EUROPÉENNE en 1997 et adopté au CONSEIL EUROPÉEN de Berlin en mars 1999.
C'est un ensemble de mesures qui fixent le **programme des dépenses pour la période 2000-2006** en tenant compte, notamment, de l'**élargissement** de l'UNION EUROPÉENNE – UE – et de ses besoins, de la réforme de la **Politique Agricole Commune – PAC –** et de celle des « **Fonds structurels** » (en particulier la concentration des aides au profit des régions les plus défavorisées). Le budget de l'UE est plafonné à 1,27 % du Produit National Brut – PNB – cumulé des États membres, actuels et futurs.
⇒ COMMISSION EUROPÉENNE ; CONSEIL EUROPÉEN ; fonds structurels ; Politique Agricole Commune de l'UNION EUROPÉENNE ; Politique Élargissement de l'UNION EUROPÉENNE ; Produit National Brut ; UNION EUROPÉENNE

AGENDA 21
Voir : DÉVELOPPEMENT DURABLE

AGENT DE CHANGE
C'est un intermédiaire qui a le monopole des négociations sur les marchés financiers.
Ce titre a disparu dans un certain nombre de pays (notamment en France), mais le terme reste d'usage pour désigner les SOCIÉTÉS DE BOURSE qui ont désormais et plus largement le monopole pour intervenir sur les marchés et y exécuter les ordres des clients.
⇒ courtier ; société de Bourse

AGENT ÉCONOMIQUE
C'est l'acteur qui évolue sur la scène économique. Il peut jouer différents rôles : **tantôt c'est le producteur, tantôt le consommateur**. Comme en droit, il peut s'agir de personnes physiques ou de personnes morales.
On distingue généralement 5 **catégories d'agents économiques** :
– les individus,
– les ménages,
– les entreprises,
– les banques et les institutions financières,
– les administrations.
La dénomination « **unité économique** » est synonyme.

AGIO OU AGGIO
Terme italien, littéralement « plus-value ».
Ensemble des frais facturés par une banque ou un organisme financier à son client : intérêts, escomptes, frais divers etc.
⇒ escompte ; intérêt

AGIT-PROP
Contraction des termes « **agitation-propagande** ».
L'agit-prop concerne tout ce qui est mis en œuvre pour **créer de l'agitation en public** (manifestations diverses, revendications idéologiques ou politiques, troubles et actions diverses) **avec un objectif de propagande notamment politique ou sociale** ; l'agit-prop est cependant parfois utilisée pour des opérations de nature commerciale.

AGLIETTA Michel (1938-)
Économiste financier français, ingénieur (École Polytechnique) et formé à l'École Nationale de la Statistique et de l'Administration Économique – ENSAE – (France), Michel AGLIETTA est professeur à l'Université de Paris X et conseiller scientifique au Centre d'Études Prospectives et d'Information Internationales – CEPII – (France).
Auteur de plusieurs ouvrages notamment : *Régulation et crises du capitalisme* (1976) et *Macroéconomique financière* (1996) il est connu pour ses études sur la monnaie et sa régulation.
Selon M. AGLIETTA, il y a une **relation continue entre les gains de productivité des entreprises et l'augmentation du pouvoir d'achat des salariés**. M. AGLIETTA donne aux institutions financières, aux circuits et aux structures de financement un rôle majeur dans la situation économique et son évolution.
Internet : **http://www.cepii.fr**
⇒ macroéconomie ; monnaie

AGRÉGAT
Somme d'éléments mesurant et caractérisant l'activité économique d'un groupe de pays, d'un État, d'une région, d'un secteur : le Produit Intérieur Brut (PIB), les importations, la consommation etc.
On distingue aussi :
– les **agrégats de crédit** qui concernent le financement de l'économie,
– les **agrégats monétaires** qui sont les moyens de paiement,
– les **agrégats de placement** (épargne, actions, obligations).
⇒ crédit ; monnaie ; produit intérieur brut

AGRÉGATS FINANCIERS P1, P2, P3
Certains pays ont élaboré des agrégats financiers qui complètent les agrégats monétaires.
L'agrégat P1 cumule les placements tels les plans d'épargne et les livrets d'épargne.
L'agrégat P2 concerne l'ensemble des obligations et les parts d'organismes de placement collectifs en obligations.
L'agrégat P3 additionne les actions et les parts d'organismes de placements collectifs en actions.
Ces agrégats sont aussi appelés « agrégats de placement ».
⇒ agrégat ; agrégats monétaires

AGRÉGATS MONÉTAIRES M1, M2, M3 ET M4
Indicateurs concernant le volume de la monnaie, sa liquidité et sa vitesse de circulation dans un pays ou un groupe de pays.

Agrément

Les banques Centrales et la BANQUE CENTRALE EUROPÉENNE – BCE – déterminent les agrégats :
- M1 : pièces, billets et dépôts à vue
- M2 : M1 plus les différents comptes sur livrets
- M3 : M2 plus les placements à terme, les avoirs en devises, les actions et parts des organismes de placements collectifs en valeurs mobilières
- M4 : M3 plus les bons émis par l'État (bons du trésor)

L'agrégat M3 qui mesure la masse monétaire disponible est notamment régulièrement publié par la BCE ; c'est un indicateur avancé de l'inflation dans l'UE.

⇒ agrégat ; agrégats financiers ; BANQUE CENTRALE EUROPÉENNE

AGRÉMENT

Autorisation donnée par une administration ou une institution à un individu ou à une organisation pour pouvoir exercer une activité déterminée, éventuellement pour bénéficier de certaines prérogatives ou d'avantages particuliers.

⇒ accréditation

AIDE AU DÉVELOPPEMENT

La lutte contre la pauvreté et l'exclusion constitue l'objet de cette forme d'aide. Celle-ci s'identifie toujours plus étroitement à **une collaboration au développement entre les pays les plus riches et les pays les plus pauvres.** On s'éloigne ainsi de l'aumône.

Au niveau international, de nombreuses institutions interviennent, notamment, LE COMITÉ D'AIDE AU DÉVELOPPEMENT – CAD – mis en place par l'ORGANISATION DE COOPÉRATION ET DE DÉVELOPPEMENT ÉCONOMIQUE – OCDE, l'AGENCE INTERNATIONALE POUR LE DÉVELOPPEMENT – AID – filiale de la BANQUE INTERNATIONALE POUR LA RECONSTRUCTION ET LE DÉVELOPPEMENT – BIRD – composante de la BANQUE MONDIALE, ainsi que des organismes financiers spécialement orientés vers l'aide au développement d'une région déterminée (Amérique du Sud, pays de l'Est Européen, Asie du Sud-Est, etc.).

L'UNION EUROPÉENNE – UE – surtout dans un souci de solidarité qui ne peut cependant pas exclure les préoccupations économiques, a une **politique d'aide au développement** très importante. L'objectif d'un **développement économique et social durable** et d'insertion satisfaisante dans l'économie mondiale s'accompagne aussi d'actions pour **le respect des droits de l'homme.** Parmi les instruments d'aide au développement mis en place par l'UE, on peut citer la CONVENTION DE LOMÉ et l'ACCORD DE COTONOU qui concernent 78 pays d'Afrique, des Caraïbes et du Pacifique – ACP – avec notamment le FONDS EUROPÉEN DE DÉVELOPPEMENT – FED. L'UE intervient aussi pour favoriser le **développement des pays et territoires d'outre-mer de ses pays membres,** ainsi qu'en Amérique Latine, en Asie et dans les Pays de l'Europe et de l'Est en coopération avec les institutions internationales spécialisées.

L'UE a aussi initié le « **Système de Préférences Généralisées – SPD** » pour faciliter les exportations des pays pauvres. La lutte contre la faim et d'autres fléaux est aussi efficacement prise en compte par l'UE (**programme ECHO** notamment). Dans ces actions de l'UE pour l'aide au développement, la BANQUE EUROPÉENNE D'INVESTISSEMENT – BEI – joue un rôle majeur.

⇒ AGENCE INTERNATIONALE POUR LE DÉVELOPPEMENT ; aide ; BANQUE EUROPÉENNE D'INVESTISSEMENT ; BANQUE INTERNATIONALE POUR LE DÉVELOPPEMENT ; COMITÉ D'AIDE AU DÉVELOPPEMENT ; CONVENTION DE LOMÉ ET ACCORD DE COTONOU ; FONDS EUROPÉEN DE DÉVELOPPEMENT ; Système de Préférences Généralisées.

AIDE HUMANITAIRE

Voir : OFFICE D'AIDE HUMANITAIRE DE LA COMMISSION EUROPÉENNE

AIDES

Toutes les formes de **dons, de prêts, de subventions ou d'exonérations fiscales** qui participent au développement économique.

Les aides peuvent être accordées à un pays en difficultés ou en développement par un autre pays (aide bilatérale), plusieurs États associés (aide multilatérale) ou une organisation. Elles peuvent l'être aussi à une entreprise ou à une association, par l'État, une collectivité publique, une institution ou une fondation.

Les aides concernent aussi les **actions menées dans le domaine social** : famille, enfance, handicapés, chômeurs, personnes âgées ou en difficulté ou à la suite de catastrophes, celles apportées aux victimes.

L'**aide humanitaire** est apportée aux pays qui connaissent des désastres, calamités et fléaux par des États et les organisations internationales (notamment les **Organisations Non Gouvernementales – ONG**).

Au plan international, l'ORGANISATION DES NATIONS UNIES – ONU – **apporte des aides significatives dans de nombreux domaines :**
- **directement par ses missions** dans différents pays,
- **par ses institutions financières** (prêts à long terme),
- **par ses institutions spécialisées,** notamment :
  - l'ORGANISATION MONDIALE DE LA SANTÉ – OMS
  - l'ORGANISATION DES NATIONS UNIES POUR L'ÉDUCATION, LA SCIENCE ET LA CULTURE – UNESCO
  - le HAUT-COMMISSARIAT DES NATIONS UNIES POUR LES RÉFUGIÉS – HCR
  - le PROGRAMME DES NATIONS UNIES POUR LE DÉVELOPPEMENT – PNUD
  - le PROGRAMME DES NATIONS UNIES POUR L'ENVIRONNEMENT – PNUE
  - le PROGRAMME ALIMENTAIRE MONDIAL – PAM
  - le FONDS DES NATIONS UNIES POUR L'ENFANCE – UNICEF

L'UNION EUROPÉENNE – UE – **contribue directement à aider, dans de très nombreux domaines, ses États membres** (notamment par les **Fonds Structurels** qui financent sa **politique régionale**), les pays candidats à l'UE et dans le monde entier (éventuellement en partenariat), les **pays en développement** (FONDS EUROPÉEN DE DÉVELOPPEMENT – FED), et tout particulièrement, les **pays signataires de la CONVENTION DE LOMÉ** (Afrique, Caraïbes, Pacifique – ACP). Le Système de Préférences Généralisées – SPG – est une forme d'aide destinée à élargir les débouchés à l'exportation des pays en voie de développement (PVD). À tous ces moyens s'ajoutent les **interventions de l'OFFICE D'AIDE HUMANITAIRE – ECHO – de l'UNION EUROPÉENNE.**

L'UE veille aussi à ce que les aides d'un État ou d'une collectivité publique à une entreprise ou à un secteur d'activité ne fassent pas obstacle aux **règles de la libre concurrence** du marché intérieur de l'UE.
⇒ FONDS EUROPÉEN DE DÉVELOPPEMENT ; FONDS STRUCTURELS ; OFFICE D'AIDE HUMANITAIRE ; ORGANISATION DES NATIONS UNIES ; Politique Régionale de l'UNION EUROPÉENNE ; Système de Préférences Généralisées ; UNION EUROPÉENNE

AJUSTEMENT
Technique d'adaptation, de correction ou de mise à un certain niveau, des comptes financiers, des politiques économiques, des pratiques commerciales, de la balance des paiements, etc. pour répondre à un objectif déterminé.
En statistiques l'ajustement a pour but de corriger certaines valeurs pour éliminer les anomalies.

AKERLOF George A. (1940-)
Économiste américain formé à l'Université de Yale. Professeur à l'Université de Berkeley (États-Unis) et **Prix Nobel d'économie** en 2001.
Il a notamment étudié les **problèmes de concurrence et** formule l'idée que l'information joue un rôle dans la formation du prix d'un produit.
En matière de salaire, il a développé l'idée du « **salaire d'efficience** » sursalaire attribué aux ouvriers par rapport au niveau du marché pour tenir compte de l'effort fourni.
⇒ prix ; salaire

À L'AMIABLE
Un différend peut être réglé à l'amiable. Dans ce cas, **les parties opposées s'arrangent elles-mêmes et mettent fin à un conflit sans recourir aux tribunaux**. L'arbitrage ne doit pas être confondu avec le règlement à l'amiable.
⇒ arbitrage

ALEXANDRE III LE GRAND (356-323 avant J.-C.)
Il a été élevé par Aristote et fut roi de Macédoine. Il a soumis la Grèce et son empire s'étendait de Byzance (l'ancienne Constantinople) jusqu'en Égypte et en Inde.
Les guerres qu'il a menées ont ouvert d'énormes espaces économiques qui **ont été à la base de la naissance d'un commerce mondial** fournissant un terrain propice à la création d'une culture hellénistique mondiale.

ALIÉNABLE
Voir : ALIÉNATION

ALIÉNATION
Transmission d'un droit ou d'un bien entre personnes physiques ou morales.
Le bien concerné est dit aliénable si rien ne s'oppose à la transmission.

ALLAIS Maurice (1911-)
Prix Nobel d'économie en 1988, le Français M. ALLAIS est ingénieur de formation (École Polytechnique et École Nationale Supérieure des Mines) puis professeur d'économie et Directeur de Recherche au Centre National de la Recherche Scientifique – CNRS – en France.
En 1943, il publie *À la recherche d'une discipline économique*. Ses travaux portent sur l'utilisation efficace des ressources mais surtout, il donne une place significative à l'analyse mathématique dans l'étude de l'équilibre de l'économie.
En 1977 son ouvrage *Économie et intérêt*, dans lequel il considère que le taux d'intérêt optimal favorable aux investissements est celui qui est le plus proche du taux de croissance, et qui sert de **référence aux décisions de politique monétaire**.
Il étudie aussi le comportement des individus face aux risques : leur choix n'est pas rationnel ; c'est le « **paradoxe d'Allais** » selon lequel **plus un individu s'éloigne d'une certitude, plus il sera tenté par le risque**.
Théoricien indépendant, M. ALLAIS multiplie les publications et les positions, usant de son Prix Nobel pour partir en guerre contre les dérives du libre-échange **mais aussi contre certains aspects de la construction de l'UNION EUROPÉENNE – UE –** (il a annoncé notamment l'échec de l'euro…).
⇒ croissance ; intérêt ; libre-échange ; politique monétaire

ALLA RINFUSA
Terme italien, littéralement « **en désordre** » signifiant que le chargement d'une marchandise s'effectue sans emballage, donc **en vrac**. Dans le commerce maritime on parle de fret en vrac et dans les livraisons terrestres de marchandises livrées en vrac.

ALLÉGEMENT
Terme synonyme de **réduction, de diminution ou d'abattement** qui s'emploie notamment en matière fiscale.

ALLOCATION
Terme générique utilisé pour **qualifier certaines aides ou prestations** notamment en matière sociale.
L'allocation d'actifs est une méthode de **gestion d'un portefeuille de titres boursiers**.
⇒ allocation d'actifs

ALLOCATION D'ACTIFS
Terme boursier, en anglais « **asset allocation** ».
Dans le cadre de la **gestion d'un patrimoine boursier**, c'est le partage des titres en fonction de l'évolution des cours et des perspectives de celle-ci de façon à minimiser les risques. L'allocation d'actifs concerne les actions et les obligations d'un portefeuille déterminé.
⇒ action ; obligation

ALTERMONDIALISTE
Voir : MONDIALISATION

AMBIENT ADVERTISING
Terme anglo-américain, littéralement « **publicité ambiante** ». La publicité (advertising en anglais) classique met directement en évidence le « produit » En l'occurrence, il s'agit **d'encadrer et d'amplifier une action publicitaire**, par exemple, l'inscription d'une marque d'automobile sur le col de chemise ou bien sur la pochette à lunettes. Il s'agit d'une démarche assez insidieuse qui est souvent très efficace.
On peut aussi classer dans cette catégorie la **publicité subliminale** : message publicitaire, souvent sous forme d'images, normalement non perçues par le consommateur, mais qui, cependant, atteignent et imprègnent son subconscient.
⇒ publicité

AMÉNAGEMENT DU TEMPS DE TRAVAIL
C'est **une responsabilité de l'administration ou de l'entreprise vis-à-vis des salariés** le plus souvent soumise à une réglementation (législation sociale, conventions collectives,

Aménagement du territoire

accords d'entreprise etc.) qui détermine les horaires, les congés, les conditions d'absence, etc.
⇒ accord d'entreprise ; convention collective

AMÉNAGEMENT DU TERRITOIRE

Organisation programmée par l'État ou une collectivité de l'**espace** (territoire rural ou urbain) **pour mieux assurer un développement durable et harmonieux au plan économique comme dans le domaine social,** y compris notamment la construction publique ou privée, les infrastructures, l'éducation et la culture.

L'aménagement du territoire, dans le cadre de **programmes pluriannuels** fixe des objectifs, impose des règles et apporte des aides.

En **Allemagne**, l'aménagement du territoire est placé sous la responsabilité du ministère Fédéral des Transports, de la Construction du Logement avec une Conférence des ministres pour l'Aménagement du Territoire. (Ministerkonferenz für Raumordnung) qui harmonise les politiques et les actions des régions (les « Länder »).

En **Belgique**, l'aménagement du territoire relève, dans le cadre de la Belgique Fédérale, des compétences attribuées aux régions.

En **France**, c'est le rôle de la DÉLÉGATION À L'AMÉNAGEMENT DU TERRITOIRE ET À L'ACTION RÉGIONALE – DATAR –, des comités régionaux spécialisés et des ÉTABLISSEMENTS PUBLICS FONCIERS – EPF.

Au **Luxembourg**, les questions d'aménagement de territoire font l'objet d'une concertation entre les ministères concernés (environnement, développement rural, recherche logement, etc.).

L'UNION EUROPÉENNE – UE – qui apporte une aide avec les **Fonds Structurels** de la Politique Régionale, a créé l'OBSERVATOIRE EN RÉSEAU DE L'AMÉNAGEMENT DU TERRITOIRE – ORATE – EUROPEAN SPATIAL PLANNING OBSERVATION NETWORK – ESPON – structure de coopération entre les États membres de l'UE ; elle a son siège à Luxembourg (Grand-Duché de Luxembourg).

Internet : http://www.espon.lu
⇒ UNION EUROPÉENNE ; FONDS STRUCTURELS

AMNISTIE

Effacement d'une condamnation décidée par la loi.

AMORTISSEMENT

Au point de vue juridique, l'entreprise doit présenter une **situation exacte** au moment de sa constitution et à l'occasion des inventaires et bilans successifs. La sous-évaluation comme la surestimation de la valeur des biens sont à considérer comme des abus. Il faut bien se rendre compte que des amortissements insuffisants faussent le prix de revient, le résultat, le remplacement des biens d'équipement et la comptabilité donc aussi le bilan. La répartition des bénéfices n'est pas correcte non plus. Lorsque les amortissements sont trop élevés, il est facile d'en mesurer les conséquences : bénéfice sous-évalué, prix de revient surfait, bilan déformé, etc.
On doit se demander si les bilans tiennent suffisamment compte de la dépréciation de la monnaie, de l'inflation et si les réévaluations prévues par la loi permettent à l'entreprise de présenter des situations exactes. Au point de vue économique, l'entreprise doit essayer de répartir l'usure des biens d'équipement, leur obsolescence ou leur vieillissement et tous les frais de réparation sur l'activité, donc sur la « vie » de l'entreprise.

L'amortissement **constate notamment l'usure des biens d'équipement et des immeubles de l'entreprise.** Il convient donc, à certains moments, de renforcer la charge et à d'autres de la réduire, tout en se conformant aux règles fiscales.

L'investissement entraîne des enregistrements comptables et il a une signification importante en matière de renouvellement et d'autofinancement. L'amortissement doit être pratiqué obligatoirement, même en l'absence de bénéfices. En effet la reconstitution des biens de production et autres ne serait pas possible sans l'amortissement.

La charge d'amortissement fait l'objet de dotations dans les comptes de charges de l'entreprise ; elle peut être comparée à un bénéfice non distribué qui se trouve rattaché aux éléments circulants de l'actif du bilan jusqu'au moment du remplacement de l'élément usé. Les plans comptables prévoient, à côté de l'amortissement pour dépréciation d'éléments d'actif, les **amortissements financiers** en matière de remboursement d'emprunts.

La notion d'amortissement couvre aussi bien l'expression **mortalité technique** que celle de **mortalité économique**.

L'amortissement est considéré comme **direct** si, en comptabilité le bien considéré figure à la fin de chacun des exercices de l'entreprise pour sa seule valeur après amortissement, c'est-à-dire sa valeur résiduelle. Mais on perd ainsi trace de sa valeur d'origine. On préfère donc généralement **l'amortissement indirect** qui maintient au Bilan la valeur d'origine, les comptes de l'entreprise enregistrant les amortissements successifs. Un bien totalement amorti est théoriquement sans valeur mais il reste dans les comptes de l'entreprise au moins pour une valeur symbolique.

Il existe de **nombreux types et différentes modalités de calcul de l'amortissement.**

⇒ amortissement (types et principes de calcul) ; amortissement du capital social ; biens ; bilan ; comptabilité de l'amortissement ; emprunt ; inflation ; mortalité économique ; mortalité technique ; taux d'amortissement ; systèmes d'amortissement

AMORTISSEMENT
(types et principes de calcul)

Il existe de nombreuses formules d'amortissement, notamment :

– **l'amortissement linéaire ou par annuités constantes.**
La valeur amortissable est répartie de manière uniforme sur la durée d'utilisation du bien concerné.
Si V est la valeur d'acquisition du bien à amortir,
a   l'amortissement annuel,
n   le nombre prévu d'annuités d'amortissement,
l'amortissement annuel sera donné par la formule :

$$a = \frac{V}{n}$$

Pour une valeur d'acquisition de 10 000 euros, avec un amortissement linéaire sur 5 ans, le montant annuel constant de l'amortissement sera de :

$$\frac{10\ 000}{5} = 2\ 000 \text{ euros, soit un taux d'amortissement}$$

Ta de $\frac{2\ 000 \times 100}{10\ 000} = 20$ donc 20 %.

Ce type d'amortissement concerne notamment les constructions, les voitures de tourisme et le mobilier de bureau.

La valeur d'acquisition du bien est donc totalement amortie à l'issue de la période d'amortissement. Le bien considéré a cependant encore une certaine valeur (autre

que symbolique) que l'amortissement dégressif (ou décroissant) permet d'apprécier.
- l'**amortissement dégressif ou décroissant** qui consiste à procéder à un **amortissement important au début de l'utilisation du bien concerné** puis de faire peu à peu diminuer le montant de cet amortissement jusqu'à l'échéance fixée pour la fin.

Le taux de la dégressivité peut être **soit fixe, soit varier en fonction d'une progression arithmétique ou d'une progression géométrique**.

Si V est la valeur d'acquisition du bien à amortir,
Ta le taux normal d'amortissement linéaire,
Td le taux de dégressivité pour une année considérée,
l'amortissement pour cette année sera donné par la formule :

$$a = V \times Ta \times Td$$

Pour une valeur d'acquisition de 10 000 euros, avec un amortissement linéaire de 20 % et un facteur de dégressivité de 2 pour l'année considérée, l'amortissement sera de :

$10\,000 \times \dfrac{20}{100} \times 2 = 4\,000$ euros et le taux d'amortissement Tn de cette année sera de $\dfrac{10\,000 \times 100}{4\,000} = 40$, donc 40 %.

Le taux de dégressivité et sa variation éventuelle dépendent du bien à amortir, de la conjoncture, des normes comptables en vigueur et des règles fiscales (en général très contraignantes à cet égard).

Le calcul de l'annuité d'amortissement dégressif tient ainsi compte de l'usure ; il peut se faire **soit sur la valeur d'acquisition du bien soit, plus généralement, sur la valeur restant à amortir après chacun des amortissements annuels**, c'est-à-dire sur la valeur résiduelle à la fin de l'exercice considéré.

L'amortissement dégressif ou décroissant peut aussi se calculer suivant une progression arithmétique ou une progression géométrique.

Si l'on adopte une **progression arithmétique**, la première annuité doit être supérieure à celle qui résulterait d'un amortissement linéaire ou par annuités constantes, mais inférieure au double de celle-ci.

En reprenant l'exemple d'une valeur d'acquisition de 10 000 euros avec un amortissement sur 5 ans diminuant chaque année de 250 euros,

si l'amortissement de l'année 1 est de		2 500 €
et celui de l'année 2	de	2 250 €
celui de l'année 3 sera de		2 000 €
de l'année 4	de	1 750 €
et de l'année 5	de	1 500 €
l'amortissement total sera ainsi de		10 000 €

et la valeur du bien considéré sera complètement amortie.

Si l'**on adopte une progression géométrique**, le calcul impose alors l'utilisation de tables financières.

En reprenant l'exemple d'une valeur d'acquisition de 10 000 euros avec un amortissement sur 5 ans, on obtient,

si l'amortissement de l'année 1 est de		2 247 €
celui de l'année 2 sera de		2 120 €
de l'année 3	de	2 000 €
de l'année 4	de	1 887 €
et celui de l'année 5	de	1 746 €
l'amortissement total sera ainsi de		10 000 €

et la valeur du bien considéré sera totalement amortie.

L'amortissement dégressif ou décroissant concerne notamment **les biens d'équipement et les matériels**.

- l'**amortissement variable** conduit à déterminer en fin de l'exercice la dépréciation réelle de l'élément à amortir. Une telle estimation est toujours délicate et parfois arbitraire. En cas de fluctuations économiques, on peut avoir des écarts considérables d'un exercice comptable à un autre.
- l'**amortissement exceptionnel** fait référence à des **circonstances économiques ou à des conditions spéciales d'exploitation** pouvant parfois exiger des amortissements exceptionnels. Ce sont, par exemple, des amortissements accélérés sur du matériel ou des installations dont le rendement est jugé insuffisant. C'est aussi le cas lorsque le progrès technique est très rapide et qu'il faut remplacer très vite certaines machines, par exemple lorsqu'elles sont utilisées pour la création de prototypes (les « masters »).
- l'**amortissement dérogatoire** peut être autorisé dans certains cas, **en dérogeant aux règles habituelles** et notamment pour procéder à un **amortissement accéléré**.

Quel que soit le type d'amortissement, les moyens informatiques des comptabilités permettent d'effectuer les calculs, souvent complexes, et de déterminer l'amortissement de chacun des biens de l'entreprise.

Les normes comptables, au plan national comme pour les entreprises internationales et, plus encore la législation fiscale mais aussi les impératifs des organismes de contrôle, obligent les entreprises à une stricte application pour le choix des types d'amortissement et les calculs des annuités.

AMORTISSEMENT DE CADUCITÉ

Il s'agit d'**amortissements sur des immobilisations dont la propriété devra revenir à l'État ou à la Collectivité publique concédante** (qui en a donné la gestion ou l'exploitation). Le concessionnaire a le droit de procéder à l'exploitation de choses bien déterminées pendant la durée de la concession.
⇒ amortissement

AMORTISSEMENT DÉCROISSANT
Voir : AMORTISSEMENT (types et principes de calcul)

AMORTISSEMENT DÉGRESSIF EN FONCTION D'UNE PROGRESSION ARITHMÉTIQUE
Voir : AMORTISSEMENT (types et principes de calcul)

AMORTISSEMENT DÉGRESSIF EN FONCTION D'UNE PROGRESSION GÉOMÉTRIQUE
Voir : AMORTISSEMENT (types et principes de calcul)

AMORTISSEMENT DÉROGATOIRE
Voir : AMORTISSEMENT (types et principes de calcul)

AMORTISSEMENT DIRECT ET INDIRECT
Voir : AMORTISSEMENT

AMORTISSEMENT DU CAPITAL SOCIAL

Pour amortir le capital social d'une entreprise, **les actionnaires sont remboursés totalement ou partiellement avant l'arrivée du terme de la société**. Autrefois, on procédait à un tirage au sort pour déterminer les titres qui étaient remboursés. Actuellement, on considère qu'un remboursement progressif sur tous les titres convient mieux car il semble présenter plus d'équité.

L'amortissement se pratique par un **prélèvement sur les réserves et sur les bénéfices**. Il faut, cependant, laisser intacte la réserve légale.

Après amortissement, certaines sociétés remettent aux actionnaires concernés des actions de jouissance qui ne peuvent prétendre ni à un dividende statutaire, ni à un deuxième remboursement lorsque l'entreprise est dissoute ou arrive à son terme.

L'amortissement du capital social peut résulter d'une convention (en général statutaire), de la décision d'une assemblée générale ou de l'application d'une réglementation.

L'amortissement se pratique aussi en cas d'entreprises concessionnaires dont l'actif « défectible » doit faire retour à l'entreprise concédante (qui en a donné l'exploitation ou la gestion).

⇒ concession ; coup d'accordéon ; réduction du capital

AMORTISSEMENT D'UN EMPRUNT

L'amortissement d'un emprunt ou d'un crédit donne lieu à la confection d'un **tableau d'amortissement**. On détermine, en principe, l'annuité constante par le calcul d'intérêts composés. Au départ, l'annuité comporte une part importante d'intérêts et une partie relativement plus faible de remboursement proprement dit du capital. Progressivement, ce rapport est inversé.

Dans la pratique, l'amortissement d'un **emprunt** (notamment pour un particulier) donne lieu à des **mensualités ou à des trimestrialités** en général constantes, mais des aménagements sont parfois convenus ; un différé d'amortissement du capital peut être prévu pour une période déterminée (l'emprunteur ne paye que les intérêts). Aux annuités ou mensualités, s'ajoutent souvent des « frais de dossier » mais aussi des **assurances** (assurance décès, assurance chômage).

De nombreuses techniques peuvent intervenir telles que le « lissage » ou l'« emboîtement » (**on extrait des calculs certaines données**) des mensualités, lorsque plusieurs emprunts se cumulent, on réduit les mensualités des premières années pour les augmenter ensuite. Un emprunt peut être aussi négocié avec **des « taux variables »** dans certaines limites dites « taquets ».

Au point de vue économique et social, on peut remarquer que l'État impose des charges aux générations futures en émettant des emprunts pour couvrir ses besoins financiers.

Le remboursement d'un emprunt présente les caractéristiques suivantes :
– il est **réel et effectif** si un euro emprunté est remboursé au moyen d'un euro dont le pouvoir d'achat est identique ;
– il est **impur** lorsque l'emprunteur doit recourir à un nouvel emprunt pour rembourser le précédent ;
– il s'agit d'un **quasi-remboursement** lorsque l'État présume l'inflation ; en effet, en cas d'inflation, le débiteur (l'État ou un particulier) s'acquitte plus facilement de son obligation puisque la somme remboursée a une valeur plus faible bien que son montant n'ait pas varié.

De toute façon, le remboursement de dettes à la suite d'un emprunt reste toujours une opération délicate et peut avoir des conséquences importantes, en période de haute conjoncture comme à l'occasion de phases dépressives.

L'amortissement d'un emprunt peut être différé si le remboursement du capital est interrompu par convention.

⇒ capital ; emprunt

AMORTISSEMENT EXCEPTIONNEL
Voir : AMORTISSEMENT (types et principes de calcul)

AMORTISSEMENT PAR ANNUITÉS CONSTANTES
Voir : AMORTISSEMENT (types et principes de calcul)

AMORTISSEMENT VARIABLE
Voir : AMORTISSEMENT (types et principes de calcul)

ANALOGIQUE
Voir : NUMÉRIQUE

ANALYSE

Ensemble des techniques et des études qui, à partir d'éléments, d'informations et de caractéristiques, permettent d'apprécier et d'évaluer. L'analyse peut concerner le domaine économique en général ou certains de ses aspects dans un pays, une région ou une entreprise, les problèmes financiers ou monétaires, une activité mais aussi permettre des comparaisons (avantages, inconvénients), de mesurer des coûts, des valeurs ou des prix, interpréter des flux ou des statistiques, des théories, des méthodes etc.

⇒ analyse financière

ANALYSE DE LA VALEUR

Technique permettant, après avoir répertorié tous les éléments, quelle que soit leur nature, intervenant dans un processus de fabrication (ou y concourant), d'élaboration ou de mise en œuvre d'un service, **d'analyser tout ce qui est perfectible** ou susceptible d'avoir un coût inférieur, y compris par la substitution d'autres éléments et d'obtenir ainsi un produit (ou un service) de qualité égale ou meilleure avec **un prix de revient total inférieur**.

L'analyse de la valeur doit être fréquemment réalisée dans l'entreprise. Elle est l'un des moyens efficaces du management.

Pratiquée dans toutes les entreprises, elle est aussi connue sous le nom anglo-américain de « **value analysis** ».

⇒ coût

ANALYSE EX-ANTE

L'équilibre économique est déterminé sur la base de valeurs et de conditions qu'on introduit dans un modèle. Ou bien les valeurs introduites **a priori (ex-ante)** cadrent avec celles constatées **a posteriori (ex-post)** ou elles s'en écartent. Ce type de calcul prévisionnel doit prendre en compte les prix futurs. De fausses estimations ainsi que des événements difficilement prévisibles ou inévitables peuvent conduire à des écarts.

⇒ analyse ex-post

ANALYSE EX-POST

L'**analyse ex-post étudie le résultat d'une période révolue.** En matière économique, nous analysons les répercussions des décisions des agents économiques sur les agrégats et sur l'équilibre ; celui-ci est stable ou instable.

L'analyse ex-post est complétée par l'analyse ex-ante.

⇒ agrégat ; analyse ex-ante

ANALYSE FINANCIÈRE

Le principal intéressé à côté de l'entrepreneur est sans doute le banquier qui finance l'activité d'une entreprise. Pour connaître la situation de l'entreprise, il faut savoir **comment elle a vécu et de quelle façon elle pourra continuer son activité.** Il faut donc des indications comptables, économiques et sociales sur l'entreprise et sur son environnement. Pour se faire une opinion tant soit peu fiable, l'étude devra porter généralement sur les bilans, comptes de résultats, rapports de gestion des années antérieures (le plus souvent 5 ans).

L'**analyse** ne se contente pas seulement de fournir un matériel statistique sous forme de relevé mais essaye, dans la mesure du possible, de donner une **interprétation précise** à

ces informations. L'entrepreneur saura ainsi, par ce type d'examen, s'il peut valablement poursuivre son activité ; le banquier pourra de son côté, apprécier la fiabilité de l'entreprise et déterminer le soutien éventuel à lui apporter.
L'analyse est faite à l'aide de méthodes et de techniques appropriées.
L'**analyse financière est, en général, complétée par une analyse économique** (comportement du secteur concerné, étude de marché etc.) et, éventuellement, par une **analyse sociale**.
⇒ analyse ; statistiques

ANALYSE TRANSACTIONNELLE – AT
C'est l'analyse du comportement de l'individu et de son développement personnel dans l'entreprise en liaison avec ses relations dans le groupe ou l'équipe à laquelle il appartient.
Outil de formation, l'analyse transactionnelle contribue à une meilleure approche de l'individu au sein de l'entreprise.
⇒ programmation neurolinguistique

ANARCHISME
Idéologie, doctrine et forme de pensée politique et sociale qui **refuse par principe, toutes les contraintes et toutes les formes d'autorité de l'État** comme d'une quelconque organisation. C'est la liberté totale et la négation de toutes les valeurs y compris religieuses ou familiales.
L'**anarchiste** – individu disciple de cette idéologie – vivant cependant en société a besoin d'un minimum d'organisation qu'il trouve dans des formes adaptées d'associations, de syndicats ou de mutuelles fédérés entre eux.
⇒ association ; mutuelle ; syndicat ; PROUDHON

ANARCHISTE
Voir : ANARCHISME

ANATOCISME
En règle générale, dans la plupart des pays, les dispositions du droit civil imposent que **les intérêts produits par un capital ne puissent porter intérêts qu'au bout d'une année. Cependant la capitalisation des intérêts est en général autorisée en matière commerciale** et notamment pour les comptes courants où les intérêts peuvent être ajoutés au capital après une période de 3 ou de 6 mois.
⇒ intérêt ; compte courant

ANNUAIRE UNIVERSEL
Annuaire téléphonique mis en place dans de nombreux pays sous différentes formes et qui permet à l'utilisateur de connaître **les numéros des téléphones fixes et mobiles** (portables), l'adresse INTERNET et éventuellement d'autres informations (profession, horaires etc.) ainsi que l'adresse de ceux qui y sont inscrits.
⇒ Uniform Resource Locator

ANNUALITÉ
Caractéristique de ce qui est **régulièrement annuel** et fait, dans certains cas, l'objet de règles précises : l'annualité d'un budget définit qu'il est établi pour une année.
La bisannualité est ce qui a lieu ou se produit tous les deux ans.

ANNUITÉ
C'est le montant que l'**on rembourse annuellement** sur une somme empruntée, compte tenu des intérêts composés. Au terme du remboursement, la dette est éteinte.

Dans le même ordre d'idées, on parle de semestrialités (chaque semestre), de trimestrialités (chaque trimestre), de mensualités (chaque mois).
⇒ emprunt ; intérêt

ANNULATION DU CAPITAL SOCIAL
Voir : RÉDUCTION DU CAPITAL SOCIAL

ANONYMAT
C'est le fait d'**être inconnu**. Il est tout à fait défendable que le citoyen revendique, d'une manière générale, de ne pas être reconnu. Cependant cela n'est pas possible dans de nombreuses circonstances et pour certaines opérations.
En matière bancaire, l'anonymat peut être gardé dans le cadre d'un système « off- shore » par le biais de comptes secrets (sans nom pour l'extérieur). Ces pratiques sont le plus souvent interdites.
Toutefois, il existe de nombreux pays qui accordent « l'hospitalité » anonyme à des capitaux « en fuite », notamment vis-à-vis des administrations fiscales.
⇒ off shore

ANTICHRÈSE
Contrat comparable à la **mise en gage de biens meubles**. Le débiteur met à la disposition du créancier un immeuble dont les revenus sont portés en compte pour ce dernier, annuellement, jusqu'à ce que la dette soit éteinte.
Le **contrat d'hypothèque** est en général préféré à l'antichrèse car il comporte davantage et de plus solides garanties.
⇒ gage ; hypothèque

ANTICIPATION
Un mot qui s'emploie en philosophie, en droit, en économie et en littérature. En matière économique c'est surtout **une forme active de prévision** qui conduit à agir sur la base d'informations ou d'éléments connus dans un domaine déterminé.
L'anticipation permet, en principe, **de maîtriser une évolution prévue**.

APARTHEID
Terme de la langue afrikaans signifiant « **séparation** ». C'est un régime politique basé sur la **ségrégation des races**. Ce système a été celui de l'Afrique du Sud jusqu'en 1991 avec la séparation des populations noires et des populations blanches. Il a été aboli dans ce pays avec l'arrivée au pouvoir de Nelson MANDELA. L'ORGANISATION DES NATIONS UNIES – ONU – a toujours **condamné la politique de ségrégation raciale**.

APPARIEMENT
Terme utilisé dans certaines études économiques pour souligner les corrélations de deux éléments, a priori sans lien entre eux mais qui, en étant associés, peuvent faire varier l'un par rapport à l'autre.

APPEL
Recours par lequel dans un procès ou un litige, l'une des parties porte l'affaire devant une juridiction (tribunal, cours) ou une autorité d'un niveau supérieur.

APPEL PUBLIC À L'ÉPARGNE
Lors de la création d'une société ou lorsqu'une société émet des actions auprès du public elle peut faire un « **un appel public à l'épargne** » ; pour protéger les épargnants, la législation impose des formalités particulières et des vérifications de l'organisme de contrôle de la Bourse.
⇒ Bourse

APPELLATION D'ORIGINE CONTRÔLÉE – AOC

Dénomination attribuée dans de strictes conditions par des organismes spécialisés et qui garantit l'origine d'un produit, certaines règles de fabrication ou de production ainsi que la localisation de celles-ci.
⇒ consommateur

APPEL D'OFFRES

Procédure technique qui consiste, à partir d'un **cahier des charges**, à solliciter des fournisseurs pour qu'ils fassent une offre répondant aux conditions fixées. Les fournisseurs sont ainsi **mis en concurrence**.
Les Administrations et les entreprises publiques sont, dans la plupart des pays, tenues de recourir à cette méthode, notamment pour des travaux ou des fournitures dont le montant estimé dépasse un certain seuil.
Dans le cadre de l'UNION EUROPÉENNE – UE –, les appels d'offres, dans certains cas déterminés, ne peuvent pas être limités aux entreprises nationales.
Les entreprises privées recourent aussi à cette méthode.
Les fournisseurs, en réponse, rédigent leurs offres : ce sont les **soumissions**.
⇒ cahier des charges ; soumission

APPOINTEMENTS

En économie, il est habituel de parler du **salaire** lorsqu'il s'agit d'évoquer les différentes formes de rémunération d'un salarié. L'usage veut cependant que l'on parle du salaire de l'ouvrier, des **appointements** des employés, des **traitements** des fonctionnaires, des **honoraires** de ceux qui exercent une profession indépendante, de l'**indemnité** d'un apprenti ou d'un stagiaire, du **cachet** de l'artiste, etc.
Les appointements sont donc, généralement, **les rémunérations** fixes des personnels employés du secteur privé.
⇒ salaire

APPORT EN ESPÈCES

Pour constituer le capital d'une société ou d'une entreprise individuelle, les associés, notamment les fondateurs, doivent **faire des apports**. Une forme d'apport est celle faite en numéraire, c'est-à-dire en espèces ou en argent liquide.
En **contre-partie**, chaque associé (celui qui a fait un apport) reçoit **un titre de propriété sur une fraction du capital**.
⇒ apport en nature ; apport en industrie

APPORT EN INDUSTRIE

À l'occasion de la constitution d'une société ou d'une entreprise individuelle, on peut, à côté d'apports en espèces ou en nature, faire des apports en industrie. On entend par là des **valeurs immatérielles** telles que les études, les brevets, les licences d'exploitation, les marques de fabrique, les connaissances et le savoir-faire (le « know how ») ; on utilise aussi les termes de « valeurs immobilisées incorporelles ».
En **contre-partie**, l'apporteur reçoit **un titre de propriété sur une fraction du capital**, généralement représenté par des actions.
⇒ apport en espèces ; apport en nature ; valeurs corporelles ; valeurs incorporelles

APPORT EN NATURE

Lors de la constitution d'une société ou d'une entreprise individuelle, les associés et notamment le fondateur **peuvent faire des apports en nature** : terrains, immeubles, équipements, etc.
En contre-partie, chacun des associés reçoit **un titre de propriété sur une fraction du capital**, généralement représenté par des actions.
⇒ action d'apport ; apport en espèces ; apport en industrie ; valeurs corporelles ; valeurs incorporelles

APPRENTISSAGE

Système de formation professionnelle qui associe généralement l'acquisition de techniques pratiques et de savoir-faire dans une entreprise ou chez un artisan, à une formation théorique dans un établissement spécialisé (collèges et lycées techniques).
Les Autorités publiques favorisent, dans de nombreux pays, la pratique de l'apprentissage tout en surveillant attentivement son déroulement (contrat de l'apprenti, c'est-à-dire le contrat d'apprentissage soumis à certaines règles, suivi du travail, sanction par un examen en fin d'apprentissage, etc.). Les ministères de l'Éducation des différents États, les Chambres de Commerce, les Chambres des Métiers et les Organisations professionnelles interviennent aussi dans l'organisation de l'apprentissage qui concerne de très nombreuses activités. Le financement de l'apprentissage (et d'autres formations continues dans la vie professionnelle) est souvent assuré par des taxes spécifiques auxquelles les entreprises sont soumises.
L'**UNION EUROPÉENNE – UE – apporte un soutien aux politiques favorisant l'apprentissage dans les États membres** et a mis en œuvre d'importants moyens pour contribuer à l'**apprentissage des langues**.
⇒ Politique de la formation et de l'éducation de l'UNION EUROPÉENNE

À PRIX LIMITÉ

Ordre de bourse fixant un cours maximal pour acheter ou un cours minimal pour vendre un titre déterminé. On utilise aussi le terme de « **cours limite** ».
⇒ Bourse ; ordre de bourse ; titre

APPROVISIONNEMENT

Dans l'entreprise notamment, l'approvisionnement comprend :
– d'une part **les achats** (matières premières, produits divers, matériels, services) avec la définition des biens et services à acheter, l'élaboration des « cahiers des charges », la négociation des contrats etc.
– d'autre part, **la gestion des stocks** (produits achetés, produits finis, etc.) : organisation, gestion des entrepôts, magasinage, mais aussi mise en œuvre des techniques, souvent très élaborées, de **gestion économique des stocks**.
L'approvisionnement fait partie intégrante du vaste **domaine de la logistique**, terme emprunté au vocabulaire militaire, utilisé depuis le milieu du XXe siècle pour caractériser, dans l'entreprise, **tous les moyens utilisés tout au long de la chaîne, de la production au consommateur final** : achat, transport, conditionnement, gestion des stocks etc.
⇒ achat ; gestion des stocks ; logistique

APUREMENT DU PASSIF

Paiement par une entreprise en faillite (règlement judiciaire ou liquidation) **de ces dettes** ; la législation fixe généralement des ordres de priorité parmi les créanciers.
⇒ créancier ; faillite

ARBITRAGE

Moyen mis en œuvre pour résoudre un conflit. On distingue notamment deux types d'arbitrage :

- **L'ARBITRAGE EN MATIÈRE COMMERCIALE**
Lorsque, dans l'exécution d'un contrat, un litige oppose les parties à ce contrat, elles ont la possibilité (s'il n'y a pas eu de conciliation) de choisir la solution de l'arbitrage : chacune des parties se met d'accord sur **un ou plusieurs arbitres** ou pour l'intervention d'un organisme officiel telle la COUR INTERNATIONALE D'ARBITRAGE, ou en faisant appel à un cabinet indépendant spécialisé telle l'AMERICAN ARBITRATION ASSOCIATION – AAA – qui jouit aux États-Unis et en Europe d'une forte notoriété.
L'arbitrage peut d'ailleurs être prévu dès l'origine du contrat.
En faisant appel à l'arbitrage, **les parties acceptent la sentence** (jugement) qui sera rendue et qui n'est pas, en principe, susceptible d'être remise en cause devant les tribunaux.
L'arbitrage évite les recours devant les tribunaux, parfois très longs, même en matière commerciale.
- **L'ARBITRAGE EN MATIÈRE DE SALAIRE OU DE CONFLIT EMPLOYEUR-SALARIÉ**
Il intervient, en particulier, à la suite d'**un licenciement** ou pour des questions de **salaire** ou pour des motifs qui y sont liés.
L'arbitrage peut aussi concerner un **conflit collectif** (grève) ; il est alors souvent imposé par les Pouvoirs Publics.
Les parties concernées font appel **à un arbitre** (ou à plusieurs) désigné d'un commun accord.
Le règlement d'un conflit ou d'un litige par l'arbitrage évite la procédure parfois longue devant les tribunaux (juridictions spécialisées, notamment les Tribunaux du Travail et les Conseils de Prud'hommes). Certains pays ont créé des organismes ou des procédures pour faciliter la conciliation préalable (Office National de Conciliation, par exemple).
Le litige peut se conclure par une transaction, chacune des parties ayant accepté, directement ou à la suite de l'arbitrage, de faire des concessions.
L'arbitrage est aussi le choix qui intervient entre plusieurs possibilités, notamment en matière financière, d'investissement ou en Bourse.
Il existe un arbitrage spécial qui concerne le marché des changes (devises) : arbitrage sur les cours des changes, sur les taux d'intérêt, etc. L'arbitragiste est le spécialiste qui intervient sur les marchés concernés.
⇒ COUR INTERNATIONALE D'ARBITRAGE

ARC LATIN
Partenariat initié en 1999 entre les collectivités publiques territoriales situées le long du littoral méditerranéen. L'Espagne, l'Italie et la France (auxquelles s'est associé le Portugal) participent avec l'aide de l'UNION EUROPÉENNE – UE – à la réflexion et aux actions engagées par une soixantaine de collectivités dans les domaines économiques (transports, télécommunications, développement) sociaux et culturels.

ARISTOCRATIE
C'est le gouvernement par un ensemble de personnes élitaires (qui se considèrent comme l'élite) ; l'aristocratie établit certains privilèges pour ceux qui sont au pouvoir et celui-ci se transmet généralement au sein de cette élite, éventuellement par voie héréditaire.

ARISTOTE (384 - 322 avant J.-C.)
Le célèbre philosophe grec ne peut certes pas être considéré comme un économiste dont la science était d'ailleurs inconnue comme telle à son époque. Cependant, **toutes ses très nombreuses œuvres** notamment les « *traités logiques* » ou « *organon* » et *l'Éthique à Nicomède* » (une dizaine de livres) sont imprégnées d'une philosophie morale dans laquelle l'économie n'est pas absente. ARISTOTE, en utilisant l'exemple des techniques (médecine, économie), montre que **les activités humaines tendent vers un bien qui en est l'aboutissement**. Il étudie aussi la monnaie, les marchés, les échanges et le commerce avec, sur ces sujets, de pertinentes réflexions qui marqueront les siècles suivants.

AROBAS OU AROBACE OU AROBE OU ARROBE S'ÉCRIT @
en anglais : « AT »
Signe utilisé pour les adresses électroniques (INTERNET) afin de séparer le nom de l'utilisateur de celui du serveur.
⇒ INTERNET ; serveur

ARRÊT
Jugement rendu par certains tribunaux, notamment **les cours** (Cours d'Appel, par exemple) en général **en seconde instance** (après un premier jugement qui est contesté).
Avec les jugements, les arrêts constituent **la jurisprudence**.
⇒ cour ; jurisprudence

ARRÉRAGES
Terme **synonyme de rente, d'intérêt ou de dividende** échus.
⇒ dividende ; intérêt ; rente

ARRÊTÉ
Décision administrative prise à différents niveaux (État, région, commune etc.) soit pour imposer, soit pour réglementer à titre collectif ou à titre individuel.

ARRÊTÉ DE COMPTE
Opération comptable qui consiste à faire le total des mouvements (crédit, débit) d'un compte pour en déterminer le solde ; en fin d'exercice, on procède à un arrêté général des comptes pour établir notamment le bilan de l'entreprise.
Dans le domaine bancaire, on détermine périodiquement le solde d'un compte pour le calcul des intérêts de la période concernée.
⇒ compte de comptabilité ; banque

ARRHES
On paye ou on reçoit une somme déterminée pour certifier qu'un contrat est conclu. La loi réserve généralement une faculté de **dédit** aux parties contractantes ; sur cette base, celui qui a donné perd la somme avancée (qui n'est pas à considérer comme un acompte) et celui qui l'a reçue devrait restituer le double de la somme si le contrat n'était pas exécuté.
⇒ acompte

ARRIÉRÉS
Créances qui n'ont pas été payées à l'échéance convenue.
⇒ arrérages ; créance

ARROW Kenneth (1921-)
Économiste américain, professeur dans plusieurs universités des États-Unis, K. ARROW est, en 1972, **Prix Nobel d'économie** (avec l'anglais John R. HICKS) pour ses travaux sur la dynamique des processus économiques.
Auteur de *Collective Choices and Individual Preferences* – « *Choix collectifs et préférences individuelles* » – 1951 – et de *The economics Implications of Learning by Doing* – « *Les implications économiques de l'apprentissage par la pratique* » – 1962 – K. ARROW démon-

tre – c'est le « théorème dit d'impossibilité d'ARROW » – l'incompatibilité fondamentale entre le comportement individuel et la logique collective en matière économique.
Avec l'économiste franco-américain Gérard DEBREU, il travaille sur les modèles mathématiques d'économie.
⇒ DEBREU ; HICKS

ARTISAN
Celui qui exerce de façon indépendante et pour son propre compte un **métier manuel**, peu mécanisé même si les moyens techniques sont parfois développés mais surtout avec une **main-d'œuvre réduite** (en général inférieure à 10 personnes), souvent familiale, de compagnons ou d'apprentis.
La législation fixe, le plus souvent, des règles précises pour les activités artisanales tant au point de vue administratif que fiscal. L'artisan bénéficie dans de nombreux pays d'avantages pour exercer son métier sans trop de contraintes.
L'**artisanat** est l'ensemble de l'activité des artisans mais qualifie aussi les produits qu'ils fabriquent ou les services qu'ils apportent.
⇒ apprenti ; compagnon

ARTISANAT
Voir : ARTISAN

ASCENSEUR SOCIAL
Désigne **tout ce qui contribue à élever ou à améliorer le niveau social** (tel qu'on le conçoit dans le pays concerné) d'un individu : formation, relations professionnelles ou amicales, participation à un « club service », acquisition de biens mobiliers et surtout immobiliers, apparition dans les médias, etc.
Le terme a souvent une connotation péjorative.
⇒ club-service

ASIAN EUROPEAN MEETING – ASEM
L'idée d'un partenariat entre les pays d'Asie et l'UNION EUROPÉENNE – UE – s'est concrétisée en 1996 par la tenue du premier Sommet de l'ASEM – Chefs d'État et de Gouvernement.
L'ASEM regroupe les **pays membres de l'UE et 10 pays asiatiques** : Brunei, Chine, Corée du Sud, Indonésie, Japon, Malaisie, Philippines, Singapour, Thaïlande et Vietnam (7 de ces pays sont membres de l'ASSOCIATION DES NATIONS DE L'ASIE DU SUD-EST).
L'ASEM est une **instance à caractère informel et consensuel avec une compétence globale** aussi bien dans les domaines économiques que culturels et politiques.
La coordination est assurée par les ministres des Affaires Étrangères des pays membres.
En 2001, la COMMISSION EUROPÉENNE a adopté un **cadre stratégique pour renforcer les relations de partenariat Europe-Asie** : promotion de l'action commerciale et des investissements, échanges culturels et industriels, lutte contre la pauvreté, actions favorisant le respect des droits de l'homme. La mise en œuvre de cette stratégie a été décidée lors d'un sommet tenu en 2001 à Copenhague (Danemark).
Plusieurs pays européens et asiatiques envisagent leur adhésion à l'ASEM pour renforcer le dialogue Europe-Asie.

Internet : **http://europa.eu.int/comm/external_relations/asem.**
⇒ ASSOCIATION DES NATIONS DE L'ASIE DU SUD-EST ; UNION EUROPÉENNE

ASIAN PACIFIC ECONOMIC COOPERATION – APEC
CONSEIL DE COOPÉRATION ÉCONOMIQUE ASIE-PACIFIQUE – CEAP
C'est le sigle APEC qui est le plus souvent utilisé pour désigner ce forum qui rassemble la plupart des pays riverains du Pacifique. Créé en 1989, c'est le plus grand marché mondial (**40 % de la population du globe et 60 % de sa production**) avec une croissance globalement très forte.
Parmi ses **21 membres**, les Philippines, la Chine, la Malaisie et Singapour, la Thaïlande, le Japon, la Corée du Sud, la Canada, les États-Unis, le Mexique et l'Australie. Plusieurs des pays membres de l'APEC appartiennent à d'autres organisations économiques régionales notamment l'ASSOCIATION DES NATIONS DU SUD-EST ASIATIQUE – ASEAN – et l'ACCORD DE LIBRE-ÉCHANGE NORD AMÉRICAIN – ALENA.
L'APEC a pour objectif de **favoriser la croissance économique** de ses partenaires, leur coopération, ainsi que le **commerce et l'investissement** dans la région. Concrètement, l'APEC a fait réduire les tarifs douaniers et les barrières aux échanges et mis en œuvre une politique d'harmonisation des règles commerciales et techniques de ses membres avec la perspective d'une **zone de libre-échange entre 2010 et 2020**.
Le Secrétariat de l'APEC est à Singapour ; l'APEC tient une réunion annuelle au niveau des ministres et des leaders économiques avec plusieurs comités et groupes de travail.

Internet : **http://www.apecsec.org.sg**
⇒ ASSOCIATION DES NATIONS DU SUD-EST ASIATIQUE ; ACCORD DE LIBRE-ÉCHANGE NORD-AMÉRICAIN

ASSEMBLÉE GÉNÉRALE – AG
Réunion des actionnaires d'une société ainsi que des membres d'une association ou d'une organisation. La législation du pays du siège et les statuts fixent les conditions de participation et de tenue des assemblées générales ainsi que celles dans lesquelles sont prises les décisions.
On distingue :
– l'**Assemblée Générale Constitutive** qui a pour objet la création d'une société (commerciale ou civile), d'une association ou d'une organisation. L'AG constitutive est organisée par les fondateurs de la société ; ce sont eux qui vont préparer un exposé sur les motifs de la constitution de la société et en proposer les statuts ; jusqu'à l'officialisation de la société suivant la législation en vigueur, les fondateurs sont généralement solidairement responsables.
– l'**Assemblée Générale Ordinaire** – AGO – qui est la réunion périodique (en général annuelle) des actionnaires ou des membres pour définir la politique générale, les principales actions à mener, les grandes lignes de la stratégie pour l'avenir, approuver les comptes et la gestion, nommer ou reconduire des administrateurs (les révoquer s'il y a lieu), prendre les décisions importantes et donner les informations essentielles.
– l'**Assemblée Générale Extraordinaire** – AGE – qui modifie les statuts ou le capital (dans les sociétés), vendre des biens, décider d'une liquidation ou de la poursuite d'une activité, etc.

ASSIETTE
Base de calcul utilisée dans l'Administration pour déterminer un impôt ou une cotisation.
⇒ impôt

ASSIGNATION
Terme utilisé dans la procédure judiciaire soit pour désigner **une convocation devant une juridiction (tribunal par exemple)** soit pour imposer une décision de justice comme par exemple une assignation à résidence ou une assignation à payer.
⇒ procédure ; tribunal

ASSISTANT SOCIAL EN ENTREPRISE
Dans de nombreux pays, il y a une obligation légale de surveillance de la santé des salariés par un médecin du travail. Les législations, par contre, envisagent rarement l'intervention en entreprise d'un(e) Assistant(e) Social(e) mais de nombreuses sociétés, notamment industrielles mais aussi commerciales et de services font cependant appel (éventuellement à temps partiel) à leur concours pour leur apporter **une collaboration et un soutien dans les problèmes sociaux** (d'ordre matériel, administratif, juridique ou moral) **de l'homme au travail et de sa famille.**
⇒ médecine du travail

ASSOCIATION
Groupe de personnes qui, par **convention**, en général des **statuts**, mettent en commun leurs activités, leurs connaissances, leurs disponibilités ou leurs passions **dans un but autre que celui de faire du profit.**
Une association peut avoir de **nombreux objectifs variés, très différents**, dans une multitude de domaines.
Les législations nationales ont, dans tous les pays, fixé des règles pour le fonctionnement des associations lorsqu'elles ne sont pas seulement « de fait ».
Bien que considérées, en général, sans but lucratif, elles peuvent être soumises à une certaine fiscalité.
La plupart des associations font l'objet d'une déclaration officielle auprès d'une Administration (avec, dans certains pays, l'inscription sur un Registre Officiel) et d'une publicité de leur création, ce qui leur donne un **statut juridique de « personne morale »** et certaines obtiennent une « **reconnaissance d'utilité publique ».**
Les associations appartiennent au secteur de **« l'économie sociale » ou « tiers secteur ».**
À côté des associations sans but lucratif, il existe des associations qui ont un objet lucratif, sous de nombreuses formes juridiques, notamment les sociétés commerciales ou industrielles.
⇒ coopérative ; économie sociale ; mutuelle

ASSOCIATION D'ASIE DU SUD POUR LA COOPÉRATION RÉGIONALE – SAARC
en anglais : SOUTH ASIAN ASSOCIATION FOR REGIONAL COOPERATION – SAARC
Organisation économique créée en 1985 regroupant l'Inde, le Pakistan, le Bhoutan, les Maldives, le Sri Lanka, le Népal et le Bangladesh.
Début 2004, la SAARC a décidé de créer entre les pays membres **une zone de libre-échange régionale** mise en place par paliers entre 2006 et 2013.
Le siège de la SAARC est à Katmandou (Népal).
Internet : **http://www.saarc-sec.org**
⇒ ASSOCIATION DES NATIONS DE L'ASIE DU SUD-EST

ASSOCIATION DE LIBRE ECHANGE ASIATIQUE
Voir : ASSOCIATION DES NATIONS DE L'ASIE DU SUD-EST

ASSOCIATION DES NATIONS DE L'ASIE DU SUD-EST – ANASE
en anglais : ASSOCIATION OF SOUTHEAST ASIAN NATIONS – ASEAN
Le sigle ASEAN est le plus couramment utilisé pour désigner cette organisation internationale régionale.
L'ASEAN a été créée en 1967 pour remplacer l'ASSOCIATION DE L'ASIE DU SUD-EST, perturbée par des difficultés internes et des divergences stratégiques.
L'ASEAN a pour objectifs une **coopération économique et politique** entre les États membres, de paix, de stabilité et de progrès social dans la région.
Malgré une évolution significative des échanges entre les partenaires au plan commercial comme au plan culturel, l'ASEAN avait du mal à assurer son développement.
L'ASEAN regroupait, à l'origine, l'Indonésie, la Malaisie, les Philippines, Singapour et la Thaïlande, puis se sont ajoutés Brunei, le Vietnam, le Myanmar (Birmanie), le Laos et le Cambodge. L'ensemble représente 500 millions d'habitants.
L'ASEAN a décidé, en 2001, d'organiser entre ses partenaires, **une zone de libre-échange** dans le cadre d'une structure adaptée, l'ASSOCIATION DE LIBRE ÉCHANGE ASIATIQUE – ALEA – ASIAN FREE TRADE AREA – AFTA – qui a été singulièrement renforcée par l'adhésion, en 2002, de la Chine (Accord de Phnom Penh – Cambodge). Le « sommet » de Vientiane (Laos) en 2004 a confirmé que la **Zone de libre échange ALEA devrait être opérationnelle à l'horizon 2010-2015** (dès 2007 pour le commerce de certains produits entre les pays les plus riches) ; elle sera alors le plus grand marché du monde avec 1,7 milliard d'habitants.
L'ASEAN resserre aussi ses liens avec le Japon et l'Inde.
L'ASEAN entretient des liens avec les États-Unis, le Canada, l'UNION EUROPÉENNE – UE – et l'ASSOCIATION EUROPÉENNE DE LIBRE-ÉCHANGE – AELE.
À l'occasion du « **sommet** » exceptionnel tenu début 2005 à Jakarta (Indonésie) et consacré au raz de marée qui a ravagé, **fin 2004**, toute la région, l'ASEAN a renforcé son rôle économique et social non seulement auprès des 10 États partenaires mais aussi vis-à-vis des autres pays et des grandes organisations internationales.
L'organe dirigeant de l'ASEAN est la réunion des Chefs d'État et de Gouvernement appuyés par des Comités spécialisés.
L'ASEAN tient un sommet annuel. Le siège de l'ASEAN est à Jakarta (Indonésie).
Internet : **http://www.aseansec.org**
⇒ ASIAN EUROPEAN MEETING ;
ASSOCIATION EUROPÉENNE DE LIBRE-ÉCHANGE ; libre échange ; UNION EUROPÉENNE

ASSOCIATION EUROPÉENNE DE LIBRE-ÉCHANGE – AELE
en anglais : EUPOPEAN FREE TRADE ASSOCIATION – EFTA
La Grande-Bretagne souhaitait constituer une **zone de libre-échange** avec les six pays signataires en 1957 du TRAITÉ DE ROME mais échoua dans les négociations suite, notamment, à l'opposition de la France. Elle va donc créer, en 1959, l'ASSOCIATION EUROPÉENNE DE LIBRE-ÉCHANGE – AELE – à laquelle vont adhérer la Norvège, la Suède, le Danemark, l'Autriche, le Portugal, l'Islande, la Finlande, la Suisse et le Liechtenstein. L'objectif était non

seulement l'abolition des droits de douane et des restrictions administratives aux échanges, mais aussi de promouvoir une large coopération dans de nombreux autres domaines. Dès sa création, l'AELE a mené avec la COMMUNAUTÉ ÉCONOMIQUE EUROPÉENNE – CEE – des négociations pour renforcer les liens commerciaux et culturels entre tous les pays de chacune des deux organisations mais aussi, par des accords particuliers, avec les pays de l'Europe Centrale et Orientale et avec Israël.

À l'exception de la Norvège, de l'Islande, de la Suisse et du Liechtenstein, tous les pays de l'AELE rejoignent, entre 1973 et 1995, l'UNION EUROPÉENNE – UE. En 1992, l'UE et l'AELE vont signer le TRAITÉ DE PORTO (Portugal) qui fonde l'ESPACE ÉCONOMIQUE EUROPÉEN – EEE – auquel la Suisse refuse cependant d'adhérer.

Le cadre institutionnel de l'AELE, qui a son siège à Genève (Suisse), comprend un Conseil de l'AELE avec les délégués permanents des pays membres et un Comité Permanent AELE-UE qui comprend la Suisse comme observateur.

Internet : **http://www.efta.int**

⇒ ESPACE ÉCONOMIQUE EUROPÉEN ; UNION EUROPÉENNE

ASSOCIATION EUROPÉENNE DES AGENCES RÉGIONALES DE DÉVELOPPEMENT – EURADA

Pour mieux assurer leur développement économique et social, les pays européens ont créé des **Agences de Développement Nationales et Régionales.**

L'EURADA fédère 150 d'entre elles, dans 25 pays de l'UNION EUROPÉENNE – UE – et de l'Europe Centrale et Orientale.

EURADA facilite leur concertation, les échanges d'informations, la formation de leurs responsables, les études de leurs projets, leurs impacts ainsi qu'une efficace coopération entre toutes les agences.

Internet : **http://www.eurada.org**

ASSOCIATION EUROPÉENNE D'ÉTUDES DES COMMUNAUTÉS EUROPÉENNES – ECSA

Organisation internationale qui regroupe des spécialistes (chercheurs, enseignants) **et des associations nationales dans le domaine des études sur l'UNION EUROPÉENNE – UE**, sa construction, ses politiques et ses actions.

Internet : **http://www.ecsanet.org**

ASSOCIATION OF MBAs – AMBA

Créée en 1967 « l'ASSOCIATION OF MBAs » – « Association des Masters en administration des Affaires – AMBA » **a pour mission de certifier la qualité des programmes de formation des établissements d'enseignement supérieur délivrant un MBA** « Master in Business Administration » – « Master en administration des Affaires », diplôme de haut niveau apprécié pour le management des entreprises.

L'AMBA coexiste avec deux autres accréditations, celle de l'ASSOCIATION TO ADVANCE COLLEGIATE SCHOOL OF BUSINESS et celle de l'EUROPEAN QUALITY IMPROVEMENT SYSTEM.

Le siège de l'Association est à Londres (G.-B.).

⇒ Association to Advance Collegiate School of Business ; Graduate Management Admission Test ; Master in Business Administration

ASSOCIATION INTERNATIONALE DES CONSEILS ÉCONOMIQUES ET SOCIAUX ET INSTITUTIONS SIMILAIRES – AICESIS

Créée en 1999, sur l'initiative du CONSEIL ÉCONOMIQUE ET SOCIAL – CES – de la France, qui en assure le secrétariat exécutif, l'AICESIS a pour objectif de **représenter la société civile auprès des institutions internationales.**

L'AICESIS compte 45 membres adhérents et des membres associés ; elle a un siège d'observateur au Conseil Économique et Social de l'ORGANISATION DES NATIONS UNIES – ONU.

Internet : **http://www.ces.fr**

⇒ ORGANISATION DES NATIONS UNIES

ASSOCIATION TO ADVANCE COLLEGIATE SCHOOL OF BUSINESS – AACSB INTERNATIONAL

Organisation fondée en 1916 et qui a pour mission la promotion et le perfectionnement de l'**enseignement supérieur d'administration des affaires et de gestion.**

Elle compte parmi ses membres près de 1 000 institutions et une cinquantaine d'entreprises aux États-Unis mais aussi sur tous les continents : près de 250 universités (hors États-Unis) dont une vingtaine en Europe ont reçu l'AACSB INTERNATIONAL une **accréditation d'excellence**, label de haute qualité pour leur enseignement qui est périodiquement réexaminé.

L'AACSB INTERNATIONAL a son siège à Saint-Louis (E-U).

Internet : **http://aacsb.edu**

Il existe **deux autres accréditations** pour l'enseignement supérieur des affaires :
- celle de l'**European Quality Improvement System – EQUIS**
- celle de l'**Association of MBAs – AMBA**

⇒ ASSOCIATION OF MBAs ; EUROPEAN QUALITY IMPROVEMENT SYSTEM

ASSOCIATION TYPOGRAPHIQUE INTERNATIONALE – ATYPI

Organisation mondiale concernant la typographie et tous ses aspects. Fondée en 1957, elle assure l'information sur toutes les polices de caractères utilisées dans le monde et leur diffusion.

Internet : **http://atypi.org**

ASSURANCE

Celui qui recherche la sécurité et désire **se prémunir contre certains dangers ou risques** contracte une assurance auprès d'une compagnie d'assurances. En contrepartie d'une cotisation (prime) à verser en début de période, l'assuré peut prétendre à certaines prestations en cas de survenu d'événements (sinistres). Pratiquement, **l'on peut s'assurer contre presque tout** : maladie, invalidité, accident, vie, responsabilité, incendie, transport, cambriolage, vol, dégâts des eaux, tempêtes, etc.

Il y a sous-assurance (assurance insuffisante) lorsqu'au moment de la signature du contrat la valeur assurée est trop faible. Mais il n'y a pas intérêt à surévaluer les valeurs ou à vouloir assurer des éléments plusieurs fois : l'assurance, en effet, ne peut pas être source d'enrichissement.

En cas de sinistre, l'assuré sera indemnisé en tenant compte de l'état et de la valeur du bien assuré, notamment de sa vétusté ou de son usure.
Si l'assurance concerne une personne victime (accident, incapacités, décès) les sommes versées tiendront compte de son âge, des capacités physiques et de travail qu'elle conserve, de ses charges (familiales notamment), etc.
Dans tous les cas, le contrat d'assurance fixe des limites financières à l'indemnisation.
À côté des assurances de droit privé, il y a les assurances de droit public et celles qui sont basées sur la mutualité.
⇒ assurance contre le chômage ; assurance-vie ; mutuelle

ASSURANCE CONTRE LE CHÔMAGE
Lorsqu'un travailleur perd son emploi, il se trouve sans revenu aucun. La législation de la plupart des pays prévoit, en principe, des prestations adéquates à l'égard des chômeurs pour leur permettre, temporairement au moins, d'avoir un minimum de revenu pour assurer leur subsistance et celle de leur famille.
On distingue, en général, l'**assurance proprement dite** qui suppose des cotisations préalables (partagées le plus souvent entre l'employeur et le salarié) et **des prestations de solidarité** qui sont versées par l'État concerné.
⇒ assurance ; chômage

ASSURANCE DUCROIRE
Le risque couru en matière de remboursement de crédit peut être couvert par une assurance spécifique dite « assurance ducroire ».
⇒ ducroire ; risque ducroire

ASSURANCES SOCIALES
Voir : PROTECTION SOCIALE

ASSURANCE « VALEUR À NEUF »
Exceptionnellement, le montant versé par la compagnie d'assurances couvre, dans ce cas, pour des biens meubles ou immeubles, la **valeur de remplacement** de ce qui a été détruit ou endommagé. Normalement, l'assuré perçoit seulement une fraction de la valeur en question : il y a application d'un coefficient de vétusté.
⇒ assurance

ASSURANCE-VIE
Une assurance-vie classique prévoit qu'**un montant préalablement déterminé** sous forme de capital ou de rente, **est versé à l'assuré ou à d'autres bénéficiaires** désignés en cas de survenu d'événements précisés ; l'assurance peut se rapporter à la vie, au décès, ou aux deux à la fois (il s'agit alors d'une assurance mixte).
L'assureur place généralement les primes recueillies auprès des assurés en obligations (Fonds d'État) ce qui réduit les risques.
Certaines polices d'assurance-vie sont basées sur des fonds d'investissement.
⇒ assurance ; obligation ; police d'assurance ; police d'assurance-vie basée sur des fonds d'investissement ; rente

ASTREINTE
Condamnation à payer une certaine somme, à partir d'une date déterminée, par jour, par semaine ou par mois.

ATOMICITÉ
Caractéristique du **marché concurrentiel parfait** avec une grande quantité d'offreurs et de demandeurs sans que l'un ou l'autre ne bénéficie d'un monopole, ne forme un cartel, ou n'ait une influence significative sur le marché.
⇒ cartel ; concurrence parfaite ; monopole

À TOUT PRIX
Voir : AU MIEUX

ATTRIBUTION
Terme signifiant accorder ou réserver. L'**attribution gratuite** concerne les actions d'une entreprise données aux anciens actionnaires lors de la répartition de réserves et en cas d'augmentation de capital.
L'**attribution préférentielle** s'applique à un bien dont bénéficie un héritier lors d'un partage ou d'une succession.
⇒ augmentation de capital par incorporation des réserves ; donation-partage ; succession

AUDIT
Ensemble des opérations de **contrôle et de vérification** d'une comptabilité, du fonctionnement d'un service ou, dans son intégralité, d'une entreprise, d'une administration ou d'une organisation.
L'**audit**, à l'origine surtout financier, **s'est largement développé et étendu à toutes les activités et peut concerner la gestion ou certains aspects de celle-ci** (personnel, relations sociales, qualité, environnement), l'application de règles, de consignes, de contraintes administratives et, d'une façon générale, la gouvernance.
L'audit peut être **externe** lorsqu'il est effectué par un professionnel ou un cabinet indépendant. Il est **interne** lorsqu'il est réalisé par les services compétents de l'entreprise ou de l'administration. Dans l'un et l'autre cas, la fonction est en charge d'un **auditeur** qui a les compétences requises.
⇒ contrôle de gestion

AUDITEUR
Voir : AUDIT

AUGMENTATION DE CAPITAL DE LA SOCIÉTÉ COMMERCIALE
Lorsqu'une société commerciale ressent le besoin de se donner de **nouveaux moyens** financiers, elle peut, entre autres, **recourir à une augmentation de capital**. Cette opération concerne l'ensemble des sociétés, quel que soit leur statut juridique.
Les opérations les plus spectaculaires et les plus intéressantes se déroulent dans les sociétés anonymes.
Le capital social est augmenté par des apports en espèces ou en nature, par conversion des dettes de la société en actions (ceci pour alléger le passif) **ou, fréquemment, par incorporation des réserves au capital**. Les réserves constituent des bénéfices non distribués ; dans le cas de leur incorporation au capital, il n'y a pas d'apports nouveaux. L'opération d'incorporation peut aussi avoir pour but de faire baisser les cours de Bourse de l'action et ainsi d'intéresser éventuellement un plus large public.
L'**augmentation de capital peut aussi résulter de l'incorporation des « réserves spéciales de réévaluation »** lorsque l'entreprise a procédé à la réévaluation de son Bilan (évaluation de certains postes du Bilan aux prix du moment).
⇒ action ; augmentation de capital dans la société anonyme ; augmentation de capital par apports en espèces ou en nature ; capital ; droit de souscription ; réévaluation ; réserves

AUGMENTATION DE CAPITAL DANS LA SOCIÉTÉ ANONYME PAR APPORT D'ESPÈCES OU EN NATURE

Il ne peut être procédé à une augmentation de capital avant que le capital initial ou ancien ne soit libéré totalement. Normalement, le cours de Bourse de l'action ancienne dépasse la valeur nominale. Ce sont les réserves qui, en théorie, portent le cours de l'action à un montant plus élevé que la valeur nominale. Les **nouveaux titres** sont donc émis au-dessus du pair (de la valeur nominale) et la différence entre la valeur nominale et le prix d'émission de l'action nouvelle, donne lieu à une **prime d'émission** pour éviter que les anciens actionnaires ne soient désavantagés. Le nouvel actionnaire aura donc à payer un droit de souscription.

L'actionnaire a donc, pour une éventuelle augmentation de capital, un droit de souscription mais tous les anciens actionnaires ne participeront pas nécessairement à l'augmentation de capital ; il y aura un **marché des droits de souscription**, avec une cotation en Bourse.

⇒ action ; capital ; droit de souscription ; nominal

AUGMENTATION DE CAPITAL DANS LA SOCIÉTÉ ANONYME PAR INCORPORATION DE RÉSERVES, DE BÉNÉFICES ET DE REPORT À NOUVEAU

L'augmentation sera réalisée par un **ajustement de la valeur nominale des actions**. Dans certains cas, on procède à une distribution gratuite d'actions nouvelles.

Lorsqu'il s'agit d'attribution gratuite de titres, chaque action ancienne disposera d'un droit qui pourra être négocié en Bourse comme un droit de souscription.

La valeur du **droit d'attribution** est déterminée par la différence entre le cours de l'action ancienne et le cours théorique de l'action ex-droit, en tenant compte du nombre d'actions avant et après l'augmentation de capital.

⇒ action ; capital ; droit de souscription ; valeur nominale

AUGMENTATION DE CAPITAL PAR CONVERSION EN ACTIONS DES CRÉANCES DE TIERCES PERSONNES

Dans ce cas, l'**effet de compensation** sera accompagné d'une écriture comptable dans laquelle le compte de Dettes (créances de tiers sur l'entreprise) sera débité par le crédit du compte Capital social. Les anciens actionnaires doivent alors renoncer à leur droit de souscription préférentiel au profit des créanciers concernés.

⇒ action ; augmentation de capital

AU JOUR LE JOUR

Placement, souvent monétaire, pour une seule journée, éventuellement renouvelable. Par exemple, les banques se prêtent de l'argent au jour le jour.

AU MARC LE FRANC

Expression employée, en cas de répartition bénéficiaire ou de liquidation d'une entreprise commerciale, signifiant que **les ayants droit participent à un remboursement proportionnellement à leurs mises ou à leurs apports**.

⇒ créance ; liquidation

AU MIEUX

Ordre de Bourse pour exécuter un achat ou une vente, quel que soit le cours de la valeur concernée.

L'usage a remplacé ce terme par « à tout prix ».

⇒ Bourse

AU PAIR

Terme financier pour qualifier le paiement d'un titre, son remboursement ou sa valeur lorsque le prix est égal à la **valeur nominale** ou faciale (le terme de valeur faciale est peu usité pour les titres mais il est utilisé pour les monnaies métalliques, à l'avers et/ou au revers). On rencontre aussi les expressions **au-dessus et au-dessous du pair**.

⇒ Bourse ; titre

AU PORTEUR

Se dit d'un **titre boursier (action ou obligation) ou d'une créance** (chèque par exemple) anonyme (par opposition à nominatif) ; **le porteur d'un tel document est présumé en être le propriétaire**. De tels documents circulent librement et se transmettent, en principe, sans formalité.

⇒ Bourse ; créance ; titre

AU PRIX DU MARCHÉ

Au sens général, c'est le **prix** d'un produit, d'une marchandise ou d'un service tel qu'il est **déterminé dans le lieu où se confrontent l'offre et la demande** (le marché) en fonction de celles-ci.

Dans le domaine de la **Bourse**, c'est un **ordre d'exécution « au mieux » mais avec des limites** : le premier cours coté ou au prix de la meilleure offre pour l'achat, de la meilleure demande pour la vente d'un titre.

⇒ Bourse ; marché ; titre

AUSTÉRITÉ

Politique consistant à mettre en œuvre les moyens d'un **équilibre économique considéré comme satisfaisant** en limitant ou en interdisant les variations des prix, des salaires, des taux d'intérêts, de la dette publique, des changes etc.

C'est une **politique de rigueur au plan économique et social** décidée et appliquée par l'État.

Elle peut concerner aussi une **entreprise** ou une organisation lorsqu'il s'agit de limiter les frais généraux, de réduire « le train de vie » et toutes les charges non directement productives.

⇒ charges ; frais généraux

AUTARCIE

Cette expression désigne l'**indépendance économique d'un État**. L'économie d'un pays est alors, en principe, en mesure de créer et de réaliser tout elle-même, sans relations avec l'étranger. Il s'agit d'une **situation anormale** qui se présente lorsqu'on prépare une guerre ou lorsque l'on est en guerre ou encore par décision politique.

On parle aussi d'autarcie lorsque le peuple se gouverne lui-même : c'est le « self government » ou « **l'économie fermée** ».

On distingue l'**autarcie de repliement** dans laquelle le pays se suffit à lui-même et l'**autarcie d'expansion** par laquelle le pays engage des conquêtes territoriales pour assurer son autosuffisance.

AUTHENTIFICATION

Technique électronique permettant de vérifier l'identité d'un utilisateur d'INTERNET et l'origine des messages.

⇒ INTERNET

AUTOCONTRÔLE

C'est le contrôle d'une société par une ou plusieurs autres avec qui des liens financiers existent (société mère et filiales) ; les participations croisées entre plusieurs sociétés jouent un rôle équivalent.

L'autocontrôle désigne aussi **l'organisation mise en place dans une entreprise pour assurer le contrôle de la qualité** et la conformité des produits aux normes et aux spécifications.
⇒ filiale

AUTOFINANCEMENT
Utilisation par une entreprise ou un particulier de leurs **propres ressources internes pour financer leurs investissements**.
L'individu emploie son épargne et l'entreprise ses bénéfices, ses réserves disponibles, ses amortissements et ses provisions.
Le **ratio d'autofinancement** (rapport entre le montant de l'autofinancement disponible pour un exercice donné et les investissements réalisés) **mesure la capacité de l'entreprise à investir sans avoir recours à l'emprunt.**
⇒ amortissement ; cash-flow ; épargne ; investissement ; provisions ; réserves

AUTOGESTION
Les salariés eux-mêmes assurent la production ou la fabrication dans le cadre d'une organisation qui fixe et répartit les tâches puis distribue au personnel les revenus de l'activité.
Sauf à ce que l'État soit propriétaire du capital (du sol pour l'agriculture), l'autogestion ne peut se concevoir sans le facteur capital tant pour l'activité de l'entreprise que, plus encore, pour son développement.

AUTOMATE VOCAL
Système permettant, à partir d'un poste téléphonique, en appelant un numéro déterminé, de faire un choix, d'obtenir un correspondant sélectionné, un destinataire particulier, de recevoir une réponse ou d'avoir un renseignement en utilisant les touches de l'appareil en fonction des indications d'un menu vocal.

AUTORISATION
C'est un **accord ou une tolérance** donnée par une Administration, un organisme financier, une organisation, etc.
L'**autorisation de découvert** est l'accord d'un banquier pour consentir à son client un crédit.
L'**autorisation de prélèvement** est donnée par le client à son banquier de débiter son compte d'une somme déterminée à une échéance convenue.
L'**autorisation de programme** concerne l'État et les Administrations qui peuvent ainsi engager des dépenses d'investissements sur plusieurs exercices, les paiements devant faire l'objet d'autorisations ultérieures spécifiques.
⇒ crédit ; échéance

AUTORISATION DE DÉCOUVERT
Voir : AUTORISATION

AUTORISATION DE PRÉLÈVEMENT
Voir : AUTORISATION

AUTORISATION DE PROGRAMME
Voir : AUTORISATION

AUTORITÉ DE LA CHOSE JUGÉE
Le terme est utilisé non seulement dans le langage judiciaire mais aussi, d'une façon générale et par extension, **pour exprimer que ce qui a été jugé ou décidé par une autorité, ne peut pas être remis en cause.**
En **matière judiciaire** on parle :
– d'**autorité** lorsque le jugement est rendu,
– **de force** lorsque les moyens et les délais de recours ont été mis en œuvre,
– **d'irrévocabilité**, lorsque plus rien ne peut être tenté.
⇒ jugement ; recours

AUTORITÉ DES MARCHÉS FINANCIERS – AMF
Autorité de régulation et de contrôle des marchés boursiers français. L'AMF remplace depuis 2003 :
– la commission des opérations de Bourse – COB
– le Conseil des Marchés Financiers – CMF
– le Conseil de Discipline de la Gestion Financière – CDGF
Cet organisme joue un rôle similaire à celui de :
– la Securities and Exchange Commission – SEC – aux États-Unis,
– et du Securities and Exchange Board – SIB – en Grande-Bretagne.
L'AMF est dirigée par un collège de 15 membres avec une commission des sanctions.
Le siège est à Paris (France).
Internet : **http://www.amf-France.org**

AUTORITÉ EUROPÉENNE POUR LA SÉCURITÉ DES ALIMENTS – EFSA
en anglais : EUROPEAN FOOD SECURITY AUTHORITY – EFSA
Créée en 2002 par l'UNION EUROPÉENNE – UE – l'EFSA a pour mission, en s'appuyant sur des conseils scientifiques indépendants, **de surveiller tout ce qui concerne directement ou indirectement la sécurité alimentaire, d'analyser les risques de la chaîne alimentaire** et de conseiller dans ce domaine la COMMISSION EUROPÉENNE, pour lui permettre de prendre les mesures de sécurité qui s'imposeraient.
Le siège de l'EFSA est partagé entre Parme (Italie) et Helsinki (Finlande).
Internet : **http://europa.eu.int/agencies/efsa**

AUTORITÉS
Elles représentent le **pouvoir légitime** dans un État (Autorités Publiques ou Pouvoirs Publics), une administration (autorités administratives, autorités judiciaires), une association, une organisation, etc.
Les **autorités monétaires** sont celles qui détiennent le pouvoir en matière de monnaie et de taux d'intérêt, ce qui est notamment le cas des Banques Centrales et de la BANQUE CENTRALE EUROPÉENNE pour les pays de la Zone euro.
⇒ banque centrale ; BANQUE CENTRALE EUROPÉENNE

AUTORITÉS MONÉTAIRES
Voir : AUTORITÉS

AVAL
En droit cambiaire (relatif à la banque), c'est **la garantie du paiement** d'une lettre de change ou d'un effet de commerce par une banque ou un établissement financier.
L'intervenant s'appelle **donneur d'aval, avaliseur ou avaliste.**
⇒ acceptation ; billet à ordre ; caution ; lettre de change

AVANCE
Paiement partiel d'une somme due ou prêtée, d'un crédit ou encore de les consentir à une date fixée.

Le terme est aussi utilisé **lorsqu'une entreprise verse par avance à un salarié une partie de son salaire**.
Le terme est, dans de nombreux cas, synonyme d'acompte.
⇒ crédit ; acompte

AVANTAGE
Profit matériel ou moral s'ajoutant à un salaire, une libéralité, un service ou simplement attribué ou octroyé à un individu, une entreprise, une organisation.
L'avantage peut être financier, fiscal, matrimonial, préférentiel, social, contributif, etc.
L'**avantage en nature** concerne ce qui n'est pas perçu en numéraire par le bénéficiaire par exemple, pour un salarié, un logement ou une voiture mis à sa disposition par son entreprise.
Les **avantages acquis ou avantages sociaux acquis** concernent l'ensemble des avantages qui ont une certaine pérennité et ne peuvent pas facilement être remis en question. Ils figurent notamment dans un contrat de travail, font l'objet dans un accord d'entreprise, d'une convention collective ou d'une disposition légale.
⇒ accord d'entreprise ; convention collective

AVANTAGES ACQUIS
Voir : AVANTAGE

AVARIE
À l'origine le terme concernait les dommages et détériorations subis en haute mer ou en eau douce par des navires ou des péniches. Par extension ce sont aussi les **dommages causés au cours de transports** à du matériel, à des marchandises ou à des produits ainsi qu'aux moyens de transport eux-mêmes. Toute une « science » se développe autour de cette expression. On parle de **clauses d'avarie**, de **commissaires d'avarie**, de **comptes d'avarie**, de **certificats d'avarie**, de **compromis d'avarie** etc.

AVEU
Avouer, c'est reconnaître des faits.
L'aveu peut **être judiciaire** ; dans ce cas, il se retourne contre celui qui le fait.
L'aveu **ne peut pas être partiel**, il n'est pas divisible : c'est tout ou rien. L'aveu est, en principe, **irrévocable**.
L'aveu qui est fait en dehors de la justice (**aveu extrajudiciaire**) est comparable à la présomption.
⇒ présomption

AVOCAT
Spécialiste du droit, chargé de représenter les plaideurs devant un tribunal ou une cour de justice et d'y défendre leurs intérêts.
La profession est réglementée dans la plupart des États ; elle peut être exercée à titre individuel ou en groupe (association ou société).
L'**avocat général** est, dans certains pays, le représentant de l'État, chargé de demander l'application de la loi ; au sein de la Cour Européenne de Justice, l'avocat général représente l'UNION EUROPÉENNE – UE.

AVOIR
Le mot AVOIR a la particularité d'admettre **différentes significations** :
– ensemble du **patrimoine** d'un individu,
– montant total du **crédit** dont on peut disposer auprès d'une banque,
– ce qui **est dû** à une personne sans avoir encore été effectivement payé,
– en comptabilité, le **côté crédit** est aussi celui de l'avoir,
– **somme** dont on dispose **en banque**,
– **somme** dont dispose une banque sur une autre (avoirs nostro et loro),
– **total de l'actif du bilan** (avoir total comptable),
– **capital propre** (avoir net en comptabilité).
L'avoir peut être en numéraire, en devises, en dépôt etc.
⇒ actif ; crédit ; loro ; nostro ; patrimoine

AVOUÉ
Dans certains États, c'est un **officier ministériel** (titulaire d'un office ou d'une charge, officiellement désigné par les Autorités Publiques), **chargé d'effectuer devant une cour de justice, la procédure** c'est-à-dire l'ensemble des formalités nécessaires au déroulement du procès.

À VUE
Paiement effectué sur simple présentation d'un document permettant de réaliser l'opération, généralement contre une signature.
Les opérations de retrait d'espèces dans une banque ou par un appareil spécifique, le « distributeur automatique de billets – DAB » se font aussi au moyen d'une carte de paiement.

AWARENESS
Terme anglo-américain signifiant littéralement « conscience ».
Le consommateur doit être informé qu'un produit, qu'une marque qu'un article de marque a été créé et existe : il faut qu'il en prenne conscience. C'est donc **un prélude nécessaire pour accrocher, convaincre et amener le consommateur potentiel à acheter un bien** déterminé.
⇒ brand ; marketing ; merchandising

AXIOME
Raisonnement considéré comme évident, qui ne peut pas être discuté ; les théories économiques sont rarement basées sur des axiomes…

AYANT DROIT
Celui qui **bénéficie d'un droit, d'un bien ou d'une prestation** déterminé. L'expression est utilisée aussi en matière de rentes, de pensions, de successions et aussi en cas de réparation de dommages.

B

BACK UP
Terme anglo-américain signifiant « réserve ».
C'est pour une entreprise, un droit de tirage de crédit sur une banque, à titre de sécurité.
⇒ crédit

BAIL
Contrat (écrit ou verbal) de location d'un bien pour une durée déterminée et un prix convenu. Celui qui donne ou consent un bail est **le bailleur**, celui qui en bénéficie, **le preneur** (le **locataire** pour un immeuble, le **fermier** pour une exploitation rurale). Le bail peut concerner des personnes physiques ou des personnes morales.
Certains baux ont des caractéristiques particulières :
– le **bail commercial** concerne la location d'un fonds de commerce (de produits, de marchandises, de services, ou artisanal) ; la législation impose en général des règles particulières (notamment pour le renouvellement) à ce type de bail,
– le **bail à construction** est consenti pour une période longue, par le propriétaire d'un terrain pour y édifier un bâtiment dont, en principe, la propriété reviendra au locataire à la fin du bail,
– le **bail emphytéotique** est un bail de très longue durée (jusqu'à 99 ans) qui concerne un immeuble et donne au preneur (dit l'emphytéote) des droits particuliers,
– le **bail à cheptel** est la location de bétail, notamment pour l'élevage.
⇒ loyer

BAILLEUR
Voir : BAIL

BAILLEUR DE FONDS
Personne physique ou personne morale qui apporte des fonds (donc de l'argent) à une entreprise soit pour sa constitution, soit dans le cadre d'un prêt, soit par souscription d'actions ou d'obligations de cette entreprise.
Plus généralement, le bailleur de fonds est celui qui apporte de l'argent.

BAIL OUT
Expression anglo-américaine signifiant « **sortie d'affaire** » pour rendre attentif au fait que le bailleur de fonds privé (celui qui prête à une entreprise) peut être évincé du marché financier par le secteur public qui pourrait garantir un intérêt plus élevé.
⇒ bailleur de fonds

BAILEY Samuel (1791-1870)
Économiste anglais connu pour son livre *Dissertation critique sur la nature, les mesures et les causes de la valeur* publié en 1825 dans lequel, s'opposant aux idées de RICARDO, il combat la théorie de la valeur « travail » estimant que l'analyse économique doit tenir compte des individus.
⇒ RICARDO

BAISSE
C'est la **baisse des cours de la Bourse** mais aussi toute action qui a pour objectif de faire diminuer un prix, une production, un niveau d'activité, etc.
⇒ baissier ; Bourse

BAISSIER
en anglais : BEAR (ou BEARISH)
Le baissier espère que **les cours de la Bourse** (Bourse de valeurs mobilières ou Bourse de marchandises) **baisseront et lui permettront d'en tirer profit**. Le terme baissier est peu utilisé et on emploie plus volontiers le terme anglais.
⇒ haussier

BAKER
Voir : PLAN BRADY

BAKOUNINE Mikhaïl Aleksandrovitch (1814-1876)
Anarchiste et conspirateur russe, philosophe et révolutionnaire, BAKOUNINE défend la thèse selon laquelle « **chacun doit participer à la jouissance des richesses sociales en fonction de son travail qui, seul, produit la richesse** ». **Théoricien du socialisme libertaire, défenseur de l'autogestion**, opposé à l'état bureaucratique, il **veut mettre fin à l'esclavage divin comme à celui de l'État** : « Nous repoussons toute législation, toute autorité et toute influence » écrit-il dans *Dieu et l'État*. Auteur de *La réaction en Allemagne* (1842) mais aussi de *Confession*, il fonde l'« Alliance Internationale de la Démocratie Socialiste » mais s'oppose à K. MARX notamment au sein de la 1re Internationale. Il prône une organisation politique fédérant des communes libres et autonomes.
⇒ MARX

BALANCE DES PAIEMENTS
Les économies autarciques n'ont, en principe, aucun contact avec l'étranger.
L'élaboration d'une **balance des paiements n'a de sens que dans une économie ouverte. Cette balance enregistre toutes les opérations qui sont effectuées dans un intervalle déterminé avec les économies étrangères**. Il s'agit donc de faire la saisie de la juxtaposition de tout ce qu'un pays vend à l'étranger et inversement, de tout ce qu'il achète. Par analogie avec la comptabilité, on parlera d'une situation active ou passive ou de soldes sans qu'on emploie les désignations débit et crédit.
La structure de la balance des paiements est en général complexe.
Tout d'abord on fait la distinction entre les performances d'un pays qui se traduisent par un système « recettes-dépenses » et les opérations financières afférentes. **La balance des « performances », encore appelée balance des transactions courantes**, porte sur les importations et les exportations ainsi que sur les opérations à sens unique (donc sans contrepartie par exemple dons et cotisations à des fonds internationaux).
En font partie :
– la **balance commerciale** (exportations et importations de marchandises) ; ce sont les opérations **visibles**,
– la **balance des services** (exportation et importations de services, tourisme, transports, assurances) ce sont les opérations dites **invisibles**,
– la **balance des transferts** (prestations en direction de l'étranger : les travailleurs étrangers virent de l'argent dans leurs pays d'origine, le Gouvernement d'un pays effectue

Les 3 000 mots essentiels de l'économie et des affaires

des transferts de fonds à l'intention d'organismes internationaux. Ici encore il y a des exportations et des importations de services).
En matière financière, il y a la **balance des capitaux**. Elle se compose :
– de la **balance des mouvements de capitaux à long terme et de celle des mouvements à court terme**,
– de la **balance des devises** et,
– de la **balance des « mouvements non clarifiés »** (par exemple crédits privés, « contrebande monétaire », etc.).
La balance commerciale donne avec la balance des services et des capitaux à long terme, ce qu'on appelle la « **balance de base** ».
Les balances partielles sont actives ou passives et renseignent soit un excédent soit un déficit. Les « soldes » de la « balance des performances » et de la « balances des capitaux » sont identiques. La balance des paiements est excédentaire ou déficitaire. Une balance des paiements déficitaire est synonyme de pénurie de devises ; dans le cas contraire il y a un excédent de devises. **L'équilibre en matière de balance des paiements est toujours souhaitable**. Cependant, cela est illusoire et il faut plutôt **veiller en permanence à un équilibre dans le déséquilibre**.
En fait une balance des paiements **déficitaire** signifie : **inflation faible** et **chômage** accru, alors qu'une balance des paiements **excédentaire** aura comme conséquence, **moins de chômage et davantage d'inflation**.
Les délocalisations à l'étranger ont une influence sur la balance des paiements ; le rendement des capitaux investis peut ainsi constituer une source de recettes importantes pour le pays qui délocalise. Mais si cet investissement avait été réalisé dans ce pays, il aurait contribué à créer des emplois et aurait aussi généré des profits sans apporter les inconvénients de la délocalisation.
⇒ chômage ; délocalisation ; inflation

BALASSA
Voir : EFFET BALASSA-SAMUELSON

BANCOR
Terme inventé par l'économiste J. M. KEYNES pour désigner **une monnaie internationale** dont il proposa la création lors de la conférence de BRETTON WOODS en 1942. **Ce projet est resté sans suite**.
⇒ Bretton Woods ; monnaie ; KEYNES

BANDES OU MARGES AUTORISÉES
Dans le cadre de certains « systèmes monétaires », (« Système Monétaire Européen », « Système Monétaire International ») **les possibilités de déviation du cours de change fixe étaient limitées à une marge (bande)**. Dans le cas de l'ECU par exemple, la marge s'élevait à + ou – 2,25 %. Lorsque les déviations atteignaient 75 % des limites autorisées (75 % de 2,25 % = 1,68 %), il fallait déclencher le mécanisme de l'ajustement. Ceci entraînait soit une **dévaluation**, soit une **réévaluation**, c'est-à-dire, une modification du cours directeur de change.
⇒ ECU ; serpent monétaire ; système monétaire ; système monétaire européen

BANQUE
Entreprise dont le rôle est de collecter ou de recevoir des fonds pour les prêter en assurant un certain nombre de services complémentaires, financiers et boursiers notamment. **La banque est l'un des rouages essentiels à l'activité économique par le prêt et le change**. Depuis l'Antiquité, et même en deçà (certains situent l'origine de la banque au IIIe millénaire avant J.-C.), l'activité bancaire s'est plus ou moins développée, suivant les périodes, au cours des siècles, mais le Moyen Âge lui donne une nouvelle impulsion que l'ère industrielle va considérablement amplifier.
Les grandes sociétés bancaires actuelles se créent à la fin du XIXe siècle et les sociétés financières au XXe siècle : elles sont les unes et les autres, les piliers de l'économie. Elles n'ont pas cessé de diversifier leurs produits et de proposer de multiples solutions innovantes pour le financement des entreprises et des particuliers, y compris dans les activités boursières. **Les États ont très généralement imposé des règles strictes à l'activité bancaire** et ont mis en place des organismes pour assurer leur application, la coordination de leurs activités et de leur contrôle (Banque Centrale), parfois en les nationalisant.
La nature juridique des banques et des institutions ou sociétés financières est très variable : société anonyme, coopérative, mutuelle etc.
On distingue de nombreuses catégories de banques suivant la nature de leur activité principale : banque commerciale, banque de dépôt, banque d'affaires, banque universelle.
La profession bancaire devrait connaître de profondes restructurations, déjà en cours, pour s'orienter vers un rôle plus développé de **conseiller économique, financier et boursier** en reportant sur le client certains travaux d'exécution via INTERNET. Une Directive de l'UNION EUROPÉENNE – UE – devrait, notamment, établir un nouveau régime de fonds propres pour les banques et les entreprises d'investissement qui tiendront mieux compte des risques mais aussi de la mise en œuvre par ces organismes de techniques nouvelles ; ces règles, liées aux décisions internationales, devraient être appliquées fin 2006.
⇒ Banque Centrale ; banque commerciale ; banque d'affaires ; banque de dépôt ; banque universelle ; change ; mutuelle ; prêt

BANQUE AFRICAINE DE DÉVELOPPEMENT – BAD
en anglais : AFRICAN DEVELOPMENT BANK – ADB
Organisme financier créé en 1964, sur l'initiative de l'ORGANISATION DES NATIONS UNIES – ONU – pour **promouvoir le développement économique et social, les investissements et l'assistance technique du continent africain** dont elle regroupe la quasi-totalité des États ; de nombreux pays d'Europe, d'Asie et d'Amérique se sont associés à la BAD pour accroître ses moyens d'intervention et son efficacité.
La BAD a initié un fonds spécial d'investissement, l'AFRICAN DEVELOPMENT FUND (ADF). La BAD regroupe 77 États membres ; elle a son siège à Abidjan (Côte-d'Ivoire). Elle a à sa tête un Conseil des Gouverneurs qui regroupe tous les participants et se réunit annuellement.
Internet : **http://www.afdb.org**

BANQUE ASIATIQUE DE DÉVELOPPEMENT – BASD
en anglais : ASIAN DEVELOPMENT BANK – ADB
Institution financière créée en 1966 entre 31 États, non seulement pour participer au développement des États d'Asie et du Pacifique mais aussi pour **y réduire la pauvreté et la misère**.
La BASD compte actuellement 61 États membres dont les représentants constituent le Conseil des Gouverneurs.

La BASD tient une Assemblée Générale annuelle et a son siège à Manille (Philippines).
Internet : **http//www.adb.org**

BANQUE CENTRALE
Dans chaque État, la BANQUE CENTRALE a, en général, pour missions essentielles :
– l'exécution de la politique monétaire du gouvernement,
– l'émission de la monnaie fiduciaire.
Elle est le banquier de l'État et la banque des banques du pays concerné ; elle organise la **compensation** entre elles (au niveau international intervient la BANQUE DES RÈGLEMENTS INTERNATIONAUX – BRI).
Dans l'UNION EUROPÉENNE – UE – c'est la BANQUE CENTRALE EUROPÉENNE – BCE – qui définit et met en œuvre **la politique monétaire pour l'ensemble des pays de la zone euro**.
Parmi les principales Banques Centrales de l'UE et de la zone EURO, on peut citer :
– pour l'**Allemagne**, la BUNDESBANK – BBK – créée en 1957 et issue de l'ancienne BANK DEUTSCHER LÄNDER. Elle a son siège à Fancfort-sur-le-Main ;
– pour la **Belgique** : la BANQUE NATIONALE DE BELGIQUE – BNB – (NATIONALE BANK VAN BELGIË – NBB) créée en 1850 et dont l'État détient la moitié des actions. La BNB, dirigée par un gouverneur nommé par le Roi, assisté d'un Conseil de Direction et d'un Conseil de Régence, est le caissier de l'État a qui elle apporte ainsi qu'au système financier belge un ensemble d'informations économiques. Son siège est à Bruxelles ;
– pour la **France**, la BANQUE DE FRANCE – BF – fondée en 1800, nationalisée en 1945 avec des statuts modifiés en 1993 pour lui assurer l'indépendance nécessaire dans le cadre de l'Union Économique et Monétaire de l'UE. Son Gouverneur est nommé par l'État et il est assisté par un Conseil de Politique Monétaire. Son siège est à Paris ;
– pour le **Luxembourg**, la BANQUE CENTRALE DU LUXEMBOURG – BCL – LUXEMBURGISCHE ZENTRALBANK – LZB, créée en 1998 pour remplacer l'INSTITUT MONÉTAIRE LUXEMBOURGEOIS – IML – (1983) qui avait succédé au « Commissaire au Contrôle des Banques ». C'est un établissement public dont l'État détient la totalité du capital. Son siège est à Luxembourg.
Ces banques assurent la mise en œuvre des décisions de la BANQUE CENTRALE EUROPÉENNE – BCE – et sont totalement intégrées au **Système Européen des Banques Centrales**. Au plan national, elles jouent le rôle de « banques des banques », elles surveillent le bon fonctionnement du système bancaire, elles gèrent les comptes des Administrations, de la dette publique de l'État, elles surveillent les incidents de paiement notamment des entreprises et la circulation de la monnaie fiduciaire.
Plusieurs pays peuvent s'associer pour confier à une banque centrale commune différentes missions. C'est le cas de la BANQUE DES ÉTATS D'AFRIQUE CENTRALE – BEAC – et de la BANQUE CENTRALE DES ÉTATS DE L'AFRIQUE DE L'OUEST – BCEAC.
SITES INTERNET des Banques Centrales :
– Allemagne : **http://www.bundesbank.de**
– Belgique : **http://wwwbnb.be**
– France : **http://www.banque-France.fr**
– Luxembourg : **http://www.bcl.lv**

⇒ BANQUE CENTRALE EUROPÉENNE ; BANQUE CENTRALE DES ÉTATS DE L'AFRIQUE DE L'OUEST ; BANQUE DES ÉTATS D'AFRIQUE CENTRALE ; BANQUE DES RÈGLEMENTS INTERNATIONAUX ; compensation ; monnaie ; politique monétaire ; Union Économique et Monétaire

BANQUE CENTRALE DU LUXEMBOURG – BCL
Voir : BANQUE CENTRALE

BANQUE CENTRALE EUROPÉENNE – BCE
L'**Union Économique et Monétaire – UEM** – formellement mise en place par le **Traité de Maastricht** (1992) poursuivait le processus d'intégration économique entre les pays membres de l'UNION EUROPÉENNE – UE – qui était l'objectif du **Traité de Rome** (signé en 1957 et entré en vigueur en 1958).
L'UEM impose à l'UE une **politique monétaire commune aux États participant à la monnaie unique – l'euro –** ainsi qu'une autorité souveraine, la BANQUE CENTRALE EUROPÉENNE – BCE – qui a succédé à l'INSTITUT MONÉTAIRE EUROPÉEN – IME – (1994) chargée de préparer l'introduction de l'euro au 1er janvier 1999 et la mise en place de la politique monétaire.
La BCE a été officiellement créée en 1998 ; elle est totalement indépendante des gouvernements des pays membres de l'UE et des institutions communautaires. **C'est la BCE qui fixe, conduit et contrôle la politique monétaire de l'UE.**
La BCE est le pivot du système européen des Banques Centrales – SEBC – qui comprend notamment :
– un organe décisionnel, le **Conseil des Gouverneurs** (les gouverneurs des banques centrales des pays participant à l'euro) qui définit la politique monétaire et fixe le taux d'intérêt directeur ;
– le **Directoire** qui met en œuvre la politique monétaire ;
– le **Conseil Général** qui réunit les gouverneurs des Banques Centrales de tous les pays de l'UE pour renforcer leur coordination en matière de politique monétaire.
C'est la BCE qui autorise l'émission des billets en euros et approuve celle des pièces. Le capital de la BCE est détenu par les Banques Centrales nationales.
La BCE a son siège à Francfort-sur-le-Main (Allemagne).
Internet : **http://www.ecb.int**
⇒ Banque Centrale ; euro ; Union Économique et Monétaire de l'UNION EUROPÉENNE

BANQUE COMMERCIALE
Établissement financier recevant de sa clientèle des dépôts à vue ou à terme et lui accordant des crédits.
La distinction avec la banque de dépôts, qui a le même objet, a été supprimée dans de nombreux pays ; de même les titres de « banque du commerce extérieur » ou de « banque de l'industrie » sont le plus souvent devenus sans objet même si certaines banques sont spécialisées dans une activité précise.
⇒ banque d'affaires ; banque de dépôt ; banque universelle ; établissement financier

BANQUE D'AFFAIRES
Banque dont le but principal est d'ouvrir des crédits, de prendre des participations dans des sociétés ou des entreprises et de les gérer. La banque d'affaires ne peut pas accepter les dépôts à vue.
⇒ banque de dépôts ; banques de crédits à long et à moyen termes ; banque universelle ; institut financier

BANQUE DE CRÉDIT À LONG ET À MOYEN TERMES

Banque qui accorde, en principe, des crédits d'une durée supérieure à deux ans et reçoit comme contrepartie, des dépôts à plus de deux ans ; elle intervient notamment pour le financement des entreprises.
⇒ banque commerciale ; banque de dépôts ; banque d'affaires ; banque universelle ; établissement financier

BANQUE DE DÉPÔTS

Ce type de banque a comme mission de **recueillir auprès du grand public des dépôts à vue** (remboursables immédiatement, donc à première demande) et **des dépôts à terme** (dont le remboursement s'effectue plus tard, généralement à une époque déterminée) et **d'ouvrir des crédits**. De nombreuses législations ont supprimé la distinction entre banque de dépôts et banque commerciale.
⇒ banque commerciale ; banque d'affaires ; banques de crédit à long et à moyen termes ; banques universelles ; établissements financiers

BANQUE DE FRANCE

Voir : BANQUE CENTRALE

BANQUE DE DONNÉES

Ensemble d'informations réunies sur un sujet ou dans un domaine déterminé (un thème, une idée, une activité, un secteur, une entreprise, une région ou un pays, etc.) **en utilisant tous les moyens de la statistique et de l'informatique**.
La **base de données** est synonyme, même si on considère que la base de données concernerait plusieurs sujets alors que la banque de données serait dédiée à un seul.
La banque ou la base de données doivent être organisées pour une consultation facilement accessible et régulièrement tenues à jour.

BANQUE DES RÈGLEMENTS INTERNATIONAUX – BRI
en anglais : BANK OF INTERNATIONAL SETTLEMENT – BIS

Créée dès 1930, c'est la **banque des Banques Centrales** dont elle reçoit des dépôts et à qui elle consent des prêts ; c'est aussi une **chambre de compensation au niveau international**.
La BRI assure la concertation entre les Banques Centrales pour qui elle est une source importante d'informations financières et économiques.
La BRI impose aux banques une couverture des risques en fonction de leurs engagements internationaux : c'est le « **ratio COOKE** » dont le niveau et les modalités seront modifiés entre 2004 et 2006. La structure de la BRI qui a, depuis l'origine, son siège à Bâle (Suisse) comprend la « Réunion Générale des Banques Centrales membres » (49), un Conseil d'Administration et des organes de gestion.
La BRI est l'une des **grandes institutions financières internationales**.
Internet : **http://www.bis.org**
⇒ accord de Bâle ; banque centrale ; chambre de compensation ; G 10

BANQUE ÉLECTRONIQUE

Traditionnellement la banque a recours à un très nombreux personnel pour ses différents départements. Dans le but de comprimer les charges mais aussi par souci de **s'adapter efficacement à l'ère électronique**, des mesures de rationalisation en ce sens ont été prises par la plupart des banques.
D'ores et déjà il y a des banques sans ou sans beaucoup de guichets qui sont seulement accessibles par téléphone ou par fax ou par e-mail avec des systèmes de réseaux. Ces banques sont souvent appelées « **banques directes** ».
⇒ banque

BANQUE EUROPÉENNE D'INVESTISSEMENT – BEI

C'est l'**Institution financière de l'UNION EUROPÉENNE – UE**
Créée en 1958 par le Traité de Rome, la BEI a pour **objectif d'aider au financement des investissements nécessaires au développement de l'UE**.
La BEI ne poursuit pas de but lucratif et accorde des prêts à long terme pour des projets conformes aux objectifs de l'UE et concernant le développement des régions, celui des réseaux de transports, et de télécommunication, le renforcement de la compétitivité industrielle, l'amélioration du cadre de vie et le soutien de la politique énergétique. Elle participe également aux actions de l'UE à l'égard des pays tiers notamment ceux en développement.
Le FONDS EUROPÉEN D'INVESTISSEMENT – FEI – qui fait partie du Groupe BEI a essentiellement deux pôles d'activités en faveur des Petites et Moyennes entreprises – PME :
– **le capital-risque**, avec des prises de participations,
– **la garantie de portefeuille de prêts bancaires** (augmentation des crédits, réassurance, etc.) et **la garantie des investissements dans le domaine de la protection de l'environnement**.
Les grandes orientations de la BEI sont fixées par le Conseil des Gouverneurs (un par État membre, en général les ministres des Finances) devant lequel est responsable un Conseil d'Administration. La gestion exécutive est assurée par un Comité de Direction.
Ce sont les États membres qui sont actionnaires de la BEI.
Le siège de la BEI est à Luxembourg (Grand-Duché de Luxembourg).
Internet BEI : **http://www.bei.org**
Internet FEI : **http://www.eif.org**
⇒ pays tiers ; TRAITÉ DE ROME ; UNION EUROPÉENNE

BANQUE EUROPÉENNE DE RECONSTRUCTION ET DE DÉVELOPPEMENT – BERD

Décidée lors de la réunion du G 7 de 1989, la BERD a été effectivement créée en 1991. Elle a pour objectif essentiel de financer les États de l'**Europe de l'Est** qui appartenaient au « bloc communiste » pour assurer la transition de leur économie dirigée et centralisée **vers une économie de marché**.
La BERD intervient dans de nombreux domaines pour assurer le financement de projets rentables dans le secteur privé et notamment les PME – PMI. La BERD compte actuellement 61 membres et l'UNION EUROPÉENNE – UE – y est majoritaire ; les États-Unis, le Japon en font partie. Son capital est constitué, ainsi que ses ressources, par des contributions des États membres. Un Conseil des Gouverneurs fixe les grandes orientations et en œuvre un Comité Exécutif. La BERD a son siège à Londres (G.-B.).
Internet : **http://www.ebrd.com**
⇒ G 7 (G 8) ; UNION EUROPÉENNE

BANQUE INTERAMÉRICAINE DE DÉVELOPPEMENT – BID
en anglais : INTER AMERICAN DEVELOPMENT BANK – IDB

Créée en 1959 elle a pour objectif le financement des États, des organismes publics et, par eux, des entreprises, pour des projets de développement économiques et sociaux des pays latino-américains et des Caraïbes.

Internet : **http://www.iadb.org**

BANQUE INTERNATIONALE DE COOPÉRATION ÉCONOMIQUE – BICE
Voir : CONSEIL D'ASSISTANCE ÉCONOMIQUE MUTUELLE

BANQUE INTERNATIONALE D'INVESTISSEMENT – BII
Voir : CONSEIL D'ASSISTANCE ÉCONOMIQUE MUTUELLE

BANQUE INTERNATIONALE POUR LA RECONSTRUCTION ET LE DÉVELOPPEMENT – BIRD
Voir : BANQUE MONDIALE

BANQUE MONDIALE

Créée en 1945 en même temps que le FONDS MONÉTAIRE INTERNATIONAL – FMI – par 44 pays membres de l'ORGANISATION DES NATIONS UNIES – ONU, à l'issue de la Conférence de BRETTON WOODS (E-U) de 1944, elle avait pour **objectif initial d'« aider à la reconstruction et au développement des territoires des états membres, en facilitant l'investissement »**. Aujourd'hui, elle est largement orientée vers l'aide aux pays du tiers-monde et à ceux qui sont en voie de développement ; son action s'étend aussi à l'éducation, la santé, l'environnement, le développement social et la lutte contre la pauvreté. 184 pays sont, en 2002, membres et actionnaires de la BANQUE MONDIALE. Pour financer ses prêts, toujours garantis par les États membres concernés, elle tire ses ressources de son capital, de ses placements et des remboursements de ses prêts. En plus de 50 ans, elle a financé 6 000 projets. La BANQUE MONDIALE a créé cinq **Institutions filiales** (qui regroupent la plupart des pays membres) pour mieux assurer l'efficacité, dans certains domaines, de ses actions et de leur nécessaire suivi :
– la BANQUE INTERNATIONALE POUR LA RECONSTRUCTION ET LE DÉVELOPPEMENT – BIRD – qui est le principal outil de la BANQUE MONDIALE ;
– l'AGENCE INTERNATIONALE POUR LE DÉVELOPPEMENT – IDA – (aide aux pays les plus pauvres) ;
– la SOCIÉTÉ FINANCIÈRE INTERNATIONALE – SFI – (développement économique y compris celui concernant le secteur privé) ;
– l'AGENCE MULTILATÉRALE DE GARANTIE DES INVESTISSEMENTS – MIGA ;
– le CENTRE INTERNATIONAL POUR LE RÈGLEMENT DES DIFFÉRENDS RELATIFS AUX INVESTISSEMENTS – CRDI ;
La BANQUE MONDIALE comprend une Assemblée des Gouverneurs (un par État membre) et elle est dirigée par un Conseil de 20 Administrateurs. Son siège est à WASHINGTON (E-U).

Internet : **http://www.banquemondiale.org**
⇒ BRETTON WOODS ; FONDS MONÉTAIRE INTERNATIONAL ; ORGANISATION DES NATIONS UNIES

BANQUE NATIONALE DE BELGIQUE – BNB
NATIONALE BANK VAN BELGIË – NBB
Voir : BANQUE CENTRALE

BANQUE OFF SHORE
Voir : OFF SHORE

BANQUE OUEST AFRICAINE DE DÉVELOPPEMENT – BOAD
en anglais : WEST AFRICAN DEVLOPMENT BANK – WADS

Institution commune de financement du développement des États de l'Union Monétaire Ouest Africaine (UMOA), créée en 1973 et transformée en 1994 en UNION ÉCONOMIQUE ET MONÉTAIRE OUEST AFRICAINE (UEMMOA).

La BOAD regroupe le Bénin, le Burkina, la Côte d'Ivoire, la Guinée-Bissau, le Mali, le Niger, le Sénégal et le Togo.

La BOAD a pour objectif **de promouvoir le développement équilibré des États membres** de l'UMOA et de réaliser l'Union Économique de l'Afrique de l'Ouest.

Le siège de la BOAD est à Lomé (Togo) avec un bureau de représentation dans chacun des pays membres.

Internet : **http://www. boad.org**
⇒ UNION ÉCONOMIQUE ET MONÉTAIRE OUEST AFRICAINE

BANQUEROUTE

Faillite **frauduleuse** d'une entreprise, d'une association ou d'une organisation en état de **cessation de paiements** et qui a commis des fautes importantes de gestion, des fraudes ou des délits. **Certaines législations distinguent la banqueroute simple de la banqueroute frauduleuse, suivant la gravité et la nature des faits.** La banqueroute peut ainsi concerner une personne physique en faillite en raison de dépenses personnelles exagérées, de pertes au jeu ou une personne morale dont la faillite résulte de livres de commerce falsifiés ou inexistants, de dissimulation ou de détournement d'actifs, etc. ou encore les dirigeants salariés d'une entreprise. **La banqueroute est sévèrement réprimée par les tribunaux.**

Par extension, la banqueroute qualifie la situation catastrophique d'une Administration ou d'un État dans l'incapacité d'honorer des dettes très importantes.
⇒ faillite

BANQUE UNIVERSELLE

Banque qui se livre à l'ensemble des opérations bancaires ou financières et qui n'est pas directement spécialisée ; les termes anglo-américains de « global banking » sont synonymes de banque universelle.
⇒ banque commerciale ; banque de dépôts ; banque d'affaires ; banque de crédit à moyen et à long termes ; établissement financier

BARÈME

Ensemble de données permettant le calcul ou la détermination du prix d'un produit ou d'un service ou d'un montant d'impôt.

BARIL
en anglais : BARREL

Unité de mesure spécifique au pétrole (peu usité pour d'autres produits : vin, poudre, goudron).
Quel que soit le pays, la production, les réserves et les cotations sont toujours exprimées en barils.
Un baril de pétrole correspond à 158,984 litres ; compte tenu de la densité, un baril pèse environ 140 kg.
Les caractéristiques techniques des pétroles permettent leur classification qui sert de référence pour les échanges commerciaux ; on distingue notamment le « **brent** » (cotation en Europe) et le « **WTI – West Texas Intermediate** » (cotation à New-York – États-Unis) pour les pétroles légers et doux.
⇒ Organisation des Pays Producteurs de Pétrole

BARRE Raymond (1924-)
Homme politique français très indépendant (député, ministre et Premier ministre) et **brillant économiste**, R. BARRE est l'**auteur** de plusieurs ouvrages mais surtout d'**un** « *manuel d'économie* » qui fait autorité et, de son auteur, « **le meilleur économiste français contemporain** ». R. BARRE, de pensée libérale et défenseur opiniâtre de l'entreprise, est connu pour la mise en place en France, d'un plan de rigueur et d'austérité à partir de 1976, à la suite du choc pétrolier de 1973. Le « **Plan Barre** » n'a pas évité le chômage ni l'inflation mais a cependant limité les effets des bouleversements économiques mondiaux.
R. BARRE (membre de la Commission Européenne) coopère très étroitement en 1970 avec P. WERNER pour proposer au sein de la COMMUNAUTÉ ÉCONOMIQUE EUROPÉENNE – CEE – une « union économique et monétaire », c'est le « **PLAN WERNER** » qui préconise la mise en place d'un Système Monétaire Européen » (réalisé en 1979) mais l'essentiel du « PLAN WERNER », repris par J. DELORS, Président de la Commission Européenne (1985-1994) en 1989 ne sera effectivement mis en œuvre qu'avec le **TRAITÉ DE MAASTRICHT** (1992), l'**entrée en vigueur de l'EURO** (1er janvier 1999) et sa mise en circulation (1er janvier 2002).
⇒ COMMUNAUTÉ ÉCONOMIQUE EUROPÉENNE ; DELORS ; Euro ; Système Monétaire Européen ; WERNER

BARRÈRE Alain (1910-)
Économiste français, professeur à l'Université de Paris I Panthéon-Sorbonne (France), A. BARRÈRE est un spécialiste des théories de KEYNES dont il a diffusé les idées et la pensée. **Il considère que l'État doit satisfaire les besoins collectifs et les mettre à la charge de la collectivité.**
⇒ KEYNES

BARRIÈRE
Obstacle, entrave ou difficulté administrative volontairement établis pour empêcher ou limiter une activité ou un échange.
Les **barrières douanières** restreignent les importations ou les exportations par des droits de douane.
Les **barrières naturelles** concernent toutes les contraintes auxquelles est soumise une entreprise (ou un secteur d'activité) : marché, régime fiscal, législation et règles diverses, environnement etc.
⇒ droit de douane

BARRO Robert J. (1944-)
Économiste américain, professeur à l'Université de Harvard (E-U), directeur du « Journal of Political Economy » et chercheur au « National Bureau of Economy Research », R. BARRO a notamment stigmatisé l'insuffisance des politiques économiques d'inspiration keynésienne. Partisan de la démocratie, il en souligne l'influence déterminante sur la croissance.
⇒ KEYNES

BAS DE BILAN
Partie de l'Actif du Bilan d'une entreprise qui concerne les valeurs cycliques (cycle argent-marchandise-argent) et permet de définir les fonds de roulement, c'est-à-dire la différence entre l'ensemble des actifs circulants (les éléments qui permettent d'assurer l'exploitation : stocks, marchandises et matières, en cours, acomptes reçus sur les commandes, etc.) et les dettes à court terme. Ces valeurs sont mentionnées dans la partie inférieure de l'Actif du Bilan.
⇒ haut de bilan

BASE
Référence utilisée dans différents calculs ou pour suivre une évolution. La base d'imposition est le montant déterminé par l'Administration pour calculer un impôt ; le terme est alors synonyme d'assiette.

BASE DE DONNÉES
Voir : BANQUE DE DONNÉES

BASE D'IMPOSITION
Voir : ASSIETTE

BASTIAT Frédéric (1801-1850)
Économiste français, pamphlétaire et successivement homme politique, agriculteur et magistrat, F. BASTIAT **combat vigoureusement le protectionnisme** et fonde l'« Association pour la Liberté des Échanges ». Il prône une harmonie économique entre les intérêts de chaque individu et l'intérêt collectif en limitant les fonctions de l'État à l'ordre, la justice, et la sécurité. Auteur des *Sophismes économiques* (1845) il conquiert une certaine notoriété avec son ouvrage polémique *Pétition des marchands de chandèle contre la concurrence du soleil (1847)*.

BAUER Otto (1882-1950)
Économiste et homme politique autrichien, il **adhère aux idées de Karl MARX mais s'oppose à son dogmatisme** ; il est **partisan d'une prise de pouvoir du peuple par des moyens démocratiques**. Sa « révolution lente » rejette la violence.
Il propose une organisation tripartite de l'entreprise composée à parts égales d'ouvriers, de consommateurs et d'entrepreneurs. Mais l'utopie de cette formule ne suscite pas beaucoup d'intérêt. C'est surtout dans les domaines de la valeur, de la monnaie, et des prix que ses réflexions, marquées par les idées de K. MARX, apportent une contribution à l'étude économique.
⇒ MARX ; marxisme

BAUHAUS
Terme allemand, littéralement « Maison de l'architecture » désignant un **mouvement esthétique dont l'objectif était d'intégrer l'art, les sciences économiques, la technologie et l'industrie**. Fondé par l'architecte Walter GROPIUS en 1918 à Weimar (Allemagne) ce mouvement exerça une **influence considérable en Europe et dans le monde sur la conception des produits de l'industrie** notamment ceux utilisés dans la vie courante.

BAUMOL William J. (1922-)
Économiste américain, professeur à l'université de Princeton (E-U), W. J. BAUMOL est un **spécialiste de la monnaie** (en tant que coût de transaction) et de **l'entreprise** ; il considère notamment que **l'objectif de celle-ci doit être l'augmentation de son chiffre d'affaires plus que son profit proprement dit**. W. J. BAUMOL a, d'autre part, introduit en économie le **concept de « marché contestable (ou discutable) »** dont l'entrée est libre et la sortie sans coût.
⇒ marché contestable

BECCARIA Cesare Bonesana, Marquis de (1738-1794)
Juriste italien, BECCARIA est avant tout un spécialiste de **la criminalité** et de sa répression. Son ouvrage *Des délits et des peines* (1764) **préfigure le droit pénal moderne**. Il prône le respect de la loi, celui des droits de la défense et s'oppose à la torture et à la peine de mort. Mais c'est aussi un **mathématicien et un économiste** auteur de *Les désordres et les remèdes de la situation monétaire dans l'État de Milan* (1762).
Professeur d'économie politique, membre du gouvernement milanais, ses *Éléments d'économie publique* ne seront publiés qu'en 1804, après sa mort.

BECH Joseph (1887-1975)
Juriste et avocat luxembourgeois, homme politique plusieurs fois ministre et Premier ministre du Grand-duché de Luxembourg, J. BECH s'est notamment engagé dans la **réconciliation avec l'Allemagne**, après la Deuxième Guerre mondiale (1939-1945) et dans **la construction européenne**. Séduit par l'idée des États-Unis d'Europe qu'Aristide BRIAND avait lancée à la SOCIÉTÉ DES NATIONS – SDN, **il participe activement à l'édification d'abord de la COMMUNAUTÉ EUROPÉENNE DU CHARBON ET DE L'ACIER – CECA – puis de la COMMUNAUTÉ ÉCONOMIQUE EUROPÉENNE – CEE. Il est considéré comme l'un des « pères fondateurs » de l'UNION EUROPÉENNE.**
⇒ COMMUNAUTÉ ÉCONOMIQUE EUROPÉENNE ; COMMUNAUTÉ EUROPÉENNE DU CHARBON ET DE L'ACIER ; SOCIÉTÉ DES NATIONS ; UNION EUROPÉENNE

BECKER Gary Stanley (1930-)
Économiste américain professeur à l'Université de Chicago (E-U), BECKER est le **fondateur de la « théorie du capital humain »** qui lui a valu le **Prix Nobel d'Économie** en 1992. Selon lui, **le capital de l'individu, c'est-à-dire son savoir, ses talents, son éducation, sa formation professionnelle et son expérience, peut être mesuré et quantifié** ; il est comparable à une machine dont il faut améliorer le rendement.
G. BECKER est l'auteur de *The Economics of Discrimination* – « *La discrimination économique* » (1957) et de *Human Capital* – « *Le capital humain* » (1961). Mêlant les sciences sociales à l'économie, il étend l'analyse à tous les domaines de la vie courante, de l'éducation au mariage, des études au salaire et plus encore à celui de la famille. Dans son *Traité de la famille* il considère celle-ci comme une « petite entreprise » avec sa formation (le mariage), son évolution et son organisation prônant protection et assurance pour la femme qui élève ses enfants.

BENCHMARK
Terme anglo-américain signifiant « **référence** » ; c'est un **indice boursier** concernant certaines catégories de titres, notamment ceux des sociétés d'investissement à capital variable et des fonds communs de placement.

Ce sont aussi **les caractéristiques d'une politique économique** mise en œuvre par un État, une entreprise, **celles de la stratégie d'une société industrielle ou commerciale**, etc.
Le « **benchmarking** » est l'étude et l'analyse comparative des indices, des politiques économiques ou des stratégies d'une entreprise.
⇒ indices boursiers

BÉNÉFICE
Gain ou profit réalisé par un individu ou une entreprise. C'est aussi un **privilège ou un avantage qui est accordé**. Le bénéfice est essentiellement le résultat d'une **opération commerciale**. Pour l'entreprise, le bénéfice est inscrit au passif du bilan pour équilibre. L'entreprise distingue le **bénéfice brut** (différence entre le coût de revient d'un produit ou d'un service et le prix de vente, hors taxes), le **bénéfice d'exploitation** (ou résultat d'exploitation) qui concerne l'ensemble de son activité, **le bénéfice fiscal** (la base de l'imposition), **le bénéfice net** (bénéfice brut dont on a déduit les impôts, les charges d'amortissement et les provisions) et le **bénéfice distribuable** (bénéfice net et les bénéfices antérieurs) qui peut être versé et réparti entre les actionnaires en tenant compte des contraintes légales ou conventionnelles (par exemple la participation des salariés).
Dans les groupes d'entreprises et les holdings on détermine soit des bénéfices consolidés (on tient compte des entreprises partenaires en fonction de leur participation) **soit des bénéfices « part du groupe »** (on tient compte des bénéfices qui reviennent aux sociétés filiales).
Les bénéfices sont, en général, déterminés annuellement.
⇒ actionnaire ; amortissement ; bilan ; filiale ; holding ; passif ; provision

BÉNÉFICE MONDIAL
Lorsqu'une entreprise a son siège ou son principal établissement dans un pays déterminé, la législation en vigueur dans cet État l'oblige généralement à y établir son domicile administratif, juridique et fiscal, donc d'y accomplir toutes les formalités imposées par ses activités et d'y déclarer l'ensemble de ses résultats (bénéfices, plus-values, etc.) y compris ceux concernant d'autres pays ou qui y sont réalisés. Il peut s'agir d'une entreprise industrielle, commerciale ou de services, ou encore d'une holding ; cependant, de nombreuses législations ont ouvert aux entreprises la possibilité d'être imposées en un autre lieu que celui du siège ou du principal établissement, de l'être séparément dans chacun des pays d'activité mais aussi d'éviter une double imposition en fonction des conventions intervenues entre les États concernés.
⇒ holding ; résultat ; siège

BÉNÉFICIAIRE
C'est la personne qui peut se prévaloir de **profiter de quelque chose**. En matière de chèques, de lettres de change ou de prestations, l'expression « bénéficiaire » ou encore « preneur » désigne celui qui en aura le bénéfice, c'est-à-dire en recevra le montant.
⇒ chèque ; lettre de change

BENELUX
Acronyme de **Belgique – Nederland – Luxembourg**.
C'est **en 1921**, par le **Traité d'Union Économique Belgo-Luxembourgeois – UEBL** – que la Belgique et le Luxembourg ont constitué **une union douanière étendue le 1ᵉʳ janvier 1948 (Accords de Londres 1944) aux Pays-Bas** (Nederland). La Belgique, les Pays-Bas et le Luxembourg forment une entité, le **BENELUX**. Le terme est très largement utilisé pour désigner globalement les trois pays, quel que soit le contexte.

La mise en œuvre de **l'union douanière** comportait la libre circulation des marchandises, la suppression des droits de douane, un tarif douanier extérieur commun et une harmonisation des législations dans le domaine économique. Elle a été **renforcée en 1958 (Traité de La Haye)** après l'adhésion des trois pays à la COMMUNAUTÉ ÉCONOMIQUE EUROPÉENNE – CEE. L'expérience du BENELUX a indéniablement servi pour l'élaboration et la mise en place du processus d'intégration économique de la CEE puis de l'UNION EUROPÉENNE – UE – comme l'union monétaire belgo-luxembourgeoise l'a fait pour la monnaie unique, l'Euro.

Le cadre institutionnel du BENELUX comprend un **Comité des ministres** des trois pays membres et un **Conseil de l'Union Économique** qui fait des propositions et assure l'exécution des décisions. Membres de l'UE ces trois pays renforcent ainsi leur cohésion économique.

⇒ COMMUNAUTÉ ÉCONOMIQUE EUROPÉENNE ; UNION EUROPÉENNE

BERTRAND Joseph (1822-1900)

Mathématicien et économiste français, Professeur au Collège de France et à l'École Polytechnique de Paris (France) dont il est diplômé, Membre de l'Académie Française, il a analysé, en 1883, les caractéristiques du **duopole** et notamment, mis en évidence que face à une multitude de demandeurs l'une des deux entreprises qui font l'offre tente de conquérir le marché par les prix en supposant que l'autre firme ne modifie pas les siens.

C'est **le « duopole de Bertrand. »**
⇒ duopole

BESOINS

Chaque individu éprouve des besoins et des désirs ; il ne faut pas les confondre. Pour les satisfaire, l'individu doit recourir à des moyens qui sont soumis au phénomène de la rareté. **Les besoins sont subjectifs**, ils varient d'un être humain à l'autre, au point de vue de leur nature comme à celle de leur intensité : le besoin d'un bien ne se manifeste que si ce bien existe ou s'il est suscité (par la publicité par exemple). Il existe une véritable **hiérarchie des besoins** ; **ils sont individuels** (par exemple manger) **ou collectifs et sociaux** (par exemple les routes qui répondent au besoin de circuler).

Les besoins sont **variables dans l'espace et dans le temps** ; ils peuvent être incommensurables et se répéter. **La nature, le genre et l'ampleur des besoins dépendent de motifs physiologiques, psychologiques, sociaux, éthiques,** etc.

Mais dans la mesure où l'on peut admettre que des facteurs économiques exercent une influence sur la nature, le genre et l'importance des besoins, ceux-ci peuvent alors **être considérés par la science économique comme des variables dépendantes.** Les moyens dont dispose l'homme pour satisfaire ses besoins sont limités et c'est alors que joue le phénomène de la **rareté. On ne peut avoir tout et surtout au même moment.** Il faut faire des choix. H. GOSSEN a énoncé en 1854 deux lois qui concernent la saturation des besoins : le plaisir de la satisfaction d'un besoin a tendance à disparaître s'il s'intensifie (**loi de la satiabilité**) ou s'il se répète (**loi de répétition**).

Les « **besoins de fonds de roulement – BFR** » d'une entreprise sont l'un des éléments importants de sa gestion financière et son optimisation contribue beaucoup aux résultats de l'exploitation.

⇒ coût d'opportunité ; fonds de roulement brut ; fonds de roulement économique ; GOSSEN

BEST OF

Terme anglo-américain pour « **florilège** », c'est-à-dire un ensemble de produits ou de services qualifiés de particulièrement remarquables ou intéressants.

BEST-SELLER

Terme anglo-américain, littéralement « **celui qui se vend le mieux** ».

Un best-seller est un produit ou un article – souvent un livre, un disque, un CD, un vêtement ou un produit de mode – **qui se vend bien et a beaucoup de succès.**

BÊTA

C'est un **indicateur financier qui mesure la sensibilité d'un titre boursier par rapport aux évolutions du marché.** Il n'est donc pas en corrélation avec la vie de l'entreprise elle-même : le « **bêta** » ou « **coefficient bêta** » **quantifier les risques du marché.** Il est basé sur des calculs statistiques (écart-type des variations quotidiennes des cours) et sa mesure se fait sur une période suffisamment longue (par exemple un an).

Plus le « coefficient bêta » est supérieur à 1 plus le titre est considéré comme sensible aux variations du marché ; à l'inverse un titre sera d'autant moins volatil que son « **bêta** » **est inférieur à 1.**

⇒ cours ; écart-type ; indicateur ; marché ; rendement

BÉTHUNE Maximilien de, Duc de SULLY (1560-1641)

On doit à ce Français **l'adage célèbre « labourage et pâturage sont les deux mamelles de la France »** mais SULLY est aussi un personnage important et un financier avisé de la Cour du Roi de France Henri IV, auteur notamment d'un **vaste plan d'organisation de l'Europe en une République Chrétienne** avec un Conseil rassemblant les délégués des États membres, une Cour de Justice et une armée commune : il en développe l'idée dans son livre *Le Grand dessein*.

BEVERIDGE Lord William Henry (1879-1963)

Économiste anglais, Directeur de la « London School of Economics and Political Science » et professeur à l'Université d'Oxford (G.-B.), Lord W. BEVERIDGE est considéré comme **l'un des spécialistes contemporains de l'étude des questions sociales** sur lesquelles il a publié de nombreux ouvrages : emploi et chômage, maladie et invalidité, vieillesse et retraite. Il est le **père reconnu de la théorie de « l'État providence »** (« Welfare State ») proposant une **solidarité nationale pour lutter contre la pauvreté et l'ignorance** avec une intervention massive de l'État, même au prix d'un déficit budgétaire.

Le gouvernement anglais avec Winston CHURCHILL s'inspirera de ses idées développées dans un rapport publié en 1942.

⇒ chômage ; déficit spending ; emploi ; retraite

BIEN-ÊTRE

C'est l'état ou la sensation agréable procurés par la satisfaction d'un besoin. Un produit ou un service peuvent assurer ce bien-être. **La théorie économique du « bien-être » recherche la meilleure satisfaction des besoins des individus notamment par une juste répartition des revenus.** L'économiste italien PARETO a développé cette théorie dont s'inspirent plus ou moins toutes les politiques économiques ayant pour objectif de réduire les inégalités sociales.

⇒ besoin ; PARETO

BIEN FONGIBLE

Le bien ou la chose fongible appartient à une espèce, un genre mais peut être remplacé par un bien ou une chose de la même espèce ou du même genre.
On qualifie encore le bien fongible de bien non durable ou encore de bien consomptible, c'est-à-dire détruit par sa consommation (par exemple un produit alimentaire).
Lorsqu'une chose fongible est l'objet d'une vente après avoir été identifiée, mesurée ou pesée (10 tonnes de sucre, par exemple), **le transfert de propriété se fait dès la conclusion du contrat** ; en cas de perte avant la livraison, le vendeur est tenu de délivrer une chose semblable en qualité et en quantité à celle objet de la vente ; l'acheteur peut, éventuellement, réclamer en plus des dommages et intérêts. Le vendeur assume donc les risques de la perte avant la livraison effective.
⇒ bien inférieur ; bien non fongible ; biens ; biens publics

BIEN INFÉRIEUR

La quantité demandée d'un bien ou d'un service dépend du prix, mais également du revenu dont dispose le consommateur. En cas d'augmentation de prix, le consommateur pourrait reporter son choix sur les « ersatz » ou sur d'autres produits de substitution qui coûtent moins cher et sont considérés comme des **biens inférieurs**. Ainsi, si le revenu augmente les biens inférieurs sont moins demandés.
⇒ bien non fongible ; bien fongible ; biens ; biens publics

BIEN NON FONGIBLE

Le bien non fongible est un bien qui peut être objectivement identifié ; on dit aussi « corps certain » ; **il ne peut pas être remplacé par un autre.**
Dans le contrat de vente d'un bien non fongible, le vendeur a obligation de livrer l'objet sans pouvoir le substituer à un autre. **Le transfert de propriété intervient dès que la chose est individualisée ; en cas de perte avant la prise de possession effective par l'acheteur, le risque est donc supporté par celui-ci.**
Les biens non fongibles sont dits aussi biens durables, par exemple les biens d'équipement, même si ceux-ci ont une durabilité limitée et sont ainsi amortissables.
La « clause de réserve de propriété » insérée dans les contrats de vente apporte une modification à la situation de l'acheteur, le vendeur conservant la propriété après la livraison jusqu'au paiement complet.
⇒ bien fongible ; bien inférieur ; biens ; biens publics ; livraison

BIENS

Les biens au sens économique, sont tout ce qui peut être employé directement ou indirectement à la satisfaction des besoins ; ils sont disponibles ou rares ; il existe un besoin de les obtenir.
La très grande majorité des biens sont **soumis à un phénomène de rareté**. Mis à part certains tels que l'énergie solaire, l'énergie éolienne, les forces marée-motrices, on peut se demander d'ailleurs, s'il existe encore des biens libres, donc des biens que l'on peut se procurer en quantités illimitées par rapport à des besoins : l'eau pure et l'air pur sont aujourd'hui de plus en plus rares alors que l'eau et l'air pollués sont en abondance et en quantité croissante.
Les biens peuvent **avoir une valeur d'usage ou une valeur d'échange.**
On distingue les **biens matériels**, physiques et concrets par opposition aux **biens immatériels** que sont les services marchands et non marchands, prestations de différentes natures, moyens de paiement, etc.

Une autre classification différencie **les biens collectifs ou publics** dont tous peuvent faire usage, des **biens individuels** réservés à leurs acquéreurs.
Il y a aussi les **biens durables** et les **biens fongibles** (consommables et remplaçables) ainsi que les **biens complémentaires** dont l'utilisation en impose d'autres et les **biens substituables** (ou **biens inférieurs**) qui peuvent se remplacer l'un par l'autre.
Au sujet d'un **bien qui peut être partagé**, on peut retenir la théorie selon laquelle en le fractionnant ou en le divisant, la satisfaction qu'il apporte va croissant au fur et à mesure de l'acquisition, de la consommation ou de l'utilisation des parties divisées, la dernière d'entre elles ou dose marginale procurant la satisfaction la plus intense, avec une éventuelle influence sur le prix nécessaire pour l'acquérir.
Une autre distinction est faite entre **les biens de production** et les **biens de consommation**.
Les biens de production sont ceux qui participent à la production, y compris les capitaux, les matières premières, les fournitures diverses et les services qui y contribuent.
Les biens de consommation sont ceux qui ne constituent pas un investissement, (l'ensemble des biens destinés à être exploités pour en tirer un revenu ou tout autre forme de satisfaction). **Les biens de consommation sont donc les achats de biens qui se consomment**, en principe, par leur usage ou la satisfaction immédiate des besoins de l'individu ; il s'agit notamment des produits et marchandises divers ainsi que des services mais aussi de l'équipement d'un individu ou d'un ménage. Le bien de consommation peut être **un bien durable ou non**. Les biens de consommation immédiate disparaissent par leur premier usage (alimentation notamment).
⇒ bien fongible ; bien inférieur ; bien non fongible ; biens publics

BIENS PUBLICS

Il s'agit de **biens, d'installations, de services qui appartiennent à l'État, aux collectivités telles les communes etc., et qui sont mis à la disposition du public**. Les usagers ne payent pas, en principe pour user de ces choses mais une contribution à l'entretien peut être demandée. **Les biens publics ou collectifs sont des biens précieux** qui devraient être respectés car en fin de compte tous **les citoyens en sont les usufruitiers.**
L'utilisateur de ces biens est parfois qualifié de « free rider », littéralement de « cavalier libre » mais ces termes anglo-américains sont très peu usités en français ; ils signifient que l'utilisation d'un bien public ou collectif bénéficie généralement de la gratuité. **Cette notion de gratuité a tendance à s'estomper**, l'État et les collectivités publiques considérant de plus en plus que l'entretien (et la gestion) d'un investissement réalisé avec des fonds publics implique une participation de l'usager, sous une forme ou une autre (cotisation, droit d'entrée, etc.).

BIG BANG

C'est l'explosion qui a marqué le début de l'univers et, par extension, **tout événement très important qui bouleverse brutalement, d'une façon significative et durable, l'économie, son organisation ou son évolution.**
On a qualifié de « Big Bang » la réorganisation des Bourses de New York (E-U) en 1974 et de Londres (G.-B.) en 1986 pour les adapter à la globalisation des marchés financiers mondiaux.
⇒ Bourse

BILAN

État ou document récapitulant la situation financière d'une entreprise.

Comme pour une balance, il y a deux plateaux donc deux côtés. **La partie gauche reprend tous les éléments de fortune et indique de quelle façon ils ont été employés dans l'entreprise.** Il y a deux grands ensembles d'emplois, les valeurs immobilisées encore appelées valeurs acycliques et les emplois circulants. L'ensemble de ces éléments constitue l'**Actif du bilan**. **La partie droite du bilan montre l'origine des ressources.** Une partie constitue le capital propre et une autre les capitaux étrangers ; elles constituent le **Passif du bilan**. Les ressources (passif) sont rangées dans un ordre d'exigibilité croissante alors que les emplois (actifs) figurent dans un ordre de liquidité croissante. Entre les ressources et les emplois, il y a égalité. En effet, on ne peut employer davantage de ressources qu'il n'en existe. De là l'expression : « **équation du bilan** ».

Les comptabilités des pays anglo-saxons (Grande-Bretagne et États-Unis) notamment) présentent le bilan (« balance sheet ») soit sous une forme horizontale (actif à gauche et passif à droite) soit sous une forme verticale (« running format ») avec l'actif puis le passif.

Dans de nombreux pays, la législation impose aux entreprises, non seulement l'établissement d'un bilan et de différents comptes annexes, mais aussi leur dépôt auprès d'une administration spécialisée ainsi que leur production pour l'établissement des impôts dus par l'entreprise. La Banque Centrale regroupe les bilans des entreprises dans une « **Centrale des bilans** » à des fins statistiques et de suivi de la situation économique.

Le **bilan consolidé** est un bilan qui **intègre les comptes de sociétés financièrement liées** (groupes, sociétés mères et filiales).

Les informations du Bilan et de ses annexes doivent donner une « **image fidèle de la réalité** ».

La certification de la sincérité, de la régularité et de la véracité des bilans par un spécialiste indépendant (le commissaire aux comptes) est une obligation dans de nombreux pays et engage sa responsabilité.

En dépit des règles contraignantes et des vérifications obligatoires, les bilans de sociétés parfois très importantes, ne reflètent pas toujours leur situation réelle et peuvent cacher des catastrophes économiques majeures.

⇒ actif ; capital propre ; capital étranger ; emplois ; passif ; ressources

BILAN D'APTITUDES

Évaluation, à un moment déterminé, des aptitudes et des qualifications d'un salarié (cadre ou technicien) notamment, dans la perspective d'un changement de fonction, d'un nouvel emploi, d'un reclassement dans l'entreprise ou en dehors (recherche d'un nouvel emploi, licenciement etc.).

Le « bilan d'aptitudes » associé au « bilan de compétences » est généralement confié à des organismes spécialisés : cabinets de recrutement, agences de placement, cabinets d'out placement.

⇒ bilan de compétences ; out placement

BILAN DE COMPÉTENCES

Évaluation à un moment déterminé, des compétences et de l'expérience professionnelle d'un salarié (cadre ou technicien notamment dans la perspective d'un changement de fonction, d'un reclassement ou d'un nouvel emploi, dans l'entreprise ou en dehors de celle-ci).

Le « Bilan de compétence » et le « Bilan d'aptitudes » (ils sont le plus souvent associés) sont généralement confiés à des organismes spécialisés : cabinets de recrutement, cabinets d'out placement.

L'UNION EUROPÉENNE – UE – a mis en place l'EUROPASS qui rassemble, en un seul document, les compétences et les expériences professionnelles, les qualifications et les diplômes afin de faciliter leur prise en considération dans tous les États membres de l'UE.

⇒ bilan d'aptitudes ; out placement

BILAN DÉRIVÉ

La comptabilité enregistre l'ensemble des opérations commerciales et financières de l'entreprise. À la fin d'un **exercice** (période de calcul) il en résulte un bilan que l'on peut qualifier de bilan commercial. Toutefois, lorsque **l'évaluation des différents postes se fait dans un but précis, on aboutit à des bilans dérivés.** De cette façon on passe par exemple du bilan commercial au bilan fiscal.

⇒ Bilan

BILAN ÉCONOMIQUE ET SOCIAL
Voir : PLAN DE REDRESSEMENT

BILAN SOCIAL

De nombreuses entreprises, souvent sous la contrainte de la législation, surtout pour les plus importantes, établissent, en plus d'un **bilan financier**, **un bilan social qui constate la situation sociale et celle des ressources humaines.**

Suivant la taille de l'entreprise et ses obligations légales, le bilan social est plus ou moins développé : effectifs, engagements, licenciements, absentéisme, salaires et appointements, formation, conditions de travail, hygiène et sécurité, santé des salariés, etc.

Les bilans sociaux des entreprises sont souvent à la base de négociations avec les organisations représentatives du personnel (syndicats, délégués). **La notation sociale** (ce sont les agences spécialisées qui la déterminent) a pour base les bilans sociaux et leur comparaison.

⇒ notation sociale

BILLET À ORDRE

Le billet à ordre n'est pas un mandat mais une **promesse par laquelle un débiteur appelé souscripteur s'engage à payer une somme déterminée à une date déterminée à un créancier appelé bénéficiaire.** Comme la lettre de change, cet écrit est **transmissible** par voie d'endossement et **il peut être avalisé.** En comptabilité les billets à ordre souscrits au profit de l'entreprise sont regroupés dans le compte « Effets à recevoir ». Cependant, les billets à ordres souscrits par l'entreprise au profit de tiers sont des éléments de passif et figurent dans le compte « Effets à payer ».

Le billet à ordre utilisé pour payer un fonds de commerce est appelé « billet de fonds ».

⇒ aval ; escompte commercial ; fonds de commerce ; lettre de change

BIMÉTALLISME

Tandis qu'en cas de monométallisme la frappe libre n'existe que pour un métal, **le bimétallisme établit la liberté de frappe pour deux métaux précieux** (or et argent). De plus les pièces des deux métaux ont cours légal et un pouvoir libératoire illimité.

S'il n'existe aucun rapport fixe entre l'or et l'argent on a affaire à un système d'étalons parallèles dont l'une des rares expériences tentées en France au XVIIIe siècle a été vouée à

l'échec ; c'est pour cette raison que la France et d'autres pays avaient introduit un rapport fixe entre l'or et l'argent ; il était, en France, de 15,5 contre 1 ; à poids égal et à titre égal l'or monnayé (transformé en pièces) valait 15,5 fois autant que l'argent monnayé, ou à valeur égale, l'or monnayé pesait 15,5 fois moins que l'argent monnayé. Le bimétallisme a disparu au début de la Première Guerre mondiale (1914).
⇒ monnaie de papier ; monnaie scripturale ; monométallisme ; inconvertibilité

BIODIVERSITÉ

Toute la richesse des espèces animales et végétales présentes sur la terre, avec leurs caractères génétiques, est regroupée sous ce terme. L'évolution de l'immense patrimoine (et sa conservation, comme son utilisation) que représente la biodiversité (problèmes écologiques, environnementaux, du développement durable, des ressources naturelles, des organismes génétiquement modifiés, etc.), les choix scientifiques et politiques qu'elle impose ont des **conséquences humaines, sociales et économiques considérables.**
Sous l'égide de l'Organisation des Nations Unies pour l'Éducation, la Science et la Culture – UNESCO, la première conférence internationale consacrée à ce sujet s'est tenue en 2005, à Paris (France) sur le thème « Biodiversité et Gouvernance » avec l'objectif de **faire progresser la gouvernance mondiale de la biodiversité, accentuer la recherche et celle de la participation de tous les pays et surtout des pays émergeants.**
⇒ développement durable ; gouvernance ; ORGANISATION DES NATIONS UNIES POUR L'ÉDUCATION, LA SCIENCE ET LA CUTURE ; organisme génétiquement modifié ; politique environnementale de l'UNION EUROPÉENNE

BIO-INFORMATIQUE

L'entreprise de bio-informatique utilise toutes les techniques de l'informatique et ses moyens pour les appliquer à ses travaux de recherche, d'études, de mise au point et de productions en biologie (humaine ou animale).
⇒ informatique

BIONOMICS

Cette dénomination se compose de deux éléments : **la biologie et l'économie.** En les associant, on montre que les concepts et systèmes économiques ne sont pas des constructions techniques rigides. L'économie est sujette aux phénomènes d'évolution et de croissance. C'est une **approche pluridisciplinaire de l'économie considérée comme un système complexe, évolutif** et que l'on peut considérer comme un écosystème. Aux États-Unis, le BIONOMICS INSTITUTE à Silicon Valley fonde ses recherches sur ce sujet.
Internet : **http://www.bionics.org**

BIT

De l'anglo-américain « Binary Digit », littéralement « chiffre binaire ».
Le BIT est l'unité de mesure de la capacité de mémoire d'un ordinateur. Le BIT/s (BIT par seconde) définit le débit de transmission sur un réseau informatique, notamment par INTERNET.
⇒ INTERNET ; octet

BLACK-COLLAR-WORKER

Voir : MILLS, WHITE-COLLAR-WORKER, OPEN-COLLAR-WORKER

BLACK FRIDAY

C'est le **« vendredi noir » dans la superstition boursière.** Il semble que le vendredi soit le jour particulièrement critique. Les premières crises datent de 1866 puis 1869 ; il y a eu ensuite celles du 9 mai 1873, du 13 mai 1927 et du 29 octobre 1929 (un jeudi, mais ce n'est que le lendemain vendredi que l'on a pris la mesure de l'ampleur de la catastrophe) dont la crise a provoqué un effondrement total de la Bourse new yorkaise et une **crise économique mondiale.**
⇒ Black Monday

BLACK MONDAY

C'est le **« lundi noir »** moins connu que le « vendredi noir » et qui se rapporte à un effondrement qui s'est produit en 1927 et s'est répété le 19 octobre 1987. Les Bourses de New York (E-U) et de Hong-Kong ont été affectées par ce phénomène. Cependant, il ne s'agit pas, en l'occurrence, de préludes à une crise économique générale.
⇒ bourse ; Black Friday ; krach

BLANC Louis (1811-1882)

Historien, journaliste et économiste français, L. BLANC publie en 1839 *L'organisation du travail*. Prêchant la fraternité, il veut supprimer la concurrence sauvage dans l'économie et propose la **création de coopératives ouvrières de production dans lesquelles l'État qui est maître d'œuvre fournirait le capital et l'encadrement** notamment pour des travaux d'utilité publique.

BLANCHIMENT DES CAPITAUX

Il s'agit d'une opération hautement condamnable puisqu'elle a **pour but de faire entrer illégalement des sommes très considérables dans le circuit monétaire.** Or, cet argent résulte d'activités criminelles : le trafic de drogues, la prostitution, etc. Bien qu'à l'échelle mondiale (« Sommet économique » de Huston (E-U) de 1990, « Sommet de l'UNION EUROPÉENNE – UE » de 1991…) le problème ait été particulièrement examiné, il reste à travers le monde une multitude de refuges qui sont souvent tolérés par les pouvoirs nationaux pour divers motifs et, dans certains cas, on ne veut pas s'attaquer à des capitaux qui n'ont aucun lien avec les délits criminels, mais proviennent de camouflages de capitaux qui cherchent à échapper au fisc.
Il existe un **groupe de travail mondial, la « FINANCIAL TASK FORCE IN MONEY LAUNDERING – FATF »** ou « Groupe d'Action Financière sur le Blanchiment des Capitaux – GAFI » créé par les pays du G 7 et l'UNION EUROPÉENNE – UE – en 1989. La mission du GAFI a été renforcée fin 2001 et en juin 2003, le GAFI ayant notamment publié 40 recommandations à mettre en œuvre par les 29 pays membres. De son côté l'ORGANISATION DES NATIONS UNIES – ONU – a initié une « **Convention contre la criminalité transnationale** » signée en 2000 par 123 pays et entrée en vigueur en 2003. Elle est notamment orientée pour combattre le « narcobusiness » (les affaires de la drogue). L'UE a elle-même élaboré une directive pour mieux combattre le blanchiment et le prévenir. Malgré les efforts engagés, les paradis du blanchiment n'ont pas disparu. Le GAFI n'a pas de liens structurels avec l'ORGANISATION DE COOPÉRATION ET DE DÉVELOPPEMENT ÉCONOMIQUE – OCDE – mais est organisme d'accueille en son siège, à Paris.
Internet : **http://www.oecd.org**
⇒ G 7 / G 8 ; mafia ; ORGANISATION DE COOPÉRATION ET DE DÉVELOPPEMENT ÉCONOMIQUE ; paradis fiscal ; UNION EUROPÉENNE

BLANC-SEING

En principe, il ne faudrait signer que des documents finalisés dont on a fait la lecture et dont on a compris la portée. **Signer en blanc, veut dire que quelqu'un appose sa signature sur une feuille blanche.** Quiconque pourrait donc faire précéder cette signature en blanc (au départ) de choses (d'obligations) inadmissibles, illégales et condamnables : c'est **l'abus de blanc-seing** réprimé par les législations pénales.

BLIND TEST

Terme anglo-américain de marketing, littéralement « **test en aveugle** » ; ce type de test **désigne l'essai ou la dégustation simultanés de plusieurs produits ou appareils** en en cachant la marque ou la provenance pour en connaître les qualités et les performances, les comparer et éventuellement les classer ; il est par exemple utilisé pour comparer et classer des vins ou des fromages de même terroir ou des appareils ménagers ayant le même usage.

BLOCAGE

Il existe en économie, différents types de blocage, c'est-à-dire une action empêchant quelque chose de bouger, d'évoluer, de fonctionner normalement.

Blocage des prix

En temps de guerre ou de crise l'État intervient pour maintenir les prix dans des proportions déterminées. La fourniture d'articles de première nécessité peut être rationnée (des tickets, des bons d'achat sont délivrés). L'inflation peut ainsi être atténuée temporairement. Cette politique des prix peut conduire à la naissance d'un marché parallèle, **le marché noir**, ainsi favorisé. **Le blocage des prix ne peut donc être qu'une mesure passagère car à la longue, il finit par étouffer l'activité économique.**

Blocage des salaires

Il est généralement décidé par les Autorités Publiques pour lutter contre l'inflation ; la mesure concerne alors toutes les entreprises qui ont l'obligation de s'y soumettre.
Des difficultés passagères peuvent aussi conduire une entreprise à bloquer les salaires de son personnel pour tenter de redresser une situation financière compromise.

Blocage de devises

Dépôt à terme auprès d'un organisme financier pour une période déterminée et à un taux fixe, de devises étrangères.

Blocage des crédits

Gel des crédits, c'est-à-dire l'arrêt, pour un temps limité des crédits habituellement consentis par une banque ou un organisme financier, aux entreprises.
Le blocage des crédits peut aussi concerner les aides de l'État.
L'opération de fin de blocage est le déblocage.
⇒ change ; crédit ; devise ; inflation ; prix

BLOCH-LAINÉ François (1912-2002)

Économiste français, professeur à l'École Nationale d'Administration – ENA – (Paris-France) qu'il a contribué à réformer, F. BLOCH-LAINÉ est un spécialiste de l'entreprise dont il considère que les dirigeants ne sont pas assez contrôlés, que les hommes de l'entreprise ne participent pas suffisamment à la vie de celle-ci et plus encore que l'entreprise ne tient pas assez compte de l'intérêt général.
Constatant que les « **faits vont plus vite que les idées et que les institutions sont en retard sur les pratiques** », il propose dans son ouvrage *Pour une réforme de l'entreprise* (1963) **une économie mixte qui rassemble les capitaux privés, l'État et les collectivités territoriales ainsi que les salariés dans un ensemble équilibré et cohérent.** Il fut l'un de ceux qui donnèrent une place éminente à l'**économie sociale (ou tiers secteur)** longtemps méconnue.
⇒ économie sociale

BLOCUS

Ensemble des mesures et des moyens, notamment militaires, mis en œuvre par un État pour **interdire totalement l'accès d'un autre État**, à l'une de ses régions ou pour y empêcher l'activité commerciale et les échanges, en totalité ou en partie. **Le blocus peut être économiquement et socialement catastrophique pour le pays qui le subit même s'il met en œuvre (c'est fréquemment le cas) des solutions pour y faire échec, au moins partiellement et dans des domaines vitaux.**

BLOG

Contraction du terme anglo-américain « web-log », littéralement « **journal de bord par le web** » **ou** « **carnet de route sur la toile** » ; terme utilisé pour désigner les commentaires sur l'actualité et journaux personnels diffusés par INTERNET. On utilise aussi le terme « **weblog** » et, pour en désigner l'utilisateur, celui de « **weblogueur** ».
La photographie numérique et la facilité de sa transmission par INTERNET ont permis le développement de journaux illustrés, les « **photoblogs** ».
Des entreprises (de plus en plus nombreuses) se sont spécialisées pour héberger et donc diffuser sur leurs sites INTERNET des blogs.
⇒ INTERNET ; numérique ; web

BLUE CHIPS

Terme américain littéralement « jetons bleus ». On sait que dans les casinos on se sert de jetons. Aux États-Unis les jetons (chips) qui ont la valeur la plus élevée ont la couleur bleue. De là, la dénomination « blue chips » (« jetons bleus »). L'expression a été reprise à la Bourse des valeurs mobilières pour **désigner les titres** (actions, valeurs) **les mieux cotés** et l'expression s'est généralisée dans les bourses de valeurs mobilières du monde entier.
⇒ Bourse

BLUM Léon (1872-1950)

Homme politique français, chef du Gouvernement français à plusieurs reprises et dans des périodes dramatiques, écrivain, disciple de J. JAURES et dirigeant du parti socialiste français (SFIO), L. BLUM fut à la fois **un pacifiste actif et un européen convaincu**.
C'est au Congrès de l'Europe à La Haye (Pays-Bas) en 1948, qui rassembla, sur l'initiative de W. CHURCHILL, les partisans d'une Europe fédéraliste et ceux d'une coopération intergouvernementale, que L. BLUM avec P.H. SPAAK, A. DE GASPERI et W. CHURCHILL ont proposé de « **créer une union économique et politique des nations de l'Europe pour assurer la sécurité et le progrès social et de transférer leurs droits souverains pour les exercer en commun** » qui élirait, notamment, une Assemblée Européenne. Celle-ci donnera naissance, sous forme d'Assemblée Consultative, au **CONSEIL DE L'EUROPE en 1949**. R. SCHUMAN et J. MONNET s'inspireront largement des idées développées au Congrès de l'Europe pour leur projet de COMMUNAUTÉ EUROPÉENNE DU CHARBON ET DE L'ACIER – CECA.
⇒ CHURCHILL ; CONSEIL DE L'EUROPE ; DE GASPERI ; JAURES ; MONNET ; SCHUMAN ; SPAAK

BOBOS
Terme français inventé en 2000 par un journaliste américain. C'est la contraction de « bourgeois bohêmes ». Catégorie de personnes qui avec des moyens matériels relativement élevés, mènent une vie décontractée sans tenir beaucoup compte des habitudes et des règles sociales, souvent dans le respect de l'environnement et des concepts de développement durable.
Dans certaines villes, les « bobos » ont une influence non négligeable sur l'économie, par leur mode de vie et de consommation.
Ce type de « cadre intellectuel » tend à devenir plus nombreux.
⇒ cadre

BODIN Jean (1530-1596)
Homme politique, philosophe et magistrat français, J. BODIN est surtout connu pour ses études sur la souveraineté de l'État et ses comparaisons entre la monarchie et les républiques que l'Histoire a fait se succéder en Europe. Il est notamment l'auteur de *La méthode de l'histoire* (1566) et des *Six livres de la république* (1576) qui définit les conditions d'exercice du pouvoir. Mais il s'est intéressé aussi **aux prix et à la monnaie**, démontrant dans sa *Réponse à M. de Malestroit* que les hausses de prix de l'époque étaient dues à une abondance d'or et d'argent liée aux grandes découvertes du siècle.

BODIN Jean (1530-1596)
Il serait l'auteur de la célèbre formule « il n'est de richesse que d'hommes ».

BOGUE
Erreur informatique notamment dans la programmation. Le terme anglo-américain **BUG** (littéralement insecte) est fréquemment utilisé.

BÖHM BAWERK Eugen von (1851-1914)
Économiste et homme politique autrichien, il sera comme ministre des Finances l'un des « **inventeurs** » **de l'impôt sur le revenu**. En opposition avec K. MARX, il défendra la valeur « utilité » contre la valeur « travail ». **Sa théorie de la « dépréciation du futur »** affirme la prédominance de l'utilité actuelle et donc de la valeur actuelle sur celle du futur : l'individu rationnel n'aime pas attendre pour des raisons psychologiques et pratiques (toute production demande du temps). Cette théorie peut s'exprimer par l'adage « **un tiens vaut mieux que deux tu l'auras** ». E. Von BÖHM BAWERK est le principal représentant de l'**École Autrichienne** « **de l'utilité marginale** ». Son œuvre principale est intitulée : *Capital et intérêt du capital – Kapital und Kapitalzins*.
⇒ MARX ; théorie de la dépréciation du futur

BOISGUILBERT ou BOISGUILLEBERT Pierre Le PESANT, Sieur de (1646-1714)
Homme politique, polémiste, avocat, magistrat et économiste français, BOISGUILBERT a très largement étudié tous les aspects économiques de la situation de son époque dans *Détail de la France* (1695) et surtout dans ses autres œuvres : *Traité sur la nature des richesses de l'argent et des tributs* (1707), *Les causes de la rareté de l'argent* (1707) et *Factum de la France* (1707) dans lesquels, notamment, il démontre la **nocivité des impôts et de la fiscalité** telle qu'elle était mise en œuvre ; il tentera d'ailleurs, en vain, une expérience de réforme.
Pour BOISGUILBERT, **la valeur est créée par les** « **fruits de la terre** » **et le travail**, considérant l'or, l'argent comme des moyens d'échange. **Partisan de la liberté d'entreprendre**, il s'oppose au mercantilisme. Il fut aussi l'un des premiers économistes à étudier le revenu national.
⇒ mercantilisme ; revenu national

BOLCHEVISME
Idéologie révolutionnaire apparue dans les toutes premières années du XXe siècle, soutenue par les « **bolcheviks** » (ou « bolchevistes »), partisans de LÉNINE notamment et qui veulent instaurer la **dictature du prolétariat** sur toute la société en prenant le pouvoir par la **lutte armée d'un parti unique**.
Le bolchevisme sera au pouvoir en Russie en 1917 et répandra l'**idéologie communiste** dans toute l'Europe et au-delà.
⇒ communisme ; LÉNINE

BON DE CAISSE
Créance matérialisée par un document permettant à une entreprise ou à un particulier d'obtenir des **financements sous forme de prêt à court ou à moyen termes** (quelques mois à quelques années). L'État se procure aussi, dans de nombreux pays, des fonds à l'aide de bons de caisse ; ils sont généralement remboursables dans un délai court et constituent la « **dette flottante** » de l'État.
Les « **Bons du Trésor** » sont des bons de caisse émis par l'État dans certains pays ; ils sont encore appelés « **effets publics** ». Ce type de bons, négociables ou non, est à taux fixe ou à taux variable et peut être assorti d'autres conditions.
⇒ bon du trésor ; créance

BON DE SOUSCRIPTION
Le bon de souscription d'action (BSA) est une valeur mobilière qui donne la possibilité **de souscrire une ou plusieurs actions**, pendant une durée déterminée, à un prix fixé à l'avance. Le bon de souscription d'action est coté en Bourse comme l'action concernée.
Le bon de souscription amplifie la hausse des cours d'une action c'est-à-dire que lorsque le cours d'une action varie, celui du bon de souscription varie dans le même sens mais en s'amplifiant : il y a **effet de levier**. La **parité** du bon de souscription est le nombre de titres nouveaux auxquels un bon de souscription donne droit et le **prix d'exercice** est le coût unitaire d'une nouvelle action acquise, c'est-à-dire le prix d'exécution par titre de l'opération.
Le bon de souscription peut aussi concerner une obligation (BSO) mais si la technique est identique, l'usage en est peu fréquent.
⇒ action ; action à bon de souscription d'action ; effet de levier ; obligation

BON DU TRÉSOR
C'est un titre émis par certains États. Ces titres procurent des fonds à l'État à court terme et font partie de la **dette flottante**. Il existe plusieurs types de Bons du Trésor dont certains sont négociables. Il ne faut pas confondre ces titres avec les obligations qui font partie d'emprunts dont la durée est de 8 à 15 ans (leur durée était autrefois plus longue en raison d'une dépréciation monétaire peu forte et relativement lente).
⇒ bon de caisse ; emprunt ; dette flottante

BONIFICATION
Rabais ou remise sur un prix ou sur les intérêts d'un **emprunt**. Dans certaines circonstances la bonification de l'intérêt d'un prêt est prise en charge par l'État, une collectivité, une organisation pour favoriser un développement économique dans un domaine déterminé. Le prêt concerné est alors dit « **prêt bonifié** ».
⇒ emprunt ; intérêt

BONUS

Le bonus est une **bonification, comparable à un rabais où à une remise**, même si ces termes ont une signification théorique et pratique parfois différente.

Le système du « **bonus-malus** », en vigueur dans de nombreux pays dans le domaine des **assurances** (automobiles notamment) consiste à accorder un rabais sur la prime s'il n'y a pas eu de sinistre pendant une certaine période et, au contraire, à augmenter la prime (**malus**) s'il y a eu un sinistre ; le système est souvent organisé pour que, dans le temps, le malus croisse plus rapidement que le bonus.

Dans certains pays, le caractère obligatoire (du fait de dispositions législatives) du système a été mis en cause par l'UNION EUROPÉENNE – UE – (il n'y a pas alors de concurrence sur cet aspect des tarifs) ; il pourrait, à terme, être laissé à l'initiative des assureurs.
⇒ assurance ; prime ; rabais ; remise

BONUS-MALUS
Voir : BONUS

BONDS ROOSA
Voir : ROOSA

BOOM

Terme anglo-américain, littéralement « **forte hausse** ».
Le boom peut intervenir en période de haute conjoncture ou de conjoncture très expansive. L'économie traverse une phase de prospérité rapide ; une telle période est souvent caractérisée par un accroissement de la consommation et une tendance inverse de l'épargne.
L'opposé est la **dépression**.
⇒ conjoncture ; consommation ; dépression ; épargne

BOOSTER

Terme technique anglo-américain, littéralement « **survolter** » ; fréquemment utilisé en mercatique et dans les entreprises pour qualifier un exceptionnel développement : telle opération va « booster » les ventes, le chiffre d'affaires, etc., en d'autres termes, les **doper**.

BOSS DAY

Terme anglo-américain, littéralement « **la journée du patron** ». C'est un jour consacré par les salariés à manifester leur attachement à leur entreprise ; d'origine américaine, le « Boss Day » est devenu **en Europe la « Journée de l'Entreprise »** organisée par certaines d'entre elles en Italie, en Grande-Bretagne et en France, parfois en commun, pour valoriser le sentiment d'appartenir à une entreprise ou à un secteur d'activité.
⇒ marketing

BOSTON CONSULTING GROUP – BCG

Organisme de conseil d'origine américaine fondé en 1963 et qui a initié avec des experts dont la compétence est mondialement reconnue, de nombreux **modèles d'analyse économique et notamment la « matrice BCG » pour mesurer la compétitivité**. Le Boston Consulting Group est présent dans toutes les capitales mondiales.
Internet : **http://www.bcg.com**

BOTTLENECK

Terme anglo-américain, littéralement « **goulot** ». Cette expression se rapporte **au goulot d'étranglement**. À l'instar de ce qui se passe dans le trafic routier, on assiste souvent, en matière d'économie, à des blocages plus ou moins longs. Un goulot d'étranglement peut se produire par exemple en cas de travail à la chaîne, lorsqu'une opération de travail est exposée à un accident technique qui paralyse le processus de production.
⇒ production

BOUKHARINE Nicolas Ivanovitch (1888-1938)

Économiste russe et homme politique, BOUKHARINE soutiendra et s'opposera tour à tour à LÉNINE puis à STALINE mais son influence sera certaine sur la politique économique de l'URSS. Auteur de *L'économie politique du rentier* (1913), de *L'économie mondiale et l'impérialisme* (1915) et de *L'économie de la période de transition*, BOUKHARINE n'a pas cessé de défendre « la guerre révolutionnaire ».
⇒ LÉNINE ; STALINE

BOUQUET
Voir : VIAGER

BOURSE

Il s'agit d'un **marché réglementé et abstrait qui se caractérise par la fongibilité**. Un bien fongible est un bien d'une certaine espèce qui peut être **remplacé facilement** par un bien de la même espèce. Cela est le cas en matière de titres (actions, obligations) et de devises. À propos de marchandises, il faut déterminer des qualités, des types de standards du fait que les biens ne sont matériellement pas présents. On trouve des institutions boursières à partir du XIIe siècle à Venise, à Florence et à Gênes (Italie). Les relations internationales ont eu pour effet d'étendre et de déplacer les opérations à Bruges (Belgique), où il faut rattacher la Bourse au nom patronymique de Van der Beurse, une très riche famille commerçante. À la fin du XVe siècle, et au début du XVIe siècle des places boursières importantes s'installent à Anvers (Belgique) et à Amsterdam (Pays-Bas).

De nos jours la Bourse est un **marché transparent qui concentre l'offre et la demande et où les prix** (cours) **se forment**.
Il faut distinguer la **Bourse de marchandises** de la **Bourse de valeurs mobilières**.
À la bourse de valeurs mobilières, on négocie des titres (valeurs) de toutes sortes mais il est aussi d'usage d'y négocier **des devises**. Il y a également des Bourses pour des opérations de transport et d'assurance. Les marchandises sont ou bien présentes et disponibles, ou bien en route (navire), ou bien peuvent être chargées à brève échéance ; les transactions s'effectuent généralement sur la base d'échantillons. Si la livraison n'a lieu qu'à une date ultérieure, on parle d'opérations à terme.

En principe il y a donc **marché au comptant**. On livre et on paye immédiatement. Mais il y a aussi les **opérations à terme** où il est spéculé soit à la hausse soit à la baisse. Comme dans toute spéculation, il faut prévoir des risques. Autrefois les opérations boursières étaient l'apanage de l'agent de change assermenté. De plus en plus ces opérations sont confiées à de véritables sociétés dont **l'activité est légalement réglementée ; elle est aussi surveillée par des autorités de régulation**, beaucoup d'entre elles étant organisées sur le modèle de la « SECURITIES AND EXCHANGE COMMISSION – SEC » américaine, même si elles n'en ont pas toujours l'efficacité.

Beaucoup de places boursières, en Europe notamment, ont des liens financiers et structurés entre elles. Toutes sont équipées pour passer des ordres par INTERNET (avec des coûts réduits de transaction).

Le caractère spéculatif de certains titres cotés en Bourse a parfois tendance à occulter les liens entre les résultats et l'évolution de l'entreprise concernée et la cotation de ses actions.
INTERNET des principales places boursières :

– Belgique (Bruxelles) : **http://www.euronext.com**

– Allemagne (Francfort) : **http://www.exchange.de**

- Luxembourg (Luxembourg) : http://www.bourse.lu
- France (Paris) : http//www.euronext.com

⇒ Bourse d'Amsterdam

BOURSE D'AMSTERDAM
Cette Bourse remonte à l'année 1611. Elle est considérée comme la **doyenne des Bourses de valeurs mobilières**. Naturellement les opérations boursières vues d'une manière générale existaient déjà à une époque plus ancienne. On rapporte que des transactions boursières ont déjà été effectuées au XIIe siècle à Venise, à Florence et à Gênes (Italie). Au début, il s'agissait de négocier des marchandises. Plus tard la Bourse se déplaçait d'abord à Bruges (Belgique) qui était située à cette époque au bord de la mer et ensuite à Anvers (Belgique) et à Amsterdam (Pays-Bas). Les bourses sont des marchés abstraits (sauf exceptions) : ni les marchandises ni les titres (valeurs mobilières) ne sont présents matériellement.

Internet : http://www.euronext.com
⇒ Bourse

BOWLEY Sir Arthur Lyon (1869-1957)
Mathématicien et économiste anglais, fondateur de la Société Internationale d'Économétrie, connu pour ses **études sur les situations de duopole**, en particulier dans l'hypothèse ou, face à de nombreuses entreprises qui font la demande, les deux seules entreprises qui font l'offre luttent sur le plan de la production jusqu'à l'élimination de l'une, sauf entente.
⇒ duopole

BOX
Terme anglo-américain, littéralement « **boîte** ».
En informatique, c'est le « modem », c'est-à-dire le « modulateur-démodulateur », périphérique d'un ordinateur (même s'il est généralement intégré) **qui permet les liaisons par INTERNET et notamment les liaisons ADSL** (« Asymetric Digital Subscriber » – « Ligne asymétrique numérique ») c'est-à-dire à haut débit.
⇒ ADSL ; modem

BOYCOTT
Boycotte ou boycottage. En fait, il s'agit d'un nom patronyme (BOYCOTT Charles) qui a essaimé (boycotter, boycotteur) et qui pourrait donner lieu à la paraphrase : « l'Amérique aux Américains » ou en l'occurrence « la terre irlandaise aux Irlandais ».
Boycotter signifie s'opposer à des actions qui sont jugées exorbitantes et inadmissibles. Tel fut notamment le cas au XIXe siècle lorsque des pratiques de fermiers usuraires, instaurées par Charles BOYCOTT, conduisirent à une révolte persistante malgré l'action menée par le pasteur irlandais et homme politique Charles Stewart PARNELL. Le mot BOYCOTT est alors entré dans le vocabulaire usuel pour exprimer soit le **refus d'acheter un produit**, soit de **participer à une action** et, au niveau d'un État, de **supprimer toutes relations avec un autre État ou de refuser tous les échanges commerciaux** (ou seulement certains).
⇒ BOYCOTT ; blocus

BOYCOTT Charles Cunningham (1832-1847)
Administrateur anglais de propriétés immobilières et terriennes en Irlande au XIXe siècle, il se fit remarquer par des **pratiques usuraires en matière de fermage**. Son comportement a entraîné **une révolte qui prit le nom de « Boycott »**. Les expressions boycotter et boycottage ont fait le tour du monde et signifient qu'on s'oppose farouchement à des actions et à des pratiques jugées anormales, insupportables,
inéquitables, usuraires et hautement condamnables. Son opposant fut l'irlandais Charles Stewart PARNELL.
⇒ boycott

BOYER Robert (1943-)
Économiste français **spécialiste de la « régulation » dans le système capitaliste**. Son œuvre majeure : *La théorie de la régulation : une analyse critique* (1986) traite très complètement de l'ensemble des phénomènes de régulation économique en faisant intervenir la monnaie, la concurrence, les salaires, l'État et les situations mondiales ainsi que leurs interactions.
Directeur de recherche au CENTRE NATIONAL DE LA RECHERCHE SCIENTIFIQUE – CNRS – (France) il a aussi collaboré à différents travaux avec A. LIPIETZ.
⇒ LIPIETZ

BRADAGE
Action de vendre des marchandises ou des produits à bas prix, de les brader pour s'en débarrasser rapidement.

BRADY
Voir : PLAN BRADY

BRAIN STORMING
Terme anglo-américains littéralement « **remue méninges** ». Technique mise en œuvre pour, **au cours d'une réunion, stimuler les efforts d'imagination** des participants sur le sujet choisi, en laissant toutes les idées et toutes les opinions s'exprimer afin de parvenir à faire des choix et se fixer des objectifs. Le brain storming peut aussi bien concerner la politique commerciale, la mise sur le marché d'un nouveau produit, une organisation nouvelle, une campagne de promotion, une amélioration de la qualité ou des conditions de travail, etc. Une réunion de brain storming rassemble, pour un travail de réflexion intensif, tous les intéressés et les concernés par le sujet évoqué.

BRAIN TRUST
Terme anglo-américain que l'on peut traduire par « **groupe d'experts** » ou « **groupe de techniciens spécialisés** », de conseillers mais aussi « les dirigeants » d'une entreprise considérés dans leur ensemble. Le terme a été utilisé pour désigner le groupe d'experts qui entourait le Président des États-Unis, Th. Roosevelt en 1932 pour préparer ses réformes économiques et sociales.

BRANCHE ÉCONOMIQUE
Elle se distingue du secteur économique en ce sens que **la branche vise une catégorie déterminée de biens ou de produits** : par exemple, la branche boucherie, la branche boulangerie, la branche fruits et légumes, la branche nourriture animale, la branche imprimerie, la branche transport…
Les nomenclatures nationales ou internationales distinguent les différentes branches, certaines regroupées, notamment pour des motifs statistiques.
⇒ secteur économique ; secteur privé ; secteur public

BRAND
Terme anglo-américain qui signifie « **marque** ». Il tient son origine de l'élevage d'animaux où l'on utilise le « fer à marquer » (« brand iron »). Une marque peut aussi être apposée sur un produit ou bien un produit appartient à une marque de fabrique et devient ainsi un **article de marque**.
La marque sert à distinguer les produits et services de ceux des concurrents. Elle fait le plus souvent l'objet d'une **protection légale en tant que signe distinctif de la propriété industrielle**.

La marque protégée a, bien évidemment, pour la faire valoir, un coût pour l'entreprise qui s'en prévaut ; certains distributeurs (notamment pour les produits de grande consommation ou les médicaments) afin de s'affranchir de ce coût, font fabriquer des produits identiques sans marques (produits génériques) ou sous leur propre marque.
⇒ branding ; brand-value ; brand-equity ; brand-extension ; générique ; marketing ; merchandising ; co-branding ; propriété

BRANDING
Terme anglo-américain littéralement « **marquage** ».C'est une technique ou matière de marketing qui a pour objet d'**introduire et de faire connaître une marque de fabrique** au grand public.
⇒ awareness ; brand ; brand-equity ; brand-value ; brand strategy ; merchandising

BRAND STRATEGY
C'est littéralement la « **stratégie de marque** ». Ces termes anglo-américains **définissent les objectifs d'une entreprise vis-à-vis de sa marque** (ou de ses marques) – « Brand » en anglais. L'extension de marque est dite « **brand stretching** » et le changement « **brand switching** ».
⇒ brand ; branding

BRANDT Willy (1913-1992)
Il fut l'un des plus grands dirigeants de l'Allemagne contemporaine ; il a lutté contre le fascisme et le communisme ; avant d'être élu Chancelier de la République Fédérale d'Allemagne, il fut Maire de Berlin.
Willy BRANDT (de son vrai nom Karl Herbert FRAHM) était avant tout un européen convaincu et un citoyen du monde ; il a reçu en 1971 le Prix Nobel de la Paix.

BRAUDEL Fernand (1902-1985)
Historien français, professeur agrégé, enseignant à l'École des Hauts Études en Sciences Sociales (France) et fondateur de l'Université de Sao Paulo (Brésil), F. BRAUDEL est l'**inventeur du concept d'« économie monde »**, ensemble cohérent d'organisation économique dont il développe l'idée dans *Civilisation matérielle économique et capitalisme* (1979) œuvre majeure d'historien sur l'évolution de l'économie dans le monde.
F. BAUDEL a présidé le COMITÉ INTERNATIONAL DES HISTORIENS DE L'ÉCONOMIE et l'INSTITUT INTERNATIONAL D'HISTOIRE ÉCONOMIQUE.

BRENT
Voir : BARIL

BRETTON WOODS
Voir : ACCORDS DE BRETTON WOODS

BREVET
OU BREVET D'INVENTION
Le **BREVET** est un document attestant au plan juridique et administratif d'une invention et reconnaissant certains droits à son auteur. Les conditions de délivrance d'un brevet font l'objet de règles nationales et internationales mais, d'une façon générale, le brevet ne peut concerner **qu'une invention à caractère industriel** (au sens large), **d'application pratique et résultant d'une idée inventive nouvelle**. Les formes littéraires sont commercialement protégées par les « **droits d'auteurs** ».
Le **BREVET** permet à l'inventeur d'exploiter directement ou indirectement (licence) son invention.
Un accord est intervenu en 2003 pour la mise en place au sein de l'UNION EUROPÉENNE – UE – **d'un titre de propriété industrielle à caractère unitaire et autonome**, d'un coût abordable et garantissant la sécurité juridique au niveau de l'UE : c'est le « **Brevet Européen** » ou « **Brevet Communautaire** » qui est délivré par l'**OFFICE EUROPÉEN DES BREVETS – OEB** – dont le siège est à Munich (Allemagne).
Un **TRIBUNAL DE BREVET COMMUNAUTAIRE**, rattaché à la COUR EUROPÉENNE DE JUSTICE sera chargé de juger les litiges concernant ce domaine.
Internet Office Européen des Brevets :
http://www.european-patent-office.org
⇒ licence ; royalties

BRIAND Aristide (1862-1932)
Juriste et homme politique français, il a occupé les plus hautes responsabilités au Gouvernement comme ministre et Président du Conseil (Premier ministre). C'est l'**homme de la paix après la Première Guerre mondiale** (1914-1918), bâtisseur acharné du rapprochement franco-allemand.
Acteur majeur de la **Conférence de Locarno** qui scelle la réconciliation franco-allemande et prévoit l'arbitrage des différends entre les États (1925), il fut aussi l'auteur du **Pacte Briand-Kellog** qui, sur l'initiative de la France et des États-Unis fut signé en 1928 par 63 États **qui condamnait le recours à la guerre**. En 1929, il propose à la SOCIÉTÉ DES NATIONS la création **des États-Unis d'Europe**, union fédérale de 27 États. Considéré **comme l'un des pères de l'UNION EUROPÉENNE, il a reçu en 1926, le Prix Nobel de la Paix.**
⇒ SOCIÉTÉ DES NATIONS ; UNION EUROPÉENNE

BRICKS AND MORTAR
Termes anglo-américains, littéralement « **fait de briques et de mortier** ». L'expression désigne les entreprises qui se **servent de méthodes classiques** (anciennes, traditionnelles) **de communication et d'exécution et qui n'ont donc pas recours aux technologies nouvelles**
En distinguant entre économie ancienne et économie nouvelle l'expression serait synonyme **d'obsolescence**.
⇒ clicks and mortar

BRIEFING
Expression qui dérive du langage militaire anglo-américain et signifie, **réunion préparatoire, mise au courant des objectifs et des conditions du déroulement d'une opération future**. Le terme français de « brefage » est peu usité. Le mot « briefing » s'emploie d'ailleurs à tous les niveaux d'une hiérarchie. Il est passé dans le langage courant de l'organisation du travail, parfois sous le terme de « **brief** ».
À l'issue de l'opération effectuée, on procède à un **rapport ou** « **débriefing** » **pour en établir le bilan**.

BROKER
Voir : COURTIER

B TO A (B2A)
Voir : BUSINESS TO ADMINISTRATION

B TO B (B2B)
Voir : BUSINESS TO BUSINESS

B TO C (B2C)
Voir : BUSINESS TO CONSUMER

BUBBLE ECONOMY
« L'économie bulle » tout comme un individu peut se faire valoir et créer une « atmosphère vaporeuse ». La phase

ascendante de l'économie tire à sa fin lorsque la « bulle de chewing gum » ou la « bulle de savon » éclate ; les opérations de crédit sont toujours (ou presque) encadrées de garanties et de sûretés. Pour éviter « l'effet de basculement » l'économie et en particulier la Bourse de valeurs mobilières ont besoin d'une stabilisation efficace de la politique du crédit.
⇒ bulle de tulipe

BUCHANAN *James Mc Gill* (1919-)
Économiste américain, professeur à l'Université de Charlottesville en Virginie (E-U) puis à celle de Fairfax – Université George Mason en Virginie (E-U), J. BUCHANAN reçoit en 1986 **le prix Nobel d'Économie** pour ses travaux d'économie politique.
Auteur de nombreux ouvrages :
 The calculs of Consent – « *Les calculs d'accord* » (1962)
 Public Finance in the Democratic process – « *Les finances publiques dans le processus démocratique* » (1966)
 The limits of Liberty, between Anarchy and Leviathan – « *Les limites de la liberté entre l'anarchie et Léviathan* » (1975)
 The Power of Tax – « *La puissance de l'impôt* » (1982)
BUCHANAN est un ultra-libéral, conseiller très écouté du Président des États-Unis R. Reagan et de son Administration. Considérant **que la classe politique est plus disposée à dépenser qu'à créer des impôts, accentuant ainsi le déficit des finances publiques »**, J BUCHANAN est **partisan de l'équilibre budgétaire de l'État**. Mais il souligne l'irrationalité économique de celui-ci, **les hommes politiques défendant plus leur intérêt personnel que l'intérêt général**.
J. BUCHANAN **propose de privatiser les services publics et la protection sociale collective en les finançant par des contributions volontaires des citoyens**.

BÜCHER *Karl* (1847-1930)
Économiste allemand, professeur d'économie politique dans les Universités de Munich, Leipzig, Karlsruhe (Allemagne) mais aussi à Bâle (Suisse). Toutes ses œuvres démontrent le **caractère singulièrement historique des lois économiques** :
– *Die Entstehung der Volkswirtschaft* – « *Origine de l'économie politique* » (1983),
– *Arbeit und Rhythmus* – « *Travail et rythme* » (1886),
– *Beiträge zur Wirtschaftsgeschichte* – « *Contribution à l'histoire de l'économie politique* » (1922).
K. BÜCHER fut aussi un **spécialiste de l'histoire de la presse et de l'économie politique**.

BUGDET
Le mot budget intervient à plusieurs titres :
– tout d'abord, il est employé lorsqu'un agent économique (individu, ménage) établit pour une période déterminée le **relevé des revenus** qu'il espère obtenir **et celui des dépenses** qu'il compte faire en vue de la satisfaction de besoins ;
– il concerne **l'entreprise qui par ce document compare la mise en œuvre des facteurs de production au résultat escompté** ;
– le mot budget intervient aussi **dans l'Administration publique** (UNION EUROPÉENNE – UE – États, Communes, Administrations). Ce type de budget établit la liste détaillée des recettes et des dépenses ordinaires et extraordinaires. Le budget peut se solder par un excédent ou par un déficit.
L'équilibre de ce type de budget est considéré dans de nombreux États comme un objectif à atteindre, même si certains économistes estiment qu'un déficit du budget de l'État, maîtrisé et limité, pourrait participer à une relance de l'activité économique.
On distingue aussi **différents types de budget** :
– Budget de fonctionnement ou de programme
– Budget d'investissement
– Budget d'équipement
– Budget de trésorerie.
⇒ besoins ; dépenses ; recettes ; investissement ; revenu ; trésorerie ; Union Économique et Monétaire

BUDGET DE L'UNION EUROPÉENNE
L'UNION EUROPÉENNE – UE – dispose d'un budget ; l'autorité budgétaire est partagée entre le CONSEIL et le PARLEMENT qui adopte le budget dans sa totalité.
Les recettes et les dépenses ont connu, depuis 50 ans, un rythme régulier de croissance pour atteindre, **annuellement environ 100 milliards d'euros** ; elles sont plafonnées à **1,27 % des Produits Nationaux Bruts – PNB – cumulés des États membres de l'UE.**
L'intégration à l'UE, en 2004 de dix nouveaux États membres devrait porter le budget de l'UE à 120 milliards d'euros sans pour autant dépasser le seuil de 1,27 % des PNB cumulés de l'ensemble des États membres.
L'intégration à l'UE de dix nouveaux États, en 2004, pourrait à long terme, porter le budget de l'UE à 120 milliards d'euros mais, en aucun cas, ne devra dépasser le seuil de 1,27 % du PNB cumulé des pays membres.
Le budget 2005, arrêté par le Parlement Européen fin 2004, pour les 25 États membres est de 106,3 milliards d'euros (soit 1,004 % du PNB cumulé).
Les recettes comprennent :
– une part de la **Taxe sur la Valeur Ajoutée – TVA – perçue par les États membres (1 % sur une assiette harmonisée) qui représente environ 1/3 du budget annuel** ;
– **une contribution des États membres, en fonction de leur Produit National Brut – PNB – (la moitié du budget annuel de l'UE)** ;
– **les droits de douane** perçus sur les échanges commerciaux avec les pays tiers (hors UE donc) ;
– **les prélèvements agricoles** liés à la Politique Agricole Commune – PAC.
Les dépenses :
– concernent pour moitié du budget la **Politique Agricole Commune de l'UE** ;
– **la politique de cohésion économique et sociale avec le développement des régions (politique régionale), notamment les Fonds structurels pour près de 35 % du budget** ;
– les actions extérieures et les politiques internes ;
– l'administration et la gestion de l'UE ainsi que son fonctionnement absorbent environ 5 % du budget.
⇒ Politique Agricole Commune de l'UNION EUROPÉENNE ; Politique Régionale de l'UNION EUROPÉENNE ; UNION EUROPÉENNE

BUG
Voir : BOGUE

BUILT- IN FLEXIBILITY
Termes anglo-américains, littéralement « adaptabilité incorporée ».
Les recettes fiscales d'une économie ont une influence sur le revenu national et toute modification de celui-ci a une incidence sur le produit de l'impôt. **Afin de maintenir le revenu national à un certain niveau et pour ne pas l'exposer à des fluctuations importantes, les Autorités Publiques d'un pays peuvent essayer de stabiliser le revenu national par des mécanismes de stabilisation, éventuellement automatique** ; c'est le système **« built-in flexibility »**. La maîtrise des fluctuations conjoncturelles impose généralement d'autres mesures.
⇒ Produit Intérieur Brut

BULBE DE TULIPE

L'histoire des tulipes remonte au milieu du XVIe siècle. Les bulbes de tulipes arrivaient à cette époque, comme bien d'autres sortes de fleurs, de Turquie. C'est en Bavière (Allemagne) et aux Pays-Bas que la tulipe a fait des miracles. On se mit à cultiver la tulipe pour en faire une affaire florissante qui fut à l'origine d'un commerce spectaculaire et rémunérateur. Certains auteurs parlent de la « tulipomanie » et prétendent que la spéculation a été à la base d'un véritable marché à terme floral. Aujourd'hui on parlerait volontiers de « FUTURES ». Néanmoins, la loi de l'offre et de la demande a mis fin vers 1637 à cette histoire de la BUBBLE-TULIPE. À la suite d'une offre démesurée, les prix ont chuté et la tulipe-bulle de savon a explosé.

⇒ futures ; Bubble economy

BULLE

Elle est spéculative et financière ; le terme désigne **la situation d'un titre boursier (action) ou d'une devise (monnaie) dont les cours sont très surévalués** (par rapport à la valeur réelle) avec une très forte et constante augmentation sur une période plus ou moins longue. Il arrive un moment où les marchés réagissent (à un incident, une rumeur, un résultat moins bon que prévu, etc.) et le **cours s'effondre brutalement comme une bulle de savon.**

Si plusieurs titres d'un même secteur connaissent le même sort, c'est **le krach** qui peut être dramatique, la baisse des uns entraînant celle des autres.

⇒ action ; devise ; krach

BULLETIN DE PAIE

Document établi par l'employeur du salarié ou par l'administration du fonctionnaire pour lui faire connaître, sur la base de son salaire brut, la somme nette qui lui est versée, généralement en début ou en fin de mois et par virement bancaire ou postal.

Les législations imposent de plus en plus de nombreuses mentions sur le bulletin de paie individuel : emploi, classification, retenues pour cotisations sociales, évaluation des avantages en nature, montant imposable, etc. mais aussi les charges sociales patronales supportées par l'employeur.

⇒ appointements ; salaire

BUNDESBANK

Voir : BANQUE CENTRALE

BUREAUCRATIE

Le terme désigne, dans un sens souvent péjoratif, **l'ensemble des fonctionnaires d'un pays, d'une région, d'une organisation.** L'économiste allemand Max WEBER considère que cette forme d'organisation offre l'avantage d'une hiérarchie et d'emplois bien définis, avec une discipline et des règles strictes. Mais ce système de gestion est le plus souvent considéré comme donnant trop de pouvoir à celui qui est chargé d'appliquer un règlement et le fait sans discernement et au mépris des administrés. **La bureaucratie apparaît donc comme un obstacle au développement économique et à l'efficacité de l'Administration.**

⇒ administré ; WEBER

BUREAU INTERNATIONAL DU TRAVAIL – BIT

Voir : ORGANISATION INTERNATIONALE DU TRAVAIL

BURKE Edmund (1729-1797)

Juriste d'origine, écrivain et philosophe, humaniste, homme politique, homme d'État et économiste irlandais, E. BURKE est avant tout **un libéral antirévolutionnaire.**

Son ouvrage *A philosophical Enquiry into the Origin of our Ideas of the Sublime and Beautiful* – « *Recherche philosophique sur l'origine de nos idées du sublime et du beau* » (1757), a profondément marqué son époque mais c'est surtout son violent pamphlet contre la Révolution française de 1789 *Reflections on the Revolution in France* – « *Réflexion sur la Révolution en France* » (1790) qui fera connaître ses positions politiques.

Chrétien, très attaché au respect de ses devoirs et au maintien d'une stricte moralité, E. BURKE, **s'oppose aux idées et aux principes de la « Déclaration des Droits de l'homme et du Citoyen »** (1789) qui, selon lui, mettent en péril toute l'Europe. Mais **il lutte aussi,** sans que cela soit contradictoire, **pour les droits de l'homme** en distinguant les droits naturels (droits de l'homme à disposer de lui-même) et les droits civils (relations entre le pouvoir et les individus) ; c'est dans cet esprit qu'il va **s'engager pour l'émancipation des colons d'Amérique et pour que des droits leur soient accordés par le pouvoir royal,** s'attaquant aussi aux abus de la Compagnie des Indes.

BURN OUT

Terme anglo-américain, littéralement « brûler par le feu » ; **on désigne ainsi la maladie d'un membre du personnel dirigeant d'une entreprise dont l'activité et la trop grande charge de travail brûle toute son énergie, provoque le stress, la fatigue et la dépression avec l'incapacité à poursuivre correctement sa mission.**

⇒ stress

BUSINESS AS USUAL

Termes anglo-américains signifiant « **les affaires continuent** ». Ces termes sont employés pour montrer que malgré des incidents, des vicissitudes ou la survenue de difficultés, le déroulement des activités de l'entreprise se poursuit.

BUTOIR

Limite ou délai dans le temps fixé pour une livraison, une échéance, l'utilisation d'un crédit, la signature d'un contrat, un remboursement, un paiement. On dit aussi « **date butoir** ».

Les termes anglo-américains « **date line** » et « **dead line** » sont synonymes.

BUSINESS ANGELS

Terme anglo-américain désignant des **personnes fortunées.** Ce sont les « **anges des affaires** » ou les « **bonnes fées des affaires** » **qui investissent,** souvent avec discrétion et dans l'anonymat, dans le **financement des entreprises,** tout particulièrement les petites et moyennes entreprises. Ce type d'investissement concerne notamment les entreprises à risques en phase de démarrage ou de croissance. L'UNION EUROPÉENNE comptait, en 2002, plus de 150 réseaux de « Business Angels ».

Internet : **http://europa.eu.int/comm/entreprise/entrepreneurship/financing**

⇒ capital risque

BUSINESS TO ADMINISTRATION – B TO A (B2A)

Termes anglo-américains qualifiant l'organisation mise en place dans une entreprise pour assurer les « **échanges en ligne entre l'entreprise et l'administration** » (relations commerciales, étude des besoins, service après-vente, etc.), c'est-à-dire les liaisons par Internet.

BUSINESS TO BUSINESS – B TO B (B2B)
Termes anglo-américains pour désigner l'organisation mise en place pour que les relations entre les entreprises (clients, fournisseurs, sous-traitants, etc.) soient réalisées par Internet ; ce sont des « **échanges interentreprises en ligne** », c'est-à-dire par Internet.

BUSINESS TO CONSUMER – B TO C (B2C)
Termes anglo-américains désignant l'ensemble des moyens mis en place pour assurer par Internet une partie importante des relations avec les clients ; c'est le service d'« **échanges en ligne entre l'entreprise et les clients** » ; de nombreuses entreprises et organisations importantes ont mis en place un « **Département B to C** ».

BUZZ MARKETING
Terme anglo-américain de mercatique signifiant « **marketing par la rumeur** » c'est-à-dire l'utilisation en termes d'action commerciale d'informations que l'on répand et que l'on fait courir dans le public.
⇒ marketing

CABET Étienne (1788-1856)
Avocat, magistrat, économiste et homme politique français, E. CABET est d'abord un démocrate. Mais il est très vite tenté par un **communisme utopique**. Pour faire prévaloir ses idées républicaines, il fonde le journal *Le Populaire* (1833), mais les fait surtout connaître dans son *Histoire populaire de la Révolution française de 1789 à 1830* publiée en 1840. E. CABET s'y montre **partisan de l'égalité et de la fraternité mais aussi de l'abolition de la propriété privée et du commerce plaçant toute l'économie sous le contrôle de l'État**. Prônant une **révolution sans violence** et par la seule persuasion, il tentera de mettre en pratique ses théories en fondant des communautés en Amérique.

CABINET
C'est le lieu d'exercice de certaines professions libérales indépendantes (médecin, avocat, etc.) ; le terme désigne aussi, dans certains pays, l'ensemble des collaborateurs directs d'un ministre ou d'un haut dirigeant d'entreprise publique ou privée.

CABOTAGE
Terme générique par lequel on désigne aussi bien le transport national qu'international, fluvial, maritime aérien et même routier pour acheminer des marchandises d'un lieu dans un autre. Le plus souvent on pense au transport qui s'effectue le long des côtes d'un pays au moyen **de caboteurs**.
⇒ passavant

CAC 40
Voir : INDICES BOURSIERS

CADASTRE
Document détaillé précisant avec exactitude sur un plan toutes **les propriétés foncières d'une commune (plan cadastral)**.
Le cadastre comprend aussi une **matrice cadastrale** qui recense **les propriétaires fonciers**. Dans certains pays il existe un document très complet sur la propriété foncière : **le Livre foncier**.
Le cadastre désigne également l'**Administration** chargée d'établir et de tenir à jour les documents fonciers.

CADRE
Salarié ayant une formation supérieure (ou une expérience permettant d'établir une équivalence) **exerçant une fonction de responsabilité et souvent de commandement** au sein d'une entreprise, d'une administration ou d'une organisation. La notion de cadre est variable suivant les pays, certains en donnent des définitions plus larges ou plus restrictives. La législation, les conventions collectives et les accords d'entreprise précisent, en général, les conditions d'exercice de la fonction pour être considéré comme « cadre ».
⇒ accord d'entreprise ; convention collective

CAHIER DES CHARGES
Avant de procéder à l'exécution de travaux de grande envergure il est d'usage d'établir préalablement un **document qui renseigne sur les engagements des parties contractantes**. Toutes les informations qui ont trait aux questions administratives, financières et techniques s'y trouvent. Les parties contractantes doivent se conformer aux stipulations de ce document. En outre, le cahier des charges permet de faire des prévisions de toutes sortes pour l'exécution du contrat.
L'usage du cahier des charges s'est généralisé avec **le système des « appels d'offres »** destinés aux professionnels concernés lorsqu'une Administration ou une entreprise envisage de **mettre en concurrence plusieurs fournisseurs qui, en réponse, « soumissionnent »**.
L'appel d'offres est obligatoire pour l'Administration dans de nombreux pays au-delà d'un certain montant de travaux. **Les marchés publics de travaux, de fournitures et de services sont soumis, dans tous les pays de l'UNION EUROPÉENNE – UE – à des règles communes** d'information (notamment par la publication des « avis de marchés », de sélection des candidats et d'attribution des marchés. Ces dispositions font l'objet de Directives de l'UE qui fixent aussi les seuils (montants financiers) à partir desquels les marchés y sont soumis.
⇒ appel d'offre ; marché public ; soumission

CAISSE D'ÉPARGNE
Établissement bancaire et financier chargé à l'origine de la **collecte de l'épargne** des particuliers mais désormais largement **intégré dans le système bancaire classique** et concurrentiel en offrant une gamme de services très largement diversifiée.
Les Caisses d'Épargne sont des établissements **en principe (et à l'origine) à but non lucratif** dans la plupart des pays et, dans certains d'entre eux, elles bénéficient de dispositions légales spécifiques. L'évolution des Caisses d'Épargne, dans de nombreux pays, les fait cependant s'orienter vers des activités à but lucratif qui occultent souvent leurs caractéristiques d'origine. Le réseau des Caisses d'Épargne assure partout une collecte de fonds très importante et intervient dans le financement notamment de l'**immobilier, des collectivités territoriales** (communes notamment) et de toute l'**économie sociale**.
Les Caisses d'Épargne développent leurs activités par des accords entre les organismes similaires dans les différents pays.
⇒ banque ; économie sociale ; épargne

CALCUL A POSTERIORI EN MATIÈRE DE PRIX DE REVIENT ET DE COÛT
À la suite du calcul prévisionnel (a priori) en matière de détermination des coûts et du prix de revient, on établit un calcul a posteriori qui conduit à déterminer les écarts entre la prévision et la réalité.
Les écarts constatés, en plus ou en moins, doivent être expliqués et leur mesure impose de prendre les dispositions nécessaires pour, à l'avenir, les réduire.
⇒ calcul a priori

CALCUL A PRIORI EN MATIÈRE DE PRIX DE REVIENT ET DE COÛT
Ce type de calcul est très important et utile **pour suivre, dans une entreprise, sur la base des exercices antérieurs, l'évolution des éléments de coût** (calcul a priori, prévisionnel, budgétaire) ; il y aura le plus souvent des écarts entre la prévision et la réalité ; si les coûts ont été calculés trop bas, il y aura une « sous-couverture », dans le cas contraire, une « sur-couverture ».
Le calcul a priori est un indicateur précieux pour l'établissement des prévisions et pour la planification dans l'entreprise.
⇒ calcul a posteriori

CALCUL DU PRIX DE REVIENT UNITAIRE : SYSTÈME DE LA DÉTERMINATION DE QUOTIENTS

Ces calculs concernent la comptabilité de l'entreprise et peuvent être effectués suivant différentes options.

Lorsque toutes les charges sont regroupées pour une période déterminée, le coût unitaire est obtenu par le rapport des charges aux unités d'œuvre :

$$\text{Coût unitaire} = \frac{\Sigma \text{ des charges d'une période}}{\text{Total des unités d'œuvre}}$$

Le calcul peut également faire intervenir une répartition des charges par nature, comme c'est généralement le cas en application des règles comptables ; sur la base des éléments de la comptabilité, l'on prend les salaires, la consommation de matières et les charges communes :

$$\text{Coût unitaire} = \frac{\Sigma \text{ salaires} + \Sigma \text{ matières} + \Sigma \text{ charges communes}}{\Sigma \text{ unités d'œuvre}}$$

Le calcul peut aussi se baser sur la classification en charges fixes et en charges proportionnelles ; le coût unitaire est alors donné par la formule :

$$\text{Coût unitaire} = \frac{\Sigma \text{ charges fixes}}{\Sigma \text{ unités d'œuvre}} + \text{quote-part des charges proportionnelles}$$

Le plus souvent, les coûts unitaires sont dégagés successivement sur plusieurs niveaux dans le cadre de l'activité de l'entreprise, en suivant le processus de la fabrication à la vente ; par exemple, dans une entreprise sidérurgique, l'on déterminera des coûts au niveau des hauts fourneaux, de l'aciérie, des laminoirs et de l'administration des ventes, etc.
⇒ charges ; coût

CALCUL ÉCONOMIQUE

Ensemble des réflexions que le sujet économique fait dans un intervalle de temps déterminé afin d'obtenir des moyens forcément limités qui sont à sa disposition pour un objectif d'utilité totale maximale. Le calcul économique n'est ni un calcul chiffré, ni un calcul monétaire.

Les adeptes de l'**École Autrichienne** ont rattaché l'économie aux sciences humaines en les démarquant des sciences exactes ; cependant, ils ont toujours insisté sur la nécessité d'une attitude réfléchie. Le mot calcul ne doit pas induire en erreur, même si l'exactitude et la précision sont de rigueur.

Selon Von MISES l'économie serait « **un jugement porté sur les fins et les moyens qui dirigent le sujet économique à ses fins** ».

Pour F. PERROUX, il y a des « **actes calculés, des actes conditionnés et des actes inspirés** ».

Il faut donc chercher dans le calcul économique une base psychologique et une attitude comportementale.

D'autres auteurs mettent l'accent dans le calcul économique que sur un ensemble d'analyses dans lesquelles interviennent la quantité, la qualité, l'utilité économique, le temps, la certitude de la survenance d'un événement.
⇒ École Autrichienne ; PERROUX ; rentabilité ; Von MISES

CALL CENTER

Terme anglo-américain, littéralement « **centre d'appel téléphonique** ».

Organisation mise en place dans les différentes activités commerciales (banques, assurances, ventes par correspondance) ou dans certaines institutions publiques ou privées pour **assurer un contact téléphonique avec la clientèle**. Le call center peut aussi assurer des actions de prospection par téléphone.
⇒ prospection

CAMBISTE

Professionnel spécialisé dans les pratiques et les techniques concernant les marchés des changes et ceux des devises.
⇒ change ; devise

CANCELLATION

Expression anglo-américaine qui veut dire **annulation**. Le terme est utilisé pour signifier annuler, décommander, etc., c'est donc **un contrordre**. On peut annuler une commande, une assurance, une écriture comptable ; dans ce dernier cas, cependant, il est d'usage de faire une écriture de « contrepassation » qui permet de garder la trace de l'annulation.
Le terme anglo-américain « **cancelled** » est utilisé pour qualifier l'annulation d'un vol en transport aérien. Il est aussi employé en informatique dans le sens de supprimer.

CANTILLON Richard (1680-1733 ou 1734)

Économiste d'origine hispano-irlandaise, R. CANTILLON fut banquier à Paris avant de s'établir homme d'affaires à Londres. C'est lui qui élabore la théorie de la « **valeur terre** » selon laquelle la valeur d'un bien se mesure par la quantité de terre (c'est-à-dire la surface cultivée) mise en œuvre pour la produire, augmentée de celle nécessaire pour nourrir ceux qui ont participé à la production : c'est le « **salaire naturel** ». R. CANTILLON ne distingue d'ailleurs que trois classes dans la société : les propriétaires de la terre, ceux qui l'exploitent et les salariés. C'est en 1755 seulement que sera publié son *Essai sur la nature du commerce en général*.

CAPACITÉ JURIDIQUE

Une personne capable possède les droits que la loi d'un pays lui confère mais elle peut également les exercer par elle-même. En d'autres termes : « **toute personne peut contracter, si elle n'en est pas déclarée incapable par la loi** ».
⇒ incapacité

CAPITAL

Ensemble des biens, quelle que soit leur nature, possédés par une personne ou une entreprise. En principe, le capital est productif de revenu.

Dans un sens plus large, on entend par capital toutes les **ressources** (y compris morales, intellectuelles ou potentielles) d'une personne, d'une organisation, d'une région, d'un pays. Le capital d'une société ou **capital social** qui figure au passif de son bilan représente tous les apports des associés et donc la dette de l'entreprise vis-à-vis d'eux.

CAPITAL CULTUREL

Somme de toutes les connaissances d'une personne, son savoir et son expérience, et ses performances intellectuelles. C'est aussi l'**ensemble du patrimoine d'une région, d'un pays** (sa langue, son histoire, ses monuments, etc.).

CAPITAL ÉTRANGER À COURT TERME

Toutes les valeurs qui affluent vers l'entreprise, sans qu'une contre-prestation immédiate n'intervienne, constituent un capital à court terme. Sont concernés les crédits de fournisseurs, les effets à payer, les acomptes des clients, etc. Le capital à court terme ne peut pas être employé à l'investissement.
⇒ bilan ; valeurs immobilisées ; capital étranger à long terme

CAPITAL ÉTRANGER À LONG TERME
Ce sont des **moyens qui sont à la disposition de l'entreprise pendant une période plus longue** comme par exemple, les emprunts obligataires, les emprunts convertibles (en actions), les crédits dont la durée dépasse 8 et 10 ans (actuellement), etc. Ce capital étranger est compté parmi le capital permanent puisqu'il remplit pratiquement la même fonction que le capital propre. Les emprunts contractés sous forme d'obligations convertibles permettent une conversion en actions.

CAPITAL HUMAIN
C'est l'ensemble **des moyens en hommes et en femmes** qu'utilise une entreprise ou une organisation. À titre individuel, c'est la somme des **connaissances et de l'expérience** d'une personne.

CAPITALISME
Il représente une situation dans laquelle la propriété privée prédomine et où les moyens de production appartiennent aux particuliers qui peuvent les employer librement. Il a pour fondement la **libre entreprise**, **le marché libre** et **le profit**. C'est un système économique qui s'oppose au communisme et au socialisme. Le capitalisme classique se déploie au sein de **l'économie de marché**.
⇒ communisme ; économie de marché ; socialisme

CAPITALISME MONDIAL
Voir : IMPÉRIALISME

CAPITALISME MONOPOLISTIQUE D'ÉTAT
Selon le concept de MARX, les monopoles et l'État ont en commun **le contrôle de l'économie** ; cela souligne le rôle joué par ces deux formes juridiques distinctes de propriété. Le capitalisme d'État a la particularité de se manifester notamment par **l'impérialisme**. Le **capitalisme international** qui se développe dans l'économie mondiale est aussi, dans certains cas, un capitalisme monopolistique de plusieurs États associés.
⇒ capitalisme

CAPITALISME PÉRIPHÉRIQUE
Désigne le processus d'industrialisation des pays en voie de développement qui sont largement dépendants de pays appelés « **pays centraux** » (pays développés et industrialisés).
⇒ capitalisme

CAPITALISTE
Personne physique ou personne morale qui détient les **biens et les moyens de production** ainsi que le « know-how » (savoir-faire) pour réaliser des gains (bénéfices) mais aussi supporter ou endosser les pertes éventuelles quelle que soit la nature de son activité.
⇒ capitalisme

CAPITAL PERMANENT
La réunion du **capital propre, des capitaux étrangers et des dettes à long terme** ainsi que de certaines provisions constitue le capital permanent. Il s'agit donc d'un ensemble de ressources qui se trouvent à la disposition de l'entreprise d'une **manière durable**.
⇒ bilan ; capital étranger à court terme ; capitaux circulants ; provisions ; valeurs immobilières

CAPITAL PROPRE
Il s'agit aussi bien de **ressources provenant directement de l'entrepreneur que du capital de base, des réserves, des reports à nouveau et certaines provisions ainsi que des avoirs de sociétés commerciales** ; les subventions (d'équipement, d'exploitation, d'équilibre, etc.) sont fréquemment classées dans les « capitaux propres » mais cette façon de procéder paraît contestable à certains.
Au sujet du capital propre, les avis sont partagés, puisque les risques existent qu'un capital propre soit surévalué ou sous-évalué, bien que la ligne de conduite exige que le bilan soit clair et sincère dans ses évaluations.
⇒ bilan ; capitaux circulants ; capital étranger à long terme ; capital étranger à court terme ; valeurs immobilières

CAPITAL RISQUE
Type particulier de **financement d'une entreprise qui présente un risque financier majeur** : création (« start-up »), redressement après une faillite, développement exceptionnel etc. Ce type de financement concerne, pour une large part, des sociétés intervenant dans les domaines de hautes technologies. Le financement peut être le fait de partenaires individuels, souvent liés à l'entreprise ou réalisés directement ou indirectement par des banques (parfois par des filiales spécialisées).
⇒ start-up

CAPITAUX CIRCULANTS
Les capitaux circulants sont **à la base du résultat de l'entreprise**. Le cycle « argent, marchandise, argent » ou « argent, matières premières, produit finis, argent », représente la base de l'activité de l'entreprise. Ce cycle se répète plus ou moins fréquemment dans le cadre d'un exercice (période d'activité, généralement l'année). **Les capitaux circulants comportent :**
– les **valeurs d'exploitation** comme par exemple, les matières premières, les matières consommables, les semi-produits, les produits finis, les travaux en cours, les emballages, etc. ;
– les **acomptes reçus** par l'entreprise ;
– les créances, les avoirs en comptes en banque et auprès des chèques postaux, les encaisses, les effets à recevoir, les chèques à encaisser, les valeurs mobilières de placement, **donc l'ensemble des valeurs réalisables**.
⇒ bilan ; actif ; passif ; valeurs d'exploitation ; valeurs réalisables

CARICOM
en anglais : CARIBBEAN COMMUNITY
Dès 1965, plusieurs pays des Caraïbes fondèrent l'ASSOCIATION DE LIBRE-ÉCHANGE DES CARAÏBES – CARIFTA – avec l'objectif d'un marché **commun et d'une communauté économique** entre les membres. En 1973 fut créée la CARIBBEAN COMMUNITY – CARICOM – qui regroupe **15 États** : Barbade, Guyana, Jamaïque, Trinidad et Tobago, Antigua et Barbuda, Dominique, Sainte-Lucie, Saint Kitts et Nevis, Montserrat, Anguilla, Saint-Vincent et les Grenadines, Haïti, Surinam, Grenade et Belize.
Les Bahamas adhèrent au CARICOM sans faire partie du marché commun. D'autres États de la Zone des Caraïbes sont associés à CARICOM.
La structure de CARICOM comprend :
– la **Conférence** qui regroupe les Chefs des Gouvernements des pays membres ;
– le **Conseil** (les ministres) ;
– un **Secrétariat Général** dont le siège est en Guyana ;
– des Offices et Institutions spécialisées notamment la BANQUE DE DÉVELOPPEMENT DES CARAÏBES – CDB.

Internet : **http://www.caricom.org**

CARRÉ MAGIQUE
La politique économique est basée sur la poursuite des buts suivants :
– plein emploi ;
– stabilité des prix ;
– équilibre du commerce extérieur ;
– croissance économique.
Leur représentation graphique a été élaborée par l'économiste N. KALDOR en 1974, chacun des objectifs étant représenté par un axe formant ensemble, un carré.

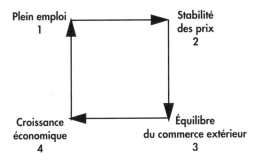

⇒ triangle magique ; hexagone magique ; politique économique ; croissance économique ; KALDOR

CARRIÈRE
Parcours professionnel et durée d'une activité d'un individu. Faire carrière signifie évoluer favorablement dans une profession déterminée pour atteindre des postes ou des emplois de responsabilité.
Le **carriériste** a comme principal objectif de faire carrière dans la vie professionnelle (le terme a une connotation assez péjorative).

CARTE DE CRÉDIT OU CARTE BANCAIRE
Carte établie par une banque, un organisme financier ou un commerçant permettant le paiement d'achats avec un différé court (généralement la fin du mois en cours) sans intérêt (il est compris dans le prix de la carte) ou avec un délai plus long avec paiement d'un intérêt ; le paiement peut, dans certains cas, comporter des versements réguliers. Ce type de carte peut aussi permettre d'obtenir un crédit de l'organisme émetteur.
La carte de paiement ne permet que des achats avec un débit comptant et le retrait d'argent dans les « distributeurs automatiques de billets – DAB » mais elle peut être associée à une carte de crédit.
Certaines banques offrent aux porteurs des cartes de crédit qu'elles commercialisent, un « **cash back** », c'est-à-dire que la banque prend elle-même en charge (sous différentes formes : remboursement du prix ou de la cotisation de la carte, bons d'achat, versement en compte, etc.) une très faible part (en général inférieure à 1 %) du montant des dépenses effectuées avec la carte de crédit.
Les cartes, à l'origine magnétiques, sont de plus en plus équipées de puces (microprocesseur) pour des raisons de sécurité ; leur utilisation impose l'usage d'un code.
⇒ banque

CARTEL
Forme d'entente entre plusieurs entreprises pour restreindre ou empêcher la concurrence entre elles.
Les accords de cartel peuvent concerner tous les aspects du marché ou ne porter que sur certains.
Le cartel constitue en fait un monopole formé par plusieurs entreprises. Les législations nationales et celles de l'UNION EUROPÉENNE – UE – prohibent la formation de cartels.
L'ORGANISATION DES PAYS EXPORTATEURS DE PÉTROLE – OPEP – est un cartel au niveau des États eux-mêmes.
Parmi les formes de cartel, on peut citer :
– le cartel d'affectation de zones de distribution,
– le cartel de crise,
– le cartel d'exportation et d'importation,
– le cartel de prix,
– le cartel de quota de production,
– le cartel territorial,
– etc.
⇒ cartel de crise ; cartel d'exportation et d'importation ; cartel de prix ; cartel de quota de production ; cartel territorial ; concurrence ; Organisation des Pays Exportateurs de Pétrole

CARTEL DE CRISE
De tels cartels pourraient être autorisés par une autorité nationale compétente en la matière. Il s'agit de **sortir d'une crise** et de régler la production de biens déterminés par une entente exceptionnelle entre producteurs. **Les mesures de cette nature sont prises dans l'intérêt général de l'économie nationale.**
⇒ cartel

CARTEL D'EXPORTATION ET D'IMPORTATION
Les Autorités Publiques délivrent généralement l'autorisation de faire des ententes ou des arrangements s'ils aboutissement à **favoriser ou à assurer les exportations d'un pays.** Quant à l'importation, une formation de cartel est concevable si du côté de l'offre la concurrence est inexistante.
⇒ cartel

CARTEL DE PRIX
En principe **il est interdit**. Il a pour but de **maintenir le prix à un niveau déterminé.** À ce moment, la concurrence ne joue plus. Ce type d'entente est cependant parfois toléré : l'ORGANISATION DES PAYS EXPORTATEURS DE PÉTROLE – OPEP – le pratique.
⇒ cartel ; Organisation des Pays exportateurs de Pétrole

CARTEL TERRITORIAL
En principe, ce type **d'entente est frappé d'interdiction dans la plupart des pays.** Une telle convention subdiviserait le marché en zones de vente dans lesquelles la concurrence ne jouerait plus.
⇒ cartel

CARTE DE PAIEMENT
Voir : CARTE DE CRÉDIT

CAS FORTUIT
Voir : FORCE MAJEURE

CASH BACK
Voir : CARTE DE CRÉDIT

CASH BURN RATE
Indicateur économique anglo-américain signifiant littéralement « ratio de l'argent brûlé », il permet de **connaître les**

liquidités et les promesses d'apport de capitaux dans les entreprises de la « New-Economy ».
L'expression est entrée dans le vocabulaire de la Bourse et le **coefficient de liquidité** permet de déterminer pendant combien de temps une entreprise dont le chiffre d'affaires est en baisse (alors que les charges sont en hausse) peut « tenir le coup » avant la cessation de paiements.
⇒ Bourse ; liquidité ; New-Economy

CASH-COW
Terme anglo-américain des affaires, littéralement « vache à lait » qui désigne **un produit ou un article dont la vente contribue d'une façon significative au chiffre d'affaires de l'entreprise**. C'est aussi, dans un sens péjoratif, un individu qui finance une activité sans en tirer un revenu normal, qui se fait exploiter.

CASH-FLOW
Terme financier anglo-américain signifiant « **flux de trésorerie** » ou « **capacité d'autofinancement** » d'une entreprise. C'est le bénéfice net et les amortissements d'une période donnée (en général l'année) auxquels, dans un sens plus large, on ajoute les réserves et les provisions.
⇒ amortissements ; bénéfice ; cash-flow return of investment ; provisions ; reserves

CASH FLOW RETURN OF INVESTMENT – CFROI
Termes financiers anglo-américains signifiant « **flux de trésorerie, retour d'investissement** ».
C'est dans une entreprise le **flux de trésorerie dégagé par les actifs résultant eux-mêmes des investissements**.
⇒ cash-flow

CASH VALUE ADDED – CVA
Termes financiers anglo-américains signifiant « **valeur ajoutée de trésorerie – VAT** » (Ce sigle VAT ne doit pas être confondu avec le sigle anglais VAT « Value added tax », c'est-à-dire, « taxe sur la valeur ajoutée »).
Le CVA est, dans une entreprise, la **valeur des actifs** sans tenir compte de leur dépréciation et de leur amortissement.
⇒ actif ; amortissement

CASIER JUDICIAIRE
Document regroupant, dans la plupart des pays, les condamnations pénales des personnes physiques et des personnes morales ; le casier judiciaire est généralement informatisé.
Les législations fixent les conditions dans lesquelles les informations du casier judiciaire national peuvent être communiquées (conditions, destinataires, etc.).
Dans le cadre de l'UNION EUROPÉENNE – UE – plusieurs États envisagent d'interconnecter leurs casiers judiciaires pour accroître l'efficacité de leurs actions contre la criminalité ; l'Allemagne, l'Espagne et la France ont lancé, en 2003, différentes initiatives auxquelles la Belgique devrait se joindre ; mais un tel système impose pour être opérationnel, la compatibilité des moyens informatiques mis en œuvre.
⇒ Eurojust

CASSIS DE DIJON
Célèbre arrêt (jugement) de la Cour Européenne de Justice, à la base d'une règle qui édicte que **les produits fabriqués conformément aux normes nationales d'un État membre de l'UNION EUROPÉENNE – UE – et commercialisés dans celui-ci peuvent l'être dans tous les autres pays de l'UE et y circuler librement**.

Cet arrêt de 1979 a été suivi de nombreuses autres décisions dans le même sens. C'est une convention importante pour le fonctionnement du « marché intérieur ».
⇒ marché intérieur

CASTE
Voir : CLASSE

CASTEL Charles Irenée, Abbé de Saint Pierre (1658-1743)
Philosophe français, physiocrate, membre de l'Académie française, **apôtre de la tolérance et de la philanthropie mais aussi de l'idée européenne** qu'il développe dans une œuvre monumentale : *Projet pour rendre la paix perpétuelle en Europe* (1773), dans laquelle il propose un « Sénat d'Europe » représentant les 24 nations membres.
⇒ physiocratie

CASTRO Fidel (1926-)
Homme politique cubain qui a pris, après plusieurs années de guérilla, **le pouvoir à Cuba dont il est le Chef d'État depuis 1976**. Révolutionnaire inspiré par Ernesto Che Guevara, il a été longtemps soutenu par l'URSS et en lutte constante contre les États-Unis (même s'il ne s'agit pas de guerre). CASTRO exerce une dictature totale de type marxiste sur l'ensemble du pays qui cependant tente, à partir de 1993, une ouverture vers l'extérieur dans le domaine économique. CASTRO a toujours soutenu les pays du tiers-monde qu'il estime menacés par l'impérialisme et l'hégémonie des États-Unis.
⇒ GUEVARA ; tiers-monde

CASUAL FRIDAYS
Voir : FUNKY BUSINESS

CATÉGORIES SOCIOPROFESSIONNELLES
Regroupement des individus suivant la nature de la profession qu'ils exercent : agriculteurs, artisans, fonctionnaires, etc., ou la catégorie des fonctions qu'ils occupent : salariés (et dans celle-ci : ouvriers, employés, cadres), sans activité, ayant une profession indépendante (avocat, médecin etc.).

CAUSE RÉELLE ET SÉRIEUSE
Voir : LICENCIEMENT

CAUTION
C'est **aussi bien le garant que la garantie elle-même pour l'exécution d'un contrat**, en général d'un prêt. La caution est dite « **réelle** » lorsqu'elle fait l'objet d'une hypothèque. Le garant est aussi appelé « **fidéjusseur** » mais le terme est peu usité. Si l'emprunteur est défaillant, la caution est tenue de rembourser la somme due et ses accessoires (intérêts, pénalités, etc.) sauf si l'engagement de la caution était disproportionné ou incompatible avec ses moyens, mais c'est aux tribunaux d'en décider.
⇒ prêt

CAUTIONNEMENT
Contrat par lequel une personne, la caution, prend l'engagement de prendre la place du débiteur si celui-ci se trouve dans l'impossibilité de désintéresser le créancier.
⇒ caution

CAVALERIE
Escroquerie qui consiste à approvisionner un compte bancaire par une succession de chèques ou d'effets (traites) sans provision.
⇒ chèque ; compte ; traite

CAVIARDER

À l'origine terme utilisé par la presse et l'édition pour qualifier un texte noirci afin de le supprimer d'un article, d'une page, etc.
Par extension, c'est supprimer un passage, un paragraphe, un mot, etc., dans un texte soit pour censurer, soit simplement pour en réduire le volume.

CENTRALE D'ACHATS

Organisation commune entre plusieurs entreprises pour grouper leurs achats et, par le volume global de ceux-ci, obtenir **les prix les meilleurs**. Le système est largement répandu dans la distribution (chaînes d'hyper et de supermarchés) qui pratique alors avec une efficacité plus grande **le référencement**, c'est-à-dire les marges, primes ou ristournes exigées des acheteurs pour sélectionner (« référencer ») un fournisseur et vendre ses produits.
⇒ achat

CENTRALISATION

Système dans lequel **toutes les décisions sont centralisées et concentrées** au niveau d'un ou de quelques dirigeants, le plus souvent dans le cadre d'un siège social éloigné et indépendant des lieux de production. C'est le cas quand, dans une entreprise, on ne dispose pas d'un nombre suffisant de collaborateurs à qui l'on pourrait déléguer des pouvoirs, toutes les décisions sont prises au niveau de la cellule dirigeante. Tous les autres collaborateurs n'ont pas de pouvoir de décision. L'inconvénient de ce système est que le contact entre la direction et les autres travailleurs est relâché. Une centralisation totale n'est ni praticable ni souhaitable.
⇒ décentralisation

CENTRE D'AFFAIRES

Lieu où se rassemblent un certain nombre d'entreprises ayant des activités commerciales ou de service et qui organisent en commun différents moyens (secrétariat, salons d'accueil de la clientèle, salles de réunions, restaurants, etc.).

CENTRE DE PROFIT

Partie ou élément distinct organisé à l'intérieur d'une entreprise ou d'une organisation pour en mesurer spécialement les résultats en fonction des objectifs fixés, des stratégies mises en œuvre et des investissements réalisés dans cette partie ou cet élément.

CENTRE DE TRADUCTION DES ORGANES DE L'UNION EUROPÉENNE – UE

Organisme créé en 1994 pour répondre aux besoins de traduction des organes communautaires. Le centre assure notamment les traductions dans les langues officielles de l'UNION EUROPÉENNE – UE - : 11 langues pour l'UE à 15 pays, 20 langues pour l'UE élargie à 25 pays.
Le siège du Centre de traduction est à Luxembourg (Grand Duché de Luxembourg).
Internet : **http://www.cdt.eu.int**
⇒ UNION EUROPÉENNE

CENTRE D'ÉTUDES PROSPECTIVES ET D'INFORMATION INTERNATIONALES – CEPII

Centre français d'études et de recherches en économie internationale (macroéconomie, commerce, investissements) de droit privé, parmi les plus connus et les plus importants. En collaboration avec d'autres organismes étrangers il publie des études et des documents de travail, organise des colloques et dispose d'une base de données importante. Il comprend un Conseil (responsables de l'Administration Publique et des entreprises, représentants des syndicats et universitaires), un Conseil scientifique (qui oriente et dirige les recherches et contrôle les travaux) et des économistes.
Internet : **http://www.cepii.fr**

CENTRE EUROPÉEN POUR LE DÉVELOPPEMENT DE LA FORMATION PROFESSIONNELLE – CEDEFOP

Créé en 1975, le CEDEFOP a pour mission de développer la coopération européenne en matière de formation professionnelle en impliquant de plus en plus les pays candidats. Le CEDEFOP analyse les politiques et les pratiques de formation, d'enseignement et de recherches dans l'UNION EUROPÉENNE et assure la diffusion de l'information dans ce domaine. Le CEDEFOP a élaboré notamment un curriculum vitae européen.
Le siège du CEDEFOP est à Bruxelles (Belgique).
Internet : **http://www.cedefop.eu.int**
http://europa.eu.int/agencies/cedefop
⇒ UNION EUROPÉENNE

CENTRE INTERNATIONAL POUR LE RÈGLEMENT DES DIFFÉRENDS RELATIFS AUX INVESTISSEMENTS – CRDI

Voir : BANQUE MONDIALE

CERCLE DE QUALITÉ

Organisation mise en place dans une entreprise, une association ou une institution pour réfléchir à **l'amélioration de la qualité** des produits fabriqués ou vendus, des services fournis et aux moyens à mettre en œuvre dans ce domaine. Le cercle de qualité va réunir les personnes (hors hiérarchie le plus souvent) concernées par le problème et qui vont faire des propositions pour le résoudre. Le développement des cercles de qualité a été très important depuis la deuxième moitié du XXe siècle.
⇒ qualité

CERCLE VERTUEUX

Le déroulement de **l'activité** politique économique et sociale subit un effet giratoire répétitif dont les résultats sont tout à fait positifs. Comme pour le **cercle vicieux** il y a un phénomène de **circularité**.
⇒ cercle vicieux

CERCLE VICIEUX

Le déroulement de l'activité politique, économique et sociale tourne en rond et les effets néfastes se répètent et s'aggravent. Certains auteurs emploient le mot « circularité » des phénomènes.
⇒ cercle vertueux

CERTAIN ET INCERTAIN

Les cours du change des devises (monnaie étrangère) sont indiqués dans les tableaux appelés cotes. Il y a deux façons d'exprimer les cours du change : **le certain** ou l'**incertain**. Les places qui cotent le **certain** expriment les cours en **monnaie étrangère pour une quantité fixe de monnaie nationale** ou d'euro (1 euro) qui est la base, la quantité variable de monnaie étrangère est le **cours**. Les bourses qui cotent l'**incertain** expriment les cours en monnaie nationale pour une **quantité fixe de monnaie étrangère** appelée base. La plupart des bourses dans le monde cotent désormais le **certain**.

Toutes les places donnent des **cours à vue** et à **terme**, ce qui entraîne soit un escompte soit un calcul d'intérêt.

À titre d'exemple :
> 1 euro sera coté, par exemple (les cours variant chaque jour) dans une Bourse européenne de la Zone euro, à une date déterminée, **en certain** :
> 1,0878 USD (dollar) ;
> 1,5395 CHF (franc suisse).
>
> **La cotisation en incertain** serait de :
> 0,9193 EUR (euro) pour 1 USD (dollar)
> 0,6496 EUR (euro) pour 1 CHF (franc suisse).

Il faut cependant, en pratique, tenir compte de ce que les devises sont vendues par une banque à un prix différent de leur achat (ou de leur rachat), le change impliquant des frais.
⇒ change

CERTIFICAT
Document écrit à caractère officiel attestant d'un événement, d'une situation, d'un état de fait, de conditions d'exécution, d'aptitudes, d'origines, etc.
En **matière boursière**,
– le **certificat d'investissement** est une action (part de capital) sans droit de vote,
– le **certificat de dépôt** est un titre négociable qui représente un placement d'argent à court terme dans une banque.

Dans le domaine de la **propriété industrielle**, le **certificat d'utilité** donne un **droit d'exploitation** sur une invention.

CERTIFICAT DE DÉPÔT
Voir : CERTIFICAT

CERTIFICAT DE VALEUR GARANTIE – CVG
C'est une **valeur mobilière** émise par une personne morale qui confère un droit de créance sur le patrimoine de la société émettrice. Le Certificat de valeur garantie est créé, dans le cadre d'une « **Offre Publique d'Achat** » (OPA) ou d'une « **Offre Publique d'Échange** » (OPE) : il permet de recevoir, à une échéance fixée, une somme égale à la différence (nécessairement positive) entre le prix déterminé par celui qui lance l'OPA ou l'OPE et un cours de référence.
L'actionnaire qui souscrit un Certificat de valeur garantie a ainsi une assurance sur le cours de l'action de la société objet de l'OPA ou de l'OPE mais aussi sur celui de l'action reçue.
⇒ action ; offre publique d'achat ; offre publique d'échange ; valeur mobilière.

CERTIFICAT D'INVESTISSEMENT
Voir : CERTIFICAT

CERTIFICAT D'UTILITÉ
Voir : CERTIFICAT

CERTIFICAT INDEXÉ
C'est un **produit financier** de création récente mais peu utilisé. Les certificats indexés reflètent d'une part l'évolution d'un indice boursier ou d'un panier d'actions et d'autre part, ils sont, comme pour une obligation, remboursés à une échéance déterminée par l'établissement financier émetteur, soit au prix fixé soit en fonction d'un indice déterminé.
Il existe une grande variété de certificats notamment :
– les **certificats « BULL »** qui se valorisent avec **la hausse** de l'indice retenu (ou de panier d'actions),
– les **certificats « BEAR »** qui se valorisent avec **la baisse**.
⇒ indice boursier ; obligation

CERTIFICATION
Procédure officielle permettant d'attester qu'un produit industriel ou agricole, une entreprise ou une organisation répondent à des critères définis et spécifiques. La certification est, en général, marquée par l'obtention d'un **signe distinctif** (**label**) et un contrôle accru de la qualité.
L'expression **certification** est également employée pour prouver matériellement que la signature a été donnée par une personne déterminée.
⇒ consommateur ; norme ; ORGANISATION EUROPÉENNE D'AGRÉMENT TECHNIQUE ; qualité

CHAEBOL
Type de société coréenne (Corée du Sud) que l'on peut assimiler à un **holding** industriel orienté notamment vers l'exportation et l'implantation de filiales à l'étranger.
⇒ holding

CHALAND
Client passager d'une boutique, d'un magasin, mais le terme n'est plus beaucoup usité.
L'achalandage est l'ensemble des produits et marchandises d'un magasin dont les clients (réels ou potentiels) couvrent la zone d'achalandage.
Le chaland est aussi un bateau (fluvial) de transport de marchandises (surtout des produits pondéreux ou lourds : charbon, sable, ciment, etc.).

CHAMBRE
Le terme a de nombreuses acceptions dans le domaine économique :
– en matière judiciaire, c'est une formation généralement spécialisée d'un tribunal, d'une cour, d'une juridiction : chambre commerciale, chambre civile, chambre criminelle, etc. ;
– c'est une assemblée élue ayant, dans un État, des **pouvoirs législatifs** : chambre des députés ;
– c'est une structure chargée, dans une organisation, d'une fonction spécifique : chambre de discipline ;
– les banques utilisent les **chambres de compensation** pour établir le solde entre elles des effets de commerce et des chèques qu'elles ont reçus ;
– c'est un organisme officiel, public ou privé, qui représente les intérêts d'une profession ou d'un secteur d'activité auprès des Autorités publiques : chambre de commerce, chambre d'agriculture, etc.
⇒ chambre d'agriculture ; chambre de commerce ; Chambre de Commerce Internationale ; chambre de métiers

CHAMBRE D'AGRICULTURE
Organisme officiel de nature privée ou publique qui représente l'ensemble de l'agriculture auprès des Autorités Publiques.
Les chambres d'agriculture regroupent non seulement les exploitants et propriétaires agricoles, mais aussi les coopératives et leur apportent des appuis et des conseils au travers de très nombreux organismes spécialisés.
⇒ chambre ; chambre de commerce ; chambre de métiers

CHAMBRE DE COMMERCE
Organisme officiel, souvent appelé « Chambre de Commerce et d'Industrie » de nature privée ou publique et dans ce cas, placé sous la tutelle de l'État.
Quel que soit leur statut, les Chambres de Commerce représentent dans un secteur géographique (région, pays) les intérêts d'un secteur d'activité (le commerce au sens large

et l'industrie) auprès des Autorités Publiques. Les Chambres de Commerce ont dans la plupart des pays **un rôle de formation** (avec des écoles spécialisées) **et de gestion de services publics directement** (ports, aéroports) **ou indirectement** par des conventions.
Les Chambres de Commerce sont financées par les cotisations des adhérents ; ces contributions sont souvent fiscalisées.
Les administrateurs des Chambres de Commerce sont généralement élus par les commerçants et les chefs d'entreprise.
Les Chambres de Commerce territoriales sont regroupées dans une instance nationale.
Certaines Chambres de Commerce regroupent les entreprises en relation commerciale avec les pays étrangers et leur apportent des services adaptés.
Les Chambres de Commerce ont souvent des représentations à l'étranger.
⇒ chambre ; chambre de métiers ; chambre d'agriculture

CHAMBRE DE MÉTIERS
Organisme officiel, de nature privée ou publique, chargé de représenter les artisans auprès des Autorités publiques.
Les Chambres de métiers locales, régionales et nationales assurent des services de conseil et de formation auprès des artisans.
⇒ chambre ; chambre de commerce ; chambre d'agriculture

CHAMBRE DE COMMERCE INTERNATIONALE – CCI
Créée en 1919 **pour regrouper tous les acteurs de l'industrie, du commerce et des services intervenant au plan international,** la CCI a pour objectif la promotion de la liberté des échanges dans le monde. Parmi les activités de la CCI, qui a son siège à PARIS (France), il faut citer :
– la **codification des usages commerciaux et l'établissement de codes de conduite dans les échanges internationaux** ainsi que de règles dans certains domaines (marketing, paiements, etc.). La CCI publie notamment les **INCOTERMS**, définition précise et adaptée des termes du commerce international. Elle a aussi dès 1995 précisé **les bons usages dans le commerce électronique :** c'est le **GUIDEC** – « General Usage for International Digitally Ensured Commerce » ;
– la **COUR INTERNATIONALE D'ARBITRAGE** qui offre des solutions extrajudiciaires pour le règlement des différends commerciaux internationaux.
La Chambre de Commerce Internationale regroupe les organisations nationales de plus de 150 pays. Elle a aussi une importante activité d'information et de concertation dans l'intérêt de ses partenaires.
Internet : **http://www.iccwbo.org**
⇒ COUR INTERNATIONALE D'ARBITRAGE ; INCOTERMS

CHAMBRE DE COMPENSATION
en anglais : CLEARING HOUSE
Organisme regroupant périodiquement (en principe chaque jour) **les banques** (d'une ville, d'une région, d'un pays) **pour compenser entre elles les soldes** (débit, crédit) **de leurs comptes réciproques.** Les compensations sont exécutées par des virements informatiques.
Au niveau international, les Banques Centrales font intervenir pour leur compensation, la BANQUE DES RÈGLEMENTS INTERNATIONAUX – BRI.
⇒ banque centrale ; BANQUE DES RÈGLEMENTS INTERNATIONAUX ; compensation

CHANGE
Opération de conversion de la monnaie d'un pays dans celle d'un autre. Le change est lié à la valeur de la monnaie. D'une manière générale, le mot valeur prend une signification différente selon qu'on se place du côté subjectif ou objectif. **La monnaie représente pour l'usager une utilité déterminée, mais c'est aussi la valeur d'échange,** donc son pouvoir d'achat qui intéresse le sujet économique. On doit également distinguer entre la valeur qu'une monnaie possède à l'intérieur d'un pays et celle qu'elle a au-delà de ses frontières. Dans le dernier cas, il s'agit du change. **Le cours du change d'une monnaie exprime sa valeur par rapport à une autre monnaie (devise), c'est donc sa valeur extérieure.**
⇒ convertibilité ; cours ; dévaluation ; euro ; Système Monétaire Européen

CHANGE MANUEL
Le change dit manuel se rapporte à la conversion de la monnaie nationale (billets, chèques) en monnaie étrangère et vice versa ; lorsque le cours peut s'établir librement, il dépend de la loi de l'offre et de la demande.
⇒ monnaie

CHANGE SCRIPTURAL
C'est l'opération de vente d'une monnaie contre l'achat d'une autre : il s'agit de monnaie immatérielle qui est créée par un jeu d'écritures comptables entre établissements bancaires. Un cours particulier s'établit pour cette forme de règlements.
⇒ change manuel ; monnaie

CHARGES
L'emploi de la désignation « charges » **résulte de la classification** qui est en usage en comptabilité générale et en comptabilité de rendement (comptabilité analytique d'exploitation ou comptabilité industrielle). Cette classification est faite par nature ou par fonction. Les charges relatives à un produit constituent son **coût. Le total des charges d'un produit représente le prix de revient** pour la comptabilité et **le coût complet** pour le calcul.
L'expression « frais » est de moins en moins utilisée. Certains auteurs parlent des frais de l'exercice comptable qui ont un effet de diminution de l'**Actif net.** Pour d'autres auteurs, le coût entraînerait également une diminution de l'Actif net remontant à un autre exercice comptable.
Dans un sens général, le terme de charges est synonyme de dépenses. Une « personne à charge » est celle dont on assume l'entretien, les dépenses, la nourriture, le logement, etc., en totalité ou en partie.
⇒ coût ; prix de revient

CHARGES À PAYER
Un certain nombre de charges incombent à un exercice comptable alors qu'elles n'ont pas encore été payées. Tel est le cas par exemple pour des salaires ou pour des consommations diverses : énergie, services, etc. En comptabilité **un compte de charges est débité** (la charge incombe à l'exercice qui se clôt) **par le crédit d'un compte transitoire « charges à payer »** en attendant que le paiement soit effectué. Les charges à payer apparaissent au **Passif du bilan.**
⇒ charges payées d'avance

CHARGES PAYÉES D'AVANCE
En comptabilité, la charge est synonyme de **destruction d'élément Actif.** Les charges viennent en diminution du bénéfice. En fin d'exercice, il faut déterminer si des charges qui ont été payées pendant un exercice comptable lui incombent également. Si tel n'est pas le cas, les charges en question sont

extournées ce qui veut dire que les comptes de charges seront crédités par le débit de comptes d'Actif (au lieu de destruction d'Actif, il y a conservation d'Actif). **Les charges payées d'avance figurent donc à l'Actif du bilan** de fin d'exercice.
⇒ charges à payer

CHARGES PAR NATURE
Expression comptable.
Dans le cadre de son activité, une entreprise peut constater pour certaines opérations la **disparition d'éléments d'actif** qui figurent au bilan.
La production ou la prestation de service utilisent dans une entreprise, des matières premières qui entraînent le paiement de salaires, d'énergie, de transport, d'assurances, d'impôts, etc. ; ce sont les charges par nature ; ces éléments devraient apparaître à **l'actif du bilan** pour équilibrer au même titre qu'une perte. Pratiquement, le résultat est porté au passif du Bilan précédé du signe + ou du signe – suivant qu'il y a bénéfice ou perte.
C'est le compte « Résultats de l'exercice » qui enregistre les charges à son débit et les produits à son crédit.
En comptabilité, on trouve toute **une série de comptes qui enregistrent les charges en suivant une classification par nature** ; ces charges ne sont pas détaillées au bilan. La charge existe et exerce une influence sur le résultat, que le paiement soit immédiat ou différé.
⇒ bilan ; compte « Résultat de l'exercice » ; produits par nature

CHARGES SUPPLÉTIVES
Ce sont des **charges dont on ne tient pas compte du tout ou différemment en comptabilité générale**. Ces charges ont cependant une importance en comptabilité analytique d'exploitation. Le capital mis à la disposition de l'entreprise donne lieu au calcul d'intérêts et la mise à disposition d'immeubles et d'ateliers à la détermination d'un loyer. Finalement le travail fourni par le propriétaire doit être rémunéré dans le cadre de l'entreprise.
L'ensemble de ces charges sont des **charges supplétives qui comptent en matière de calcul du prix de revient**.
⇒ amortissement ; intérêt ; prix de revient

CHARISME
Ensemble des qualités éminentes notamment l'ouverture d'esprit, la convivialité, la compétence, l'éloquence, le prestige, la faculté de négocier que l'on attribue à un chef d'entreprise, un responsable d'organisation, à un homme politique ou simplement à un individu.

CHART
Terme anglo-américain de la Bourse, littéralement « graphisme ».
C'est le graphique de l'évolution des cours de Bourse (pour un titre déterminé, un secteur d'activités ou un indice).
Scientifiquement la méthode est controversée. Certains spécialistes sont d'avis que la méthode n'est valable que lorsque beaucoup de participants aux opérations boursières s'orientent sur elle.
⇒ Bourse

CHAT
Terme anglo-américain utilisé pour désigner un « **débat en ligne** » **par INTERNET entre plusieurs participants** qui « bavardent sur la toile » ou plus familièrement « font causette ». Le « **chat web** » est synonyme et, par extension, on parle de « **chat SMS** » (SMS pour « Short Message Service »), espace de discussion par message accessible par un téléphone modulaire.
⇒ INTERNET ; Short Message Service

CHATTERBOT
Terme anglo-américain. Il s'agit d'un **logiciel d'ordinateur** (littéralement : « caqueteur ») qui permet de **s'entretenir avec l'ordinateur** tout comme s'il s'agissait d'une personne réelle mais permet aussi **le débat en ligne** (« chat ») par INTERNET (littéralement : « bavardage sur la toile », familièrement « causette »).
⇒ chat ; INTERNET

CHEF DE PRODUIT
Fonction assurée dans **une entreprise** par un spécialiste du marketing qui élabore et met en œuvre tous les moyens nécessaires à **la promotion d'un produit**. L'intervention du chef de produit ou du service concerne ses caractéristiques (techniques, usage, etc.), son conditionnement, les conditions de sa vente (publicité mais aussi prix), l'étude des produits ou services concurrents ; il comprend les aspects financiers (budgets) et les formations nécessaires s'il y a lieu (vendeurs). Le chef de produit ne doit pas être confondu avec le chef de production qui s'occupe de l'aspect technique de la fabrication.

CHE GUEVARA
Voir : GUEVARA

CHEPTEL
Bétail d'une exploitation agricole, d'une région ou d'un pays. Le cheptel est classé suivant l'espèce des bêtes élevées : chevaux, vaches, moutons, etc.

CHÈQUE
Le chèque est un **mandat** par lequel un titulaire de compte en banque **donne ordre à une banque** (le tiré) **de payer** une somme déterminée à vue, c'est-à-dire immédiatement au tireur du chèque ou bien à toute autre personne appelée bénéficiaire. En principe, un chèque ne peut être émis (tiré) que s'il existe **une provision préalable** suffisante et disponible.
On distingue entre **chèque nominatif, chèque au porteur et chèque à ordre**. Le chèque nominatif est difficilement transmissible, le chèque au porteur se transmet de la main à la main sans formalité, alors que pour le chèque à ordre il faut un endossement. Pour éviter des vols et des abus **les chèques sont barrés sauf exception**. Ceci veut dire qu'au moyen de deux barres parallèles transversales l'émetteur du chèque exige que l'encaissement se fasse par une banque (barrement général ou « general crossing ») non précisée ou bien par une banque déterminée dont le nom sera inscrit entre les barres (« special crossing »).
Un chèque comporte obligatoirement **le nom de la banque sur lequel il est tiré, du tireur et du bénéficiaire, la somme** (en principe en lettres et en chiffres) **la date et la signature**.
Le chèque peut être « **certifié** » c'est-à-dire que la banque, sur laquelle il est tiré, garantit (par sa signature) l'existence d'une provision. La validité d'un chèque est en général fixée par la législation du pays de la banque sur laquelle il est tiré.
Le **chèque de banque** concerne les mouvements d'argent entre les banques. Ce type de chèque est parfois exigé pour certaines transactions importantes, le fournisseur ayant ainsi l'assurance du paiement direct à sa banque par la banque du client. Dans le bilan, il existe à l'actif un compte chèques à encaisser pour tenir compte du fait que de nombreux chèques ne sont pas directement encaissés par le bénéficiaire. Quiconque met en circulation un chèque sans provision se rend coupable d'un délit pénal.
Toutes ces dispositions concernent aussi les chèques de la Poste, des Caisses d'Épargne, des organismes financiers mutualistes, etc., si la législation du pays concerné l'autorise.

Le chèque-emploi est un type de chèque mis en œuvre dans certains pays pour verser le salaire de personnel employé temporairement, souvent à temps partiel, pour certaines tâches déterminées fixées par la législation : emploi de service à caractère familial notamment. Le « **chèque-emploi service** » permet le paiement, non seulement du salaire mais aussi des cotisations sociales dans des conditions très souples. À l'origine réservé aux particuliers, il est parfois étendu aux petites et moyennes entreprises sous le nom de « **titre-emploi entreprise – TTE** » notamment le bâtiment, l'hôtellerie et le commerce de détail, quel que soit le type d'emploi. L'utilisation du chèque-emploi est généralement assortie de déductions fiscales pour l'employeur.
⇒ chèque certifié ; chèque de voyage ; chèque en bois ; chèque postal ; tiré ; tireur

CHÈQUE CERTIFIÉ
En matière de chèque la provision doit être préalable, suffisante et disponible. Pour être tout à fait certain que le bénéficiaire pourra être payé, **le banquier de l'émetteur (tireur) d'un chèque peut certifier que le montant du chèque sera immobilisé pendant le délai de présentation au paiement**.
⇒ chèque

CHÈQUE DE VOYAGE
Les termes anglais de « **traveller's cheque** » ou américains de « **traveler's cheque** » sont couramment utilisés pour désigner ce type de chèque. Il s'agit d'un **chèque spécifique destiné aux voyageurs se rendant dans un pays étranger**. Le chèque de voyage est libellé en monnaie nationale ou étrangère et il est rédigé sur des formules spéciales par la banque émettrice, en principe, contre paiement (ou débit) immédiat comptant du montant correspondant. Il est nominatif et ne peut être payé à l'étranger que par une banque (ou remis en paiement à un commerçant) et dans des conditions de sécurité définies permettant notamment de vérifier l'authenticité du chèque et l'identité de la personne qui le présente.
⇒ chèque

CHÈQUE-EMPLOI
Voir : CHÈQUE

CHÈQUE EN BLANC
Il s'agit, en théorie, d'un chèque signé par le tireur mais **sans mention ni du montant ni du bénéficiaire**. Même si **la pratique en fournit maints exemples** (paiement à un commerçant qui le complètera), **elle peut conduire à des difficultés parfois graves** (la somme indiquée est supérieure à celle prévue par le tireur, par exemple).
La formule familière « **donner un chèque en blanc** » signifie donner toute liberté à quelqu'un pour agir.
⇒ bénéficiaire ; chèque ; tireur ; tiré

CHÈQUE EN BOIS
Formule familière pour caractériser un **chèque sans provision**.
⇒ chèque ; chèque en blanc ; chèque sans provision

CHÈQUE POSTAL
Pour pouvoir disposer d'un **avoir auprès de l'Administration de la Poste** ou de l'institution financière qui en dépend, il faut se faire ouvrir un « **compte chèques postaux** ». Des virements et des assignations de paiement peuvent être effectués. Le chèque postal est comparable au chèque bancaire mais sa circulation est, dans la plupart des pays, plus restreinte.
⇒ chèque

CHEMIN DE FER
En terme de journalisme, c'est le plan détaillé et précis d'un journal ou d'une revue, page après page, article après article. L'informatisation des rédactions n'a pas supprimé cet élément essentiel.

CHICAGO BOARD OF TRADE – CBOT
Le plus important et le plus ancien (1848) des marchés boursiers à terme dans le monde, spécialisé dans les produits agricoles et les devises. Il a notamment servi de modèle au « Marché à terme International de France – MATIF » et aux autres marchés à terme d'instruments financiers.
Internet : **http://www.cbot.com**
⇒ marché à terme ; marché à terme d'instruments financiers

CHICAGO BOARD OPTIONS EXCHANGE – CBOE
Le plus important « marché d'options » de la Bourse (droit d'acheter ou de vendre dans le futur à un prix fixé) créé en 1973 sur l'initiative de R. MERTON.
Internet : **http://www.cboe.com**
⇒ MERTON ; option

CHICAGO BOYS
Terme anglo-américain littéralement « les gars de Chicago » Nom donné aux étudiants de l'Université de Chicago (E-U) et aux adeptes du **monétarisme** de l'américain MILTON FRIEDMAN.
⇒ MILTON FRIEDMAN ; monétarisme

CHICAGO MERCANTILE EXCHANGE – CME
Avec le « Chigago Board of Trade » c'est l'un des plus importants **marchés boursiers à terme** du monde, spécialisé dans certains produits agricoles (viande) mais aussi pour les devises et les indices boursiers.
Internet : **http://www.cme.com**
⇒ marché à terme

CHIEF EXECUTIVE OFFICER – CEO
Termes anglo-américains désignant le haut responsable de l'entreprise, littéralement le « **directeur exécutif** ». Les CEO sont les administrateurs principaux d'une entreprise : **président - directeur général ou directeur général**.

CHIEF FINANCIAL OFFICER – CFO
Termes anglo-américains désignant le responsable financier d'une entreprise littéralement le « **directeur financier** ». Directeur du département des finances d'une entreprise on trouve également la dénomination de « **Numbercruncher** », littéralement « croqueur de chiffres » pour tous ceux qui s'occupent des finances de l'entreprise.

CHIEF OPERATING OFFICER – COO
Le COO est le « **directeur opérationnel** », (littéralement « directeur des opérations ») ; il a comme mission de veiller au fonctionnement général de l'entreprise et s'occupe du bon déroulement de toutes les opérations.

CHIFFRE D'AFFAIRES – CA
Montant total des ventes d'une entreprise, généralement calculé à partir des factures envoyées aux clients pour une période déterminée et, bien évidemment, dans l'exercice de son activité professionnelle normale.

Le chiffre d'affaires est l'un des éléments majeurs et significatifs de l'activité d'une entreprise, il est habituellement exprimé hors taxes, annuellement, mensuellement et dans certains métiers (distribution et grandes surfaces), journellement.

Le chiffre d'affaires des entreprises ayant une **activité internationale** est calculé « scc », c'est-à-dire « **à structure et taux de change constants** ».

CHILD Josiah (1630-1699)

Économiste et homme d'affaires anglais, Président de la Compagnie des Indes Orientales, J. CHILD prône la liberté du commerce et défend une pensée économique libérale notamment dans son *Traité sur le commerce et l'intérêt de l'argent* (1693).

CHINESE WALL

C'est la « **Grande Muraille de Chine** ». Donc une fortification qui empêche de voir et de savoir. **L'expression est utilisée en affaires pour exprimer qu'il existe souvent des barrières infranchissables entre différents départements** notamment pour ne pas s'exposer à des risques de divulgation d'informations importantes.

CHIP

Voir : PUCE

CHIPSET

Terme anglo-américain de l'informatique, littéralement « jeu de puces ».

Le CHIPSET est un **jeu de composants constituant un circuit intégré**, permettant **la liaison et le fonctionnement des différents éléments structurels de l'ordinateur**. Son rôle est essentiel et de ses performances dépendent de celles de l'ordinateur.

⇒ ordinateur ; puce

CHÔMAGE

Interruption de travail ou d'activité, volontaire ou non. De nombreux types de situations coexistent et il y a malheureusement beaucoup de personnes qui pourraient travailler mais qui n'ont pas la possibilité d'être engagées avec un salaire « vital » leur assurant une existence satisfaisante. Le chômage peut avoir, notamment, **pour origine un licenciement mais aussi un manque de compétence ou un certain manque d'intérêt pour travailler**.

Vouloir combattre le chômage par des indemnités sans contrepartie et sans la mise en œuvre **d'une politique cohérente de l'emploi**, c'est s'opposer au progrès et à l'espérance d'un avenir meilleur.

Le chômage peut être **total ou partiel** : des circonstances particulières (économiques, sociales, conjoncturelles etc.) peuvent limiter l'activité d'une entreprise, contrainte à des réductions d'horaires ou à des fermetures partielles. Les États ont, très généralement, mis en place **d'importants moyens pour indemniser les chômeurs** ; la plupart des régimes cumulent la **solidarité** (prise en charge par l'État) et **l'assurance** (cotisations) pour assurer aux chômeurs des revenus minimaux et une protection sociale suffisante.

Certains économistes considèrent que l'accroissement du taux de l'inflation dans un pays augmente celui du chômage. La corrélation est mesurée dans un certain nombre de pays au niveau national et permet de définir, en principe, un taux de chômage qui maintiendrait un taux optimal d'inflation, le « NAIRU », « Non accelerating Inflation Rate of Unemployment », élaboré par Milton FRIEDMAN qui conteste l'utilisation des dépenses publiques ou la croissance de la masse monétaire pour réduire le chômage.

Le chômage peut aussi avoir une influence sur les salaires ; le « Non Accelerating Wage Rate of Unemployment » – « NAWRU » détermine un taux de chômage naturel en principe sans influence sur le salaire horaire. L'Organisation de Coopération et de Développement Économique –OCDE – l'utilise pour la mesure du « chômage structurel ».

La lutte contre le chômage, considérée par l'UNION EUROPÉENNE – UE – **comme le problème social le plus grave, est une de ses priorités majeures**. L'UE a mis en place une stratégie de l'emploi coordonnée avec les pays membres (« **plans nationaux pour l'emploi** »), un ensemble d'interventions pour promouvoir l'éducation et la formation ainsi que de nombreuses actions avec des financements adaptés.

INTERNET UNION EUROPÉENNE – COMMISSION :
Direction générale Emploi et Affaires Sociales :

http://europa.eu.int/comm/dgs/employment_social
Direction Générale Éducation et Culture :

http://europa.eu.int/comm/dgs/education_culture
⇒ assurance chômage ; chômage accidentel ; chômage conjoncturel ; chômage frictionnel ; chômage résiduel ; chômage saisonnier ; chômage structurel ; chômage technique ; quote-part de chômeurs ; syndicat

CHÔMAGE ACCIDENTEL

Situation de chômeurs qui **ne sont pas en mesure, temporairement, de travailler** (par exemple celui qui, à la suite d'un accident est inapte au travail pendant un certain temps). Il y a également chômage accidentel au lendemain d'une guerre ou à la survenue d'autres événements.

⇒ salaire ; chômage

CHÔMAGE CONJONCTUREL

En matière de conjoncture, on rencontre des « hauts et des bas », des phases d'accélération et de ralentissement. En d'autres termes, **l'économie peut se trouver dans une phase ascendante, de haute activité ou de haute conjoncture (de boom) ou de déclin, suivi de périodes de crises plus ou moins aiguës**. Le chômage entraîné par le ralentissement voire l'immobilisme temporaire, est désigné par **chômage conjoncturel ou cyclique** : il peut concerner une entreprise, un secteur d'activité, une région, etc.

⇒ salaire ; chômage

CHÔMAGE FRICTIONNEL

Le chômage est frictionnel quand il **a pour origine le choc d'une situation ancienne** (organisation, marchés, moyens de production) et **d'une réalité nouvelle**, parfois brutale (progrès technique, restructuration, etc.). La mobilité frictionnelle ne peut jamais s'opérer instantanément. **Changer d'emploi, pour quelque motif que ce soit, exige de la part du travailleur une adaptation aux situations nouvelles (cours de mise à niveau, cours de formation continue, etc.). Pendant ces périodes d'inactivité, on parle de chômage frictionnel.**

⇒ chômage ; quote-part de chômeurs ; salaire ; secteurs économiques

CHÔMAGE RÉSIDUEL

Il concerne tous ceux qui se situent **à la frontière de l'assistance**. Il ne trouve pas d'explication par les autres formes de chômage. Le chômage résiduel ne peut pas être jugulé, il est de toute époque et de tous systèmes. **Il y a des individus qui malheureusement ne sont ni suffisamment « capables » pour être employés ni suffisamment « incapables » pour être confiés à des services d'entraide**. Ce sont donc des indi-

vidus qui demeurent souvent sans emploi et qui figurent comme tels dans les statistiques.
⇒ chômage ; salaire

CHÔMAGE SAISONNIER
Dans un certain nombre de professions et de secteurs, l'activité n'est pas continue, mais liée aux saisons et entraîne donc des périodes de chômage. Tel est le cas dans le bâtiment, dans l'industrie touristique, dans certaines activités agricoles, etc.
⇒ chômage ; quote-part de chômeurs ; syndicat

CHÔMAGE STRUCTUREL
Toute économie passe par des phases où les structures (économiques, sociales et même politiques) changent : par exemple l'industrie minière, l'industrie sidérurgique disparaissent ou changent radicalement de concept ; c'est aussi le cas lorsqu'une économie appartenant essentiellement au secteur secondaire passe dans le camp du tertiaire. Ces situations de changement peuvent entraîner un chômage dit structurel. Lorsque le progrès tend à réaliser des économies sur la main-d'œuvre, on parle de « labor saving procedure » (« pratique de l'économie de main-d'œuvre ») et si les économies se font sur le capital, on a l'expression « capital saving procedure »(« pratique de l'économie de capital »).
⇒ quote-part de chômeurs ; secteur économique

CHÔMAGE TECHNIQUE
Arrêt provisoire, en principe de courte durée, de tout ou partie de la production dans une entreprise pour des motifs techniques (incident sur une machine, incendie, inondation, etc.) ou pour des raisons de grève chez un fournisseur ou un sous-traitant. Le personnel est alors mis en chômage technique ; dans la plupart des pays ce chômage est indemnisé. Le « chômage intempéries » du secteur du bâtiment et des travaux publics est un chômage technique.
⇒ chômage ; chômage intempéries

CHRISTIANISME
Ensemble des religions chrétiennes (catholiques, protestantes, orthodoxes essentiellement) dont le rôle économique a été, depuis deux millénaires, souvent très important (religions catholique et orthodoxe surtout) d'une part par leurs biens et leurs richesses mais aussi, d'autre part, compte tenu des pouvoirs politiques qu'elles ont assumés ou accaparés pendant de nombreuses et longues périodes.

CHRONOGRAMME
C'est un graphique qui met en évidence une variable dans le temps, par exemple le nombre de décès dus au tabac de 1900 jusqu'à nos jours. Le temps figure toujours en abscisse.

CHURCHILL Winston Leonard Spencer – Sir – (1874-1963)
Après une courte carrière dans l'armée anglaise (il fut officier en Inde et en Afrique du Sud), Sir Winston CHURCHILL est élu député en 1900 et occupe très vite d'importantes fonctions dans le Gouvernement du Royaume-Uni, notamment comme ministre et Premier Lord de l'Amirauté. Il réintègre l'armée pendant la Première Guerre mondiale (1914-1918), puis reprend une brillante carrière d'homme d'État.
Il est nommé Premier ministre en 1940 et va donner à l'Angleterre le courage nécessaire pour faire face à la guerre et contribuera d'une façon significative à la victoire des Alliés à l'issue de la Deuxième Guerre Mondiale (1939-1945). Il va alors soutenir une activité politique en faveur de la paix en Europe et de la construction européenne. Dès 1946 (le 14 juillet notamment à Metz en France), puis en 1948 au Congrès de La Haye (Pays-Bas) qui réunissait, à son initiative, de nombreuses personnalités favorables à l'idée européenne (17 nations étaient représentées) il va militer activement avec ardeur et pugnacité pour l'unité de l'Europe avec une conception fédéraliste qui s'opposera au modèle politique prôné par le Général de Gaulle, « l'Europe des Nations ».
Chef de l'opposition au Parlement anglais de 1945 à 1951, Sir Winston CHURCHILL reviendra au pouvoir comme Premier ministre de 1951 à 1955.
Mais l'Angleterre restera en dehors des négociations qui, par le Traité de Paris (1951) (COMMUNAUTÉ EUROPÉENNE DU CHARBON ET DE L'ACIER – CECA) et le Traité de Rome en 1957 (COMMUNAUTÉ ÉCONOMIQUE EUROPÉENNE – CEE) vont fonder ce qui deviendra l'UNION EUROPÉENNE – UE – qu'elle ne rejoindra qu'en 1973.
Sir Winston CHURCHILL a une importante œuvre littéraire et recevra, en 1953, le Prix Nobel de littérature.
Sir Winston CHURCHILL est considéré comme l'un des « pères fondateurs » de l'UE.
⇒ DE GAULLE ; UNION EUROPÉENNE

CIBLE
Terme de marketing désignant l'objectif visé. Par extension, tous ceux qui sont concernés par une action déterminée.
⇒ marketing

CIF OU CAF
Expression du transport maritime (INCOTERMS).
De l'anglais « Cost, Insurance and Freight » donc « coût, assurance et fret ». Le prix de la marchandise est déterminé de la sortie d'usine jusqu'à la frontière du pays destinataire (avec les frais de transport, d'assurance et toutes autres charges). À titre d'exemple, un vendeur marseillais ou luxembourgeois qui vend une marchandise CIF Caracas (Vénézuéla) n'a pas l'obligation de la livrer à Caracas. L'acheteur vénézuélien n'étant pas en mesure lui-même de procéder à l'embarquement et à l'expédition, est censé avoir donné au vendeur marseillais ou luxembourgeois mandat de conclure le contrat d'affrètement et d'assurer la marchandise. Le vendeur est seulement obligé de remettre à l'acheteur le « connaissement » (document qui constate l'embarquement de la marchandise) et la police d'assurance. Une telle vente est donc plutôt une « vente sur documents ». Une fois les documents remis à l'acheteur les risques sont pour cet acheteur. Ceci signifie que si la marchandise vient à périr pendant le voyage, l'acheteur doit payer le prix convenu mais, il a un droit de recours contre le capitaine du navire en vertu du connaissement ou contre l'assureur en vertu de la police d'assurance.
⇒ INCOTERMS

CIP
Sigle de l'INCOTERM « Carriage and Assurance Paid to… », c'est-à-dire « port et assurance payés jusqu'à… »
Le vendeur prend en charge le transport et l'assurance de la marchandise jusqu'à une destination convenue.
⇒ INCOTERMS

CIRCUIT ÉCONOMIQUE
La représentation du circuit économique a été élaborée par un Français, l'économiste et chirurgien François QUESNAY (1694-1774). Son *Tableau économique* (1760) constitue le

point de départ de la théorie économique en synthétisant les flux ou les comptabilités des échanges entre les différents secteurs de l'économie. La représentation chiffrée schématique de QUESNAY d'abord simple « zigzag » puis « arithmétique » a été reprise vers 1947 par l'Américain **Wassily LEONTIEF** qui développe sous forme de **matrice** un tableau des échanges **entrée-sorties** (« input – output »). Cette forme de représentation montre **l'interdépendance des secteurs de l'économie** ; elle est utilisée dans les analyses économiques, notamment celles de la Comptabilité Économique Nationale qui **établit l'équilibre des ressources et des emplois** ; elle permet une représentation plus claire, même avec un grand nombre de secteurs.

Le circuit économique se compose d'une multitude de circuits connectés dans un véritable réseau. Le circuit monétaire et le circuit financier ainsi que leurs analyses jouent un rôle important dans les études de conjoncture.

On peut encore distinguer entre circuit schématique ex-post et le modèle ex-ante du circuit économique. Dans le premier cas on détermine le résultat de la période révolue sur la base des grandeurs macroéconomiques ; c'est l'**ex-post**. Dans le deuxième cas on part d'hypothèses dans le cadre desquelles l'équilibre économique pourrait être atteint ; dans ce cas on parle d'analyse **ex-ante**.

⇒ analyse ex-ante ; analyse ex-post ; comptabilité Économique Nationale ; conjoncture ; paradoxe de LEONTIEF ; matrice ; QUESNAY ; tableau économique

CITATION
Terme de la pratique judiciaire.
Procédure mise en œuvre pour contraindre une personne à comparaître devant un tribunal, c'est-à-dire de se présenter à celui-ci.
La citation est directe lorsque le plaignant saisit directement le tribunal en informant la personne que l'on veut mettre en cause de la date de l'audience.

CITOYEN EUROPÉEN
À la nationalité d'origine (ou à plusieurs), le citoyen d'un État membre de l'UNION EUROPÉENNE – UE – ajoute la « citoyenneté européenne ».
Son appartenance à l'UE figure sur son passeport. Cette citoyenneté, instaurée en 1990, témoigne du rôle d'acteurs des citoyens dans la construction de l'UE ; elle a été formellement confirmée par la Constitution de l'UE en 2004.
Cette citoyenneté comporte notamment :
– le droit de vote et d'éligibilité au PARLEMENT EUROPÉEN et aux élections municipales dans le pays de résidence ;
– la protection diplomatique et consulaire dans un pays étranger ;
– la possibilité de recourir au médiateur en cas de conflit avec l'Administration de l'UE ;
– la liberté de circuler, de séjourner et de l'établir dans les pays membres de l'UE ;
– le droit de pétition devant le Parlement Européen – PE.
De nombreuses actions sont menées pour mieux informer le citoyen européen, faire connaître et faire valoir auprès de lui les objectifs de l'UE et la mise en œuvre des politiques.
L'UE a notamment mis en place un **portail INTERNET** « Dialogue avec les citoyens » qui fournit des informations claires sur la façon dont les citoyens peuvent exercer leurs droits dans l'UE ; ces informations sont disponibles dans les 20 langues officielles. Par téléphone « **Europe Direct** » répond à toutes les questions sur l'UE en ligne via un numéro de téléphone gratuit, utilisable dans toute l'Europe :
00 800 6789 10 11

Le **drapeau européen** (cercle de 12 étoiles d'or sur fond d'azur), l'**hymne européen** (l'Ode à la joie du quatrième mouvement de la neuvième Symphonie de Beethoven parfois « modernisée » puisqu'il existe de nombreuses versions hip-hop, techno, transe ou rock'n'roll, etc.) et la **devise de l'UE** (« l'unité dans la diversité ») sont, avec le **passeport européen**, des symboles forts d'appartenance à l'UE.

Internet : **http://europa.eu.int/citizensrights/**
⇒ UNION EUROPÉENNE

CLAMP DOWN
Terme anglo-américain, littéralement « serrer la vis ». Il s'agit de renforcer un contrôle ou des mesures, par exemple en matière de commerce international. On parle de « clampdown on imports » donc de **mesures qui tendent à restreindre ou à interdire les importations**.
⇒ commerce international ; importation

CLARK Colin Grant (1905-1989)
Économiste et statisticien anglais, professeur à l'Université de Cambridge (G.-B.) puis à celles de Sidney et de Melbourne (Australie), C.G. CLARK est aussi un homme politique, ministre et directeur de l'« INSTITUTE FOR RESEARCH IN AGRICULTURAL ECONOMICS ».
C.G. Clark a notamment étudié, à partir de séries statistiques sur de longues périodes, **l'évolution du progrès économique et des techniques**. Dans *Les conditions du progrès économique* (1947), **il classe les activités en** :
– **primaires** : agriculture et industrie extractives,
– **secondaires** : industries manufacturées,
– **tertiaires** : commerces et services,
en montrant **la nécessité de modifier les structures de l'emploi** et soulignant que le progrès passe par le transfert de la population active vers le tertiaire.

CLARK John Bates (1847-1938)
Économiste américain connu pour **ses études sur la répartition des revenus**, mais plus encore par **l'étude qui se voulait exhaustive des forces qui apportent des changements significatifs dans l'économie** et conduisent à en transformer les données : augmentation de la population, accroissement du capital, augmentation des besoins, évolution des techniques, amélioration de la productivité. Il est le père de l'économiste John Maurice CLARK.
⇒ besoins ; capital ; CLARK (J.M) ; productivité ; revenus

CLARK John Maurice (1884-1963)
Économiste américain, professeur à l'Université de Chicago (E-U) il est le fils de John Bates CLARK. J.M. Clark s'est fait connaître par une **approche interdisciplinaire de l'économie**. C'est lui qui a démontré le « **principe de l'accélérateur** » (1917) : l'augmentation de la demande de **biens de consommation entraîne une augmentation de la production, donc des investissements**.
⇒ accélérateur ; biens ; CLARK (J.B) ; investissements ; production

CLASS ACTIONS
Terme de la pratique judiciaire des États-Unis signifiant « **plaintes consolidées** ». C'est la procédure, soumise à de strictes conditions, qui permet de **juger ensemble des plaintes analogues** notamment en matière de dommages. C'est en fait la consolidation des plaintes, par exemple de plusieurs clients vis-à-vis d'une entreprise pour des faits identiques. Cette procédure spéciale est **engagée par des cabinets d'avocats**

spécialisés, les « plaintiffs law firms » (« compagnie juridique de plaignants »).

CLASSE
Ensemble d'éléments et le plus souvent d'individus regroupés suivant des critères déterminés, variables d'ailleurs dans le temps et dans l'espace.
On distingue ainsi notamment :
- la classe d'âge (l'ensemble des personnes nées la même année),
- la classe bourgeoise, aristocratique, etc., qui regroupe ceux qui sont ou s'estiment bourgeois ou aristocrates,
- la classe des artisans, des commerçants, des industriels en fonction de leur activité,
- la classe dirigeante : tous ceux qui ont un rôle important dans la société,
- la classe laborieuse celle de ceux qui travaillent (les prolétaires selon K. MARX),
- la classe moyenne : ceux qui exercent des responsabilités dans la vie économique sans diriger,
- la classe politique : les hommes et les femmes qui ont une activité politique,
- la classe sociale qui répartit les individus suivant leur niveau de vie, leur mode de vie, etc.

Dans certains pays, même si cela a été officiellement supprimé, subsistent des systèmes plus contraignants de classement des individus suivant leurs origines : ce sont les castes qui peuvent jouer un rôle important dans l'économie et le développement de certaines régions.
⇒ MARX

CLASSEMENT SANS SUITE
Terme juridique signifiant qu'il n'est pas donné suite à une plainte, les poursuites contre la personne mise en cause n'apparaissent ni opportunes, ni fondées.
Par extension, c'est, dans la pratique courante des affaires, ne pas donner suite à une demande, un projet, un programme, une action.

CLAUSE ABUSIVE
Modalités d'un contrat considérées comme inacceptables lorsqu'elles sont imposées à l'un des contractants qui ne dispose pas toujours des moyens d'en comprendre la portée et de s'y opposer.
Dans les domaines de l'assurance, des contrats de location immobilière, de mise à la disposition de personnel intérimaire, de vente par correspondance mais aussi dans les « conditions générales de vente » de nombreuses entreprises, les services de protections des consommateurs s'efforcent de faire supprimer ces clauses abusives. L'UNION EUROPÉENNE – UE, dans le cadre de sa politique de « protection de la santé, de la sécurité et des intérêts économiques des consommateurs », et compte tenu du droit de ces derniers à l'information, a mis en place un ensemble de moyens pour protéger les consommateurs (résolution extra judiciaire, des litiges, « Euroguichets », « Centre des consommateurs » etc.).
Internet : **http///europa.eu.int/comm/consumers**
⇒ contrat ; consommateur ; UNION EUROPÉENNE

CLAUSE COMPROMISSOIRE
Voir : COMPROMIS

CLAUSE DE LA NATION LA PLUS FAVORISÉE
C'est un **principe d'égalité entre les États en matière commerciale**, sur la base des conditions les meilleures accordées à un autre pays. Par cette clause, insérée dans une convention ou un traité entre États, **un pays prend l'engagement d'accorder à l'autre les mêmes avantages que ceux déjà accordés à un autre pays étranger**. C'est une garantie qui cherche à éviter la duperie. Dans la pratique, cette clause est présentée avec des dispositions techniques qui ont souvent donné lieu à des controverses : clause sans restrictions, avec restrictions, conditionnelle, inconditionnelle.
L'avantage réside dans le fait que les entraves commerciales et les discriminations sont réduites. Comme désavantage, on retient que de la part du pays qui a consenti des avantages, il peut y avoir réticence du fait que les avantages accordés à un pays devraient, le cas échéant, s'appliquer à d'autres.
Cette technique est différente des méthodes plus générales élaborées d'abord par l'ACCORD GÉNÉRAL SUR LES TARIFS DOUANIERS ET LE COMMERCE –GATT – puis par l'ORGANISATION MONDIALE DU COMMERCE – OMC – en matière de commerce international avec à la base un « **système de préférences généralisées** » (SPG) qui assure **aux pays en voie de développement des droits de douane réduits ou nuls pour l'importation de certains de leurs produits** dans les pays tiers, sans réciprocité.
L'UNION EUROPÉENNE – UE – et 78 pays d'Afrique, des Caraïbes et du Pacifique (ACP) ont mis en œuvre des accords de réduction tarifaires pour l'entrée dans l'UE des produits originaires des États liés par la **Convention de Lomé et l'Accord de Cotonou**.
⇒ CONVENTION DE LOMÉ ET ACCORD DE COTONOU
ORGANISATION MONDIALE DU COMMERCE ;
Système de Préférences Généralisées ; UNION EUROPÉENNE

CLAUSE « ENVIRON »
Clause insérée dans un contrat de vente qui autorise et tolère en principe de livrer 10 % en plus ou en moins de la quantité fixée par la livraison.
⇒ vente

CLAUSE « PARI-PASSU »
L'émission d'un emprunt comporte toujours des risques, notamment celui de ne pas trouver suffisamment de prêteurs ou d'obligataires si c'est un emprunt obligataire. Pour assurer le succès escompté, l'émetteur l'entoure de garanties. Par la clause « pari-passu » l'émetteur s'engage à faire bénéficier l'emprunt primaire de toutes les garanties et avantages qui pourraient être accordés ultérieurement à un nouvel emprunt. La clause est normalement insérée dans les contrats d'emprunt.
⇒ emprunt

CLAUSE « STANDSTILL »
Terme anglo-américain, littéralement « clause d'arrêt ».
Clause (souvent tacite) d'un contrat par laquelle les parties concernées décident de ne pas mettre en œuvre ou de ne pas exécuter une clause déterminée et précise du contrat.
Les termes « standstill agreement » signifient un moratoire, c'est-à-dire que les parties contractantes décident de surseoir, pendant un certain temps, à une action prévue.

CLEARING
Terme anglo-américain de la finance signifiant « **compensation** ».
Une société de clearing pratique la compensation mais gère aussi des flux financiers parfois très importants (achats, ventes de titres boursiers) au plan international par des virements informatiques.
⇒ compensation

CLÉ DE RÉPARTITION
Formule de classement.
En comptabilité, les frais généraux de l'entreprise sont transférés de la comptabilité générale à la comptabilité analytique en utilisant des clés de répartition qui déterminent les différentes imputations des charges et leur répartition dans le tableau de répartition des charges.
On distingue notamment :
– les clés de répartition relatives au temps qui se rapportent à l'utilisation des équipements (machines, installations, etc.),
– les clés de répartition qui ont trait à la valeur (salaires, consommation de certaines matières),
– les clés de répartions qui se rapportent à la main-d'œuvre (nombre d'ouvriers, nombre d'employés, etc.).
⇒ charges ; comptabilité analytique d'exploitation ; comptabilité générale

CLICKS AND MORTAR
Terme anglo-américain signifiant « fait de clics et de mortier ».
On désigne par-là l'entreprise moderne qui a recours aux technologies nouvelles et aux moyens de communication qui sont offerts par l'informatique et notamment INTERNET.
⇒ bricks and mortar

CLIENTÉLISME
Un individu, un parti ou une organisation s'appuie sur un groupe de partisans pour s'assurer un certain pouvoir.

CLIOMÉTRIE
Science du développement, de l'évolution et de l'histoire de l'économie, elle fait appel aux moyens de la statistique et des mathématiques conjuguant en une même analyse l'histoire et l'économie. C'est le prix Nobel d'économie R. W. FOGEL qui initia cette science. La cliométrie est connue aussi sous le nom de « New Economic History – NEH » – « Nouvelle économie historique ».
⇒ FOGEL

CLIVAGE
Synonyme de séparation. L'économie distingue les clivages d'un groupe en fonction de critères déterminés : le revenu, le pouvoir d'achat, le genre de loisir, le mode de vie, etc.

CLUB
Généralement association et plus rarement société regroupant des personnes pour des activités sportives, culturelles, de réflexion, d'études, etc.
Certains clubs jouent un rôle important dans la vie économique et sociale par le lobbying qu'ils mettent en œuvre et par **le réseau d'influences** qu'ils constituent.
⇒ lobby ; réseau

CLUB DE PARIS
Organisation informelle regroupant les gouvernements des États ayant prêté de l'argent aux pays en développement dont beaucoup connaissent d'énormes difficultés pour assurer le remboursement des prêts qui leur ont été consentis. **Le Club de Paris, créé en 1956**, fait périodiquement le point de la situation et décide, en concertation avec les gouvernements concernés, des mesures à prendre qui peuvent être le rééchelonnement des dettes et, dans certains cas dramatiques, consister en l'annulation de la dette de certains pays.
Le Club de Paris regroupe 19 États membres permanents : Allemagne, Australie, Autriche, Belgique, Canada, Danemark, Espagne, États-Unis, Finlande, France, Irlande, Italie, Japon, Norvège, Pays-Bas, Royaume-Uni, Russie, Suède, Suisse ; d'autres États, créanciers publics, peuvent être invités aux réunions s'ils sont concernés.
Internet : **http://www.clubdeparis.org**
⇒ pays en développement

CLUB EUROPÉEN DES RESSOURCES HUMAINES
Mouvement créé en 2002 par plusieurs grandes entreprises au rayonnement international **pour « promouvoir » le management à l'européenne valorisant le capital humain.**
Le Club veut ainsi se démarquer des pays dans lesquels le résultat financier et le profit marquent trop la gestion des ressources humaines.
Club de réflexion mais aussi de formation, le Club Européen des Ressources Humaines est ouvert aux entreprises privées et à l'administration publique.

CLUB SERVICE
Désigne une association qui regroupe des individus exerçant une responsabilité professionnelle reconnue dans une localité ou une région. Les membres, souvent choisis par cooptation, se réunissent périodiquement pour des réflexions sur des thèmes d'actualité, des actions humanitaires ou philanthropiques, des contacts avec les clubs similaires, des voyages, etc.
Les clubs service ont connu un développement considérable dans tous les pays.
Parmi les principaux club service :
– **Agora** (exclusivement de femmes),
– **Centre des jeunes dirigeants d'entreprise** – CJD,
– **Jeune chambre économique** – JCE,
– **Kiwanis International,**
– **Lions International,**
– **Mensa** (niveau d'intelligence supérieur),
– **Rotary International,**
– **Soroptimist International,**
– **Table ronde,**
– **Zonta** (femmes chefs d'entreprise).

COACHING
Terme anglo-américain signifiant encadreur, **mentor, entraîneur.** Le coach est un personnage important en matière sportive.
Cet encadrement se retrouve aussi dans l'entreprise. Ainsi, les membres du personnel et même les cadres dirigeants peuvent être conseillés et encadrés dans l'exercice de leurs activités respectives ; le développement du coaching concerne de plus en plus d'activités avec l'objectif de **développer la performance professionnelle ou personnelle.** Il peut être interne à l'entreprise (un **« parrain » ou un « tuteur »** assume le coaching d'un collègue pour développer ses compétences et ses performances) ou être effectué par des entreprises spécialisées externes à l'entreprise. Lorsque l'encadrement s'effectue par le biais d'Internet il s'agit d'« **Onlinecoaching** » ou par téléphone, c'est l'« **Autocoaching** ».
Le « life coaching » est une forme de coaching très personnalisée qui concerne la vie personnelle de l'individu.

COASE Ronald Harry (1910-)
Économiste d'origine anglaise, professeur aux Universités de Buffalo, de Virginie puis de Chicago (E-U), R. H. COASE a reçu en 1991 le **Prix Nobel d'économie** pour ses travaux sur les transactions.
R. H. COASE a tout particulièrement étudié le **fonctionnement et l'organisation de l'entreprise** (*The Nature of the*

Firm – « La nature de l'entreprise », 1937) constatant que ceux-ci **ne sont pas rationnels** : hiérarchie, autorité, salariés, conflits et marchés influencent le profit ; l'information sur chacun de ces éléments est imparfaite, et il n'est pas toujours évident de mesurer le coût d'un recours au marché pour sous-traiter certaines fabrications, celui du monopole etc. En 1960, R.H. COASE publie *The Problem of Social Cost* – « Le problème du coût social ».

CO-BRANDING

Terme anglo-américain du marketing, littéralement « **alliance de marques** » ou « **co-griffage** » Deux ou plusieurs entreprises conviennent de **commercialiser un produit que chacune fabrique sous une marque ou une griffe commune**. La difficulté majeure est de déterminer et au moins de prendre en compte le lien que les produits doivent avoir ensemble les uns vis-à-vis des autres. Le « mariage » peut être très efficace, par exemple vêtements de mode et parfumerie, saucisson, fromage et pain…
⇒ brand ; branding ; marketing

COCOM
en anglais : COORDINATING COMMITEE OF MULTILATERAL EXPORT CONTROLS

Comité de coordination pour le contrôle multilatéral des exportations.
Organisme créé en 1951 par l'ORGANISATION DU TRAITÉ DE L'ATLANTIQUE NORD – OTAN – pour contrôler les exportations notamment de technologies, vers les pays du « bloc socialiste ». **Le COCOM a été dissous en 1994.**
⇒ ORGANISATION DU TRAITÉ DE L'ATLANTIQUE NORD

CODE

Terme générique donné au document **regroupant toutes les lois** dans **une matière déterminée** ; **parmi les plus usités, on peut citer le** code civil, le code de commerce, le code pénal, le code de procédure civile, le code de procédure pénale, le code des douanes, etc. ; de nombreux autres codes existent suivant les pays : code rural, code de la sécurité sociale, code du travail, etc.
Aux textes législatifs sont ajoutés, dans certains cas, les décisions judiciaires concernant l'application des textes : c'est la « **jurisprudence** » que l'on trouve dans les « **codes annotés** ».
⇒ code civil ; code de commerce ; code de procédure civile ; code de procédure pénale ; code pénal ; jurisprudence

Dans le domaine de l'informatique, on distingue sous le nom de « code » :
– le « code » qui détermine le nombre de bits/seconde pour la présentation de données ;
– le « code » qui est la programmation d'un logiciel ; le « code source » est le listing (une suite de lignes avec des informations) du programme.
De tels « codes » sont généralement protégés par leurs créateurs mais ils peuvent faire l'objet d'une licence d'exploitation ou de la gratuité de celle-ci (« logiciel libre »).
⇒ bit ; licence ; logiciel

CODE À BARRES OU CODE-BARRES

Inventé en 1949 par le professeur américain au « Philadelphia's Drexel Institut of Technology » N. J. WOODLAND et largement utilisé à partir des années 1970, c'est un **moyen d'identification des produits** adapté à l'échelle internationale.
Il est composé de petites barres verticales et d'espaces qui traduisent des données numériques ou alphanumériques selon un code. Il existe de nombreux codes, les plus courants étant le code EAN au niveau mondial et le code UPC-A pour les États-Unis.
Les codes-barres les plus largement utilisés comportent une douzaine de chiffres indiquant successivement le pays de codification :
  Allemagne : 400 à 440
  Belgique et Luxembourg : 54
  France : 30 à 37
  Pays-Bas : 87
(sauf pour les livres et journaux : 9) puis **le fabricant, le code spécifique de l'article et une clé de contrôle.**
Les codes-barres sont établis par des organismes spécialisés. Des appareils de lecture spécifiques permettent d'interpréter le code-barres.
Les codes-barres devraient être, à terme, remplacés par une technologie utilisant un dispositif composé essentiellement d'une puce électronique, le « **Radio Frequency Identification – RFID** ».
⇒ Radio Frequency Identification

CODÉCISION

Procédure de décision de l'UNION EUROPÉENNE – UE de plus en plus fréquemment mise en œuvre dans de nombreux domaines ; la codécision fait partager le pouvoir législatif de l'UE entre le PARLEMENT et le CONSEIL. La Constitution de l'UE (2004) a considérablement étendu les domaines de la codécision.
L'adoption de textes législatifs peut, selon le domaine de la décision à prendre, se faire suivant deux autres procédures :
– **la consultation** : sur proposition de la COMMISSION, le PARLEMENT est consulté par le CONSEIL qui statue définitivement ;
– **l'avis conforme** impose l'accord du PARLEMENT avant la décision du CONSEIL.
⇒ COMMISSION ; CONSEIL ; PARLEMENT ; UNION EUROPÉENNE

CODE CIVIL

Le regroupement des lois concernant une matière déterminée en un code est très ancien mais c'est le **Code Napoléon** qui va donner un essor à cette formule largement adaptée. Le Code civil Napoléon a été mis en application en France en 1804. En Allemagne, le Code civil est entré en vigueur en 1900. **Le Code civil règle les rapports que les individus peuvent avoir entre eux**. Toutefois le législateur distingue les personnes physiques des personnes morales (les sociétés). Ce code traite du droit des personnes, des biens, des obligations conventionnelles, de la propriété, des moyens de preuve, du contrat de vente, du gage civil, du régime des biens en matière matrimoniale, etc.
Le code civil subit des adaptations permanentes.

CODE DE BONNE CONDUITE

Règles que se fixe une organisation, une administration ou une entreprise pour affirmer une certaine éthique, des pratiques transparentes, la clarté et l'honnêteté dans ses relations.
C'est notamment l'ensemble des dispositions que le FONDS MONÉTAIRE INTERNATIONAL – FMI – impose en matière financière et monétaire aux pays à qui il apporte son soutien.
L'UNION EUROPÉENNE – UE – s'est dotée d'un code de bonne conduite dans le domaine des exportations d'armes, notamment.

CODE DE COMMERCE
Existe depuis 1807 en France. A été introduit en Allemagne en 1900. Le code de commerce d'un pays **concerne le droit des affaires et règle les rapports que les commerçants (commerçants individuels ou sociétés commerciales) peuvent avoir entre eux**. Il traite du commerce général, de la comptabilité, donne des précisions importantes sur les sociétés commerciales, le commerce déloyal, la liquidation, la Bourse, le commerce maritime, la faillite, la banqueroute et sur les contrats de nature commerciale. En droit français et en droit allemand le contrat de société est réglementé dans le Code civil.
Ce code subit des adaptations permanentes.

CODE DE PROCÉDURE CIVILE
Regroupe les **règles appliquées en matière de litiges lorsque la législation du Code civil n'est pas correctement mise en œuvre et qu'il y a procès** ; le Code de procédure civile en fixe les conditions, en détermine les modalités et les tribunaux compétents etc.
Ce code est un **complément au Code civil**.
⇒ code

CODE DE PROCÉDURE PÉNALE ou CODE D'INSTRUCTION CRIMINELLE
Ce code traite du **déroulement des opérations en matière pénale**. C'est le recueil qui précise les règles selon lesquelles le contrevenant ou celui qui a commis un délit ou un crime sera jugé après enquête et instruction. Ce code est un complément du Code Pénal.
⇒ code

CODE DES DOUANES COMMUNAUTAIRES – CDC
Voir : TARIF DOUANIER COMMUN

CODE PÉNAL
Ce code remonte en France à 1810 avec beaucoup de remaniements depuis, notamment en 1992. En Allemagne, il est basé sur la version de 1987. **Le Code Pénal détermine les peines qui sont infligées par les tribunaux aux contrevenants et en général aux personnes qui ont commis des actes défendus, délictuels ou criminels**, ou bien encore qui se sont rendues coupables de délits d'omission. Le Code Pénal et le Code d'instruction criminelle sont complémentaires.
⇒ code

CODIFICATION COMPTABLE
Les « plans comptables », les codes de commerce, les obligations fiscales, la normalisation européenne et internationale, l'informatisation généralisée imposent des règles précises et strictes pour la tenue des comptabilités et une codification généralement numérique et décimale pour tous les comptes et leurs subdivisions.
⇒ comptabilité analytique d'exploitation ; comptabilité en partie double ; comptabilité générale ; International Accounting Standard

CODIFICATION DES PRODUITS
Voir : CODE À BARRES

COEFFICIENT DE PONDÉRATION
Facteur ou chiffre conventionnel qui permet de donner **une importance relative à certains éléments d'un ensemble par rapport à celui-ci**, en fonction de critères déterminés.
Ainsi pour élaborer (ou modifier) un indice des prix à la consommation les différents éléments le composant (alimentation, logement, habillement, énergie, services etc.) seront pondérés en fonction de critères définis.
⇒ indice

COGESTION
Gestion paritaire, définie par des accords entre un chef d'entreprise et les représentants du personnel (délégués, syndicats) de tout ou partie des relations humaines et sociales. La cogestion a été pratiquée dès après la Deuxième Guerre mondiale (1939-1945) dans la métallurgie allemande et largement étendue ensuite sous des formes diverses et variées à de nombreuses entreprises en Europe et dans le monde.
⇒ ressources humaines

COLLABORATIVE COMMERCE
Termes anglo-américains. **Par des liaisons INTERNET plusieurs entreprises forment une véritable équipe de travail en vue d'aborder des projets en commun, pratiquant ainsi un « commerce associé ».**

COLLECTIF
Groupe de personnes rassemblées pour une période variable sans véritable structure, pour **soutenir une idée, un projet, une politique, une action ou, au contraire, les combattre**.
Les collectifs, que l'on peut assimiler à des associations de fait, se développent dans tous les domaines, mais le plus souvent dans les domaines sociaux ou économiques à la faveur de l'inaction des Autorités Publiques, des administrations, des partis politiques, des syndicats sur le sujet concerné.
Le terme de **collectif budgétaire** est employé dans certains pays pour désigner l'ensemble des mesures qui, en cours d'année, modifient le budget de l'État concerné.
⇒ association ; budget

COLLECTIVISATION
Mise en commun, en général imposée par l'État, des moyens de production dans l'industrie comme pour l'agriculture ou les services.
L'État est propriétaire des moyens de production (tous ou seulement certains d'entre eux) ; dans ce contexte, l'on parle aussi de collectivisme.
⇒ étatisation

COLLECTIVITÉ
Organisation administrative ou groupement de services publics : les communes, les régions ou d'autres institutions les regroupent pour des actions sociales, culturelles, etc. Le terme est largement employé pour désigner une commune, un syndicat de communes, un district, une communauté urbaine, une région, etc.

COLLÈGE DE BRUGES
« Université de l'Europe », créée en 1948. Le Collège de Bruges (Belgique) accueille pour une **spécialisation dans le domaine européen** les étudiants titulaires d'un diplôme universitaire.
Formant l'élite des Institutions et organisations de l'UNION EUROPÉENNE – UE – il a participé avec le Gouvernement de la Pologne à la création, avec le même objectif, de l'Université Natalin (Varsovie) en 1999, dans la perspective de l'élargissement de l'UE.
Avec L'Institut Universitaire Européen de Florence (Italie) c'est l'un des pôles d'excellence de la formation universitaire spécialisée de l'UE.
Internet : **http://coleurop.be**

⇒ Institut Universitaire Européen de Florence ;
Politique élargissement de l'UNION EUROPÉENNE ;
UNION EUROPÉENNE

COLONISATION

Politique expansionniste d'un pays pour accaparer des territoires étrangers qui a existé de tout temps. Cette forme de **domination militaire, morale, religieuse, commerciale** est presque toujours aussi économique et politique. La colonisation s'est spécialement manifestée à partir des « temps modernes » jusque tard dans le XXe siècle. C'est ainsi que la plupart des grandes puissances européennes ont été des puissances coloniales et se sont installées outre-mer : exploitation des richesses, bases militaires, établissement de comptoirs commerciaux après l'esclavage organisé des populations. Les empires coloniaux se sont presque tous effondrés après la IIe Guerre mondiale (1939-1945), les pays concernés accédant, souvent difficilement, à l'indépendance.

Officiellement la politique coloniale classique n'existe plus. Cependant, il faut reconnaître que l'esprit et le pouvoir de domination ainsi que l'exploitation survivent et se manifestent sous des formes parfois très subtiles. C'est ainsi que certaines régions du monde subissent une forme de colonisation diffuse et masquée notamment sous des formes d'**assistance** qui, à terme, rendent dépendantes les populations concernées.

COMBLEMENT DU PASSIF
Voir : ACTION EN COMBLEMENT DU PASSIF

COMITÉ DE BÂLE
Voir : G 10

COMITÉ D'ENTREPRISE – CE

La législation sociale de nombreux pays impose aux entreprises, au-delà d'un certain effectif (le plus souvent 50 salariés) d'associer les représentants élus des salariés à la gestion de l'entreprise dans le cadre d'un comité d'entreprise qui assure fréquemment lui-même la gestion de certaines œuvres sociales destinées au personnel et à leur famille.

Lorsqu'une entreprise a plusieurs établissements, il est créé, pour chacun d'eux, un Comité d'établissement ; les délégués des comités d'établissements composent un Comité Central d'entreprise – CCE.

La législation de l'UNION EUROPÉENNE – UE – prévoit, pour les entreprises et leurs filiales installées dans plusieurs États membres de l'UE, un Comité d'entreprise Européen pour le groupe.

Le comité d'entreprise est présidé par le chef d'entreprise ou la personne déléguée à cet effet.

Dans plusieurs pays, à côté du comité d'entreprise et en liaison avec lui, fonctionne un « **Comité d'hygiène, de sécurité et des conditions de travail** » **CHSCT** » chargé du contrôle, de la surveillance et de l'application des règles de sécurité ainsi que de participer à l'amélioration des conditions de travail.

COMITÉ DES FORGES

Important organisme français qui, de 1864 à 1940, organisa et maîtrisa tout le marché de l'acier et constitua pratiquement un **cartel qui concernait la sidérurgie et la métallurgie.**
⇒ cartel

COMITÉ DES REPRÉSENTANTS PERMANENTS – COREPER

C'est l'un des organes les plus importants du CONSEIL de l'UNION EUROPÉENNE – UE, même s'il est peu connu.

Il regroupe autour de chacun des Ambassadeurs accrédités auprès de l'UE des États membres, une équipe permanente en charge des intérêts nationaux.

Assisté par des groupes de travail, le COREPER prépare les travaux et les décisions du CONSEIL.
⇒ CONSEIL ; UNION EUROPÉENNE

COMITÉ DES RÉGIONS – CdR

Institution de l'UNION EUROPÉENNE –UE – fondée en 1994 avec un important rôle consultatif pour faire connaître la voix des Autorités régionales de tous les États membres de l'UE.

Le Comité des Régions est consulté sur les questions concernant notamment la politique régionale, l'éducation, l'environnement, etc.

Le Comité des Régions prend en compte l'émergence, dans de nombreux pays, d'un « **pouvoir régional** » **fort**, souvent indépendant du pouvoir central (Espagne, Belgique, Allemagne, etc.).

L'élargissement de l'UE fait passer le Comité des Régions de 222 à 344 membres au total pour les 25 États de l'UE.

Le CdR a son siège à Bruxelles (Belgique).

Internet : **http://www.cor.eu.int**
⇒ UNION EUROPÉENNE

COMITÉ D'HYGIÈNE, DE SÉCURITÉ ET DES CONDITIONS DE TRAVAIL
Voir : COMITÉ D'ENTREPRISE

COMITÉ ÉCONOMIQUE ET SOCIAL – CESE

Créé dès 1957, le CESE est un organe consultatif et l'une des institutions de l'UNION EUROPÉENNE – UE.

Structuré comme la plupart des organismes similaires qui existent dans de nombreux pays, dans certaines régions et à l'ORGANISATION DES NATIONS UNIES – ONU, il représente, à parts égales :
– les organisations syndicales de salariés,
– les employeurs des secteurs publics et privés,
– la société civile et ses intérêts (agriculteurs, professions indépendantes, coopératives, associations, organisations non gouvernementales, handicapés, etc.).

Le CESE est consulté sur de nombreuses questions en assurant un lien entre les citoyens et l'UE.

L'élargissement de l'UE fait passer le CESE de 222 à 344 membres au total pour les 25 États membres.

Le siège du CESE est à Bruxelles (Belgique).

Internet : **http://www.esc.eu.int**
⇒ UNION EUROPÉENNE

COMITÉ EUROPÉEN DE NORMALISATION – CEN

Le « Comité Européen de Normalisation – CEN » regroupe la plupart des pays de l'UNION EUROPÉENNE – UE, 3 membres de l'ASSOCIATION EUROPÉENNE DE LIBRE-ÉCHANGE – AELE – (Suisse, Norvège et Islande), et d'autres pays européens.

Le secteur de l'électronique est en charge du Comité Européen de Normalisation Électronique – CENELEC – et celui des télécommunications, de l'Institut Européen de Normalisation des Télécommunications – ETSI.

Le CEN coordonne les organismes officiels nationaux de normalisation (DIN en Allemagne, SEE en Belgique, AFNOR en France) et met en œuvre la politique de normalisation de l'UE.

Le siège du CEN est à Bruxelles (Belgique).
Internet : **http:///europa.eu.int/comm/entreprise/standards_policy/index.htm**
⇒ norme

COMITÉ INTERNATIONAL OLYMPIQUE
Voir : SPORT

COMITOLOGIE
Terme spécifique aux Institutions de l'UNION EUROPÉENNE – UE – concernant la COMMISSION EUROPÉENNE.
La procédure dite de « comitologie » consiste à réunir avec la Commission Européenne qui préside le Comité concerné, des experts pour vérifier la correcte adaptabilité et la bonne possibilité d'application des actes législatifs de l'UE, éventuellement de les clarifier, avant la mise en œuvre des mesures d'exécution.
Les comités peuvent être consultatifs, de gestion ou de réglementation.
⇒ COMMISSION EUROPÉENNE ; UNION EUROPÉENNE

COMMANDITAIRE
On rencontre des commanditaires dans deux types de sociétés commerciales : la **société en commandite simple et la société en commandite par actions**. Les commanditaires détiennent des parts d'intérêt dans la commandite simple et sont de véritables actionnaires dans la commandite par actions.
Les actions sont plus facilement transmissibles et cessibles que les parts d'intérêts qui requièrent une cession de créance selon les formalités du droit civil. L'engagement du commanditaire se limite à son apport.
⇒ commandité ; société en commandite simple ;
    société en commandite par actions

COMMANDITÉ
On rencontre les commandités dans deux types de sociétés commerciales :
– la société en commandité simple,
– la société en commandité par actions.
Le commandité est l'associé qui est indéfiniment est solidairement responsable. Il peut donc perdre beaucoup plus que sa mise et, en plus, il peut être amené à payer à la place d'un autre associé incapable de le faire.
⇒ commanditaire ; société en commandite simple ;
    société en commandite par actions

COMMERÇANT
Personne physique ou morale qui a pour activité essentielle le commerce, c'est-à-dire des actes d'achat et/ou de vente.
Le commerçant a généralement obligation d'être immatriculé au Registre du Commerce et des Sociétés – RCS – et de respecter un certain nombre de règles administratives, comme la tenue d'une comptabilité et le respect du droit du travail.
⇒ achat ; droit du travail ; Registre du Commerce et des
    Sociétés ; vente

COMMERCE AMBULANT
Sous cette expression, on regroupe les opérations du commerce qui s'effectue « dans la rue » donc dans les rues ou sur les places publiques suivant une réglementation officielle. Le commerce ambulant ne doit pas être confondu avec le **colportage** qui n'est plus autorisé dans la plupart des pays.
Ce type d'activités, lorsqu'il s'exerce à l'occasion de marchés ou de foires, est dit **commerce forain**.
⇒ commerce

COMMERCE EN LIGNE
Voir : e-COMMERCE

COMMERCE ÉQUITABLE
Il concerne **tout le circuit commercial de la production à la vente et à la distribution des produits de consommation**, généralement en provenance des pays en développement ; le producteur local doit respecter **une charte de qualité**, mais aussi se soumettre à des **contraintes sociales et environnementales** en contrepartie des desquelles **le prix du produit concerné lui est garanti**, sans tenir compte d'éventuelles fluctuations des cours ; le producteur est ainsi assuré d'une **rémunération convenable**, lui assurant un niveau de vie satisfaisant ; l'acheteur traite directement avec le producteur (évitant ainsi les coûts des intermédiaires) et verse aussi une redevance à l'organisme (souvent une association sans but lucratif) qui certifie et contrôle le respect des critères convenus et qui mène des **actions de sensibilisation des consommateurs, de développement et participe parfois aussi à des actions sociales** (écoles, crèches ou hôpitaux).
Réservée longtemps à des boutiques spécialisées, la vente de produits du « commerce équitable » gagne les grandes surfaces (hypermarchés et supermarchés).
Le label « Max Havelaar » est le plus connu pour garantir l'équitabilité de toute la filière d'un produit ; on en doit l'initiative au Prêtre-ouvrier Frans VAN DER HOFF vers 1980.
À terme, des normes devraient apporter d'autres garanties au « commerce équitable ».
⇒ commerce éthique ; commerce solidaire ; grande surface

COMMERCE ÉTHIQUE
Avec le commerce équitable, il concerne les pays en développement ; il s'agit de produits fabriqués ou produits dans le strict respect des droits de l'homme (pas de travail des enfants, traitement correct des salariés, minimum de protection sociale), de conditions de travail satisfaisantes et la mise en œuvre d'une réelle protection de l'environnement. Le commerce éthique implique des engagements réciproques du producteur et de l'acheteur dans le cadre d'une charte.
⇒ commerce équitable ; commerce solidaire

COMMERCE FORAIN
Voir : COMMERCE AMBULANT

COMMERCE INTERNATIONAL – THÉORIES
Les échanges à l'échelle internationale sont, à l'origine, dus au phénomène de la rareté et de l'inégale répartition des richesses.
Un pays offre des biens à un autre qui n'en a pas et vice versa. Dans un deuxième temps chaque pays va se spécialiser et produire le ou les produits qui occasionnent pour lui le coût le plus favorable. C'est la théorie de A. SMITH qui considérait l'avantage absolu. Dans une troisième étape on fait un calcul plus fin et on introduit la **notion de productivité**. Ces réflexions, sur les coûts dits relatifs sont dues à RICARDO. On parle à ce moment de **l'avantage comparatif**. Dans une quatrième étape c'est toujours le coût qui se trouve concerné. Cependant, on met maintenant en évidence les **facteurs de production (capital et travail)** : ils sont à la base du coût mais ne sont pas utilisés dans les mêmes proportions et d'un pays à l'autre, leurs prix varient. Dans de telles conditions, **la combinaison des facteurs de production se fait de manière telle qu'elle permette d'atteindre un résultat optimal.** Cette théorie est due à l'école suédoise (HECKSCHER-OHLIN dans la première moitié du XXe siècle).
⇒ HEKSCHER ; OHLIN ; SMITH ; RICARDO ;
    THÉORÈME HECKSCHER-OHLIN

COMMERCE INVISIBLE

Il s'agit d'une série d'**opérations du commerce national ou international** qui génèrent soit des recettes soit des dépenses et qui sont inventoriées dans la balance des paiements (ou des comptes) d'un pays mais ne portent pas sur des choses physiques. Ce commerce invisible concerne des mouvements de capitaux, des opérations de transit, de toutes sortes d'activités qui ont trait à la Banque, à la Bourse, au commerce en général, aux activités économiques, financières, commerciales etc.. Il y a donc des recettes et des dépenses, dans les deux sens sous forme de primes, de taxes, de commissions de courtages etc. On y trouve même les avoirs et les dettes de guerre.
⇒ balance des paiements ; commerce visible

COMMERCE SOLIDAIRE

L'économie de marché ne correspond pas toujours aux besoins et à la satisfaction de **certains consommateurs**, notamment ceux à très faibles revenus, qui sont dans des situations de précarité ou défavorisés. Le commerce solidaire est un commerce d'échanges (des produits indispensables pour vivre contre un peu de travail) **et de troc**, sans qu'intervienne l'argent. Ce type de « commerce » social a cependant ses limites et ne peut concerner, au travers d'associations spécialisées ou de coopératives notamment, que peu d'individus mais il répond à un besoin certain et peut compléter les autres formes d'assistance mises en œuvre.
⇒ commerce équitable ; commerce éthique ; coopérative ; troc

COMMERCE TRIANGULAIRE

De tous temps on a connu l'exploitation de l'homme par l'homme, l'enrichissement démesuré de certains et l'inadmissible misère des grandes masses.
Il s'agit d'un épisode (du XVIe jusqu'au début du XIXe siècle) des plus condamnables de l'histoire de l'homme. Les échanges se déroulent aux trois sommets d'un triangle.
Au premier sommet on trouve l'Europe qui fournit des produits appréciés par le continent africain (par exemple des armes, de l'alcool, du sel, etc.).
Au deuxième sommet se trouvent les pays d'Afrique qui, en échange de produits européens, fournissent des « bras » (des esclaves).
Au troisième sommet se trouvent les Amériques et un certain nombre d'îles. Les esclaves qui ont enduré des souffrances indescriptibles, surtout pendant les traversées de l'Océan Atlantique, ont été échangés contre des métaux précieux, des produits exotiques et certaines matières premières.
La doctrine du mercantilisme qui donne la prééminence aux métaux précieux enrichit d'un côté, mais appauvrit de l'autre côté en favorisant l'inactivité de certains.
⇒ esclavage

COMMERCE VISIBLE

C'est celui qui concerne **tous les mouvements de marchandises** (produits, biens…) dans le domaine du commerce international. C'est la Balance Commerciale d'un pays qui les enregistre.
⇒ balance commerciale ; commerce invisible

COMMISSAIRE AUX COMPTES

Indispensable et le plus souvent légalement obligatoire, le commissaire aux comptes est un spécialiste de la comptabilité dont la mission est de procéder aux contrôles des comptes des entreprises et à la certification de leur sincérité et de leur régularité.
Le commissaire aux comptes est prévu par les statuts de la société (plusieurs peuvent être prévus) ; il doit s'agir d'une personne officiellement qualifiée par les Autorités Publiques pour exercer cette fonction ; sa responsabilité peut être engagée mais il ne doit en aucun cas s'immiscer dans la gestion.
Le commissaire aux comptes est désigné par l'assemblée générale.
Le commissaire aux comptes fait, au moins annuellement, un rapport soumis à l'assemblée générale de la Société qu'il a contrôlée.
Dans les associations, le commissaire aux comptes joue un rôle identique même s'il n'est pas nécessaire qu'il ait une qualification déterminée.
⇒ assemblée générale ; statut

COMMISSAIRE-PRISEUR

Spécialiste du marché de l'art, chargé de la vente publique aux enchères de meubles, de matériel et de marchandises.
Le commissaire-priseur est autorisé et contrôlé (y compris quant à ses aptitudes) par les Autorités Publiques pour l'exercice de sa profession.
Le commissaire-priseur procède aussi à des inventaires (à la suite de succession, ou de liquidation de sociétés par exemple) **et à des expertises**.

COMMISSION

Rémunération versée à un intermédiaire intervenu pour organiser ou faciliter une opération financière, commerciale ou technique ; la commission peut être convenue à l'avance, négociée, déterminée en pourcentage, etc. ; la commission est parfois occulte.
La commission est fréquente dans les transactions commerciales internationales importantes mais aussi dans de nombreuses activités de négoce, ventes ou achats.

COMMISSION DES OPÉRATIONS DE BOURSE – COB

Ancienne autorité administrative française, la COB, chargée de 1967 à 2003 du fonctionnement et du contrôle de la **Bourse de Paris**, assurait aussi la fiabilité des informations financières données au public. Considérée **comme le « gendarme » de la Bourse de Paris**, elle mettait en œuvre la réglementation et avait pour mission de protéger l'épargne et d'empêcher ou de sanctionner éventuellement les « manipulations des cours » et les « délits d'initiés ». Elle comprenait 10 membres, le Président étant nommé par le Président de la République Française. La COB coopérait étroitement avec « l'Organisation Internationale des Commissions de Valeurs – OICV » et les autres organismes chargés du contrôle des opérations boursières qui existent dans tous les pays. **Aux États-Unis c'est le rôle de la « Securities and Exchange Commission – SEC »** et au Royaume-Uni celui de la « Financial Service Authority – FSA ».
Mais de nombreux exemples montrent que ces organismes ne peuvent pas toujours empêcher des dérapages et des fraudes, parfois très importantes.
La COB a été remplacée, fin 2003, par l'AUTORITÉ DES MARCHÉS FINANCIERS qui regroupe aussi deux autres organismes : la Commission des Opérations de Bourse et le Conseil de Discipline de la Gestion Financière.
Internet : **http://www.cob.fr**
⇒ Autorité des Marchés Financiers ; Bourse ; délit d'initié ; Organisation Internationale des Commissions de Valeurs – OICV ; Securities and Exchange Commission

COMMISSION EUROPÉENNE

C'est le moteur de l'**UNION EUROPÉENNE – UE** : elle propose (droit d'initiative) la législation, les politiques et leurs programmes ; elle est responsable de la mise en œuvre des décisions du PARLEMENT EUROPÉEN et du CONSEIL ; elle veille à l'application de ces décisions et les contrôle ; elle représente l'UE dans le monde avec une Représentation officielle dans les capitales.

Désignés par les Gouvernements des États membres de l'UE, en accord avec le Président de la COMMISSION EUROPÉENNE, les Membres de la COMMISSION EUROPÉENNE (les Commissaires) sont responsables devant le PARLEMENT. Leur mandat est de 5 ans.

L'UE à 15 pays comprenait 20 Commissaires (certains pays en désignaient deux) ; à partir de 2004, l'UE à 25 États membres compte 25 Commissaires (1 par État). En application de la Constitution de l'UE, la Commission Européenne sera ramenée à 18 membres (pour 27 États).

À la tête de la COMMISSION EUROPÉENNE, le Président est désigné par les Gouvernements des États membres ; sa nomination est soumise au vote du Parlement européen dont le vote est aussi nécessaire pour l'ensemble de la Commission lorsqu'elle est constituée.

Chaque Commissaire a la responsabilité d'un domaine déterminé : concurrence, agriculture et pêche, entreprises et société de l'information, marché intérieur, recherche, affaires économiques et monétaires, aide au développement et aide humanitaire, élargissement, relations extérieures, commerce, santé et protection des consommateurs, éducation et culture, budget, environnement, justice et affaires intérieures, emploi et affaires sociales.

Les décisions de la Commission sont collégiales.

Les Commissaires sont assistés d'experts et de fonctionnaires spécialistes répartis en 36 Directions Générales ou Services.

Le siège de la COMMISSION EUROPÉENNE est à Bruxelles (Belgique) avec des Services dans d'autres capitales de l'UE et une Représentation Officielle dans chacun des États membres.

Internet : **http://europa.eu.int/comm**
⇒ UNION EUROPÉENNE

COMMON ACCESS FOR EVERYBODY
Voir : CYBERCAFÉ

COMMUNAUTARISME
Conception de la société qui fait prévaloir, au plan social et économique notamment, **une communauté** (groupe formel ou informel) en se basant sur l'appartenance à une religion, une nationalité, une ethnie ou un sexe au détriment de l'intérêt général, d'une assimilation ou d'une intégration.

Il ne faut pas confondre le terme de « communautarisme » avec le terme « communauté » fréquemment appliqué à tout ce qui concerne l'UNION EUROPÉENNE – UE.

COMMUNAUTÉ ANDINE DES NATIONS – CAN
Voir : PACTE ANDIN

COMMUNAUTÉ DES ÉTATS INDÉPENDANTS – CEI
Organisme créé en 1991 et qui regroupe les États des anciennes Républiques liées à l'UNION DES RÉPUBLIQUES SOCIALISTES SOVIÉTIQUES – URSS –, à l'exception des États Baltes (Estonie, Lituanie, Lettonie).

La CEI comprend 12 États membres : Arménie, Biélorussie, Azerbaïdjan, Géorgie, Kazakhstan, Kirghizistan, Moldavie, Ouzbékistan, Russie (qui occupe le siège de l'URSS à l'ORGANISATION DES NATIONS UNIES – ONU), Tadjikistan, Turkménistan et Ukraine.

Il s'agit d'un organisme sans institution centrale, surtout destiné à faciliter la coopération entre les différents États.

COMMUNAUTÉ ÉCONOMIQUE DES ÉTATS DE L'AFRIQUE CENTRALE – CEEAC
en anglais : ECONOMIC COMMUNITY OF CENTRAL AFRICA – ECCA

Créée en 1983 par le Traité de Libreville (Congo), la communauté regroupe les États suivants : Burundi, Cameroun, Congo, Gabon, Guinée Équatoriale, République Centrafricaine, Rwanda, SãoTomé e Principe, Tchad, Zaïre et, depuis 1999, Angola.

L'objectif de la CEEAC est la création d'une zone de libre-échange entre les partenaires avec la libre circulation des personnes et des marchandises ; prévu pour 1995, cet objectif tarde à être atteint, freiné, comme pour la coopération économique entre les États, par l'instabilité politique de la région tout autant que par celle des cours des matières premières, seules ressources importantes de certains pays.

La « conférence des Chefs d'État et de Gouvernement » définit la politique et les grandes orientations de la CEEAC, mises en œuvre par le « Conseil des ministres ». L'Administration est en charge d'un Secrétaire général et de Comités Techniques. Une Cour de Justice est chargée d'interpréter le Traité.

Siège : Libreville (Gabon).

Internet : **http://www.ceeac-eccas.rog**
⇒ UNION AFRICAINE ; libre échange

COMMUNAUTÉ ÉCONOMIQUE DES ÉTATS DE L'AFRIQUE DE L'OUEST – CEDEAO – (OU CEAO)
en anglais : ECONOMIC COMMUNITY OF WEST AFRICAN STATES – ECONOWAS

Le traité constitutif de la CEDEAO (qui succédait à l'UNION DOUANIÈRE DES ÉTATS DE L'AFRIQUE DE L'OUEST – UDEAO) a été signé au Nigeria en 1975 et révisé en 1993.

Cette communauté, dont le siège est à ABUJA (Nigeria) regroupe 13 états africains : Bénin, Burkina-Faso, Cap-Vert, Côte-d'Ivoire, Gambie, Ghana, Guinée-Bisao, Libéria, Mali, Niger, Nigéria, Sénégal et Sierra Leone. La **CEDEAO a pour objectif de promouvoir une politique de coopération dans les domaines de l'économie de l'énergie, des transports et télécommunications, industriels, commerciaux, culturels, financiers et militaires avec la création d'une zone de libre-échange** (liberté de circulation des personnes et des marchandises).

La « Conférence des Chefs d'État et de Gouvernement » définit les grandes orientations de la CEDEAO et le Conseil des ministres les exécute. La CEDEAO a un Secrétariat Exécutif et une Cour de Justice (interprétation des traités, règlement des différends) et envisage de créer un « Conseil des Sages » qui assurerait un rôle de médiateur. Elle dispose d'un « Fonds de Solidarité et d'Intervention pour assurer le développement économique communautaire – FOSIDE ».

Internet : **http://www.ecowas.int**
⇒ UNION AFRICAINE ; libre-échange

COMMUNAUTÉ EUROPÉENNE
Expression synonyme de COMMUNAUTÉ ÉCONOMIQUE EUROPÉENNE, pratiquement utilisée aussi pour désigner l'UNION EUROPÉENNE.
⇒ COMMUNAUTÉ ÉCONOMIQUE EUROPÉENNE ; UNION EUROPÉENNE

COMMUNAUTÉ EUROPÉENNE DE DÉFENSE – CED

C'est l'un des échecs majeurs de la construction européenne ; après le succès de la COMMUNAUTÉ EUROPÉENNE DU CHARBON ET DE L'ACIER – CECA, les six pays signataires du Traité de Paris en 1951 (Allemagne, Belgique, France, Italie, Luxembourg et Pays-Bas) décident, **en 1952 d'un Traité instituant une COMMUNAUTÉ EUROPÉENNE DE DÉFENSE – CED – qui crée une armée européenne commune, placée sous l'autorité d'un ministre Européen de la Défense.**

La CED se veut une étape vers une communauté politique européenne.

La France inquiète d'un évident transfert de souveraineté pourtant indispensable, **refusera en 1954, la ratification du Traité** dont l'échec se fera sentir de longues années durant en freinant l'évolution de l'Europe Communautaire.

⇒ UNION EUROPÉENNE

COMMUNAUTÉ EUROPÉENNE DE L'ÉNERGIE ATOMIQUE – EURATOM

Le Traité EURATOM est signé à Rome (Italie) en même temps que le Traité instituant la COMMUNAUTÉ ÉCONOMIQUE EUROPÉENNE – CEE – **en 1957** entre les six États qui avaient signé, en 1951, le Traité de la COMMUNAUTÉ EUROPÉENNE DU CHARBON ET DE L'ACIER – CECA : Allemagne, Belgique, France, Italie, Luxembourg et Pays-Bas.

Le Traité EURATOM a pour objectif le développement de l'industrie nucléaire civile (à des fins pacifiques) et d'assurer l'approvisionnement des matières premières nécessaires.

Les Institutions de l'EURATOM ont été fusionnées en 1967 avec les autres Institutions européennes.

COMMUNAUTÉ EUROPÉENNE DU CHARBON ET DE L'ACIER – CECA

Première étape de l'intégration européenne, le Traité de Paris instituant la COMMUNAUTÉ EUROPÉENNE DU CHARBON ET DE L'ACIER – CECA – est signé en 1951 et entre en vigueur en 1952. Il met en place un marché commun du charbon et de l'acier en assurant l'exploitation et le contrôle de ces deux matières premières essentielles à la reconstruction de l'Europe après la Deuxième Guerre mondiale (1939-1945).

À l'instigation de R. SCHUMAN et de J. MONNET, il regroupe les six États fondateurs de ce qui deviendra **l'UNION EUROPÉENNE – UE** : Allemagne, Belgique, France, Italie, Luxembourg et Pays-Bas.

Intégré en 1967 dans le système unique des Institutions Communautaires, le Traité CECA a expiré en 2002.

⇒ MONNET ; SCHUMAN ; UNION EUROPÉENNE

COMMUNAUTÉ SUD-AMÉRICAINE DES NATIONS – CSN

Créée à Cuzco (Pérou), fin 2004, elle regroupe 12 pays sud-américains : Argentine, Bolivie, Brésil, Colombie, Chili, Equateur, Guyana, Paraguay, Pérou, Surinam, Uruguay et Venezuela. Sur le modèle de l'UNION EUROPÉENNE – UE – elle a, pour l'avenir, des ambitions importantes, avec, notamment, la libre circulation des marchandises et des personnes mais aussi une monnaie unique et un Parlement élu.

Le Secrétariat de la CSN est assuré par le Pérou.

⇒ MERCOSUR ; Pacte Andin

COMMUNICATION

C'est un **échange d'informations**. Elle est aujourd'hui considérée comme indispensable dans de nombreux domaines d'activité. Les entreprises, les organisations et institutions nationales et internationales, les associations et les groupes de pression utilisent tous **les moyens de la communication pour se faire connaître ou reconnaître**.

La communication utilise de nombreux supports médias, audiovisuels soit vers l'opinion et le public en général, soit vers des entités ciblées (clients, actionnaires etc.).

La « **communication d'entreprise** » concerne aussi bien l'**extérieur** de l'entreprise que les informations et les actions menées en **interne** ; elle peut aussi s'appliquer à la situation financière de l'entreprise : c'est la « **communication financière** ».

COMMUNICATION CORPORATE

Termes anglo-américains signifiant « **communication institutionnelle** ».

C'est la **communication de l'entreprise** (ou de l'administration) vers ses partenaires et tous les relais d'opinion. La communication corporate utilise **les outils du marketing corporate** (enquête, études etc.).

⇒ marketing corporate

COMMUNISME

L'idée d'une **mise en commun des moyens de production et la répartition des biens suivant les besoins de chacun** se trouve déjà, dès les premiers siècles de notre ère, au cœur des pensées philosophiques de Chinois, de Grecs et des communautés chrétiennes.

Au XVIIIe siècle, des théoriciens allemands et français vont développer **l'idée d'une société égalitaire, plus juste et plus libre**. Mais c'est essentiellement **K. MARX et F. ENGELS** qui à la fin du XIXe siècle en élaborent la doctrine : **le communisme est la phase ultime de l'évolution de l'humanité** quand les machines produisent les biens en abondance, gratuitement et librement pour être mis en commun, chacun recevant de la communauté ce dont il a besoin. Par **la lutte des classes** et par la **dictature du prolétariat** on atteint l'objectif d'une société sans classes ; le socialisme n'est qu'une transition vers le communisme qui fait définitivement disparaître le capitalisme.

C'est en se référant à cette doctrine que s'est développé, depuis la fin de la Ire Guerre mondiale (1914-1918), le système communiste, renforcé singulièrement en Europe, par la lutte contre le fascisme et le nazisme ; il connaît son apogée à partir de la fin de la Ire Guerre mondiale jusqu'aux années 1990 et a concerné l'URSS et ses satellites, la République Populaire de Chine et d'autres États liés à elle. L'idéologie communiste qui aurait fait près de 100 millions de morts – guerres non comprises – est encore présente dans plusieurs pays de la planète qui se réfèrent à K. MARX, parfois en dévoyant sa doctrine.

⇒ ENGELS ; MARX ; marxisme ; socialisme

COMPACT DISC-READ ONLY MEMORY – CD-ROM

Termes anglo-américains, littéralement : « disque compact pour seulement lire la mémoire ».

Le CD-ROM, inventé en 1984, utilise une technologie similaire à celle du Compact Disc – CD audio : **lecture au rayon laser des gravures d'un disque en rotation**. Le CD-ROM a d'énormes capacités de stockage d'informations et il est d'usage universel dans les matériels informatiques.

COMPAGNIES COMMERCIALES

Ce sont des **entreprises dotées de situations de monopole, de privilèges et profitant de l'appui de l'État** dans le cadre d'accords souvent appelés « chartes ». Parmi les plus célèbres et les plus connues on peut citer la Compagnies des Indes Orientales (Angleterre) qui remonte à 1600 et la Compagnie Universelle du Canal Maritime de Suez (1858).
⇒ monopole

COMPENSATION

Il y a **compensation lorsqu'une personne est à la fois débitrice et créancière vis-à-vis d'une autre ; ces obligations actives et passives sont éteintes jusqu'à concurrence de la plus faible d'entre elles.**
La compensation évite l'opération de paiement. Elle peut être légale ou conventionnelle. **En matière bancaire, la compensation des soldes des comptes entre les banques se fait quotidiennement en « chambre de compensation » (« clearing house »),** organisme dépendant en général de la Banque Centrale du pays concerné ; l'utilisation de moyens informatiques pour ces opérations est généralisée. La compensation peut aussi concerner les différents comptes d'un client au sein d'une même banque.
⇒ Banque Centrale ; Chambre de compensation

COMPÉTENCE

Voir : TRIBUNAL COMPÉTENT

COMPÉTITIVITÉ

Ce mot à trait à la **compétition** donc au combat, à la lutte dans le but de prendre le dessus sur l'adversaire. **Pour l'entreprise, c'est la nécessité non seulement de garder sa place sur les marchés mais aussi,** en mettant en œuvre les moyens techniques et commerciaux dont elle dispose, **de l'améliorer.**
L'agent économique qu'il soit producteur, consommateur, épargnant ou investisseur porte des regards très intéressés sur cet aspect du problème économique qui se pose dans les relations intérieures et extérieures d'un pays.
La production tentera de comprimer ses coûts et d'accentuer le bénéfice. Le consommateur examinera le prix, la qualité et les possibilités d'accéder à un crédit intéressant.
On rencontre en ce domaine des attitudes individuelles qui peuvent paraître illogiques.
La compétitivité s'exerce dans tous les secteurs de l'industrie, du commerce et des services, dans les banques et les organismes financiers, etc.
La mesure de la compétitivité d'un pays – ou d'un groupe de pays par exemple celui de l'UNION EUROPÉENNE – UE – **permet d'utiles comparaisons et l'orientation des politiques économiques.**
⇒ politique économique ; Programme de Lisbonne

COMPLEXE

Terme utilisé pour désigner un ensemble d'installations et d'entreprises industrielles importantes installées sur un même site. On distingue notamment les complexes portuaires, les complexes sidérurgiques, etc.
On utilise aussi pour qualifier les installations offrant au public un choix d'activités variées, de magasins dans un domaine déterminé, des distractions multiples : complexe sportif, complexe de loisirs, complexe cinématographique, etc.
La psychologie fait aussi intervenir le terme de complexe pour qualifier une attitude significative d'un individu (complexe de supériorité, d'infériorité, de frustration, etc.).

COMPLICE

Celui qui, en toute connaissance de cause, apporte aide, assistance ou facilite une infraction.
La complicité est le plus souvent punie comme l'est l'auteur de l'infraction.

COMPORTEMENT ÉCONOMIQUE

La théorie a comme objet de procurer au sujet économique des biens et des services et d'en assurer la gestion. **Le comportement qualifie la manière d'agir du sujet économique, individu, entreprise ou secteur d'activités.**
En matière de gestion deux principes prédominent : celui du minimum et celui du maximum. Ces deux principes se confondent dans la loi du moindre effort (hédonisme, eudémonisme).
Dans ses recherches, l'économiste recourt à deux méthodes fondamentales et complémentaires, **l'induction et la déduction.** Toutes les sciences recourent à l'induction et à la déduction en vue d'aboutir à un système ou à une systématisation.
⇒ bien ; déduction ; hédonisme ; induction ;
   principe de maximum ; principe de minimum ;
   services ; système

COMPOUND INTEREST

Termes anglo-américains pour **intérêts composés.**
⇒ intérêts composés

COMPRESSION

Technologie permettant de réduire (de comprimer) la place occupée dans les mémoires des matériels informatiques notamment pour les images en couleurs. Le format JPEG (« Joint Photographic Expert Group ») est universellement utilisé sur les ordinateurs.
On parle aussi de **« compression de personnel » lorsque la situation d'une entreprise impose de réduire les effectifs** (licenciements, départs à la retraite, etc.).

COMPROMIS

Accord intervenu après une négociation, quel qu'en soit le sujet, entre deux ou plusieurs partenaires qui ont fait des concessions réciproques pour parvenir à un accord.
Les décisions de l'UNION EUROPÉENNE – UE – sont souvent le résultat de compromis. Certains contrats insèrent une **« clause compromissoire »** par laquelle les parties s'engagent, en cas de litige, à recourir à l'arbitrage.

COMPTABILITÉ ANALYTIQUE D'EXPLOITATION

Cette comptabilité, encore appelée comptabilité industrielle ou comptabilité de rendement, **a comme objectif de connaître le résultat** (bénéfice ou perte) **des activités de l'entreprise** (achats, production, vente). Ceci vaut aussi bien pour des produits que pour des prestations de services. La comptabilité analytique d'exploitation concerne l'établissement des prix de revient, de leur contrôle et de leur comptabilisation, en utilisant une méthode « claire », « rentable » et suffisamment rapide. Il faut notamment éviter tout retard dans le déroulement du concept de production et, si nécessaire, modifier la « trajectoire » de l'entreprise quand il est encore temps.
Aujourd'hui **l'entreprise est subdivisée en centres de coût (sections homogènes)** et on distinguera entre prix de revient prévisionnel et prix de revient réel comptable. Le calcul du prix de revient connaît différentes phases : coût d'achat, coût de production, coût de produits en cours, coût de productions multiples, coût de distribution. Comme éléments de tout prix de revient on a les matières premières et les charges

directement ou indirectement imputables. Un tableau de répartition des charges est alors nécessaire. La comptabilisation peut se faire de différentes manières. Nous en retenons deux :
– **le système intégré** : on enregistre d'abord les mouvements qui agissent sur l'actif et le passif du bilan et ceux qui ont trait aux charges et aux produits. Ensuite le montant des charges et les produits sont virés sur les comptes de prix de revient. **La comptabilité générale n'est pas séparée de la comptabilité analytique : c'est le système intégré.**
– l'autre façon de procéder consiste à tenir le plus normalement une **comptabilité générale** selon le principe de la **partie double**. Ensuite il convient de reprendre les charges et les produits dans la **comptabilité analytique** par l'intermédiaire de comptes réfléchis qui relient les deux comptabilités bien qu'elles soient séparées. Dans ce cas il s'agit d'une **comptabilité de rendement articulée**.

⇒ comptabilité ; comptabilité en partie double ; comptabilité générale ; coût d'achat ; coût de production ; prix de revient ; tableau de répartition des charges

COMPTABILITÉ EN PARTIE DOUBLE

C'est d'abord une méthode d'enregistrement des faits comptables. Chaque opération donne lieu à un double enregistrement : par exemple, pour un achat de marchandises au comptant, le Compte Achats sera débité par le Crédit du Compte Caisse.

Cette méthode permet de **suivre les recettes et les dépenses** et conduit à la **détermination du résultat**. Il faut signaler que certaines recettes et certaines dépenses n'ont cependant aucun impact direct sur le résultat d'un exercice alors qu'il y a des charges non encore payées et des produits non encore encaissés qui vont être considérés pour la détermination du résultat de l'exercice. La comptabilité en partie double n'est généralement appliquée que par l'entreprise privée et pas en comptabilité publique même si plusieurs pays envisagent d'adopter pour les comptes publics, des méthodes proches de celles des entreprises privées. En effet, ce qui préoccupe l'État, c'est la couverture des dépenses.

⇒ comptabilité ; comptabilité analytique ; comptabilité générale

COMPTABILITÉ GÉNÉRALE

La comptabilité générale saisit toutes les opérations, tous les flux qui ont un impact sur le patrimoine et sur le résultat de l'entreprise tout en suivant de près l'incidence financière. Cette comptabilité a pour objectif l'établissement du bilan et du compte « Résultat » de l'exercice.

Cette comptabilité est soumise à des normes (nationales et internationales) qui s'imposent aux entreprises. Tous les documents afférant à cette comptabilité, constituent un moyen de preuve devant les tribunaux.

⇒ bilan ; comptabilité analytique

COMPTABILITÉ NATIONALE

La notion est due à J. M. KEYNES qui, dans son ouvrage *Théorie générale de l'emploi, de l'intérêt et de la monnaie* a fixé le cadre de l'observation dans sa globalité de la politique économique.

Le **système de comptabilité nationale, sensiblement le même dans tous les pays, consiste en un enregistrement sectoriel** (entreprises, ménages, État, commerce extérieur, formation du capital, etc.) **des faits économiques et sociaux.** Les grandeurs du circuit économique se basent sur la création et la saisie de la valeur du produit global d'une période déterminée (formation du revenu des agents économiques et emploi du Produit National Brut – PNB).

C'est S. KUZNETS qui a affiné les méthodes de mesure en économie.

La **Comptabilité Nationale est un instrument important en matière de politique économique, financière, conjoncturelle et budgétaire** ; elle met en évidence la capacité productive d'une économie, la composition du Produit National Brut – PNB – et permet d'expliquer le déroulement du processus économique global. Elle est un élément d'orientation de la politique économique d'un État.

Des règles internationales permettent des comparaisons entre les différents pays. C'est ainsi que l'économiste R. STONE a élaboré, sous l'égide de l'ORGANISATION DES NATIONS UNIES – ONU – un « **Système normalisé de Comptabilité Nationale – SCN** » qui est orienté sur le concept de produit (production marchande et non marchande). L'UNION EUROPÉENNE – UE – a adopté un « **Système Européen de Comptes Intégrés – SEC** » qui assure la cohérence entre les comptabilités nationales des pays membres de l'UE.

⇒ KEYNES ; KUZNETS ; ORGANISATION DES NATIONS UNIES ; Produit Intérieur Brut ; STONE ; UNION EUROPÉENNE

COMPTABILITÉ PLURIMONÉTAIRE

La comptabilité est tenue en différentes unités monétaires : euro, dollar, yen... dans les sociétés à caractère international, en tenant compte des pays avec lesquels l'entreprise est en relation.

⇒ comptabilité ; comptabilité analytique d'exploitation ; comptabilité en partie double ; comptabilité générale

COMPTANT

C'est le paiement d'une marchandise, d'un produit au moment de la livraison. Le paiement doit être sans crédit. Les termes de « au comptant » sont synonymes de comptant. Dans la pratique, le paiement effectué dans un délai rapide (huit ou quinze jours) est généralement considéré comme un paiement comptant.

COMPTE DE COMPTABILITÉ

Autrefois, on avait coutume de dire que la comptabilité est « la science des comptes ».

Le compte est un tableau qui comporte, en comptabilité à partie double, deux parties : la partie gauche appelée débit et la partie droite crédit (doit et avoir) Il y a deux ensembles de comptes qui sont reliés entre eux :

1) les **comptes de bilan, de valeurs ou de choses qui se subdivisent en comptes d'Actif et de Passif**.

Fonctionnement :

Compte d'Actif

Débit	Crédit
Solde initial	Diminutions
Augmentations	Solde final : débiteur

Compte de Passif

Débit	Crédit
Diminutions	Solde initial
Solde final : débiteur	Augmentations

2) les **comptes de Gestion et de Résultats** formés de deux sous-ensembles, les comptes de Charges et les comptes de Produits :

Fonctionnement :

Compte de Charges

Débit	Crédit
Charges payées ou non	Solde viré en fin de période au Compte résultats

Compte de Produits

Débit	Crédit
Solde viré en fin de période au Compte résultats	Produits encaissés ou non

Les soldes débiteurs des Comptes de Charges et les soldes créditeurs des Comptes de Produits sont virés au Compte Résultats de l'exercice (Pertes et profits) :

Fonctionnement :

Résultats de l'exercice Pertes et profits

Débit	Crédit
Charges	Produits

Si les produits sont supérieurs aux Charges, il y a **bénéfice**.
Si les charges sont supérieures aux Produits il y **a perte**.
Le bénéfice est viré au crédit du Compte Capital, la perte est virée au débit du Compte Capital.
⇒ comptabilité ; comptabilité en partie double ; plan comptable

COMPTE COURANT
Compte de dépôt ouvert à une entreprise ou à un particulier par une banque, éventuellement avec la possibilité d'un **découvert** (crédit) dont les conditions ont été préalablement négociées ; le compte courant est, dans certains pays et suivant les banques, rémunéré (faiblement).
⇒ crédit

COMPTE COURANT D'ASSOCIÉ OU D'ACTIONNAIRE
Même s'il est **en général très strictement réglementé**, le prêt d'un associé ou d'un actionnaire à la société concernée peut se faire « en compte courant » ; il est fréquemment utilisé par les associés des petites entreprises.
Dans les sociétés anonymes, le solde favorable du compte courant peut être converti en actions.
⇒ action ; société anonyme

COMPTE EN BANQUE OU COMPTE BANCAIRE
L'ouverture d'un compte bancaire s'avère utile et, dans certains cas, nécessaire, pour toutes sortes d'opérations (virements, assignations, chèques, ordres de bourse).
L'ouverture d'un compte courant (et d'intérêts) est le plus souvent gratuite. Pour l'exécution des opérations, il faut prévoir des commissions, des redevances, des courtages et des frais. Il y a **des intérêts débiteurs et créditeurs**. En cas d'arrêté de compte et en cas de fermeture de celui-ci, la banque calcule des frais. Les intérêts que le banquier prélève l'emportent quant à leur taux, sur ceux qu'il accorde éventuellement sur le même compte.
Dans l'optique du banquier toute opération de crédit augmente l'avoir du titulaire de compte et toute opération de débit le diminue (« Avis de crédit » et « Avis de débit »).
Dans sa comptabilité, le titulaire d'un compte débite le compte banque si son avoir augmente, il le crédite lorsqu'il diminue. C'est ce qu'on appelle la **réciprocité des comptes**.
⇒ banque ; Bourse

COMPULSORY PRODUCT CERTIFICATION SYSTEM – CCC
Système de certification obligatoire en vigueur en CHINE depuis 2003 qui a pour objectif de garantir la sécurité des produits, d'harmoniser les règles chinoises avec celles de l'ORGANISATION MONDIALE DU COMMERCE – OMC – et d'améliorer les conditions du commerce entre la Chine et les autres pays du monde.
⇒ ORGANISATION MONDIALE DU COMMERCE

CONCENTRATION
Voir : FUSION

CONCEPT
Idée ou notion que l'on a, ou que l'on se fait, globalement d'un sujet : concept de la production industrielle, concept du commerce, concept de l'économie, etc.
C'est aussi l'idée que l'on se fait d'un projet, d'une action, d'une façon non pas abstraite mais pratique ; dans ce sens, le concept implique une idée de changement, de modification : nouveau concept de présentation d'un produit, nouveau concept de publicité, etc. Dans ces acceptions, le terme peut être considéré comme synonyme de conception.
Le terme de « concept », dans une acception récente, désigne **un lieu, un endroit à la mode** (magasin, boutique, restaurant, etc.) marqué par une décoration très contemporaine et une ambiance résolument moderne.

CONCEPT DE COMPTABILITÉ GÉNÉRALE
Dans toute entreprise, on rencontre **deux flux de valeur opposés** :
– **le flux financier** qui se rapporte à la constitution du capital et à tous les problèmes afférents, de la constitution à la disparition de l'entreprise ;
– **le flux des biens** (achats de marchandises qui seront vendues en l'état, achat de matières premières, de matières consommables pour la fabrication de produits finis ainsi que toutes les opérations, relations et mouvements internes).
La comptabilité enregistre l'ensemble de ces flux pour en dégager le résultat.
⇒ capital ; comptabilité analytique d'exploitation

CONCEPT-STORE
Terme anglo-américain, littéralement « concept de magasin » ; c'est l'art d'adapter une boutique, un magasin pour une représentation originale du produit le mettant particulièrement en valeur, notamment dans son utilisation habituelle.

CONCEPTION ASSISTÉE PAR ORDINATEUR – CAO
Ensemble des techniques et des moyens informatiques utilisant l'ordinateur pour la conception d'un produit, d'une machine, d'un immeuble, etc.
La conception d'une **fabrication et de son processus** est la « conception et fabrication assistées par ordinateur – CFAO ».

CONCESSION
Avantage accordé ou abandonné à quelqu'un ; un compromis est le résultat de concessions réciproques accordées dans le cadre de la négociation d'un accord, d'un contrat.
La concession est aussi **l'autorisation donnée par une administration ou une entreprise d'exploiter, de vendre, d'utiliser un brevet ou une licence, une marque**.

L'administration concède l'exploitation d'un service public : on parle alors, dans certains pays, de **régie**.
⇒ compromis ; régie

CONCILIATION

Règlement d'un différend ou d'un litige réalisé par un conciliateur qui va s'efforcer de trouver un compromis.
Certaines législations ont défini le rôle spécifique du conciliateur dans le règlement à l'amiable de la situation d'une entreprise en difficultés.
Le conciliateur agit comme un arbitre pour arriver à un compromis acceptable par les parties en présence.
⇒ arbitrage ; compromis

CONCORDAT

Si un débiteur se trouve en difficultés financières, une gestion contrôlée peut être imposée au débiteur ou convenue avec ses créanciers. La faillite peut être évitée mais le débiteur devra conclure un arrangement avec ses créanciers, **un concordat, amiable ou judiciaire** qui obligera le débiteur à payer ses créanciers au moyen de paiements partiels et dans un délai déterminé. Le concordat, s'il n'est pas amiable, fait l'objet, dans la plupart des pays, d'une procédure judiciaire instituée par la loi.
⇒ créancier ; débiteur ; faillite

Le concordat désigne aussi une convention passée entre le Saint-siège (Gouvernement de l'Église catholique dirigé par le Pape, à Rome, Italie) et les États (ou certains d'entre eux) dont la population est, au moment de sa signature, en totalité ou en partie de religion chrétienne catholique ; le concordat organise alors les rapports entre l'État signataire, l'Église catholique et, éventuellement d'autres religions.
Le concordat français, signé en 1801 entre Napoléon Ier et le Pape Pie VII, n'est plus en vigueur en France depuis 1905 mais subsiste cependant dans certaines de ses dispositions dans la Région Alsace et dans le département de la Moselle ; il **a inspiré de nombreux autres accords** qui ont concerné notamment l'Espagne, l'Autriche, l'Italie et l'Allemagne.
⇒ christianisme

CONCOURS BANCAIRES ET FINANCIERS

Ensemble des différents crédits et apports financiers (y compris les remises à l'escompte, les recouvrements de lettres de change, etc.) **accordés par une banque à une entreprise**.
⇒ crédit ; escompte ; lettre de change

CONCURRENCE

Situation de compétition entre des industries, des commerces ou des services dans le cadre d'un marché libre dans lequel se confrontent l'offre et la demande.
L'UNION EUROPÉENNE – UE – veille, notamment au bénéfice des consommateurs, à maintenir la concurrence et réprime les ententes et les concentrations tout en admettant certaines coopérations, des accords de fusion, de distribution, d'achats ou de spécialisation ; elle combat les pratiques déloyales et les mesures discriminatoires qui faussent la concurrence. La COMMISSION EUROPÉENNE dispose à cet égard de pouvoirs importants d'investigation et elle peut infliger des amendes. Ses actions s'exercent sous le contrôle de la COUR EUROPÉENNE DE JUSTICE.
Les règles de l'UE, en ce domaine, s'appliquent aussi aux pays de l'ESPACE ÉCONOMIQUE EUROPÉEN – EEE.
⇒ Politique Européenne de concurrence ; UNION EUROPÉENNE

CONCURRENCE COMPLÈTE

Elle est également désignée par l'expression : « **concurrence polypolistique** ».
Le nombre d'intervenants est tellement important que le sujet économique pris individuellement ne peut ni élaborer ni exercer de politique du marché qui soit efficace. De là l'expression « **atomicité du marché** ». Dans la représentation graphique de cette situation, la courbe de la demande est sensiblement parallèle à l'abscisse.
⇒ atomicité ; concurrence parfaite

CONCURRENCE FISCALE

L'impôt peut attirer ou repousser l'homme et le capital de s'établir dans une région ou dans un pays. Avant de s'installer ou de s'expatrier, une entreprise ou un individu doivent dresser le **bilan des avantages et des inconvénients :**
– **le niveau de l'imposition** directe et indirecte ;
– **la concurrence fiscale peut concerner les collectivités territoriales** (communes, régions) **et les pays** ; elle peut conduire les individus ou les entreprises vers l'offshore et les paradis fiscaux ;
– **la rémunération du capital** (intérêts, avantages) ;
– **les risques d'instabilité politique, économique et sociale**.
La règle veut que la mobilité du capital soit plus facile que celle de l'homme. Une des préoccupations de l'UNION EUROPÉENNE – UE – est l'harmonisation fiscale entre les États membres, ce qui ne veut pas dire qu'il faut une imposition identique dans tous les pays membres.
⇒ évasion fiscale ; fraude fiscale ; off-shore ; paradis fiscal

CONCURRENCE MONOPOLISTIQUE

Les études ont longtemps porté sur la concurrence parfaite et le monopole.
Ce sont les économistes CHAMBERLIN, ROBINSON et SCRAFFA qui ont étudié la concurrence monopolistique.
Pour qu'il y ait concurrence monopolistique il faut :
– **beaucoup (plusieurs) d'agents économiques (acheteurs ou vendeurs)** dont l'influence est faible, mais **dont chacun détient un monopole** sur un aspect du produit, de son prix, de sa production, sa fabrication ou son commerce ;
– **que les produits offerts sur le marché soient hétérogènes** surtout dans l'optique des acheteurs ;
– **que l'entrée et la sortie sur le marché ne soient pas entravées** ;
– **qu'il y ait une parfaite transparence du marché**.
La concurrence monopolistique diffère du système tout à fait théorique de la concurrence parfaite en ce sens que **la concurrence parfaite est confrontée à un produit homogène**.
⇒ acheteur ; CHAMBERLIN ; concurrence parfaite ; marché ; monopole ; ROBINSON ; SCRAFFA ; vendeur

CONCURRENCE PARFAITE

Il s'agit d'une **structure de marché très spéciale, très exigeante qu'on rencontre difficilement dans la pratique** même si certains économistes la considèrent comme idéale.
En effet, on devrait respecter plusieurs conditions :
– **la réunion sur le marché d'une infinité d'agents économiques** (multitude de vendeurs et d'acheteurs potentiels) ;
– **des produits** remarquablement **homogènes**, sans identification ;
– **un accès et une sortie au marché tout à fait libres**, avec une grande fluidité ;
– **des renseignements complets sur les produits et leurs prix**, c'est-à-dire la **transparence du marché**.

La concurrence complète et la concurrence parfaite sont proches. Ce type de marché se rencontre rarement ; on peut cependant le trouver sur les marchés boursiers.
⇒ agent économique ; Bourse ; concurrence ; marché
▶ graphique n° 1

CONCURRENCE PURE

Les économistes WALRAS et PARETO, entre autres, se sont prononcés sur la concurrence pure. D'un côté il s'agit de la **théorie qui a comme but de déterminer les prix des biens et des services en régime supposé de concurrence complète et parfaite**. D'un autre côté elle nous fournit **une image de synthèse de l'équilibre économique**. Il existe des divergences plus ou moins prononcées entre l'économie pure et appliquée. L'économie appliquée se propose de les étudier. Il n'est donc pas étonnant de constater qu'on parle d'économie pure du capitalisme, d'économie pure du communisme, etc.
⇒ capitalisme ; communisme ; économie appliquée ; équilibre économique ; PARETO ; WALRAS

CONCUSSION

Voir : PÉCULAT

CONDILLAC Étienne BONNOT de (1714-1780)

Philosophe français, homme d'église, membre de l'Académie française, CONDILLAC est surtout un spécialiste du langage qu'il considère comme une forme d'expression humaine permettant aux individus de communiquer.
Son *Essai sur l'origine des connaissances humaines* (1746) le fait connaître comme un disciple du philosophe anglais John LOCKE (1632-1704). C'est aussi un économiste qui place les besoins à la base des mécanismes économiques. Dans *Le commerce et le Gouvernement considérés relativement l'un à l'autre* (1776), **il défend la liberté du commerce et celle de la libre circulation de la monnaie.**

CONDITION

Clause, règle ou obligation fixée dans le cadre d'un contrat, d'un accord. Les entreprises fixent et imposent à leurs clients des « **conditions générales de vente** » et déterminent pour leur personnel, des « **conditions de travail** » (horaires, congés, respect des règles de sécurité).
La condition est la situation d'un individu par rapport aux autres, d'un groupe de personnes vis-à-vis de son environnement : appartenance à une classe sociale ou à une ethnie.
⇒ classe

CONDORCET Marie Jean Antoine Nicolas CARITAS, Marquis de (1743-1794)

Philosophe français, mathématicien de génie, homme politique, membre de l'Académie française, CONDORCET est aussi **économiste et statisticien**. Il publie en 1746 un *Essai sur les probabilités de la vie humaine* qui est une **analyse statistique de la démographie**. C'est la même année son ouvrage *Tableau général de la science qui a pour objet l'application du calcul aux sciences politiques et morales* fixe les principes mathématiques orientés vers l'**économie sociale**.
Républicain convaincu, il luttera constamment pour **défendre les libertés religieuses, économiques et politiques**. Son *Essai sur l'application de l'analyse à la probabilité des décisions rendues à la plupart des voix* (1785) exposera le **paradoxe dit de CONDORCET** suivant lequel **la somme de préférences individuelles cohérentes peut cependant conduire à une position ou à une décision collective contradictoire**. Cette analyse sera reprise par l'économiste ARROW pour démontrer l'opposition entre la logique individuelle et la logique collective.
⇒ ARROW

CONFÉDÉRATION

C'est la réunion de plusieurs États (en principe indépendants) **qui se regroupent dans le cadre d'un traité ou d'une convention pour mettre en commun certaines de leurs compétences et éventuellement en confier la responsabilité à une entité supranationale** dans des conditions définies.
Le terme désigne aussi l'**association de fédérations professionnelles, interprofessionnelles ou encore de syndicats** au plan national comme au plan international pour mettre en commun des objectifs et des moyens d'action. On utilise aussi le terme de « centrale » (centrale syndicale).
⇒ fédération

CONFÉRENCE DES NATIONS UNIES POUR LE COMMERCE ET LE DÉVELOPPEMENT – CNUCED en anglais : UNITED NATIONS CONFERENCE ON TRADE AND DEVELOPMENT – UNCTAD

La CNUCED est fondée en 1964, à l'instigation des pays en développement qui souhaitaient que leurs problèmes spécifiques soient mieux pris en compte par les organisations internationales.
La CNUCED regroupe la quasi-totalité des États membres de l'ORGANISATION DES NATIONS UNIES – ONU ; elle a pour objectif de favoriser des relations commerciales équitables entre le Nord (pays riches) et le Sud (pays pauvres) et de faire tenir compte, dans les échanges commerciaux internationaux des intérêts des pays en développement.
C'est sous l'égide de la CNUCED que s'est instauré et développé le « **Système de Préférences Généralisées – SPG** » ainsi que de nombreux accords sur les produits de base, un code de conduite sur les pratiques commerciales restrictives et des conventions sur la valeur en douane des marchandises et leurs classifications dans les tarifs douaniers.

Internet : **http://www.unctad.org**
⇒ CONVENTION DE LOMÉ ; Système de Préférences Généralisées ; ORGANISATION DES NATIONS UNIES

CONFÉRENCE DES NATIONS UNIES POUR L'ENVIRONNEMENT ET LE DÉVELOPPEMENT – CNUED

Dès 1972, l'ORGANISATION DES NATIONS UNIES – ONU a défini une approche globale et concertée au niveau mondial des problèmes de l'environnement et de leurs liens avec le développement économique et social par le Programme des Nations Unies pour l'Environnement – PNUE.
La Conférence de Rio-de-Janeiro (Brésil) en 1992 a établi la « **Charte de la Terre** » et élaboré deux **Conventions sur la biodiversité et le changement climatique**. D'autres « sommets de la terre », notamment à New York (États-Unis) et à Johannesburg (Afrique du Sud) n'ont cependant pas permis de dégager un consensus unanime sur **les mesures qui paraissaient nécessaires au niveau mondial pour la protection de l'environnement dans le cadre d'une politique de développement durable**.
⇒ biodiversité ; développement durable ; ORGANISATION DES NATIONS UNIES

CONFÉRENCE INTERGOUVERNEMENTALE – CIG

Procédure de l'UNION EUROPÉENNE – UE – par laquelle, sur décision des Chefs d'État et de Gouvernement des pays membres de l'UE, est préparée au niveau des Gouvernements, une étape importante de la construction européenne, en engageant des négociations avec l'objectif d'aboutir à la signature d'un traité.

La première CIG a été ouverte à Venise (Italie) en 1956 pour aboutir, en 1957, à la signature du Traité de Rome.

De nombreuses autres CIG ont préparé les textes essentiels, notamment sur l'union économique et monétaire et sur l'élargissement.

⇒ UNION EUROPÉENNE

CONFRONTATIONS

Deux organisations portent ce titre :
- Une association européenne créée en 1991 par l'économiste français Ph. HERZOG pour rassembler, de divers horizons sociaux et politiques, tous ceux qui veulent œuvrer pour **une démocratie plus participative** dans l'UNION EUROPÉENNE – UE.

  Internet : **http://www.confrontatios.org**

- Une association **d'intellectuels chrétiens**, fondée en 1977, pour favoriser un **débat libre et pluraliste entre spécialistes et acteurs sociaux de cultures différentes sur la compréhension des faits de société contemporains**.

  L'association mène ses réflexions au sein de l'UNION EUROPÉENNE – UE, mais aussi avec les pays d'Afrique, d'Europe Centrale et d'Europe Orientale.

  Internet : **confrontations.intellectuelschretiens@wanadoo.fr**

⇒ UNION EUROPÉENNE

CONFUSION

Juridiquement il y a confusion si les qualités de débiteur et de créancier sont réunies sur une même tête pour la même obligation. La confusion permet d'éteindre une dette, en totalité ou en partie.

⇒ créancier ; débiteur

CONGÉ SABBATIQUE

De nombreuses législations sociales (code du travail) prévoient la possibilité, pour les salariés, de congés avec maintien du salaire, pour des événements familiaux ; certaines offrent la possibilité de **congé sans salaire**, tel le congé sabbatique, qui permet à un salarié de s'absenter pendant une période longue (généralement un an maximum) pour convenances personnelles, en retrouvant à l'issue de celui-ci, le poste antérieurement occupé ; le contrat de travail est suspendu pendant cette période.

CONGLOMÉRAT

Désigne un ensemble d'entreprises ayant des activités dans différents secteurs ou diverses branches sans qu'il y ait nécessairement des liens entre elles autres que financiers. La notion de holding peut être comparée à celle de conglomérat.

Sur le plan ethnique et démographique, on parle aussi du « conglomérat des races ».

⇒ holding

CONJONCTURE

Au Moyen Âge ce mot avait un sens astrologique et désignait « la rencontre de certains événements en un même point ». Aujourd'hui, **le mot évoque tous les éléments d'une même situation (économique notamment) donnée dans un espace déterminé et son évolution, c'est-à-dire, les mouvements et les fluctuations auxquelles les activités sont soumises**.

On établit une distinction entre fluctuations structurelles, conjoncturelles et saisonnières. **Les modifications structurelles** ont été étudiées vers 1920 par l'économiste russe KONDRATIEFF ; elles **se situent dans un cycle qui a une durée de 50 à 60 ans**. On doit constater que ces périodes sont marquées par d'importants changements qui sont dus aux progrès. **Au sein des cycles structurels se développent des cycles conjoncturels d'une durée de 4 à 10 ans** ; ils portent le nom de l'économiste français JUGLAR. D'autres mouvements se produisent **dans le cadre d'une année et s'appellent fluctuations saisonnières**. Le cycle de KITCHIN étudie des **fluctuations qui se produisent dans le cadre de périodes d'une durée de 40 mois**. Les cycles conjoncturels sont en règle générale différents les uns des autres. Cependant, le déroulement des événements a beaucoup de points communs. Le cycle de KONDRATIEFF montre la tendance. Les mouvements conjoncturels s'écartent de cette tendance soit vers le haut soit vers le bas. **Chaque cycle économique subit donc les effets d'une tendance** (souvent appelée « **sentier de la croissance** ») qui est délimitée par deux points d'inflexion. Après le point d'inflexion inférieur viennent le moment de la reprise et celui de la période de la phase ascendante et donc de l'expansion. Ensuite on atteint le point d'inflexion supérieur et ainsi de suite. Du sous-emploi on passe au plein-emploi et au suremploi. Après le point culminant commence la phase de la dépression. Les fluctuations économiques peuvent être montrées par l'évolution du « Produit Intérieur Brut – PIB » ; c'est notamment le cas pour « l'Eurozone Economic Outlook ». L'analyse de la situation économique est, dans la majorité des pays, en charge des instituts de conjoncture ; c'est le cas :
- en Allemagne, de l'**Institut für Wirtschaftsforschung – IFO** ;
- en France, de l'**Institut National de la Statistique et des Études Économiques –INSEE** ;
- en Italie, de l'**Istituto di Studi e avalisi economica – ISAE** ;
- et, pour l'UNION EUROPÉENNE – UE, d'Eurostat.

Internet : IFO : **http://www.ifo.de**
INSEE : **http://www.insee.fr**
ISAE : **http://www.isae.it**
EUROSTAT : **http://www.europa.eu.int/comm/eurostat**

⇒ boom ; comptabilité nationale ; cycle ; dépression ; JUGLAR ; KITCHIN ; KONDRATIEFF ; Produit Intérieur Brut ; statistique

▶ graphique n° 11

CONJONCTURE SECTORIELLE

La conjoncture générale est le reflet d'une situation économique, d'une tendance liées à des événements périodiques (cycles). Ces fluctuations se manifestent évidemment aussi dans les diverses branches ou secteurs de l'activité économique : industrie du bâtiment, industrie automobile, industrie textile, tourisme, exportations, etc.

Les périodes de « haute et de basse pression » font partie également de la météorologie mais se rencontrent également en matière conjoncturelle.

⇒ conjoncture

CONNECTED THINKING

Termes anglo-américains que l'on peut traduire par « réseau d'idées ». C'est la mise en commun, par un groupe d'entreprises, liées ou non par des relations d'affaires, de leurs expériences dans tel ou tel domaine.
⇒ brain storming ; think tank

CONNECTIQUE

Ensemble des moyens de liaison utilisés dans les systèmes électroniques pour connecter entre eux les différents éléments.

CONSEIL CONSTITUTIONNEL

Tous les États assurent par un Conseil Constitutionnel, (une Cour Constitutionnelle ou une Cour Suprême) le contrôle de la constitutionnalité des lois, c'est-à-dire leur conformité avec la Constitution de l'État concerné, soit avant la promulgation de la loi, soit par un recours dont la possibilité est généralement donnée, dans des conditions précises, aux parlementaires.

CONSEIL D'ADMINISTRATION

Il a la responsabilité de gérer et d'administrer une société par actions ; il est élu par l'Assemblée Générale des actionnaires. Le Conseil d'Administration désigne en son sein le Président (ou le Président Directeur général). Les membres d'un Conseil d'Administration sont les « administrateurs de la société ».
Cependant, certaines législations ont organisé un autre type de société par actions dont la gestion est en charge d'un « directoire » et d'un « conseil de surveillance »
⇒ conseil de surveillance ; directoire ; société anonyme

CONSEIL D'ASSISTANCE ÉCONOMIQUE MUTUELLE – CAEM
en anglais : COUNCIL FOR MUTUAL ECONOMIC ASSISTANCE – COMECOM

Organisme créé en 1949 sous l'égide de l'URSS par les pays du bloc des pays de l'Est avec l'objectif de former une **zone de libre-échange** entre les membres, tous liés directement ou idéologiquement avec l'URSS.
Le siège du CAEM était à Moscou (Russie) et le CAEM avait créé deux instruments financiers :
– en 1963 la BANQUE INTERNATIONALE DE COOPÉRATION ÉCONOMIQUE – BICE
– en 1970 la BANQUE INTERNATIONALE D'INVESTISSEMENT – BII

Ces organisations ont été dissoutes en 1991.

CONSEIL D'ANALYSE ÉCONOMIQUE – CAE

Organisme français créé en 1997 auprès du Premier ministre qui le préside pour « **éclairer par la confrontation des points de vue et des analyses les choix du gouvernement en matière économique** ».
D'autres pays ont mis en place des structures spécialisées avec des experts pour apporter au Gouvernement une analyse objective de la situation économique et ainsi contribuer aux décisions de politique économique ; c'est le rôle, en Allemagne, de l'INSTITUT FÜR WIRTSCHAFTSFORSCHUNG.
⇒ INSTITUT FÜR WIRTSCHAFTSFORSCHUNG

CONSEIL DE COOPÉRATION ÉCONOMIQUE ASIE-PACIFIQUE – CEAP
Voir : ASIAN PACIFIC ECONOMIC COOPERATION – APEC

CONSEIL DE L'EUROPE

Organisation intergouvernementale créée en 1949 et dont la mission essentielle est la défense des Droits de l'homme. Le Conseil de l'Europe a fait approuver par les 45 États membres la « **Convention européenne des Droits de l'homme** » (1950) à l'application de laquelle veille la « **Cour européenne des Droits de l'Homme – CEDH** » créée en 1998. Les décisions de la CEDH (auprès de laquelle chaque citoyen peut déposer un recours) s'imposent à tous les États membres du Conseil de l'Europe.
Le Conseil de l'Europe mène aussi une action contre l'intolérance et la discrimination raciale. Le Conseil de l'Europe n'est pas une institution de l'UNION EUROPÉENNE – UE – mais entretient des rapports avec elle.
Le siège du Conseil de l'Europe est à Strasbourg (France).
Son organisation comprend un Conseil des ministres des Affaires étrangères, des Délégués, les Ambassadeurs des États membres et une Assemblée Parlementaire.

Internet : **http://coe.int**
⇒ droits de l'homme ; UNION EUROPÉENNE

CONSEIL DE L'UNION EUROPÉENNE (CONSEIL DES MINISTRES)

C'est l'organe décisionnel de l'UNION EUROPÉENNE – UE :
– il adopte la législation européenne (essentiellement les Directives et les Règlements, ultérieurement, dans le cadre de la Constitution, les lois) de plus en plus conjointement avec le PARLEMENT (c'est la codécision) ;
– il met en œuvre et coordonne les politiques de l'UE ;
– il conclut les accords internationaux de l'UE sur la scène mondiale ;
– il approuve le budget de l'UE avec le PARLEMENT qui le vote définitivement ;
– il définit la Politique Étrangère et de Sécurité Commune – PESC – et fait assurer avec le maximum d'efficacité la coopération judiciaire pour lutter contre la criminalité.

Le CONSEIL est organisé en fonction des sujets traités avec neuf configurations possibles :
Affaires générales et relations extérieures,
Affaires économiques et financières – ECOFIN,
Justice et affaires intérieures,
Emploi, politique sociale et consommateurs,
Marché intérieur, industrie et recherche,
Transports, énergie et télécommunications,
Agriculture et pêche,
Éducation, jeunesse et culture,
Environnement.

Ce sont les ministres responsables dans le domaine concerné de chacun des pays membres qui participent au CONSEIL et engagent leur Gouvernement. Les travaux sont préparés par le Comité des Représentants Permanents – COREPER – qui regroupe les Ambassadeurs auprès de l'UE.
La Présidence du CONSEIL est assurée actuellement par l'un des États membres, alternativement pour 6 mois : le Luxembourg et le Royaume Uni en 2005, l'Autriche et l'Allemagne en 2006, la Finlande et le Portugal en 2007, puis la France pour le premier semestre 2008. **Dans le cadre de la Constitution de l'UE, le Conseil Européen aura un Président élu par le Conseil pour une durée de deux ans et**

demi, renouvelable une fois ainsi qu'un ministre des Affaires Étrangères de l'UE.

Le CONSEIL prend ses décisions par un vote, exceptionnellement à l'unanimité (chacun des États dispose alors d'un droit de veto), **le plus souvent à la majorité qualifiée** : chacun des États membres a un nombre de voix variable, théoriquement proportionnel à sa population mais pondérée en faveur des pays les moins peuplés. La majorité qualifiée fait intervenir la majorité, en nombre, des États d'une part et un minimum de voix, en pourcentage, d'autre part : c'est la Constitution de l'UE qui en détermine les conditions précises. Le siège du CONSEIL est à Bruxelles (Belgique) ; ses réunions se tiennent à Bruxelles ou à Luxembourg (Grand-Duché de Luxembourg).

Compte tenu de sa composition, le CONSEIL est désormais officiellement désigné par les termes : « CONSEIL DES MINISTRES » suivant les dispositions de la Constitution de l'UE.

Internet : **http://ue.eu.int**

⇒ Budget de l'UNION EUROPÉENNE ; Comité des Représentants Permanents ; Constitution de l'Union Européenne ; Directive ; Lois Européennes ; PARLEMENT EUROPÉEN ; Règlement ; UNION EUROPÉENNE

CONSEIL DE SURVEILLANCE

L'organisation de la société par actions peut, suivant la législation de certains pays, comporter :
– un conseil de surveillance, élu par les actionnaires et qui, comme un conseil d'administration, a la responsabilité d'administrer la société.
– ce conseil de surveillance va lui-même élire un « directoire » composé de plusieurs personnes (généralement entre 2 et 5) qui vont assumer la direction et la gestion de l'entreprise. Le directoire a un Président à sa tête. Les pouvoirs de gestion sont partagés entre les membres du directoire.

Dans certaines organisations, le « Conseil de surveillance » peut être un organe de contrôle.

⇒ société anonyme

CONSEIL D'ÉTAT

Voir : COUR DE CASSATION

CONSEIL EUROPÉEN

C'est l'organe politique suprême de l'UNION EUROPÉENNE – UE ; il réunit périodiquement (plusieurs fois par an) les Chefs d'État ou de Gouvernement (pour la plupart des pays, le Premier ministre) des États membres de l'UE.

La Constitution de l'UE signée en 2004, prévoit que le CONSEIL Européen aura désormais un poste permanent de Président, élu pour deux ans à la majorité qualifiée du Conseil Européen et renouvelable une fois ainsi qu'un ministre des Affaires Étrangères de l'UE.

Le CONSEIL EUROPÉEN donne les impulsions nécessaires au développement de l'UE, fixe les grandes orientations politiques de l'UE, dresse le bilan de la construction européenne, détermine les positions de l'UE sur la scène internationale et fixe les objectifs majeurs pour l'avenir.

Le Président de la COMMISSION EUROPÉENNE, les Ministres des Affaires Étrangères des États membres participent aux réunions, souvent qualifiées de « sommets ».

Certaines circonstances graves imposent des réunions exceptionnelles.

⇒ COMMISSION EUROPÉENNE ; UNION EUROPÉENNE

CONSERVATION DE TITRES

Autrefois, les valeurs mobilières (actions, obligations) étaient déposées entre les mains de la banque ou d'une centrale de dépôt qui fonctionnait à l'échelle nationale. Aujourd'hui, **les titres peuvent exister matériellement ou non**. Leur circulation et leur gestion sont effectuées électroniquement. **La dématérialisation** exige cependant la **tenue d'un « grand - livre électronique »** La plupart des titres (actions, obligations) sont aujourd'hui dématérialisés.

⇒ grand-livre ; action ; obligation

CONSIDÉRANT Victor (1808-1893)

Philosophe français, homme politique, ingénieur de l'École Polytechnique (Paris) et économiste, V. CONSIDÉRANT sera surtout un disciple de Charles FOURIER : il tentera, en vain sans succès, de **créer des « phalanstères », unités de production idéales où, en théorie du moins, « chacun fait ce qui lui plaît »** d'abord en France puis aux États-Unis, notamment à Dallas en 1853. Il fonde les journaux *La Phalange* et la *Démocratie pacifiste.*

Socialiste utopique, V. CONSIDÉRANT dénonce le commerce sauvage et l'égoïsme de chacun ; il ne voit d'issue que dans le communautarisme. Il laisse un ensemble de très nombreux ouvrages dans lesquels il défend ses idées, notamment :
– *La destinée sociale* (1843) ;
– *De la politique générale et du rôle de la France en Europe* (1840) ;
– *Exposition du système de Fourier* (1845) ;
– *Principes du socialisme* (1847) ;
– *Description du phalanstère* (1848) ;
– *Théorie du droit de propriété et du droit au travail* (1848) ;
– *Le socialisme devant le vieux monde* (1849) ;
– *La République est le moyen* (1848) ;
– *L'Apocalypse ou la prochaine rénovation démocratique et sociale de l'Europe* (1849) ;
– *Au Texas* (1854).

⇒ FOURIER

CONSIGNATION

Normalement, **on consigne des biens, des titres, des bijoux des espèces dans un endroit pour les récupérer ultérieurement**, moyennant payement du prix de la consigne.

En droit le mot consignation prend une signification spéciale : **la consignation se rapporte alors au dépôt d'une chose due par un débiteur dans un lieu résultant de la loi ou d'un jugement**. C'est dans ce lieu que la chose reste à la disposition du créancier. Le créancier qui, dans certaines circonstances, a refusé d'être payé et refuse donc les offres réelles qui lui sont faites par le débiteur, contraint celui-ci à la consignation. D'une manière générale, **la consignation libère le débiteur de ses engagements**.

⇒ créancier ; débiteur

CONSIGNATION D'EMBALLAGES

La consignation d'emballages est le **résultat de la vente d'une marchandise dans un emballage non perdu et récupéré ultérieurement** (après consommation ou utilisation du produit qu'il contient) **par le fournisseur** ; l'emballage consigné a été longtemps le système de vente des boissons ; le verre perdu et le plastique ont supplanté le verre consigné mais la protection de l'environnement redonne un intérêt à la consignation (obligatoire dans certains pays pour différentes marchandises) qui concerne aussi d'autres types d'emballages (palettes de transport notamment).

L'emballage consigné est comptabilisé comme un prêt avec la garantie du prix versé par le client.

CONSOLIDATEUR
Terme du transport aérien désignant une entreprise dont le métier est de louer des places dans des avions « charters » en servant d'intermédiaire entre l'organisateur du voyage et l'entreprise de transport aérien.

CONSOLIDATION
Terme général soulignant l'**augmentation de l'indépendance économique et financière** d'une entreprise, d'un individu ou d'un État. Le terme peut aussi signifier le **report à plus long terme de l'échéance d'une dette**.
En matière comptable, c'est l'**intégration dans un certain nombre de comptes** (bilan, chiffres d'affaires, résultats, frais généraux, etc.) **de ceux des entreprises appartenant à un même ensemble** (en éliminant les opérations effectuées entre les partenaires).
La **consolidation comptable** peut concerner aussi un secteur d'activité industriel, commercial ou de services.
Des règles strictes encadrent les opérations de consolidation notamment pour les sociétés cotées en BOURSE.
⇒ dette ; comptabilité ; déconsolidation

CONSOMMATEUR
C'est celui qui utilise un bien ou un service, généralement contre paiement, pour satisfaire un besoin ou un désir.
Le consommateur est un agent économique essentiel comme l'est aussi le producteur.
Bien que le concept de « consommateur roi » (idée développée par l'économiste Von MISES) date du milieu du XXᵉ siècle, c'est seulement récemment que de nombreuses dispositions réglementaires nationales et européennes ont été prises pour assurer sa protection et sa défense. On peut citer, parmi les mesures prises, celles concernant les conditions de paiement, les garanties, l'annulation d'une commande, le commerce électronique, l'indication du prix, la vente à distance, les clauses abusives, la publicité trompeuse, la sécurité des produits, la qualité alimentaire et la protection de la santé, la responsabilité du vendeur du fait de produits défectueux, les pièges du crédit, la lutte contre l'escroquerie ou encore, les normes européennes ; il en existe trois qui sont :
- l'**Appellation d'Origine Protégée – AOP** – lorsque la production, la transformation et l'élaboration du produit ont lieu dans une aire géographique déterminée, avec la mise en œuvre d'un savoir-faire reconnu ;
- l'**Indication d'Origine Protégée – IOP** – lorsque la production est liée au terroir et jouit d'une notoriété certaine ;
- et la **Spécialité Traditionnelle Garantie – STG** – lorsqu'est mis en œuvre un procédé reconnu et traditionnel de fabrication.

La protection du consommateur impose aussi aux entreprises et aux administrations la mise en œuvre du « principe de précaution », c'est-à-dire de mesures préventives pour éviter les accidents et les incidents.
Deux réseaux de l'**UNION EUROPÉENNE – UE** – peuvent intervenir en appui et en aide :
- le **Réseau Extrajudiciaire Européen – EJE** – pour la résolution des litiges de consommation.
Internet : **http://www.eejnet.org**

- le Réseau des Euroguichets consommateurs (Centres Européens des Consommateurs – CEC) qui a pour mission d'informer le consommateur et de le conseiller.
Internet : **http://europa.eu.int/comm/consumers/redress/compl/euroguichet** qui situe sur une carte de l'UE les Euroguichets, indique leurs adresses et leurs sites.

Depuis 2004, les règles de l'UE imposent aux fabricants d'**informer les Autorités Publiques lorsqu'un produit dangereux est identifié** et fait éventuellement l'objet d'un rappel, dans le cadre, notamment, de l'application du « **principe de précaution** ». Le système mis en place est dit **RAPEX – Réseau Européen de Sécurité des Produits**.
⇒ développement durable ; principe de précaution ; protection

CONSOMMATION GLOBALE OU DÉPENSES DE CONSOMMATION
C'est la **somme des biens et des services que la totalité des consommateurs, des entreprises, des administrations publiques demandent, consomment, utilisent** y compris la consommation des étrangers sur le territoire national y compris aussi la différence (en plus ou en moins) des importations et des exportations. L'acte économique de la consommation (satisfaction d'un besoin) devient ainsi effectif.
⇒ besoin ; bien ; exportation ; importation ; service

CONSOMMATION OPTIMALE
Les consommateurs ont tendance à maximiser l'utilité totale ; en effet, chacun de nous établit toujours des **ordres de préférence**. En présence de deux produits, par exemple, le sujet économique décidera combien il doit acheter de l'un ou de l'autre et à quels prix, compte tenu de son revenu. Différentes combinaisons donnent la même utilité globale ce qui veut dire qu'il y a **des situations d'indifférence**. Du fait qu'on rencontre un ensemble sinon une multitude de niveaux d'utilité, on se trouve en face de courbes d'indifférence superposées (on parle encore d'isoquants). Chacune de ces courbes dépend du revenu disponible. L'interchangeabilité des produits pose des problèmes de substitution.
⇒ courbes d'indifférence ; isoquant ; niveaux d'utilité ; revenu ; taux marginal de substitution

CONSTITUTION
Ensemble des lois fondamentales qui fixent les principes et l'organisation générale d'un État. Les lois et les décrets doivent impérativement respecter les termes de la Constitution.
La constitution d'une société, quelle qu'en soit sa forme, juridique ou celle d'une association, impose que soient respectées des **conditions de fonds** (consentement, capacité, cause licite) **et de forme** (statuts, enregistrement officiel, publicité, etc.) en fonction de la législation.
Les irrégularités de fonds ou de forme engagent la responsabilité des fondateurs et peuvent être sanctionnées notamment par la nullité, l'obligation de régularisation, etc.
⇒ CONSTITUTION EUROPÉENNE

CONSTITUTION EUROPÉENNE
La Constitution de l'UNION EUROPÉENNE – UE, préparée par la Convention Européenne, a été formellement décidée en juin 2004 par les Chefs d'État ou de Gouvernement des 25 pays membres de l'UNION EUROPÉENNE – UE et signée à Rome (Italie) le 29 octobre 2004. Elle entrera en vigueur après sa ratification par les États dans les conditions fixées par leurs Constitutions respectives (dans une douzaine de pays par referendum et par la voie parlementaire pour les autres). Le Traité établissant cette Constitution est aussi appelé « **Nouveau Traité de Rome** ».
La Constitution Européenne fixe les grands principes et l'orientation politique de l'UE, « communauté supranationale » et lui

donne une organisation plus claire et plus efficace avec, notamment un Président (élu pour deux ans et demi), un accroissement des pouvoirs du Parlement Européen – PE, une Commission Européenne de 18 membres (au lieu de 25) pour 27 États membres, un ministre des Affaires Étrangères, une extension du vote à la majorité qualifiée au sein du Conseil (sauf dans certaines circonstances exigeant le vote à l'unanimité) ; cette majorité qualifiée sera réunie lorsqu'elle **rassemblera au moins 55 % des États membres comprenant au moins 15 États et 65 % de la population de l'UE**.
Les institutions de l'UE se trouvent ainsi renforcées tout en améliorant le fonctionnement démocratique de l'UE : association des Parlements nationaux, pouvoirs législatifs et budgétaires du Parlement Européen – PE – accrus, droit de pétition donné aux citoyens, etc.
La Constitution Européenne intègre la Charte des Droits Fondamentaux qui affirme les valeurs et les objectifs de l'UE.
La Constitution de l'UE a défini les différents actes juridiques de l'UE (lois européennes).
⇒ constitution ; Convention Européenne ; lois européennes ; Parlement Européen ;
UNION EUROPÉENNE
Internet : **http://europa.eu.int/constitution**

CONSULTING
Terme anglo-américain, signifiant « **conseil** ».
C'est l'intervention d'une **nouvelle « race » de conseillers, les consultants**, qui offrent leurs services aux entreprises. Ils procèdent à des travaux d'**analyse** (audit) et **proposent des solutions aux problèmes que l'entreprise a à résoudre**. Ces spécialistes sont extérieurs à l'entreprise.

CONSUMER TO BUSINESS
En abrégé « C 2 B » **ou** « C to B » ; expression anglo-américaine que l'on peut traduire par « **du consommateur au fabricant** » et qui veut mettre en évidence la **chaîne de communication, mettant en relation le consommateur et le fabricant**, et permet ainsi l'échange d'informations. Grâce à INTERNET, le consommateur est placé dans une position privilégiée puisqu'il peut formuler ses critiques ce qui n'est pas toujours apprécié de l'entrepreneur mais est certainement utile. De nombreuses entreprises se sont dotées d'un service « C 2 B » intégré dans leurs structures.

CONSUMER TO CONSUMER
Terme anglo-américain que l'on peut traduire par « **du consommateur au consommateur** » La relation « C 2 C » ou « C to C » **met en rapport directement tous les consommateurs** grâce à INTERNET. Il y a échange entre particuliers, offres et demandes se rencontrent.

CONTINGENTEMENT
Il se fait dans le cadre d'une politique économique fixant les quantités et la nature des marchandises à importer ou à exporter. On utilise parfois le terme de quotas. L'importation ou l'exportation d'un produit est alors freinée sans que pour autant le prix s'en ressente trop. Dans le cadre du contingentement, les droits de douane normaux sont applicables. En cas de dépassement des limites fixées aux importations, des tarifs augmentés peuvent être mis en œuvre et, si l'importation se poursuit, des restrictions peuvent intervenir des deux côtés. Les pays concernés parviennent généralement à des accords de contingentement. En pareille situation on a recours aux licences d'importation et d'exportation.
⇒ politique économique

CONTRAT
C'est l'accord de volonté ou de convention qui intervient entre deux ou plusieurs personnes et qui est productif d'obligations.
⇒ obligation

CONTRAT ALÉATOIRE
Un contrat est dit aléatoire lorsque **la réalisation de son objet dépend de la survenance ou de la non-survenue d'un événement**. Le contrat de rente viagère (ou viager) est un contrat aléatoire.
⇒ assurance-vie ; viager

CONTRAT ACCESSOIRE
Un contrat accessoire est **conclu pour garantir la bonne exécution d'un autre contrat dit contrat principal** qui existe en toute indépendance d'un autre. Le contrat de gage et de cautionnement poursuit le même but.
⇒ contrat ; prêt ; gage

CONTRAT BILATÉRAL
Ce type de contrat entraîne des **obligations pour toutes les parties contractantes**.
Les termes de « contrat synallagmatique » sont synonymes.
⇒ contrat

CONTRAT COMMUTATIF
Contrat dans lequel **la valeur des prestations échangées est connue**. Le **troc** illustre parfaitement l'objet de ce type de contrat dans lequel prestation et contre-prestation s'équivalent.
⇒ contrat

CONTRAT CONSENSUEL
Un contrat devient parfait s'il y a **consentement des parties contractantes**.
⇒ contrat

CONTRAT DE BIÈRE
C'est à l'origine un **contrat intervenant entre un fabricant de bière qui impose l'exclusivité d'approvisionnement à un débitant** à qui il consent, en contrepartie, des avantages liés à son activité.
Les contrats donnent lieu fréquemment à des litiges ; ils sont considérés parfois, par les tribunaux, comme léonins ;
Le terme désigne plus généralement les contrats de concession exclusive d'approvisionnement.
⇒ concession

CONTRAT DÉDIÉ
Terme utilisé pour définir **un contrat « sur mesure » de gestion de patrimoine associé à un contrat d'assurance-vie ou à un contrat de capitalisation**. Un contrat dédié ne peut concerner qu'un patrimoine important et doit être nécessairement géré par un spécialiste (organisme financier ou bancaire) gestionnaire de patrimoine.
⇒ assurance-vie ; patrimoine

CONTRAT DE SOCIÉTÉ
Le contrat de société est celui par lequel deux ou plusieurs personnes conviennent de mettre quelque chose en commun en vue de partager les bénéfices ou les pertes qu'elles peuvent ainsi réaliser. La société doit poursuivre un **but licite** et non contraire à l'ordre public et aux bonnes mœurs ; les partenaires fixent, dans le cadre de la législation, les modalités de leur accord.

Les 3 000 mots essentiels de l'économie et des affaires

Ce contrat est généralement réglementé par les dispositions du code civil.
⇒ code civil ; société

CONTRAT DE TRAVAIL

La plupart des législations imposent que lors de l'engagement (l'embauche) d'un salarié, il soit établi un contrat formel individuel qui fixe les liens de subordination (élément essentiel) entre l'employeur et le salarié et détermine les conditions de travail, le poste occupé, le salaire, etc. Les règles du contrat de travail sont définies par la loi ; éventuellement peuvent s'y ajouter celles d'une **convention collective** pour la branche d'activité concernée.

On distingue le contrat à durée déterminée – CDI – (sans date d'expiration) et le contrat à durée déterminée – CDD – qui fixe une échéance. Biens d'autres formes de contrat de travail ont été imaginées par les États avec l'objectif de lutter contre le chômage et favoriser l'insertion dans la vie professionnelle notamment des jeunes ; ces contrats, d'une part apportent une protection supplémentaire au travailleur, des conditions particulières de travail mais aussi un suivi personnel, une formation, etc. et, d'autre part, prévoient généralement des dispositions incitatives pour l'employeur (avantages fiscaux notamment).

L'absence de contrat de travail est réprimée par la loi.
⇒ convention collective

CONTRAT DE VENTE

Convention par laquelle **une personne (le vendeur) prend l'engagement de livrer une chose à une autre personne (l'acheteur), contre payement d'un prix** sur lequel on s'est mis d'accord. En règle générale, c'est le Code civil (et non pas le Code de Commerce) qui fixe les règles applicables et stipule que **la vente est parfaite et que la propriété est acquise de plein droit à l'acheteur, dès qu'on est convenu de la chose et du prix.** En l'absence d'accord sur le prix, il n'y a pas de vente.
⇒ vente ; prix

CONTRAT PRINCIPAL

Beaucoup de contrats ont une **existence tout à fait indépendante.** Ce sont des contrats principaux tels le contrat de vente, le contrat de travail, le contrat de transport.
⇒ contrat ; contrat accessoire

CONTRAT PIGNORATIF

Ce contrat confère un **droit de gage sur quelque chose**, par exemple en cas d'endossement d'une lettre de change munie de la formule « valeur en garantie », le cessionnaire obtient un droit de gage sur l'effet de commerce, bien qu'il n'en soit pas le propriétaire.
⇒ effet de commerce ; gage ; lettre de change

CONTRAT RÉEL

Il est basé, bien sûr, sur le consentement des parties, mais exige en plus **la remise (transmission, livraison)** de la chose qu'il faut considérer comme étant l'objet du contrat.
⇒ contrat

CONTRAT SOLENNEL

Alors que **la plupart des contrats sont des contrats non solennels** du fait qu'on peut se passer de formalités pour les conclure, il y en a **d'autres, dont l'existence serait mise en cause si certaines formalités ou solennités n'étaient pas remplies.** C'est le cas d'un contrat de vente de biens immobiliers ou d'un contrat de mariage pour lequel l'intervention d'un officier public (notaire) est requise.
⇒ contrat

CONTRAT SYNALLAGMATIQUE

Les parties contractantes prennent des engagements réciproques. Les termes de « contrat bilatéral » sont synonymes.
⇒ contrat

CONTRAT UNILATÉRAL

Certains contrats n'entraînent d'obligations que pour l'une des parties contractantes. C'est le cas de certaines donations pour lesquelles seul le donateur a des obligations, notamment celle de donner ce qu'il a promis. Le donataire n'a pas, en principe, d'obligations sauf celle d'accepter la donation (mais il peut la refuser).
⇒ contrat

CONTREFAÇON

Consiste en la copie ou l'imitation frauduleuse (de plus en plus habile) **d'un produit ou d'une marque au mépris des règles de la propriété industrielle.** Les brevets et les dépôts des modèles permettent de mieux lutter contre les fraudeurs. Une directive de l'UNION EUROPÉENNE – UE – a pour **objectif l'harmonisation des protections existantes dans les pays membres. La contrefaçon est sévèrement réprimée et condamnée** par les tribunaux mais la lutte, au plan international, reste difficile et aléatoire ne pouvant souvent qu'intervenir à l'entrée dans un pays des produits contrefaits (intervention de la douane).

La contrefaçon représenterait 5 % du commerce mondial. Elle touche pratiquement tous les produits. Elle concerne aussi les billets de banque et les monnaies métalliques et celle-ci fait l'objet de graves condamnations par les tribunaux.
⇒ adultérateur de monnaie ; propriété industrielle

CONTRE-MESURES

Voir : MESURES DE RÉTORSION

CONTRIBUABLE

Celui qui paie un impôt, quelle que soit la nature de celui-ci, contribue aux recettes fiscales d'un État, d'une région, d'une commune, etc.

Le terme de contribuable s'oppose à celui d'assujetti, le contribuable participant, en tant que citoyen à l'élection de ceux qui fixent l'impôt alors que l'assujetti le subit ; mais cette distinction reste assez utopique et l'on considère généralement que l'on est autant assujetti que contribuable.
⇒ impôt

CONTRIBUTIONS

Terme générique, communément employé et synonyme **d'impôts.** C'est l'ensemble des recettes enregistrées par les institutions publiques dans l'intérêt de la réalisation du budget de l'État. Sont concernés : les impôts, les droits de douane, les taxes, les redevances, les cotisations, etc.
⇒ impôts

CONTRÔLE BUDGÉTAIRE

Voir : CONTRÔLE DE GESTION

CONTRÔLE DE GESTION

Il a pour objectif de **faire respecter toutes les règles et les consignes concernant la gestion** d'une entreprise, une administration ou une association. Le contrôle de gestion concerne la prévision financière, l'établissement des budgets et leurs suivis, l'analyse et la synthèse de la situation financière et de son évolution, les mesures à prendre pour l'avenir, etc. dans tous les domaines de l'exploitation ou de l'activité.
En entreprise, le spécialiste est le **contrôleur de gestion.**

Le contrôle de gestion est en général **interne à l'entreprise** ; son concept est moins large que celui de l'**audit** qui peut s'appliquer à toutes les activités et tous les services de l'entreprise mais les deux termes ont parfois des acceptions similaires ; l'audit est interne ou externe à l'entreprise.
⇒ audit

CONTRÔLE DES CHANGES
Mesure prise par un État pour contrôler – parfois très strictement – **les mouvements de capitaux, à l'entrée comme à la sortie du pays concerné**. Les politiques économiques libérales s'opposent au contrôle des changes.
⇒ change ; cours de change

CONVENTION
Accord entre deux ou plusieurs partenaires, synonyme de contrat.
Les conventions sont généralement libres mais la loi interdit, dans la plupart des pays et dans différents cas, certaines conventions dans les sociétés : emprunt auprès de sa société par l'un de ses administrateurs, par exemple.
Plusieurs pays peuvent signer entre eux des conventions : conventions douanières, conventions fiscales, conventions internationales, etc.
⇒ conventions commerciales

CONVENTION COLLECTIVE
Accord intervenu, soit dans une branche professionnelle ou un secteur d'activité, soit dans une entreprise, entre les représentants du personnel et ceux des employeurs, pour fixer des conditions de travail non précisément déterminées par la loi.
De nombreux pays favorisent la négociation collective et la signature de conventions collectives soit pour l'ensemble des salariés, soit pour une catégorie déterminée d'entre eux.
La convention collective est d'application obligatoire et concerne d'une façon très large, tous les domaines des relations entre employeurs et salariés, et même au-delà de l'expiration d'un contrat de travail (retraite, licenciement, etc.).
⇒ contrat de travail

CONVENTIONS COMMERCIALES
Elles ont pour but de **régler tous les problèmes relatifs aux relations commerciales entre deux ou plusieurs pays**. Ce sont donc des accords qui peuvent fixer les tarifs de douane et même tenir compte d'avantages particuliers, comme ceux apportés par la « **Clause de la nation la plus favorisée** » ou le « **Système de Préférences Généralisées – SPG** ». Ces conventions peuvent être bilatérales (entre deux pays) ou multilatérales (plusieurs pays).
⇒ Clause de la nation la plus favorisée ; Système de Préférences Généralisées

CONVENTION DE COMPTE
Contrat entre une banque et son client (entreprise ou particulier) **définissant les modalités de fonctionnement du compte et les conditions des services offerts**. Cette convention décrit les relations et les pratiques entre la banque et son client et en fixe les tarifs. Elle est obligatoire dans certains pays.
⇒ banque

CONVENTION DE GENÈVE
De nombreux accords, notamment à partir du XIXe siècle, ont tenté de **fixer des règles à la guerre, d'en humaniser les usages et de faire respecter le droit des gens**, même si les belligérants les ont volontairement et trop souvent ignorés lors des conflits du XXe siècle.

La Convention de Genève a repris, en 1949, les dispositions antérieures en les adaptant à la guerre « moderne », notamment en ce qui concerne **les blessés, les prisonniers de guerre, les malades et les populations civiles** ; cette Convention a été complétée, à plusieurs reprises, notamment **en 1972 par un accord interdisant les armes biologiques** (les gaz asphyxiants sont interdits de puis 1925) et en **1989 pour interdire les armes chimiques**. Tous les États n'ont cependant pas signé ces accords.
Sous l'égide de l'Organisation des Nations Unies pour l'Éducation, la Science et la Culture – UNESCO – une Convention signée en 1954, a pour objet d'assurer la protection des biens culturels et des œuvres d'art.
Internet : **http://www.icrc.org**
http://www.unhcr.ch

CONVENTION DE LOMÉ ET ACCORD DE COTONOU
Les liens que plusieurs pays européens avaient conservés avec leurs anciennes colonies devenues indépendantes impliquaient une coordination de leurs aides. Une convention fut signée à Yaoundé (Cameroun) en 1963 entre la COMMUNAUTÉ EUROPÉENNE – CEE – et 18 pays africains. Mais l'Europe à 9 pays (en 1973) nécessitait de **concentrer et de centraliser la coopération** en mettant **en œuvre une politique d'aide au développement** des Pays d'Afrique, des Caraïbes et du Pacifique – ACP : **la CONVENTION DE LOMÉ (Togo)** signée en **1975** entre la CEE et 46 États, apportait des améliorations sensibles avec notamment le libre accès aux marchés communautaires pour les produits des Pays ACP, de nouveaux mécanismes d'aide à l'exportation (STABEX et SYSMIN) et un soutien plus efficace dans de nombreux domaines. Des accords successifs ont renforcé l'assistance de l'UNION EUROPÉENNE – UE – qui apporte une aide financière par le **FONDS EUROPÉEN DE DÉVELOPPEMENT – FED**.
Un nouvel **ACCORD DE PARTENARIAT** a été signé à **COTONOU (Bénin) en 2000, pour 20 ans** (avec des clauses de révisions périodiques), **entre l'UE et 78 pays ACP**. Il a pour objectif **d'améliorer la coopération et son efficacité** dans les domaines financiers, techniques, commerciaux, industriels, agricoles, culturels, de la formation, de l'éducation, de la lutte contre la pauvreté et des maladies (le sida) en tenant compte, plus que par le passé, des problèmes environnementaux, du renforcement de la démocratie et du respect des droits de l'homme. Les aides à l'exportation sont désormais intégrées dans les programmes des pays concernés.
Les Institutions de l'ACCORD DE PARTENARIAT DE COTONOU comprennent un Conseil des ministres, un Comité des Ambassadeurs et une Assemblée Parlementaire paritaire.
Internet : **http://europa.eu.int/comm/development**
⇒ FONDS EUROPÉEN DE DÉVELOPPEMENT ; STABEX et SYSMIN ; UNION EUROPÉENNE

CONVENTION EUROPÉENNE
Les 15 chefs d'État ou de Gouvernement de l'UNION EUROPÉENNE – UE – ont, en 2001, souhaité un **large débat sur l'avenir**. Le CONSEIL EUROPÉEN a décidé la convocation en 2002, d'une **CONVENTION EUROPÉENNE, CHARGÉE DE PRÉPARER LES RÉFORMES** en proposant un cadre et des structures adaptées aux évolutions du monde, aux besoins des citoyens européens et au développement de l'UNION EUROPÉENNE. Un **TRAITÉ CONSTITUTIONNEL a concrétisé, en 2004, les propositions de cette Convention** ; celle-ci rassemblait les représentants des gouvernements et des parlements natio-

naux des États membres et des pays candidats à l'UE, du Parlement Européen, de la Commission, du Comité Économique et Social, du Comité des Régions, des partenaires sociaux et le Médiateur européen. La CONVENTION EUROPÉENNE a terminé ses travaux en 2003 et proposé **une Constitution pour l'UNION EUROPÉENNE signée en 2004.**

Internet : **http://european-convention.eu.int**

⇒ UNION EUROPÉENNE ; Constitution Européenne

CONVERSION
Transformation ou changement.
On peut convertir un emprunt à court terme en un emprunt à long terme, convertir des obligations en actions, convertir une action nominative en une action au porteur, convertir des devises, c'est-à-dire une monnaie en une autre, etc.
Une forme particulière de conversion concerne les créances d'une société sur une autre qui peuvent être converties en actions ; les créanciers deviennent ainsi actionnaires ; l'opération est souvent pratiquée par une banque ou un organisme financier qui peut ainsi prendre par ce moyen le contrôle d'une société.

CONVERTIBILITÉ
Lorsque la convertibilité est totale ou absolue, le détenteur d'une monnaie peut la changer contre de l'or ou contre une devise librement et sans limitation. Si cela fut possible, en principe jusqu'à la Première Guerre mondiale (1914-1918), cette faculté de conversion a tout d'abord été restreinte pour devenir tout à fait illusoire en ce qui concerne l'or. Pour les devises, on est passé du flottement (« floating » en anglais) aux conversions réglementées et vice versa.
Une monnaie peut être inconvertible si le gouvernement d'un pays concerné interdit son échange contre des devises. La libre convertibilité (ou convertibilité externe) peut aussi n'être autorisée qu'aux non-résidents du pays concerné (personnes exerçant une activité économique principale à l'étranger ou y étant domiciliées).

⇒ devise ; flottement (floating) ; résident

COOKIE
Terme technique anglo-américain, traduit par « **témoin persistant** » désignant un dispositif électronique permettant de « **reconnaître** » **un utilisateur d'INTERNET** (identité, caractéristiques, informations personnelles, par exemple numéro de carte bancaire, etc.).

⇒ INTERNET

COOPÉRATION RENFORCÉE
Dans le cadre institutionnel de l'UNION EUROPÉENNE – UE – il est prévu que certains États membres peuvent coopérer ensemble, dans l'intérêt de l'UE alors que d'autres pays membres ne pourraient pas ou ne voudraient pas le faire dans l'immédiat.
Cette coopération renforcée est très strictement contrôlée, notamment pour que l'UE ne s'engage pas dans une « Europe à deux vitesses ».
La Constitution de l'UE a formellement prévu la possibilité de coopérations renforcées entre les États membres, dans certaines limites et à certaines conditions.

⇒ UNION EUROPÉENNE

COOPÉRATIVE
Groupement de personnes qui poursuivent ensemble des buts économiques de production ou de service, sociaux ou culturels.

La gestion d'une coopérative est **collective** avec une stricte égalité des participants « **un homme, une voix** », le service **aux sociétaires membres de la coopérative prime le profit et les bénéfices sont répartis entre eux. Les formes de coopératives sont nombreuses.** On distingue ainsi :
– la **coopérative ouvrière de production** (SCOP) dont les origines sont liées à des courants de pensée socialistes dès le XVIIIe siècle ;
– la **coopérative d'achat, de production, agricole, de pêcheurs ou d'artisans** pour l'acquisition et la mise en commun de moyens matériels ou de services ;
– **la coopérative de consommation** regroupant des individus pour leur approvisionnement en biens divers ;
– la **coopérative de construction** pour l'édification de locaux d'habitation ;
– la **coopérative spécifique aux secteurs bancaires, d'assurances ou de la protection sociale** qui ont le plus souvent le statut de « mutuelle ».

Dans tous les pays, **la législation a fixé des règles et des conditions de fonctionnement des** coopérations qui appartiennent au secteur de « l'économie sociale » ou « tiers-secteur ».
L'UNION EUROPÉENNE – UE – apporte un soutien significatif au développement des coopératives.

⇒ association ; économie sociale ; mutuelle

COPYRIGHT
Terme anglo-américain signifiant « **droit d'auteur** ». Droit que **se réserve un auteur pour protéger son œuvre**. Le titulaire du droit (auteur ou celui à qui il a été cédé) fait précéder son nom de la mention : © et le fait suivre de la date.

CORPORATE CULTURE
Voir : CULTURE D'ENTREPRISE

CORPORATION
À l'origine, organisme regroupant les membres d'une même profession. À certaines époques de l'Histoire, les corporations d'artisans notamment, étaient très florissantes, bien organisées et structurées (un maître, des compagnons et des apprentis), réglementaient strictement l'accès à la profession et la défendaient contre le Pouvoir. **Les corporations ont, pendant des siècles, efficacement participé à la vie économique.**
L'ère industrielle et la création des syndicats ont limité l'activité et l'influence des corporations que certains pays interdisent. Un certain renouveau des corporations se manifeste, souvent avec un objet plus social et d'entraide, dans plusieurs pays.
Dans un sens général, **le terme corporation désigne aujourd'hui l'ensemble des professionnels d'un métier.**
Le **corporatisme est une idéologie qui donne la priorité aux intérêts particuliers d'une profession** au détriment de l'intérêt général, souvent en utilisant tous les moyens de pression possibles.

⇒ compagnon ; syndicat

CORPORATISME
Voir : CORPORATION

CORPS
Terme d'imprimerie et d'informatique.
Dimension (espace vertical occupé) **des caractères d'un texte pour l'impression.**

CORRUPTION

C'est le fait de corrompre ou soudoyer quelqu'un, en renonçant à des considérations objectives. En matière politique et économique certaines décisions sont prises sans scrupule. **L'intérêt personnel prime tout, et il est défendu par tous les moyens.** Ces avantages sont évidemment acquis par des **méthodes condamnables**.

On peut citer **parmi les moyens de corruption, les « pots de vin », les « dessous-de-table » ou encore le népotisme** (avantages réservés par quelqu'un à sa famille).

En 2003, d'éminentes personnalités ont lancé, au plan international, un appel solennel contre la corruption dans le monde et ses effets dévastateurs : c'est la **« Déclaration de Paris »**.
⇒ péculat

COSMÉTIQUE

Se dit de tout **produit non médicamenteux utilisé pour les soins du corps, l'hygiène et la beauté**.

COST KILLING ou COST CUTTING

Terme anglo-américain signifiant **« chasse aux coûts »**. De nombreux organismes spécialisés proposent aux entreprises des études pour **réduire les coûts**, dans tous les domaines : c'est la recherche de l'économie notamment pour les **« frais généraux »**.

Le consultant qui pratique ce métier est le **« cost killer »** – littéralement le **« tueur de coût »**.
⇒ frais généraux

COST PULL INFLATION

Voir : DEMAND PULL INFLATION

COST PUSH INFLATION

Voir : INFLATION PAR LES COÛTS ou INFLATION ABSOLUE

COTE OFFICIELLE OU COTE BOURSIÈRE

Les cours de la Bourse sont publiés chaque jour dans un bulletin qui généralement s'appelle la **« cote officielle »**. On y trouve les cours des valeurs mobilières (actions, obligations, etc.), des produits essentiels (matières premières, certains produits agricoles, etc.) et des devises. Les cours peuvent être obtenus par INTERNET.
⇒ Bourse

COTISATION

Somme versée pour participer volontairement, en principe, à une dépense ou à une charge au sens comptable du mot : cotisation à une association, à un club sportif, etc.

Mais la cotisation peut avoir un caractère contraignant et obligatoire : **cotisations d'assurances ou de prévoyance sociale** versées par le salarié et son employeur (tout ou partie de celles-ci pouvant être retenues sur le salaire), fixées généralement par la législation du pays concerné ou par des accords (convention collective, accord d'entreprise).
⇒ sécurité sociale et prévoyance sociale

COUCH POTATOES

Termes anglo-américains, littéralement **« patates de canapé »** utilisé notamment en marketing **pour désigner une certaine catégorie de téléspectateurs, ceux qui passent de longs moments devant leur télévision, se laissant aller physiquement en consommant des boissons et en grignotant n'importe quoi**.
Le terme de **téléspectateur passif** est synonyme.
⇒ marketing

COUDENHOVE-KALERGI Richard (1894-1972)

Diplomate autrichien, **ardent défenseur de la cause européenne**, considéré comme l'un des fondateurs de l'UNION EUROPÉENNE – UE ; il a créé l'UNION PANEUROPÉENNE, l'UNION PARLEMENTAIRE EUROPÉENNE et il fut l'un des artisans de la création **en 1979 du CONSEIL DE L'EUROPE**.
⇒ CONSEIL DE l'EUROPE ; UNION EUROPÉENNE

COUP D'ACCORDÉON

L'examen des comptes d'une entreprise peut montrer qu'une perte figure à l'Actif du Bilan (pour équilibre). Il s'agit d'un actif disparu ; ou alors la perte figure au Passif du Bilan précédée du signe de la soustraction. Quoi qu'il en soit, l'apparition d'une perte au Bilan est toujours un signe de mauvais augure. Dans un certain nombre de cas, **une Assemblée Générale Extraordinaire décide dans une première étape de réduire le capital social pour faire disparaître la perte et dans une deuxième étape elle autorise une augmentation de capital afin de permettre à l'entreprise de disposer de moyens nouveaux** : c'est le **« coup d'accordéon »**.
⇒ réduction du capital ; amortissement du capital social

COUPON

C'est le dividende d'une action ou l'intérêt d'une obligation. Le coupon est dit **« couru »** s'il doit être payé à l'actionnaire ou au détenteur de l'obligation ; il est dit **« détaché »** si la cession du titre intervient après le paiement du coupon, au contraire du coupon dit **« attaché »** : le titre est cédé avec le coupon à payer.

Le fait qu'une action (le problème ne se pose guère en matière d'obligation) soit cédée (vendue, transférée) coupon attaché ou ex-coupon a évidemment une incidence sur son prix (de cession). Lorsqu'il s'agit d'intérêts courus (obligations, emprunts), l'expression intérêts courus veut dire que le coupon n'est pas encore venu à échéance et que les intérêts dus sont déterminés depuis la fin de la période de calcul précédente jusqu'au jour où s'effectue l'opération de cession. Avant la dématérialisation des titres, le coupon était une partie détachable d'un titre.
⇒ manteau et feuille de coupons

COUPONING

Terme de marketing anglo-américain, littéralement **« couponnage »**.

L'opération consiste **à proposer dans un journal, une revue ou encore un emballage, le renvoi d'un coupon au fournisseur d'un produit ou d'un service pour obtenir des informations, des réductions de prix ou encore participer à un concours**.

L'entreprise qui reçoit le « coupon » constitue ainsi un fichier de clients, au moins potentiels puisqu'intéressés.

COURBE DE LAFFER

Voir : LAFFER

COURBE DE PHILLIPS

L'économiste A. W. PHILLIPS a montré qu'il existe une **étroite relation entre le taux d'inflation (hausse générale des prix)** et le **taux de chômage**. En représentant le taux d'inflation sur l'ordonnée d'un graphique et le taux de chômage en abscisse, il trace une courbe qui en règle générale est négative. **En d'autres termes, la stabilité des prix entraîne un accroissement du chômage** ce qui veut dire **que plus on se rapproche du plein-emploi, plus on risque de voir les prix augmenter**.

En fait, la courbe peut prendre une allure dégressive harmonieuse, ce qui est dû à la relation inverse qui existe entre les variables que constituent l'inflation et le chômage. En période longue, il se forme un taux de chômage qui n'est plus fonction d'aspects monétaires mais de motifs qui découlent du marché du travail. On voit donc aussi combien il est important de **veiller en permanence à l'équilibre**.
⇒ chômage ; inflation ; PHILLIPS
▶ graphique n° 6

COUR D'ASSISES
Tribunal pénal organisé dans de nombreux États et spécialement chargé de juger les crimes ; la Cour d'Assises associe généralement des magistrats et des citoyens (les « jurés ») ; l'Avocat Général représente la loi et joue le rôle d'accusateur public. La possibilité de faire appel d'un arrêt (jugement) de la Cour d'Assises, c'est-à-dire le remettre en cause est désormais possible dans la plupart des pays.
Lorsqu'il s'agit de crimes terroristes, la composition de la Cour d'Assises ne comprend habituellement pas de citoyens.

COUR DE CASSATION
C'est le sommet des juridictions civiles et pénales.
La Cour de Cassation est, dans la plupart des États chargée d'interpréter le droit et, s'il y a lieu de réformer le jugement ou l'arrêt d'une juridiction inférieure.
Le Conseil d'État joue un rôle similaire en matière administrative mais il peut aussi, dans la plupart des États être saisi par le Gouvernement sur des projets ou des textes législatifs.

COUR DE JUSTICE EUROPÉENNE
Créée en 1952, elle a pour mission essentielle de s'assurer de la correcte application et de la rigoureuse interprétation par chacun des États membres de l'UNION EUROPÉENNE – UE – de la législation de l'UE (Traités, Directives, Règlements et, désormais, les lois). Elle est donc chargée d'assurer et de faire assurer le respect du droit de l'UE tel qu'il est déterminé par la Constitution de l'UE.
Elle est compétente pour juger les litiges entre les États membres de l'UE, les Institutions, les entreprises et les individus.
Une procédure spéciale dite de « **renvoi préjudiciel** » permet à une juridiction nationale de faire interpréter par la COUR DE JUSTICE EUROPÉENNE un texte législatif européen avant de rendre elle-même une décision.
À côté de la COUR DE JUSTICE EUROPÉENNE, le **TRIBUNAL DE PREMIÈRE INSTANCE**, créé en 1989, juge les litiges concernant des personnes physiques dans leurs rapports avec les Institutions Européennes et les affaires de concurrence.
La COUR DE JUSTICE EUROPÉENNE compte un juge par État membre ; les juges sont assistés par des « **Avocats Généraux** » qui présentent à la Cour des avis motivés.
La COUR rend des « **arrêts** ».
Le siège de la COUR DE JUSTICE EUROPÉENNE et du TRIBUNAL DE PREMIÈRE INSTANCE est à Luxembourg (Grand-Duché de Luxembourg).
Internet : **http://www.curia.eu.int**
⇒ Directive ; Règlement ; Traités Européens ; UNION EUROPÉENNE

COUR DES COMPTES EUROPÉENNE
Fondée en 1977, elle s'assure de la régularité des recettes et des dépenses de l'UNION EUROPÉENNE – UE – et donc du fonctionnement et de l'utilisation satisfaisante du budget de l'UE.
La COUR DES COMPTES EUROPÉENNE travaille en totale indépendance et exerce une importante activité de contrôle avec des visites d'inspecteurs dans les États membres de l'UE et dans les pays qui bénéficient des aides de l'UE.
La COUR DES COMPTES EUROPÉENNE regroupe un membre pour chacun des États de l'UE.
Le siège de la COUR DES COMPTES EUROPÉENNE est à Luxembourg (Grand-Duché de Luxembourg).
Internet : **http://www.eca.eu.int**
⇒ budget de l'UNION EUROPÉENNE ; UNION EUROPÉENNE

COUR EUROPÉENNE DES DROITS DE L'HOMME
Voir : CONSEIL DE L'EUROPE

COUR INTERNATIONALE D'ARBITRAGE
Créée en 1923 dans le cadre de la CHAMBRE DE COMMERCE INTERNATIONALE, la COUR INTERNATIONALE D'ARBITRAGE offre, par des voies extrajudiciaires, des solutions adaptées aux différends commerciaux internationaux.
Ses sentences (« jugements ») sont reconnues au plan international par la quasi-totalité des pays du monde. Les contrats internationaux prévoient généralement par des clauses spécifiques, l'intervention, en cas de litige de la Cour internationale d'Arbitrage, qui peut aussi faire l'objet d'un accord entre les parties.
Elle utilise certaines **procédures particulières** en fonction de la nature du litige :
– ADR pour le règlement des désaccords commerciaux,
– DOCDEX en matière de litiges concernant les instruments documentaires.
Mais la procédure mise en œuvre peut résulter d'une convention entre les parties. La cour Internationale d'Arbitrage dispose d'un réseau d'experts.
Internet : **http://www.iccwbo.org**
⇒ arbitrage ; compromis ; Chambre de commerce internationale

COURNOT Antoine Augustin (1804-1877)
L'éclectisme des études originales de COURNOT, que Léon WALRAS qualifiait de « **père de l'économie mathématique** », n'a cependant pas contribué à mieux faire connaître son œuvre, trop variée pour entrer dans une classification.
Juriste et mathématicien français, COURNOT est l'auteur de nombreux ouvrages sur la **pensée économique dite « néoclassique »**, notamment les *Recherches sur les principes mathématiques de la théorie des richesses* (1838). Il y démontre l'utilité des mathématiques, de l'outil statistique et des formulations algébriques pour l'élaboration des théories économiques.
COURNOT étudie notamment les **marchés** : les monopoles, oligopoles et duopoles dont il traduit les caractéristiques par des formulations mathématiques.
Dans le « **duopole de COURNOT** » dit « **duopole symétrique** » ou encore « **de double dépendance** » deux entreprises qui font l'offre sont face à un grand nombre de demandeurs (à demande constante) et parviennent à un équilibre tant au plan de la production que pour les prix, assurant un profit satisfaisant pour chacun.

COURNOT, en particulier à la suite des idées développées par LAPLACE, a élaboré de **nombreuses théories sur les probabilités** qu'il analyse dans son ouvrage fondamental *L'exposition de la théorie des chances et des probabilités* (1843).
⇒ équilibre de Nash
▶ graphique n° 14/2

COUR PÉNALE INTERNATIONALE – CPI
Elle a pour objectif général, la **défense des droits humains à travers le monde.** Si le projet d'une CPI date de la fin de la Deuxième Guerre mondiale (1939-1945), c'est seulement en 1998 que la Conférence Diplomatique de l'ORGANISATION DES NATIONS UNIES – ONU – a décidé sa création (Traité de Rome). **La CPI est entrée officiellement en vigueur en 2002** après la ratification du Traité par plus de 60 pays (sur les 120 pays signataires).
Elle est chargée de juger les auteurs de génocide, de crimes de guerre, de crimes contre l'humanité et sa compétence a été étendue à d'autres crimes. Elle est complémentaire des juridictions nationales pénales et peut être saisie par un État signataire du Traité, le Conseil de Sécurité de l'ONU ou son Procureur.
Elle a son siège à La Haye (Pays-Bas).
Internet : **http://www.hrw.org**

D'autres tribunaux pénaux internationaux ont été créés :
– à l'issue de la Deuxième Guerre mondiale : Nuremberg et Tokyo,
– et après les conflits en ex-Yougoslavie (Tribunal Pénal International de La Haye – TITY – en 1992) et au Rwanda (Tribunal Pénal International d'Arusha – TPIR – en 1994), **pour juger les responsables des crimes commis au cours des guerres.**
⇒ ORGANISATION DES NATIONS UNIES

COURRIEL
Terme signifiant « **courrier électronique** » **utilisé pour désigner toute correspondance transmise par INTERNET.**
⇒ INTERNET

COURS DE CHANGE ABSOLUMENT RIGIDES
Les cours de change rigides sont généralement définis entre pays qui sont en relations économiques. Il arrive aussi qu'un pays fixe le cours de façon autonome. En conséquence, **il n'y a pas de fluctuations de cours.** Cet état de choses caractérise les **économies totalitaires** où l'appareil économique est sous les ordres d'une Administration Centrale qui impose un contrôle du change très rigoureux.
⇒ contrôle de change

COURS DE CHANGE FLEXIBLES
On les appelle encore **cours de change libres. Il est possible de se procurer des devises sans aucune restriction.** Le prix d'une devise, donc le **cours de change s'établit en fonction de l'offre et de la demande.** Les Anglo-Saxons parlent du « Floating » ; cette flexibilité n'exclut cependant pas les interventions des autorités monétaires du pays concerné ou la fixation d'accords entre pays pour limiter celle-ci.
⇒ bandes ou marges autorisées ; change ; flottement (floating)

COURS DE CHANGE RELATIVEMENT FIXES
Dans ce cas, **les cours de change peuvent fluctuer à l'intérieur de marges déterminées et autorisées.** À l'intérieur des marges les cours s'établissent librement (floating).

⇒ cours directeur ; devise directrice ; parité ; flottement (floating)

COURS DE LA MONNAIE
Sur le marché des devises et en Bourse il y a une offre et une demande. Le **cours acheteur** désigne le prix qu'une banque paye à l'achat d'une devise. Le **cours vendeur** est le prix qu'il faut payer à la banque pour une devise que la banque est disposée à vendre. **Il y a donc un cours acheteur et un cours vendeur.**
Dans le langage boursier, il y a également des opérations d'achat (**cours acheteur**) pour la demande de titres et **des opérations de vente (cours vendeur)** pour l'offre de valeurs mobilières. Le cours peut être exprimé « **au comptant** » ou « **à terme** ».
⇒ devise ; Bourse ; comptant ; marché à terme

COURS D'ÉQUILIBRE
La monnaie, donc **toutes les devises, est à considérer comme une marchandise.** Le prix (cours) des devises s'établit à la Bourse des devises en vertu de la loi de l'offre et de la demande et souvent en fonction de facteurs psychologiques.
Le banquier est le « commerçant de la monnaie ». Si quelqu'un se présente avec des devises pour les faire changer en monnaie nationale, le banquier appliquera le « **cours acheteur** ». Inversement, lorsqu'une personne demande des devises, il les obtiendra au « **cours vendeur** ». C'est du moins la procédure en cas de cours de change libre (floating). On comprend immédiatement que le cours (le prix) d'une devise très demandée monte et vice versa alors qu'une devise offerte en abondance a un cours plus bas que celle qui ne peut être offerte qu'en quantités restreintes.
Sur les marchés des changes, le spéculateur spécule à la hausse, s'il achète aujourd'hui à un certain cours parce qu'il espère que ces devises se vendront plus cher dans un certain temps. Si une baisse d'une devise semble probable, on peut en convertir immédiatement le montant dont on dispose dans une unité monétaire plus sûre donc plus forte. Ce phénomène s'identifie généralement à une fuite à l'étranger de capitaux. On se met à l'abri.
⇒ change ; monnaie

COURS DIRECTEUR
Il s'agit de **parités (c'est-à-dire d'égalités) entre les monnaies que les gouvernements fixent d'un commun accord.** Les cours peuvent dévier de cette parité d'un pourcentage déterminé dans le sens de la hausse et de la baisse. **Ce sont les marges autorisées.**
Les termes de « **cours de référence** » et de « **cours légal** » d'une devise sont synonymes de cours directeur.
⇒ devise directrice ; flottement (floating) ; cours rigoureusement fixes ; cours relativement fixes

COURS FORCÉ
Mesure temporaire mais radicale qui consiste à décréter l'inconvertibilité d'une monnaie (billet de banque, or, métal précieux). C'est en temps de guerre, pendant les révolutions ou au moment de crises très graves et de krachs, que la confiance du détenteur de papier-monnaie s'estompe. **Le gouvernement veut coûte que coûte empêcher les faillites bancaires et celle du système bancaire tout court. Il décrète alors le cours forcé (des billets).**
On peut dire que le cours forcé est devenu irréversible après la crise économique de 1929, même si une certaine convertibilité restait en vigueur (billets, dollar, or) au niveau des banques centrales. Les États-Unis ont abandonné la convertibilité du dollar en or en 1971.
⇒ cours ; krach ; monnaie

COURS LÉGAL D'UNE MONNAIE

L'origine du cours légal remonte au XVIIe siècle lorsque la Banque de Stockholm fut créée. Puis c'est le billet de banque qui fait son apparition sous forme de **monnaie de papier convertible en métal précieux** (or). Il fut très vite constaté que le banquier pouvait émettre davantage de billets qu'il n'y avait de couverture métallique du fait que les déposants ne réclamaient pas, tous ensemble, leurs avoirs. **Le législateur finit par décréter le cours légal des billets qui oblige à les accepter en paiement.** Auparavant on avait connu le principe du pouvoir libératoire illimité des pièces métalliques en or et en argent.
⇒ cours ; monnaie

COURTAGE
Voir : COURTIER

COURTIER

Les termes anglais de « **Broker** » ou de « **Jobber** » sont largement utilisés pour désigner ce professionnel. C'est un intermédiaire – personne ou société – qui met en rapport un vendeur et un acheteur, un offreur et un demandeur de services dans les domaines financiers, bancaires, d'assurance ou de l'immobilier etc.

Le courtier est rémunéré par une commission (le courtage) ; les courtiers travaillent de plus en plus « en ligne », (« on line ») c'est-à-dire, directement par INTERNET avec leurs clientèles et certains, en Europe comme aux États-Unis, ne font des transactions que par cette technique.
⇒ commission

COÛT

Le coût exprime la valeur monétaire d'un ensemble d'éléments dont la somme est faite à différents stades. On distingue notamment :
– le **coût d'achat**,
– le **coût de fabrication** ou de production,
– le **coût de distribution**,
– le **coût d'acquisition**,
– le **coût de possession**,
– etc.,

et, dans bien des cas, un coût total, un coût moyen et un coût marginal.
⇒ changes ; coût d'acquisition ; coût de possession ; coût marginal ; coût moyen, ; coût total ; prix de revient
▶ **graphiques n° 2 et 18**

COÛT D'ACQUISITION

Il se compose de l'ensemble des charges qui sont directement en rapport avec l'acquisition d'un élément, d'un bien, d'un produit : frais de transport, emballages, assurances, salaires, amortissements etc., à l'exception du prix d'achat qui n'est pas à prendre en considération dans ce coût. Avec le « coût de possession », c'est l'un des éléments permettant de déterminer pour une entreprise, la quantité et le rythme d'approvisionnement optimal d'un produit par la « formule de Wilson ».
⇒ coût ; coût de possession ; gestion des stocks ; rythme d'approvisionnement optimal

COÛT D'OPPORTUNITÉ

Lorsque les moyens rares sont employés d'une manière déterminée, on obtient une certaine utilité. Si l'emploi des moyens avait été différent on aurait atteint une autre utilité. Il y a dans ce sens une « **privation d'utilité** ».

Ainsi un salarié pourrait se livrer à une comparaison « coût – utilité » ; il ne s'agit pas ici du plaisir que procure le travail ou des charges entraînées par l'emploi, mais essentiellement de la **renonciation à une utilité** qui aurait pu être obtenue si la prestation de service et le temps avaient été employés autrement.

En matière de commerce international, la théorie du « **Coût d'opportunité** » montre que pour un pays déterminé et dans un concept de libre-échange, **la production comme la consommation peuvent augmenter plus que dans une situation de protectionnisme**.
⇒ besoins ; commerce international ; consommation ; emploi ; libre-échange ; protection ; protectionnisme
▶ **graphique n° 2**

COÛT DE POSSESSION

Stocker c'est entreposer des biens dans un endroit déterminé **aux conditions les plus favorables** (chaleur, froid, degré hygrométrique, protection de l'environnement, etc.). **Il y a des frais** de manutention, des salaires, des assurances, des amortissements, etc. à prévoir : **c'est le coût de possession.**

Avec le « coût d'acquisition », c'est l'un des éléments permettant de déterminer, pour une entreprise, la quantité et le rythme d'approvisionnement d'un produit par la « formule de Wilson ».
⇒ coût ; coût d'acquisition ; gestion des stocks ; rythme d'approvisionnement optimal

COÛT ET FRET
en anglais : COST AND FREIGHT – CFR

Expression du droit maritime (INCOTERM) : le vendeur choisit un navire pour assurer le transport de la marchandise qu'il vend et paie le fret jusqu'au port ainsi que le chargement sur le navire.
⇒ Incoterms

COÛT FIXE MOYEN

C'est le rapport du coût total fixe sur la quantité produite. Un coût fixe ou constant est un coût invariable indépendant des quantités produites par l'entreprise.

Dans le cadre d'un niveau déterminé de fabrication, le coût fixe moyen diminue par unité produite, au fur et à mesure que la production augmente.

Le coût fixe peut cependant augmenter par paliers quel qu'en soit le motif ; on parle alors de coût semi-variable ; cette augmentation entraîne alors une augmentation du coût fixe moyen.
⇒ coût ; coût total
▶ **graphiques n° 2 et 18**

COÛT HISTORIQUE

C'est la valeur d'origine d'un bien ou le prix qui a été payé au moment de son acquisition.
⇒ coût

COÛT MARGINAL

C'est le coût du dernier élément ou de la dernière unité d'un ensemble de mêmes produits fabriqués par une entreprise.
C'est aussi le coût d'une quantité supplémentaire d'un même produit.

Le coût marginal est calculé en faisant le rapport entre la variation du coût variable total et la variation des quantités produites ; sa détermination permet de fixer l'optimum de la production.
⇒ coût ; coût total ; coût variable moyen
▶ **graphique n° 18**

COÛT PRÉÉTABLI
En matière de production, c'est un **coût théorique et historique**. Il sert de référence et devient intéressant une fois le coût réel établi. On peut encore parler du coût *a priori* et du coût *a posteriori*, **la différence entre les deux coûts s'appelle écart**. Cet écart doit être expliqué. Pour déterminer le coût préétabli, il faut multiplier la quantité préétablie par le coût unitaire préétabli.
⇒ coût

COÛT PSYCHIQUE
La désutilité (l'ensemble des raisons qui rendent inutile) se mesure en fonction de **la totalité des efforts et des sacrifices du sujet économique qui a comme objectif de se procurer le bien ou le service convoités**.
L'économiste considère que l'on a affaire à un **coût particulier** ; celui-ci a **une partie positive** (l'effort et le sacrifice) et **une partie négative** (la renonciation). L'effort cessera d'ailleurs tout à fait normalement lorsque le sujet économique reconnaîtra que l'effort est fourni pour un trop faible résultat (« le jeu n'en vaut plus la chandelle »).
⇒ bien ; service

COÛT STANDARD
Le coût standard correspond à une norme, c'est-à-dire à des références précises. Il s'agit donc d'un coût qui ne tient compte que des charges considérées comme normales.
Certains auteurs prétendent que « le prix de revient standard est à la comptabilité analytique d'exploitation, ce que le contrôle budgétaire est à la comptabilité générale ».
⇒ coût

COÛT TOTAL
Somme de tous les éléments du coût d'un produit, notamment les éléments fixes (acquisition des biens et immeubles pour les installations techniques et technologiques qui sont indépendants de l'activité de l'entreprise), **et les éléments variables** (matières, salaires, énergie, etc. qui sont fonction de l'activité).
Les frais fixes ne changent pas, en principe, lorsque la production augmente mais les coûts variables sont fonction de la quantité produite.
⇒ coût ; coût marginal ; coût variable moyen
▶ graphique n° 2

COÛT TOTAL MOYEN
C'est le quotient du coût total d'un produit par la quantité produite dans une entreprise, le calcul s'effectuant pour une période déterminée.
⇒ coût ; coût marginal ; coût total ; coût variable moyen
▶ graphique n° 2

COÛT VARIABLE MOYEN
C'est le quotient du coût total variable par la quantité produite par l'entreprise. C'est un coût qui est dépendant des quantités produites.
Lorsque le coût moyen des frais variables est à son niveau le plus bas, on peut déterminer le seuil de fabrication minimum d'un produit.
⇒ coût ; coût marginal ; coût total ; coût total moyen
▶ graphique n° 2

COUVERTURE
Le terme a de nombreuses significations en fonction de l'activité concernée :
– **la couverture en matière bancaire** est l'ensemble des valeurs mobilières (titres) déposé en garantie d'une dette. Pour une opération boursière c'est la somme déposée pour permettre et garantir celle-ci.
– **en matière de monnaie** c'est la garantie apportée dans le cadre des accords internationaux pour permettre la convertibilité d'une monnaie.
– c'est l'ensemble des moyens de prévoyance et de protection pour un individu ou un groupe : on parle de **couverture sociale**.
– **la capacité à se protéger d'un risque** et les moyens mis en œuvre constituent la couverture notamment en matière d'assurance.
– **un besoin peut être assuré dans diverses proportions** : sa couverture est plus ou moins forte.
– **dans le domaine de la presse**, un journaliste assurera la couverture d'un événement, en fera un rapport, éventuellement un suivi.
– **une activité, une organisation, un fait qui en masque** un autre ou le cache est une couverture.

COUVERTURE MÉTALLIQUE
Dans la « hiérarchie bancaire » on distingue entre **banques de dépôt, banques d'affaires** (souvent appelées banques commerciales) et **la Banque Centrale**. Alors que les premières sont strictement en contact avec les sujets économiques, la Banque Centrale s'occupe, entre autres activités, de l'émission monétaire et travaille avec ces banques commerciales.
Très longtemps la Banque Centrale (la « banque des autres banques ») était légalement obligée de détenir dans ses coffres une couverture en or d'un tiers pour garantir la convertibilité de la monnaie en circulation pour un pays déterminé ou pour plusieurs ayant établi entre eux des accords monétaires. Il y avait donc un **rapport déterminé entre la circulation de billets de banque et le stock d'or de la Banque Centrale**. Cette couverture n'a pas toujours été respectée et le fait de mettre en circulation une quantité de plus en plus importante de billets aboutissait au cours forcé. **Cela veut dire que progressivement les billets n'étaient plus convertibles en or et qu'il n'y avait plus de couverture.** Les États-Unis ont aboli couverture la métallique en 1976 et de nombreux autres pays ont adopté la même décision.
Mais les **banques sont tenues à une couverture et au respect d'un « ratio prudentiel » ou « coefficient de liquidités »**. Leurs activités internationales leur imposent le ratio fixé par la BANQUE DES RÈGLEMENTS INTERNATIONAUX – BRI, c'est le « **ratio Cooke** ». Des évolutions très importantes vont conduire, à l'échéance de 2004 et de 2006 à des **modifications non seulement du ratio des solvabilités des banques mais aussi des conditions de son calcul**, à la fois compte tenu des décisions de la BRI et d'une Directive de l'UNION EUROPÉENNE – UE – (Capital Adequacy Directive – CAD).
⇒ Banque Centrale ; BANQUE DES RÈGLEMENTS INTERNATIONAUX ; Ratio Cooke ; UNION EUROPÉENNE

CPT
Sigle de l'INCOTERM : « **Carriage Paid to…** », c'est-à-dire « **port payé jusqu'à…** » ; le vendeur prend en charge le transport de la marchandise mais pas son assurance, juqu'à une destination convenue.
⇒ INCOTERMS

CRACKER
Terme anglo-américain, littéralement « **pilleur** ».
Escroc spécialisé dans la fraude électronique. Le terme est synonyme de « **cyber pirate** » ou de « **braqueur informatique** ». Le cracker intervient surtout par INTERNET.
⇒ INTERNET

CRAWLING – PEG
Terme anglo-américain signifiant « **parité glissante** ».
Certains pays souffrent de taux d'inflation élevés. La valeur des monnaies de ces pays subit des modifications souvent importantes dans des intervalles de temps restreints (pays d'Amérique du Sud et d'Amérique Centrale notamment). À ce moment les taux de change sont revus très fréquemment et les ajustements correspondent à des **dévaluations successives**.
On parle de « **change glissant** » qui devrait assurer la continuité du commerce extérieur tout en combattant la grande spéculation en matière de change.
⇒ change ; dévaluation

CRÉANCE
Droit que l'on a pour exiger quelque chose (obligation, prestation, paiement, réalisation d'un service, etc.) de quelqu'un, **le débiteur**.
Le titulaire d'un droit de créance est **le créancier** qui a ainsi un droit de gage ou de saisie sur les biens du débiteur.
Les **créances d'exploitation** sont celles qui sont liées à l'exploitation d'une entreprise ; elles sont essentiellement constituées sur les clients.
Les « **lettres de créance** » sont le document qui atteste la qualité d'ambassadeur (ou de représentant officiel) d'un État auprès d'un gouvernement étranger.
⇒ créancier chirographaire ; créancier gagiste ; débit ; débiteur ; gage ; saisie

CRÉANCIER
Voir : CRÉANCE

CRÉANCIER CHIROGRAPHAIRE
Créancier – celui à qui l'on doit de l'argent – qui n'est pas privilégié et n'a pas de garantie particulière pour se faire payer. En droit civil on parle d'obligations chirographaires, pour évoquer qu'il n'existe pas de garantie hypothécaire par exemple.
En cas de faillite, au sens large du terme, le créancier chirographaire de l'entreprise concernée ne sera payé qu'après tous les créanciers privilégiés.
⇒ privilèges

CRÉANCIER GAGISTE
Celui à qui le gage (la garantie) doit être remis (bien meuble).
⇒ créancier ; gage ; rétention

CRÉATION ET DESTRUCTION DE MONNAIE
Il fut un temps où **il existait un lien étroit entre la monnaie et le métal** (or, argent). À cette époque le volume monétaire dépendait largement de la production de métaux précieux **et l'unité monétaire (Franc, Mark, Dollar…) était légalement défini par une quantité déterminée de métal**.
Aux États-Unis, une « once Troy » d'or fin (soit 31,1035 g) avait une valeur intrinsèque de 35 Dollars. Un Dollar équivalait donc à 31,1035 / 35 ou 0,88867 g d'or fin.
Lorsque une monnaie était rattachée à l'or, le volume monétaire était également dépendant de la quantité d'or existante. Cette obligation valait aussi pour la Banque Centrale. Puis la couverture ne fut assurée que partiellement. On parlait alors du **taux de couverture**. Si l'on est dans un régime de « monnaies-libres », la Banque Centrale peut mettre en circulation des billets de banque en quantités illimitées. Dans le Bilan bancaire, les créances résultant de crédits s'inscrivent à l'Actif, alors que la circulation monétaire apparaît au Passif. Normalement, les banques d'affaires ne peuvent pas ouvrir des crédits de façon illimitée, parce qu'elles sont obligées de créer des **réserves minimales (coefficient de liquidité)**. Si les réserves dépassent le minimum, on parle de réserves excédentaires. **Le système bancaire régularise donc le volume monétaire en créant ou en détruisant de la monnaie**. À sujet, on ne perdra pas de vue l'effet de multiplication. Il faut aussi considérer la réserve minimum et la réserve excédentaire. Par exemple, pour une réserve minimum de 50 % = 50/100, le multiplicateur est 100/50 = 2 et, dans ce cas, le volume monétaire serait doublé. La BANQUE CENTRALE EUROPÉENNE – BCE – assume, entre autres, ce rôle régulateur pour les pays de la zone euro.
Le terme « création monétaire » est parfois utilisé comme synonyme « **d'émission monétaire** », c'est-à-dire la frappe des pièces de monnaie et l'impression des billets.

CRÉDIT
Terme de la comptabilité en partie double qui est employé lorsqu'on inscrit un montant du côté droit d'un compte ; **créditer un compte de Passif ou un compte de produits veut dire qu'il y a pour le premier une augmentation des dettes** (ou du capital pour le compte capital) **ou accroissement des produits par nature**.
Par contre, **créditer un compte d'Actif signifie que l'existant de ce compte diminue** ; **créditer un compte de charges est synonyme de diminution de charges**.
Plus couramment, **le terme « crédit » est utilisé pour désigner un prêt** consenti par une banque ou un établissement financer à une entreprise ou à un particulier.
Le crédit est aussi le renom, la réputation que l'on réserve à quelqu'un.
⇒ crédit lombard ; crédit « roll-over » ; crédit « stand by » ; crédit « straight »

CRÉDIT-BAIL
Voir : LEASING

CRÉDIT DOCUMENTAIRE – CREDOC
En matière de commerce international un importateur qui n'est pas en mesure de payer au comptant peut intervenir auprès de son banquier pour ouvrir auprès d'un correspondant (banquier) dans le pays exportateur un crédit suffisant dont **le bénéficiaire est l'exportateur**. L'exportateur ne court ainsi aucun risque. Il est payé directement en échange des documents qui représentent les biens exportés.
Le contrat de crédit documentaire est une opération qui s'inscrit dans un contrat plus général de vente internationale ; son élaboration est souvent complexe mais elle est facilitée par les « **Règles et Usances Uniformes – RUU 500** » de la Chambre de Commerce Internationale.
Le crédit peut être **irrévocable et confirmé** ou bien révocable par la banque de l'importateur si quelque chose n'est pas en règle. Le crédit documentaire peut être **renouvelable et transférable**. Il est stipulé avec « **green clause** » si la marchandise est gagée en garantie de paiement ou avec « **red clause** » si le paiement est assuré à l'exportateur lorsque toutes les conditions de la commande sont respectées.
Le crédit documentaire et les INCOTERMS (qui précisent les règles d'interprétation des termes du commerce international) sont étroitement liés, notamment les INCOTERMS de « vente au départ ».
⇒ CHAMBRE DE COMMERCE INTERNATIONALE ; connaissement ; INCOTERMS

CRÉDIT LOMBARD
C'est **un crédit bancaire qui résulte le plus souvent d'un nantissement (forme de garantie) de valeurs mobilières**. Ce

gage conserve la propriété au débiteur et il lui sera restitué en cas de remboursement du crédit accordé.

Il existe également des crédits lombards accordés à la suite du dépôt de garantie sous forme de marchandises ou de métaux précieux. Il est aussi possible de donner en garantie des lettres de change ou tout simplement des créances.

Ce type de crédit concerne surtout l'Allemagne et les pays du Benelux.

⇒ nantissement

CRÉDIRENTIER

Le crédirentier est le bénéficiaire d'une rente notamment dans le cadre d'une « rente viagère » ; celui qui assume la rente et en est donc le débiteur, est le débirentier.

⇒ débirentier ; rente viagère

CRÉDIT REVOLVING
en anglais : REVOLVING CREDIT

Crédit (somme d'argent) mise à la disposition d'un client par une banque ou un organisme financier, automatiquement renouvelé, pour une durée éventuellement fixée et dans des limites déterminées.

Le crédit documentaire peut être un crédit revolving. De nombreuses autres formes de crédit font l'objet d'une convention de crédit revolving, y compris des crédits personnels à la consommation.

Le « **sliding line** » est un type particulier de crédit revolving : le banquier peut dénoncer le contrat de mise à disposition d'un crédit après un préavis ; ce type de crédit revolving « sliding line » est peu utilisé en Europe.

⇒ crédit ; crédit documentaire

CRÉDIT « ROLLOVER »

Terme de la pratique bancaire signifiant « **crédit à taux variable** ». Crédit consenti à une entreprise qui a la faculté d'en user par tranches successives en fonction de ses besoins, pendant la durée convenue du crédit.

Le taux de chacune des tranches est négocié entre le prêteur et l'entreprise.

Ce type de crédit peut aussi concerner des devises.

⇒ crédit ; crédit « standby » ; crédit « straight »

CRÉDIT « STANDBY »

Terme de la pratique bancaire ; on utilise plus volontiers les termes de « ligne de crédit ».

Crédit consenti à une entreprise et utilisable à n'importe quel moment pendant la durée convenue du crédit.

Ce type de crédit peut aussi concerner des devises.

⇒ crédit ; crédit « rollover » ; crédit « straight »

CRÉDIT « STRAIGHT »

Littéralement, crédit « d'aplomb » ou « droit ».

Terme de la pratique bancaire désignant un crédit dont toutes les modalités ont été définies et convenues dès la signature du contrat entre le prêteur et l'emprunteur.

⇒ crédit ; crédit « rollover » ; crédit « standby »

CRÉDIT « TRIGGER »

Termes anglo-américains de la finance, littéralement « **déclencheur de crédit** ».

La clause de « credit trigger » est un **mécanisme financier par lequel un prêteur (banque notamment) prévoit le remboursement par anticipation d'un prêt consenti à une entreprise lorsque le cours de Bourse de ses actions baisse au-delà d'un certain seuil convenu** ou que sa « notation » diminue.

⇒ cours ; notation

CRÉNEAU

Voir : NICHE

CRÉNEAU DE DEMANDE

À **certains moments l'offre de biens et de services peut être plus importante que leur demande.** Tel peut être le cas si les prix minima sont fixés par les pouvoirs publics à un niveau supérieur au prix d'équilibre (économiquement parlant). Les prix minima en question encouragent l'offre. On sait, qu'en pareil cas, **les Autorités Publiques doivent intervenir pour réduire l'offre ce qui conduit à faire procéder à la constitution de stocks.** Le marché sera ainsi décongestionné. L'UNION EUROPÉENNE – UE – connaît des situations de ce genre en matière agricole.

⇒ demande ; offre ; Politique Agricole de l'Union Européenne ; UNION EUROPÉENNE

CRIÉE

Forme spéciale de marché dans lequel les prix sont énoncés (criés) à haute voix : offres et demandes, quantités, caractéristiques, etc.

Les titres (actions, obligations) ont longtemps été cotés « à la criée » sur les marchés de la Bourse ; il ne subsiste aujourd'hui qu'un affichage (souvent électronique) des cours fixés par les demandes et les offres transmises informatiquement.

La criée concerne, mais de moins en moins, des marchés de produits alimentaires, poissons sur les ports de pêche notamment.

⇒ Bourse

CRISE ÉCONOMIQUE
ET CRISE ÉCONOMIQUE MONDIALE

Après une phase dépressive l'économie atteint normalement le point d'inflexion inférieur et se ressaisit. Toutefois, s'il n'y a pas de reprise, l'économie peut se diriger vers un effondrement total.

Cela a été le cas pour les **crises mondiales de 1929-1933** à la suite d'un krach qui a touché toute l'économie. Le déclin de l'activité économique avait conduit à un véritable drame. La durée excessive des phases de dépression et de reprise ainsi que les dérèglements de la Ier Guerre mondiale (1914-1918) et de l'après-guerre, en présence d'un appareil de production mondial resté en grande partie intact, a eu de nombreuses conséquences : la baisse en matière de production de biens et de services, une baisse des prix considérables, un arrêt des investissements, une augmentation du chômage, des fusions d'entreprises, des licenciements, des fermetures d'usines, le recul des salaires, la déflation, la grande misère dans les familles.

La question se pose : un tel cataclysme peut-il se reproduire ? La plupart des spécialistes reconnaissent aujourd'hui que l'autorégularisation de la situation, chère à certaines théories économiques, avait subi un échec et que le libéralisme extrême d'autres auteurs avait subi la pire des défaillances. L'économiste **John Maynard KEYNES** par son ouvrage : *Théorie générale de l'emploi, de l'intérêt et de la monnaie* publié en 1936 a soumis au monde des idées très concrètes pour prévenir de tels écroulements. Il a notamment préconisé l'intervention de l'État pour freiner la récession et pour combattre la durée de la dépression. En ce sens son œuvre a été très remarquable.

Il ne sera pas facile de parvenir à ces « **équilibres dans les déséquilibres** » étant donné que le nombre de facteurs qui interviennent en économie est très considérable. Il faudrait pour influencer le déroulement de cette pièce de théâtre, réécrire la philosophie humaine : que veut l'être humain ?, que fait-il ?, qu'est-ce qu'il ne fait pas ?, que devrait-il faire ? Ce sont là des questions clé en vue d'un avenir meilleur. Les réponses sont difficiles et délicates.

⇒ Black Friday ; Black Monday ; KEYNES ; krach

CROISSANCE

L'accroissement des biens de production, la production de quantités de plus en plus importantes de biens d'équipement et de consommation, donc **le développement de l'activité humaine dans tous les domaines, sont à la base de la croissance.** Le degré de prospérité ne se mesure pas seulement d'après le **Produit National Brut (PNB) global**, mais aussi et surtout en fonction de ce PNB exprimé par tête d'habitant (« **per capita** »).

L'économiste Th. R. MALTHUS nous a rendus attentifs au fait que **l'espèce humaine se développe à un rythme tel que la création de moyens de subsistance se trouve dans l'impossibilité de suivre.** Accroître les surfaces cultivables d'une manière de plus en plus intensive bute sur la loi des rendements décroissants. L'explosion démographique, bien que réelle et parfois inquiétante, ne semble cependant plus prendre l'allure malthusienne (développement en fonction de la progression géométrique).

On pose souvent la question : « de quelle manière serait-il possible d'activer la croissance ? » Faut-il reconnaître que la **création, le renouvellement et l'accroissement de capitaux fixes** sont indispensables ? Ceci impose une tendance manifeste vers l'**épargne**. Mais qui dit **épargne implique qu'il faut renoncer à la consommation ou espérer que la consommation sera reportée** à une date ultérieure.

D'autres facteurs interviennent : à côté du capital fixe, il y a le « know how » (le savoir-faire), donc la créativité, le savoir-être et la recherche scientifique. La croissance à tout prix semble parfois conduire l'humanité à l'apocalypse. **La pollution et tous les problèmes d'environnement sont un frein à la volonté de l'homme d'aller toujours plus en avant**, et dans un certain sens, la croissance est devenue obsolète. On parle désormais de plus en plus de « **croissance éclairée** » où l'aspect intensif l'emporte sur l'aspect extensif (de plus en plus de capital fixe). En conséquence il faut protéger le bien-être collectif : c'est la mise en œuvre du « **développement durable** ». Des scientifiques ont déjà mesuré la croissance en fonction du bien-être et on parle d'un indice de **bien-être par tête d'habitant**.

⇒ bien-être ; capitaux fixes ; consommation ; croissance exponentielle ; développement durable ; know how ; Produit National Brut

CROISSANCE EXPONENTIELLE

On qualifie d'exponentielle une croissance très rapide et continue. D'une façon plus précise, la croissance est exponentielle, si une grandeur déterminée incorpore à la fin d'une période déterminée l'augmentation dans la grandeur existant en début de période et si on calcule l'augmentation suivante sur la base de la valeur acquise à la fin de la période précédente. Par exemple, avec un taux de croissance annuel de 5 %, une valeur de base est doublée en moins de 15 ans.

⇒ croissance ; croissance linéaire ; croissance cyclique ; croissance organique

CROISSANCE CYCLIQUE

On peut tracer la courbe de l'**évolution conjoncturelle de l'économie**. Cette courbe est généralement désignée par un « **sentier de croissance** ». La conjoncture s'étend entre les extrêmes que représentent la haute conjoncture, le boom et la crise. Lorsque la courbe s'écarte du « sentier », donc de la tendance ou du « **trend** » normal, on parle de perturbations. Tous les Gouvernements aspirent à une croissance sans déréglements et essayant de parvenir à une **croissance continue** par une politique fiscale et monétaire appropriée.

⇒ boom ; conjoncture ; croissance ; croissance linéaire ; croissance exponentielle

CROISSANCE « GOLDENAGE »

Littéralement, « l'âge d'or de la croissance ».

Pour atteindre un Produit Intérieur Brut – PIB – ou un Produit Social d'un certain niveau, on a besoin, au départ, d'un certain capital.

Selon les théories néoclassiques, le taux de croissance d'équilibre dépend essentiellement du facteur « travail » et du progrès technique ; lorsque ces deux grandeurs restent constantes, on aboutit également dans une situation de croissance d'équilibre, en période longue ; cette croissance est dite « **golden age** » ; elle est, bien évidemment liée aux taux d'investissement.

⇒ École néoclassique ; WALRAS Léon

CROISSANCE LINÉAIRE

La croissance est linéaire si une grandeur déterminée augmente dans un même espace de temps, toujours de la même quantité lorsque le taux est fixe pendant cette même période.

Par exemple, avec un taux de croissance de 5 %, la croissance linéaire multipliera la quantité de base de 1,5 en 10 ans.

⇒ croissance ; croissance exponentielle ; croissance cyclique

CROISSANCE ORGANIQUE

La croissance de l'économie est étroitement liée aux évolutions du Produit Intérieur Brut – PIB.

Une croissance positive est synonyme d'augmentation et d'amélioration du bien-être.

L'économie croît de façon linéaire, exponentielle cyclique ou organique ; la croissance organique est fondée sur les lois de la nature. La loi des rendements en matière agricole trouve aussi son application dans d'autres domaines : les rendements peuvent croître, stagner ou diminuer.

▶ graphique n° 12

CROSS-SELLING

Terme anglo-américain signifiant « **vente croisée** ».

Il s'agit de faire des **offres combinées et attractives au consommateur**. On organise par exemple une dégustation gastronomique en la combinant avec la présentation d'un programme touristique ou bien on rattache un déplacement touristique de courte durée à la visite d'une fabrique de vêtements, d'une fabrique de porcelaines ou d'une propriété viticole.

Ces offres complémentaires qui touchent souvent à plusieurs domaines sont très souvent faites sur Internet.

Les législations nationales et les règles européennes protègent le consommateur contre les fréquentes dérives de ces pratiques.

⇒ consommateur

CROWDING OUT EFFECT

Voir : EFFET D'ÉVICTION

C TO B (C2B)

Voir : CONSUMER TO BUSINESS

C TO C (C2C)

Voir : CONSUMER TO CONSUMER

CULTURE D'ENTREPRISE

Ensemble d'éléments significatifs, objectifs ou subjectifs qui pour un salarié et pour l'environnement de l'entreprise caractérise celle-ci ; il y a, pour les salariés et, dans une moindre mesure, pour les fournisseurs et les clients, un sentiment d'appartenance et d'identification qui va au-delà des relations de travail ou commerciales.

À l'image que l'on se fait de l'entreprise s'ajoutent des sentiments de fidélité, de dévouement, l'investissement personnel, etc.

La culture d'entreprise peut être faible ou forte, voire nulle, mais son ignorance par des repreneurs en cas de cession ou de fusion peut engendrer des difficultés graves.
Les termes anglo-américains de « **corporate culture** » sont parfois utilisés ; ils sont synonymes de culture d'entreprise.

CURATELLE
Voir : TUTELLE

CUSTOMISATION
Terme de mercatique synonyme de **personnalisation** : **l'entreprise adapte son produit au goût et à la demande de chacun de ses clients** (customers en anglais), dans certaines limites, bien sûr.
⇒ client.

CUSTOMER RELATIONSHIP MANAGEMENT – CRM
Terme de marketing anglo-américain, littéralement « **gestion des relations avec les clients** » qualifiant **les techniques mise en œuvre pour satisfaire les clients.**
⇒ marketing

CUSTOMER – VALUE MANAGEMENT – CVM
Voir : GESTION DU CAPITAL CLIENT

CYBER-CAFE
Lieu convivial où il est possible de se connecter facilement sur INTERNET. Ce peut être un café, une brasserie mais aussi une boutique spécialisée, le terme « **CAFE** » étant en anglais, l'acronyme de « **Common Access for Everybody** » – « **Accès facile, ordinaire pour chacun** ».
Le terme cyberespace est synonyme.
⇒ INTERNET

CYBERCASH
Voir : ELECTRONIC CASH

CYBERCRIMINALITÉ
Ensemble des délits commis en utilisant INTERNET ; la cybercriminalité est souvent le fait de spécialistes (les « hackers ») qui s'insèrent dans les réseaux et y introduisent des parasites (les « virus »).

L'UNION EUROPÉENNE – UE – a créé une agence spécialisée pour lutter plus efficacement en coopération avec les États membres contre la cybercriminalité, l'Agence de Sécurité de Réseau Européen et d'Information – ENISA.
⇒ Agence de Sécurité de Réseau Européen et d'Information ; hacker ; INTERNET

CYBERMALL
Terme anglo-américain.
C'est le « **cyber centre commercial** », littéralement « **centre commercial électronique** » : il s'agit d'un marché tout à fait abstrait qui, pourtant, fonctionne comme un véritable marché. Grâce au réseau électronique (INTERNET), le client peut se mouvoir d'un « magasin » dans un autre pour conclure des affaires. Les expressions « **webmall** » (**centre commercial sur la toile**) ou « **on line** » (**centre commercial en ligne**) sont synonymes de cybermall.
⇒ INTERNET

CYBERMONEY
Terme anglo-américain signifiant « **monnaie électronique** ».
Nous sommes habitués à parler de monnaie métallique, de monnaie fiduciaire et de monnaie scripturale. À l'ère de l'électronique, il faut évoquer les nouvelles formes de monnaie telle la **monnaie électronique**. La « cyber money » n'est pas une monnaie palpable, mais **une monnaie de compte** utilisée à l'occasion de payement par INTERNET. Cette monnaie est donc « conservée » sur « hard disk » (« disque dur »), la mémoire de l'ordinateur (support de stockage des informations des systèmes d'exploitation, des programmes et des fichiers).
⇒ monnaie

CYCLE
Phase ou période caractéristique au plan économique (ou social, culturel, etc.) : prospérité, dépression, inflation, régression, chômage, plein emploi, etc.
La succession de ces périodes (de durée très variable) constitue des cycles économiques.

CYCLES ÉCONOMIQUES
Succession de périodes ou de phases au cours desquelles des situations de dépression et d'essor économiques sont en alternance.
⇒ conjoncture ; croissance

DATABASE MARKETING
Termes anglo-américains désignant toute **activité de marketing (ou de mercatique) utilisant les moyens de l'informatique**, littéralement « mercatique informatisée ».
⇒ marketing

DATE DE VALEUR
Voir : VALEUR

DATION
C'est **l'obligation de transférer la propriété de quelque chose à quelqu'un**. D'une manière générale, ce sont les obligations des parties contractantes.
⇒ dation en paiement

DATION EN PAIEMENT
Le créancier d'une obligation est d'accord pour **accepter en paiement autre chose que ce qui a été initialement convenu**. Dans certains pays, des dispositions fiscales prévoient la possibilité de s'acquitter du paiement des droits de succession en œuvres d'art.
⇒ dation

DAVAZANTI Bernardo (1529-1606)
Économiste italien, B. DAVAZANTI est un spécialiste de la monnaie, auteur de *Lezione delle monete* – « *Leçons sur la monnaie* » (1558), mais aussi de ses liens avec la valeur : il montre que **certains biens indispensables sont sans valeur** (l'air) mais que d'autres, *a priori* sans utilité, ont une valeur certaine, parfois très forte (le diamant).
⇒ rareté

DAVENANT Charles Sir (1656-1714)
Homme politique et économiste anglais, C. DAVENANT a notamment étudié le problème des revenus au niveau de l'État, publiant en 1798 *Discourse on the Public Revenues* – « *Discours sur les revenus de l'État* » dans lequel il raisonne avec des chiffres sur des matières touchant au gouvernement. Mais il s'est aussi intéressé au commerce international avec *Essay upon the Probable Method of Making a People Gainers in the Balance of Trade* – « *Essai sur une méthode vraisemblable pour faire des gens gagnants avec la balance commerciale des échanges* » (1699), dans lequel il justifie le libre-échange.

DAY TRADER
Voir : TRADER

DAY TRADING
Termes anglo-américains signifiant « **spéculation au jour le jour** ».
C'est **une forme spéciale du marché boursier** dont l'objectif est d'organiser une **négociation quasi permanente** (achat-vente), **au jour le jour, des titres**. Par le réseau INTERNET, l'accès aux marchés est instantané. Cette formule a été beaucoup utilisée mais les pertes très importantes et parfois croissantes des opérateurs ont provoqué une certaine désaffection vis-à-vis de telles transactions.

DEADLINE
Terme anglo-américain signifiant « **dernière limite** ». Dans l'exécution d'un contrat, c'est la « **date butoir** », le dernier délai, l'échéance. Tout dépassement de ce délai peut entraîner des suites contentieuses.
⇒ butoir

DEAL
Terme anglo-américain dont l'usage est, en français, dans la formule « **faire un deal** », c'est-à-dire « **conclure un marché, un accord** ».
Le terme est cependant aujourd'hui pollué par une autre acception dont la connotation peut induire en erreur : « dealer » c'est la revente de drogues par un « dealer » ou « dealeur ».
Le « New Deal » est un programme de relance économique mis en œuvre aux États-Unis pour faire face à la crise de 1929.
⇒ New deal

DÉBIRENTIER
Dans un contrat de rente viagère, un particulier, une institution, notamment une compagnie d'assurances, le « **débirentier** » **reçoit une somme déterminée et s'engage à payer périodiquement une rente à un bénéficiaire**, le « **crédirentier** ».
⇒ crédirentier ; rente viagère

DÉBIT
En comptabilité en partie double, le débit représente la partie gauche d'un compte, quel qu'il soit.
Débiter un compte signifie, en termes comptables, soit une augmentation (comptes d'Actif et comptes de charges) soit une diminution (comptes de Passif et comptes de produits).
En comptabilité en partie double l'on ne supprime jamais une écriture ; l'annulation s'effectue par une écriture inverse (ou contre-passation).
Dans les différents comptes, il y a toujours l'égalité débit = crédit, comme au Bilan, Actif = Passif.
En fin de période (en général l'année), le solde débiteur se met pour équilibrer du côté du crédit (si le total des débits est supérieur au total des crédits).
Un « **arrêt de debet** » est une formule très peu usitée qui concerne un comptable public qui a obligation, en cas de déficit de ses comptes, à en supporter les conséquences et à rembourser personnellement, sur ses propres fonds, ce déficit.
On parle aussi de « **note de débit** » lorsque l'on fait connaître à quelqu'un qu'il est débiteur d'une certaine somme.
⇒ bilan ; crédit

DÉBITEUR
Celui qui doit de l'argent à une personne, à une entreprise, à un commerçant (le créancier) et, **par extension, celui qui a une dette**, y compris morale, vis-à-vis de quelqu'un.
⇒ débit

DÉBLOCAGE
Voir : BLOCAGE

DÉBOUCHÉ
Marché national ou extérieur au pays dans lequel existe un besoin non totalement satisfait ou susceptible d'être développé.
La « **loi des débouchés** » élaborée par J.B. SAY énonce qu'une production conduit nécessairement la possibilité d'autres productions. KEYNES a repris cette loi en résumant « **les produits s'échangent contre les produits** ».
⇒ Loi des débouchés ; KEYNES ; SAY

DEBREU Gérard (1921-2004)
Économiste américain d'origine française, diplômé de l'École Normale Supérieure (France) et professeur aux Universités de Chicago, Yale et Berkeley (E-U), G. DEBREU reçoit en 1983 le **Prix Nobel d'Économie pour « l'introduction de nouvelles méthodes d'analyse dans la théorie économique et pour une reformulation rigoureuse de la théorie de l'équilibre général »**.
G. DEBREU démontre notamment l'existence d'un équilibre de concurrence parfaite. Il a publié en 1959 une *Théorie de la valeur* qui propose un modèle mathématique pour que la production maximise les profits.
G. DEBREU a collaboré avec K. ARROW pour l'étude des économies de marché.
⇒ ARROW

DEBT DEFLATION
Termes anglo-américains, littéralement « **déflation d'une créance** ».
Concept étudié par l'économiste américain Irving FISHER pour montrer le décalage entre une dette dont la valeur nominale reste inchangée et les actifs qu'elle représente dont la valeur peut avoir sensiblement évolué en baisse.
⇒ FISHER

DÉCENTRALISATION
Système qui, dans une entreprise, donne des **pouvoirs décisionnels à des collaborateurs**. Les travailleurs sont alors plus motivés mais aussi davantage responsabilisés. La décentralisation dans l'entreprise impose **une gestion plus attentive et plus dynamique des ressources humaines et une organisation adaptée**.
La **décentralisation industrielle** est une forme et une technique de **l'aménagement du territoire qui consiste à favoriser l'implantation des entreprises dans des régions dont les Autorités Publiques veulent favoriser le développement**.
⇒ aménagement ; centralisation

DÉCHARGE
Formalité par laquelle quelqu'un dégage une autre personne d'une responsabilité déterminée ; cette décharge peut aussi concerner une personne morale.
Décharge est aussi synonyme d'**allégement, de réduction** (en matière fiscale notamment) ; c'est aussi le **document attestant du paiement de quelque chose ou de l'exécution d'un engagement, d'une gestion** (dans ce cas, le terme de quitus est synonyme).
⇒ quitus

DÉCHÉANCE
Perte d'un droit, soit à titre de sanction (interdiction de gérer), soit pour le non-respect d'une règle.

DÉCIDEUR
Celui qui a **le pouvoir de décider ou se le donne** dans un domaine déterminé. On regroupe sous le terme de « décideurs » tous ceux qui dans une commune, une région, un pays ont un pouvoir de décision dans le domaine économique, en politique ou au plan administratif.

DÉCISION
Choix d'un responsable, solution donnée à un problème, orientation politique, stratégie commerciale, etc.
La décision peut être individuelle (elle émane d'un chef) ou collective (un groupe ayant le pouvoir, un conseil d'administration, un syndicat). La décision peut concerner l'un ou l'autre des domaines de l'activité d'une entreprise, d'une administration, d'une organisation.
La décision peut aussi être un acte administratif qui s'impose à celui auquel elle est destinée.
La décision est l'un des actes juridiques de l'UNION EUROPÉENNE – UE – (avec les Règlements, les Directives et les Avis ou Recommandations, en application de la Constitution de l'UE, les lois et les lois-cadres européennes) ; elle peut concerner un individu, une entreprise, un ou plusieurs États : **elle a un caractère obligatoire pour son application**.
⇒ UNION EUROPÉENNE

DÉCLARATION DE PARIS
Voir : CORRUPTION

DÉCLARATIONS FISCALES ET SOCIALES
Toutes les législations obligent les entreprises et tous les employeurs, ainsi que les personnes privées à de nombreuses déclarations fiscales et sociales, à des dates périodiques (mois, année), le plus souvent au moyen de formulaires spécialisés et généralement informatisés.
Il s'agit d'**actes écrits destinés à différentes administrations et qui servent de base au calcul d'impôts et de cotisations** (TVA, impôt sur les sociétés, impôt sur le revenu, etc.) ; de plus en plus les administrations procèdent au croisement des informations pour exercer un contrôle plus rigoureux et plus fiable.
⇒ impôt sur le revenu ; impôt sur les sociétés ; Taxe sur la Valeur Ajoutée

DÉCOLLAGE
La notion de décollage est liée à la croissance. Elle peut concerner l'économie dans son ensemble (« décollage économique ») mais aussi un marché, un secteur, une entreprise : pendant une certaine période, il n'y a pas d'évolution, pas de développement significatif puis, pour diverses raisons, on connaîtra une période d'améliorations, de changements positifs (on parle de décollage des ventes, de la production, des commandes, des exportations, etc.).
L'économiste **W.W. ROSTOW distingue,** dans sa classification de l'évolution économique en 5 étapes, **une phase de « décollage »** entre celle de la société traditionnelle et celle du progrès technique : **c'est le démarrage industriel** (concept de « take off »).
⇒ ROSTOW

DÉCOLONISATION
Dans le courant du XXe siècle, les anciennes puissances coloniales ont consenti à **l'indépendance des pays colonisés** à qui ils ont rendu la **liberté**.
Le terme est aussi utilisé lorsqu'un pays accédant à l'indépendance procède lui-même à **la suppression de toutes les formes de colonisation** qui subsistaient.
⇒ colonisation.

DÉCONSOLIDATION
C'est **l'opération inverse de la consolidation** pour **sortir des comptes d'une société un certain nombre d'éléments** concernant tel ou tel de ses partenaires : société-mère ou filiale, sociétés d'un même secteur dans laquelle existe une participation, etc.
Le terme de « **montage déconsolidant** » est synonyme de déconsolidation.
La déconsolidation est très **strictement encadrée et réglementée**, notamment pour les sociétés exerçant leur activité au plan international.
⇒ comptabilité ; consolidation

DÉCOTE

Différence négative entre deux prix ou baisse de la valeur d'un bien déterminé. Entre le prix d'un article neuf et le même article usagé, il y a une décote.

Dans le domaine boursier, c'est la différence entre la valeur nominale ou celle d'achat d'un titre d'une part, le cours de celui-ci en Bourse (en cas de baisse) d'autre part.
⇒ Bourse

DÉCOUVERT

Signifie qu'il n'y a **pas de « couverture », de « provision » ou de « garantie » sur un compte**, généralement bancaire ; mais on peut faire des **« tirages à découvert »** qui correspondent alors à un **crédit à court terme** accordé par une banque contre paiement d'intérêt.
⇒ intérêt

DÉDOMMAGEMENT

C'est un **avantage ou une compensation accordés à quelqu'un en réparation d'un fait ou d'une action qui ont causé un dommage, matériel ou moral**.

En cas de **reprise d'une entreprise**, celui qui a l'intention de devenir propriétaire devra **dédommager les anciens associés** et, le cas échéant, les anciens administrateurs. Il est aussi d'usage de concéder aux anciens actionnaires un dédommagement soit en espèces, soit sous forme d'attribution d'actions de la nouvelle entreprise, à des conditions préférentielles.
⇒ golden handshake

DÉDUCTION

La considération générale d'un fait ou de quelque chose permet, par le raisonnement, d'aborder le cas particulier d'une façon plus précise et d'en tirer une conséquence.

L'assertion selon laquelle on aboutit à une conclusion par le biais d'une réflexion déductive, c'est-à-dire d'un raisonnement, se confirme par le fait qu'elle est déjà contenue, sous forme de prémisses, dans la considération générale.

La déduction, en matière fiscale, est synonyme de réduction, de remise, d'abattement ou d'allégement.
⇒ abattement ; allégement ; induction

DE FACTO

Termes latins **signifiant « de fait »**.

On se base sur des faits dans la mesure où il en existe, mais il n'y a pas de base légale. On peut évidemment s'appuyer sur des faits qui sont réglementés par la loi. Le contraire est exprimé par les termes « **de jure** », c'est-à-dire « **en droit** ».
⇒ de jure

DÉFAISANCE

Opération réalisée par une entreprise qui, connaissant des difficultés, se sépare d'une partie de ses actifs.

Le terme anglo-américain de « defeasance » est synonyme.

DÉFICIT

Situation financière constatant un manque de moyens financiers, d'argent ou des dépenses supérieures aux recettes pendant une période déterminée.

Un **découvert** peut être assimilé à un déficit provisoire.

Le **déficit budgétaire** concerne la situation financière d'un État ; ce déficit peut concerner la totalité du budget ou seulement certains postes.

Le déficit budgétaire éventuel des États membres de l'UNION EUROPÉENNE – UE – est l'un des critères de mesure de la situation économique dans le cadre de l'union économique et monétaire ; il impose aux pays de la Zone Euro de prendre toutes les mesures nécessaires pour le limiter à 3 % du Produit Intérieur Brut – PIB – (c'est l'un des « critères de convergence » fixés par le traité de Maastricht).

On parle aussi de **déficit du commerce extérieur ou de déficit commercial** d'un pays (les importations étant plus importantes, en valeur, que les exportations), **de celui de la sécurité sociale ou encore de l'emploi** (les demandes d'emploi sont supérieures aux offres).

Le **déficit systématique ou « deficit spending »** (la formule serait due à W. BEVERIDGE) est une théorie élaborée par KEYNES qui incite les Autorités Publiques à **soutenir, par le déficit budgétaire, l'activité d'un pays en période de récession**.
⇒ deficit spending ; Union économique et Monétaire ; UNION EUROPÉENNE

DEFICIT SPENDING

Formule anglaise qui serait due à l'économiste social Lord William BEVERIDGE, reprise par KEYNES, et qui peut se traduire par « **déficit systématique** » ou « **déficit actif** ».

Mesure politico-économique de l'État qui consiste, en période de récession, à **faire croître les dépenses publiques et l'endettement d'un pays dans le but de stimuler la conjoncture**. Par des actions sur la monnaie et le crédit, on tend à provoquer des effets de multiplication et d'accélération dans le domaine économique.

Cette politique est souvent **assimilée au « fiscalisme » encore appelé « keynésianisme »**.
⇒ accélérateur ; BEVERIDGE ; fiscalisme ; KEYNES ; multiplicateur

DÉFLATION

Dégonflement, recul, baisse de l'activité économique avec une baisse des prix. De nombreux économistes se refusent à admettre que la déflation soit tout simplement l'inverse de l'inflation. La notion d'inflation est, en effet, complexe et délicate à exprimer. La déflation peut être une **politique volontaire** qui s'accompagne d'un ensemble de mesures visant à **réduire la demande**. On a ainsi constaté, au début des années 1930, que l'adaptation constante du budget de l'État français au recul des exportations avait fait baisser les dépenses publiques et augmenter le nombre de chômeurs en France.

De telles politiques sont jugées totalement inefficaces et seraient aujourd'hui impossibles en raison des législations salariales et des réglementations concernant la monnaie et le crédit, y compris dans l'UNION EUROPÉENNE – UE.

On considère cependant, que si la baisse des prix et celle de l'activité sont concomitantes, il n'y a pas nécessairement de lien ou de corrélation entre les deux.

On peut retenir, en définitive, que **la déflation caractérise une situation dans laquelle les prix sont en baisse constante et que, parallèlement, le chômage se développe**.

Le risque de déflation est d'autant plus prononcé que les prévisions économiques sont pessimistes. En effet, une telle attitude est à la base d'une spirale qui déclenche une certaine inactivité, un attentisme, une augmentation de l'épargne, le recul des investissements et une baisse de la circulation monétaire.

La déflation peut être considérée comme particulièrement dangereuse pour l'économie.
⇒ chômage ; circulation monétaire ; investissement ; prix

DE GASPERI Alcide (1881-1954)

Journaliste et député italien, il préside le parti populaire italien – PPI – avant d'être condamné pour activités antifascistes et exilé ; il revient sur la scène politique après la Deuxième Guerre mondiale (1939-1945) et préside pendant plus de 10 ans le Gouvernement italien œuvrant, notamment, avec efficacité pour la construction européenne ; il présidera l'Assemblée

Parlementaire de la COMMUNAUTÉ EUROPÉENNE DU CHARBON ET DE L'ACIER – CECA.
A. DE GASPERI est considéré comme l'un des « pères fondateurs » de l'UNION EUROPÉENNE – UE.
⇒ UNION EUROPÉENNE

DE GAULLE Charles (1890-1970)
Militaire, écrivain, mais surtout **homme politique français** et Président de la République Française. C'est lui qui a organisé la résistance française depuis l'Angleterre pendant la Deuxième Guerre mondiale (1939-1945).
Il est à l'origine de la décolonisation de l'Afrique Noire et de l'indépendance qui fut négociée avec l'Algérie en 1962.
Dès 1957, **il s'associe étroitement avec le Chancelier allemand Konrad ADENAUER pour la construction de l'Europe** (même s'il s'oppose à l'adhésion du Royaume-Uni) et a été, avec lui, **l'artisan de la réconciliation franco-allemande** scellée par le Traité d'Amitié et de Coopération de 1963.
À la suite d'un référendum, il a quitté le pouvoir en 1969.
⇒ ADENAUER ; Europe des Patries ; UNION EUROPÉENNE

DÉGRÈVEMENT FISCAL
C'est une **réduction des impôts** décidée par le Gouvernement.
Une telle mesure peut avoir des **effets positifs** sur l'économie, l'investissement et si elle concerne les ménages avec enfants, sur la démographie.
Le terme est aussi utilisé lorsque l'administration fiscale décharge d'un impôt, en totalité ou en partie, un individu, soit par application de la loi, soit par indulgence à la suite d'un manquement à ses obligations.
⇒ impôt

DE JURE
Termes latins signifiant « **de droit** ».
Cette locution s'applique lorsque certains **faits sont réglementés par la loi.**
Le contraire s'exprime par les termes « **de facto** », c'est-à-dire « **de fait** » lorsqu'on ne peut se baser que sur des faits et non pas sur une législation ou une réglementation.
⇒ de facto

DÉLAI
Temps fixé pour faire ou exécuter quelque chose ou encore pour prolonger celui qui a été accordé (on parle alors parfois de « délai de grâce »).
Le délai est aussi synonyme de période, de durée.

DÉLAI D'ATTENTE
Période déterminée par une loi ou un règlement pendant laquelle l'on ne peut pas bénéficier de certaines prestations, une action ne peut pas être engagée, un droit ne peut pas être obtenu, une obligation ne peut pas être exécutée, etc.
Il y a des délais d'attente dans de nombreux domaines : prestations sociales (notamment le « délai de carence »), instances judiciaires, obtention d'un titre, d'une fonction à l'issue d'une période de formation, etc.

DÉLÉGATION
Formalité ou permission donnant à quelqu'un ou à un groupe le pouvoir ou l'autorisation d'agir lui donnant une responsabilité déterminée, lui conférant une capacité de gérer ou d'exécuter.
La délégation peut aussi s'établir entre personnes morales ou encore de celles-ci à des personnes physiques.
La « délégation de service public » concerne une entreprise privée à laquelle l'État ou une collectivité (commune, région)

délègue la gestion d'un service d'intérêt général ; dans certains pays, cette délégation de service public est appelée régie.
⇒ service

DÉLIBÉRÉ
Terme juridique qualifiant la période entre l'audience (le déroulement) **d'un procès et la décision du tribunal ou de la cour :** c'est le délibéré ou « mise en délibéré » d'une affaire ; cette pratique existe devant tous les tribunaux et permet aux juges de se concerter et de rédiger les éléments de leur jugement.

DÉLIT
C'est **un fait illicite, une infraction, qui cause des dommages à quelqu'un** ; celui qui commet un délit fait un acte répréhensible qui est punissable.
⇒ infraction

DÉLIT D'INITIÉ
Lorsqu'un initié (personne au courant, bien informée) transgresse les règles de la discrétion professionnelle en **divulguant des informations qui devraient rester secrètes, il se rend coupable d'un délit d'initié** qui est sévèrement sanctionné (licenciement pour un salarié, amendes, etc.) et peut être **puni pénalement.**
⇒ initié

DELIVERED AT FRONTIER – DAF
Terme du transport international, maritime et terrestre (INCOTERM), signifiant : **rendu frontière ; la marchandise est transportée aux frais du vendeur jusqu'à la frontière en prenant en charge les formalités et les droits de douane éventuels d'exportation** ; cependant, les frais de déchargement à la frontière sont à la charge de l'acheteur.
⇒ INCOTERMS

DELIVERED DUTY PAID – DDP
Terme du transport maritime mais aussi utilisé pour le transport terrestre international, c'est un INCOTERM signifiant : **rendu droits acquittés, c'est-à-dire que le vendeur prend en charge le transport de la marchandise jusqu'au lieu convenu en supportant tous les frais, y compris douaniers et de déchargement.**
⇒ INCOTERMS

DELIVERED DUTY UNPAID – DDU
Terme du transport maritime mais aussi terrestre (INCOTERM), signifiant que **la marchandise est mise à la disposition de l'acheteur au lieu convenu dans le pays d'importation mais la charge des formalités douanières, des taxes ainsi que le déchargement sont supportés par l'acheteur.**
⇒ INCOTERMS

DELIVERED EX QUAY – DEQ
Terme du transport maritime (INCOTERMS) signifiant : **rendu à quai. Le vendeur de la marchandise met celle-ci dédouanée sur le quai, à la disposition de l'acheteur, au port convenu.**
⇒ INCOTERMS

DELIVERED EX SHIP – DES
Terme du transport maritime (INCOTERM), signifiant : **rendu ex ship ; le vendeur assure le transport par le navire choisi et supporte le fret ainsi que les risques du transport jusqu'au point de déchargement** (les marchandises ne sont pas encore déchargées mais le navire est ancré dans le port de déchargement).
⇒ INCOTERMS

DÉLOCALISATION

Transfert de tout ou partie de l'activité d'une entreprise dans une autre région ou un autre pays, le plus souvent pour obtenir des coûts inférieurs (main-d'œuvre moins payée, charges sociales et fiscales inférieures, avantages financiers, etc.).

La délocalisation apporte indéniablement, au moins à court terme, un préjudice à la région ou au pays que l'entreprise quitte (chômage, perte de revenus pour la région ou l'État concernés). Certains gouvernements ont été amenés à prendre ainsi des **mesures antidélocalisation** pour le maintien de l'activité d'entreprises qui envisageaient de se délocaliser ; le personnel de ces entreprises est parfois lui-même sollicité pour, par exemple, accepter des réductions de salaires.

Mais la délocalisation procure des emplois (directs et indirects) dans le pays d'accueil qui est souvent un pays en développement.

Les investissements réalisés par la délocalisation peuvent constituer, par les revenus qu'ils procurent, **des recettes importantes pour l'entreprise qui délocalise** et celles-ci contribuent alors à une situation favorable de la balance des paiements du pays dont certaines entreprises investissent à l'étranger.

Le terme de « déterritorialisation » est parfois employé comme synonyme de délocalisation.

Le terme anglo-américain d'« offshoring » est synonyme de délocalisation.

DELORS Jacques (1925 -)

Homme politique et économiste français, J. DELORS est un humaniste social démocrate, de sensibilité socialiste.

Ministre de l'Économie et des Finances dans le Gouvernement français de 1981 à 1984, il va, à plusieurs reprises, refuser le poste de Premier ministre et surtout renoncer à être candidat à la Présidence de la République Française en 1994.

J. DELORS est avant tout un Européen convaincu et convaincant. Revendiquant l'héritage des « pères fondateurs de l'UNION EUROPÉENNE – UE –, notamment J. MONNET et R. SCHUMAN, il participe avec une remarquable efficacité à la construction de l'Europe.

Il a, dès 1993, proposé que l'intégration politique de l'UE se réalise sous la forme d'une « **fédération d'États-Nations** », c'est à dire qu'en gardant à chacun des États membres sa cohésion nationale et sociale, le cadre de l'UNION EUROPÉENNE – UE – permette de les faire travailler ensemble avec efficacité dans tout ce qui est du domaine des ambitions d'avenir de l'UE.

J. DELORS a animé, à partir de 1993, au sein de l'Organisation des Nations Unies pour l'Éducation et la Culture – UNESCO – **une réflexion sur l'éducation** ; il a été à l'origine d'un rapport qui fixe, pour l'avenir, les « **quatre piliers** » majeurs des actions à mener dans le monde :
– apprendre à connaître,
– apprendre à faire,
– apprendre à être,
– apprendre à vivre ensemble.

À la tête de la COMMISSION EUROPÉENNE de 1985 à 1995 il va donner à l'UE un développement significatif avec de très nombreuses actions volontaristes dans les **domaines économiques et sociaux** : marché unique, réforme de la Politique Agricole Commune – PAC – Charte Sociale, relations avec les Pays d'Afrique, des Caraïbes et du Pacifique – ACP – négociations d'adhésion avec les pays candidats et surtout élaboration et mise en œuvre de l'union économique et monétaire avec l'euro (reprenant, en les adaptant, les propositions de P. WERNER et de R. BARRE).

Même s'il n'a pas pu faire aboutir les projets d'une révision institutionnelle nécessaire de l'UE, J. DELORS a été l'un des acteurs majeurs de l'édification de l'UE, de sa cohésion économique et sociale, de son élargissement et de son approfondissement.

On désigne par les termes de « **paquets DELORS** », certains des programmes d'action de la Commission Européenne, notamment dans les domaines du budget de l'UE, du marché intérieur, des aides aux régions (les « fonds structurels » et les « fonds de cohésion ») et de la « Politique Agricole Commune – PAC ».

⇒ BARRE ; MONNET ; SCHUMAN ; Union économique et monétaire ; UNION EUROPÉENNE ; WERNER

J. DELORS a fondé en 1996, l'association « **Notre Europe** » qui rassemble des chercheurs originaires de différents pays dont les réflexions et les études contribuent à enrichir les débats sur l'avenir de l'UE. « Notre Europe » joue un rôle de « **laboratoire d'idées** »(« think tank »).

Internet : **http://www.notre-europe.asso.fr**

DEMAND PULL INFLATION

Termes anglo-américains, littéralement « **inflation par attraction de la demande** ».

Lorsque **la demande croît trop rapidement par rapport à l'offre**, les prix ont une tendance à la hausse.

L'expression anglo-américaine « **cost pull inflation** » est synonyme.

⇒ demande ; inflation

DEMAND SHIFT INFLATION

Termes anglo-américains, littéralement « **inflation par l'évolution de la demande** ».

L'expression s'applique à la situation dans laquelle **les prix des biens dont la demande s'accroît vont augmenter** alors que le prix de ceux qui sont moins demandés ne vont, quant à eux, pas baisser.

⇒ demande ; inflation

DE MAN

Voir : PLANISME

DEMANDE

En économie, elle est constituée par **les besoins et les désirs** qu'elle mesure dans des conditions données, tout d'abord individuels et, finalement, par leur cumul, de **l'ensemble des agents économiques qui ont les moyens de les satisfaire**.

⇒ besoin ; demande globale ; désir

DEMANDE DE MONNAIE

Les économistes considèrent la demande de monnaie :
– soit comme **une fonction du revenu**,
– soit comme **l'expression du besoin des entreprises et des particuliers pour pouvoir répondre à certaines nécessités : c'est l'encaisse**,
– soit pour s'assurer une réserve de valeur,
– soit pour des besoins purement spéculatifs.

DEMANDE GLOBALE

Il s'agit de **l'ensemble des biens et des services que les ménages, les entreprises et l'État voudraient se procurer**. La production ou la consommation correspondantes ne s'adapte pas alors automatiquement.

Le terme de demande globale est synonyme de « **demande collective** ».

⇒ biens ; consommation ; production ; services

DÉMARCHAGE
Système de prospection de clients par un contact, soit direct (démarchage à domicile), soit par téléphone ou encore par INTERNET.

DÉMOCRATIE
Système qui, dans un État ou une organisation donne le pouvoir au peuple (ou aux membres), exprimé par la majorité de celui-ci.
La démocratie peut être directe : toutes les décisions sont prises à la base (la population, les individus qui ont la capacité de voter, les membres, etc.) ; **le référendum** est un exemple de démocratie directe.
La démocratie est indirecte lorsqu'elle s'exerce avec les niveaux intermédiaires et des votes à chacun de ceux-ci ; **ce type de démocratie est appelé aussi « représentatif »** : dans de nombreux États, le maire ou le bourgmestre d'une commune est élu par le conseil municipal, donc indirectement par la population qui a voté pour élire ce Conseil. **Certains États s'intitulent « démocratie populaire »** notamment en référence à l'idéologie marxiste, soulignant ainsi que le pouvoir serait assumé par la masse des prolétaires, au moins en théorie, car la réalité montre qu'il s'agit le plus souvent de dictature.

DENG XIAOPING (1904-1997)
Homme d'État chinois, DENG XIAOPING milite très jeune au Parti Communiste Chinois – PCC – avec qui il participe entre 1930 et 1945 à la lutte armée contre le pouvoir en place (Guomindang).
Après la victoire de MAO TSE-TOUNG et l'établissement de la **République populaire de Chine** (1949) il entre au Gouvernement.
Évincé des responsabilités pendant la **« révolution culturelle »** (1966-1976), contraint à l'autocritique, il ne retrouve un rôle important qu'à partir de 1977, **orientant la Chine vers une modernisation économique spectaculaire, imposant de multiples réformes et ouvrant le pays au monde avec une efficacité reconnue.**
Mais DENG XIAOPING n'abandonnera jamais l'idéologie socialiste « à la chinoise » et s'opposera à toutes les tentatives de démocratisation du pays.
⇒ maoïsme ; MAO TSE-TOUNG

DÉPART USINE
Expression utilisée dans la vente de marchandises signifiant que **les frais de transport de celle-ci sont à la charge de l'acheteur** ; on dit aussi « enlèvement des marchandises à l'entrepôt indiqué ».
⇒ INCOTERMS

DÉPENSES
C'est **ce qu'a coûté ou a fait l'objet d'un achat de biens ou de services.**
Dans l'entreprise, les dépenses se rapportent à la trésorerie.
En comptabilité, les dépenses concernent **les livraisons de biens et autres produits nécessaires à l'exploitation ainsi que toutes les prestations de services qui sont faites à l'entreprise.** Lorsque l'entreprise bénéficie de crédits de la part de ses fournisseurs et prestataires de services, les paiements seront effectués plus tard. En cas de non-paiement (définitif) il y aurait enrichissement de l'entreprise.
Les dépenses n'affectent pas le résultat ; ainsi, dans un premier temps, il peut y avoir bénéfice ou perte en l'absence de paiement ; le paiement intervenant ultérieurement, il y a un décalage en comptabilité. La constatation des charges et des produits, au sens comptable, et qui sont imputables à un exercice, ne concorde pas avec les opérations en numéraire.
⇒ recettes

DÉPLACEMENT DE PERSONNES
On entend par là :
- **le tourisme** sous toutes ses formes (voyages, séjours sportifs, congrès, cures thermales, etc.),
- **les migrations de population**, provisoires, définitives ou saisonnières, etc.,
- **les mouvements frontaliers** de travailleurs,
- **l'immigration et l'émigration**,
- **les mouvements massifs de population dans les périodes de crise, de famine ou de guerre, etc.**

Les déplacements entraînent toujours des **mouvements financiers**, dans les deux sens.
Le terme « déplacement » est utilisé dans les entreprises pour qualifier les **voyages professionnels ou les trajets domicile-lieu de travail des salariés.**

DÉPÔT
Le terme admet plusieurs acceptions mais c'est, très généralement, le fait **de laisser ou de remettre quelque chose à quelqu'un.** On peut ainsi déposer un testament chez un notaire, déposer des titres entre les mains d'une personne, déposer des fonds (espèces, chèques) dans une banque, déposer un projet de loi (c'est-à-dire le présenter au vote des élus) ou encore déposer son bilan (c'est-à-dire confirmer officiellement pour une entreprise un état de cessation de paiement, donc annoncer une éventuelle faillite) mais on peut aussi déposer les armes (cesser un conflit), etc.

DÉPÔT DE BILAN
Acte officiel par lequel une entreprise se déclare en cessation de paiement et ne peut donc plus honorer ses dettes ; la législation prévoit un formalisme organisé auprès d'un tribunal compétent qui va prendre, après examen complet de la situation de l'entreprise les mesures nécessaires : continuation de l'exploitation dans le cadre d'un redressement judiciaire ou liquidation.
Les créanciers peuvent aussi intervenir pour faire déclarer l'état de cessation de paiement par le tribunal.

DÉPÔT LÉGAL
Instauré dans certains pays depuis cinq siècles, **le dépôt légal des livres** publiés et de tout ce qui est imprimé mais aussi des photographies, documents audiovisuels, films, bases de données, progiciels, etc. **est une obligation pour tout ce qui est destiné au public.**
Le dépôt légal répond à des **objectifs** :
- de collecte et de conservation,
- de consultation,
- éventuellement de **contrôle et de statistiques.**

L'obligation concerne le producteur ou le fabricant, et, pour ce qui est imprimé, l'éditeur et l'imprimeur.
Le dépôt s'effectue suivant les conditions fixées par la législation nationale. Le dépôt légal des livres et autres ouvrages (mais les « livres de commerce » ne sont bien évidemment pas soumis à cette formalité) est fait, en général, auprès de la Bibliothèque Nationale du pays concerné ; c'est elle qui délivre aussi le plus souvent **les numéros d'identification des ouvrages, ISBN.**
Les ouvrages et autres documents importés sont aussi soumis au dépôt légal.
⇒ ISBN

DÉPRESSION

C'est la caractéristique **d'une situation économique qui entre dans une phase de basse conjoncture, dans une période descendante**. On parle aussi de baisse d'activité et de crise. Les salaires baissent et le chômage se renforce et s'installe parfois durablement ; on peut alors constater l'augmentation sensible de faillites dans les entreprises.
Face à une telle situation, **les gouvernements sont amenés à prendre des mesures de relance économique**.
⇒ relance économique

DÉRIVÉ

Terme du domaine de la Bourse. On parle de produit dérivé, de marché dérivé ou plus simplement de « dérivé ». Il s'agit de **techniques d'opérations boursières** relativement récentes (fin du XXe siècle) qui montrent que l'innovation progresse aussi dans ce domaine très spécialisé.
Certaines opérations classiques ont ainsi été « dérivées » pour créer les « Futures », les « Options », les « Swaps », etc. suivant les termes anglo-américains largement employés dans le monde de la finance.
Dans le domaine commercial ou industriel, le « produit dérivé » a pour objectif de faire connaître une entreprise (ou une association) et de mettre en valeur ses produits ou ses activités en les associant avec un produit ou un service différents mais en rappelant l'usage : une entreprise automobile distribuera des voitures miniatures reproduisant celles de sa gamme, un club de football vendra des tee-shirts à son nom ou avec l'effigie des joueurs, etc.
⇒ futures ; options ; produit dérivé ; swaps

DÉSARMEMENT

De nombreux États sont confrontés à la nécessité d'assurer militairement leur protection et leur sécurité avec un armement performant, de soutenir une industrie de l'armement (avions, navires, chars, matériels de guerre, armes) dont le rôle économique peut être important, d'une part, et **d'autre part, d'avoir une politique de réduction des armements** engagée au plan international, notamment à la suite des accords signés entre les États-Unis et la Russie et tout particulièrement depuis 1990. Ce désarmement n'est que partiel et concerne aussi bien la limitation de prolifération des armes nucléaires, chimiques, bactériologiques, élimination des armes de destruction massives, etc.
L'impact du désarmement au plan économique est cependant difficile à mesurer.
La volonté de désarmement dans les domaines du nucléaire militaire, des armes chimiques et bactériologiques, ne doit pas faire oublier l'importance de l'industrie des armes classiques, dans la plupart des pays et leurs enjeux économiques.
La construction de l'Europe de l'armement, dans le cadre de la Politique Européenne de Sécurité et de Défense – PESD – est en cours avec un projet d'une Agence Européenne d'Armement, de Recherche et de Capacités ; la coopération entre les États membres de l'UNION EUROPÉENNE – UE – est d'ailleurs déjà mise en œuvre par le Groupe Armement d'Europe Occidentale – GAEO –, l'Organisation de l'Armement de l'Europe Occidentale – OAEO – et le Groupe Européen des Industries de Défense – EDIG.
⇒ Politique Européenne de Sécurité et de Défense

DÉSÉCONOMIE D'ÉCHELLE

Lorsque **les seuils de production habituels sont dépassés ou, au contraire, lorsqu'ils ne sont pas atteints**, les circonstances du moment peuvent conduire à des **augmentations des charges** et donc du prix de revient. En pareil cas, le coût moyen peut également changer dans un sens défavorable pour l'entreprise. Pour expliquer ce phénomène, il faut faire intervenir, à la base, **la loi des rendements décroissants** d'une part, **des difficultés administratives ou financières**, d'autre part, toujours difficilement contournables pour l'entreprise, surtout si elle est de taille importante.
⇒ charges ; coût moyen ; loi des rendements décroissants ; seuil de production

DÉSÉQUILIBRE

Absence d'égalité, écart défavorable, disproportion.
Le déséquilibre peut concerner la situation d'une entreprise (les comptes sont en déséquilibre, les résultats sont négatifs), **d'un pays** (budget en déséquilibre, les recettes ne couvrent pas les dépenses), **la balance des paiements** (échanges avec l'étranger).
Certains économistes ont considéré qu'en situation de concurrence normale, il y a équilibre entre l'offre et la demande ; un état de déséquilibre impose donc des mesures d'ajustement ; ces économistes ont souligné que le chômage, la rigidité des prix, l'évolution freinée des salaires pouvaient, notamment, conduire à un déséquilibre économique général.
Du point de vue psychique et mental on a également des déséquilibres caractérisés par certaines instabilités.

DÉSINDUSTRIALISATION

Réduction sensible de l'activité industrielle pendant une période déterminée avec pour conséquences la baisse de l'emploi, celle des investissements de la production et globalement de la part de l'industrie dans le Produit Intérieur Brut – PIB.
La désindustrialisation a été importante en Europe depuis 1970, même si l'on tient compte du transfert d'activités non spécifiques à l'industrie que celle-ci fait de plus en plus assurer par des entreprises spécialisées qui ne sont pas industrielles : études, recherches, entretien, maintenance, commercialisation, etc.
La désindustrialisation peut aussi avoir pour origine soit la **délocalisation** (activités réalisées dans un autre pays) **soit l'émergence dans d'autres pays d'industries concurrentes**.
La désindustrialisation est cependant composée au moins pour une partie de ses conséquences, par **la montée en puissance du secteur tertiaire, en particulier des services**.
Mais les mutations industrielles vont encore, inéluctablement et nécessairement se poursuivre.
⇒ délocalisation ; Produit Intérieur Brut ; secteur économique ; services

DÉSINFLATION

Arrêt total ou partiel, pendant une période déterminée, de la hausse des prix (**inflation**) et éventuellement de la baisse généralisée de ceux-ci.
⇒ inflation

DÉSINTÉRESSEMENT

C'est le fait de **dédommager quelqu'un**. Une personne peut avoir certains droits sur certaines choses. Au cas où cette chose lui serait retirée, volontairement ou involontairement, on lui verserait **une indemnité pour la « désintéresser »**.

DÉSINVESTISSEMENT

Il y a désinvestissement dans l'entreprise lorsque **le renouvellement des équipements et, d'une manière générale, des** investissements, ne se fait pas suffisamment en quantité et dans le temps. En conséquence, **la capacité productive régresse**.

Le terme est aussi utilisé lorsque l'entreprise **vend une partie de ses actifs** (pour couvrir des dettes ou pour se procurer des liquidités dont elle a besoin).
⇒ actif ; investissement ; investissement brut ; investissement net

DESKSHARING

Expression anglo-américaine qui signifie « **partage des bureaux** ».

Pour des motifs d'organisation ou pour des raisons d'économie, chaque salarié de l'entreprise (ou certains d'entre eux) ne dispose pas d'un bureau dans lequel il est installé à demeure. Chacun de ceux qui sont concernés va occuper **un bureau libre en fonction des disponibilités**, donc des absences de certains.

Cette formule est cependant d'application limitée mais, *a priori*, elle est susceptible de réduire les frais ; d'autre part, cela peut permettre à chacun de côtoyer de nouvelles personnes ; certains voient dans cette organisation un stimulant psychologique.

DESTUT DE TRACY Antoine Louis Claude, Comte (1754-1836)

Philosophe français, membre de l'Académie Française, auteur des *Éléments d'idéologie* (1801) et du *Traité de la volonté* (1815) mais aussi économiste ; il préconise **une politique économique dans laquelle chacun agit selon sa volonté mais dans le respect de l'intérêt d'autrui**.

DÉSUTILITÉ

Voir : COÛT PSYCHIQUE

DÉTERMINISME

C'est la **négation du hasard** : tous les événements de la vie, y compris les évolutions économiques, sociales ou culturelles trouvent leur explication dans le passé et l'avenir est conditionné par le présent.

DETOEUF Auguste (1883-1947)

Économiste français, ingénieur de l'École Polytechnique (Paris), Ingénieur Général des Ponts et Chaussées (France), professeur à l'Institut des Sciences Politiques (Paris) et dirigeant de sociétés industrielles, A. DETOEUF fut considéré comme « **l'enfant terrible du patronat français** ».

Partisan du dialogue avec les syndicats ouvriers, fort d'une organisation planifiée de l'économie (le « **planisme** ») et du pouvoir qu'il voulait donner aux techniciens, A. DETOEUF a créé un groupe de réflexion « X-Crise » dont les thèses eurent une influence significative sur les politiques et les actions du Gouvernement français dans la période d'entre les deux Guerres mondiales (1918-1939).

Son œuvre posthume *Propos de O.L. Barenton, confiseur* édité en 1948 est un recueil des essais, propos, discours, réflexions et même pastiches et aphorismes publiés au cours de sa carrière et fut longtemps et même encore aujourd'hui, le « **livre de raison** » de beaucoup de chefs d'entreprise.

DETTE EXTÉRIEURE

L'ensemble de ce qu'un **État et les institutions, entreprises ou organismes publics doivent à des prêteurs étrangers**, à un moment donné.

Les excédents du commerce international peuvent permettre de compenser cette dette extérieure (ou externe) en totalité ou en partie. La dette extérieure de certains pays qui connaissent des situations dramatiques (famine, pauvreté grave, etc.) est parfois annulée par l'État prêteur.
⇒ dette extérieure

DETTE FLOTTANTE

L'ensemble de ce qu'un État doit à court terme, les créanciers pouvant demander le remboursement sans délai (au moins en théorie).

La dette flottante comprend notamment les titres émis par l'État dans le public dits, dans certains pays, « **Bons du trésor** ».
⇒ dette publique

DETTE PUBLIQUE

C'est le cumul, à un moment donné, de toutes les dettes d'un État, à court ou à long terme, y compris la dette extérieure (ce qui est dû à l'étranger).

Les dettes d'un État sont généralement déterminées en y incluant non seulement les emprunts de l'État lui-même mais aussi les engagements des collectivités et organismes publics.

La dette publique des États membres de l'UNION EUROPÉENNE – UE – est l'un des critères de mesure dans le cadre de l'Union Économique et Monétaire ; il impose aux pays de la Zone euro de prendre toutes les mesures nécessaires pour limiter la dette publique globale à 60 % du Produit Intérieur Brut – PIB ; c'est l'un des « critères de convergence » fixé par le Traité de Maastricht.
⇒ Union Économique et Monétaire ; UNION EUROPÉENNE

DEUX CENTS FAMILLES

Expression française qui trouve son origine à l'avènement du Gouvernement de « Front Populaire » en 1936 : **deux cents familles étaient les actionnaires les plus importants de la Banque de France et considérées comme ayant entre leurs mains une part importante de la richesse du pays et donc de l'économie** ; les termes sont peu usités aujourd'hui et la répartition de la fortune a considérablement évolué, même si l'essentiel de la capitalisation boursière de la place financière de Paris est entre les mains de quelques dizaines de personnes.

DÉVALUATION

C'est la **diminution volontaire de la valeur de la monnaie dans un pays**. La dévaluation n'est concevable, en principe, que dans un système de changes fixes et c'est l'**État qui décide de modifier la parité de la monnaie**, c'est-à-dire sa valeur par rapport aux autres monnaies. La monnaie du pays concerné a donc une nouvelle définition par rapport aux autres devises et, éventuellement, par rapport à l'or. **La dévaluation est une baisse** de la valeur de la monnaie, la **réévaluation étant une hausse** de celle-ci. On considère qu'il y a ainsi des devises ou des monnaies fortes, molles ou faibles suivant leur évolution dans le temps.

Une dévaluation s'impose lorsque l'on constate une inflation forte et durable ou un déficit du commerce extérieur (déséquilibre de la balance commerciale avec des importations supérieures aux exportations).

Lorsque l'on dévalue la monnaie, les importations coûtent plus chères et, en règle générale, diminuent, mais, au contraire, cela facilite les exportations.
⇒ balance commerciale ; dumping ; exportation ; importation ; inflation ; réévaluation

DÉVELOPPEMENT DURABLE

Notion économique définie par l'ORGANISATION DES NATIONS UNIES – ONU – comme étant « **la capacité des**

générations présentes à satisfaire leurs besoins sans compromettre l'aptitude des générations futures à satisfaire leurs propres besoins ».
Le développement durable prend en compte la valorisation des ressources humaines, la protection de l'environnement, les équilibres naturels et la reconstitution des ressources en **associant le développement économique au développement social.**
Il met en œuvre une **solidarité internationale** concrétisée par des « **sommets** » **mondiaux consacrés à l'environnement** : à Stockholm (Suède) en 1972, à Rio-de-Janeiro (Brésil) en 1992 et à Johannesburg (Afrique du Sud) en 2002, réunissant les Chefs d'État ou de Gouvernement des pays du monde entier.
À l'issue du « Sommet de la Terre », en 1992, une « Déclaration sur l'environnement et le développement » a fixé les grands principes du développement durable avec **un programme d'actions pour le XXe siècle appelé « Agenda 21 ».**
Le développement durable fait aussi l'objet de débats à l'occasion des réunions des partisans d'une mondialisation de l'économie comme de celles de ceux qui y sont opposés (les « altermondialistes »).
Il n'existe pas encore de normes concernant le développement durable mais les entreprises et, notamment les grands groupes internationaux, ont, de plus en plus, sous la pression des actionnaires, des salariés, des consommateurs, de l'opinion et des Autorités Publiques (certains pays ont mis en place une législation incitative), le **souci de respecter l'environnement et de garantir des conditions de travail justes en respectant une certaine éthique.**
Le premier forum mondial exclusivement consacré au « développement durable » s'est tenu à Paris (France), en 2003. Sous l'égide de l'ONU, **des règles ont déjà été élaborées** par le « Social Accountability International – SAI » : interdiction du travail des enfants et du travail forcé, lutte contre le harcèlement, application de la norme ISO 8000, etc.
INTERNET :
  Institut International pour le Développement Durable :
  http://usld.usd.ca
  Social accountability international :
  http://www.cepaa.org
⇒ mondialisation ; ORGANISATION DES NATIONS UNIES

DÉVELOPPEUR
Dans le commerce des matériels informatiques, c'est la société qui a pour objet le **développement des logiciels et leur commercialisation.**
⇒ logiciel

DEVISE
Toute monnaie étrangère utilisée dans les relations internationales ; les devises peuvent être **sous forme fiduciaire** (billet) **ou scripturales** (jeu d'écritures sur des comptes).
Vis-à-vis des pays étrangers, la devise de l'UNION EUROPÉENNE – UE – est l'euro (EUR).
La devise est aussi une formule symbolique adoptée par un individu, une entreprise, une association ou un État pour caractériser un objectif, souligner une situation, mettre en valeur une chose, etc. ; la devise peut figurer sur un bâtiment, un drapeau.
La devise de l'UNION EUROPÉENNE – UE – est « unie dans sa diversité » (**en latin, « in varietate concordia »**).
⇒ euro ; UNION EUROPÉENNE

DEVISE DIRECTRICE
Dans le cadre des règles du FONDS MONÉTAIRE INTERNATIONAL – FMI, un pays peut, à tout moment, se procurer des devises pour régler ses engagements financiers internationaux. Ce sont les « **Droits de Tirage Spéciaux – DTS** » ; il s'agit d'une unité de compte officielle, définie par le FMI en 1976.
Le bilan de la Banque Centrale d'un pays présente, à l'actif, une rubrique concernant ces DTS. Au passif de ce bilan, on a une rubrique « Droits de Tirages Spéciaux accordés ».
Ces Droits de Tirage Spéciaux remplissent le rôle d'une devise directrice ou de référence. Cette fonction a longtemps été remplie par le dollar des États-Unis.
⇒ Banque Centrale ; cours directeur ; Droits de Tirage Spéciaux ; FONDS MONÉTAIRE INTERNATIONAL

DEVOIR D'INGÉRENCE
C'est le droit que certains pays se donnent pour intervenir dans un autre pays en s'immisçant dans ses affaires pour des motifs humanitaires ; certains États considèrent ce droit comme légitime.
Ce devoir d'ingérence pose la question de savoir si la souveraineté d'un état doit être respectée à tout prix ou si elle doit s'effacer pour sauver des vies humaines.
La communauté internationale estime qu'elle a un nécessaire droit d'ingérence en se mobilisant contre des massacres, des exactions contre les populations, des nettoyages ethniques (pour anéantir une ethnie déterminée), etc. L'ORGANISATION DES NATIONS UNIES – ONU – reconnaît, dans certaines circonstances, le devoir d'ingérence ou le droit d'ingérence (les termes sont synonymes), soit pour agir elle-même, soit pour en confier l'exécution à un ou plusieurs pays, sous son contrôle.

DIAGRAMME
Forme de représentation graphique qui peut être en barres, circulaire ou en bâtons.
L'**analyse économique utilise de nombreuses formes de représentations graphiques**, notamment en faisant intervenir par un tracé simple ou complexe (courbes diverses) le jeu de deux variables dont les variations figurent sur deux axes perpendiculaires (l'ordonnée et l'abscisse) qui se recoupent en un point d'intersection.

DIAGRAMME D'EDGEWORTH
Voir : EDGEWORTH

DIALECTIQUE
Méthode d'analyse et de raisonnement exploitant les contradictions d'un interlocuteur ou d'un adversaire **pour mieux le convaincre.**
Inventée par SOCRATE, connue par PLATON et utilisée par MARX, comme par DESCARTES, **c'est l'art de la discussion** que mettent en œuvre tous les négociateurs d'un contrat, d'un accord ou d'un traité.
Les techniques et les méthodes de la dialectique utilisent aussi celles de **la maïeutique**, pour mieux cerner la vérité et si nécessaire, l'extirper de celui que l'on a en face de soi.
⇒ maïeutique ; MARX ; SOCRATE

DIALOGUE
Discussion entre individus ou entre organisations avec l'objectif de parvenir à un accord, une entente, une coopération.
Le dialogue peut concerner des partenaires ou des adversaires ; il fait souvent appel aux techniques de la dialectique.
Le dialogue social a pour finalité de trouver des solutions aux problèmes souvent conflictuels qui interviennent entre les partenaires sociaux : État, employeurs et salariés.
⇒ dialectique

DIALOGUE 5 + 5
Organisation informelle regroupant des pays du bassin méditerranéen :
- de l'UNION EUROPÉENNE – UE : Espagne, France, Italie, Portugal et Malte (5 États),
- du Maghreb et d'Afrique du nord : Algérie, Libye, Maroc, Mauritanie et Tunisie (5 États).

L'objectif de « Dialogue 5 + 5 » est une **coopération renforcée entre les pays membres** dans les secteurs de l'énergie, la gestion de l'eau, les transports et les technologies de l'information ainsi qu'une coopération opérationnelle en matière d'investissements et de lutte contre l'immigration clandestine.
Les objectifs de « Dialogue 5 + 5 » s'insèrent dans la politique de l'UE vis-à-vis du bassin de la Méditerranée et renforcent les liens de ceux avec qui l'UE a des accords d'association.
Globalement, lors du Premier Forum de Dialogue 5 + 5 en Tunisie fin 2003, les partenaires ont confirmé leur volonté d'enrichir leur dialogue dans les domaines politique, économique et culturel.
⇒ EUROMED ; INSTITUT EUROPÉEN DE RECHERCHE SUR LA COOPÉRATION ; MÉDITERRANÉENNE ET EURO-ARABE ; UNION EUROPÉENNE

DIASPORA
Par extension, ce terme grec désigne un peuple, un groupement humain de même culture ou de même langue, une ethnie ou un **ensemble de personnes exilées qui sont dispersés à travers le monde** et parfois regroupés en un lieu ou une région.
Les diasporas jouent un rôle économique par les apports financiers qu'elles font à leur pays d'origine (salaires envoyés aux familles restées sur place mais aussi investissements significatifs).

DICHOTOMIE
En économie, c'est **une séparation, une division qui crée deux éléments, deux concepts** généralement en opposition.
Le terme est aussi utilisé pour qualifier un **partage illicite et répréhensible d'honoraires dans les professions médicales**.
⇒ péculat

DIES AD QUEM
Terme latin signifiant « **le jour de l'échéance** », donc le jour auquel une opération ou un acte doit être accompli. C'est aussi **le jour d'expiration d'un délai**.
⇒ dies a quo

DIES A QUO
Terme latin désignant **le jour à partir duquel commence un engagement** ou à partir duquel il commence à porter ses effets. C'est aussi **le point de départ d'une formalité**.
⇒ dies ad quem

DIFFÉRENTIEL
Écart entre deux taux (ou deux quotes-parts) ou deux éléments qui sont en corrélation. On parle notamment du différentiel entre les taux d'inflation pour une période déterminée et le taux d'intérêt habituellement pratiqué pendant cette même période dans le pays concerné.
Le différentiel peut être positif ou négatif.
⇒ taux réel

DIFFUSION
Dans le domaine commercial, c'est la **distribution d'une marchandise, d'un produit mais aussi la mise en œuvre** d'une publicité ou encore les moyens utilisés pour faire connaître une marque ou une idée.
Dans un sens plus général, c'est le fait, pour une action déterminée, de **s'amplifier en ayant des répercussions plus larges que celles prévues** : une hausse des salaires dans une entreprise importante peut se diffuser dans l'ensemble du secteur, c'est-à-dire qu'elle s'appliquera à toutes les entreprises de celui-ci.

DIGITAL CERTIFICATE
Termes anglo-américains signifiant « **signature électronique certifiée** ». Il s'agit d'une annexe à un message électronique envoyé par INTERNET notamment, qui a pour but de **garantir une plus grande sécurité**. Cette signature numérique permet d'identifier l'expéditeur d'un message et de donner au destinataire la possibilité de transmettre une réponse, elle aussi certifiée.
⇒ digital signature ; INTERNET

DIGITAL LIGHT PROCESSING – DLP
Termes anglo-américain pour « traitement numérique de la lumière ».
Technique utilisée dans les rétroprojecteurs pour la « fabrication » et la transmission de l'image créée en utilisant la technologie numérique.
⇒ numérique

DIGITAL MARKET
Termes anglo-américains signifiant « **marché numérique** », c'est-à-dire un marché virtuel qui se forme par le réseau INTERNET. C'est un marché sur lequel se négocient toutes sortes de biens. Les échanges sont donc singulièrement simplifiés mais, malgré le développement et l'intérêt de cette technique, il paraît difficile d'imaginer la disparition des marchés traditionnels.
⇒ INTERNET

DIGITAL SIGNATURE
Termes anglo-américains signifiant « **signature électronique** ». C'est une signature numérique qui garantit l'authenticité d'un message envoyé par INTERNET.
⇒ digital certificate ; INTERNET

DIGITAL SUBSCRIBER LINE ACCESS MULTIPLEXOR – DSLAM
Termes anglo-américains signifiant « **ligne numérique d'abonné en regroupement** ».
Type de central téléphonique permettant la transmission d'images de télévision par le réseau INTERNET vers un ordinateur ou un poste de télévision. Le réseau téléphonique classique est ainsi utilisé pour cette transmission à haut débit ADSL (Asymetric Digital Subscriber Line).
⇒ ADSL ; INTERNET

DIGITAL VIDEO DISC – DVD
Termes anglo-américains pour « **disque numérique vidéo** ». Vidéodisque permettant le stockage d'une quantité considérable d'informations largement utilisé en informatique.
Il existe de nombreux formats de DVD dont la normalisation est en charge du DVD-FORUM, organisme international de réglementation en ce domaine, notamment le DVD – R et le DVD + R qui ne peuvent être enregistrés qu'une fois, le DVD + RW, le DVD – RW et le DVD – RAM qui peuvent être effacés et réenregistrés.
De nouvelles générations de DVD apparaissent sur le marché (DVD – HD notamment, c'est-à-dire « haute définition »).
D'autres procédés de codage et de compression encore plus performant que le DVD sont aussi désormais commercialisés,

le DivX par exemple, et ceux utilisant la technologie MPEG (pour « Moving Pictures Coding Experts Group »).
⇒ Moving Pictures Coding Group

DIRECT COSTING
Termes anglo-américains signifiant « **méthode du coût variable** ».
Le « direct costing » est la **différence entre le chiffre d'affaires et les charges variables** d'une entreprise. En retranchant du « direct costing » les charges fixes, on obtient le résultat (bénéfice ou perte) de l'entreprise.
⇒ charges ; chiffre d'affaires ; résultat

DIRECT MARKETING
Termes anglo-américains pour « **vente directe** », c'est-à-dire sans intermédiaire, du producteur au consommateur.
⇒ marketing

DIRECTION D'ENTREPRISE ET HIÉRARCHIE
La direction d'une entreprise est soumise à une hiérarchie confrontée à de multiples problèmes, à des prises de décisions, à leur portée et à leurs conséquences.
On distingue ainsi entre le « **top management** » qui fixe les buts, la direction et les lignes de conduite, le « **middle management** » qui reçoit les instructions du « top management », agit avec une certaine indépendance, veille à la coordination des actions et en assure le contrôle, et le « **lower management** » à qui les instructions sont transmises et expliquées et qui surveille les organes exécutants.
L'intégration de plus en plus prononcée des processus de travail, conduit à un phénomène de centralisation, de concentration et d'intégration de la fonction dirigeante.
⇒ Entreprise

DIRECTIVE EUROPÉENNE
L'un des deux principaux actes législatifs de l'UNION EURO-PÉENNE – UE – élaboré et édicté suivant une procédure très précise mais variable en fonction du domaine concerné.
De plus en plus fréquemment la loi de l'UE résulte de la « codécision » du PARLEMENT EUROPÉEN et du CONSEIL.
La **Directive** implique pour les pays membres de l'UE, une obligation de résultat mais avec une liberté relative quant aux moyens ; la Directive adaptée doit être transposée dans la législation de chacun des États.
L'autre acte législatif est le **Règlement** qui est un acte normatif, de portée générale qui s'impose aux États membres de l'UE qui ont obligation de l'insérer en totalité dans leur propre législation.
Les Directives et les Règlements constituent les lois de l'UE ; le droit communautaire étant prééminent, les Directives et les Règlements se substituent aux dispositions législatives nationales.
L'application de la Constitution de l'UNION EURO-PÉENNE – UE – signée en 2004, a sensiblement modifié les caractéristiques et les appellations des lois de l'UE.
La Constitution de l'UE prévoit désormais, dans l'exercice des compétences qui lui sont attribuées :
– la **loi européenne**, acte législatif de portée générale, obligatoire dans tous ses éléments et directement applicable dans chacun des États membres ;
– la **loi-cadre européenne**, acte législatif qui lie tout État membre quant au résultat à atteindre, tout en laissant aux États le choix de la forme et des moyens ;
– le **règlement européen**, acte non législatif de portée générale pour la mise en œuvre des actes législatifs (lois et lois-cadres) ;
– à ces actes juridiques de l'UE, s'ajoutent **les décisions**, actes non législatifs mais obligatoires (éventuellement pour seulement ceux qui y sont désignés) ainsi que **les recommandations et les avis** qui n'ont pas de caractère contraignant.
⇒ Constitution de l'UNION EUROPÉENNE ; CONSEIL DE L'UNION EUROPÉENNE ; PARLEMENT EUROPÉEN ; Règlement ; UNION EUROPÉENNE

DIRECTOIRE
Voir : CONSEIL DE SURVEILLANCE

DIRIGISME
Une idéologie, une philosophie, une politique qui confie aux Autorités Publiques (l'État) les pouvoirs économiques ; le dirigisme peut aller au-delà de l'intervention de l'État en matière économique et concerner d'autres domaines dans lesquels les individus n'ont plus d'influence sur les décisions les concernant.
On parle aussi de dirigisme en matière politico-économique.

DISAGGIO OU DISAGIO
Terme bancaire d'origine italienne signifiant littéralement « moins-value ».
Il est surtout employé en matière d'actions de sociétés, le « **disagio** » étant la différence entre le cours de Bourse et la valeur nominale du titre.
⇒ action ; Bourse

DISCOUNT CENTER
Termes anglo-américains signifiant littéralement « **magasin avec rabais** » ou « **boutique de remises** ».
Il s'agit de **magasins de type hypermarché ou supermarché pratiquant des prix particulièrement bas avec un choix restreint de produits et un service limité.**
On utilise aussi les termes de « **Discount House** », « **Discount Shop** » ou encore « **Discount Store** » pour désigner ces magasins ou boutiques discomptes.
Le terme « **Hard Discount** », littéralement « rabais dur » concerne un magasin de maxidiscompte ; ce type de magasin a pour objectif de pratiquer des rabais maximaux sur les prix en réduisant encore plus la présentation, le personnel, l'assortiment des produits, etc.
Les « Discount Centers » sont aussi bien des magasins d'alimentation, de bricolage, d'électroménager, etc. ou même très spécialisés (informatique, sports, etc.).
Les grandes enseignes de « Discount Center » ont tendance à créer des filiales de « Hard Discount ».

DISCRIMINATION
Forme de sélection et de choix des individus fondée sur des critères d'exclusion par la race, la religion, le statut social, l'appartenance à un parti, un sexe, etc., **sans valeur objective réelle**.
Elle peut aussi bien concerner les salariés à l'embauche ou au cours de leur carrière dans l'entreprise, les entreprises elles-mêmes les unes vis-à-vis des autres, les clients, les fournisseurs.
La discrimination est très largement interdite par la loi dans beaucoup de pays, notamment pour les entreprises, les administrations, les associations, etc.
La discrimination positive est tout aussi répréhensible : elle consiste à favoriser certains sur ces mêmes critères **elle peut, cependant, être considérée comme légitime si elle est provisoire et a pour objectif de rétablir une égalité** que la discrimination ne permettait pas : les populations noires des continents américains et africains ont bénéficié de discriminations positives.

Certaines entreprises, organisations ou administrations pratiquent une autre méthode, plus souple et surtout parfaitement admissible, **de diversité dans la composition de la main-d'œuvre** notamment (comme elles le font avec des clients ou des membres), en mélant harmonieusement des formations (quel que soit le niveau), des cultures, des ethnies (dans le respect des minorités), y compris au niveau des dirigeants.

La discrimination peut aussi concerner les prix d'une marchandise par la pratique de prix différents (avec des remises, des rabais, etc.) suivant le client ou en fonction de la date de l'achat ou encore du lieu de vente.
⇒ apartheid

DISQUE DUR
en anglais : Hard Disc

C'est le **support de mémoire de grande capacité d'un ordinateur**. En fonctionnant, il tourne à très grande vitesse et permet de stocker des centaines de millions de caractères.
⇒ mémoire ; ordinateur

DISSOLUTION

Disparition d'une institution, d'une société, d'une association ou encore d'une situation (dissolution du mariage lors du décès de l'un des conjoints par exemple).

La dissolution d'une société implique la liquidation de son patrimoine et impose certaines formalités, notamment de publicité, ainsi que l'intervention d'un liquidateur pour la vente des marchandises et des biens.

DISTRIBUTION

La fonction de distribution dans une entreprise est complémentaire de la fonction de production.

La **distribution des revenus** distingue la répartition primaire qui est consécutive à la production et qui donne lieu à la répartition et la distribution secondaire encore appelée redistribution parce qu'elle a pour but de corriger ou de redresser certaines lacunes.

La distribution est, en statistiques, la dispersion qui s'établit autour d'une valeur centrale.
⇒ écart-type ; répartition du revenu

DIVERSIFICATION

Certaines économies ont eu et ont encore la particularité de se concentrer sur une seule activité ou sur très peu d'entre elles. Ce sont des économies « **monolithiques** ».

On peut citer, à titre d'exemple les économies basées sur le charbon ou la sidérurgie mais aussi sur le pétrole, le café, le coton ou la canne à sucre, pendant des décennies.

Il suffit parfois de quelques mutations pour mettre en évidence la vulnérabilité de telles économies.

Il est indispensable – et tous les économistes s'accordent sur ce point – **de diversifier une économie aussi largement que possible**, pour la mettre à l'**abri de difficultés** ; mais ce sont les **marchés** qui, bien souvent, **commandent**.

DIVIDE ET IMPERA

Formule latine signifiant « **sépare ou divise et gouverne** ».

DIVIDENDE

Le dividende est la **rémunération accordée à l'actionnaire** d'une entreprise par une décision d'une assemblée générale des actionnaires à la fin d'un exercice comptable.

Les **actions matérialisées** comportent une feuille de « **coupons** » numérotés ; la répartition bénéficiaire désigne en échange de quel coupon un montant déterminé sera payé au propriétaire de l'action. Le paiement des dividendes des **actions dématérialisées** (qui n'existent qu'en compte) est effectué **par l'organisme financier qui en détient la liste** au moyen de virements informatiques.

Le « **dividende en actions** » concerne la distribution de nouvelles actions aux actionnaires lorsqu'il y a incorporation des réserves au capital.

Si une entreprise verse des **dividendes fictifs**, c'est-à-dire qui résultent de moyens frauduleux faisant apparaître un résultat positif alors qu'il n'y a pas de bénéfice effectif, des sanctions pénales peuvent être engagées contre les dirigeants de la société.
⇒ action ; assemblée générale ; coupon

DIVIDENDE INTERMÉDIAIRE

Ce dividende est payé, en principe, **au milieu d'un exercice comptable**.
⇒ dividende

DIVISIA François (1889-1964)

Mathématicien et économiste français, spécialiste des prix et des relations interbancaires, il est aussi **le fondateur de l'économétrie**, analyse mathématique des données économiques.
⇒ économétrie

DIVISION DU TRAVAIL

Formule utilisée pour qualifier une répartition des tâches dans l'entreprise (production, commercialisation, etc.) **en fonction de critères définis** ; c'est une spécialisation qui peut ne concerner que les services d'une entreprise mais aussi peut s'étendre à un groupe de pays, de régions : on parle alors de « division internationale du travail » ; elle est alors volontaire, organisée ou de fait.
⇒ FORD ; TAYLOR

DOCTEUR HONORIS CAUSA

Le terme latin « honoris causa » signifie « **pour l'honneur** ». Le titre de « Docteur Honoris Causa » est décerné par les Universités pour récompenser **les mérites particuliers de chercheurs, savants** dans tous les domaines de la science, hommes d'État, personnalités éminentes et, exceptionnellement à des membres des familles princières pour les honorer.

DOCTRINE

Ensemble de principes ou de règles qui constituent un système.

La science de l'économie est riche en doctrines : libéralisme, marxisme, socialisme, keynésianisme, matérialisme, etc.

DOCUMENTS OBLIGATOIRES

La loi impose, dans de nombreux États, la tenue de documents par les sociétés : **documents comptables** (journal, comptes annuels, etc.) et **administratifs**, notamment ceux prévus par la réglementation du travail (registre du personnel, registre des délibérations du comité d'entreprise, etc.).

DOL

C'est une **manœuvre dolosive ou frauduleuse** toujours entachée de mauvaises intentions.

DOMAINE

Terme de la communication par INTERNET, désignant **une adresse** (un site, un portail) **utilisée par un serveur**, c'est-à-dire une entreprise qui fournit un certain nombre d'informations et qui gère des banques de données que l'on peut consulter, gratuitement ou avec un paiement.
⇒ serveur

DOMICILIATION

C'est, **dans le langage bancaire, l'indication d'un lieu de paiement**. Le « **tiré** » pour la **traite** (**lettre de change**) ou le « **souscripteur** » pour le **billet à ordre** peuvent indiquer une adresse spéciale à laquelle le preneur ou le bénéficiaire pourra procéder à l'encaissement. Les dettes étant normalement « quérables » et non « portables », le paiement se fera à une autre adresse que celle du débiteur (tiré, souscripteur).

La domiciliation est aussi l'indication sur **un chèque**, d'une part de la banque sur laquelle il est tiré et, d'autre part, de l'adresse du tireur.

La **domiciliation d'une société** est l'une des **formalités nécessaires lors de sa constitution** : c'est la **détermination du siège social** (l'adresse) et, éventuellement celle d'établissements secondaires.

La **domiciliation commerciale** d'une entreprise n'impose généralement pas nécessairement des locaux ou des bureaux; des sociétés spécialisées proposent des « contrats de domiciliation » qui mettent à la disposition des entreprises une adresse (avec un service de courrier) et éventuellement, d'autres prestations (permanence téléphonique, secrétariat, bureau à temps partiel, etc.).

⇒ billet à ordre ; chèque ; lettre de change ; traite

DOMMAGES ET INTÉRÊTS

Les contrats sont faits pour être respectés : c'est ce que dit l'expression latine « **Pacta sunt servanda** ». Un créancier qui n'est pas payé, sans cause réelle ou en cas de force majeure, est privé d'un gain qui pourrait, le cas échéant, se solder par une perte. La loi essaie donc de protéger le créancier en lui accordant le bénéfice de **dommages et intérêts en cas de non-exécution d'un contrat**, que la non-exécution soit totale, seulement partielle ou tardive.

Les dommages et intérêts ne sont pas dus automatiquement. Le créancier ou le signataire lésé du contrat doit prouver qu'il a subi un préjudice et que ce préjudice est de la responsabilité du débiteur ou de celui avec qui il a contracté ; l'un et l'autre doivent être **mis en demeure d'exécuter leurs obligations** ; la mise en demeure peut être prévue au contrat ou être faite par les voies légales (citation en justice, exploit d'huissier, etc.) ; en cas d'action judiciaire, c'est le tribunal qui fixera les dommages et intérêts.

⇒ acte d'huissier ; mise en demeure ; pacta sunt servanda

DONATAIRE

Celui qui reçoit quelque chose gratuitement, en cadeau, et qui accepte est le « donataire », celui qui donne étant le « donateur ».

⇒ donateur

DONATEUR

Celui qui fait cadeau de quelque chose à quelqu'un.
⇒ donataire

DONATION ENTRE VIFS

C'est un **contrat par lequel une personne (le donateur) transmet à une autre (le donataire) la propriété d'un bien mobilier ou immobilier.**

Les rapports patrimoniaux entre époux sont généralement réglés par la loi ou par un contrat de mariage mais les circonstances peuvent conduire à envisager à un certain moment, une donation entre vifs (c'est-à-dire entre plusieurs personnes).

La donation peut, notamment, concerner des époux qui ont adopté soit l'un des régimes légaux soit, par contrat, la séparation de biens et qui, ultérieurement, décident de se faire des donations mutuelles par un acte qui établira la réciprocité des dispositions.

Un autre type d'acte de donation entre vifs fréquent est la « **donation partage** » réalisée par quelqu'un qui souhaite répartir ses biens avant son décès, dans les limites prévues par la législation.

L'acte de donation est passé devant un notaire et ne porte, en principe que sur des biens présents. La donation n'engage que le donateur et n'aura d'effets que si elle est acceptée par le donataire.

La donation faite à un mineur non émancipé ou à un interdit doit être acceptée par le tuteur comme le seront aussi les donations à certains majeurs protégés ; ils seront aussi assistés pour l'acceptation.

⇒ contrat de mariage ; donataire ; donateur

DON MANUEL

Somme d'argent ou tout autre bien meuble qui est donné « de la main à la main », indépendamment d'obligations ou de circonstances exceptionnelles.

La plupart des législations fiscales limitent ce type de dons et obligent à une déclaration de tels dons, dès lors qu'ils ne peuvent pas être considérés comme des présents d'usage ; ils peuvent alors être imposables, notamment à l'occasion d'une succession.

⇒ bien meuble ; succession

DOTATION

En comptabilité, le terme est utilisé pour signifier qu'un fonds a été alimenté soit pour tenir compte de la dépréciation d'éléments d'actif du bilan soit enregistrer la destruction (la charge) dans les comptes de charges concernés.

Les dotations pour dépréciations de valeurs d'actif et les dépréciations pour risques constituent une précaution indispensable.

Le terme de dotations concerne aussi les versements d'Autorités Publiques centrales (l'État notamment) à des collectivités territoriales (régions, communes, etc.) ou à des établissements publics (par exemple en matière de santé ou de protection sociale).

Le problème de la « **dotation factorielle** » fait référence au « **Théorème HECKSCHER – OHLIN-SAMUELSON** » qui met en évidence, sur la base des coûts comparatifs de RICARDO que chaque pays ne dispose pas de la même façon de ses facteurs de production.

⇒ HECKSCHER ; OHLIN ; RICARDO ; SAMUELSON

DOTCOM

Terme anglo-américain signifiant « **point com** » ; il désigne une société qui effectue ses **opérations commerciales par l'intermédiaire d'INTERNET** et dont, en général, l'adresse du site se termine par un point suivi de com « **.com** » ; il s'agit souvent de « start-up », entreprise de création récente et particulièrement innovante (« jeune pousse »).

⇒ dot gone ; start-up

DOT GONE

Expression anglo-américaine signifiant « **point… à la dérive** » et désignant une entreprise qualifiée de « **dotcom** », le plus souvent une « start-up » qui est à la dérive (**en situation très difficile**) par suite de charges, notamment de personnel, trop considérables par rapport au chiffre d'affaires.

⇒ dotcom ; start-up

DOTS PER INCH – DPI OU DPI
Termes anglo-américains, littéralement « **points par pouce** ». **Il mesure les qualités d'impression d'une imprimante** en « périphérique » **d'un ordinateur**.
Plus le dpi est élevé, plus la qualité de l'impression est bonne.
Le pouce (ou inch) vaut 25,4 millimètres.

DOUANE
C'est, à l'origine, un registre de contrôle des mouvements de marchandises d'un pays à un autre.
L'Administration des Douanes est chargée de contrôler les entrées et les sorties des marchandises aux frontières d'un pays et, éventuellement à l'intérieur du territoire national ainsi que **d'appliquer la politique douanière de l'État**.
La douane perçoit les « **droits de douane** » (**impôts**) à moins qu'il n'y ait exemption.
Deux ou plusieurs pays peuvent constituer une « **union douanière** » comme l'« **Union douanière belgo-luxembourgeoise** » ou **l'union douanière des États membres de l'UNION EUROPÉENNE – UE**. **L'union douanière implique la libre circulation des marchandises** mais, d'une part, celles-ci restent soumises aux taxes intérieures (TVA notamment) et d'autre part, la douane intervient néanmoins soit pour effectuer des contrôles de l'origine (pays) des marchandises, soit pour établir des statistiques.
⇒ droit de douane ; Taxe sur la Valeur Ajoutée

DOUANIER
Fonctionnaire faisant partie de l'Administration des Douanes, le plus souvent rattachée au ministère des Finances, Il est **chargé des opérations de contrôle** à l'entrée, à la sortie et sur le territoire d'un pays.
⇒ douane

DOUBLE IMPOSITION
La circulation des capitaux, même libre, entre plusieurs pays, peut être limitée ou freinée par des règles fiscales imposant les capitaux ou les revenus dans chacun des pays ; il peut ainsi y avoir de multiples impositions. Pour **l'équité fiscale** beaucoup de pays ont passé des **accords qui ont pour objectif d'éviter une double imposition**. C'est d'ailleurs en ce sens que l'ORGANISATION DE COOPÉRATION ET DE DÉVELOPPEMENT ÉCONOMIQUE – OCDE – a établi un ensemble de règles ; le terme anglais « **affidavit** » (**déclaration sous serment**) désigne la formalité effectuée pour ne pas avoir à supporter une double imposition lorsqu'une convention en ce sens a été signée entre les pays concernés.
⇒ impôt ; ORGANISATION DE COOPÉRATION ET DE DÉVELOPPEMENT ÉCONOMIQUE

DOUBLE MARCHÉ
Technique permettant de distinguer :
– sur le marché de l'or, celui concernant les échanges des banques centrales de celui de l'or commercial pour les besoins des entreprises, avec des prix différents.
– sur le marché des changes, pour une devise déterminée, la monnaie officielle dont la valeur est maîtrisée par l'État concerné d'une part, et la même monnaie considérée au plan purement commercial avec une valeur qui peut fluctuer, d'autre part.
La pratique du double marché des changes est assez fréquente (par exemple, un pays cédera sa monnaie aux touristes ou aux entreprises étrangères à une valeur différente de celle définie officiellement), mais ne peut pas être mise en œuvre par les États de la Zone euro de l'UNION EUROPÉENNE – UE.

Certains États ayant pratiqué un double marché des changes pour leur monnaie nationale, peuvent, dans certains cas, vouloir rapprocher le taux officiel de la moyenne des cours pendant une période déterminée, du taux commercial : c'est le **système de la « parité à crémaillère » (en anglais, « crawling peg »).**
⇒ change ; devise ; prix de l'or et de l'argent ; Union économique et monétaire

DOUGLAS Paul (1892-1976)
Économiste américain, sa collaboration étroite avec le mathématicien C. COBB pour **l'étude des deux facteurs de production, le travail et le capital**, l'a conduit à élaborer la **fonction COBB-DOUGLAS qui permet de déterminer la production globale d'une entreprise**.
⇒ COBB

DOWN JONES
Voir : INDICES BOURSIERS

DOWNSIZING
Terme anglo-américain signifiant littéralement « réduire la taille ». En période de ralentissement des affaires, et même en période d'activité normale, l'entreprise essaye de réduire ses effectifs qui sont une charge importante surtout dans les économies très développées. On supprime aussi des secteurs qui ne sont pas ou qui sont peu rentables et l'on va réorganiser l'entreprise. La restructuration impose généralement des licenciements et l'on peut considérer que l'entreprise passe alors par une « cure de rajeunissement ou d'amaigrissement », avec trop souvent des conséquences sociales graves.
Dans le domaine informatique, le terme de « downsizing » est utilisé pour caractériser le remplacement de grosses installations informatiques par des micro-ordinateurs : c'est la « micromisation » ou le « reconditionnement ».
⇒ upsizing

DRAWBACK
Terme anglo-américain signifiant « **rembours** » ou « **retrait** » **des droits de douane**. Les droits de douane à l'importation supportés par l'importateur à l'entrée d'un pays lui sont remboursés si ces marchandises sont ensuite ultérieurement exportées.
⇒ droit de douane

DRIVE-IN
Terme anglo-américain désignant un « service au volant de la voiture » ; ce type de service concerne notamment l'achat de plats préparés, de sandwiches, mais aussi des opérations bancaires ou encore des cinémas où l'on assiste aux films en restant dans sa voiture.

DROIT
Terme générique qui rassemble **toutes les règles qui gouvernent la vie en société**.
L'aspect objectif comporte, d'un côté la réglementation et, de l'autre côté, des peines ou des « récompenses ».
L'aspect subjectif a trait à un certain nombre d'avantages qui portent sur la jouissance et sur la disposition des choses.
Dans certains contextes, le mot « droit » est synonyme d'impôt.
Il faut encore distinguer entre **le droit national, le droit international et le droit de l'UNION EUROPÉENNE – UE – qui prévaut sur le droit national des pays membres de l'UE**.
⇒ droit national ; droit international ; UNION EUROPÉENNE

DROIT ACQUIS
Les lois se succèdent et ne se ressemblent pas nécessairement. Aussi lorsque l'on veut **faire profiter quelqu'un des dispositions de la loi antérieure**, l'on invoque un **droit acquis**.

Il peut aussi s'agir de règles concernant une catégorie d'individus (des salariés, par exemple) bénéficiant de certains avantages accordés par une convention collective, un règlement intérieur, des statuts ou des dispositions favorables devenues régulières et habituelles, dans l'entreprise notamment mais aussi dans toute autre organisation. Le terme « **d'avantage acquis** » est plus volontiers utilisé dans ces cas et il y a souvent des oppositions fermes pour empêcher un quelconque changement qui mettrait fin à ces avantages.
⇒ loi

DROIT ADMINISTRATIF
Il fait partie du « droit national public ».
Pour gérer l'appareil administratif d'un État, il faut certaines règles qui sont contrôlées, si nécessaire, par les **juridictions administratives spécialisées** qui existent dans la plupart des pays.
Le **droit administratif pénal** confère aux administrations le pouvoir d'infliger des peines (des amendes par exemple), comme c'est le cas en matière fiscale ; ce droit administratif pénal fait partie intégrante du droit administratif.
⇒ droit

DROIT AD VALOREM
Le terme latin « ad valorem » signifie « **suivant la valeur** ».
En matière de commerce extérieur, la **tarification « ad valorem »** signifie que le droit de douane est basé sur la valeur du produit importé ou exporté.
⇒ droit de douane ; droit spécifique ; droits composés

DROIT À POLLUER
La protection de l'environnement et, d'une façon générale, la promotion du développement durable, imposent de plus en plus, en matière de lutte contre la pollution, de contraintes aux entreprises. Les normes sont très strictes ; l'UNION EUROPÉENNE – UE – et les Institutions internationales renforcent régulièrement les limites de pollution considérées comme acceptables.
La situation doit cependant être considérée globalement en fixant pour un pays – ou un ensemble de pays – la masse de pollution à ne pas dépasser, en particulier dans le cadre des plans de lutte contre l'effet de serre (rejet de gaz CO_2).
Faute de supprimer toutes les formes de pollution, les États taxent celles-ci (notion de pollueur – payeur). Pour différentes raisons, certaines entreprises sont en dessous des normes admissibles, d'autres au-dessus. Il s'est alors établi un marché, admis par les Autorités Publiques dans la plupart des pays, pour que certains achètent à d'autres des possibilités de polluer, y compris en payant des taxes majorées : c'est le **droit à polluer**.
Le terme est aussi utilisé pour souligner que certains pays en développement ont, provisoirement un droit à polluer, n'ayant pas les moyens (financiers notamment) de prendre les mesures nécessaires de lutte contre la pollution.
⇒ développement durable

DROIT CAMBIAIRE
À l'origine, c'est le **droit relatif aux monnaies et au change** ; par extension, c'est le **droit des banques et des établissements financiers**.
En droit civil, la théorie des contrats réglemente les différents aspects des obligations conventionnelles. Le droit civil s'appuie fréquemment sur des formalités parfois complexes et compliquées qui sont souvent absentes du **droit cambiaire qui fait partie du droit commercial**. Par exemple, en droit civil la cession d'une créance s'effectue par voie de signification (acte de procédure juridique qui fait intervenir un huissier) alors qu'en droit cambiaire un simple endossement (ordre donné par une signature) suffit ; l'endossement comporte cependant nécessairement la clause « à ordre », la date et la signature du cédant.
⇒ endossement ; signification

DROIT CANON
Il s'agit de l'ensemble des **lois réunies dans le code juridique de l'Église Catholique Romaine** ; les Églises Catholiques Orientales ont un droit canon spécifique.
Les différentes religions ont aussi leurs règles propres, le plus souvent codifiées.
Certaines règles concernant les religions et leurs pratiques par les citoyens figurent dans la législation des États, qu'ils soient laïques ou conventionnellement liés à une religion.

DROIT COMMUNAUTAIRE
ou DROIT DE L'UNION EUROPÉENNE
L'UNION EUROPÉENNE – UE – **juxtapose deux ordres juridiques**, le droit national de chacun des États membres et le DROIT COMMUNAUTAIRE.
Ce droit comprend l'ensemble des Traités, les Actes du CONSEIL et de la COMMISSION (essentiellement les **Règlements, Directives et Décisions**), les Accords intervenus entre l'UE et d'autres États ou Organisations ainsi que **la jurisprudence** de la COUR EUROPÉENNE DE JUSTICE et du TRIBUNAL DE PREMIÈRE INSTANCE.
La **CONSTITUTION EUROPÉENNE**, après sa ratification et son entrée en vigueur, sera à la base de ce Droit Communautaire.
Ce Droit Communautaire constitue **un ensemble juridique autonome** qui lie les États membres et leurs citoyens à qui il confère des droits et à qui il impose des obligations. **Ce droit est prééminent**, c'est-à-dire qu'il se substitue, dans les ordres juridiques des États membres de l'UE, aux dispositions nationales.
La **COUR EUROPÉENNE DE JUSTICE**, par la procédure préjudicielle interprète le Droit Communautaire à la demande des juridictions nationales, si nécessaire et à leur demande.
⇒ COMMISSION EUROPÉENNE ; CONSEIL ; COUR EUROPÉENNE DE JUSTICE ; Directive ; Procédure préjudicielle ; Règlement ; UNION EUROPÉENNE

DROIT CORPOREL
Le droit corporel repose sur une chose ou un bien dont on peut avoir la propriété. On utilise aussi les termes de « **droit immobilier** » et de « **droit mobilier** ».
⇒ droit incorporel

DROIT D'AUTEUR
Droit de celui qui a créé ou inventé quelque chose.
Généralement, l'auteur se réserve tous les droits sur ses œuvres ; c'est ce que l'on appelle en matière de travaux littéraires, le « **copyright** ».
La gestion des droits d'auteurs en matière littéraire et artistique (**c'est la propriété intellectuelle**) est souvent regroupée au sein d'organismes spécialisés.
Les inventions techniques sont protégées par les règles de la **propriété industrielle**.
⇒ brevet ; propriété

DROIT DE DOUANE

Impôt ou taxe que l'État prélève soit à l'importation soit à l'exportation.

Le but des droits d'entrée est de freiner les importations.

Le but des droits de sortie (c'est plus rare) est de ralentir ou même d'entraver l'exportation.

Des accords internationaux suppriment tout ou partie des droits de douane dans les échanges ; c'est le cas pour les pays membres de l'UNION EUROPÉENNE – UE – au sein de laquelle il y a libre circulation des marchandises.

La réduction générale des droits de douane pour les échanges mondiaux fait l'objet d'accords dans le cadre de l'ORGANISATION MONDIALE DU COMMERCE –OMC.

⇒ droit ad valorem ; droits composés ; droit spécifique ; ORGANISATION MONDIALE DU COMMERCE ; UNION EUROPÉENNE

DROIT DE L'UNION EUROPÉENNE

Voir : DROIT COMMUNAUTAIRE

DROIT DE PRÉFÉRENCE

Il concerne le **contrat d'hypothèque**. En effet, **si le débiteur se trouve dans l'impossibilité de remplir son obligation, donc de payer, l'immeuble hypothéqué sera vendu et le créancier hypothécaire sera désintéressé par préférence à d'autres créanciers** éventuels qui ont moins de garanties. Le droit de préférence consiste donc à être désintéressé de préférence à d'autres ; ce droit peut être reconnu à certains actionnaires en cas d'augmentation de capital.

⇒ créancier ; hypothèque

DROIT DE PROPRIÉTÉ

Dans de nombreux pays, **la législation** (c'est le cas du « code civil » en vigueur en Allemagne, au Benelux et en France) **définit la propriété comme le droit de jouir et de disposer des choses de la manière la plus absolue pourvu que l'on n'en fasse pas un usage prohibé par la loi** et ce droit ne s'éteint pas par le non-usage ». Le droit de propriété confère également **le droit aux « fruits » produits par la chose** ; par exemple, le loyer d'un immeuble revient en principe au propriétaire.

Les régimes marxistes ont très largement supprimé le droit de propriété privée pour le transférer à l'État.

DROIT DE RECOURS (DROIT CAMBIAIRE)

En vertu du droit cambiaire, **les signataires d'une lettre de change sont solidairement responsables du paiement.** Le dernier porteur peut donc agir auprès d'un quelconque des signataires (tireur, cédant) ; il peut ainsi remonter la chaîne et faire un choix.

⇒ lettre de change

DROIT DE RÉTENTION

Le créancier gagiste peut retenir le gage (qui constitue sa garantie) et donc le garder **jusqu'à ce que le débiteur ait rempli son obligation**. Il y a lieu de noter que la matière du gage est indivisible.

⇒ Créancier-gagiste

DROIT DU TRAVAIL

Les termes « droit social », « législation du travail », « législation sociale » sont synonymes.

Le droit du travail est l'ensemble des lois et des règles qui régissent les relations entre un employeur et un salarié mais aussi tout ce qui concerne les conditions de travail, la protection des travailleurs (même s'il existe un droit spécifique des assurances et de la protection sociale), ainsi que leur représentation.

C'est l'exploitation, parfois abusive, des salariés au cours des siècles qui a conduit les gouvernements (notamment sous la pression des salariés et, plus récemment sous celle des syndicats) à légiférer en ce domaine, en particulier à partir du XIXe siècle, même si, antérieurement, il existait certaines mesures de protection des salariés.

En principe, ce **droit est de nature privée** et ne s'applique pas aux relations entre l'État (et les collectivités publiques assimilées) en tant qu'employeur et ses fonctionnaires, en général soumis à un droit spécifique à la fonction publique (droit administratif).

Le droit du travail est un droit dont l'importance va croissant ; il ne cesse de se développer et il est devenu très complexe, concernant non seulement la vie professionnelle du salarié, mais aussi son environnement.

Le développement du droit du travail a été et reste **un facteur significatif du progrès social** dont l'influence économique est considérable ; il a aussi des répercussions sur l'emploi et son évolution.

Au-delà **des relations individuelles du travail** (le contrat de travail notamment), la législation sociale intervient **dans les rapports collectifs employeurs – salariés**. Les syndicats (patronaux et ouvriers), les représentants et délégués du personnel jouent un rôle considérable, parfois prépondérant, dans l'évolution du droit du travail au plan national comme au plan international, mais aussi dans l'entreprise ou pour le secteur d'activité auquel elle appartient : négociation de règlement intérieur de l'entreprise, accord d'entreprise, convention collective.

Au droit du travail national viennent s'ajouter les conventions internationales concernant ce domaine, le plus souvent sous l'égide de l'ORGANISATION INTERNATIONALE DU TRAVAIL – OIT – ainsi que par les dispositions de plus en plus nombreuses prises par l'UNION EUROPÉENNE – UE –, non seulement dans le cadre de la **Charte Sociale** (1961) et de la **Charte des Droits Sociaux Fondamentaux des Travailleurs** (1988) mais aussi par de nombreuses « **Directives** » ou « **Règlements** » pour la promotion de l'emploi, l'amélioration des conditions de travail, la protection sociale, le dialogue social et la lutte contre toutes les formes d'exclusion.

Dans de nombreux pays, l'application des lois sociales est prise en charge par un corps de **fonctionnaires spécialisés** (l'Inspection du Travail) qui a aussi un rôle de conseil, de médiation et d'arbitrage.

Le contentieux du droit du travail est soumis soit à des juridictions normales, soit à des tribunaux spécialisés : c'est le cas en Allemagne, en France (avec les Conseils de prud'hommes) et au Luxembourg (avec les Tribunaux du Travail), parfois avec la collaboration de juges non professionnels. La jurisprudence, abondante, joue un rôle important dans l'application de ce droit du travail.

Dans les litiges, individuels ou collectifs, des **arbitres ou des médiateurs peuvent intervenir** (en cas de grève, par exemple).

L'ensemble de la législation du travail est en général rassemblée dans un « code du travail ».

⇒ Conseil de prud'hommes ; délégués et représentants du personnel ; droit administratif ; Inspection du travail ; ORGANISATION INTERNATIONALE DU TRAVAIL ; syndicat ; UNION EUROPÉENNE

DROIT DES PEUPLES À DISPOSER D'EUX-MÊMES

Déjà formulé dans une résolution en 1960, **ce droit est ancré dans la Charte de l'ORGANISATION DES NATIONS UNIES – ONU –** qui fixe, dans son article 7, le « **droit à**

l'autodétermination des peuples » et, pour ceux-ci, le « droit de lutter à cette fin et de chercher et de recevoir un appui ».
Ce droit découle du **principe de la souveraineté nationale** et fait partie des « droits de l'homme ».
Un peuple doit (devrait) être libre d'exprimer sa volonté et d'agir en conséquence à condition de ne pas empiéter dans le domaine d'autrui.
⇒ droits de l'homme ; ORGANISATION DES NATIONS UNIES

DROIT DU SANG ET DROIT DU SOL
en latin : « jus sanguinis » et « jus soli »
Le lien juridique qui fixe la nationalité d'un individu résulte des législations nationales qui en déterminent les conditions. Mais suivant les pays, la nationalité s'obtient soit par le droit du sang, c'est-à-dire la filiation par le sang (« jus sanguinis ») soit par le droit du sol, c'est-à-dire le lieu de naissance (« jus soli »).
⇒ nation ; nationalité

DROITE À 45°
Il s'agit de la bissectrice de l'angle droit.
L'analyse économique y recourt souvent dans les graphiques à **deux dimensions** qui mettent en évidence deux variables économiques, en abscisse et en ordonnée.

DROITE DE BUDGET
Voir : FONCTION DE PRODUCTION

DROIT INCORPOREL
Le droit incorporel repose sur des éléments qui n'ont pas de corps ou d'existence matérielle mais une certaine valeur : droit d'auteur, propriété artistique, droit de clientèle, etc.
⇒ droit d'auteur ; droit corporel

DROIT INTERNATIONAL
S'applique aux relations internationales entre personnes privées mais aussi entre les États.
Les litiges et les conflits sont jugés par des tribunaux spécialisés ou font l'objet d'arbitrage.
⇒ droit international privé ; droit international public ; droit national

DROIT INTERNATIONAL PRIVÉ
Il concerne **toute la réglementation qui s'applique aux individus dans leurs rapports internationaux**.
À l'origine, cette discipline appartenait au droit national.
L'**UNION EUROPÉENNE – UE – a créé un droit qui se rapporte aux personnes**, physiques ou morales, des États membres développant ainsi un droit international. Le droit de l'UE prime tous les droits nationaux des États qui le composent.
⇒ droit civil ; droit commercial ; droit international privé ; droit international public ; droit pénal ; UNION EUROPÉENNE

DROIT INTERNATIONAL PUBLIC
Il règle notamment les **relations entre États**.
On l'appelait le « droit des gens ».
⇒ droit international privé

DROIT NATIONAL
Il s'applique au territoire d'un pays déterminé et se subdivise en **droit public et droit privé**.
⇒ droit international ; droit national privé ; droit national public ; UNION EUROPÉENNE

DROIT NATIONAL PRIVÉ
Il concerne surtout :
– le **droit commun ou droit civil** qui s'applique aux relations des individus entre eux, mais aussi à celles des Autorités Publiques avec les sujets de droit ;
– le **droit commercial** qui règle les rapports entre tous ceux qui font des actes de commerce (commerçants, entreprises, etc.).
⇒ droit civil ; droit commercial ; droit international

DROIT NATIONAL PUBLIC
Il s'agit de la réglementation qui **donne à un État le cadre juridique de son organisation et qui règle les relations entre les Autorités Publiques et les sujets de droit.**
Le droit administratif, le droit fiscal, le droit pénal administratif et privé, font partie du droit national public.
⇒ droit administratif

DROIT NATUREL
C'est selon certains auteurs, l'ensemble des règles humaines de bon sens : respect de la vie, de la propriété, de la religion, de la paix, etc.

DROIT RÉGALIEN DE L'ÉTAT
C'était le droit « du prince » de « faire battre monnaie » (à son effigie).
Au sens large actuel, c'est l'**ensemble des pouvoirs conférés à l'État**. Sont ainsi concernés : le respect du droit constitutionnel, le contrôle des rouages de l'économie (de marché), la surveillance de la circulation monétaire, etc.

DROIT RURAL
Ensemble des lois et des règles (elles sont souvent réunies dans un « code ») **qui concernent l'agriculture (au sens large) et, dans une certaine mesure, les industries agricoles.**
Le droit rural s'applique aux questions foncières (cessions de terres et de bois), aux rapports entre propriétaires et locataires, mais aussi à **toutes les activités agricoles**, y compris la commercialisation des produits et leurs marchés.
Le droit rural établit une certaine protection pour les agriculteurs-exploitants ou propriétaires.
Dans certains pays, il existe des **tribunaux spécialisés pour l'application du droit rural** et des litiges le concernant (Tribunaux Paritaires de Baux Ruraux en France, par exemple).

DROITS COMPOSÉS
En matière de **commerce extérieur**, un tarif douanier peut être composé à la fois de « droits spécifiques » (suivant la nature de la marchandise) et de **droits « ad valorem »** (en fonction de la valeur de la marchandise).
⇒ droit ad valorem ; droit de douane ; droit spécifique

DROITS DE L'HOMME
Droits qui ne sont pas conférés par un État mais sont reconnus universellement à chaque individu ; ce sont des droits supranationaux, inscrits dans des Chartes et en principe respectés par tous les États et leurs gouvernements.
Parmi les grands textes historiques définissant les droits de l'homme, on peut citer la Constitution américaine de 1787, en France, la Déclaration des Droits de l'Homme et du Citoyen de 1789, la Charte de l'ORGANISATION DES NATIONS UNIES – ONU – de 1948, la Convention Européenne de Sauvegarde des Droits de l'Homme et des Libertés Fondamentales de 1950 et la Charte des Droits Fondamentaux de l'UNION EUROPÉENNE – UE – (2000).

Parmi les droits fondamentaux, l'on peut citer le respect de la dignité humaine, le droit à la vie, le droit à l'intégrité humaine, la liberté, l'égalité, la liberté d'opinion de conscience, la liberté d'expression, de pensée et de religion, le droit à l'éducation, l'égalité entre les femmes et les hommes, etc.

La Constitution des États prévoit aussi en ce domaine certains droits tels que la liberté du choix d'une profession, le droit de vote actif et passif, le droit à la protection de l'État, le respect de la vie privée, etc. Ces droits concernent le citoyen du pays concerné, mais aussi, suivant les cas, ceux qui y vivent et font donc partie de la communauté d'un État.

Le CONSEIL DE L'EUROPE et la COUR EUROPÉENNE DES DROITS DE L'HOMME ainsi que l'ORGANISATION DES NATIONS UNIES – ONU – avec la COUR PÉNALE INTERNATIONALE veillent au respect des droits de l'homme dans le monde.

Des organisations non gouvernementales (ONG) ont aussi, dans ce domaine, une action importante.

⇒ CONSEIL DE L'EUROPE ; COUR PÉNALE INTERNATIONALE ; ORGANISATION DES NATIONS UNIES

DROITS DE TIRAGE SPÉCIAUX – DTS

Si, à l'échelle mondiale, les excédents d'importation croissent et font augmenter le volume des dettes, les moyens de paiement se font rares. C'est par le FONDS MONÉTAIRE INTERNATIONAL – FMI – que les pays membres ont obtenu, en 1967, de pouvoir disposer de « **Droits de Tirage Spéciaux – DTS** » ; **unité de compte officielle du FMI, c'est un « panier de monnaies »** – dollar des États-Unis, livre anglaise, yen japonais et euro – dont le poids respectif est pondéré en fonction de leur part respective dans le commerce mondial. Comme les endettés ne pouvaient payer ni en or ni en devises, **les pays qui réalisent des excédents d'importations sont contraints d'accepter les « Droits de Tirage Spéciaux » en paiement**.

La devise directrice est ainsi devenue les « Droits de Tirage Spéciaux – DTS » qui s'est substituée au dollar des États-Unis comme devise de référence.

⇒ commerce mondial ; devise directrice ; exportation ; FONDS MONÉTAIRE INTERNATIONAL ; importation

DROITS DU CITOYEN
Voir : DROITS DE L'HOMME

DROIT SPÉCIFIQUE

En matière de commerce extérieur, il s'agit d'une **tarification douanière basée sur le genre ou la nature des produits**. Le calcul se fait au poids, au volume, à la longueur, etc. Le procédé est compliqué puisqu'il faut dresser des relevés avec tous les articles.

Lorsque les prix baissent dans le pays exportateur, les droits de douane spécifiques perdent de leur intérêt et de leur efficacité.

La plupart des pays leur préfèrent les droits de douane « ad valorem », basés sur la valeur de la marchandise.

⇒ droit composé ; droit de douane

DRUCKER Peter (1909-)

D'origine autrichienne, émigré en Grande-Bretagne puis, définitivement aux États-Unis, P. DRUCKER sera le consultant et le conseil de grandes entreprises mais, plus encore par son œuvre de réflexion, le **« maître à penser » de très nombreux chefs d'entreprise tout au long de la deuxième moitié du XXe siècle**.

Dès 1939, il publie *The End of Economic Man* – « *La fin de l'homme de l'économie* » puis *The future of Industrial Man* – « *L'avenir de l'homme dans l'industrie* » (1942).

Mais c'est par **deux ouvrages majeurs qu'il fera connaître ses idées** : *The Practice of Management* – « *La pratique du management* » publié en 1954 et *Managing for Results* – « *Les résultats par le management* » (1964) **qui mettent le « management » au cœur de l'entreprise** avec, notamment, le **principe de la « direction par objectifs »** qui assigne aux responsables des résultats économiques et le choix des décisions d'une part, aux collaborateurs des tâches négociées et déterminées dont ils rendent compte, d'autre part.

⇒ direction par objectif ; management

DUBOIS Pierre (1250-1321)

Homme de loi français, auteur de l'un des premiers ouvrages consacrés à l'**idée européenne** *De recuperatione terrae sanctae* – « *La reprise des Terres Saintes* » (1305) dans lequel il propose **une confédération d'États** chrétiens souverains en Europe.

DUCROIRE

C'est l'**engagement d'un commissionnaire** (intermédiaire agissant pour quelqu'un d'autre) **à l'égard de son commettant de lui régler les créances** résultant des contrats passés entre le commissionnaire et les personnes avec lesquelles il est en relation. **La responsabilité du paiement repose donc sur le commissionnaire.**

De même, un groupement d'achats peut s'engager à payer immédiatement la livraison d'un fournisseur ; pour celui-ci, il n'y a donc aucun risque puisque le groupement d'achat prend ainsi en charge les débiteurs défaillants.

⇒ assurance ducroire ; provision ducroire ; risque ducroire

DUE DILIGENCE

Termes anglo-américains, littéralement « regard attentif » qui **concerne les opérations de vérification (comptabilité mais aussi la gestion) et d'appréciation** nécessairement faites avec sérieux et attention en cas d'**investissement dans des participations ou de reprise d'entreprise**. L'examen se fait par les bilans, documents comptables et sur la base d'informations sur la situation précise de l'entreprise.

Les termes français « à due diligence » sont très peu usités et signifient qu'un acte de justice tel une requête est effectué conformément à la loi.

DUESENBERRY James Stemble (1918-)

Économiste américain, professeur à l'Université de Harvard (E-U), J.S. DUESENBERRY a consacré ses réflexions à l'**étude du comportement des consommateurs**, soulignant leur tendance à imiter les habitudes de ceux qui ont un revenu supérieur : c'est l'**« effet de contagion » ou « l'effet de démonstration »** dont il souligne qu'il subsiste même en cas de baisse des revenus. Il rejoint ainsi KEYNES en confirmant l'aspect psychologique des choix des consommateurs.

⇒ KEYNES

DUMPING

L'expression anglaise « to dump goods on a foreign market » signifie **« écouler ou déverser des produits sur un marché étranger »**, sous-entendu à un prix dérisoire.

Il peut s'agir d'une politique qui est menée de façon délibérée par un gouvernement.

La différence de prix existant entre le marché national et l'étranger donne lieu à des subventions de l'État ou peut résulter d'une dévaluation préméditée ce qui confirme alors la volonté politique.

Au niveau international, le « **dumping commercial** » **est interdit** ; il est, dès lors, réprimé par l'ORGANISATION MONDIALE DU COMMERCE – OMC – dans le cas où les aides et subventions de l'État dépassent les limites qu'elle a fixées et qu'elle révise périodiquement.

Le dumping est aussi pratiqué par l'entreprise privée qui veut prendre pied sur un marché étranger. Dans ce cas, l'entreprise vend, temporairement, avec perte ou avec un bénéfice moins élevé sur le marché étranger qu'à l'intérieur du pays. L'entreprise commet alors un **délit de concurrence déloyale**.

Une autre forme de dumping est le « **dumping du coût** » par lequel un producteur national marque sa supériorité vis-à-vis d'un autre pays par des charges moins élevées C'est là qu'apparaît le « **dumping social** » qui concerne l'utilisation de ce procédé par une entreprise dans un pays étranger (pays en voie de développement notamment) pour une production déterminée, d'une main-d'œuvre (parfois des enfants) n'ayant ni les salaires, ni la protection sociale qu'elle aurait normalement dans l'entreprise.

La « **délocalisation** » d'une entreprise (installation de la production dans un pays dans lequel les charges de personnel ou fiscales sont plus faibles) peut être une forme de dumping social.

L'OMC s'efforce de lutter contre toutes les formes de dumping social en incitant les entreprises et les gouvernements à **soutenir un « commerce équitable »** dans lequel acheteurs et vendeurs trouvent un intérêt équivalent sans qu'il n'y ait exploitation de l'un par l'autre.

⇒ charges ; commerce équitable ; concurrence ; coût ; ORGANISATION MONDIALE DU COMMERCE ; prix

DUOPOLE OU DYOPOLE

Situation d'un marché sur lequel le nombre d'offreurs ou de demandeurs est de deux. Il peut donc s'agir d'un duopole dans une optique d'offre ou d'un duopole dans une optique de demande.

Le duopole est une forme d'oligopole.

Plusieurs auteurs ont décrit les différentes caractéristiques que peuvent prendre les duopoles.

On distingue ainsi :
– **le duopole de BERTRAND** : face à de nombreux demandeurs il n'y a sur le marché concerné, que deux entreprises qui offrent, en se livrant à une lutte de prix (ou de qualité) ;
– **le duopole de BOWLEY** : la situation est la même mais la lutte entre les deux fournisseurs se place sur le terrain de la production pour éliminer le concurrent, sauf entente éventuelle ;
– **le duopole de COURNOT** dans lequel, sur le marché, il y a une multitude de demandeurs face à deux offreurs concurrents qui s'ignorent et dont la position reste finalement équilibrée au plan de la production comme du prix. Ce type de duopole est aussi qualifié de « duopole symétrique » ou de « duopole de double dépendance » ;
– **le duopole d'EDGEWORTH** qui décrit une situation identique avec des positions qui sont figées par des capacités de production limitées ;
– **le duopole de STACKELBERG** dans lequel l'une des deux entreprises qui font l'offre face à une multitude de

demandeurs a (ou se donne) les moyens de prendre la maîtrise du marché, l'autre n'étant plus que marginale.

Les économies modernes connaissent fréquemment, pour certains produits, une structure oligopolistique, au moins au niveau national. La mondialisation des échanges tend à limiter cette forme de structure au niveau international.

⇒ BERTRAND ; BOWLEY ; COURNOT ; EDGEWORTH ; oligopole ; STACKELBERG

DUPONT DE NEMOURS Pierre Samuel (1739-1817)

Homme politique français dont la carrière fut exceptionnellement mouvementée, économiste et chef d'entreprise dont on peut retenir :

– qu'il fut le **défenseur de la** « **doctrine physiocratique** » selon laquelle, d'une part, les lois économiques qui mènent le monde sont des lois naturelles comme les lois de la physique et doivent, en conséquence, être respectées ; seule, d'autre part, l'agriculture est productive et donc la seule source de richesse (c'est le « produit net ») ;
– qu'en émigrant aux États-Unis, **il fonde en 1802**, une entreprise qui sous son propre nom, deviendra **un empire industriel** ;
– qu'il a étudié **les conséquences économiques de l'esclavage** tel qu'il était alors pratiqué aux États-Unis.

⇒ physiocrates

DUPRÉ DE SAINT MAUR Nicolas François (1695-1774)

Économiste français, c'est lui qui **a mené la première grande étude connue sur l'évolution des prix des produits alimentaires** depuis les premiers siècles jusqu'à son époque.

DUPUIT Jules (1801-1866)

Ingénieur spécialiste des travaux publics et économiste français, J. DUPUIT a étudié tous les aspects, au plan économique comme au plan social, du **coût des travaux publics** : routes, ponts, chemins de fer, etc.

Mais il fut aussi sensible aux problèmes de **l'impôt**, démontrant en 1844 que les recettes fiscales d'un pays augmentent d'abord avec le taux d'imposition jusqu'à un seuil critique avant de régresser. LAFFER reprendra la même démonstration, c'est la **courbe de LAFFER** ».

⇒ LAFFER

DUTYFREE

Expression anglo-américaine qui signifie « libre de droits de douane » ou « **hors taxes** », permettant à un produit d'être vendu, dans certaines conditions, en franchise totale ou partielle de taxes (TVA notamment).

La formule a été introduite en 1947 en Irlande pour éviter le paiement de taxes élevées.

Les « Tax free shops » ou « Dutyfree shops » (boutiques hors taxes) installées en général dans les aéroports ou sur les paquebots (elles ne sont ouvertes qu'en dehors des eaux territoriales) ont connu un développement important, en particulier pour les articles de luxe, les tabacs et cigarettes, alcools et les produits de mode.

L'UNION EUROPÉENNE – UE – a **supprimé le système de « dutyfree » en 1999** dans les relations entre les pays membres de l'UE.

⇒ droit de douane ; taxe

EBIT
Sigle anglo-américain, utilisé en Bourse signifiant « **Earnings before Interest and Taxation** » et qui concerne, pour une entreprise, les « **résultats avant intérêts et impôts** ».
Par rapport à l'EBITDA, l'EBIT ne prend pas en compte les amortissements ; il est assez peu utilisé.
⇒ EBTIDA

EBITDA
Sigle anglo-américain de la Bourse signifiant « **Earnings before Interest, Taxes, Dotations and Amortizations** », c'est-à-dire, pour une entreprise déterminée, les « **résultats avant amortissements, impôts, provisions et frais financiers** ». Il correspond à l'EBE, c'est-à-dire « **l'excédent brut d'exploitation** » plus couramment utilisé par les entreprises européennes.
L'EBITDA, fréquemment **calculé pour comparer les résultats des entreprises américaines**, tient cependant compte de l'intéressement et de la participation des salariés aux bénéfices, ce qui n'est pas le cas de l'EBE.
L'EBITDA, permet de mesurer la performance de l'activité d'une entreprise, c'est-à-dire son travail, mais il a l'inconvénient majeur de ne tenir compte ni des amortissements, ni des dettes, ni des provisions, notamment celles pour dépréciations d'actif : leur total peut dépasser le bénéfice du travail !
L'EBITDA ne reflète donc pas la valeur réelle d'une entreprise et des sociétés peu scrupuleuses annoncent un EBITDA positif en cachant ainsi une situation catastrophique.
⇒ EBIT

e-BRAND
Terme anglo-américain utilisé pour signifier qu'**une marque** (« **Brand** ») **déterminée est présente sur INTERNET** soit par un site, un portail ou simplement une adresse.
On dit qu'il s'agit d'une « **marque en ligne** ».
⇒ marque ; INTERNET

e-BUSINESS
Voir : e-COMMERCE

ÉCART
C'est la différence entre deux grandeurs.
Il existe de nombreux types d'écart, en économie comme dans le domaine commercial.
On peut notamment citer le « **goodwill** » (c'est-à-dire la survaleur du fonds de commerce) qui est l'écart constaté lors de sa cession, entre la valeur réelle d'une entreprise et sa valeur comptable, même si les éléments incorporels ont été correctement comptabilisés.
En comptabilité générale d'entreprise, on trouve des écarts de conversion de devises, des écarts de réévaluation du bilan ; **en contrôle budgétaire**, on rencontre des écarts sur les crédits clients ou fournisseurs, sur les marges commerciales, sur les matières, sur les prix, sur les coûts, sur les quantités ou sur les stocks.
En statistique, la dispersion de valeurs autour de la moyenne arithmétique est l'écart-type.
⇒ écart-type ; goodwill

ÉCART INFLATIONNISTE
Différence mesurée entre le niveau de la hausse des prix entre un pays déterminé et l'un ou l'autre de ceux avec qui il entretient des relations commerciales ; en ce sens, les termes « écart d'inflation » sont synonymes.
Dans les théories de KEYNES, les termes concernent des circonstances dans lesquelles **la demande totale excède l'offre totale ou dans laquelle l'investissement excède l'épargne**, dans une situation de plein emploi : c'est l'« écart inflationniste de KEYNES ». Il en résulte une augmentation des prix et le phénomène de la spirale inflationniste se déclenche alors que le revenu ne peut pas s'accroître.
L'« **écart déflationniste** » mesure une situation inverse : déficit de la demande globale par rapport à l'offre globale ou excédent d'épargne sur l'investissement.
⇒ demande ; épargne ; inflation ; investissement ; KEYNES ; Offre
▶ graphique n° 9

ÉCART-TYPE
On étudie la dispersion des valeurs variables autour de la moyenne arithmétique d'une série. Cette dispersion s'appelle « l'écart-type ». En statistique, l'écart-type peut être déterminé en calculant la racine carrée de la variance.
⇒ statistique ; variance

ÉCHANGE
L'échange s'effectue entre deux agents économiques.
En principe, dans les économies primitives, une marchandise s'échangeait contre une autre marchandise : c'était le troc.
Aujourd'hui, les échanges s'effectuent sur la base d'une **commune mesure de la valeur, donc de la monnaie**.
À l'intérieur d'un pays, il existe des échanges intersectoriels (entre les différents secteurs).
Sur le plan international, il existe des économies fermées (autarcie) et des économies ouvertes ; dans celles-ci, les échanges sont comptabilisés dans une monnaie de référence et donnent lieu à l'établissement **des balances commerciales et des balances de paiement**. L'inégalité des coûts conduit alors, selon la théorie marxiste, à une inégalité dans les échanges (on parle alors d'impérialisme d'un État vis-à-vis d'un autre).
⇒ agent économique ; autarcie ; balance commerciale ; marxisme ; monnaie ; troc

ÉCHANGE DE DONNÉES ENTRE ADMINISTRATIONS – IDA
L'échange de données informatiques entre les Administrations des États membres – actuels et futurs – de l'UNION EUROPÉENNE – UE – fait l'objet d'un programme qui concerne non seulement les Administrations mais aussi les entreprises et citoyens.
L'objectif du programme est la « **fourniture interopérable de services paneuropéens de gouvernements électroniques – IDABC** », c'est-à-dire faciliter l'échange électronique d'informations sur les projets, les services, les expériences au sein de l'UE.
Internet : **http://europa.eu.int/ispo/ida**
⇒ UNION EUROPÉENNE

Les 3 000 mots essentiels de l'économie et des affaires

ÉCHANGES INTERNATIONAUX (ÉCOLE SUÉDOISE)

La théorie des échanges internationaux s'est formée dans le courant du XXᵉ siècle. **Deux noms sont à retenir :**
- **celui de HECKSCHER** qui affirme que la combinaison des facteurs de production est différente de pays à pays ;
- **celui de OHLIN** qui insiste sur les différences de prix entre les divers facteurs de production.

⇒ HECKSCHER ; OHLIN ; théorème Heckscher-Ohlin

ÉCHANGES INTERNATIONAUX CROISÉS

Selon la théorie « ricardienne » (d'après RICARDO) des coûts comparés, **un pays a intérêt à se spécialiser dans la fabrication du ou des produits pour lesquels les avantages sont, globalement, favorables à l'économie du pays et à ses entreprises** et, au contraire, à abandonner celle d'autres produits moins rentables à des pays mieux en mesure de le faire.

En cas d'échanges croisés, ce qui est d'ailleurs le cas dans la pratique, on assiste à un phénomène *a priori* paradoxal : la plupart des pays importent des produits semblables à ceux qu'ils produisent et exportent eux-mêmes. Ce paradoxe n'est qu'apparent et s'explique par le fait :
- que les coûts et les qualités ne sont pas les mêmes partout et parfois notablement différents d'un pays à un autre,
- que l'existence de groupements multinationaux est également à l'origine de nombreux échanges,
- que les pays importateurs et exportateurs ne sont pas, le plus souvent, au même niveau social,
- que la technologie avance plus vite dans certains pays que dans d'autres ; pour créer un produit, il faut des investissements en capital mais aussi du savoir-faire (le « know how ») et de la main-d'œuvre, en tenant compte que le dosage des facteurs peut varier d'un pays à l'autre, ou même entre les régions.

⇒ commerce international ; RICARDO

ÉCHANTILLON

Petite quantité d'un produit ou d'une marchandise ou le produit lui-même présentés à un client pour servir de modèle et de référence afin d'inciter à l'achat.

On distingue de très nombreuses sortes d'échantillons parmi lesquelles :
- **l'échantillon initial** (EI): échantillon d'un produit remis par une entreprise à des clients sélectionnés pour connaître leur avis, leurs appréciations, leurs réactions et en tester l'utilisation ; par l'échantillon initial, l'entreprise peut améliorer le produit avant son lancement sur le marché ;
- **l'échantillon de commande**, envoyé par l'acheteur au fournisseur pour avoir la certitude d'une livraison de produits identiques ;
- **l'échantillon de contrôle** pour vérifier les caractéristiques d'une marchandise à sa réception ;
- **l'échantillon représentatif** qui est un exemplaire du produit lui-même ;
- **l'échantillon commercial**, en général gratuit, largement distribué pour les biens de grande consommation, au public, notamment dans le domaine alimentaire ; ce type d'échantillon est nécessairement « sans valeur ».

La vérification des caractéristiques d'une marchandise peut se faire « par échantillonnage » : prélèvement d'une quantité déterminée (en poids, en volume, en nombre, etc.) d'une marchandise pour vérifier sa conformité avec les caractéristiques fixées dans la commande.

En statistique, **l'échantillon est un nombre réduit d'éléments représentatifs d'un ensemble ou d'une partie significative de celui-ci**. La taille de l'échantillon, les méthodes utilisées et les conditions de l'analyse des résultats ont une influence importante sur **la représentativité de l'échantillon** et doivent donc être préalablement déterminées avec soin.

ÉCHELLE

Tableau ou grille indiquant les variations d'un élément, d'une grandeur, dans un ordre croissant ou décroissant. L'échelle peut mesurer la préférence que l'on porte à quelque chose ou la satisfaction qu'on en obtient (ou qu'on en tire).

L'**échelle des notations** classe, en fonction d'un objectif, un produit (qualité plus ou moins grande), un titre boursier (risque financier), une entreprise (évolution favorable pour l'avenir).

L'**échelle de production** indique les différents stades d'une production notamment en fonction des charges fixes qu'ils entraînent.

L'**échelle mobile** est l'indexation d'un élément (prix, salaire, etc.) par rapport à un autre élément dont la variation est mesurée et connue (l'inflation moyenne par exemple).

L'**économie d'échelle** signifie qu'en regroupant des productions, des actions de commercialisation, des services, des agences, des entreprises, etc., on réduira globalement certains frais (notamment des frais fixes), le cumul de chacun avant la concentration ou la fusion étant supérieur à celui qui sera constaté, celle-ci réalisée.

⇒ économie d'échelle

ÉCHELLE MOBILE

Voir : ÉCHELLE

ÉCOLE AUTRICHIENNE D'ÉCONOMIE

Encore appelée « **ÉCOLE DE VIENNE** », elle a été fondée par l'économiste C. MENGER (1840-1921) et a rassemblé, dans la première moitié du XXᵉ siècle un certain nombre d'économistes libéraux dont E.von BÖHM-BAWERK (1851-1914), F.von HAYEK (1899-1992), J. SCHUMPETER (1883-1950) et L. von MISES (1881-1973) qui en fut le chef de file.

L'**École autrichienne d'économie s'est fait connaître par une analyse marginaliste de l'économie (hiérarchie entre les biens dont la production et la valeur dépendent les uns des autres), en considérant aussi que la valeur d'un bien est de nature subjective, liée au besoin qu'a un individu de le posséder.**

L'École autrichienne d'économie estime, avec l'École de Lausanne, que **l'économie est un ensemble ouvert qui se renouvelle constamment par l'évolution des ressources et des besoins ; il ne peut donc fonctionner valablement et surtout efficacement que dans un marché libre** ; la socialisation de l'économie et ses conséquences (en particulier la suppression des libertés) s'oppose ainsi, selon ces Écoles, au développement harmonieux de l'économie.

Les théories de ces Écoles ont marqué les politiques libérales de nombreux pays.

⇒ BÖHM-BAWERK ; HAYEK ; MENGER ; MISES ; SCHUMPETER ; WALRAS L.

ÉCOLE DE CHICAGO
Elle compte plus d'une dizaine de prix Nobel d'économie parmi ceux qui se sont référés ou ont participé à ses **recherches** dans les domaines de la monnaie (et ses conséquences sur l'inflation et la croissance), **de l'étude du rôle de l'homme dans l'économie et du rôle de la propriété dans une économie de marché**. Mais l'essentiel de la pensée de l'École de Chicago (E-U) est la maximisation de l'espérance de profit pour chaque individu.
L'École de Chicago est aussi appelée « École néoclassique américaine ».

ÉCOLE DE FRIBOURG-EN-BRISGAU
École humaniste dirigée par l'économiste allemand Walter EUCKEN.
W. EUCKEN a sans doute été à l'origine de l'économie sociale de marché telle qu'elle a été mise en place après la Deuxième Guerre mondiale (1939-1945) par le professeur Ludwig ERHARDT. Il a défendu avec ses élèves et ses adeptes de l'Université de Fribourg-en-Brisgau (Allemagne) une forme de **néo-libéralisme dit « ordolibéralisme »** qui s'oppose à la formation de cartels et de monopoles et qui a vigoureusement combattu, avant la Deuxième Guerre mondiale (1939-1945), le national-socialisme hitlérien.
⇒ économie sociale ; EHRARDT ; EUCKEN ; Libéralisme ; MÜLLER-ARNACK

ÉCOLE DE LAUSANNE
Voir : WALRAS

ÉCOLE DE VIENNE
Voir : ÉCOLE AUTRICHIENNE D'ÉCONOMIE

ÉCOLE NÉOCLASSIQUE
École de pensée économique, représentée notamment par l'économiste Léon WALRAS et l'École de Lausanne.
L'École néoclassique a notamment souligné l'importance dans l'équilibre économique des différents facteurs intervenant : investissement, épargne, offre, demande, etc.
L'École néoclassique a introduit en économie la notion de marginalisme, c'est-à-dire celle de l'utilité marginale d'un bien (la dernière unité consommée).
⇒ croissance « Goldenage » ; WALRAS Léon

e-COMMERCE ou COMMERCE EN LIGNE
Forme très récente de **commerce** « sur le Net », donc **exclusivement par INTERNET**, qui connaît un développement considérable dans le monde entier. **Tout s'achète et se vend par le commerce en ligne.**
Les termes anglo-américains de « e-Business » et de « e-Trade » sont synonymes de e-Commerce.
La protection du client – l'e-consommateur – est l'une des préoccupations de l'UNION EUROPÉENNE – UE – qui a mis en place de nombreux moyens pour s'assurer le mieux possible mais l'UE se fonde beaucoup sur une meilleure information du public.
Internet : **http://europa.eu.int/comm/consumers**
⇒ INTERNET

ÉCONOMÉTRIE
Il s'agit d'une **technique de recherche** qui a notamment pour objectif de résoudre les problèmes économiques et leurs corrélations par l'association de la théorie économique, des mathématiques et des statistiques.
La littérature économique cite les noms d'économistes spécialistes de l'économétrie, notamment : COURNOT, ENGEL, SCHWABE, FRISCH, TINBERGEN, LEONTIEFF, etc.
Les économètres construisent des modèles pour trouver une solution en procédant en **analyse qui se veut constructive** suivie d'une phase déductive qui constitue la synthèse.
L'économétrie trouve ses limites dans la difficulté d'appréhender effectivement telle ou telle variable et d'en mesurer, en l'isolant, les conséquences pratiques.
⇒ COURNOT ; ENGEL ; FRISCH ; LEONTIEFF ; modèle ; SCHWABE ; statistiques ; TINBERGEN

ÉCONOMICITÉ
Recherche de la **rationalité dans l'étude économique**.

ÉCONOMIE
D'autres désignations comme « **économie politique** », (qu'il ne faut pas confondre avec la « politique économique »), « **sciences économiques** », ou « **économique** » sont employées.
Qu'est-ce que l'économie ? Le terme est composé des mots grecs « oikos » (maison) et « nomos » (loi) ; c'est une **science sociale qui étudie la façon dont les hommes se comportent vis-à-vis des biens et des services qui sont utilisés de multiples façons pour satisfaire des besoins** et dont la plupart sont exposés au phénomène de rareté.
Le terme « économie » désigne aussi les **techniques de gestion** mises en œuvre dans un ménage ou une entreprise.
Il peut aussi signifier une **réduction des dépenses ou des coûts** (« faire des économies »).
On retiendra aussi de **nombreuses expressions** dans lesquelles il y a le mot « économie » :
– « **économie pure** » ou « **économie fondamentale** », théorique, par opposition à l'« économie appliquée » ;
– « **économie dirigée** » ou « **économie planifiée** » qui caractérise une situation dans laquelle l'État intervient d'une façon plus ou moins contraignante dans tous les domaines économiques ;
– « **économie de marché** » dans laquelle les échanges sont libres et seulement soumis à la loi de l'offre et de la demande ;
– « **économie de pénurie** » lorsque la production dans un pays déterminé ne permet pas de satisfaire les besoins les plus élémentaires de la population ;
– etc.
⇒ besoins ; biens ; économétrie ; économie sociale ; rareté ; services

ÉCONOMIE CLASSIQUE
C'est en 1776 qu'Adam SMITH (que l'on considère comme le « **père de l'économie** ») publie son œuvre majeure *Inquiry into the Nature and the Causes of the Wealth of Nations* – « Recherche sur la nature et les causes de la richesse des nations ». Il avait auparavant édité un ouvrage important *Theory of Moral Sentiments* – « Théorie des sentiments moraux ».
A. SMITH a toujours été le défenseur d'un libéralisme modéré. Ses prises de position ont amené d'autres penseurs économistes à développer une série de théories et de doctrines telles le « marxisme » et le « marginalisme ».
Les vrais classiques ont fondé leur raisonnement sur des valeurs fondamentales : l'intérêt personnel, la propriété privée (capital et biens de production), la libre entreprise (pour certains c'est le **« laisser-faire » et le « laisser-aller »**) ;

pour eux, **la liberté du travail et celle du commerce conditionnent la vie économique**.

Les représentants du classicisme économique, outre A. SMITH lui-même, sont notamment D. RICARDO, R.TH. MALTHUS et J.S. MILL, même s'il y a entre eux des divergences de vues et pas d'uniformité dans les théories.

⇒ économie keynésienne ; économie néo-keynésienne économie post-keynésienne ; MALTHUS ; MILL ; RICARDO ; SMITH ; théorie économique néo-classique

ÉCONOMIE D'ÉCHELLE

La production se déroule très souvent dans des unités de production très grandes qui requièrent d'importants investissements. Le coût de production moyen devrait diminuer lorsque la production augmente. **Les économies qui résultent de l'augmentation des capacités de production sur un même site, sont désignées par « économies d'échelle ».**

Des difficultés économiques, certaines mesures concernant l'activité d'une entreprise peuvent cependant avoir l'effet inverse ; on parle alors de « **déséconomies d'échelle** » ; il y a alors, même si la production augmente, une augmentation des coûts (coût total, coût moyen et coût marginal). Il faut aussi **tenir compte des seuils de production** pour lesquels il y a un **niveau optimal** : jusqu'à un certain volume, les frais fixes ne changent pas mais, au-delà, les frais fixes augmentent et le coût moyen (coût unitaire) augmente aussi, du moins dans une première phase.

Les « économies d'échelle » sont parfois le résultat – et même l'**objectif** – de certaines **fusions d'entreprises** avec des mises en commun au plan technique, administratif, commercial ou de la production.

Les termes **« effet de taille » sont synonymes d'« économies d'échelle »**.

⇒ déséconomie d'échelle ; coût

ÉCONOMIE DE L'ENTREPRISE

L'économie politique concerne au plan macroéconomique, l'ensemble des sujets économiques : personnes physiques, entreprises, États, etc.

L'économie de l'entreprise analyse les éléments et les phénomènes microéconomiques. Lorsque cette analyse se rapporte aux entreprises indépendamment de leurs secteurs ou de leurs branches d'activité, on parle d'« **économie de l'entreprise générale** » et dans le cas contraire d'« **économie de l'entreprise spécialisée** ».

⇒ économie ; économie politique

ÉCONOMIE DE SOCIÉTÉ

Les faits économiques se déroulent dans le cadre « nature-homme » et « homme-homme ».

Les individus qui s'associent, s'aident, échangent et se concurrencent **sont souvent impuissants à maîtriser les forces de la nature** même s'ils ont de plus en plus de moyens pour y parvenir.

Au sein d'une communauté économique, quelle que soit sa taille, le comportement de chaque individu est décisif.

⇒ économie robinsonnienne ; individu

ÉCONOMIE FERMÉE

Lorsqu'un pays adopte un régime d'économie fermée ou d'autarcie, les **agents économiques ne sont en relation qu'avec les activités exercées à l'intérieur des frontières du pays**. Le système économique renonce pour divers motifs (protectionnisme notamment), aux relations avec l'étranger. L'autarcie n'exclut pas, cependant, qu'un État cherche à s'approprier les ressources d'un autre pays lorsque celles-ci lui font défaut ; cela peut le conduire à engager une guerre et une annexion.

Par opposition à l'économie fermée, **le déroulement normal de l'activité économique d'un pays s'effectue dans un cadre ouvert vers l'extérieur**.

⇒ économie ouverte

ÉCONOMIE MIXTE

Les Autorités Publiques interviennent souvent dans le champ d'action de l'entreprise privée pour donner une impulsion ou pour permettre des réalisations qui concernent l'intérêt général. **Les structures ainsi mises en œuvre sont qualifiées d'« économie mixte ».** Ces interventions, cette collaboration, ces ententes et ces prises de participation sont d'autant plus nécessaires que l'entreprise privée ne dispose pas toujours de moyens suffisants pour assurer une tâche de service public.

La « **société d'économie mixte** » est une entreprise dans laquelle l'État ou les Collectivités Publiques (territoriales notamment) participent au capital.

⇒ secteur économique ; secteur privé ; secteur public

ÉCONOMIE OUVERTE

Situation d'un pays dont l'**activité économique comprend des échanges libres, réguliers et importants** (ils constituent notamment un pourcentage significatif de Produit National Brut – PIB) **avec les autres États**.

⇒ économie fermée ; économie mixte

ÉCONOMIE PARALLÈLE

Concerne des **activités légales mais, en général, informelles et qui ne s'insèrent pas dans les circuits économiques classiques et traditionnels** : autoconsommation, notamment de l'agriculture, économie domestique, auto-production individuelle, bricolage, etc.

⇒ économie souterraine

ÉCONOMIE POLITIQUE

Science relativement récente de l'**étude de la production, de la répartition et de l'utilisation des richesses par les individus ou les groupes d'individus, les régions, les États, etc.**

De très nombreux économistes ont, depuis le XVIIIe siècle notamment, étudié tous les aspects de l'économie politique (pure ou appliquée), fondant diverses doctrines et théories, utilisant de plus en plus de puissants moyens mathématiques et statistiques pour conforter leurs thèses.

⇒ économie ; économie classique ; économie de société ; économie vulgaire

ÉCONOMIE ROBINSONNIENNE

Il s'agit d'une économie fictive telle qu'on ne la trouve nulle part. L'homme est fait pour vivre en société et pour agir dans un contexte économique. Si l'homme était isolé sur une île, comme le fut le héros du roman de Daniel DEFOE *La vie et les étranges aventures de Robinson Crusoé*, il devrait adapter son activité, ses facultés et sa capacité de travail aux conditions et aux limites que la nature lui imposerait. Mais, en principe, l'homme ne vit pas dans un paradis.

L'économie « robinsonnienne » peut se définir ainsi comme une **économie de subsistance**, c'est-à-dire limitée aux seuls besoins indispensables à la survie de l'individu et à sa protection éventuelle contre les agressions extérieures.

ÉCONOMIE SOCIALE DE MARCHÉ

Fondée sur des concepts néolibéraux et sociaux de l'activité économique ; les termes ont été introduits par l'allemand Alfred MÜLLER-ARNACK qui a toujours préconisé **la**

liberté du marché mais nécessairement combinées, en toutes circonstances, à une **compensation sociale**. Ces thèses ont aussi été défendues par l'École de Fribourg-en-Brisgau en Allemagne, (encore appelée École Néolibérale) qui s'est prononcée en faveur d'une **intervention active de l'État à l'encontre des idées libérales classiques qui ne donnent à l'État qu'un rôle de surveillance de l'économie**.

C'est surtout après la Deuxième Guerre mondiale (1939-1945) que l'économie sociale de marché a été introduite en Allemagne et dans de nombreux autres pays.

⇒ École de Fribourg-en-Brisgau ; ERHARDT ; EUCKEN ; MULLER – ARMACK

ÉCONOMIE SOCIALE OU TIERS SECTEUR

Sous ce terme général (à ne pas confondre avec le « secteur tertiaire ») **on regroupe des activités économiques en principe sans but lucratif** ou, au moins, sans volonté affichée de profit, telles que celles exercées par les associations, clubs ou groupements culturels ou sportifs, les coopératives et les mutuelles qui, les uns et les autres, **assurent un service à leurs membres**.

Certaines formes sont parfois institutionnalisées (**économie sociale émergée**), d'autres peuvent être plus ou moins occultes (**économie sociale immergée**).

⇒ association ; coopérative ; mutuelle ; secteur tertiaire

ÉCONOMIE SOLIDAIRE

Voir : COMMERCE SOLIDAIRE

ÉCONOMIE SOUTERRAINE

Ensemble des activités illégales ou en marge de la légalité qui procurent un revenu, participent à l'économie et s'insèrent dans ses circuits : travail clandestin ou « au noir », commerce de produits contrefaits, ventes « à la sauvette » ou sans facture, blanchiment de capitaux, prostitution, trafic d'armes ou de drogues, de stupéfiants, etc.

⇒ économie parallèle

ÉCONOMIE VULGAIRE

Formule marxiste pour évoquer l'économie ordinaire, simple, non scientifique.

D. RICARDO était un économiste scientifique, selon le jugement de K. MARX, alors que d'autres, notamment certains représentants du libéralisme économique, seraient des adeptes d'une économie qu'il qualifie de vulgaire.

⇒ MARX ; RICARDO

ÉCRÉMAGE

Prendre le meilleur ou le plus important (ou encore les éléments qui posent un problème) dans un ensemble ; l'écrémage peut concerner les activités d'une entreprise (garder les plus rentables et se séparer des autres) mais aussi le personnel (licencier les moins performants ou les plus âgés) ; le terme a une connotation péjorative.

On parle aussi d'écrémage du trafic routier ou ferroviaire lorsqu'il s'agit de mettre en œuvre des moyens pour le limiter en passant de l'un à l'autre.

ÉCU

Unité de compte monétaire de l'UNION EUROPÉENNE – UE – de 1979 à 1999.

L'introduction de l'ÉCU (acronyme de « **EUROPEAN CURRENCY UNIT** »), concernait, sauf exceptions, tous les **pays membres du Système Monétaire Européen – SME** – qui l'utilisaient dans leurs relations.

L'ÉCU n'est cependant pas une « monnaie » comme l'est l'euro.

L'ÉCU avait les **caractéristiques suivantes** :
– grandeur de référence pour les cours de change,
– « baromètre » des déviations des cours de change,
– unité de compte monétaire pour les pays participant au SME,
– moyen de paiement entre les Banques Centrales des pays concernés.

L'ÉCU était un « **panier de monnaies** » ; chacun des États membres du SME contribue à la constitution de ce « panier » en fonction de sa part relative du Produit Intérieur Brut – PIB – national dans le Produit Intérieur Brut – PIB – total des pays membres ainsi que du volume des échanges intracommunautaires de chacun dans les échanges globaux.

L'euro a remplacé définitivement l'ÉCU au 1er janvier 1999, à parité (l **euro pour 1 ÉCU**).

⇒ €uro ; système monétaire européen

EDGE

Acronyme anglo-américain pour « **Enhanced Data Rates for GSM Evolution** », littéralement « système d'augmentation de la vitesse de transmission des données pour le développement du GSM ».

Technologie améliorant la vitesse de transmission sur les réseaux de téléphonie mobile utilisant la **norme GSM** « **Global System for Mobile Communications** » – – « Système global pour les communications mobiles », en vigueur notamment en Europe, en Afrique et en Asie mais incompatible avec la norme de l'Amérique du Nord (États-Unis et Canada).

⇒ GSM

EDGEWORTH Francis Ysidoro (1845-1926)

Économiste anglais, F.Y. EDGEWORTH est connu pour avoir été avec John Maynard KEYNES le rédacteur de l'*Economic Journal*.

F.Y. EDGEWORTH a inventé la célèbre « **Boîte (ou diagramme) d'EDGEWORTH** » qui permet la **représentation graphique des différents choix possibles de deux individus par deux biens distincts ainsi que les différentes combinaisons possibles**. On peut ainsi visualiser les situations d'équilibre en divers points des « **courbes d'indifférence** » (pas de préférence pour tel ou tel bien), montrant ainsi qu'il y a plusieurs équilibres optimaux possibles de satisfaction, donc de bien-être.

Cette méthode est appliquée en matière de droite de budget pour déterminer les possibilités de combinaisons.

La « **courbe d'indifférence** » est l'ensemble de points géométriques des choix possibles qui figurent sur la courbe et qui montrent toutes les combinaisons considérées comme équivalentes.

⇒ KEYNES

e-ÉCONOMIE

Ensemble des activités qui s'exercent par INTERNET : fabrication de matériels spécialisés, maintenance, développement, mais surtout commercialisation ; un habitant de la terre sur 10 est aujourd'hui un utilisateur d'INTERNET (c'est un « **internaute** »). La « révolution » INTERNET s'est faite en dix ans et continue à connaître un développement considérable, notamment grâce à l'évolution technologique des matériels.

Le marché de l'e-économie concerne désormais toute l'activité économique.

Le terme de « Net-économie » est pratiquement synonyme.

⇒ INTERNET ; Net- économie ; Nouvelle économie

e-EUROPE 2005

L'initiative « **e-Europe** » de l'UNION EUROPÉENNE – UE – lancée en 1999, a pour objectif **d'assurer le plus largement possible, l'accès de tous aux nouvelles technologies de l'information et de la communication**.

Au plan des actions de l'UE « **e-Europe 2005** » a succédé à « e-Europe 2002 » pour **promouvoir un accès à INTERNET moins cher, plus rapide et sécurisé** en investissant dans l'apprentissage (**e-Learning**), en facilitant les relations « en ligne » avec les administrations et les Services publics, les services de santé et les affaires d'une façon générale.

Internet : **http://europa.eu.int/information_society**
⇒ e-Learning ; UNION EUROPÉENNE

EFFET BALASSA-SAMUELSON

Théorie économique établie par le Hongrois Bela BALASSA (1928-), spécialiste des économies des pays en développement et partisan du libre-échange, en collaboration avec l'Américain Paul Anthony SAMUELSON.

Selon ces économistes, **le taux d'inflation soit à l'intérieur d'un pays soit entre plusieurs pays appartenant à une même zone économique, peut varier en fonction du niveau de vie** (toutes choses égales par ailleurs) : plus celui-ci est élevé, plus la hausse des prix sera faible dans l'espace géographique considéré ; mais il faut noter qu'il ne s'agit là que d'écarts minimes. On peut citer l'exemple de la Zone euro de l'UNION EUROPÉENNE – UE – dans laquelle la Grèce, l'Espagne et le Portugal ont pu connaître une inflation plus forte que celle des pays ayant un niveau de vie supérieur à la moyenne de l'UE ; des écarts de même ordre pourraient être constatés dans les pays nouveaux membres de l'UE : un tel effet motiverait leur adhésion plus tardive à la Zone euro.

Une conséquence similaire concerne la valeur de la monnaie : l'augmentation du niveau de vie influe positivement sur la valeur de la monnaie du pays considéré par rapport aux monnaies des autres pays.
⇒ SAMUELSON

EFFET BOOMERANG

C'est l'ensemble des conséquences négatives et défavorables d'une décision ou d'une action ; ce peut être aussi un **effet en retour**, volontaire et organisé vis-à-vis d'une situation ou d'une mesure que l'on veut combattre : il s'agit alors d'une contre-mesure ou d'une mesure de rétorsion.
⇒ mesures de rétorsion

EFFET BOULE DE NEIGE

Synonyme d'effet multiplicateur, de croissance rapide (des ventes, du chiffre d'affaires, des dettes, etc.) **d'évolution dont tel ou tel élément a un effet de cumul qui va s'amplifiant**, comme la boule qui roule dans la neige grossit peu à peu.

Les économistes soulignent un tel effet dans différentes **circonstances** notamment en matière de dette publique lorsque les taux d'intérêt des emprunts augmentent plus vite que le Produit Intérieur brut – PIB – dans un pays, ou encore lorsque l'augmentation des dépenses publiques dope dans une proportion de plus en plus grande, l'activité économique.

EFFET D'ANNONCE

Technique de marketing utilisée dans de nombreux domaines. Par une information très courte, bien ciblée et percutante, en utilisant toutes les ressources de la communication, **on vante** un produit, un matériel, une organisation, un service, une marque, un individu ou même une idée…

L'effet d'annonce doit répondre à un besoin ou à une demande mais aussi faire rêver, même si ce qui est proposé ne répond pas toujours à ce que l'on espère.

L'exemple caricatural de l'effet d'annonce est le slogan « demain on rase gratis ».

EFFET DE CONTAGION
Voir : DUESENBERRY

EFFET DE LEVIER

Termes utilisés en analyse économique pour qualifier le mécanisme multiplicateur ou démultiplicateur d'une action, d'un résultat, d'un placement.

EFFET D'ENTRAÎNEMENT

Souligne la corrélation entre plusieurs activités dont les liens (client à fournisseur sous-traitant, etc.) vont entraîner les mêmes évolutions aussi bien en cas de développement que de récession.

La faillite d'une entreprise peut, par effet d'entraînement, susciter des difficultés graves chez ses fournisseurs et ses clients. À l'inverse, le développement d'INTERNET, par exemple, aura un effet d'entraînement positif sur toutes les entreprises de fabrication de matériels, d'activité de serveurs et de logiciels.

EFFET DE PRESTIGE

En frappant l'imagination ou en s'imposant par des signes extérieurs de notoriété, on détermine les choix ou on influence ceux-ci.

Le consommateur, en cas d'augmentation de prix peut avoir tendance, sensibilisé par l'effet d'annonce, à continuer à acheter la même quantité d'un produit ou une quantité encore plus considérable d'un bien déterminé.

Cet effet ne doit pas être confondu avec « l'Effet GIFFEN ».
⇒ Effet GIFFEN ; notoriété

EFFET DE SEUIL
Voir : SEUIL

EFFET D'ÉVICTION

Phénomène économique, encore appelé « crowding out effect » : lorsque l'État augmente ses besoins de financement, donc de dépenses, c'est au détriment de la satisfaction des besoins des entreprises qui vont alors avoir à supporter des taux supérieurs pour assurer leurs propres financements.

EFFET GIFFEN

Le statisticien anglais **Sir Robert GIFFEN** a constaté, en 1837, qu'en cas d'augmentation du prix du pain, **ceux qui, dans la population, sont défavorisés, renoncent aux aliments les plus coûteux pour les remplacer par le pain**. La consommation de pain va donc augmenter en corrélation avec l'augmentation du prix du pain, ce dernier étant, à cette époque, considéré comme l'aliment de base essentiel.

On parle aussi de « paradoxe de GIFFEN ».
⇒ GIFFEN

▶ graphique n° 4

EFFET PIGOU
Voir : PIGOU

EFFET SAUVY
Voir : SAUVY

EFFET SNOB

L'individu « snob » se distance et se démarque de tout comportement normal.

Lorsque des biens déterminés sont achetés en quantité significative par les consommateurs ordinaires, le snob va réduire ou suspendre sa consommation de ces biens pour apparaître différent. Le snob peut aussi n'acheter que des produits de médiocre qualité mais d'usage peu courant pour se démarquer et assurer ainsi une certaine promotion à ces articles. Certains veulent imiter le snob, ce sont les « suiveurs ».

EFFET SUSPENSIF

Lorsqu'à la suite d'un jugement l'on décide de le contester, c'est le recours et il n'y a pas exécution du jugement dont les effets sont suspendus, sauf si le tribunal ou la cour a décidé l'exécution provisoire du jugement.
À l'issue du recours ou des « voies de recours », une décision peut être prise et exécutée, si elle ne fait pas elle-même l'objet d'un recours.

EFFICACITÉ

Voir : EFFICIENCE

EFFICIENCE

Efficience et efficacité sont deux termes pratiquement synonymes mais habituellement employés dans des contextes différents.
L'efficience a trait au rendement et à la productivité ; elle fait appel au principe hédonistique : recourir à la solution la moins coûteuse pour résoudre un problème, pour accomplir un travail ou pour exécuter une opération.
En économie, l'on parle de l'efficience d'un marché en distinguant l'**efficience allocative** (qui a trait à l'emploi optimal des moyens disponibles) et l'**efficience informationnelle** pour laquelle l'intensité des informations (fortes ou faibles) aura pour effet de placer quelqu'un dans une position plus ou moins bonne ou avantageuse.
L'**efficacité** a une acception plus générale, qualifiant tout ce qui produit l'effet attendu, aboutit au résultat convenu.

ÉGALITÉ

L'**égalité mathématique** est celle de deux membres d'une équation.
L'**égalité comptable** est concrétisée par l'équation du bilan : Actif = Passif et, dans les comptes, par l'égalité débit = crédit.
Dans un sens figuré beaucoup plus général, l'égalité est l'une des préoccupations des individus :
– égalité entre les hommes et les femmes,
– égalité entre les races,
– égalité entre les peuples et les nations,
– égalité dans le respect de la religion de chacun et, à cet égard, on peut citer l'adage « tous égaux devant Dieu », au moins pour les religions monothéistes !

ÉLARGISSEMENT DE L'UNION EUROPÉENNE – UE

Voir : POLITIQUE ÉLARGISSEMENT DE L'UNION EUROPÉENNE

ÉLASTICITÉ

L'élasticité exprime la sensibilité d'une grandeur économique par rapport aux modifications subies par une autre grandeur.
On parle ainsi d'**élasticité absolue**, par exemple dans les rapports :

$$\frac{\Delta consommation}{\Delta épargne} \quad \text{ou} \quad \frac{\Delta épargne}{\Delta revenu}$$

et d'**élasticité relative** lorsqu'on établit le rapport entre deux pourcentages.
L'économie étudie notamment :
– l'**élasticité de l'offre** (en fonction du prix) **et celle de la demande** (en fonction du prix),
  élasticité de l'offre : ▶ graphique n° 7
  élasticité de la demande : ▶ graphique n° 8
– l'**élasticité croisée** qui se rapporte à la demande ou à l'offre et dont les variations sont mesurées en fonction des variations concernant d'autres biens,
– l'**élasticité de substitution** qui conduit soit à la même quantité de satisfaction pour le demandeur ou à la même quantité de production,
– l'**élasticité prévisionnelle** dans laquelle on dégage une élasticité qui tient compte à la fois du passé et de l'avenir.

ELDORADO

Nom donné par les « conquistadores » (les conquérants) espagnols à un pays mystérieux existant dans leurs rêves fantaisistes et qu'ils localisaient alors entre les fleuves sud-américains Amazone et Orénoque. Selon eux, ce pays renfermerait des quantités considérables d'or.
Eldorado est devenu synonyme d'une région où il n'y a que de la joie, donc sans contraintes (administratives, fiscales, etc.), **sans soucis et où tout est disponible à volonté,** chacun disposant des revenus nécessaires pour vivre à sa guise.

e-LEARNING

Programme de l'UNION EUROPÉENNE – UE – qui a pour objectif **l'apprentissage de toutes les techniques de l'électronique et sa promotion dans la formation et le développement professionnel.**
Lancé en 2001, ce plan d'action pour développer l'utilisation éducative des nouvelles technologies, notamment l'informatique, doit **permettre à l'UE de devenir « l'économie de la connaissance la plus compétitive et la plus dynamique du monde ».**

Internet : **http://europa.eu.int/comm/dgs/education_culture**

⇒ Politique culturelle de l'UNION EUROPÉENNE ; Politique de l'éducation et de la formation de l'UNION EUROPÉENNE ; UNION EUROPÉENNE

ELECTRONIC BANKING

Termes anglo-américains signifiant « banque électronique ».
Les opérations bancaires (par exemple des virements) **et boursières** (par exemple des ordres d'achat ou de vente) peuvent être **effectuées à domicile, en utilisant les liaisons INTERNET**, à condition de disposer des équipements appropriés et des codes d'accès sécurisés nécessaires.
⇒ electronic mail ; INTERNET

ELECTRONIC CASH

Expression anglo-américaine, littéralement « espèces électroniques » ou « monétique ».
C'est de la monnaie électronique liquide, disponible, immatérielle. Cette forme de monnaie remplace les billets de banque et la monnaie en pièces classiques mais peut aussi se substituer à d'autres moyens de paiement. **Les paiements courants sont alors effectués au moyen de cartes à pré-paiement ou rechargeables.**
Le paiement des achats par INTERNET qui se développent beaucoup, utilise un paiement électronique le « **cybercash** ».
⇒ cybercash

ELECTRONIC MAIL OU E-MAIL
Termes anglo-américains signifiant « **courrier électronique** ».
Le terme « **courriel** », contraction de « **courrier électronique** » est de plus en plus utilisé.
Expéditeur et destinataire doivent disposer d'une adresse spécifique pour ce type de courrier par INTERNET et utiliser un ordinateur avec un logiciel de transmission/réception ainsi qu'une liaison téléphonique adaptée (avec un « modem » – « modulateur-démodulateur »).
Le courrier peut être lu sur écran et imprimé.
⇒ INTERNET

e-MAGAZINE OU E-ZINE
Magazine « en ligne » ou « on line », c'est-à-dire que l'on peut lire (et éventuellement imprimer) **sur l'écran d'un ordinateur** par INTERNET.

EMBARGO
Interdiction faite par un pays d'importer ou d'exporter d'une manière générale ou pour certains produits seulement.
On instaure ainsi une barrière, théoriquement totale pour tout ce qui est concerné par l'embargo, avec des contrôles aux frontières maritimes, terrestres et aériennes.
L'histoire montre cependant que **l'embargo économique**, décidé par un pays contre un autre, **n'est jamais absolument total** et que ce sont les populations les plus pauvres qui en subissent les conséquences et en souffrent.
Dans le domaine des affaires, l'embargo est l'interdiction de publier ou de diffuser une information ou un rapport avant une date précise, éventuellement une heure déterminée.
⇒ boycott

EMBRANCHEMENT PARTICULIER
Voie ferrée spéciale et généralement privée, reliée au réseau général et permettant la desserte d'une entreprise ou d'une zone industrielle par le chemin de fer pour le trafic des marchandises.

EMERGING MARKETS
Terme anglo-américain, littéralement « **marchés émergents** ».
Ce sont des **marchés (boursiers notamment), qui fonctionnent à l'échelle du monde et doivent permettre aux pays en voie de développement et en forte croissance de trouver les financements nécessaires à leurs besoins** sur les marchés des pays développés. Ils concernent de nombreux **pays dits** « **émergents** » ; il s'agit aussi bien de très grands pays que de pays de taille plus modeste. La plupart appartiennent au G 22, organisation informelle dont l'action est particulièrement efficace au sein de l'ORGANISATION MONDIALE DU COMMERCE – OMC – et dont les actions sont menées par le Brésil, la Chine et l'Inde.
⇒ G 22 ; pays émergents

ÉMISSION
Le terme émission, en économie, en comptabilité ou en matière financière concerne la mise à disposition du public de valeurs mobilières, donc de titres boursiers (**actions, obligations**), **contre paiement**.
On parle aussi de **l'émission d'emprunts** (mis sur le marché) et **de l'émission de lettres de changes ou d'autres effets de commerce** (mise en circulation).
En matière bancaire, il existe des banques d'émission, c'est-à-dire des banques qui mettent sur les marchés des signes monétaires (pièces de monnaie, billets, etc.).

L'émission de timbres est la mise en circulation de timbres postaux.
On parle aussi de l'émission en tant que spectacle : émission télévisée, émission théâtrale, etc.

EMMANUEL Arghiri (1911-2001)
D'origine grecque, et après des années de lutte politique, A. EMMANUEL entreprend en France des études d'Histoire de l'Art et d'Économie puis se consacre définitivement à celle-ci et devient professeur à l'Université de Paris VI puis de Paris I (France).
Il publie en 1969 *L'échange inégal* puis, en 1975, *Un débat sur l'échange inégal : salaires, sous-développement, impérialisme* dans lequel il soutient une thèse qui suscitera beaucoup de débats : **selon A. EMMANUEL, le prix normal d'une marchandise serait celui dont les différents coûts de production sont identiques dans le monde**. Or, si le capital circule presque partout librement avec une rémunération proche d'un pays à un autre, les salaires, par contre, sont notoirement très différents ; **les pays pauvres, à bas salaires, vendent aux pays riches qui pratiquent ainsi, et dans une certaine mesure, l'exploitation du tiers monde**.
Dans *Le profit et les crises* (1974) et *Technologie appropriée et technologie sous-développée* (1981) A. EMMANUEL se montre **favorable à l'évolution technologique** et à son vecteur de diffusion, les grandes entreprises même si son œuvre est imprégnée de marxisme.
⇒ marxisme

EMPLOI
Activité d'un individu, quelle que soit la forme de son occupation, qui travaille contre une rémunération, en nature, en espèces ou même symbolique.
Sur le plan macro-économique, l'emploi est, par son niveau (pourcentage de la population ayant un emploi) et son évolution **l'un des indicateurs de la conjoncture**.
⇒ indicateur ; plein emploi ; Politique de l'emploi de l'UNION EUROPÉENNE ; sous-emploi ; surchauffe
▶ graphique n° 10

EMPHYTÉOSE
Bail, c'est-à-dire le louage d'un bien immeuble (souvent un terrain), pour une longue durée qui peut atteindre 99 ans et qui donne au locataire (le preneur) des droits particuliers, en fonction de la législation du pays concerné.
⇒ bail

EMPRUNT
L'emprunt est une somme d'argent qui est prêtée à quelqu'un ou à une entreprise.
Lorsque l'emprunt est remboursable **sur une courte période, on parle aussi de crédit**.
L'emprunt à moyen terme peut concerner, dans les entreprises, du matériel industriel, des biens d'équipements, y compris du matériel informatique ; **l'emprunt à long terme** sera réalisé pour des terrains, des bâtiments, des constructions ou d'autres immobilisations.
Le progrès technique, la dépréciation monétaire, les durées d'utilisation de plus en plus courtes du matériel, des biens de production et d'équipement, les techniques de financement **ont réduit la notion du long terme**, autrefois de plusieurs décennies ; les techniques de financement des entreprises ont donc nécessairement évolué.
L'emprunt peut être indivis (un prêteur) ou par obligations (plusieurs prêteurs).
⇒ cash-flow ; crédit ; endettement ; immobilisation

EMPRUNT À LA GROSSE AVENTURE
Technique d'emprunt du droit maritime. Le capitaine d'un navire peut être amené à emprunter de l'argent **pour financer des réparations ou des mesures pour sauver une cargaison en péril**. Il a alors recours à un prêt, c'est « **l'emprunt à la grosse aventure** » dans lequel on met en présence un donneur et un preneur « à la grosse aventure ». L'emprunt est alors gagé sur le navire ou la marchandise qu'il transporte. Le remboursement dépend de l'arrivée à bon port du navire et des biens qu'il transporte. Il s'agit donc d'un « contrat aléatoire ».
⇒ contrat aléatoire ; emprunt ; gage

EMPRUNT FORCÉ
Il s'agit d'un emprunt émis par un État et qui a un caractère obligatoire pour certains, contrairement aux emprunts classiques d'un État qui sont libres.
À la demande des Autorités Publiques, **certains organismes** (banques, établissements financiers, caisses de retraites, etc.) sont invités à souscrire des obligations de l'État lorsque les circonstances l'exigent : difficultés économiques graves au niveau du pays, crise majeure, situation de guerre, etc.

ENCADREMENT
Il y a deux notions économiques sous ce vocable :
– **l'encadrement est constitué** dans une entreprise, une administration ou une organisation, **par le personnel salarié ayant une responsabilité de commandement ou de direction**. Le personnel « Cadres » peut assumer une fonction d'encadrement mais il peut aussi ne pas avoir de responsabilité vis-à-vis d'autres salariés. La notion de « cadres » est donc plus large et peut s'analyser en fonction d'un statut, d'une compétence, d'un diplôme.
– l'encadrement est aussi l'ensemble des règles, des lois, des mesures prises dans le cadre d'une politique générale, d'une action déterminée, d'un engagement, etc. dont ils constituent l'organisation, la structure.
⇒ cadre

ENCAISSE
L'encaisse représente les fonds (l'argent liquide) qui se trouvent dans les caisses d'une entreprise et qui sont donc disponibles.
L'importance toujours croissante de la monnaie scripturale et de la monnaie électronique ne réduit pas le volume des sommes considérables qui circulent matériellement sous forme de billets de banque et de pièces de monnaie.
L'encaisse peut aussi comporter des chèques en attente de paiement et d'autres documents déposés dans les caisses d'une entreprise.
Les caissiers (gestionnaires de caisses) distinguent notamment :
– l'encaisse minimale,
– l'encaisse de précaution,
– ou encore l'encaisse oisive (excédent d'encaisse dont on n'a pas l'utilisation immédiate).
⇒ monnaie ; monnaie de papier ; monnaie électronique ; monnaie fiduciaire ; monnaie scripturale ; papier-monnaie

ENCHÈRE
Voir : VENTE AUX ENCHÈRES

ENDÉMONISME
Recherche du bonheur et de l'utilitarisme.
⇒ hédonisme

ENDETTEMENT
Il est constitué par les dettes qu'une personne physique ou une personne morale a contractées.
Il peut résulter d'un crédit à la consommation ou d'un crédit qui se rapporte à des livraisons de marchandises de fournisseurs ; il s'agit alors d'un endettement de courte durée.
L'endettement peut résulter aussi d'un **crédit de structure (ou consolidé)** dont le remboursement s'étale sur une longue période ou à l'issue d'une durée de plusieurs années : c'est le cas des emprunts par obligations.
L'endettement peut être vis-à-vis de particuliers, de banques ou d'organismes financiers.
L'endettement d'une entreprise est mesuré par de nombreux ratios notamment le rapport « capitaux étrangers /capitaux propres » et « dettes de structure / capacité d'autofinancement ».
L'endettement est composé de deux éléments :
– le remboursement du capital,
– **les charges afférentes**, en particulier les intérêts et les commissions.
Les ratios d'endettement de l'entreprise doivent permettre de déterminer si celle-ci a la capacité d'y faire face, de secréter suffisamment de bénéfice pour assurer le remboursement et dans quel délai elle sera en mesure de le faire, en tenant compte des garanties que le prêteur a pu prendre.
Lorsqu'une personne et plus encore un ménage ont **accumulé des dettes importantes**, on parle de « **surendettement** » ; de nombreux pays ont mis en place des aides spécifiques pour limiter les conséquences, parfois dramatiques, de telles situations.
⇒ capital étranger ; capital propre ; crédit

ENDOSSEMENT EN BLANC
Ordre de transfert d'une somme, donné, pour une lettre de change, par la simple signature du cédant. Le document devient alors véritablement « **au porteur** ». Un tel document circule de la main à la main jusqu'au moment où un cessionnaire sera nommément désigné. L'endossement ou « endos » en blanc est un endossement complet donc qui transfère la propriété.
⇒ lettre de change

ENDOSSEMENT « VALEUR À L'ENCAISSEMENT »
Ordre de transfert d'une somme donnée par la signature sur un moyen de paiement tel que la lettre de change.
L'endossement se fait **généralement au profit d'une banque** qui ne devient pas propriétaire de la lettre de change (et donc des sommes concernées) mais qui peut transmettre le document aux fins d'encaissement à une autre banque ou l'encaisser elle-même pour le compte du véritable bénéficiaire.
⇒ lettre de change

ÉNERGIE
C'est la « **force motrice** » de l'économie.
L'activité humaine en dépend totalement.
À côté des **sources d'énergie traditionnelles et primaires** (bois, charbon, pétrole, gaz) et, d'autres plus récentes, comme l'énergie hydroélectrique ou nucléaire, on développe de plus en plus des **énergies dites « renouvelables »** dans une optique de « développement durable » telles que :
– l'**énergie éolienne** (par le vent),
– l'**énergie solaire** (par le soleil),

- l'**énergie des vagues de la mer** (force des flux et des reflux des marées dans des usines marémotrices) et l'**énergie marémotrice** (la « houille bleue »),
- l'**énergie géothermique** (chaleur du sol),
- la **bio-énergie** qui provient de la biomasse (l'ensemble du monde animal et végétal)

L'UNION EUROPÉENNE – UE – a initié des **actions pour promouvoir la durabilité et une politique énergétique plus respectueuse de l'environnement** : programme « **Énergie intelligente pour l'Europe** », recherches dans le domaine des bio-carburants, programme cadre pour l'énergie, etc.

En 2004, 154 pays se sont engagés à donner une nouvelle impulsion au développement des énergies renouvelables, leur mise en œuvre restant insuffisante, y compris au sein de l'UE dont la production d'électricité est pour plus de 50 % due à l'énergie fossile (charbon, pétrole), 35 % au nucléaire, 11 % à l'hydraulique et seulement 4 % pour la géothermie, le solaire, l'éolien et la biomasse.

EN ESPÈCES
Ces termes sont utilisés dans l'expression : « **payer en espèces** », c'est-à-dire payer avec des billets ou des pièces pour s'acquitter d'un paiement (par opposition au « paiement en nature »).
⇒ en nature

ENGAGEMENT
Accord formel donné par un individu, une entreprise, une administration promettant quelque chose, de faire une action déterminée, de participer.

L'engagement peut être synonyme d'embauche mais l'engagement peut aussi être l'orientation d'une entreprise sur un nouveau marché.

Les engagements d'une entreprise, au sens comptable, sont l'ensemble de ses dettes, y compris celles qui ne figurent pas nécessairement à son bilan (on parle alors d'engagements hors bilan)
⇒ endettement ; contrat de travail

ENGEL Ernst (1821-1893)
Économiste allemand, il a donné un exceptionnel essor à l'Office Statistique de Prusse mais, surtout, **il a fondé les règles de la statistique et de l'économétrie modernes.**

E. ENGEL a, notamment, étudié les **revenus et les budgets des familles,** leurs utilisations, leurs évolutions et leurs variations.

C'est en 1857 qu'il énonce la « Loi de ENGEL » qui démontre que les dépenses d'alimentation en valeur relative d'un ménage diminuent avec l'augmentation de ses revenus ; c'est le phénomène de l'élasticité, souvent accompagné d'une sensation de saturation.

ENGLE Robert F. (1943-)
Économiste et statisticien américain, professeur à l'Université de Californie, au Massachusetts Institute of Technology – MIT – et à l'Université de New York (E-U).

Prix Nobel d'Économie en 2003 pour ses « modèles d'analyse de séries temporelles économiques » (avec Clive W. J. GRANGER).

Auteur de très nombreux ouvrages et publications notamment en **économétrie** ; il a en particulier développé de **nouvelles méthodes d'analyse statistique des agrégats économiques** : prix, taux d'intérêts, cours de Bourse, Produit National Brut – PNB – etc.

EN LIGNE
en anglais : « on line »

Le travail « en ligne » consiste à utiliser un ordinateur relié soit à une unité centrale, soit à une ou plusieurs « unités périphériques » (imprimante, mémoire auxiliaire, etc.) soit à un autre ordinateur, par INTERNET.
⇒ INTERNET ; périphérique ; unité centrale

EN NATURE
Ces termes sont utilisés dans l'expression : « **payer en nature** », c'est-à-dire payer avec des produits, des marchandises ou des services et donc autrement qu'avec de l'argent ; on parle ainsi de « salaire en nature ».

L'expression peut aussi qualifier le paiement par des faveurs, des marques particulières de bienveillance, des avantages, etc.
⇒ en espèces

« ENRICHISSEZ-VOUS ! »
Célèbre mot de l'homme politique français, François GUIZOT prononcé en 1843 à la Chambre des députés pour les inviter à mettre en œuvre les avantages sociaux conquis par la Révolution française dans l'objectif d'améliorer les conditions matérielles et morales des populations.

ENSEIGNE
Nom commercial d'une entreprise, d'une boutique, d'une activité de service qui fait généralement partie du fonds de commerce (même s'il s'agit d'une société).

L'enseigne n'est pas nécessairement la raison sociale de la société.

L'enseigne désigne aussi le panonceau ou la pancarte qui signale l'entreprise, le commerce, le bureau ou l'agence.
⇒ raison sociale

ENTENTE
C'est le bon accord, l'arrangement, l'alliance, la convention qui existe entre deux (ou plusieurs) personnes, entreprises ou organisations.

En économie le cartel est une entente ; celle-ci peut être **industrielle, commerciale, mais aussi défensive, offensive, etc.**

L'entente peut aussi se faire dans de nombreux domaines, sportifs, culturels, amicaux, etc.

L'Histoire a retenu plusieurs ententes entre les nations, parmi lesquelles on peut citer :
- la « **Triple Entente** » alliance entre la France, la Grande-Bretagne et la Russie (1907) ;
- « **l'Entente Cordiale** » entre la France et la Grande-Bretagne (1904).
⇒ cartel

ENTERPRISE RESOURCE PLANNING SYSTEM – ERP
Terme anglo-américain signifiant « **progiciel (ou application) de gestion intégré** ».

Le système ERP a pour objectif de faciliter et de contrôler les flux d'informations entre toutes (ou certaines d'entre elles) les applications à l'intérieur et à l'extérieur de l'entreprise.

Les logiciels ERP intègrent les processus de production, de commercialisation, financiers, de gestion des ressources humaines, d'investissements de l'entreprise pour en assurer la traçabilité et surtout la cohérence.

L'ERP connaît un développement considérable et contribue efficacement à la gestion globale de l'entreprise ainsi qu'à la logique des décisions.

L'ERP est souvent appelé du nom de l'un ou l'autre des principaux fournisseurs qui se partagent ce marché de logi-

ciels très spécialisés : **SAP** (pour « System, Anwendungen, Produkte in der Datenverarbeitung AG », la filiale américaine de la firme allemande s'intitulant aussi SAP pour « Systems, Applications and Products in Data Processing »), **Oracle** et **Peoplesoft**.
Ce type de planification concerne toutes les entreprises.

ENTREPÔT DOUANIER OU DE DOUANE
Disposition **spécifique au régime douanier** : des **marchandises « en entrepôt douanier »** attendent sur le territoire d'un pays que leur destination ou leur utilisation soient fixées ; elles se trouvent alors en **état de suspension des droits de douane** éventuels. En cas de réexportation, il n'y aura pas de droits à payer. Ceux-ci seront acquittés si la marchandise concernée est utilisée ou consommée sur le territoire du pays d'importation.
⇒ droit de douane

ENTREPRENEUR
Traditionnellement c'est une personne physique qui est propriétaire d'une entreprise, quelle qu'elle soit.
L'économie classique définit l'entrepreneur, suivant un concept assez abstrait, comme étant celui qui crée, qui organise, qui oriente, qui décide, qui investit et fixe une destination aux bénéfices éventuels.
La notion d'entrepreneur est aujourd'hui beaucoup plus complexe et implique un ensemble de qualités et la volonté affirmée d'entreprendre.
Dans certains pays, l'entreprise à un seul membre est une entreprise dont le capital est entre les mains d'une seule entreprise ou d'un seul individu, dans la mesure où la législation l'autorise (généralement, plusieurs membres sont nécessaires).
⇒ entreprise

ENTREPRISE
C'est une entité organisée et durable entre personnes physiques ou morales dont le but est la production de biens ou la prestation de services avec l'objectif de réaliser des bénéfices.
L'entreprise concentre en elle de multiples aspects : juridiques, financiers, économiques, techniques, commerciaux, etc.
L'entreprise privée est fondée sur l'esprit d'initiative, la propriété privée, la volonté d'agir et de diriger, etc.
L'entreprise publique est basée sur l'intérêt général.
Il existe de multiples formes d'entreprise dont les caractéristiques allient celles de l'entreprise privée et celles de l'entreprise publique (par exemple, les « sociétés d'économie mixte »).
On distingue les entreprises suivant leurs tailles ; leurs domaines d'activité, leurs formes juridiques, etc. avec des régimes administratifs, comptables et fiscaux différents.
⇒ entrepreneur

ENTREPRISE FABRIQUANT DES PRODUITS ACCESSOIRES AUX PRODUITS PRINCIPAUX
De nombreux processus de fabrication, dans tous les domaines, conduisent, en fonction des techniques mises en œuvre, à la production simultanée de plusieurs produits : le produit principal et différents produits dits accessoires qui sont en fait des sous-produits mais dont la valeur ne doit pas être négligée ; par exemple la fabrication du sucre produit aussi, notamment, des mélasses et des cosses qui intéressent l'alimentation animale ; dans un autre domaine, la distillation (ou le cracking) du pétrole brut permet d'obtenir des essences mais aussi des goudrons, des paraffines, des vaselines et des produits de base pour la chimie.
Les calculs des prix de revient séparent nécessairement les produits principaux des produits accessoires avec un système approprié de répartition et d'affectation des charges.
⇒ charges ; prix de revient de fabrication

ENTREPRISE UNIPERSONNELLE À RESPONSABILITÉ LIMITÉE – EURL
Forme récente de « société » différente de la Société à Responsabilité Limitée – SARL – classique et de l'entreprise purement individuelle.
L'EURL a, en principe, un propriétaire unique, un capital de départ faible et la responsabilité du propriétaire est limitée à son apport. On utilise aussi le terme de « société unipersonnelle ».
Un type de société similaire existe, dans certains pays en agriculture : entreprise agricole à responsabilité limitée – EARL.
⇒ société à responsabilité limitée

ENVIRONNEMENT
L'environnement constitue tout ce qui est le cadre de vie des individus, dans tous les domaines. Longtemps délaissé, il apparaît désormais comme une préoccupation majeure et sa qualité est un élément largement pris en considération et qui connaît des progrès significatifs.
Les entreprises, comme les Autorités Publiques, sont confrontées à la **nécessité d'une protection efficace, organisée et concertée de l'environnement**. Une réglementation de plus en plus contraignante (national, européenne et internationale) impose des mesures pour **assurer notamment la protection des eaux, de l'air et du sol, le traitement des déchets, la préservation des sites, de la faune et de la flore**, etc.
Des services spécialisés, privés et publics, prennent en charge la mise en œuvre des techniques et le contrôle de la réglementation mais aussi la formation à des systèmes de « management environnemental ». Ces entreprises, quelles que soient leurs activités et leurs tailles, trouvent dans **les normes de la famille ISO 14 000**, les moyens d'appliquer certaines règles.
Les États ont, en de nombreux domaines, élaboré des standards (certains ont adopté une « Charte de l'environnement »), apportent des aides mais appliquent aussi des taxes et, s'il y a lieu, des amendes en cas de non-respect de la réglementation.
⇒ Politique environnementale de l'UNION EUROPÉENNE

EN VRAC
Voir : ALLA RINFUSA

ÉPARGNE
C'est tout d'abord la partie de revenu d'un particulier qui n'est pas consommée.
Dans une entreprise, il s'agit du bénéfice non utilisé.
En comptabilité, l'épargne s'identifie aux réserves incorporées au capital ou non, aux provisions dont l'utilité est certaine mais dont l'importance ne correspond pas réellement à la réalité.
Les sous-évaluations d'éléments d'actif constituent une forme de réserve, donc d'épargne.
Toute réserve occulte (celle qui serait, par exemple, dégagée par une réévaluation de bilan non conforme aux règles en vigueur) est assimilable à une réserve déguisée.
Au plan macro-économique, l'État dégage une épargne lorsque ses recettes sont supérieures à ses dépenses.

L'épargne est l'un des facteurs majeurs du développement et de l'avenir, pour l'individu, l'entreprise et la nation.
Il n'y a pas d'investissement normal sans épargne et pas d'avenir sans investissements ; l'épargne salariale, obligatoire ou non, est l'un des éléments de la protection sociale et de la prévoyance sociale.

ÉPARGNE MICRO-ÉCONOMIQUE (DÉFINITION)

L'ensemble des biens et des services non consommés au niveau d'un ménage concerne le domaine de l'épargne que l'on peut formuler ainsi :
Soit : Si l'épargne individuelle,
    Ei la part du revenu non consommé immédiatement,
    Ci la consommation individuelle.
On a alors, pour définir l'épargne micro-économique :
$$Si = Ei - Ci$$
Dans le cas où la consommation est supérieure au revenu, l'épargne est alors négative, en théorie tout au moins.
⇒ biens ; consommation ; revenu ; services

ÉQUATION DE CAMBRIDGE

Selon l'économiste américain A. MARSHALL, il existe une **relation mathématique entre le produit de la masse monétaire par la vitesse de circulation de la monnaie MV et le produit de l'indice des prix par le volume des transactions M' V'**. C'est **l'équation des échanges** qui s'écrit :
$$MV + M'V' = PT$$
Dans laquelle P est le prix moyen de la transaction et T l'ensemble du volume des transactions.
L'économiste américain I. FISHER reprendra en 1909 la formule pour déterminer le volume des revenus donné par l'équation :
$$MV + M'V' = PY$$
Dans laquelle P est le prix moyen et Y l'ensemble des revenus.
La théorie quantitative est fondée sur « l'équation de FISHER ».
La vitesse de circulation de la monnaie est donc un élément primordial.
En cas d'accroissement du volume monétaire, il y a augmentation de l'encaisse (ce qu'il y en a en caisse), les dépenses croissent, les prix sont en hausse (mais les revenus nominaux aussi) etc. L'équilibre ne sera atteint que lorsque le niveau des prix rattrapera l'augmentation du volume monétaire.
⇒ FISHER ; MARSHALL

ÉQUATION (ÉGALITÉ) DE I ET S

L'**équilibre économique** (situation dans laquelle, sur le marché, l'offre et la demande s'égalisent à un niveau considéré comme satisfaisant) peut être exprimé de différentes façons mais l'on utilise généralement l'équation : C + I = Y
Dans laquelle :
    C est la dépense de consommation,
    I est la dépense d'investissement,
    S est l'épargne,
    Y est la somme des dépenses de consommation et d'épargne.
On peut exprimer le revenu par la formule
$$Y = C + S$$
Et l'on a donc :
C + I = C + S qui représentent les conditions de l'équilibre.
L'équation I = S signifie que macro-économiquement la fortune (le capital) se forme par l'intermédiaire de la partie de la production qui n'est pas consommée.

En conséquence, si la valeur de la production de biens de consommation concorde avec la somme des dépenses, la valeur des biens d'investissement ne peut pas être différente de la partie non consommée du revenu.
L'on peut aussi faire intervenir l'accroissement de la consommation en cas d'augmentation du revenu.
Si **a** est la dépense initiale pour la consommation,
si **b** est le coefficient de cet accroissement, on aura :
$$C = a + bY$$
L'équation d'identité, sur la base des équations de définition,
$$Y = C + I$$
$$I = Y - C$$
$$S = Y - C$$
permettra d'écrire I = S.
⇒ biens ; consommation ; épargne ; équations et économie ; revenu

ÉQUATIONS ET ÉCONOMIE

équations de définition

Elles permettent de fixer les éléments et les conditions d'un calcul, notamment pour l'élaboration d'agrégats économiques ou sociaux ; un exemple significatif est celui du Produit National Brut – PNB.
Si C représente les dépenses de consommation,
    I les dépenses d'investissement,
    G les achats de l'État,
    X les exportations,
    IM les importations,
    PNB le Produit National Brut,
l'on peut écrire :
$$PNB = C + I + G + X - IM$$

équations de structure

Il s'agit de mettre en évidence des relations techniques ou technologiques, notamment, par exemple par une fonction de production avec :
    du côté input (entrée) n facteurs de production désignés par $P_1, P_2, P_3, …P_n$,
    et du côté output (sortie) la quantité produite P, l'on peut écrire :
$$P = f(P_1, P_2, P_3, …P_n)$$

équations de comportement

Ce sont les conditions de calcul concernant la manière d'être ou le comportement d'individus, **par exemple la consommation en fonction du revenu** :
Si C représente la consommation globale,
    Y le revenu,
    a l'importance de la consommation si Y = O,
    b le coefficient d'accroissement de la consommation en cas d'augmentation du revenu Y,
l'on peut écrire :
$$C = a + bY$$

équations d'identité

Elles se basent sur les équations de définition pour souligner une identité ou une égalité.
⇒ consommation ; équation de I et S ; exportation ; importation ; input ; investissement ; output ; production ; revenu

ÉQUILIBRE

État dans lequel des forces qui sont orientées dans un sens opposé se valent et se compensent.

En économie, l'on distingue plusieurs types d'équilibres : l'équilibre du marché qui est fonction de l'offre et de la demande ; l'équilibre peut être partiel, sectoriel ou global.
Sur le plan du commerce extérieur, il est souhaitable d'aboutir à un équilibre entre les importations et les exportations.
En macroéconomie, il existe un équilibre du circuit économique lorsque les recettes et les dépenses de tous les acteurs de l'économie sont en concordance ; ainsi, il existe un équilibre budgétaire.
En comptabilité, l'équilibre bilantaire est l'équation Actif = Passif ; à cet égard, l'on est passé d'une conception patrimoniale et financière à un concept fonctionnel (ressources – emploi). L'équilibre permanent qualifie l'équilibre entre les actifs et les passifs. L'équilibre courant est celui qui repose sur des éléments cycliques actifs et passifs.
⇒ bas de bilan ; équilibre courant ; équilibre permanent ; haut de bilan

ÉQUILIBRE COURANT

Il concerne les valeurs d'exploitation et les questions de financement (liquidités, crédit-clients, crédit-fournisseurs qui s'y rattachent).
L'entreprise doit faire face aux situations de trésorerie positive ou négative.
⇒ équilibre permanent

ÉQUILIBRE DE NASH (OU ÉQUILIBRE DE COURNOT)

À l'origine, équilibre caractéristique de la théorie des jeux, déterminé par l'économiste John Forbes NASH et obtenu lorsqu'un joueur oppose les meilleurs stratégies à un autre afin d'obtenir un résultat identique pour toutes les parties jouées.
Par extension, c'est l'équilibre obtenu dans une économie donnée lorsque les acteurs utilisent la meilleure stratégie possible et obtiennent un résultat considéré comme suffisamment satisfaisant pour ne pas en changer. L'économiste COURNOT avait souligné ce type d'équilibre dans la situation de « duopole symétrique » ou « de double dépendance ».
⇒ COURNOT ; NASH

ÉQUILIBRE PERMANENT

Notion qui se rapporte au Bilan d'une entreprise et par laquelle on désigne l'équilibre entre les éléments actifs et passifs dits stables.
On inclut, généralement, l'existence d'un fonds de roulement net positif.
⇒ équilibre courant ; fonds de roulement

ÉQUITÉ

Disposition ou mesure qui donne à chacun ce qui lui est dû, qui fait droit à une demande avec impartialité.
On oppose parfois l'équité qui est un jugement ou un droit naturel à la justice légale et à ses règles. Un différend peut, dans certains cas être résolu avec équité sans tenir compte, si cela est possible, des règles contraignantes du droit.

ERASMUS

Programme de l'UNION EUROPÉENNE – UE – dont l'objectif est de favoriser et de développer la coopération entre tous les établissements d'enseignement supérieur, la mobilité des étudiants et des enseignants ainsi que les reconnaissances des diplômes délivrés dans les États membres par chacun d'entre eux.

Mis en œuvre depuis 1987, le programme ERASMUS a connu un considérable développement ; **à partir de 2004, il est étendu au monde entier** pour renforcer la coopération et les échanges dans l'enseignement supérieur, notamment en soutenant des mastères inter universitaires : **c'est le nouveau programme ERASMUS MONDUS.**
ERASMUS est le volet enseignement supérieur des programmes SOCRATES.
Internet : **http://europa.eu.int/comm/education/programmes/socrates/erasmus**
⇒ Politique Éducation et Formation de l'UNION EUROPÉENNE ; SOCRATES

ERHARDT Ludwig (1897-1977)

Homme politique et économiste allemand ; il fut Chancelier de la République Fédérale d'Allemagne (RFA) de 1963 à 1966. Il fut Membre actif de l'ÉCOLE DE FRIBOURG-EN-BRISGAU (Allemagne) et il est surtout connu pour être le **père du « miracle économique allemand »** après la Deuxième Guerre Mondiale (1939-1945).
⇒ École de Fribourg-en-Brisgau

ERREUR

L'erreur est une **appréciation inexacte d'une chose ou d'un fait et** constitue, si elle concerne un contrat, **un vice de consentement** ; celui-ci entraîne **l'inexistence du contrat** s'il y a erreur sur la nature ou sur l'objet du contrat. L'erreur sur la substance ou sur la personne maintient, en principe, la validité du contrat, mais avec une possibilité d'annulation.
⇒ contrat

ESCLAVAGE

Exploitation abusive de l'homme considéré comme une marchandise pour obtenir de lui le maximum de travail, sans liberté, sans salaire, souvent avec des contraintes physiques avec la seule contrepartie d'un peu de nourriture et d'un logement sommaire.
L'esclavage, longtemps pratiqué dans le monde entier, a joué un rôle très important dans certaines économies et pour le développement de nombreux pays depuis des millénaires.
L'esclavage qui est l'asservissement total de l'individu, n'est remis en cause qu'à partir du XVIIIe siècle et n'est interdit qu'à la fin de ce siècle ou au cours du XIXe siècle.
Des conventions internationales tentent d'éradiquer les derniers foyers d'esclavage en Afrique et en Asie notamment. L'esclavage est, dans certains pays considérés comme un crime contre l'humanité.
L'esclavage moderne est l'emploi à des travaux domestiques de personnel souvent étranger, mal payé, mal traité et sans aucune protection sociale.
Il y a aussi une autre forme d'esclavage non avouée qui a trait, d'une manière générale, à l'exploitation de l'homme par l'homme. Il ne s'agit pas de force physique, mais de manœuvres très subtiles condamnables qu'il est extrêmement difficile de combattre.
Le « **commerce triangulaire** » qui utilisait la « traite des noirs » comme marchandise a perduré du XVIe au XIXe siècle : c'est un commerce d'êtres humains.
⇒ commerce triangulaire

ESCOMPTE

Technique bancaire qui permet d'échanger un capital payable plus tard contre un capital payable directement et immédiatement. C'est normalement une banque qui consent à faire cette opération moyennant une indemnité

qui s'appelle « **l'escompte** » ; c'est donc en fait **le loyer du capital mis à disposition et c'est aussi un intérêt**.
Ce sont les effets de commerce (lettre de changes, traites, billets à ordre) qui se prêtent aux opérations d'escompte ; un effet de commerce non échu est ainsi vendu ou négocié (suivant l'importance du risque de non-paiement) par celui qui a besoin de liquidités et il est acheté ou escompté par celui qui accorde le crédit (le banquier).
C'est **la Banque Centrale qui, par son action sur les taux d'escompte contrôle et dirige l'accès au crédit à court terme**.
Une banque qui a escompté des effets de commerce peut, à son tour, les faire escompter par la Banque Centrale qui est la « banque des banques » ; c'est **l'opération de réescompte**.
L'escompte est normalement prélevé d'avance.
Les effets de commerce ont une valeur nominale (celle qui figure sur l'effet) et une valeur actuelle (celle qui peut être mise à la disposition de celui qui veut se procurer de l'argent).
L'opération, en plus de l'escompte proprement dit, implique des frais ; **le montant prélevé par le banquier s'appelle « agio »** ; la valeur nominale de l'effet moins l'agio est la valeur actuelle de l'effet.
Dans la pratique, l'escompte est calculé sur la valeur nominale de l'effet : c'est « **l'escompte commercial** » ou « **escompte en dehors** ». Logiquement, le calcul devrait se faire sur la valeur actuelle ; on parlerait alors « **d'escompte rationnel** » ou « **d'escompte en dedans** ».
⇒ agio ; Banque Centrale ; effet de commerce ; escompte sur facture

ESCOMPTE COMMERCIAL
Voir : ESCOMPTE

ESCOMPTE RATIONNEL
Voir : ESCOMPTE

ESCOMPTE SUR FACTURE
Il s'agit d'une réduction d'un certain pourcentage accordée sur le montant brut d'une facture pour prompt payement ou payement dans un délai déterminé ; le calcul est un calcul en pourcentage alors que pour les escomptes commercial et rationnel, il s'agit d'un calcul d'intérêts.

ESCROC
Voir : ESCROQUERIE

ESCROQUERIE
Action qui consiste **à tromper, à duper, à induire en erreur**.
L'escroc agit, en général, avec préméditation.
L'escroquerie existe dans tous les domaines et prend une allure particulière lorsqu'elle s'applique à des opérations économiques : assurances, contrats de vente de marchandises, activités de sociétés commerciales, etc.
L'escroquerie est assimilable à un **abus de confiance**.
L'escroquerie est pénalement punissable dans toutes les législations.
L'imposture est une forme de tromperie qui utilise une apparence fausse.

ESPACE BOUTIQUE
Magasin comprenant un lieu d'exposition (un « show-room ») permettant de montrer « en situation » les articles ou les produits vendus. Le concept d'espace-boutique connaît un développement important, notamment pour tout ce qui concerne la mode et l'aménagement de la maison.

ESPACE ÉCONOMIQUE EUROPÉEN – EEE
en anglais : EUROPEAN ECONOMIC AREA – EEA

Après l'adhésion de plusieurs de ses membres à l'UNION EUROPÉENNE – UE –, l'ASSOCIATION EUROPÉENNE DE LIBRE ÉCHANGE – AELE –, créée en 1959, ne comprend plus que l'Islande, le Liechtenstein, la Norvège et la Suisse. À l'exception de la Suisse (qui a refusé l'accord, par référendum), les trois autres pays ont signé, en 1992, le **Traité de Porto** (Portugal), entré en vigueur en 1994 et **créant l'ESPACE ÉCONOMIQUE EUROPÉEN – EEE**.
Ce traité a pour objectif un **espace économique intégré** entre l'UE et les pays de l'AELE avec, notamment, la **libre circulation des personnes, des marchandises, des capitaux et des services**. Le Traité comporte aussi de très nombreux **accords de coopération et de concertation**, décidés ou en perspective, qui renforcent les liens entre l'UE et les pays de l'AELE dans les domaines de la formation, de l'éducation, de la culture, de la politique d'aide aux Petites et Moyennes entreprises (PME), de la recherche, de la protection sociale, de l'environnement, de la protection des consommateurs, du tourisme, etc.
Le **cadre institutionnel de l'EEE comprend** :
– le Conseil de l'EEE,
– un Comité mixte responsable de la gestion,
– un Comité parlementaire,
– un Comité consultatif pour les relations avec les partenaires sociaux.

Avec la **Suisse**, l'UE a engagé **des négociations bilatérales** dans de nombreux domaines et des accords sectoriels interviennent peu à peu : libre circulation des personnes, coopération scientifique, transports, etc.
Le siège du Secrétariat général de l'EEE est à Genève (Suisse).

Internet : **http://secretariat.efta.int**
⇒ ASSOCIATION EUROPÉENNE DE LIBRE ÉCHANGE ; UNION EUROPÉENNE

ESPÉRANCE MATHÉMATIQUE
Résultat attendu en faisant intervenir une probabilité chiffrée.
L'**espérance mathématique de vie** est un calcul de **probabilité de la durée moyenne de vie à un moment donné**, soit pour un individu, soit pour un groupe d'individus d'une catégorie (sexe, profession, etc.), d'un pays, d'une région, etc. C'est une donnée statistique démographique utilisée notamment en assurance-vie ou en assurance-décès ou encore en viager pour déterminer un capital ou une rente à verser.
Les « **tables de mortalité** », établies par des professionnels spécialisés (actuaires) permettent les calculs nécessaires.
Le critère de « **l'espérance mathématique de LAPLACE** » permet de déterminer les conditions d'un gain maximal dans le domaine des jeux.
⇒ actuaire ; assurance ; LAPLACE

ESPERLUETTE
Signe « & » fréquemment utilisé dans les documents commerciaux et signifiant « et ».

ESSOR
Terme souvent employé en économie pour **qualifier la conjoncture** : période ascendante de croissance et de prospérité.

On parle aussi de l'*essor économique* et de l'*essor des affaires* d'une entreprise.
⇒ conjoncture ; croissance

ESTARIE
Ce sont les **frais normaux à payer lorsqu'un navire arrive au port de destination et attend le débarquement ou le chargement de la cargaison**. Ce tarif est établi en fonction des « **jours de planche** », c'est-à-dire des **délais d'attente prévus** (ou « **staries** ») fixés par le contrat d'affrètement et le connaissement.
⇒ contrat d'affrètement ; connaissement ; surestarie

ÉTABLISSEMENT FINANCIER
Entreprise bancaire qui se livre essentiellement à des opérations financières et de crédit ; elle ne peut employer que ses propres moyens ou ceux des associés, des filiales, etc.
⇒ banque commerciale ; banque d'affaires ; banque de crédit à moyen et long terme ; banque de dépôts ; banque universelle

ÉTALON
Référence de mesure de comparaison, réelle ou virtuelle.
On distingue notamment, au plan économique pour la monnaie, l'**étalon-or** (ou argent) l'**étalon-dollar**, l'**étalon-euro** ou l'**étalon DTS** (« droit de tirage spéciaux »).
⇒ droits de tirage spéciaux ; monnaie matérielle

ÉTAT FÉDÉRAL
Voir : FÉDÉRATION

ÉTATISATION
Il ne faut pas confondre « nationalisation » et « étatisation ». En effet, en cas d'étatisation, l'**entreprise tombe juridiquement, économiquement et financièrement entre les mains de l'État**. On en arrive à une expropriation totale des propriétaires privés et l'on parle alors de « **capitalisation d'État** ».
⇒ nationalisation

ÉTAT QUI FAILLIT À SA TÂCHE
Situation dans laquelle se trouve un État ou une administration publique qui enregistre des résultats économiques désastreux ou qui réalise des performances inefficaces qu'une organisation privée placée dans les mêmes conditions de marché concurrentiel aurait normalement évités.

ÉTHIQUE
Règle de morale que l'on se fixe, que l'on respecte.
Le concept « d'éthique de l'entreprise » se développe depuis quelques années et concerne la finalité de l'entreprise (le profit n'est pas le seul objectif) la place qu'elle donne à l'homme, la déontologie de la société dans ses relations d'affaires, le développement de certaines valeurs, la qualité de ses relations internes et externes, sa volonté de transparences dans sa communication et son information, sa volonté de participer à un commerce équitable, à un développement durable, etc.
L'éthique est aussi l'ensemble des règles que se fixe une profession.
L'économiste Max WEBER a montré dans « *L'éthique protestante et l'esprit du capitalisme* » les liens qui uniraient la religion protestante (notamment calviniste) et l'essor du capitalisme.
⇒ développement durable ; WEBER M.

e-TRADE
Voir : e-COMMERCE

ÉTUDE DU COMPORTEMENT DU MARCHÉ
Voir : PROSPECTION

EUCKEN Walter (1891-1950)
Économiste allemand, professeur à l'Université de Tübingen et de Fribourg-en-Brisgau (Allemagne). Il appartient à « l'École de Fribourg-en-Brisgau » dont il est le fondateur. Néolibéral (on qualifie cette forme de néolibéralisme d'ordolibéralisme) il s'engage toutefois pour une intervention raisonnée de l'État en matière économique et, à ce titre, il a participé à la mise en place d'une économie de marché en Allemagne, au lendemain de la Deuxième Guerre Mondiale (1939-1945).
⇒ École de Fribourg-en-Brisgau

EURATOM
Voir : COMMUNAUTÉ EUROPÉENNE DE L'ÉNERGIE ATOMIQUE

EURES
Acronyme pour « **European Employment Services** » – « Services Européens de l'Emploi ».
Le réseau EURES, créé en 1994 par l'UNION EUROPÉENNE – UE – a pour objectif d'**aider les candidats à la mobilité professionnelle**, à chercher un emploi dans un autre pays européen, « aide les travailleurs à franchir les frontières » et permet aux entreprises des recrutements au-delà des frontières.
Le réseau EURES est animé par des conseillers (les « **euroconseillers** ») qui exercent généralement leur activité au sein des organismes nationaux publics de l'emploi et de la formation.
Il existe des **Eures** transfrontaliers qui répondent aux besoins spécifiques des régions concernées.
Les EURES ont des bourses d'emploi « en ligne » par INTERNET.
Internet : **http://europa.eu.int//eures**
⇒ emploi ; UNION EUROPÉENNE

EUREX
Marché électronique boursier pour « **dérivés** » créé en 1998 par la fusion des marchés boursiers « DTB » – « Deutsche Terminbörse » (Allemagne), « SOFFEX » – « Swiss Options and Financial Futures Exchange » (Suisse) et « MATIF » – « Marché à Terme International de Paris » (France).
Le siège d'EUREX est à Zurich (Suisse).
Internet : **http://www.eurexchange.com**
⇒ dérivé

EURIBORD
Sigle pour « **European Interbank Offered Rate** ».
Terme financier désignant le **taux d'intérêt interbancaire de base** pour les contrats à taux fixe dans la « **Zone euro** » ; en général, il est établi pour les contrats à 3 mois.
Il est publié journellement dans la presse.
Il a remplacé les taux nationaux des pays de la « Zone euro » le 1er janvier 1999.
La Bourse de Londres (Grande-Bretagne) calcule un taux similaire, le LIBOR « London Interbank Offered Rate ».
⇒ Bourse ; intérêt

EURO
Monnaie unique et unité monétaire commune aux 12 États de la « **Zone euro** » de l'UNION EUROPÉENNE – UE.

Au cours des siècles, plusieurs expériences de monnaie commune ont été tentées. La plus importante a rassemblé une dizaine de pays (dont la Belgique, la France, la Grèce, l'Italie et la Suisse), entre le milieu du XIXe siècle et la Première Guerre Mondiale (1914-1918) : c'est « **l'Union Latine** » au sein de laquelle les pièces d'or et d'argent aux caractéristiques identiques, des pays participants, avaient cours légal dans chacun d'eux. Mais cette « union monétaire » restait très limitée.

Le TRAITÉ DE ROME (1957) ne mentionnait qu'une nécessaire coordination des politiques économiques et monétaires des États de la COMMUNAUTÉ ÉCONOMIQUE EUROPÉENNE. C'est en 1969 que l'union économique et monétaire devient un objectif essentiel sous l'impulsion de P. WERNER et de R. BARRE. Les circonstances économiques ne permettront pas la réalisation du plan proposé alors.

En **1979**, le **SYSTÈME MONÉTAIRE EUROPÉEN – SME** – se met en place avec l'objectif de la stabilité des cours de change et la solidarité entre les États. L'**ECU** « European Currency Unit » – « Unité monétaire européenne » est créé pour être une « unité de compte » commune entre les États participants.

C'est en 1989, à l'initiative de J. DELORS, Président de la COMMISSION EUROPÉENNE qu'est mis en place un programme, définitivement adopté par le **TRAITÉ DE MAASTRICHT (1992)** qui fixe les conditions d'une **union économique et monétaire avec une monnaie unique, l'EURO**. Il devient la **monnaie officielle le 1er janvier 1999** des États de l'UNION EUROPÉENNE – UE – qui respectent (et s'engagent dans le cadre d'un « **Pacte de Stabilité et de Croissance** ») des critères économiques dits « **critères de convergence** »). Les monnaies nationales ne sont plus, pour une période de transition de 3 ans, que la subdivision de l'euro et leur valeur est définitivement fixée : les taux de change bilatéraux, irrévocables et définitifs font intervenir l'importance relative du Produit Intérieur Brut – PIB – de chacun des pays et la part de ceux-ci dans le commerce extérieur intracommunautaire.

La **BANQUE CENTRALE EUROPÉENNE – BCE –** créée officiellement en 1998, est désormais responsable de la politique monétaire des États de la « Zone euro » ou « euroland ».

Le 1er janvier 2002, les billets et les pièces en euros sont mis en circulation dans les 12 pays participants dont les monnaies nationales disparaissent définitivement. L'euro est utilisé nécessairement dans toutes les transactions scripturales et fiduciaires par les États qui, à la fois, respectent les « critères de convergence » et ont décidé d'avoir la même monnaie unique, soit (avec la valeur de l'euro en monnaie nationale) :

Allemagne	1 euro : 1,95583 deutsche Mark (DEM)
Belgique	1 euro : 40,3399 francs belges (BEF)
Luxembourg	1 euro : 40,3399 francs luxembourgeois (LUF)
Irlande	1 euro : 0, 787564 livre irlandaise (IEP)
France	1 euro : 6,55997 francs français (FRF)
Italie	1 euro : 1936,27 lires italiennes (ITL)
Espagne	1 euro : 136,386 pesetas espagnoles (ESP)
Pays-Bas	1 euro : 2,20371 florins néerlandais (NLG)
Autriche	1 euro : 13,7603 schillings autrichiens (ATS)
Portugal	1 euro : 200,482 escudos portugais (PTE)
Finlande	1 euro : 5,94573 marks finlandais (FIN)
Grèce	1 euro : 340,750 drachmes grecques (GRD)

La Belgique et le Luxembourg ayant, depuis 1921, une union monétaire, les taux de change sont identiques.

La circulation monétaire en euros comprend des billets rigoureusement identiques quel que soit le pays de circulation et des pièces qui ont une face commune et une face nationale mais qui sont, bien évidemment, utilisables dans tous les pays de la « Zone euro ».

L'euro est divisé en 100 cents ou centimes.

La Grande-Bretagne, le Danemark et la Suède, membres de l'UE n'adhèrent pas, pour le moment et à leur demande, à l'euro. Ils peuvent, comme d'autres pays candidats à l'UE ou nouveaux membres, rejoindre la « Zone euro en respectant les conditions fixées ; d'ores et déjà la Lituanie, l'Estonie, Chypre et la Slovénie souhaitent avoir l'euro en 2007 ; ils ont intégré, en 2004, le mécanisme de change européen qui leur impose de s'engager dans le respect des « critères de convergence ».

L'euro est devenu la monnaie de référence des pays de la « Zone franc d'Afrique Centrale » en se substituant au franc français mais la monnaie de cette zone garde son appellation de franc.

L'euro s'écrit € et le symbole international est EUR.

Internet : http://europa.eu.int/euro
⇒ BARRE ; BANQUE CENTRALE EUROPÉENNE ; COMMISSION EUROPÉENNE ; critères de convergence ; DELORS ; Système Monétaire Européen ; Union Économique et Monétaire ; Union Latine ; UNION EUROPÉENNE ; WERNER

EUROBAROMÈTRE

Depuis 1973, la COMMISSION EUROPÉENNE effectue un **suivi régulier de l'évolution de l'opinion publique dans les États membres de l'UNION EUROPÉENNE – UE –** et, depuis 2001, dans les États qui y sont candidats.
L'EUROBAROMÈTRE « prend le pouls » de l'opinion publique au cours d'entretiens avec les citoyens sur un échantillon de la population et y aborde tous les thèmes concernant l'UE.
L'EUROBAROMÈTRE STANDARD est publié deux fois par an. Certaines études thématiques font l'objet d'un EUROBAROMÈTRE SPÉCIAL ainsi que celui concernant les pays candidats à l'adhésion à l'UE.

Internet : http://europa.eu.int/comm/publi_opinion
⇒ UNION EUROPÉENNE

EUROCOMMUNISME

Mouvement né dans le courant de la 2e moitié du XXe siècle et qui avait pour but de **réunir les partis communistes européens**. D'un côté, l'on voulait, dans le cadre d'un concept socialiste de base, accorder une liberté relative aux partis communistes des différents pays et, d'un autre point de vue, il s'agissait de relâcher les liens dominants avec le parti communiste soviétique.
⇒ communisme

EUROCORPS

Formation militaire issue de la Brigade Franco-allemande et à laquelle participent des militaires des armées de terre d'Allemagne, de France, de Belgique, d'Espagne et du Luxembourg.
L'EUROCORPS a été créé en 1992 et doit évoluer vers une « force d'intervention rapide – FAR » de 60 000 hommes à disposition de l'UNION EUROPÉENNE – UE – et de l'ORGANISATION DU TRAITÉ DE L'ATLANTIQUE NORD – OTAN – dans le cadre de la Politique Européenne de Sécurité et de Défense – PESD.
L'UE doit se doter, avant 2007, de 13 « **Groupements tactiques** » pouvant être déployés dans un délai très rapide et dans

n'importe quel point du globe ; chacun de ces Groupements (nationaux ou multinationaux) comprendra 1500 hommes **pour des interventions en cas de crise.**
L'État-Major de l'EUROCORPS est à Strasbourg (France).

Internet : **http://www.eurocorps.org**
⇒ Politique Européenne de Sécurité et de Défense

EURODESK
Action réalisée par l'UNION EUROPÉENNE – UE – dans le cadre du « Programme Jeunesse » **pour conseiller et guider les jeunes dans leurs recherches d'information pratiques sur l'UE, dans tous les domaines** (économique, social, culturel, sportif).

Internet : **http://www.eurodesk.org**
⇒ UNION EUROPÉENNE

EURODEVISES
Ce sont des **avoirs ou des dépôts en monnaie étrangère qui existent auprès d'une banque nationale.** Si une banque européenne ouvre des crédits en dollars des États-Unis, il s'agit d'eurocrédits.
Ces termes sont sans rapport avec la monnaie unique l'euro. Les eurodevises ont existé avant l'introduction de l'euro.
⇒ euro-obligation ; eurodollar

EURODOLLARS
À l'origine, il s'agissait de dépôts en dollars des États-Unis auprès des banques situées hors des frontières des États-Unis, mais plus particulièrement en Europe. Certains auteurs parlent de « **Xénodollars** » parce que les dollars ne sont pas seulement déposés dans les banques européennes.
⇒ eurodevises ; euro-obligation

EUROGROUPE
Structure informelle, créée en 1999, **il rassemble les Ministres des Finances des États de la « Zone euro » pour en coordonner la politique économique en étroite liaison avec la Banque Centrale Européenne – BCE.** Le Président de l'Eurogroupe, dont le mandat est désormais de 2 ans et demi et dont la mission a été confirmée par la Constitution Européenne, participe à de nombreuses réunions internationales, notamment celles du G 8.
⇒ Constitution Européenne ; euro ; G 8

Internet : **http://europa.eu.int/futurum/constitution/protocol/eurogroup_fr**

EURO INFO CENTRES – EIC
Réseau de soutien européen pour les Petites et Moyennes entreprises –PME, intermédiaire entre elles et l'UNION EUROPÉENNE – UE.
Les EIC ont pour objectif d'informer, de conseiller et d'assister les PME pour faciliter et promouvoir leur développement, améliorer leur compétitivité et les aider à intervenir sur le marché européen.
Il existe près de 300 EIC dans plus de 40 pays qui informent les PME sur les législations nationales, européennes et étrangères, les marchés publics, la formation professionnelle, les foires et salons spécialisés, le droit des sociétés, la normalisation, les aides communautaires, etc.
Les EIC sont regroupées avec des organisations partenaires telles que les pépinières d'entreprises, les centres d'innovation et les centres d'entrepreneuriat dans le « Réseau Européen des Centres d'Entreprises et d'innovation » – « European Business and Innovation Center Network – EB ».

Internet : EIC **http://europa.eu.int/comm/enterprise/networks/eic**
EB : **http://www.ebn.be**
⇒ UNION EUROPÉENNE

EUROJUST
C'est un service de l'UNION EUROPÉENNE – UE –, créé en 2001 et qui a pour objectif de renforcer la coopération judiciaire au sein de l'UE en vue de combattre la criminalité transfrontalière.
EUROJUST coordonne les polices, douanes, autorités judiciaires, tribunaux et cours des pays membres de l'UE avec une équipe de spécialistes.
L'UE devrait mettre en place un **casier judiciaire européen** » pour assurer un meilleur suivi des actions de lutte contre la criminalité.

Internet : **http://europa.eu.int/comm/justice**

EUROMED
Partenariat euro-méditerranéen, réalisé depuis 1995 entre l'UNION EUROPÉENNE – UE – et les pays riverains de la Méditerranée : Maroc, Algérie, Tunisie, Égypte, Israël, Jordanie, Autorité Palestinienne, Liban, Syrie, Turquie, Chypre, Malte et la Libye avec le statut d'observateur.
L'objectif d'EUROMED vise à **faire de la Méditerranée un espace de dialogue, de coopération et d'échanges** dans le domaine politique, économique et humain.
L'UE a des accords d'association bilatéraux avec les pays partenaires dont certains deviendront des États membres. Les actions menées par l'UE dans ce cadre sont encore appelées « Processus de Barcelone », rappelant ainsi la Conférence Euroméditerranéenne à l'origine de ce partenariat.

Internet : **http://europa.eu.int/comm/external_relations/med_mideast/euromed_news**
⇒ MEDEA ; UNION EUROPÉENNE

EURONEXT
Voir : INDICES BOURSIERS

EURO-OBLIGATION
On parle d'Euro-obligation lorsqu'une entreprise étrangère émet sur le marché européen des **obligations en monnaie étrangère.**
⇒ eurodevise ; eurodollars

EURO-OVERNIGHT INDEX AVERAGE – EONIA
Littéralement « **taux moyen de la zone euro valable jusqu'au lendemain** ».
Terme utilisé par la BANQUE CENTRALE EUROPÉENNE – BCE – pour le **taux d'intérêt moyen pondéré de référence qu'elle calcule en fonction des taux pratiqués par les banques de la zone euro.**
Ce taux est publié chaque jour dans la presse. Il est, bien évidemment, en étroite corrélation avec le taux d'intérêt de base de la BCE.
⇒ BANQUE CENTRALE EUROPÉENNE ; taux ; Zone euro

EUROPASS
Dans la perspective d'une « formation tout au long de la vie », l'UNION EUROPÉENNE – UE – a mis en place un cadre unique (consultable facilement et notamment par INTERNET) qui rassemble en un seul document, les compétences et les expériences professionnelles, les langues parlées, la mobilité, les qualifications et les diplômes.

Internet : **http://europass.cedefop.eu.int**
⇒ Politique éducation et formation de l'UNION EUROPÉENNE

EUROPE
Déesse de la mythologie grecque qui a donné son nom au continent qui s'étend de l'Océan Atlantique à l'Oural et du Cap Nord à la Méditerranée.

Le continent européen, avec 12 % de la population mondiale est un **ensemble de pays développés qui jouent, pour la plupart et avec l'UNION EUROPÉENNE – UE , un rôle majeur au plan économique et au plan social sur la scène mondiale.**

Le terme d'EUROPE est souvent utilisé pour désigner l'UNION EUROPÉENNE – UE – qui, cependant ne regroupe que certains États du continent européen, au sens géographique du terme.
⇒ UNION EUROPÉENNE

EUROPEAN ENVIRONMENT AND SUSTAINABLE DEVELOPMENT ADVISORY COUNCILS – EEAC
Voir : POLITIQUE ENVIRONNEMENTALE DE L'UNION EUROPÉENNE

EUROPEAN INFORMATION TECHNOLOGY OBSERVATORY – EITO
Organisme chargé de collecter et de diffuser toutes les informations concernant l'évolution des technologies de l'information et de la communication en Europe.

Internet : **http://www.eito.com**

EUROPEAN QUALITY IMPROVEMENT SYSTEM – EQUIS
Accréditation européenne certifiant la qualité de l'enseignement donné par les établissements de formation supérieure.

L'EUROPEAN QUALITY IMPROVEMENT SYSTEM – EQUIS – a été créé en 1997 par l'EUROPEAN FOUNDATION FOR MANAGEMENT DEVELOPMENT – EFMD – « Fondation Européenne pour le développement du Management » mais **ses accréditations concernent le monde entier dans lequel coexistent deux autres accréditations, celles de :**
- l'ASSOCIATION OF MABs
- et de l'ASSOCIATION TO ADVANCE COLLEGIATE SCHOOL OF BUSINESS.

Le siège de l'EFMD est à Bruxelles.
⇒ ASSOCIATION OF MBAs ;
ASSOCIATION TO ADVANCE COLLEGIATE SCHOOL OF BUSINESS

EUROPE DES PATRIES
Le Président de la République Française, **Charles DE GAULLE, a toujours défendu l'idée d'une Europe composée d'États souverains.** Il s'est opposé à la construction d'un ensemble soumis à une direction commune dans lequel les différents pays auraient perdu leur individualité et leur identité.
⇒ DE GAULLE ; UNION EUROPÉENNE

EUROPE DIRECTE
Service de l'UNION EUROPÉENNE – UE – permettant aux citoyens et aux entreprises d'obtenir **des réponses à leurs questions sur l'UE, dans les langues officielles de l'UE,**
- soit en appelant depuis n'importe quel pays de l'UE, un numéro de téléphone gratuit :
00800 6 7 8 9 10 11
- soit par courrier électronique :

Internet : **http://europa.eu.int/europedirect**

Ce service vise aussi à rapprocher l'UNION EUROPÉENNE – UE – des citoyens. Créé en 1998, il concerne aussi les nouveaux États membres de l'UE.
⇒ UNION EUROPÉENNE

EUROPOL
L'OFFICE EUROPÉEN DE POLICE – EUROPOL – a été créé par l'UNION EUROPÉENNE – UE – en 1992 pour traiter, coordonner et rendre plus efficace la lutte contre la criminalité dans l'UE.

L'action d'EUROPOL concerne les trafics de drogues, l'immigration clandestine, la traite d'êtres humains, la contrefaçon le terrorisme, etc.

EUROPOL dispose d'un système d'informations informatisé et **utilise le concours de l'Unité de Coopération Judiciaire de l'UE, EUROJUS.**

Le siège d'EUROPOL est à La Haye (Pays-Bas).

Au niveau international, la même mission est assurée par **INTERPOL – INTERNATIONAL CRIMINAL POLICE ORGANIZATION – ICPO** – dont le siège est à Lyon (France).

Internet : EUROPOL : **http://www.europol.eu.int**
INTERPOL : **http://www.interpol.int**

EUROSTAT
C'est l'OFFICE STATISTIQUE DE L'UNION EUROPÉENNE – UE. Il publie les **statistiques officielles et harmonisées concernant l'ensemble de l'UE,** notamment par la collecte des données fournies par les institutions nationales de statistiques. Il assure toutes les comparaisons nécessaires avec l'ensemble des pays du monde entier.

En plus des statistiques générales concernant les pays membres de l'UE, les pays candidats et les pays tiers, EUROSTAT couvre tous les domaines de l'activité économique : économie et finances, populations et condition sociales, industrie, commerce, et services, agriculture et pêche, commerce extérieur, transports, environnement et énergie, sciences et technique.

EUROSTAT publie de nombreux annuaires statistiques et ouvrages spécialisés.

Le siège d'EUROSTAT est à Luxembourg (Grand-Duché de Luxembourg).

Internet : **http://www.europa.eu.int/comm/eurostat**
⇒ statistiques

EURYDICE
Créé en 1980, EURYDICE est un réseau institutionnel de l'UNION EUROPÉENNE –UE – dont la mission est de **collecter, d'analyser et de diffuser toutes les informations sur la politique éducative et les systèmes d'éducation européens.**
EURYDICE a son siège à Bruxelles (Belgique) et des unités nationales au niveau des ministères concernés.

EURYDICE fait partie intégrante du « PROGRAMME SOCRATES » de l'UE : il publie de nombreuses études et met à la disposition du public une base de données.

Internet : **http://www.eurydice.org**
⇒ SOCRATES

ÉVALUATION DE L'IMPACT EN TERMES DE DURABILITÉ
Voir : SUSTAINABILITY IMPACT ASSESSMENT

ÉVASION FISCALE
Ensemble des **moyens mis en œuvre pour échapper à l'impôt,** quel qu'il soit, sans enfreindre les dispositions légales.

L'évasion fiscale peut consister, notamment pour un particulier ou une entreprise, à se domicilier, à installer son siège social ou encore à ouvrir des comptes bancaires dans des pays dits « **paradis fiscaux** » dans lesquels la législation fiscale est souple et sans contraintes.
⇒ fraude fiscale

EVENTMARKETING
Terme anglo-américain, littéralement « **événement marchand** ». La publicité emprunte de nombreux itinéraires et **l'imagination est au pouvoir**. Pour présenter un nouveau produit, on organise une « **manifestation** », une réunion, parfois de prestige, à laquelle les consommateurs et les clients (potentiels notamment) sont invités. Ces réceptions facilitent les contacts et permettent de **présenter un produit et d'en vanter tous les mérites. La vente devrait en être stimulée.**
Les législations nationales et les règles européennes protègent le consommateur contre les dérives de cette forme de publicité.
⇒ consommateur

EXÉCUTION PROVISOIRE
Voir : EFFET SUSPENSIF

EXCÉDENT BRUT D'EXPLOITATION – EBE
C'est l'un des éléments de la comptabilité d'une entreprise très largement utilisée pour qualifier sa valeur et son évolution. L'EBE d'une entreprise est fréquemment comparé à celui d'entreprises appartenant au même secteur.
L'EBE est la somme de la valeur ajoutée produite par une entreprise, plus les subventions d'exploitation moins les impôts et les taxes ainsi que les charges de personnel.

EXCÉDENT DE POUVOIR D'ACHAT
Il y a trop de pouvoir d'achat inutilisé ; économiquement, c'est une situation malsaine.
Le consommateur dispose de moyens de paiement en trop grande quantité mais il ne peut pas acheter beaucoup, et dans certains cas, il ne peut rien acheter.
Cette situation peut se rencontrer en période de guerre ou pendant des phases particulières de crise durant lesquelles on travaille beaucoup mais peu pour la consommation.
⇒ GRESHAM ; pouvoir d'achat

EXCESS – DEMAND THEORY
Expression anglo-américaine, littéralement « **théorie de la demande supplémentaire** ».
L'équilibre du marché du travail est atteint lorsque la demande de travail des individus et égale à l'offre de travail des entreprises ; s'il y a excédent de l'offre, l'on peut envisager une augmentation des salaires pour attirer plus de travailleurs ; au contraire, une demande de travail accru, donc du nombre des demandeurs d'emploi, peut en théorie, conduire à une baisse des salaires. En pratique de nombreux éléments interviennent : dispositions législatives, conventions collectives, marché, etc.

EXCHANGE TRADED FUNDS – ETF
Voir : TRACKERS

EXÉCUTION FORCÉE
C'est une saisie pour l'exécution d'une obligation.
Elle peut se rapporter à des biens meubles ou à des immeubles. Dans le cas où des biens meubles seraient saisis, un huissier en dresse l'inventaire, les appréhende et, éventuellement, appose les scellés.
Si le débiteur se trouve dans l'impossibilité de payer, les biens seront alors vendus aux enchères.

S'il s'agit d'immeubles, une vente forcée aux enchères (ou une gestion forcée contrôlée) pourra être organisée.
⇒ obligation ; saisie ; vente aux enchères

EXEQUATUR
Terme juridique désignant la procédure mise en œuvre pour faire exécuter (c'est-à-dire mettre en application) un jugement rendu dans un pays déterminé dans un autre État.
L'exequatur est aussi l'ordre donné par une autorité judiciaire de faire exécuter une décision d'arbitrage.
⇒ arbitrage

EXIT TAX
Terme anglo-américain, littéralement « **impôt de sortie** » prélevé par certains pays pour freiner les transferts de patrimoine vers l'étranger. Cet impôt touche en général non pas le patrimoine lui-même, mais toutes les plus-values latentes sur les biens professionnels ou personnels ; **en matière de commerce extérieur c'est un droit de sortie.**
Dans certains pays, cet « EXIT TAX » est appelé « la herse ».

EXODE
Départ ou fuite concernant aussi bien des individus que des éléments matériels tangibles.
L'exode rural c'est le résultat d'un flux important d'agriculteurs ou de personnes habitant la campagne vers des zones urbaines (villes, grandes agglomérations).
À l'inverse, l'exode urbain est le départ massif des habitants des villes vers la campagne.
L'exode des capitaux ou leur évasion souligne que pour des raisons économiques (structurelles, conjoncturelles) ou politiques, l'argent se place ou s'investit pour une part importante à l'étranger au détriment du pays d'origine.
Vers l'étranger, on évoque aussi, dans certains pays, la fuite des chercheurs, des spécialistes, des cerveaux etc.
⇒ évasion fiscale

EXONÉRATION
L'exonération libère un sujet de droit de l'exécution d'une **obligation** (de donner, de faire, de ne pas faire, de payer, etc.).
Elle s'applique notamment au **domaine fiscal ou social**. Ainsi, l'on peut être exonéré du paiement d'impôts, de droits de douane, de taxes, de cotisations, etc.
Devant les tribunaux, il y a la possibilité d'invoquer une clause « exonératoire » pour ne pas subir de condamnation ou de peine.
⇒ obligation

EXPATRIÉ
Terme désignant dans le monde des affaires, **un salarié, souvent à un niveau élevé de responsabilité ou de compétence qui exerce son activité professionnelle dans un pays étranger.**
Des dispositions générales, des accords bilatéraux entre les États ou des statuts particuliers d'entreprise font, en général, bénéficier l'expatrié de dispositions spéciales en matière fiscale, sociale et administrative, pour lui-même et sa famille.
⇒ impatrié

EXPERT
Spécialiste particulièrement compétent dans un domaine déterminé.
La profession d'expert couvre tous les domaines de la vie professionnelle ou privée.
L'expert devant les tribunaux a une qualification contrôlée qui lui permet d'intervenir dans un procès pour apporter son

analyse, son point de vue, ses arguments, etc. destinés à éclairer le tribunal sur un point précis.
L'**expert-comptable** est le spécialiste de la comptabilité ; la profession est réglementée dans de nombreux pays et implique une formation spéciale.

EXPERT-COMPTABLE
Titre ayant pour fondement un diplôme universitaire qui nécessite une formation très diversifiée : économie, droit, mathématiques, statistiques, comptabilité, informatique, etc.
C'est **aussi une fonction, une profession**. L'expert-comptable peut être expert fiscal, réviseur d'entreprise, auditeur, commissaire aux comptes de sociétés, etc.
L'exercice de la profession est réglementé dans de nombreux pays.
⇒ auditeur ; commissaire aux comptes.

EXPROPRIATION
Acte qui représente la volonté de l'Autorité Publique en vue d'effectuer un transfert de propriété du domaine privé au domaine public afin de réaliser des travaux ou des opérations d'utilité publique (voies de communication, équipements, etc.)
L'expropriation est considérée comme une intervention grave et, en principe, exceptionnelle ; elle est soumise à des règles très strictes et, généralement, à des enquêtes publiques contradictoires.

EXTENSIF / INTENSIF
Termes employés notamment en agriculture pour qualifier les méthodes d'exploitation.
Les grands espaces autorisaient une **approche extensive de l'exploitation, avec un rendement à l'hectare faible, peu de main-d'œuvre** mais, compte tenu des surfaces (aux États-Unis, par exemple), **une production globalement très importante**. Mais ce type d'agriculture a considérablement évolué depuis notamment la fin de la Deuxième Guerre Mondiale (1939-1945) en s'orientant vers une exploitation intensive, favorisée par l'apport d'engrais et le traitement des sols, avec des rendements bien supérieurs.
En Europe, où les surfaces sont beaucoup plus restreintes et où l'exploitation est morcelée, on a pratiqué, pendant des siècles, une agriculture extensive ; les besoins étant devenus beaucoup plus importants, l'**évolution s'est faite vers une agriculture intensive** (rendements et performances importants, avec des apports d'engrais, de pesticides, de produits chimiques divers, etc.) dont on a constaté qu'elle était au détriment de la qualité.
La tendance actuelle est un retour à l'agriculture extensive (élevage, production de céréales, cultures vivrières, etc.) avec peu d'engrais, des rendements moins élevés mais une meilleure qualité. C'est d'ailleurs l'objectif de la Politique Agricole Commune – PAC – de l'UNION EUROPÉENNE – UE.
⇒ Politique Agricole Commune de l'UNION EUROPÉENNE

EXTERNALISATION
Technique consistant, pour une entreprise, à faire exécuter tout ou partie des tâches accessoires à son activité par d'autres entreprises spécialisées (sous-traitantes) ; L'externalisation est une spécialisation plus marquée de l'entreprise dans son métier en confiant à d'autres des travaux ou des services considérés comme nécessaires mais seulement complémentaires : engagement et gestion, entretien, surveillance, communication et publicité, etc.
⇒ délocalisation

EXTINCTION
Terme synonyme de fin.
À l'issue d'une procédure judiciaire de liquidation d'une entreprise (faillite), le tribunal constate que si le passif (c'est-à-dire l'ensemble des dettes) a été payé, il prononce la clôture pour extinction du passif ; dans le cas contraire, s'il n'y a plus aucun moyen de payer les créanciers, il prononce la clôture pour insuffisance d'actif.
Lorsque l'activité exercée par une entreprise vient à cesser, il y a « extinction de l'objet ».
En matière judiciaire, il peut y avoir « extinction de l'instance » : désistement, transaction ou expiration d'un délai impératif.
⇒ actif ; créancier ; faillite ; instance ; liquidation

EXTRAPOLATION
Généralisation à partir d'un fait, d'un phénomène, d'un événement connu, d'une tendance, d'une situation.
L'on passe du **particulier au général** avec les risques liés au degré d'incertitude de l'avenir par rapport au passé.
L'évolution d'un chiffre d'affaires mesuré par exemple sur les 5 dernières années, permettra à une entreprise d'extrapoler (c'est-à-dire de le prévoir) le chiffre d'affaires de l'année à venir, sauf événement imprévu et à condition de conserver la même maîtrise du marché.
En **mathématique**, il y a extrapolation lorsque connaissant deux valeurs extrêmes, on détermine une valeur intermédiaire en ayant recours à une règle de trois.
⇒ prévision

EXTORSION
C'est l'obtention de quelque chose par la contrainte, la force, la menace ou la ruse : on extorque de l'argent, un aveu, une signature, etc.
⇒ dol

EXTOURNER
En matière bancaire, c'est le fait de rembourser à un client tout ou partie des intérêts ou des frais dont il avait été débité sur son compte (erreur, geste commercial, etc.) et donc créditer le compte de la somme extournée.
En comptabilité, le terme est utilisé pour la rectification d'un compte d'une année sur la précédente (on extourne des charges et des produits à l'occasion de la détermination du résultat).

EXTRANET
Terme anglo-américain concernant l'INTERNET.
L'EXTRANET est l'extension d'un réseau INTERNET (interne à une entreprise, une organisation, une administration) **à son environnement professionnel** : clients, fournisseurs, associés, membres etc.
⇒ INTERNET

EXURBANISATION
Voir : URBAIN

EXW
Sigle INCOTERM pour « EX WORKS », c'est-à-dire « à l'usine ».
La marchandise est prise sur le lieu de sa fabrication en usine) par l'acheteur qui supporte tous les frais de transport et d'assurance.
⇒ Incoterms

FACILITÉS
Les différents moyens mis en œuvre pour rendre plus facile un paiement, pour ouvrir un crédit à court terme, etc. : facilités de caisse, facilités de crédit, facilités de paiement.

FACTEUR
Élément ou coefficient qui intervient dans une opération, une action, un processus, un résultat.
La production de biens fait intervenir deux facteurs essentiels, le capital et le travail.
On parle aussi de **facteur psychologique** lorsque l'élément concerné a une influence sur l'individu, le consommateur, le fournisseur, le client, sans fondement matériel.
On parle encore de **facteur de multiplication** dans les calculs de prix de revient. Au lieu d'effectuer toute une série de calculs on détermine une fois pour toutes un facteur par lequel on va multiplier, par exemple, le prix d'achat pour déterminer le prix de vente ; en le divisant par ce facteur, on fait un calcul à rebours pour revenir au point de départ c'est-à-dire au prix d'achat.

FACTOR
Voir : FACTORING

FACTORING OU AFFACTURAGE
Il s'agit d'une opération à titre onéreux dans laquelle **une banque ou une entreprise (le « factor ») intervient** ; elle acquiert les créances de ses clients et leur avance un pourcentage déterminé de celles-ci. Elle peut aussi **gérer la comptabilité client**, effectuer des opérations de recouvrement et des rappels de règlement tout en prenant en charge **le risque couru** en cas de non-paiement.
⇒ créances ; provision ducroire ; recouvrement

FACTURE
Relevé ou tableau comportant le détail de marchandises vendues ou de prestations de services, couramment utilisé en matière commerciale et comptable.
La facture peut être **échue** (la somme indiquée est due) ou non ; **elle peut être aussi « en compte courant »**, c'est-à-dire que le paiement intervient, suivant les accords conclus, à date régulière, en cumulant les factures échues.

FAILLITE
C'est la situation d'un commerçant ou d'une entreprise en état de cessation de paiement, à la suite de circonstances malheureuses, d'événements défavorables, d'erreurs ou de fautes de gestion ; **le crédit**, c'est-à-dire le renom du commerçant ou de l'entreprise est ébranlé et plus personne n'est disposé à lui apporter son aide.
La faillite fait l'objet de procédures très précises fixées par la législation et peut comporter différentes phases dont l'ultime est l'arrêt définitif de l'activité.
Généralement, l'on procède d'abord à un inventaire des biens et des dettes, les créanciers étant invités à se faire connaître, permettant de déterminer la faculté réelle du commerçant ou de l'entreprise à y faire face en tenant compte des perspectives d'avenir (volume des commandes en cours ou à réaliser, notamment).

Des accords peuvent être pris avec les créanciers pour une remise partielle des dettes ou l'étalement des paiements sur une période suffisamment longue : de telles dispositions sont souvent qualifiées de « concordat préventif ».
Les procédures qui font suite à un état de cessation de paiement (par déclaration de l'intéressé ou par saisie du tribunal lui-même) sont généralement en charge de juridictions spéciales (tribunaux de commerce).
Plusieurs pays ont mis en place une « faillite civile », c'est-à-dire une procédure de « redressement personnel » qui concerne tous les individus et les ménages dont la situation financière est irrémédiablement compromise ; ils bénéficient alors d'un plan de remboursement et d'aides éventuelles, à condition qu'ils soient de bonne foi. La procédure est, dans ce cas, en charge des tribunaux civils.
Le commerçant, l'entreprise ou l'individu en faillite est qualifié de « failli ».

FAIT DU PRINCE
Décision prise par une autorité, arbitrairement, sans négociation, sans discussion ou sans consensus.
Le fait du prince peut être un acte du gouvernement, une mesure imposée par un chef d'entreprise, une règle décidée par un responsable d'organisation.
Dans le cadre d'un contrat c'est ce qu'impose l'un des contractants, le dominant, à l'autre, le dominé.

FAS
Expression de **droit maritime**, de l'anglais « **free alongside ship** » – « **franco le long du navire** ». Le vendeur supporte les frais jusqu'à l'endroit prévu sur le quai d'embarquement. **Les frais d'embarquement et le prix du transport maritime ainsi que l'assurance sont à la charge de l'acheteur.** Le sigle FAS ne doit pas être confondu avec les termes « franco sur quai ».
Le sigle FAS fait partie des **INCOTERMS**, série de termes élaborés dès 1936 par la CHAMBRE DE COMMERCE INTERNATIONALE pour fixer certaines règles du commerce maritime international.
⇒ INCOTERMS

FASCISME
À la fois doctrine et idéologie fondées sur un régime politique dictatorial et totalitaire qui exalte le nationalisme (et même l'exacerbe) et le militarisme, lutte contre le socialisme, la démocratie, supprime les libertés individuelles, impose une formation orientée et partisane aux individus récalcitrants, érige en culte les pouvoirs du chef, nie totalement la démocratie, etc.
Le fascisme est né en Italie avec MUSSOLINI, après la Première Guerre Mondiale (1914-1918) et a profondément marqué et meurtri la vie économique et sociale italienne de 1920 à 1945.
D'autres mouvements et certains gouvernements totalitaires s'inspireront du fascisme, en Europe, en Asie, en Amérique du Sud, développant dans certains cas, une doctrine encore plus radicale dans sa mise en œuvre pratique et d'endoctrinement (nazisme notamment).
Les partisans du fascisme sont les fascistes.
⇒ communisme ; maoïsme ; nazisme ; socialisme

FAST FOOD
Termes anglo-américains, littéralement « nourriture rapide » désignant un **système de restauration à faible coût pour le client, avec un choix réduit de produits simples**, souvent de conception américaine et dont l'organisation est largement automatisée.
⇒ slow food

FAUX-MONNAYEUR
Voir : ADULTÉRATEUR DE MONNAIE

FAUX PAUVRES ET FAUX RICHES
La notion vient des États-Unis, mais elle est universelle :
- le faux pauvre est celui qui **profite au maximum de la société** et plus encore, de tout ce qu'elle met en œuvre dans le domaine de l'assistance et de la prévoyance ; le faux pauvre cumule toutes les allocations possibles pour lui et sa famille, renonçant à un travail qui serait moins rémunérateur que sa situation de « pauvre » et lui ferait perdre le bénéfice de celle-ci ; c'est **un faux pauvre dont la situation est celle d'un individu relativement riche**.
- le faux riche est celui qui pour s'enrichir use de tous les moyens possibles tout en restant dans la légalité, sollicitant avec pugnacité et obstination des aides ; c'est ainsi que certaines entreprises économiquement condamnées (que le motif en soit l'incapacité du dirigeant, la conjoncture ou le marché) sont maintenues en activité en concurrence ainsi déloyales avec d'autres.

Les faux pauvres et les faux riches ont en commun de **profiter de la société au détriment des autres** et notamment des vrais pauvres « qui ont la pudeur de leurs dettes » face à « l'endettement insolent des faux riches » (J. RUDEL – TESSIER).
⇒ paupérisme

FAUTE
Manière d'agir en contrevenant ou en ignorant volontairement une règle, un contrat, un règlement, une norme, une obligation, une responsabilité ou le manquement, total ou partiel, à ceux-ci.
Suivant le contexte, les conditions dans lesquelles elle se produit, la faute peut être qualifiée (le plus souvent par les tribunaux) de grave, de lourde, d'intentionnelle, de contractuelle, d'inexcusable, de délictuelle.
⇒ dol ; délit

FAYOL Henri (1841-1925)
Ingénieur français et chef d'entreprise, il est **l'inventeur de la gouvernance de l'entreprise** dont il a défini les règles dans *Administration industrielle et générale, prévoyance, organisation, commandement, coordination et contrôle* – 1917 – qui reste **la bible de l'organisation de l'entreprise**.
Le « fayolisme » est l'application du système de FAYOL : savoir, prévoir, organiser, commander, coordonner et contrôler, et plus généralement la mise en œuvre de l'adage : « gouverner, c'est prévoir ».

FCA
Sigle INCOTERM pour « free carrier », c'est-à-dire « franco transporteur » ; le vendeur conduit la marchandise jusqu'au point de chargement pour son transport, tous les autres frais (y compris l'assurance) étant à la charge de l'acheteur.
⇒ INCOTERMS

FÉDÉRALISME
Principe de regroupement d'entités politiques qui gardent cependant une certaine autonomie.
La notion de fédéralisme a une connotation qui est appréciée différemment suivant les pays.
L'UNION EUROPÉENNE – UE – dont de nombreuses institutions sont de nature fédérale a préféré utiliser le terme « **communautaire** » qui a la même signification.
⇒ fédération

FEDERAL RESERVE
Voir : FEDERAL RESERVE SYSTEM

FEDERAL RESERVE BANK
Groupement des 12 banques centrales américaines formant le Système de BANQUE CENTRALE aux ÉTATS-UNIS – FED.
⇒ banque centrale ; FEDERAL RESERVE SYSTEM

FEDERAL RESERVE SYSTEM – FED
La FEDERAL RESERVE, Banque Centrale des États-Unis, a mis en place la FED, système qui **regroupe les 12 Banques Centrales Régionales** (FEDERAL RESERVE BANKS).
La FED élabore la **politique monétaire des États-Unis** et y assure la surveillance des activités bancaires. Nommé par le pouvoir exécutif américain, le Président de la FED joue un rôle majeur non seulement pour la conduite de la politique économique américaine, mais aussi quant à ses conséquences sur l'économie mondiale.
⇒ GREENSPAN ; politique monétaire

FEDERAL TRADE COMMISSION – FTC
Organisme officiel des États-Unis chargé du contrôle de la concurrence, de la prévention des pratiques déloyales des entreprises, de la protection des consommateurs mais aussi de la promotion des exportations des produits américains.
Internet : **http://www.ftc.gov**
⇒ consommateur ; concurrence ; Politique Européenne de Concurrence

FÉDÉRATION
Entité nationale ou internationale composée de plusieurs collectivités politiques qui disposent d'une certaine autonomie, conservent leurs individualités et veillent à garder leurs spécificités alors que l'État fédéral a le monopole dans certains domaines : affaires étrangères, armée, sécurité et défense, justice, etc.
Le terme fédération désigne aussi **le regroupement de syndicats patronaux ou de salariés, de clubs sportifs ou autres, d'associations, de partis politiques** avec la mise en commun de moyens et la poursuite d'objectifs identiques, au plan national comme au plan international ; on parle aussi de « **ligue** ».
⇒ association ; confédération ; syndicat

FÉDÉRATION INTERNATIONALE DES BOURSES DE VALEURS – FIBV
en anglais : INTERNATIONAL FEDERATION OF STOCK EXCHANGE
Organisme regroupant une soixantaine de Bourses dans le monde entier pour établir entre les professionnels, des marchés boursiers une coopération active, définir des règles communes et publier des statistiques.
Créée en 1930, la FIBV a son siège à Paris (France).
Internet : **http://www.fibv.com**

FEEDBACK

Terme anglo-américain, littéralement « **effet de retour** ». C'est, en pratique, le compte rendu en retour d'une action, d'une mission, d'une réunion etc., notamment à l'autorité qui l'a initiée.

FENCING

Terme anglo-américain signifiant « **mettre à l'abri de, protéger, enclore** ». C'est une technique par laquelle le producteur offre un même produit (ou presque) différemment conditionné dans des points de vente différents, à des prix différents. L'opération a pour but de toucher les diverses couches de consommateurs, les moins favorisés comme celles qui sont plus aisées et qui sont en mesure de payer un prix plus élevé (pour pratiquement la même chose). La méthode est aussi appliquée en matière de politique de prix.

FERMAGE

Celui qui se sert d'un bien, le fermier ou le locataire, paye une rétribution au propriétaire. En premier lieu, on pense à la location d'un terrain ou d'une propriété agricole.
En agriculture c'est le « faire valoir indirect » par opposition au « faire valoir direct » dans lequel le propriétaire exploite lui-même ses terres.
L'expression est assimilable au loyer ou à l'intérêt qui désigne, d'une manière générale le prix qu'on paye pour l'utilisation d'un bien.
⇒ intérêt ; intérêt simple ; intérêt composé ; loyer

FERROUTAGE

Transport rail-route, utilisant les voies ferrées pour le transport, sur une longue distance et avec des wagons adaptés et spécialement conçus, de camions chargés.
Les Autorités Publiques dans de nombreux pays et l'UNION EUROPÉENNE – UE – favorisent ce type de transport dont le développement désengorge les axes routiers et limite la pollution.

FERTILISATION CROISÉE

Concept économique de développement qui réunit des chercheurs, des responsables d'entreprises, des financiers et des techniciens dans différents domaines innovants dont la réflexion commune et le « croisement » des idées va fertiliser c'est-à-dire permettre le développement, la mise en œuvre d'une idée, d'un projet, etc.

FEUILLE DE ROUTE

Instructions écrites données à un responsable pour lui fixer les actions à mener et les objectifs à atteindre, dans le cadre de la politique fixée.
La feuille de route concerne aussi bien l'application des orientations politiques de l'État (Feuille de route à un ministre par le Premier Ministre) que la stratégie commerciale d'une entreprise (Feuille de route à un directeur par le Président de la société).

FIDÉICOMMIS

Terme latin signifiant « **remis de bonne foi** ».
Opération qui consiste à ce qu'une personne fasse don à une autre personne d'un bien dont elle aura temporairement l'usufruit et qu'elle devra, à une date déterminée ou à la suite du décès de cet usufruitier, remettre à une personne désignée sous le nom de « fidéicommissaire » qui en deviendra propriétaire.
Presque toutes les législations (dans le Code Civil notamment), prohibent à peine de nullité, une telle substitution qui avait jadis l'objectif de maintenir certains biens au sein d'une même famille.
⇒ fidéicommissaire

FIDÉICOMMISSAIRE ou SUBSTITUTION FIDÉICOMMISSAIRE

Dans le cadre d'un fidéicommis, on désigne par « fidéicommissaire » **la personne propriétaire final d'un bien qui lui est transmis dans le cadre d'une opération de fidéicommis**. Presque toutes les législations interdisent de telles dispositions.
⇒ fidéicommis

FIDÉJUSSION

Il s'agit de garantir l'exécution d'une opération. Celui qui se porte fort s'appelle fidéjusseur. Le terme est peu usité.
⇒ caution ; cautionnement

FIDUCIAIRE

Adjectif et nom expriment le **sentiment de confiance**. Ainsi les **Compagnies** dites « **Fiduciaires** » s'occupent de la gestion d'entreprises : elles doivent donner confiance dans leurs activités ; il s'agit d'entreprises qui exercent aussi, souvent, la profession d'expert-comptable ou de contrôle de gestion.
De même, la « monnaie fiduciaire » n'est plus basée sur un métal précieux (or, argent) mais sur la seule confiance dans les autorités qui l'ont émise.
⇒ monnaie fiduciaire

FIDUCIE

Le terme a deux sens tout à fait différents :
– c'est une garantie par laquelle un créancier acquiert provisoirement un bien qui sera ultérieurement restitué au débiteur lorsqu'il aura payé sa dette,
– c'est une forme de contrat par lequel quelqu'un confie à un spécialiste la libre gestion et l'administration de biens en les lui transférant sans que pour autant ces biens appartiennent au gestionnaire ; c'est un « patrimoine affecté » ; la formule est peu utilisée en Europe (sauf en Suisse) mais elle est connue aux États-Unis sous le nom de « **trust** » qui signifie « confiance ».
⇒ garantie ; patrimoine

FIELDS John Charles (1863-1932)

Mathématicien canadien connu pour avoir été à l'origine de la prestigieuse « **Médaille Fields** » qui récompense, tous les quatre ans les travaux exceptionnels d'un mathématicien.

FILE D'ATTENTE

Lorsque la circulation ou l'écoulement de flux (individus ou marchandises) ne sont pas réguliers et continus, il peut se produire à certains moments ou à certains endroits une accumulation : un goulot (ou goulet) d'étranglement provoque en amont une file d'attente qui en est la conséquence.
Une rupture d'approvisionnement ou de stock va provoquer une file d'attente, la fabrication ne pouvant plus se faire régulièrement. De même, par exemple, la pénurie annoncée d'un produit de consommation courante, va provoquer un flux important de demandes qui ne pourront pas toutes être satisfaites immédiatement : il y aura une file d'attente conséquence d'un goulot d'étranglement, c'est-à-dire d'un ralentissement important des flux à un point déterminé d'un processus (production, expédition, etc.) avec des conséquences au plan commercial : retard de livraison, difficultés avec les clients, etc.
Le phénomène peut être beaucoup plus amplifié : une reprise de l'activité économique va susciter beaucoup d'offres d'emploi mais ne pouvant pas toutes être immédiatement satisfaites, les demandeurs vont créer une file d'attente.

FILIALE
C'est une entreprise, généralement dépendante juridiquement, administrativement et financièrement d'une autre entreprise, appelée « société mère ».

Au plan national comme dans le domaine international, certaines filiales sont dites « de relais » soit pour assurer la délocalisation de certaines fabrications, soit pour servir de réseau de distribution.

En comptabilité, les liens établis entre la maison mère et les filiales font l'objet de « comptes consolidés ».
⇒ consolidation

FILIÈRE
Suite continue ou ensemble des opérations successives d'une fabrication, d'une production, de l'origine d'un produit à sa commercialisation : par exemple, la « filière bois » concerne toutes les phases de l'abattage d'un arbre à la vente d'un meuble fini ; la « filière bovine » ira de l'élevage d'une bête de boucherie à la vente d'une pièce de bœuf, etc.

La filière est aussi l'évolution professionnelle (réalisée ou à venir) **dans un métier, un type de métier, une carrière** : filière administrative, filière comptable, filière militaire, filière de production.

Elle peut, à l'origine de la formation d'une personne, concerner les diplômes successifs nécessaires (filière juridique, filière scientifique, filière médicale, etc.).

FINANCEMENT
Les techniques de financement de l'entreprise concernent l'origine, les emplois et les ressources lui permettant d'exercer une activité économique ; dans ce contexte, la liquidité au point de vue trésorerie, joue un rôle non négligeable.

Les ressources de l'entreprise sont internes lorsque le ou les propriétaires (les actionnaires) contribuent à leur formation et à leur mise à disposition ; **elles sont externes** lorsqu'elles font appel à des concours extérieurs.

En ce qui concerne les emplois, ils sont ou bien acycliques (toutes les valeurs qui concernent la capacité de production) ou bien cycliques (ils se rapportent directement à la production).

Au plan général, le financement est l'action d'apporter une aide financière donc d'argent.

FINANCIAL SERVICE AUTHORITY – FSA
Autorité britannique de régulation de la Bourse et des marchés financiers.
⇒ Commission des Opérations de Bourse

FIREWALL
Terme anglo-américain de l'informatique, littéralement « pare-feu » ou « barrière ».

Logiciel spécialisé permettant de filtrer les connexions entre un ordinateur et le réseau INTERNET notamment en cas d'utilisation du « haut débit » avec la technologie ADSL « Asymetric Digital Suscriber Line » – « ligne asymétrique numérique ». Le « FIREWALL » évite, au moins en partie, le piratage et les effets d'éventuels « virus » (programme informatique destructeur ou pollueur).
⇒ ADSL ; INTERNET ; logiciel

FIRME
Nom commercial d'une entreprise, d'une activité individuelle de commerçant ; le terme est souvent identifié à l'entreprise elle-même en tant qu'entité juridique ; la firme est soumise aux dispositions du droit commercial.

FISC
Le mot désignait dans l'antiquité la corbeille dans laquelle on recueillait les contributions (l'argent). Aujourd'hui c'est **l'ensemble de l'Administration des impôts et taxes** qui est, en général, placé sous la responsabilité du Ministère des Finances.
⇒ impôt

FISCALITÉ
Elle se place dans un système global et elle est déterminée par une **politique générale de l'État** concerné ; elle est constituée par un ensemble de lois et de règlements qui définissent la nature des impôts, leurs calculs, leur recouvrement, les sanctions en cas de non-paiement, etc.

On distingue la **fiscalité directe (impôts versés directement par le contribuable)** de la **fiscalité indirecte (incluse dans les prix)** ainsi que la fiscalité locale, régionale etc., (perçue directement ou indirectement par les collectivités publiques).
⇒ fisc ; fiscalisme ; impôt

FISHER Irving (1867-1947)
Économiste et statisticien américain surtout connu pour avoir énoncé en 1907, avec précision, la **loi montrant que la quantité de monnaie en circulation est inversement proportionnelle à son pouvoir d'achat**. C'est « l'équation de FISHER » que l'on retrouve sous une forme un peu différente dans « l'équation de CAMBRIDGE » ou encore « l'équation des échanges ».
⇒ équation de Cambridge ; monnaie ; pouvoir d'achat

FIXING
Terme anglo-américain de la Bourse ; c'est le fixage, la **fixation d'un cours** (d'une action, d'une devise, de l'or, de matières premières).

C'est donc le cours de la cotation telle qu'elle est fixée par des offres et des demandes dont la quantité est relativement stable ; le cours ne sera donc qu'exceptionnellement modifié.
⇒ Bourse

« FLÈCHE ou PILULE EMPOISONNÉE »
Il s'agit d'une **mesure de défense** qui est pratiquée partout, mais plus spécialement aux États-Unis. Lorsqu'une entreprise risque l'absorption, par exemple dans le cadre d'offre publique d'achat – OPA – non approuvée par le Conseil d'Administration (OPA hostile), les actionnaires de l'entreprise menacée ont généralement un droit de préférence qui permet d'acquérir des actions à un cours inférieur au cours de la bourse ou bien d'acheter des actions de l'entreprise absorbante à un « tarif réduit ». L'influence extérieure indésirable peut être alors valablement freinée.
⇒ green mailing

FLEXIBILITÉ
C'est la technique et même l'art de pouvoir s'adapter en toutes circonstances ; c'est la faculté d'adaptabilité.

En économie, on rencontre la flexibilité en matière d'organisation du travail (dimension de l'entreprise, volume de production, nombre de travailleurs, etc.), en matière de prix (qui suivent la tendance du marché) et en ce qui concerne les conditions de travail (horaires notamment)

FLOOR
À la Bourse de New York (États-Unis) c'est l'endroit où se rencontrent les spécialistes (jadis, les « agents de change ») qui interviennent sur le marché boursier.

Le terme est aussi utilisé en matière bancaire : c'est le taux d'intérêt minimum ou taux plancher fixé par les banques, encore appelé « floating rate notes » ou « floating interest rate ».

FLOTTANT
en anglais : FLOATING

Terme boursier désignant une partie des titres d'une entreprise, soit qui n'ont pas été acquis lors de l'émission, soit qui sont répartis dans le public.

Le terme est ainsi utilisé pour une partie de la capitalisation boursière (le cours de Bourse d'une action multiplié par le nombre d'actions), c'est-à-dire la fraction du capital effectivement négociable dans le public. Pour éviter les distorsions entre le poids d'une valeur dans un indice boursier et la part de son capital dans le public, **toutes les Bourses calculent désormais des indices qui ne prennent en compte que les titres qui circulent librement, c'est-à-dire le flottant.**

Un change flottant concerne une monnaie dont la valeur est fixée par le marché.

La dette flottante d'un pays est la dette à court terme dont le remboursement peut intervenir à tout moment.
⇒ Bourse

FLOTTEMENT
Quelque chose qui n'est pas fixe est flottant.

En économie on évoque par exemple, **les capitaux flottants** (qui passent d'une bourse à une autre pour le placement le meilleur), les **dettes flottantes** (la dette flottante d'un État est constituée de Bons du Trésor à courte échéance), et des **cours de changes flottants** pour les devises (valeur fixée par le marché).

Le flottement caractérise aussi une certaine indécision, notamment dans la vie des affaires.

FLUCTUATION
Ce sont des mouvements qui, en économie, se développent **favorablement ou défavorablement** et qui concernent, par exemple, la conjoncture ou les taux de change d'une monnaie. Les phases d'expansion et de dépression, les crises et les reprises de l'activité se succèdent ; il s'agit de fluctuations, qui suivent un axe tendanciel, ascendant ou descendant sur une période plus ou moins longue.

FLUIDITÉ
Caractère ou caractéristique de ce qui est mobile, qui s'adapte, qui évolue. Le marché est fluide lorsque les offres s'adaptent bien aux demandes et celles-ci aux offres.

La fluidité des capitaux concerne leur capacité à être mobiles en fonction de la conjoncture, des taux d'intérêt, etc., d'un pays à un autre.

Au contraire, lorsque la mobilité ou l'adaptation sera réduite ou limitée, on parlera de viscosité.

FLUX
L'activité économique, (notamment les échanges), s'appuie sur les grandeurs globales qui donnent lieu à une circulation, à des mouvements distincts entre **flux matériels ou physiques** (circulation de biens, flux commerciaux), et les **flux monétaires** de capitaux ou de trésorerie.
⇒ capitaux ; échanges ; trésorerie

FOB
Expression du droit maritime. De l'anglais « free on board » (the ship) ; en français : « franco à bord » (FAB).

Les frais et les risques sont à la charge du vendeur jusqu'à la mise à bord du navire de la marchandise. Ce sigle fait partie des INCOTERMS.

De nombreux pays calculent leurs exportations et de leurs exportations sur un montant FOB (FAB).
⇒ INCOTERMS

FOGEL Robert William (1926-)
Économiste américain, professeur aux Universités de Chicago et de Saint-Louis (E-U), directeur du Centre d'Économie des Populations à Chicago (E-U), R. FOGEL est **Prix Nobel d'économie** en 1993 pour son œuvre qui combine à la fois l'économie, la statistique, l'économétrie et l'histoire.

R. FOGEL publie en 1964 « *Railroads and American Economic Growth* » – « *Les chemins de fer et le développement économique américain* », dans lequel il conteste l'influence de la construction du chemin de fer sur le développement des États-Unis, critiquant ainsi certaines formes d'évolution technologique. Dans « *Time on the Cross* » – « *Le temps de la croix* » (1974), appliquant un même raisonnement, il montre **l'efficacité économique de l'esclavage à une certaine période puis sa disparition lorsqu'il n'était plus économiquement viable.**

FOLLE ENCHÈRE
Lorsque dans le cadre d'une vente aux enchères d'un immeuble, un acquéreur ne peut finalement pas payer le prix sur lequel il s'est engagé, il doit supporter la différence si, remis en vente, le prix obtenu est inférieur.

Le terme est parfois utilisé pour qualifier l'enchère supérieure (en général au moins 10 %) **faite par un acquéreur dans un certain délai après la vente** (en général 10 jours) suivant les dispositions législatives en vigueur.
⇒ vente aux enchères

FONCTIONNALISME
Doctrine d'origine sociologique qui considère qu'en économie l'évolution ne peut se réaliser que dans le mouvement, toute action entreprise imposant une marche en avant, c'est-à-dire d'autres actions ; on peut considérer qu'il s'agit ainsi d'un « mécanisme d'engrenage ».

FONCTION DE CONSOMMATION MACROÉCONOMIQUE
La somme de l'ensemble des consommations individuelles détermine la fonction macroéconomique de consommation. On admet donc qu'il existe **une relation entre le revenu total (Y) et la consommation globale (C).**

On a : $C = f(Y)$.

La quotité de consommation est égale à $\frac{C}{Y}$ et indique la partie du revenu qui est, en moyenne, consommée.

La quotité marginale de consommation sera alors $\frac{\Delta C}{\Delta Y}$ qui montre la tendance à la consommation lorsque le revenu augmente.

La fonction a été établie par l'économiste KEYNES.
⇒ consommation ; fonction microéconomique de la consommation ; KEYNES ; Revenus
▶ graphique n° 20

FONCTION DE CONSOMMATION MICROÉCONOMIQUE
On admet que **les dépenses de consommation des ménages sont fonction du revenu.** La fonction de consommation individuelle se base sur la relation supposée qui existe entre la consommation et le revenu. Si l'on admet de plus que la consommation est également dépendante des stocks existants considérés comme éléments de fortune, **la fonction s'écrit :**

$$C_i = f_i(V_i, e_i)$$
$$i = 1, 2, ..., n$$

dans laquelle :

C = la consommation individuelle de biens et de service,
e = le revenu individuel par ménage,

V = la fortune individuelle des ménages,
i = un ménage quelconque,
n = le dernier ménage,
Le consommateur individuel orientera ses décisions de consommation compte tenu de ses besoins, compte tenu des stocks disponibles, compte tenu de la partie des revenus qu'il compte destiner à la consommation et en fonction des relations de prix qui existent entre les biens disponibles (biens matériels et services).
⇒ consommation ; fonction de consommation macroéconomique ; revenus

FONCTION DE LA DEMANDE

La demande d'un bien ou d'un service varie en fonction du prix. C'est une contestation banale qu'il ne faut pas perdre de vue. En général, **pour un revenu déterminé, la quantité demandée augmente si le prix diminue et elle diminue si le prix augmente.**

FONCTION D'ÉPARGNE MACROÉCONOMIQUE

L'ensemble des biens et des services non consommés par les ménages correspond à la grandeur macroéconomique épargne.
Soit : Y = revenu national
C = la valeur des biens et des services destinés à la consommation
I = les modifications en plus ou en moins, au sein des stocks existants au niveau des entreprises ou les investissements.
S = l'épargne
L'on peut alors écrire :
$$Y = C + I$$
$$Y = C + S$$
$$S = Y - C$$
$$S = f(Y)$$
et donc : $I = S$
⇒ égalité de I et de S ; investissement ; revenu national
▶ graphique n° 20

FONCTION DE PRODUCTION

La production est la résultante de la combinaison de plusieurs facteurs. On considère, en général, que **le volume d'une production est fonction des quantités de travail et de capital mis en œuvre.** On pourrait également évoquer le « input » et le « output ». La combinaison des facteurs peut être telle qu'un, plusieurs ou tous les facteurs changent. Il va de soi que les sorties (« output ») s'en ressentiront ou non.
Mathématiquement on peut présenter la courbe des possibilités de production :

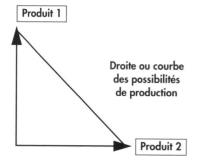

⇒ input ; output

On retrouve la courbe ou droite des possibilités de production dans le contexte de la droite de budget où le sujet économique détermine (normalement pour 2 biens) la quantité de bien Z et la quantité de bien Y qui donnent lieu à toutes sortes de combinaisons pour un même budget.
⇒ égalité de I et de S ; investissement ; revenu national

FONCTION DE TAXATION

Le budget d'un État ou celui d'une collectivité publique comprend nécessairement des recettes et des dépenses en corrélation les unes avec les autres. Les économistes considèrent que les recettes sont ainsi une fonction du revenu, donc des impôts et des taxes ; ils en déterminent ainsi mathématiquement, les effets de l'augmentation (ou de la diminution) des dépenses publiques et ceux de l'évolution des impôts.
⇒ budget

FONCTION PUBLIQUE

L'ensemble des services et de leur personnel qui assurent directement une mission de service public aux citoyens.
Les fonctionnaires et le personnel assimilé constituant la fonction publique.
Certains pays distinguent la fonction publique d'État, de la fonction publique territoriale (communes, régions, etc.) et parfois aussi de la fonction publique hospitalière.
Il y a une fonction publique internationale (les Organisations Internationales) et une fonction publique européenne (les organismes, institutions et agences de l'UNION EUROPÉENNE – UE).

FONDAMENTALISME

Volonté affichée et très forte de mettre en œuvre les règles d'origine, les pratiques, les orientations ou les croyances d'une religion, d'un parti politique ou d'une théorie économique.
Le fondamentalisme aboutit à des positions sectaires qui refusent tout dialogue ; il peut être à l'origine de conflits graves.
Les fondamentalistes, adeptes du fondamentalisme, quel qu'en soit le domaine, veulent imposer leurs idées par tous les moyens.

FONDATION

Institution ou organisation créée généralement sous forme d'une association, dans un but d'intérêt général et habituellement reconnue « d'utilité publique » par les Autorités Publiques.
Les fondations ont souvent, à l'origine, un legs ou une donation qui assurent à leurs activités les moyens financiers nécessaires, au moins en partie.
⇒ association

FONDATION EUROPÉENNE POUR LA FORMATION – ETF

Agence de l'UNION EUROPÉENNE – UE – créée en 1990 pour coordonner et stimuler les stages en faveur de l'emploi dans une quarantaine de pays.
L'ETF soutient toutes les actions pour la formation professionnelle et l'ouverture du marché de l'emploi.
Le siège de l'ETF est à Turin (Italie).
Internet : **http://www.etf.eu.int**
http://europa.eu.int/agencies/etf
⇒ politique de l'emploi de l'UNION EUROPÉENNE

FONDATION EUROPÉENNE POUR L'AMÉLIORATION DES CONDITIONS DE VIE ET DE TRAVAIL – EUROFUND

Agence de l'UNION EUROPÉENNE – UE – dont la mission est d'encourager et de gérer la coopération entre les États membres de l'UE, les chercheurs, les experts et les organismes nationaux dans le domaine de l'amélioration des conditions de travail et de vie.
L'EUROFUND a notamment créé deux outils spécialisés :
– l'Observatoire Européen des Relations Professionnelles – EIRO,
– l'Observatoire Européen des Changements – EMCC – (qui mesure et suit les évaluations économiques et sociales).
Le siège de l'EUROFOUND est à Dublin (Irlande).
Internet : **http://www.fr.eurofund.ie**
http://europa .eu.int/agencies/efund
⇒ politique de l'emploi de l'UNION EUROPÉENNE

FONDATION KONRAD ADENAUER
Voir : ADENAUER

FONDS COMMERCIAL
Voir : FONDS DE COMMERCE

FONDS COMMUN DE PLACEMENT – FCP

Organisme financier d'investissement, généralement appelé « Organisme de Placement Collectif de Valeurs Mobilières – OPCVM », dont l'objet est le placement et la gestion d'actions, d'obligations ou de capitaux pour des souscripteurs qui détiennent ainsi des **droits (parts) sur les actifs** de l'organisme en fonction de leurs apports ; les revenus des portefeuilles ainsi constitués sont répartis entre les souscripteurs.
⇒ action ; obligation

FONDS D'ARBITRAGE
Voir : HEDGEFUNDS

FONDS DE COHÉSION
Voir : POLITIQUE RÉGIONALE DE L'UNION EUROPÉENNE

FONDS DE COMMERCE

Même si les législations n'ont pas une définition identique du fonds de commerce, l'on peut distinguer l'approche juridique de l'approche comptable.
Au plan juridique, le fonds de commerce est un ensemble qui réunit des meubles corporels (matériel, mobilier, stocks, matières diverses, etc.) **et des éléments incorporels** (brevets, droits à la clientèle, marques, modèles, dessins, nom commercial, etc. ; le **fonds de commerce peut être cédé, donné en garantie ou loué**.
En comptabilité les éléments corporels du fonds de commerce sont soumis à la classification des plans comptables en vigueur et qui, au bilan, distinguent la nature des différents éléments. Les éléments incorporels sont regroupés soit séparément soit sous la dénomination de « fonds commercial », à l'actif du bilan. Globalement, on peut considérer que le fonds de commerce est constitué par l'ensemble des biens mobiliers et des droits qui permettent le fonctionnement d'une entreprise, quel que soit sa taille, d'un commerce ou d'une activité artisanale.

FONDS DE ROULEMENT BRUT

C'est l'un des **éléments de l'analyse financière** d'une entreprise. Le fonds de roulement brut est financé par les capitaux propres, les capitaux à long et à moyen terme étrangers et enfin par les dettes à court terme.
La gestion des « besoins de fonds de roulement » est, dans une entreprise, un élément important de la gestion financière.
⇒ fonds de roulement net ; capital étranger à court terme / à long terme ; capitaux permanents ; fonds de roulement propre ; fonds de roulement extérieur ; capitaux circulants

FONDS DE ROULEMENT ÉCONOMIQUE

Il correspond aux capitaux circulants de l'entreprise.
⇒ capital étranger à court terme / à long terme ; capitaux circulants ; fonds de roulement financier ; fonds de roulement propre ; fonds de roulement extérieur ; fonds de roulement brut

FONDS DE ROULEMENT EXTÉRIEUR

C'est la partie des valeurs d'exploitation (capitaux circulants) de l'entreprise qui est financée par les capitaux étrangers.
⇒ capital étranger à court terme / à long terme ; capitaux circulants ; fonds de roulement propre ; fonds de roulement financier ; fonds de roulement économique ; fonds de roulement brut

FONDS DE ROULEMENT FINANCIER

On l'appelle encore **fonds de roulement net**.
⇒ fonds de roulement net ; fonds de roulement brut

FONDS DE ROULEMENT NET

La partie des capitaux permanents de l'entreprise qui n'est pas destinée aux valeurs immobilisées du bilan constitue le fonds du roulement net.
⇒ fonds de roulement total ; fonds de roulement financier ; fonds de roulement économique ; fonds de roulement propre ; fonds de roulement brut ; fonds de roulement extérieur ; capitaux permanents

FONDS DE ROULEMENT PROPRE

C'est la **partie des valeurs d'exploitation** (capitaux circulants) de l'entreprise qui est **financée par des capitaux propres**.
⇒ capital propre ; fonds de roulement extérieur ; fonds de roulement économique ; fonds de roulement financier ; fonds de roulement brut

FONDS DE ROULEMENT TOTAL

Est **synonyme de capitaux circulants et de fonds de roulement brut**.
⇒ capitaux circulants ; fonds de roulement brut ; fonds de roulement économique ; fonds de roulement extérieur ; fonds de roulement financier ; fonds de roulement propre

FONDS DE SOLIDARITÉ DE L'UNION EUROPÉENNE

Créé en 2002 par l'UNION EUROPÉENNE – UE –, cet instrument financier a pour objectif d'apporter de façon rapide, efficace et souple, une aide financière de première urgence en cas de catastrophes majeures dans les pays membres de l'UE et, exceptionnellement, ceux en cours d'adhésion à l'UE.
Internet : **http://europa.eu.int/scadplus/leg**
⇒ UNION EUROPÉENNE

FONDS DE SOLIDARITÉ NUMÉRIQUE – FSN

Proposé par le Président du Sénégal au Sommet Mondial de la Société de l'Information (2003), **ce fonds a pour objectif de combler le fossé des technologies numériques entre l'Afrique et les pays développés**. Il est financé par les contributions volontaires des États, des régions et des villes.

Ce fonds, qui **s'insère dans les priorités du « Nouveau Partenariat pour le Développement de l'Afrique – NEPAD – »** assure le financement de projets d'équipement en ordinateurs, en infrastructures et en formation à INTERNET.

Le FSN a son siège à Genève (Suisse) avec une gestion tripartite des villes de Genève, Lyon (France) et Turin (Italie).

Internet : **http://www.solidaritenumerique.org**
⇒ Nouveau Partenariat pour le Développement de l'Afrique

FONDS DU VICE

Fonds d'investissement ou de placement (actions ou obligations) **regroupant des sociétés exerçant leurs activités dans le jeu, l'alcool, les armes ou les cigares et tabacs** (à l'exception de la prostitution). Ce type de fonds existe dans quelques Bourses dont celle de New York où il a été créé en 2002.
⇒ Bourse

FONDS EUROPÉEN DE DÉVELOPPEMENT – FED

Le FED, alimenté par une contribution spécifique des États membres de l'UNION EUROPÉENNE – UE – est **l'outil financier de la politique de l'UE d'aide au développement des Pays d'Afrique, des Caraïbes et du Pacifique – ACP**. Celle-ci est mise en œuvre dans le cadre de l'ACCORD DE PARTENARIAT DE COTONOU (2000) qui a remplacé la CONVENTION DE LOMÉ (1975).

Internet : **htt:europa.eu.int/comm/developpement**
⇒ Convention de Lomé et Accord de Cotonou ; UNION EUROPÉENNE

FONDS EUROPÉEN DE DÉVELOPPEMENT RÉGIONAL – FEDER

Voir : POLITIQUE RÉGIONALE DE L'UNION EUROPÉENNE

FONDS EUROPÉEN D'INVESTISSEMENT – FEI

Voir : BANQUE EUROPÉENNE D'INVESTISSEMENT

FONDS EUROPÉEN D'ORIENTATION ET DE GARANTIE AGRICOLE

Voir : POLITIQUE AGRICOLE COMMUNE DE L'UNION EUROPÉENNE

FONDS ÉTHIQUE

Ce sont des **valeurs mobilières, actions ou obligations,** émises par des sociétés qui se sont engagées à respecter non seulement des **règles d'information transparentes** (notamment vis-à-vis des actionnaires) mais aussi de **participer,** en fonction de leur activité, au « **développement durable** » et à avoir une **politique sociale respectant l'individu.**
⇒ développement durable

FONDS MONÉTAIRE INTERNATIONAL – FMI

Le FMI a été fondé en 1945 sur la base des Accords de BRETTON WOODS (E-U). Le fonds peut être comparé à une **coopérative à l'échelle mondiale**. Parallèlement est créée la BANQUE MONDIALE.

L'objet du FMI est multiple :
– activer la **collaboration monétaire internationale** par la création d'une institution permanente ;
– faciliter le **développement du commerce international** et viser l'**équilibre mondial du commerce par le libre échange,** l'élimination des droits de douane et des barrières administratives ;
– veiller à la **stabilité des changes** ;
– introduire un **système multilatéral des paiements** ;
– permettre l'accès à **l'ouverture de crédits pour les pays membres.**

Après la **fin du « Système Monétaire International – SMI** – le FONDS MONÉTAIRE INTERNATIONAL s'est adapté à l'évolution du commerce mondial et a surtout pris en compte l'**aide aux pays du Tiers-monde** et la **lutte contre la pauvreté** avec la BANQUE MONDIALE.

En 1967, le FONDS MONÉTAIRE INTERNATIONAL a adopté une **unité de compte propre, les DROITS DE TIRAGE SPÉCIAUX – DTS**. La capacité d'emprunt des États en DTS est fonction de leur économie nationale et de leur part dans le commerce international.

Le FMI comprend :
– un **Conseil des Gouverneurs** (1 membre de chacun des États soit actuellement 184) qui définit annuellement les grandes orientations,
– un **Comité Monétaire et Financier International – CMFI** – qui propose les objectifs à atteindre,
– un **Conseil d'Administration** de 24 membres qui assure la gestion et la conduite des activités au sein duquel sont représentés les principaux groupes de pays.

Le FMI a aujourd'hui une triple mission :
– la **surveillance de la politique économique des états membres,**
– l'**aide financière** et,
– l'**assistance technique** à ceux-ci.

En 2002, près d'une centaine de pays bénéficiaient d'aides. Le siège du FMI est à WASCHINGTON (E-U) où il dispose d'un Institut de Formation.

Internet : **http://www.imf.org**
⇒ Accords de BRETTON WOODS ; BANQUE MONDIALE ; commerce international ; droits de douane ; Droits de Tirage Spéciaux ; libre échange ; système monétaire international ; système bilatéral de paiement

FONDS PROFILÉS

Ce sont des **fonds, gérés par un financier spécialiste, composés d'actions et d'obligations, en proportion variable, en fonction du « profil » choisi,** c'est-à-dire de l'objectif à atteindre : rendement, prudence, équilibre, évolution positive rapide, etc.

Ces « fonds profilés » tiennent compte notamment des différences d'évolution des marchés des actions d'une part et de ceux des obligations d'autre part. Ces « fonds profilés » sont qualifiés de **réactifs** lorsque le gestionnaire des fonds modifie la composition du fonds en fonction des tendances des marchés.
⇒ action ; obligation

FONDS PROPRES

Ils sont constitués par les apports en entreprise du ou des propriétaires et forment, après déduction des dettes, l'avoir réel de l'entreprise et donc son capital.

Dans un sens plus restreint, on peut estimer que les fonds engagés dans le circuit argent-marchandises-argent sont des fonds qui appartiennent aux propriétaires de l'entreprise ; toutefois, c'est ici que le crédit à court terme peut intervenir sous différentes formes.
⇒ crédit

FONDS SOCIAL EUROPÉEN
Voir : POLITIQUE SOCIALE DE L'UNION EUROPÉENNE

FONDS SOLIDAIRES
Il s'agit de **Fonds Communs de Placement – FCP** – dont une partie de l'actif est investie dans des titres émis par des **sociétés qui s'engagent à favoriser l'emploi et l'insertion des personnes en difficultés.**
Dans certains pays ces « fonds solidaires » peuvent bénéficier d'avantages fiscaux.
⇒ fonds éthiques ; fonds communs de placement

FONDS SPÉCULATIFS
Voir : HEDGE FUNDS

FONDS STRUCTURELS
Voir : POLITIQUE RÉGIONALE DE L'UNION EUROPÉENNE

FONGIBLE
Voir : BIEN FONGIBLE

FOQ
Expression du transport maritime, abréviation de l'anglais « free on quay », c'est-à-dire « franco sur le quai » d'un port maritime ; les frais d'acheminement de la marchandise jusque sur le quai sont à la charge du vendeur.
⇒ INCOTERMS

FORCE DE VENTE
Ensemble des moyens techniques et en hommes mis en œuvre par une entreprise pour assurer, sur le terrain, tous les aspects de son action commerciale.

FORCE MAJEURE
On appelle force majeure, **des événements imprévisibles et insurmontables**, dont on ne peut pas rendre responsable celui qui doit remplir une prestation et qui ne le pourra pas en raison de ces événements. La force majeure est considérée comme un fait de l'homme. Dans certains cas, c'est le hasard qui fait les choses ce qui veut dire qu'on est confronté, sans que l'homme n'intervienne, à des situations tout à fait imprévisibles. On parle alors de **cas fortuits**.
Beaucoup d'auteurs ne font pas de distinction entre force majeure et cas fortuit ; pour eux, les deux notions se confondent.
La force majeure est souvent invoquée pour écarter sa responsabilité par une personne ou une entreprise.

FORCE PUBLIQUE
Ensemble des moyens (essentiellement la police, exceptionnellement l'armée) **mis en oeuvre par un État pour faire assurer l'ordre, le respect de la loi et l'exécution des jugements.**

FORCES
Le terme, au pluriel, est utilisé, notamment dans deux expressions :

– Les « **forces de progrès** » qui désignent un groupe, plus ou moins structuré, d'individus particulièrement actifs qui poursuivent des **actions de changement, d'évolution et d'amélioration dans le domaine économique ou au plan social.**

– Les « **forces vives** », généralement considérées au niveau d'une nation, **qui regroupent les responsables (au plus haut niveau du pays) dans les domaines économiques, sociaux et culturels :** organisations professionnelles, syndicats, chefs de grandes entreprises, dirigeants associatifs, personnalités jouant un rôle de guide, etc.

FORCLUSION
Terme juridique qui indique la déchéance d'un droit en raison d'un délai dépassé ou expiré.
⇒ déchéance

FORD Henry (1863-1947)
Industriel américain, H. Ford, constructeur d'automobiles, **a inventé la standardisation** et mis en œuvre, dans ses usines, le « **taylorisme** » division du travail élaboré par l'ingénieur américain F.W. TAYLOR. Ces techniques ont permis à H. FORD **d'accroître les salaires des ouvriers et donc d'augmenter leur pouvoir d'achat** favorisant ainsi l'augmentation de la consommation : c'est le « **fordisme** ».
H. FORD favorisant le progrès technique **contribuera d'une manière significative à l'essor économique des États-Unis** mais n'oubliera pas d'intervenir efficacement par des actions philanthropiques et de mécénat.
⇒ TAYLOR

FOREIGN SALES CORPORATIONS – FSC
Filiales créées par les entreprises américaines généralement établies dans les paradis fiscaux (Îles Vierges, Bahamas, Barbade et Bermudes notamment) pour cacher **les exemptions fiscales que les États-Unis accordaient** en toute légalité et sur la base d'une loi de 1984 mais en ne respectant pas les règles de l'ORGANISATION MONDIALE DU COMMERCE – OMC – créant ainsi des **distorsions de concurrence**, notamment avec l'UNION EUROPÉENNE – UE.
L'OMC a finalement contraint les États-Unis à supprimer quasi définitivement ces mesures en 2003, mais certains avantages fiscaux de moindre importance subsistent encore.
⇒ concurrence ; ORGANISATION MONDIALE DU COMMERCE

FORMALITÉS
Toute l'activité économique (celle de l'entreprise comme celle de l'individu) **est soumise à un certain nombre de formalités, c'est-à-dire de déclarations** (notamment fiscales et sociales), **d'inscriptions** (au Registre du Commerce et des Sociétés pour les entreprises), **d'obligations de tenue de documents** (comptabilité), **de réunions périodiques** (assemblées générales, comités d'entreprise), etc., **qui ont pour objet de contrôler le fonctionnement satisfaisant d'une entreprise, d'une organisation, d'une association et le respect des règles légales et fiscales.**
Les « formalités de clôture » sont des opérations comptables concernant le « journal » et le « grand-livre » dont on détermine les soldes pour arrêter le bilan d'une entreprise.
⇒ bilan ; journal

FORMATION DU PRIX
Mécanisme par lequel le prix d'un produit sur un marché déterminé va trouver une juste mesure entre le niveau de l'offre et celui de la demande.
Dans une situation de « concurrence parfaite » (ou « concurrence pure »), c'est-à-dire lorsque le marché est parfaitement ouvert, sans entente, dans une situation de prix libres, avec une offre et une demande quantitativement satisfaisantes, **le prix va trouver un équilibre.**
⇒ concurrence parfaite ; demande ; offre
▶ graphique n° 1

FORMATION POLITIQUE DES PRIX
Au lieu de laisser libre jeu à la formation des prix en fonction de l'offre et de la demande, **l'État intervient** généralement soit directement soit indirectement.
Les interventions directes concernent la fixation de prix maxima ou minima ou le blocage des prix ; **ce sont des mesures anti-économiques.**
Les interventions indirectes ont pour objet d'agir sur l'offre ou la demande tout en refusant une action sur le calcul du prix de revient et de la formation générale des prix.
⇒ demande ; offre ; prix de revient

FORMES DE MARCHÉS
La science économique classifie les **marchés en fonction du nombre des participants** (offreurs et demandeurs) qui sont en lice :
– un seul acheteur en face de beaucoup de vendeurs,
– beaucoup d'acheteurs en face de beaucoup de vendeurs,
– un acheteur en face de beaucoup de vendeurs,
– un acheteur en face d'un nombre restreint de vendeurs, etc.
Il y a donc **un certain nombre de combinaisons possibles qui vont de la concurrence jusqu'au monopole en passant par l'oligopole.**
⇒ type de marchés ; mécanisme du marché ; monopole ; oligopole ; STACKELBERG

FORMULE DE WILSON
Voir : GESTION DES STOCKS

FORMULE EXÉCUTOIRE
Formule qui termine un acte notarié, un jugement, un arrêt etc., et qui permet de faire effectivement exécuter, mettre en œuvre la décision prise ; elle permet notamment, s'il y a lieu, **de pouvoir requérir la force publique** (police, gendarmerie).
La formule exécutoire répond à des règles très strictes de rédaction fixées par la législation.

FORUM MONDIAL DE L'ÉCONOMIE
en anglais : WORLD ECONOMIC FORUM – WEF
Voir : MONDIALISATION

FORUM SOCIAL MONDIAL
Voir : MONDIALISATION

FOUCAULT Michel (1926-1984)
Philosophe français, M. FOUCAULT a abordé de très nombreuses disciplines.
Professeur dans plusieurs Universités françaises et étrangères et au Collège de France (Paris) il se fait connaître notamment par *« Les mots et les choses »* (1966). L'entreprise a elle-même aussi été analysée au travers de la pensée de M. FOUCAULT spécialiste des sciences humaines : **il fonde le mécanisme du pouvoir sur la discipline et la norme de gouvernance** dans laquelle **il associe le libéralisme et l'intervention de l'État.**
⇒ gouvernance

FOURASTIÉ Jean (1907-1990)
Économiste français, fonctionnaire aux importantes responsabilités - il fut Président de la Main-d'Œuvre au Commissariat Général au Plan (France) – professeur et membre de l'Académie des Sciences Morales et Politiques, J. FOURASTIÉ a marqué son époque par son ouvrage célèbre *Le grand espoir du XXe siècle* (1949) dans lequel il décrit avec pertinence les **profondes évolutions économiques et sociologiques du XXe siècle** dans les différents secteurs d'activité en soulignant la **division entre le primaire** (agriculture et mines), **le secondaire** (industrie) **et les services** qui ne cessent de se développer. Dans les années 1950 J. FOURASTIE a publié *La Révolution à l'ouest* (avec A. Laleuf). Dans ce livre il décrit les progrès qui ont été faits aux États-Unis.
Dans *Évolution des prix à long terme* (1969) et dans *Pourquoi les prix baissent* (1984) il démontre **l'influence significative des progrès techniques sur l'augmentation des revenus.** En 1979 *Les Trente Glorieuses* soulignent l'ampleur des évolutions économiques et sociales depuis la Première Guerre Mondiale (1914-1918).
J. FOURASTIÉ est aussi **un humaniste et un philosophe.** Plusieurs de ses œuvres témoignent de ses réflexions dans les domaines de l'éthique, sur le plan culturel ou religieux ou encore sur la finalité de la société.

FOURCHETTE
Intervalle situé entre deux points de repère ; c'est aussi une situation encadrée par deux limites, un point inférieur et un point supérieur.
En statistiques, il s'agit de différents points qui se situent entre deux points extrêmes.
Le terme, au sens commercial, désigne la marge bénéficiaire obtenue par la vente d'un produit, d'un article, d'une marchandise.
D'une façon générale, c'est une zone d'acceptabilité.

FOURNISSEUR D'ACCÈS INTERNET – FAI
Le terme anglo-américain de « **provider** » est fréquemment utilisé pour désigner cette activité.
Société qui fournit un accès à INTERNET en contrepartie d'un abonnement. Le FAI peut aussi offrir des services complémentaires.
⇒ INTERNET

FOURIER Charles (1772-1837)
Économiste français, théoricien de pensée socialiste, C. FOURIER n'a pu faire connaître ses idées qu'après la Révolution française de 1789. Il publie en 1808 *Théorie des quatre mouvements et des destinées* et en 1812 *Traité de l'association domestique – agricole*. Mais c'est avec *Le nouveau monde industriel et sociétaire* (1829), *La fausse industrie* (1835) et ses articles dans *Le Phalanstère ou la réforme industrielle* puis dans *La Phalange* entre 1830 et 1835 que C. FOURIER prône une organisation en **coopérative de production et en coopérative de consommation,** le « **PHALANSTÈRE** » de type communautaire qui **assure à l'individu un travail lui apportant un épanouissement harmonieux personnel.**

C'est cependant sans succès que les disciples de C. FOURIER tenteront, notamment V. CONSIDÉRANT, de créer des phalanstères jusque vers 1830.
Malgré leur utopie, ces coopératives serviront longtemps encore, au moins en théorie, de modèle.
⇒ CONSIDÉRANT

FRAIS
Voir : CHARGES

FRAIS DE TRANSPORT
Toute production implique, des transports et donc des frais ; ceux-ci ont comme sources principales : l'achat, la vente, les déplacements de biens et de personnes à l'intérieur ou hors de l'entreprise.
On considère généralement **les frais de transport comme des frais accessoires** dans le calcul des prix de revient lorsqu'il s'agit de frais liés à l'achat ou à la vente ; ils sont alors imputés aux centres de coût.
Les frais de transports à l'intérieur de l'entreprise et les frais de déplacement du personnel sont le plus souvent considérés comme des frais généraux.

FRANC CFA ET FRANC CFP
Il s'agit :
- de la monnaie unique de la Communauté Financière africaine (franc CFA),
- de la monnaie unique de la Communauté Financière du Pacifique (franc CFP).

Ces deux monnaies ont été créées en 1945.
La BANQUE CENTRALE EUROPÉENNE – BCE – et le CONSEIL DES MINISTRES DES FINANCES DE L'UNION EUROPÉENNE – UE – ont confirmé la pérennité des accords entre la France et les pays concernés, notamment la garantie de la convertibilité du franc CFA et du Franc CFP par rapport à l'Euro, au 1er janvier 1999.
Le franc CFA concerne 15 pays africains.
   1 Euro vaut 655,957 francs CFA (symbole XAF et XOF)
   1 Franc CFA vaut 0,0014999 Euro.
Le franc CFP concerne la Nouvelle Calédonie et la Polynésie française.
   1 Euro vaut 119,2529 Francs CFP (symbole XPF)
   1 Franc CFP vaut 0,0083855 Euro.

FRANCHISE
Contrat commercial par lequel le propriétaire d'une enseigne ou d'une marque accorde à un commerçant le droit d'exercer son activité sous cette enseigne ou cette marque en bénéficiant de sa notoriété, de sa publicité, de son savoir-faire et de ses services dans des conditions définies, y compris éventuellement en ce qui concerne les limites territoriales.
Le commerçant franchisé paie en général au franchiseur un « **droit d'entrée** », et **une redevance**, le plus souvent proportionnelle au chiffre d'affaires (« royalties »). Ce type de contrat s'est largement développé à la fin du XXe siècle et a conduit les Autorités Publiques à édicter des réglementations dans de nombreux pays.
⇒ brevet ; licence ; royalties

FRANC LOURD
Voir : NOUVEAU FRANC

FRANC POINCARÉ
Unité monétaire française créée en 1928 dans le cadre de la politique économique du Gouvernement français présidé par Raymond POINCARÉ après une dévaluation et le retour à l'étalon or (1 franc égal 65,5 mg d'or).

FRANCO SUR WAGON (telle gare de départ)
Expression utilisée dans le transport ferroviaire. **Le vendeur doit supporter les frais de transport jusqu'au wagon et le chargement sur celui-ci**. On utilise aussi les termes « **franco sur rail** » – « **free on rail – FOR** » lorsque le wagon est chargé aux frais de l'expéditeur.
Le sigle « **FOT** » – « **free on truck** » a une signification similaire pour le transport terrestre : le camion est chargé aux frais de l'expéditeur, c'est-à-dire « **franco sur camion** ».
Ces termes font partie des INCOTERMS, sigles utilisés dans les transports internationaux et dont la définition est fixée par la Chambre de Commerce Internationale.
Les termes « franco sur wagon » et « franco sur rail » sont cependant peu usités.
⇒ INCOTERMS

FRAUDE
Acte ou action fait de mauvaise foi, avec souvent l'intention de nuire ou de tromper, au mépris soit de la loi soit des termes d'un contrat, soit d'une règle.
La fraude concerne toutes les activités de l'homme et concerne aussi bien l'individu que les sociétés industrielles, commerciales ou de services ; la fraude peut, par exemple concerner la nature d'un produit, sa composition ou ses caractéristiques ; elle peut consister à se soustraire à l'impôt (fraude fiscale) ou aux créanciers à qui l'on doit de l'argent ou encore à l'importation ou à l'exportation de marchandises prohibées, etc.
La fraude est sévèrement punie par les tribunaux.

FREE CASH-FLOW – FCF
Termes financiers anglo-américains désignant le « **flux de trésorerie disponible –FID** » dans une entreprise.
La capacité d'autofinancement (ou cash-flow) est généralement appréciée dans un sens large : bénéfices, amortissements, réserves et provisions. Les sommes concernées ne sont pas forcément totalement disponibles d'où la notion de FCF – FID qui ne prend en compte que ce qui est facilement transformable en argent liquide.
⇒ amortissement ; bénéfice ; cash-flow ; provisions ; réserves

FREE LANCER
Termes anglo-américains désignant une catégorie de personnes qui offrent leurs services **comme collaborateurs ou travailleurs indépendants** ; c'est le fait de travailler en « **free lance** ». Ils participent à des projets et agissent donc en fonction de contrats à durée déterminée, sans être salariés. Le terme se rencontre aussi en matière électronique, ce qui fait qu'il existe une véritable « **electronic free lancer collaboration** » via INTERNET.
Dans le domaine de la presse, le terme est synonyme de « **pigiste** ».

FRIEDMAN Milton (1912-)
Économiste américain professeur à l'Université de Chicago (E-U), conseiller du Gouvernement des États-Unis, il a reçu **le Prix Nobel d'économie** en 1976. Chef de file de « **l'École de Chicago** » c'est un **partisan farouche et un défenseur ardent du libéralisme économique** à travers le monde.
Il a notamment défendu une **théorie quantitative de la monnaie** : la croissance économique serait liée au volume de

la monnaie en circulation qu'il est donc nécessaire de maîtriser.
⇒ croissance ; libéralisme ; monétarisme

FRISCH Ragnar Anton Kittil (1895-1973)

Économiste, professeur et chercheur norvégien, il fut, en 1969, **le premier lauréat avec le hollandais TINBERGEN, du Prix Nobel d'économie**.
R. FRISCH a notamment contribué à **construire des modèles mathématiques pour une approche plus rigoureuse des études en macroéconomie**. Il a fait partie, aux États-Unis, de l'ECONOMETRIC SOCIETY DE CLEVELAND.
Docteur Honoris Causa de plusieurs universités, il a notamment publié *« Problèmes de propagation et d'impulsion en dynamique économique »* qui reste une œuvre majeure dans le domaine de l'économétrie.
⇒ économétrie ; macroéconomie ; TINBERGEN

FUND RAISING

Termes anglo-américains, littéralement « rassemblement, augmentation des fonds ».
Il désigne la **collecte de fonds au profit d'organismes charitables, d'organisations, ou d'associations sans but lucratif ou d'établissements d'enseignement** : il a été, à l'origine, l'apanage des universités américaines avant de s'étendre en Europe. Ces fonds proviennent notamment de donations et de legs.
⇒ donation ; legs

FUNKY BUSINESS

Termes anglo-américains, littéralement « **travail enchanteur** ». C'est un concept qui énonce qu'un salarié « **bien dans sa peau** » sera un salarié heureux et performant ; l'entreprise, adepte du « Funky Management » procure à ses salariés **les meilleures conditions de travail possibles, y associant généreusement les loisirs** et invitant le personnel à une attitude très décontractée.
C'est dans l'entreprise de « Funky Business », mais aussi dans d'autres, que se pratique volontiers le « **casual Friday** », jour de la semaine (vendredi) où le **personnel peut s'habiller comme il le souhaite** et bien évidemment sans cravate pour les hommes.

FUSION

Il y a **fusion d'entreprises**, lorsque **deux ou plusieurs sociétés mettent en commun l'ensemble de leurs éléments actifs et passifs dans le but de créer une société nouvelle avec une identité juridique distincte**. Les anciennes sociétés disparaissent.
On connaît également la **fusion par l'absorption**, où la société absorbée disparaît alors que la société absorbante continue à exister. **La société la plus forte et la plus performante, socialement et surtout économiquement, prend, en principe, le contrôle de la plus faible**. Dans certains cas, une partie seulement des éléments actifs d'une société est apportée à une société préexistante ; les apports peuvent concerner non seulement des éléments matériels mais s'étendent aussi aux activités et au « know-how » (le savoir-faire) ainsi qu'à tous les éléments financiers.
Les législations imposent généralement des règles très strictes pour toutes les opérations de fusion ; elles sont souvent traumatisantes pour les salariés des entreprises concernées et (pour leur environnement.
Une Directive de l'UNION EUROPÉENNE – UE – devrait faciliter les fusions transfrontalières en établissant une procédure permettant de régler les problèmes de fusion au regard du droit des sociétés et du gouvernement d'entreprise notamment en appliquant les règles des fusions « domestiques ».
⇒ actif ; passif ; société

FUSION – ACQUISITION

Technique par laquelle une société acquiert une autre avec l'objectif de fusionner ; la **fusion-acquisition est le plus souvent une concentration horizontale** (les deux entreprises font le même métier) **et concerne généralement de grandes entreprises**.
C'est une opération stratégique menée par des professionnels (des banques ou des organismes financiers spécialisées) souvent en opérant par des offres publiques d'achat (OPA).
⇒ fusion ; offre publique d'achat

FUTURES

Terme anglo-américain signifiant « **contrats à terme** ».
Il concerne des opérations boursières qui ont trait au marché à terme pour acheter ou vendre des actions à des conditions déterminées. L'exécution du contrat et la remise des titres auront lieu, plus tard, à une date déterminée. Dans ce contexte on peut **spéculer à la hausse (vendeur) ou à la baisse (acheteur)** avec tous les risques que cela comporte.
⇒ Bourse ; titre

G 5

Groupe de travail créé en 2003 dans le cadre de l'UNION EUROPÉENNE – UE – pour étudier et mettre en œuvre les moyens d'une sécurité plus efficace et plus opérationnelle avec une meilleure coordination de l'action des polices nationales et de la lutte antiterroriste (avec, en particulier dans ce domaine, une mise en réseau d'un système d'information commun), en renforçant le rôle d'EUROPOL et d'EUROJUST.
Le G 5 réunit l'Allemagne, l'Espagne, la France, la Grande-Bretagne et l'Italie dont la population représente 85 % de celle de l'UE à 15 membres (et 55 % de l'UE à 25).
⇒ EUROJUST ; EUROPOL ; UNION EUROPÉENNE

G 7

Voir : G 8

G 8

Sur l'initiative du Président de la République Française, V. GISCARD D'ESTAING, les pays du monde occidental se sont réunis pour la première fois en 1975 : Allemagne, France, Grande-Bretagne, Italie, Japon et États-Unis ainsi que, à partir de 1976, le Canada. C'est le G 7.
La Russie, observateur à partir de 1990, s'est jointe au G 7 à l'invitation de ses membres et y siège depuis 1998 : c'est le G 8.
Des réunions du G 7, donc sans la Russie, ont cependant encore lieu périodiquement, notamment au niveau des Ministres des Finances (c'est lors un « G 7 finances »).
Le G 8 tient une réunion annuelle dans l'un des pays membres qui le préside et propose les thèmes de travail (en 2006, la Russie présidera la réunion). Il s'agit de **réunions informelles**, mais préparées ; elles étaient, à l'origine, **consacrées aux affaires du monde** et plus particulièrement à la situation économique internationale.
Mais aujourd'hui, **les réflexions du G 8 s'étendent à tous les problèmes de la mondialisation** avec l'objectif d'y apporter en commun des solutions. Au domaine économique se sont ajoutées les questions politiques et sociales, celles du développement durable, de la santé et des actions en faveur des pays pauvres ; c'est le G 8 qui lors de la réunion de 2001 à Gênes (Italie) a appuyé le NOUVEAU PARTENARIAT POUR LE DÉVELOPPEMENT DE L'AFRIQUE – NEPAD.
⇒ NOUVEAU PARTENARIAT POUR LE DÉVELOPPEMENT DE L'AFRIQUE

G 9

Projet d'organisation **associant la Chine au G 8**
⇒ G 8

G 10

Organisation mise en place en 1974 par les **dix principaux pays industrialisés**, il compte aujourd'hui 13 membres : Belgique, Canada, France, Allemagne, Japon, Luxembourg, Italie, Espagne, Pays-Bas, Suède, Suisse, Royaume-Uni et États-Unis, pour élaborer et mettre en œuvre des **règles de surveillance prudentielles dans les relations bancaires et financières internationales**. Le G10, appelé aussi « COMITÉ DE BÂLE », (Suisse) où il a son siège et son Secrétariat (assuré par la BANQUE DES RÈGLEMENTS INTERNATIONAUX – BRI) a notamment créé (en 1988) le **RATIO COOKE** (du nom d'un président du G 10 Peter Cooke) qui impose aux banques une couverture des risques à 80 % de leurs engagements internationaux.
Entre 2004 et 2006 doivent être mis en place un nouveau ratio et de nouvelles modalités de son calcul décidés en 2003 et qui tient compte des nouveaux risques apparus dans les relations financières internationales.

Internet : **http://www.bis.org**
⇒ BANQUE DES RÈGLEMENTS INTERNATIONAUX ; ratio COOKE

G 20

Groupe créé en 1999 par **les partenaires du G 7-G 8** pour « encourager les discussions et les recherches » ainsi que « l'examen des questions d'orientation **au sein des pays industrialisés et des marchés en émergence** en vue de promouvoir la stabilité financière internationale »
Le G 20 se réunit chaque année et regroupe les Ministres des Finances et les Gouverneurs des Banques Centrales (avec les dirigeants du FONDS MONÉTAIRE INTERNATIONAL – FMI – et de la BANQUE MONDIALE) des pays suivants :
Argentine, Australie, Brésil, Canada, Chine, France, Allemagne, Inde, Indonésie, Italie, Japon, Mexique, Russie, Arabie Saoudite, Afrique du Sud, Corée, Turquie, Grande-Bretagne, États-Unis, ainsi que l'UNION EUROPÉENNE – UE. La présidence et la gestion administrative sont assurées par le pays qui organise la réunion annuelle. Le G 20 représente 1/3 de la population mondiale et surtout près de 90 % de la production économique.

Internet : **http://www.g20.org**
qui renvoie au site de la réunion annuelle du G 20.
⇒ BANQUE MONDIALE ; G 7-G 8 ; FONDS MONÉTAIRE INTERNATIONAL

G 22

Alliance de 22 pays « émergents » c'est-à-dire de pays en développement pratiquant l'économie de marché et qui accèdent aux financements internationaux) **dont l'influence dans le monde** et notamment lors des réunions internationales ainsi qu'au sein de l'ORGANISATION MONDIALE DU COMMERCE – OMC – **est grandissante** face en particulier, aux États-Unis et à l'UNION EUROPÉENNE – UE.
Le G 22 s'oppose notamment aux grandes puissances, **en matière agricole** demandant la réduction des subventions accordées aux producteurs ; il est aussi très actif sur les problèmes de **concurrence, d'investissement, des obstacles aux échanges** et de l'**accès aux marchés publics**.
Le G 22 est une structure informelle, menée par le Brésil, la Chine et l'Inde auxquels se sont associés **13 pays latino-américains** (Argentine, Bolivie, Chili, Colombie, Costa Rica, Cuba, Équateur, Salvador, Guatemala, Mexique, Paraguay, Pérou, Venezuela), **3 pays asiatiques** (Pakistan, Philippines et Thaïlande) **et 3 pays africains** (Afrique du Sud, Égypte, Zimbabwe).
⇒ ORGANISATION MONDIALE DU COMMERCE ; pays émergents

G 33
Le groupe compte actuellement **42 pays spécialement attachés à une agriculture en mesure de nourrir effectivement et avec sécurité les populations des États membres** avec un développement rural satisfaisant.
Le G 33 a surtout pour objectif de faire valoir ses positions dans les négociations agricoles de l'ORGANISATION MONDIALE DU COMMERCE.
Le chef de file de ce groupe est l'Indonésie.
⇒ ORGANISATION MONDIALE DU COMMERCE

G 90
Organisation informelle, créée par les « pays en développement » à l'occasion du « sommet » de l'ORGANISATION MONDIALE DU COMMERCE – OMC – à Cancun (Mexique) en 2003 et qui **regroupe des « Pays ACP – Afrique – Caraïbes – Pacifique » et des États membres de l'UNION AFRICAINE** pour mieux faire entendre leurs points de vue au sein de l'OMC et plus encore lors des négociations, notamment celles concernant les marchés des produits agricoles.
Les membres du G 90 constituent le groupe le plus important de l'OMC.
La première réunion du G 90 s'est tenue à l'Île Maurice avec les Premiers Ministres ou les Ministres concernés des 90 pays membres en 2004.
⇒ ORGANISATION MONDIALE DU COMMERCE ; Pays ACP ; pays émergents ; pays en développement ; sommet ; UNION AFRICAINE

GAGE
Bien meuble donné en garantie ou à titre de caution pour le paiement d'une dette, pour une obligation ou une prestation ; c'est aussi le contrat, écrit ou oral qui confirme cette garantie.
En matière immobilière, la garantie donnée par un immeuble est l'hypothèque.
⇒ caution ; hypothèque ; saisie

GALBRAITH John Kenneth (1908-)
L'ouvrage majeur de l'économiste américain J.K. GALBRAITH *The new Industrial State* – « *Le nouvel état industriel* » (1967) analyse la situation du monde économique moderne, en particulier industriel, aux États-Unis et dans les pays occidentaux ainsi que ses bouleversements. Sa réflexion **oppose notamment la minorité des grandes entreprises à la majorité des petites entreprises** en soulignant que les **objectifs de la collectivité concordent**, trop souvent et avec trop de poids, **avec ceux de l'entreprise au détriment de l'intérêt des individus.**
Dans *L'ère et l'opulence* (1958) il prône la revalorisation de l'action publique économique et l'intérêt général.
Il a publié, en 2004, un opuscule qui résume à la fois sa philosophie et son point de vue sur l'économie contemporaine : *Les mensonges de l'économie.*

GALIANI Ferdinando (1728-1787)
L'abbé F. GALIANI fut à la fois un homme politique, un mathématicien, un philosophe et un économiste italien dont l'œuvre souligne **la place prépondérante** que doivent tenir les **échanges et le commerce** dans l'économie par rapport à l'agriculture.
Auteur du *Dialogue sur le commerce des blés* (1770) mais aussi du *Traité de la monnaie* qui le rendit célèbre et dans lequel il développe une théorie de la valeur qui s'appuie sur l'utilité et la rareté.

GALLUP George Horace (1901-1984)
Docteur en psychologie, c'est **le grand spécialiste américain des sondages d'opinion (Gallup)**. Par sa **méthode originale de demander spontanément l'avis de la population** au sujet de thèmes, de problèmes ou d'événements, il était **mondialement écouté.**
Cette méthode est encore en application avec pour base un questionnaire et un échantillonnage des individus à interroger.
G. GALLUP a fondé l'« Americain Institute for Public Opinion » – « Institut d'Étude de l'Opinion Publique » ; il est l'auteur d'un célèbre *Guide des sondages d'opinion publique* publié en 1944 et de très nombreux autres ouvrages.

GAMME
Voir : LIGNE DE PRODUIT

GANDHI Mohandas Jaramchand (1869-1948)
Visionnaire politique nationaliste, chef religieux et guide spirituel de la nation, le « Mahâtma » (« la grande âme ») GANDHI est le père de l'Inde contemporaine dont il arracha l'indépendance au Royaume-Uni en 1947.
Par son rayonnement moral soutenu par une philosophie de non violence et appuyé par une incontestable audience dans le monde entier, il oriente ses actions vers les plus démunis (la caste des « intouchables ») mais aussi vers le développement du travail manuel, l'augmentation du niveau de vie des paysans, la formation des jeunes et l'éducation.
Assassiné en 1948, il avait choisi pour diriger l'Inde, **son disciple Jawâharlâl NEHRU (1889-1964)** qui sera, pendant 17 ans, l'acteur majeur de l'exceptionnel développement économique du pays.

GAP
Terme anglo-américain, littéralement « trou ».
Souligne un **écart important et significatif** notamment dans le développement économique ou dans le domaine technologique d'un pays, d'une région ou d'un secteur.

GARANT
Le garant répond de la bonne exécution ou de la bonne fin d'une opération. C'est à lui que revient la mission de remplir une obligation lorsque celui qui s'était engagé se trouve dans l'impossibilité de le faire.
En matière de droit international public, il y a des États qui sont garants des traités signés entre deux ou plusieurs pays.
⇒ garantie ; obligation

GARANTIE
C'est un moyen de protection, une forme d'assurance pour l'exécution d'un engagement qui comporte une obligation de responsabilité.
Il existe de nombreux types de garantie : garantie contractuelle (fixée dans un contrat de vente), garantie du vice-caché (défaut non apparent d'une chose qui la rend impropre à l'usage auquel elle était destinée), garantie d'emprunt (caution donnée à un organisme pour faciliter un prêt), garantie de passif (lors de la cession d'une entreprise, le cédant garantit le cessionnaire pour une certaine valeur), etc.

GATT
Voir : ACCORD GÉNÉRAL SUR LES TARIFS DOUANIERS ET LE COMMERCE

GEANT
Acronyme de « GIGABIT EUROPEAN ACADEMIC NETWORK »

Réseau tissé entre les Universités européennes et destiné aux transmissions INTERNET entre les scientifiques et les chercheurs avec une très grande vitesse. Le terme « gigabit » pour « giga Binary Digit » veut souligner **l'importance et la rapidité des transmissions** avec l'unité binaire multipliée par 10^9 (10 puissance 9) **entre les chercheurs et les scientifiques.**

GEARING
Terme anglo-américain de la Bourse, littéralement « engrenage ».

C'est le ratio **qui compare l'endettement et les fonds propres d'une entreprise, mesurant ainsi sa solidité financière.**

GÉLINIER Octave (1916-2004)
Ingénieur et économiste français qui a adapté pour les entreprises européennes, les règles et les méthodes du management à l'américaine et à la japonaise.

O. GÉLINIER est l'auteur de très nombreux ouvrages consacrés à la direction des entreprises et à leur organisation parmi lesquels on peut citer :

Le secret des structures compétitives (1966),
Fonctions et taches de direction générale (1967),
Direction participative par objectifs (1968),
L'éthique des affaires (1991),
La nouvelle économie du XXIe siècle (2000).

Théoricien mais aussi praticien de la gestion, O. GÉLINIER estimait que « diriger, c'est être responsable de ce que d'autres font » ; il fut un « maître à penser » de nombreux chefs d'entreprise dans la deuxième moitié du XXe siècle.

GÉNÉRIQUE
Terme utilisé par les entreprises de distribution (commerce de détail, hypermarchés, supermarchés) **pour désigner un produit ne comportant pas la marque du fabricant ou ne mentionnant que celle du distributeur et, le plus souvent, vendu sous le nom même du produit.**

Les produits génériques ne supportent pas le coût d'une marque : publicité, protection, licence de fabrication, etc.

Dans le domaine pharmaceutique, le médicament générique a rigoureusement les mêmes propriétés que le médicament vendu sous une marque déterminée mais dont la formule de composition n'est plus protégée par un brevet ou une licence ; il est alors moins cher.
⇒ brand ; marque

GENTLEMAN'S AGREEMENT
Termes anglo-américains.

C'est un accord, en principe non écrit, « sur l'honneur ». Des entreprises ou des personnes s'entendent d'une manière informelle : il s'agit d'un compromis. La morale en affaires est sauve à condition que certaines pratiques soient condamnées.
⇒ cartel

GEORGISME
Doctrine de l'américain Henry GEORGE qui pensait qu'on pouvait éviter la nationalisation par la mise en place **d'un impôt général sur la propriété foncière.**
⇒ impôt ; propriété

GÉRANCE
Activité et fonction assumées par un gérant.

Certaines entreprises peuvent être, en fonction de la législation, dirigées par une personne physique, propriétaire ou non du capital, nommé par les associés, qui a la responsabilité de la gestion dans les conditions déterminées par les statuts (c'est notamment le cas de la Société à Responsabilité Limitée – SARL) : **c'est le gérant.**

Mais **la gérance est aussi un terme générique** pour désigner celui ou ceux qui assurent la gestion ou l'administration d'un magasin, d'une agence, d'un immeuble etc.
⇒ gérant

GÉRANT
Personne physique désignée pour assurer la gestion.

Dans une société en nom collectif, à responsabilité limitée ou en commandite simple, les responsabilités du gérant sont déterminées par la législation et les statuts (gérant statutaire ou non statutaire).

Le terme peut aussi indiquer une responsabilité déterminée :
– gérant de succursale, de magasin,
– gérant d'immeuble,
– gérant de caisse (caissier),
– gérant de fortunes ou de portefeuilles de titres boursiers (dans une banque, un organisme financier), etc.

GESTION DE FAIT
Activité de gestion exercée par quelqu'un qui n'en a pas le pouvoir, à qui l'autorité et la responsabilité n'ont pas été déléguées. Même si cette gestion ne comporte pas d'irrégularités, elle peut être contestée, et éventuellement réprimée. En cas de faillite le gestionnaire de fait peut être poursuivi comme le sera le responsable officiel de la gestion.
⇒ faillite

GESTION DE PORTEFEUILLE
Activité de gestion pour le compte de quelqu'un ou d'une entreprise d'un portefeuille boursier, c'est-à-dire d'un ensemble de titres (actions, obligations, etc.) ; ce type d'activité est exercé soit par un spécialiste indépendant, soit par une entreprise spécialisée, une banque ou une institution financière (société d'investissement, société holding, etc.)

La gestion de portefeuille, la gestion de fortune (le portefeuille boursier mais aussi tous les éléments qui composent une fortune, notamment les immeubles ainsi que le placement des revenus), **la gestion de patrimoine** synonyme de la gestion de fortune, **sont parfois regroupés pour l'exercice de cette activité sous le terme anglo-américain de « private banking ».**

On distingue généralement deux types de gestion : la **gestion indicielle (la plus courante) et la gestion alternative**. **La gestion indicielle** consiste à gérer les titres boursiers en tenant compte des indices boursiers concernés, leur évolution et leur tendance. **La gestion alternative** consiste à ne pas seulement tenir compte de l'évolution des indices boursier et de leur tendance mais à agir très vite sur des actions dont les écarts journaliers de cours ne sont pas dans le même sens (le titre fait du « yo-yo ») ; ce type de gestion présente évidemment certains risques mais les profits peuvent être plus élevés que par une gestion plus classique.
⇒ Bourse ; indices boursiers

Les 3 000 mots essentiels de l'économie et des affaires

GESTION DE STOCKS

La gestion des stocks signifie prévoir l'ampleur de la consommation des éléments stockés donc à commander et à fabriquer, la cadence de la consommation et la durée d'approvisionnement.

L'économiste américain L. FILEBE a fixé les objectifs des approvisionnements d'une entreprise : « the right goods, at the right time, in the right quantities, at the right prices » – « les marchandises les meilleures, dans le meilleur délai, la meilleure quantité et les meilleurs prix ». Le modèle mathématique théorique le plus fréquemment utilisé, la « formule de WILSON », fait intervenir, pour un article déterminé dont la consommation annuelle est connue,

– la charge financière du stockage, y compris tous les frais qu'il implique : c'est le coût de possession, proportionnel au volume du stock ;
si Qm est la quantité d'un article déterminé consommée mensuellement,
si u est le prix unitaire de cet article,
et V la valeur de la consommation mensuelle, exprimée dans une monnaie,
nous pouvons écrire,

$$V = Qmu$$

si t est le taux d'intérêt mensuel sur la valeur du stock, exprimé en %,
et P le nombre de mois qui s'écoulent entre deux réapprovisionnements de cet article,

le coût de possession Cp est égal à : $\dfrac{PV}{2}$ pour une période de P mois, puisqu'à la valeur moyenne du stock $\dfrac{PV}{2}$ s'applique le coût t pendant la période P ;

– la charge financière de passation des commandes, c'est-à-dire tous les frais liés à la commande (y compris le contrôle de réception et la comptabilité) : c'est le coût d'acquisition, proportionnel au nombre de commandes pour une période donnée, soit Ca.

Le coût total Ct est égal à : $Cp + Ca$

Le tracé graphique montre, en fonction du nombre annuel de commandes, que la droite du coût d'acquisition et la courbe du coût de possession (hyperbole) ont un point de rencontre qui situe le minimum du coût total.

La formule de WILSON permet de déterminer une valeur optimale pour P, soit le nombre de mois entre deux réapprovisionnements :

$$P = \sqrt{\dfrac{2Ca}{Vt}} \quad \text{ou} \quad P = \sqrt{\dfrac{2Ca}{Qmut}}$$

À partir de cette formule l'on calcule la quantité optimale à commander Qp pour P mois

$$Qp = Qm \times P = Qm \sqrt{\dfrac{2Ca}{Qmut}}$$

L'intérêt est de déterminer la quantité en fonction d'une consommation annuelle QA avec

$$QA = 12\ Qm$$

Compte tenu d'un taux annuel de possession T avec T = 12 t soit :

$$Qp = \sqrt{\dfrac{2CaQA}{uT}}$$

Cependant, il faut aussi tenir compte des différents éléments qui modifient les calculs théoriques :
– des délais d'approvisionnement, soit d ;
– des quantités éventuellement en commande ou restant à livrer, soit
– des quantités restant en magasin, soit M ;
– des quantités minimales à toujours avoir en magasin, (c'est le « stock de sécurité »), soit K ;
– des quantités manquantes, s'il y a rupture de stock, soit N ;
la quantité à commander sera alors :

$$Q = Qp + Qmd – (C + M) + K + N$$

En pratique, il faut aussi apprécier :
– les conditions consenties par le fournisseur dans le cadre d'un « marché global » (par exemple annuel) et non plus d'une succession de commandes dans une période donnée,
– l'évolution prévisible des prix,
– etc.

La formule de WILSON met ainsi en lumière qu'il n'existe, pour une année de consommation, qu'un seul niveau optimal possible de commandes et de quantité d'articles pour chacune d'elles.
Les moyens informatiques mis en œuvre dans les entreprises permettent d'intégrer tous ces paramètres et d'optimiser, pour le coût total minimal, les quantités à commander et la périodicité des commandes.
⇒ coût d'acquisition ; coût de possession

GESTION DE TRÉSORERIE
Voir : TRÉSORERIE

GESTION DU CAPITAL CLIENT – GCC

Traduction des termes anglo-américains « **Customer Value Management – CVM** »
C'est la technique modernisée du « client-roi » ; l'entreprise a comme préoccupation essentielle la satisfaction du client, réel ou potentiel, et ses actions de mercatique sont orientées en ce sens.
⇒ client ; mercatique

GESTION DU SAVOIR

Gestion de tout ce qui constitue le capital intellectuel et l'ensemble des connaissances techniques et commerciales de l'entreprise, son know-how (savoir-faire) et sa culture.
⇒ know-how

GIDE Charles (1847-1932)

Économiste français, C. Gide fut professeur à l'Université de Bordeaux, de Montpellier puis de Paris (France) où il enseigne l'économie politique et le droit.
Auteur de plusieurs ouvrages dont *« Principes d'économie politique »* (1884) qui fut son œuvre majeure, il faut aussi retenir de lui son inlassable action en faveur du **mouvement coopératif français**. Marqué par la philosophie du protestantisme français, il considère la **solidarité entre les hommes comme la valeur essentielle de la vie en société**.

GIFFEN Robert (1837-1910)

Économiste et statisticien britannique d'origine écossaise, Sir Robert GIFFEN est connu pour **ses études concernant l'élasticité de la demande par rapport au prix** et notamment pour avoir énoncé le **« Paradoxe de GIFFEN »** ou « **Effet GIFFEN** » dit encore « le principe de GIFFEN » : en cas de baisse de revenu d'un ménage, sa consommation d'un bien inférieur augmente malgré la hausse de son prix. En effet, il faut manger pour vivre, et si le revenu baisse, la consommation de produits de première nécessité va croître, même si leur prix augmente.
⇒ Effet GIFFEN ; bien inférieur ; consommation ; revenus

GLASNOST
Voir : PERESTROÏKA

GISCARD D'ESTAING Valéry (1926-)
Homme politique et économiste français V. GISCARD D'ESTAING est Ingénieur de l'École Polytechnique puis entre à l'École Nationale d'Administration – ENA – (Paris-France) et est nommé Inspecteur des Finances. Membres de plusieurs cabinets ministériels, il est élu député dès 1956 ; il est Ministre des Finances et des Affaires Économiques dans plusieurs Gouvernements français successifs (1962-1965 et 1969-1974) ; V. GISCARD D'ESTAING est **Président de la République Française de 1974 à 1981**. De 2001 à 2004, il **est Président de la CONVENTION sur l'avenir de l'Europe** qui a présenté en juillet 2003, un « projet de Traité établissant une CONSTITUTION POUR L'EUROPE » qui doit être adopté par l'UNION EUROPÉENNE – UE.

Son œuvre est marquée par le libéralisme économique et une volonté de gouverner au centre :
- « *Démocratie française* » (1976),
- « *Deux français sur trois* » (1984),
- « *Le Pouvoir et la Vie* » (1988),
- « *L'Affrontement* » (1992),

et a inspiré les positions des partis politiques qu'il anime, d'abord les Républicains Indépendants – RI –, le Parti Républicain – PR –, le Club Perspectives et Réalités et ensuite l'Union pour la Démocratie Française – UDF.

GLOBAL BANKING
Voir : BANQUE UNIVERSELLE

GLOBAL DISTRIBUTION SYSTEM – GDS
Termes anglo-américains pour « **système mondial de distribution** – SMD ».
Organisation de l'entreprise orientée et organisée vers la distribution de ses produits à travers le monde entier.

GLOBALISATION FINANCIÈRE
C'est l'un des aspects importants de la mondialisation : tous les **marchés financiers et boursiers** du monde **sont désormais et depuis une dizaine d'années, totalement intégrés et agissent sans réglementation contraignante**. Les transactions télématiques se font sans délai et sans limites. Mais cette universalité des échanges financiers accroît les risques d'extension des crises et fait planer avec plus d'acuité la crainte de « krachs » majeurs.

Dans l'état actuel de leurs organisations et de leurs pouvoirs, les organismes internationaux (FONDS MONÉTAIRE INTERNATIONAL – FMI –, BANQUE MONDIALE, ORGANISATION MONDIALE DU COMMERCE – OMC) ne paraissent pas à même de maîtriser, autant qu'il serait souhaitable, les marchés financiers de la planète.

Certains prônent **une nouvelle « gouvernance »** à l'échelle du monde pour une organisation plus efficace de coopération entre les pays dans les domaines économiques, sociaux et environnementaux notamment.

La mondialisation qui fait émerger la **dramatique inégalité entre les pays pauvres et les pays riches** suscite de nombreuses propositions notamment pour limiter la spéculation : le « Mouvement International « ATTAC » défend l'idée de la « **Taxe TOBIN** » (du nom du Prix Nobel d'économie) qui frapperaient toutes les transactions financières internationales au profit du développement. L'idée d'un contrôle international des marchés financiers est associée par les antimondialistes (ou altermondialistes) à l'annulation totale des dettes du tiers-monde.
⇒ BANQUE MONDIALE ; Bourse ; FONDS MONÉTAIRE INTERNATIONAL ; mondialisation ; ORGANISATION MONDIALE DU COMMERCE ; TOBIN

GLOBAL HARMONISATION TASK FORCE – GHTF
Organisation internationale qui a pour objectif de promouvoir une harmonisation à l'échelle mondiale et de faciliter les échanges commerciaux dans les domaines du matériel et des équipements médicaux. Le GHTF regroupe les représentants des industries concernées des États-Unis, du Canada, du Japon, de l'Australie et de l'Union Européenne – UE.
Internet : **http://www.ghtf.org**

GLOBALSTORE
Terme anglo-américain que l'on peut traduire par « magasin universel ».
Concept de marketing qui fait regrouper en un même lieu de présentation, d'exposition et de vente, l'ensemble des produits d'une entreprise.

GO-BETWEEN
Terme anglo-américain signifiant « **intermédiaire** ».
Le « go-between » intervient pour faciliter entre deux partenaires éventuels la négociation d'un contrat ; son intervention implique le plus souvent une rémunération.
⇒ contrat

GODWIN William (1756-1836)
Pasteur anglais W. GODWIN fut d'abord un ardent calviniste, auteur d'ouvrages religieux et historiques. Il aborde l'économie politique par deux ouvrages : « *An Enquiry Concerning the Principles of Political Justice and its Influences on General Virtue and Happiness* » – « *Recherches sur la justice politique et son influence sur la moralité et le bonheur* » (1973) puis « *Considerations on Lord Greensville's and Mr Pitt's Bills* » – « *Réflexions sur les déclarations de Lord Greensville et de M. Pitt* » (1975) considérées comme polémiques, très critiques et contestataires, voire anarchistes.

W. GODWIN bannit toutes formes de gouvernement rejette la propriété, considère l'homme comme pouvant s'améliorer et le progrès comme un facteur de prospérité capable de répondre aux besoins de l'évolution démographique, polémiquant à ce sujet avec MALTHUS.
⇒ MALTHUS

GOLD BULLION STANDARD
GOLD AND SILVER BULLION STANDARD
GOLD EXCHANGE STANDARD
Voir : MONNAIE DE PAPIER

GOLDEN BOYS
Termes anglo-américains.
Littéralement « **faiseurs d'or** ». Le terme est utilisé pour désigner de **jeunes diplômés particulièrement compétents qui travaillent sur les marchés financiers**, souvent très spéculatifs, en contrepartie de salaires et de primes très élevés. La profession est ouverte bien évidemment aux femmes qui sont alors des « golden girls ».
⇒ marchés financiers

GOLDEN HANDSHAKE
Littéralement, la « **poignée de main en or** » ou « **généreuse indemnité** ».

Dans les institutions internationales et dans les grandes entreprises, il arrive que des fonctionnaires ou de hauts collaborateurs voient leurs contrats résiliés prématurément pour des motifs plausibles (manque d'efficacité, rentabilité, rationalisation etc.).
À titre d'indemnité de départ on leur verse un montant déterminé, **souvent important** (plusieurs années de salaire) ; cette opération est connue sous le nom de « **golden handshake** ».
Dans de nombreux pays, les Autorités Publiques tentent de limiter ces pratiques qui se font le plus souvent au détriment de l'entreprise et de ses actionnaires.
Le terme est aussi utilisé pour qualifier l'**indemnité accordée à un dirigeant lors de son entrée en fonction** (et non plus son départ) ; elle est alors synonyme de « **welcome package** », littéralement « **paquet de bienvenue** ».
⇒ golden hello

GOLDEN HELLO
Littéralement « **salut doré** ».
Termes anglo-américains désignant une **prime importante** attribuée soit au nouveau dirigeant d'une entreprise en difficulté lors de sa reprise pour la redresser soit, dans des circonstances similaires, à un nouvel actionnaire ou à une autre personne intervenant d'une manière significative pour favoriser la poursuite des activités.
⇒ golden handshake

GOLDEN PARACHUTE
Termes anglo-américains, littéralement « **parachute en or** » ou « **généreuse compensation** ».
En cas de reprise d'une affaire, il est d'usage de verser une **indemnisation au cédant** et notamment aux membres dirigeants à titre de compensation. Le terme est aussi utilisé pour les **indemnités exceptionnelles**, que perçoit un **dirigeant licencié** ou quittant l'entreprise quelqu'en soit le motif, qu'il ait un mandat social, ou un contrat de salarié ou les deux (c'est alors un double « parachute »).
Ce type d'indemnité est très critiqué (considéré comme une prime à l'échec), alors même que le Conseil d'Administration en assume la responsabilité Les Autorités Publiques de nombreux pays étudient les moyens de limiter de telles pratiques qui vont à l'encontre de l'intérêt de l'entreprise.
⇒ golden handshake

GOLDEN SHARES
Littéralement « **actions ou parts en or** ».
Termes anglo-américains désignant des **actions spécifiques** c'est-à-dire des titres détenus par des États dans d'anciennes sociétés publiques. Malgré la privatisation de ces sociétés, l'État, par les actions spécifiques qu'il possède, garde en fait des possibilités d'interventions. Certains pays ont mis en place des structures spéciales pour assurer la gestion de leurs participations dans ces sociétés. La COMMISSION EUROPÉENNE s'oppose à de telles interventions et « fait la chasse » aux « GOLDEN SHARES » malgré l'opposition des États concernés.
⇒ action

GOLD SPECIE STANDARD
GOLD AND SILVER SPECIE STANDARD
Voir : SYSTÈME MONÉTAIRE MÉTALLIQUE

GONDOLE
Voir : LINÉAIRE

GOODWILL
Terme anglo-américain signifiant « **survaleur** ».

C'est une notion très complexe. Il s'agit en premier lieu de l'évaluation de l'entreprise. Pour obtenir la valeur de l'entreprise, on évalue les différents éléments appartenant à l'entreprise en déduisant ses dettes. En cas de reprise d'une entreprise, le cessionnaire peut offrir un prix plus élevé en tenant compte d'un « **goodwill** » : il **prend en considération la valeur de la clientèle ainsi que d'autres éléments qui ont contribué à la mise en valeur de l'entreprise notamment la gestion exemplaire de l'entreprise, le personnel qualifié et compétent, les parts de marchés, la notoriété de la firme etc.** L'on tient compte aussi de certains éléments du bilan commercial qui, généralement, fait état de **valeurs immobilières incorporelles** parmi lesquelles se trouvent le **droit à la clientèle** et tout ce qui pourrait s'abriter derrière cette appellation. Il est d'usage et légalement nécessaire de porter le montant de ces valeurs d'acquisition diminué des amortissements autorisés à l'Actif du Bilan. À l'inverse, l'**estimation globale d'une entreprise peut être minorée par la sous-évaluation volontaire (« badwill ») de certains éléments qui réduisent la valeur de l'entreprise** sans pour autant figurer par des sommes précises dans les bilans.

GORBATCHEV Michail (1931-)
Homme politique russe. Il a été Secrétaire Général du Parti Communiste Soviétique (PCUS).
Champion du « **Glasnost** » (**la transparence**) et de la « **Perestroïka** » (**la restructuration**), il est à l'origine des **réformes politiques et économiques**. On lui doit la libéralisation de la suprématie soviétique sur les États satellites et, sans aucun doute, le miracle de la **réunification des deux Allemagnes en 1990**. Il a également occupé le poste de Président de l'URSS jusqu'à la disparition de l'Empire (1991) et la création de la COMMUNAUTÉ DES ÉTATS INDÉPENDANTS – CEI – par son successeur à la tête de la Russie, Boris ELTSINE.
⇒ glastnost ; perestroïka

GOSSEN Herman Heinrich (1810-1858)
C'est l'un des précurseurs avec A. COURNOT et L. WALRAS de « **l'École Néo-classique** » qui formule une approche singulièrement moderne et nouvelle de l'économie. L. WALRAS fit connaître la « **Loi des plaisirs** » énoncée par GOSSEN en 1854 dans son ouvrage *Entwicklung der Gesetze des Menschlichen Verkehrs* - « **Développement des lois des rapports humains et de leurs règles pour le comportement de l'homme** ».
1re loi de GOSSEN
D'une part, la poursuite intense d'un plaisir entraîne sa disparition : « **Loi de satiabilité des besoins** ». D'autre part, la répétition d'un plaisir en fait décroître l'intensité et conduit aussi à sa disparition, c'est la « **Loi de répétition des besoins** ».
2e loi de GOSSEN
Le sujet économique se comporte rationnellement s'il emploie les moyens dont il dispose pour satisfaire ses besoins face à une grande diversité de biens et de services : le plaisir est alors maximal lorsque la consommation de chacune des unités choisies est égale ; c'est l'égalisation des utilités marginales.
⇒ besoins ; COURNOT ; École néoclassique ; WALRAS

GOULOT D'ÉTRANGLEMENT
Voir : FILE D'ATTENTE

GOURNAY Vincent de (1712-1759)
Commerçant français s'intéressant à l'économie, **il contribue à faire connaître les œuvres de R. CANTILLON et de**

J. TURGOT. Il fut Intendant du Commerce du Royaume de France en 1757 et a marqué son époque à la fois par la traduction de plusieurs traités étrangers sur le commerce, l'usure et l'agriculture et par ses positions libérales : il est célèbre pour sa formule : « **laissez-faire, laissez-passer** ».
⇒ CANTILLON ; TURGOT

GOUVERNANCE D'ENTREPRISE

C'est **l'art du gouvernement de l'entreprise** avec l'ensemble des techniques, des moyens et des règles (éventuellement à concevoir) à mettre en œuvre pour **diriger, administrer et gérer**. De nombreux pays ont élaboré, au plan national, des règles de gouvernance par exemple, en matière de présentation des comptes financiers, de protection des actionnaires ou de celle des créanciers.

L'UNION EUROPÉENNE – UE – a initié un plan d'action qui **incite les entreprises à améliorer leur gouvernance** en coordonnant ce qui est réalisé par les différents États membres mais aussi en tenant compte de l'européanisation des entreprises, de l'évolution technologique, des nouveaux moyens d'information et de communication et de l'élargissement de l'UE. Ce plan concerne le droit des sociétés, la compétitivité, les marchés de capitaux, le cadre réglementaire concernant les actionnaires, les administrations et les dirigeants, les normes comptables etc.

Au plan international, on utilise le terme de GOUVERNANCE pour qualifier ce qui est engagé et mis en œuvre afin de **moderniser et réformer** à l'échelle mondiale, **les États et les entreprises**.

Les termes de « **Gouvernement d'entreprise** » sont synonymes de « Gouvernance d'entreprise ».

GOUVERNANCE MONDIALE

Voir : GOUVERNANCE D'ENTREPRISE

GPS

Sigle de l'anglo-américain « **global positioning system** ». Système et matériel permettant, par des liaisons avec des satellites, de connaître avec une grande exactitude, une **position et se diriger sur terre, en mer et dans les airs**.

Utilisé communément par les armées et dans les transports, le GPS est de plus en plus présent dans les voitures particulières, les bateaux de plaisance et les randonneurs.

Mettant en œuvre des satellites de l'armée américaine (États-Unis), il doit, à terme (2006-2008), utiliser le **système de satellites de navigation GALILEO de l'UNION EUROPÉENNE – UE**. La Russie utilise son propre système de navigation par satellites, le GLONASS.

Internet : **http://www.galileoju.com**

GRADUATE MANAGEMENT ADMISSIONS TEST – Gmat

Test de mesure de la capacité d'un élève à suivre un programme de formation MBA – Management in Business Administration – L'examen est standardisé dans le monde entier et mesure les compétences en calcul, en analyse en rédaction et en raisonnement ; il est à la base de l'admission dans une université (ou une école), le score du candidat déterminant l'organisation dans laquelle il peut être admis. Toutes les formations MBA font l'objet d'un classement mondial (le « ranking »).
⇒ Master in Business Administration ; ranking

GRAMEEN BANK

Institution de crédit de la République du Bangladesh qui fait des « **miracles** ». Par l'ouverture de **micro-crédits** à des femmes qui inspiraient davantage de confiance (et c'est aussi pour elles un moyen d'émancipation alors qu'elles sont trop souvent dépendantes des hommes), il a été possible de sortir de la misère beaucoup de paysans démunis de tout.

C'est à l'investigation du **Professeur MUHAMMED YUNUS** que la formule a vu le jour.

La GRAMEEN BANK est présente dans 40 000 villages bengalais, soutenue par la BANQUE MONDIALE. La formule est en train de s'étendre à plus de 40 pays en développement. **Le Professeur MUHAMMED YUNUS, dans le même esprit, entend développer l'accès aux télécommunications de ces populations pauvres.**

GRANDE SURFACE

Le terme désigne un magasin, spécialisé ou non, ayant une surface commerciale importante ; la notion de surface a cependant évolué mais on considère généralement que :
– les hypermarchés ont une surface supérieure à 2 500 m^2 mais pouvant dépasser 10 000 m^2,
– les supermarchés ont une surface comprise entre 500 et 2 500 m^2.

Hypermarchés et supermarchés font partie de la catégorie « grande surface ».

Les hypermarchés créés à partir de 1960 ont connu un développement considérable, parfois au détriment de magasins traditionnels.

L'hypermarché offre, en libre-service, une gamme de 3 000 à 5 000 articles en alimentaire, de 20 000 à 35 000 en non alimentaire ; **pour le supermarché, la gamme est bien évidemment plus réduite**.

Les grandes surfaces installées en zones périphériques des grandes villes ont le plus souvent des galeries commerciales avec des magasins et services spécialisés.

La plupart des entreprises de grandes surfaces s'internationalisent, s'installant éventuellement en partenariat avec des entreprises locales, dans de nombreux pays étrangers.

GRAND-LIVRE

Le Grand-Livre était autrefois un registre de **l'ensemble des comptes ouverts dans une comptabilité**. Bien que la tenue de ce livre fût réglementée, facultative ou obligatoire suivant les pays, il était d'une utilité et d'une nécessité certaines permettant d'établir la balance des comptes, les comptes de résultat et le bilan de l'entreprise. La plupart des législations imposent la tenue d'un « **journal** » et d'un « **livre des inventaires** ».

L'informatisation des comptabilités et la normalisation ont pris la relève ; ils permettent d'établir un **document qui enregistre les opérations comptables par nature**.
⇒ comptabilité ; journal

GRANDS COMPTES

Ce sont, dans une entreprise, les comptes au sens comptable du terme mais aussi la gestion commerciale et administrative des clients importants représentant une part importante du chiffre d'affaires de la société. Le responsable des grands comptes est souvent désigné par les termes anglo-américains de « account manager » et le marketing (ou mercatique) spécialement axé sur les grands comptes est l'« account-trade marketing ».

Pour les banques ce sont les comptes dont le montant des dépôts est très élevé.

Les termes de « grands comptes » ne doivent pas être confondus avec les termes comptables de « comptes principaux » et de « sous-comptes ».

GRANGER Clive W. J. (1934-)
Économiste et statisticien anglais, professeur à l'Université de San Diego (Californie – EU), **Prix Nobel d'économie** en 2003 avec R.F. ENGLE.
C.W.J. GRANGER a notamment élaboré de nouvelles **méthodes d'analyse statistique** pour les séries économiques d'agrégats tels que le Produit national brut – PNB – les taux d'intérêt, les prix, etc.
Docteur « Honoris Causa » de plusieurs universités, il est l'auteur de très nombreux ouvrages et publications en **économétrie**, en **théories statistiques** et dans le domaine de la prévision économique.

GRAPHEUR
Logiciel d'ordinateur permettant la réalisation de graphiques à partir de bases de données et de tableurs.
⇒ base de données ; tableur

GRAPHIQUE
Dans de nombreux domaines et notamment en économie, les graphiques permettent d'illustrer une théorie, un système, une loi, etc. : c'est la représentation de données qualitatives ou quantitatives avec des droites, des courbes, des bandes, des bâtons, des colonnes, etc. Un graphique peut représenter des répartitions, être figuratif, arithmétique ou encore semi-logarithmique.
Dans beaucoup de cas, l'on utilise deux variables dont on veut illustrer l'évolution : à partir de l'origine, c'est-à-dire le point d'intersection de l'axe horizontal (abscisse) et de l'axe vertical (ordonnée), perpendiculaire à l'abscisse on tracera des droites et des courbes.
L'analyse comptable utilise parfois des graphiques triangulaires (trois éléments sont pris en considération).
Certains graphiques ont des appellations qui caractérisent les éléments considérés : histogramme, chronogramme, diagramme, etc.
Les moyens informatiques, et notamment certains logiciels spécialisés, permettent la réalisation de représentations graphiques en perspective.

GRAVEUR
Élément périphérique (le plus souvent intégré) d'un ordinateur et permettant **l'enregistrement de données** sur un Compact Disc – CD, la copie d'un autre CD, ou la création d'un CD (Compact Disc audio, Compact Disc-Read only Memory – CD-ROM, Compact Disc Rewritable – CD-RW). Les ordinateurs récents permettent de « graver » des DVD (« Digital Video Disc »).
⇒ Compact Disc ; Digital Video Disc ; ordinateur

GREENBACK
Terme américain, fréquemment utilisé pour désigner le dollar ($) des États-Unis, le « billet vert », utilisé pour la première fois lors de la Guerre de sécession aux États-Unis (1861-1865).

GREENMAILING
Littéralement « courrier vert ».
Notion anglo-américaine concernant la Bourse qui d'un côté fait allusion à la couleur du dollar et d'un autre côté à la pression qui est exercée sur les opérateurs boursiers. **Il s'agit de participations cédées qui peuvent revenir à ceux qui les ont vendues et ainsi les récupèrent par le biais d'une offre qui se situe au-dessus du cours de Bourse normal.** On considère l'opération comme tout à fait régulière.
⇒ flèches empoisonnées ou pilule empoisonnée

GREENSHOE MANUFACTURING
Situation où, lors de l'inscription pour admission à la cote de la Bourse, la banque chargée de l'émission des titres pourrait offrir davantage d'actions qu'initialement prévu. Généralement, ce sont les anciens actionnaires qui mettent ces titres à la disposition du marché. L'entreprise américaine Greenshoe Manufacturing aurait utilisé cette méthode dans les années 1960 pour la première fois.

GREENSPAN Alan (1926-)
Qualifié souvent de « gourou » de la finance mondiale, Président aussi écouté que reconnu de la FED – FEDERAL RESERVE SYSTEM – il a d'abord été un brillant clarinettiste, élève du Conservatoire de Musique de New York (E-U). Économiste, mais surtout statisticien très indépendant, expert avisé et apprécié des politiciens A. GREENSPAN devient Président du COUNCIL OF ECONOMIC ADVISORS – CEA – avant d'être nommé en 1987 à la tête de la FED, d'ores et déjà reconduit jusqu'en 2009.
⇒ FEDERAL RESERVE SYSTEM

GREATER MIDDLE EAST
Ensemble de régions constituant un « Moyen-Orient élargi » ou « Grand-Moyen Orient » et comprenant les 22 pays de la LIGUE ARABE et 5 États non arabes : la Turquie, l'Iran, l'Afghanistan, le Pakistan et Israël ; le concept de « Grand Moyen-Orient » a été élaboré par les États-Unis qui considèrent que ces régions ont ensemble un intérêt stratégique majeur.
⇒ LIGUE ARABE

GRESHAM Thomas (1519-1579)
Banquier et commerçant anglais, Sir Thomas GRESHAM est le fondateur de la BOURSE DE COMMERCE (ROYAL EXCHANGE) de Londres.
On lui attribue volontiers le principe selon lequel « **la mauvaise monnaie chasse la bonne** » (ou « **loi de GRESHAM** ») qu'il a d'ailleurs utilisée au profit de l'Angleterre. T. GRESHAM énonce en fait une constatation psychologique « **lorsque dans un pays circulent deux monnaies, la monnaie considérée comme bonne va être supplantée par celle que les citoyens estiment mauvaise** ».
C'est en fait le poète grec ARISTOPHANE (445-386 av. J.-C.) qui, dans sa pièce *les Grenouilles* a énoncé cette loi, reprise aussi par l'astronome polonais COPERNIC (1473-1563).
⇒ bimétallisme ; Loi de GRESHAM ; monnaie

GRÈVE
La plupart des législations et même certaines constitutions accordent aux salariés le droit de grève, c'est-à-dire la cessation concertée et collective du travail pour faire aboutir des revendications.
La grève est un moyen de pression qui daterait de l'Antiquité : on a noté des grèves en Égypte à l'époque du Nouvel Empire (entre 1500 et 1200 av. J.-C.), à Rome, au Moyen Âge (ce sont les « cabales ») puis au XVIIIe siècle où les mouvements sont nombreux mais surtout à partir de 1830 dans la plupart des pays européens.
La grève concerne les salariés des entreprises privées mais aussi, sauf si cela leur est interdit, les fonctionnaires des administrations. La grève est, le plus souvent, totalement interdite aux militaires.
La grève est un droit reconnu dans la plupart des pays, après avoir longtemps été réprimée (parfois dans le sang) ; ce droit qui date de la fin du XIXe siècle s'oppose à celui de

la liberté du travail, accentuant ainsi la difficulté d'une situation déjà conflictuelle.

La grève peut revêtir de nombreuses formes :
- **grève sur le tas**, avec occupation des locaux de travail,
- **grève générale** qui paralyse toute l'activité économique d'un pays ou d'une région ;
- **grève perlée** avec des réductions volontaires du travail de la part des salariés mais sans cesser totalement celui-ci ;
- **grève tournante** qui concerne successivement les ateliers ou les services d'une entreprise ;
- **grève bouchon ou thrombose** qui avec peu de moyens, paralyse une activité (quelques camions sur une route) ;
- **grève du zèle** qui consiste à travailler mais en appliquant strictement et de façon tatillonne tous les règlements (grève des douaniers, des postiers) ;
- **grève sauvage**, déclenchée brutalement sans que les représentants du personnel ou les syndicats n'interviennent.

Certaines entreprises et les États ont mis en place des systèmes de préavis qui conditionnent à une négociation préalable et à une période d'attente, au moins en principe, le déclenchement effectif de la grève.

Certains États ont mis en place et tentent (de plus en plus) d'organiser un « **service minimum** » pour assurer le fonctionnement, au moins partiel, **des services d'intérêt général et de sécurité** (transports, soins, fourniture d'électricité, etc.) ; ils recourent parfois à la réquisition.

L'intervention d'un médiateur est, soit prévue par la législation soit, dans certains cas, imposée par les Autorités Publiques.

La grève peut avoir pour motif des revendications concernant l'exécution du travail ou des raisons professionnelles (salaires, conditions de travail, protection sociale) mais peut aussi avoir pour but de s'opposer à des décisions ou à une politique des Autorités Publiques.

La grève est plus fréquente dans certains pays que dans d'autres, qui vont notamment négocier, pour une période déterminée, des **clauses de paix sociale** (Allemagne, États-Unis).

Si la grève n'est plus condamnée, ses dérives peuvent l'être : destruction de matériel, voies de fait, etc.

La riposte à la grève par le **lock-out** (fermeture de l'entreprise) est rarement admise.

⇒ lock out ; service minimum ; syndicat

GRILLE

Quadrillage permettant de présenter un certain nombre d'éléments sur un tableau : emploi du temps, horaires, répartition du travail, etc.

Dans la fonction publique, le terme désigne le tableau des salaires et appointements des fonctionnaires en tenant compte de leur classement hiérarchique et de leur ancienneté ; la grille a cependant le défaut de ne pas tenir compte de certaines situations, d'avantages particuliers, etc., et ne prend pas en considération le mérite.

GROSSE

Terme juridique désignant la copie d'un acte authentique ou officiel. Le terme est de moins en moins usité, même s'il est encore d'usage dans les documents judiciaires.

L'**original** d'un acte est dit « **minute** ».

⇒ preuve par écrit

GROSS-RATING POINT – GRP

Voir : POINT DE COUVERTURE BRUTE

GROUPE

Ensemble d'entreprises ou d'individus ayant des liens ou certaines caractéristiques communes.

Un **groupe d'entreprises** rassemble des sociétés (mère et filiales) dont le capital est détenu par le même actionnariat ou qui ont des rapports tels que ceux créés par un holding ; la comptabilité d'un groupe d'entreprises fait généralement l'objet de « comptes consolidés ».

Un groupe de personnes peut constituer une catégorie déterminée où sont réunies avec un objectif fixé.

Le **groupe de pression** a pour motif d'influencer, c'est le « lobby ».

⇒ consolidation ; groupe de pression ; holding ; lobby

GROUPE DE CAIRNS
en anglais : CAIRNS GROUP

Créé en 1986 à CAIRNS (Queensland, Australie) il **rassemble des pays exportateurs de produits agricoles (hors Europe et États-Unis)** qui **veulent faire prévaloir** lors de négociations de l'ORGANISATION MONDIALE DU COMMERCE – OMC – **des positions favorables au libre-échange agricole et qui sont opposées aux subventions agricoles** de certains pays.

Le Groupe de Cairns compte 17 membres : Afrique du Sud, Argentine, Australie, Bolivie, Brésil, Canada, Chili, Colombie, Costa Rica, Guatemala, Indonésie, Malaisie, Paraguay, Philippines, Thaïlande, Uruguay et Nouvelle-Zélande.

C'est le gouvernement australien qui assure la gestion de ce groupe dont les réunions sont liées aux négociations de l'OMC.

Internet : **http://www.cairnsgroup.org**
⇒ ORGANISATION MONDIALE DU COMMERCE

GROUPE DE PRESSION

Le groupe de pression se forme légalement ou spontanément (syndicats, associations, collectifs, etc.) pour défendre des intérêts collectifs ou purement personnels ou encore politiques. Quels que soient les objectifs poursuivis, le but est d'impressionner ceux qui sont au pouvoir, les amener éventuellement à négocier, à faire des concessions et, finalement infléchir ou orienter les décisions.

Les groupes de pression sont nombreux, dans tous les domaines de la vie.

S'ils restent dans la légalité, leur existence est souvent justifiée, au même titre que les lobbies.

⇒ lobby

GROUPE DE RIO

Organisation, créée en 1986, avec **l'objectif d'instaurer un dialogue, une concertation et une coopération dans tous les domaines, entre les pays d'Amérique Latine et des Caraïbes.**

Le Groupe de Rio comprend 19 membres : aux 7 pays fondateurs (Brésil, Colombie, Mexique, Panama, Pérou, Uruguay et Venezuela) se sont joints l'Argentine, la Bolivie, le Costa Rica, le Chili, l'Equateur, le Salvador, le Guatemala, le Honduras, le Nicaragua, le Paraguay et la République Dominicaine ; la communauté des Caraïbes est représentée par l'un des États.

Le GROUPE DE RIO tient un sommet annuel qui regroupe les Chefs d'État de ses pays membres.

En 2004, les partenaires du GOUPE DE RIO, réunis à Rio de Janeiro (Brésil), ont conclu un **accord de coopération et d'intégration économique et politique avec la Communauté Andine des Nations et le Mercosur**.

Internet : **http://www.emcolbru.org/Gruporio**
⇒ PACTE ANDIN ; MERCOSUR

GROUPE D'EXPERTS INTERGOUVERNEMENTAL SUR L'ÉVOLUTION DU CLIMAT – GIEC
en anglais : INTERNATIONAL PANEL ON CLIMATE CHANGE – IPCC

Institution créée sous l'égide de l'ORGANISATION DES NATIONS UNIES – ONU – en 1988 par l'ORGANISATION MÉTÉOROLOGIQUE MONDIALE – OMM – et le « PROGRAMME DES NATIONS UNIES POUR L'ENVIRONNEMENT – PNUE », chargée d'étudier les évolutions climatiques à long terme, leurs conséquences pour y faire face et les mesures économiques à mettre en œuvre en fonction de l'évolution prévisible des climats dans le monde.

Internet : **http://www.proclim.ch**
⇒ ORGANISATION DES NATIONS UNIES ;
ORGANISATION MÉTÉOROLOGIQUE MONDIALE ;
PROGRAMME DES NATIONS UNIES POUR L'ENVIRONNEMENT

GROUPEMENT AGRICOLE D'EXPLOITATION EN COMMUN – GAEC

Type particulier de « groupement d'intérêt économique – GIE » pour l'exploitation, la mise en commun de matériels et éventuellement la commercialisation et la promotion de productions agricoles. Les conditions de l'activité sont définies par les statuts du Groupement et par la législation en vigueur dans le pays concerné ; ce type de Groupement bénéficie généralement d'avantages fiscaux.
⇒ groupement d'intérêt économique ;
groupement européen d'intérêt économique

GROUPEMENT D'INTÉRÊT ÉCONOMIQUE – GIE

Regroupement de personnes morales (sociétés ou associations), plus rarement de personnes physiques, dans le cadre d'une structure adaptée pour l'exercice, conformément à ses statuts, d'une activité industrielle, commerciale, de promotion ou de recherche. Le GIE a une personnalité juridique fixée par la législation du pays concerné.
⇒ groupement européen d'intérêt économique ;
personnes morales ; personnes physiques

GROUPEMENT EUROPÉEN D'INTÉRÊT ÉCONOMIQUE – GEIE

Pour faciliter la coopération entre les entreprises européennes, l'UNION EUROPÉENNE – UE – a décidé, en 1985, la création, effective en 1989, d'un instrument spécifique, le « Groupement Européen d'intérêt économique » ; celui-ci a une personnalité juridique distincte de celle de ses membres (appartenant à différents États) qui conservent leur propre capacité juridique.

Le GEIE permet la mise en commun, dans le cadre de ses statuts, de certaines activités définies dans le domaine industriel, commercial, pour la recherche ou avec des objectifs de promotion ou encore la mise en œuvre de services.

Un réseau européen « REGIE » regroupe les GEIE existants dans l'UE notamment pour des conseils ou des échanges d'expériences.
⇒ groupement d'intérêt économique

GROUPEMENT FONCIER AGRICOLE

Type particulier de « Groupement d'intérêt économique » **rassemblant les propriétaires de biens fonciers agricoles assurant en commun, dans le cadre des statuts, la gestion** de leur patrimoine foncier à destination agricole. Dans certains pays, la loi favorise la création de tels groupements, dans des conditions déterminées mais avec, en contrepartie, le bénéfice de mesures fiscales favorables.
⇒ groupement d'intérêt économique ;
groupement européen d'intérêt économique

GROUPEMENT FORESTIER

Groupement de propriétaires de bois et de forêts assurant en commun, dans le cadre des statuts du groupement, la gestion de leur patrimoine aux conditions fixées par la législation du pays concerné.

Dans certains pays, la loi impose certaines conditions d'exploitation avec, en contrepartie, des mesures fiscales favorables.
⇒ groupement foncier agricole

GSM

Sigle anglo-américain pour « **GLOBAL SYSTEM FOR MOBILE COMMUNICATIONS** » – « **Système global pour les communications mobiles** ».

Technologie utilisée en Europe, en Asie et en Afrique pour la transmission téléphonique sans fil. La norme GSM n'est pas compatible avec les réseaux cellulaires des États-Unis et du Canada, mais un téléphone mobile peut, par construction, utiliser plusieurs réseaux en émission et en réception (on le dit alors « bi-bandes » ou « multi-bandes »).

L'utilisation de la technologie GSM dans de nombreux pays européens se fait par une fonction spécifique dite « itinérance internationale » ou « Roaming ».

GUERRE ÉCONOMIQUE

Les guerres sont des luttes à main armée entre deux ou plusieurs nations ; elles peuvent être provoquées par des motifs politiques, militaires, religieux mais aussi économiques.

La guerre économique ne tourne pas nécessairement au conflit armé mais les moyens de combat sont cependant nombreux : fermeture des frontières aux marchandises, droits de douane prohibitifs et dissuasifs, refus de licence d'importation ou d'exportation, boycottage des produits de l'adversaire, blocus, etc.

GUERRE FROIDE

Forme de guerre au moins aussi redoutable que la guerre au sens étymologique qui met en lice les adversaires sur les champs de bataille. **La guerre froide est une guerre très subtile qui a recours à l'idéologie**, aux **alliances** aux **pactes**, à la **diplomatie** et qui se manifeste également par des mesures particulières dont elle se sert : **propagande, menaces, mesures économiques restrictives, boycottage, préparation de coups d'État**, etc.

L'expression a également été employée pour caractériser le **conflit Est-Ouest ou soviéto-américain après la fin de la Seconde Guerre mondiale (1939-1945)** et qui a duré jusqu'en 1991.

GUEVARA Ernesto dit Che (1928-1967)

Révolutionnaire d'origine argentine qui a longtemps inspiré les guérillas sud-américaines et plus encore la révolution cubaine, participant à la prise de pouvoir de **Fidel CASTRO**.

GUITTON Henri (1904-1992)

Économiste français, professeur aux Universités de Dijon, Nancy et Paris (France), il fut membre de l'Académie des

Sciences Morales et Politiques (France). Dans *L'économie face aux sciences exactes* (1972), H. GUITTON montre l'influence significative du temps entre la théorie et la doctrine ; on retrouve le même axe de recherche dans *Fluctuations économiques (1951)*, et *Mouvements conjoncturels* (1971).

H. GUITTON a aussi consacré de nombreux articles et ouvrages à la **statistique appliquée et plus encore à l'économétrie**.

GUTENBERG Erich (1897-1990)

De nationalité allemande GUTENBERG s'est d'abord intéressé à la physique et à la chimie. Il est devenu par la suite, politologue et un des plus brillants spécialistes allemands en **économie de l'entreprise** ; il a notamment démontré le rôle des « **facteurs primaires** » : matériaux et moyens de production et celui des « **facteurs dérivés** » : planification et organisation. Il exerçait également comme expert-comptable et a enseigné aux Universités de Breslau, de Francfort-sur-le-Main et à Cologne (Allemagne).

Il a publié un nombre impressionnant d'ouvrages parmi lesquels il y a son œuvre principale : « *Les Fondements de l'économie d'entreprise* » – *Grundlagen der Betriebswirschaftslehre*.

HAAVELMO Tryve (1911-1999)
Économiste norvégien, professeur à l'Université d'Oslo, T. HAAVELMO a reçu **en 1989**, le **Prix Nobel d'économie** pour l'ensemble de ses travaux **d'économétrie** à laquelle il a consacré l'essentiel de ses études.

HABEAS CORPUS
Très ancienne disposition législative (1679) **anglaise** : les termes latins signifient « que tu aies ton corps » (sous entendu, libre pour te présenter au juge).
Toujours en vigueur, l'Habeas Corpus impose aux Autorités Publiques du Royaume-Uni de soumettre à un juge la validité de l'arrestation d'un citoyen.

HABILLAGE DU BILAN
en anglais : WINDOW-DRESSING
Technique mise en œuvre pour présenter le plus favorablement possible le bilan d'une entreprise en mettant en valeur (notamment visuellement) certains éléments et en faisant en sorte que d'autres apparaissent moins clairement.
L'habillage peut être le fait de l'entreprise elle-même (vis-à-vis de ses actionnaires actuels ou potentiels), avec la collaboration des commissaires aux comptes ou des banques chargées de trouver des financements aux meilleurs taux.
Sauf si des modifications étaient apportées aux chiffres eux-mêmes, l'habillage du bilan, pour autant que les règles de base soient respectées, n'est pas en soi, condamnable, même s'il est répréhensible. Malgré les impératifs de sincérité et de clarté imposés par les législations, on constate que les pratiques d'habillage des bilans concernent un certain nombre d'entreprises, quelle que soit leur taille et leur notoriété.

HABITUS
Locution latine signifiant « bien portant ».
Le terme concerne aussi la tenue vestimentaire, la manière d'être d'une personne, sa situation, sa notoriété, etc. dans la société humaine, dans la ville ou le pays.
On retrouve le terme dans certaines locutions, pour la plupart tombées en désuétude :
- « pro habitu pecuniarum » : « suivant la situation de fortune » ;
- « vir optimo habitu » : « homme d'un excellent caractère » ;
- « habitus triumphalis » : « celui qui se présente en triomphateur ».

HACKER
Terme anglo-américain désignant un **spécialiste en informatique**, notamment dans le domaine de l'INTERNET, spécialement curieux et capable de **montages techniques insolites**. On dit aussi « bidouilleur » ou « fouineur » dont les activités sont souvent répréhensibles.
⇒ INTERNET

HALLSTEIN Walter (1901-1982)
Homme politique et enseignant allemand, il fut professeur aux Universités de Berlin, de Rostock et de Francfort (Allemagne).
Représentant de l'Allemagne à l'ORGANISATION DES NATIONS UNIES POUR L'ÉDUCATION, LA SCIENCE ET LA CULTURE – UNESCO – il est ensuite proche collaborateur du Chancelier K. ADENAUER et joue un rôle majeur dans le rapprochement franco-allemand et la préparation du Traité de Paris et du Traité de Rome qui fonde la COMMUNAUTÉ ÉCONOMIQUE EUROPÉENNE – CEE.
Il est le premier Président de la COMMISSION EUROPÉENNE en 1958 et assumera cette fonction jusqu'en 1967.
Il est considéré comme l'un des « pères fondateurs » de l'UNION EUROPÉENNE – UE.
⇒ ADENAUER ; COMMUNAUTÉ ÉCONOMIQUE EUROPÉENNE

HAMMOURABI (1728-1686 avant J.-C.)
Roi de Babylone et souverain du vaste empire de la Mésopotamie, il a fait graver la législation, en particulier celle applicable en matière d'échanges commerciaux, sur des plaques et des stèles en pierre : c'est le **fameux « Code d'Hammourabi »** qui apporte des solutions à des questions juridiques très concrètes. Ce « recueil de jurisprudence » restera **un modèle pendant des siècles** et contribue à l'histoire du droit.

HANSEN Alvin Harvey (1887-1975)
Économiste américain, professeur à l'Université de Harvard (E-U) et **Prix Nobel d'Économie en 1972** (avec J. HICKS), notamment pour ses **études de modélisations et de simulations en économie**.
A. HANSEN a aussi développé **la thèse d'un capitalisme arrivé à maturité et ne pouvant plus connaître ainsi un développement à un rythme important**. La croissance ne peut alors, selon lui, se poursuivre seulement par les investissements de l'État, d'une part, la stimulation de la démographie, d'autre part.
⇒ HICKS ; KEYNES

HARCÈLEMENT
C'est **soumettre une personne (une équipe ou un groupe) à des attaques verbales répétées, et sans réel fondement, à des critiques constantes, à des remarques désobligeantes.**
Dans l'entreprise ou l'Administration, le harcèlement est le plus souvent le fait d'un supérieur hiérarchique mais parfois aussi d'un collègue de travail.
Le harcèlement peut **être moral** pour déstabiliser quelqu'un dans son travail ou **sexuel** sous forme de chantage ; il est souvent marqué par des abus d'autorité.
De récentes mesures législatives aux États-Unis, en Europe et dans de nombreux autres pays ont été mises en œuvre **pour condamner très sévèrement de tels agissements.**

HARD CORE
Voir : NOYAU DUR

HARD DISCOUNT
Voir : DISCOUNT CENTER

HARDWARE
Terme anglo-américain de l'informatique désignant **tout ce qui est matériel et machines par opposition au « software »** (les logiciels, c'est-à-dire les programmes qui commandent le fonctionnement d'un ordinateur) ; le terme de « quincaillerie » est volontiers utilisé.
⇒ logiciel ; software

HARROD Roy Forbes (1900-1978)
Économiste anglais, professeur dans plusieurs Universités britanniques, R.F. HARROD estime que **la croissance n'est possible que s'il y a investissement**, donc **crédit** et, préalablement, **épargne**.
Son œuvre est importante et le fait considérer comme **l'un des économistes majeurs du XXᵉ siècle** :
International Economics – « *L'économie internationale* » (1933),
The Trade Cycle – « *Les fluctuations cycliques* » (1936),
Towwards a Dynamic Economics – « *La théorie de la croissance* » (1948),
The Dollar – « *Le dollar* » (1955),
Money – « *Monnaie* » (1969),
Trade Theory in a Developing World – « *Théorie du commerce pour un développement mondial* » (1963),
Reforming the World's Money – « *Réforme de la monnaie mondiale* » (1965),
ainsi que des ouvrages sur John Maynard KEYNES.
⇒ KEYNES

HORAIRE
Voir : TEMPS DE TRAVAIL

HAUSSE
Expression notamment utilisée pour désigner **l'augmentation des cours de Bourse**.
Plus généralement la hausse est une augmentation.

HAUSSE SAUVAGE DES PRIX
À tout moment, il y a des entrepreneurs qui savent **exploiter leur position économique privilégiée** lorsqu'il y a, notamment, une pénurie passagère ou bien qu'il soit possible de pratiquer des prix anormalement élevés par certains accords. Le consommateur se rend, en général, vite compte que les prix sont surfaits.
En période de contrôle des prix par l'État, la hausse sauvage est alors illicite et punissable.
⇒ prix

HAUSSIER
Le terme anglo-américain de « **bull** », littéralement « taureau », est aussi employé pour désigner **celui qui spécule à la hausse**, notamment en Bourse. Le haussier espère que les cours des titres ou celui des marchandises (Bourse de marchandises) augmenteront et rapporteront des gains (bénéfices).
⇒ baissier ; Bourse ; Bourse de marchandises

HAUT COMMISSARIAT DES NATIONS UNIES POUR LES RÉFUGIÉS – UNHCR
en anglais : OFFICE OF THE UNITED NATIONS HIGH COMMISSIONER FOR REFUGEES
Organisation créée en 1950 et qui fait partie su système de l'ORGANISATION DES NATIONS UNIES – ONU.
L'UNHCR a pour objectif l'aide et la protection de tous ceux, réfugiés, déplacés et victimes de catastrophes d'atteintes aux Droits de l'Homme, de tortures, de services ou de traitements inhumains.
Le siège de l'UNCHR est à Genève (Suisse).
Internet : **http://www.unhcr.ch**
⇒ ORGANISATION DES NATIONS UNIES

HAUT DE BILAN
Terme comptable pour désigner les éléments de l'actif immobilisé dont l'entreprise a besoin pour assurer sa production et qui apparaissent dans la partie haute du Bilan.
Il s'agit de valeurs acycliques qui doivent être renouvelées dans un intervalle de temps plus ou moins long et pour le renouvellement desquelles interviennent le progrès technique, la rentabilité, les problèmes de financement, etc.
⇒ bas de bilan

HAUTE CONJONCTURE
Phase économique au cours de laquelle la **conjoncture est en expansion**. Des augmentations de salaires, une croissance de la consommation et une réduction de la tendance à l'épargne caractérisent une telle période.
L'opposé est désigné par « **dépression** ».
⇒ boom ; conjoncture ; consommation ; dépression

HAUTE FIDÉLITÉ – HI-FI
Caractéristique de toutes les techniques permettant d'obtenir une qualité de plus en plus grande dans la reproduction des sons et, par extension, des images.
On utilise aussi le terme « **Hi-fi** » acronyme de l'anglais « High Fidelity ».

HAUTE MER
Dans toutes les zones maritimes qui ne sont pas du domaine maritime national, donc en haute mer, s'applique le principe de la liberté des mers.
Les termes de « pleine mer » sont synonymes.

HAYEK Friedrich August Von (1899-1992)
Économiste anglais d'origine autrichienne mais aussi philosophe, Von HAYEK est **Prix Nobel d'économie en 1974** (avec G.K. MYRDAL), professeur dans de nombreuses Universités européennes et américaines (Londres, Chicago, Fribourg-en-Brisgau, Salzbourg) ; il est un ardent **opposant aux théories de KEYNES**.
Auteur de nombreux ouvrages, **il s'oppose à la socialisation de l'économie et se montre partisan du libéralisme** :
Monetary Theory and Trade Cycle – « *Théorie monétaire et cycles du commerce* » (1929),
Prices and Production – « *Prix et productions* » (1931),
Profits, Interest and Investment – « *Profits, intérêt et investissement"* (1939),
The pure Theory of Capital – « *La théorie pure du capital* » (1941),
et surtout,
Law, Legislation and Liberty – « *Loi, législation et liberté* » (1973),
et *The Constitution of Liberty* – « *La constitution de la Liberté* » (1979).
⇒ KEYNES

HEADHUNTER
Terme anglo-américain, littéralement « **chasseur de têtes** » ou « **cabinet de recrutement de cadres** ».

Ce spécialiste a pour mission **de conseiller les entreprises en matière de recrutement de personnel de haut niveau ou particulièrement qualifié** pour des postes nécessitant des compétences et impliquant des connaissances précises ainsi qu'un sens des responsabilités.

L'entreprise peut assurer elle-même ce rôle de recherche sur le marché du travail.

HEDGE FUNDS

Terme anglo-américain désignant **des fonds spéculatifs ou fonds d'arbitrage** qui rassemblent, à travers le monde, environ 6 000 structures (non cotées), essentiellement aux États-Unis mais aussi en Europe (10 %). Il s'agit d'entreprises financières, souvent de taille modeste et individuelles, qui investissent, dans des domaines très variés, en actions, obligations convertibles, matières premières, etc., ou spéculent sur les variations des taux d'intérêt avec **des risques** mais aussi **des perspectives de gains** qui peuvent être considérables.

On reproche à ces fonds qui n'engagent cependant que des capitaux limités, d'avoir un rôle déstabilisateur sur les marchés boursiers.

Les institutions officielles de contrôle des Bourses, notamment la Commission Américaine des Opérations de Bourse (SEC) préconise **un contrôle plus strict de ces fonds** et, plus encore, de leurs gérants.

⇒ Bourse ; Securities Exchange Commission

HEDGING

Terme anglo-américain signifiant « **couverture** » ; c'est la **compensation à l'avance en faisant de la contrepartie**. Il s'agit donc d'opérations de compensation sur **le marché à terme de la Bourse** ; le risque est ainsi limité, les écarts, en plus ou en moins, se compensant.

⇒ Bourse

HECKSCHER Eli Filip (1879-1952)

Économiste suédois, professeur à l'Université de Stockholm (Suède), il a fourni un énorme travail en matière **d'histoire économique**. Il a publié des centaines de contributions et d'ouvrages, parmi lesquels on retiendra :

Ekonomist Historia – « Histoire économique »,

A Plea for a Theory in Economic History – « Un argument pour une théorie de l'économie historique »,

Mercantilism – « Mercantilisme » *(1931).*

Il est connu pour avoir démontré « **l'effet HECKSCHER – OHLIN** » auquel s'est associé l'économiste **SAMUELSON** : c'est le « **théorème HOS** » qui **définit les conditions pour qu'un pays atteigne la meilleure position en matière de commerce international**, notamment par une spécialisation en fonction de ses possibilités.

⇒ LEONTIEF ; OHLIN ; théorème HECKSCHER-OHLIN

HÉDONISME

L'homme agit parce qu'il recherche sa satisfaction. Le motif et le but de l'activité économique consistent à **maximiser le plaisir** aux moindres frais et à la moindre peine. En grec, le terme « hêdoné » signifie plaisir.

Les adeptes de l'hédonisme sont **les hédonistes**.

Cette théorie a été décrite par le moraliste anglais Jeremy BENTHAM.

⇒ BENTHAM ; eudémonisme

HEGEL George, Wilhelm, Friedrich (1770-1831)

Philosophe allemand dont l'œuvre principale est *La science et la logique* ; son *Encyclopédie des sciences philosophiques en abrégé* a connu aussi un considérable succès.

HEGEL **a mis face à face le monde matériel et l'esprit absolu** (l'équivalent de Dieu) **dans lequel s'incarne la raison**. Il a eu une **forte influence sur l'évolution de l'esprit germanique**.

HEGEL a enseigné à l'Université d'Iéna à Nuremberg et à l'Université de Berlin (Allemagne).

⇒ LASSALLE

HÉGÉMONIE

Elle qualifie la suprématie d'un pays, d'une région, d'un groupe ou d'un individu sur les autres ; après l'hégémonie antique de certaines villes (Athènes et Sparte en Grèce, Alexandrie en Égypte), **certains peuples veulent aujourd'hui en dominer d'autres, parfois au prix de guerre ou d'épuration ethnique ou religieuse.**

HERCULE

Voir : PROGRAMME HERCULE DE L'UNION EUROPÉENNE.

HÉRITAGE CULTUREL

Termes utilisés par les sociologues et certains auteurs économiques pour qualifier l'ensemble des connaissances, des valeurs et des expériences transmises d'une génération à une autre.

L'héritage culturel de l'UNION EUROPÉENNE – UE – est l'héritage des cultures cumulées de chacun des États membres ; il constitue un réel patrimoine qu'il faut protéger et mettre en valeur.

⇒ Politique culturelle de l'UNION EUROPÉENNE

HÉTÉRODOXIE

Ce qui n'est pas conforme à la règle, à l'opinion, aux idées émises.

L'hétérodoxie s'oppose à l'orthodoxie.

⇒ orthodoxie

HEXAGONE MAGIQUE

La **politique monétaire est soutenue** par les éléments suivants :

le **plein-emploi**,

la **stabilité des prix**,

l'**équilibre du commerce extérieur**,

la **croissance économique**,

la **répartition correcte et harmonieuse des revenus et de la fortune**,

la **conservation de l'environnement**.

Ces différents objectifs sont en relation les uns avec les autres et peuvent être représentés graphiquement par un polygone à six côtés : c'est l'hexagone magique.

⇒ carré magique ; triangle magique ; politique économique

HICKS John Richard Sir (1904-1989)

Économiste anglais, professeur aux Universités de Manchester, Oxford, Cambridge (Angleterre), Sir J.-R. HICKS a reçu, **en 1972, le Prix Nobel d'Économie** (qu'il partage avec K.ARROW) pour **ses études sur l'équilibre économique**.

Sir J.-R. HICKS est notamment connu pour avoir fait, avec A. HANSEN, **la synthèse des théories de KEYNES et « néo-classiques »**.

Son œuvre est particulièrement abondante. L'on peut notamment citer :
Theory of Wages – « Théorie des salaires » (1932),
Value and Capital – « Valeur et capital » (1939),
A Contribution to the Theory of the Trade Cycle – « Une contribution à la théorie des cycles du commerce » (1950),
A revision of Demand Theory – « Une revision de la théorie de la demande » (1956),
Capital and Growth – « Capital et croissance » (1965),
Critical Essays in Monetary Theory – « Essai critique de la théorie monétaire » (1967),
Capital and Time – « Capital et temps » (1973).

Il souligne dans ses ouvrages **le rôle important du plein-emploi** et plus **encore l'importance fondamentale des politiques budgétaires et monétaires de l'État**. Selon ses théories, **la baisse des taux d'intérêt facilite le crédit qui va ainsi stimuler l'investissement** dont l'augmentation conduira à la hausse des revenus ; il considère ceux-ci comme un flux par opposition au patrimoine qui serait une réserve.
⇒ HANSEN ; KEYNES

HIGH NETWORTH INDIVIDUAL – HNWI

Termes anglo-américains de la finance signifiant littéralement « **haute richesse nette individuelle** » et désignant une **personne ayant une grosse fortune**. Les banques américaines estiment que le patrimoine d'un « HNWI » doit être **supérieur à un million de dollars US**.
Certains organismes suivent l'évolution de la richesse des « HNWI » dans les différents pays du monde.

HIGH TECH

Contraction des termes anglo-américains « high technology », littéralement « **haute technologie** » ou « **technologie de pointe** ».
Le terme est largement utilisé pour désigner **toutes les activités de fabrication de matériels destinés à l'informatique et à toutes ses applications, les éditeurs de logiciels, les chercheurs, les constructeurs et assembleurs de matériels de télécommunication, les entreprises qui innovent dans ce domaine**, etc.

HILDEBRAND Bruno (1812-1878)

Économiste allemand, professeur d'économie politique aux universités de Breslau et de Marburg (Allemagne). C'est l'un des membres actifs de « **l'École Historique Allemande** », avec W. ROSCHER .
Pour B. HILDEBRAND, **l'économie est une science morale et non pas naturelle** qui évolue constamment. Sa doctrine est exposée dans son ouvrage *Die Nationalökonomie der Gegenwart und Zukunft* - « *L'économie nationale du présent et de l'avenir* » (1848)
⇒ ROSCHER

HILFERDING Rudolf (1877-1941)

Économiste et homme politique allemand, professeur à l'Université de Berlin (Allemagne), R. HILFERDING est surtout connu pour **son engagement marxiste** notamment dans son livre *Critique marxiste de BÖHM-BAWERK* (1904). Mais, s'il s'oppose aux banques qui sont, selon lui, à l'origine des monopoles et donc de l'impérialisme économique ; il apparaît cependant comme contradictoire en considérant que les entreprises multinationales et les ententes peuvent limiter l'influence néfaste du capitalisme ; c'est la thèse qu'il développe dans « *Le capital financier* » (1910).

HIRE AND FIRE

Terme anglo-américain, littéralement « **embauche et débauche** ».
En règle générale, les salariés sont protégés, dans une certaine mesure et notamment au sein de l'UNION EUROPÉENNE – UE – contre les licenciements. Toutefois, cette protection n'existe pas dans tous les pays et l'expression « **hire and fire** » signifie que l'entreprise a la possibilité d'engager et de congédier son personnel sans aucune contrainte.

HOBBES Thomas (1588-1679)

L'anglais T. HOBBES est surtout un philosophe connu pour une somme *Elementa philosophiae*, – « *Éléments de philosophie* » (1642-1655) et ses trois célèbres ouvrages *de cive, de corpore et de homine* qui fondent la réputation de l'auteur. Mais c'est *Leviathan* (1651) qui va faire connaître les idées et les théories économiques et politiques de T. HOBBES qui, dès 1630, décrit le **comportement humain** ; il le considère comme **résultant de lois mécaniques** qu'il décrit dans *Short Tract of First Principles* – « *Opuscule sur les principes de base* » et qu'il résume ainsi : « **l'homme est un loup** » justifiant le **droit de l'individu à se défendre contre le pouvoir de l'État** et la puissance de ses dirigeants.

HOBSON John Atkinson (1858-1940)

Économiste américain dont on retiendra, parmi un nombre important d'ouvrages, les œuvres suivantes :
The Physiology of Industry – « *La physiologie de l'industrie* » (1889) dans laquelle il rend responsable des crises économiques une répartition inégale des revenus et un excès d'épargne.
Imperialism, a Study – « *Une étude de l'impérialisme* » (1902) qui accuse le développement du capitalisme vers des marchés extérieurs de l'origine des conflits armés.
Dans d'autres ouvrages, J.A. HOBSON stigmatise l'illogisme des choix économiques individuels.

HOLDING

Désigne une **société**, quelle que soit sa forme juridique, **qui détient de façon importante et significative des participations dans d'autres sociétés** dont elle a ainsi, en totalité ou en partie, **le contrôle**. Il s'agit souvent de sociétés financières.
⇒ société ; participation

HOMO ECONOMICUS

Terme latin, littéralement « **l'homme économique** ».
La loi économique a créé un individu schématique dont le comportement est basé sur **un calcul réaliste en vue d'atteindre des objectifs purement égoïstes**. Pour créer **l'homme réel**, on introduit des éléments tels **les sentiments, les passions, l'art, la religion**, etc. La construction d'un tel type d'homme se trouve en rapport avec la **doctrine de l'utilitarisme** où l'on fuit le déplaisir et où l'on aspire au plaisir. **On cherche ainsi à atteindre la plus grande satisfaction possible pour le plus grand nombre d'individus**. Cette attitude est tout à fait rationnelle car il n'est pas facile de s'accoutumer à des notions telles que l'approximation, la tendance, la relativité.
Les lois statistiques constatent sans expliquer. Tout en reconnaissant l'interdépendance des **faits économiques**, le spécialiste a comme mission d'en **déterminer les causes**. Dans ce contexte, on considère souvent que l'économie est un art qui fait appel à la science économique et, par-là, au diagnostic. Il y a toujours une simplification et les lois sont abstraites.

HORAIRE
Plan donnant des informations et des précisions sur les transports, la répartition des heures de travail, l'emploi du temps, l'occupation de personnel, le fonctionnement ou l'activité de services, etc.
⇒ temps de travail

HORS-LIGNE
en anglais : « OFF-LINE »
Le travail hors-ligne consiste à **utiliser un ordinateur avec ses seules capacités,** sans liaison avec INTERNET ou avec une unité centrale. Hors-ligne se dit aussi lorsqu'un périphérique est déconnecté de l'ordinateur.
⇒ INTERNET ; on-line ; périphérique ; unité centrale

HOT LINE
Termes anglo-américains fréquemment employés pour désigner **un numéro d'urgence à appeler pour obtenir une aide, une assistance ou un conseil « en ligne » ;** la hot line est souvent proposée par les prestataires de service, notamment en informatique.

HOT MONEY
Terme anglo-américain, littéralement « **capitaux flottants** » ou « **capitaux fébriles** » signifiant que **des devises ou des capitaux peuvent se déplacer rapidement** d'une place financière à une autre. Ce type de mouvement ou d'évasion est dû aux variations des taux de change ou à des actions spéculatives.

HOTSPOTS
Terme anglo-américain, littéralement « **points névralgiques** » : il s'agit de **lieux publics à fort trafic** (gares, aéroports, etc.) qui sont équipés pour permettre **l'accès à un réseau sans fil de connexion à INTERNET dit « Wi-Fi » pour « Wireless Fidelity »** - « Haute fidélité sans fil ».
Les hotspots peuvent aussi être privatifs pour une entreprise à l'intérieur d'un périmètre déterminé et même s'étendre à l'extérieur pour certaines des activités de l'entreprise (réseau de chemins de fer pour les trains qui y circulent, flotte de camions, etc.).
⇒ INTERNET ; Wi-fi

HTTP
Sigle anglo-américain pour « Hyper Text Transmission Protocol » signifiant « **protocole de transfert des pages hypertextes sur le Web** », c'est-à-dire spécifique à la « toile ».
Les sites INTERNET comportent le préfixe **http ://** et, dans certains cas, **https://** lorsqu'il y a une procédure de sécurité pour accéder au site.
⇒ INTERNET

HUBS AND SPOKES
Terme américain du transport aérien, littéralement « moyens et rayons ». **Le terme de « hub » est généralement utilisé seul, pour qualifier un aéroport qui fait fonction de « plaque tournante »** servant à rassembler les passagers de lignes locales ou régionales pour leur faciliter l'utilisation de lignes internationales ou intercontinentales à partir du même aéroport.
Les pays européens et américains ont développé des hubs pour limiter le trafic vers les aéroports des capitales.

HUGO Victor (1802-1885)
Écrivain français, mondialement connu, dont nous retiendrons seulement qu'il a proposé au Congrès International de la Paix à Paris (France) **en 1849, la création des « États-Unis d'Europe ».**

HUIS CLOS
À l'origine terme signifiant que le public ne peut pas assister, comme cela est généralement la règle, à un débat judiciaire devant un tribunal, une cour, etc.
Par extension, le terme désigne toute réunion, colloque, comité, etc., qui se tient hors de la présence du public et de la presse.
⇒ embargo

HUISSIER
Spécialiste chargé notamment de la signification des jugements et des décisions judiciaires, c'est-à-dire d'en informer tous ceux qui sont concernés.
L'huissier effectue aussi des « constats », c'est-à-dire qu'il dresse un procès-verbal (compte rendu) écrit des constatations qu'il a faites sur l'état d'une chose, d'une personne, sur un événement, un accident, etc.
L'huissier est généralement un officier ministériel, titulaire d'un office et nommé par les Autorités Publiques du pays dans lequel il exerce.

HUMAN DEVELOPMENT INDEX – HDI
Voir : INDICATEUR DE DÉVELOPPEMENT HUMAIN

HUME David (1711-1776)
Philosophe anglais, auteur de nombreux traités, homme politique, il s'intéressa à l'économie et fut partisan de la **liberté individuelle et de celle du commerce.**
Son ouvrage le plus connu est *Essais philosophiques sur l'entendement humain.*

HYPER-INFLATION
Il y a hyper-inflation lorsque **les augmentations de prix dépassent 50 %.** On considère que les augmentations de prix et l'accroissement parallèle de la masse monétaire s'espacent de moins en moins dans le temps.
L'exemple le plus significatif est donné par l'hyper-inflation allemande de 1918 à 1923. À l'origine, en 1918, le volume de la masse monétaire dépasse de plus de 400 % la moyenne de 1914. Les Autorités Publiques perdent alors le contrôle de la dette publique en très forte croissance du fait des indemnités de réparation dues après la Première Guerre mondiale (1914-1918), du chômage, de la baisse des recettes fiscales, etc. Certains organismes tentent de mettre en circulation des assignats pour remplacer la monnaie. Le dollar américain atteint alors plus de 10 milliards de marks… **La situation se stabilise,** d'abord en 1923, par la création du « Rentenmark » (le dollar n'atteint plus que 4 milliards de marks) et surtout **en 1924 par la réforme monétaire qui va introduire le « Reichsmark ».**
Les exemples d'hyper-inflation aussi dramatique pour l'économie sont assez rares, mais **certains auteurs considèrent qu'il y a hyper-inflation au-dessus de 10 % d'inflation,** situation fréquente dans les économies mondiales.

HYPERMARCHÉ
Voir : GRANDE SURFACE.

HYPOTHÈQUE
Droit dont dispose un créancier sur un immeuble et dans certains cas sur un meuble (avion, bateau) pour garantir sa créance.

Ce droit doit avoir fait l'objet d'un acte officiel (en général établi par un notaire) ; il permet, en cas de non-paiement de ce qui est dû, de faire vendre le bien concerné.
Jusqu'à la vente éventuelle (où le paiement de la dette) le propriétaire conserve le bien.
Si le propriétaire rembourse sa dette à l'échéance prévue, il doit faire « lever l'hypothèque » c'est-à-dire, la faire annuler.
⇒ créancier ; débiteur

HYSTÉRÉSIS

Phénomène physique **qui, par extension et en économie, qualifie une situation dont les effets sont en retard sur la cause et dépendent de l'évolution de celle-ci** : on parle d'« effet d'hystérésis ».

IBAN
C'est le « Système International Bancaire des Numéros de Compte », en anglo-américain « International Bank Account Number System ».
Afin de faciliter et d'harmoniser les relations de compte, notamment dans la Zone euro, les banques se sont mises d'accord sur un système dit **IBAN** mis en œuvre à partir de 2002. Les banques disposent d'une série de chiffres, variable d'un pays à l'autre, pour la numérotation de tous les comptes bancaires.
En Allemagne, le numéro se compose de 22 chiffres, en Belgique de 16, en France de 27, au Luxembourg de 20 et aux Pays-Bas de 18, avec 2 positions pour désigner le pays. Le système s'applique aussi bien dans les relations nationales qu'internationales.

IBN KHALDÜN Abu (1332-1406)
Abd Al- Rahman Ben Muhammad Ben Haldün est un lettré et un philosophe tunisien.
Après une carrière politique et administrative mouvementée à travers tout le Maghreb, il enseigne notamment au Caire (Egypte) puis se retire pour écrire vers 1378, une **monumentale histoire** *Kitabal 'Ibar* : il voit dans la suite des événements historiques un ensemble cohérent qui fait intervenir les sciences économiques, politiques, culturelles, sociologiques et religieuses.
Le monde arabe le considère comme **un précurseur de l'étude des groupes humains** dans leur comportement et leur organisation socio-économique.

ICÔNE
en anglais : ICON
Terme utilisé en informatique pour désigner **les symboles graphiques qui s'affichent sur l'écran d'un ordinateur**.
Par extension, le terme désigne un symbole, un attribut significatif, un emblème, qu'il s'agisse d'une personne ou d'une chose.

IDÉOLOGIE
Ensemble d'idées, de principes, de doctrines qui déterminent le comportement, le mode de vie, les réflexions et les actions d'un groupe d'individus, d'un pays.
L'idéologie marxiste a inspiré des mouvements et des gouvernements révolutionnaires tout au long de XXe siècle, dans le monde entier.
⇒ marxisme

ILLÉGALITÉ
L'inobservation des règles de droit constitue une illégalité.
Tous les actes qui ne sont pas conformes à la loi sont illégaux. Il y a illégalité même en l'absence de volonté de nuire lorsque l'on ne respecte pas un règlement.
L'illégalité n'entraîne pas forcément de sanctions.
⇒ illicéité

ILLICÉITÉ
Est illicite tout ce qui est défendu par la loi. Ainsi le vol constitue une violation du droit de propriété ; c'est un acte illicite. Les voies de fait auxquelles quelqu'un se livre constituent des actes illicites.
Ce qui est illicite entraîne normalement des **sanctions**.
⇒ illégalité

ILLUSION MONÉTAIRE
Appréciation illusoire et fausse du pouvoir d'achat ou du revenu, notamment en période d'inflation lente : l'individu croit à un pouvoir d'achat supérieur en oubliant les conséquences de l'inflation sur son revenu.
⇒ inflation ; pouvoir d'achat ; revenu

IMMATRICULATION
Terme administratif signifiant l'inscription sur un document, un registre, d'une personne, d'un bien, leur permettant de bénéficier d'un statut, d'avantages spécifiques, de droits, etc.
L'immatriculation d'une société au « Registre du Commerce et des Sociétés » qui existe dans la plupart des pays, l'autorise à exercer ses activités.
L'immatriculation d'une voiture, d'un bateau, d'un avion, leur permet de circuler avec un document officiel indiquant le numéro d'immatriculation.
L'immatriculation d'une personne par un organisme de prévoyance ou de protection lui permet de bénéficier des prestations attachées à son adhésion.

IMMEUBLE
Notion essentiellement juridique alors que la notion comptable se rapporte aux immobilisations ; juridiquement, les immeubles sont, en principe, voués à l'immobilité.
Les législations classent les immeubles en :
- **immeubles par nature** (terrains, bâtiments, bois, conduites enterrées, canalisations diverses) ;
- **immeubles par destination** ; il s'agit de biens meubles qui sont considérés comme des immeubles parce qu'ils en constituent l'accessoire indispensable : animaux attachés à la culture, ustensiles agricoles, poissons des étangs, comptoirs, rayons et autres objets scellés (cheminée et glace dans une maison, statues dans des niches), etc ;
- **immeubles par l'objet auquel ils s'appliquent** ; il s'agit de droits que l'on peut avoir sur un bien : usufruit, servitudes, hypothèques, amphythéoses, etc.

⇒ amphythéose ; hypothèque ; immobilisation ; servitude

IMMOBILISATION
En économie et surtout en comptabilité l'immobilisation est un bien mis à la disposition de l'entreprise de manière durable ; il s'agit donc de capitaux employés d'une manière fixe. On parle encore de capitaux fixes, par rapport aux valeurs circulantes (argent-marchandise-argent).
Les immobilisations peuvent être comparées à des dépenses dont l'équivalent se trouve à l'Actif du Bilan. Chaque exercice comptable incorpore une partie de ces éléments dans les charges de la période considérée sous forme d'amortissements.
À côté des **immobilisations corporelles** (les immeubles), la comptabilité distingue les **immobilisations incorporelles** (droits tels que le droit à la clientèle, les droits de brevet et de licence, les marques, etc.) ainsi que les **immobilisations financières** (titres de participation).

Les immobilisations sont portées à l'Actif du Bilan lors de leur entrée dans le patrimoine comptable pour leur valeur d'entrée, modifiée à la fin de chacune des périodes de calcul (amortissements, dépréciation) pour déterminer la valeur comptable nette.
Certains biens meubles sont considérés comme des immobilisations (les récoltes sur pied qui ne deviennent des meubles qu'après la récolte).
⇒ immeuble

IMMUNITÉ
Droit particulier ou protection dont bénéficie un individu dans certaines circonstances, le mettant à l'abri de l'application, à son égard, de la loi (immunité fiscale, immunité diplomatique, par exemple).
L'immunité s'applique toujours **dans les conditions strictement définies par la législation.**
Il y a l'**immunité diplomatique** (ambassadeurs, consuls), l'**immunité parlementaire** (députés, sénateurs), l'**immunité ecclésiastique** (personnel de l'Église officielle, dans certains pays), etc.
Dans tous les cas, **l'immunité ne s'applique qu'à l'exercice de la fonction qui en fait bénéficier.**

IMPATRIÉ
Désigne dans le monde des affaires un **étranger** (salarié ou non) qui a, le plus souvent, un niveau important de responsabilité ou de compétence technique et qui **exerce son activité professionnelle dans un autre pays que celui dont il est originaire.**
De nombreux pays, notamment au sein de l'UNION EUROPÉENNE – UE ont adopté des dispositions administratives, sociales et fiscales dérogatoires en faveur des impatriés pour attirer du personnel de différents niveaux dont le pays a besoin ainsi que des chercheurs. Certains États ont mis en place un **véritable statut de l'impatrié.**
⇒ expatrié

IMPÉRIALISME
Terme venant du latin « imperium » signifiant « **domination** », c'est-à-dire être maître de quelque chose.
Sur le plan politique, l'impérialisme est de tous les temps. Il y a eu et il y a toujours des pays qui essaient de dominer les autres.
L'expression s'applique aussi au **domaine économique.**
L'impérialisme n'est jamais vraiment accepté par ceux qui le subissent. Les pays menacés ou dominés se défendent naturellement contre ceux que l'on appelle « **impérialistes** ».

IMPORTATION
Tous les biens et marchandises ainsi que l'ensemble des moyens financiers en provenance de l'étranger constituent les importations avec les services rendus par l'extérieur. Les importations ont comme contre-partie les exportations.
Importations et exportations sont les deux éléments de la balance commerciale d'un pays.
Certains considèrent que selon une certaine logique, le fait d'importer et d'exporter signifierait appauvrissement-enrichissement, le circuit se privant d'abord de moyens récupérés ensuite totalement, partiellement ou d'une façon excédentaire (balance commerciale).
⇒ balance des paiements ; exportation

IMPÔT
L'**activité politique, économique, sociale**, etc. des Autorités Publiques (État, collectivités territoriales, etc.) **est tributaire** des contributions des citoyens et des entreprises. C'est grâce à l'impôt, prestation fiancière légale et obligatoire pour beaucoup, que l'État (pris dans son sens le plus large) est en mesure de couvrir les besoins de la nation.
Certains pays mettent l'accent sur l'**imposition directe**, d'autres sur l'**imposition indirecte.**
L'ensemble des impôts porte des noms variés et se superpose parfois sur une même base, le revenu et la fortune. **Sans revenu, il n'y aurait pas de fortune et sans l'un et l'autre, il ne pourrait pas y avoir de consommation ni d'investissement.**
⇒ impôt direct ; impôt indirect

IMPÔT BAGATELLE
Normalement un impôt assure des recettes à l'État. En théorie, un **impôt qui ne rapporte rien** ou peu **devrait être aboli.**
Or, il y des impôts qui sont fiscalement peu productifs mais qui sont néanmoins pérennes. Ce sont des impôts bagatelle.
⇒ impôt

IMPÔT DIRECT
Les impôts directs sont assis, en principe, **soit sur le revenu, soit sur la fortune** du contribuable. C'est le redevable, personne physique ou personne morale dans le cas de l'entreprise, qui est imposé et c'est lui qui supporte définitivement l'impôt. Les impôts sont **recouvrés par l'Administration.**
L'impôt sur le revenu, l'impôt sur les salaires, l'impôt sur la fortune, l'impôt foncier et l'impôt sur les bénéfices de l'entreprise ou sur les plus-values sont des impôts directs.
Suivant les législations, en dessous d'un certain revenu ou d'un niveau de fortune, il n'y a pas imposition.
De nombreux pays donnent la **préférence à l'impôt direct.**
⇒ droit de succession ; impôt indirect ; impôt foncier ; impôt sur la fortune ; impôt sur le revenu

IMPÔT FONCIER
L'impôt foncier est un impôt direct qui concerne la **propriété foncière bâtie et non bâtie** ainsi que les nouvelles formes de propriété (co-propriété horizontale ou verticale notamment, multipropriété, etc.).
Les terrains, maisons et immeubles, sont, en général, répertoriés par une branche spécialisée de l'Administration (Cadastre, Livre foncier, etc.) qui détermine la **valeur de base de l'imposition**, en distinguant le bâti du non-bâti, mais aussi, dans certains pays, entre les maisons unifamiliales et les immeubles de rapport.
⇒ impôt ; impôt direct ; propriété en temps partagé ; impôt indirect

IMPÔT INDIRECT
Impôt calculé sur la dépense.
Lorsqu'un acte ou une opération est soumis à l'imposition, il s'agit normalement d'impôt indirect.
L'**impôt sur le chiffre d'affaires** et, plus encore, **la TVA (taxe sur la valeur ajoutée)** dont l'application est généralisée dans la plupart des pays du monde, ainsi que des taxes comme celles qui concernent les alcools, les tabacs ou les carburants sont des **impôts indirects.**
L'**impôt indirect,** qui vise essentiellement la consommation dans un sens large, **paraît cependant assez injuste** puisque le pauvre paye le même impôt que le riche, dans la mesure où la dépense est identique.
Certains pays privilégient l'imposition indirecte qui concerne l'ensemble de la population.
⇒ taxe sur la valeur ajoutée ; impôt ; impôt indirect

IMPÔT INVISIBLE

Le salarié peut généralement se rendre compte directement de l'importance des retenues qui sont opérées sur son salaire (salaire brut moins les charges sociales et moins l'impôt sur les salaires si la retenue à la source est pratiquée). Certaines législations ont rendu obligatoire de faire figurer sur la feuille de paie du salarié les charges sociales patronales et non pas seulement celles supportées par le salarié. Mais il lui est plus difficile de **se rendre compte des impôts indirects qui sont intégrés dans les prix** (TVA, impôt sur les tabacs et les alcools, sur les carburants, etc., même si la plupart des législations obligent à l'indiquer sur les factures ou ce qui en tient lieu (pour la TVA, en particulier). Il peut être intéressant pour le salarié de déterminer pendant combien de temps, par exemple par mois, il travaille pour la collectivité, c'est-à-dire le nombre d'heures de travail nécessaires pour assurer le paiement total des impôts dont il est redevable.

Le cumul de tous les impôts (directs et indirects ainsi que des charges sociales) constitue les « prélèvements obligatoires » qui sont déterminés par pays et font l'objet de comparaisons entre les États.

⇒ prélèvement obligatoire ; salaire nominal ; salaire réel

IMPÔT NÉGATIF

On connaît **l'intérêt négatif** : dans certains pays, le système bancaire prélève un intérêt débiteur (négatif) sur les dépôts **pour éviter l'afflux de capitaux étrangers**. Cela est assez peu usité, mais existe, notamment pendant certaines périodes.

En matière d'impôt, l'impôt négatif consiste **à attribuer aux citoyens défavorisés des allocations spéciales** pour leur permettre de mener une vie décente. Cette forme d'impôt est cependant assez rare : d'une part, la plupart des régimes fiscaux prévoient généralement des dispenses pour les revenus faibles et, d'autre part, l'État peut recourir à d'autres moyens pour venir en aide à ceux qui sont dans le besoin, par exemple par des allocations spéciales.

⇒ impôt

IMPÔT SUR LA FORTUNE

L'impôt sur la fortune est un **impôt direct**. La fortune résulte du revenu non consommé, donc de l'épargne.

Après avoir prélevé une certaine quotité du revenu, l'État prélève donc, encore une fois, même si c'est avec un décalage dans le temps, une partie de ce qui n'est pas consommé.

Les principaux **éléments de fortune** habituellement retenus par l'Administration comme base de l'impôt sur la fortune sont :
– la fortune agricole et forestière,
– la fortune immobilière bâtie et non bâtie,
– le capital d'exploitation d'une entreprise ou une part significative de celui-ci,
– les créances, moyens de paiement, avoirs en compte bancaires,
– les titres de sociétés, les parts sociales de toutes sortes,
– les assurances-vie, les droits sur des polices d'assurance non échues,
– les droits d'usufruit, les droits à des rentes (s'il ne s'agit pas de réparation d'un dommage),
– les métaux précieux, l'or et l'argent, les pierres précieuses, les bijoux, les œuvres d'art et de collection, etc. (mais certaines législations les excluent),
– etc.

Le contribuable doit, en général, faire la **déclaration des éléments imposables**, en fonction des règles fiscales et de son niveau de fortune lorsque celui-ci atteint ou dépasse le seuil fixé.

De ces éléments de fortune, l'on peut habituellement **déduire les dettes, les charges d'usufruit et, éventuellement, bénéficier de certains abattements**.

On aboutit alors à la base d'imposition de la fortune.

⇒ impôt ; impôt direct ; impôt indirect

IMPÔT SUR LE REVENU

L'impôt sur le revenu se présente sous un **double aspect** : le **revenu des personnes physiques** (et, en ce qui concerne le salaire, souvent prélevé par l'entreprise, donc « à la source » sauf en France, notamment) et **le revenu des entreprises industrielles, commerciales ou de services** : c'est **l'impôt sur les sociétés** le plus souvent lié aux résultats.

⇒ impôt ; impôt direct ; impôt indirect ; impôt sur le revenu des personnes physiques ; impôt sur les sociétés

IMPÔT SUR LE REVENU DES CAPITAUX

Voir : REVENU DU CAPITAL

IMPÔT SUR LE REVENU DES PERSONNES PHYSIQUES

Il s'agit **d'un impôt direct**.

L'impôt est déterminé **en fonction du revenu** de la personne physique concernée et, plus généralement, de celui du ménage fiscal (conjoint, enfants, personnes à charge vivant au foyer familial, etc.).

L'impôt sur le revenu est généralement perçu sur la base d'une déclaration annuelle de revenus ; dans le courant de l'exercice fiscal, l'Administration peut réclamer des **acomptes provisionnels**.

L'impôt est généralement **progressif** et peut être, pour certains revenus, notamment les salaires, « retenu à la source » ; (Allemagne et pays du Benelux, notamment) ; c'est alors l'employeur qui prélève l'impôt (comme il le fait pour les cotisations sociales) pour le reverser ensuite à l'Administration fiscale ; le prélèvement à la source pour les revenus des capitaux est aussi mis en œuvre dans certains pays et dans certaines conditions.

L'impôt sur le revenu des personnes physiques concerne **différentes sortes de revenus** :
– le revenu d'une occupation salariée,
– le revenu d'une profession libérale,
– le revenu de l'exploitation agricole et forestière,
– le revenu de la propriété bâtie et non bâtie,
– le revenu des capitaux,
– le revenu d'une entreprise commerciale, industrielle ou artisanale,
– les droits d'auteur, de licence, d'exploitation de brevet,
– etc.

Le revenu imposable est déterminé après **déductions de différents éléments** (charges par exemple) et l'application d'abattements, en fonction de la législation fiscale et de ses barèmes.

⇒ impôt ; impôt direct ; impôt indirect

IMPÔT SUR LES SOCIÉTÉS

Il s'agit d'un impôt direct sur le **revenu des sociétés industrielles, commerciales et de services**. C'est **le bénéfice des sociétés qui est ainsi visé**. Le bilan commercial et le bilan fiscal permettent de déterminer les bases de cet impôt, en soulignant que les aspects économiques ne sont pas nécessairement en corrélation avec les règles fiscales.

Cet impôt est en général proportionnel.

⇒ impôt ; impôt direct ; impôt indirect ; impôt sur la fortune ; impôt sur le revenu des personnes physiques ; taxe sur la valeur ajoutée

IN BONIS
Terme latin signifiant « **dans les biens** », c'est-à-dire **être encore en possession normale de ses biens**, avant d'en être privé, notamment par une faillite ou une décision judiciaire.

INCAPACITÉ JURIDIQUE
On dit que la capacité est la règle et que l'incapacité est l'exception. Il y a pourtant des individus que la loi déclare incapables juridiquement, pour éviter notamment qu'ils ne commettent des actes irréfléchis et pour les protéger.
Ce sont les **mineurs d'âge et les** « **interdits** » qui ont besoin de protection et d'assistance. Cela signifie que l'incapable a les mêmes droits que la personne capable mais ne peut les exercer valablement par lui-même. C'est pourquoi les mineurs et les interdits ont **des tuteurs ou des curateurs.**
On connaît aussi, dans diverses législations, des incapacités spéciales qui ne concernent que certaines interdictions, par exemple, l'inéligibilité pour les élections politiques.
Le tuteur ou le curateur (celui qui représente un incapable) a ses pouvoirs limités à l'intérêt de celui dont il a la charge.
⇒ capacité ; curatelle ; tutelle

INCOMPATIBILITÉ
Interdiction d'exercer certaines fonctions.
La plupart des législations ne permettent pas aux fonctionnaires d'être commerçants ou aux membres du Gouvernement d'avoir une activité professionnelle privée.
L'interdiction de gérer ou d'administrer est une condamnation pénale ou à titre de sanction à la suite d'une faillite ; elle est aussi une forme d'incompatibilité.
⇒ faillite

INCOMPÉTENCE
Un tribunal ou une cour de justice peuvent se déclarer incompétent.
On distingue notamment :
- l'**incompétence territoriale**, c'est-à-dire que l'organe judiciaire sollicité a des limites géographiques qui ne correspondent pas aux caractéristiques de l'affaire qui doit être jugée ;
- l'**incompétence d'attribution**, c'est-à-dire que la situation des parties ou la nature du litige sont de la compétence d'un autre tribunal.

L'incompétence est aussi l'état d'une personne qui est **inapte à une fonction ou qui n'a pas ou peu d'expérience** dans un domaine déterminé **ou qui manque de certaines connaissances.**
⇒ tribunal ; tribunal compétent

INCENTIVE
Terme de la communication anglo-américain signifiant « **stimulation** ». Il est utilisé pour définir les **actions d'encouragement ou de promotion du rendement** au sein d'une équipe, d'un groupe, d'une entreprise. Il accompagne souvent une action de récompense.
Un **séminaire (réunion)** « **d'incentive** » regroupera les collaborateurs d'une entreprise dans un lieu agréable où les distractions alterneront avec le travail, **l'objectif étant de stimuler les participants et d'obtenir d'eux une efficacité maximale.**

INCONVERTIBILITÉ
Les billets de banque remplacent la monnaie métallique. L'obligation de vente et d'achat de métal est abolie. Le **papier monnaie est devenu inconvertible** et il n'y a **plus de relation directe entre le** « **billet de banque** » **et le métal précieux.** La monnaie de papier fut longtemps basée sur le métal précieux mais l'inconvertibilité existait dès avant la Première Guerre mondiale (1914-1918) et fut introduite plus ou moins définitivement dans de nombreux pays pendant et après la Seconde Guerre mondiale (1939-1945). Cependant, il y a toujours une sorte de **convertibilité restreinte** en ce sens qu'on peut, en général, **faire librement des transactions sur l'or** bien que le « métal jaune » ne circule plus en tant que monnaie mais l'on peut se procurer des lingots ou des pièces anciennes dont les cours sont journellement fixés à la Bourse.
Le terme « inconvertibilité » se dit aussi **d'une monnaie qui ne peut pas normalement s'échanger contre une autre.**
⇒ Bourse ; contrôle des changes ; cours forcé

INCOTERMS
Acronyme de « **International Commercial Terms** ».
Les « INCOTERMS » précisent les **règles d'interprétation des termes employés dans les relations du commerce international.**
C'est la CHAMBRE DE COMMERCE INTERNATIONALE – CCI – qui, dès 1936, a établi une définition de certains termes d'usage fréquent et qui sont classés en deux grandes catégories : **les INCOTERMS de vente à l'arrivée et les INCOTERMS de vente au départ**, les plus fréquemment utilisés : **CFR, CIF, CIP, CPT, DAF, DES, DEQ, DDP, EXW, FAS, FCA, FOB** ; ils mettent généralement en œuvre dans le cadre des contrats commerciaux conclus des « **crédits documentaires** » et se réfèrent aux « **Règles et Usances Uniformes** » de la CCI.
Les définitions et les règles des INCOTERMS sont régulièrement adaptées à l'évolution du commerce international.
Internet : **http://www.iccwbo.org**
⇒ CFR ; CHAMBRE DE COMMERCE INTERNATIONALE ; CIF ; CIP ; CPT ; crédit documentaire ; DAF ; DES ; DEQ ; DDP ; EXW ; FAS ; FCA ; FOB

INCUBATEUR
Terme désignant **une structure** (société ou association) **spécialisée dans l'accompagnement du développement d'une nouvelle entreprise** (le plus souvent une start-up innovante) **et lui apportant des aides**, notamment financières et techniques ainsi des appuis.
L'incubateur d'entreprises a généralement le soutien d'une entreprise importante, d'un groupe de sociétés ou de collectivités publiques.
On parle aussi de « **pépinière d'entreprises** » et de « **portage** ».
⇒ start-up

INDEMNITÉ
Pour tenir quelqu'un indemne d'un préjudice qui lui a été causé, on peut lui attribuer une indemnité, généralement une somme d'argent (exceptionnellement l'indemnité sera en nature).
C'est aussi ce qui est **accordé pour l'exercice d'un mandat électif** (indemnité parlementaire) ou **pour rembourser quelqu'un de frais** qui ne sont pas normalement à sa charge.

INDEMNITÉ DE MAUVAIS TEMPS
Voir : CHÔMAGE TECHNIQUE

INDEXATION

Adaptation de certaines valeurs qui ne correspondent plus à la réalité, par exemple du fait d'une dépréciation.
L'évolution du pouvoir d'achat ou toutes autres causes conduisent à l'indexation des salaires et l'évolution des prix amène à indexer les capitaux, les bilans, les comptabilités.
L'indexation a recours à des facteurs multiplicateurs pour assurer les redressements nécessaires.

INDICATEUR

Ensemble d'informations chiffrées, de statistiques ou de commentaires succincts et schématiques reflétant une situation ou une évolution sur un sujet économique déterminé : prix, Produit Intérieur Brut – PIB –, salaires, budget, commerce international, dépenses, emploi, coût, etc.

INDICATEURS CONJONCTURELS

Il s'agit **d'indices, d'agrégats ou d'éléments qui sont utilisés pour juger une situation et son évolution** : prix, production industrielle, emploi, consommation, etc…Ils peuvent constituer, au plan de l'économie, des « sonnettes d'alarme » comme l'est le Produit Intérieur Brut – PIB – ou fournir des explications sur l'évolution économique et les conséquences de la politique monétaire et du crédit d'un pays et de sa Banque Centrale ainsi que de celle des déficits budgétaires de l'État.
Ces indicateurs conjoncturels sont largement utilisés par les entreprises et les organismes financiers pour définir des politiques commerciales ou salariales, estimer les évolutions des marchés, mesurer l'évolution prévisible de l'offre et de la demande dans un domaine déterminé.

INDICATEUR DE DÉVELOPPEMENT HUMAIN – IDH

C'est l'un des plus importants agrégats du développement des États. Élaboré en 1989 par l'ORGANISATION DES NATIONS UNIES –ONU – C'est le « Human Development Index – HDI ».**Il combine pour un pays :**
– **le Produit Intérieur Brut – PIB – par habitant** et « à parité de pouvoir d'achat –PPA - » ;
– **le taux d'alphabétisation de la population et son niveau d'éducation** ;
– **l'espérance de vie**.
Cet indicateur permet une évaluation tout à fait significative du développement d'un pays et permet donc des comparaisons, des classements et une répartition mieux ciblée des aides internationales. Il fait l'objet d'un rapport annuel, le « **Human Development Report** »
⇒ pouvoir d'achat ; Produit Intérieur Brut

INDICE

Rapport de la mesure d'un élément donné entre le début et la fin d'une période déterminée ; l'indice caractérise l'élément et son évolution par la grandeur exprimée.
L'indice peut être simple ou élémentaire (un seul composant), composite, synthétique ou pondéré (plusieurs éléments en corrélation, avec éventuellement des pondérations).
De nombreux indices sont établis pour mesurer des grandeurs économiques ou sociales (indice du coût de la vie, par exemple) et dans le domaine boursier (ils mesurent l'évolution d'un groupe de titres dans une Bourse déterminée, au jour le jour, par mois, par an, etc.).
⇒ indices boursiers ; indice des prix ; pouvoir d'achat

INDICES BOURSIERS

C'est le **baromètre de l'évolution des cours**. Sauf exception, un indice est calculé à partir d'un échantillon de titres cotés en Bourse, en calculant une **moyenne pondérée des cours** et en faisant intervenir une certaine **capitalisation boursière, en général, pour les seuls titres qui sont dans le public** (en excluant les gros investisseurs institutionnels).
La composition de l'indice peut varier (avec un préavis).
Les indices sont, pour la plupart, publiés chaque jour mais aussi désormais, de façon continue pour certains.
Les indices boursiers sont très nombreux et on trouve certains indices très spécialisés comme celui qui concerne « **l'investissement socialement responsable – ISR** » (les entreprises qui respectent une certaine éthique dans leur gestion en mettant en œuvre les modalités d'un « développement durable ». **Parmi les plus importants et les plus connus des indices boursiers classiques :**
– En Europe, les indices EURONEXT établis à la suite de la fusion en 2000 des Bourses d'Amsterdam, de Bruxelles, de Lisbonne et de Paris ; il comprend :
  - l'EURONEXT 100 (les 100 premières sociétés) qui doit mettre en place une cote unifiée regroupant les titres des différents marchés ; les titres seraient alors classés en fonction de leur capitalisation (le nombre d'actions multiplié par la valeur en Bourse de l'action) avec des subdivisions : TopNext, MidNext, etc.,
  - le NEXT 150 (les 100 sociétés suivantes) ;
des évolutions sont en cours d'étude.
Et les indices STOXX qui concernent les Bourses de Francfort, Paris et Zurich ; ils ont été élaborés en association avec le Cabinet américain DOW JONES qui ne prend en compte que la capitalisation des titres à la disposition du grand public, c'est-à-dire le « flottant » ;
  - le STOXX 50 (entreprises importantes de 16 pays d'Europe Occidentale),
  - l'EUROSTOXX 50 (12 pays de la Zone euro) ;
ainsi que les indices EUROTOP 100 et EUROTOP 300 (Bourses de Londres et d'Amsterdam).
La Bourse de Luxembourg publie un indice LUXGENERAL concernant les valeurs qui y sont cotées ainsi qu'un indice LUXX qui concerne des entreprises ou des capitaux à prédominance luxembourgeoise.
La Bourse de Bruxelles a son propre indice concernant 500 valeurs, l'INSECTS ainsi qu'un autre indice, le BEL 20.
À la Bourse de Paris on utilise :
le CAC 40 (40 valeurs parmi les 100 premières du marché français),
le SBF 120 (120 valeurs françaises et étrangères),
le SBF 250 (250 valeurs avec un échantillon plus large).
À terme, une simplification de la cote amènera le regroupement de l'ensemble des valeurs sur une liste unique, l'EUROLIST.
La Bourse d'Amsterdam établit l'AEX 25.
La Bourse de Milan a le MIB 30.
La Bourse de Londres a le FOOTSIE.
La Bourse de Francfort a le DAX.
– Au Japon, la Bourse de Tokyo a le NIKKEI 225.
– Aux États-Unis, le plus célèbre indice a été créé en 1884 par la Bourse de New York ; c'est le DOW JONES qui mesure la capitalisation de 30 valeurs industrielles (somme arithmétique) ; il y a aussi le STANDARD & POOR'S qui regroupe 500 valeurs et le NASDAQ qui concerne un marché uniquement financier totalement informatisé, avec une cotation en continue :

- NASDAQ COMPOSITE : 4 000 sociétés américaines et étrangères,
- NASDAQ 100, sélection de 100 entreprises,
- NASDAQ FINANCIAL 100 : sélection de 100 sociétés financières.

Les indices européens ont désormais tous opté pour le « **flottant** », c'est-à-dire que le calcul de l'indice ne fait intervenir que les titres qui circulent librement sur les marchés et non pas la totalité des titres de chacune des entreprises dont les actions sont dans un indice (sont ainsi notamment exclus les titres liés à un pacte d'actionnaires, les participations de l'État, les actions d'autocontrôle, etc.).

Internet : **http://www.euronext.com**
http://www.stoxx.com
http://www.boursier.com
http://www.indexes.dowjones.com
http://www.nasdaq.com

⇒ Bourse ; capitalisation ; cours ; cotation

INDICE DE POUVOIR D'ACHAT
Voir : POUVOIR D'ACHAT

INDICE DES PRIX À LA CONSOMMATION

Il s'agit de fournir au consommateur un indicateur qui lui permette de **déterminer la quantité d'un ensemble de biens qu'il peut acheter avec un certain revenu nominal** ; il pourra ainsi se faire une idée plus précise de son **revenu réel**. Dans la pratique, il va se demander quelle est l'**augmentation du coût de la vie** compte tenu de la variation de prix qui s'est produite par rapport à l'année considérée comme base. Les spécialistes utilisent pour le calcul un « **panier de produits** » qui sert à la détermination de l'indice de prix.

Deux formules sont utilisées dans lesquelles ;
I = indice
P_0 = prix année de base (avec pondération des différents éléments entrant dans la composition de l'échantillon)
Q_0 = quantités année de base
P_1 = prix actuel
Q_1 = quantités actuelles (avec pondération)

La **formule de LASPEYRES** (la plus utilisée) s'écrit :

$$I = \frac{\Sigma\, P_1\, Q_0}{\Sigma\, Q_0\, P_0} \times 100$$

C'est le rapport, multiplié par 100, entre la valeur d'un bien pour une quantité déterminée à un prix unitaire donné et la valeur de ce bien pour la même quantité mais à un prix unitaire différent.

La **formule de PAASCHE** s'écrit :

$$I = \frac{\Sigma\, P_1\, Q_1}{\Sigma\, P_0\, Q_1} \times 100$$

C'est le rapport, multiplié par 100, entre la valeur d'un bien pour une quantité déterminée à un prix unitaire donné et la valeur de ce bien pour une quantité différente au même prix unitaire.

Il y a lieu de noter que la composition type de la « famille » se modifie dans le temps ; les produits consommés ne sont pas les mêmes d'une période à la suivante ; le revenu (réel) change dans le temps.

L'indice des prix à la consommation et ses variations sont largement utilisés pour procéder périodiquement à des ajustements par l'État et les entreprises : tarifs, salaires, rentes, etc.

Pour permettre des comparaisons entre les différents pays de l'indice des prix à la consommation (ou indice du coût de la vie), on utilise, notamment dans l'UNION EUROPÉENNE – UE – un « **indice des prix à la consommation harmonisé – IPCH** »
⇒ consommation ; croissance ; prix

INDIGENT
Celui qui manque financièrement de l'essentiel pour vivre.
⇒ pauvre

INDIVISION
Propriété d'un bien, meuble ou immeuble, non encore partagé ou divisé, entre deux ou plusieurs personnes ; le bien concerné est qualifié de « bien indivis », sa propriété est ainsi « en commun » ; par exemple, des enfants héritent d'une maison de leurs parents qui leur appartient globalement à tous tant qu'il n'y a pas partage.

INDU
Ce qui n'est pas dû ou ce que l'on ne doit pas.
La « répétition de l'indu » est le remboursement de ce qui a été payé à tort.
⇒ répétition de l'indu

INDUCTION
En partant d'un cas particulier, l'on essaye d'aboutir à une **proposition globale** basée sur la relation « **fin-moyens** » ou bien la relation causale « **cause-effets** ».
⇒ déduction

INDUSTRIALISATION
Elle qualifie la considérable évolution qui, à partir du XVIIIe siècle jusqu'au début du XXe siècle, a profondément marqué l'activité économique dans la plupart des pays dont, jusqu'alors, l'agriculture et l'artisanat constituaient l'essentiel de l'occupation des individus : c'est l'ère industrielle avec un mode de production qui associe deux facteurs : le capital et le travail.
L'industrie, d'abord orientée vers des produits de base (charbon, fer, pétrole, électricité) va se diversifier de plus en plus ; d'une industrie lourde on passe à une industrie des biens de consommation (industrie légère) avec de considérables mutations technologiques dans tous les domaines.
Après la fin de la Seconde Guerre mondiale (1939-1945), la part du secteur tertiaire et plus récemment celle du secteur quaternaire ne cessent de croître dans tous les pays développés, au détriment de l'industrie mais aussi de l'agriculture.
L'industrialisation est aussi le fait d'installer des entreprises de l'industrie, c'est-à-dire la production de biens (industrie de base ou industrie légère) dans un pays ou une région.
⇒ secteurs économiques

INDUSTRIE
Voir : INDUSTRIALISATION

INÉGALITÉS SOCIALES
Ce sont les **différences de situations sociales, souvent générées par des inégalités économiques**.
En économie libérale de marché, **le salaire est basé sur le produit marginal net du travail fourni (principe de contribution)**. Sous cet angle de vue, la performance et l'engagement conduisent à l'**inégalité**. On peut se demander ce qui arriverait lorsqu'on vise une plus grande égalité en suivant le principe du besoin.
La stimulation à la production, l'esprit d'initiative et l'investissement privé sont freinés. Puisque **les inégalités** semblent faire

partie de l'existence humaine, il apparaît souhaitable qu'elles **fussent réduites au maximum**. Le principe du rendement constitue le moteur de l'activité économique. Toutefois, l'État se trouve dans l'obligation de suivre le principe du besoin pour combattre les inégalités les plus flagrantes.

⇒ chômage ; intervention de l'État en matière salariale ; salaire

IN EXTENSO

Termes latins signifiant « intégralement, totalement ».
Un compte-rendu in extenso sera un rapport complet et non pas un résumé.
Certaines publications obligatoires (statuts de société, comptes annuels, etc.) doivent être faites in extenso, alors que d'autres peuvent l'être par extraits.

IN FINE

Termes latins signifiant « à la fin ». L'emploi des termes « in fine » renvoie à la fin d'une page, d'un chapitre, d'un livre, etc.

INFLATION

Le mot inflation n'apparaît que dans le contexte de la Première Guerre mondiale (1914-1918). Mais l'histoire abonde en exemples : « Assignats » en France (1789), « Greenbacks » lors de la Guerre de Sécession aux États-Unis (1861-1865), etc., périodes marquées par **l'accroissement de la masse monétaire** comme cela se reproduit périodiquement dans toutes les économies.
Le phénomène de l'inflation est caractérisé par une augmentation générale et continue du niveau des prix. Il ne suffit pas que certains prix soient en augmentation alors que d'autres auraient une tendance à la baisse. Il faut vraiment que la hausse soit générale et tenace.
On caractérise l'inflation par de nombreux adjectifs qui en précisent le sens : inflation contenue, inflation endogène, inflation larvée, inflation structurelle, etc., en plus des différents types d'inflation décrits ci-après.
En principe, les finances publiques réclament alors une augmentation substantielle des signes monétaires. L'accroissement des prix est très souvent en disproportion avec le volume monétaire. La conséquence en est l'effet dévastateur sur les revenus, les fortunes et le capital.
Il ne faut pas confondre l'inflation avec les mouvements saisonniers des prix qui sont essentiellement dépendants de l'offre et de la demande de biens et de services.
L'UNION EUROPÉENNE – UE – considère que le seuil admissible d'inflation, dans les pays de la Zone euro devrait se situer en dessous de 2 % annuel et tendre vers un niveau encore plus bas.
L'inflation cachée est celle que les statistiques ne peuvent pas prendre en compte.
L'inflation ne peut, en effet, être mesurée que sur des produits identiques dans un intervalle de temps déterminé ; or certains produits sont retirés du marché et proposés par les fournisseurs sous des emballages différents, avec des volumes, des quantités ou des poids qui ne sont plus les mêmes et dont les prix sont en hausse ; ce type d'augmentation est toujours difficilement décelable.

⇒ monnaie ; Union Économique et Monétaire ; prix

INFLATION (CAUSES)

Augmentation généralisée et constante, pendant une certaine période, des prix. Le gonflement de la masse monétaire, lorsque l'offre de biens ne suit pas, provoque automatiquement une augmentation des prix.
Qui est responsable de cette situation, la demande, les coûts ?
D'autre part, les pays qui se trouvent dans une position dominante s'exposent au danger d'importer l'inflation.

⇒ inflation ; inflation importée ; inflation par la demande ; inflation par le profit ; inflation par les coûts

INFLATION (EFFETS)

L'inflation est particulièrement intéressante pour les débiteurs, dans la mesure où les créanciers ne peuvent pas revaloriser leurs créances.
Les propriétaires de biens fonciers (terrains, immeubles), mobiliers et d'objets de valeur semblent échapper, au moins partiellement, à la dévalorisation. Encore faut-il qu'une réévaluation soit concevable, ce qui n'est pas toujours le cas.
C'est en « périodes de vaches maigres » que l'individu (pour étrange que cela puisse paraître), se met à augmenter son épargne. Il devient prudent et peut ainsi provoquer un ralentissement de la consommation, ce qui se répercute forcément sur la production, etc.
L'État, pour combler les déficits budgétaires, est souvent amené à augmenter les impôts.

⇒ inflation importée ; inflation par la demande ; inflation par le profit ; inflation par les coûts

INFLATION CAMOUFLÉE OU LARVÉE

Sans se préoccuper de la véritable situation du marché, **les Autorités Publiques fixent ou imposent les prix.**
Pendant les années de guerre et les périodes économiquement ou socialement difficiles, **l'inflation est alors freinée, arrêtée et véritablement dissimulée**. Le plus souvent cet état de choses est accompagné d'un **blocage des salaires**. Cela est d'autant plus facile à mettre en place qu'il y a **pénurie de biens sur le marché.**
Le « **marché noir** » des années de guerre où l'on peut se procurer un certain nombre de biens devenus rares à des prix exorbitants ou en ayant recours au « troc » est **symptomatique de l'inflation camouflée.**

⇒ inflation ; inflation importée ; inflation par la demande ; inflation par le profit ; inflation par les coûts ; marché noir

INFLATION ET DÉFLATION ADAPTÉES

Jusqu'à la Première Guerre mondiale (1914-1918) les monnaies des différents pays qui commerçaient entre eux étaient étroitement liées à l'or ; il y avait un certain « automatisme de l'or » en matière de commerce international. **Les excédents d'exportations d'un pays étaient compensés par l'importation de l'or avec la conséquence, pour les pays dont la balance des paiements était déficitaire, de l'augmentation des prix et du volume de la monnaie en circulation** ; la situation inverse se rencontrait dans les pays qui souffraient d'un déficit à l'exportation. **L'équilibre, c'est-à-dire la compensation, s'effectuait par une inflation d'adaptation ou par une déflation d'adaptation, suivant les circonstances.**
L'« automatisme de l'or » n'a pas survécu à la Première Guerre mondiale.

INFLATION GALOPANTE

La confiance dans l'activité économique devient douteuse. **Le taux d'accroissement du niveau des prix est supérieur au taux d'intérêt des placements à long terme.**
L'investisseur devient réticent, il s'abstient et cherche des placements plus rémunérateurs à l'étranger ou bien il investit dans des valeurs considérées comme plus sûres.

Il paraît difficile de se mettre d'accord sur le taux d'inflation considéré comme « galopant » mais il se situe **aux alentours de 10 % par an. Au-delà,** l'inflation peut être considérée, si elle perdure, comme de **l'hyper-inflation,** même si certains auteurs ne situent celle-ci qu'à partir de 50 %.
⇒ inflation ; hyper-inflation

INFLATION GOUVERNEMENTALE
Les gouvernements ont besoin de sommes importantes pour assurer les dépenses de l'État qui augmentent considérablement dans de nombreux pays. Lorsque l'État couvre son budget par l'impôt, par l'accès au crédit et au moyen de la « planche à billets », les consommateurs ne peuvent plus disposer de ces moyens monétaires.
Il est paradoxal de constater que, d'un côté les profits de l'entreprise sont en augmentation alors que, de l'autre, **les consommateurs et les épargnants sont lésés.** Les propriétaires d'immeubles et d'autres biens de valeur sont alors, par contre, et dans une certaine mesure, privilégiés.
⇒ inflation ; inflation par la demande ; inflation par le profit ; inflation par les coûts

INFLATION IMPORTÉE
Le commerce extérieur est à l'origine de déséquilibres. Les exportations d'un pays déterminé l'emportent sur ses importations et il détient alors des devises qui sont converties en monnaie nationale dont le volume augmente. En période courte, il peut y avoir une **pénurie de biens** ce qui donne lieu à une augmentation de prix dans le pays exportateur : l'inflation est ainsi « importée ».
On dit aussi **« inflation exogène »** pour qualifier cette situation qui a notamment touché les pays occidentaux à la suite des chocs pétroliers en 1973 et en 1979.
⇒ inflation ; inflation par la demande ; inflation par le profit ; inflation par les coûts

INFLATION OUVERTE
Lorsque **le niveau des prix augmente librement** sans que les Autorités Publiques n'interviennent, sauf en matière d'accroissement du volume monétaire, l'inflation est dite « ouverte ».
⇒ inflation ; inflation par la demande ; inflation par le profit ; inflation par les coûts

INFLATION PAR LE PROFIT
Les monopoles et les oligopoles occupent des positions de force ; ils peuvent alors exercer **des actions** ou des influences significatives **sur le niveau des prix** de certains biens qui augmentent ; de ce fait, **la mécanique inflationniste est déclenchée** par le biais du profit.
⇒ inflation ; inflation par la demande ; inflation par les coûts ; monopole ; oligopole

INFLATION PAR LES COÛTS OU INFLATION ABSOLUE
On assiste à une **augmentation régulière des prix de revient donc des coûts,** et parallèlement à des augmentations de prix. Les termes anglais de **« cost push inflation »** sont fréquemment utilisés.
⇒ inflation ; inflation importée ; inflation par la demande ; inflation par le profit

INFLATION RELATIVE
Lorsque **l'accroissement des prix devance l'augmentation des coûts, la marge bénéficiaire de l'entreprise croît.** On parle alors d'inflation relative.
⇒ inflation ; inflation par la demande ; inflation par le profit ; inflation par les coûts

INFLATION SOURNOISE
Ce type d'inflation n'apparaît pas clairement ; on constate qu'il y a un certain malaise : les augmentations de prix se répètent, mais se développent à l'intérieur de certaines limites. Les taux d'intérêt des placements à long terme et les augmentations de prix atteignent un certain équilibre qui joue tout de même **au détriment du pouvoir d'achat.** Ce type d'inflation se manifeste assez souvent et paraît être favorisé par quelques gouvernements.
⇒ inflation ; inflation par la demande ; inflation par le profit ; inflation par les coûts

INFLUENCE
Voir : RÉSEAU D'INFLUENCE

INFORMATIQUE
Ensemble des sciences, des moyens, des techniques et des concepts mis en œuvre pour traiter des masses très importantes d'informations avec des ordinateurs, des processeurs (circuits électroniques avec des puces), des logiciels (programmes) et leurs périphériques.
⇒ logiciel ; périphérique ; processeur ; puce

INFRA
Terme latin.
Dans le langage juridique et administratif, ce terme signifie **« voir ci-dessous »,** « ci-dessous mentionné » ou « **voir plus loin »**
⇒ supra

INFRACTION
Il y a infraction lorsque la loi, les règlements, les conventions ne sont pas respectés.
Selon la gravité de l'infraction, on parle de **contravention,** de **délit** et même de **crime.**
L'infraction entraîne des peines.
Les termes d'infraction à la loi, d'infraction fiscale, d'infraction aux règles de circulation routière sont fréquemment employés.

INFRASTRUCTURE
Ensemble des travaux nécessités par la mise en place d'une structure dans une exploitation, une entreprise pour pouvoir fonctionner : ponts, viaducs, aérodromes, gares, souterrains, escaliers, routes, ports, canaux, etc.

INGÉNIERIE
Activité d'études permettant d'élaborer un projet complexe ; celui-ci va regrouper tous les spécialistes directement ou indirectement concernés (ingénieurs, économistes, sociologues) suivant la nature du projet et l'objectif. La synthèse des travaux de chacun permettra la mise au point complète du projet. Les sociétés spécialisées dans cette activité sont les sociétés d'ingénierie.
L'ingénierie patrimoniale concerne l'étude et la gestion d'un patrimoine (l'ensemble des biens) d'un individu ou d'une entreprise ; la gestion de portefeuille (actions, obligations) et celle de fortune, l'activité de « private banking » sont de l'ingénierie patrimoniale.

INITIÉ
Personne qui occupe une position clé au sein d'une entreprise, notamment financière ou qui dispose d'informations qui peuvent exercer une influence sur la situation de l'entreprise ou les cours de Bourse. La divulgation publique ou même seulement à quelques personnes, de telles informations peut avoir des conséquences désastreuses, en particulier

pour les actionnaires mais aussi les clients, les fournisseurs et les banquiers.
Les initiés sont donc tenus de respecter une stricte discrétion professionnelle, faute de quoi ils commettent un « **délit d'initié** » qui est condamnable.
⇒ délit d'initié

INJONCTION
Terme juridique qualifiant un **ordre de faire quelque chose**, le plus souvent par décision d'un juge.
L'**injonction de payer** résulte généralement d'une procédure simplifiée permettant à un créancier d'obtenir le paiement de ce qui lui est dû.

INJUSTICE
C'est l'opposé de la justice et de l'équité ; il est souvent question d'actes contraires à la justice et de « l'injustice des hommes ».

INNOVATEUR
C'est **le premier entrant sur un marché avec un produit déterminé**. L'entreprise veut ainsi profiter des avantages à être la première à innover et à imposer son « savoir-faire » et son « faire-savoir », en mesurant les risques mais avec l'objectif d'un profit important.
Le « **suiveur** » **n'aborde le marché qu'ultérieurement**.
⇒ suiveur

INNOVATION
Action qui consiste à mettre en place quelque chose de nouveau : équipement, systèmes d'organisation et de fonctionnement.
L'**innovation** n'est pas toujours bien acceptée par ceux qui sont attachés au conservatisme et à certaines habitudes mais elle **est indispensable au progrès économique et social** ; ce sont les esprits ouverts vers l'avenir qui soutiennent l'innovation.
L'innovation est généralement onéreuse mais bénéfique.

INOPPOSABILITÉ
Terme juridique **signifiant qu'un acte n'a pas d'effet, pas d'influence sur tel ou tel individu et ne le concerne pas.**

INPUT
Terme anglo-américain signifiant « **entrant** » ; l'**expression est utilisée en économie pour désigner les entrées encore appelées « intrants »** en matière de représentation matricielle des circuits et des relations intersectorielles de l'activité économique. Ce sont **donc tous les biens et les services reçus pendant une période déterminée par une unité économique de production.**
⇒ LEONTIEF ; matrice ; output

INPUT – OUTPUT (MÉTHODE)
Voir : MATRICE

INSOLVABILITÉ
Il y a insolvabilité en cas d'**endettement important**. En général, les dettes dépassent les éléments d'actif et le débiteur se trouve en état de cessation de paiement ce qui veut dire qu'il **n'est plus en mesure de rembourser ce qu'il doit**, non plus que de faire face aux échéances prévues pour le remboursement de ses dettes.
L'insolvabilité d'un commerçant ou d'une entreprise entraîne, en principe, la faillite à l'issue d'une **procédure judiciaire**, sauf si certaines mesures permettent la poursuite des activités ne sont pas mises en œuvre.

Plusieurs pays ont mis en place des moyens adaptés pour apporter une aide à l'**insolvabilité personnelle des particuliers**, d'autres ont institué des régimes de faillite personnelle pour ces derniers avec aussi des aides pour faire face au « surendettement » de certains.
⇒ faillite

INSTANCE
Désigne la **personne ou l'organisme qui, au plus haut niveau** (hiérarchique ou organique) **a un pouvoir de décision** ; le terme, dans ce sens, est souvent au pluriel : les instances dirigeantes.
Au sens juridique du terme, c'est l'**ensemble des formalités de nature administrative (la procédure) nécessaire tout au long d'un procès.**
On désigne aussi par instance le niveau auquel se déroule un procès, le tribunal qui rendra un premier jugement (première instance), ou, s'il y a lieu, sa mise en cause devant un autre tribunal ou une cour de justice (deuxième instance), etc.
Le terme est aussi utilisé pour qualifier une action en justice, une requête, une sollicitation.

IN STATU QUO ANTE
Locution latine, généralement utilisée sous forme de « statu quo » pour exprimer que **l'on ne veut rien changer à une situation : c'est le maintien de la situation antérieure**.

INSTITUTIONNALISME
Il s'agit à la fois d'une **doctrine économique et d'une approche méthodologique**.
Thorsten VEBLEN, qui est considéré comme le père de l'institutionnalisme, a toujours mis en évidence le rôle des institutions. Cette doctrine est d'**esprit socialiste** ; elle est en opposition avec les théories néo-classiques et celles de l'analyse marginale.
Adolph WAGNER, John Kenneth GALBRAITH, Gunnar MYRDAL et R.COASE se sont ralliés aux thèses de VEBLEN.
⇒ COASE ; GALBRAITH ; MYRDAL ; VEBLEN ; WAGNER

INSTITUT DE CONJONCTURE
Voir : CONJONCTURE

INSTITUT D'ÉTUDES DE SÉCURITÉ – IES
Organe décentralisé de l'UNION EUROPÉENNE – UE, créé en 2002 pour contribuer à **une culture commune de sécurité européenne**.
L'IES participe aux réflexions et aux développements de la **Politique Extérieure et de Sécurité Commune – PESC** – de l'UE par des études et des analyses prospectives en relation avec les autres pays d'Europe, les États-Unis et le Canada.
Le siège de l'IES est à Paris (France).

Internet : **http://www.iss-eu.org**
⇒ Politique Extérieure et de Sécurité Commune ; UNION EUROPÉENNE

INSTITUT EUROPÉEN DE RECHERCHE SUR LA COOPÉRATION MÉDITERRANÉENNE ET EURO-ARABE – MÉDÉA
Organisme créé en 1995 **dont l'objectif est la coopération, le développement et la stabilité dans la région méditerranéenne ainsi que le renforcement des relations euro-arabes**.

MÉDÉA a le soutien de l'UNION EUROPÉENNE – UE – notamment dans le cadre du « **partenariat euro-méditerranéen – EUROMED –** ».
MÉDÉA est à la fois un organisme de **réflexion, d'études et d'échanges d'informations**.
MÉDÉA a son siège à Bruxelles (Belgique).

Internet : **http://www.medea.be**
⇒ EUROMED ; UNION EUROPÉENNE

INSTITUTE FOR ENVIRONMENTAL POLICY – IEEP
Voir : POLITIQUE ENVIRONNEMENTALE DE L'UNION EUROPÉENNE

INSTITUT FRANÇAIS DES ADMINISTRATEURS – IFA
Créé sur l'initiative de la CHAMBRE DE COMMERCE ET D'INDUSTRIE DE PARIS (France), cet organisme a un objectif de **formation et d'information pour améliorer et favoriser l'exercice professionnel de la fonction d'administrateur de société**. Lieu de réflexion et d'échanges, il participe à l'évolution de la gouvernance d'entreprise.
De nombreux pays, notamment européens, ont des organisations similaires parmi lesquelles on peut citer la plus ancienne d'entre elles, l'INSTITUTE OF DIRECTORS en Grande-Bretagne.

Internet : **http://www.ifa-asso.com**
⇒ administrateur

INSTITUT FÜR WIRTSCHAFTSFORSCHUNG – IFO
C'est l'un des **principaux instituts de conjoncture allemands** dont les indicateurs sont considérés comme les plus fiables pour mesurer l'évolution économique et sociale en Allemagne et en Europe.
L'IFO est l'institut de recherches économiques de l'Université de Munich (Allemagne).
Il existe en Allemagne deux autres institutions importantes et qui poursuivent des objectifs similaires :
– l'*Institut für Weltwirtschaft*, créé en 1914 et qui a son siège à Kiel (Allemagne) ;
– l'*Institut für Wirtschaftforschung – DIW –* créé en 1925 et qui a son siège à Berlin (Allemagne).

Internet : **http://www.ifo.de**

INSTITUT MONÉTAIRE LUXEMBOURGEOIS
Voir : BANQUE CENTRALE

INSTITUT MONÉTAIRE EUROPÉEN
Voir : BANQUE CENTRALE EUROPÉENNE

INSTITUTIONS
Le terme désigne l'ensemble des organisations politiques, administratives, sociales et juridiques d'un État ou d'une organisation qui regroupe certains d'entre elles dans différents domaines.
Elles représentent **le cadre général et l'échafaudage de l'homme en société**. En l'absence d'institutions, ce serait l'anarchie totale.
Il est nécessaire d'organiser les relations humaines sur le plan juridique notamment en donnant à l'État une constitution, des lois et des règlements ; les organismes chargés de leur application sont les intitutions.
En matière sociologique, il faut une réglementation que les individus doivent respecter. Les normes d'organisation évoluent et changent forcément dans le temps.
Par analogie la vie économique est organisée et se déroule en conformité avec les organismes qui assurent son fonctionnement.
Le terme « institut » est fréquemment utilisé pour désigner une institution.

INSTITUTIONS COMMUNAUTAIRES
Terme générique désignant l'**ensemble des Institutions et Organisations de l'UNION EUROPÉENNE – UE**.
On utilise plus fréquemment les termes d'**Institutions Européennes**.

Internet : **http://europa.eu.int**
⇒ INSTITUTIONS EUROPÉENNES

INSTITUTIONS EUROPÉENNES
Terme générique désignant l'**ensemble des Institutions de l'UNION EUROPÉENNE – UE** :
  CONSEIL EUROPÉEN (les « sommets » des chefs d'État et de Gouvernement)
  CONSEIL (DES MINISTRES) de l'UNION EUROPÉENNE
  COMMISSION EUROPÉENNE
  PARLEMENT EUROPÉEN
  COUR EUROPÉENNE DE JUSTICE
  BANQUE CENTRALE EUROPÉENNE
  BANQUE EUROPÉENNE D'INVESTISSEMENT
  COMITÉ DES RÉGIONS
  COMITÉ ÉCONOMIQUE ET SOCIAL
Et, par extension et en pratique, les Agences, Offices et autres organismes qui interviennent dans l'organisation de l'UE.

Internet : **http://europa.eu.int**

INSTITUTIONS FINANCIÈRES
Au niveau d'un pays, d'un État ce sont tous les organismes et les entreprises ayant une activité de banque mais aussi tous ceux qui font métier de prêter de l'argent, d'intervenir en Bourse, etc.
Au plan international, ce sont les organisations qui, par des prêts à long terme, interviennent pour contribuer au développement économique et social dans le monde : FONDS MONÉTAIRE INTERNATIONAL – FMI, BANQUE EUROPÉENNE D'INVESTISSEMENT –BEI, etc.
⇒ BANQUE EUROPÉENNE D'INVESTISSEMENT ; FONDS MONÉTAIRE INTERNATIONAL

INSTITUT UNIVERSITAIRE EUROPÉEN DE FLORENCE
Installé à Florence (Italie) depuis 1975, il a pour objectif de « participer au développement de la vie intellectuelle en Europe, en contribuant à une meilleure connaissance du patrimoine culturel et scientifique européen, considéré dans son unité et dans sa diversité » ; c'est, avec le Collège de Bruges, l'un des hauts lieux de la formation universitaire doctorale de l'UNION EUROPÉENNE – UE, notamment en droit, sciences économiques, sciences politiques et sociales.

Internet : **http://www.iue.it**
⇒ Collège de Bruges

INSTRUMENT

Synonyme de moyen, dans un sens large ; on parle d'un instrument de paiement, de l'instrument de telle ou telle politique, d'un instrument d'information, de communication, de preuve, de crédit, d'adhésion, etc.

INSUFFISANCE D'ACTIF

Voir : EXTINCTION

INTÉGRATION

Regroupement de différents éléments avec un objectif déterminé, éventuellement dans un sens précis (intégration verticale, intégration horizontale).
L'intégration économique prendra en compte tous les éléments concernés et nécessaires pour aboutir à une union économique avec corrélativement une organisation mettant en place une politique économique commune.
L'intégration sociale permettra à un groupe d'individus qui ne sont pas originaires d'un pays, d'en adopter au moins l'essentiel de ses caractéristiques : la langue, le mode de vie, les valeurs, etc.

INTELLIGENCE ÉCONOMIQUE

On peut résumer **cet instrument primordial de l'information** des entreprises et de leur développement mais aussi de leur protection en disant qu'il a **pour objectif de mieux s'informer pour pouvoir mieux dominer**.
C'est **la recherche constante des informations** concernant un marché, un produit ou un secteur d'activité, leur traitement et leur intégration dans la politique et la stratégie de l'entreprise.
Les entreprises, grandes et petites, face à la mondialisation des échanges, organisent (éventuellement en faisant appel à des organismes spécialisés et à leurs réseaux) **une veille efficace sur les marchés** pour déceler les besoins, mesurer l'influence de la concurrence, évaluer les opportunités, combattre les contrefaçons et les menaces.
Existant depuis de nombreuses années dans certains pays, l'intelligence économique se développe en Europe et notamment dans les pays de l'UNION EUROPÉENNE – UE – qui s'est dotée, dès 1994, de moyens d'action dans ce domaine.
La mise en œuvre des techniques de l'intelligence économique est tout à fait légale, au contraire de l'espionnage industriel ou commercial.

INTELLIGENCE ÉMOTIONNELLE

Notion utilisée en matière de recrutement de personnel qualifié ; les recruteurs estiment aujourd'hui **qu'en plus des formations de base et éventuellement d'une expérience, les candidats à un poste doivent avoir d'autres qualités :**
– la conscience de soi,
– la faculté de se mettre à la place de quelqu'un,
– la maîtrise de la gestion des conflits sociaux,
– la motivation,
– etc.

INTENSIF

Voir : EXTENSIF

INTERDICTION DE GÉRER

Décision judiciaire prononcée à la suite soit d'une faillite soit de certaines infractions (notamment fiscales) **qui interdit à une personne de gérer, diriger, administrer ou contrôler une société**, quelle qu'en soit la forme ; l'interdiction peut être limitée dans le temps.

INTÉRESSEMENT

Forme d'association des salariés à l'expansion de l'entreprise qui les emploie : différentes méthodes permettent aux salariés d'être financièrement intéressés aux résultats positifs (donc aux bénéfices) de la société dans laquelle ils travaillent (on parle alors généralement de « participation »).
Les formules (obligatoires dans certains pays, notamment pour les entreprises importantes) sont nombreuses et variées ; elles comprennent par exemple, l'attribution d'actions, les plans d'épargne d'entreprise, l'épargne salariale, etc.

INTÉRÊT

Loyer ou rendement, pendant une période déterminée, d'un capital, d'une somme prêtée, placée ou investie.
En matière de production, le revenu lié au capital est « l'intérêt normal » ; sur le marché des crédits, les taux d'intérêt dépendent de l'offre et de la demande de capitaux.
La légitimité de l'intérêt a été contestée à certaines périodes de l'histoire (l'Église catholique au Moyen Âge notamment) sous prétexte que le créancier n'avait pas à tirer profit du service rendu à l'emprunteur ; il s'agissait alors, essentiellement, de crédits à la consommation.
L'intérêt peut être aussi assimilé à l'usure lorsque des taux prohibitifs sont imposés à l'emprunteur.
Les nécessités de la vie économique et notamment le crédit à la production ont montré l'importance du crédit et de l'obligation, pour le prêteur d'être rémunéré pour le service qu'il apporte en consentant un prêt ou un crédit, d'autant plus qu'il prend le risque de l'inflation (sauf s'il y a une clause à cet égard) et celui de ne pas être remboursé.

On distingue :
– **L'intérêt simple** qui est le rendement du capital pendant une période déterminée (année, mois, jour, etc.), donné par la formule :

$$Is = \frac{Cin}{100} \text{ pour une période de n années,}$$

$$Is = \frac{Cin}{1\,200} \text{ pour une période de n mois,}$$

$$Is = \frac{Cin}{36\,000} \text{ pour une période de n jours dans laquelle :}$$

C est le capital,
n le temps (années, mois ou jour),
i le taux d'intérêt pour la période, en %,
Is l'intérêt simple de la période.

L'intérêt se calcule, dans beaucoup de cas, en jours, par exemple en matière bancaire, pour le crédit à court terme.
Les calculs se font suivant plusieurs méthodes :
– **La méthode « française »** dans laquelle l'année compte pour 360 jours, les mois étant pris pour leur nombre de jours réels.
– **La méthode « allemande »** dans laquelle l'année compte pour 360 jours et les mois pour 30 jours.
– L'**intérêt composé** Ic qui est le rendement d'un capital qui comprend le capital d'origine augmenté régulièrement des intérêts d'une période déterminée, jusqu'à l'échéance.
La formule est alors :
$$Ic = C(1 + i)^n - C$$
ou $Ic = C[(1 + i)^n - 1]$

La pratique bancaire utilise des formules plus complexes en faisant intervenir des taux d'intérêt fixes ou variables dans le temps, des annuités constantes ou non, des assurances, des frais de dossier s'il s'agit de prêt, etc.

⇒ théorie de la dépréciation du futur d'un emprunt ;
théorie de la productivité du travail en matière d'intérêt ;
théorie de l'offre et de la demande en matière d'intérêt ;
théorie du prix du temps en matière d'intérêt ; théorie du taux d'intérêt naturel ; théorie keynésienne de l'intérêt ; théorie psychosociologique de l'intérêt

INTÉRIM

Forme de travail qui connaît un développement important et qui consiste, par l'intermédiaire de sociétés spécialisées (société d'intérim, société de travail temporaire), à mettre à la disposition des entreprises, pour un temps limité et défini, un personnel spécialisé (tous les niveaux de compétence et toutes les activités sont concernés) dont elles ont besoin.
Ce personnel est dit « intérimaire ».
Dans certaines administrations, entreprises ou organisations, le remplaçant d'un responsable peut exercer la fonction « par intérim » (président par intérim, directeur par intérim, etc.).

INTERMÉDIAIRES

L'intermédiaire est d'abord celui qui rapproche l'offre et la demande et qui facilite la réalisation d'une opération.
L'intermédiaire joue aussi un rôle déterminant dans le rassemblement de fonds d'épargne et de leur répartition ; c'est le cas des banques et des organismes financiers qui se spécialisent dans les émissions de titres et qui ont un rôle de distributeur alors que d'autres ouvrent des crédits aux entreprises sur la base des fonds collectés qu'elles font figurer à leurs bilans (c'est « faire de l'intermédiariat de bilan »).
En matière de production industrielle, on trouve des productions intermédiaires et donc des produits intermédiaires, c'est-à-dire des produits qui sont parvenus à un stade de fabrication déterminé mais qui n'est pas totalement terminé : par exemple un semi-produit qui deviendra, au stade final de la production le produit fini vendable.

INTERMÉDIATION

Fonction bancaire essentielle qui consiste à collecter de l'argent pour le prêter à ceux qui ont besoin de financement, au prix d'un loyer, l'intérêt.
⇒ banque

INTERNATIONAL ACCOUNTING STANDARD – IAS

Norme comptable internationale, établie par « l'INTERNATIONAL ACCOUNTING STANDARDS COMMITTEE – IASC », créé en 1973 et remplacé, en 2001, par « l'INTERNATIONAL ACCOUNTING STANDARDS BOARD – IASB »
Les normes IAS, d'usage général, notamment pour les entreprises internationales (comptes consolidés) ont été choisies par l'UNION EUROPÉENNE – UE – pour devenir le référentiel des normes comptables, à partir de 2005 (des mises au point techniques sont à l'étude) ; les termes de « normes IFRS » de « l'INTERNATIONAL FINANCIAL REPORTING STANDARD » s'emploient indifféremment avec les termes de « normes IAS » . Ces normes doivent permettre une meilleure transparence des comptes.
Il existe de nombreuses normes IAS (une quarantaine) spécialisées qui fixent les procédures comptables en fonction des objectifs ; par exemple, la norme IAS 1 définit les procédures pour l'établissement du bilan, du compte de résultat, des états de flux de trésorerie, etc.
⇒ comptes consolidés ; INTERNATIONAL ACCOUNTING STANDARDS BOARD

INTERNATIONAL ACCOUNTING STANDARDS BOARD – IASB

L'IASB a pris, en 2001, la succession de « l'INTERNATIONAL ACCOUNTING STANDARDS COMMITTEE – IASC », créé en 1973.
Organisme international de la profession comptable, l'IASB élabore les normes comptables internationales et a pour objectif de contribuer à l'harmonisation des règles et des procédures de présentation des comptes financiers des entreprises.
Les normes de l'IASB dites « INTERNATIONAL FINANCIAL REPORTING STANDARDS – IFRS » font l'objet des commentaires et surtout des règles d'application de « l'INTERNATIONAL FINANCIAL REPORTING INTERPRETATION COMMITTEE – IFRIC » qui a succédé au « STANDING INTERPRETATION COMMITTEE ».
Internet : **http://www.iasc.org.uk**

INTERNATIONAL ACCOUNTING STANDARDS COMMITTEE – IASC

Voir : INTERNATIONAL ACCOUNTING STANDARDS BOARD – IASB

INTERNATIONAL FEDERATION OF ACCOUNTANTS – IFAC

Organisme créé en 1977 pour **promouvoir et défendre la profession comptable au plan** international.
L'IFAC regroupe les organisations professionnelles de près de 120 pays à travers le monde.
Internet : **http://ifac.org**

INTERNATIONAL FINANCIAL REPORTING STANDARDS – IFRS

Norme comptable internationale en vigueur, et en principe obligatoire, à partir de 2005, pour l'ensemble des pays européens ; elle concerne les entreprises (et leurs filiales) cotées en Bourse et qui établissent des comptes consolidés ; elle remplace la norme IAS – International Accounting Standard ; elle a été élaborée par l'International Accounting Standard Board – IASB.
Les changements de présentation des comptes sont très importants, réduisent les options ouvertes aux entreprises en matière comptable et donnent une information financière plus détaillée et surtout plus transparente aux investisseurs.
⇒ International Accounting Standard Board

INTERNATIONAL MONETARY CONFERENCE

Organisme privé rassemblant annuellement les principaux banquiers commerciaux du monde.

INTERNATIONAL ORGANIZATION FOR STANDARDIZATION – ISO

Organisation internationale qui **réunit, au plan mondial, les institutions de normalisation nationale** de près de 150 pays. L'ISO **élabore des normes** en étroite coopération avec les institutions nationales et les organismes professionnels. Une entreprise peut se faire délivrer des attestations d'une institution nationale de normalisation membre de l'ISO certifiant que les conditions de normalisation sont bien remplies pour un produit ou dans un domaine déterminés.
Les plus connues des normes ISO concernent **la qualité** (ISO 9000), et **l'environnement** (ISO 14000) mais ce sont

plus de 15 000 normes qui ont été élaborées par l'ISO, surtout au plan technique, dans tous les domaines.
Les premiers efforts de normalisation internationale datent de 1906, l'ISO ayant été créé en 1946.
À la tête de l'ISO, une Assemblée Générale qui regroupe tous les membres et un Comité assisté de très nombreux groupes de travail spécialisés.
Le Secrétariat Général est à Genève (Suisse).
Internet : **http://www.iso.ch**
⇒ norme

INTERNATIONAL SECURITIES IDENTIFICATION NUMBERS – ISIN
Agence de numérotation, membre de l'Association des Agences Nationales de Numérotation – AANA, chargée de normaliser l'identification des valeurs mobilières.
C'est un système d'identification par codes des différents produits financiers.
Le code **ISIN** est adopté par les Bourses de Bruxelles, Amsterdam et Lisbonne et devrait l'être par les autres Bourses, en Europe et dans le monde. Il remplace les autres codes (en France, le code SICOVAM élaboré par la SOCIÉTÉ INTERPROFESSIONNELLE DE COMPENSATION DES VALEURS MOBILIÈRES).
Le code **ISIN** comprend 12 lettres et chiffres dont les deux premiers identifient le pays émetteur de la valeur concernée.
⇒ Bourse

INTERNAUTE
Utilisateur d'INTERNET.
Le terme est synonyme de « **cybernaute** », c'est-à-dire celui qui pilote la cybernétique, science de la communication.
⇒ INTERNET

INTERNET
Réseau mondial de communication sans frontières, permettant de relier entre eux des ordinateurs et **d'échanger des données et des fichiers, y compris des images et des sons**. C'est **un exceptionnel outil multimédia** dont les utilisateurs seraient plus de un milliard à travers le monde.
L'INTERNET est apparu, à l'origine pour les besoins militaires, en 1970, et a connu un extraordinaire essor.
La connexion entre ordinateurs (avec un **modem**- « modulateur-démodulateur ») se réalise par une liaison téléphonique normale ou spécialisée, un réseau câblé et par satellite (dans l'avenir). Elle fait intervenir un « **serveur** », ordinateur central maître d'un réseau, éventuellement spécialisé.
Chaque utilisateur est identifié par une **adresse**, habituellement hébergée chez un prestataire de services spécialisé.
L'utilisateur peut aussi disposer d'un « **site** » de présentation et d'un « **portail** » regroupant des informations plus complètes. L'adresse peut faire l'objet d'un enregistrement officiel par un organisme professionnel dit « **registrar** ».
Les « **moteurs de recherches** » permettent d'accéder, gratuitement ou avec un paiement, en général sous forme d'abonnement, à une quantité considérable d'informations, éventuellement dans une activité précise.
L'organisation mondiale d'INTERNET est régie par des structures spécialisées, notamment :
ISOC – INTERNET SOCIETY – qui définit les règles et les standards de langage,
IAB – INTERNET ARCHITECTURE BOARD – qui est chargé de suivre l'évolution technologique particulièrement rapide en ce domaine,
ICANN – INTERNET CORPORATION FOR ASSIGNED NAMES AND NUMBERS – qui a la responsabilité des adresses, notamment des « **noms de domaine** » (site hébergeur) protégés, en liaison avec INTERNIC – INTERNETWORK INFORMATION CENTER qui effectue pour le public les démarches administratives d'enregistrement et de protection de l'adresse.
Internet : **http://www.internic.com**.
⇒ web

INTERPOL
Voir : EUROPOL

INTERVENTION DE L'ÉTAT EN MATIÈRE SALARIALE
Le salaire a longtemps été obligatoirement payé en espèces. En effet, le salaire en nature, qui a existé dans certains secteurs de l'activité économique, et au moins pour une partie de la rémunération, ne pouvait pas en couvrir l'intégralité car il n'est pas toujours évident d'apprécier un bien ou une marchandise à sa juste valeur. Il était également interdit de payer le salaire dans un débit de boissons ou dans des locaux de commerce. Le paiement avait souvent lieu avec un système d'acomptes et de solde en fin de période, en général le mois ou la quinzaine.
Dans de nombreux pays, les travailleurs sont désormais, en principe, titulaires d'un compte bancaire ou d'un compte postal et **le salaire est passé dans le domaine de la monnaie scripturale** ; les législations ont, pour la plupart, exigé de ne plus payer les salaires en espèces.
Certains économistes ont proposé un « **salaire vital** » qui n'a pas trouvé d'application du fait qu'il est très difficile de vouloir déterminer scientifiquement les besoins essentiels du travailleur et de sa famille. La notion de « **seuil de pauvreté** » fixe cependant, suivant le niveau de vie du pays considéré, une limite en deçà de laquelle on estime le salaire ou le revenu absolument indispensable pour vivre.
On a également voulu introduire « **un salaire psycho-sociologique** » qui mettrait l'accent sur un confort minimum mais cette idée n'a pas eu de succès.
L'État intervient aujourd'hui, dans de nombreux pays, pour fixer un salaire minimal qui doit assurer à l'individu des conditions normales d'existence pour lui et sa famille. Cela justifie aussi l'existence de **nombreuses allocations** dont peut bénéficier le salarié.
Les notions de salaire normal, de salaire minimum, de seuil de pauvreté évoluent et ne sont pas identiques à travers le monde ; et bien évidemment elles évoluent avec le temps.
⇒ salaire ; chômage ; théorie du salaire

INTERVENTIONNISME
Intervention, action de l'État dans le domaine économique, social, culturel, etc.
L'interventionnisme, qui peut s'exercer dans de très nombreux domaines, est à l'opposé du libéralisme.
De nombreux économistes ont prôné des doctrines économiques interventionnistes, plus ou moins fortes ou sévères quant à leur application.
⇒ Intervention de l'État en matière salariale

INTRANET
Réseau INTERNET interne à une entreprise, une administration ou une organisation, en général avec des systèmes de protection en limitant l'accès aux personnes autorisées.
⇒ INTERNET

INTRODUCTION EN BOURSE
Admission d'une valeur mobilière sur le marché d'une Bourse.
L'introduction en Bourse fait l'objet d'une réglementation et d'une surveillance des organes chargés du contrôle de la Bourse concernée ; l'introduction et la cotation officielle qui en est la conséquence, peut être faite dans plusieurs Bourses simultanément.
⇒ Autorité des Marchés Financiers ; Bourse ; Securities and Exchange Commission

INTUITUS PERSONAE
Termes latins signifiant « en raison de la personne », c'est-à-dire que dans un accord, un contrat, c'est la personne elle-même, avec ses caractéristiques personnelles propres qui est prise en considération et qui fait la validité du contrat.
⇒ contrat

INVENTAIRE
Action qui consiste, à une date déterminée ou périodiquement, à **recenser tout ce que l'entreprise possède chez elle et chez des tiers ainsi que les dettes** qu'elle a contractées. Il faut donc mesurer, peser, compter, évaluer. L'inventaire est aussi le tableau complet de toutes les valeurs, actives (ce qui est possédé) et passives (ce qui est dû).
Il y a une multitude d'expressions en rapport avec le terme « inventaire ».
⇒ inventaire intermittent ; inventaire permanent ; inventaire tournant ; succession

INVENTAIRE À JOUR FIXE
Le relevé des sortes, articles, quantités, prix, etc. se fait **un jour déterminé.**
⇒ inventaire ; inventaire intermittent ; inventaire permanent ; inventaire tournant

INVENTAIRE INTERMITTENT OU PÉRIODIQUE
L'inventaire intermittent ou périodique cadre avec **la fin de l'exercice comptable de l'entreprise.** C'est, normalement, un inventaire à jour fixe et, en principe, annuel.
⇒ inventaire ; inventaire à jour fixe ; inventaire permanent ; inventaire tournant

INVENTAIRE PERMANENT
La permanence de l'inventaire, c'est-à-dire **la connaissance à tout moment, de l'existant**, est facilitée par les matériels électroniques et informatiques mis en œuvre ; l'on peut ainsi connaître immédiatement, et poste par poste, la situation.
⇒ inventaire ; inventaire à jour fixe ; inventaire tournant

INVENTAIRE TOURNANT
Les différents éléments sont inventoriés à tour de rôle, suivant un processus régulier ; il s'agit d'un inventaire essentiellement matériel.
⇒ inventaire ; inventaire à jour fixe ; inventaire comptable ; inventaire extra-comptable

INVESTISSEMENT
Il s'agit de la mise à disposition de **moyens** (dans la phase initiale de la création d'une entreprise de moyens monétaires) et l'acquisition de biens **qui conservent et augmentent le potentiel**, notamment de production, **d'une entreprise.**
L'investissement concerne les **immobilisations corporelles et incorporelles.** Les emplois reflètent la diversité des investissements. Les investissements peuvent concerner aussi des **prises de participation** dans d'autres entreprises pour créer des synergies, renforcer des liens ou élargir des marchés.
Le terme est aussi synonyme de « **placement** », c'est-à-dire l'acquisition d'un capital destiné à procurer des revenus ou a être revendu dans la perspective d'une plus-value (bénéfice).
⇒ accélérateurcapital ; désinvestissement ; investissement brut ; investissement de remplacement ; investissement net ; moyens monétaires ; plan d'autofinancement ; plan d'investissement ; placement ; réinvestissement

INVESTISSEMENT BRUT
La production de biens de consommation et de biens d'équipement, en règle générale, à l'exception des terrains, soumet, dans l'entreprise, l'appareil de production à l'**usure**. D'où la **nécessité des amortissements annuels.**
Ils ont pour but de **maintenir la capacité de production** au même niveau (ce sont les investissements de remplacement) **ou de l'accroître.** Le processus de renouvellement doit tenir compte du fait qu'à côté de l'usure purement matérielle, il faut inclure le phénomène de l'**obsolescence qui est le résultat du progrès.**
Il peut y avoir à la fois renouvellement du capital mais aussi augmentation (investissement net).
⇒ amortissement ; biens d'équipement ; biens de consommation ; capital ; investissement net

INVESTISSEMENT DE REMPLACEMENT
Il s'agit de remplacer les équipements usés, donc en principe, amortis, selon un processus préétabli. **Cet investissement maintient la capacité de production intacte** ; elle reste inchangée.
⇒ désinvestissement ; investissement ; investissement brut ; investissement net

INVESTISSEMENTS DIRECTS À L'ÉTRANGER – IDAE
Les organismes statistiques nationaux mesurent annuellement les montants des **investissements réalisés à l'étranger par les entreprises et les organisations du pays concerné** : acquisition de capital social, prêts, flux de trésorerie, investissements immobiliers, etc.
On détermine de même les investissements directs étrangers dans un pays (IDE) ou un groupe de pays, notamment pour l'ensemble des pays membres de l'UNION EUROPÉENNE – UE
⇒ investissements directs étrangers

INVESTISSEMENTS DIRECTS ÉTRANGERS
Les organismes statistiques nationaux mesurent annuellement **les investissements réalisés dans le pays concerné par les étrangers** : achats d'entreprises, opérations en capital, participations, prêts, flux de trésorerie, etc.
Le montant de ces investissements est **rapporté au Produit Intérieur Brut – PIB** en pourcentage de celui-ci, notamment pour en suivre l'évolution.
On estime qu'au-delà de **30 % du capital détenu** par un étranger dans une entreprise, il y a **participation** et qu'à partir de **50 % il y a prise de contrôle.**
On détermine aussi les investissements directs à l'étranger d'un pays.
⇒ investissements directs à l'étranger

INVESTISSEMENT GLOBAL
C'est la somme des dépenses d'investissement que réalise une entreprise. Cet investissement concerne toutes les dépenses d'acquisition pour la création et l'installation des

équipements, toutes celles aussi qui concernent la construction d'immeubles. Par contre, les sommes d'argent consacrées à l'acquisition de valeurs mobilières ne sont pas à prendre en compte sous cette rubrique, bien que, dans le langage courant, l'on utilise aussi le terme d'investissement.
⇒ Bourse

INVESTISSEMENT NET
Si **les sommes consacrées à l'investissement dans une entreprise dépassent l'investissement de remplacement**, on parle d'un investissement net positif. Cet excédent est à l'origine d'une extension ou d'une amélioration de la capacité de production ou encore d'une extension des marchés.
Lorsque l'investissement de remplacement égale l'investissement brut, l'investissement net est nul et si l'investissement de remplacement est inférieur à l'investissement brut, l'investissement net est négatif.
⇒ désinvestissement ; investissement ; investissement brut ; investissement de remplacement ; réinvestissement

INVESTISSEURS INSTITUTIONNELS
Ce sont **les établissements financiers qui, par leur importance, ont la capacité d'intervenir** (par eux-mêmes ou par leurs clients), **massivement et d'une façon significative sur les marchés boursiers** : banques, caisses de retraite, organismes de placement collectifs en valeurs mobilières, etc.
Le terme familier de « **zinzins** » désigne ces « investisseurs institutionnels ».

IRRÉDENTISME
Mouvement politique qui revendique dans un État l'autonomie pour certaines parties du territoire national.

ISBN
Sigle pour INTERNATIONAL STANDARD BOOK NUMBER
Numéro d'identification internationale pour tous les ouvrages publiés.
L'**ISBN** comporte normalement une dizaine de chiffres qui permettent de connaître notamment :
– la zone de langue de l'édition (2 pour le français),
– l'éditeur,
– le numéro d'ordre dans la production de l'éditeur.
Ce numéro doit obligatoirement figurer sur le livre ; il est délivré, dans chaque pays, par un organisme national (en général celui qui est chargé du « dépôt légal » sous la responsabilité de l'AGENCE INTERNATIONALE DE L'ISBN.
Les **publications périodiques ont un numéro d'identification spécifique**, l'**ISSN** – INTERNATIONAL STANDARD SERIAL NUMBER, délivré dans les mêmes conditions.

Internet : **Agence Internationale de l'ISBN : http://sbn.spk-berlin.de**
⇒ dépôt légal

ISLAMISME
Terme utilisé **pour qualifier certaines formes radicales de développement de la religion musulmane** depuis le milieu du XXe siècle et qui tendent à une expansion parfois brutale et fanatique avec des objectifs de prise de pouvoir au plan politique comme dans le domaine économique.
Il ne faut pas confondre ce terme avec la religion musulmane en elle-même.

ISOCOÛT
Pour un même coût total, l'entrepreneur peut **choisir entre diverses combinaisons**.
La représentation graphique de ces combinaisons les aligne le long d'une droite appelée « **droite d'isocoût** ».
▶ graphique n° 3

ISOLATIONNISME
Se dit **d'un État qui** se retire, au sens figuré, « sur une île » et **n'entretient pas ou peu de relations avec les autres pays.**
Il est connu que les États-Unis ont vécu, depuis la Guerre d'Indépendance (1775-1782) et pendant près de deux siècles, dans un isolationnisme prononcé.

ISOQUANT
Pour atteindre une production déterminée de biens, **les facteurs de production peuvent être combinés de différentes manières** : plus ou moins de facteur « capital » ou de facteur « travail ». L'isoquant est alors le lieu des combinaisons des « **inputs** » (ce qui entre) et des « **outputs** » (ce qui sort) pour atteindre le niveau de production déterminé.
Graphiquement, la courbe indique que les diverses combinaisons conduisent à la même quantité de produits.
⇒ biens ; input ; output ; production
▶ graphique n° 3

JACOBIN
Le terme désigne le partisan d'une centralisation politique et économique ; il fait référence au rôle significatif du « Club des Jacobins » pendant les dix années qui ont suivi la Révolution Française de 1789.
En réaction, les « girondins » s'opposeront au pouvoir parisien à cette même époque, mais le terme n'est plus usité.
On parle aussi pour stigmatiser l'opposition à la décentralisation, de jacobinisme.
⇒ décentralisation

JAURÈS Jean (1859-1914)
Homme politique et philosophe français, J. JAURES reste le **maître à penser d'un socialisme « à la française »**, démocratique et républicain, favorable au progrès et profondément humaniste.
Professeur à la faculté des Lettres de Toulouse (France), il est élu député dès 1885 et le restera pratiquement jusqu'à sa mort.
Acceptant la théorie et les idées marxistes, il en réfute cependant les moyens. **Il fonde en 1901 le Parti Socialiste Français** et le rapprochera de la Confédération Générale du Travail – CGT – (France) dans un souci d'unité du socialisme.
En 1904, pour faire connaître ses propres thèses d'un socialisme républicain, **il fonde le journal *L'Humanité* qui deviendra l'organe du Parti Communiste Français en 1920.**
Mais un autre combat important sera pour lui de tenter d'empêcher la guerre (la Première Guerre mondiale). Il oriente le Parti Socialiste Français vers une action internationale pour faire prévaloir son opposition au conflit qui menace.
J. JAURÈS est l'auteur de l' *Histoire Socialiste de la Révolution Française – 1789-1900* publiée à partir de 1901.
⇒ communisme ; marxisme ; socialisme

JETON
C'était autrefois une pièce en métal ou en ivoire, de forme ronde, parfois rectangulaire, **utilisée dans les jeux de hasard.** Les pièces sont toujours en usage dans les casinos.
Le terme désigne aussi, même si elle n'est plus sous forme de jeton, l'indemnité versée par une société à ses administrateurs : ce sont les **jetons de présence.**

JEVONS William Stanley (1835-1882)
Économiste et logicien anglais, W.S. JEVONS fut professeur en Australie puis à l'Université de Londres (G.-B.).
On lui doit de **nombreuses études dans le domaine de la logique** mais il effectua en même temps des **recherches en économie appliquée et en statistiques** dont il publie les résultats dans :
– *The serious Fall in the Value of Gold* – « Une chute sérieuse dans la valeur de l'or » – 1863.
– *The Coal Question* – « La question du charbon » – 1863.
– Il est aussi l'auteur de deux ouvrages importants d'analyse des politiques économiques :
– *The Future of Political Economy* – « L'avenir de l'économie politique » – 1876.
– *Theory of Political Economy* – « Théorie de l'économie politique » – 1871
qui le feront connaître, même si sa théorie d'une corrélation entre les taches solaires et les crises économiques apparaît vite comme utopique, voire farfelue.
Dans *The state in Relation to Labour* – « L'État et les problèmes du travail » – 1883, il aborde une réflexion sur les problèmes sociaux et leur influence sur l'économie.
**On retient aussi de W.S. JEVONS deux thèses majeures :
« l'individu ne travaille que si son désir de posséder n'est pas assez satisfait par son salaire »** et **« le coût de la production fixe l'offre qui, elle-même, détermine l'utilité qui va alors définir la valeur ».**

JIANG JIESHI
Voir : *TCHANG KAÏ-CHEK*

JIDOKA
Concept japonais mis en en œuvre en Europe et aux Etats-Unis, dans l'industrie et plus généralement dans la pratique des affaires, **signifiant qu'il ne faut jamais contourner un problème mais, au contraire, tout tenter pour le résoudre.**

JOBBER
Terme boursier anglo-américain signifiant « **courtier** », utilisé notamment à la Bourse de Londres (G.-B.) où l'on distingue **deux catégories de « courtiers » : les Jobbers et les Brokers. Le Broker s'occupe plus précisément de l'achat** de valeurs mobilières alors que **le Jobber intervient dans la vente.** Mais il s'agit moins de la personne que des opérations qui sont traitées, la même personne pouvant être tantôt Broker, tantôt Jobber.

JOBLESS GROWTH
Terme anglo-américain signifiant « **croissance sans emploi** » : on enregistre une certaine **croissance sans que le nombre de personnes employées au sein de l'entreprise n'augmente.** La cause peut en être une **augmentation de la productivité** mais aussi avoir d'autres origines : automatisation de la production, modernisation et aide à l'administration de l'entreprise, délocalisation de certaines fonctions ou de productions, etc. De telles mesures conduisent indubitablement au **paradoxe qu'une grande partie et même la masse des salariés peu qualifiés se retrouve sans emploi** (« **jobless** ») **mais que, au contraire, les personnels très qualifiés deviennent insuffisants en nombre.** Cette théorie du « Jobless Growth » est toujours d'actualité et se confirme dans de nombreuses circonstances.
⇒ croissance ; TINBERGEN ; productivité

JOINT VENTURE
Terme anglo-américain que l'on peut traduire par « **coentreprise** ». C'est un accord qui associe **plusieurs entreprises pour former une nouvelle entité commune** regroupant tout ou partie de leurs activités respectives ; il peut ne s'agir que de créer ensemble une agence, une représentation mais aussi d'assurer des fabrications en commun.
Ces sociétés, souvent de nationalités différentes, travaillant sur un marché international, décident de s'associer par une **entente temporaire ou définitive. Les participants restent**

indépendants mais sont exposés ensemble aux risques de leur entreprise commune. Ce type d'accord est **largement pratiqué** et offre des avantages aussi bien techniques que financiers.

JOUISSANCE

La jouissance d'une chose autorise celui qui en est propriétaire ou qui est en sa possession à en percevoir les fruits, c'est-à-dire le revenu.

Dans un certain sens, jouissance est synonyme d'usufruit.

Les actions de jouissance sont des actions sans droit de vote, remises aux actionnaires qui ont été remboursés mais qui donnent cependant lieu au versement exceptionnel d'un dividende ; les termes « d'actions amorties » sont synonymes.

La date de jouissance marque le moment à partir duquel on peut jouir d'une chose.

La jouissance légale porte sur les biens d'un enfant mineur dont on a la charge.

⇒ action de jouissance ; usufruit

JOUR CHÔMÉ – JOUR FÉRIÉ – JOUR OUVRABLE – JOUR OUVRÉ

La plupart des législations distinguent parmi l'unité de temps « jour » de 24 heures :
– **Le jour chômé pendant lequel on ne travaille pas** (sauf nécessité, notamment pour assurer des services d'intérêt général) en étant cependant payé ; le 1er mai est, dans de nombreux États, un jour chômé.
– **Le jour férié** : jour pendant lequel l'on ne travaille pas (sauf pour assurer des services d'intérêt général) soit par une décision de l'État (fête nationale, anniversaire, etc.) soit en raison d'une coutume acceptée par les Autorités Publiques ou par l'employeur (entreprise ou administration) ; **le jour férié n'est pas nécessairement payé**, même s'il l'est fréquemment.
– **Le jour ouvrable**, c'est-à-dire tous les jours de la semaine, sauf celui consacré au repos hebdomadaire (variable suivant les pays mais souvent le dimanche) et sauf les jours fériés et les jours chômés.
– **Le jour ouvré**, celui pendant lequel un individu travaille.

JOUR FÉRIÉ
Voir : JOUR CHÔMÉ

JOURNAL

Document comptable dont l'origine remonterait au XIVe siècle et qui, aujourd'hui, est obligatoire et normalisé dans toutes les sociétés ; **il enregistre chronologiquement et le plus souvent quotidiennement, sur la base des pièces comptables** (factures, paiements, etc.) **tous les mouvements qui affectent le patrimoine de l'entreprise.**

Les écritures du journal sont périodiquement reportées sur un « Grand Livre » constitué par l'ensemble des comptes utilisé par l'entreprise. Après balance (récapitulation des débits et des crédits ainsi que solde) et inventaires, le « Grand Livre » conduit au bilan.

Ces opérations et les documents qui les enregistrent sont le plus souvent informatisés.

À l'origine, le « journal » au sens comptable, tenu manuellement, comprenait le livre des inventaires et la copie des lettres ; on faisait une classification par nature des opérations sous forme de reports dans les comptes dont on établissait périodiquement les soldes, pour, en fin d'exercice, déterminer les résultats.

De nombreuses améliorations techniques ont été mises en œuvre pour faciliter les différentes tâches de tenue du journal tout en respectant, au moins quant à l'esprit, les règles légales.
⇒ bilan ; crédit ; débit ; inventaire

JOURNAL D'ANNONCES LÉGALES

Journal spécialisé (ou quotidien ayant une rubrique spécialisée) **assurant la publicité de la vie des sociétés, dans le cadre des dispositions législatives** : créations, statuts et leurs modifications, nomination des membres des organes de gestion, de direction et des commissaires aux comptes, faillite, dissolutions, etc.

Le journal d'annonces légales est, dans certains pays, appelé « Bulletin officiel des Annonces Légales et Commerciales – BODACC » ou « Bulletin des Annonces Légales Obligatoires – BALO ».

JOURNAL OFFICIEL

Les gouvernements ont la nécessité et le devoir d'informer leurs Administrations et les citoyens des décisions officielles qui sont prises.

Dans chaque pays, il existe une **publication officielle pour les lois et la législation** qui en découle : c'est le Journal Officiel. Au Luxembourg, le recueil des publications officielles s'appelle le « Mémorial ».

Le plus souvent, il y a plusieurs éditions spécialisées du Journal Officiel : lois, décrets, arrêtés ministériels, annonces légales, débats parlementaires ou décorations, etc.

L'UNION EUROPÉENNE – UE – a son propre Journal Officiel publié dans chacune des langues officielles de l'UE, avec des éditions distinctes pour la législation, les informations, les avis de recrutement par concours, les appels d'offres pour les marchés, etc.

Dans la plupart des pays, le Journal officiel est accessible par INTERNET.

Internet :

    Allemagne : **http://www.bundesgesetzblatt.de**
    Belgique : **http://www.just.fgov.be**
    France : **http://www.legifrance.fr**
    Luxembourg : **http://www.legilux.lu**
    Union Européenne : **http://europa.eu.int/eur-lex**

JOUR OUVRABLE
Voir : JOUR CHÔMÉ

JOUR OUVRÉ
Voir : JOUR CHÔMÉ

JUDAÏSME

Ensemble de la religion juive et de ses institutions dont l'origine remonterait au XIIe siècle avant J.-C.

Les Juifs ont toujours joué un **rôle économique important**, développant, au fil des siècles, de nombreuses activités et exerçant notamment (parfois quasi exclusivement) certaines professions financières et commerciales à différentes périodes de l'Histoire.

JUGEMENT

Décision prise par un tribunal ; le jugement rendu par une cour est, en général, appelé « arrêt ».

Il existe de **nombreux types de jugement**, parmi lesquels :
– **le jugement « avant dire droit »** c'est-à-dire provisoire pour régler un problème précis avant le jugement « sur le fond » qui règlera le litige ;

- **le jugement « contradictoire »** lorsque les parties concernées ont pu, chacune, faire valoir leurs arguments ;
- **le jugement « par défaut »** : l'une des parties ou toutes ont été absentes ;
- **le jugement « en premier ressort »**, c'est-à-dire que la décision peut être contestée devant un autre tribunal ;
- **le jugement « en dernier ressort »** : la décision ne peut pas, en principe, être contestée, être remise en cause.

⇒ tribunal compétent

JUGLAR Clément (1819-1905)

Statisticien, médecin mais surtout économiste français, JUGLAR va **analyser les crises économiques qu'il considère comme un point de bascule ou de rupture d'une tendance ou d'un flux.** Il développera ses théories dans un ouvrage célèbre : *Crises commerciales et leur retour périodique en France, en Angleterre et aux États-Unis* – 1860).

Il souligne, dans son œuvre, **l'importance de rythmes conjoncturels** majeurs dans l'économie. Il s'agit de rythmes dont la période est relativement longue que l'économiste SCHLUMPETER appellera les « **cycles de JUGLAR** », d'une durée de 8 à 10 ans. D'autres auteurs les appellent « **cycles classiques** » ou encore « **cycles des affaires** ».

⇒ crises ; cycles ; SCHUMPETER

JUNK BONDS

Termes anglo-américains, littéralement « **obligations pourries** ». Ce sont des obligations émises pour acquérir à bas prix mais avec des taux de rendement présumés ou espérés très élevés, des sociétés en difficulté. Le risque est aussi important que l'éventualité de gagner beaucoup d'argent en cas de redressement de la situation de l'entreprise concernée.

⇒ obligation

JURIDICTION

Ensemble des tribunaux exerçant dans un domaine déterminé : la juridiction administrative concerne les tribunaux administratifs, la juridiction commerciale, les tribunaux spécialisés dans les litiges commerciaux, etc.

On distingue aussi les **juridictions de « droit commun »** : tribunal civil, tribunal pénal des « **juridictions d'exception »** : tribunaux ayant une compétence spécialisée, composés parfois, suivant les législations, de magistrats élus ou désignés (Conseils de Prud'hommes, Tribunal du travail, Tribunal des armées, etc.).

⇒ tribunal compétent

JUSTICE

C'est l'**organisation judiciaire dans son ensemble**.
Mais c'est aussi **un principe moral qui impose de respecter les droits des autres** ce qui implique que l'on rende à chacun ce qui lui appartient et que l'on donne à chacun ce qui lui revient : c'est l'attitude de l'homme juste. Le contraire de la justice est, en ce sens, l'injustice.

JUSTICE ÉCONOMIQUE

Les termes trouvent leur origine dans les doctrines qui ont conduit à la création des coopératives, au sein desquelles la répartition des bénéfices se fait entre chacun de ses membres, en fonction et selon son travail.

⇒ coopérative ; justice sociale

JUSTICE SOCIALE

Elle a pour finalité de compenser ou au moins d'atténuer **les inégalités sociales et économiques entre les individus.**
Elle résulte, le plus souvent, dans un pays, d'une politique qui met en œuvre un ensemble de moyens d'assistance et de secours au profit des plus pauvres.

⇒ justice économique

JUST IN TIME

Formule anglo-américaine, littéralement « **juste à temps – JAT** ».
C'est un **principe de gestion** : l'entreprise n'a plus d'entrepôts, ne stocke plus et veille à ce que les **livraisons dont elle a besoin soient effectuées « juste à temps »,** c'est-à-dire au moment même du besoin.
Un tel système suppose qu'il n'y ait **pas de goulots d'étranglement.**
Le stockage a effectivement un coût et sa suppression presque totale conduit à de sensibles économies, à condition que toute la logistique, en amont de l'entreprise, et notamment les transports, soient assurés sans retard, faute de quoi les conséquences pourraient être importantes.

⇒ goulot d'étranglement

KAHN Richard Ferdinand Baron de Hampstead (1905-1989)
Économiste anglais, professeur à l'Université de Cambridge (G.-B.) et haut fonctionnaire dans les organisations internationales.
R.F. KAHN a publié de nombreuses études qui abordent tous les domaines de l'économie, mais sa notoriété reste attachée à un **concept de « multiplication »** que reprendra KEYNES : les investissements dans le secteur primaire sont source d'emplois dans les autres secteurs de l'économie, le secteur secondaire et le secteur tertiaire.
⇒ KEYNES

KAHNEMAN Daniel (1934-)
Économiste israélo-américain, **Prix Nobel d'économie** en 2002 (avec Vernon L. SMITH) pour **« avoir introduit en sciences économiques des acquis de la recherche en psychologie**, en particulier sur les jugements et les décisions en incertitude ». En intégrant les connaissances psychologiques actuelles dans la théorie économique, ses travaux ont ouvert de **nouvelles perspectives aux études économiques**.

KAÏZEN
Principe japonais, utilisé dans le monde entier, notamment dans l'industrie, et signifiant qu'il faut **constamment rechercher l'amélioration de la qualité, le « zéro défaut »**.

KALDOR Nicholas (1908-1986)
Économiste d'origine hongroise, N. KALDOR a été professeur à l'Université de Cambridge (G.-B.) et conseiller des gouvernements de plusieurs pays.
N. KALDOR a notamment étudié les **rapports entre les revenus** (des entreprises et des individus), **l'investissement et la croissance**, en tirant la conclusion que **l'accroissement de la demande** (y compris par des déficits budgétaires de l'État) **fait augmenter la productivité et donc favorise l'investissement des entreprises**. La **« loi de VERDOORN – KALDOR »** montre l'influence significative sur l'économie des gains de productivité dans les entreprises.
On doit à N. KALDOR l'idée d'un **système fiscal d'impôt sur les dépenses** et non pas sur les revenus.
C'est aussi N. KALDOR qui a **élaboré une représentation graphique des rapports entre l'emploi, les prix, le commerce extérieur et la croissance** : c'est le **« carré magique de KALDOR »**.
⇒ carré magique ; commerce extérieur ; croissance ; deficit spending ; investissement ; prix ; productivité ; revenus

KALECKI Michael (1899-1970)
Économiste polonais, spécialiste des cycles, il a développé des thèses proches de celles de KEYNES mais marquées par une orientation marxiste.
⇒ marxisme ; KEYNES

KANBAN
Terme japonais utilisé dans les entreprises européennes et américaines **pour désigner un signal ou un système d'identification dans le cadre d'une organisation du type « just in time – juste à temps – JAT »** afin de déclencher le réapprovisionnement et ainsi maintenir à un niveau déterminé le flux de production ou de livraison.
⇒ just in time

KANTOROVITCH Leonid Vitalievitch (1912-1986)
Économiste et mathématicien russe, L. V. KANTOROVITCH a été membre de l'Académie des Sciences d'URSS et reçoit, en 1975, le **Prix Nobel d'économie** (qu'il partage avec l'américain d'origine hollandaise, T. C. KOOPMANS).
L. V. KANTOROVITCH **interviendra avec efficacité** (même s'il est considéré comme trop proche des capitalistes par le Gouvernement de l'URSS) **dans l'industrie soviétique pour que les investissements aient un meilleur rendement et que la production soit mieux rationalisée**.
Il a notamment publié *Méthodes mathématiques d'organisation et de planification de la production* (1939) et *Calcul économique et utilisation des ressources* (1959).

KAUTSKY Karl Johannes (1854-1938)
Homme politique et économiste disciple de K. MARX d'origine tchèque, K. KAUTSKY est Secrétaire d'ENGELS à Londres (G.-B.). Il adhère au Parti Social Démocrate allemand dont il sera le théoricien et dont il fonde la revue *Die neue Zeit* – « Le temps nouveau » (1883).
Il s'oppose cependant aux conceptions marxistes de LÉNINE et encore plus farouchement au bolchevisme.
Parmi ses ouvrages, on retiendra :
Die soziale Revolution – « La révolution sociale » (1902),
Terrorismus und Kommunismus – « Terrorisme et communisme » (1919),
Die proletarische Revolution und ihr Programm – « La révolution prolétaire et son programme » (1922),
Die materialitische Geschichtsauffassung – « La conception matérialiste de l'histoire » (1927).
Dans ses thèses, **il s'oppose à un marxisme révolutionnaire en lui préférant l'action parlementaire** et c'est lui qui publiera en 1894 le Livre IV du *Capital* de K. MARX.
K. KAUTSKY a, d'autre part, étudié **l'évolution du capitalisme dans l'agriculture**.
⇒ ENGELS ; LÉNINE ; marxisme

KEYNES John Maynard (1883-1946)
Homme politique anglais éminent, économiste, spécialiste dans les domaines de la finance et de la publicité, J. M. KEYNES entre au ministère des Finances du Royaume-Uni et fut Chef de la Délégation anglaise à la Conférence de Paix de Versailles (France), à l'issue de la Première Guerre mondiale (1914-1918) ; **démissionnaire, il revendique une révision du Traité de Versailles**.
Professeur au King's College (Université de Cambridge – Grande-Bretagne), il élabore, pendant la Seconde Guerre mondiale (1939-1945) un plan de financement de la guerre : *How to pay for the war* – « Comment financer la guerre ».
Parmi ses œuvres nombreuses, dont beaucoup sont antérieures à la Seconde Guerre mondiale, on peut citer :
A treatise on probability – « Traité sur la probabilité » – (1921).
Tract on monetary reform – « Opuscule sur la réforme monétaire » – (1923).
Essays in Persuasion – « Essai sur la persuasion » – (1931).

J.M. KEYNES a marqué la théorie économique en montrant qu'à la suite de la crise mondiale de 1929, un équilibre global est concevable, même en cas de sous-emploi permanent.
Son œuvre majeure, « *Global theory of employment interest and money* » – « *Théorie générale de l'emploi, de l'intérêt et de la monnaie* » – 1936- lui a apporté une notoriété considérable et lui a permis d'être considéré comme l'un des plus grands théoriciens de la pensée économique moderne.
J.M. KEYNES a été anobli en 1942 et portait le titre officiel de Baron KEYNES OF TILTON.

KINDLEBERGER Charles P. (1910-)

Économiste américain, professeur au Massachusets Institute of Technology – MIT de Chicago (E-U), C.P. KINDLEBERGER est un **spécialiste des problèmes financiers et monétaires internationaux.**
Dans le plus connu de ses ouvrages *Manias, Panics and Crashes : a History of Financial Crisis* – « *Passions, terreurs et accidents : une histoire des crises financières* » (1973), il décrit les soubresauts de la spéculation financière depuis 1700, associant ainsi l'histoire et l'économie.

KING Grégory (1648-1712)

Officier anglais, généalogiste, mais surtout précurseur en matière d'études économiques et de statistiques, G. KING est connu pour son ouvrage *Natural and Political Observations and Conclusions upon State and Conditions of England in 1696* « *Observation naturelles et politiques ainsi que les conclusions sur la situation et les conditions de vie de l'Angleterre en 1696* ».
G. KING observe notamment l'évolution du prix du blé et détermine **qu'une baisse de production fait monter les prix dans une proportion plus forte : c'est la « loi de KING »** surtout applicable en agriculture mais aussi dans d'autres domaines.
⇒ loi de KING

KITCHIN Joseph

Statisticien anglais, spécialiste des études des cycles de l'économie. J. KITCHIN a notamment travaillé sur les **cycles courts** (qui portent ainsi son nom), d'une durée d'environ 3 ans, qu'il a surtout étudiés aux États-Unis (1923).
Dans ce contexte, on parle de « **cycle de CRUM-KITCHIN** » et de « **cycle de MITCHELL** ».
⇒ cycle

KLEIN Lawrence Robert (1920-)

Économiste américain, professeur à l'Université de Pennsylvanie, L.R. KLEIN a reçu le **Prix Nobel d'économie** en 1980.
Grand spécialiste de l'économétrie, il a mis au point des modèles mathématiques perfectionnés et très élaborés pour analyser les mécanismes de l'économie.
Il est **l'auteur d'un célèbre ouvrage de prévision économique**, le *Wharton Econometric Forecasting Model*.

KNIES Karl (1810-1880)

Économiste allemand, professeur à l'Université d'Heidelberg (Allemagne), spécialiste de la monnaie et du crédit, il fait partie de « **l'École historique allemande** » à laquelle appartenaient les économistes ROSCHER, HILDEBRAND et SCHMOLLER.
⇒ HILDEBRAND ; ROSCHER ; SCHMOLLER

KNOW-HOW

Expression anglo-américaine, littéralement « savoir comment » et devenue « **savoir-faire** ».
Le « know-how » se confond avec l'esprit d'invention et avec le savoir, donc avec la connaissance et avec l'expérience.
Le « know-how » s'acquiert, s'achète, se vend et se combine au sein d'un groupement : c'est **un ensemble de « savoir-faire » qui se construit peu à peu et concerne l'entreprise autant que l'individu.**

KNOWLEDGE STOCK MARKET

Termes anglo-américains désignant un **marché boursier** privé où l'on peut acquérir des titres de participation (actions) qui portent sur un « know-how » (« savoir-faire »), des projets, des idées, etc. C'est un **marché du capital intellectuel**, rendu possible par toutes les mises en relation du réseau INTERNET.
⇒ Bourse ; INTERNET

KNOWLEDGE WORKER

Termes anglo-américains, littéralement « **celui qui a la connaissance** ».
La société industrielle devient de plus en plus une **société du savoir**. Celui qui exerce une activité professionnelle doit disposer de connaissances générales, techniques, technologiques et d'un « savoir-faire » sans que pour autant l'individu soit nécessairement exceptionnel.
L'avenir sera, dans tous les domaines, dominé par le « savoir » et le « savoir-faire », le « know-how ».

KOLKHOZE

Exploitation agricole collective soviétique, développée à partir de 1930. La terre appartient à l'État et le matériel d'exploitation aux membres de cette forme de coopérative qui, cependant, n'offre aucune liberté de gestion : la production est fixée par l'État qui l'achète en totalité au prix qu'il fixe ; le revenu est partagé entre les membres du kolkhoze.
⇒ communisme ; coopérative

KONDRATIEFF Nicolaï Dimitrevitch (1892-1938)

À la fois chercheur et enseignant russe, N.D. KONDRATIEFF va d'abord jouer un rôle important dans les organisations et les institutions agricoles de l'Union Soviétique et sa politique dans ce domaine.
Mais c'est au ministère des Finances, dans le cadre de « **l'Institut de Conjoncture** » qu'il va **développer ses réflexions et ses théories économiques, notamment sur les crises et les cycles longs** (50 ans environ) qui deviendront, selon l'économiste américano-autrichien J. SCHUMPETER qui en a développé l'analyse, les « **cycles KONDRATIEFF** », alternant une **phase descendante et une phase ascendante de l'économie de** chacune 20 à 30 ans.
Dans un tel cycle, peuvent se succéder et influer, favorablement ou défavorablement, sur l'évolution, des cycles plus courts dits « **cycles de JUGLAR** » et « **cycles de KITCHIN** ».
Hostile aux orientations politiques de STALINE et à la collectivisation, N.D. KONDRATIEFF est condamné à la prison puis fusillé.
⇒ collectivisation ; crise ; cycles économiques ; JUGLAR ; KITCHIN ; SCHUMPETER

KOOPMANS Tjalling Charles (1910-1985)

Économiste d'origine hollandaise, professeur à l'Université de Yale (E-U), spécialiste d'économétrie, T.C. KOOP-

MANS reçoit le **Prix Nobel d'économie** en 1975 (avec L.KANTOROVITCH).

T. C. KOOPMANS a mené des **travaux sur la monnaie et les prix**, mais sa notoriété vient surtout de **ses études pour une formulation mathématique très complète des corrélations existant entre les facteurs de production** (capital, travail, matières premières, sciences et technologies) **et la satisfaction de l'individu** : c'est le problème de « l'allocation des ressources ».

KOTLER Philip

Professeur de marketing international à la Kellog School of Management de la Northwestern University d'Evanston (E-U), l'américain Ph.KOTLER est **célèbre dans le monde entier pour ses études et ses travaux sur le marketing**. Il fut Président du « Collège de Marketing de l'Institut des Sciences du Management » et Directeur de « l'Association Américaine du Management ».

Docteur « honoris causa » de plusieurs universités dans le monde entier, il est **l'auteur de nombreux ouvrages et son** *Marketing Management* **est considéré comme la « bible » du marketing.**

⇒ marketing

KRACH

Terme d'origine allemande utilisé en économie pour désigner une **catastrophe financière majeure et brutale due à une série d'événements dominés par le spectre de l'argent**.

Un « krach » peut concerner la Bourse, plusieurs d'entre elles dans le monde, une entreprise ou un groupe d'entreprises, un pays, un continent ou l'ensemble de l'économie mondiale.

Le « krach » le plus célèbre est celui du 24 octobre 1929, « le jeudi noir » à la Bourse de New York (E-U) : après une série de spéculations effrénées, la Bourse s'effondrait, entraînant **une débâcle générale et un désastre qui allait toucher gravement toute l'économie mondiale** : faillites, ruines et suicides en furent les conséquences dramatiques.

Certains économistes qualifient les « krachs » de « **vendredis noirs** » – « **black Fridays** » parce que ceux intervenus à la Bourse de New York (E-U) le 11 mai 1866 et le 24 septembre 1869 ont eut lieu un vendredi et celui de 1929, d'une ampleur beaucoup plus grande, la veille d'un vendredi, jour où l'on a pu en mesurer les premiers effets.

Un « krach » récent a concerné les Bourses mondiales en octobre 1987.

Le « krach » reste toujours la hantise du monde économique mais aussi de ses populations dans les périodes de crise.

KROPOTKINE Piotr Alexeïevitch Prince (1842-1921)

C'est un **anarchiste russe qui fut surtout un théoricien**. Il adhère en 1872 à la Ire Internationale (« unir les travailleurs dans la lutte »). Pour lui, **la révolte doit être permanente**, refusant notamment aux syndicats le droit de jouer un rôle et proposant une société nouvelle fondée sur le regroupement des individus.

Parmi ses œuvres, on peut retenir :
Paroles d'un révolté (1885)
La conquête du pain (1888)
et ses mémoires *Autour d'une vie* (1906)

KUZNETZ Simon (1901-1985)

Économiste américain et **Prix Nobel d'économie** en 1971, il est connu pour ses **travaux de recherche empirique et historique en économie** au « National Bureau of Economic Research » (« Bureau National de Recherche en Économie ») aux États-Unis.

Il a contribué à une meilleure élaboration du **concept de** « **comptabilité nationale** » en proposant un système de mesures quantitatives des agrégats économiques.

S. KUZNETS a, par ailleurs, observé et décrit dans de nombreux domaines (le bâtiment, par exemple) un **cycle économique d'environ 15-20 ans** dit « **cycle de KUZNETS** » ou « **KUZNETS Swing** ».

Son influence tient aussi à une **vision humaniste et pratique de l'évolution et du développement de l'économie largement liée aux progrès des connaissances**.

⇒ agrégat ; Compatibilité Nationale ; cycles économiques

KYDLAND Finn (1944-)

Économiste norvégien, spécialiste des politiques monétaires et de l'analyse des cyles économiques. Professeur à l'Université de Santa Barbara en Californie (États-Unis), il partage avec l'américain Edward PRESCOTT, **le Prix Nobel d'économie en 2004**.

⇒ cycles économiques ; monnaie

LABEL
Signe distinctif accordé à un produit pour en attester certaines caractéristiques, notamment en ce qui concerne la qualité et le respect de normes déterminées ; il peut aussi souligner et garantir l'origine ou confirmer des garanties particulières. Les labels sont attribués sur la base d'un cahier des charges par des organismes spécialisés professionnels.
Le label peut être national (éventuellement régional), **européen ou international** ; il concerne surtout des produits de consommation (alimentaires ou non) mais aussi des services.
Le label renforce la protection du consommateur.
Le produit concerné est dit « **labellisé** ».
⇒ consommateur

LAFFER ARTHUR (1940-)
Économiste américain, professeur à l'Université de Californie (E-U), **spécialiste de la « théorie de l'offre »**, libéral convaincu et opposé aux dérives de la fiscalité.
Il est l'auteur (avec Jan P. SEYMOUR) de *The Economics of the Tax Revolt* – « *L'économie de la révolte fiscale* » – 1979 – et, avec d'autres économistes (ouvrage collectif) de *Foundation of Supply-Side Economics. Theory and Evidence* – « *Fondements de l'économie de l'offre. Théorie et faits* » – 1983.
A. LAFFER connaît la célébrité en démontrant, en 1978, qu'au-delà d'un certain seuil, la pression fiscale des impôts devient insupportable et a des conséquences néfastes sur l'économie, réduisant ainsi les recettes fiscales.

LAMBDA
Lettre de l'alphabet grec (λ) désignant, avec une connotation péjorative, **un individu ou un citoyen quelconque**, sans beaucoup de personnalité et qui se situe dans la moyenne générale à tous égards.

LANDRY Adolphe (1874-1956)
Économiste et homme politique français, il tenta de **promouvoir un socialisme qui ferait la synthèse du marxisme et d'un capitalisme qui ne serait pas orienté vers le seul profit**.
Il fut aussi le **défenseur de la famille et de la natalité**. Son *Traité de démographie* (1945) a connu une audience importante ; il faisait suite à d'autres ouvrages, notamment *La révolution démographique* (1934), *L'intérêt du capital* (1904) et un *Manuel économique* (1908).

LANGE OSKAR (1904-1965)
Diplomate et économiste polonais, il fut ambassadeur aux États-Unis et à l'ORGANISATION DES NATIONS UNIES – ONU.
Professeur à l'Université de Chicago (E-U) et à celle de Varsovie (Pologne), O. LANGE est connu pour ses **travaux de recherche en économétrie**.
Il a tenté une synthèse, mise en œuvre dans le mouvement coopératif polonais, entre le marché dans sa conception capitaliste et la planification de l'économie socialiste.
Parmi ses ouvrages, on peut citer :
Studies in mathematical Economics and Econometrics – « *Études d'économie mathématique et d'économétrie* » (1942), *Price Flexibility and Employment* – « *Flexibilité des prix et emploi* » (1944), *Introduction to Econometrics* – « *Introduction à l'économétrie* » (1962), ainsi qu'un manuel d'économie politique *Ekonomia polityczna* – « *Économie politique* » (1959).

LANGUE DE BOIS
Façon de s'exprimer en utilisant des formules toutes faites et des expressions sans grande signification, en n'exprimant rien qui ne soit correct, en recherchant systématiquement un consensus et en évitant la contestation.
La langue de bois est fréquente dans les discours politiques mais aussi économiques.

« LA PROPRIÉTÉ C'EST DU VOL »
L'expression est due au français Pierre Joseph PROUDHON (1809-1865), considéré comme anarchiste. Selon lui, chaque individu ne devrait posséder (être propriétaire) que ce qu'il lui est nécessaire pour pouvoir mener une existence normale.
⇒ anarchiste ; PROUDHON

LASSALLE Ferdinand (1825-1864)
Homme politique allemand, connu pendant ses études à Berlin (Allemagne) sous le nom « d'enfant miracle ».
Très marqué par MARX, HEGEL et RODBERTUS, il est **partisan d'un socialisme d'État** et auteur d'un « programme ouvrier » dans lequel il propose la conquête de l'État par le suffrage universel et y définit **sa célèbre « loi d'airain »** en matière de salaire selon laquelle la fixation du salaire par l'employeur doit se faire à un niveau permettant au travailleur de reconstituer ses forces afin de pouvoir continuer à être exploité (1863).
Comme le français Louis BLANC, il a proposé la **création de coopératives de production** pour combattre la misère qui résulte de l'application de cette « loi d'airain ».
Il fonde en 1863 l'**Allgemeiner deutscher Arbeiterverein** » – « Association Générale Allemande des Travailleurs » qui est le premier parti socialiste d'Europe.
⇒ HEGEL ; MARX ; RODBERTUS

LATIFUNDIA
Terme désignant, en Amérique du Sud, un immense domaine agricole. Le latifundia (ou latifundium) a aussi existé avec la même acception dans certaines régions européennes (Europe Centrale et Espagne, notamment) au XVIIIe et au XIXe siècle.

LAW John (1671-1729)
Financier et économiste d'origine écossaise, J. LAW étudie d'abord très concrètement les systèmes bancaires des capitales européennes, concluant que **l'importance de la monnaie en circulation est le moteur de l'économie et son développement**.
Appliquant ensuite ses réflexions à une mise en œuvre pratique, il obtient de la France, alors dans une situation financière catastrophique, **l'autorisation de créer, en 1716, la BANQUE GÉNÉRALE** qui aura le monopole d'émettre des billets, proportionnellement aux nécessités économiques. Le succès confirme l'importance du papier-monnaie et du crédit.

Mais des spéculations vont faire effondrer, en 1720, le fameux « système LAW ». L'État se relèvera difficilement de cet échec et il faudra attendre 1800 pour que soit créée, à nouveau, une banque centrale, la BANQUE DE FRANCE. La BANQUE GÉNÉRALE perdurera cependant quelques années encore, dans la COMPAGNIE DES INDES avec le monopole d'exploitation du Canada, des Antilles et du Sénégal.
⇒ BANQUE CENTRALE

LEADING SECTOR
Voir : SECTEUR ÉCONOMIQUE

LEAN PRODUCTION
Expression anglo-américaine signifiant « **production tendue** », c'est-à-dire qui respecte les principes d'économicité : décentralisation, production « just in time », externalisation, automatisation des circuits, productivité, etc.
La Lean Production permet de comprimer les coûts et, éventuellement, de réaliser des gains plus élevés.
⇒ just in time ; Politique de l'éducation et de la formation de l'Union Européenne

LEARNING BY DOING
Expression anglo-américaine, littéralement « **apprendre en faisant** ».
La formation apparaît comme nécessaire à l'amélioration de la qualité du travail mais aussi comme un efficace moyen de lutte contre le chômage.
La formation est un élément moteur du progrès et du développement et elle est au cœur des politiques mises en œuvre dans l'UNION EUROPÉENNE – U.E.
Certains économistes considèrent cependant que le progrès technique n'impose pas une formation en masse des travailleurs et que la formation de spécialistes serait suffisante alors que les tâches sont standardisées. D'autres soutiennent l'idée que la qualité du travail doit être amplifiée sur les lieux mêmes du travail ou en complément de l'activité qu'on exerce, dans le cadre d'une profession : c'est l'objectif du « learning by doing », c'est-à-dire l'amélioration de son potentiel individuel et de ses performances en exerçant un métier. Cette conception complète, sans s'y opposer, l'idée traditionnelle d'une formation théorique à l'école et d'une formation pratique dans l'entreprise.
⇒ Politique de la Formation et de l'Éducation de l'UNION EUROPÉENNE

LEASE BACK
Termes anglo-américains signifiant « **cession-bail** ».
Un bien d'équipement acheté par une société spécialisée dans le crédit peut être mis à la disposition d'un utilisateur avec paiement d'un loyer et une option d'achat : c'est le crédit-bail. La même technique peut être utilisée par le propriétaire d'un matériel qui vend celui-ci à une société de crédit qui va le lui louer en crédit-bail : c'est le lease back.
⇒ leasing

LEASING OU CRÉDIT-BAIL
Technique de financement permettant à une entreprise **de faire financer par un organisme spécialisé** (généralement un établissement de crédit), les machines, équipements, usines, bâtiments, etc. dont elle a besoin puis de les lui louer. Le loyer à payer comprend une partie qui est réservée à l'amortissement et une partie qui tient compte de l'intérêt des sommes engagées dans l'investissement.
Le crédit-bail peut concerner des biens immobiliers ou des biens mobiliers ; certaines sociétés ses sont spécialisées pour faciliter cette technique de financement.
Le but de l'opération est d'offrir une **formule d'exploitation très intéressante**, sans qu'il soit besoin pour l'entrepreneur de faire un investissement substantiel. Cette technique de financement est d'autant plus attractive que la durée d'utilisation des équipements est aujourd'hui réduite par les progrès réalisés dans tous les domaines.
L'impact du leasing sur le bilan de l'entreprise est neutre.
⇒ lease back

LÉGATAIRE
C'est celui qui bénéficie d'un legs. Lorsque l'on parle du légataire universel, il s'agit de la personne à qui revient la totalité des biens disponibles de la succession.
⇒ legs

LÉGISLATION DU TRAVAIL
Voir : DROIT DU TRAVAIL

LÉGISLATION SOCIALE
Voir : DROIT DU TRAVAIL

LÉGITIME DÉFENSE
La loi définit assez strictement, dans la plupart des pays, cette notion : elle n'est généralement pas contestée **lorsqu'il y a nécessité de se défendre et de riposter à une agression ou à une atteinte injustifiée à sa personne** ; mais, en tout état de cause, l'acte de légitime défense doit être proportionné à l'action subie.

LEGS
Libéralité ou don fait par testament à quelqu'un.
⇒ légataire ; legs à titre universel ; legs universel ; succession

LEGS À TITRE UNIVERSEL
Par testament, on lègue à une ou plusieurs personnes, une **quote-part de ses biens propres** (meubles ou immeubles) dont la loi autorise à disposer en fonction des droits des héritiers.
⇒ legs universel ; testament

LEGS UNIVERSEL
Par testament, on déclare vouloir **faire bénéficier une ou plusieurs personnes de la totalité de son patrimoine** après sa mort.
⇒ legs à titre universel

LÉNINE Vladimir Illitch OULIANOV dit (1870-1924)
Révolutionnaire et homme d'État russe, LÉNINE est, dès 1888, **profondément marqué par la pensée marxiste et ses thèses**, même s'il aura, tout au long de sa carrière et de ses actions, une certaine indépendance vis-à-vis de l'orthodoxie marxiste. Il s'engage très vite dans les mouvements révolutionnaires et parcourt l'Europe.
En 1899, il publie le *Développement du capitalisme en Russie* puis, en 1909 *Matérialisme et empiriocriticisme* et, en 1914, *Cahiers philosophiques*.
Mais c'est *L'impérialisme, stade suprême du capitalisme* qui sera son œuvre marquante, publiée en 1916, peu avant la révolution bolchevique (1917). Dans ce livre, **il veut démontrer le caractère inéluctable de l'expansion du capitalisme dans le monde, son impérialisme et sa domination universelle si la révolution ne s'y oppose pas**.

Il met alors en œuvre l'application concrète de ses thèses qui marqueront fondamentalement toutes les idéologies communistes du XXe siècle : nationalisation des banques et des entreprises, contrôle de l'industrie par les ouvriers, partage de la terre aux paysans, séparation de l'Église et de l'État, égalité des hommes et des femmes.

En 1918, il crée la **RÉPUBLIQUE SOVIÉTIQUE FÉDÉRATIVE SOCIALISTE DE RUSSIE – RSFSR** qui affiche son objectif de la révolution socialiste et de l'anéantissement du capitalisme bourgeois.

Il fonde en 1919 la **IIIe Internationale** et publie le *Manifeste des ouvriers du monde*.

Malgré l'opposition de LÉNINE, le pouvoir sera pris par STALINE, avec toute la brutalité que l'histoire connaît.

⇒ communisme

LEONTIEF Wassily (1906-1999)

Économiste d'origine russe, professeur aux Universités d'Harvard et de New York (E-U), W. LEONTIEF est un spécialiste des échanges interindustriels ; ses études lui vaudront le titre de Docteur Honoris Causa des Universités de Bruxelles et de Paris ainsi que le **Prix Nobel d'économie en 1973**.

W. LEONTIEF a une vision très globale de l'économie, schématisée par un tableau (ou « matrice »).

Il a publié, en 1931, une théorie générale de l'équilibre économique soulignant l'interdépendance des échanges entre les différents secteurs de l'économie et, en 1941, un ouvrage sur la *Structure de l'économie américaine 1919-1929* et de nombreuses autres études, notamment sur les relations entre environnement et économie.

En se référant à la théorie selon laquelle l'équilibre des échanges commerciaux internationaux est fonction de l'importance relative du facteur « travail » et du facteur « capital » dans les pays concernés (c'est le « Théorème HECKSCHER – OHLIN »), il a démontré **qu'il faut tenir nécessairement compte de la productivité du travail et non pas seulement de son volume et de celui du capital : c'est le « paradoxe de LEONTIEF ».**

LE PLAY Frédéric (1806-1882)

Ingénieur et économiste français, diplômé de l'École Polytechnique et de l'École des Mines (France) dont il devient professeur, F. LE PLAY mène une triple carrière : de haut fonctionnaire (notamment au Conseil d'État), d'homme politique (Sénateur) et d'expert en métallurgie tout en étant un **spécialiste reconnu d'économie et de philosophie sociale**.

Au cours de nombreux voyages, **il étudie en détail le monde ouvrier** dont il analyse l'environnement, le mode de vie, les moyens matériels, etc., accumulant une masse impressionnante d'observations dont il tirera des enseignements dans tout ce qu'il publie. Son œuvre majeure sera *La réforme sociale en France* (1864) qui sera suivie de *La paix sociale après le désastre* (1871).

La « Société d'économie sociale » qu'il a créée va diffuser les thèses de F. LE PLAY qui font une large place aux relations sociales dans l'entreprise et **inspireront longtemps un « paternalisme éclairé »**. Ses nombreux disciples, les « leplaysiens » sont à l'origine, notamment, de la création de l'« Institut de Sociologie SOLVAY » en Belgique, de la « Sociological Society » en Grande-Bretagne et d'organismes similaires aux États-Unis, Canada, au Portugal, etc.

LE ROUX Pierre (1797-1871)

Homme politique, philosophe, économiste et industriel français, P. LEROUX **considère que la misère ouvrière est le résultat du capitalisme**. La France qu'il décrit dans *De la ploutocratie ou du gouvernement des riches* (1848) est, selon lui, une nation de propriétaires qui exploitent le peuple.

Il propose une société plus solidaire et notoirement socialiste, basée sur la « religion de l'humanité ».

LEROY-BEAULIEU Paul (1843-1916)

Économiste français, professeur au Collège de France (Paris), P. LEROY-BEAULIEU est un libéral qui **considère l'entreprise comme le moteur de l'économie capitaliste**. C'est aussi un **partisan de la colonisation** dont il considère qu'elle offre des matières premières à bas prix et des débouchés pour les produits fabriqués en Europe.

Il a fondé, en 1873, la revue *L'économiste français*.

« LES CINQ SAGES »

Dénomination allemande employée pour le « **Conseil des Sages** » qui est chargé de donner son appréciation sur la situation et l'évolution de l'économie et, éventuellement, de proposer des mesures.

D'autres pays ont mis en place des **conseils chargés d'éclairer les gouvernements en matière économique et ainsi de guider leurs décisions** ; en France le « Conseil d'Analyse Économique » joue un rôle important auprès du Premier ministre depuis 1997.

⇒ Conseil d'Analyse Économique

LÉSION

Il y a lésion, au sens juridique, si **dans le cadre d'un contrat**, l'une des parties peut invoquer une **disproportion flagrante entre la prestation reçue et la prestation donnée** : il y a donc un préjudice.

Lors de la vente d'un immeuble, par exemple, **le contrat peut ainsi être « rescindable »** (annulable pour lésion) dans un délai déterminé (fixé par la législation) si le vendeur n'obtient qu'un prix nettement inférieur à la valeur réelle du bien (la différence étant fixée par les dispositions légales).

LETTRE DE CHANGE OU TRAITE

Technique de crédit à court terme. L'opération est couverte par **un mandat donné par un créancier appelé « tireur »**, à **un débiteur dénommé « tiré » de payer une somme déterminée à une date précisée soit au tireur lui-même, soit à une tierce personne, le « bénéficiaire »** encore appelé le « preneur ».

La lettre de change qui doit nécessairement être intitulée comme telle, **doit être « acceptée » par le tiré**, si non il pourrait être établi un « **protêt faute d'acceptation** », c'est-à-dire un acte juridique attestant le refus de l'acceptation. Il y aurait alors un doute sérieux quant au paiement de la traite à l'échéance prévue.

La lettre de change est **transmissible par voie d'endossement**. Il y a alors une cession de créance par laquelle le cédant transfère au cessionnaire les droits du créancier originaire.

Lorsque le paiement n'est pas fait à l'échéance et pour éviter le **protêt faute de paiement**, il est possible de trouver un « **donneur d'aval** » (ou « **avaliseur** » ou « **avaliste** ») qui garantira le paiement.

Une lettre de change peut être négociée (donc vendue) avant l'échéance à une banque qui va « l'escompter », c'est-à-dire l'acheter en contrepartie d'intérêts et de frais (les agios).

En comptabilité, on trouve un compte « effets à recevoir » à l'Actif du Bilan qui concerne les lettres de change dont l'entreprise est bénéficiaire ; les effets acceptés figurent au compte « effets à payer » au Passif du Bilan.

De nombreuses entreprises utilisent aujourd'hui la « **lettre de change relevé – LCR** » : c'est un support informatique – éventuellement magnétique – qui est en fait un bordereau de cession de créance transmis le plus souvent par INTERNET.

⇒ billet à ordre

LEVER

Le terme concerne le financement des entreprises sur les marchés financiers ; il signifie **trouver, se procurer des fonds** soit par une augmentation de capital soit par un emprunt ou encore l'émission d'obligations.

Lever une option, dans un sens général, c'est l'exercer, y donner une suite positive ou favorable, bénéficier des droits qu'elle peut procurer.

Lever un impôt ou une cotisation est synonyme de collecter.

⇒ augmentation de capital ; emprunt ; obligation

LEVERAGED MANAGEMENT BUYOUT – LMBO

Voir : MANAGEMENT BUYOUT – MBO

LEWIS Arthur Sir (1915-1991)

Économiste anglais, professeur aux Universités de Manchester (G.-B.) et de Princeton (E-U), il partage avec T.SCHULTZ le **Prix Nobel d'économie** en 1979.

A. LEWIS est un **spécialiste des pays en développement** dont il conseille plusieurs gouvernements ainsi que l'ORGANISATION DES NATIONS UNIES – ONU.

Ses analyses de la structure économico-sociale des pays du « tiers monde », lui font distinguer :
– **un secteur agricole** ancestral, peu évolué et très pauvre, avec une main-d'œuvre abondante ;
– **un secteur d'évolution récente, capitaliste**, qui rencontre beaucoup de difficultés pour se développer, faute de moyens financiers et de main-d'œuvre qualifiée.

A. LEWIS a notamment publié :
Theory of Economic Growth – « Théorie de la croissance économique » (1955)
The Principles of Economic Planning – « Les principes du plan en économie » (1966)
Development Planning – « Plan de développement » (1966) et deux ouvrages d'histoire économique :
Tropical Development 1880-1913 – « Développement sous les tropiques 1880-1913 » (1966) et
Growth and Fluctuations 1870 – 1913 – « Croissances et fluctuations 1870-1913 » (1978)

⇒ tiers-monde

LIBÉRALISATION

Il s'agit de déréglementer les marchés et de supprimer les barrières douanières ou administratives qui entravent la circulation des biens sur les marchés nationaux et internationaux.

Dans un contexte national, la libéralisation consiste à passer d'une économie dirigiste étatique à une économie de marché avec, notamment, la privatisation (progressive ou brutale) des activités économiques ou de certaines d'entre elles.

En matière internationale, la mise en œuvre, à partir de 1947, à l'issue de la Seconde Guerre mondiale (1939-1945), de l'ACCORD GÉNÉRAL SUR LES TARIFS DOUANIERS ET LE COMMERCE – GATT – a ouvert la voie à la **libération des échanges dans le monde en particulier par la réduction progressive des droits de douane**. Cette libéralisation a été renforcée par la création, en 1995, de l'ORGANISATION MONDIALE DU COMMERCE – OMC qui a succédé au GATT. Cette « ouverture » sur le monde des échanges et des opérations commerciales est désignée par les termes de « **libre-échange** ». Cette doctrine **fait tendre les économies vers une globalisation qui mondialise les productions, les marchés et les consommations**. Mais cette mondialisation suscite de nombreuses critiques (celles des « altermondialistes, notamment), voire des oppositions virulentes. De nombreux économistes considèrent cependant que le « libre-échange » est profitable, socialement et économiquement, aux pays qui l'adoptent et à leurs populations.

⇒ ACCORD GÉNÉRAL SUR LES TARIFS DOUANIERS ET LE COMMERCE ; altermondialistes ; libéralisme ; libre-échange ; mondialisation ; ORGANISATION MONDIALE DU COMMERCE

LIBÉRALISME

Doctrine dont la devise pourrait être « laisser faire – laisser aller », telle que l'énonce l'économiste V. DE GOURNAY. L'activité économique, régulée par le marché, se déroule librement si le régime est tout à fait concurrentiel. Il s'agit donc d'une **doctrine économique opposée à l'intervention des Autorités publiques et qui refuse la formation de monopoles ou d'oligopoles**. Les libéraux estiment que l'équilibre s'établit au sein de l'économie en vertu de principes naturels.

⇒ concurrence ; GOURNAY ; libre-échange ; marché ; monopole ; oligopole

LIBRE – ÉCHANGE

Doctrine économique très largement mise en oeuvre dans le monde entier pour faciliter et amplifier le commerce et les transactions internationales : deux ou plusieurs pays décident la libre circulation entre eux des marchandises, des services et des capitaux (ou seulement de certains d'entre eux) **sans les soumettre à des droits de douanes ou à des barrières administratives**.

Le libre-échange est l'un des objectifs de l'ORGANISATION MONDIALE DU COMMERCE – OMC.

De très nombreuses « zones de libre-échange » ont été créées : l'ASSOCIATION EUROPÉENNE DE LIBRE ÉCHANGE – AELE -, l'ASSOCIATION DES NATIONS DE L'ASIE DU SUD-EST – ASEAN, le MERCOSUR, la ZONE DE LIBRE ÉCHANGE DES AMÉRIQUES – ZLEA, certaines entre des pays n'appartenant pas au même continent, telles celles entre les États-Unis, Israël et l'Égypte, sur le modèle de celle entre les Etats-Unis, le Jordanie et Israël.

⇒ ASSOCIATION EUROPÉENNE DE LIBRE ÉCHANGE ; ASSOCIATION DES NATIONS DE L'ASIE DU SUD-EST ; MERCOSUR ; ORGANISATION MONDIALE DU COMMERCE ; ZONE DE LIBRE ÉCHANGE DES AMÉRIQUES

LICENCE

C'est le **droit d'exploiter un « brevet d'invention »**. La licence peut s'acheter à l'inventeur, c'est-à-dire le titulaire du brevet, ou faire l'objet de redevances (par exemple proportionnelles au chiffre d'affaires produit par l'exploitation du brevet : on parle alors de **royalties** »).

⇒ brevet

LICENCE, MASTÈRE, DOCTORAT – LMD
Processus de formation dit « LMD » adopté dans son principe par l'UNION EUROPÉENNE – U.E. – en 2003 et qui devrait permettre l'harmonisation des études supérieures dans l'U.E. et une reconnaissance au niveau international des cursus et des diplômes.

C'est en 1999 que plus de trente pays se sont engagés, à la Conférence de Bologne (Italie), à **construire un « espace européen de l'enseignement »** ; l'organisation comprend un système de valorisation des enseignements reçus, l'European Credit Transfer System – ECTS – dans les différentes universités avec trois cycles : la licence (bac +3), le mastère (bac +5) et le doctorat (bac +8).
⇒ Politique Éducation et Formation de l'UNION EUROPÉENNE

LICENCIEMENT
C'est le fait de congédier du personnel d'une entreprise ou d'une organisation en rompant le contrat de travail.

Le licenciement s'est longtemps pratiqué sans protection pour le salarié et selon la décision du chef d'entreprise, même si elle répondait à des besoins économiques.

La législation du travail et les conventions collectives de très nombreux pays (mais cependant pas tous) imposent des procédures précises pour mettre fin aux liens entre l'employeur et le salarié avec le souci de lui assurer une certaine protection et d'éviter les abus.

En dehors des cas de force majeure, le licenciement doit être justifié par « **une cause réelle et sérieuse** » ; cette cause peut être **disciplinaire** (faute du salarié) **ou non disciplinaire** (insuffisance de rendement, de résultat, perte de confiance mais l'on ne peut pas invoquer de motifs discriminatoires).

Le licenciement pour « **motifs économiques** » est étranger à la personne du salarié ; il doit non seulement être justifié mais il est généralement contrôlé par les Autorités Publiques, dans le cadre des dispositions légales.

Le licenciement concerne toutes les catégories de personnel et, dans certains États, il peut concerner les fonctionnaires ou les militaires.
⇒ convention collective ; droit du travail

LICITATION
Vente aux enchères d'un immeuble par les propriétaires indivis ou les copropriétaires.

La licitation ou vente sur licitation peut être **amiable** ou résulter d'une **décision judiciaire**.
⇒ vente aux enchères

LIFE
Voir : POLITIQUE ENVIRONNEMENTALE DE L'UNION EUROPÉENNE

LIGNE DE PRODUITS
Ensemble d'articles liés les uns aux autres par une utilisation proche, par des caractéristiques spécifiques, sans qu'ils soient identiques, ou par un même concept.

On peut ainsi imaginer au niveau d'un fabricant mais surtout un distributeur, la ligne de produits de la « femme en vacances », du maillot de bain à la robe légère avec les chaussures de plage et de promenade, le sac et les bijoux à porter le soir…

La ligne de produits ne doit pas être confondue avec la « gamme de produits », c'est-à-dire un ensemble d'articles ayant le même usage, des utilisations variées mais proches et des fabrications mettant en œuvre des technologies similaires : une gamme d'articles ménagers de cuisson comportera différentes casseroles, poêles, cuiseurs, etc. certains aussi plus luxueux donc plus chers.

La série ne concerne que des articles ayant une même utilisation mais avec pour chacun, des dimensions, des tailles, des poids ou des volumes différents.

LIGNES DIRECTRICES
Ce sont les grandes orientations d'une politique au niveau d'un État ou d'une entreprise qui déterminent les objectifs et la stratégie.

LIGUE ARABE
Fondée en 1945 à Alexandrie (Égypte) par l'Égypte, l'Irak, le Liban, l'Arabie Saoudite, la Syrie, la Transjordanie et le Yemen Nord, elle regroupe actuellement 22 pays qui ont rejoint la ligue au fil des années : Lybie, Soudan, Maroc, Tunisie, Koweït, Algérie, Yémen du Sud (unifié avec le Yémen du Nord), Bahreïn, Qatar, Émirats Arabes unis, Oman, Mauritanie, Somalie, Djibouti, Comores et l'Organisation de Libération de la Palestine.

La Ligue Arabe s'est donné pour mission de promouvoir la coopération entre les États membres notamment dans les domaines économiques et culturels, de coordonner les politiques et plus généralement de « représenter la nation arabe ».

Les organes de la Ligue Arabe comprennent des « Conférences arabes » annuelles et des « Conseils » rassemblant les Chefs d'État et de Gouvernement ainsi qu'un Secrétariat Général et des Agences spécialisées.

Le siège de la Ligue Arabe est au Caire (Égypte).

Internet : **http://www.arableagueonline.org**

Avec cinq autres pays non arabes (Turquie, Iran, Afghanistan, Pakistan et Israël), un concept informel de « **Grand Moyen-Orient** » (« **Greater Middle East** » tend à se constituer pour une coopération renforcée en matière de sécurité et de protection des intérêts pétroliers de ces pays.
⇒ GREATER MIDDLE EAST

LINÉAIRE
Installation, comptoir de présentation de marchandises, d'articles, dans un magasin, notamment dans un hypermarché ou un supermarché.

La « **gondole** » est un linéaire mais avec un aspect plus étudié de la présentation.

La « **tête de gondole** » met en valeur tel ou tel article par rapport à d'autres.

La disposition et le choix des marchandises dans un linéaire, une gondole ou une tête de gondole fait l'objet d'études de marketing avec l'objectif d'attirer le consommateur et de l'inciter à l'achat.
⇒ consommateur ; marketing

« L'INTENDANCE SUIVRA »
Formule utilisée lorsque l'on parle d'organisation, notamment dans les entreprises, **pour souligner que certains problèmes d'intendance sont à considérer comme accessoires et subordonnés** (infrastructures, logistique, budget, etc.) **à une orientation politique, commerciale ou technique majeure, à une stratégie importante, à un projet essentiel.**

La formule serait due au Général DE GAULLE, Président de la République Française, qui considérait, par cette phrase lapidaire, que l'économie était au service de la politique et lui était subordonnée.

LIPIETZ Alain (1947-)

Économiste, chercheur et homme politique français, actif militant du Parti Socialiste français et **figure marquante de l'écologie**, A. LIPIETZ est ingénieur de l'École Polytechnique (Paris) et Ingénieur en Chef des Ponts et Chaussées (France).

Ses premiers ouvrages sont consacrés à des études sur la production et la consommation :

Crises et inflation, pourquoi ? (1979)

Mirages et miracles – Problèmes de l'industrialisation dans le tiers monde (1985)

mais ses études sont ensuite orientées vers la **recherche géo-économique et l'écologie**.

On peut encore citer parmi ses nombreux ouvrages :

Les régions qui gagnent – Les nouveaux paradigmes de la géographie (1992)

La richesse des régions – Pour une géographie socio-économique (2000) et

Qu'est-ce que l'écologie politique ?- La grande transformation du XXIe siècle (1999)

LIQUIDATION

Veut dire rendre « liquide » ou transformer « en numéraire ».

Lorsqu'il y a lieu de **dissoudre une société**, il faut « liquider » **tous les biens et les valeurs de l'entreprise** qui se trouvent ainsi « en liquidation ». L'opération, bien qu'aléatoire, se fait dans l'intérêt des créanciers et, dans la mesure du possible, dans celui des propriétaires.

La liquidation amiable ou judiciaire (notamment en cas de faillite) **est soumise à des règles toujours très strictes**, suivant la législation du pays concerné.

Le « liquidateur » est chargé de la liquidation d'une société, soit en cas de faillite, soit à la suite d'une décision des propriétaires (généralement une assemblée générale extraordinaire) ou des membres (pour une association).

⇒ faillite

LIQUID CRISTAL DISPLAY – LCD

Termes anglo-américains pour « **affichage à cristaux liquides** ».

Technologie utilisant un système de molécules dans un état intermédiaire entre le solide et le liquide et soumises à un courant électrique pour la formation d'images notamment sur les « écrans plats » de téléviseurs et d'ordinateurs.

Les écrans LCD sont utilisés en concurrence avec les « écrans plasma », en remplacement des « écrans cathodiques ».

⇒ Plasma Display Panel

LIST Friedrich (1789-1846)

Journaliste, économiste et politologue allemand, professeur aux Universités de Tübingen, Leipzig et Augsbourg (Allemagne), F. LIST a milité **en faveur de l'abolition des droits de douane**, tout d'abord à l'intérieur de l'Allemagne mais aussi d'une manière générale pour les échanges entre les pays. Certains font de lui un **précurseur de l'idée européenne**. Il a cependant défendu l'existence temporaire de droits de douane pour protéger les industries naissantes contre les grandes entreprises dominantes de l'étranger.

Il publie en 1840 *Das nationale System der politischen Ökonomie* – « Système national d'économie politique » qui reprend l'essentiel de **ses idées qui sont à l'origine de l'union douanière entre certains États allemands en 1834 et le Luxembourg, en 1842** : c'est le « Zollverein ».

⇒ Zollverein

LITIGE

Contestation, conflit ou différend survenant entre les parties à l'occasion d'un contrat, entre un client et un fournisseur, un consommateur et un vendeur.

Si une solution n'est pas trouvée à l'amiable, un litige peut être réglé par un médiateur, un arbitre ou faire l'objet d'un procès.

Dans le cadre de la protection des consommateurs, de nombreux pays ont mis en place les moyens d'éviter les litiges, appuyés par les dispositions prises par l'UNION EUROPÉENNE – U.E. et, si les différends surviennent, pour les régler avec souplesse et rapidité, sans l'intervention des tribunaux.

⇒ à l'amiable ; clause abusive ; consommateur

LIVRAISON

C'est l'opération par laquelle le vendeur exécute son obligation de remettre (livrer) un bien à l'acheteur selon les stipulations d'un contrat de vente. Lorsqu'il s'agit de biens fongibles (facilement remplaçables), les risques sont normalement pour le vendeur alors que pour les biens non fongibles (individualisés), c'est à l'acheteur qu'incombe le risque.

Si l'acheteur refuse de prendre livraison, le vendeur peut faire une sommation d'avoir à livrer ou bien poursuivre la résolution du contrat devant les tribunaux.

Si l'acheteur refuse de payer, le vendeur n'est pas forcé de livrer, si la livraison n'a pas été effectuée, et si celle-ci a été effectuée, il peut demander une résolution du contrat avec dommages-intérêts.

En matière de livraison, il est important de régler les problèmes relatifs aux frais de délivrance (pour le vendeur) de la marchandise, aux frais d'enlèvement (pour l'acheteur), du lieu de la délivrance et de l'époque de celle-ci.

De nombreuses législations autorisent l'insertion, dans les contrats, d'une **clause de « réserve de propriété »** par laquelle le vendeur se réserve formellement la propriété de la chose vendue jusqu'au paiement intégral du prix ; cette clause trouve notamment une application en cas de faillite de l'acheteur.

⇒ achat ; bien fongible ; bien non fongible ; vente

LIVRE BLANC – LIVRE VERT

Terminologie spécifique à l'UNION EUROPÉENNE – UE et notamment à la COMMISSION EUROPÉENNE.

Le « livre blanc » et le « livre vert » **exposent des points de vue, des réflexions, des commentaires d'experts et de spécialistes sur un sujet déterminé**.

Le « livre vert » **photographie une situation** sous tous ses aspects.

Le « livre blanc » va au-delà et **formule des orientations et des propositions**.

Les termes de « livre blanc » sont aussi utilisés dans un sens général de document de travail et d'information sur un sujet déterminé.

⇒ UNION EUROPÉENNE

LOBBY

Terme anglo-américain signifiant « groupe de pression ».

Le but du lobby est d'exercer une influence sur les décideurs économiques et les hommes politiques, de promouvoir auprès d'eux aussi bien des produits que des idées et de faire valoir les intérêts d'un pays, d'une profession, d'un secteur d'activité, d'un syndicat, etc.

Venu des États-Unis, le lobbying (influençage en français) s'est peu à peu développé en Europe. Il est aujourd'hui très efficacement présent autour de toutes les organisations internationales et les Institutions Européennes.

Les actions de lobbying sont animées par un « **influenceur** », le « **lobbyman** » **ou le** « **lobbyist** », littéralement, celui « qui fait les couloirs et les halls ».

LOCATAIRE

Celui qui bénéficie d'un « bail », c'est-à-dire le louage et donc la jouissance pour tout ou partie d'un immeuble ou d'un terrain, en contrepartie d'un prix convenu, le loyer.

La législation de nombreux pays accorde une protection particulière au locataire (ou preneur) : maintien dans les lieux dans certaines circonstances, droit de préférence en cas de vente du bien, limitation du loyer, etc.

⇒ bail ; loyer

LOCATION

La location résulte d'un contrat de louage de choses (biens meubles ou immeubles) ou d'un contrat de louage d'ouvrage et d'industrie. Ces contrats ont pour objet de mettre en rapport deux personnes dont l'une prend l'engagement de faire profiter l'autre d'une chose ou de son activité pendant un temps déterminé et moyennant un prix que celui qui est le bénéficiaire aura à payer.

Une location qui comporterait un engagement perpétuel (supérieur à 99 ans) n'est pas concevable.

Dans le domaine de la location, on distingue notamment : le bail à loyer, le louage de travail ou de service, le bail à cheptel, le bail à construction, le louage de moyens de transport ou d'entrepreneurs d'ouvrages.

⇒ bail ; bail à construction ; loyer

LOCKE Kohn (1632-1704)

Philosophe anglais, célèbre par son *Essay concerning Human Understanding – « Essai sur l'entendement humain »* (1690).

J. LOCKE était un économiste libéral, spécialiste de la monnaie qu'il étudia, notamment au plan quantitatif, dans son ouvrage *Some considerations on the Consequences of the Lowering of Interest and Raising the Value of Money – « Considérations sur les conséquences de la diminution de l'intérêt et de l'augmentation de la valeur de l'argent ».*

LOCK-OUT

Terme anglo-américain, signifiant « **mettre à la porte** » (« littéralement « enfermer dehors »).

C'est la décision que prend un employeur de fermer une entreprise en cas de grève du personnel.

Au droit de grève des travailleurs, souvent syndiqués, s'opposent, d'une part la liberté du travail et, d'autre part, le droit de l'entrepreneur de faire partie d'un syndicat patronal professionnel et de se défendre.

De nombreuses législations du travail interdisent le lock-out ; son utilisation, en pratique, trouve alors souvent son dénouement en justice.

⇒ grève

LOGICIEL
en anglais : SOFTWARE

Programme indispensable au fonctionnement d'un ordinateur dont les parties matérielles sont le « hardware ». On distingue plusieurs sortes de logiciels, notamment **les logiciels d'exploitation** (qui font fonctionner la machine), **les logiciels de langage** (ensemble des règles de communication d'un ordinateur), **les logiciels d'application** (programme spécifique de fonctionnement) **et ceux qui assurent le fonc**tionnement des périphériques (imprimante, mémoire auxiliaire, etc.).

D'une façon générale, les logiciels font partie d'un ensemble installé sur un ordinateur, mais il existe des « **logiciels alternatifs** » qui peuvent être copiés librement, alors que la plupart des logiciels bénéficient d'une protection (licence) et sont donc vendus.

LOI DE GRESHAM

On attribue à Thomas GRESHAM **une loi souvent évoquée pour les périodes durant lesquelles de nombreux pays avaient instauré un système monétaire de bimétallisme.**

Cette loi s'énonce ainsi : « **la mauvaise monnaie chasse la bonne** » ; en effet, lorsque deux monnaies (or et argent) sont en circulation dans un pays et se font concurrence, **la monnaie (celle en argent, par exemple) considérée comme « mauvaise » chasse l'autre (en or) considérée comme bonne, parce que celle-ci est alors thésaurisée ; la « mauvaise » monnaie va alors circuler plus et supplanter l'autre.** De même, si la masse monétaire est constituée de pièces en or intactes (pièces « droites ») et de pièces usées (pièces « boîteuses »), les pièces usées restent en circulation, alors que les autres sont thésaurisées. Il en est de même pour les billets de banque neufs et ceux qui sont usés. **Ce principe est général et s'applique encore actuellement.**

On peut aussi **citer l'intérêt porté dans certains pays dont la monnaie officielle se déprécie, à des monnaies étrangères (devises) considérées comme meilleures** et qui sont alors recherchées (même à prix plus fort) et thésaurisées.

Avant GRESHAM, c'est le poète grec ARISTOPHANE qui aurait, à l'origine, énoncé ce principe, repris aussi par le savant polonais COPERNIC au XVe siècle.

⇒ monnaie ; Gresham

LOI DE KING OU EFFET KING

En matière agricole notamment, « **le revenu change en sens inverse de la récolte** » : c'est la « **loi de KING** » ou « **effet KING** ». KING **a constaté que les revenus de l'agriculteur baissent en valeur relative en cas de production accrue** ; ils ont tendance à baisser, en valeur absolue, si les récoltes sont mauvaises ou déficitaires.

⇒ KING

LOI DES COÛTS COMPARÉS

Le concept de cette loi a été mis en évidence par David RICARDO : **dans une économie libre ou règne la division du travail, le sujet économique (consommateur, entrepreneur, pays) a tendance à se spécialiser** . Chacun a donc intérêt à opter pour la production de biens ou de services pour lesquels sa supériorité est la plus accentuée et à se procurer les autres ailleurs. Au départ, cette loi s'appliquait surtout au **commerce international**, mais elle **se vérifie également aujourd'hui en matière de division du travail, de spécialisation et d'échanges de prestations.**

Cette loi est dite aussi « **des avantages comparés** » ou « **des coûts comparatifs** »

⇒ commerce international ; consommation ; division du travail ; échanges ; production ; RICARDO ; Spécialisation

LOI DES DÉBOUCHÉS

Le principe en a été élaboré par J.-B. SAY et veut démontrer **que l'économie de marché est nécessairement équilibrée entre l'offre et la demande si l'on est en situation de concurrence.**

Selon J.-B. SAY, la production créant l'utilité, celle-ci implique la production d'autres biens.

On résume parfois cette loi en énonçant que « **la production crée la production** ».

J.-B. SAY estimant ainsi que plus la production va croître, plus la demande sera forte ouvrant ou créant ainsi d'autres débouchés pour d'autres produits. La surproduction n'est pas alors concevable, sauf pour de courtes périodes.

KEYNES reprendra le principe de la « loi de SAY » en formulant que selon J.-B. SAY, « l'offre crée la demande » ou, sous une forme différente, « les produits s'échangent contre les produits » ; **mais KEYNES apportera de sévères critiques à cette théorie, notamment quant au rôle important, voire indispensable, de la monnaie.**

⇒ débouché ; KEYNES ; SAY

LOI DES RENDEMENTS

Elle se présente sous deux aspects.

1° La loi des rendements du sol a été formulée par TURGOT : lorsqu'un ou plusieurs facteurs de production constants sont combinés à un facteur variable, la fonction de production se développe tout d'abord selon la loi des rendements croissants (augmentation de la production) ; puis on constate qu'à partir d'une quantité déterminée de facteurs engagés, le rendement diminue : c'est la loi des rendements décroissants.

En relation avec la loi des rendements du sol, on parle aussi de la loi du rendement décroissant du travail sur une même aire de sol.

2° La loi des rendements peut aussi concerner des facteurs de production complémentaires qui ne seraient pas substituables ; dans ce cas, l'on a une fonction linéaire de production.

On peut considérer que, parmi les combinaisons possibles pour obtenir le rendement le plus efficace, c'est celle dont le coût par unité de production est le moins élevé qui apportera la solution optimale ; c'est la « **combinaison de coût minimal** ».

⇒ LEONTIEF ; TURGOT

▶ graphique n° 13

LOI DE WAGNER

Voir : WAGNER

LOI ENGEL – SCHWABE

Les deux économistes allemands, ENGEL et SCHWABE ont étudié les **budgets des familles** et leurs variations. Ils ont fait l'observation qu'il existe une relation, d'une part entre les dépenses consacrées à la nourriture et celles du logement (loyer) et, d'autre part, le niveau des revenus. En effet, lorsque le revenu augmente, les dépenses relatives à l'alimentation et au loyer augmentent en valeur absolue, mais leur part dans le total des dépenses diminue.

On peut aussi énoncer la corrélation suivante : dans une hypothèse d'augmentation des revenus d'un ménage, les dépenses d'alimentation et de logement restent stables (élasticité revenu égale à 1) alors que toutes les autres dépenses (santé, transports, loisirs, etc.) augmentent (élasticité revenu supérieure à 1).

⇒ ENGEL ; revenu ; SCHWABE

LOI RUEFF

Voir : RUEFF

LOI SARBANES – OXLEY

Loi américaine promulguée en 2002 à la suite d'une série de scandales financiers et qui a pour objectif de **renforcer les contrôles sur les sociétés et plus particulièrement sur leurs dirigeants.**

Cette loi a inspiré la législation de plusieurs autres pays, en Europe notamment, **pour moraliser la gestion des entreprises.**

LOIS DE GOSSEN

L'économiste GOSSEN a formulé au milieu du XIXe siècle **deux lois sur les besoins,** c'est-à-dire le désir d'un bien ou d'un service.

Première loi : l'intensité d'un besoin est très forte au départ, puis elle diminue jusqu'au moment où elle devient insignifiante, voire nulle ; cette loi est dite aussi « de l'instabilité des besoins ».

À partir d'un certain moment, la satisfaction d'un besoin peut évoluer vers le déplaisir et même la répulsion.

Cette loi de l'utilité marginale décroissante met en évidence les modifications de l'utilité globale en rapport avec la modification de la quantité (quantité très petite). Il ne s'agit pas de l'utilité de la dernière unité, toutes les unités étant échangeables et ayant, en principe, la même valeur.

Si U = utilité,

q = la quantité du bien considéré,

on peut écrire : U = f (q)

L'augmentation d'utilité en cas d'augmentation de **dq** de **q** est alors :

U (q + dq) – U (q)

L'utilité marginale peut s'écrire :

$\dfrac{U(q + dq) - U(q)}{dq}$ avec (dq → 0)

L'utilité marginale est positive : $\dfrac{dU}{dq} > 0$

En cas d'accroissements répétitifs de q, l'utilité marginale devient plus faible

$\dfrac{d^2 U}{dq^2} < 0$

Deuxième loi : c'est la loi de compensation du plaisir (d'utilité).

On atteint la plus grande utilité d'emploi d'une quantité déterminée de biens si la dernière unité du bien donne le même plaisir, quelle que soit la façon de l'utiliser.

⇒ GOSSEN ; besoin

LOIS ÉCONOMIQUES

Il s'agit de **principes généraux considérés comme déterminants en matière économique et qui ont pour objectif d'expliquer un phénomène en relation ou en corrélation avec différents éléments caractéristiques.**

C'est au XVIIIe siècle que la plupart d'entre elles commencent à être établies, sous l'**impulsion des « physiocrates ».** Certains auteurs les ont considérées comme des lois physiques.

Certaines lois économiques s'appliquent à la micro-économie, d'autres ne sont valables qu'en macro-économie.

Comme la plupart des lois, **les lois économiques ne sont ni définitives, ni absolues.**

La littérature économique emploie aussi des termes tels que « axiomes », « postulats », « hypothèses », « principes de base », tout en sachant que ces appellations n'ont pas la même signification dans d'autres sciences.

Beaucoup d'économistes mettent d'ailleurs en garde contre l'utilisation abusive du « **sophisme de la généralisation** » : un raisonnement fondé sur des éléments valables peut conduire à une conclusion globale absurde.

⇒ axiomes ; hypothèse ; physiocrate ; postulat ; prémisse ; principe

LOIS EUROPÉENNES

L'application de la Constitution de l'UNION EUROPÉENNE – U.E. – signée en 2004, a sensiblement modifié les caractéristiques des « lois » de l'U.E., jusqu'alors essentiellement les Directives et les Règlements.

La Constitution de l'UE prévoit désormais, dans l'exercice des compétences qui lui sont attribuées,
- **la loi européenne**, acte législatif de portée générale, obligatoire dans tous ses éléments et directement applicable dans chacun des États membres ;
- **la loi-cadre européenne**, acte législatif qui lie tout État membre quant au résultat à atteindre, tout en laissant aux États le choix de la forme et des moyens ;
- **le règlement européen**, acte non législatif de portée générale pour la mise en œuvre des actes législatifs (lois et lois-cadre).

Il s'ajoute à ces actes juridiques de l'U.E., **les décisions**, acte non législatifs mais obligatoires (éventuellement pour seulement ceux qui y sont désignés) ainsi que les recommandations et les avis qui n'ont pas de caractère contraignant.

⇒ Constitution Européenne ; Directive ; Règlement ; UNION EUROPÉENNE

LONDON INTERBANK MEAN RATE – LIMEAN

LONDON INTERBANK OFFERED RATE – LIBOR

La Bourse de Londres (G.-B.) calcule journellement et à heure fixe, le taux directeur du marché en eurodevises (euro, dollar, livre sterling) en déterminant la moyenne des taux pratiqués par les plus grandes banques : c'est le LIBOR sur la base duquel tous les autres taux des banques et des organismes financiers sont établis.

Le LIMEAN est, lui aussi, déterminé sur la base du LIBOR : c'est le taux moyen interbancaire pratiqué, en fait un taux intermédiaire et, en théorie équidistant, entre le taux offert et le LIBOR.

⇒ Bourse ; eurodevises ; taux directeur

LONDON INTERNATIONAL FINANCIAL FUTURES EXCHANGE – LIFFE

Voir : MARCHÉ À TERME INTERNATIONAL DE FRANCE

LORO

Voir : NOSTRO

LOTERIE

Jeu de hasard dans lequel un tirage au sort désigne un gagnant. **La participation à une loterie peut être gratuite ou payante**, les lots gagnants sont en nature ou en espèces.

Il existe **de très nombreuses formes de loteries**, des plus simples au plus complexes, soit à résultat immédiat, ce sont les jeux de société, soit à résultat différé, ce sont **les lotos**, très largement répandus dans le monde entier. De nombreux États ont organisé des loteries payantes qui s'adressent à toute la population, peuvent procurer des gains d'argent importants et **sur lesquels l'État prélève des sommes significatives** qui participent à son budget.

Les loteries dateraient au moins du XVe siècle et certains en attribuent l'invention aux Romains ; elles sont, depuis, une activité économique non négligeable.

⇒ pari

LOTO

Voir : LOTERIE

LOUAGE

Voir : LOCATION

LOW COSTS OU LOW COST AIRLINES

Termes anglo-américains signifiant « **lignes aériennes à bas prix** ».

Les termes désignent les compagnies aériennes qui pratiquent des tarifs particulièrement bas. Ces compagnies se sont développées en Europe à partir des années 1990.

Par assimilation, les termes de « low costs » peuvent designer une gamme de produits quelconques, fabriqués et vendus à bas prix.

LOYER

Loyer, salaire, fermage et intérêt sont de la même « famille ».

Le mot « loyer » **désigne l'indemnité que le locataire d'un immeuble ou d'un terrain ou encore d'un appartement, d'un avion, d'une voiture ou d'un bateau paye au propriétaire pour en jouir et s'en servir.**

L'intérêt représente le loyer d'une somme d'argent empruntée.

Souvent le législateur favorise, pour des motifs sociaux, les locataires au détriment des propriétaires.

De nombreux pays ont favorisé ou créé des « habitations à loyer modéré », dont l'État ou les collectivités publiques participent au financement pour diminuer le montant des loyers.

Le problème « **travail-habitat** » est une des préoccupations **de l'État** dans de nombreux pays.

On utilise les termes « **loyer de l'argent** » pour désigner, en fonction de la durée, le taux de base pratiqué par les banques (à un mois, à 3 mois, au jour le jour, etc.).

LUCAS Robert Emerson Jr. (1937-)

Économiste américain, professeur à l'Université de Pittsburg, puis à celle de Chicago (E-U), il reçoit le **Prix Nobel d'économie** en 1995.

R. LUCAS est un **spécialiste de l'analyse macro-économique**, considérant notamment, qu'elle doit nécessairement intégrer les comportements micro-économiques des individus et des différents autres agents économiques.

LUTHER Martin (1483-1546)

Théologien et réformateur allemand dont les thèses marquèrent fondamentalement les débuts de la Réforme protestante. Parmi une œuvre immense, on peut citer, en matière économique, *Kaufshandlung und Wucher* – « *L'acte de commerce et l'usure* ».

LUTTE DES CLASSES

Le classement des individus en différentes classes sociales selon leurs niveaux ou leurs modes de vie, leurs activités, leurs moyens financiers, etc. souligne les différences et exacerbe les antagonistes.

Les oppositions, les écarts, les dissimilitudes ont existé à toutes les époques et ont été à l'origine de très nombreux conflits au sein des nations comme entre elles.

C'est K. MARX qui a divisé la société entre deux classes : **les capitalistes bourgeois qui exploitent le prolétariat**, d'une part, **la masse laborieuse des travailleurs**, d'autre part ; la lutte de ces deux classes est alors un affrontement aussi inéluctable que nécessaire, selon K. MARX, pour faire triompher l'idéologie qu'elle sous-tend, et aboutir à l'objectif ultime du communisme.

La lutte des classes a profondément marqué les idéologies revendicatives et les conflits sociaux, tout au long des XIXe et XXe siècles.

⇒ classe ; MARX ; marxisme

LUXE

Caractérise tout ce qui est particulièrement coûteux, somptueux et parfois excessif souvent acquis sans nécessité, quel que soit le domaine concerné : vêtement, habitat, bijoux, alimentation, transport, édition (édition de luxe, ouvrages de luxe), etc.

LUXEMBURG Rosa (1871-1919)

Économiste révolutionnaire, théoricienne du marxisme dont elle est l'une des figures légendaires, d'origine polonaise et naturalisée allemande, R. LUXEMBURG fut aussi une remarquable **journaliste et une oratrice populaire** à l'éloquence puissante et convaincante.

Elle anime le Parti Social Démocrate Polonais puis le Parti Social Démocrate Allemand (PSD) et le Parti Communiste Allemand.

Elle publie *Grèves de masses, partis et syndicats* (1906) et *La crise de la sociale-démocratie* (1916), mais c'est surtout *L'accumulation de capital* (1913) qui la fera connaître : elle y **dénonce l'impérialisme capitaliste qui ne cesse d'étendre sa domination au détriment des populations laborieuses.**

⇒ marxisme

MACHIAVELLI Niccolo (1469-1527)
Philosophe et écrivain italien qui fit une carrière publique, et à qui l'on doit « **le machiavélisme** », système politique ou de gouvernement qui transgresse les règles de la morale pour sauvegarder les intérêts « du Prince », donc de l'État. « La fin justifie les moyens » pourrait être la devise de MACHIAVEL qui subordonne la morale à la « raison d'État » : il en fait l'essentiel de sa doctrine dans son traité célèbre *De Principatibus* – « *Le Prince* » publié en 1513.
Le « machiavélique » est un individu avide de pouvoir et sans scrupules, pour qui tous les moyens sont bons pour parvenir à ses fins.

MACRO-ÉCONOMIE
C'est l'**étude d'ensemble des grandeurs globales de l'économie** telles que la production, le revenu, la consommation, l'épargne ou l'investissement au niveau d'un pays ou d'un ensemble de pays.
Le terme de « macro-économie » aurait été créé par l'économiste norvégien R. FRISCH qui fut, en 1969, le premier Prix Nobel d'économie.
⇒ FRISCH ; macro-théorie ; micro- économie

MACROTHÉORIE
Le comportement des agents économiques est transposé sur le terrain des **agrégats** (consommation, épargne, investissement, revenu) et leurs relations entre eux.
On passe ainsi d'une tendance ou d'une théorie concernant l'individu à un concept global et général.
La distinction entre les comportements micro-économiques et macro-économiques se heurte souvent à des difficultés d'appréciation et de mesure.
La théorie macro-économique est **statique** (théorie du circuit économique global) **ou dynamique** (conjoncture, croissance, etc.).
Les analyses, dans ce domaine, peuvent être partielles, sectorielles ou globales.
⇒ agent économique ; circuit économique ; conjoncture ; consommation ; croissance ; épargne ; FRISCH ; investissement ; macro-économie ; micro-économie ; revenu

MAFIA
Terme désignant l'ensemble de ceux qui exercent des activités illégales et criminelles qui gangrènent l'économie mondiale dans de nombreux domaines ; trafic d'armes, de stupéfiants, de drogues, d'êtres humains, etc.
À la tête des mafias, les gangs provoquent des dégâts économiques et financiers majeurs : « cosa nostra » aux États-Unis et en Italie, « cartels » au Mexique et en Colombie, « maffya » en Turquie, « triades » en Chine, « yakusas » au Japon, « bratva » en Russie, etc.
La « **convention des NATION UNIES contre la criminalité organisée** », signée à Palerme (Italie) entre 123 États en 2000, avec l'aide de l'OFFICE DES NATIONS UNIES CONTRE LA DROGUE ET LE CRIME et de l'UNION EUROPÉENNE – U.E. – doit permettre une lutte plus efficace au plan mondial contre toutes les formes de criminalité organisée.
L'U.E. a créé, en 2001, le Réseau Européen de Prévention de la Criminalité – REPC – pour contribuer plus efficacement à la prévention de la criminalité, au niveau européen, local et régional, collecter les informations et stimuler les échanges d'expériences. Un casier judiciaire européen devrait améliorer la lutte contre la criminalité.
Par extension le terme désigne aussi un ensemble de personnes unis par un intérêt important, financier, amical, de caste, professionnel ou autre, sans que leurs liens aient un caractère illégal ou répréhensible : on qualifiera ainsi les anciens élèves d'une école ou d'une université, les membres dirigeants d'une organisation, etc.
Internet :

OFFICE DES NATIONS UNIES CONTRE LES DROGUES ILLICITES ET LA CRIMINALITÉ INTERNATIONALE – OCDPC – CENTRE POUR LA PRÉVENTION INTERNATIONALE DU CRIME (Vienne – Autriche) :

http://www.unodc.org

OBSERVATOIRE EUROPÉEN DES DROGUES ET DES TOXICOMANIES – OEDT – :

http://www.emcdda.org

Réseau Européen de Prévention de la Criminalité :

http://europa.eu.int/comm/justice_home/eupcn

⇒ blanchiment des capitaux ; OBSERVATOIRE EUROPÉEN DES DROGUES ET DES TOXICOMANIES

MAGALOGUE
Contraction des mots « magazine » et « catalogue » pour définir un **média qui est à la fois un magazine d'information et un catalogue de produits destinés à être vendus** (par correspondance ou en magasin).
Le concept de « magalogue » concerne surtout la presse de mode, notamment féminine, mais se développe dans d'autres domaines (arts de la table, aménagement de la maison, etc.).

MAGISTRATURE
Ensemble des personnes exerçant une fonction :
– **soit auprès des tribunaux et cours** ; la plupart des pays distinguent :
  - **les magistrats du siège** qui tranchent les conflits, rendent les jugements et les arrêts : président de tribunal, président de cour, conseiller, président de chambre, juge d'instruction, juge non professionnel, etc. ;
  - **les magistrats du parquet :** procureur, substitut, procureur général, avocat général, etc. qui représentent l'État et requièrent l'application de la loi ;
– **soit en étant investi d'une fonction élective ou non, de nature administrative :** maire, bourgmestre, préfet, etc.

MAÏEUTIQUE
C'est, selon le philosophe grec SOCRATE (470-399 avant J.-C.) l'art « **d'accoucher les esprits** », c'est-à-dire d'extirper la vérité chez un interlocuteur ou un adversaire au cours d'une discussion.

Les techniques de la maïeutique font partie des méthodes de la dialectique (raisonnement qui cherche à opposer les points de vue), largement utilisées dans toutes les négociations : salariés-employeurs, acheteur-vendeur, etc. y compris au plan international (discussion de traités et d'accords, etc.).
⇒ dialectique ; SOCRATE

MAILING
Terme anglo-américain, littéralement « **publipostage** ».
C'est une **publicité en grand nombre d'exemplaires adressée à des clients potentiels** généralement choisis sur des critères bien déterminés, sous plis personnalisés, par voie postale ou par distribution.

MAINSTREAM
Terme anglo-américain signifiant « **tendance générale** »
C'est l'opinion ou la tendance qui se manifeste au sein d'une population à un moment donné sur un sujet, un problème ou une question déterminés ; on peut plus simplement encore parler de « **sentiment général** » ou encore « **de ce que pensent la plupart des individus** ».
⇒ GALLUP

MAINTENANCE
Ensemble des mesures prises et des actions menées pour entretenir, assurer la sécurité et le bon fonctionnement d'un matériel, d'un équipement, d'un atelier, d'une usine, etc.
La maintenance est fréquemment sous-traitée à des entreprises spécialisées.

MAISONS DE L'EUROPE
Réseau ayant pour objectif de sensibiliser le public à la construction européenne et aux actions de l'UNION EUROPÉENNE – U.E. – dans le domaine social, économique, culturel, etc.
Ces Maisons de l'Europe mettent à disposition une documentation, organisent des enseignements spécialisés, des colloques, etc.
Elles sont regroupées dans la Fédération Internationale des Maisons de l'Europe – FIME – qui a son siège à Sarrebruck (Allemagne).
Internet : **http://www.fime.org**

MAJORITÉ
Dans une assemblée, la décision qui fait l'objet d'un vote peut être prise suivant les statuts, les règlements ou la législation concernés :
– à la **majorité absolue** : la moitié des voix plus une ;
– à la **majorité relative ou simple** en recueillant le plus de voix ;
– à la **majorité qualifiée** : les votants disposent chacun d'un nombre de voix variable et supérieur à un ; la majorité qualifiée est alors décomptée compte tenu du seuil fixé pour atteindre cette majorité, en fonction du total du nombre de voix.
De nombreuses décisions au sein de l'UNION EUROPÉENNE – U.E. – sont prises à la majorité qualifiée, chacun des États membres disposant d'un nombre de voix déterminé.
La Constitution de l'U.E., décidée en juin 2004, étend considérablement à de nombreux domaines, le vote à la majorité qualifiée au sein du Conseil. Lorsque la Constitution entrera en vigueur, après sa ratification, la majorité qualifiée sera réunie en rassemblant au moins 55 % des États membres comprenant au moins 15 États et 65 % de la population de l'U.E. ; quatre pays peuvent constituer une minorité de blocage.
Cependant lorsque le Conseil agit indépendamment de la Commission (et non pas sur proposition de celle-ci), la majorité qualifiée doit réunir 72 % des États membres et 65 % de la population.
⇒ minorité ; UNION EUROPÉENNE
La majorité est aussi l'âge à partir duquel un individu peut exercer ses droits ; elle est fixée par la législation du pays concerné, généralement de 18 ans dans les pays européens ; certains États instituent une majorité civile et une majorité pénale (responsabilité pénale de ses fautes).

MALADIE PROFESSIONNELLE
Le salarié peut être victime, dans l'exercice de son métier, d'accidents (accident du travail) mais aussi de maladies, les maladies professionnelles.
Elles sont habituellement énumérées par la législation sociale ; la liste en est constamment revue, en fonction des constatations et des découvertes médicales.
Le salarié atteint d'une maladie professionnelle bénéficie à la fois de soins gratuits mais aussi du maintien de son salaire pendant un certain temps ; au-delà, il lui est versé des indemnités et, s'il ne peut pas reprendre le poste qu'il occupait, il doit faire l'objet d'un reclassement à un autre poste dans l'entreprise.
Le médecin du travail a un rôle de surveillance et de conseil pour la prévention des maladies professionnelles.
L'employeur peut, dans certaines circonstances, être reconnu comme responsable d'une maladie professionnelle s'il y a faute inexcusable de sa part.
⇒ accident du travail ; médecin du travail

MALTHUS *Thomas Robert* (1766-1834)
Pasteur et professeur d'université, cet économiste anglais a bâti une théorie célèbre qu'il développe, en 1798, dans son *Essai sur le principe de population* : **le taux d'accroissement des populations suit une progression géométrique alors que celui de leurs moyens de subsistance serait arithmétique.** Cette situation, qui ferait normalement doubler la population en 25 ans, conduit, selon T.R. MALTHUS, à des catastrophes. Pour éviter de tels désastres, il préconise de ne pas aider les pauvres mais de les mettre au travail pour produire ce qui est indispensable à leurs besoins mais aussi différentes mesures pour limiter l'augmentation de la population.
Les théories de T.R. MALTHUS ont forgé le « malthusianisme ».
⇒ malthusianisme ; population

MALTHUSIANISME
C'est, à l'origine, la **doctrine de l'économiste anglais T.R. MALTHUS** qui considère que la tendance naturelle des populations consiste à croître en progression géométrique alors que celle de la production de leurs moyens de subsistance ne croît que dans une proportion arithmétique et conduit donc à des catastrophes.
Il propose donc de mettre les pauvres au travail pour produire toute la nourriture nécessaire aux populations affamées, de supprimer l'épargne, de pratiquer la chasteté et le mariage tardif de façon à lutter efficacement contre la tendance naturelle des humains à accroître l'espèce comme le font aussi les animaux.
Par extension, le malthusianisme désigne aussi bien les pratiques anticonceptionnelles que les actions qui ont pour

objectif de limiter les productions, de les détruire ou d'organiser la pénurie pour éviter une éventuelle mévente ou une baisse de prix.
⇒ MALTHUS

MALUS
Voir : BONUS

MANAGEMENT
Expression anglo-américaine désignant l'ensemble des fonctions dirigeantes dans une entreprise, une organisation, etc.
Ces fonctions se rapportent à l'organisation, à la fixation des objectifs, aux décisions à prendre et au fonctionnement général.
Ceux qui sont mandatés pour ces fonctions sont les « managers ».
De nombreux auteurs ont étudié les règles, les techniques et les conditions d'un management efficace.
Le « management participatif » associe le personnel aux décisions.
Le « management par activité – MPA » est un management confié à un dirigeant pour l'une des activités de l'entreprise et non pas pour la totalité de celles-ci.

MANAGEMENT BUY IN – MBI
Termes anglo-américains signifiant « **rachat de l'entreprise par des personnes extérieures** ».
C'est l'ensemble des opérations de rachat d'une entreprise par des personnes extérieures à celle-ci ; ce « management buy in » peut être associé à un rachat (partiel) par les salariés de l'entreprise, le « management buy out ».
⇒ management buy out

MANAGEMENT BUY OUT – MBO
Termes anglo-américains signifiant « **rachat de l'entreprise par les salariés – RES** ».
C'est l'ensemble des opérations de rachat d'une entreprise par son personnel salarié (la totalité ou seulement certains d'entre eux), dirigeants, employés, ouvriers. Le rachat peut aussi faire intervenir, pour partie, des personnes extérieures à l'entreprise (management buy in »). On parle aussi de « leveraged management buy out – LMBO » lorsque le rachat a un effet de levier financier (« leverage buy out – LBO »), c'est-à-dire lorsqu'il y a accroissement des capitaux propres de l'entreprise.
⇒ effet de levier ; management buy in

MANAGER
Voir : MANAGEMENT

MANDARIN
Jadis dignitaire de l'Empire chinois, c'est aujourd'hui le terme qui désigne, avec une connotation péjorative, **un responsable important dans une administration, une organisation ou entreprise dont la situation éminente est toute puissante et favorise la cooptation** (le « mandarinat ») dans son milieu professionnel.

MANDAT
C'est un ordre.
Pouvoir donné par une personne (physique ou morale) à une autre pour agir en son nom. Le terme de « procuration » est synonyme.
Le mandat est aussi une **charge élective** (donnée par les citoyens) : mandat de député, mandat de maire.

Le mandat social confère à une personne le droit de représenter la société dans laquelle elle exerce une responsabilité : président, directeur général, gérant, etc.
Le mandat est aussi un **moyen de paiement** utilisé par la plupart des services postaux pour transférer des sommes d'argent.
La « lettre de change » est aussi un mandat en tant que moyen de paiement.
⇒ Lettre de change

MANDEL Ernest (1923-1995)
Journaliste économique et idéologue belge ; E. MANDEL milite au Parti Socialiste Trotskiste puis au Parti Socialiste Belge dont il sera l'un des théoriciens.
Il a publié en 1962, un *Traité d'économie marxiste*, puis, en 1967 *La formation de la pensée économique de Karl MARX* et *Le troisième âge du capitalisme* en 1972.

MANDEVILLE Bernard de (1670-1733)
Médecin, homme de lettres, penseur et économiste anglais, il doit sa célébrité à une longue fable en vers *The Grumbling Hive or Knaves Turn'd Honest* – « La ruche bourdonnante ou les canailles changées en honnêtes gens » publiée en 1705 et devenue, en 1714, *The Fable of the Bees or Private Vices and Public Benefits* – « La fable des abeilles ou les vices privés et les vertus collectives » dans laquelle B. DE MANDEVILLE considère que **la prospérité économique procède du désir de bien-être et de luxe des individus et non pas de leur épargne** qui, selon sa thèse, est un désastre pour la collectivité.

MANICHÉEN
C'est la considération des choses, des faits, des événements en seulement deux catégories, sans nuance et d'une façon qui ne permet pas la discussion : bien ou mal, positif ou négatif, blanc ou noir, etc. Le manichéen est la personne qui considère ainsi toutes choses.

MANSHOLT Sicco Leendert (1908-1995)
Homme politique néerlandais, grand spécialiste des problèmes agricoles, il élaborera, à partir de 1957, comme Vice-Président de la Commission Européenne, la Politique Agricole Commune – PAC de l'UNION EUROPÉENNE.
Malgré des oppositions souvent violentes du monde agricole, il mettra en œuvre un ensemble de mesures qui vont **assurer le développement et la modernisation de l'agriculture** européenne, tout en réorganisant sa production et en augmentant les revenus des populations agricoles.
Il est considéré comme l'un des « pères fondateurs » de l'U.E.
⇒ Politique Agricole Commune

MANTEAU ET FEUILLE DE COUPONS
Lorsqu'elle est matérialisée, la valeur mobilière, action ou obligation, comporte **une partie contractuelle qui établit un droit de participation ou de créance** : c'est le « manteau » du titre. Le manteau est complété par une « feuille de coupons ».
Pour les actions, les coupons ne comportent qu'un numéro puisque l'on ne sait pas à l'avance le montant du dividende (participation aux résultats).
Pour les obligations, le coupon comporte un montant fixe, fonction du taux d'intérêt fixé et de la valeur nominale du titre.
Les coupons sont détachables pour être payés par l'entreprise ou la banque qui en est chargée.

Dans de nombreux pays, **les titres sont désormais dématérialisés et n'existent plus physiquement** : des organismes spécialisés sont chargés de tenir la liste des titres, des propriétaires (titres nominatifs ou en dépôt), d'en assurer la gestion et d'enregistrer tous les mouvements (achats, ventes) les concernant sous forme de **jeux d'écritures en compte**, le plus souvent par des moyens informatiques.

Les opérations sur coupons (les détacher de la feuille de coupons) ont perdu leur caractère d'antan.

⇒ action ; obligation

MANUFACTURE

Le terme, désormais peu usité, désignait un ensemble industriel ou artisanal regroupant un grand nombre d'ouvriers (parfois logés sur place ou dans l'immédiat environnement), **effectuant des tâches répétitives pour des fabrications en série** (manufacture d'étoffes, manufacture de tabac, manufacture de clouterie, etc.).

MANU MILITARI

Expression latine qui signifie qu'un différend est réglé par les armes, donc de manière militaire. Par extension, c'est un règlement par la force.

MAOÏSME

C'est la doctrine **d'interprétation à la mode chinoise du marxisme-léninisme**. Le « maître à penser » des principes et du système est l'homme d'État chinois **MAO ZÉ DONG ou MAO TSÉ TOUNG** (1893-1976) qui assume le pouvoir et la responsabilité du pays à partir de 1949 et plus encore de 1954 jusqu'à sa mort.

En théorie, le maoïsme avait pour objectif de donner le pouvoir aux humbles et aux déshérités, d'assurer l'équilibre entre les campagnes et les villes et de faire de la Chine un pays assurant par lui-même la totalité de ses besoins dans tous les domaines.

MAO TSÉ TOUNG **enfermait alors la Chine dans ses frontières** et ne les ouvrait vers l'extérieur que pour **lutter pour la « libération du tiers monde »**.

Dès 1945, MAO TSÉ TOUNG se fixait comme objectif l'édification du communisme en Chine et la Constitution de 1954 qu'il fait promulguer, **décrète la transformation socialiste de toute l'économie** ; celle-ci est marquée par les dramatiques tragédies du « **Grand Bond en Avant** » (1958-1962) et la « **Révolution Culturelle** » (1966-1976).

Après la mort de MAO TSÉ TOUNG, sans réelle ni brutale rupture idéologique, la Chine s'engage vers une économie de marché socialiste avec des réformes parfois audacieuses qui assurent enfin au pays une certaine paix civile, un développement économique très significatif et qui ne cesse de s'amplifier, et une ouverture certaine vers l'extérieur.

Le maoïsme qui eut des conséquences aussi graves que le communisme pendant près de 50 ans a fait place à une « socialisme à la chinoise » qui, depuis 1980-1990 renoue avec la croissance.

⇒ MAO TSÉ-TOUNG ; marxisme ; socialisme

MAO TSÉ-TOUNG (1893-1976)

Homme d'État chinois, connu aussi sous le nom de MAO-ZEDONG ou MAO TSÖ-TONG.

Dès 1921, il participe à la création du Parti Communiste Chinois – PC – au sein duquel son action est d'abord dirigée en faveur des masses populaires paysannes.

Il devient, en 1931, Président de la République Soviétique Chinoise, en lutte constante contre le Guomindang et TCHANG KAÏ-CHEK qu'il finira par éliminer en 1949.

La République Populaire de Chine est proclamée en 1949 et MAO TSÉ-TOUNG en devient Président en 1954.

Jusqu'à sa mort, il présidera le Parti Communiste Chinois au pouvoir et il va tenter de **transformer la Chine en une nation socialiste**, mettant en œuvre une forme chinoise de communisme, marquée par le « **Grand Bond en Avant** » (1958-1962) et la « **Révolution Culturelle** » 1966-1976), succession de tragédies dramatiques, de violences, de répressions sanglantes, de détentions arbitraires dans des camps de « rééducation », de famines et d'exécutions. L'ère maoïste aurait fait, entre 1949 et 1987, près de 100 millions de morts.

De l'œuvre littéraire de MAO TSÉ-TOUNG, on ne retiendra que le **fameux *Petit Livre Rouge*, (1965)**, recueil de pensées et d'idées qui serviront longtemps de règles politiques à des mouvements communistes dans le monde.

Mais la Chine, sans renier le socialisme, saura, après MAO TSÉ-TOUNG, s'ouvrir au monde et se hisser au rang de grande puissance et à une certaine économie de marché.

⇒ maoïsme ; TCHANG KAÏ-CHEK

MARCHAND

C'est la personne qui achète pour revendre avec un bénéfice et qui en fait sa profession.

MARCHANDAGE

Négociation difficile et transaction parfois longue entre un vendeur et un acheteur, celui-ci cherchant à obtenir le meilleur prix et les conditions les plus favorables. Le marchandage est une coutume dans de nombreux pays.

Le terme, quoique peu usité en ce sens, qualifie une opération par laquelle une personne (le marchandeur) intervient contre paiement d'une somme déterminée, pour mettre à la disposition d'une autre personne ou d'une entreprise, les travailleurs nécessaires pour accomplir un travail ; ce type d'opération est plus souvent appelé « travail intérimaire » ou « travail temporaire ».

Dans un sens péjoratif, le terme désigne toute action qui consiste à obtenir un accord sur quelque chose.

MARCHANDISE

C'est ce qui s'achète et se vend, donc toute chose ou tout bien qui fait l'objet d'opérations commerciales, éventuellement spéculatives.

En droit, on distingue entre les opérations réelles et les opérations fictives, c'est-à-dire que les marchandises peuvent être délivrées réellement ou non, sous certaines conditions et éventuellement à terme.

MARCHÉ

Lieu de rencontre, au sens général, des offres et des demandes de biens et de services.

En économie, c'est un lieu abstrait où s'exerce la confrontation des intervenants (acheteurs et vendeurs) dont le comportement et l'influence déterminent les prix.

Le marché se présente sous différentes formes ; on trouve notamment :

– des **marchés libres**, sans intervention de l'État,
– des **marchés ouverts** (accès et sorties faciles),
– des **marchés fermés ou réservés** (dont l'accès est réglementé),
– des **marchés de biens et de services** (consommation, production),

- des **marchés spécialisés**,
- des **marchés de l'emploi ou du travail**,
- des **marchés locaux, nationaux ou internationaux**,
- etc.

Sur le plan de l'offre et de la demande, on rencontre les types de marchés suivants :
- **le polypole**,
- **l'oligopole**,
- **le monopole**.

On distingue aussi :
- les **marchés boursiers** c'est-à-dire les Bourses de valeurs mobilières (actions, obligations et dérivés) ainsi que les Bourses de marchandises,
- les **marchés des changes** (devises étrangères).

Les termes de « **marché commun** » s'appliquent aux diverses formes d'accords économiques conclus entre des États pour faciliter leurs échanges commerciaux.
⇒ Bourse ; monopole ; oligopole ; polypole

MARCHÉAGE
Voir : MARKETING

MARCHÉ À TERME
Marché boursier ou marché de matières premières dans lequel le règlement financier des transactions n'intervient qu'à l'issue d'un certain délai.
Les techniques des marchés à terme sont nombreuses et font l'objet de règles très précises.
⇒ Chicago Board of Trade ; Chicago Mercantile Exchange ; Marché à Terme International de France

MARCHÉ À TERME ALLEMAND
Voir : MARCHÉ À TERME INTERNATIONAL DE FRANCE

MARCHÉ À TERME D'INSTRUMENTS FINANCIERS – MATIF
Voir : MARCHÉ À TERME INTERNATIONAL DE FRANCE

MARCHÉ À TERME INTERNATIONAL DE FRANCE – MATIF
C'est un **marché spéculatif mais aussi d'arbitrage** pour les entreprises et les investisseurs qui ont des actifs rémunérés à taux fixes ou qui empruntent à taux fixes et qui veulent, dans une certaine mesure, **limiter les risques** (en bloquant le capital concerné à un niveau déterminé) **d'une variation des taux.**
Ces techniques peuvent aussi concerner les devises.
Les contrats sur les marchés du MATIF, créé en 1986, portent sur un **système d'emprunt fictif dit « notionnel » ou sur des « Bons du Trésor »**.
Les opérateurs sur ce marché sont appelés « **Hedgers** » (donneurs d'ordres avec une certaine prise de risques), « **Traders** » (négociateurs et spéculateur) et « **Arbitres** » (qui assurent la cohérence des transactions).
Le « Marché à terme d'instruments financiers de la Bourse de Paris » est devenu par sa fusion avec le marché à terme des marchandises, le MATIF.
Il existe au monde une vingtaine d'autres « marchés à terme d'instruments financiers » parmi lesquels :
- le CHICAGO BOARD OF TRADE, aux États-Unis, le plus ancien (1848),
- le LONDON INTERNATIONAL FINANCIAL FUTURES EXCHANGE-LIFFE, est, en Grande-Bretagne, le plus important,
- le TOKYO INTERNATIONAL FINANCIAL FUTURES EXCHANGE au Japon,
- la DEUTSCHE TERMINBÖRSE à la Bourse de Francfort (Allemagne).
⇒ Bourse

MARCHÉ COMMUN
Accord ou convention entre deux ou plusieurs pays décidant de la libre circulation entre eux des marchandises, sans droits de douane, et la suppression de toutes les entraves administratives aux échanges.
De nombreux « marchés communs » se sont développés dans le monde, notamment à la fin du XXe siècle, à l'exemple du marché commun (ou du « marché intérieur ») de l'UNION EUROPÉENNE – U.E. – dont s'inspirent notamment l'Accord de Libre-Échange Nord-Américain – ALENA – et le Mercado Commun del Sur – MERCOSUR – de l'Amérique du Sud.
⇒ ACCORD DE LIBRE-ÉCHANGE NORD-AMÉRICAIN ; libre-échange ; marché intérieur ; MERCOSUR

MARCHÉ CONTESTABLE
Il y a des **entreprises** qui sont dans des situations monopolistiques ou oligopolistiques ; pour des raisons tactiques, elles **font semblant de se trouver sur des marchés concurrentiels**. En réalité, elles veulent dissuader des concurrents d'entrer sur le marché. Cette situation est contestable donc fragile et constitue même un paradoxe.
Dans une autre acception, on considère comme « marché contestable » **un « marché ouvert » permettant la liberté d'y entrer et d'en sortir, donc concurrentiel** : c'est la thèse du « marché contestable » ou du « marché disputable » de W. BAUMOL.
⇒ BAUMOL ; monopole ; oligopole

MARCHÉ GRIS
Dans l'acception française, il s'agit d'un **marché boursier intermédiaire entre le marché primaire** (marché des nouveaux titres émis) **et le marché secondaire** (marché normal des titres).
Le terme peut qualifier des **opérations boursières de gré à gré** lorsqu'elles concernent les transactions de titres en cours d'émission.
Le terme est aussi utilisé pour des offres de placement ou d'investissements douteux avec notamment des propositions de rendement anormalement élevé.
⇒ marché primaire ; marché secondaire

MARCHÉ INTÉRIEUR
C'est le « **grand marché sans frontières** » que forment ensemble **les pays membres de l'UNION EUROPÉENNE – UE – avec ceux de l'ESPACE ÉCONOMIQUE EUROPÉEN – EEE.**
Prévu initialement par le TRAITÉ DE ROME, c'est le Traité dénommé « **ACTE UNIQUE** » (1987) qui a fixé les conditions et l'entrée en vigueur du « marché unique » pour l'U.E. au 1er janvier 1993.
L'objectif, original et ambitieux, fixait pour l'ensemble des pays de l'U.E. et, à terme, avec ceux de l'EEE, (sous réserve, pour ceux-ci, de certaines exceptions) :
- la libre circulation des marchandises,
- la libre circulation des personnes,
- la libre circulation des capitaux,
- la libre circulation des services.

Il imposait une mise en œuvre complexe, notamment la **transposition dans chacune des législations nationales, des mesures prises au niveau de l'U.E.**
Le bilan dressé en 2003 après 10 ans du « **grand marché intérieur sans frontières** » de l'U.E., **est largement positif** : création d'emploi, accroissement du Produit Intérieur Brut – PIB, renforcement des capacités des entreprises européennes sur les marchés mondiaux, augmentation des investissements étrangers, choix plus larges pour le consommateur, mieux protégé, de biens et de services, baisses de prix pour certains produits, etc.
Même s'il n'est pas totalement achevé (quelques barrières, notamment administratives ou techniques subsistent), **il connaît une évolution et une adaptation permanente** d'autant plus que les nouveaux pays membres de l'U.E. s'y **associent totalement** (avec pour certains produits des périodes de transition).

Internet : **http://europa.eu.int/comm/dgs/internal_market**
⇒ ESPACE ÉCONOMIQUE EUROPÉEN ; UNION EUROPÉENNE

MARCHÉ NOIR
Lieu d'échanges illégal, parallèle au marché officiel normal, qui lui est reconnu et protégé par la loi. Il se manifeste notamment en temps de guerre, de pénurie et de crises ou lorsqu'il existe des différences de prix d'un pays à un autre avec des possibilités de trafic commercial. Les échanges au marché noir se font souvent de la main à la main, sans traces comptables et parfois sous forme de troc, avec le plus souvent des prix très élevés. **Le marché noir donne lieu à toutes sortes d'irrégularités et de dérives**, y compris en périodes économiquement normales mais pour des produits qui manquent sur les marchés.
⇒ troc

MARCHÉ PRIMAIRE
Terme de la Bourse (marché des valeurs mobilières). C'est **le marché de l'émission officielle des titres, actions et obligations**, dans les conditions fixées par les règlements de la Bourse concernée. Pour être admis à ce marché, il faut remplir un certain nombre de conditions telles que la publication des bilans et la diffusion d'informations financières périodiques. Le terme de « **marché secondaire** » s'applique au marché de la cotation des valeurs mobilières.
Les termes de « **marché primaire** » **ne doivent pas être confondus** avec ceux de « **premier marché** » qui concerne la cotation des titres des entreprises les plus importantes, dans certaines Bourses ; la réorganisation des cotes, en cours, fait envisager la suppression de la distinction entre premier, second et nouveau marché.
⇒ Bourse ; marché secondaire ; premier marché

MARCHÉ PUBLIC
On regroupe sous cette dénomination tous les achats, toutes les commandes de biens, de travaux et de services des Autorités Publiques : États, régions, communes, entreprises publiques, etc.
Le marché public n'est passé « de gré à gré » (sans formalité spéciale) que pour des montants faibles (fixés par la législation) et, au-delà, **il impose des appels d'offres avec des cahiers des charges et des soumissions**.
L'UNION EUROPÉENNE – U.E. – veille à ce que les marchés publics des États membres donnent lieu à des consultations dans chacun de ceux-ci, sans préférence nationale.
⇒ appel d'offres ; cahier des charges ; concurrence ; soumission

MARCHÉ SECONDAIRE
C'est le **marché normal des cotations en Bourse des titres** (actions et obligations), en fonction de l'offre et de la demande. Le marché est dit « secondaire » par rapport au « marché primaire » qui concerne les émissions de titres nouveaux.
Les termes de « **marché secondaire** » **ne doivent pas être confondus avec ceux de** « **second marché** » ; celui-ci concerne la cotation dans certaines Bourses des titres des entreprises de taille moyenne (les entreprises importantes étant cotées au « premier marché ») ; la réorganisation des cotes, en cours, fait cependant envisager la suppression de la distinction entre premier, second et nouveau marché.
⇒ Bourse ; marché primaire

MAREYAGE
Le mot concerne le **commerce du poisson de mer** ; par extension, il est parfois appliqué à celui du poisson d'eau douce.
Celui qui intervient sur ce marché est dénommé « **mareyeur** ».

MARGE COMMERCIALE
C'est la **différence entre le prix de vente et le coût d'achat** d'une marchandise, d'un produit, en tenant compte des remises et rabais obtenus ainsi que des frais. On dit aussi « **marge brute** ».
La « **marge arrière** » est la prestation réclamée par un commerçant (hypermarchés et supermarchés notamment) à ses fournisseurs en échange de diverses prestations : catalogue, démonstration, présentation d'échantillons, animation pour la vente, etc. ; ces marges arrières peuvent, dans certains cas, représenter un pourcentage important du prix du produit.
⇒ achat ; vente

MARGE D'INTÉRÊT
C'est l'écart qui existe entre les intérêts créditeurs et débiteurs sur une somme déterminée.
Pour le banquier qui consent un prêt, les **intérêts créditeurs constituent un revenu**, un produit par nature. Par contre, pour le titulaire de compte qui recourt au crédit, c'est-à-dire pour l'emprunteur, **les intérêts débiteurs sont des charges**.
⇒ intérêt ; rôle de l'État en matière d'intérêt

MARGINALISME
Voir : ÉCOLE AUTRICHIENNE D'ÉCONOMIE

MARKETING
Terme anglo-américain, littéralement « **commercialisation** ».
Le langage des affaires utilise aussi les termes français de « **mercatique** » ou de « **marchéage** » qui sont synonymes de « marketing ».
Le marketing a pour objectif de **conseiller le consommateur et de l'amener à acheter** et donc d'établir une **communication efficace entre les vendeurs et les acheteurs par une stratégie bien adaptée à la distribution des produits concernés**.
Le marketing est une **technique très vaste et très élaborée** qui a fait l'objet de nombreuses études et analyses et concerne de multiples domaines.
Le marketing comprend notamment :
– les « **études de marchés** » (segmentation, typologie, panels),
– celles des **besoins et des motivations** des consommateurs ou des utilisateurs industriels potentiels,
– la **conception et la présentation des produits**,

- l'information et la publicité sous toutes leurs formes,
- les **actions de promotion**,
- le **démarchage**,
- la **mesure de la satisfaction des clients**,
- la **définition des politiques de vente et de distribution**,
- et tout ce qui concerne la **logistique**.

Une nouvelle génération de **spécialistes est née** : les « **marketiciens** », les « **marketers** », « **marketeurs** », « **marketing experts** » ou les « **mercaticiens** ».

⇒ acheteur ; communication ; consommateur ; étude de marché ; logistique ; marketing téléphonique ; publicité ; vente

MARKETING CORPORATE

Termes anglo-américains signifiant « **mercatique institutionnelle** ».

C'est l'**ensemble des actions menées par une entreprise pour développer et améliorer tout ce qui concerne ses rapports et ses relations institutionnelles** c'est-à-dire ayant un caractère officiel : son environnement en général, ses partenaires, les Autorités Publiques et les Administrations, les médias, etc.

⇒ marketing

MARKETING TÉLÉPHONIQUE

Forme de stratégie commerciale en évolution rapide et qui recouvre des activités multiples n'utilisant que le téléphone :démarchage de clients potentiels, service après-vente, gestion des relations clients, assistance technique, etc.

Le métier de marketing téléphonique (appelé aussi télémarketing) est fait par des « **télé-conseillers** ».

Les termes de « marketing téléphonique » sont synonymes de « **mercaphonie** » et de « **mercatique téléphonique** ».

MARKOWITZ Harry Maurice (1927-)

Économiste américain, professeur à l'Université de New York, **Prix Nobel d'économie** en 1990 (avec Merton MILLER), H.M. MARKOWITZ est un **spécialiste de la gestion des portefeuilles boursiers** (ensemble des valeurs mobilières appartenant à une personne ou à une entreprise).

Dans son ouvrage « *Portofolio Selection : efficient diversification* » – « *Sélection d'un portefeuille : une efficace diversification* » (1959), il développe la théorie de la diversification dans la gestion financière d'un portefeuille d'actions, considérant, à partir de statistiques, qu'**un ensemble varié de valeurs mobilières occasionne moins de risques que la détention d'une seule valeur**.

MARQUAGE « CE »

Label apposé sur les produits industriels et de consommation pour attester leur conformité avec les exigences de la législation de l'**UNION EUROPÉENNE** – UE Ce n'est pas un label de sécurité mais un « passe-partout technique » pour le marché de l'UE.

Titre de protection unique, valable dans tous les pays de l'U.E., il est accordé pour une période de trois ans renouvelable par l'**OFFICE DE L'HARMONISATION DANS LE MARCHÉ INTÉRIEUR** – OHMI – de l'UE.

⇒ OFFICE DE L'HARMONISATION DANS LE MARCHÉ INTÉRIEUR

MARQUE

Signe ou dessin distinctif d'un produit, d'un service, d'une entreprise.

La marque, comme les dessins et modèles (créations originales dans de nombreux domaines, notamment la mode et le design) font l'objet d'une protection spécifique pour éviter la contrefaçon et en éviter l'utilisation abusive

Le terme de marque est utilisé dans de nombreuses acceptions :

⇒ marque déposée ; marque de fabrique ; marque internationale ; marque d'origine ; marque de production ; grande marque ; produit de marque ; etc.

L'OFFICE DE L'HARMONISATION DANS LE MARCHÉ INTÉRIEUR – OHMI – assure, au sein de l'UNION EUROPÉENNE – UE – l'enregistrement et la gestion des marques, dessins et modèles. C'est le « **Protocole de Madrid (Espagne)** » qui a, en 2004, mis en place un système qui va permettre aux entreprises du monde entier de protéger leurs marques dans l'U.E. et ailleurs suivant une seule procédure.

⇒ brand ; OFFICE DE L'HARMONISATION DANS LE MARCHÉ INTÉRIEUR ; Organisation Mondiale de la Propriété Intellectuelle ; Protocole de Madrid ; propriété

MARSHALL Alfred (1842-1924)

Économiste anglais qui a fait une approche plus pratique des problèmes économiques que les représentants de l'économie pure, WALRAS et COURNOT.

Professeur à l'Université de Cambridge (G.-B.), sa notoriété en fait le **chef de file de l'économie anglaise de l'époque**. Il propose notamment un **modèle économique d'équilibre entre les producteurs et les consommateurs basé sur la valeur d'utilité**.

Il fut le maître de KEYNES et occupa une place éminente au sein de la Commission Royale du Travail.

A. MARSHALL ne doit pas être confondu avec G.C. MARSHALL qui est l'initiateur du « Plan Marshall » (1947).

⇒ MARSHALL G.C.

MARSHALL Georges C ; (1880-1959)

Général américain, Secrétaire d'État et Ministre des Affaires Étrangères, il est l'initiateur, en 1947 du PLAN MARSHALL d'aide à l'Europe « contre la faim, la pauvreté, le désespoir et le chaos ».

Seize pays européens bénéficieront entre 1948 et 1955 de l'aide des États-Unis, sous l'égide de l'ORGANISATION EUROPÉENNE DE COOPÉRATION ÉCONOMIQUE – OECE – qui répartissait les fonds. **Le Plan Marshall contribuera ainsi très efficacement à la reconstruction de l'Europe après la Deuxième Guerre Mondiale** (1939-1945) et à sa relance économique.

⇒ Plan MARSHALL ; ORGANISATION EUROPÉENNE DE COOPÉRATION ÉCONOMIQUE

MARX Heinrich Karl (1818-1883)

Karl MARX est à la fois philosophe et sociologue, économiste et homme politique. Né en Allemagne, il y fait des études de droit et de philosophie avant de devenir journaliste ; rédacteur en chef de la « Gazette Rhénane » à Cologne (Allemagne), il se fait connaître par retentissants articles.

Avec ENGELS, **il fonde en 1847 la « Ligue des communistes »** et publie le « *Manifeste du Parti Communiste* » dont le slogan « Prolétaires de tous les pays, unissez-vous » deviendra le cri de ralliement du monde ouvrier.

Après l'Allemagne, la Belgique et la France, dans une Europe qui commence à connaître une nouvelle période révolutionnaire, il se réfugie à Londres (G.-B.) où malgré une situation matérielle parfois dramatique, il ne cessera pas de travailler.

En 1859, il publie « *Contribution à la critique de l'économie politique* » et **fonde, en 1864, « l'Association Internationale des Travailleurs » qui deviendra la « Ire INTERNATIONALE » :** elle va jouer un **rôle majeur dans toutes les luttes de la classe ouvrière**, malgré de récurrents conflits idéologiques internes.

Son œuvre fondamentale, le « *CAPITAL* **» sera entreprise à partir de 1850 ; le Livre I sera publié en 1867.** C'est une gigantesque réflexion sur les mécanismes de l'exploitation capitaliste du monde ouvrier et le combat pour la prise de pouvoir par les syndicats. **La lutte des classes n'est cependant, pour K. MARX, qu'une étape nécessaire à la dictature du prolétariat, la finalité étant une société sans classes avec l'abolition du prolétariat.** K. MARX analyse en profondeur la réalité quotidienne du monde ouvrier, constamment soumis à l'idéologie de la classe dominante et à son exploitation.

Soutenant, en France, le mouvement révolutionnaire de « La Commune », né à Paris, après l'insurrection de 1871 qui suivit la capitulation française face à l'Allemagne, K. MARX verra se liguer contre lui toute l'Europe, pour qui l'ennemi devient le communisme.

K. MARX, exceptionnel visionnaire, et les doctrines marxistes, exerceront une influence considérable sur le monde contemporain ; ils inspireront le communisme « forme nécessaire et principe énergétique du futur proche », selon K. MARX et toutes les idéologies qui s'y réfèrent.

K. MARX ne pourra pas terminer son œuvre. C'est sur la base de ses travaux, qu'ENGELS publiera en 1885, le Livre II du « *Capital* », le Livre III en 1894 et ce sera KAUTSKY qui publiera le Livre IV pendant la Première Guerre Mondiale (1914-1918).

⇒ communisme ; ENGELS ; KAUTSKY ; marxisme

MARXISME

Ensemble des théories et de la doctrine élaborées par K. MARX et F. ENGELS, suivant une méthode dite « **du matérialisme historique** ». Selon K. MARX, l'histoire est constituée par l'ensemble des modes de production qui conditionnent eux-mêmes le mode de vie social, politique, économique et son évolution. Pour K. MARX et F. ENGELS, **l'évolution économique et sociale se fonde sur la lutte des classes**, étape nécessaire à la dictature du prolétariat et à la mise en place d'une société socialiste pour aboutir finalement à l'abolition du prolétariat et à une société sans classes : c'est le communisme, objectif ultime.

⇒ communisme ; ENGELS ; MARX

MASSE

Terme général pour désigner un **ensemble important** qu'il s'agisse d'individus (les « **masses populaires** », la « **masse** » – le peuple – la « **masse des salariés** » ou encore la « **société de masse** », c'est-à-dire les individus considérés comme un ensemble homogène), certaines activités prises dans leur totalité (« **culture de masse** », « **loisirs de masse** ») ou **d'éléments bien déterminés** (« **masse monétaire** », « **masse salariale** », « **mass-médias** ») appelés aussi, en économie, « **agrégats** » qui sont des indicateurs de l'activité.

Pour l'entreprise, on distingue notamment, dans une situation de faillite, la **masse active** » (ce que possède l'entreprise) et de la « **masse passive** » (ses dettes) ainsi que la « **masse des créanciers** »(l'ensemble de ceux qui peuvent faire valoir une créance sur l'entreprise).

⇒ agrégat

MASTER IN BUSINESS ADMINISTRATION – MBA

Diplôme de haut niveau très apprécié dans les entreprises, délivré par de nombreuses institutions (universités, écoles, etc.) **dans le monde entier** (États-Unis, Europe, Asie, notamment).

La notoriété du MBA est mesurée par différents organismes avec un classement (le « ranking ») des institutions délivrant le diplôme, la plupart des universités américaines venant en tête (mais elles sont aussi les plus nombreuses).

L'admission dans une formation pour l'obtention d'un MBA (pour les étudiants comme pour ceux qui ont déjà une expérience professionnelle) est très sélective et soumise à des conditions rigoureuses (niveau de formation, compétence, expérience, etc.) et à des tests de sélection, notamment le « Graduate Management Admissions Test – Gmat ».

⇒ Association of MBA'S ; Graduate Management Admissions Test

MATÉRIALISME

C'est une philosophie, un système qui s'oppose à l'idéalisme. Le matérialisme réduit tout à la matière qui forme un tout. Les idées surnaturelles, l'existence d'un dieu ou d'une âme immortelle sont niés.

Le marxisme comme l'existentialisme ont largement recours au matérialisme.

Certains prétendent que les matérialistes ne mettent en évidence que des choses matérielles, qui ne sont pas approfondies et témoignent d'un manque certain de culture.

MATERNAGE

Par extension, le terme désigne **l'appui et les soins apportés par un spécialiste qui conseille une entreprise en phase de démarrage**, juste après sa création.

⇒ portage ; start-up

MATIÈRES AUXILIAIRES

Contrairement aux matières premières (ou matières principales) qui permettent la fabrication d'un produit), les matières auxiliaires n'entrent pas directement dans le produit : la colle, dans l'industrie, par exemple.

⇒ matières consommables ; matières premières

MATIÈRES CONSOMMABLES

Ce sont des éléments qui sont consommés par un premier usage mais qui n'entrent pas dans le produit fabriqué lui-même : huile, produits de nettoyage, gaz, etc.

⇒ matières auxiliaires ; matières premières

MATIÈRES PREMIÈRES

D'une façon générale, ce sont les produits et les richesses transformables et exploitables résultant d'une exploitation du sous-sol en mettant en œuvre des procédés d'extraction et de transformation.

En comptabilité générale, on distingue entre les marchandises achetées qui sont revendues en l'état et les produits finis ou fabriqués qui sont parvenus au stade final d'une production ou d'une fabrication.

En comptabilité de rendement, (industrielle, analytique) le calcul du coût ou du prix de revient fait la distinction entre les matières premières qui entrent dans la composition d'un produit et les matières auxiliaires et autres fournitures consommables qui sont indispensables sans cependant être intégrées aux produits finis. La valorisation des entrées et des sorties de stock doit être soigneusement appréciée.

⇒ matières auxiliaires ; matières consommables

MATRICE

Schématiquement la matrice se présente comme un tableau de données, en principe chiffrées, à deux entrées ; ce tableau est composé de colonnes et de lignes pour montrer des relations ou des interactions.

Une « matrice conjuguée » est la somme ou le produit de plusieurs matrices qui peuvent être aussi divisées.

La matrice est un instrument utilisé dans de nombreuses analyses économiques et qui intervient dans différents modèles ; elle trouve son application non seulement en économie mais aussi en mathématiques, en statistiques et en comptabilité (notamment en comptabilité à partie double).

Par exemple, dans une économie de plusieurs départements 1, 2, 3, 4, etc., chaque département donne aux autres et chacun de ces départements reçoit des autres ; le schéma théorique de la matrice est alors le suivant :

Entrées Départements qui donnent ↓   Entrées Départements qui reçoivent →

	D 1	D 2	D 3	D 4
D 1				
D 2				
D 3				
D 4				

Le « **Tableau des emplois et des ressources – TER** » ou le « **Tableau de financement** » d'une entreprise ainsi que le « **Tableau des entrées et des sorties – TES** » (inspiré des études de LEONTIEF et qui montre l'équilibre entre les ressources et les emplois dans la comptabilité nationale d'un pays) sont des exemples de matrice.

L'analyse économique, y compris au niveau d'un pays (« matrice géante ») l'utilise pour l'élaboration de stratégies d'entreprise dans les domaines commerciaux, financiers et de production ; à titre d'autre exemple, on peut citer la « matrice BCG » conçue par l'organisation américaine de conseil aux entreprises, Boston Consulting Group – BCG.

⇒ analyse économique ; Boston Consulting Group ; LEONTIEF

MAYO Elton (1880-1949)

Socio-psychologue et économiste d'origine australienne, professeur à l'Université de Harvard (E-U), E.MAYO est un **spécialiste des relations humaines dans l'entreprise**.

Dans *The Human Problems of an Industrial Civilization* – « *Les problèmes humains dans une civilization industrielle* » (1933) et dans *The Social Problems of an Industrial Civilization* – « *Les problèmes sociaux dans une civilisation industrielle* » (1947), il démontre **l'importance significative des relations humaines dans le monde du travail**, soulignant que le comportement des salariés tient plus de leur **conscience d'appartenir à un groupe** et à un ensemble de travailleurs au sein de l'entreprise que de leurs salaires et des conditions matérielles qui leur sont faites. Il suggère aussi **l'intervention d'experts extérieurs pour prévenir ou déjouer les crises dans l'entreprise**.

Mc CLOSKEY Donald Nansen (1942-)

Économiste américain, professeur à l'Université de l'Iowa (E-U) et fondateur de la « **Société Internationale de Cliométrie** », la science du développement et de l'évolution de l'économie.

Mc CLOSKEY utilise une masse considérable d'informations statistiques pour **analyser avec de très importants moyens mathématiques, les systèmes sociaux et le comportement des individus au sein de ceux-ci**.

MEADE James Edward (1907-1995)

Fidèle disciple de John Maynard KEYNES dont il développe la théorie dans une optique internationale d'économies indépendantes, J.E.MEADE est **partisan d'une économie de marché, dans le cadre d'un libéralisme contenu et canalisé**.

À partir de 1940, il travaille avec John Richard STONE à la mise au point des **règles de la Comptabilité Nationale anglaise** adaptée à la situation provoquée par la Seconde Guerre mondiale (1939-1945).

Auteur de nombreux ouvrages économiques :

Theory of tax unions – « *Théorie des unions douanières* »,
Theory of Economic Growth – « *Théorie de la croissance* »,
Neo-classic Theory of Economic Growth – « *Théorie néo-classique de la croissance* »,

il partage avec le suédois Bertil OHLIN, le **Prix Nobel d'économie** en 1977.

⇒ Comptabilité nationale ; KEYNES ; libéralisme ; OHLIN

MÉCANISME DU MARCHÉ

En économie, il est d'usage d'évoquer un certain automatisme qui conduit à l'équilibre du marché. Mais il faut, en pratique, **tenir compte de plusieurs grandeurs et de tout une série d'effets** : l'offre, la demande, le prix, le revenu, la paix, la guerre, l'incertitude, etc.

À tout instant, en théorie, **un prix pourrait se former librement** : c'est un prix d'équilibre (mais il n'est pas fixe) qui conduirait ainsi **à une situation de marché d'équilibre**.

⇒ mécanisme des prix

MÉCANISME DES PRIX

Si le prix (ou les prix) pouvait se former librement, il serait dépendant de l'offre, de la demande, du revenu et de beaucoup d'autres éléments conjoncturels ou de circonstances.

Il est banal de constater que la demande augmente si le prix diminue et inversement. **Dans la réalité, les faits imposent des mécanismes beaucoup plus complexes**.

⇒ blocage des prix ; concurrence parfaite ; hausse sauvage des prix ; mécanisme du marché ; monopole

MÉCÉNAT

Action à caractère en principe désintéressé pour soutenir une œuvre d'intérêt général, faire connaître un artiste, participer à une manifestation culturelle, promouvoir un projet scientifique, etc.

Le mécène (individu, entreprise ou organisation) n'attend pas de son mécénat des conséquences commerciales ou financières directement positives mais ses actions participent à son image de marque et à sa notoriété.

Le mécénat est notamment pratiqué par des « Fondations », associations sans but lucratif, reconnues par l'État (elles sont, dans certains pays, « reconnues d'utilité publique ») en bénéficiant à ce titre de certains privilèges.

Le « **sponsoring** » ou « **parrainage** » est beaucoup plus orienté vers le gain : c'est une démarche de marketing publicitaire.

MÉDECIN DU TRAVAIL

La surveillance médicale des travailleurs (entreprises privées, publiques et administrations) s'est avérée nécessaire, notamment pour ceux qui effectuent des travaux insalubres ou dangereux.

La plupart des législations imposent, en particulier depuis la fin de la Seconde Guerre mondiale (1939-1945), **des visites médicales obligatoires et périodiques à toutes les catégories de salariés.**
Le médecin du travail peut être un salarié de l'entreprise ou de l'administration ; il peut aussi être indépendant ou salarié d'un organisme spécialisé.
Le médecin du travail joue un rôle important de surveillance et de conseil pour tout ce qui concerne la prévention des risques, l'hygiène et les conditions de travail, en liaison étroite avec les organismes qui, à l'intérieur de l'entreprise, ont des responsabilités dans ces domaines.
⇒ accident du travail ; assistant social en entreprise ; maladie professionnelle

MÉDIANE

En statistique, **la médiane partage une répartition en deux parties égales ;** c'est le milieu d'une série, d'un ensemble, etc. ; si ce milieu correspond à une fraction, on utilise généralement la moyenne des deux milieux entiers.
Par exemple,
- dans la série 1,2,3,5,7,8,11,13,17 il y a 9 éléments et la médiane est 7,
- dans la série 1,3,5,7,9,11,13,15,17,19, il y a 10 éléments et la médiane est alors

$$\frac{9+11}{2} = 10$$

⇒ moyenne ; mode

MÉDIATEUR
Voir : OMBUDSMAN

MÉDIATION

Dans les situations de conflits, notamment sociaux, l'on a de plus en plus recours à la médiation, c'est-à-dire à un arbitrage, dès l'origine du litige ou au cours de celui-ci, soit les parties en cause choisissent un médiateur, soit qu'il leur soit imposé par les Autorités Publiques.
La médiation peut être organisée dans le cadre d'une profession (litiges avec les consommateurs), d'un pays (dysfonctionnement de l'Administration) ou de l'UNION EUROPÉENNE – U.E. – qui a son propre médiateur, l'OMBUDSMAN.
En général, la médiation ne peut intervenir que s'il n'y a pas d'action judiciaire en cours.
⇒ Ombudsman

MELTING POT
Termes anglo-américains signifiant « creuset ».
On désigne par les termes de « melting pot », **un pays, une région dans lesquels se mêlent harmonieusement des nationalités ou des ethnies différentes,** le plus souvent immigrées ; leur brassage assure une assimilation des individus d'origines différentes à la population locale d'origine.
Par extension, on qualifie de « melting pot » la rencontre d'individus qui vont confronter des idées, des théories, des thèses différentes.

MÉMORIAL
Voir : JOURNAL OFFICIEL

MENDÈS FRANCE Pierre (1907-1982)
Homme politique et économiste français, P. MENDÈS FRANCE, plusieurs fois ministre, Premier ministre du Gouvernement français en 1954, représente la France dans de nombreuses organisations ; **spécialiste des questions financières et des problèmes monétaires,** notamment dans le domaine international, il participera aux ACCORDS de BRETTON WOODS en 1944 et sera Gouverneur du FONDS MONÉTAIRE INTERNATIONAL – FMI, Gouverneur Adjoint de la BANQUE INTERNATIONALE POUR LA RECONSTRUCTION ET LE DÉVELOPPEMENT – BIRD, et membre du Conseil Économique et Social de l'ORGANISATION DES NATIONS UNIES – ONU.
De sensibilité socialiste, il marquera ses fonctions par des prises de position en matière économique aussi fermes que rigoureuses.
Son ouvrage *La science économique et l'action,* publié avec Gabriel ARDAN marquera durablement la réflexion économique de son époque.
⇒ ACCORDS DE BRETTON WOODS ; BANQUE INTERNATIONALE POUR LA RECONSTRUCTION ET LE DÉVELOPPEMENT ; FONDS MONÉTAIRE INTERNATIONAL ; ORGANISATION DES NATIONS UNIES

MENGER Carl (1840-1921)
Homme politique et économiste autrichien, professeur d'économie politique à l'Université de Vienne (Autriche), il fondera notamment, avec L. WALRAS, l'**École dite « marginaliste »** en 1871, date de la publication de ses *Principes d'économie politique.*
Son influence sera déterminante en matière de réflexion sur le comportement économique des individus dont il étudie les besoins et leur satisfaction ainsi que **le phénomène très subjectif de la « valeur d'utilité des biens » ;** il élabore une théorie de la « moindre jouissance » montrant que la mesure de la valeur dépend de la satisfaction que l'on a d'un bien.
⇒ besoins ; satisfaction ; utilité ; WALRAS

MERCANTILISME

Le mercantilisme est une doctrine économique à multiples facettes. Il remonte à la découverte des continents américains à la fin du XVe siècle. **Les mercantilistes ont donné la prééminence aux métaux précieux, en marquant une nette préférence pour le protectionnisme, la lutte contre le paupérisme et le développement des mécanismes bancaires.**
À travers l'Europe, cette doctrine a été connue sous différentes dénominations : « chrysohédonisme », « agrarianisme », « commercialisme », etc.
C'est vers la fin du XVIIIe siècle que le mercantilisme a cédé la place au libéralisme économique.
⇒ libéralisme

MERCATIQUE
Voir : MARKETING

MERCHANDISING
Terme anglo-américain que l'on peut traduire par « marchandisage ».
C'est l'ensemble **des techniques mises en œuvre pour présenter et distribuer les marchandises** et, en conséquence, augmenter le chiffre d'affaires. Il s'agit, par exemple, d'apposer un logo ou une marque de fabrique distinctive sur des produits qui n'ont, en principe, pas de rapport avec le produit servant de support. Globalement, ce sont **toutes les méthodes de mise en valeur d'un produit et dont on attend un effet positif pour stimuler la vente.**
⇒ marketing

MERCIER DE LA RIVIÈRE *Pierre Paul* (1719-1801)

Économiste français, auteur de l'*Ordre naturel et essentiel des sociétés politiques* (1769), dans lequel il fait siennes les thèses de F. QUESNAY selon lesquelles **les lois économiques sont des lois naturelles, immuables et universelles**. C'est la doctrine que diffuseront les « **physiocrates** » en invoquant notamment l'idée que « **la terre est la seule source de richesse** ».
⇒ physiocrate ; QUESNAY

MERCOSUR

Acronyme couramment employé pour désigner **le « Mercado Commun del Sur »**.

« **Marché commun latino-américain** », créé en 1991 et entré en vigueur en 1995, entre l'Argentine, le Brésil, l'Uruguay et le Paraguay auquel se sont ultérieurement et partiellement associés, le Chili et la Bolivie et le Pérou.

Il a pour objectif la **libre circulation des biens et services**, un tarif douanier extérieur commun, une politique économique commune vis-à-vis des pays tiers, la coordination des politiques économiques nationales et l'harmonisation des législations. À terme et, en principe **à l'échéance de 2006**, il est prévu une **union douanière complète**.

Avec plus de 220 millions d'habitants, le MERCOSUR pèse d'un poids très important en Amérique Latine, d'autant plus après les accords signés pour une coopération plus efficace dans tous les domaines, avec :
– l'UNION EUROPÉENNE – UE, en 1995 et renforcés en 1999 ; des négociations commerciales seront reprises en 2005 (notamment à l'initiative du « Mercosur – EU Business Forum – MEBF ») pour la création, entre l'UE et le MERCOSUR d'une association interrégionale qui constituerait une zone de libre échange de 700 millions d'habitants,
– la COMMUNAUTÉ ANDINE EN 1997,
– le MARCHÉ COMMUN CENTRE-AMÉRICAIN – MCCA – en 1998 et sa « Zone de libre-échange des Amériques » – ZLEA.

Les orientations politiques du MERCOSUR sont définies par un « Conseil du marché Commun » qui a pour organe exécutif un « Groupe Marché Commun » avec une « Assemblée Parlementaire » et un « Forum Consultatif Économique ». Le MERCOSUR s'est doté, en 2003, d'une « Commission Permanente » chargée notamment de négocier les accords commerciaux. Un tribunal chargé de juger les différends entre les pays membres a été créé en 2004.

Le siège du Secrétariat du MERCOSUR et de sa « COMMISSION » Permanente » est à Montevidéo (Uruguay).

Internet : **http://www.mercosur-comisec.gub.uy**
⇒ COMMUNAUTÉ ANDINE ; MARCHÉ COMMUN CENTRE AMÉRICAIN ; union douanière ; UNION EUROPÉENNE

MÉRITOCRATIE

Système favorisant la compétence, le savoir ou le talent, sans distinction d'origine, de sexe ou de classe sociale.

MERTON Robert Cox (1944-)

Économiste américain, professeur à l'Université de Harvard à Cambridge (E-U), et spécialiste des marchés financiers : ses études sur leurs risques lui valurent le **Prix Nobel d'économie** en 1997 (partagé avec M. SCHOLES).

R.C. MERTON s'est notamment attaché à **l'étude des produits financiers dérivés**, c'est-à-dire des produits nouveaux négociables en Bourse, autres que les valeurs mobilières classiques : bons de souscription, warrants, certificats, trackers et options pour lesquels il a inventé un **modèle mathématique d'évaluation**.
⇒ Bourse ; certificat ; option ; tracker ; warrant

MÉSO-ÉCONOMIE

Elle se place **entre la micro-économie et la macro-économie** ; elle étudie essentiellement le **comportement et les réactions de certains ensembles**, notamment de groupes d'individus.
⇒ macro-économie ; micro-économie

MESURE

Décision prise par une autorité qui en a le pouvoir, au sein d'un État, d'une organisation, d'une entreprise.

Une mesure peut concerner un ou plusieurs domaines de la politique économique, sociale, commerciale, financière, de gestion des ressources humaines, de la stratégie, etc.

La mesure d'instruction est une procédure juridique qui, dans le cas d'un procès, permet d'établir les faits et, si nécessaire, apporter les preuves.
⇒ mesures de rétorsion

MESURES DE RÉTORSION

Contre-mesures, en général économiques, d'un État dont les intérêts sont mis en cause par l'attitude d'un autre État. Le but de ces mesures est de revenir à la situation antérieure.

De telles mesures peuvent aussi être prises par une entreprise ou un individu, victime de pratiques déloyales ou qui leur paraissent préjudiciables.

En matière de commerce international, des mesures de rétorsion ou des contre-mesures ne peuvent être prises par un État que sous réserve de l'accord de l'ORGANISATION MONDIALE DU COMMERCE – OMC.

MESURE D'INSTRUCTION

Voir : MESURE

MÉTAL PRÉCIEUX

Les propriétés du métal précieux sont **l'inaltérabilité et une durée d'existence extrêmement longue**. Ce sont surtout l'or, l'argent et le platine. Ces métaux précieux ou métaux nobles, et d'autres d'utilisation industrielle (iridium ou titane, par exemple) sont **cotés en Bourse**.

L'or et l'argent (mais pas exclusivement, d'autres métaux l'ont été à certaines époques) furent choisis, depuis des milliers d'années, pour **la fabrication de la monnaie métallique**.

MÉTHODE

Pour atteindre un but ou un objectif, il faut « suivre une marche raisonnée ». En philosophie, on a recours à la « marche rationnelle » de l'esprit pour établir la vérité ; le philosophe français DESCARTES lui a érigé, dans son *Discours de la méthode* (1637) un « monument » qui est d'une valeur scientifique et littéraire exceptionnelle.

Dans cette marche à suivre, l'analyse et la synthèse jouent un rôle de premier plan.

Pour l'économie, la méthode encore appelée « méthodologie » est surtout d'aboutir à un raisonnement économique transparent et clair qui conduit à un résultat (**positif**) ; comme « dérivés », on peut retenir la « méthode des cas », les méthodes dites endogènes qui concernent la prévision en période courte.

MÉTHODE COMPTABLE D'ÉVALUATION DES STOCKS

Plusieurs méthodes peuvent être mises en œuvre ; elles distinguent généralement les articles à évaluer en fonction de leur valeur (le prix de revient) soit à l'entrée dans le stock, soit à la sortie de celui-ci ; le choix de la méthode peut être important en période de hausse ou de baisse des prix et a des répercussions sur les résultats.
Parmi les méthodes les plus utilisées :
– la méthode du « premier entré-premier sorti – PEPS » ou « First in-First Out – FIFO »,
– la méthode du « dernier entré-premier sorti – DEPS » ou « Last In-First Out – LIFO »,
– ou encore, la méthode « **entré au prix le plus élévé-premier sorti** » ou « **Highest In- First Out – HIFO** ».

MÉTHODE PERT
Méthode anglo-américaine dont le sigle signifie « **Program Evaluation and Research Task** » ou « **Program Evaluation and Review Technic** ».
C'est une méthode de planification désignée, en français, sous le nom de « **Méthode du chemin critique** » : c'est l'exécution d'un plan d'action dans le délai le plus court et au coût le plus bas en liant entre elles et en les mesurant (temps, coût, etc.) **les différentes tâches d'un processus**.

MICRO-ÉCONOMIE
Elle concerne le **comportement des agents économiques** (producteurs, consommateurs, épargnants, etc.) **à titre individuel**.
⇒ macro-économie ; méso-économie

MICROMISATION
Voir : DOWNSIZING

MICROPROCESSEUR
Circuit électronique intégré contenu dans une « **puce** » (**semi-conducteur**) et constituant le composant de base d'un ordinateur au cœur de celui-ci ; l'invention du microprocesseur date de 1971.
⇒ puce

MICRO-THÉORIE
C'est **l'analyse du comportement individuel des agents économiques** qui peuvent être un individu, un ménage ou une entreprise et concerne, par exemple, la demande de biens de consommation ou de biens d'usage en fonction du prix et du revenu.
On utilise aussi le terme similaire de « **micro-économie** ».
⇒ agent économique ; biens ; prix ; revenu

MIDDLE OFFICE
Termes anglo-américains signifiant « **suivi des opérations** ». Service d'un organisme financier, spécialisé dans l'intervention sur les marchés de la Bourse.

MILL James (1773-1836)
Philosophe, historien et économiste anglais, disciple de BENTHAM et de RICARDO, il est l'auteur de *Principles of Economics* – « *Principes d'économie politique* » (1821) et le père de John Stuart MILL.
⇒ MILL John Stuart

MILL John Stuart (1806-1873)
Philosophe et homme d'État anglais, mais surtout **économiste profondément libéral** (il a cependant défendu des idées socialistes), démocrate, et philanthrope, MILL est l'auteur des *Principles of Political Economy* – « *Principes d'économie politique* » (1863) qui fait une large et complète synthèse des principales théories et doctrines politiques de l'époque (SAY, RICARDO, MALTHUS et son père James MILL).
MILL est aussi le **fondateur de la doctrine de** « **l'utilitarisme** » dont il emprunte cependant l'idée au philosophe grec SOCRATE (470-399 avant J.-C.) Dans son livre *Utilitarianism* – « *Utilitarisme* » (1863) il considère que toute action est bonne si elle est utile et contribue au bonheur, non pas seulement individuel mais, dans un esprit altruiste, à celui de tous.
⇒ MILL James ; MALTHUS ; RICARDO ; SAY

MILLER Merton M. (1923-2000)
Économiste américain, professeur à l'Université de Chicago (E-U), expert auprès du Gouvernement des États-Unis et de la Bourse de New York. Il a reçu le **Prix Nobel d'économie en 1990** (avec H. MARKOWITZ et W. SHARPE).
Spécialiste des questions financières concernant l'entreprise, il est l'auteur avec F. MODIGLIANI d'un double théorème :
– la valeur d'une entreprise est indépendante de sa structure financière et de son endettement ;
– la valeur d'une entreprise est indépendante des dividendes qu'elle distribue à ses actionnaires.
Il démontre ainsi que seules les performances et les résultats de l'entreprise sont à prendre en compte pour déterminer sa valeur.
⇒ MARKOWITZ ; MODIGLIANI ; SHARPE

MILLS Charles Wright (1916-1962)
Sociologue américain dont les théories ont marqué la pensée économique contemporaine.
MILLS est, notamment, l'auteur de *White Collar* – « *Cols blancs* » publié en 1951 et de l'*Élite et le pouvoir* (1956) dans lesquels il étudie le rôle de la classe moyenne et des minorités dirigeantes qui détiennent le pouvoir.
À côté des technocrates dirigeants, les « **cols blancs** », il distingue les « **cols bleus** » (« blue collar workers ») **travailleurs des ateliers** de production et les « **cols ouverts** » (« open collar workers ») **dirigeants sans cravate**, c'est-à-dire plus décontractés et relaxés.
MILLS se déclare **adversaire du** « **fonctionnarisme** » qui tend à donner le pouvoir aux fonctionnaires et à en augmenter le nombre.

MINORITÉ
Dans une société, une organisation, une assemblée, la minorité est constituée par le cumul de tous ceux qui représentent ensemble moins de 50 % des voix, des votes, des opinions.
La minorité de blocage est constituée par ceux qui, bien que n'ayant pas la majorité, peuvent, par leurs votes ou leurs voix, bloquer une décision, en fonction des statuts ou des règles en vigueur ; la minorité de blocage est fréquemment fixée à 33 %, par exemple dans certaines des assemblées des sociétés anonymes (assemblée générale extraordinaire).
⇒ majorité

MINSKY Hyman P. (1919-1996)
Économiste américain, professeur à l'Université de Saint-Louis (E-U), **spécialiste des marchés financiers et de la structure financière des entreprises**, H.MINSKY est l'auteur de nombreuses publications et ouvrages parmi lesquels on peut citer :

- *Financial Crises : Systemic of Idiosyncratie* – « Les crises financières : une sytématisation de l'idiosyncratie » (1991) ;
- *Market Process and Thwarting Systems* – « Processus du marché et systèmes contrariés » (1991) ;
- *The Transition to a Market Economy of Financial Options* – « La transition vers un marché économique d'options financières » (1991) ;
- *Financial Instability Hypotheses* – « Hypothèses d'instabilité financières » (1993) ;
- *Business Cycles in the Capitalist Economies* – « Les cycles dans les economies capitalist » (1994).

MINUTE
Terme juridique désignant l'original d'un acte, d'un jugement. La copie exécutoire est appelée « **grosse** » (copie officielle).
⇒ grosse

MIRABEAU Victor RIQUETTI, MARQUIS DE (1715-1789)
Philosophe, grand seigneur terrien et économiste français, MIRABEAU est un **ardent disciple de QUESNAY et se consacre à la diffusion de la doctrine des « physiocrates »** selon laquelle la richesse ne peut venir que de la terre et de son exploitation.
Il a publié, en 1758, *L'ami des hommes ou théorie de la population*.
⇒ physiocrate ; QUESNAY

MISE À PIED
Suspension provisoire, décidée par l'employeur, du contrat de travail d'un salarié ou de l'exercice de la fonction dans une organisation ou une administration, généralement à la suite d'une faute, d'un incident, etc.
La mise à pied n'est pas le licenciement même si, en pratique, elle le précède souvent.
⇒ licenciement

MISE EN DEMEURE
C'est un ordre, une injonction, pour exiger l'exécution d'une obligation.
Il y a mise en demeure si le débiteur d'une obligation met du retard à l'accomplissement de sa prestation. La mise en demeure est la constatation officielle du retard.
La mise en demeure peut être automatique : c'est le cas lorsque le débiteur d'une obligation « de ne pas faire » fait cependant quelque chose.
La mise en demeure se fait normalement par un acte extrajudiciaire (qui produit des effets juridiques sans l'intervention d'un tribunal) : ce peut être une lettre recommandée ou plus généralement, **un acte d'huissier** ou dans les conditions préalablement fixées par une clause contractuelle. Éventuellement, les circonstances peuvent rendre nécessaire une citation devant un tribunal.
⇒ dommages et intérêts

MISES Ludwig von (1881-1973)
Économiste autrichien, professeur à l'Université de Vienne (Autriche) puis à celle de New York (E-U) von MISES est un **spécialiste de la méthodologie monétaire et de la monnaie. Il s'oppose aux théories socialistes** et aux régimes qui s'y réfèrent et combat toutes les formes de planification en **développant des idées libérales.**
Il est l'auteur, notamment, de :
- *Theorie des Geldes und Umlaufsmittel* – « Théorie de la monnaie et du crédit » (1912) ;
- *Die Geldtheorie un die Konjunktvrtheorie* – « Théorie monétaire et théorie de la conjoncture »(1929) ;
- *Nationalökonomie – Theorie des Handels und Wirtschaftens* – « Économie nationale – Théorie du commerce et des affaires » (1940).

MITIGATION DE LA PEINE
Certaines circonstances, tout particulièrement le mauvais état de santé de la personne qui doit être condamnée, **peuvent amener un tribunal à prononcer une peine moins lourde que celle normalement prévue : c'est la mitigation de la peine.** Celle-ci peut aussi intervenir ultérieurement pour diminuer une peine déterminée.

MOBILE
Voir : TÉLÉPHONE MOBILE

MOBILITÉ SOCIALE
Il devient de plus en plus difficile d'exercer une même profession au même endroit ou dans la même entreprise durant toute sa vie professionnelle.
Il y a ainsi une mobilité géographique et une mobilité fonctionnelle. La première nécessite que le travailleur s'établisse dans une autre région là où des besoins de main-d'œuvre se manifestent ou dans une entreprise lui offrant des conditions ou des perspectives meilleures. La seconde est dérivée du système social : **les fonctions évoluent et un travailleur (au sens le plus large) doit, de plus en plus, changer d'emploi au cours de sa carrière et cela lui impose de se soumettre à une « formation permanente » ou à une « formation continue ».**
La formation « tout au long de la vie » est un objectif de l'UNION EUROPÉENNE – UE – et de nombreuses dispositions sont mises en œuvre dans tous les pays pour en faciliter l'accès aux travailleurs.

MOBILES
Il y a en nous des instincts qui nous font agir ; on peut, à cet égard, invoquer l'intérêt que l'individu éprouve à travailler. L'homme est considéré comme un être sociable et certains auteurs parlent « **d'instinct grégaire** ».
La confiance, comme la méfiance, jouent un rôle important dans les relations économiques, mais d'autres mobiles peuvent intervenir : les sentiments, les passions, l'envie, la sympathie, la peur, etc. et sont souvent à l'origine de véritables dérèglements économiques. L'habitude ou la paresse d'esprit exercent aussi des pressions sur notre façon d'agir.
Il faut aussi souligner **que la morale ne l'emporte plus sur la loi humaine et l'économie d'aujourd'hui est le plus souvent amorale.** Les honneurs, les profits, le prestige ou simplement le « paraître » jouent un rôle important dans la société. Tout comme « l'oisiveté est la mère de tous les vices », l'intérêt semble être l'une des premières « vertus ». Il s'agit là de l'intérêt personnel qui fait que tout individu cherche à obtenir un maximum de satisfactions avec le minimum d'efforts. L'homme réfléchit et calcule ; chacun de nous éprouve plus ou moins d'intérêt vis-à-vis de ce qui nous entoure et de ce qui nous concerne. L'homme, sans être totalement et foncièrement égoïste, n'est que rarement altruiste.
⇒ MORE

MODE
Dans une répartition statistique, on appelle mode la valeur de la variable pour laquelle la fréquence est la plus élevée.
Ainsi, par exemple, dans une **distribution statistique** telle que

Variables :	1	2	3	4	5	6	7
Fréquences dans chacune des variables :	5	20	46	99	80	60	12

Le mode est de 4 (fréquence la plus élevée).
On désigne aussi le mode par le terme « dominante ».
Le terme mode désigne aussi les conditions d'une activité : mode de production, mode de transport, mode de vie, etc.
La « mode » est l'art d'être ou de paraître. Elle est à l'origine de très nombreuses activités commerciales et industrielles dont l'importance économique est particulièrement développée dans certains pays.
⇒ médiane ; moyenne

MODÈLE

Le terme désigne, dans une première acception, **la représentation schématique et formalisée d'un événement, d'une théorie, d'un processus.**
C'est aussi une **référence significative, un type particulier ou le prototype de quelque chose** : ce modèle peut, dans certains cas faire l'objet d'une protection au même titre qu'un dessin ou une marque.
Le modèle est aussi une personne, en général coruscante (qui brille d'éclat), chargée de présenter un objet ou un vêtement de mode ou de consommation pour inciter à l'achat.

MODÈLE BLACK ET SCHOLES
Voir : SCHOLES

MODÈLE ÉCONOMIQUE

Il s'agit d'une **miniaturisation, d'une simplification et d'une représentation à échelle réduite et parfois abstraite, rationalisée, de phénomènes ou d'aspects économiques.**
Le professeur anglais A.W.PHILLIPS avait conçu à la London School of Economics (G.-B.), un modèle (appareil) pour expliquer la théorie de KEYNES.
On parle aussi de **modèle mathématique** qui est la représentation d'un phénomène, pour l'analyser et l'étudier, par des formules mathématiques. C'est ainsi que les modèles économiques sont des **systèmes d'équations** dans lesquels il convient de distinguer entre les **équations de définition**, les **équations de structure**, etc.
⇒ équation ; KEYNES ; PHILLIPS ; théorie de KEYNES

MODÈLE MUNDELL-FLEMING -IS-LM-
Voir : MUNDELL

MODEM

Acronyme des termes « **modulateur-démodulateur** ».
Appareil permettant la **transmission entre plusieurs ordinateurs** de données informatiques en utilisant des lignes téléphoniques (classiques, spécialisées, par câble, etc.).
Le modem sert aux liaisons INTERNET ; il est, le plus souvent intégré à l'ordinateur et transforme les données digitales en signaux modulés. C'est le modem qui assure la vitesse de transmission plus ou moins rapide ; celle-ci est exprimée en bits par seconde.
⇒ bit ; INTERNET

MODIGLIANI Franco (1918-2003)

Économiste d'origine italienne, professeur au célèbre Massachusetts Institute of Technology – MIT – aux États-Unis, F.MODIGLIANI est **Prix Nobel d'économie en 1985** pour ses études de macro-économie et d'économétrie, notamment dans les domaines de la monnaie, du crédit et des taux d'intérêt.
Ses modèles d'économétrie ont été à la base des études de nombreux économistes.

Il a sévèrement critiqué la BANQUE CENTRALE EUROPÉENNE – BCE, estimant que son action n'était pas assez orientée vers la relance de l'économie et la croissance.

MOINS-VALUE

C'est la constatation de la diminution de valeur de quelque chose, d'un bien ou d'un produit.
Dans l'entreprise, en fin d'exercice comptable, il peut s'avérer que des **valeurs actives sont surévaluées** en raison de l'usure (biens d'équipement) ou d'événements imprévisibles (dépréciation de marchandises, de matières diverses, etc.) Certains droits, comme **les droits de créance peuvent perdre de leur valeur**, en raison de la défaillance de débiteurs ; **les titres de participation et de placement subissent aussi des variations** et leur valeur peut donc diminuer.
Il devient alors nécessaire de **constituer des provisions et de pratiquer des amortissements pour mettre la situation comptable en harmonie avec la réalité.**
⇒ amortissement ; plus-value ; provision

MONDIALISATION

Concept économique qui fait du monde un immense marché de libre circulation, non seulement de la production et du commerce, mais aussi du travail, de la culture et plus encore de l'information et des capitaux ; on parle pour ceux-ci de globalisation financière.
La mondialisation est la diffusion planétaire du libéralisme, du capitalisme et de la société de consommation.
L'ORGANISATION MONDIALE DU COMMERCE – OMC (et, avant elle, l'ACCORD GÉNÉRAL SUR LES TARIFS DOUANIERS ET LE COMMERCE – GATT) a pour mission **d'organiser les marchés mondiaux** dans les domaines de l'industrie, des services et du commerce, d'en fixer les règles et d'arbitrer les différends.
Comme l'a fait le GATT de 1947 à 1974, l'OMC organise des cycles périodiques de négociations (« rounds ») pour assurer le développement économique des États en supprimant les entraves ou en les limitant dans un objectif de libre-échange.
La mondialisation fait l'objet de très nombreuses discussions. Notamment, le FORUM MONDIAL DE L'ÉCONOMIE – WORLD ECONOMIC FORUM- WEF (fondé par K. SCHWAB) qui réunit annuellement, en principe à Davos (Suisse), les gouvernements et les dirigeants des grandes entreprises internationales.
L'ORGANISATION INTERNATIONALE DU TRAVAIL – OIT - a pour objectif, notamment, de prendre en compte la dimension sociale de la mondialisation.
L'UNION EUROPÉENNE – UE – engage aussi de nombreuses actions en ce sens, sur la base notamment des études de la « Commission Mondiale pour la Dimension Sociale de la Mondialisation ».
La mondialisation a aussi ses opposants et notamment ceux qui se réunissent périodiquement dans le cadre du FORUM SOCIAL MONDIAL (Seattle aux États-Unis en 1999, Porto-Alegre au Brésil en 2002 et en 2005) **pour proposer des remèdes aux dérives et aux inconvénients du libéralisme.** Les acteurs de l'anti-mondialisation ou altermondialistes sont aussi bien des mouvements radicaux légitimant la violence que des mouvements de défense de l'environnement, des syndicats de salariés et des associations luttant contre la spéculation financière (Mouvement International ATTAC, par exemple). Les uns et les autres ont le mérite d'être des « agitateurs d'idées », **de débattre de l'ensemble des problèmes économiques, sociaux et environnementaux**

qui se posent à l'humanité. Sur le constat majeur de la dramatique inégalité d'un monde partagé entre les pauvres et les riches, ils tendent à **remettre l'homme au centre de la mondialisation et à moraliser celle-ci**.

Internet :

Forum Mondial de l'Économie :
http://www.weforum.org

Forum Social de l'Économie :
http://www.forumsocialmondial.org.br

⇒ capitalisme ; globalisation financière ; libéralisme ; ORGANISATION MONDIALE DU COMMERCE ; SCHWAB ; société de consommation

MONÉTARISME

La politique conjoncturelle classique avait du mal à déterminer quelle part de responsabilité incombait d'un côté à l'État et de l'autre côté à la Banque Centrale du pays concerné. Alors que l'État poursuivait des buts conjoncturels et politico-monétaires, la Banque Centrale avait pour mission la stabilité et la valeur de la monnaie nationale. Or, l'État a aussi des objectifs publics, mais ceux-ci ne cadrent que rarement avec les buts de la politique conjoncturelle et monétaire. Au sens strict, la Banque Centrale a un rôle de contrôle de l'inflation (théorie **monétariste simple**), mais lorsqu'elle dépasse ce but et exerce en plus un contrôle sur l'activité économique, c'est un **monétarisme actif**.

Il existe **une théorie monétaire plus moderne qui est défendue par l'économiste américain Milton FRIEDMAN**. C'est lui qui a repris la théorie quantitative monétaire pour lui donner une formulation plus contemporaine. Selon lui, **l'offre de monnaie doit augmenter à un taux qui, lorsqu'on le multiplie par le taux de variation de la circulation monétaire, correspondrait au taux de croissance du Produit National**, en termes réels.

Dans l'UNION EUROPÉENNE – UE, la maîtrise de l'inflation est l'un des critères (dits de « convergence ») fixés par le Traité de Maastricht pour les pays de la Zone euro, sous la responsabilité de la BANQUE CENTRALE EUROPÉENNE qui met en œuvre la politique monétaire des pays membres.

⇒ banque centrale européenne ; déflation ; inflation ; stagflation

MONEY MAKER

Terme anglo-américain, littéralement « **faiseur d'argent** ». Désigne un individu dont l'objectif est de gagner le plus d'argent possible.

MONNAIE

Le nom a pour origine la Déesse JUNON et son surnom, MONETA. À Rome (Italie) il existait, dans l'Antiquité, près du temple qui porte son nom, un atelier « monétafre » (atelier de frappe et de fonte).

L'histoire de la monnaie est aussi vieille que le monde.

Dans une économie « robinsonienne » (économie domaniale fermée), il n'y avait pas d'échanges et, en conséquence, on n'avait pas besoin de monnaie. Tout change avec l'apparition de l'**économie de troc** (marchandises contre marchandises). Cette forme d'échanges était incommode et mal adaptée. Au fil des temps, la monnaie a adopté les formes les plus diverses : animaux, défenses et dents d'animaux, fourrures, céréales, sel, sucre, tabac, coquillages, perles, pierres précieuses ou non, produits manufacturés, armes et argent ainsi que, malheureusement, esclaves.

Des instruments monétaires plus abstraits sont apparus plus tardivement. De plus en plus **les métaux ont eu la préférence** : en Égypte ancienne, le cuivre, en Grèce ancienne, le fer alors qu'à ses débuts, l'Empire Romain optait pour le bronze.

L'inaltérabilité, la reconnaissance aisée, la conservation, la divisibilité, la possibilité de transport facile, la valeur intrinsèque sont les qualités qui ont toujours été recherchées pour la monnaie.

Comme fonction, **la monnaie est un instrument de compte, un instrument d'échange** (donc un bien d'échange intermédiaire), **un instrument de conservation de valeur** (c'est l'épargne), **un instrument de transmission de la valeur et un instrument de mesure de la valeur.**

Après le troc vint l'économie « **marchandise – monnaie – marchandise** », en se mettant d'accord sur un bien d'échange intermédiaire (bétail, métal précieux, etc.). Puis on adopta la **monnaie pesée avec des lingots de métal** mais ils avaient l'inconvénient de l'indivisibilité ; il fallait procéder à leur fractionnement : c'est la pièce.

Il semble que **la présentation de la monnaie sous forme de pièces remonte au VIIIe siècle avant J.-C.** Les rois de Lydie (Gygès, Crésus) auraient été à l'origine de l'invention du monnayage, donc de la frappe de disques plats de métal. Le fleuve Pactole fournira alors des alluvions métalliques précieux avec lesquels on fabriquait un alliage naturel composé d'or et d'argent qui portait le nom de « lectrum ».

La masse monétaire comprend aujourd'hui la monnaie métallique, la monnaie de papier, le papier-monnaie, la monnaie scripturale et une de ses dérivés modernes, la monnaie électronique

L'organisation monétaire est passée par différents systèmes monétaires dont certains, très théoriques, n'ont jamais été expérimentés alors que d'autres n'ont pas fonctionné.

La frappe des pièces de monnaie et la fabrication des billets sont réalisées par des entreprises spécialisées placées sous la surveillance très stricte de l'État. La Banque Centrale du pays concerné et la Banque Centrale Européenne (qui a le monopole de l'émission pour les pays de la Zone euro de l'UNION EUROPÉENNE – UE) ont ainsi un « **droit de seigneuriage** », généralement très rentable.

⇒ Banque Centrale ; BANQUE CENTRALE EUROPÉENNE ; économie robinsonienne ; monnaie de papier. ; monnaie électronique ; monnaie scripturale ; papier-monnaie ; troc

MONNAIE ACTIVE

Notion élaborée par l'économiste J. M. KEYNES qui considère qu'**une monnaie n'est pas neutre mais, au contraire doit être utilisée pour participer au développement de l'économie et donc être placée, apportant un financement aux investissements productifs et donc à l'évolution positive de l'emploi**.

Par opposition à la monnaie active, celle qui est inutilisée est la monnaie oisive.

⇒ monnaie ; monnaie oisive

MONNAIE DE PAPIER

La conservation à domicile de fortes quantités de métal précieux a toujours constitué un risque important. **Au Moyen Âge, des banques spéciales de dépôts conservaient le métal contre remise de quittances ; ce sont celles-ci que les commerçants se transmettaient. C'est la naissance du billet de banque**.

Pièces et billets font partie des monnaies manuelles qui ont cours légal c'est-à-dire qu'il y a obligation de les accepter en paiement. Ces sont des **monnaies fiduciaires** donc basées sur la confiance à l'égard de l'Institution ou de l'État qui les ont émises.

La monnaie de papier était, à l'origine, représentative d'un équivalent de métal précieux déposé entre les mains du banquier. Mais on a mis **en circulation plus de billets qu'il n'y avait de couverture en métal**. La monnaie de papier devint **le « papier-monnaie » qui avait perdu sa convertibilité en métal**. La circulation monétaire devint alors une circulation monétaire « à découvert ».

Depuis l'introduction des monnaies de papier et des **monnaies scripturales** (monnaies utilisant différents supports et écritures assurant les transferts de monnaie de compte à compte), la monnaie métallique (pièces et lingots) ne circule pratiquement plus, même si les Banques Centrales et les banques ont encore la possibilité de convertir les billets en métal, aux taux en vigueur, fonction de la valeur accordée au métal concerné (or, argent ou autre métal précieux).

La terminologie monétaire connaît différents régimes, notamment d'étalon ou de convertibilité, tels que :
- le Gold Bullion Standard (système anglais et français de convertibilité restreinte, en or, au début du XXe siècle),
- le Silver Bullion Standard (convertibilité en argent),
- le Gold and Silver Bullion Standard (convertibilité en or et en argent),
- le Gold Specie Standard (double circulation monétaire – billets convertibles et pièces en métal tels les systèmes en vigueur dans de nombreux pays avant la Première Guerre mondiale – 1914-1918),
- le Gold Standard (système d'étalon-or),
- etc.

Lorsque la monnaie d'un pays déterminé est convertible en une monnaie d'un autre pays rattachée à un étalon (l'or) on a un régime dit de « Gold Exchange Standard ».
⇒ convertibilité ; dépôt

MONNAIE ÉLECTRONIQUE
Le terme est fréquemment employé ; **il ne désigne pas un type de monnaie mais les moyens de circulation informatisée de la monnaie scripturale** ; le terme de « **monétique** » est synonyme.
⇒ monnaie scripturale

MONNAIE FIDUCIAIRE
Voir : MONNAIE SCRIPTURALE

MONNAIE IMMATÉRIELLE
Elle est constituée par les chèques, les virements de compte à compte, c'est-à-dire de la monnaie dite scripturale ainsi que de toutes les formes monétaires électroniques et informatisées.
⇒ monnaie de papier ; monnaie électronique ; monnaie métallique ; monnaie scripturale ; papier-monnaie

MONNAIE MATÉRIELLE
Monnaies métalliques en or ou en argent qui circulaient dans de nombreux pays avant la Première Guerre mondiale (1914-1918) ainsi que **les billets de banque** (monnaie de papier) qui furent pendant de longues années, convertibles en métal précieux et les pièces actuelles dans différents métaux moins nobles.
⇒ convertibilité ; monnaie de papier ; monnaie électronique ; monnaie métallique ; monnaie scripturale

MONNAIE OISIVE
Toute la monnaie, sous forme de liquidités, qui n'est pas utilisée et donc ne rapporte aucun revenu.
La monnaie productive est la **monnaie active**.
⇒ monnaie ; monnaie active

MONNAIE SCRIPTURALE
Depuis de très nombreuses années de très fortes **sommes sont transférées de compte à compte entre les banques, dans le monde entier**, pour éviter le transport de billets. Un simple jeu d'écritures suffit, éventuellement par des moyens électroniques (INTERNET). Il s'agit de **monnaie immatérielle sans signe monétaire matérialisé**. Les chèques, les différents titres de paiement et les virements ne sont pas des monnaies mais c'est par leur intermédiaire que la monnaie est mise en circulation avec un effet giratoire (de circulation) ; les comptes courants constituent l'ossature de cette mécanique.

La monnaie scripturale est également considérée comme monnaie « fiduciaire », les termes étant synonymes.
⇒ chèque ; compte-courant ; virement

MONNET Jean (1888-1979)
Français, J. MONNET est un homme de réflexion mais aussi un très efficace organisateur, brillant économiste, chef d'entreprise et haut responsable dans des institutions internationales et nationales.

Il va, au cours d'une exceptionnelle et féconde carrière, œuvrer dans de multiples domaines et se forger ainsi une irremplaçable expérience.

Pendant la Première Guerre mondiale (1914-1918), il va organiser les approvisionnements et les transports des Alliés puis sera Secrétaire Général Adjoint de la SOCIÉTÉ DES NATIONS – SDN (dont le rôle a été repris par l'ORGANISATION DES NATIONS UNIES – ONU) de 1919 à 1923.

Chef de l'entreprise familiale de cognac, il remplira ensuite d'importantes missions à la Bank of America à New York (États-Unis) avant de **participer à l'organisation de l'effort de guerre tout au long de la Seconde Guerre mondiale (1939-1945) et préparant à Londres (Royaume-Uni) et à New York la reconstruction des pays dévastés.**

Mais J. MONNET est surtout l'un des « **pères fondateurs de l'Europe** ». À côté de R. SCHUMAN et comme Commissaire Général au Plan du Gouvernement français, il va inspirer « la Déclaration SCHUMAN » du 9 mai 1950 et présidera la COMMUNAUTÉ EUROPÉNNE DU CHARBON ET DE L'ACIER – CECA – de 1952 à 1954. Il va beaucoup contribuer à l'élaboration du Traité de Rome (1957) et, avec une active et efficace pugnacité à bâtir la COMMUNAUTÉ ÉCONOMIQUE EUROPÉENNE.
⇒ COMMUNAUTÉ ÉCONOMIQUE EUROPÉENNE ; COMMUNAUTÉ EUROPÉENNE DU CHARBON ET DE L'ACIER ; SCHUMAN

La FONDATION Jean MONNET est un lieu de mémoire, de recherche, de réflexion et de rencontre.
Elle a son siège à Lausanne (Suisse).

Internet : **http://www.jean-monnet.ch**

Lancée en 1990 par la Commission Européenne, l'« **Action Jean Monnet** » a pour objectif de promouvoir les enseignements sur la construction européenne dans les universités des États membres de l'UNION EUROPÉENNE – UE : « Pôles européens », chaires « Jean Monnet » d'enseignement, etc.

MONOCOTATION
Terme de la Bourse signifiant que les titres d'une entreprise ne sont cotés que sur leur marché principal et non pas dans plusieurs Bourses.
Les redevances, frais de communication et les coûts de l'animation sur un marché boursier déterminé sont élevés et ne sont donc justifiables dans diverses Bourses que si le volume des échanges du titre concerné sont importants.
⇒ Bourse

MONOMÉTALLISME
Un seul métal précieux constitue la base de ce système monétaire, l'or ou l'argent.
L'un ou l'autre de ces deux métaux est donc admis comme **étalon monétaire**, à la frappe libre et à cours légal ; les billets de banque sont convertibles dans le métal de base. Entre l'or et l'argent, l'établissement d'un rapport officiel n'était, en général, pas obligatoire.
⇒ bimétallisme ; convertibilité ; monnaie

MONOPOLE
Les termes de « **monopole pur** » et de « **monopole naturel** » sont aussi utilisés.
Dans une situation de monopole, le **marché est structuré de façon qu'il n'y ait qu'un seul offreur (vendeur)** ; le monopoleur est alors confronté à beaucoup de demandeurs (acheteurs) ; **un seul produit** non substituable est offert sur le marché et il n'y a **pas de concurrent** ; **le prix est fixé par le monopoleur**. Généralement, une seule entreprise réussit à couvrir la demande à un coût théoriquement moins élevé que ne pourraient le faire d'autres entreprises.
La formation de situations monopolistiques est entravée ou freinée par les législations et par les contraintes de la propriété industrielle (brevets).
Le terme de monopole couvre un vaste domaine ; il y a le **monopole de l'offre** mais aussi celui **de la demande**, le **monopole bilatéral**, le **monopole partiel** côté offre ou côté demande et le **monopole partiel bilatéral**.
⇒ brevet ; demande ; marché ; monopole bilatéral ; offre ; propriété
▶ graphique n° 14

MONOPOLE BILATÉRAL
L'offre comme la demande se trouvent concentrées et dominées, en pratique, par **quelques offreurs et quelques demandeurs, même si, théoriquement, un seul vendeur est face à un seul acheteur.**
⇒ demande ; monopole ; offre

MONOPOLE BILATÉRAL EN MATIÈRE DE SALAIRE
Les salaires sont déterminés, depuis le milieu du XXe siècle, dans de nombreux pays, par des règles conventionnelles, contractuelles ou par les législations en vigueur. Pour l'économiste, **cette situation est un monopole bilatéral.**
Le salaire résulte théoriquement de la négociation entre l'employeur et le salarié dont les intérêts sont opposés ; il est **fonction de très nombreux facteurs**, mais aussi, notamment, **des ressources financières de l'entreprise** ou de l'administration ainsi que de la **possibilité de répercuter la charge supplémentaire du salaire** et de son coût sur le client, donc le consommateur ou sur le contribuable.
Les situations de crise (grève) peuvent remettre en cause les accords conclus sur les salaires.
⇒ salaire

MONOPOLE DU COMMERCE EXTÉRIEUR
L'État détient, dans cette situation, tous les pouvoirs en matière d'échanges internationaux. C'est le cas dans les pays totalitaires (mainmise de l'État sur toutes les activités), à économie dirigée ou administrée. Le pays est organisé pour avoir accès à des biens que l'État considère comme vitaux et, le plus souvent aussi, à des matériels de guerre, à l'exclusion de tous les autres biens. D'un autre côté, l'État cherche à écouler à l'étranger les excédents de la production nationale pour se procurer des devises ; les échanges sont, de toutes les façons, strictement contrôlés.
⇒ monopole

MONOPSONE
Situation d'un **marché dans lequel il y a beaucoup de petits offreurs en face d'un ou de quelques demandeurs.**
Le monopsone est donc un monopole dans l'optique de la demande.

MONTAGE DÉCONSOLIDANT
Il s'agit d'une technique qui permet, dans le respect des règles de la comptabilité, de **sortir du bilan consolidé d'une société, certains de ses actifs.**
⇒ bilan ; consolidation

MONTCHRESTIEN Antoine de (1576-1621)
Poète français, auteur de tragédies mais aussi créateur d'une usine de coutellerie et **économiste célèbre par son** *Traité de l'oeconomie politique* (1616) qui est un tableau de la situation économique de la France, mais aussi un **manuel pour les dirigeants du pays.** MONTCHRESTIEN y demande « **à ceux qui sont appelés au gouvernement des États à avoir la gloire, l'augmentation et l'enrichissement pour leur principal but** » et il y développe des idées personnelles favorables au mercantilisme et au protectionnisme.
⇒ mercantilisme ; protectionnisme

MONTESQUIEU Charles DE SECONDAT, BARON DE LA BRÈDE ET DE (1689-1755)
Philosophe, magistrat, penseur et économiste français, MONTESQUIEU connaît d'abord des succès littéraires (*Lettres persanes* en 1721, *Considérations sur les causes de la grandeur des Romains et leur décadence* en 1734), mais c'est son **oeuvre majeure** *De l'esprit des lois* (1748) qui lui assure une renommée considérable et une notoriété exceptionnelle.
De l'esprit des lois **établit les bases des sciences économiques, politiques et sociales et aborde un large domaine de réflexion : pouvoir, liberté, religion, commerce, mœurs, etc.**

MORAL SUASION
Expression anglo-américaine, littéralement « **pression morale** ». Cette expression est utilisée pour caractériser **l'influence de la Banque Centrale d'un État lorsqu'elle fait appel au bon sens d'un organisme de crédit pour soutenir une politique de prudence en matière d'ouverture de crédits.** Les termes sont surtout employés dans le monde de la finance, aux États-Unis.

MORATOIRE
Par un « moratoire », **l'obligation de régler une dette est provisoirement reportée ou définitivement éteinte.** En matière de **règlements internationaux**, au niveau des États, il arrive fréquemment que **l'échéance d'une dette soit reportée et il peut même y avoir remise totale de la dette,** en particulier des pays riches créanciers vis-à-vis des pays pauvres en voie de développement, débiteurs.
⇒ Club de Paris

MORE (MORUS) Thomas dit SAINT Thomas MORE (1478-1535)

Anglais, né à Londres, Thomas MORE apparaît comme un « **homme de toutes les heures** » – « **Vir omnium horarum** », **humaniste érudit et éclairé** comme le XVIe siècle en produira plusieurs en Europe, tel le hollandais ERASME (1469-1536) avec qui il sera très lié, écrivant avec lui son œuvre majeure *L'éloge de la folie*.

Après des études à Oxford et à Londres (Angleterre), MORE sera tour à tour avocat, homme politique (notamment membre du Parlement), diplomate, théologien laïc engagé, mais aussi Chancelier du Royaume d'Angleterre et Conseiller du Roi Henri VIII qui, face à son refus de le reconnaître comme chef de l'Église, le fera périr sur l'échafaud. Il sera canonisé en 1935.

Dans le domaine économique, le nom de MORE est associé à ce manifeste de l'humanisme chrétien qu'est **son plus célèbre ouvrage** *Utopie* (1515-1516) dans lequel il construit **une république imaginaire et idéale, vertueuse et socialement très organisée**. Ce système de gouvernement a servi, tout au long des siècles, de « directeur de conscience » à un communisme religieux.
⇒ communisme

MORGENSTERN Oskar (1902-1977)

Économiste autrichien, professeur à l'Université de Vienne (Autriche) puis à celle de Princeton (E-U), MORGENSTERN est connu pour ses **analyses du comportement économique** mais plus encore pour celles de **la théorie des jeux**, notamment dans deux ouvrages : *Game Theory and Economic Behavior* – « *Théorie des jeux et comportement économique* » (1944), écrit en collaboration avec John Von NEUMAN et *On Accuracy of Economic Behavior* – « *Précisions sur le comportement économique* » (1950).

MOTEUR DE RECHERCHE

Programme (logiciel) informatique qui permet **d'atteindre et de sélectionner une information ou un commentaire dans une base ou une banque de données** à partir d'un terme appelé « mot-clé ». Il existe de nombreux moteurs de recherche accessibles par INTERNET, certains étant spécialisés dans un domaine déterminé et pouvant être payants.
⇒ base de données ; INTERNET

MOTOCULTURE

L'exploitation agricole est aujourd'hui très mécanisée et se pratique de plus en plus à une échelle industrielle et scientifique. On parle d'agriculture mécanisée, de motoculture ou encore d'agriculture informatisée lorsqu'il est fait appel aux moyens de l'informatique.

MOUVEMENT

Organisation plus ou moins structurée, regroupant un certain nombre d'individus, pour un projet, une action ou sur des idées, une doctrine. Le mouvement social est la manifestation d'une revendication notamment par la grève.
Le « **collectif** » s'apparente au mouvement mais il est moins ou pas du tout structuré.
En matière financière et bancaire, le mouvement est l'ensemble des opérations effectuées sur un compte.

MOVING PICTURES CODING EXPERTS GROUP – MPEG

Termes anglo-américains pour « **codification spéciale des images animées** ».
Norme de compression et de décompression utilisant la **technologie numérique pour l'enregistrement et la reproduction des images animées et des sons**. Il existe plusieurs applications de cette norme générale, notamment la norme MPEG 1- layer 3 (échelon 3) dite MP3 qui est un système audio disposant d'importantes capacités de mémoire ; la technique mise en œuvre permet l'enregistrement à partir d'un ordinateur et d'INTERNET de musiques et leur écoute avec un appareil lecteur (un « baladeur ») ; la norme MPEG 2 est utlisée pour les DVD (« Digital Video Disc »).
⇒ Digital Video Disc

MOYENNE

Toute distribution, en statistique, met en évidence un **indicateur à caractère central et synthétise ainsi l'ensemble des observations** faites sur des éléments qui font partie d'un groupement statistique.
La moyenne est **objective** si elle se rapporte à un seul objet ; elle est **subjective**, si elle en concerne plusieurs.
⇒ moyenne arithmétique ; moyenne géométrique ; moyenne harmonique ; moyenne quadratique ; médiane ; mode ; espérance mathématique

MOYENNE ARITHMÉTIQUE PONDÉRÉE

Dans un ensemble, chacune des observations a un poids déterminé.
La moyenne arithmétique pondérée ($\bar{X}$) est le rapport du produit de n observations (X_i) et de leur fréquence en nombre (n_i) à la somme des fréquences (n_i).
On écrit $X_1, X_2, X_3, \ldots X_k$ pour les valeurs de la variable, $n_1, n_2, n_3, \ldots n_k$ pour les fréquences ou effectifs ;
Et si l'on pose :
$X_1 n_1 + X_2 n_2 + X_3 n_3 + \ldots + X_k n_k = \Sigma \ X_i n_i$
et $n_1 + n_2 + n_3 + \ldots + n_k = \Sigma \ n_i = n$
la formule est alors :
$$\bar{X} = \frac{\Sigma X_i n_i}{\Sigma n_i}$$
⇒ moyenne arithmétique simple ; moyenne géométrique ; moyenne harmonique ; moyenne quadratique

MOYENNE ARITHMÉTIQUE SIMPLE

La moyenne arithmétique d'une série d'observations est obtenue par la division de la somme des observations par le nombre des observations ; elle est déterminée par la formule :
$$\bar{X} = \frac{\Sigma X_i}{n} \text{ dans laquelle,}$$
$\bar{X}$ = moyenne arithmétique
Σ = somme de
ΣX = somme des observations (ou Xi)
X = symbole pour une observation
i = dernière observation d'une série
n = nombre total d'observations
⇒ moyenne arithmétique pondérée ; moyenne géométrique ; moyenne harmonique ; moyenne quadratique

MOYENNE GÉOMÉTRIQUE

C'est la racine m^{ième} du produit de n nombres.
Soit :
G = moyenne géométrique
m = le radical de la racine
n = nombre d'éléments
$X_1, X_2, X_3, \ldots X_n$ = la suite des nombres

La moyenne géométrique sera :

G = $\sqrt[m]{X1, X2, X3, ..., Xn}$

Le calcul peut être effectué directement ou par logarithmes ; dans ce cas, l'on a :

log G = $\frac{1}{m}$ (log X_1 + log X_2 + log X_3 + ... + log X_n)

⇒ moyenne ; moyenne arithmétique

MOYENNE QUADRATIQUE

C'est la racine carrée du quotient de la somme des carrés des événements ou des observations..
Si **n** est le nombre d'observations,
  i la préférence des événements
et Σ X^2i la somme des carrés des événements ou des observations,
la moyenne quadratique Q est déterminée par la formule :

Q = $\sqrt{\frac{1}{n}\Sigma \frac{x^2 \cdot i}{i}}$

⇒ moyenne arithmétique ; moyenne géométrique

MULLER – ARMACK Alfred (1901-1978)

Économiste allemand, Secrétaire d'État auprès du ministère des Affaires Économiques de la République Fédérale d'Allemagne de 1958 à 1963, **c'est lui qui introduit la notion d'« économie sociale de marché » dans l'analyse économique.**
⇒ économie sociale de marché

MULTIGESTION

Technique consistant, pour un organisme bancaire ou financier, à **vendre les produits financiers de différents établissements,** y compris ceux de la concurrence.
⇒ banque

MULTINATIONALE

Désigne une entreprise, souvent de taille importante, qui intervient par sa production, ses marchés ou ses établissements dans le monde entier.
La multinationale – le terme a parfois une connotation péjorative – est le plus souvent un holding mais les entreprises qui le constituent ont nécessairement une nationalité au plan juridique.
⇒ groupe ; holding

MULTIPLICATEUR

Coefficient d'accroissement, de multiplication.
Si l'on admet qu'une économie ne produit que des biens de consommation, le revenu d'équilibre n'est atteint que si la production reste constante et si elle n'est destinée qu'à la consommation. Tout changement provoque soit une augmentation, soit une diminution du revenu. D'autre part, en cas d'accroissement de la demande de biens de consommation, il faudrait de nouveaux investissements.
Si nous supposons qu'un investissement de 1 conduit à un revenu de 1 et si la propension à la consommation est également de 1, le revenu étant intégralement consommé, on peut écrire la formule :

$\frac{\Delta C}{\Delta R}$ = 1 et $\frac{\Delta S}{\Delta R}$ = O dans laquelle,

S = l'épargne
R = le revenu
c = la consommation

Le revenu est donc totalement employé dans la production et se renouvelle continuellement, entraînant des augmentations de revenu induites.
Lorsqu'une partie seulement de la production est consommée, l'autre partie est alors épargnée ; cette part s'appelle la propension à épargner.
Si un investissement autonome unique est de 1 et si la propension à la consommation est de 1, le multiplicateur M sera déterminé par la formule :

M = $\frac{\infty}{1}$ = ∞

Si la propension à consommer (C) est de 0,9 et la propension à épargner de 0,1, le multiplicateur est alors l'inverse de $\frac{1}{10}$

soit M = 10
On peut également écrire :

M = $\frac{1}{1-c}$ = $\frac{1}{1-0,9}$ = 10

Si la propension à consommer est de 0,8, on écrira :

c = 0,8 et donc M = $\frac{1}{0,2}$ = 5 et, de même, si c = 0,6, M = $\frac{1}{0,4}$ = 2,5

Ou bien, si M = 10, C = 0,9 et si M = 2, C = 0,5
Le multiplicateur croît avec l'augmentation de la tendance à la consommation.
L'effet multiplicateur se trouve encore d'autant plus important que la vitesse de circulation est grande.
Si donc, la demande augmente, le revenu d'équilibre d'une économie correspond à un multiple de la demande.
⇒ accélérateur ; multiplicateur en matière de création et de destruction de monnaie ; conjoncture ; consommation ; épargne ; investissement

MULTIPLICATEUR EN MATIÈRE DE CRÉATION ET DE DESTRUCTION DE MONNAIE

Les banques ont obligation de détenir une part des dépôts sous forme de réserves liquides ; la plus grande partie, la plus importante est alors prêtée ; le montant des prêts est à son tour généralement déposé dans une banque ou auprès d'un organisme financier. Il en résulte une nouvelle réserve de liquidités et un nouvel excédent. Il se crée ainsi une réaction en chaîne que l'on peut suivre mathématiquement et celle-ci se forme comme une progression géométrique.
Si l'on a   S = somme des termes d'une progression géométrique,
  a = premier terme de la progression,
  l = dernier terme de la progression,
  q = raison de la progression,
  n = nombre de périodes,

l'on peut écrire :
S = a + aq^1 + aq^2 + aq^3 + ... + aq^{n-3} + aq^{n-2} + aq^{n-1}
  = a (1+q^1 + q^2 + q^3 + ... + q^{n-3} + q^{n-2} + q^{n-1})
  = a (q^{n-1} + q^{n-2} + q^{n-3} + ... + q^3 + q^2 + q^1 + 1)

La formule générale est donnée par l'équation :

S = $\frac{lq-a}{q-1}$ et l'on a donc

S = a $\left[\frac{q^{n-1} \cdot q^1 - 1}{q-1}\right]$ soit S = a $\frac{q^n - 1}{q-1}$

Si q < 1, l'on peut écrire :

$$S = a\frac{1-q^n}{1-q}$$

Et pour $q^n = 0$

$$S = \frac{a}{1-q}$$: l'effet multiplicateur est inversé.

Par exemple, pour un dépôt de : 100 000 avec une réserve de liquidité de 25 %, on aura

$$S = \frac{a}{1-q} = \frac{0{,}75 \times 100\ 000}{1 - 0{,}75} = 300\ 000$$

Les mêmes constatations peuvent être faites pour la réduction du volume monétaire.

MULTIPROPRIÉTÉ
Voir : PROPRIÉTÉ EN TEMPS PARTAGÉ

MUN Thomas (1571-1641)
Homme d'affaires et économiste anglais, T. MUN est l'auteur *de England's Treasure by Foreign Trade* – « *La richesse de l'Angleterre par le commerce extérieur* » ; le titre vaut comme adage pour tous les pays. Les réflexions de T. MUN concernent les finances, le commerce et le commerce extérieur. **Il milite en faveur d'un développement du commerce extérieur et souligne toute l'importance d'une balance commerciale positive.**

Les idées de T. MUN ont exercé **une influence non négligeable sur les tentatives de l'Angleterre d'évincer les Pays-Bas de leur hégémonie** (domination) d'alors dans le commerce maritime international.

MUNDELL Robert A. (1932-)
Économiste américain, professeur à l'Université de Chicago (E-U), puis à celle de Stanford en Californie et à la Columbia University de New York (E-U), il reçoit le **Prix Nobel d'économie** en 1999 **pour ses travaux sur les politiques monétaires.**

Avec Marcus FLEMING, il met au point le « **modèle mathématique « MUNDELL-FLEMING » ou « IS-LM »** qui fait intervenir dans l'analyse économique le commerce extérieur et les flux de capitaux.

R. MUNDELL a aussi défini le « **triangle d'incompatibilité » qui impose à l'État un choix entre les taux de change, la politique monétaire et la mobilité des capitaux.**

Ses études sur les politiques monétaires ont souligné **l'intérêt de l'Union Économique et Monétaire de l'UNION EUROPÉENNE avec l'euro et la nécessité de l'insérer dans une union politique.**

MUTUAL FUNDS
Terme boursier d'origine américaine, littéralement « **Fonds mutuels** » ou « **Fonds communs de placement** » désignant des « **Organismes de placement collectif en valeurs mobilières – OPCVM** ».

Le titre de participation au capital de ces fonds communs de placement est dit « **mutual funds unit** » – « **unité de fonds mutuels** » ou « **part share** » – « **part d'action** », ce dernier terme concernant plus généralement les parts d'une société, quelle que soit sa forme.
⇒ Bourse ; Fonds Communs de Placement

MUTUELLE
Forme particulière de coopérative intervenant dans les domaines bancaires, celui des assurances, celui de la prévoyance ou celui de la protection sociale.

Les mutuelles parfois appelées « sociétés mutualistes » (même si elles sont, en principe, sans but lucratif) sont très développées dans certains pays et interviennent en concurrence, dans leur secteur d'activité, avec les entreprises à forme capitaliste traditionnelle.

Les législations nationales mais aussi l'UNION EUROPÉENNE – UE – veillent à encadrer strictement l'activité des mutuelles ; elles appartiennent au secteur de « **l'économie sociale** » **ou** « **tiers secteur** ».
⇒ association ; coopérative ; économie sociale

MYRDAL Karl Gunnar (1898-1987)
Économiste suédois, **Prix Nobel d'économie** en 1974 (avec F. HAYEK), c'est un **institutionnaliste** (spécialiste du rôle joué par les institutions dans la vie économique).

K. MYRDAL a notamment étudié les **problèmes monétaires et les fluctuations économiques.**

Professeur à l'Université de Stockholm (Suède), il a enseigné à l'Université de Harvard (E-U) et il s'intéresse alors aux **problèmes d'intégration raciale.**

K. MYRDAL poursuit aussi une **carrière politique à l'ORGANISATION DES NATIONS UNIES – ONU – et en Suède, conduisant le pays à une politique « d'État providence ».**

MYSTERY SHOPPING
Termes anglo-américains signifiant « client-mystère ».
Technique de marketing faisant intervenir anonymement des enquêteurs professionnels pour juger et mesurer les qualités et les défauts d'une entreprise, l'enquêteur se présentant comme un client ordinaire.

Généralement mise en œuvre par des sociétés spécialisées, la technique du mystery shopping est un outil efficace, de plus en plus utilisé par les petits commerces, les hypermarchés, les entreprises artisanales et les firmes industrielles importantes.

NANOTECHNOLOGIE
C'est la technologie mise en œuvre par les entreprises dont les activités concernent l'infiniment petit : atomes, molécules, etc. Le préfixe « nano » divise par un milliard l'unité de mesure devant laquelle il est placé.

NANTISSEMENT
Contrat par lequel le débiteur dépose entre les mains du créancier un bien pour la sûreté (c'est-à-dire en garantie) de son obligation. Un tel contrat est considéré comme un contrat réel qui accompagne, en tant que contrat accessoire, un contrat principal.
Le nantissement qui porte sur un **bien meuble est un gage** et lorsqu'il concerne un bien immeuble (dépôt au sens figuré) c'est une **antichrèse**. On parle aussi du nantissement de valeurs mobilières ; s'il n'y a pas de dessaisissement du propriétaire d'un immeuble, la garantie est alors constituée, en général, par une hypothèque.
⇒ antichrèse ; gage ; hypothèque ; sûreté

NARCOBUSINESS
Voir : BLANCHIMENT DES CAPITAUX

NASDAQ
Voir : INDICES BOURSIERS

NASH John Forbes (1928-)
Économiste américain, **Prix Nobel d'économie en 1994** (qu'il partage avec HARSANYL et SELTEN) pour ses travaux sur la théorie des jeux, appliquée notamment à la négociation aussi bien de nature commerciale que sociale.
J.F. NASH est professeur à l'Université de Princeton (E-U) et au Massachusetts Institute of Technology – MIT – (E.U.).
⇒ équilibre de NASH

NATION
Ensemble d'individus formant une communauté dont les membres partagent des éléments communs, à la fois objectifs (langue, race, religion, etc.) et subjectifs (sentiment d'appartenance à un groupe, mode de vie, etc.).
La nationalité, c'est-à-dire le lien juridique qui rattache un individu à un État est un élément fort d'appartenance à une nation mais il ne suffit pas à la définir complètement : certains considèrent qu'ils appartiennent, par exemple, à la nation arabe, à la nation juive, à la nation noire, à la nation antillaise, quelle que soit leur nationalité officielle.
Un État peut connaître plusieurs langues officielles, des modes de vie différents, diverses races alors que ceux qui y vivent estiment cependant appartenir à la même nation.
⇒ nationalité

NATIONALISATION
Il y a nationalisation lorsque **l'État intervient pour contrôler l'activité d'une entreprise privée.** Juridiquement, économiquement et financièrement l'entreprise continue à exister, mais l'État devient l'actionnaire majoritaire, éventuellement l'actionnaire unique. La nationalisation est généralement justifiée, selon l'État qui la met en œuvre, par des **considérations politiques**, d'utilité publique ou collective, voire même à titre de sanctions, notamment pour des motifs idéologiques.
⇒ étatisation

NATIONALISME
Idéologie qui privilégie, dans tous les domaines, la nation et son intérêt supérieur.
Le nationalisme peut être seulement le sentiment d'appartenance à une nation, mais c'est aussi lui qui conduit un État à l'indépendance, à sa lutte pour l'obtenir, à la décolonisation mais aussi, par des effets pervers et parfois dramatiques, peut être à l'origine de la guerre, du développement de la xénophobie, de discriminations et d'épurations ethniques.
⇒ nation ; nationalité ; xénophobie

NATIONALITÉ
Lien juridique d'une personne physique ou d'une personne morale avec un État souverain.
Un individu peut, dans certaines circonstances et en fonction des législations, avoir plusieurs nationalités.
Le lien juridique pour une personne physique est créé par la naissance sur le sol d'un pays (droit du sol) ou par le droit du sang (filiation) ; elle peut aussi s'acquérir dans les conditions fixées par la législation du pays dont on veut devenir citoyen.
À la nationalité d'un État membre de l'UNION EUROPÉENNE – UE – s'ajoute la « citoyenneté européenne » pour tous ceux qui ont la nationalité de cet État.
⇒ droit du sang et droit du sol ; nation

NATIONAL AUDIT OFFICE – NAO
Important organe de contrôle des dépenses publiques anglaises du Parlement britannique ; l'efficacité du NAO est un exemple que de nombreux parlements dans les pays européens notamment, s'efforcent de suivre ; mais s'ils disposent tous d'une organisation de contrôle des dépenses de l'État au niveau parlementaire, aucun n'a l'importance du NAO.

NATIONAL-SOCIALISME
Voir : NAZISME

NAZISME
Doctrine et idéologie politique totalitaire, exaltant le nationalisme, prônant le racisme et l'hégémonie du peuple.
C'est une forme de fascisme, synonyme de national-socialisme.
Le mouvement a pris naissance en Allemagne en 1920, sur l'initiative d'A. HITLER avec *Mein Kampf* – « *Mon combat* » (1925-1926) qui en définira les principes.
Le nazisme a exacerbé le militarisme et le culte du chef « le Führer », supprimé les partis, les libertés individuelles, toute démocratie, lutté contre le libéralisme et le communisme, marquant profondément la vie économique et sociale de l'Allemagne ainsi que des pays qu'elle avait occupés, et annexés pour certains, à partir de 1937.
Au prix d'une répression sanglante pour éliminer les opposants et les juifs, le nazisme **a fait régner la terreur jusqu'à son effondrement en 1945**, au terme de la Seconde Guerre mondiale.
Les nazis sont les partisans du nazisme.
⇒ communisme

NÉGOCE
Ensemble d'opérations commerciales, souvent importantes, réalisées par une entreprise.
L'exécution des opérations commerciales est réalisée par un « **négociant** ».

NÉGOCIATION COLLECTIVE

Discussion, au niveau national, professionnel ou régional, entre les représentants des employeurs et ceux des salariés concernés (généralement les syndicats) pour trouver une solution à des questions sociales, à des litiges ou à des conflits.
La négociation collective a **pour objectif l'élaboration d'une « convention collective »** ou sa modification.
⇒ convention collective ; syndicat

NÉOCAPITALISME

Si le capitalisme définit la propriété comme un moyen de production en le confiant à des particuliers, le néocapitalisme confère aux Autorités Publiques le droit de s'occuper de la production et d'y intervenir notamment par des actes d'organisation, de création de biens et de répartition, sans cependant interdire l'activité privée.
⇒ capitalisme

NÉO-LIBÉRALISME

Les économistes néo-libéraux font leur apparition dans la seconde moitié du XXe siècle, notamment après la crise économique de 1929. Le néo-libéralisme connaîtra un regain d'intérêt après les crises pétrolières des années 1970. On parle aussi d'interventionnisme libéral. **Les défenseurs du néo-libéralisme s'opposent avec véhémence à toute intervention étatique et sont donc anti-Keynésiens.** Leurs préoccupations majeures consistent **à lutter contre l'inflation et de favoriser la production (donc l'offre).**
Ils s'engagent ainsi pour un renforcement de l'activité privée.
⇒ libéralisme

NÉPOTISME

Ensemble de mesures abusives et contraires aux règles de l'éthique, voire illégales, dans le but de favoriser et de privilégier des personnes en raison de leurs liens familiaux ou de leur appartenance à des groupes d'intérêts particuliers.
Le népotisme est fréquent dans les États autocratiques ou despotiques mais les pays démocratiques n'en sont pas exempts.

NET

Terme fréquemment utilisé en abréviation d'INTERNET.
⇒ internet

NET DAYS

Termes anglo-américains, littéralement « journées du Net » : période spécialement consacrée à la promotion des nouvelles technologies, à la valorisation des initiatives pour le **développement du Net (d'INTERNET)** et à faire connaître les outils pédagogiques mis en œuvre dans le domaine de l'éducation et de la culture.
Les Net Days sont initiés par l'UNION EUROPÉENNE – UE – depuis 1997 et relayés dans les pays membres de l'UE.

NET- ÉCONOMIE

Branche de la « nouvelle économie » comprenant les entreprises dont l'activité s'exerce dans le domaine de l'INTERNET (fabrications mais aussi commercialisation et services).
⇒ e-économie ; INTERNET ; nouvelle économie

NETTING

Terme anglo-américain, littéralement « **compensation** ».
Technique utilisée dans les holdings et les grands groupes internationaux pour compenser, en interne, toutes les créances et les dettes dans une même devise.
Cette pratique trouve ses limites dans les règles fiscales des pays concernés.

NETWORK

Terme anglo-américain **signifiant « réseau »**, fréquemment employé, y compris dans le titre d'une organisation ou d'un service.
⇒ réseau

NEW DEAL

Dénomination américaine qui signifie « nouvelle donne » ou « nouveau partage ».
Programme de relance et de réformes dont l'auteur est le Président des États-Unis F.D. ROOSEVELT dont le but était de faire face à la crise économique et sociale de 1929 et de la surmonter.
Les mesures prises avaient entre autres, comme objectif, de réduire la puissance des trusts et des grands groupes d'entreprises mais aussi de mettre en place une législation sociale pour une meilleure protection de la classe ouvrière.
Le succès de ce vaste programme fut limité mais il eut le mérite d'engager la formation d'un État social moderne.

NEW ECONOMIC HISTORY – NEH

Voir : NORTH

NEW ECONOMY

Voir : NOUVELLE ÉCONOMIE

NEWS LETTER

Termes anglo-américains pour « lettre spécialisée » ou « lettre confidentielle ».
C'est une lettre d'information périodique que l'on reçoit souvent par INTERNET, à la demande ou par abonnement (gratuit ou payant) sur un sujet déterminé, les activités d'une organisation ou d'une association, etc.
Les termes de « News letter » sont parfois utilisés en titre d'un « House organ » – « Journal d'entreprise », bulletin d'information interne destiné aux salariés d'une entreprise et, dans certains cas, diffusé aux clients.

NEW TRANSATLANTIC MARKET – NTM

Le projet de « Nouveau Marché Transatlantique – NMT » a été initié en 1998 par l'UNION EUROPÉENNE – UE – avec l'objectif de réduire les entraves dans les relations commerciales entre les États-Unis et l'UE. Même si les résultats ont été assez décevants, la promotion d'un partenariat transatlantique économique et commercial reste un objectif pour l'UE qui, dans ce domaine, estime que la réussite d'un tel projet implique la participation active et le pilotage par les entreprises.
Internet : **http://europa.eu.int/comm/enterprise/enterprise_policy/business_dialogue**

NICHE OU CRÉNEAU

C'est **le produit, le service ou le segment de marché** considéré comme particulièrement rentable, susceptible d'un développement intéressant ou encore peu concurrencé pour lequel l'entreprise va mettre en œuvre le maximum d'efforts, de la production à la commercialisation.
⇒ marché

NIKKEI

Voir : INDICES BOURSIERS

NIVEAU DES PRIX

Les biens (y compris la monnaie) appartenant à une entreprise ou à un particulier leur permettent d'acquérir une certaine quantité d'autres biens et ou de services. On parle dans ce contexte, du « pouvoir d'achat ».

Si les prix augmentent normalement, la demande diminue et vice versa.

Mais, dans certaines circonstances, « l'effet GIFFEN » peut jouer : la hausse du prix d'un bien indispensable peut conduire à une augmentation de sa demande, celle d'autres produits moins nécessaires étant réduite. Lorsque les prix sont en augmentation de 5 % par exemple, le facteur multiplicateur est 105/100 = 1,05 et la valeur réelle d'un billet de 100 n'a plus qu'un pouvoir d'achat de 100/105 = 94,238.

L'instabilité du niveau des prix exerce donc une influence sur la richesse et sur la consommation dans un sens négatif ou positif.

Le niveau des prix fait l'objet de mesures périodiques fréquentes dans pratiquement tous les pays : c'est « **l'indice des prix** » **ou** « **coût de la vie** ».

L'UNION EUROPÉENNE – UE – a établi des règles identiques pour sa mesure dans chacun des pays membres permettant à son office statistique EUROSTAT un suivi rigoureux des évolutions.

⇒ biens ; effet GIFFEN ; EUROSTAT ; indice des prix ; services ; UNION EUROPÉENNE

NIVEAU DE VIE

Il est déterminé par le revenu d'un individu et par le pouvoir d'achat de ce revenu.

Le niveau de vie est souvent calculé globalement dans un pays ou une région, puis évalué par habitant.

L'**Indicateur de Développement Humain – IDH –** est souvent préféré au seul niveau de vie.

⇒ indicateur de développement humain

NOBEL

Voir : PRIX NOBEL

NO LOAD

Terme anglo-américain de la Bourse désignant un type de fonds (société d'investissement à capital variable – SICAV, Fonds garantis, Fonds communs de placement – FCP) **pour lesquels, il n'y a pas, à l'achat, de frais d'entrée lors de la souscription.**

⇒ société d'investissement à capital variable ; fonds commun de placement

NOMENCLATURE

Liste ou ensemble d'éléments classés suivant certaines règles, en fonction d'une classification déterminée.

L'exemple le plus significatif est la **nomenclature des activités économiques** que de nombreux pays ont élaborée, notamment pour des raisons statistiques.

L'UNION EUROPÉENNE – UE – a établi une « Nomenclature des activités économiques – **NACE** » élaborée par l'Office Statistique de l'UE, EUROSTAT, qui en publie la liste et tient à jour cette nomenclature.

Internet : **http://www.europa.eu.int/comm/eurostat**

NOMENKLATURA

Terme d'origine soviétique désignant dans un pays, les responsables politiques ou économiques qui, au-delà des pouvoirs de leur fonction, bénéficient de privilèges et d'avantages considérés comme exorbitants.

NOMINAL

Se dit de quelqu'un ou de quelque chose qui n'a que le nom sans en détenir les avantages ou les responsabilités.

On parle ainsi d'un chef nominal d'une entreprise.

C'est aussi la valeur inscrite ou valeur de base sur un document : le salaire nominal est le salaire d'une certaine fonction déterminé mais qui suppose, en pratique, des modifications (primes, cotisations sociales, indemnités, etc.).

La valeur nominale d'un titre ou d'une monnaie est la valeur qui y est inscrite.

Le terme peut aussi considérer le nom : un appel nominal sera l'appel par leurs noms d'un groupe de personnes.

NOMINATIF

Caractérise un document qui porte le nom de celui qui en est propriétaire.

La cession de titres (actions, obligations) nominatifs est plus difficile que celle de titres au porteur qui sont anonymes ; en effet, la cession de titres nominatifs est une cession de créance alors que la cession de titres au porteur se fait par simple tradition (remise de la main à la main) ; cependant la législation fiscale de nombreux pays impose généralement un certain formalisme.

NON ACCELERATING INFLATION RATE OF UNEMPLOYMENT – NAIRU

Voir : CHÔMAGE

NON ACCELERATING WAGE RATE OF UNEMPLOYMENT – NAWRU

Voir : CHÔMAGE

NON FONGIBLE

Voir : BIEN NON FONGIBLE

NON-LIEU

Le tribunal décide qu'il n'y a pas lieu de poursuivre judiciairement quelqu'un, notamment si les charges contre lui apparaissent insuffisantes.

On utilise aussi les termes « ordonnance de non-lieu ».

NO-NAME PRODUCTS

Termes anglo-américains signifiant « produit sans marque ».

Il s'agit de produits dont la présentation n'indique pas la marque, donc le fabricant mais, par contre, peut y figurer la marque (ou une appellation générique) du distributeur ou du magasin dans lequel il est vendu.

Le procédé est de plus en plus fréquemment utilisé en marketing notamment vis-à-vis du commerce de détail des produits de grande consommation, permettant d'abaisser les prix de vente en évitant le coût et les contraintes d'une marque.

⇒ générique ; marketing ; marque

NON OLET OU PECUNIA NON OLET

Locution latine attribuée à l'empereur romain Titus Flavius VESPASIANUS (9-79 après J.-C.) : il a été sévèrement critiqué lorsqu'il fit lever un **impôt sur l'utilisation des** « **vespasiennes** » (urinoirs) qu'il avait fait installer. Sa réponse aux critiques était : « pecunia non olet » – « l'argent n'a pas d'odeur ».

NON RÉSIDENT

Voir : RÉSIDENT

NORME

Fixation uniforme de notions, de règles, de procédés, de techniques, de mesures de qualité de produits et de matériaux et qui peuvent concerner la forme, la couleur, les dimensions, les caractéristiques techniques, les conditions de fabrication, etc.

La normalisation est largement étendue, non seulement aux produits de consommation courante et aux produits indus-

triels mais aussi aux services, y compris la comptabilité (normes comptables).
La normalisation est organisée au niveau national et international, notamment par l'**International Organization For Standardization – ISO** – qui regroupe les institutions de normalisation de plus de 150 pays ; elle délivre les **normes ISO**. En Allemagne la norme la plus répandue est la **norme DIN** (Deutsche Industrienormen) alors **qu'en France** on connaît, pour de nombreux articles, la norme **AFNOR** (Association Française de Normalisation).
La normalisation facilite les échanges et elle est source de progrès.
⇒ INTERNATIONAL ORGANIZATION FOR STANDARDIZATION

NORTH Douglass Cecil (1920-)
Économiste américain, professeur à l'Université de Saint-Louis (E-U), **Prix Nobel d'économie en 1993** avec R.W. FOGEL.
D.C. NORTH est un **spécialiste de l'histoire économique, de son évolution et de son développement** par lesquels **il explique les différents systèmes sociaux** ; c'est un spécialiste de **la cliométrie, connue aussi sous le nom de « New Economic History – NEH »** « Nouvelle économie historique ».
Parmi ses ouvrages, on peut citer :
– *The Economic Growth of the United States* – « *La croissance économique des États-Unis* » – (1961) et
– *The Rise of Western World : a New Economic History* – « *L'essor du monde occidental : une nouvelle histoire de l'économie* » – (1973).
⇒ FOGEL ; cliométrie

NOSTRO
Terme italien d'origine latine, littéralement « **notre** ».
Dans le domaine bancaire il est d'usage que les banques se fassent ouvrir des comptes auprès d'autres banques. Ce sont des « **comptes nostri** » (pluriel de nostro). En d'autres termes des « **avoirs qui nous appartiennent** ».
Le « **compte nostro** » est ouvert auprès d'une « **banque correspondante** ».

NOTAIRE
Spécialiste juridique chargé de rédiger des actes et des contrats en leur donnant un caractère officiel et authentique, notamment en ce qui concerne la personne (contrat de mariage, testament), les biens immobiliers (achat, vente de terrains ou d'immeubles) et la création de sociétés (statuts).
Suivant les pays, le notaire est un officier public, c'est-à-dire exerçant une fonction publique pour laquelle il est nommé par l'État, titulaire d'un office (parfois appelé charge), ou fonctionnaire.

NOTATION
en anglais : RATING
Voir : AGENCE DE NOTATION

NOTATION SOCIALE
La notation financière des entreprises a paru trop limitée et certains organismes pratiquent **aujourd'hui la « notation sociale»** notamment sur la base d'un « Bilan Social » de leurs engagements en matière sociale, du respect de l'individu, de règles de gestion du personnel salarié, de dialogues effectifs avec les organisations syndicales et de la prise en considération de leurs responsabilités environnementales.
La notation sociale complète la notation financière pour un jugement économique plus global de l'entreprise.
⇒ agence de notation

NOTORIÉTÉ
La notoriété est la reconnaissance par le client, le consommateur ou l'environnement général des qualités d'un produit, d'une marque, d'une entreprise ou d'une organisation. Lorsqu'elle est connue et reconnue, elle impose parfois des actions de communication adaptées.
⇒ communication

« NOTRE EUROPE »
Voir : DELORS

NOUVEAU FRANC
Après une succession de dévaluations et dans le cadre d'une politique monétaire concertée entre les pays de la COMMUNAUTÉ ÉCONOMIQUE EUROPÉENNE – CEE – le franc français est, au 1er janvier 1960, nominalement divisé par 100 et devient le « nouveau franc », ou « franc lourd ». Il restera l'unité monétaire officielle jusqu'à son remplacement par l'euro le 1er janvier 1999.
⇒ euro ; franc CFA et franc CFP

NOUVEAU MARCHÉ
C'est un marché spécial créé dans certaines Bourses de valeurs mobilières qui s'adresse aux entreprises innovantes et à forte croissance notamment des sociétés dans les domaines de la haute technologie. Il s'agit **d'un marché original :** la société qui y est introduite doit avoir un projet de développement (« business plan ») ; elle est aussi accompagnée par un « introducteur – teneur de marché » qui assiste la société concernée ; la société est par ailleurs obligée de fournir périodiquement des documents sur son marché de façon à **assurer une transparence maximale vis-à-vis des actionnaires et du public.**
⇒ marché primaire ; marché secondaire

NOUVEAU PARTENARIAT POUR LE DÉVELOPPEMENT DE L'AFRIQUE – NEPAD en anglais : NEW PARTNERSHIP FOR AFRICA'S DEVELOPMENT
Initiative, née en 2001, pour **encourager les investissements privés sur le continent africain** et dont les concepteurs sont les Présidents d'AFRIQUE DU SUD, du NIGÉRIA, d'ALGÉRIE, et du SÉNÉGAL. Toutes les organisations du continent africain (y compris le Maghreb) à vocation économique et sociale sont partenaires du « NEPAD » dont les actions sont basées sur 6 principes concernant :
– la bonne gouvernance,
– le développement humain,
– les infrastructures,
– la production,
– l'agriculture,
– l'environnement.
L'UNION EUROPÉENNE a, dès la création du NEPAD, engagé avec lui des contacts étroits comme elle le fait pour tout ce qui concerne le développement de l'Afrique, notamment dans le cadre du G8 et par ses relations avec l'UNION AFRICAINE – UA – à laquelle elle apporte un soutien dans plusieurs domaines.
Internet : **http://www.nepad.org**
⇒ G8 ; UNION AFRICAINE ; UNION EUROPÉENNE

NOUVEAUX PAYS INDUSTRIALISÉS – NPI
Les termes sont apparus vers 1980 pour qualifier quatre pays du Sud-Est asiatique qui connaissaient un considéra-

ble et constant développement : la Corée du Sud, Hong-Kong, Singapour et Taïwan ; ce sont les « Quatre dragons ».
Depuis, d'autres pays ont connu, vers 1990, des évolutions économiques importantes avec une croissance très forte et une industrialisation en expansion mais aussi en concurrence avec les pays industrialisés ; il s'agit de pays, non seulement du Sud-Est asiatique (Malésie, Thaïlande, Indonésie, Philippines et Indes) mais aussi d'Amérique du Sud (Brésil) et d'Amérique du Nord (Mexique).
La notion de « nouveaux pays industrialisés » est évolutive ; la plupart se retrouvent désormais au sein du G 20.
⇒ Quatre Dragons ; G 20 ; pays en développement

NOUVELLE ÉCONOMIE
Les termes anglo-américains de « New Economy » sont fréquemment utilisés.
Cette expression met en évidence la symbiose du présent et de l'avenir ; c'est-à-dire que les acquis du passé forment avec les concepts du futur un ensemble cohérent, la « nouvelle économie ». En effet, il y a partout des innovations et des nouveautés en matière de doctrines, de théories et bien évidemment sur le plan de l'activité humaine en général.
Le terme désigne aujourd'hui l'ensemble des activités des entreprises de haute technologie (dites encore technologies de pointe) particulièrement innovantes, notamment celles de l'électronique, de l'informatique et d'INTERNET (la « Net-économie »), des télécommunications ou encore des services « en ligne ».
Il s'agit aussi bien de grandes entreprises que de petites ou moyennes sociétés, certaines en phase de développement accéléré (« start-up »).
Le terme « Nouvelle Économie » a aussi été utilisé pour désigner « l'économie institutionnaliste » puis « l'économie libérale classique ».
⇒ économie institutionnaliste ; économie libérale ; net-économie ; start-up

NOUVEL ORDRE ÉCONOMIQUE MONDIAL
Concept élaboré en 1974 par la CONFÉRENCE DES NATIONS UNIES POUR LE COMMERCE ET LE DÉVELOPPEMENT – CNUCED – avec pour objectif de réguler l'ensemble du commerce mondial en favorisant les pays les plus pauvres et ceux en voie de développement.
L'ORGANISATION MONDIALE DU COMMERCE – OMC – en prônant la déréglementation, la libéralisation et la privatisation dans le cadre d'une mondialisation des échanges, poursuit le même but sans pour autant, actuellement, participer vraiment à la suppression des inégalités et à la mise en place d'un monde plus juste ; les pressions des altermondialistes devraient faire évoluer une situation contestable, alors que de nombreuses voix s'élèvent pour soumettre cette mondialisation au principe du développement durable et soutenable.
⇒ CONFÉRENCE DES NATIONS UNIES POUR LE COMMERCE ET LE DÉVELOPPEMENT ; développement durable ; mondialisation ; pays émergents

NOVAÏA EKONOMITSCHESKAÏA POLITIKA – NEP
Plus connue sous son sigle NEP, – « Nouvelle Politique Économique », c'est le programme économique mis en œuvre par le pouvoir russe à partir de 1921 avec notamment une industrie totalement entre les mains de l'État.
⇒ communisme

NOVATION
Convention par laquelle une obligation est éteinte par la création d'une obligation de remplacement. Ainsi il peut y avoir novation par changement de la nature de la dette, par changement de débiteur ou par changement de créancier.
⇒ obligation

NOYAU DUR
Il est constitué dans une organisation, une société, par le groupe au pouvoir qui a pris les dispositions nécessaires pour le garder (en principe) et faire prévaloir la politique qu'il entend mener.
Une société par actions organisera son « noyau dur » avec les principaux actionnaires pour combattre toute attaque extérieure sur le capital, notamment par les actionnaires minoritaires ou par des groupes extérieurs.
Les termes anglo-américains de « hard core » sont synonymes de noyau dur.

NUE-PROPRIÉTÉ
Le propriétaire qui laisse à une autre personne, l'usufruitier, le droit de jouir et d'employer un bien qui lui appartient ne garde que la nue-propriété.
Dans de nombreuses circonstances, un bien peut être divisé en nue-propriété et en usufruit.
La nue-propriété est aliénable, c'est-à-dire que le bien concerné peut être vendu.
La fin de l'usufruit redonne l'entière propriété à celui qui n'avait que la nue-propriété.
⇒ usufruit

NULLITÉ
Voir : ACTION EN NULLITÉ

NUMBERCRUNCHER
Terme anglo-américain qui désigne une génération nouvelle de comptables et d'analystes des finances. Littéralement le terme signifie : « broyeur de nombres et de chiffres ».

NUMÉRAIRE
C'est l'unité monétaire sous toutes ses formes physiques et matérielles : métal précieux, métal vil, papier, etc.
On retrouve le terme sous forme de nom ou d'adjectif dans de nombreuses expressions : payer en numéraire, apports en numéraire, etc., c'est-à-dire en espèces, par exemple.
⇒ en nature

NUMÉRIQUE
Terme communément employé pour qualifier les systèmes et les matériels utilisant des signaux de représentation à base de chiffres, à la différence de l'analogique qui transmet l'information par la variation d'une grandeur physique (par exemple, des sons et des images sont transmises par la modulation d'un courant électrique continu).
Dans toutes les entreprises et les administrations, la vie quotidienne et les loisirs, la technologie du numérique connaît un développement exceptionnel pour transmettre l'information, l'image et le son : matériel informatique, notamment l'ordinateur et les logiciels, la photographie, la téléphonie, la télévision, etc.

NUMERUS CLAUSUS
Terme latin signifiant qu'il y a une limite quant au nombre de personnes ; la clause de numérus clausus peut concerner un concours, un emploi, une fonction, etc.

OBJECTIF
But que l'on veut atteindre ou résultat que doit avoir une décision, une action.
On distingue parfois des **objectifs intermédiaires** (à réaliser en cours d'action) et des **objectifs finals** : l'ultime résultat.
Le but ou le résultat que l'on s'est fixé impose généralement la **mise en œuvre de moyens**.

OBJET SOCIAL
Activité qu'une société s'est fixée.
L'objet social peut être très large ou, au contraire, préciser le détail des activités de l'entreprise.
Sa modification impose de changer les statuts (par une assemblée générale extraordinaire et des conditions de quorum) dans lesquels il figure nécessairement.
⇒ statut

OBLIGATION
Le mot est employé très fréquemment en économie et en droit.
Il existe en principe, dans la société humaine, **des liens de droit qui ont pour effet qu'un débiteur est engagé vis-à-vis d'un créancier** (les termes « débiteur » et « créancier » au sens large) à donner, à faire ou à ne pas faire quelque chose. À la base de toute obligation, il y a un contrat.
L'obligation est aussi un titre de créance représentatif d'un prêt, une valeur mobilière ; il existe une grande variété d'obligations : au porteur, nominatives, convertibles en actions, à lots, échangeables, etc.
L'obligation en tant que règle imposée, concerne aussi de nombreux domaines, aussi bien pour les individus (obligation de déclaration de leurs revenus, par exemple) **que pour les entreprises** (obligation de tenir une comptabilité, obligation de publier un certain nombre d'informations par exemple).

OBLIGATION CONVERTIBLE – OC OU OCA
Type d'obligation pouvant être convertible en action dans des conditions qui sont fixées lors de l'émission de l'obligation.
⇒ action ; obligation ; obligation remboursable en action

OBLIGATION INDEXÉE
La dépréciation monétaire pourrait amener le détenteur de fonds et de capitaux à ne pas acquérir des obligations, notamment en cas d'inflation. L'**indexation signifie que la valeur de la somme prêtée est adaptée, le jour du remboursement, à l'évolution de la vie économique**. Dans ce contexte, on peut trouver une indexation de l'intérêt du capital prêté et éventuellement de ce qui est appelé la prime de remboursement, **les indexations sont rattachées à des indices** régulièrement publiés et, dans certains cas, à l'évolution du prix de certains biens (prix de la tonne-kilomètre transporté, prix de la tonne acier etc.).
⇒ prime de remboursement (obligations) ; prime sur émission (obligations) ; perte à l'émission (obligations)

OBLIGATION REMBOURSABLE EN ACTION – ORA
Il s'agit d'un type d'obligation classique mais dont la spécificité est d'être remboursable non pas en espèces mais en titres de la société émettrice soit en actions soit en certificats d'investissement. Cette opération ne peut se réaliser qu'à l'échéance de l'emprunt.
Cette technique est, en pratique, assez peu utilisée, la préférence des sociétés émettrices d'emprunts et des investisseurs allant vers les obligations convertibles ou celles à bons de souscription d'actions.
⇒ certificat d'investissement ; obligation ; obligation à bons de souscription d'actions ; obligation convertible

OBSERVATOIRE EUROPÉEN DES DROGUES ET DES TOXICOMANIES – OEDT
en anglais : EUROPEAN MONITORING CENTER FOR DRUGS AND DRUG ADDICTION – EMCDDA
Créé en 1993 et opérationnel depuis 1995, l'OEDT dont le siège est à Lisbonne (Portugal) a essentiellement une **mission d'information** de l'UNION EUROPÉENNE – UE – et de ses dirigeants pour **mener une action appropriée et efficace** face à la drogue, notamment dans le cadre des plans de lutte mis en place.
Internet : **http://www.emcdda.org**
⇒ blanchiment des capitaux ; mafia

OBSERVATOIRE EUROPÉEN DES PHÉNOMÈNES RACISTES ET XÉNOPHOBES – EUMC
Créée en 1997, cette Agence de l'UNION EUROPÉENNE – UE – a pour **mission d'étudier et de mesurer dans l'U.E** les phénomènes de racisme, de xénophobie, d'antisémitisme ainsi que leurs évolutions pour mieux lutter contre eux.
Le siège de l'EUMC est à Vienne (Autriche)
Internet : **http://www.eumc.eu.int**
⇒ xénophobie

OBSERVATOIRE INTERNATIONAL DE PROSPECTIVE RÉGIONALE – OIPR
L'OIPR, créé en mars 1988, est un **réseau d'échanges d'idées, informations et de méthodes entre les chercheurs, les collectivités publiques et les dirigeants économiques** sur le devenir technologique social et culturel des régions, notamment dans le cadre de l'UNION EUROPÉENNE – UE.
Internet : **http//www.reperes-oipr.com**

OBSERVATOIRE SUR LA RESPONSABILITÉ SOCIÉTALE DES ENTREPRISES – ORSE
Organisme français, créé en 2000, pour **étudier, analyser et faire connaître les problèmes des entreprises en matière de responsabilité sociale et environnementale**, de développe-

ment durable, de règles d'éthique et de déontologie, de codes de bonne conduite, etc.
L'ORSE regroupe de nombreuses entreprises et coopère avec les organismes internationaux qui poursuivent le même objectif notamment le « **Business for Social Responsibility – BSR** » aux États-Unis.
L'ORSE a son siège à Paris (France).
Internet : **http://www.orse.org**

OBSOLESCENCE
En comptabilité et plus spécialement en matière de calcul du prix de revient on connaît l'expression d'« **amortissement** » qui correspond à l'usure matérielle d'un bien. En cas d'obsolescence il s'agit plutôt d'une « **usure technique** » Ainsi une machine peut fonctionner de manière impeccable tout en étant **dépassée par le progrès** ; il est alors plus avantageux de recourir à des machines et à des équipements de générations nouvelles plus performants. En matière de biens de consommation il arrive souvent **qu'un produit soit démodé et devienne ainsi obsolète.**
⇒ amortissement

OCTET
Terme de l'informatique, généralement écrit « o ».
Ensemble de 8 éléments binaires ou « bits » ; les capacités d'un ordinateur (espace de stockage des informations) sont définies en octets (1 octet peut permettre 256 – soit 2^8 – combinaisons différentes).
Le **kilo-octet (Ko)** vaut environ 1000 octets (2^{10}).
Le **mégaoctet (Mo)** correspond à une capacité d'environ 1 million d'octets (10^6) et
le **gigaoctet (Go)** est un peu supérieur à 1 milliard d'octets (10^9).
⇒ bit

OFF
Abréviation des termes anglo-américains de « off the record », littéralement « officieusement, confidentiellement », c'est-à-dire tout ce qui ne peut pas ou ne doit pas être dit ou écrit.

OFFICE COMMUNAUTAIRE DES VARIÉTÉS VÉGÉTALES – OCVV
Agence de l'UNION EUROPÉENNE – UE, créée en 1994 pour **assurer la protection communautaire des variétés végétales,** formes spécifiques de la propriété industrielle.
Le siège de l'OCVV est à Angers (France).
Internet : **http://www.cpvo.eu.int**
⇒ brevet ; propriété

OFFICE D'AIDE HUMANITAIRE DE LA COMMISSION EUROPÉENNE – ÉCHO
Pour répondre avec plus d'efficacité et de lisibilité **aux besoins d'aide humanitaire** (notamment d'urgence), l'UNION EUROPÉENNE – UE – a créé, en 1992, l'OFFICE D'AIDE HUMANITAIRE DE LA COMMISSION EUROPÉENNE – ÉCHO. Il regroupe l'ensemble **des actions de l'UE,** en coordination avec les États membres et les agences internationales spécialisées (COMITÉ INTERNATIONAL DE LA CROIX ROUGE – CICR – HAUT COMMISSARIAT DES NATIONS UNIES POUR LES RÉFUGIÉS – UNHCR – ORGANISATION DES NATIONS UNIES POUR L'ALIMENTATION ET L'AGRICULTURE – FAO – Organisations non gouvernementales – ONG – etc.) et qui concernent aussi la lutte contre le SIDA et la drogue. L'aide de l'UE répond aux difficultés et aux drames qui résultent de catastrophes naturelles, d'épidémies, d'événements politiques, de crises ou de conflits ; ces aides sont alimentaires, médicales, psychologiques, techniques (transports, hébergements), environnementales, etc.
Le siège d'ÉCHO est à Bruxelles (Belgique).
Internet : **http:///europe.eu.int/comm/echo**
⇒ HAUT COMMISSARIAT DES NATIONS UNIES POUR LES RÉFUGIÉS ; ORGANISATION DES NATIONS UNIES POUR L'ALIMENTATION ET L'AGRICULTURE ; UNION EUROPÉENNE

OFFICE DE L'HARMONISATION DANS LE MARCHÉ INTÉRIEUR (MARQUES, DESSINS ET MODÈLES) – OHMI
Agence de l'UNION EUROPÉENNE – UE – créée en 1993 pour enregistrer les marques, dessins et modèles pour l'ensemble des États membres de l'UE et en assurer la gestion.
Le siège de l'OHMI est à Alicante (Espagne)
Internet : **http://oami.eu.int**
⇒ brevet ; marque ; protocole de Madrid ; propriété

OFFICE DES PUBLICATIONS
C'est **l'éditeur officiel de toutes les Institutions et Organes** de l'UNION EUROPÉENNE – UE – Créé en 1969, l'organisme assure l'édition, la publication et la diffusion, par un réseau spécialisé, des études, des monographies, des documents d'information, catalogues et annuaires de l'UE
Ces publications (dans certains cas avec la coopération d'éditeurs privés) sont faites traditionnellement sur papier mais aussi sur CD-ROM et DVD ; elles sont en général accessibles par INTERNET.
Le **Journal Officiel de l'UE est publié par l'Office des Publications** qui a son siège à Luxembourg (Grand-Duché de Luxembourg).
Internet : **http://publications.eu.int**
⇒ UNION EUROPÉENNE ; Journal Officiel

OFFICE EUROPÉEN DE LUTTE ANTI-FRAUDE – OLAF
L'OLAF a pour mission la protection des intérêts financiers communautaires, la lutte contre la fraude et la corruption au sein de l'UNION EUROPÉENNE – UE –, dans le cadre des politiques et des actions qu'elle mène ainsi que de leur financement.
L'OLAF agit en toute indépendance et impartialité.
Le rôle de l'OLAF s'ajoute aux contrôles de la COUR DES COMPTES EUROPÉENNE.
L'OLAF intervient aussi pour la formation à une lutte efficace contre la fraude et les dérives de l'intelligence économique.
Le siège de l'OLAF est à Bruxelles (Belgique).
Internet : **http://europa.eu.int/comm/anti_fraude**
⇒ COUR DES COMPTES EUROPÉENNE ; intelligence économique

OFFICE FRANÇAIS DE CONJONCTURE ÉCONOMIQUE – OFCE
Organisme créé en 1981 au sein de la Fondation Nationale des Sciences Politiques (Paris – France). C'est un **institut indépendant de recherche et de prévision à vocation internationale.**
Il publie la *Revue de l'OFCE* et la *Lettre de l'OFCE* ainsi que des documents de travail.
Internet : **webadm@ofce.sciences-po.fr**

OFF-LINE
Voir : HORS-LIGNE

OFFRE
Elle est constituée par l'ensemble des biens et des services rendus accessibles par des producteurs et des vendeurs (pris d'abord individuellement puis globalement). L'offre concerne donc aussi bien ce qui est déjà créé ou réalisé (y compris ce qui est stocké) que ce qui pourrait l'être en fonction d'une demande réelle ou suscitée.
La pratique connaît différentes sortes d'offres : à prix ferme, à prix minimal, à prix révisable, etc.
⇒ biens ; demande ; services ; stock

OFFRE ATYPIQUE
Offre d'un bien sur le marché, dans des conditions inhabituelles. C'est un comportement qui semble illogique mais peut, cependant, être expliqué par certaines réactions : ainsi, par exemple, lorsque les prix baissent (en matière agricole, notamment) une offre renforcée pourrait compenser éventuellement une perte considérée comme probable ; sur le marché du travail, en cas de diminution de son salaire, un travailleur peut envisager d'augmenter (si cela est possible) son nombre d'heures de travail pour maintenir son salaire au même niveau ; en matière boursière, lorsqu'il y a une forte tendance à la baisse des cours, l'offre de titres pourrait s'accroître parce que leurs détenteurs craignent que la baisse ne s'accentue encore plus.
⇒ élasticité de la demande ; élasticité de l'offre ; Effet GIFFEN

▶ graphique n° 5

OFFRE AU-DESSOUS DU PRIX RÉEL
Le calcul du prix de revient est le « panneau indicateur » pour la fixation du prix de vente. Ce prix tient également compte d'un bénéfice approprié qui doit être juste et donc mérité (esprit d'initiative, esprit entrepreneurial, risques à courir et à supporter). Dans un système concurrentiel de véritables guerres des prix se déclarent souvent parce que certains entrepreneurs offrent leurs produits à bas prix par rapport à d'autres. Ceci est légitime jusqu'à un certain point. Si, par exemple, l'offre se fait au-dessous du prix de revient, la vente s'effectue avec perte. Ceci est contraire à l'éthique de l'entreprise et est illicite dans la plupart des pays.
⇒ dumping

OFFRE PUBLIQUE D'ACHAT – OPA
Opération financière et boursière engagée pour prendre le contrôle d'une entreprise en offrant à ses actionnaires le rachat de leurs titres (les actions), à un cours (un prix) attractif, en principe supérieur au cours de la Bourse.
L'opération est menée par une entreprise (le « raider »), plus rarement par des individus, le plus souvent avec l'appui technique d'une société financière spécialisée ou d'une banque.
L'OPA peut être faite avec le consentement de la société que l'on veut acheter (OPA amicale) ou, au contraire, contre elle (OPA hostile).
Les législations nationales et les organismes de surveillance des Bourses contrôlent strictement ces opérations.
⇒ offre publique d'échange ; offre publique de vente ; raider

OFFRE PUBLIQUE D'ÉCHANGE – OPE
L'objectif est la prise de contrôle d'une société. L'opération est similaire à une offre publique d'achat – OPA – mais avec un échange des actions : l'entreprise qui lance l'OPE offre aux actionnaires d'échanger leurs titres contre les siens (dans une proportion correspondant aux cours de la Bourse) ou ceux d'une filiale.
L'OPE peut être amicale ou hostile ; elle est, comme l'OPA, strictement surveillée.
⇒ offre publique d'achat ; offre publique de vente

OFFRE PUBLIQUE DE RETRAIT – OPR
Lorsque les actions d'une société sont détenues pour un part très faible (5 %) par le public mais cependant cotés en Bourse, **l'actionnaire majoritaire peut faire une offre publique de retrait, c'est-à-dire s'engager à racheter les actions détenues par les actionnaires minoritaires,** dans des conditions fixées par la législation et le règlement de la Bourse.
Cette OPR est habituellement complétée par une opération de « retrait obligatoire » : les titres non présentés au rachat sont retirés de la cote de la Bourse et les propriétaires sont indemnisés au cours fixé pour le retrait.
Ces opérations sont étroitement surveillées par les organes de surveillance de la Bourse concernée.

OFFRE PUBLIQUE DE VENTE – OPV
Opération d'introduction en Bourse, donc d'offre d'actions au public ou de mise sur le marché d'une certaine quantité d'un titre qui existe déjà.
⇒ Bourse

OFFRES RÉELLES
Voir : CONSIGNATION

OFF SHORE
Terme anglo-américain littéralement « **au large des côtes** », « **hors du territoire** ».
À l'origine, le terme concernait l'exploitation pétrolière ; **par extension, il qualifie des activités bancaires ou financières hors d'un territoire national et dans un État dont la législation fiscale et la réglementation administrative sont souples voire laxistes.**
Les banques offshore sont établies dans des « paradis fiscaux » et elles développent souvent des fonds d'investissement dont les revenus échappent en totalité ou en partie à la taxation (fonds offshore).
⇒ paradis fiscaux

OHLIN Bertil Gothard (1899-1979)
Économiste et homme politique suédois, **Prix Nobel d'économie en 1977** (avec E. MEADE) OHLIN a notamment étudié la **théorie de la dynamique en matière économique et les problèmes macroéconomiques.**
Professeur aux Universités de Copenhague (Danemark) et de Stockholm (Suède), il a publié de nombreux ouvrages dont on retiendra l'un des plus importants *Interregional and International Trade* – « *Commerce interrégional et international* » (1933). Mais il a surtout le mérite d'avoir, avec HECKSCHER démontré « l'effet HECKSCHER – OHLIN » ; avec l'apport des études de SAMUELSON celui-ci est devenu le « **théorème HECKSCHER – OHLIN – SAMUELSON – HOS** » qui concerne le commerce international et selon lequel l'équilibre de celui-ci est fonction des facteurs de production, de leur spécialisation et donc de leurs coûts dans les différents pays qui sont en relations commerciales.
⇒ commerce international ; HECKSCHER ; SAMUELSON ; théorème de HECKSCHER – OHLIN

OHNISME
Voir : TOYOTISME

OLIGARCHIE
C'est le **gouvernement d'un groupe d'individus qui ont à la fois le pouvoir économique** (hommes d'affaires et dirigeants d'entreprises privées ou publiques) **et le pouvoir politique** (parfois à la suite d'élections contestables). En régime d'oligarchie il y a confusion des affaires de l'État et du monde des affaires. **Ceux qui détiennent le pouvoir sont les « oligarques ».**

OLIGARQUE
Voir : OLIGARCHIE

OLIGOPOLE
En principe il faut **au moins deux offreurs ou un petit nombre de ceux-ci face à une multitude ou un grand nombre de demandeurs**. Normalement, on raisonne en termes d'offre. La rencontre d'offreurs oligopoleurs les conduit soit à se battre entre eux pour dominer le marché, soit à estimer s'il ne vaudrait pas mieux, pour chacun d'eux, amener tous les offreurs à viser une maximisation du profit commun par une entente. La somme des gains de l'ensemble des oligopoleurs devrait être identique au bénéfice que le monopoleur réaliserait s'il couvrait à lui seul, les besoins du marché ; l'ensemble des oligopoleurs aurait ainsi une offre équilibrée telle qu'elle est définie par COURNOT. Finalement on aboutirait à une situation de monopole. **Le duopole (et ses différentes variantes) est une forme d'oligopole.**
⇒ COURNOT ; demandeur ; duopole ; marché ; monopole ; offreur ; profit

OLIGOPOLE BILATÉRAL
Un nombre peu élevé d'**offreurs (vendeurs) importants** sont confrontés à un nombre peu élevé de **demandeurs importants (acheteurs).**
⇒ demandeur ; oligopole ; offreur

OLIGOPOLE CÔTÉ OFFRE
Quelques offreurs importants se trouvent en face de beaucoup de demandeurs de faible importance.
⇒ demandeur ; offreur ; oligopole

OLIGOPOLE PARTIEL CÔTÉ DE LA DEMANDE
Du côté de l'offre il y a beaucoup d'offreurs de faible importance et du côté de la demande il y a un nombre peu élevé d'acheteurs importants et beaucoup de petits acheteurs.
⇒ acheteur ; demandeur ; offreurs ; oligopole

OLIGOPOLE PARTIEL CÔTÉ DE L'OFFRE
Il y a peu d'offreurs importants et beaucoup de petits offreurs en face de beaucoup de demandeurs.
⇒ acheteur ; demandeur ; offreur ; oligopole

OLIGOPSONE
Peu de demandeurs importants se trouvent en face d'un nombre important d'offreurs.
⇒ demandeur ; offreur ; oligopole

OLSON Mancur (1932-1998)
Sociologue et économiste américain, professeur à l'Université du Maryland (E-U). M. OLSON est un **spécialiste du comportement économique individuel et collectif** dont il développe les théories dans son ouvrage : *The Logic of collective Action* – «*La logique de l'action collective*» (1965).

OMBUDSMAN
Terme anglais d'origine suédoise signifiant « MÉDIATEUR ». Dans le souci de la protection du citoyen et du consommateur, de nombreux pays – à l'exemple de la Suède – ont facilité et organisé la mise en place de médiateurs, personnalités indépendantes chargées d'intervenir pour que soient respectées les règles administratives en vigueur. Il peut exister un médiateur national, au niveau régional ou local. De nombreuses organisations et des entreprises commerciales ont souvent aussi un médiateur qui va traiter les plaintes de dysfonctionnement.
L'UNION EUROPÉENNE – UE – a, depuis le Traité de Maastricht, son propre médiateur qui intervient pour les citoyens, les entreprises, les associations ou les collectivités publiques lorsqu'ils estiment qu'il y a mauvaise administration.
Un médiateur ne peut intervenir que s'il n'y a pas d'instance judiciaire en cours.
Internet : Médiateur de l'UNION EUROPÉENNE :
http://www.euro-ombudsman.eu.int

ONE TO ONE MARKETING
Termes anglo-américains désignant une action de marketing (ou de mercatique) personnalisée, c'est-à-dire ciblée vers une catégorie bien définie de clients potentiels, en petit nombre.
⇒ marketing

ON-LINE
Voir : EN-LIGNE

ONUS PROBANDI INCUMBIT ACTORI
Expression latine reprise par le droit civil et signifiant que « **celui qui réclame l'exécution d'une obligation doit la prouver** » Inversement, celui qui prétend avoir payé doit apporter la preuve de son affirmation. On retiendra qu'en droit, **payer veut dire s'acquitter d'une obligation** ; ainsi dans un contrat de vente, le vendeur « paye » en livrant la chose qui fait l'objet du contrat et l'acheteur « paye », bien sûr, en réglant le prix.
⇒ obligation

OPEN COLLAR WORKERS
On doit à l'américain C. MILLS (1916-1962) la dénomination de « **cols noirs** » ou de « **cols bleus** » (« **blue collar workers** ») pour les travailleurs dans les ateliers et « **cols blancs** » (« **white collar workers** ») pour les employés de bureau.
Dans le cadre de la « Nouvelle économie » on connaît également les « **cols ouverts** » (« **open collar workers** »). Cette nouvelle génération de « cols » est due au fait que les dirigeants d'aujourd'hui abordent les problèmes d'une manière plus relaxe et renoncent souvent aux « cravates ».
⇒ MILLS ; nouvelle économie

OPEN MARKET POLICY OU OPEN MARKET
Termes anglo-américains signifiant « **politique de marché ouvert** ». Il s'agit du **marché monétaire**. Pour augmenter ou diminuer le volume des liquidités engagées dans le circuit économique, dans le cas où le marché lui-même, par le jeu de l'offre et de la demande, ne parvient pas à l'équilibre, **la BANQUE CENTRALE d'un État** (ou pour l'**UNION EUROPÉENNE – UE – la BANQUE CENTRALE EUROPÉENNE – BCE**) **peut acheter ou vendre des titres** (généralement les obligations dont l'émetteur est l'État). Il y aura alors des répercussions et sur les cours (prix) des titres et

sur leur rendement. **Le but poursuivi consiste à faciliter la couverture des besoins de crédit des institutions publiques et à mettre en œuvre une politique monétaire.**
⇒ Banque Centrale ; BANQUE CENTRALE EUROPÉENNE ; liquidité ; politique monétaire

OPÉRATEUR
C'est une entreprise qui a construit un réseau cellulaire de téléphonie mobile auquel s'adressent les clients qui souhaitent utiliser le réseau.
L'opérateur est aussi l'entreprise qui assure le fonctionnement et les liaisons INTERNET, notamment celles à très haut débit ADSL (Asymetric Digital Subscriber Line – Ligne asymétrique numérique).
L'opérateur est un prestataire de services.

OPÉRATION
En comptabilité, c'est l'enregistrement d'un mouvement (débit, crédit) **dans un compte déterminé.**
En Bourse, c'est un achat ou une vente.
Plus généralement, c'est une action dans un domaine précis : opération commerciale, opération de promotion, de prestige, etc.
C'est aussi, dans un ensemble de travaux, dans un processus, **l'action de chacun de ceux qui y participent** : opération de montage, opération de soudure, opération d'assemblage, par exemple.

OPERATIONS RESEARCH
Voir : RECHERCHE

OPHÉLIMITÉ
Certains économistes comme PARETO se servent de ce terme pour faire allusion à la satisfaction obtenue par l'utilisation ou la consommation d'un bien. Ainsi un bien peut être « ophélime », c'est-à-dire procurer des avantages en le vendant, sans pour autant être intrinsèquement utile. Certains auteurs ont recours au terme « isophélimité » pour évoquer les courbes d'indifférence.
Les termes d'ophélimité, d'ophélime et d'isophélimité sont très peu usités.
⇒ courbes d'indifférence ; PARETO

OPINION
Avis ou jugement que l'on porte sur quelqu'un ou sur quelque chose.
Plus globalement, une idée, une doctrine, une idéologie partagées par plusieurs individus est une opinion générale ; et si elle l'est par tout ou partie d'une population, c'est une « opinion publique ».
Les médias ou les hommes politiques, mais aussi les entreprises veulent parfois former l'opinion ou au moins la sensibiliser.

OPPOSITION
C'est l'action de s'opposer, à quelque chose, être contre.
En matière politique, l'opposition représente ceux qui sont en désaccord avec ceux qui détiennent le pouvoir.
Dans le domaine juridique, on rencontre différents types d'opposition : celui qui a été condamné par défaut (faute d'être présent au procès) va faire opposition à un jugement ; l'opposition à un mariage sera basée sur les empêchements légaux à celui-ci, etc.
L'opposition à un paiement doit permettre au créancier d'obtenir le paiement de sa créance en utilisant les moyens que la loi lui donne.
⇒ appel ; jugement

OPTIMUM
L'optimisation ou optimation vise le résultat le plus favorable compte tenu d'une situation donnée et de moyens donnés. Réaliser le gain le plus élevé possible, limiter les charges au plus bas peuvent constituer des optima. En cette matière, tout est relatif. Selon PARETO, l'optimisation (ou optimation) est **un état d'équilibre général** tel que tous les agents économiques (producteurs ou consommateurs) ont les mêmes avantages et désavantages donc une situation qui ne pourrait pas être meilleure. Cela veut dire qu'il n'y a pas qu'une seule solution.
En mathématique l'optimisation consiste à déterminer les valeurs extrêmes d'une fonction.
⇒ PARETO

OPTING OUT
Termes anglo-américains signifiant « **option de sortie** ».
Il signifie que dans un contrat, **l'un des partenaires peut se réserver le droit, en accord avec les autres parties, de ne pas appliquer telle ou telle clause.**
La clause d'opting out concerne aussi bien un contrat commercial qu'un traité international.

OPTION SUR ACTIONS
Pour spéculer sur les marchés boursiers, à la hausse ou à la baisse, on peut utiliser la technique de l'option. **L'option est un droit d'acheter ou de vendre à un prix déterminé, une certaine quantité d'actions pendant une certaine période fixée.**
Le droit d'acheter ou **option d'achat est un** « **call** ».
Le droit de vendre ou **option de vendre est un** « **put** ».
Ce droit étant sans obligation, il implique le **paiement d'une prime pour couvrir le risque.**
L'option peut s'exercer, soit pendant toute la période fixée (option « à l'américaine ») soit uniquement à l'échéance (option « à l'européenne »).
La Bourse de Chicago (E-U) a été à l'origine (en 1973) de cette technique officialisée ensuite en Europe et notamment en France avec la création du MARCHÉ DES OPTIONS NÉGOCIABLES DE PARIS – MONEP – en 1987.
Si le système de l'option concerne essentiellement les valeurs mobilières, **il existe aussi un système d'option d'achat de devises.**
⇒ action ; baisse ; devise ; hausse ; valeur mobilière

OPTION SUR DEVISES
Voir : OPTION SUR ACTIONS

ORDINATEUR
en anglais : COMPUTER
Matériel informatique très largement utilisé dans les entreprises (depuis 1955) et individuellement (depuis 1978) pour traiter l'information, quelle qu'en soit la forme : texte, image et son.
Un ordinateur comprend nécessairement une unité centrale, une mémoire centrale et des périphériques (imprimante notamment).
⇒ informatique ; numérique ; périphérique

ORDONNANCE
Certains États peuvent, dans des circonstances déterminées, légiférer par ordonnances : il s'agit de lois immédiatement applicables qui sont décidées par le gouvernement en dehors et en s'affranchissant de la procédure normale.
L'ordonnance est aussi un ordre donné par certaines administrations ou organisations.

Dans le domaine judiciaire, l'ordonnance est la décision d'un juge ou d'un tribunal.
On distingue ainsi :
- l'ordonnance d'incompétence (le juge se déclare incompétent),
- l'ordonnance d'irrecevabilité (les faits sont prescrits, par exemple),
- l'ordonnance de non-lieu (pas de procès, les charges sont insuffisantes),
- l'ordonnance de renvoi (renvoi devant une juridiction déterminée),
- l'ordonnance d'injonction de payer (pour obliger le paiement d'une créance),
- etc.

ORDONNANCEMENT
Dans une entreprise, c'est la tenue du planning d'un atelier, d'un service pour organiser le travail, assurer le suivi de la réalisation des commandes, leur expédition, etc.
En matière administrative (notamment dans une administration publique), c'est un ordre de payer donné par un « ordonnateur » (celui qui a un pouvoir de décision) à un comptable.

ORDRE
On distingue plusieurs acceptions différentes pour ce terme.
L'ordre professionnel est, dans certains pays, l'organisation officielle de diverses professions : ordre des médecins, ordre des avocats, ordre des experts comptables, etc. ; à la tête de ces ordres, il y a un « conseil de l'ordre ».
L'ordre de juridiction ou ordre judiciaire désigne l'ensemble des tribunaux dont la compétence est civile ou pénale.
L'ordre administratif concerne l'ensemble des tribunaux administratifs.
L'ordre public est l'ensemble des institutions et des règles d'intérêt général mises en œuvre dans un État pour assurer la liberté et la sécurité des biens et des personnes.
L'ordre du jour fixe, dans une entreprise ou une organisation, les questions ou les sujets à aborder et à discuter au cours d'une réunion.

ORDRE DE BOURSE
Instruction donnée pour acheter ou vendre un titre (action, obligation, etc.) sur les marchés boursiers.
L'ordre est normalement assorti de différentes conditions :
- l'ordre à cours limité indique un prix maximum pour l'achat et un prix minimum pour la vente ;
- l'ordre à déclenchement fixe les limites (ou les seuils) à partir desquelles il y a lieu de vendre ou d'acheter ;
- l'ordre au mieux est à exécuter quel que soit le cours du marché ;
- l'ordre à révocation a une validité limitée au mois en cours et peut être annulé à tout moment ;
- l'ordre à tout prix est à exécuter en priorité, quel que soit le cours ;
- l'ordre tout ou rien signale que l'on veut absolument acheter ou vendre une quantité déterminée de titres ;
- l'ordre jour n'est valable que pour exécution en Bourse un jour déterminé.

L'ordre de Bourse est nécessairement donné à une banque, une société de Bourse, ou un organisme financier habilité, par écrit, par téléphone, fax, ou e-mail (courriel) en indiquant clairement le ou les titres concernés et les références du donneur d'ordre.
⇒ Bourse

ORESME Nicolas (1320-1383)
Évêque de Lisieux (France) mais aussi professeur à l'Université de Navarre, traducteur d'ARISTOTE, **mathématicien et économiste français**, N. ORESME s'est rendu célèbre par son *Traité des monnaies* (1355) dans lequel il affirme que la monnaie appartient au peuple (et pas au roi) et répond à la nécessité d'échange.

ORGANES SOCIAUX
Ensemble des institutions chargées d'assurer le fonctionnement d'une société ou d'une organisation (assemblées générales constitutives, ordinaires et extraordinaires, conseil d'administration, gérant, direction, directoire) ainsi que **leur représentation** (président, gérant) et **leur contrôle** (commissaires aux comptes, conseil d'administration, conseil de surveillance).
⇒ commissaire aux comptes ; conseil d'administration ; conseil de surveillance

ORGANISATION DE COOPÉRATION ET DE DÉVELOPPEMENT ÉCONOMIQUE – OCDE
Créée en 1948 sous le nom d'ORGANISATION EUROPÉENNE DE COOPÉRATION ÉCONOMIQUE – OECE – elle avait pour mission **de gérer et de répartir aux pays européens l'aide américaine du PLAN MARSHALL** après la fin de la Seconde Guerre mondiale (1939-1945).
Élargissant ses activités après la fin de la mise en œuvre du PLAN MARSHALL, en 1955, l'OECE devient en 1961, l'OCDE avec la devise-programme : « œuvrer ensemble pour le progrès ».
L'OCDE compte **30 États membres et ses relations s'étendent à plus de 70 pays dans le monde**.
L'OCDE est surtout un **organisme d'études macroéconomiques et de statistiques internationales**. Par ses recommandations, l'OCDE influe sur le développement économique et social, la bonne gouvernance et l'adoption par les États membres d'une politique efficace de développement durable.
L'OCDE a, à sa tête, un Conseil, un Secrétariat Général et une Direction Exécutive ; de très nombreux groupes de travail apportent leur expertise aux travaux de l'OCDE auxquels participent la plupart des organisations internationales, renforçant ainsi le rôle de l'OCDE sur la scène mondiale.
L'OCDE a son siège à Paris (France).
Internet : **http://www.oecd.org**
⇒ développement durable ; gouvernance ; Plan MARSHALL

ORGANISATION DE L'AVIATION CIVILE INTERNATIONALE – OACI
en anglais : INTERNATIONAL CIVIL AVIATION ORGANIZATION – ICAO

Institution de l'ORGANISATION DES NATIONS UNIES – ONU, l'OACI a été créée en 1944 pour **promouvoir et développer le transport aérien, en établir les normes**, notamment techniques, assurer la coordination de la navigation aérienne et l'assistance technique ainsi que, plus récemment, faire mettre en œuvre les mesures antiterroristes nécessaires.
L'OACI compte 188 États membres qui constituent son Assemblée Générale ; celle-ci élit un Conseil Exécutif.
Le siège de l'OACI est à Montréal (Canada).
Internet : **http://www.icao.int**

ORGANISATION DE L'UNITÉ AFRICAINE – OUA

Créée en 1963 à Addis-Abeba (Éthiopie) par 32 États africains (pour beaucoup nouvellement indépendants) elle s'est fixée, par une CHARTE, les **objectifs de préserver la paix et l'unité** (en réglant notamment les contestations territoriales et en prévenant les conflits) et d'aider à la souveraineté des États et de l'intégrité de leur territoire. Cette charte de l'OUA se réfère expressément à celle de l'ONU et à la Déclaration Universelle des Droits de l'Homme. L'organe suprême de l'OUA est la Conférence Annuelle des Chefs d'État.

Malgré son objectif de créer une communauté économique africaine, l'OUA n'a pas pu apporter d'améliorations significatives à la dramatique situation économique de nombreux pays africains.

L'OUA a mis en place de nombreuses institutions spécialisées en matière de transports terrestres et aériens, de télécommunications, pour la poste, l'information et dans le domaine culturel.

Les États du continent africain, à l'exception du Maroc (qui a quitté l'OUA) soit 53, réunis en Zambie, ont décidé **en 2001 la création de l'UNION AFRICAINE**. Après l'adoption d'une Constitution en 2000, **cette nouvelle institution qui se substitue à l'OUA est née en juillet 2002** à Durban (Afrique du Sud).

Siège : Addis-Abeba (Éthiopie).

Internet : **http://africa-union.org**
⇒ UNION AFRICAINE

ORGANISATION EUROPÉENNE POUR LES AGRÉMENTS TECHNIQUES – EOTA
en anglais : EUROPEAN ORGANIZATION FOR TECHNICAL APPROVAL

L'EOTA intervient, dans le cadre de l'UE et des pays associés, pour **l'agrément de produits pour lesquels aucune norme européene ne peut être établie** : produits novateurs très complexes ou volontairement hors normes pour des raisons techniques ou encore fabriqués par un très petit nombre d'entreprises.

Le siège de l'EOTA est à Bruxelles (Belgique).

Internet : **http://www.eota.be**
⇒ norme ; COMITÉ EUROPÉEN DE NORMALISATION

ORGANISATION DES ÉTATS AMÉRICAINS – OEA
en anglais : ORGANIZATION OF AMERICAN STATES – OAS

La Conférence Internationale Américaine fonde en 1890, à Washington (E-U), l'Union Internationale des Républiques Américaines qui deviendra l'OEA dont les membres adopteront, en 1948, un Charte (modifiée en 1988) qui fixe les objectifs de l'organisation : **promouvoir la paix et la sécurité, faciliter les règlements des différends entre les États, favoriser et soutenir une coopération économique, sociale et culturelle.**

L'OEA regroupe tous les États souverains du continent américain.

Ses membres tiennent une Assemblée Générale annuelle et une Consultation des ministres des Affaires Étrangères assure, avec l'aide de commissions spécialisées, la concertation entre les membres.

Le siège de l'OEA est à Washington (E-U).

Internet : **http://www.oas.org**

ORGANISATION DES NATIONS UNIES – ONU
en anglais : UNITED NATIONS (ORGANIZATION) – UN (O)

L'ONU est née après la seconde Guerre mondiale (1939-1945) de la volonté de quelques pays de « préserver les générations futures du fléau de la guerre » (Préambule de la Charte de l'ONU).

Dès 1942, sur l'initiative du Président des États-Unis, F.D. ROOSEVELT, 26 nations s'engagent à poursuivre la guerre, puis, en 1943, décident (« Déclaration de Moscou ») **« d'établir, aussitôt que possible, une organisation internationale afin d'assurer le maintien de la paix et de la sécurité internationale ».**

La SOCIÉTÉ DES NATIONS – SDN – fondée en 1919, après la Première Guerre mondiale (1914-1918) avait des objectifs similaires mais elle était trop dépourvue de moyens juridiques et militaires efficaces pour éviter la seconde Guerre Mondiale.

Après la conférence de Yalta (Ukraine), en 1945, celle de San-Francisco (E-U) va établir la « Charte des Nations Unies » qui entrera en vigueur le 24 octobre 1945 et qui fixe les objectifs à poursuivre, notamment :

« maintenir la paix et la sécurité internationale »,

« ne pas faire usage de la force des armes sauf dans l'intérêt commun »,

« favoriser le progrès économique et social de tous les peuples ».

Aux 51 membres fondateurs se sont ajoutés de nombreux pays et **l'ONU compte aujourd'hui 191 États membres** soit la quasi-totalité des États souverains du monde.

L'ONU n'est pas un gouvernement mondial et ne légifère pas, mais ses décisions (les « résolutions ») ont une portée internationale.

L'ONU a mis en place un ensemble très important d'institutions spécialisées et un réseau de services qui constituent **« le système de l'ONU »**.

Il comporte notamment :

l'Assemblée Générale sur le principe « un État, une voix » ;

le Conseil de Sécurité, véritable « moteur » de l'ONU qui a la responsabilité du maintien de la paix et de la sécurité ; c'est un collège de 15 membres dont 5 sont permanents (Chine, États-Unis, Fédération de Russie, France, Royaume-Uni) et 10 autres élus pour deux ans (en 2004, l'Allemagne, le Japon, l'Inde et le Brésil, ont demandé à être membres permanents de l'ONU) ;

le Comité Économique et Social, consultatif ;

la Cour Internationale de Justice – CIJ – qui siège à La Haye (Pays-Bas), dont la mission est de régler les litiges entre les États membres.

L'ONU a aussi créé **la COUR PÉNALE INTERNATIONALE – CPI** – entrée en fonctionnement à partir de 2002 pour juger les crimes de génocide, les crimes de guerre et les crimes contre l'humanité ;

le SECRÉTAIRE GÉNÉRAL (et ses Services) qui joue un rôle politique majeur sur la scène internationale ;

une trentaine d'organisations internationales spécialisées qui ont une certaine indépendance et parmi lesquelles on peut citer :

– l'Agence Internationale de l'Énergie Atomique,

– la Banque Mondiale et le Fonds Monétaire International – FMI,

– la Banque internationale pour la Reconstruction et le Développement,

- l'Organisation pour l'Alimentation et l'Agriculture – FAO,
- l'Organisation Mondiale de la Santé – OMS,
- l'Organisation Internationale du Travail – OIT,
- l'Organisation des Nations Unies pour l'Éducation, la Science et la Culture UNESCO,
- l'Organisation Mondiale du Commerce – OMC,
- l'Organisation de l'Aviation Civile Internationale,
- etc.

L'ONU, par les « casques bleus » (militaires mis à sa disposition par les États membres) tente de rétablir la paix dans toutes les zones de conflits mais elle accomplit aussi de nombreuses missions humanitaires, d'éducation, de protection de l'environnement, du respect des droits de l'homme, de lutte contre les trafics de drogue et contre le terrorisme, d'aide aux réfugiés et aux populations pauvres avec aussi des actions pour interdire ou au moins limiter la prolifération des armes bactériologiques et nucléaires dans le monde.

Le siège de l'ONU est à New York (États-Unis).

Internet : **http://www.un.org**

ORGANISATION DES NATIONS UNIES POUR L'ALIMENTATION ET L'AGRICULTURE – OAA
en anglais : FOOD AND AGRICULTURAL ORGANIZATION – FAO

L'OAA a pris la suite, en 1945, de l'Institut International pour l'Agriculture fondé en 1908.

L'OAA, plus connue sous le sigle anglo-américain de FAO est une institution spécialisée de l'ORGANISATION DES NATIONS UNIES – ONU – avec pour objectif le développement du bien-être dans le monde, l'amélioration de la production agricole et du niveau de nutrition des populations, une meilleure répartition des productions alimentaires en assurant, au niveau mondial, une « veille » sur la sécurité alimentaire.

La FAO apporte aussi **une aide technique importante aux pays qui connaissent des difficultés ou des catastrophes agricoles**.

La FAO participe, sous l'égide de l'ONU, au Programme Alimentaire Mondial – PAM – qui assure la distribution de produits alimentaires.

La FAO regroupe dans une Conférence tous ses membres (187 États et l'UNION EUROPÉENNE – UE) ; un Conseil plus restreint détient les pouvoirs qui lui sont délégués par la Conférence ; une structure administrative, des bureaux régionaux et des experts assument la gestion de l'organisme dont la devise est « Fiat panis » (littéralement : « que le pain soit ») mais que l'on peut traduire par : « du pain pour tous ».

Le siège de la FAO est à Rome (Italie).

Internet : **http://www.fao.org**

À côté de la FAO, le FONDS INTERNATIONAL DE DÉVELOPPEMENT AGRICOLE – FIDA, institution spécialisée de l'ONU, a une action de conseil, d'aide, de financement des projets d'amélioration de la production agricole et alimentaire.

Le CONSEIL MONDIAL de l'ALIMENTATION, organe subsidiaire de l'ONU, a un rôle politique et de coordination.

⇒ ORGANISATION DES NATIONS UNIES ; Politique Agricole Commune de l'UNION EUROPÉENNE

ORGANISATION DES NATIONS UNIES POUR L'ÉDUCATION, LA SCIENCE ET LA CULTURE – UNESCO
en anglais : UNITED NATIONS FOR EDUCATIONAL, SCIENTIFIC AND CULTURAL ORGANIZATION – UNESCO

À l'issue de la Seconde Guerre mondiale (1939-1945), plusieurs pays ont décidé de mettre en œuvre leurs projets de coopération internationale dans le domaine de l'éducation. La Conférence de Londres (Royaume-Uni) adopte, en 1945, l'acte constitutif de l'UNESCO (qui fait partie du « système de l'ORGANISATION DES NATIONS UNIES – ONU ») dont l'objectif est de construire la paix dans l'esprit des hommes à travers l'éducation, la science et la culture.

Les actions de l'UNESCO concernent notamment l'alphabétisation, la pédagogie et la formation des enseignants, la recherche scientifique, les sciences sociales et humaines, la réduction de la pauvreté et l'aide au développement durable ainsi que la mise en valeur et la protection du patrimoine (tout spécialement les sites inscrits au « patrimoine mondial »).

Les orientations générales de L'UNESCO sont définies tous les deux ans par la Conférence Générale.

À l'initiative de son Président mais surtout avec une contribution significative de Jacques DELORS, l'UNESCO a défini, en 1996, **les « 4 piliers » majeurs pour les actions à mener dans le domaine de l'éducation** :
- apprendre à connaître,
- apprendre à faire,
- apprendre à être,
- apprendre à vivre ensemble.

L'UNESCO compte 190 États membres (et 6 associés).

Le siège de l'UNESCO est à Paris (France).

Internet : **http://www.unesco.org**

⇒ DELORS ; ORGANISATION DES NATIONS UNIES

ORGANISATION DES PAYS EXPORTATEURS DE PÉTROLE – OPEP

Organisation créée en 1960 pour contrôler les marchés mondiaux du pétrole.

L'OPEP regroupait, à l'origine, les principaux producteurs de pétrole ; **l'organisation constitue un véritable cartel qui, dans une large mesure, fixe les prix mondiaux**, notamment par les variations de production qu'elle décide.

Quel que soit le pays, la production et la cotation du pétrole sont toujours exprimées en barils. Le baril est une unité de mesure correspondant à 158,984 litres ; compte tenu de la densité, un baril pèse environ 140 kilogrammes.

L'objectif que l'OPEP s'est fixé, est de coordonner et d'unifier les politiques pétrolières des États membres qui sont actuellement : l'Iran, l'Irak, l'Arabie Saoudite, le Vénézuela, la Lybie, le Nigéria, l'Indonésie, le Qatar et les Émirats Arabes Unis.

L'OPEP réunit, en principe deux fois par an, les ministres des États membres.

Le siège de l'OPEP est à Vienne (Autriche).

Internet : **http///www.opec.org**

Mais l'OPEP ne regroupe pas tous les pays producteurs de pétrole :
- **le GUUAM** rassemble depuis 1997, l'Azerbaïdjan, la Géorgie, l'Ouzbékistan, la Moldavie et l'Ukraine ;

– l'ORGANISATION POUR LA COOPÉRATION DE SHANGHAÏ – OCS – réunit, depuis 2001, dans une structure informelle, le Kirghizistan, le Kazakhstan, l'Ouzbékistan, le Tadjikistan et, surtout, la Chine et la Russie.

Internet : **http://www.china.org.cn**

L'OPEP reste, cependant, un acteur majeur du marché pétrolier mondial.

⇒ baril

ORGANISATION DU TRAITÉ DE L'ATLANTIQUE NORD – OTAN
en anglais : NORTH ATLANTIC TREATY ORGANIZATION – NATO

Créée en 1949, pour faire face à une éventuelle menace communiste, l'OTAN regroupe, en avril 2004, 26 États (Europe, Canada et États-Unis) avec l'objectif, fixé par le TRAITÉ DE L'ATLANTIQUE NORD, de « sauvegarder la liberté et la sécurité de ses membres par des moyens politiques et militaires », avec « un rôle préventif et, si nécessaire défensif ».

L'OTAN est aussi appelée « Alliance Atlantique ».

Après l'adhésion, en 1999, de la République Tchèque, de la Hongrie et de la Pologne puis, en 2004, de la Slovaquie, de la Slovénie, de l'Estonie, de la Lettonie, de la Lituanie, de la Bulgarie et de la Roumanie, d'autres pays de l'Europe de l'Est sont candidats à l'OTAN qui a déjà signé, avec la plupart d'entre eux, dès 1994, un « **Partenariat pour la Paix** ».

L'OTAN a engagé une intégration aussi complète qu'efficace de ses nouveaux membres afin d'être davantage réactive vis-à-vis des défis de l'avenir.

L'OTAN comprend des **structures civiles** (Conseil de l'Atlantique Nord et Secrétariat Général) **et une organisation militaire** (État-Major, commandements opérationnels, etc.) ainsi qu'un **Collège de Défense** » qui est à la fois une **structure de formation de haut niveau** pour les officiers (militaires) et les officiels civils concernés par l'OTAN et un **organe de réflexion sur les enjeux** auxquels l'OTAN doit faire face.

L'UNION DE L'EUROPE OCCIDENTALE – UEO – et l'ORGANISATION POUR LA SÉCURITÉ EN EUROPE – OSCE – ont des liens de coopération et de partenariat avec l'OTAN.

Le siège de l'OTAN est à Bruxelles (Belgique).

Internet : **http://www.nato.int**

⇒ Politique Étrangère et de Sécurité Commune de l'UNION EUROPÉENNE

ORGANISATION EUROPÉENNE DE COOPÉRATION ÉCONOMIQUE
Voir : ORGANISATION DE COOPÉRATION ET DE DÉVELOPPEMENT ÉCONOMIQUE

ORGANISATION INTERNATIONALE DE LA FRANCOPHONIE – OIF

Le concept de « francophonie », s'il date de la fin du XIXe siècle, est aujourd'hui fondé sur le sentiment de pays indépendants d'appartenir à **une communauté que rassemble l'usage général ou largement répandu de la langue française**.

Après différentes tentatives dont l'objectif était surtout culturel, notamment la création, en 1970, de l'AGENCE DE COOPÉRATION CULTURELLE ET TECHNIQUE

– ACCT, la francophonie s'est institutionnalisée avec la création, en 1997, de l'ORGANISATION INTERNATIONALE DE LA FRANCOPHONIE – OIF.

Elle comprend un « sommet des Chefs d'État et de Gouvernement », des « Conférences ministérielles » et un « Conseil de Gouvernement ».

Elle regroupe 56 États et 600 millions d'habitants avec des objectifs culturels mais aussi économiques :
– mondialisation modérée et équilibrée,
– démocratisation,
– maintien de la paix,
– développement durable.

Elle est placée sous l'autorité d'un Président assisté d'un Secrétaire Général.

Le siège de l'OIF est à Paris.

Internet : **http://www.francophonie.org**

⇒ développement durable ; mondialisation

ORGANISATION INTERNATIONALE DU TRAVAIL – OIT
en anglais : INTERNATIONAL LABOUR ORGANIZATION – ILO

Créée par le Traité de Versailles (France) en même temps que la SOCIÉTÉ DES NATIONS – SDN – après la Première Guerre mondiale (1914-1918), l'OIT a pour but de promouvoir la justice sociale pour les travailleurs dans le monde entier.

En 1946, l'OIT devient une institution spécialisée de l'ORGANISATION DES NATIONS UNIES – ONU – avec deux objectifs principaux :
– établir une paix durable en favorisant la justice sociale,
– améliorer les conditions de travail et le niveau de vie.

La Constitution de l'OIT développe, notamment dans son préambule ces deux objectifs.

Dans le cadre de ses activités, l'OIT établit notamment des **normes internationales du travail et des normes sociales** d'ordre général ou propres à certaines professions ; elle apporte un soutien et des conseils techniques dans tous les domaines qui touchent au travail.

L'OIT regroupe la quasi-totalité des États membres de l'ONU avec une représentation tripartite inhabituelle dans une institution internationale :
– des représentants des employeurs,
– des représentants des salariés,
– des représentants des gouvernements.

Trois organismes principaux assurent le fonctionnement de l'OIT :
– la **Conférence Internationale du Travail**, annuelle avec, si nécessaire des réunions exceptionnelles. Chaque pays dispose de 4 Délégués ;
– la **Conférence Internationale du Travail est l'organe législatif de l'OIT** ; la Conférence Internationale du Travail tenue en 1944 a été marquée par la « **Déclaration de Philadelphie (E-U)** » qui adapte l'OIT à la situation du moment, comme l'a fait la réforme de 1986 qui permet à l'OIT de tenir compte, dans ses actions, de l'évolution économique et sociale du monde du travail,
– le **Conseil d'Administration**, élu par la Conférence Internationale du Travail, est l'organe exécutif de l'OIT,
– le **Bureau International du Travail** est le Secrétariat permanent de l'OIT.

L'OIT dispose de nombreuses commissions spécialisées et d'experts.

Le siège de l'OIT est à Genève (Suisse).

Internet : **http///www.ilo.org**
⇒ ORGANISATION DES NATIONS UNIES ; patronat ; syndicat ; travailleur

ORGANISATION MÉTÉOROLOGIQUE MONDIALE – OMM
en anglais : WORLD METEOROLOGICAL ORGANIZATION – WMO

Institution spécialisée de l'ORGANISATION DES NATIONS UNIES – ONU – créée en remplacement de l'Organisation Météorologique Internationale (1873).
L'OMM est chargée de l'étude de l'état de l'atmosphère et des évolutions climatiques dans le monde. Elle a mis en place une veille météorologique qui a comme objectif de prévenir les catastrophes naturelles. L'OMM qui regroupe les États membres de l'ONU coopère avec les organismes météorologiques nationaux.
L'OMM a son siège à Genève.

Internet : **http://www.wmo.ch**

ORGANISATION MONDIALE DE LA PROPRIÉTÉ INTELLECTUELLE – OMPI

Dans le cadre d'une convention signée à Stockholm (Suède) en 1967, la mission de l'OMPI est d'assurer le maintien et le développement de la propriété intellectuelle dans le monde et d'en assurer sa protection.
Dans le cadre de l'OMPI, le « Protocole de Madrid » est un système d'enregistrement des marques.
L'OMPI compte 181 États adhérents ; son siège est à Genève (Suisse).

Internet : **http://www.wipo.int**
⇒ marque ; Protocole de Madrid

ORGANISATION MONDIALE DE LA SANTÉ – OMS –
en anglais : WORLD HEALTH ORGANIZATION – WHO

Institution spécialisée de l'ORGANISATION DES NATIONS UNIES – ONU – créée en 1946 « pour amener tous les peuples au niveau de santé le plus élevé possible ».
L'OMS compte 192 États membres. Sa structure comprend un organe délibératif, l'**Assemblée Mondiale de la Santé** qui rassemble les représentants des États membres qui fixe la politique et impose les Règlements Sanitaires Internationaux, un **Conseil Exécutif** élu par l'Assemblée qui prend les mesures d'urgence, un secrétariat et des organisations régionales.
L'OMS édicte la législation sanitaire internationale et assiste les pays en difficultés (vaccination, hygiène, soins approvisionnement en eau et nourriture, éducation sanitaire, interventions en cas d'épidémie, programme de lutte contre le sida, etc.).
L'OMS collabore étroitement avec les institutions nationales et internationales dans ses domaines d'action.
L'OMS prend de plus en plus en compte les évolutions politiques, économiques, sociales et technologiques du monde.

Internet : **http://www.who.org**
Siège régional pour l'Europe à Copenhague :
http://www.who.dk
⇒ ORGANISATION DES NATIONS UNIES

ORGANISATION MONDIALE DES DOUANES – OMD
en anglais : WORLD CUSTOMS ORGANIZATION – WCO

Organisme intergouvernemental, créé en 1952, qui regroupe les administrations douanières de 161 pays.
L'OMD, dont le siège est à Bruxelles, a pour mission d'améliorer l'efficacité, les méthodes de travail et la rentabilité des douanes ainsi que de simplifier et d'harmoniser l'intervention des douanes dans les échanges internationaux.

Internet : **http://www.wcoomd.org**

ORGANISATION MONDIALE DU COMMERCE – OMC
en anglais : WORLD TRADE ORGANIZATION – WTO

En 1994, l'**Accord de Marrakech** (Maroc) qui clôturait l'Uruguay Round, ultime cycle des négociations de l'ACCORD GÉNÉRAL SUR LES TARIFS DOUANIERS ET LE COMMERCE – GATT – a créé, au 1er janvier 1995, l'ORGANISATION MONDIALE DU COMMERCE – OMC – à laquelle adhèrent 148 pays (et une trentaine sont en cours d'adhésion). Cette institution internationale est responsable des règles d'un commerce mondial en constant développement (de 1950 à 2000, les échanges ont été multipliés par 20 !) et a pour objectif de favoriser la bonne marche, la prévisibilité et la liberté des transactions.
Le cadre de l'action de l'OMC est beaucoup plus vaste que celui du GATT, incluant notamment l'agriculture et les services.
L'OMC a mis en place un système de règlement des conflits commerciaux entre les états membres, l'**ORGANE DES RÈGLEMENTS DES DIFFÉRENDS – ORD** – de plus en plus sollicité. Les pays membres sont regroupés par grandes régions (UNION EUROPÉENNE – UE – notamment) pour les négociations qui se poursuivent afin d'améliorer la libéralisation des échanges et les organiser en tenant désormais compte des problèmes sociaux et environnementaux. De nouveaux cycles de négociations ont été engagés : Doha (Quatar) alors que monte en puissance une antimondialisation pugnace (encore appelée : altermondialisation).
La structure institutionnelle de l'OMC comprend une **Conférence ministérielle** (tous les deux ans), un **Conseil Général** et des **Conseils spécialisés** (commerce des marchandises, services, propriété industrielle) avec de nombreux groupes de travail.
Le siège de l'OMC est à Genève (Suisse).

Internet : **http://www.wto.org**
⇒ ACCORD GÉNÉRAL SUR LES TARIFS DOUANIERS ET LE COMMERCE

ORGANISATION NON GOUVERNEMENTALE – ONG

Apparues sur la scène mondiale vers 1970, les ONG sont des organismes privés, en théorie totalement indépendants des Autorités Publiques.
Les ONG sont aujourd'hui très nombreuses, le plus souvent spécialisées dans un domaine : action humanitaire, soutien aux réfugiés, organisation d'accueil, de soins médicaux, d'approvisionnement alimentaire, etc.
Elles interviennent partout où il y a conflit, crise, séisme, cataclysme, inondation, guerre, etc.

Leurs actions s'opposent parfois aux États dans lesquels elles interviennent ; ils leur font reproche de s'ingérer dans leurs propres actions politiques...
L'ORGANISATION DES NATIONS UNIES POUR L'ÉDUCATION, LA SCIENCE ET LA CULTURE – UNESCO – a un Comité de liaison avec toutes les ONG.

Internet : Répertoire des ONG :
http://www.toile.org/psi/ong
    Comité de liaison UNESCO-ONG :
http://erc.unesco.org/ong
⇒ ORGANISATION DES NATIONS UNIES POUR L'ÉDUCATION, LA SCIENCE ET LA CULTURE

ORGANISATION POUR LA COOPÉRATION DE SHANGHAÏ
Voir : ORGANISATION DES PAYS EXPORTATEURS DE PÉTROLE

ORGANISATION SCIENTIFIQUE DU TRAVAIL
Voir : TAYLOR

ORGANISME DE PLACEMENT COLLECTIF DE VALEURS MOBILIÈRES – OPCVM
Voir : FONDS COMMUN DE PLACEMENT

ORGANISME GÉNÉTIQUEMENT MODIFIÉ – OGM
Désigne un organisme nouveau (plante ou animal) avec des caractéristiques qui viennent de l'introduction de gènes en provenance d'autres êtres vivants.
L'importance économique, en agriculture et en élevage, des OGM est important, tout autant que les risques, la maîtrise des techniques (et plus encore, leurs conséquences à moyen et à long termes) qui, dans certains domaines, n'est pas totale.
Certaines plantes, dont on étudie la possibilité de modifications génétiques pourraient contribuer à soigner certaines maladies jusqu'alors incurables, apporter aux populations victimes de famines ou de malnutrition, un enrichissement en vitamines ou encore une protection contre des maladies endémiques ou pour lutter contre des insectes dévastateurs de certaines cultures.
L'UNION EUROPÉENNE – UE – a adopté, comme pour sa politique alimentaire, un principe de précaution vis-à-vis des OGM et a renforcé sa législation dans le domaine de la traçabilité et de l'étiquetage.
L'industrie agroalimentaire européenne, directement concernée, n'a pas adopté la même attitude dans les différents pays mais la plupart tentent des expériences étroitement surveillées par les gouvernements et les organisations écologiques.

ORTHODOXIE
Si le terme désigne les doctrines de l'Église Chrétienne Orthodoxe, il est, notamment en économie, utilisé dans un sens général pour caractériser tout ce qui est conforme à une règle, à une doctrine, à une théorie ou à l'enseignement d'une école de pensée.
On parlera de communistes orthodoxes, de socialistes orthodoxes ou de capitalistes orthodoxes lorsqu'ils respectent strictement l'idéologie et les doctrines du système qu'ils défendent.

OULÈS Firmin (1904-1992)
Économiste français, professeur à l'Université de Lausanne (Suisse) ou il a succédé aux économistes WALRAS et PARETO. Fondateur de l'ÉCOLE DE LAUSANNE dont les membres ont développé le principe de marginalisme selon lequel la valeur d'un bien est donnée par la dernière unité de celui-ci (demande ou consommation). Ses ouvrages traitent des moyens de **lutter plus efficacement contre le chômage.** Il préconise notamment la suppression de l'impôt sur le revenu et son remplacement par un impôt indirect progressif dont le taux irait croissant, faible pour les produits de première nécessité et fort pour tout ce qui est de grand luxe.
⇒ chômage ; impôt sur le revenu
   PARETO ; WALRAS

OURS
Terme anglo-américain, littéralement « **les nôtres** ».
Dans le jargon journalistique utilisé dans toute la presse, le terme concerne **la mention, dans un journal ou une revue** du directeur de la publication, de la liste des collaborateurs, notamment de la rédaction, de l'imprimeur, etc. L'OURS fait en général l'objet d'un « encadré » avec l'adresse du périodique.

OUTILS DE TRADING
Le terme anglo-américain « trading » signifie « commerce ». Les outils de trading sont **tous les moyens mis en œuvre pour réaliser des opérations financières ou de négoce.**
⇒ opérations financières

OUT PLACEMENT
Termes anglo-américains, littéralement « replacement externe ». **Technique d'aide au reclassement pour des personnes licenciées ou en recherche d'emploi, basée sur un** « bilan d'aptitudes » et/ou un « bilan de compétence » avec **une aide psychologique et des conseils adaptés** (étude du marché des entreprises, élaboration d'une stratégie personnelle, etc.).
Cette technique de reclassement est mise en œuvre par le spécialiste, l'« **outplaceur** » ou « **conseil en out placement** ».
⇒ bilan d'aptitude ; bilan de compétence

OUT PLACEUR
Voir : OUT PLACEMENT

OUT PUT
Terme anglo-américain signifiant « **sortie** ».
L'expression est utilisée en économie pour désigner les sorties encore appelées « extrants » en matière de représentation des composants (représentation matricielle) qui **constituent les circuits économiques et les relations entre les** différents secteurs de l'activité économique, c'est-à-dire la combinaison des moyens de production.
C'est donc la somme des biens, des éléments et des services qu'une unité économique produit pendant une période déterminée pour ses propres besoins et pour ceux des tiers.
Le terme « sortant » est plus fréquemment utilisé ; les termes d'input et d'output sont peu usités en français, mais le sont en allemand.
⇒ input ; input – output ; LEONTIEFF

OUVRIR LE PARAPLUIE
Formule triviale signifiant que l'on a voulu **se prémunir des conséquences d'une action aux mauvais résultats, d'une gestion erronée ou catastrophique,** etc. en en rejetant la responsabilité sur quelqu'un d'autre.

OWEN Robert (1771-1858)

Chef d'entreprise anglais que beaucoup considèrent comme **l'un des pères du socialisme et du coopératisme**. Il a remis à flot une entreprise textile en introduisant **l'esprit communautaire par une forme particulière d'actionnariat des salariés**. Philanthrope, il fait de son usine un modèle, améliorant les conditions de travail, réduisant la pénibilité, réglementant le travail des enfants… Mais ses tentatives de bourses de travail, de syndicats, de coopératives n'eurent qu'une durée limitée comme la « communauté » de « New Harmony » qu'il créa aux États-Unis en 1824.

Il a rassemblé toutes ses idées dans *Book of the New Moral World* – « *Livre du nouveau Monde Moral* » (1824) et son grand mérite est d'avoir fait progresser l'esprit social de l'homme.

⇒ coopérative

PACAGE
Droit qu'on possède sur des pâturages pour y faire paître des animaux. Celui qui possède ce droit n'est pas propriétaire du terrain. On utilise aussi le terme de « parcours ». On peut comparer le pacage à une servitude.

PACKAGING
Terme anglo-américain désignant non seulement l'**emballage et le conditionnement** d'un produit mais, avec une connotation très large, en incluant le choix des techniques mises en œuvre pour assurer la protection du produit, son aspect attractif, sa facilité d'utilisation et son aspect publicitaire.

PACTA SUNT SERVANDA
Expression latine qui veut insister sur **l'obligation des parties contractantes à un contrat de respecter les stipulations** de celui-ci. Cette règle s'applique aussi bien en droit privé qu'en droit public.

PACTE ANDIN
« Accord d'intégration sous-régional » conclu en 1969 entre la Bolivie, la Colombie, le Chili, l'Équateur, le Pérou et le Venezuela. Le Chili n'en fait plus partie depuis 1976.
Un fonds commun de réserve (« Latin America Reserve Fund – FLAR ») a été constitué pour assurer les financements du développement et faire face à des balances de paiement déficitaires.
Le Pacte andin a connu de nombreuses difficultés mais a pu mettre en place une union douanière entre ses membres en 1995 avant de décider, en 1996, d'une profonde réforme qui a abouti à **la création, en 1979, de la COMMUNAUTÉ ANDINE DES NATIONS – CAN.** Celle-ci a décidé une zone de libre-échange à l'échéance de 2005. La COMMUNAUTÉ ANDINE DES NATIONS – ANDEAN COMMUNITY – est structurée avec un Conseil des Présidents, un Conseil des ministres des Finances et un Parlement.
Dès 1983, l'UNION EUROPÉENNE – UE – a conclu un accord de coopération avec la COMMUNAUTÉ ANDINE ; renforcées en 1993 et en 2003, les nouvelles dispositions contractuelles concernent le dialogue politique, la sécurité, le développement et la stabilité, la prévention et le règlement des conflits, la démocratie, la gouvernance, les migrations et la lutte contre le terrorisme et la drogue. L'UE apporte à la COMMUNAUTÉ ANDINE des aides importantes notamment pour le développement rural, les infrastructures et le développement social.
Le siège et le Secrétariat Général sont à Lima (Pérou).
Internet : **http://www.comuniandina.org**

PACTE BRIAND – KELLOG
Voir : BRIAND

PACTE D'ACTIONNAIRES
Contrat ou accord entre certains des actionnaires d'une société pour avoir la même position lors d'une assemblée générale, prévoir ou empêcher des cessions de titres, engager en commun une action, etc.
Les organismes de contrôle de la Bourse et des marchés financiers peuvent être amenés à contrôler un pacte d'actionnaires.

PACTE DE STABILITÉ
Voir : UNION ÉCONOMIQUE ET MONÉTAIRE

PACTOLE
Source de richesses, de ressources importantes qui se manifeste soit inopinément, soit à la suite d'une action organisée.

PAIEMENT
Très généralement, **payer veut dire : remettre une somme d'argent au vendeur ou au créancier.** En droit, la notion de paiement est synonyme d'extinction d'une obligation (de donner, de faire et même de ne pas faire).
Ainsi dans un contrat de vente, le vendeur paye en livrant le bien vendu et l'acheteur paye en remettant au créancier le montant correspondant au prix convenu du bien. Il appartient au débiteur de payer (au moyen d'une chose dont il est propriétaire) au créancier ce qui est dû au moment et dans le lieu qui ont été convenus.
⇒ paiement de l'indu ; créancier ; obligation

PAIEMENT DE L'INDU
Si une personne reçoit quelque chose (somme d'argent, bien) qui ne lui est pas dû et sans cause, elle est obligée de restituer la chose à la personne qui a donné ou payé indûment. On utilise aussi les termes « **répétition de l'indu** ».
⇒ paiement

PAIR
Un titre (action, obligation) est émis au pair de sa valeur nominale : c'est sa « valeur faciale ». Cela veut dire que pour une action ou une obligation de 100 de valeur nominale l'on paie 100.
Les actions peuvent être émises au-dessus du pair pour ne pas désavantager les anciens actionnaires qui partageraient, en cas d'augmentation de capital, les réserves avec les nouveaux, en cas d'émission au pair.
L'émission d'actions au-dessous du pair est interdite, le capital nominal constituant la garantie des tiers.
Pour les obligations, les émissions au-dessus et au-dessous du pair sont possibles.
Le pair est aussi « la valeur faciale » d'une monnaie définie par rapport à un étalon mais c'est aussi la valeur de cette monnaie dans une autre monnaie aux cours officiels.
⇒ action ; obligation ; bourse ; monnaie

PANCAPITALISME
Doctrine dont l'auteur est Marcel LOICHOT. L'objectif est de **faire participer les travailleurs au capital, à l'administration et aux bénéfices de l'entreprise.** On a donc ainsi des salariés actionnaires, avec de nombreux problèmes, la situation du salarié étant parfois opposée à l'intérêt de l'actionnaire. À première vue c'est une doctrine stimulante, équitable et intéressante.
Dans la pratique le pancapitalisme a connu des succès et des déboires.
⇒ autogestion ; LOICHOT

PANDÉMONIUM
Capitale du démon ; par extension, le terme désigne un lieu ou une organisation au sein desquels il y a constamment beaucoup d'agitation, de troubles, d'activités sans objectif précis, des discussions sans fin et sans cohérences avec même, parfois, de la corruption.

PANEL
Expression américaine, littéralement « panier », employée en marketing et surtout en statistiques, permettant **d'examiner une situation sur la base d'échantillons** c'est-à-dire d'ensembles suffisamment représentatifs d'un tout. On parle aussi de groupes-témoins ou de cas-témoins.
⇒ échantillon ; panier de la ménagère ; statistiques

PANEM ET CIRCENSES
Selon l'écrivain romain JUVENAL (68-128) le peuple ne s'intéressait guère à la politique et se contentait de réclamer de la nourriture et de la distraction. De là la locution latine « panem et circenses » littéralement « **du pain et des jeux** ».

PANIER DE LA MÉNAGÈRE
Ensemble de produits habituellement achetés par le consommateur (individu ou ménage) pour un usage courant (alimentation, vêtements, produits d'entretien, etc.). En statistique, la notion est élargie à un ensemble de biens et de services.
La composition du panier de la ménagère se trouve à la base de l'indice des prix à la consommation. C'est grâce à lui que l'on peut mesurer la cherté de la vie et les Autorités Publiques ont un point de repère pour procéder à différentes mesures qu'elles estiment nécessaires. La composition du panier change et évolue dans le temps ; elle est définie pour chaque pays (ou groupe de pays) en fonction des habitudes de consommation de la population.
On utilise aussi le terme pour désigner le prix de revient moyen d'un « chariot » (ou « caddy ») de produits achetés dans un magasin « grande surface » (hyper ou supermarché).
⇒ indice des prix

PANIER DE MONNAIES
Terme désignant la composition d'une monnaie dans laquelle figurent plusieurs monnaies différentes dans des conditions et des proportions définies.
Il s'agit le plus souvent d'une « monnaie de compte » tel que l'ECU de la COMMUNAUTÉ ÉCONOMIQUE EUROPÉENNE – CEE, de 1979 à 1999 ou les Droits de Tirage Spéciaux – DTS – du FONDS MONÉTAIRE INTERNATIONAL – FMI
⇒ COMMUNAUTÉ ÉCONOMIQUE EUROPÉENNE ; Droits de Tirage Spéciaux ; ECU

PANTOUFLER
Quitter le service de l'État pour entrer dans une entreprise privée ; le terme **concerne essentiellement les fonctionnaires français** dont l'État a pris en charge la formation initiale de haut niveau (« grandes écoles ») et qui, en entrant dans une société privée doivent rembourser les frais engagés par l'État (c'est la « pantoufle »).
Compte tenu des règles de formation dans les autres pays, le « pantouflage » est pratiquement inexistant.

PAPIER COMMERCIAL
Le terme désigne des effets de commerce concernant des opérations commerciales courantes. Dans ce cas le tiré d'une lettre de change ou le souscripteur d'un billet à ordre signent l'effet de commerce après avoir reçu en contre-partie des marchandises ou des espèces.
⇒ billet à ordre ; lettre de change ; papier financier

PAPIER FINANCIER
Se dit d'opérations de financement d'investissements. Il s'agit d'effets représentant des crédits réescomptables. L'institution financière qui ouvre un crédit par des lettres de change mobilise, en général, sa créance auprès d'un organisme central en faisant réescompter les effets.
⇒ effet ; investissement ; papier commercial ; réescompte

PAPIER-MONNAIE
Voir : MONNAIE DE PAPIER

PARADIGME
C'est une façon de penser, un schéma, un concept qui marque une certaine période. On cite souvent l'exemple historique et astronomique du concept géocentrique (le soleil tourne autour de la planète terre) et de celui appelé héliocentrique (le soleil est le centre de notre système planétaire). Forcément lorsqu'on abandonne un concept pour un autre, tout va changer.
En économie le terme paradigme est utilisé pour faire dépendre la productivité d'un certain niveau, d'un certain capital de connaissances. C'est un fait que le progrès (technique, économique) a toujours un impact sur l'organisation, sur la production, sur la distribution, sur la communication et sur la consommation.
L'expression « Nouvelle économie » (« New Economy »), constitue à cet égard un paradigme qui est ainsi une école ou un modèle de pensée, un ensemble de techniques ou de valeurs auxquelles adhèrent plusieurs économistes.
⇒ nouvelle économie

PARADIS FISCAL
Le terme désigne certains **pays ou endroits où les capitaux sont accueillis en vue d'investissements intéressants, dans des conditions très souples et anonymes. De plus on y offre des avantages fiscaux.**
Le paradis fiscal est synonyme d'offshore (littéralement : « hors lieu ») ou de place extraterritoriale.
Le paradis fiscal est souvent utilisé pour le « blanchiment des capitaux ».
⇒ blanchiment des capitaux ; off-shore

PARADOXE DE GIFFEN
Voir : EFFET GIFFEN

PARADOXE DE LEONTIEF
Au lendemain de la Seconde Guerre mondiale (1939-1945), LEONTIEF, le spécialiste du calcul matriciel (méthode « input-output » ou « entrées-sorties ») a relevé, sur la base de statistiques, qu'en matière de commerce extérieur, le rapport classique « capital-travail » était démenti par les faits : normalement (c'est la « loi HECKSCHER – OHLIN »), un pays exportera les marchandises dont l'un des facteurs de production, le capital ou le travail, est pour lui le plus abondant. Or LEONTIEF avait constaté qu'à cette époque, **les États-Unis exportèrent relativement beaucoup de produits à prédominance de main-d'œuvre et qu'ils importaient pour une valeur considérable des produits à prédominance de capital.**
C'était paradoxal, alors que le facteur « capital » était, aux États-Unis, plus important que le facteur « main-d'œuvre ». Le paradoxe perd de son intensité, une fois connu qu'à l'époque (mais le phénomène ne sera jamais infirmé dans

l'avenir) le facteur « travail » américain avait un niveau et une qualité intrinsèque de loin supérieurs aux autres pays, c'est-à-dire une bien meilleure productivité.
⇒ LEONTIEF ; théorème de HECKSCHER – OHLIN ; échanges internationaux ; échanges internationaux croisés ; HECKSCHER ; OHLIN

PARADOXE DE L'ÉPARGNE
La volonté ou le désir d'épargner plus a comme effet une augmentation du Produit National Brut (PNB) c'est-à-dire de la richesse annuelle créée dans un pays, un groupe de pays ou une région déterminés. L'épargne est fonction du revenu. En conséquence, toute diminution du revenu national fera reculer l'épargne.
⇒ Produit National Brut ; revenu ; épargne

PARADOXE DE SOLOW
Voir : SOLOW

PARADOXE DE TRIFFIN
Voir : TRIFFIN

PARAÉTATIQUE
Organisme public ou institution combinant certaines caractéristiques du secteur public et du secteur privé. Cela peut être le cas en matière de fourniture d'énergie, en matière de transports, en matière de communication, etc. L'intervention de l'État résulte du fait que l'intérêt général est en cause.
⇒ secteur privé ; secteur public

PARAFISCALITÉ
Toutes les redevances qui sont assimilables à des impôts mais qui sont prélevées pour financer spécialement un secteur de l'économie, une activité et par extension toutes les cotisations concernant la prévoyance sociale, sont du domaine de la parafiscalité. Les contributions qui sont ainsi demandées ressemblent à un impôt (direct ou indirect) dont les recettes sont affectées à un budget déterminé (et non pas le budget général).
⇒ impôt

PARETO Vilfredo Frederico Damaso, Marquis de (1848-1923)
Ingénieur de formation, économiste libéral et sociologie italien, professeur à l'Université de Lausanne (Suisse) où il succède à Léon WALRAS ; il est, avec lui, l'un des théoriciens du marginalisme que développe l'École de Lausanne.
PARETO a marqué son temps par des ouvrages qui font une place importante à l'homme et à la sociologie :
Cours d'économie politique (1896-1897)
Manuel d'économie politique (1906)
Les systèmes socialistes (1902-1903)
Traité de sociologie générale (1916)
qui ont soulevé autant de polémiques que d'adhésions.
C'est à PARETO que l'on doit le concept d'ophélimité, c'est-à-dire de la satisfaction que l'on a d'un bien. « L'optimum de PARETO » constate que dans un régime de concurrence parfaite, l'équilibre économique de l'échange et de la production atteint son optimum lorsque toute modification même de faible amplitude, qui augmente l'ophélimité de certains a pour conséquence de diminuer celle des autres.
Selon PARETO, l'individu recherche la meilleure satisfaction de ses besoins par une harmonieuse et juste répartition de ses revenus : c'est la théorie du « bien être ».

PARETO a aussi élaboré une théorie sociologique de la circulation des élites, constatant notamment que l'homme étant toujours le même, malgré l'évolution sociale, il y a constamment une opposition entre la masse des individus et les élites, y compris celles qui le deviennent au sein du prolétariat dont elles se faisaient le porte-parole et le défenseur.
⇒ bien être ; École Autrichienne d'Économie ; ophélimité ; WALRAS L.

PARI
Jeu dans lequel deux ou plusieurs parieurs s'engagent en soutenant des choses ou des opinions contraires, le gagnant étant celui qui aura finalement raison sur l'objet du pari. Les paris concernent notamment les courses hippiques ou les épreuves sportives mais on peut parier dans tous les domaines : élections politiques, résultats d'un examen, survenances d'un événement ; les gains des paris sont en nature ou en espèces.
En Angleterre et aux États-Unis notamment, l'activité de paris est entre les mains de professionnels, les « bookmakers ».
Sur les paris organisés et licites, l'État prélève généralement une part des sommes pariées ou des gains. Les paris, comme les loteries, participent d'une façon appréciable, à la vie économique.
⇒ loterie

PARITÉ
Parité signifie d'abord égalité.
En matière monétaire, on rencontre la parité des taux de change : les cotations étant établies sur différentes places (Bourses), il y a parité si les taux de change sont équivalents. Lorsqu'il existe une monnaie de référence (le dollar, l'euro, l'or ou l'argent) la parité devient un rapport (parité de la monnaie, parité avec l'or) ; c'est donc le rapport de la valeur officielle d'une monnaie à une autre, c'est-à-dire le taux de change ; par exemple, si à une date déterminée, l'euro contre le dollar vaut 1,1884, la parité de l'euro par rapport au dollar est de 1, 1884.
Les termes « à parité » concernent deux monnaies ayant la même valeur : l'euro a été créé à parité avec l'Ecu.
La parité peut être fixe ou flottante.
La parité de pouvoir d'achat, des revenus ou encore des salaires, dans les comparaisons entre différents pays, fait intervenir non seulement la valeur de la monnaie dans le pays concerné, mais fait aussi la valeur de celle-ci en devises étrangères ; les statistiques font alors état de cette parité : on parlera de salaires à parité des pouvoirs d'achat – PPA – entre tel pays et tel autre.
La parité est aussi une notion (récente) en matière sociale : c'est la volonté d'un gouvernement d'établir dans différents domaines (accès aux fonctions de l'État, mandats électifs, etc.) un harmonieux rapport et même une égalité entre le nombre d'hommes et celui de femmes ; mais ce peut être aussi un nombre égal d'individus appartenant à des ethnies différentes.

PARITÉ À CRÉMAILLÈRE
Voir : DOUBLE MARCHÉ

PARJURE
Celui qui prête un faux serment commet un parjure. Le parjure est aussi la violation d'un serment.
⇒ serment

PARLEMENT EUROPÉEN – PE
Le Traité de Paris (1951) prévoyait pour la COMMUNAUTÉ EUROPÉENNE DU CHARBON ET DE L'ACIER – CECA – une « Assemblée Commune » et le Traité de Rome (1957) qui fondait la COMMUNAUTÉ ÉCONOMIQUE EUROPÉENNE – CEE – une « Assemblée Unique » ; elles deviendront l'« Assemblée Parlementaire Européenne » puis le « Parlement Européen » lorsque celui-ci sera élu, à partir de 1979, au suffrage universel direct (mais avec des modalités variables suivant les États).
Le nombre de députés est, en théorie, pour chacun des États membres de l'UNION EUROPÉENNE – UE – proportionnel à sa population mais avec une certaine sur-représentation des pays les moins peuplés.
L'UE s'est imposée une limite au nombre de membres du PE passé de 626 au total (15 États) à 732 (25 États) en 2004, sera relevé à 750 à compter de 2009 (avec un minimum de 6 et un maximum de 96 par pays).
Le nombre de sièges est ainsi :

Pour, notamment :	De 1999 à 2004	de 2004 à 2009
la Belgique	25	24
l'Allemagne	99	99
la France	87	78
le Luxembourg	6	6
les Pays-Bas	31	27

Le PE a 3 rôles essentiels :
– il partage le pouvoir législatif avec le Conseil (codécision) ;
– il nomme le Président de la Commission ;
– il donne son accord sur la composition de la Commission ;
– il partage l'autorité budgétaire de l'UE avec le Conseil et adopte (ou refuse) ce budget ;
– il exerce un contrôle démocratique sur toutes les institutions de l'UE, notamment vis-à-vis de la Commission (responsable devant le PE).
Le PE tient une session plénière mensuelle et des sessions exceptionnelles.
Le siège du PE est à Strasbourg (France) et le Secrétariat Général est à Luxembourg (Grand-Duché de Luxembourg). De nombreuses commissions spécialisées contribuent aux travaux du PE.
Internet : **http://www.europarl.eu.int**
⇒ codécision ; Commission ; COMMUNAUTÉ ÉCONOMIQUE EUROPÉENNE ; COMMUNAUTÉ EUROPÉENNE DU CHARBON ET DE L'ACIER ; UNION EUROPÉENNE

PARQUET
Voir : MAGISTRATURE

PARTANCE
Terme utilisé en matière de transport maritime pour désigner **le départ d'un navire** pour une destination déterminée. On parle des arrivages et des partances de navires.

PART DE FONDATEUR
Part attribuée pour récompenser les fondateurs d'une société par actions de leurs mérites et des services rendus.
Le détenteur de parts de fondateurs n'est pas associé et n'a, en principe, pas de droit dans l'actif net de l'entreprise. Cependant, il peut participer (si les statuts le prévoient) à la répartition du bénéfice. Ces titres sans désignation de valeur nominale ont tendance à disparaître ; l'émission de ces titres est d'ailleurs désormais interdite dans de nombreux pays.
⇒ actif net ; titres

PART DE MARCHÉ
Notion de marketing pour caractériser l'importance qu'une entreprise occupe sur le marché.
L'expression s'emploie aussi bien en matière d'approvisionnement que de distribution.
Certains estiment qu'elle mesure la résistance à la concurrence sur un marché déterminé.
Le ratio : chiffre d'affaires de l'entreprise/chiffre d'affaires total du marché, exprimé en quantités ou en valeur est un élément souvent pris en compte.
Ce ratio et celui de la part de marché sont des indicateurs du pouvoir d'une entreprise sur un marché.
⇒ marketing

PARTICIPATION
Participer c'est avoir part ou prendre part, donc s'engager et coopérer.
Au plan économique, la participation peut entraîner des gains ou des pertes.
Le terme est utilisé pour certaines formes de société (société en participation), **pour qualifier certains titres** (titre de participation) ou encore **pour une partie des bénéfices de l'entreprise qui sont affectés** (participation des salariés aux bénéfices).

PARTICULIER
Individu quelconque, personne privée. Le particulier est en principe une personne qui est susceptible d'avoir des droits et d'être soumise à des obligations. Le particulier est ainsi distinct de groupements publics, tels l'État, la Commune, l'Administration, etc.
En économie, le consommateur est en principe considéré comme particulier.
⇒ consommateur

PARTIE CIVILE
Si quelqu'un se rend coupable d'un acte punissable, la partie lésée ou la victime demande **réparation des dommages qu'elle a subis** devant la juridiction compétente (un tribunal). Elle se porte partie civile suivant une procédure fixée par la loi du pays concerné.
⇒ acte délictueux

PARTIE DOUBLE
Terme de la comptabilité qui était à l'origine et parfois encore (notamment la comptabilité publique des États) « partie simple » : chacun des mouvements ne donne lieu qu'à une écriture. **Inventée au Moyen Âge, par des négociants italiens, la comptabilité en partie double consiste en un double enregistrement d'un mouvement ; chaque opération donne lieu au débit d'un compte, respectivement et simultanément au crédit d'un autre compte** ; l'entreprise connaît ainsi à tout moment la situation de ses créances et de ses dettes.
La comptabilité en partie double est d'un usage général. Et de nombreux pays envisagent d'adopter ce système pour leur comptabilité publique.

PART SHARE
Voir : MUTUAL FUNDS

PASSAVANT
C'est un **document douanier assimilable à un laisser-passer qui permet à une marchandise de circuler librement en franchise de droits de douane dans une zone déterminée.**
⇒ cabotage

PASSIF
Dans le bilan d'une entreprise, le Passif reprend toutes les dettes de celle-ci ; les unes sont constituées par des « droits passifs », ce sont les dettes de l'entreprise vis-à-vis de tierces personnes ; les autres représentent la dette de l'entreprise envers le ou les propriétaires.
Le capital se dégage par la soustraction du total de l'Actif moins les dettes à l'égard des tiers.
Le passif exigible est constitué par les dettes de l'entreprise à payer dans un délai inférieur à un an.
Le terme de passif désigne aussi, au plan général, tout ce que l'entreprise doit : on parle d'un lourd passif pour une entreprise en situation financière difficile et, par extension, pour un individu qui a connu de nombreuses difficultés.
⇒ Actif ; Bilan ; capital ; dettes

PATCH
Terme anglo-américain de l'informatique ; **il s'agit d'un petit logiciel spécialisé pour enlever ou soigner les virus dans un ordinateur, corriger les bugs, etc.**
⇒ bogue ; logiciel ; virus

PATERNALISME
Conception très en vogue au XIXe siècle et au début du XXe siècle, donnant un caractère de protection familiale à l'ouvrier. Le chef d'entreprise, le patron, va conforter le rapport de subordination avec son personnel en le faisant **bénéficier de divers avantages** : crèches et écoles pour les enfants des salariés, logements, coopératives, distractions mais aussi soins médicaux et d'hygiène, retraites, etc. Le paternalisme attachait ainsi le salarié à l'entreprise, l'assistait dans sa vie personnelle, le rendait dépendant de l'entreprise mais, en même temps lui assurait des conditions de vie décentes en répondant à un réel besoin.
Les deux Guerres mondiales (1914-1918 et 1939-1945) et la prise en charge par l'État ou les administrations publiques de l'assistance et de la prévoyance sociale, la mise en place de régimes légaux de retraite et les conflits sociaux ont fait abandonner ce type de relation employeur-salariés, même s'il subsiste parfois dans certaines entreprises.

PATRONAT
Ensemble des employeurs, entreprises, organisations diverses et, dans certains cas, administrations.
Suivant la conception plus ou moins large que l'on a du patronat, la plupart des pays ont des organisations officielles, de nature syndicale ou associative qui regroupent les employeurs en fonction de critères bien définis : secteurs d'activité, taille de l'entreprise, région du principal établissement, etc.
Les chambres de commerce, des métiers, de l'agriculture, etc., sont parfois, en fonction de leurs statuts, considérées aussi comme « le patronat ».
Des groupements patronaux, à caractère de défense des intérêts, se sont créés au niveau de l'UNION EUROPÉENNE – UE – et au plan international.
Le patronat joue un rôle de lobbying et, par ses organisations représentatives, négocie avec les syndicats de salariés et les Autorités Publiques de nombreux accords économiques et sociaux.

Les organisations patronales sont regroupées au sein de l'UE dans l'Union des Confédérations de l'Industrie et des Employeurs d'Europe – UNICE – qui a son siège à Bruxelles (Belgique)
Internet : **http://www.unice.org**
⇒ lobby

PAUPÉRISME
État d'une population qui vit dans la plus grande indigence du fait qu'elle ne dispose pas de revenus suffisants et vit en dessous du seuil de pauvreté ; beaucoup de personnes sont touchées par une déchéance physique et intellectuelle.
K. MARX a soutenu que la pauvreté du monde ouvrier s'accentue avec le temps : c'est la théorie de la paupérisation qui s'oppose à celle de l'enrichissement de ceux qui l'exploitent.
⇒ MARX ; marxisme

PAYER RECTA
Terme familier signifiant **paiement immédiat ou ponctuel.** Expression synonyme de **paiement au comptant.** Dans la pratique on considère généralement que le paiement s'effectue au comptant s'il est opéré tout de suite ou dans un délai très rapproché.

PAYS ACP
AFRIQUE – CARAÏBE – PACIFIQUE
Terme générique utilisé pour désigner les pays d'Afrique, des Caraïbes et du Pacifique (79 en 2004) avec qui l'UNION EUROPÉENNE – UE – a signé des accords pour coopérer à leur développement durable économique et social et pour contribuer à la **consolidation de leur démocratie et à leur respect des droits de l'homme.**
À l'origine, 46 pays d'Afrique, des Caraïbes et du Pacifique ont signé avec la COMMUNAUTÉ ÉCONOMIQUE EUROPÉENNE – CEE – en 1975, la CONVENTION DE LOMÉ (Togo) que des arrangements successifs ont renforcé. L'accord de partenariat signé en 2000 (ACCORD DE COTONOU – Bénin) consolide et accroît la stratégie de coopération de l'UE avec les Pays ACP pour leur développement économique, social, humain et environnemental d'éducation, de formation, culturel, etc., pour une période de 20 ans avec des clauses de révision et un protocole financier tous les 5 ans.
⇒ CONVENTION DE LOMÉ ET ACCORD DE COTONOU ; FONDS EUROPÉEN DE DÉVELOPPEMENT ; UNION EUROPÉENNE

PAYS ÉMERGENTS
Terme générique (de création récente) désignant les nouveaux **pays industrialisés ; il s'agit de pays** qui ont un développement important, pratiquent l'économie de marché, accèdent aux financements internationaux, connaissent une expansion rapide, ont une part croissante dans les échanges du commerce mondial mais ne se situent pas, au plan économique et social, au niveau des pays industrialisés.
La liste des pays émergents est évolutive ; parmi les principaux l'on peut citer : l'Afrique du Sud, l'Algérie, l'Arabie Saoudite, l'Argentine, le Brésil, le Chili, la Chine, l'Égypte, l'Inde, l'Indonésie, la Malaisie, le Maroc, le Mexique, les Philippines, la Thaïlande, la Tunisie et le Vénézuela.
Certains de ces pays appartiennent à des groupes (G 22, G 33) constitués pour faire valoir avec plus de poids leurs préoccupations et leurs positions dans les négociations de

l'ORGANISATION MONDIALE DU COMMERCE – OMC, en particulier dans le domaine agricole.
⇒ G 22 ; G 33 ; ORGANISATION MONDIALE DU COMMERCE

PAYS EN DÉVELOPPEMENT
L'expression désigne un ensemble de pays très différents, dans le monde entier, qui ont en commun la volonté d'engager un développement significatif de leurs économies respectives.
Beaucoup de ces pays souffrent de déséquilibres (parfois graves), de handicaps (qui peuvent être lourds), de carences dans de nombreux domaines (parfois difficiles à combattre ou à surmonter), mais les moyens mis en place et les aides internationales comme européennes ainsi qu'une nécessaire stabilité politique devrait permettre à nombre d'entre eux d'émerger, à plus ou moins long terme, de leurs difficultés.
Depuis 2003, **la quasi-totalité de ces pays (même si la liste en est évolutive) est regroupée dans le G 90** ; cet organisme réunit des pays ACP (Afrique – Caraïbes – Pacifique) et des membres de l'Union Africaine, notamment pour faire valoir avec plus de force leurs positions dans les négociations internationales, en particulier celles de l'Organisation Mondiale du Commerce – OMC, tout spécialement dans les domaines agricoles.
⇒ G 90 ; ORGANISATION MONDIALE DU COMMERCE ; Pays ACP ; pays émergents ; UNION AFRICAINE

PÉAGE
Droit perçu à l'occasion de l'utilisation de moyens (souvent de transport) **mis à la disposition du public** par celui qui en est propriétaire ou qui en a la gestion.

PÉCULAT
C'est le fait de **détourner abusivement des fonds (publics ou privés) par une personne qui exerce une fonction au sein de l'Administration Publique**. Cette malversation est la concussion.

PEINE
Sanction infligée à ceux qui commettent des infractions.

PENN William (1644-1718)
Ardent prosélyte anglais de la religion quaker, juriste et gouverneur de la Pennsylvanie (E-U) qu'il a fondée, W. PENN s'est aussi intéressé à la construction de l'Europe, proposant dans son *Essai pour la paix présente et future de l'Europe* (1693) un **Parlement européen** regroupant tous les pays européens.

PENSÉE ÉCONOMIQUE
C'est à la fois le passé (l'histoire économique), le présent et l'avenir économique placés dans une optique philosophique et de réflexion. La pensée économique se réfère aux doctrines, aux systèmes et aux concepts qui voudraient conduire l'humanité vers une existence meilleure compte tenu du phénomène de la rareté des biens et des moyens dont les individus disposent.

PENSION
Somme régulièrement allouée à une personne suivant les dispositions en vigueur de la législation sociale ; il peut s'agir d'assurance vieillesse (ou de retraite), d'assurance invalidité, d'assurance-maladie, de veuve, de survivant, etc.
Le terme est aussi utilisé lorsqu'il s'agit du droit obtenu en fonction de règles concernant le droit de la famille : pension alimentaire à des enfants, à des parents, à un conjoint divorcé, etc.
Dans le langage bancaire, la « mise en pension d'effets de commerce et de titres » permet aux entreprises d'accéder à un crédit à court terme ; cette opération n'entraîne pas la cession des documents comme c'est le cas pour l'escompte.
⇒ droit du travail ; escompte

PENTE ET MESURE D'UNE PENTE EN MATIÈRE DE DROITES ET DE COURBES
L'analyse économique recourt souvent aux graphiques à deux dimensions qui mettent en évidence deux variables économiques.
Les droites et les courbes montent ou descendent et vont en s'écartant de l'origine (intersection ordonnée et abscisse dans un graphique). La pente d'une droite mesure le rapport entre le déplacement sur l'ordonnée et le déplacement sur l'abscisse. Il y a donc un rapport élévation/déplacement. Alors que la pente d'une droite a, dans tous les cas, la même ampleur, l'ampleur d'une courbe se détermine segment par segment.
⇒ graphique

PÉNURIE
En économie, la pénurie se manifeste lorsque la production (d'un bien ou d'un service) ne permet pas de satisfaire, en quantité ou en qualité, le consommateur. Elle se produit dans diverses circonstances (guerre, pauvreté de la population, volonté de l'État ou incapacité de celui-ci à assurer la gestion du pays etc.) et peut être provoquée artificiellement.
Le phénomène de la rareté est général puisque toutes les ressources, l'ensemble des moyens, qui sont à la disposition de l'homme, sont soumis au phénomène de la rareté.
La pénurie sur un marché libre conduit à des augmentations de prix ; dans des cas extrêmes les Autorités Publiques interviennent pour prendre des mesures de rationnement (en période de guerre elles délivrent des tickets de rationnement pour limiter la consommation de biens courants). La pénurie stimule la création de produits de substitution (« Ersatz ») ; on peut citer l'exemple de récents conflits ou de crises qui ont amené les Autorités Publiques à favoriser la mise en œuvre de nouvelles énergies pour remplacer les produits pétroliers.
⇒ rareté

PÉPINIÈRE D'ENTREPRISES
Voir : START-UP

PERCEPTEUR
Nom fréquemment donné au sein de l'Administration Fiscale à la **personne chargée de percevoir ou de recouvrer les impôts directs**. On trouve souvent aussi le nom de « receveur » pour désigner cette personne.
⇒ impôt

PÉREMPTION
Celui qui laisse passer un certain délai (fixé par la loi ou par un accord) pour la conservation d'un droit en est déchu : il y a péremption.
Il existe des délais de péremption légaux, en fonction de la nature du droit concerné.
⇒ délai

PÉRÉQUATION
Les opérations de péréquation, en économie, ont **pour but de compenser des inégalités**. On demande plus à certains qui ont ou possèdent davantage qu'à d'autres pour rétablir

un certain équilibre dans l'intérêt de ceux qui ont moins ou qui possèdent peu. Dans ce but, il est souvent créé des fonds de péréquation dont la destination est très variée. C'est une **forme de redistribution des ressources.**
⇒ ressources

PERESTROÏKA
Terme russe signifiant « restructuration du système » utilisé pour qualifier les **réformes mises en œuvre à partir de 1985, notamment au plan économique**, sur l'initiative de Mikhaïl GORBATCHEV, en Russie. Le programme est très vaste et s'attaque à tous les dysfonctionnements ; **il a ouvert la voie à la mise en place, à partir de 1991, d'une économie de marché**, en Russie et dans le pays de l'espace post-soviétique de la CEI (« **Communauté des États Indépendants** »).
La « perestroïka » implique la « glasnost » – la transparence – dans les actions menées et l'information qui en est faite.
⇒ Communauté des États Indépendants ; glasnost

PERFORMANCE
Mesure du résultat, d'un rendement, d'une réussite.
On parle de la performance d'une action (son cours de Bourse évolue favorablement, augmente régulièrement), mais aussi de celle d'une entreprise (dont la croissance du chiffre d'affaires est significative), ou de celle d'un chercheur (qui a mis au point un nouveau produit), etc.

PÉRIODE
En économie, la période est **un intervalle de temps déterminé** pour lequel on saisit des indications, des données précises. En comptabilité on parle de l'exercice comptable, en matière budgétaire de l'exercice ou de l'année budgétaire : en statistiques il s'agit de périodes de temps correspondant au calendrier : le mois, le trimestre, le semestre, l'année, la bi-annualité.
⇒ cycle ; cycles économiques

PÉRIODICITÉ
Intervalle de temps qui se situe entre un point de départ et un point d'arrivée : c'est la période.
En économie, de nombreuses activités sont soumises à un cycle de périodes, à la périodicité : budget, comptabilité et même les cycles économiques eux-mêmes.
La périodicité peut être ultracourte, courte, de durée moyenne, longue et même ultra-longue.
En matière agricole, la périodicité de la production est un phénomène naturel.
La périodicité subjective concerne le temps nécessaire à une personne pour s'adapter à une situation nouvelle.
La presse écrite connaît une périodicité variable : quotidienne, hebdomadaire, mensuelle, etc., d'où le titre générique des publications : les « **périodiques** ».

PÉRIPHÉRIQUE
Les périphériques sont constitués par **l'ensemble des matériels** (dont la gamme est considérable) **qui complètent l'unité centrale (microprocesseur) d'un ordinateur** et lui donnent d'immenses possibilités variées de travail.
⇒ ordinateur ; microprocesseur ; unité centrale

PERROUX François (1903-1987)
Économiste français et professeur, notamment au Collège de France, F. PERROUX a profondément marqué la réflexion économique contemporaine. En particulier, il a déterminé **un concept économique qui montre l'affrontement des espaces et des pouvoirs dominants qui entraînent le développement des pouvoirs dominants et la croissance**, seule capable d'augmenter, sur une longue période, l'ensemble des richesses.
F. PERROUX crée, en 1944, l'Institut de Sciences Économiques Appliquées et sa revue *Économie appliquée*. Il s'intéresse aussi au **développement des pays pauvres** en stigmatisant le trop grand pouvoir de l'argent alors que **l'économie doit être « au service de l'homme et pour tous les hommes »**.
Disciple de SCHUMPETER, c'est l'un des grands spécialistes de MARX. Il est l'auteur de nombreux ouvrages et a notamment publié *L'économie du XXe siècle* en 1969 et *Pouvoir et économie* en 1973.
⇒ croissance ; développement ; MARX ; richesse ; SCHUMPETER

PERSONA GRATA OU PERSONA NON GRATA
Termes latin, littéralement « personne accueillie avec faveur » (« avec défiance »).
Celui que l'on désigne comme « persona grata » est une personne considérée comme importante et dont on souhaite la participation, dont on recueille les avis, etc.
La **personne « non grata » est quelqu'un dont on ne souhaite pas la présence, qui n'est pas considéré comme important et même qu'il faut exclure**.

PERSONAL DIGITAL ASSISTANT – PDA
Termes anglo-américains pour « **assistant numérique personnel** » ; c'est un produit « nomade », c'est-à-dire que l'on peut emporter avec soi et qui constitue un **véritable secrétariat mobile, très polyvalent** : agenda, calculatrice, courrier électronique, dictionnaire, traducteur, appareil photographique numérique, musique, informations diverses et même navigation terrestre… Le PDA est l'outil universel de l'homme et de la femme d'affaires en déplacement.

PERSONAL IDENTIFICATION NUMBER – PIN
Terme anglo-américain désignant le code secret d'un système informatique, d'une carte bancaire, de crédit, d'achat ou encore de fonctionnement d'un téléphone mobile.

PERSONNALISME
Courant de pensée d'inspiration chrétienne, lancé par le philosophe français Emmanuel MOUNIER (1905-1950) dont l'idée est de **remplacer l'opposition entre les individus et la société par une relation forte entre la personne et la communauté**. Le personnalisme a marqué les débuts de la construction européenne, contribuant aux engagements des hommes politiques (Robert SCHUMAN et Jacques DELORS) et aux réconciliations nécessaires (Allemagne-France).
⇒ DELORS ; SCHUMAN ; UNION EUROPÉENNE

PERSONNE MORALE
Société ou groupement organisé et officiellement constitué (ayant notamment effectué certaines formalités telles que l'inscription à un Registre du Commerce et des Sociétés – RCS – ou celles de publicité de création) **ayant une personnalité juridique propre** (distincte de celle des personnes physiques qui le composent) **et une identité lui conférant des droits et des obligations**.
Dans de nombreux États, la législation considère, dans certains cas, la personne morale comme **pénalement responsable** au même titre qu'une personne physique.

PERSPECTIVE
Ensemble de projets, d'événements ou de situations qui vont évoluer. Ainsi, l'on parle des perspectives de l'économie, du marché, de vente, de profit et des perspectives boursières.
Perspective est, en ce sens, synonyme de prévision voire de probabilité.

PERTE SUR ÉMISSION (OBLIGATIONS)
Si une obligation de 100 de valeur nominale est émise à 98 %, elle entraîne une perte de 2 par titre à l'émission, pour l'entreprise. Cette façon de procéder peut attirer des prêteurs. Pour la société émettrice de l'emprunt, la perte ainsi subie pourra être amortie à l'échéance de l'emprunt ou annuellement en fonction du nombre de titres remboursés.
⇒ prime de remboursement (obligations) ; prime sur Émission (obligations) ; prime sur Émission (actions)

PETER
Voir : PRINCIPE DE PETER

PETITS ÉTATS INSULAIRES EN DÉVELOPPEMENT – PEID
Réseau créé en 1994 sous l'égide de l'Organisation des Nations Unies – ONU, en liaison avec l'Organisation des Nations Unies pour l'Alimentation et l'Agriculture – FAO – regroupant 51 pays avec **l'objectif de faire connaître et faire valoir auprès des Institutions Internationales leurs spécificités et les problèmes liés à leur insularité.**
Internet : http://www.sidsnet.org
⇒ ORGANISATION DES NATIONS UNIES ; ORGANISATION DES NATIONS UNIES POUR L'ALIMENTAUION ET L'AGRICULTURE

PETITE ET MOYENNE ENTREPRISE – PME – MICRO ENTREPRISE – DÉFINITIONS
L'usage des termes « petite entreprise », « moyenne entreprise », « PME » ou encore « micro entreprise » est parfois source de confusion, leur définition tenant compte de leur effectif et de leur chiffre d'affaires.
Au niveau de l'UNION EUROPÉENNE, la Commission Européenne a adopté, en 2003, **une nouvelle définition** qui entre en vigueur en 2005.
ENTREPRISE MOYENNE :
Moins de 250 salariés
Chiffre d'affaires annuel inférieur à 50 millions euros
PETITE ENTREPRISE :
Moins de 50 salariés
Chiffre d'affaires annuel inférieur à 10 millions euros
MICRO ENTREPRISE :
Moins de 10 salariés
Chiffre d'affaires annuel inférieur à 2 millions euros
Internet : http://europa.eu/comm/enterprise/enterprise_policy/sme_definition/index
⇒ Politique Petites et Moyennes entreprises de l'UNION EUROPÉENNE

PÉTITION
Document généralement écrit qui présente une revendication, une plainte, ou une demande auprès soit d'une Autorité Publique, soit d'un organisme, d'une institution ou d'un chef d'entreprise.
La Constitution de l'UNION EUROPÉENNE – UE – donne un droit de pétition aux citoyens auprès du Parlement Européen – PE.

PÉTRODOLLAR
Il ne s'agit pas d'une monnaie officielle, comme le dollar ($) et l'euro (e), mais d'une dénomination. Elle exprime **la valeur en dollars des exportations de produits pétroliers par les pays qui fournissent du pétrole,** les contrats étant très généralement exprimés dans cette monnaie, plus rarement en euro.
⇒ dollar

PETTY William Sir (1623-1687)
Homme politique, navigateur, médecin et économiste anglais, Sir W. PETTY a élaboré une **théorie de la valeur qui fait intervenir la terre et le travail.** Il est aussi un **spécialiste des questions monétaires et de la politique économique.**
Dans ses deux ouvrages les plus connus.
Essays in Political Arithmetic – « *Essai de politique arithmétique* » (1672) et
Political Arithmetic – « *Politique arithmétique* » (1690),
il fait intervenir un raisonnement chiffré dans les politiques économiques de l'État.
Il a aussi poursuivi des travaux sur les impôts : *A Treatise of Taxes and Contributions* – « *Traité des taxes et des contributions* » (1662).

PHARE
Acronyme de « Pologne-Hongrie – Aide à la Restructuration Économique ».
Programme de l'UNION EUROPÉENNE – UE – à l'origine destiné à la Pologne et à la Hongrie, puis étendu à **la plupart des pays d'Europe Centrale et Orientale.** Lancé en 1989, il a pour **objectif un appui de l'UE pour le développement économique et social des 24 États concernés ainsi que leur adaptation à l'économie de marché.**
Pour certains pays candidats à l'adhésion à l'UE, le programme PHARE a nécessairement évolué vers une assistance de pré-adhésion (« partenariat pour l'adhésion ») ; l'application du programme PHARE cessera, pour ces pays, lors de leur adhésion.
Le programme PHARE est articulé en programmes nationaux dans chacun des pays concernés avec des actions de **coopération transfrontalière,** des programmes spécifiques de **désengagement nucléaire,** des **programmes régionaux,** des **programmes spéciaux pour l'agriculture et le développement rural** (« SAPARD »).
Les **actions de formation dans les pays candidats à l'UE sont regroupées dans un programme spécifique,** ISPA « Instrument structurel de préadhésion ».
Internet : http://europa.eu.int/comm/enlargment/pas/phare
⇒ Politique d'élargissement de l'UNION EUROPÉENNE ; UNION EUROPÉENNE

PHELPS Edmund S. (1933-)
Économiste américain, professeur à l'Université de Columbia (E-U) c'est un spécialiste des problèmes de croissance économique. Il a notamment élaboré une « **règle d'or d'accumulation du capital** » qui définit le taux d'épargne optimal pour permettre la meilleure croissance de l'économie.

PHILLIPS Alban William (1914-1975)

Ingénieur électricien et économiste anglais, d'origine néo-zélandaise, professeur en Australie, A.W. PHILLIPS est surtout connu pour ses **travaux sur les corrélations entre l'évolution des salaires et le taux de chômage** : c'est la « COURBE de PHILLIPS » ou la « RELATION DE PHILLIPS » qui établit (1958) que plus les salaires augmentent (et donc l'inflation), plus le chômage diminue et que, de même, le chômage augmente quand l'inflation diminue. Cette théorie montre la difficulté des choix politiques entre stabilité des prix et plein emploi.
⇒ chômage ; courbe de PHILLIPS ; inflation ; plein emploi ; prix ; salaires

PHONING

Terme anglo-américain de marketing pour désigner un **démarchage de clients potentiels par téléphone**.
⇒ marketing

PHYSIOCRATIE

Doctrine exposée par F. QUESNAY (1694-1774) notamment dans son fameux *Tableau économique* (1758) qu'adopteront de nombreux économistes de cette époque, les « **physiocrates** ». Ceux-ci considèrent que les lois économiques sont de même genre que « l'ordre naturel », **immuable, intangible et universel** : c'est le « **gouvernement de la nature** ».

Cet « ordre naturel » que les physiocrates considèrent d'origine divine, **donne à la terre et à l'agriculture la primauté** ; elles constituent la classe productive alors que les ouvriers et les artisans forment une classe stérile. La classe des propriétaires fonciers doit être, quant à elle, soutenue car elle est à la base de l'ordre social et permet la création du « **produit net** » du sol. L'évolution de l'agriculture et son nécessaire développement doivent alors être l'œuvre d'une monarchie héréditaire à la tête du pays sous forme d'un despotisme éclairé et donc libéral.
⇒ Dupont de Nemours

PICTOGRAMME

Dessin simple et schématique permettant de donner une indication technique d'utilisation, de montrer une direction, de signaler quelque chose ; de nombreux pictogrammes d'usage courant sont normalisés, y compris pour certains, au plan européen ou international.

PIETTRE André (1906-1994)

Humaniste et économiste français, professeur aux Universités de Clermont-Ferrand, de Strasbourg et de Paris, Membre de l'Académie des Sciences Morales et Politiques (France), A. Piettre est un **spécialiste des civilisations et de leur évolution économique**.

Parmi ses ouvrages, il faut citer :
 Économie allemande contemporaine (1952)
 Monnaie et économie internationale du XIXe siècle à nos jours (1967)
 Pensée économique et théorie contemporaine (1973)
 Marx et marxisme (1970)
et tout particulièrement *Les trois âges de l'économie* (1964) vaste fresque sur le sacré, la liberté et l'État qui a suscité à la fois enthousiasme, critique et polémique.

PIGE

Article d'un journal ou d'une revue payé au rédacteur (qui « fait la pige ») **à la ligne**, c'est-à-dire proportionnellement au nombre de lignes.

Le rédacteur est dit « pigiste » ou « free lancer ».
⇒ Free lancer

PIGOU Arthur Cecil (1877-1959)

Philosophe, théologien et économiste anglais, A.C. PIGOU est professeur à l'Université de Cambridge (G-B). Ses travaux concernent l'emploi, les revenus et le chômage.
On lui doit notamment :
 Unemployment – « *Chômage* » en 1913,
 The Theory of Unemployment – « *La théorie du chômage* » en 1933,
 Unemployment and Equilibrium – « *Chômage et équilibre* » en 1940.
Mais son œuvre majeure est *The economics of Welfare* – « *L'Économie du bien-être* » en 1920.
On retiendra aussi la théorie développée par A.C. PIGOU selon laquelle **la baisse des salaires et des prix augmente le pouvoir d'achat de la monnaie** : c'est « l'effet PIGOU ».

PIRATAGE INFORMATIQUE

Technique mise en œuvre pour faire la **copie illégale de programmes informatiques** (logiciels) ou pour avoir un **accès irrégulier à un système informatique ou à une banque de données**. Le piratage informatique largement pratiqué, est répréhensible et condamnable.
⇒ piraterie

PIRATERIE

Action criminelle qui est commise en mer pour voler et piller des bateaux. Des délits comparables surviennent dans le trafic aérien, où des avions sont détournés de leur destination normale. Par extension, on parle aussi de « piratage informatique » pour qualifier la copie illégale de logiciels ou l'accès irrégulier à des données informatiques.
La contrefaçon est aussi souvent qualifiée d'acte de piraterie.
⇒ contrefaçon ; piratage informatique

PIXEL

Acronyme des termes anglais « picture element ».
Le nombre de pixels mesure, en photographie numérique, en télévision et dans le domaine de la transmission d'images, la qualité de celles-ci : plus le nombre de pixels est élevé – plusieurs millions, plus l'image sera bonne ; le pixel mesure le « rendu » de l'image ; on lui préfère parfois une notion purement photographique en parlant de « **photodiodes** » dont le nombre est proportionnel à celui de pixels.

PLACARD

Dans l'entreprise ou l'administration, « **mettre quelqu'un au placard** » est, par dérision, lui affecter un poste sans intérêt, sans avenir et sans responsabilité dans lequel les **compétences** et l'expérience de l'intéressé ne pourront ni donner leur pleine mesure ni se développer ; les appointements ou le salaire sont généralement maintenus mais les avantages en nature le plus souvent supprimés ; si la rémunération est élevée, c'est un « **placard doré** ».

Dans le domaine de l'édition, c'est un document original ou une épreuve de composition présentés en recto pour permettre les corrections.

PLACEMENT

Utilisation d'un revenu ou investissement.

Suivant le rendement ou l'objectif fixé, le placement peut être à plus ou moins long terme ; il peut être financier, mobilier ou immobilier.

C'est également l'action de placer des marchandises donc leur commercialisation.

Dans le domaine de l'emploi, le placement est l'action de procurer un emploi à quelqu'un.

PLAFOND

C'est le maximum ou bien la **limite supérieure** qu'il ne faut pas dépasser, en principe, en terme de prix, d'impôt, de droits divers, de coûts, etc.

En matière de crédit il peut s'agir du maximum de crédit accordé ; en cas d'assurances, il existe le plafond d'assurance (limitation du montant assuré) ; certaines cotisations sociales basées sur les salaires sont souvent plafonnées, c'est-à-dire calculées sur un salaire plafond, inférieur au salaire réel.

PLAIDOIRIE

Voir : PLAIDOYER

PLAIDOYER

Discours ou écrit fait en faveur de quelqu'un, d'une idée ou pour combattre quelque chose. Le plaidoyer fait par l'avocat de celui qui est accusé d'avoir commis des actes punissables est une **plaidoirie**.

⇒ plainte ; plaignant

PLAIGNANT

Celui qui dépose une plainte auprès de la police ou auprès d'une institution juridique ou administrative parce qu'il se sent physiquement et ou moralement lésé dans ses droits.

⇒ plainte

PLAINTE

Celui qui a été lésé dans ses droits, soit physiquement soit moralement, peut porter plainte devant la police, devant une institution juridique ou administrative. L'action qui est intentée est une plainte. Il peut être donné suite à une plainte mais elle peut aussi être déclarée irrecevable, surtout lorsqu'elle n'est pas fondée. Celui qui dépose une plainte est le plaignant. Lorsque le malfaiteur reste inconnu on peut porter plainte contre X, ce qui entraîne une action publique, c'est-à-dire menée par un magistrat.

⇒ plaignant

PLAN

Voir : PLANIFICATION

PLAN BRADY

Tout comme pour le Plan Baker (1985), il s'agit de **réduire le volume impressionnant des dettes des pays en voie de développement.** Nic. BRADY était ministre des Finances des États-Unis et son plan (1989) prévoyait tout d'abord une extinction partielle des dettes de ces pays au moyen de crédits qui devaient leur être ouverts par des institutions internationales (le « debt buy back »). Ensuite une partie des dettes devait être prise en charge par des investisseurs privés qui devaient obtenir, en compensation, des titres d'anciennes entreprises publiques en voie de privatisation. Enfin le problème de la protection de la nature aurait dû jouer un certain rôle dans le cadre du « Debt for Nature Swap ».

Le plan BRADY a connu un certain succès mais n'a pas atteint totalement son objectif ambitieux ; celui-ci a été repris par le Plan SELA (1990) et par le Sommet Afrique – Europe du Caire en 2000.

PLANCHER, LIMITE INFÉRIEURE

En matière économique « plancher » signifie **le minimum**. Ainsi l'on parle de prix plancher, de salaires plancher, de réserves plancher.

Plancher signifie aussi seuil.

Dans les représentations graphiques, le seuil ou le plancher sont représentés par un point d'intersection, permettant de distinguer des zones différentes et notamment s'il s'agit de coût, de dépenses, de prix ou de résultats, les zones bénéficiaires des zones déficitaires.

PLAN COMPTABLE

Document fixant les règles et les normes de la comptabilité, sous tous ses aspects.

Pour répondre aux exigences légales mais aussi fiscales ou encore d'harmonisation au plan national et international, notamment pour l'analyse des comptes et les statistiques, tous les pays ont élaboré des « plans comptables » **qui uniformisent les règles de la comptabilité, les classifications et les dénominations des comptes, etc.** Tous les plans comptables détaillent et regroupent notamment les comptes de bilan et les comptes de gestion, les indications à suivre pour la comptabilité des prix de revient et celle des comptes spéciaux.

Dans le cadre de l'UNION EUROPÉENNE – UE – des Directives imposent des règles normalisées pour toutes les entreprises. **En principe à partir de 2005-2006, l'ensemble des entreprises et en particulier les sociétés cotées, spécialement celles qui ont une activité internationale, sera soumis aux normes IAS** (International Accounting Standard).

⇒ comptabilité générale ; International Accounting Standard ; normes

PLAN D'AUTOFINANCEMENT

L'investissement est assuré par le financement. Or, le financement se fera par les apports de tiers et par ceux qui proviennent du ou des propriétaires de l'entreprise. **Les apports de propriétaires constituent l'autofinancement.** Une fois l'entreprise en activité, l'autofinancement est généré par les bénéfices et notamment par les bénéfices futurs. On remarquera que le bénéfice distribué restreint l'autofinancement.

Nous savons aussi que l'entreprise doit pratiquer des amortissements même en l'absence de bénéfices. Or, on s'aperçoit que les amortissements (qui sont portés en charges dans la comptabilité) constituent des éléments de bénéfices qui resteront dans l'entreprise. On va donc suivre de près, d'année en année, ce que l'entreprise est capable de secréter elle-même pour assurer une activité future et déterminer ainsi les capacités d'autofinancement pour établir un plan.

⇒ bilan de financement ; plan d'investissement

PLAN DE FINANCEMENT

Pour une entreprise à créer, il faut étudier le problème du financement dans son ensemble. Mais lorsqu'il s'agit d'une entreprise en activité, la première chose à faire est de vérifier si la **structure financière est bien équilibrée**. En effet, c'est de cet équilibre que va dépendre le concept du plan d'investissement. Il faut donc, avant toutes choses, tenir compte du fait **que les moyens (les capitaux) utilisés par l'entreprise doivent rester à sa disposition le temps nécessaire pour assurer la continuité du processus de production.** Réclamer à l'entreprise un remboursement prématuré des capitaux mis en œuvre serait lui porter un coup très dur, sinon mortel.

Le plan de financement s'appuie sur des moyens d'action propres (autofinancement) et sur des capitaux extérieurs. Il y a, en ce domaine, de nombreux impondérables et des éléments aléatoires. Le plan financier doit, de ce fait, s'orien-

ter en fonction de la stratégie de l'entreprise mais aussi être revu et adapté d'un exercice à l'autre.
⇒ plan d'autofinancement ; plan d'investissement

PLAN D'ÉPARGNE

Système d'épargne publique ou privée, mis en place dans certains pays, pour assurer des revenus en limitant au maximum les risques et permettant soit une rente, soit un capital, éventuellement avec une utilisation définie.
C'est ainsi que l'on trouve :
– des « **plans d'épargne individuels pour la retraite – PEIR** » qui complètent, en général, des systèmes de prévoyance obligatoires mais qui ne procurent parfois que des revenus faibles ;
– des « **plans d'épargne en actions – PEA** » qui bénéficient de régimes fiscaux favorables ;
– des « **plans d'épargne d'entreprise – PEE** » destinés aux salariés ;
– des « **plans d'épargne logement – PEL** » pour le financement d'un appartement ou d'une maison ;
– des « **plans d'épargne populaire – PEP** » qui offrent des rendements supérieurs pour ceux qui ont de faibles revenus ;
– etc.
⇒ épargne

PLAN DE REDRESSEMENT

Dans le cadre d'une procédure judiciaire à la suite du dépôt de bilan d'une société en difficultés, celle-ci peut bénéficier d'une période de continuation de son exploitation.
On procède d'abord, éventuellement avec l'aide d'experts, à un **examen détaillé de la situation en établissant un « bilan économique et social »** qui permet d'évaluer les possibilités pour la société concernée, de poursuivre ses activités. Sur la base de ce bilan, il est établi un **plan de redressement**, c'est-à-dire un ensemble de dispositions qui définissent toutes les conditions pour assurer au moins à court et moyen termes, l'avenir de l'entreprise : règlement du passif (paiement des dettes), prêts bancaires, cession de certaines activités, mesures sociales (licenciement de personnel), etc.
À défaut d'être exécuté ou si la situation empire, la société sera liquidée.
⇒ dépôt de bilan ; faillite

PLAN D'INVESTISSEMENT

En partant d'un équilibre dans la structure financière de l'entreprise, **l'avenir est préparé par l'élaboration et la mise en œuvre d'un plan d'investissement.**
On sait qu'en l'absence d'investissements, l'entreprise stagne dans un premier temps pour disparaître dans une seconde phase. **On investit donc pour maintenir l'activité de l'entreprise à son niveau initial ou bien pour l'amplifier.** Il faut donc veiller d'un côté à ce que l'Actif Immobilisé puisse être renouvelé et adapté aux exigences de demain. En plus il faut investir dans l'actif circulant : stock de marchandises, stock de matières premières, éléments « liquides » au sens comptable c'est-à-dire facilement disponibles et transformables, qui auront tôt ou tard une affectation appropriée.
Les plans d'investissement doivent également **tenir compte des participations de l'entreprise dans d'autres entreprises.** Elles sont assimilées aux éléments immobilisés. Toute l'importance de ces participations réside dans le fait que par leur intermédiaire, l'entreprise s'assure un contrôle sur des activités liées aux siennes ou dont elle peut avoir besoin. Finalement les fonds de roulement agissent sur le crédit que l'entreprise peut accorder.

⇒ actif circulant ; actif immobilisé ; fonds de roulement ; plan d'autofinancement ; plan de financement

PLANIFICATION

Les entreprises, les institutions, les administrations et les États eux-mêmes ont besoin de se fixer des objectifs à court, moyen ou long terme, donc de s'organiser en conséquence ; les uns et les autres vont planifier leurs politiques et leurs actions d'une façon plus ou moins contraignante.

La planification de l'entreprise va tenir compte, à partir des objectifs à atteindre, de tous les éléments d'information dont elle dispose : connaissance des marchés, capacités financières d'investissement, potentiel de compétences, situation de la concurrence, etc.

Au niveau d'un pays, la planification peut être générale, toucher tous les aspects de la vie économique et sociale, imposer à chacun (individus et entreprises) de se soumettre aux plans ; l'économie comme le social sont alors entièrement entre les mains de l'État. L'idéologie communiste a mis en œuvre une planification de ce type dans de nombreux pays.

Mais la planification de l'État peut être plus souple, incitative et non coercitive. De nombreux pays démocratiques estiment nuisible à l'économie le « tout libéral » (qui peut conduire à l'anarchie) et, en conséquence, élaborent des plans qui indiquent des orientations, favorisent telle ou telle activité et, éventuellement, font intervenir l'État dans certains domaines : emploi, fiscalité, démographie, protection sociale, assistance, etc., en fonction des objectifs qu'il s'est fixés.
⇒ communisme

PLANISME

C'est le belge Henri de MAN (1885-1953) qui semble être le principal représentant de cette doctrine élaborée entre les deux Guerres mondiales, vers 1930. **Elle propose d'introduire la planification dans les économies de marché, c'est-à-dire la mise en œuvre d'un plan, décidé par les Autorités Publiques, pour l'organisation et le développement économique et social.** Les adeptes de cette doctrine sont **les planistes.**

PLAN MARSHALL

Après la Seconde Guerre mondiale (1939-1945) l'Europe était très largement en ruines. Le Général américain George C. MARSHALL qui fut d'abord Secrétaire d'État, puis ministre des Affaires Étrangères des États-Unis a été l'initiateur d'un programme de reconstruction (European Recovery Program) mis en application en 1948. Ce plan avait pour **objectif de « remettre économiquement l'Europe sur ses pieds » et de « relancer le commerce international bouleversé par la guerre.** L'URSS et, avec elle la POLOGNE, et la TCHÉCOSLOVAQUIE, ont refusé à l'époque, l'aide des États-Unis dont seize pays européens vont bénéficier de 1948 à 1951 et même, pour certains, jusqu'en 1955, sous forme de dons essentiellement, et de prêts : les livraisons de produits alimentaires, de produits industriels et de combustibles représenteront plus de 12 milliards de dollars.

La gestion sera en fait assurée par l'ORGANISATION EUROPÉENNE DE COOPÉRATION ÉCONOMIQUE – OECE – créée à cet effet (l'OECE deviendra, en 1961, l'ORGANISATION DE COOPÉRATION ET DE DÉVELOPPEMENT ÉCONOMIQUE – OCDE).

Le **PLAN MARSHALL** jouera un rôle économique majeur dans la reconstruction et la relance économique de l'Europe.

Un certain nombre d'États, estimant que la situation économique et sociale de nombreux pays d'Afrique exige une mise en œuvre massive et une coordination des aides ont proposé, en 2004, un « **Plan Marshall pour l'Afrique** » qui s'inspirerait du plan pour l'Europe mis en place à partir de 1948.
⇒ MARSHALL ; ORGANISATION DE COOPÉRATION ET DE DÉVELOPPEMENT ÉCONOMIQUE

PLAN MÉDIA

C'est l'**ensemble des actions de communication et de publicité** élaboré par un organisme spécialisé dans le cadre d'une campagne pour promouvoir un produit, une entreprise, une action déterminée : presse écrite, audio visuel, affichage, opération de relations publiques, etc.

Le plan média est chiffré en coût et comprend aussi les moyens mis en œuvre pour en mesurer l'impact sur les cibles choisies.

PLAN TRIFFIN

Voir : TRIFFIN

PLASMA DISPLAY PANEL – PLASMA

Termes anglo-américains pour « **affichage écran plasma** ». Système utilisant les propriétés de molécules gazeuses d'ions et d'électrons dont la technologie est mise en œuvre **pour la formation d'images, notamment sur les écrans « plats » de téléviseurs et d'ordinateurs.**

Les « écrans plasma » sont utilisés en concurrence avec les écrans LCD en remplacement des tubes cathodiques.
⇒ Liquid Cristal Display

PLATON (427-348 av. J-C)

Philosophe grec célèbre par ses *Dialogues* qui abordent toutes les notions de la vie. Usant de la dialectique comme méthode de pensée, notamment dans *La République*, *Le Politique*, ou encore *Les Lois*, il propose une organisation très élaborée de la vie et de la cité.

PLEIN EMPLOI

Salaire et emploi sont liés. Si les salaires augmentent, les entreprises marginales dont la situation financière est dégradée, sont condamnées à disparaître.

Pour les économistes classiques, dans une communauté libre, **le plein-emploi s'établit en fonction de la loi de l'offre et de la demande.** À cela KEYNES a répondu en démontrant qu'il y a un équilibre économique de sous-emploi. Dans un régime totalitaire, il y a toujours plein emploi ou mieux « bon emploi ». On cite souvent l'exemple des régimes précolombiens (Incas) d'Amérique du Sud où l'autorité faisait transporter de la terre d'un lieu dans un autre et vice versa si nécessaire, afin d'occuper les individus.

Aujourd'hui, il y a un consensus quasi général pour estimer qu'il y a plein emploi absolu lorsque tous les facteurs de production sont employés à un niveau supérieur à 95 %. Il y a plein emploi relatif lorsque le facteur travail a un niveau d'utilisation supérieur à 95 % alors que les autres facteurs demeurent partiellement non utilisés.
⇒ sous-emploi ; suremploi

PLÉNIPOTENTIAIRE

Diplomate mandaté par un État pour représenter les intérêts auprès d'un autre État ou d'une Institution Internationale. Le terme de « ministre plénipotentiaire » est synonyme mais il est aussi, dans certains pays, le grade le plus élevé de la hiérarchie de la diplomatie ; il est alors synonyme d'ambassadeur même si le terme est à la fois une fonction et une dignité.

PLOTEUS

Portail (site) INTERNET de la Commission de l'UNION EUROPÉENNE – UE – donnant **réponse à toutes les questions concernant l'éducation et la formation en Europe** : opportunités d'études, systèmes d'éducation, échanges, études et vie à l'étranger, etc.

Internet : **http://europa.eu.int/ploteus**

PLUS-VALUE

Excédent de valeur ou augmentation. Dans l'entreprise, certains postes de comptabilité enregistrent des augmentations de valeur dans le temps. La dépréciation monétaire (l'inflation) a notamment pour effet que les postes du bilan renseignent des valeurs qui ne sont plus adaptées à la réalité. Ainsi, après un certain temps, les valeurs immobilisées mais aussi les stocks et d'autres éléments se trouvent sous-évalués. Lorsque la disproportion est importante, il faudra procéder à une réévaluation de ces biens en conformité avec les dispositions légales.

On pourrait, après réévaluation, créer une « réserve de réévaluation » qui apparaîtrait au Passif du bilan et qui pourrait servir, par exemple, à une augmentation de capital ou a la résorption d'une perte.

La réévaluation des bilans des entreprises est soumise à des règles strictes.

La théorie marxiste qualifie de « plus-value » tout ce qui n'est pas légitimement payé à l'ouvrier exploité.
⇒ moins-value

POINT DE COUVERTURE BRUTE – PCB

C'est une **mesure de l'impact d'un plan média** : on multiplie le nombre d'occasions de voir un message publicitaire par le nombre de personnes susceptibles de l'avoir vu. Il s'agit, bien évidemment, d'évaluation, éventuellement sur la base d'échantillons.

Le terme anglais utilisé en communication est « **gross-rating point – GRP** ».
⇒ plan média

POINT D'INTERVENTION EN MATIÈRE MONÉTAIRE

Dans le cadre du **Système Monétaire Européen – SME** – mis en place en 1979, **les monnaies avaient une parité fixe mais ajustable avec une marge de fluctuation fixée à l'origine à ± 2,25 % puis élargie à ± 15 % en 1993.**

Les règles du Système Monétaire International, mis en place par les accords de BRETTON WOODS (1944), fixaient aussi les marges de fluctuation des monnaies, limitées d'abord à ± 1 % puis à ± 2,25 % en 1971.

Lorsqu'une monnaie variait au-delà des seuils ainsi fixés, la Banque Centrale du pays concerné devait intervenir ; à titre d'exemple, si la BANQUE NATIONALE DE BELGIQUE – BNB – avait besoin d'une certaine somme de francs français plus importante que celle qu'elle détenait, la BANQUE DE FRANCE était obligée de mettre à disposition de la BNB un crédit à court terme en francs français. Ces crédits étaient convertis en ÉCU et consignés dans un compte spécial ouvert auprès du Fonds Européen de Coopération Monétaire. L'or pouvait également être utilisé à titre de compensation.

Le flottement des monnaies au plan international à partir de 1973 et l'adoption de l'EURO le 1er janvier 1999 ont rendu caduc ce système, sans pour autant limiter, en cas de besoin, les interventions éventuelles de la BANQUE CENTRALE EUROPÉENNE – BCE – ou des Banques Centrales des autres pays.
⇒ Banque Centrale ; BANQUE CENTRALE EUROPÉENNE ; BRETTON WOODS ; euro ; monnaie

POINT MORT OU POINT D'ÉQUILIBRE

Le terme anglo-américain de « **break-even-point** » est fréquemment utilisé. **L'analyse du « point mort »** se fait par la **comptabilité analytique** de l'entreprise. Les charges totales, donc la somme des charges fixes et variables sont couvertes par les produits ou recettes ; il n'y a donc ni bénéfice ni perte. Le « point mort » peut être calculé en volume ou en valeur et dans ce cas il est synonyme de « **seuil de rentabilité** » et de « **chiffre d'affaires critique** ».
⇒ bénéfice ; chiffre d'affaires ; comptabilité analytique ; pertes ; produits ; rentabilité
▶ graphique n° 15

PÔLE

Entreprise, secteur, branche d'activité ou encore pays ou lieu géographique qui présente un caractère significatif ou exceptionnel le distinguant des autres.
Un **pôle financier** aura une activité particulièrement importante dans le domaine bancaire ou constituera un marché boursier attractif au plan international.
Un **pôle d'excellence** qualifiera une entreprise ou un secteur dont l'évolution spectaculaire (technologique, commercial) peut servir d'exemple et participe à la dynamique de l'économie.
Un **pôle de croissance ou de développement** apportera à une ville ou à une région une expansion économique majeure, entraînant les entreprises environnantes et améliorant l'emploi.
Un **pôle de conversion ou de reconversion** a pour objectif de redonner, par des incitations financières, fiscales et par d'autres aides, un nouvel essor à des régions, notamment industrielles, en crise et en déclin.

PÔLE DE COMPÉTENCE OU DE COMPÉTITIVITÉ

Maillage dans un secteur ou une zone géographique déterminés entre des entreprises spécialisées ou travaillant dans une filière spécifique (industrielles, commerciales ou de services), **des organismes de formation et d'enseignement** (de l'apprentissage à l'université), **des centres de recherche**, etc. qui, par des actions de fertilisations croisées, des échanges et un travail en réseau dans divers domaines, **contribuent à un développement économique significatif et à la création d'emplois**.
Ces pôles de compétences bénéficient généralement d'avantages fiscaux et de primes dans le cadre des actions menées pour l'aménagement du territoire et contre les délocalisations.
⇒ aménagement du territoire ; délocalisation ; fertilisation croisée

POLICE

Terme d'imprimerie et d'informatique, désignant une **série complète de caractères** d'un même type pour l'impression de documents.
⇒ corps

POLICE D'ASSURANCE

Contrat par lequel une personne ou une entreprise a la garantie d'obtenir, pour lui-même ou pour une tierce personne, des prestations en cas de tel ou tel événement ou sinistre, moyennant le paiement d'une « prime d'assurance ».
Les assurances font la distinction entre :
– **les assurances de personnes** (maladie, accident, invalidité, décès, etc.) ;
– **les assurances de dommages matériels** (incendie, dégâts des eaux, bris et chocs, etc.) ;
– **les assurances de responsabilité civile** ;
– **les assurances spéciales pour un risque bien déterminé** : assurance voyage, assurance bagage, assurance intempéries, assurance annulation, assurance, chômage, etc.

POLICE D'ASSURANCE-VIE BASÉE SUR DES FONDS D'INVESTISSEMENT

C'est une **variante moderne aux polices d'assurances – vie**. Les primes d'assurances sont investies dans des fonds d'investissement. Il s'agit donc de trouver des placements dans des fonds solides, puisque l'assuré attend un bonus à l'échéance ; tout dépend donc de l'évolution économique.
⇒ police d'assurance -vie ; assurances

POLITIQUE AGRICOLE DE L'UNION EUROPÉENNE – PAC

L'**UNION EUROPÉENNE – UE** – consacre la moitié de son budget annuel au secteur, considéré comme très sensible, de l'agriculture cependant déjà le plus souvent aidé par les Autorités Publiques des États membres de l'UE.
À l'origine, par le Traité de Rome en 1957, la COMMUNAUTÉ ÉCONOMIQUE EUROPÉENNE – CEE – s'était fixé comme **objectif dans le domaine de l'agriculture** :
– d'améliorer la productivité,
– **d'assurer un niveau de vie satisfaisant aux agriculteurs**,
– de stabiliser les cours des produits agricoles,
– de garantir la sécurité des approvisionnements,
– de permettre aux consommateurs de bénéficier de prix raisonnables pour les produits alimentaires.
Une organisation très complexe a été mise en place avec, notamment, une organisation commune des marchés, un mécanisme de prix garantis et des incitations à l'amélioration de la productivité et des structures agricoles ; un instrument financier adapté assure le financement : le « **Fonds Européen d'Orientation et de Garantie Agricole – FEOGA** ».
Une première réforme importante, imposée, en particulier par l'Accord Général sur les Tarifs douaniers et le commerce – GATT, mais aussi par la concurrence internationale et le déséquilibre des productions (dont la productivité s'était considérablement améliorée) est intervenue en 1992.
Une nouvelle réforme engagée en 2003, discutée et mise au point en 2004 devrait être effectivement réalisée en 2006-2007, **avec les objectifs** :
– d'une **politique agricole simplifiée, cohérente et moins coûteuse**,
– de produire moins,
– **des produits de meilleure qualité**,
– **en respectant l'environnement**,
avec une agriculture durable, moderne et compétitive, des campagnes vivantes et actives qui assurent un bon niveau de vie aux agriculteurs.
Internet : **http://europa.eu.int/pol/agr**
⇒ UNION EUROPÉENNE

POLITIQUE COMMERCIALE

Au niveau d'un pays ou d'un groupe de pays, elle concerne les opérations d'échange avec les pays étrangers. Un État ou un groupement d'États instaurent un ensemble de règles pour diriger, canaliser, stimuler, influencer ou même freiner ou interdire les échanges. Ceci s'applique aussi bien aux importations qu'aux exportations.

Au niveau d'une entreprise c'est l'ensemble de la stratégie et des moyens mis en œuvre pour réaliser les ventes et leur développement.

⇒ douane ; vente

POLITIQUE COMMERCIALE DE L'UNION EUROPÉENNE – UE

Elle a d'abord concerné la mise en place **d'une union douanière** (suppression des droits de douane) et surtout celle de la **libre circulation des marchandises dans le cadre du « marché intérieur », effective au 1ᵉʳ janvier 1993 entre les pays membres.**

Les échanges extra-communautaires (entre l'UE et le reste du monde) sont soumis aux règles de l'ORGANISATION MONDIALE DU COMMERCE – OMC, sauf exceptions (« Système de Préférences Généralisé » pour certains pays, accords spécifiques avec les pays membres de l'ASSOCIATION EUROPÉENNE DE LIBRE-ÉCHANGE – AELE, etc.).

⇒ UNION EUROPÉENNE

POLITIQUE CULTURELLE DE L'UNION EUROPÉENNE

Les États membres de l'UNION EUROPÉENNE – UE – et les régions conduisent librement leur politique culturelle.

Dans le respect de la pluralité culturelle et, pour certains pays, de leur volonté de préserver leur « exception culturelle », **l'UE, qui est très attachée à préserver la diversité culturelle, a pour mission de contribuer à l'épanouissement des cultures en Europe, à la mise en valeur et à la protection du patrimoine (tout ce qui constitue « l'héritage commun »), en prenant en compte la dimension culturelle, aussi bien dans le domaine réglementaire** que dans celui du développement économique et social et dans les formations et l'éducation.

La politique culturelle de l'UE favorise le dialogue culturel (y compris avec les pays tiers c'est-à-dire ceux qui n'appartiennent pas à l'UE) et s'exerce, notamment, par le soutien aux industries culturelles en favorisant l'accès à la culture (formation), en apportant un appui aux professionnels de la culture, en finançant des équipements culturels, en valorisant les langues et leur apprentissage, en sensibilisant le public à tous les aspects de la culture et en veillant aux conséquences sur la culture des réglementations, y compris internationales (en particulier pour les règles de l'ORGANISATION MONDIALE DU COMMERCE – OMC).

La politique culturelle de l'UE (programme CULTURE 2000) est influente dans les domaines de l'architecture, des arts visuels, du cinéma, et de l'audiovisuel (programme MEDIA), de la danse, du livre, de la musique, du théâtre et du patrimoine ainsi que dans toutes les formations et l'éducation artistique.

Les programmes « **Media 2007** » pour le secteur audiovisuel et « **Culture 2007** » pour la mobilité transnationale des artistes et des œuvres ainsi que toutes les mesures initiées pour **favoriser le dialogue interculturel** (qui couvrent la période 2007-2013) vont encore renforcer l'action et l'appui de l'UE dans le domaine culturel.

Internet : **http://europa.eu.int/comm/culture**
⇒ UNION EUROPÉENNE.

POLITIQUE D'AUSTÉRITÉ

Lorsque les balances du commerce extérieur d'un pays (commerciales, de paiements, de capitaux) sont déficitaires ou lorsque le budget de l'État est en déséquilibre, le Gouvernement peut décréter une politique d'austérité. **Cela veut dire qu'il faut dépenser et consommer moins mais épargner plus. Il s'agit en pareil cas aussi de combattre les menaces inflationnistes.**

Le terme est aussi utilisé dans un sens péjoratif pour souligner qu'une telle politique va à l'encontre d'une certaine solidarité et peut engendrer des formes d'exclusion sociale.

⇒ balance commerciale ; balance des paiements ; balance des capitaux ; inflation

POLITIQUE D'ÉLARGISSEMENT DE L'UNION EUROPÉENNE

Lorsque le 9 mai 1950, Robert SCHUMAN propose, « pour préserver la paix et reconstruire l'Europe », la mise en commun des productions de charbon et d'acier, 6 pays s'associent pour créer la COMMUNAUTÉ EUROPÉENNE DU CHARBON ET DE L'ACIER – CECA : Allemagne, Belgique, France, Italie, Luxembourg et Pays-Bas.

En 1957, ils signent le Traité de Rome qui fonde la COMMUNAUTÉ ÉCONOMIQUE EUROPÉENNE – CEE. Depuis, l'UNION EUROPÉENNE – UE – n'a pas cessé de s'élargir : l'histoire de la construction européenne est un vaste chantier que renforce l'adhésion, en 1973, du Royaume-Uni, de l'Irlande et du Danemark, en 1981 de la Grèce, en 1986 de l'Espagne et du Portugal. Le 9 novembre 1989 c'est la chute du mur de Berlin puis la réunification de l'Allemagne, la République Démocratique Allemande – RDA – rallie la République Fédérale Allemande – RFA. En 1995, l'Autriche, la Finlande et la Suède rejoignent l'UNION EUROPÉENNE – UE – qui compte alors 15 pays et 375 millions d'habitants : **l'ensemble qu'il forme renforce la paix, la liberté, la démocratie et la prospérité, objectifs des fondateurs.**

En 2004, un nouvel élargissement, le plus ambitieux que l'Europe ait connu, fait de l'UNION EUROPÉENNE une communauté de 25 pays et 450 millions d'habitants avec la République Tchèque, l'Estonie, Chypre, la Lettonie, la Lituanie, la Hongrie, Malte, la Pologne, la Slovénie et la Slovaquie : chacun s'impose d'être un État de droit pleinement démocratique, d'avoir une économie de marché viable et concurrentielle au sein de l'UE et d'intégrer toute législation communautaire.

Cet élargissement – le 5ᵉ – moralement souhaité et stratégiquement indispensable est bien dans la mission historique de l'UE ; il implique d'immenses et coûteux efforts mais les gains macro-économiques en seront bien supérieurs à un « non-élargissement ». L'adoption de l'EURO par l'ensemble des pays de l'UE renforcera encore la cohésion économique et sociale.

Le « sommet » de l'UE, fin 2004, a poursuivi **l'étude de l'adhésion d'autres États à l'UE :**

– **Les négociations d'adhésion avec la Turquie** (qui a signé dès 1963, un « accord d'association » et dont la demande d'adhésion a été faite en 1987) **commenceront fin 2005**

mais l'adhésion effective pourrait demander 10 ou même 15 ans.
- **La Bulgarie et la Roumanie** signeront un « Traité d'adhésion » en 2005 pour une adhésion effective en principe en 2007.
- **La Croatie entamera**, en 2005, des négociations pour une adhésion qui pourrait avoir lieu en 2009.
- **La Macédoine** envisage une demande d'adhésion formelle en 2005.

Nota : la Suisse, le Liechtenstein, la Norvège et l'Islande n'adhèrent pas à l'UE et font partie de l'ASSOCIATION EUROPÉENNE DE LIBRE-ÉCHANGE – AELE.

Internet : **http://europa.eu.int/comm/enlargement/index**
⇒ ASSOCIATION EUROPÉENNE DE LIBRE-ÉCHANGE ; COMMUNAUTÉ ÉCONOMIQUE EUROPÉENNE ; COMMUNAUTÉ EUROPÉENNE DU CHARBON ET DE L'ACIER ; SCHUMAN ; Traité de ROME ; UNION EUROPÉENNE

POLITIQUE DE L'ÉDUCATION ET DE LA FORMATION DE L'UNION EUROPÉENNE

L'éducation et la formation professionnelle sont parmi les priorités de l'UNION EUROPÉENNE – UE, notamment comme instrument et élément moteur du progrès et du développement.

L'UE mène, dans ce domaine, une efficace politique volontariste avec de nombreux programmes d'action :
- les programmes SOCRATES :
  - COMENIUS pour l'enseignement scolaire,
  - ERASMUS pour l'enseignement supérieur,
  - GRUNDTVIG pour l'éducation des adultes,
  - LINGUA pour l'apprentissage des langues,
  - MINERVA pour promouvoir les technologies de l'information dans l'éducation,
- le programme LEONARDO DA VINCI pour améliorer la qualité et la dimension européenne de la formation professionnelle,
- le programme JEUNESSE POUR L'EUROPE pour encourager les échanges de jeunes,
- les JUMELAGES entre les établissements d'enseignement,
- le SERVICE VOLONTAIRE EUROPÉEN pour encourager les jeunes à participer à la construction de l'Europe,
- le programme eLEARNING pour le développement de l'INTERNET,
- le réseau EURYDICE et sa base de données pour une connaissance complète des systèmes éducatifs,
- les actions pour l'égalité des chances pour tous,
- la coopération avec les pays tiers (programme TEMPUS pour l'enseignement supérieur),
- les pôles européens JEAN MONNET pour l'enseignement du droit communautaire,

avec l'appui de centres de formation tels que :
  - le Centre Européen pour le développement de la formation professionnelle,
  - CEDEFOP,
  - la Fondation Européenne pour la Formation à Turin (Italie),
  - l'Institut Universitaire Européen de Florence (Italie),
  - le Collège de Bruges (Belgique),
  - etc.

Une nouvelle génération de programmes pour la période 2007-2013 vise à renforcer l'action de l'UE dans le domaine de l'éducation et ainsi à contribuer à **atteindre l'objectif de « faire de l'Europe l'économie de la connaissance la plus compétitive à l'horizon 2010 »**.

Internet : **http://europa.eu.int/comm/education**
⇒ CENTRE EUROPÉEN POUR LE DÉVELOPPEMENT DE LA FORMATION PROFESSIONNELLE ; eLEARNING ; ERASMUS ; EURYDICE ; LINGUA ; SOCRATES ; UNION EUROPÉENNE

POLITIQUE DE L'EMPLOI DE L'UNION EUROPÉENNE

Voir : POLITIQUE SOCIALE DE L'UNION EUROPÉENNE

POLITIQUE DES PETITES ET MOYENNES ENTREPRISES DE L'UNION EUROPÉENNE

Le Traité instituant la COMMUNAUTÉ EUROPÉENNE a fixé la politique industrielle avec l'objectif, dans le cadre du « marché unique » :
- d'adapter l'industrie aux changements structurels,
- d'encourager l'initiative et le développement des entreprises et en particulier les petites et moyennes entreprises,
- de favoriser la coopération entre les entreprises et
- d'exploiter leur potentiel d'innovation et de recherche.

L'UNION EUROPÉENNE – UE – (à 15 membres) regroupe près de 20 millions de Petites et Moyennes Entreprises – PME – (moins de 250 salariés et chiffres d'affaires inférieur à 50 millions d'euros) qui représentent 75 % des emplois industriels.

L'UE veut **« construire une Europe entrepreneuriale »** et augmenter le nombre de PME ; elle a mis en place des programmes spécifiques d'aides pour notamment **améliorer leur environnement** (la task – force BEST : « Business Environment Task Force » – « Simplification de l'environnement des entreprises »), **les appuyer pour s'internationaliser, renforcer leur compétitivité, faciliter la recherche, l'innovation et la formation, promouvoir l'esprit d'entreprise, faciliter la création de nouvelles entreprises**.

La liberté d'établissement, de nouvelles structures juridiques mieux adaptées, l'aide à la recherche de partenaires (« Bureau de Rapprochement des Entreprises – BRE » et « Business Corporation Network – BC-Net ») et la mise en œuvre d'importants moyens d'information (près de 300 « EURO INFO CENTRES – EIC » et le « Guichet Unique ») comme les interventions du FONDS EUROPÉEN DE DÉVELOPPEMENT RÉGIONAL – FEDER – et celles du FONDS EUROPÉEN D'INVESTISSEMENT – FEI – vont contribuer au développement des PME tel que l'UE se l'est fixé comme cible par la « CHARTE EUROPÉENNE DES PETITES ENTREPRISES » ; leurs performances sont étudiées par l' « Observatoire Européen des PME ».

Internet :

http://europa.eu.int/comm/entreprise_policy

http://europa.eu.int/comm/dgs/entreprise

EIC : **http://europa.eu.int/comm/entreprise/networks/eic/eic.html**

Guichet unique : **http://europa.eu.int/business/**
⇒ FONDS EUROPÉEN DE DÉVELOPPEMENT RÉGIONAL ; petites et moyennes entreprises : définitions ; UNION EUROPÉENNE

POLITIQUE DES PRIX

Les gouvernements peuvent, en dehors d'un régime d'économie de marché, intervenir dans la fixation des prix. Cela se répercute évidemment sur la politique des revenus. L'État a théoriquement le choix entre les prix libres et les prix imposés. Mais entre les prix libres et les prix imposés, des formules intermédiaires et diverses mesures sont possibles.
⇒ prix

POLITIQUE DES REVENUS

Ensemble des mesures ayant une influence sur le pouvoir d'achat.
C'est une politique extrêmement subtile, puisque nous avons affaire à différents types de revenus. Le « pacte social » théorique existant entre l'État et les agents économiques dont le revenu résulte d'une occupation salariée, doit permettre aux augmentations de salaires et de prix de rester transparentes. Le problème majeur est alors celui du plein-emploi, imposant que les répartitions des revenus ne soient ni excessives ni insuffisantes.
En dernier ressort, la politique des revenus doit veiller à ce que les salaires, mais aussi les autres sortes de revenus correspondent à la productivité.
Une telle politique qui, généralement, associe dans la concertation, les Autorités Publiques, les partenaires sociaux et les groupes d'intérêt, est mise en œuvre sous différentes formes, avec des résultats inégaux, dans de nombreux pays, elle peut, dans certaines circonstances, être très autoritaire.
⇒ revenu

POLITIQUE DE VOISINAGE DE L'UNION EUROPÉENNE

Pour répondre aux intérêts spécifiques de certains pays non membres de l'UNION EUROPÉENNE – UE, des plans d'actions ont été initiés, fin 2004, par la Commission Européenne, dans le cadre d'une « **politique européenne de voisinage** ». Résultats d'accords bilatéraux, ces plans concernent **l'Autorité Palestinienne, Israël, la Jordanie, le Maroc, la Moldavie, la Tunisie et l'Ukraine. Ce sont des programme de travail qui ont pour objectif de renforcer la coopération avec l'UE**, notamment dans les domaines de l'éducation, de l'environnement, des transports et de la lutte contre le terrorisme.

Internet : **http://europa.eu.int/comm/index.fr**
⇒ Politique d'élargissement de l'Union Européenne

POLITIQUE DES TRANSPORTS DE L'UNION EUROPÉENNE

Voir : RÉSEAUX TRANSEUROPÉENS

POLITIQUE DU CRÉDIT

La politique du crédit s'apparente à la politique monétaire ; elle y est très liée ; elle est mise en œuvre par l'État. Il importe qu'elle soit bien adaptée à l'activité économique. Les instruments de la politique du crédit sont le réescompte des effets de commerce, la politique du marché ouvert, les réserves obligatoires et les mesures appliquées pour le contrôle du crédit.
La politique du crédit joue un rôle important en matière d'inflation.
⇒ effet de commerce

POLITIQUE ÉCONOMIQUE

Il y a un équilibre macroéconomique qui s'établit même en l'absence de toute politique. Les études mettent en évidence **que plusieurs équilibres macroéconomiques sont concevables** :

– l'équilibre de plein-emploi
– l'équilibre de sous-emploi, l'équilibre de suremploi
– l'équilibre de plein-emploi inflationniste
– l'équilibre de sous-emploi keynésien, etc.

Toutes les décisions et interventions des Gouvernements et des Autorités Publiques ont pour but de changer la nature de l'équilibre macroéconomique (qui se formerait d'ailleurs ainsi sans intervention) en vue **d'orienter l'économie vers un équilibre différent considéré meilleur par ses auteurs.**
Ces mesures sont, au moins en principe, prises dans le cadre d'un programme économique cohérent. Elles peuvent concerner un État, un ensemble de pays ou de régions qui aurait les pouvoirs nécessaires pour décider de telles mesures. **Les Autorités Publiques ont donc la possibilité de faire des choix, en fonction de leurs objectifs mais aussi de leur idéologie, pour influer sur l'économie et son évolution en intervenant par des mesures de** :

– politique financière et politique de crédit
– politique monétaire et politique de change
– politique d'emploi
– politique salariale
– politique industrielle
– politique budgétaire, politique fiscale et politique des revenus
– politique commerciale
– politique de prix
– politique de développement
– politique de rigueur

POLITIQUE ÉCONOMIQUE – BUTS POURSUIVIS

C'est l'État qui pense, planifie et agit de manière délibérée en période courte et longue. Initialement il poursuivait trois objectifs :
– le plein-emploi
– la stabilité des prix
– l'équilibre du commerce extérieur

C'est la politique du « **triangle magique** ». Lorsqu'on introduit un quatrième élément dans ces considérations en l'occurrence **la croissance**, on parle du « **carré magique** » ; la littérature économique parle encore de deux autres buts, la **répartition correcte des revenus et la protection de l'environnement**, c'est sur ces **six pôles que s'étage la politique de** « **l'hexagone magique** ».
⇒ triangle magique ; carré magique ; hexagone magique ; politique économique ; monétarisme ; fiscalisme

POLITIQUE ENVIRONNEMENTALE DE L'UNION EUROPÉENNE

L'UNION EUROPÉENNE – UE – est fondamentalement attachée au respect de l'environnement et met en place les moyens d'une Europe plus propre, plus saine et plus prospère.
La politique de protection de l'environnement de l'UE est le complément de celle mise en œuvre pour le développement régional ; elle a pour objectif majeur le développement durable (ou développement convenable) en conciliant les nécessités de la production et les besoins présents de la consommation avec l'indispensable protection de l'environnement pour les générations futures sans hypothéquer la possibilité de bien répondre à leurs besoins.
L'action de l'UE concerne la protection de l'eau et des ressources en eau, la collecte, le traitement et le recyclage des déchets, la protection des zones sensibles naturelles, côtières et des bassins fluviaux, la réhabilitation des sites industriels,

etc. ; c'est aussi la lutte contre la pollution de l'air, contre les effets climatiques néfastes, la lutte contre le bruit et la valorisation des ressources naturelles ; cette action concerne pratiquement tous les domaines de la vie avec un souci d'information, d'éducation et de formation. Les Directives « oiseaux sauvages », « habitats », « natura 2000 » ainsi que les normes environnementales sont des exemples de l'intervention de l'UE à travers l'Europe.

Les programmes « **LIFE Environnement** » et « **LIFE Nature** » de l'UE cofinancent les actions environnementales qui contribuent à la mise en œuvre de la politique de l'UE dans le domaine de l'environnement. En 2004, la Commission Européenne a retenu 77 projets dans 23 pays de l'UE au titre de LIFE Nature et 109 projets dans 18 pays au titre de LIFE Environnement.

Par l'AGENCE EUROPÉENNE POUR L'ENVIRONNEMENT – EEA – l'UE rassemble toutes les informations sur l'état de l'environnement et son évolution, en préparant les mesures à prendre.

L'UE est partenaire de tous les efforts de protection de l'environnement qui sont faits à travers le monde ; elle est notamment signataire du « **Protocole de Kyoto** » (engagement de réduire de 5 % les émissions de gaz à effet de serre entre 2008 et 2012, sur la base des taux de 1990). L'UE, depuis 2004, évalue les effets sur l'environnement des plans et des programmes des États membres en leur imposant aussi des procédures de planification mieux préparées et plus ouvertes, en encourageant notamment la participation des citoyens aux décisions ; les États membres doivent, à cet égard, appliquer une Directive (loi) de l'UE dont le champ d'application concerne de nombreux aspects de l'environnement.

Un grand nombre d'organismes européens et internationaux a une mission de protection de l'environnement ; l'on peut citer notamment le PROGRAMME DES NATIONS UNIES POUR L'ENVIRONNEMENT – PNUE -, créé en 1972 et qui agit en coopération avec de multiples institutions pour orienter et coordonner les actions, tels

- l'European Environment and Sustainable Development Advisory Councils – EEAC – Comités Consultatifs d'Environnement Européen et de Développement Durable – qui regroupe une trentaine d'organisme conseils de l'UE,
- le Centre d'Étude et d'Analyse des Politiques d'Environnement en Europe

⇒ Agence Européenne pour l'Environnement ; développement durable ; environnement ; Protocole de Kyoto ; UNION EUROPÉENNE

Internet : Agence Européenne pour l'environnement :
http://europa.eu.int/agencies/eea
Centre d'Étude et d'Analyse des Politiques d'environnement en Europe :
http://ieep.org.uk
European Environment and Sustainable Development Advisory Councils :
http://eeac-network.org
Programme des Nations Unies pour l'Environnement :
http://www.unep.org
Union Européenne :
http://europa.eu.int/pol/env

POLITIQUE EUROPÉENNE DE CONCURRENCE

La politique économique de l'UNION EUROPÉENNE – UE – est conduite conformément au respect du principe d'une économie de marché ouverte dans laquelle la concurrence est libre.

L'UE a ainsi pour objectif que les entreprises agissent sur un pied d'égalité dans l'intérêt général des consommateurs qui doivent obtenir le meilleur rapport entre la qualité et le prix avec une offre diversifiée de produits.

Pour maintenir une concurrence simple et efficace sur les marchés et engager les entreprises sur la voie de la compétitivité, l'UE apporte son appui aux entreprises industrielles, commerciales et de services, notamment en soutenant l'innovation, en mettant en œuvre un ensemble d'actions favorisant l'emploi, avec une stratégie communautaire d'accès aux marchés.

L'UE intervient aussi pour :
- réprimer les accords restrictifs de concurrence et les abus de position dominante ;
- contrôler les concentrations d'entreprises ;
- lutter contre les monopoles ;
- vérifier l'efficacité des plans de redressement d'entreprises en difficultés effectués avec l'appui financier des Autorités Publiques ;
- contrôler les aides des États et éventuellement engager des sanctions (avec des amendes) contre ceux qui auraient octroyé des subventions à des entreprises déficitaires sans réelles perspectives de redressement ;
- agir le plus efficacement possible contre les mesures protectionnistes de certains États, en particulier par des actions et éventuellement des plaintes auprès de l'ORGANISATION MONDIALE DU COMMERCE – OMC.

Internet : **http://europa.eu.int/comm/competition**
⇒ concurrence ; marché ; UNION EUROPÉENNE

POLITIQUE EUROPÉENNE DE SÉCURITÉ ET DE DÉFENSE

Voir : POLITIQUE ÉTRANGÈRE ET DE SÉCURITÉ COMMUNE DE L'UNION EUROPÉENNE

POLITIQUE ÉTRANGÈRE ET DE SÉCURITÉ COMMUNE DE L'UNION EUROPÉENNE – PESC

Après l'échec de la COMMUNAUTÉ EUROPÉENNE DE DÉFENSE – CED – en 1954, certains États européens vont s'associer dans l'UNION DE L'EUROPE OCCIDENTALE – UEO – (1955), alliance politico-militaire de 11 États avec des « pays observateurs », des « membres associés » et des « partenaires associés ». Au-delà d'un engagement militaire réciproque en cas d'agression, l'UEO inclura dans ses objectifs des missions humanitaires, de maintien de la paix, de gestion des crises (ce sont les « missions de Petersberg ») et se dotera, en 1993, d'une force militaire, l'EUROCORPS auquel participent l'Allemagne, la Belgique, la France, le Luxembourg, l'Espagne et la Grèce ; l'EUROCORPS deviendra le « Corps de Réaction Rapide Européen ».

L'UE doit se doter, avant 2007, de « Groupements tactiques » pouvant intervenir très rapidement, en cas de crise, dans n'importe quel point du monde.

L'UEO a développé d'étroites relations avec l'ORGANISATION DU TRAITÉ DE L'ATLANTIQUE NORD – OTAN.
La politique de défense de l'UE et sa compatibilité comme sa coopération avec l'OTAN ont été renforcées par des accords concernant les structures militaires et politiques.
Au sein de l'UE, le Secrétaire Général du Conseil est aussi le Haut Représentant de la Politique Étrangère et de Sécurité Commune – PESC. La Constitution de l'UE, signée en 2004, va permettre la désignation d'un ministre des Affaires Étrangères de l'UE ; il cumulera les fonctions de Haut Représentant et de Commissaire chargé des Relations Extérieures.
L'UE s'est engagée, dans le cadre de sa politique de sécurité dans des actions de maintien de la paix en Bosnie-Herzégovine et en Macédoine.
L'UE envisage dans le domaine de la formation aux problèmes de défense et de sécurité, la création d'un Collège Européen de Sécurité et de Défense – CESD.
L'ORGANISATION POUR LA SÉCURITÉ ET LA COOPÉRATION EN EUROPE – OSCE – qui comprend 55 États (dont les États-Unis, le Canada et la Communauté des États Indépendants – CEI) joue, avec l'UE, un rôle important pour la sécurité, notamment dans le cadre de la « Charte d'Helsinki » pour la prévention des conflits et le règlement des crises.
La Politique Étrangère et de Sécurité Commune de l'UE a été révisée par les Traités d'Amsterdam (Pays-Bas) et de Nice (France) qui ont initié une Politique Européenne de Sécurité et de Défense – PESD – qui fait partie intégrante de la PESC
Le siège de l'OSCE est à Vienne (Autriche).

Internet : **INTERNET : http://ue.eu.int/pesc**
INTERNET OSCE : http://www.osce.org
⇒ ORGANISATION DU TRAITÉ DE L'ATLANTIQUE NORD ; UNION EUROPÉENNE

POLITIQUE FINANCIÈRE

Politique financière et politique budgétaire sont des expressions synonymes. Toute entreprise doit, en effet, s'organiser financièrement en fonction des buts qu'elle poursuit. Les décisions et les mesures à prendre concernent, notamment, **la rentabilité, la croissance et les risques courus**.
L'État met aussi en œuvre une politique budgétaire qui concerne **ses recettes** (impôts, etc.) **et ses dépenses** d'investissement et de fonctionnement.
⇒ budget

POLITIQUE FISCALE DE L'UNION EUROPÉENNE

La politique fiscale est à la fois un élément important de la souveraineté d'un État mais aussi un instrument majeur de sa politique économique.
Le marché intérieur de l'UNION EUROPÉENNE – UE – impose à chacun des États membres une réelle et efficace coordination de leurs politiques fiscales, malgré la diversité des systèmes (impôts directs, impôts indirects, cotisations sociales).
L'harmonisation, qui est un objectif à long terme, ne peut progresser qu'à un rythme lent alors qu'il faut prioritairement déjà éviter les effets indésirables des mesures fiscales (ou de leur projet) d'un État membre.
L'Union Économique et Monétaire a renforcé la nécessité de mettre en œuvre une politique fiscale commune dans certains domaines : TVA, impôt sur les sociétés, imposition des revenus de l'épargne, etc., en favorisant la cohérence des systèmes fiscaux.
L'UE intervient aussi pour faciliter et améliorer la compétitivité des entreprises sur les marchés mondiaux ainsi que lutter contre les fraudes et le blanchiment des capitaux.
⇒ blanchiment des capitaux ; impôt ; Taxe sur la Valeur Ajoutée ; UNION EUROPÉENNE

POLITIQUE INDUSTRIELLE DE L'UNION EUROPÉENNE

Elle a pour objectif majeur de faire de l'économie de l'UNION EUROPÉENNE – UE – « l'économie la plus compétitive du monde d'ici à 2010 ».
La COMMUNAUTÉ EUROPÉENNE DU CHARBON ET DE L'ACIER – CECA – a été, en 1951, la première étape d'une politique industrielle de l'UE, considérablement développée ensuite, en 1957, par la COMMUNAUTÉ ÉCONOMIQUE EUROPÉENNE – CEE – et par la mise en œuvre du **marché intérieur** » le 1er janvier 1993.
L'action de l'UE vise notamment à faire respecter la libre concurrence, à lutter contre les abus de position dominante, à faire prévaloir un point de vue européen dans les discussions et les négociations à l'ORGANISATION MONDIALE DU COMMERCE – OMC.
L'UE a aussi pour objectif de promouvoir la compétitivité internationale des entreprises européennes, leur développement technique et la recherche (l'UE a créé des Centres de Recherche spécialisés), d'encourager les investissements, de développer les réseaux de transport transeuropéens, de protéger l'environnement, etc.
Un programme spécial vise à développer l'esprit d'entreprise.
L'appui de l'UE est volontairement renforcé vers les Petites et Moyennes entreprises (PME) qui disposent notamment des EURO INFO CENTRES – EIC

Internet : **http://europa.eu.int/comm/ enterprise_policy/industry**
⇒ COMMUNAUTÉ ÉCONOMIQUE EUROPÉENNE ; COMMUNAUTÉ EUROPÉENNE DU CHARBON ET DE L'ACIER ; EURO INFO CENTRE ; Marché intérieur ; ORGANISATION MONDIALE DU COMMERCE ; UNION EUROPÉENNE

POLITIQUE MIXTE

Politique associant la politique budgétaire, la politique monétaire et éventuellement celle des revenus.
⇒ politique financière ; politique monétaire ; politique des revenus

POLITIQUE MONÉTAIRE

Elle est fixée par le Gouvernement et dans certains cas par la Banque Centrale du pays.
La politique monétaire consiste à agir sur le revenu national ou sur le niveau des prix en effectuant des modifications du volume monétaire et en faisant des interventions sur les taux d'intérêt.
Dans l'UNION EUROPÉENNE – UE, pour les pays de la zone euro, c'est la BANQUE CENTRALE EUROPÉENNE – BCE – entrée en fonction le 1er juin 1998 qui définit et met en œuvre la politique monétaire, les Banques Centrales des pays membres étant le relais de la BCE tout en gardant un rôle national dans différents domaines.
⇒ Banque Centrale ; BANQUE CENTRALE EUROPÉENNE ; monétarisme ; théorie quantitative de la monnaie ; théorie du revenu ; théorie monétaire psychologique

POLITIQUE RÉGIONALE DE L'UNION EUROPÉENNE

Elle a pour objectif d'assurer et de promouvoir un développement harmonieux des différentes régions de l'UNION EUROPÉENNE – UE – et de réduire les inégalités ainsi que les déséquilibres entre elles.

C'est surtout à partir de 1975 qu'a été mise en place une politique régionale à laquelle est consacré le tiers du budget annuel de l'UE pour :
- promouvoir le développement et l'ajustement structurel des zones en retard de développement ;
- reconvertir les régions gravement affectées par le déclin industriel ;
- combattre le chômage, notamment celui des jeunes et celui de longue durée ;
- faciliter l'insertion professionnelle des jeunes ;
- accélérer l'adoption de structures agricoles et contribuer au développement du monde rural ;
- aider spécialement certaines régions arctiques peu peuplées de la Finlande et de la Suède.

L'action de l'UE est mise en œuvre par des instruments financiers spécifiques, les « fonds structurels » :
- le FONDS EUROPÉEN DE DÉVELOPPEMENT RÉGIONAL – FEDER,
- le FONDS SOCIAL EUROPÉEN – FSE,
- le FONDS EUROPÉEN D'ORIENTATION ET DE GARANTIE AGRICOLE – FEOG.

Les **FONDS DE COHÉSION** sont spécialement orientés vers les États membres dont le Produit National Brut – PNB – est inférieur à 90 % à la moyenne communautaire, pour contribuer à des projets concernant l'environnement et les infrastructures de transport : l'**Espagne, la Grèce, l'Irlande et le Portugal** ont bénéficié de telles aides qui leur ont apporté un développement significatif.

Pour la période 2000-2006, après une réforme de ses conditions de mise en œuvre et du contrôle de l'utilisation des fonds, **le FEDER répond à 3 objectifs** :
Objectif 1 : aide aux régions les plus pauvres,
Objectif 2 : soutien à la reconversion économique et sociale,
Objectif 3 : actions en faveur de l'emploi, de l'éducation et de la formation,
avec de nombreux programmes spécifiques, parmi lesquels :
EMPLOI : insertion professionnelle des jeunes, des femmes, des handicapés et des défavorisés,
INTERREG : coopération transfrontalière,
LEADER : valorisation du secteur rural,
URBAN : amélioration de la qualité de vie urbaine,
ADAPT : adaptation des salariés aux mutations technologiques,
PME : développement des petites et moyennes entreprises,
et, pour la reconversion de certaines zones en déclin :
RECHAR, pour l'industrie charbonnière,
RESIDER, pour la sidérurgie,
RETEX, pour le textile.

Pour sa politique régionale comme en d'autres domaines, l'UE applique le principe de subsidiarité (n'intervenir que si l'action envisagée apparaît devoir être plus efficace que si elle était menée par les Autorités Publiques locales) et, **pour ses interventions, la proportionnalité** (souplesse, simplicité et limitation aux seules nécessités de la réalisation), **le partenariat et l'additionalité** (participation, y compris financière, des partenaires locaux, États, communes, régions, etc.).

De nombreuses régions ont la volonté affirmée d'organiser entre elles et par-delà les frontières une coopération originale. L'un des exemples les plus significatifs de ces « eurorégions » est la « Grande Région » qui regroupe : la Sarre, la région de Trèves et le Palatinat occidental en Allemagne, la Lorraine en France et le Luxembourg (la région Wallone de Belgique y est associée) ; créée en 1995, elle a mis en place un Conseil Parlementaire Interrégional et un Conseil Économique et Social qui engagent ou appuient un certain nombre d'actions, par exemple dans le domaine des communications ou au plan universitaire.

On peut aussi citer EUROMEDSYS (programme Interreg III – B) qui accentue et renforce les coopérations et la collaboration dans les pays riverains de la Méditerranée entre les sites industriels travaillant dans les mêmes branches d'activité.

Un autre exemple est celui de la vaste « eurorégion » créée entre les Régions Aquitaine, Midi-Pyrénées et Languedoc-Roussillon pour la France, la Catalogne, l'Aragon, la Navarre et le Pays Basque pour l'Espagne dès 1983 et renforcée en 2004 par la région de Valence et les Iles Baléares (Espagne) pour former l'« Eurorégion Pyrénées-Mediterranée ».

Internet : **http://europa.eu.int/regional_policy**
⇒ subsidiarité ; UNION EUROPÉENNE

POLITIQUE SOCIALE

C'est surtout dans les économies libérales que la population est confrontée à des inégalités. **La politique sociale a donc pour objet de remédier à certaines situations et à atténuer les inégalités économiques et sociales. L'État, les collectivités et les Autorités Publiques peuvent intervenir de différentes manières** : mesures fiscales, redistribution de revenus, offre de services gratuits, allocations, etc.

La cohésion économique et sociale au sein de l'UNION EUROPÉENNE – UE – est un objectif majeur. L'UE a donc mis en place un ensemble de moyens pour résorber tous les déséquilibres économiques et sociaux.
⇒ Politique sociale de l'UNION EUROPÉENNE

POLITIQUE SOCIALE DE L'UNION EUROPÉENNE

L'UNION EUROPÉENNE – UE – a notamment pour but de combattre avec toute l'efficacité possible, les **déséquilibres sociaux** ; son action s'appuie sur un objectif de finalité de progrès social, repris, pour l'essentiel, de la **Charte Sociale du Conseil de l'Europe** (1961) et qui figure dans la **Charte des Droits Sociaux Fondamentaux des Travailleurs** (1988) ; celle-ci énonce nombre de principes : droit de travailler, de choisir sa profession, droit à l'amélioration des conditions de travail, à la protection sociale, à la liberté d'association, à la formation, à l'égalité entre les hommes et les femmes, à l'information, etc. **Cet ensemble sera intégré dans le Traité d'Amsterdam modifiant le Traité sur l'UNION EUROPÉENNE (1992).**

En 1997, le Sommet de Luxembourg (Grand-Duché de Luxembourg) fera de l'emploi la priorité majeure de l'UE.

Sur la base du « *Livre blanc : croissance, compétitivité et emploi – Les idées et les pistes pour entrer dans le XXIe siècle* », élaboré par la Commission Européenne sous la Présidence de J. DELORS, l'UE fixera ses grandes orientations sociales qui seront confirmées au Sommet de Lisbonne (Portugal) où les Chefs d'État et de Gouvernement décideront de **faire de l'UE « l'économie de la connaissance la plus compétitive et la plus dynamique du monde, capable d'une croissance économique durable, accompagnée**

d'une amélioration quantitative et qualitative de l'emploi et d'une plus grande cohésion sociale ».

Après la mise en place, dans chacun des États membres de l'UE, d'un PLAN NATIONAL POUR L'EMPLOI, l'UE adopte, en 2000, un AGENDA SOCIAL qui est la « feuille de route » de son action :
- faciliter la participation du plus grand nombre au marché du travail,
- offrir de nouvelles sécurités pour les travailleurs,
- s'engager plus dans la lutte contre la pauvreté et la discrimination,
- promouvoir l'égalité entre les hommes et les femmes,
- veiller au volet social de l'élargissement,

à laquelle contribue tout ce qui est mis en œuvre pour l'éducation, et la formation, deux armes essentielles contre le chômage.

L'UE, dans le cadre des attributions que lui donnent les Traités, légifère dans le domaine social et, à titre d'exemples, l'on peut citer la Directive qui établit un cadre général pour la consultation des travailleurs dans l'entreprise (« Directive Vilvorde » en 2002), la création de Comités d'Entreprises Européens ou encore l'extension (et l'uniformisation) de certains congés (congé parental, congé de maternité), les actions contre le dumping social, la fixation de durées maximales de temps de travail, etc., toutes ces mesures étant prises après un dialogue largement développé avec les partenaires sociaux.

La « Charte des Droits Fondamentaux » de l'UE est désormais incluse dans la Constitution de l'UE signée en 2004.

Internet : **http://europa.eu.int**
⇒ UNION EUROPÉENNE

POLLICITATION

C'est une offre de vente qui n'engage que celui qui l'a faite. Il s'agit donc d'un contrat unilatéral. Elle peut être retirée, en principe, par celui appelé « pollicitant ».

L'offre peut éventuellement concerner aussi une convention, quelle qu'en soit la nature.

Le terme est peu usité.
⇒ vente ; offre

POLLUTION

L'ensemble des actions de l'homme, dans le cadre de la production de biens ou de la prestation de services engendre des effets nocifs et parfois dévastateurs sur notre environnement ; ils ont un impact négatif sur la qualité de vie et sur la santé de l'homme. L'humanité affronte la pollution de l'air, de l'eau, de la terre mais il y a aussi les conséquences de l'utilisation du nucléaire, la prolifération de certaines armes (chimiques, biologiques, etc.).

L'ORGANISATION DES NATIONS UNIES – ONU – et l'UNION EUROPÉENNE – UE – ont mis en place, avec les États, **un ensemble de moyens dont l'objectif est le développement durable, c'est-à-dire « la capacité des générations présentes à satisfaire leurs besoins sans compromettre l'aptitude des générations futures à satisfaire leurs propres besoins ».**

Il s'instaure peu à peu, mais difficilement, **une solidarité internationale** pour une protection efficace de l'environnement et une lutte contre toutes les formes de pollution, mais malgré la vigilance portée à ces problèmes, **les résultats restent encore assez décevants.**
⇒ développement durable ; environnement ; ORGANISATION DES NATIONS UNIES ; Politique environnementale de l'UNION EUROPÉENNE ; UNION EUROPÉENNE

POLYARCHIE

Groupes (partis politiques, par exemple) ou groupements (coalitions) qui détiennent ensemble le pouvoir, contraints à faire alliance et à prendre des arrangements pour l'exercer.

POLYPOLE

Imaginons un marché où l'offre et la demande se rencontrent. L'offre se compose de l'ensemble des biens et des services qui sont mis à la disposition de la demande. La demande représente l'ensemble des besoins et des désirs des sujets économiques.

Le polypole correspond à une forme de marché où règne une concurrence totale (parfaite). Un tel marché est ouvert à tous et il n'y a pas d'intervention de l'État. Si une multitude d'offreurs et de demandeurs se rencontrent sur ce marché, la rencontre conduit à une concurrence dite polypolistique. En pareil cas, **il se forme, pour un bien déterminé, un seul prix ; on l'appelle prix d'équilibre.**

Lorsque l'offre est supérieure à la demande à un prix déterminé, on parle d'écart de la demande ; lorsque la demande est supérieure à l'offre à un prix déterminé, on parle d'écart de l'offre ; il s'agit de toute façon d'une situation théorique, puisque la concurrence polypolistique (concurrence parfaite) impose des conditions qu'il est difficile de remplir toutes et simultanément :
- produits homogènes,
- l'offre et la demande doivent se rencontrer simultanément,
- l'offreur et le demandeur doivent pouvoir réagir instantanément,
- il ne doit y avoir de préférence ni du côté des offreurs ni du côté des demandeurs.

Le plus souvent le polypole n'est pas parfait, puisque les conditions ci-dessus ne sont pas remplies. À ce moment il n'y a pas un seul prix, mais une multitude. Dans ce cas également il y a des écarts d'offre et de demande.
⇒ monopole ; monopsone ; oligopole ; oligopsone

PONDÉRATION

C'est l'importance que l'on donne à un élément, un indice, un article ou à une chose au sein d'un ensemble. En économie, la pondération joue un rôle considérable dans les problèmes d'indexation.

L'évolution du pouvoir d'achat (quantité de biens obtenue avec une certaine somme à un moment déterminé et dans un pays ou dans une région donnés) et le niveau du salaire minimum notamment, font intervenir les prix des articles du « panier de la ménagère » avec des coefficients de pondération différents pour chacun.

Les indices pondérés peuvent être simples ou indexés. En statistique, on calcule des moyennes pondérées et non pondérées.
⇒ indice ; statistique

POPPER Karl Raimund (1902-1994)

D'origine autrichienne, K.R. POPPER enseigne en Nouvelle-Zélande puis à la London School of Economics and Political Science et à l'Université de Londres (G-B).

Économiste, **il étudie la connaissance scientifique (épistémologie) voulant notamment démontrer la différence entre la véritable science et les théories ou idéologies qui n'en sont pas** (psychanalyse, métaphysique, etc.) ainsi que la démarcation entre elles qu'il estime être dans la critique.

Il a aussi étudié le domaine des probabilités.

En économie politique, il est partisan de l'individualisme méthodologique dans lequel les choix des individus sont considérés comme primordiaux dans les évolutions économiques.
Parmi ses œuvres, on peut retenir : *Logik der Forschung – « Logique de la recherche »* (1934).

POPULATION ACTIVE

Sont considérés comme des **actifs** ceux qui exercent une activité salariée ou indépendante. Mais il faut également y inclure ceux qui, pour des motifs indépendants de leur volonté, sont temporairement sans occupation, tels les chômeurs et les personnes qui bénéficient d'un congé de maladie.
Sont considérés comme **inactifs** : les étudiants, les retraités, les femmes ou les hommes au foyer familial. La population active est, en règle générale, celle qui a une occupation dans un pays déterminé (population résidente).
⇒ taux d'activité

POPULATION GLOBALE AU REGARD DE L'ÉCONOMIE

La population d'un pays se décompose tout d'abord en personnes capables de travailler et celles incapables de travailler. Sont capables de travailler tous ceux qui pendant un intervalle de temps déterminé étaient employés ou cherchaient à l'être. Sont incapables de travailler ceux qui physiquement ou intellectuellement ne peuvent pas avoir d'emploi, mais également tous ceux que le législateur tient à l'écart de l'activité économique (les jeunes gens, les étudiants et ceux qui sont à la retraite). Ceux qui sont capables de travailler se subdivisent en salariés et en personnes indépendantes en matière d'activité.
En ce qui concerne les salariés, on distingue entre salariés qui ont un emploi et ceux qui n'en ont pas, les chômeurs.
Les salariés en activité forment avec les indépendants (propriétaires d'entreprises, agriculteurs, médecins, avocats, architectes…) la **population active**. Le « taux d'emploi » de la population active est l'un des critères majeurs de la situation économique d'une région ou d'un pays déterminés.
⇒ chômage ; salaire

PORTABILITÉ

C'est la possibilité de changer d'opérateur de téléphonie mobile tout en conservant le même numéro d'appel dans certaines conditions.
La portabilité a été imposée aux États membres de l'UNION EUROPÉENNE – UE – par une Directive dans le but de favoriser la concurrence et de répondre à la demande des consommateurs.
⇒ opérateur

PORTABLE

Dette pour laquelle le débiteur doit se présenter au domicile du créancier pour payer sa dette. Normalement, la dette est quérable (et donc non portable), c'est-à-dire que le créancier doit réclamer ce qui lui est dû au domicile du débiteur.
Le terme désigne aussi, dans le domaine du téléphone, un appareil mobile sans fil et dans celui **de l'informatique**, un **micro-ordinateur** facilement transportable.
⇒ domiciliation ; micro-ordinateur ; mobile ; quérable

PORTAGE

Représentation commerciale à l'étranger d'une petite ou moyenne entreprise par une société importante ayant sur le marché concerné une structure compétente et bien adaptée. L'entreprise qui fait l'objet d'un portage, dont les conditions sont fixées dans le cadre d'un contrat, peut ainsi organiser un développement à l'étranger sans être contrainte à des investissements commerciaux importants.
En matière financière, le portage consiste, pour une entreprise, à céder une part minoritaire de son capital à un organisme financier (souvent spécialisé) qui s'engage à racheter les titres dans un délai convenu. L'opération procure à l'entreprise des moyens financiers, notamment pour des investissements dans des conditions optimales de sécurité. Cette technique est en particulier mise en œuvre lors d'une opération de rachat d'une entreprise par ses salariés (RES) ou « Management buy out – MBO ».
Le portage est aussi la mise en œuvre par des organismes spécialisés de tous les moyens nécessaires au démarrage d'une entreprise qui se crée jusqu'au moment où celle-ci a les capacités et les structures pour fonctionner sans aide.
⇒ management buy out ; start-up

PORTAIL INTERNET

C'est la page d'accueil sur INTERNET d'une entreprise, d'une organisation, d'une Administration, d'un État ou d'une simple activité avec un descriptif complet qui, plus que le simple site, offre le maximum d'informations avec des renvois à d'autres sites ou à d'autres portails.
Un portail peut comporter des images, des sons, de la musique et être interactif. Un portail peut offrir de multiples services.
On utilise aussi le terme « site portail » et, en anglo-américain « portals ».
⇒ INTERNET ; site

PORTEFEUILLE

Regroupement en une même main (une même personne) **de différentes valeurs** : titres de sociétés (actions, obligations), effets de commerce, etc. ; ces valeurs ne sont plus, comme à l'origine, détenues dans un porte-document ou une enveloppe spéciale.
Les sociétés de gestion de titres sont souvent appelées « sociétés de portefeuille ».
Le terme désigne parfois aussi une **fonction importante** (portefeuille de ministre, par exemple).

PORTE-FORT

On utilise aussi les termes de « promesse de porte-fort ». **Une personne s'engage et donc se porte fort pour faire payer ou faire exécuter une obligation par quelqu'un à la place de celui qui ne le pourra pas.**
Le porte-fort, par sa signature, fait la promesse à une personne déterminée que la personne pour laquelle il se porte fort remplira une obligation à l'égard de cette personne. Par exemple, une entreprise se porte fort qu'une banque déterminée escomptera un effet (lettre de change) que ses créanciers tireront sur l'entreprise ; le refus de la banque entraînerait éventuellement des dommages et intérêts.

PORT FRANC

Le port franc échappe à la douane et bénéficie de divers avantages notamment des exonérations fiscales.
Comme les zones franches, les ports francs établis par certains États facilitent l'activité commerciale mais ne sont pas exempts de critiques car ils peuvent fausser les conditions normales de concurrence et les règles du commerce interna-

tional. Les marchandises qui y sont admises seront ultérieurement exportées.
⇒ zone franche ; commerce international

POSITION
Situation ou circonstance dans laquelle se trouve une personne.
En comptabilité, c'est le solde d'un compte à un moment donné (monnaie, titres, coût, etc.).
En Bourse, c'est l'appréciation d'une valeur ainsi que son comportement (hausse, baisse, etc.).
En économie, c'est la place d'un produit sur le marché par rapport aux autres produits similaires : situation de monopole, position défavorable, mauvaise ou bonne, etc. ; c'est aussi la situation d'une devise sur le marché des changes.
On parle aussi de « position sociale » pour caractériser l'importance d'un individu au sein de son environnement.

POSSESSION
C'est avoir quelque chose en sa possession et dont on a la jouissance. Cela n'implique pas nécessairement le droit de propriété. Il y a donc une différence entre le fait d'avoir une chose ou un droit en sa possession et le fait d'être propriétaire de quelque chose. Lorsqu'on possède quelque chose, on l'a à sa disposition c'est un fait, alors que la propriété est à considérer comme un droit.
Il y a, en matière juridique, des cas particuliers ainsi, « en fait de meubles possession vaut titre » ; cela veut dire que lorsqu'on est de bonne foi et en possession d'un bien meuble, on n'a pas besoin d'écrit prouvant qu'on en est propriétaire. Ou encore, lorsque quelqu'un est en possession d'un bien immobilier pendant une période longue et s'en occupe comme s'il en était le propriétaire, la loi a prévu généralement une « prescription acquisitive » ou le droit d'accession (à la propriété).
⇒ prescription acquisitive ; ⇒ propriété ; droit d'accession à la propriété

POSTULAT
Proposition ou assertion que l'on admet ou que l'on impose préalablement à l'énoncé d'une loi économique, d'un raisonnement ou d'une doctrine.

POSTULER
Solliciter une fonction, un emploi, un grade dans la hiérarchie, une décoration, etc.
Dans le domaine juridique, c'est effectuer un acte de procédure devant un tribunal (c'est la postulation d'un avocat, d'un avoué).

POURRIEL
Contraction de « courrier pourri », synonyme du terme anglo-américain de « spam » : message publicitaire indésirable reçu par courriel (« courrier INTERNET »).
⇒ spam

POUVOIR
Voir : MANDAT

POUVOIR D'ACHAT
Quantité de biens obtenue avec une certaine somme d'argent à un moment donné dans un pays déterminé.
Lorsque le niveau des prix est en hausse, le pouvoir d'achat baisse du fait que pour une même quantité de monnaie on peut acquérir moins de biens. On peut aussi parler de la capacité d'achat d'un individu en fonction de ses revenus et de leurs évolutions respectives.
Il faut mettre en évidence qu'il serait insuffisant de n'examiner qu'un ou plusieurs prix, il faut, au contraire, considérer la totalité des prix pour déterminer le pouvoir d'achat d'une monnaie.
Pour éviter de se perdre dans des observations aléatoires et donc peu fiables, on doit recourir à la statistique qui établit des indices en suivant de près une série de produits qui sont suffisamment représentatifs de la consommation.
En matière internationale, les statistiques de comparaison des pouvoirs d'achat dans les différents pays font intervenir des pondérations liées à la valeur respective des devises et aux taux de change ; on détermine ainsi des « parités de pouvoir d'achat – PPA » et des « standards de pouvoir d'achat – SPA ».
⇒ consommation ; indice ; prix ; revenus

POUVOIR D'ACHAT D'UNE MONNAIE
Quantité de biens que l'on peut obtenir avec une unité de cette monnaie, à un moment donné, à l'intérieur du pays, d'une région ou d'un ensemble d'États.
⇒ pouvoir d'achat

PRATIQUE
Ensemble des règles, des coutumes, des principes ou des compétences mis en œuvre dans un domaine déterminé (technique, commercial, administratif, de gestion, etc.) ; on parle ainsi de pratique bancaire, de pratiques concertées en politique, de pratiques judiciaires, etc.
La « libre pratique » qualifie en régime douanier un produit définitivement admis sur le marché intérieur.
Le terme « pratique » pour désigner un client habituel ou la clientèle fidèle, n'est plus usité.

PRÉCARITÉ
Caractérise l'instabilité (involontaire) d'un individu ou d'un groupe d'individus vis-à-vis de l'emploi, du logement, des revenus, obligeant les collectivités ou l'État à leur apporter des aides et à les assister.
⇒ paupérisme

PRÉCAUTION
Voir : PRINCIPE DE PRÉCAUTION

PRÉFÉRENCES
Le sujet économique ou le consommateur est très malléable et très influençable. Leurs comportements, qui expriment des choix, reposent sur des critères que les producteurs amplifient généralement pour exploiter les « faiblesses humaines ». On s'approvisionne dans un magasin déterminé, non seulement par commodité mais aussi, éventuellement, par sympathie, par fanatisme, par snobisme, etc., et parfois pour des avantages qui sont souvent illusoires.
Sur un marché dit parfait, il n'y a guère de place pour les préférences. Or, en l'occurrence, le producteur domine le consommateur : il va tout faire pour se différencier avec des produits qui, sur le plan intrinsèque, se valent plus ou moins. De cette façon, il tentera d'imposer ses prix qui sont alors fixés empiriquement. L'imperfection des marchés conduit à la situation qu'on désigne par concurrence monopolistique.
Certains pays prônent la « préférence nationale », c'est-à-dire donner, en toutes circonstances, la préférence aux entreprises et aux produits nationaux, en rejetant ceux importés.
L'UNION EUROPÉENNE – UE – dans le but d'élargir les débouchés à l'exportation des pays en développement, a mis en place un système de réductions tarifaires à l'importation

pour les produits industriels et certains produits agricoles ; c'est le « **Système de Préférences Généralisées – SPG** ».
⇒ concurrence monopolistique ; système de préférences généralisées

PRÉLÈVEMENT
C'est l'action d'enlever quelque chose, d'extraire une partie d'un ensemble.
Le terme est aussi employé pour qualifier une **pratique régulatrice employée par l'UNION EUROPÉENNE – UE – en matière de produits agricoles**. C'est l'un des éléments de la Politique Agricole Commune – PAC.
Le « **prélèvement libératoire** » est un impôt retenu à la source sur les salaires ou sur certains revenus, suivant la législation fiscale du pays concerné.
Le « **prélèvement automatique** » est une technique bancaire par laquelle le titulaire d'un compte autorise la banque à prélever automatiquement à une date déterminée ou suivant des périodicités convenues, une somme fixée ; « **l'ordre permanent** » est un prélèvement automatique répétitif, à des échéances déterminées.
⇒ Politique Agricole Commune ; salaire ; revenus

PRÉMISSE
Élément, fait ou ensemble dont on tire des conséquences, une théorie, une stratégie ou des moyens d'action.

PREMIUM
Terme latin qui a deux acceptions :
– c'est un **dédit**, versé en cas de non-exécution d'un accord (essentiellement en matière de Bourse) ;
– c'est un **produit « phare »**, c'est-à-dire un produit qui va entraîner le succès d'autres productions de la même gamme ou fabriqués par la même entreprise et qui va ainsi doper les ventes.

PRENEUR
Voir : LOCATAIRE

PRESCOTT Edward (1941-)
Économiste américain, professeur l'Université de Tempe en Arizona (États-Unis), spécialiste de l'étude des cycles économiques et des politiques monétaires.
E. PRESCOTT a partagé avec Fynn KYDLAND le **Prix Nobel d'économie en 2004**
⇒ cycles économiques ; KYDLAND ; Politique monétaire

PRESCRIPTION ACQUISITIVE OU USUCAPION
La prescription permet à une personne de devenir propriétaire d'un bien immobilier après un délai déterminé fixé par la législation du pays concerné ; il est normalement de 30 ans (prescription trentenaire). Le bénéfice de cette prescription n'est pas automatique. Celui qui veut l'invoquer doit se manifester.
À remarquer que les biens meubles ne sont pas concernés car pour eux vaut la règle « possession vaut titre ».
Le terme usucapion est pratiquement inusité.
⇒ prescription extinctive

PRESCRIPTION EXTINCTIVE
Cette prescription libère un débiteur de ses engagements en raison de l'inaction du créancier. Normalement, et en fonction de la législation du pays concerné, trente ans doivent s'écouler (prescription trentenaire) et le débiteur doit intervenir expressément pour en profiter. Dans certains cas déterminés, des prescriptions dites courtes qui peuvent jouer.
⇒ prescription acquisitive

PRÉSIDENT DIRECTEUR GÉNÉRAL
Titre donné au responsable, dans certains pays, d'une société anonyme avec un Conseil d'Administration dont il est l'élu, devant lequel il est responsable et qui peut le révoquer.
Le Président Directeur Général – PDG – préside le Conseil d'Administration et assume la direction générale de l'entreprise dans les conditions et les limites fixées par la législation et les statuts de la société qui peuvent, cependant, prévoir un poste de Directeur général (ou de Directeur Délégué) qui assiste le Président.
Les entreprises anglaises utilisent les termes de « Chairman and Managing Director », alors que les entreprises américaines parlent d'un « Chairman and Président ».
⇒ société anonyme

PRÉSOMPTION
Ce qui est fondé sur des indices, des apparences ou qui apparaît probable.
Dans un jugement fondé sur la présomption, le tribunal se base sur des faits ou des indices connus et évidents pour trouver une explication à des faits pour lesquels il n'y a pas de preuves. Par exemple, alors que la preuve du paiement régulier de toutes les mensualités d'un loyer est apportée sauf pour une, le juge peut admettre qu'il y a présomption du règlement (présomption de l'homme).
Certaines **présomptions** sont dites légales parce qu'elles sont prévues par la loi ; elles sont dites absolues ou irréfragables si elles ne peuvent pas être combattues par une preuve contraire.
⇒ preuve

PRESSION
Voir : GROUPE DE PRESSION

PRESTATION
C'est ce qui est dû par un débiteur.
En comptabilité, les prestations de services faites par l'entreprise dans l'intérêt de tiers sont des produits (avantages) alors que les prestations reçues se retrouvent dans les comptes de charges.
Le terme est fréquemment employé pour tout ce qui est versé par les organismes d'assistance et de prévoyance (Sécurité sociale notamment) ; ces prestations peuvent être contributives (résulter de cotisations) ou non contributives (assistance).
Des « prestations familiales » sont notamment allouées dans de nombreux pays pour apporter une aide à ceux (familles, parents isolés) qui assument la charge effective d'enfants, certaines de ces prestations n'étant versées que sous la condition de ressources inférieures à un certain plafond :
– allocations en fonction du nombre et de l'âge des enfants ;
– allocations parentales d'éducation ;
– allocations pour la garde d'enfants à domicile ou l'emploi d'une assistante maternelle ;
– allocations de logement ;
– allocations pour handicapés ;
– allocations pour couvrir les frais de la rentrée scolaire,
– etc.
⇒ Sécurité sociale et prévoyance sociale

PRESTATIONS FAMILIALES
Voir : PRESTATION

PRÊT

Opération qui consiste à remettre de l'argent (des fonds) pour un montant déterminé, à quelqu'un, à verser sur un compte lui appartenant (bancaire ou autre) une somme qui portera éventuellement intérêt, et pour une durée qui peut ou non être fixée (prêt à court, moyen ou long terme).

Le prêt est différent du **crédit** qui autorise quelqu'un à disposer de sommes déterminées en fonction de ses besoins. Les organismes de prêt font une distinction en fonction de l'utilisation des sommes prêtées : prêt à la consommation, prêt immobilier, prêt de dépannage, etc.

Le prêt peut aussi concerner un bien mobilier, une chose quelconque.

Le prêt impose (contrairement au don) la restitution de ce qui a été prêté.

⇒ crédit

PRETIUM DOLORIS

Termes latins, littéralement le « **prix de la douleur** ». Il s'agit d'une **indemnisation accordée à un individu qui a été lésé ou privé de quelque chose**. C'est le tribunal qui apprécie cas par cas et qui fixe l'importance de l'indemnité à accorder.

⇒ dommages et intérêts

PREUVE LITTÉRALE

C'est la preuve qui se fait sur la base d'écrits dont les uns ont un caractère officiel alors que d'autres sont de simples écrits. On a donc affaire à deux sortes d'actes :

– **l'acte authentique** qui est établi par un officier public (notaire, huissier, greffiers, qui est autorisé à instrumenter, c'est-à-dire établir un acte) dans le lieu où l'acte est rédigé. Exemple : contrat de mariage, donations, testament.

L'acte authentique ou notarié a une force probante absolue ;

– **l'acte sous seing privé** qui est établi et signé par les parties contractantes sans qu'un officier public n'intervienne.

Cet acte ne fait foi qu'à condition que la partie à laquelle il est opposé, ne dénie ni son écriture ni sa signature. La confiance inspirée par un tel écrit est donc plus faible que pour l'acte authentique.

⇒ aveu ; serment ; présomption

PREUVE TESTIMONIALE

C'est la preuve apportée par un témoin, c'est-à-dire celui qui assiste à des événements où il a vu (témoin oculaire) ou entendu (témoin auriculaire) certains faits.

Il peut comparaître devant le tribunal pour déposer sur témoignage. La preuve par témoin est un moyen de preuve fragile qui ne jouit pas de grandes faveurs de la part ni de la loi ni des juges.

⇒ aveu ; présomption ; preuve littérale ; serment

PRÉVISION

Elle consiste à déterminer mathématiquement des événements, des grandeurs ou des valeurs pour une période à venir. La prévision peut être faite à court, à moyen et à long terme. Elle peut être systématisée ou non.

On recourt à des modèles de déroulement des opérations et à des modèles de simulation.

La prévision a aussi sa place dans l'**élaboration des budgets de l'État**. Le spécialiste distingue entre la projection (comptes prévisionnels) et la prévision au sens de mesures politico-économiques à prendre dans l'avenir. Les prévisions peuvent entraîner et activer des conséquences ou se fonder sur des calculs de probabilité.

⇒ prospective ; KAHN ; KLEIN ; TINBERGEN

PRÉVISIONNISTE

Spécialiste qui, dans une entreprise, une organisation ou une administration étudie les situations futures en fonction des informations dont il dispose et de leurs évolutions.

Les orientations qu'il détermine utilisent les statistiques aussi bien que tout ce qui fait l'intelligence économique ; les techniques, mises en œuvre, peuvent faire appel à des simulations et à des modèles mathématiques.

⇒ intelligence économique ; statistique

PRÉVOYANCE SOCIALE

Voir : SÉCURITÉ SOCIALE ET PRÉVOYANCE SOCIALE

PRICE EARNING RATIO – PER

Termes anglo-américains signifiant « **coefficient de capitalisation des résultats** ». C'est un ratio fréquemment utilisé pour juger de la situation financière d'une entreprise. Il mesure le rapport entre le cours de l'action d'une entreprise et son bénéfice après impôt, par action.

On utilise aussi la formule plus globale du rapport de la capitalisation boursière (cours de l'action à la Bourse multiplié par le nombre d'actions) et du bénéfice net.

On détermine ainsi qu'une société – à condition que son résultat soit positif – vaut en Bourse X fois son bénéfice.

Ce ratio permet notamment de comparer entre elles les entreprises d'un même secteur d'activité. Dans une situation économique et sociale stable, le PER se situe dans une moyenne de 10 à 20, la Bourse valorise donc l'entreprise de 10 à 20 fois son bénéfice. Mais la mesure du PER est à interpréter avec précaution, en fonction de son évolution et bien évidemment de celle de la situation générale.

⇒ bourse ; bénéfice ; cours ; résultats

PRICING POWER

Termes anglo-américains, littéralement « puissance de la tarification ».

Capacité d'une entreprise à maîtriser ses prix de vente et surtout à les imposer sur les marchés.

PRIME

La prime peut être un avantage, une subvention, une récompense ou, au contraire signifier un prix ou une charge.

L'**avantage** se trouve notamment dans la prime à la production, dans la prime d'adaptation ou de reconversion, dans les primes de productivité, dans les primes monétaires sur le marché des changes (écart favorable pour une devise), dans les primes à l'exportation, etc.

C'est une **charge** lorsqu'il s'agit de prime d'assurance, de prime due en Bourse sur le marché des options, etc.

PRIME DE REMBOURSEMENT D'UNE OBLIGATION

La prime de remboursement d'une obligation représente la différence entre le montant remboursé et le pair, c'est-à-dire la valeur nominale. Par exemple, une obligation de 100 de valeur nominale peut être émise à 100 (émission au pair) et remboursée au pair (100). L'émission peut se faire au-dessous du pair à 98 (perte à l'émission) pour l'émetteur de l'emprunt. Le remboursement peut être prévu au-dessus du pair (de la valeur nominale) 102, la prime est alors de 2 pour celui qui a souscrit.

⇒ prime sur émission d'obligations

PRIME RATE
Terme américain (littéralement « taux préférentiel ») désignant le taux d'escompte préférentiel que les banques américaines consentent aux entreprises américaines les plus importantes ; le taux effectif tient compte du volume de l'emprunt et des conditions économiques du moment.
Ce taux sert de base aux taux pratiqués pour les entreprises qui ne peuvent pas bénéficier du « prime rate » ainsi que pour évaluer l'évolution du marché du crédit aux entreprises.
Les termes de « prime rate » sont souvent remplacés par ceux de « base rate » (« taux de base ») qui ne fait plus référence à une situation privilégiée et laisse plus de latitude aux banques américaines.
La pratique bancaire européenne qualifie parfois de « prime rate » le taux particulièrement bas consenti à une entreprise pour un emprunt.

PRIME SUR ÉMISSION D'ACTIONS
C'est une **forme de plus-value.** Une action de 100 de valeur nominale est émise à 102. La différence de 2 en faveur de la société émettrice des actions sert à couvrir des charges qui sont en rapport avec l'émission. Ou bien, les titres sont tellement demandés que l'entreprise émettrice peut augmenter le prix de ces titres. Cette prime apparaît au passif du Bilan comme complément au capital social sans en faire partie.
Une telle prime peut se justifier parce que les souscripteurs nouveaux vont profiter à la fois des réserves constituées par les anciens actionnaires mais aussi par les travaux de recherche effectués par la société, de son « know how » (son savoir-faire), de son « goodwill » (survaleur), etc.
⇒ goodwill ; prime sur émission d'obligations

PRIME SUR ÉMISSION D'OBLIGATIONS
C'est une forme de plus-value ; il est plutôt exceptionnel et très rare d'émettre une obligation au-dessus du pair par exemple à 102 pour 100 de valeur nominale. Il faudrait pour une situation de ce genre des circonstances particulières (emprunts particulièrement intéressants, sécurité-garanties).
⇒ prime sur émission (actions) ; prime de remboursement (obligations) ; perte émission (obligations)

PRIME TIME
Termes anglo-américains utilisés **dans l'audiovisuel** (télévision notamment) pour qualifier la **période de grande écoute,** généralement située en début de soirée, particulièrement favorable à la diffusion de messages publicitaires, même si leur coût est alors plus élevé.

PRINCIPE
Raisonnement, loi, règle ou déduction concernant un certain nombre d'éléments en corrélation ou qui ont une conséquence déterminée.
Les théories économiques fourmillent de multiples principes, souvent remis en cause.
On peut notamment citer :
– le principe de l'annualité budgétaire,
– les principes bancaires de rentabilité, de liquidité et de sécurité,
– le principe de l'évaluation la plus basse (valeur minimale),
– le principe de l'égalité de rémunération entre les hommes et les femmes,
– etc.

PRINCIPE DE LA VALEUR INFÉRIEURE
Dans une **entreprise,** à l'occasion de l'évaluation des valeurs actives (l'ensemble des biens détenus par la société concernée) en fin d'exercice comptable, on peut constater des augmentations ou des diminutions de valeur par rapport à la valeur d'acquisition. Dans ce cas les règles comptables et fiscales mettent l'accent sur la prudence. Les bénéfices non réalisés ne sont pas comptabilisés. Si toutefois on constatait des moins-values, on pourrait valoriser ces éléments au cours du jour (inférieur à ce moment-là au prix d'acquisition). C'est le principe de la valeur inférieure.
⇒ principe de réalisation

PRINCIPE DE MINIMUM
Certains pays déterminent des minimums (sociaux, vitaux, de vieillesse, etc.) qui ont pour objectif **d'assurer à la partie concernée de la population des revenus en principe garantis et au-dessus du seuil de pauvreté.** L'objectif est d'atteindre un niveau déterminé moyennant des charges et des sacrifices aussi faibles que possible.
⇒ charges ; revenu ; seuil de pauvreté

PRINCIPE DE PETER
Principe énoncé par le professeur canadien PETER selon lequel, **dans une organisation hiérarchisée, chacun des salariés a tendance à s'élever jusqu'à atteindre son niveau d'incompétence.**
Il faut cependant considérer avec précaution ce principe, le seuil d'incompétence d'un individu est provisoire, pouvant être dépassé, en particulier avec une formation adaptée.

PRINCIPE DE PRÉCAUTION
Les entreprises et les administrations prennent de plus en plus de mesures préventives pour éviter les accidents et les incidents, protéger l'environnement et assurer aux consommateurs ainsi qu'aux citoyens des conditions d'utilisation d'un produit, d'une machine, d'un service avec le moins de risque possible : c'est le « **principe de précaution ».**
Inscrit en 1992 dans la « Déclaration de Rio » sur le développement durable, le « principe de précaution » a été repris dans la législation de plusieurs pays.
Son application trop stricte peut cependant conduire à un certain immobilisme alors que le risque zéro n'existe pas.
⇒ consommateur ; développement durable ; protection

PRINCIPE DE RÉALISATION
On réalise un bénéfice ou une perte (on la subit aussi) à l'occasion de la vente d'éléments actifs (l'ensemble des biens de l'entreprise). **Les pertes et les gains ainsi réalisés doivent être considérés en fonction des règles comptables et fiscales.**
⇒ principe de la valeur inférieure

PRINCIPE DE RÉPARTITION DU REVENU
La répartition du revenu s'oriente en fonction de critères politico-sociaux. Les revenus peuvent être distribués en fonction du principe d'égalité (nivellement des revenus) ou **en fonction des besoins** (à chacun selon ses besoins) ou **en fonction des efforts, des prestations de rendements fournis par l'individu ou de ses mérites.**
Niveler les revenus semble utopique. Les déterminer d'après les besoins est également illusoire car les besoins sont incommensurables et varient d'un individu à l'autre dans le temps et dans l'espace. Reste le **principe qui base le revenu sur les prestations, les efforts, les mérites et les rendements fournis.** Sous réserve de corrections, notamment pour éviter les iniquités, beaucoup d'individus semblent pouvoir accepter

un tel système. Il n'en reste pas moins que la question : « qu'est-ce qui est équitable ? » demeure sans vraie réponse.
⇒ arbitrage en matière salariale ; chômage ; inégalités sociales ; intervention de l'État en matière salariale ; redistribution de revenus ; salaire

PRINCIPE DU MAXIMUM
À partir de charges déterminées, il s'agit d'atteindre la plus grande utilité.
⇒ charges ; utilité

PRIVATE BANKING
Voir : GESTION DE PORTEFEUILLE

PRIVATISATION
L'État, propriétaire d'entreprises, vend ses parts ou ses actions, en totalité ou en partie à des personnes ou à des entreprises privées.
Dans le cadre d'une politique dirigiste, socialiste ou marxiste, l'État a nationalisé c'est-à-dire s'est rendu propriétaire (par différents moyens, parfois sans indemnités) d'entreprises et, dans certains cas, de toutes les entreprises d'un pays. La mise en œuvre d'une politique libérale va conduire l'État à se séparer des entreprises publiques dont il avait le contrôle ; ces entreprises vont ainsi retrouver leur totale liberté.
Certaines circonstances ou l'intérêt que l'État porte à des entreprises essentielles à l'activité économique du pays (ou appartenant à des secteurs sensibles) peuvent l'amener cependant à conserver une partie des actions de l'entreprise privatisée pour y garder un contrôle et une influence.
L'adhésion à l'UNION EUROPÉENNE – UE – de pays jusqu'alors soumis à une économie dirigiste a conduit les gouvernements concernés à de très larges privatisations de toute l'économie qui doit nécessairement s'ouvrir à une économie de marché.
⇒ dirigisme ; nationalisation

PRIVILÈGES
Dans son acception générale, le privilège est un avantage accordé, en raison d'un droit, d'un statut ou d'une fonction.
En matière de créances, la loi a prévu, dans de nombreux pays, des priorités au profit de certains créanciers. Ils pourront être désintéressés par préférence à d'autres créanciers dits chirographaires, c'est-à-dire sans aucun privilège pour être payés en priorité.
La loi fait en général la distinction entre privilèges sur meubles et immeubles, privilèges généraux sur biens meubles et privilèges sur certains meubles et privilèges sur immeubles. Elle détermine aussi une hiérarchie entre les privilèges, par exemple les frais de justice, les frais en rapport avec le décès, les salaires, les cotisations sociales, les impôts, etc.
Les salariés bénéficient aussi sous certaines conditions, d'un privilège pour le paiement de tout ou partie de leurs salaires ou appointements en cas de faillite d'une entreprise.
⇒ créancier

PRIX
Le prix est une mesure de valeur qui indique combien d'unités monétaires il faut payer pour obtenir un bien ou une prestation de service : c'est la valeur d'échange d'un bien. Le prix se forme ou bien librement ou en fonction de conventions ou d'autorisations des Autorités Publiques ; dans ce dernier cas, il s'agit de la mise en œuvre d'une politique spécifique.

PRIX DE L'OR ET DE L'ARGENT
Les pièces d'or et d'argent ainsi que les lingots de ces deux métaux et le platine sont essentiellement cotés en Europe à la Bourse de Londres (Grande-Bretagne), dans les principales Bourses mondiales (New York aux États-Unis) et, dans certains pays, par les Banques Centrales. Ces cotations sont diffusées quotidiennement par de nombreux médias et par INTERNET, les cours de la Bourse de Londres servant de base aux prix et aux négociations dans les différents pays européens dont la plupart n'ont plus de Bourse pour l'or et l'argent.
D'autres métaux font l'objet de cotations en Bourse, en fonction de leur importance pour certaines activités économiques : aluminium, cuivre, plomb, zinc, nickel notamment.
⇒ Bourse

PRIX DE REVIENT D'ACHAT
C'est le prix d'achat majoré de l'ensemble des frais relatifs à l'achat (frais d'emballage, frais de transport, frais d'assurance...).
⇒ charges ; coût ; dépenses ; prix de revient de fabrication

PRIX DE REVIENT DE FABRICATION
Par prix de revient d'un objet ou d'un produit, on entend **tout ce qu'il a coûté quand il arrive au stade final de la fabrication ; le même raisonnement est à faire pour un service.**
On utilise plus volontiers le terme de « **coût de revient** ».
⇒ charges ; coût ; dépenses ; prix de revient d'achat

PRIX Ig. NOBEL
C'est une **imitation caricaturale du Prix Nobel.**
Ig est la contraction du terme anglais « ignoble » (indigne). Il est décerné depuis 1980 par la revue humoristico – scientifique *Annals of Improbable Research – AIR* publiée par une institution liée à l'Université d'Harvard (E-U). Le prix Ig Nobel récompense, dans de nombreux domaines, y compris ceux de l'économie, des travaux et des recherches bizarres, absurdes ou invraisemblables « qui ne peuvent pas ou ne devraient pas être reproduits », pas forcément mauvais, mais tout à fait inhabituels.
⇒ Prix Nobel ; Prix Nobel alternatif

PRIX MINIMUM
Le prix minimum est un prix de protection qui est fixé par les Autorités Publiques. Il a pour objectif de mettre l'économie ou certains secteurs de celle-ci à l'abri de difficultés, parfois graves y compris la ruine.
Les prix minima se situent **généralement au-dessus des prix d'équilibre**. De ce fait, ils constituent en même temps **un risque : celui d'une offre excédentaire**. La tentation est donc permanente de voir se développer des marchés parallèles « obscure ou gris ». L'État devrait ou sera alors contraint à prendre des mesures pour accroître la demande ou pour limiter la production. En la matière il s'agit de résoudre les problèmes des subsides, des primes, des quotas, de constitution obligatoire de stocks qui de temps en temps sont déversés à bas prix sur des marchés étrangers, etc.
⇒ prix

PRIX NOBEL
Célèbre prix fondé par l'inventeur suédois de nombreux explosifs (notamment la dynamite), Alfred Bernhard NOBEL (1833-1896).

C'est par testament que sa fortune fut à l'origine d'une fondation destinée à récompenser chaque année ceux qui auraient rendu d'éminents services à l'humanité dans les domaines :
- de la physique,
- de la chimie,
- de la médecine et de la psychologie,
- de la paix,
- de la littérature.

Les premiers prix furent décernés en 1901.

C'est seulement en 1968 que fut créé par la Banque de Suède, à la mémoire d'A. NOBEL, le Prix d'économie.

Il existe un « Prix Nobel alternatif », le « Right Livelihood Awards » et un « Prix Ig. Nobel », caricatural.

⇒ Prix Ig.Nobel ; Prix Nobel alternatif

PRIX NOBEL ALTERNATIF

Parallèlement au Prix Nobel classique, il existe depuis 1980 un prix créé par le journaliste Jakob VON UEXKÜLL qui a comme leitmotiv « right Livelihood Awards » c'est-à-dire « récompense d'une existence juste » ; il est connu aussi sous cette appellation.

Ce prix est décerné la veille de la proclamation des Prix Nobel classiques. **Il a pour objectif de récompenser et d'honorer des personnes qui apportent des réponses exemplaires aux problèmes auxquels l'humanité est confrontée ;** il se veut un message d'espoir et de courage.

⇒ Prix Ig.Nobel ; Prix Nobel

PROCÉDURE

C'est le terme générique qui est utilisé pour définir toutes les formalités et les démarches à accomplir ou les règles à observer dans un domaine déterminé.

La procédure judiciaire concerne les démarches devant les différentes juridictions (tribunaux et cours spécialisés). Cette procédure est fixée par les textes législatifs, généralement regroupés dans des CODES spécialisés : code de procédure civile, code de procédure pénale, code de procédure administrative, etc.

Les termes de « procédure collective » concernent, pour l'entreprise en difficultés, les mesures judiciaires destinées à permettre la sauvegarde de l'entreprise, le maintien de l'activité et de l'emploi, ainsi que l'apurement du passif, mais aussi, si nécessaire, la liquidation de la société.

⇒ code ; tribunal

PROCESSEUR

C'est l'élément – circuit intégré – qui détermine et contrôle la succession des opérations à accomplir dans un système électronique, notamment l'ordinateur.

⇒ circuit intégré ; ordinateur

PROCURATION

Voir : MANDAT

PROCUREUR

Dans certains pays c'est le **magistrat qui, devant un tribunal ou une cour, représente l'État et requiert l'application de la loi** ; c'est le Ministère Public. Il défend les intérêts de l'État, donc ceux de la Société. Il est appelé Procureur, Procureur d'État, ou Procureur du Roi ou encore Avocat Général suivant les pays et les juridictions.

⇒ magistrature

PRODUCTION

C'est à la fois l'ensemble des biens fabriqués ou des services mis à la disposition des utilisateurs mais aussi les moyens qui en ont permis la création ou l'élaboration.

Dans l'entreprise, la fonction de production fait intervenir le travail et le capital qui en sont les deux facteurs essentiels.

On distingue différentes méthodes de production : celle de masse, c'est-à-dire en série (production d'une quantité importante d'articles identiques), **en continu** (le processus de production ne s'arrête pas), **en discontinu** (on change les caractéristiques du produit ou l'on en fabrique d'autres), **à la commande** (suivant une demande précise, généralement sur devis), etc.

La mesure d'une production se fait en fonction de sa valeur, de son volume ou encore des quantités.

Au niveau d'un pays ou d'une zone géographique déterminée, on calcule la « Production Intérieure Brute » ; mais ce concept est de plus en plus abandonné et remplacé par un agrégat représentatif de la richesse : **le Produit Intérieur Brut – PIB** ; lui-même tend à être remplacé par l'**Indicateur de Développement Humain – IDH**, beaucoup plus complet.

La « **production raisonnée** » est, dans le domaine agricole (au sens large), une production qui utilise les techniques modernes tout en respectant l'environnement.

⇒ Indicateur de développement humain ; production complémentaire ; production de l'exercice ; production dépendant du facteur capital ; production dépendant du facteur salaire ; Produit Intérieur Brut

PRODUCTION COMPLÉMENTAIRE

Dans beaucoup de processus de production on obtient un ou plusieurs produits accessoires (sous-produits). On dit que la production de ces sous-produits est complémentaire.

⇒ produits

PRODUCTION DE L'EXERCICE

Lorsqu'elle est exprimée en valeur c'est l'**ensemble des ventes de l'entreprise pour une période déterminée,** augmenté des stocks et productions immobilisées moins les déstockages en cours.

La production immobilisée représente les travaux faits par l'entreprise pour elle-même et qui conduisent à des valeurs immobilisées (bâtiments, ateliers, hangars, etc.).

⇒ stock ; vente

PRODUCTION DÉPENDANT DU FACTEUR CAPITAL

Certaines productions sont déterminées essentiellement **par le facteur capital**. Dans ce cas la production exige de gros investissements et d'importants coûts financiers.

⇒ facteurs de production ; production dépendant du facteur salaire

PRODUCTION DÉPENDANT DU FACTEUR SALAIRE

Certaines branches d'industrie ont une production essentiellement **dépendante du facteur salaire,** elles en dépendent dans une large mesure.

⇒ facteurs de production ; production dépendant du facteur capital

PRODUCTION MINIMUM

On parle de production minimum lorsque le **coût moyen des frais variables atteint son niveau le plus bas** ; en deçà, il y a perte pour l'entreprise.

⇒ coût moyen global ; production optimale

▶ graphique n° 16

PRODUCTION OPTIMALE

Elle est atteinte, dans l'entreprise, lorsque le coût global moyen est à son niveau le plus bas.

Si l'on représente graphiquement la production, on constate que la production optimale se trouve à l'intersection des courbes de coût global moyen et de coût marginal.

Il ne faut pas confondre le coût global moyen et le coût moyen de frais variables.

⇒ coût moyen de frais variables ; production minimum
▶ graphique n° 17

PRODUCTIVITÉ

La productivité peut, d'une façon générale, se définir comme un rapport entre une production (d'un bien, d'un service, etc.) et les différents moyens ou les éléments mis en œuvre pour la réaliser (capital matières premières, travail etc.).

Le calcul de la productivité d'une entreprise, d'un secteur (chimie, textile…) ou d'une économie fait intervenir la notion de **la valeur ajoutée** de cette entreprise de ce secteur ou du pays concerné.

⇒ valeur ajoutée ; rentabilité

PRODUIT

La notion de produit se rapporte à des moyens ou des **appareils de production** (installations, machines, équipements) qui vont créer des biens ou réaliser des travaux ; l'activité productive concerne également les services.

Toute activité entraîne, au sens comptable, des coûts, c'est-à-dire des charges en face desquelles il y a les ventes, les revenus financiers, etc. qui, en comptabilité, constituent des produits par nature.

En macroéconomie, le produit est un indicateur de richesse très largement utilisé, notamment le Produit Intérieur Brut – PIB.

⇒ Produit Intérieur Brut

PRODUIT DÉRIVÉ

Une **entreprise** jouissant d'une certaine notoriété (dans l'audiovisuel, les sports, la mode, etc.) **se diversifie en commercialisant des** « produits dérivés » mettant en valeur sa marque, son logo et en les utilisant comme supports publicitaires.

La gamme des produits dérivés sans liens techniques avec l'activité de l'entreprise est très variée : gadgets, jeux, disques de musique, jouets, etc.) mais lui procure à la fois des revenus souvent importants tout en contribuant à sa promotion (maillots à l'effigie d'un joueur pour un fabricant d'articles de sports, par exemple).

Le terme « dérivé » concerne aussi des produits boursiers spécifiques.

⇒ dérivé

PRODUIT INTÉRIEUR BRUT

C'est un agrégat (ensemble d'éléments) de la mesure de la richesse d'un pays, d'une région, d'un ensemble de pays pour une période donnée, généralement l'année.

Il est défini comme étant la valeur des ventes de biens et de services à laquelle s'ajoutent les variations des stocks et les exportations : mais d'autres méthodes de calcul sont utilisées, notamment le cumul des valeurs ajoutées, de la TVA et des droits de douane.

Cet indicateur, généralisé dans l'ensemble du monde (il est alors établi, le plus souvent « à parité de pouvoir d'achat », c'est-à-dire en tenant compte des taux de change), a remplacé de nombreux autres indicateurs, notamment :

– le produit social (travail salarié, activité entrepreneuriale et revenus de la fortune),
– le revenu national ou le produit national (qui ne concerne que les nationaux, résidant ou non dans le pays concerné),
– le produit intérieur (celui d'un pays ou d'une région, quelle que soit la nationalité de ceux qui en sont à l'origine),
– etc.,

avec, dans certains cas, des distinctions entre des calculs effectués « au prix du marché », « au coût des facteurs », « bruts » ou « nets », etc.

De plus en plus, à côté du Produit Intérieur Brut – PIB- on détermine l'Indicateur de Développement humain – IDH, beaucoup plus complet et représentatif.

⇒ Indicateur de Développement humain ; parité ; Produit National Brut

PRODUIT NATIONAL BRUT – PNB

Il représente pour une période déterminée (en général l'année), les richesses créées à l'intérieur d'un territoire déterminé plus ce qui est reçu de l'extérieur de cet espace (l'étranger) et moins ce qui est versé à l'extérieur de celui-ci.

C'est le Produit Intérieur Brut – PIB – auquel on ajoute le solde des revenus procurés par les facteurs de production transférés soit de l'étranger soit à l'étranger.

On distingue :

– le PNB réel ou encore au coût des facteurs ; la production est évaluée aux prix pratiqués pendant la période de référence en tenant compte des modifications de prix, éventuellement corrigées d'indices dits « déflateurs » ;
– le PNB nominal ou au prix du marché, c'est-à-dire aux prix en vigueur au stade final de la production ou de la réalisation pour les services ;
– le Produit National Net qui est le PNB moins les amortissements de la période considérée.

Le PNB (parfois appelé le Produit Social Brut) est relativement **peu utilisé**, les économistes lui **préférant l'agrégat du Produit Intérieur Brut – PIB – et plus encore désormais, l'Indicateur de Développement Humain – IDH.**

⇒ biens ; consommation ; exportations ; importation ; Indicateur de Développement Humain ; investissement ; Produit Intérieur Brut

PRODUITS À RECEVOIR

Parmi les postes de régularisation de l'Actif du Bilan d'une entreprise, se trouvent **des comptes qui doivent constater des recettes attendues mais qui ne sont donc pas encore encaissés** : ce sont des rabais, des remises, des ristournes, des intérêts, etc.

Un compte d'Actif (Bilan) sera débité par le crédit d'un compte de produits.

⇒ charges payées d'avance

PRODUITS PAR NATURE

Il s'agit d'un terme comptable. Produit est synonyme, dans ce contexte, de création, de production, de vente de produits finis et de marchandises ainsi que de services.

Le produit peut aussi être d'origine financière.

Comme pour les charges par nature, il y a une **classification**. Les produits devraient figurer au passif du Bilan pour équilibre (équation du Bilan : Actif = Passif). Or, la présentation habituelle se contente de renseigner la différence entre Produits et Charges. Cela veut dire que le bénéfice apparaît au passif du Bilan. La perte figure avec le signe de la soustraction au passif, mais en vertu de l'équation du Bilan, elle

pourrait être portée à l'Actif du Bilan pour équilibre. La perte signifie « actif disparu ».
⇒ bilan ; charges ; compte résultats de l'exercice

PROFIT

Ce terme est **synonyme de bénéfice**. On dit que **le profit constitue le « revenu de l'entrepreneur »**. Il s'agit en réalité d'une différence. C'est ce qui subsiste ou ce qui reste lorsque l'on retranche les charges des produits d'une entreprise ; c'est, dans tous les cas, très aléatoire. La justification du profit provient du fait qu'on pense à la rémunération de facteurs intervenant dans la production (travail et capital). Si le profit est vraiment gagné, il semble être mérité. En effet ces « surplus » ne viennent pas d'une génération spontanée. Il peut cependant en être autrement en cas de rente.
Le profit est différent de la rente, du salaire et de l'intérêt en ce sens qu'il rémunère l'initiative, l'esprit d'invention, d'innovation, la bonne gestion et le risque que courent tous ceux qui se réclament du rôle d'entrepreneur.
À la constatation de MARX selon qui le profit résulte de l'exploitation de la classe laborieuse, d'autres se demandent s'il est imaginable et légitime de vouloir condamner l'esprit d'entreprise et en conséquence le profit qui peut en résulter.
Aujourd'hui beaucoup estiment que le dynamisme économique est à l'origine du profit qui demeure incertain ou instable. Dans les sociétés de capitaux (par exemple les sociétés anonymes) on détermine un profit total en faisant la somme des bénéfices, dividendes, tantièmes et réserves.
Le résultat d'une entreprise industrielle comme celui d'une entreprise commerciale est dégagé par le compte « Résultat de l'exercice ». En cas de bénéfice, il y a un solde créditeur qui donne lieu à une répartition bénéficiaire : « réserve légale », « réserve statutaire », « dividende », « report à nouveau », etc.
⇒ dividende ; intérêt ; rente ; réserve ; salaire ; tantième

PROFIT PUSH INFLATION

Termes anglo-américains, littéralement « **profit poussé par l'inflation** ».
Une situation de monopole ainsi que des accords en matière de prix ont, en cas d'une demande qui n'a pas d'élasticité, un impact sur les prix et, en conséquence, les gains augmentent.
⇒ demande ; demand pull inflation ; élasticité ; inflation par les coûts ou inflation absolue ; prix

PROFIT WARNING

Terme boursier anglo-saxon que l'on peut traduire en français par « **alerte aux résultats** » ou par « **attention aux profits** ».
C'est une annonce que font les dirigeants d'une entreprise pour alerter les marchés financiers mais aussi ses clients et son environnement économique et social lorsque les résultats apparaissent comme n'étant pas susceptibles d'atteindre les objectifs fixés ou les prévisions.
En théorie, cette mesure doit permettre « d'amortir » à temps le choc d'une situation difficile et d'éviter une chute brutale des cours de l'action et même un « krach » lors de la publication des résultats définitifs de l'entreprise.
⇒ cours ; krach ; résultats

PRO FORMA

Locution d'origine latine, signifiant « **pour la forme** », utilisée fréquemment pour désigner une facture qui servira à effectuer un certain nombre de formalités administratives (douane) ou bancaires (crédit).

PROGRAMMATION NEUROLINGUISTIQUE – PNL

Méthode d'analyse et de connaissance de soi, permettant le développement harmonieux des capacités personnelles, quels que soient le poste occupé, la fonction et les responsabilités que l'on exerce.
La PNL a connu un développement important pour améliorer l'efficacité des dirigeants d'entreprise.
⇒ analyse transactionnelle

PROGRAMME

Ensemble plus ou moins détaillé mais cohérent de projets, d'actions, d'intentions, d'opérations nécessaires et prévues pour atteindre un but, un résultat ou un objectif.
L'État, les gouvernements, les Autorités Publiques et les collectivités établissent des programmes économiques, sociaux, de lutte contre le chômage, de grands travaux, etc. ; l'entreprise bâtira un programme d'investissements, de conquête de nouveaux marchés, d'embauches, etc.
On parle aussi,
    du programme d'une réunion,
    d'un programme de fabrication,
    d'un programme de travail,
    d'un programme d'urgence,
    d'un programme d'aide,
    d'un programme d'ordinateur (l'ensemble des instructions qui commandent un ordinateur).

PROGRAMME DE LISBONNE

Le Conseil Européen extraordinaire de mars 2000 à Lisbonne (Portugal) a fixé **un objectif stratégique à l'UNION EUROPÉENNE – UE – pour l'horizon 2010** : « rendre l'économie européenne la plus compétitive et la plus dynamique du monde, fondée sur le savoir, capable de soutenir une croissance durable avec plus et de meilleurs emplois et une plus grande cohésion sociale ». C'est le « **Programme de Lisbonne** », cité aussi comme l'« Agenda de Lisbonne » ou le « Processus de Lisbonne » (en anglais « Lisbon Agenda ») ou encore la « Stratégie de Lisbonne ».
Le suivi de cet objectif ambitieux est assuré par 14 indicateurs structurels :
– le Produit Intérieur Brut –PIB – par habitant,
– la productivité du travail,
– le taux d'emploi,
– le taux d'emploi des travailleurs âgés,
– les dépenses d'éducation,
– les dépenses dans le domaine des technologies de l'information,
– les dépenses de recherche,
– l'intégration des marchés financiers (c'est-à-dire les taux d'intérêt),
– le taux de pauvreté,
– le taux de chômage longue durée,
– les taux d'emploi par région,
– l'émission de gaz à effet de serre,
– les dépenses énergétiques,
– le volume des transports intérieurs.
⇒ Indicateur ; UNION EUROPÉENNE

PROGRAMME HERCULE DE L'UNION EUROPÉENNE

Ce programme a pour objectif de mener un certain nombre d'actions pour protéger les intérêts financiers de l'UNION EUROPÉENNE dans le cadre des subventions et autres aides qu'elle accorde ; ce programme comporte des forma-

tions et la sensibilisation des acteurs concernés ainsi que la diffusion des connaissances et des outils spécifiques pour maîtriser et rendre plus efficaces les contrôles.
⇒ UNION EUROPÉENNE

PROGRÈS
Amélioration, évolution ou avance dans les domaines les plus divers.
Il y a progrès en matière technique, économique, sociale et même moralement.
Le progrès implique généralement une augmentation de la productivité et de la croissance économique ; il participe donc à la création d'emplois. Cependant, **le progrès peut être récessif** et ainsi à l'origine de délocalisations, de restructurations avec la conséquence de suppressions d'emplois.
⇒ productivité

PROHIBITION
Terme utilisé en matière de commerce extérieur et ayant comme signification **l'interdiction d'importation ou d'exportation**, éventuellement les deux simultanément. Il s'y ajoute généralement, si l'interdiction n'est pas totale, des droits de douane prohibitifs c'est-à-dire des tarifs très élevés (exorbitants) qui empêchent littéralement la circulation des marchandises ou des produits concernés.
Plus généralement, **le terme est synonyme d'interdiction de vendre** certains produits dans des conditions déterminées (alcools par exemple).
⇒ droit de douane

PROLONGATION EN MATIÈRE DE LETTRE DE CHANGE
Le tiré (celui qui a pris l'engagement) n'est pas en mesure de payer à l'échéance. Le tireur est disposé à lui avancer le **montant à payer** pour éviter le « protêt faute de paiement ». Un nouvel effet (avec une nouvelle échéance) est établi compte tenu des intérêts, des frais et éventuellement de taxes spécifiques (droits de timbre).
⇒ lettre de change ; protêt faute de paiement

PROMOTION
Avancement d'un individu ou d'un groupe de personnes dans la hiérarchie, dans une position sociale plus élevée, à un grade supérieur ou à une responsabilité plus importante dans une entreprise, une administration, un pays ou une organisation.
La promotion est aussi la technique et les moyens mis en œuvre pour accroître, stimuler ou développer des ventes, un chiffre d'affaires, des exportations ou inciter des clients à l'achat.
Le marketing utilise des techniques très variées et multiples pour la promotion d'un produit, d'un service, d'une entreprise, d'une organisation ou d'une administration.
⇒ marketing

PROPENSION
En fonction de ses goûts, de son éducation, de ses habitudes, l'homme consacre son revenu en partie à la consommation et en partie à l'épargne.
Selon les cas, il y a donc une **tendance plus prononcée vers la consommation ou vers l'épargne**. De là les expressions : **propension à consommer et propension à épargner**.
En cas d'accroissement de revenu, une partie est consommée et l'autre épargnée. De là les expressions : **propension marginale à consommer et propension marginale à épargner**.

La somme de la propension marginale à consommer et de la propension marginale à épargner est toujours 1.
Propension est donc synonyme de tendance.
Certains économistes distinguent aussi la **propension à exporter ou à importer** qu'ils définissent comme le rapport entre les exportations ou les importations et le Produit Intérieur Brut – PIB – d'un pays pendant une période déterminée. **La propension moyenne à importer est dite « coefficient de dépendance » du pays concerné.**
⇒ consommation ; épargne ; exportation ; importation ; revenu

PROPRIÉTAIRE
Personne qui a le droit de jouir et disposer d'une chose de la manière la plus absolue sans qu'elle puisse cependant en faire un usage abusif ou illicite ; c'est le droit civil qui règle les problèmes relatifs à la propriété d'un bien ; la législation est regroupée dans le « code civil ».
⇒ Code civil

PROPRIÉTÉ
La propriété est un droit qui confère à celui qui le possède le pouvoir de disposer d'une chose de la manière la plus absolue. La seule restriction prévue par la loi est qu'elle interdit d'en faire un usage non autorisé par elle et par les règlements.
Pour l'économie, il est nécessaire de distinguer entre la propriété privée et la propriété publique. S'il y a peu de problèmes au sujet des biens de consommation, il y en a en matière de biens de production qui ont une certaine durée d'utilisation.
Sur le plan idéologique et politique différents systèmes ont analysé la propriété et formulé à son égard des règles précises ou des propositions : capitalisme, communisme, socialisme, etc.
On distingue aussi :
– la **propriété industrielle** qui concerne les droits d'invention,
– la **propriété intellectuelle** qui a trait aux brevets, licences et marques,
– la **propriété littéraire et artistique** qui protège les auteurs et les compositeurs.
Une nouvelle forme de propriété immobilière a été créée récemment : la propriété en temps partagé ou multipropriété.
⇒ capitalisme ; communisme ; propriété en temps partagé ; PROUDHON ; socialisme

PROPRIÉTÉ EN TEMPS PARTAGÉ
Concerne la propriété d'un immeuble dont les propriétaires ont acheté un droit d'usage pendant une période déterminée de l'année (une semaine, un mois, etc.) Ce système est notamment connu pour les résidences de vacances.
Il est encore appelé **multipropriété**.
Les termes anglo-américains de « time-share » sont parfois employés à tort pour désigner ce type de propriété.
⇒ propriété

PRORATA TEMPORIS
Locution latine qui signifie « **proportionnellement au temps couru** ». Elle s'applique notamment, dans le domaine comptable, en matière d'amortissement où la première et la dernière période d'amortissement peuvent représenter des fractions de période.

La même réflexion peut être faite en matière d'intérêts ou de toute autre obligation dans laquelle intervient la notion de temps.
⇒ amortissement ; intérêt

PROROGATION
Il s'agit d'accorder une prolongation. C'est ainsi qu'on peut proroger une date prévue pour un paiement, on peut proroger un contrat, proroger un bail, etc. La prorogation d'échéance en matière de paiement n'est, en principe, pas gratuite.
⇒ prolongation d'échéance en matière de lettres de change

PROSPECT
Voir : PROSPECTION

PROSPECTION
Sous l'angle de vue commercial il s'agit **d'explorer le marché**. C'est donc **la prise de contact avec le consommateur dont on cherche à connaître les besoins, les motivations et que l'on va tenter d'influencer**.
Le « prospect » est le client éventuel, futur, potentiel et donc, **la cible privilégiée de la prospection**.
La prospection peut aussi comprendre l'étude du comportement du marché pour mieux connaître comment le consommateur se comporte et réagit, et adapter ainsi la stratégie de l'entreprise. Enfin, il peut encore s'agir du comportement et de la réaction globale du marché.
Il s'agit aussi de prospection, lorsqu'on étudie une région dans le but de découvrir des **richesses du sous-sol**.
⇒ besoin ; cible ; consommateur ; marché ; stratégie

PROSPECTIVE
L'histoire nous enseigne que l'« homme de Neandertal » confectionnait des ustensiles dans le but d'un usage immédiat et non durable, alors que « l'homo sapiens » créait des outils devant servir plus longtemps. Quand à l'« homo sapiens sapiens » il a la faculté de se projeter dans l'avenir. C'est le français Gaston BERGER qui a mis l'accent sur l'aspect philosophique des projections dans l'avenir. En l'occurrence il ne s'agit pas de prévision économique mathématique et comptable mais plutôt du **génie de l'homme de prévoir l'avenir en fonction de tendances et d'évolutions**.
Le « gouverner c'est prévoir » prend toute sa valeur en matière de prospective.
⇒ prévision

PROSPECTUS
Fiche, brochure, dépliant et, au sens large, notice qui accompagne un produit ou une action. L'objectif peut être publicitaire, commercial ou d'information.
Le prospectus d'émission ou note d'information est obligatoire dans des opérations **d'émission d'actions ou d'obligations** de sociétés commerciales.
⇒ action ; obligation

PROTECTION
Ensemble des moyens mis en œuvre dans un secteur, une région, un pays pour protéger contre la concurrence extérieure ou assurer le développement sans entrave d'une activité déterminée : c'est le protectionnisme.
Le terme est aussi synonyme de prévoyance : la protection sociale concerne aussi bien les régimes de Sécurité sociale que les retraites.
C'est aussi tout ce qui est mis en œuvre **(techniques et moyens) pour protéger l'intégrité physique**, notamment celle du salarié au travail, dans l'entreprise et à domicile (dispositifs de protection des machines), **pour limiter les rejets polluants** (eaux, gaz, produits nocifs) **et maintenir une certaine qualité à l'environnement**.
On peut aussi citer **d'autres types de protection :**
– la protection contre l'incendie,
mais aussi,
– la protection contre le licenciement,
– la protection du consommateur en ce qui concerne le crédit,
– la protection juridique de la propriété intellectuelle et de la propriété industrielle,
– la protection des personnes mineures ou incapables,
– etc.
⇒ environnement ; principe de précaution ; protectionnisme

PROTECTIONNISME
C'est la mise en œuvre par un État d'une protection sérieuse des industries nationales en frappant de droits de douane (à l'entrée) les produits industriels et agricoles étrangers.
Les Autorités Publiques doivent alors agir de telle sorte que la production nationale et les entreprises nationales ne soient pas écrasées par la concurrence étrangère. Sous le régime de la libre concurrence les pays mieux outillés pourraient affaiblir et même détruire l'industrie de leurs voisins et réduire ses travailleurs au chômage et à la misère. Pour lutter contre une telle situation il faut relever artificiellement les prix des produits étrangers qui menacent l'économie d'un pays.
Le protectionnisme peut aussi concerner des industries naissantes et plus encore l'industrie de défense nationale, en temps de paix comme en temps de guerre.
Si l'industrie nationale n'était pas protégée, elle pourrait disparaître et les sujets nationaux seraient alors exploités par l'étranger.
Mais le protectionnisme s'oppose au libre-échange qui est l'un des principes fondamentaux du commerce international actuel.
Les accords commerciaux internationaux et l'ORGANISATION MONDIALE DU COMMERCE – OMC – ont pour objectifs la réduction et la suppression des entraves protectionnistes au commerce mondial.
⇒ libéralisme ; LIST ; protectionnisme éducateur ; ORGANISATION MONDIALE DU COMMERCE

PROTECTIONNISME ÉDUCATEUR (OU PROTECTIONNISME DES INDUSTRIES NAISSANTES
Friederich LIST est le père de cette doctrine préconisée depuis 1840 et partagée ensuite par beaucoup de libéraux. F. LIST développe sa théorie du **protectionnisme éducateur** dans son ouvrage *Das nationale System der Politischen Ökonomie* – « *Le système national d'économie politique* » (1840).
Avant d'arriver à maturité, une économie, selon LIST, passe par différentes étapes ; pendant ces périodes, **il faut protéger l'économie qui est en voie de formation et d'expansion** (ou le secteur concerné) ; cette protection devrait, à terme, être réduite, et cesserait lorsqu'une certaine stabilité aura été atteinte.
Un exemple est constitué par les immigrés qui gardent leurs habitudes. Ainsi, par exemple, les Allemands établis au Brésil ont longtemps acheté des produits allemands. Le Brésil établit des droits de douane sur les produits allemands et de cette façon l'industrie brésilienne peut se développer.
⇒ LIST ; protectionnisme

PROTECTION SOCIALE
Voir : SÉCURITÉ SOCIALE ET PRÉVOYANCE SOCIALE

PROTÊT EN MATIÈRE DE LETTRE DE CHANGE
Lorsque la lettre de change est présentée au paiement à l'échéance conformément au droit cambiaire et que **le tiré refuse de payer, le dernier porteur (bénéficiaire) peut faire dresser un « protêt faute de paiement »** ; ce document est établi par un notaire, un huissier ou bien par toute autre personne compétente et autorisée en la matière. Cependant il faut distinguer entre le « protêt faute de paiement » et le « protêt faute d'acceptation », ce dernier protêt a peu de signification pratique, mais il fait présumer que le paiement sera probablement refusé.
Le constat de non-paiement ou protêt peut aussi concerner un billet à ordre ou un chèque ;
⇒ billet à ordre ; chèque ; lettre de change

PROTOCOLE
Ensemble de règles, d'usages, de décisions ou de résolutions concernant un domaine déterminé, un processus technique, etc.
Le protocole est aussi un document précisant, soit avant son élaboration définitive, les dispositions essentielles d'un contrat, d'un accord ou d'un traité international, soit en annexe et après leur rédaction apportant des indications quant à leur application et à ses conditions.
En diplomatie, ce sont les règles comportementales dans les relations entre les États. De même, il y a un protocole dans chaque État qui définit les préséances et l'organisation des cérémonies officielles ; les cours royales ont elles-mêmes un protocole ; les organisations, institutions et associations ont aussi un protocole qui fixe certaines prérogatives ou le rang dans les cérémonies officielles.
En matière d'imprimerie, le protocole concerne les instructions de composition et de correction.

PROTOCOLE AUX ACCORDS EUROPÉENS SUR L'ÉVALUATION DE LA CONFORMITÉ ET DE L'ACCEPTATION DES PRODUITS INDUSTRIELS – PECA
Technique mise en œuvre dans les États qui doivent adhérer à l'UNION EUROPÉENNE – UE – afin de définir, pour un secteur d'activité déterminé ou pour une série de produits, des conditions techniques qui facilitent leur intégration dans le marché intérieur de l'UE, notamment en leur appliquant les règles de normalisation et de conformité de l'UE.
Internet : **http://europa.eu.int/comm/enterprise/regulation/pecas**
⇒ UNION EUROPÉENNE

PROTOCOLE DE KYOTO
Il y a un consensus international unanime pour réduire **substantiellement les émissions de gaz à effet de serre dont les conséquences, à terme, paraissent très inquiétantes pour l'évolution de la planète et pour ses habitants.**
Après la La Convention Cadre sur les Changements Climatiques – CNUCCC – et la Charte de la Terre pour le Développment Durable (Rio-de-Janeiro, Brésil, en 1992), les États ont pris conscience de la nécessité d'intervenir en concertation.
Les pays industriels ont pris l'engagement à Kyoto (Japon) en 1997 de réduire de 5 % leurs émissions de gaz entre 2008 et 2012, sur la base des taux de 1990. Certains pays n'ont cependant pas ratifié ce protocole, les États-Unis notamment, mais le ralliement, fin 2004, de la Russie permet d'atteindre le seuil de 55 % de pays l'ayant ratifié (ils représentent 55 % des émissions de CO_2) et donc **de permettre l'adoption définitive du protocole en 2005.**
La Commission européenne a adopté, en 2004, plusieurs plans nationaux d'allocations de quotas d'émission de CO_2 : les systèmes mis en place permettent l'échange des droits d'émission, rendant moins coûteuse la réalisation des objectifs de protection de l'environnement.
Internet : **http://unfccc.int**
⇒ développement durable ; environnement ; Politique environnementale de l'UNION EUROPÉENNE

PROTOCOLE DE MADRID
Système d'enregistrement international des marques, permettant aux entreprises de protéger leurs marques au niveau mondial.
L'UNION EUROPÉENNE – UE – a adhéré en 2004 au Protocole de Madrid qui, dans le cadre de l'Organisation Mondiale de la Propriété Intellectuelle – OMPI – regroupe 77 États.
Internet : **http://www.wipo.int/madrid/fr**
⇒ marque ; ORGANISATION MONDIALE DE LA PROPRIÉTÉ INTELLECTUELLE

PROUDHON Jean Joseph (1809-1865)
C'est à la fois un théoricien philosophe, un homme politique, mais aussi un sociologue et un économiste. Français de très modeste origine, il se consacre à la lutte contre la misère : ce sera pour lui une constante obsession, dédiant sa vie à « **l'émancipation de ses frères et compagnons** ».
Son œuvre est aussi variée que considérable et il exerce en France et en Europe une influence significative qui marque encore le syndicalisme contemporain. Il fait scandale en publiant en 1840 un ouvrage *Qu'est-ce que la propriété ?* et en y répondant : « *C'est le vol !* ».
Socialiste libéral, partisan de l'autogestion, il propose le prêt sans intérêt et la mutualisation des activités économiques de l'agriculture à l'industrie. De la démocratie économique mutualiste, il passe à la démocratie politique mutualiste et **imagine une Europe confédérale.**
Il s'opposera très vite à K. MARX qui fut d'abord son disciple, mais avec qui il rompra, lui reprochant son dogmatisme autoritaire.
⇒ fédéralisme ; MARX ; mutualisme ; syndicalisme

PROVISIONS
Le Bilan d'une entreprise est comparable à une photographie (un instantané) ; il est donc rare que les valeurs qui y sont renseignées soient en concordance avec la réalité économique ; **il faut alors se prémunir contre les risques de moins-values, d'une dépréciation de certains stocks, de risques divers, etc. : c'est l'objet des provisions** (qui constituent des charges) que prévoient les plans comptables ; **elles concernent tous les domaines dans lesquels il peut y avoir des pertes ou des fluctuations de valeur.** C'est le Passif du Bilan qui prend en charge les provisions constituées chaque fois qu'il y a des incertitudes sur les valeurs d'Actif.
La comptabilité classifie les provisions en provisions d'exploitation, financières et exceptionnelles et les porte au débit du compte Résultats de l'exercice alors que les diminu-

tions de ces provisions sont indiquées (sous forme de reprise de provisions) au Crédit du Compte Résultats de l'exercice, pour des motifs de transparence.

Les provisions et les réserves portent souvent le même nom ; or il ne faut pas les confondre : les réserves sont constituées après détermination du résultat et représentent une partie du bénéfice qui n'est pas distribué ; les provisions, qui constituent normalement des éléments fiscalement déductibles, sont créées avant le calcul du résultat de l'exercice et elles couvrent des risques réels et imminents.

Parmi toutes les provisions possibles, on distingue les plus importantes, notamment :
– provisions pour pertes et charges,
– provisions pour dépréciations,
– provisions pour créances douteuses,
– provisions pour hausse de prix,
– provisions pour fluctuation des cours,
– provisions pour charges à répartir sur plusieurs exercices,
– etc.

PROVISION DUCROIRE

Convention faisant intervenir un intermédiaire ou commissionnaire et en vertu de laquelle ni le commettant ni le fournisseur ne supportent un risque de non-paiement ou de non-recouvrement de leurs créances. Il est accordé **au commissionnaire qui se porte garant vis-à-vis du commettant de l'exécution de l'opération, une rétribution qui s'appelle provision ducroire.**
⇒ assurance ducroire ; ducroire ; risque ducroire

PROVISIONS POUR CHARGES À RÉPARTIR SUR PLUSIEURS EXERCICES

Comme en matière fiscale où d'importantes dépenses (charges) peuvent être réparties sur plusieurs exercices fiscaux, **la législation et les plans comptables prévoient généralement la création de provisions à répartir sur plusieurs périodes ;** ces provisions sont indiquées au Passif du Bilan.
⇒ provisions

PROVISIONS POUR CRÉANCES DOUTEUSES

Les plans comptables prévoient l'ouverture de Comptes Clients pour tous ceux qui sont en relations d'affaires avec l'entreprise ; **il y a ceux qui paient normalement mais aussi des débiteurs récalcitrants et douteux, dont le paiement est incertain. L'entreprise ouvre alors un Compte de Créances douteuses** et constituent parallèlement des provisions qui varient en fonction du risque couru. Ces provisions sont portées à l'Actif du Bilan, en déduction des postes comptables qu'elles corrigent.
⇒ provisions

PROVISIONS POUR DÉPRÉCIATIONS

Il s'agit de diminutions de valeurs apportées à l'Actif du Bilan; en comptabilité en partie double, elles figurent au débit d'un compte de charges et, en fin d'exercice, elles sont virées au débit du Compte Résultats de l'exercice.
Dans cette catégorie, **les principales provisions sont :**
– **les provisions pour diminutions de valeur sur terrains, sur immeubles, sur prêts, sur participations, sur stocks** (marchandises, matières premières, matières consommables, semi-produits, produits fabriqués, travaux en cours, emballages commerciaux, etc.),
– **les provisions pour diminutions financières de créances pour le compte de filiales, de valeurs mobilières,** etc.

Toutes ces provisions reposent sur l'incertitude ; elles peuvent augmenter ou diminuer dans le temps.
⇒ provisions

PROVISIONS POUR FLUCTUATION DES COURS

Il s'agit de **se prémunir contre les variations des cours des matières premières** : cuivre, étain, plomb, zinc, pétrole, coton ou laine, etc. Les variations en plus ou en moins doivent être déterminées à la fin de chaque exercice comptable et figurer au Compte Résultats de l'exercice.
Pour la présentation au Bilan, les plans comptables prévoient généralement que ces provisions sont portées à l'Actif du Bilan, en diminution des postes qu'elles corrigent.
⇒ provisions

PROVISIONS POUR HAUSSES DE PRIX

En matière monétaire, tout est éphémère et très fuyant. **Pour mettre les entreprises à l'abri des conséquences de l'augmentation de prix sur les matières premières ou sur d'autres produits, la législation peut autoriser (dans des conditions fixées) les entreprises à constituer des provisions spéciales** qui apparaîtront au Passif du Bilan. Du fait qu'elles sont portées en charges, l'Administration fiscale du pays concerné est particulièrement vigilante à cet égard.
⇒ provisions

PROVISIONS POUR PERTES ET CHARGES

Ces provisions sont inscrites au Passif du Bilan.
Il s'agit des provisions suivantes :
– **provisions pour litiges** (de toutes sortes), provisions pour garanties consenties aux clients, pour constitution de réserves pour des charges futures ;
– **provisions de propre assureur** (vol, incendie, responsabilité civile) ;
– **provisions pour amendes**, pour pertes sur devises et créances sur l'étranger.

L'on peut citer aussi les provisions spéciales à répartir sur plusieurs exercices, les provisions qui concernent le renouvellement des valeurs immobilisées, les provisions pour les retraites du personnel ou encore celles nécessaires dans la perspective d'indemnités à verser (départs, licenciements, etc.).
⇒ provisions

PUBLIC CHOICE
Voir : TULLOCK

PUBLICITÉ

Moyen mis en œuvre pour faire connaître un produit, une marque, une entreprise ou une organisation afin d'en vanter les qualités, en décrire les caractéristiques et inciter à l'achat.
La publicité peut aussi concerner un individu, faire valoir ses idées et son action, éventuellement le faire élire.
Certains pays ont mis en place un contrôle et une vérification de la publicité, quel que soit le support.
Des actes officiels (création de société, déclaration de cessation de paiement, etc.) font généralement l'objet d'une publicité obligatoire dans un « Journal d'annonces légales ».
La publicité est le plus souvent étudiée et organisée par une entreprise spécialisée (agence de publicité, agence de communication), l'achat d'espaces publicitaires dans la presse est en charge de sociétés de « régie ».

Les exemples de publicité sont très nombreux et l'on peut citer notamment :
- la publicité aérienne (sur les plages, par avion),
- la publicité par annonces,
- la publicité au cinéma,
- la publicité dans le métro,
- la publicité dans la presse écrite,
- la publicité à la radio et à la télévision,
- la publicité de lancement d'un produit,
- etc.

La publicité rédactionnelle (publireportage ou publi-information) est une publicité incluse dans un reportage ou un article de presse.

La publicité peut revêtir des formes contestables : publicité mensongère, publicité déloyale ou encore la **publicité subliminale**, particulièrement sournoise puisqu'elle imprègne l'esprit sans que l'on s'en rende compte (certaines publicités télévisées, par exemple).

La publicité comparative n'est pas toujours admise par la législation.
⇒ ambiant advertising ; Marketing ; publireportage

PUBLICITÉ RÉDACTIONNELLE
Voir : PUBLIREPORTAGE OU PUBLI-INFORMATION

PUBLIREPORTAGE OU PUBLI-INFORMATION
Forme particulière de publicité qui consiste en un reportage sur un sujet déterminé, souvent illustré et publié dans un journal ou une revue et qui contient un message publicitaire parfois peu apparent et souvent subtile, pour un produit ou un service : il s'agira par exemple d'un reportage sur une île de la mer des Caraïbes qui incitera le lecteur à s'y rendre en l'invitant à séjourner dans un hôtel bien déterminé, dont on donnera l'adresse et les caractéristiques.

La déontologie de la presse impose généralement que le publireportage soit précédé de la mention « publicité rédactionnelle ».
⇒ marketing ; publicité

PUCE
Terme familier désignant une pastille généralement de silicium, **composante d'un circuit intégré informatique (microprocesseur)** dont le rôle est de mémoriser des données ou de gérer des informations. C'est l'un des éléments d'un ordinateur. Une puce peut contenir plusieurs millions de transistors.

Le silicium et le germanium, métaux rares, pourraient, à terme, être remplacés par le verre pour la constitution d'une puce.

Le terme anglo-américain fréquemment utilisé est « **chip** ».
⇒ microprocesseur ; ordinateur

PUMP PRIMING CONCEPT
Expression anglo-américaine, littéralement « concept d'amorçage de la pompe ».

Dans une économie qui se trouve exposée à une phase de dépression, la demande est généralement trop faible et les Autorités Publiques sont amenées à mettre en œuvre un certain nombre de **moyens pour stimuler la demande, la faire redémarrer** : c'est l'« amorçage de la pompe » qui aura un effet de multiplication. Mais une telle action n'aura que des résultats limités et il sera nécessaire de prendre des mesures (par exemple fiscales) ayant des effets de plus longue durée.
⇒ demande

PURE PLAYER
Terme anglo-américain, littéralement « pur joueur ».

Désigne un leader, **un « acteur incontournable »** qui joue un rôle majeur dans une entreprise ou une organisation dont il est un dirigeant écouté, efficace et qui a fait ses preuves.

PURGE HYPOTHÉCAIRE
L'acquéreur d'un immeuble hypothéqué (l'hypothèque suit l'immeuble) a la possibilité de « purger » l'immeuble. Cela veut dire qu'il s'adressera à un notaire pour que **la dette qui est à l'origine de l'hypothèque soit éteinte** (le nouvel acquéreur doit donc payer la dette). Ce faisant, l'hypothèque sera levée.
⇒ hypothèque

PUTATIF
Laisse croire ou suppose quelque chose ou un acte légal.

On parle d'un père ou d'enfants putatifs, il s'agit donc d'un père supposé et d'un enfant supposé de quelqu'un.

Un mariage putatif est un mariage supposé légal et valable pour les époux (ou l'un d'eux) dans l'ignorance qu'aux yeux de la loi, il est nul (pour diverses raisons) mais garde cependant certains effets (vis-à-vis des enfants notamment).

QUAIAGE
Terme du transport maritime désignant l'ensemble des frais entraînés par la mise à quai et l'utilisation des installations portuaires pour l'expédition de marchandises.
Ce terme est pratiquement peu usité.

QUALIFICATION
Appréciation de la compétence, de la valeur professionnelle, de l'expérience d'une personne dans un domaine déterminé, une fonction, une hiérarchie.
La qualification acquise par l'expérience est de plus en plus reconnue et peut même, dans certains cas, permettre la délivrance d'un diplôme.
C'est aussi la détermination juridique du niveau ou de la gravité d'une infraction : délit ou crime, par exemple.

QUALITÉ
Toutes les caractéristiques d'un produit ou d'un service qui tendent à le faire considérer comme bon et même meilleur que ceux des concurrents.
Le concept de qualité englobe non seulement le produit ou le service lui-même mais les conditions de leur utilisation, leur usage, leur fiabilité, leur durée dans le temps et la satisfaction qu'ils apportent. Le service après-vente (SAV) est aussi concerné.
Dans l'entreprise, les **cercles de qualité** concourent efficacement à l'amélioration de celle-ci. **De très nombreuses normes et les réglementations concernant la protection du consommateur incitent les entreprises à surveiller constamment la qualité** et leur imposent souvent des contraintes précises en ce domaine.
En matière agroalimentaire, la qualité est notamment définie par **l'appellation d'origine contrôlée – AOC –** ou par des garanties de même nature dans certains pays.
Au plan de l'UNION EUROPÉENNE – UE – trois protections encouragent la qualité et protègent le consommateur en l'informant mieux :
– l'appellation d'origine protégée – AOP
– l'indication géographique protégée – IGP
– la spécialité traditionnelle garantie – STG
⇒ cercle de qualité ; certification ; norme ; Organisation Européenne d'Agrément Technique

QUARANTAINE
Mesure d'isolement provisoire.
En droit maritime, il est prévu qu'un navire peut être mis en quarantaine. En pareil cas, personne ne doit quitter le navire pendant 40 jours. Cette mesure est prise lorsqu'on veut éviter que des maladies contagieuses ne soient propagées dans un pays.
D'une manière générale on entend par quarantaine, le fait que les personnes (ou des animaux) soient totalement isolées pour des raisons de précaution.
⇒ principe de précaution

QUARTETTE
Réunion informelle périodique sur le Proche-Orient et ses problèmes entre les États-Unis, l'Union Européenne, la Russie et l'Organisation des Nations Unies.
⇒ ORGANISATION DES NATIONS UNIES

QUART MONDE
Expression relativement récente. Elle désigne d'une manière tout à fait générale les **personnes souffrant de la pauvreté et de la misère dont, en théorie, le revenu est inférieur au quart de celui de la population du pays ou de la région concernés.**
C'est aussi l'ensemble des pays très en retard pour leur développement appelé « pays les moins avancés – PMA ».
⇒ tiers-monde ; SAUVY

QUASI-CONTRAT
Il s'agit d'un fait volontaire et licite d'une personne sans qu'il y ait une convention ou un accord de volontés mais qui contraint celui qui a commis les faits ou en est responsable à des obligations.
Le quasi-contrat s'apparente aussi à une convention productive d'obligation entre deux parties.
⇒ contrat

QUASI-DÉLIT
C'est un acte illicite et dommageable commis sans l'intention de nuire mais avec imprudence ou négligence et qui oblige son auteur à en faire la réparation.
⇒ délit

QUASI-LIQUIDITÉS
À la différence de valeurs tout à fait disponibles (encaisse, dépôts bancaires directement utilisables...), **il s'agit de valeurs et d'éléments qui se trouvent presque dans la même situation de disponibilité par exemple des effets négociables et admis au réescompte, des bons du trésor, certains titres facilement négociables à la bourse de valeurs mobilières etc.**
Ce terme est très peu usité.

QUATRE DRAGONS
Locution qui désignait Taïwan (Formose), la Corée du Sud, Singapour et Hong-Kong, quatre pays en pleine évolution économique et qui connaissaient une croissance forte et continue ; le rattachement de Hong-Kong à la Chine et l'émergence en Asie de nombreux autres pays en développement a fait perdre, au moins partiellement, aux Quatre Dragons la place qu'ils avaient dans l'économie mondiale vers 1975. Les quatre Dragons sont aujourd'hui une vingtaine...
⇒ pays émergents ; pays en développement

QUÉRABLE
En principe, les dettes sont quérables et non portables. Cela veut dire que **le créancier doit se rendre au domicile du débiteur pour se faire payer**. Pour éviter le déplacement on recourt à la domiciliation.
⇒ portable ; domiciliation

QUESNAY François (1694-1774)
Économiste français et chirurgien à la Cour du Roi de France Louis XV, il est **le père de la « physiocratie »,** théorie économique qui considère que la terre est la seule source de richesse (« la terre est la mère de tous les biens » écrivait Mirabeau) alors que **les artisans et les ouvriers constituent**

une classe impropre à la production par opposition à celle, productive, des paysans.
QUESNAY publiera en 1758 son *Tableau économique* œuvre majeure qui affirme d'abord l'existence d'un « **ordre naturel** » puis analyse l'interdépendance de trois groupes sociaux :
– la **classe productive avec les agriculteurs** et toutes leurs activités qui font la richesse de la nation par un « don gratuit de la nature » comme l'avait déjà montré DE BOISGUILBERT ;
– la **classe stérile des artisans, commerçants, ouvriers** et tous ceux que l'on qualifierait aujourd'hui de prestataires de services ;
– la **classe des propriétaires qui possèdent les terres**, prélèvent et entretiennent les richesses d'exploitation.

Par une représentation très schématisée de cette économie fermée, le « tableau » décrit l'interdépendance de ces trois classes d'abord par un ensemble fléché (**tableau** « **zigzag** ») puis chiffré (**tableau** « **arithmétique** »).

L'analyse de QUESNAY préfigure les approches macroéconomiques modernes. Elle sera soutenue et diffusée par de nombreux disciples : MIRABEAU, MERCIER DE LA RIVIÈRE, DUPONT DE NEMOURS, TURGOT au XVIIIe siècle et reprise au XIXe siècle par WALRAS et LEONTIEF. Avec KEYNES, QUESNAY fait partie de « l'École circuitiste » (qui a défini le circuit de l'économie).
⇒ BOISGUILBERT ; DUPONT NEMOURS ; école circuitique ; KEYNES ; LEONTIEF ; MERCIER DE LA RIVIÈRE ; MIRABEAU ; physiocratie ; tableau économique ; WALRAS

QUESTIONNAIRE Á CHOIX MULTIPLES – QCM
Système de questionnaire fréquemment utilisé pour les examens et les concours, offrant pour une question donnée, plusieurs réponses entre lesquelles un choix doit être fait.

QUIÉTISME
Exprime le repos. C'est d'abord une **doctrine religieuse qui**, au XVIIe siècle, préconise « la perfection chrétienne dans l'amour de Dieu et l'inaction de l'âme… » L'un des quiétistes les plus marquant fut le prêtre espagnol Miguel de MOLINOS.
En matière économique et politique, le philosophe et moraliste J. BENTHAM formule au XIXe siècle une doctrine économique selon laquelle l'État devrait se tenir en dehors des problèmes économiques. Il craignait que les hommes politiques ne fissent passer leurs intérêts privés avant les intérêts communs.
⇒ BENTHAM

QUIET PERIOD
Termes anglo-américains des affaires, littéralement « période calme » : c'est le **délai habituellement d'un mois, qui précède la publication officielle des résultats d'une société et pendant lequel il lui est interdit de faire des commentaires et de s'exprimer sur la situation**, surtout s'il s'agit d'une société cotée en Bourse.

QUINZOMADAIRE
Néologisme désignant une **publication** (journal, revue, etc.) **éditée chaque quinzaine, donc toutes les deux semaines.**

QUIRAT
Part de la propriété d'un bateau (navire de commerce, de croisière, etc.).

Celui qui est ainsi co-propriétaire d'un navire est un « quirataire ».
Certaines législations offrent des avantages, notamment fiscaux, aux propriétaires de quirats.

QUITUS
Acte constatant une bonne gestion, décharge donnée à quelqu'un des responsabilités qu'il a assumées pendant une certaine période, etc. C'est un quitus qui est donné à un président, à un administrateur, à un comptable pour acter (c'est-à-dire établir et confirmer) leur bonne gestion, dans une société ou une organisation.

QUIZ
Forme de jeux ou de concours par questions et réponses.

QUORUM
Nombre minimum de personnes, de votants ou de voix pour valider une décision dans une assemblée.

QUOTA
C'est un **nombre déterminé, une quantité fixée, un pourcentage, un contingent ou l'échantillon d'un groupe homogène.**
⇒ contingentement

QUOTE-PART DE CHÔMEURS
C'est le rapport entre le nombre de chômeurs et la population active, c'est-à-dire l'ensemble des actifs ayant ou non un emploi.
Si S est le total de la population active,
  SE le nombre de salariés sans emploi,
la quote-part de chômeurs QC sera donnée par la formule :
$$QC = \frac{SE}{S} \times 100$$
Le calcul s'effectue à un moment déterminé, pour un secteur d'activité, une région, un pays ou un ensemble d'États (UNION EUROPÉENNE – UE par exemple).
Les termes « taux de chômage » sont plus généralement employés.

QUOTE-PART DE PERSONNES CAPABLES DE TRAVAILLER
C'est le rapport entre le nombre de personnes capables de travailler et la population totale.
Si PT est la population totale,
  PCT, le nombre de personnes capables de travailler,
la quote-part de personnes capables de travailler QCT sera donnée par la formule :
$$QCT = \frac{PCT}{PT} \times 100$$
Le calcul s'effectue à un moment déterminé pour un secteur d'activité, une région, un pays ou un ensemble d'États (UNION EUROPÉENNE – UE par exemple).
Les termes « **taux d'activité** » sont plus généralement utilisés.
⇒ chômage ; salaire ; taux d'activité

QUOTE-PART DE PROFIT
Mesure le rapport entre le revenu brut de l'entrepreneur et le revenu national (ou revenu social, plus généralement appelé Produit National Brut – PNB.
⇒ Produit National Brut

QUOTE-PART DU SALAIRE DANS LE REVENU NATIONAL

Dans la détermination du revenu national, plus généralement appelé le Produit National Brut – PNB – la quote-part des salaires est le pourcentage de la participation des salariés au PNB.
⇒ Produit national Brut

QUOTIENT

Rapport entre deux grandeurs, résultat de leur division.

En économie, on utilise plus volontiers le terme synonyme de ratio qui est un rapport, une proportion entre deux éléments.

En arithmétique le quotient est le rapport entre le dividende et le diviseur.

QUOTIENT FAMILIAL

Le quotient résulte de la division du revenu imposable d'un contribuable (famille) par la somme des parts attribuées aux différents membres d'une famille.

Le système, qui se donne comme but de combattre les inégalités sociales, n'a pas toute l'efficacité voulue. Certains économistes pensent qu'un « abattement forfaitaire » par tête pourrait apporter une aide aux familles nombreuses ; en contrepartie, on demanderait une contribution plus lourde à ceux qui ont des revenus élevés.
⇒ impôt sur le revenu

RABAIS

Les rabais est une **réduction de prix qui est accordée par le vendeur si la qualité de la marchandise livrée est défectueuse ou simplement inadaptée pour une vente normale**. Il peut être accordé lorsqu'il s'agit de biens endommagés ou de livraisons pour lesquelles il est constaté une différence entre la qualité promise et livrée. Dans certains cas et pour des motifs plausibles et parfois graves, le rabais est substantiel : on parle alors **d'une vente au rabais ou d'une vente à vil prix**.

⇒ escompte ; escompte commercial ; escompte rationnel ; remise ; remise de dette ; remise d'impôt ; ristourne

RACHAT

Racheter c'est acheter ce qui a été vendu.

Dans la **vente à réméré**, racheter est le droit conféré à un vendeur sur le bien vendu, moyennant paiement d'un prix et de frais.

Dans les sociétés de capitaux, le rachat de ses propres actions par une société est possible, dans les limites fixées par la législation et éventuellement les statuts ; ce type d'opération peut comporter divers avantages : l'emprunt normalement nécessaire peut coûter moins cher que la rémunération du capital propre, le cours de Bourse des actions peut croître si le dividende augmente, etc.

Certains régimes de retraite autorisent le rachat de cotisations pour pouvoir bénéficier d'une retraite plus élevée.

⇒ vente à réméré

RACHAT DE L'ENTREPRISE PAR LES SALARIÉS – RES

Voir : MANAGEMENT BUY OUT

RADIO FREQUENCY IDENTIFICATION – RFID

Termes anglo-américains désignant un **dispositif électronique permettant avec une « puce » l'identification et le suivi des produits** ; la technologie RFID devrait, à terme, remplacer le système des « codes à barres » dont les possibilités s'avèrent limitées.

⇒ code à barres

RADIATION

C'est le fait de **rayer ou supprimer** un nom, une opération, un privilège, une hypothèque d'une liste, d'un compte ou d'un registre.

La radiation peut être aussi **l'exclusion d'une personne d'une fonction, d'une organisation**, etc.

RAIDER

Terme anglo-américain signifiant « **attaquant** » et même « prédateur ».

Désigne une personne, un groupe d'individus ou une entreprise qui mène une « attaque », notamment en Bourse, pour prendre le contrôle d'une société (par une Offre Publique d'Achat – OPA – par exemple).

⇒ Offre Publique d'Achat

RAISON D'ÉTAT

Le terme est employé pour qualifier une **situation dans laquelle l'État recourt à des agissements contraires aux principes qu'il affiche**, parfois à des moyens que la morale réprouve. Les défenseurs de la raison d'État invoquent qu'en préservant les intérêts de l'État, ceux des particuliers resteraient intacts (d'une façon générale et en principe). Ce principe est fondé sur la philosophie de l'italien MACHIAVELLI.

⇒ MACHIAVELLI

RAISON SOCIALE

Nom adopté par une société et figurant dans ses statuts ; il peut s'agir d'un nom patronymique ou d'un nom commercial.

⇒ statut

RANDOMIZATION

Terme anglo-américain, littéralement « **avec le hasard** » c'est-à-dire qui **fait intervenir dans les situations aléatoires des éléments d'incertitude**. La randomization prend en compte le hasard dans l'étude d'une situation selon son évolution, ses conséquences. C'est aussi, **en statistique, un procédé aléatoire qui élimine certaines variables** qui ne sont pas utiles à l'étude concernée.

RANKING

Terme anglo-américain, volontiers utilisé dans le langage des affaires et signifiant « classement ».

RAPPORT

Document relatant des faits, des situations ou des cas déterminés, en principe avec objectivité et impartialité ; un rapport peut être écrit ou oral.

En matière de relations humaines, les rapports sont les liens que des individus peuvent avoir entre eux.

En mathématiques, c'est la relation qu'une grandeur par rapport à une autre.

En économie, comme en comptabilité, **le rapport est aussi un revenu**.

RAPPORTEUR

Le rapporteur est une **personne désignée par une organisation, une société, une institution publique ou privée pour effectuer la rédaction d'un rapport sur des événements les plus divers**.

Au niveau parlementaire un rapporteur a comme mission de présenter les travaux et les conclusions de commissions de travail et d'en faire un rapport écrit. **Au sein d'une entreprise**, on peut confier à une personne qualifiée la tâche d'élaborer des rapports qui concernent l'activité de l'entreprise.

Certains tribunaux utilisent les termes de « **juge rapporteur** » ou de « **conseiller rapporteur** » pour désigner un magistrat chargé, avant le jugement, de faire un rapport au sujet de l'affaire concernée.

Dans la pratique journalistique, le « **reporter** » est un rapporteur des faits et des événements pour un journal, une émission de radio ou de télévision.

Les 3 000 mots essentiels de l'économie et des affaires

RARETÉ

Les moyens dont l'homme dispose pour satisfaire ses besoins sont limités. L'existence de l'homme se déroule dans un monde où **la rareté prédomine. Il y a un manque de ressources**. Même en cas d'abondance ou de surabondance, l'homme est pressé par le temps. Ce n'est pas à tort qu'on dit que le temps est le bien le plus rare de tous. Ceci a pour conséquence **qu'il faut choisir**. Choisir, se décider pour quelque chose entraîne des privations. Le sacrifice qu'on subit est synonyme de coût qui est désigné par « **coût d'opportunité** » ou encore « **coût de substitution** ».

En fonction des besoins que l'on a, donc de son utilité, le prix d'un bien tient compte de sa rareté. La pénurie n'est, quant à elle, que provisoire, occasionnelle ou limitée, dans le temps et dans l'espace.
⇒ besoins ; coût d'opportunité ; coût de substitution

RATIO

C'est un rapport, une fraction ou une proportion entre deux grandeurs. Les ratios sont très largement utilisés dans tous les domaines de l'économie, pour mesurer une situation ou une évolution.

RATIO COOKE
Voir : G10

RATION D'AUTOFINANCEMENT
Voir : AUTOFINANCEMENT

RATIO D'AUTONOMIE FINANCIÈRE

C'est le **rapport des capitaux propres de l'entreprise sur les capitaux étrangers** tel que le bilan permet de le calculer ; il confirme que plus l'entreprise s'endette, plus elle est dépendante des tiers et, en conséquence, moins elle est autonome.
⇒ capitaux étrangers ; capitaux propres

RATIO DE COUVERTURE

C'est la mesure d'une garantie, d'un équilibre, d'une **assurance** : couverture bancaire, couverture des dépenses, couverture monétaire, couverture de trésorerie. Il peut y avoir excès ou insuffisance de couverture.

Le ratio de couverture est pour une entreprise, la mesure du rapport entre les disponibilités immédiates et les exigibilités à court terme (c'est la marge de trésorerie).

RATIO DE FINANCEMENT DES INVESTISSEMENTS

Ce rapport indique pour une entreprise, **dans quelles proportions un investissement est dû aux capitaux propres et aux capitaux étrangers** ; il permet de connaître le financement de l'investissement et l'origine des fonds qui l'ont permis.
⇒ capitaux étrangers ; capitaux propres

RATIO DE LIQUIDITÉ

C'est le **rapport des valeurs disponibles sur les valeurs exigibles à court terme** ; il indique dans quelle mesure l'entreprise est capable de faire face aux dettes à court terme.

RATIO D'ENDETTEMENT
Voir : RATIO D'AUTONOMIE FINANCIÈRE

RATIO DE RENTABILITÉ

C'est le **rapport du résultat net (bénéfice) sur les capitaux propres de l'entreprise** ; son calcul peut faire intervenir différents postes du Bilan.

RATIONALITÉ

Adaptation constante de l'individu, des entreprises, des institutions et des gouvernements à la situation économique pour la maîtriser. Le bon sens, la raison indiquent de quelle façon il faut se comporter et de quelle manière il faut agir. Il y a la rationalité pure que l'homo-economicus (individu agissant rationnellement dans tout ce qui touche à l'économie) fait sienne. **Faute d'information complète et compte tenu de comportements « déformés » dus aux habitudes et à la routine, la rationalité est imparfaite ou limitée**.
⇒ J. BENTHAM ; homo economicus ; hédonisme

RATIONALITÉ LIMITÉE
Voir : RATIONALITÉ

RATIO Q DE TOBIN
Voir : TOBIN

RÉACTIVITÉ

Caractéristique d'un marché (notamment de la Bourse) **ou d'une entreprise qui réagit rapidement face à un événement important le concernant** : chute des cours, perte d'un client, sinistre, nouveau produit concurrent, etc. Une bonne réactivité permet de prendre très vite toutes les mesures nécessaires.

RÉASSURANCE

Aucune compagnie d'assurances ne serait en mesure de faire seule face à des sinistres très importants ; **les risques couverts par une compagnie d'assurances sont donc eux-mêmes réassurés auprès de plusieurs sociétés spécialisées de réassurance** de façon à supporter plus facilement les conséquences de sinistres.

L'UNION EUROPÉENNE – UE – doit mettre en place une législation communautaire permettant aux sociétés de réassurance placées sous le contrôle et la surveillance d'autorités compétentes dans le pays d'origine de leurs activités, de pouvoir intervenir dans l'ensemble des pays membres de l'UE.

RECAPITALISATION

Augmentation du capital d'une société, généralement décidée par l'actionnaire majoritaire (souvent l'État, si celui-ci est actionnaire) pour apporter un financement nécessaire et significatif notamment en cas de situation financière critique ; la recapitalisation modifie la structure du capital.
⇒ augmentation de capital dans la société anonyme par apport d'espèces ou en nature

RECEL

C'est le fait de détenir ou de dissimuler des biens (meubles, marchandises, etc.) **qui sont le produit d'un délit** (vol, escroquerie, abus de confiance, etc.).
Celui qui commet un recel est **le receleur**.
Le recel est une infraction que punissent les tribunaux.

RECENSEMENT

En statistique on **saisit des données qui ont un intérêt en politique générale, pour l'administration, pour l'économie, pour le domaine social, etc. Le recensement de la population** est sans doute l'un des plus spectaculaires et des plus connus ; il peut être local, régional, concerner un État, plusieurs pays, etc. Pour être efficace et permettre les comparaisons, il doit être périodique.

Les techniques de recensement de la population ont beaucoup évolué ; au comptage systématique (long et coûteux) on préfère désormais un recensement périodique plus

complet mais seulement sur un échantillon très ciblé et représentatif de la population ; c'est la méthode de plus en plus utilisée, notamment aux États-Unis (par l'American Community Survey à partir de 2005) et en France ; les statistiques de ce type de recensement sont alors dites « robustes ». Mais il existe de **nombreux autres dénombrements** en matière agricole, industrielle ou commerciale, mais aussi de certaines catégories de population (les jeunes futurs électeurs pour les inscrire sur les listes électorales, par exemple).

Au plan électoral, il y a le recensement des voix à l'issue du scrutin. Enfin il y a une multitude de micro-recensements pour les motifs les plus divers.

⇒ statistique

RECETTE

On distingue plusieurs types de recette dans l'entreprise :
- **la recette marginale** : c'est la recette que procure la dernière unité vendue d'un produit ; si l'entreprise augmente le nombre de produits fabriqués, la recette marginale est la part de recette apportée par cet accroissement ; la recette marginale est liée à une production de masse ; elle se détermine en principe en calculant le quotient de la différence des ventes ou du chiffre d'affaires par la différence de quantités produites ;
- **la recette moyenne** : qui est le rapport entre la recette totale et la quantité de produits vendus par l'entreprise : c'est en fait, le prix de vente du produit sur un marché normalement concurrentiel ; on considère que l'accroissement des quantités vendues conduit à une diminution du prix de vente et, en conséquence, à une baisse de la recette moyenne ;
- **la recette totale** : c'est la recette procurée par la mise en œuvre d'une quantité déterminée d'un ou plusieurs facteurs de production pour la fabrication de produits ; la recette est, pour un marché normal (en dehors d'une situation de concurrence parfaite), fonction des quantités vendues.

RECETTES

Ce sont les sommes reçues, entrées en caisse.

Les recettes concernent, dans l'entreprise, la trésorerie. En comptabilité, les recettes correspondent à l'acte final de livraisons et de prestations de services. En cas de crédits accordés au tiers, les recettes sont reportées à une date ultérieure. Néanmoins, les encaissements doivent avoir lieu, sinon il faut comptabiliser une perte.

Le résultat d'un exercice comptable est indépendant des paiements. Il peut donc y avoir bénéfice même en l'absence de recettes. Cependant la rentrée des fonds doit se faire. Normalement, il y a un décalage entre la constatation en comptabilité d'une charge ou d'un produit et leurs règlements monétaires. Dans ce contexte toute recette n'est pas nécessairement un produit (au sens comptable).

Dans certains pays, les « recettes » désignent les bureaux de l'Administration fiscale qui reçoivent les impôts.

Dans les **industries d'extraction de minerais, les « recettes » sont les dispositifs installés pour les manutentions des produits et matériels ainsi que la circulation du personnel.**

⇒ dépenses

RECHERCHE

Elle consiste, à partir du connu, à explorer l'inconnu. Il s'agit de découvrir des choses, des méthodes et des produits nouveaux.

La recherche est fondamentale lorsqu'elle a recours à des méthodes scientifiques. Elle s'appuie sur des rapports de thèses, des expériences.

Elle est appliquée lorsqu'on cherche à mettre en pratique les acquis scientifiques.

La **recherche opérationnelle** a comme objectif, en gestion générale et en gestion d'affaires, de suivre de près le principe hédonistique qui veut qu'on atteigne un résultat optimum tout en mettant en œuvre des moyens adaptés mais limités, utilisant toutes les ressources de la science et des techniques.

L'UNION EUROPÉENNE – UE – met en œuvre une politique de recherche et de développement (RDT), institutionnalisée par l'Acte Unique et renforcée par le Traité de Maastricht ; **les « programmes-cadres » définissent les objectifs de la recherche communautaire et les moyens qui y sont affectés** sont établis pour 4 ans (le sixième programme-cadre couvre la période 2002-2006) ; ils concernent aussi bien la recherche fondamentale que le développement des technologies de pointe et y associent une coordination scientifique internationale et une coopération avec les politiques nationales de recherche des États membres. L'UE a créé en 2000 un Espace Européen de la Recherche – EER – pour améliorer son action dans ce domaine.

⇒ hédonisme ; UNION EUROPÉENNE

RECHERCHE APPLIQUÉE
Voir : RECHERCHE

RECHERCHE FONDAMENTALE
Voir : RECHERCHE

RÉCLUSION

Peine de prison de longue durée condamnant quelqu'un à la suite d'un crime ou d'une infraction criminelle.

La réclusion criminelle à perpétuité a, dans de nombreux États, été substituée par la législation à la peine de mort lorsque celle-ci a été supprimée.

RECOMMANDATION

De nombreuses organisations ou institutions, notamment internationales ou européennes, n'ont pas le pouvoir d'imposer, en particulier par la voie législative, certaines décisions ou règles ; elles vont donc procéder par des recommandations, c'est-à-dire **inciter, exhorter et convaincre** ; en fonction de la notoriété de celui qui recommande et de son poids, telle ou telle décision à faire telle ou telle chose, à redresser telle ou telle situation sera appliquée. La recommandation peut, dans certains cas, précéder l'obligation mais les recommandations n'ont pas, en principe, de caractère juridique formel.

RECONNAISSANCE DE DETTE

Écrit par lequel un débiteur reconnaît avoir reçu d'un créancier une somme déterminée qu'il s'engage à rembourser à une date fixée avec ou sans intérêts. La plupart des législateurs exigent, pour la validité de la reconnaissance de dette, la mention manuscrite de la somme en lettres et en chiffres.

⇒ créancier ; débiteur ; dette

RECONNAISSANCE MUTUELLE

Concept concernant l'UNION EUROPÉENNE – UE – élaboré dans le cadre de la libre circulation des marchandises dans le marché intérieur : **lorsqu'un produit n'a pas fait l'objet d'une harmonisation (de ses caractéristiques notam-**

ment), chacun des États membres de l'UE doit l'accepter, à condition qu'il réponde aux règles de production, de fabrication et de commercialisation d'un autre État membre.
La reconnaissance mutuelle fait l'objet de mises à jour régulières, par secteur (produits industriels, produits alimentaires, etc.).
⇒ marché intérieur

RECOUVREMENT
Action de faire payer ce qui est dû.
L'administration fiscale recouvre les impôts, c'est-à-dire demande aux contribuables de verser ce qu'ils doivent ; de même, une association va recouvrer ses cotisations auprès des membres.

Le recouvrement des créances est l'opération qui, dans le cadre d'une procédure de liquidation d'une entreprise, permet d'agir contre tous les débiteurs, y compris les associés s'il y a lieu.
⇒ créance ; liquidation

RÉCUSATION
Refus d'accepter, dans une certaine situation, un arbitre, un magistrat (par exemple, un prévenu, un plaignant, récuse le juge), **un avocat ou un expert parce que l'on croit à sa partialité ou que l'on suspecte qu'il soit lié avec un adversaire.**
Les législations fixent généralement des règles précises pour la récusation.

RECYCLAGE
Tout peut désormais recevoir une nouvelle destination ou être employé après usage. **La plupart des biens employés sont récupérés, triés et employés dans un processus de fabrication. La ferraille, les rebuts et les déchets sont donc réincorporés, notamment dans un souci de protection de l'environnement.**
Par analogie, il est possible de **canaliser et d'orienter des moyens financiers dans différentes directions.** C'est ainsi qu'à la suite de la crise pétrolière de 1973 les pétrodollars furent transférés sur les marchés financiers internationaux. On a constaté, à l'époque, des prises de participations dans les entreprises occidentales et les banques internationales prédominantes ont mis en rapport les pétrodollars avec les Eurodollars.
D'un autre point de vue, le recyclage s'applique à la **formation permanente et continue.** L'évolution d'un métier, d'une carrière à quelque niveau qu'elle se déroule, d'une fonction, n'est concevable qu'au prix d'efforts soutenus afin de tenir les connaissances à jour. La plupart des pays ont mis en place des moyens incitatifs pour favoriser la formation au cours de la vie, notamment avec l'appui de l'UNION EUROPÉENNE – UE.
⇒ environnement ; eurodollar ; pétrodollar ; Politique de l'Éducation et de la Formation de l'UNION EUROPÉENNE ; Politique Environnementale de l'UNION EUROPÉENNE ; UNION EUROPÉENNE

REDÉPLOIEMENT
Phénomène nouveau dans les échanges internationaux, de plus en plus de pays en voie de développement concurrencent avec des produits industriels les pays à économie développée. En retour, les pays développés exportent des produits de plus en plus élaborés et évolués. Il s'établit donc de **nouveaux courants d'échanges** qui vont certainement perdurer dans l'avenir ; cette nouvelle stratégie industrielle et commerciale apporterait des avantages économiques. Mais, quel qu'en soit le résultat réel, l'évolution se fait en ce sens et impose des adaptations constantes.
Ces redéploiements s'inscrivent dans l'évolution de la mondialisation des échanges notamment pris en compte par l'ORGANISATION MONDIALE DU COMMERCE – OMC.
⇒ échanges ; mondialisation ; ORGANISATION MONDIALE DU COMMERCE

REDEVANCE
Charge ou rente qui est payable en espèces ou en nature mais le plus souvent **synonyme d'impôt.**

REDISTRIBUTION
C'est le fait de donner à quelqu'un quelque chose prélevé sur d'autres.
Les prestations sociales sont une forme de redistribution : les cotisations de tous et les contributions de l'État sont redistribuées aux ayants droit de ces prestations sous différentes formes (indemnités, remboursements de frais, etc.).
Les régimes communistes, après avoir spolié les propriétaires de terres agricoles ou d'industries, en redistribuent l'exploitation aux prolétaires.
En économie, la redistribution du revenu est une répartition fonctionnelle ou primaire du revenu (salaire, intérêt, loyer, profit, rente…), **corrigée et complétée par une répartition davantage personnelle.**
L'État prélève des impôts sur l'ensemble des revenus bruts. **Une partie de ces recettes est redistribuée de manière à aboutir à un revenu social** (revenu net + allocations de l'État, ainsi que toutes les autres prestations sociales).
On utilise plus fréquemment les termes de « **revenus de transfert** » ou de « **répartition secondaire des revenus** ». Sans cette redistribution (qui peut atteindre, dans certains pays, le tiers du revenu national) la situation de beaucoup d'individus serait catastrophique. Les aides ponctuelles ont un caractère social et d'équité ; elles comprennent, notamment, les services publics gratuits octroyés à certaines personnes par l'État ou d'autres collectivités (communes par exemple).
⇒ produit social net ; quote-part de salaire ; quote-part de profit ; répartition des revenus

RÉDUCTION DU CAPITAL SOCIAL
Réduire le capital social signifie diminuer les éléments qui servent de garantie aux tiers. Puisque le montant nominal du capital est fixé par les statuts de la société, une assemblée générale extraordinaire doit se prononcer sur la réduction. La réduction est notamment pratiquée en cas de perte. À ce moment la perte disparaît (en totalité ou en partie) de l'actif du Bilan. Elle peut aussi résulter d'un rachat en Bourse de titres de la société ce qui est fait lorsque le cours de Bourse se situe au-dessous du pair.
Souvent la réduction du capital n'est que le prélude à une augmentation de capital. Cette technique est dite « **coup d'accordéon** ». Cependant il convient de ne pas confondre la réduction avec l'amortissement du capital.
Une forme spéciale de réduction du capital est l'annulation partielle ; elle est peu pratiquée mais permet, mécaniquement, aux actionnaires d'accroître le pourcentage de leur participation ; en employant sa trésorerie disponible, l'entreprise annule une part de son capital ; il y a donc rachat et remboursement de titres. Cette technique est notamment utilisée par les entreprises dont les groupes familiaux dirigeants veulent ainsi accentuer leur contrôle.

⇒ amortissement du capital social ; coup d'accordéon ; capital social

RÉÉVALUATION
Lorsqu'un pays en régime de changes fixes enregistre continuellement des excédents vis-à-vis de l'étranger, on cherche à retrouver un meilleur équilibre en procédant à une réévaluation de la monnaie du pays excédentaire. Cette situation excédentaire entraîne une augmentation de la circulation monétaire intérieure du pays avec, le plus souvent, une hausse des prix. C'est à ce moment que le Gouvernement du pays excédentaire peut réagir en procédant à une modification de la définition de la monnaie nationale par rapport à l'or ou à une autre devise dans le sens de la hausse.
Lorsqu'une monnaie doit être réévaluée fréquemment, elle est considérée comme « **monnaie forte** ».
Une réévaluation d'une monnaie entraîne mécaniquement une diminution du coût des importations du pays qui a procédé à une réévaluation de sa monnaie (et par conséquent une augmentation du coût des exportations).
En période d'inflation et de dépréciation monétaire, la réévaluation des bilans des entreprises apparaît comme indispensable ; ce sont surtout les éléments d'Actif qui sont concernés, étant alors sous-évalués après une période plus ou moins longue d'inflation. La réévaluation des bilans est soumise, dans la totalité des pays, à une législation très stricte qui prévoit généralement des coefficients de réévaluation. Les amortissements relatifs à l'Actif immobilisé donnent également lieu à réévaluation. L'opération génère une « **réserve spéciale de réévaluation** » qui, comme toute réserve, sera prise en compte par une assemblée générale extraordinaire de la société qui statuera sur son utilisation.
⇒ change ; dévaluation ; réserves

RÉFÉRÉ
Procédure judiciaire, généralement en charge d'un seul juge, pour demander des mesures conservatoires, ordonner des dispositions urgentes, faire cesser un trouble en cas de danger immédiat ou encore, conserver des preuves qui pourraient disparaître.
Le juge rend alors une ordonnance.
Une ordonnance en référé peut, par exemple, ordonner la fermeture d'une entreprise si son activité présente un danger, décider l'expulsion de grévistes qui occupent un lieu de travail, retirer de la vente des produits ou des articles qui exposent le consommateur à un risque, etc.

RÉFÉRENCE
Caractéristiques principales et significatives d'un article, d'un produit ou d'une personne pour les distinguer et les différencier des autres.
Ainsi, par exemple :
– les prix de référence d'un article,
– le taux de référence, base pour une évaluation ou une comparaison,
– les références d'un article d'un ouvrage, c'est-à-dire les sources,
– les références professionnelles de quelqu'un c'est-à-dire les entreprises dans lesquelles il a travaillé et y a obtenu certains résultats,
– les références d'une lettre qui en permettent le classement et de déterminer le dossier concerné dans une correspondance professionnelle,
– l'échantillon de référence pour une marchandise,
– etc.

RÉFÉRENCEMENT
Voir : CENTRALE D'ACHAT

RÉFÉRENCE PRÉVISIONNELLE
Pour trouver une explication aux écarts constatés en matière de gestion, on se rapporte à des éléments prévisionnels qui servent de référence. C'est notamment le cas pour les budgets.
Il y a encore référence prévisionnelle lorsqu'on se réfère au coût préétabli d'un produit déterminé pour le comparer au coût réel. L'explication ou l'interprétation d'écarts en matière de coûts et de prix de revient doit tenir compte des quantités ; il faut aussi distinguer ce qui peut être déterminé a priori et ce qui doit l'être a posteriori.
⇒ budget ; coût

RÉFÉRENCER
C'est l'enregistrement d'un site INTERNET dans un moteur de recherche et dans un ou plusieurs annuaires.
Cet enregistrement peut être automatique ou non, gratuit ou payant.
Le « positionnement du site », à partir d'un mot-clé et par rapport aux autres sites, est important pour l'entreprise mais son coût l'est aussi : **être dans les premiers à apparaître à partir d'un mot-clé participe de la stratégie commerciale.**
L'élaboration d'un site ou d'un portail est souvent le fait d'une société spécialisée.
En matière commerciale, référencer est le fait, pour un distributeur (hypermarché, supermarché, notamment) d'accepter de vendre un produit déterminé, moyennant une participation financière du fabricant ou une baisse de prix ou d'autres avantages (c'est le **référencement**).
⇒ centrale d'achat ; INTERNET

RÉFÉRENDUM
Consultation des citoyens pour connaître leur avis sur un choix politique mais aussi, à propos de telle ou telle question pratique. Le référendum peut concerner un pays, une commune, une région, etc. Au niveau d'un État, le référendum concerne des situations importantes.
Le terme plébiscite n'est pas toujours synonyme ; dans certains pays il est utilisé pour accorder un soutien à un dirigeant.
Le référendum peut aussi être une **enquête à but commercial ou d'information** auprès d'une catégorie ou d'un échantillon d'individus.

RÉFORME
Modification substantielle, changement important et en principe durable dans une entreprise, une organisation mais aussi d'une conception, d'une situation ou d'une structure.
On évoque notamment :
– la réforme administrative,
– la réforme budgétaire,
– la réforme fiscale,
– la reforme monétaire,
– etc.
La Réforme est aussi un mouvement religieux qui, au XVIe siècle fut à l'origine du protestantisme et qui a joué un rôle très important au plan économique et en matière sociale.

REFUS DE VENTE
Les législations concernant la protection du consommateur interdisent généralement de lui refuser la vente d'une

marchandise ou une prestation de service sans motif légitime. Le refus de vente est alors un délit punissable d'autant plus s'il a pour origine une discrimination, quelle qu'en soit la nature.

RÉGIE

Dans certains pays, c'est la concession par l'État ou par une collectivité (commune, région) d'un service d'intérêt général : transports, service des eaux, ordures ménagères, etc.

En matière de publicité, la régie est la recherche et la vente **d'espaces publicitaires** aux annonceurs (presse écrite, radio, télévision et autres supports).
⇒ concession ; publicité

RÉGIME

Caractéristiques de fonctionnement d'un État (régime démocratique, régime communiste, etc.) **ou d'une organisation qui assure un service déterminé** (régime de retraite, régime de prévoyance, etc.) **mais aussi d'une machine, d'une installation, d'une activité** (tourner à plein régime, économie en régime de croisière, etc.).

RÉGION

Partie d'un pays, géographiquement distincte par ses caractéristiques physiques, parfois par des limites fixées par l'histoire mais, plus généralement aujourd'hui, par un découpage administratif imposé par l'État.

La région administrative constitue désormais dans de nombreux pays, une entité économique, culturelle, judiciaire, etc. qui peut être très forte.

Certains États sont formés de **régions dites « constitutionnelles »** disposant (par la Constitution du pays concerné) de pouvoirs dans de nombreux domaines, avec, dans certains cas, un « gouvernement régional » (Allemagne, Belgique, Espagne, etc.).

La montée en puissance du « fait régional » dans l'UNION EUROPÉENNE – UE – a conduit à la création, en 1994, du COMITÉ DES RÉGIONS, organe consultatif qui représente les autorités régionales et fait valoir leurs points de vue au sein de l'UE.

Internet : **http://www.cor.eu.int**

⇒ Comité des Régions ; Politique Régionale de l'UNION EUROPÉENNE

REGISTRE DU COMMERCE ET DES SOCIÉTÉS – RCS

Institution auprès de laquelle les commerçants, les sociétés et dans certains cas les associations sont enregistrées et auprès de qui ils doivent accomplir périodiquement certaines formalités (par exemple, dépôt annuel des bilans et des comptes, liste des administrateurs, etc.). Le RCS est public ce qui veut dire qu'on peut y obtenir des renseignements sur tous les acteurs de la vie économique (commerce, industrie, service). C'est ainsi qu'on peut y obtenir des informations sur la nature de l'entreprise, sur son siège, sur les noms des associés, sur la situation économique, sociale et financière, etc.

La consultation du RCS est, dans de nombreux pays, organisée pour être faite aussi par INTERNET.

Les artisans font l'objet, en général et suivant les pays, d'une immatriculation distincte au « Registre des Métiers ».

RÈGLE

Mesure, prescription, indication ferme, moyen d'application impératif. En ce sens, la règle est synonyme de règlement
⇒ règlement

RÈGLE D'OR BANCAIRE

Elle correspond à la « règle d'or bilantaire » des entreprises.

Cette « règle d'or » impose que la structure du capital soit en concordance avec les emplois de ces capitaux. On ne peut pas investir et fixer des capitaux pour une période longue lorsque le capital doit être remboursé à ses propriétaires (ici les capitaux étrangers) dans un intervalle court.

Une partie importante du capital (qui figure au Passif du Bilan) doit être employée de manière telle qu'il soit possible de la rendre liquide à brève échéance.

Des réglementations imposent aux banques des ratios de couverture des risques et des ratios de division des risques (la banque ne peut pas avoir un seul gros client).

En matière internationale, les banques sont tenues à un ratio prudentiel (le ratio Cooke).

⇒ ratio Cooke ; règle d'or bilantaire

RÈGLE D'OR BILANTAIRE

Elle impose que la structure des ressources d'une entreprise et leurs emplois soient équilibrés. On vérifiera ainsi, sur la base du Bilan que :
– les capitaux propres (ils constituent avec les dettes à long terme les capitaux permanents) sont supérieurs aux capitaux étrangers,
– les capitaux circulants (c'est-à-dire les valeurs réalisables et les valeurs d'exploitation) sont supérieurs aux capitaux étrangers,
– les liquidités couvrent les dettes à court terme,
– etc.

De nombreux ratios permettent d'évaluer si la situation de l'entreprise est ou non favorable mais des événements conjoncturels ou structurels peuvent intervenir et perturber une situation d'équilibre.

⇒ bilan ; capital permanent ; capital propre ; dettes ; règle d'or bancaire

RÈGLEMENT

Lorsqu'il s'agit d'une prescription, d'une mesure, d'une indication ferme ou d'un moyen d'application impératif, le terme **est synonyme de règle.**

C'est aussi le fait de payer ce qui est dû.

Pour l'UNION EUROPÉENNE – UE, le Règlement est une forme de loi qui s'applique à tous les États membres.

L'application de la Constitution de l'UNION EUROPÉENNE – UE, signée en 2004, a sensiblement modifié les caractéristiques des « lois » de l'UE, jusqu'alors essentiellement constituées par les Directives et les Règlements.

⇒ Constitution de l'UNION EUROPÉENNE ; Directive européenne ; Règlement européen ; UNION EUROPÉENNE

RÉGLEMENTATION

C'est un ensemble de règles, de règlements, de mesures légales.

Elle est à l'opposé de la liberté totale. Les Autorités Publiques interviennent ainsi pour exercer un contrôle sur l'activité économique. Les mécanismes du marché libre sont alors suspendus.

La réglementation peut ne concerner qu'une activité, un secteur ou au contraire s'étendre, par accord, à plusieurs entreprises ou entre plusieurs pays.

Le terme réglementation s'applique aussi à une convention, une prescription, une norme qui s'impose à un individu ou à une entreprise en dehors des décisions des Autorités Publiques.

RÈGLEMENT EUROPÉEN

C'est l'un des deux principaux actes législatifs (avec la Directive) de l'UNION EUROPÉENNE – UE, élaboré et édicté suivant une procédure très précise mais variable en fonction du domaine concerné ; **de plus en plus fréquemment la loi de l'UE résulte de la « codécision » du PARLEMENT EUROPÉEN et du CONSEIL.**

Le règlement est un acte normatif, de portée générale, qui s'impose aux États membres de l'UE qui ont obligation de l'insérer (dans un délai fixé), en totalité, dans leur propre législation.

La Directive implique pour les États membres une obligation de résultat mais avec une liberté relative quant aux moyens ; la Directive adaptée doit, elle aussi, être transposée dans la législation de chaque pays.

Les Règlements et les Directives de l'UE constituent les lois de l'UE. Le droit communautaire étant prééminent, les Règlements et les Directives se substituent aux dispositions nationales.

L'application de la Constitution de l'UNION EUROPÉENNE – UE, signée en 2004, a sensiblement modifié les caractéristiques des « lois » de l'UE, jusqu'alors essentiellement constituées par les Directives et les Règlements.

La Constitution de l'UE prévoit désormais dans l'exercice des compétences qui lui sont attribuées :
– **la loi européenne**, acte législatif de portée générale, obligatoires dans tous ses éléments et directement applicable dans chacun des États membres ;
– **la loi-cadre** européenne, acte législatif qui lie tout État membre quant au résultat à atteindre, tout en laissant aux États le choix de la forme et des moyens ;
– **le règlement européen**, acte non législatif de portée générale pour la mise en œuvre des actes législatifs (lois et lois-cadre).

Il s'ajoute à ces actes juridiques de l'UE, les décisions, actes non législatifs mais obligatoires (éventuellement pour seulement ceux qui y sont désignés) ainsi que les recommandations et les avis qui n'ont pas de caractère contraignant.
⇒ Constitution de l'UNION EUROPÉENNE ; Directive européenne ; Lois européennes ; Parlement Européen ; UNION EUROPÉENNE

RÉGRESSION ÉCONOMIQUE

Régresser c'est faire marche-arrière, reculer. La régression économique entraîne un ralentissement de la consommation à cause d'une réduction des revenus. La régression ne touche pas toujours l'économie entière, elle est parfois sectorielle.

Le terme est opposé à croissance, à progrès et à développement.
⇒ croissance ; relance économique

RÉGULATION

En économie de libre concurrence, le prix est l'élément de régulation alors que dans les systèmes de type socialiste ou marxiste la régulation est imposée par la planification.

RELANCE ÉCONOMIQUE

En conjoncture et dans le cadre d'une activité cyclique, l'économie d'un pays peut entrer dans des phases de régression ce qui signifie, chômage, ralentissement général de l'activité. Le redémarrage et donc la relance de l'activité sont mis en œuvre par la politique économique budgétaire et monétaire. Pour obtenir un effet sur la consommation donc sur la dépense, **les Autorités Publiques peuvent agir sur tous les leviers dont ils disposent** pour soutenir la consommation et l'investissement par les moyens classiques telles la baisse du taux d'intérêt et du taux d'escompte, la politique du marché ouvert, la création d'emplois, etc.

Toutes ces mesures ne sont pas prises simultanément, mais peuvent encore être appuyées par un accroissement des dépenses de l'État.
⇒ consommation ; escompte ; intérêt ; open market policy ; politique monétaire

RELATIONNEL

Qui concerne les relations humaines dans l'entreprise, notamment par des aptitudes à les mettre en œuvre, à animer une équipe ou à engager des rapports efficaces et conviviaux avec l'environnement du travail (clients, fournisseurs, administrations, etc.).

RELATIONS HUMAINES
Voir : RESSOURCES HUMAINES

RELATIONS PUBLIQUES
en anglais : PUBLIC RELATIONS

Le but poursuivi est d'établir le contact avec le « grand public » : citoyens, consommateurs, etc.

C'est une politique, une stratégie, une façon d'agir pratiquée aussi bien par les entreprises que par les partis politiques ou les gouvernements.

Le sujet de droit (citoyen ou consommateur) est informé, préparé à certains événements et même parfois « conditionné » pour être sensibilisé, incité à l'achat, ou pour accepter certaines choses.

Le spécialiste responsable des Relations Publiques est, dans l'entreprise, parfois appelé « Public Relations Officer ».
⇒ communication ; communication corporate ; marketing

RELOCALISATION

Installation d'une entreprise, souvent avec l'aide des Autorités Publiques et de l'UNION EUROPÉENNE – UE (dans le cadre de sa politique régionale) **dans une zone déshéritée, où le taux de chômage est élevé, en retard de développement et de laquelle ont parfois disparu des activités du secteur secondaire notamment** (sidérurgie, textiles, mines, etc.), **gravement affectées par le déclin industriel** (reconversion).

Le terme de relocalisation concerne géographiquement et essentiellement le territoire d'un État. **Le concept de relocalisation s'oppose à celui de délocalisation** dont les conséquences sont souvent graves pour l'emploi et l'économie d'une région ; certains gouvernements ont ainsi été amenés à prendre des mesures antidélocalisation.
⇒ délocalisation ; Politique Régionale de l'UNION EUROPÉENNE

REMBOURSEMENT

C'est le fait de payer ce que l'on doit ; le remboursement d'une dette est fonction de la nature de celle-ci et des modalités convenues ; le remboursement d'une dette peut se faire à court terme (dettes d'exploitation) ou à long terme (finan-

cement d'investissements) et il dépend des possibilités de l'entreprise (endettement, autofinancement, etc.).
Le remboursement d'obligations (titre boursier) peut être prévu au-dessus du pair et éventuellement par anticipation.
⇒ obligation

REMISE
La remise est une réduction du prix accordée à l'acheteur qui achète par fortes quantités ou pour le remercier de sa fidélité.
Le terme remise (de chèques, d'effets de commerce, etc.) désigne le fait de remettre à une banque des documents pour traitement (comptes à créditer, comptes à débiter, etc.).
Les termes de « **remises d'impôts** » et de « **remises de dettes** » signifient **réductions d'impôts ou de dettes ou leur annulation** pour différents motifs.
⇒ rabais ; remise de dette ; ristourne

REMISE DE DETTE
Le créancier renonce à l'exercice de son droit d'exiger le paiement du débiteur. Une telle renonciation peut être expresse ou tacite.
⇒ dette

REMPLOI
C'est, au plan général, **la réutilisation de quelque chose.**
Le terme est aussi employé lors d'une opération financière par une entreprise qui procède au remploi de ses bénéfices sous une forme ou sous une autre pour en éviter, notamment, la répartition aux ayants-droit (actionnaire, par exemple), souvent pour des raisons fiscales.

RENDEMENT
Ce que rapporte ou produit une machine, une somme d'argent, un titre boursier (action, obligation) et, d'une façon générale, une activité.
Une amélioration de rendement peut s'analyser en un **gain de productivité** si certaines conditions sont réunies (pas d'investissement supplémentaire, pas d'effort plus important du salarié, etc.).
Le rendement marginal (ou produit marginal) est celui de la dernière unité d'un facteur de production.
Le rendement moyen (ou produit moyen) est celui d'un ensemble d'unités dont le rendement de chacun peut être différent.
Les rendements (ou les produits) et les coûts évoluent selon des rapports déterminés.
⇒ coût ; coût marginal
▶ graphiques n° 18 et 19

RENDU À QUAI
Voir : DELIVERED EX QUAY

RENDU DROITS ACQUITTÉS
Voir : DELIVERED DUTY PAID

RENDU EX SHIP
Voir : DELIVERED EX SHIP -

RENDU FRONTIÈRE
Voir : DELIVERED AT FRONTIER

RENTABILITÉ
C'est ce qui procure un bénéfice, un revenu.
On distingue notamment dans l'entreprise :
– la **rentabilité commerciale**, c'est-à-dire le rapport du résultat d'exploitation sur le chiffre d'affaires ;
– la **rentabilité financière** qui est le résultat net (après impôts) sur les fonds propres ;
– la **rentabilité économique** qui est le résultat net (après impôts) sur l'actif total ; le ratio de l'excédent brut d'exploitation – EBE – rapporté à l'actif immobilisé est un élément de mesure de cette rentabilité économique.
⇒ résultat net

RENTE
L'expression rente semble être due à RICARDO et à MALTHUS. **Pour eux c'est la partie du revenu foncier qui est versée au propriétaire de la terre pour pouvoir « exploiter les facultés productives ».** Cette faculté était considérée comme indestructible mais elle l'est de moins en moins.
La récolte de la terre est effectivement attribuable au travail de l'homme et aux capitaux qu'il met en œuvre ; cependant, une partie revient à la plus ou moins grande fertilité de la terre. Cette fertilité, et surtout le degré de fertilité, sont considérés comme dons de la nature. On dit à ce moment-là **que la rente est « foncière, différentielle et gratuite ».**
On parle de « rente absolue » pour désigner celle qui est produite par la terre la moins fertile et de « rente de qualité » pour les terres de fertilité supérieure.
Le mot rente est aussi utilisé dans un sens plus général dans l'industrie pour qualifier un avantage particulier. Les termes de « rente différentielle » font alors allusion à d'autres facteurs intervenant dans les revenus : développement démographique, qualités inégales des matières premières, site privilégié d'un lieu de production par rapport à un autre, etc. Une entreprise peut aussi bénéficier d'avantages à la suite d'un concours de circonstances favorables (par exemple le bon choix du moment d'un investissement) On dit que la rente foncière est en principe permanente, alors que la rente dite industrielle de conjoncture a un caractère momentané ou temporaire. Tantôt la rente est tout à fait gratuite, tantôt elle est plutôt assimilable à un profit mérité.
La rente est aussi le revenu périodique versé à quelqu'un : c'est le cas, notamment, de la rente viagère versée par le débirentier au créditrentier.
Le terme « rente » est aussi utilisé pour qualifier les **revenus tirés des emprunts publics de l'État.**
Une « **rente de situation** » **est un avantage acquis** par la situation que l'on occupe ou la place que l'on a dans une hiérarchie, une entreprise ou un marché.
⇒ emprunts publics ; intérêt ; MALTHUS ; profit ; répartition du revenu ; RICARDO ; salaire ; viager

RENTE VIAGÈRE
Voir : VIAGER

RÉPARTITION DU BÉNÉFICE
Il s'agit de la répartition bénéficiaire et de l'affectation des bénéfices dans les sociétés : dividende à distribuer, **affectation aux réserves** (obligatoires et légales, statutaires ou facultatives), etc.
C'est une décision de l'assemblée générale qui fixe l'importance du dividende. L'entreprise n'a cependant pas le droit de répartir des bénéfices non réalisés. Dans la pratique, il n'est pas rare que la situation financière soit établie de façon à dégager une possibilité de paiement d'un dividende même si les résultats ne sont pas aussi satisfaisants que prévus ; cependant, servir un dividende en cas de perte constitue une opération condamnable et interdite.
⇒ dividende ; réserves

RÉPARTITION DU REVENU

Les entreprises réalisent leur production en mettant en œuvre les valeurs immobilisées (terrains, constructions, équipements), les valeurs d'exploitation (matières premières, matières consommables, etc.) mais aussi de la main-d'œuvre et des capitaux.

Dans un deuxième temps, elles se livrent à **des actes de vente**, ce qui permet de répartir le fruit de la production. Elles vont affecter un certain intérêt au capital emprunté, attribuer les salaires aux « travailleurs » et dans la mesure où les produits l'emportent sur les charges, allouer un profit aux entrepreneurs. Cependant, **le profit, tel qu'il est renseigné par le compte « résultat de l'exercice », n'est pas disponible puisque réparti dans différents comptes ; il faut donc déterminer sa destination**. Le bénéfice ne se trouve généralement pas dans la caisse ou au compte en banque, mais se répartit à travers les éléments d'Actif du Bilan de l'entreprise.

Il ne faut pas, en outre, perdre de vue le revenu « non gagné », c'est-à-dire la « rente » qui intervient dans le mécanisme des prix. **L'importance de la structure économique joue aussi un rôle dans la répartition du revenu**. Quel que soit le degré d'intervention des Autorités Publiques on est en droit de s'attendre à une productivité satisfaisante, à une situation d'équilibre saine et à une répartition équitable.

⇒ intérêt ; profit ; rente ; salaire

RÉPARTITION SECONDAIRE DES REVENUS

Voir : REDISTRIBUTION DU REVENU

REPORT

Transfert, en comptabilité notamment, d'une somme ou d'un résultat d'un compte à un autre.

En matière financière ou boursière, c'est un paiement différé à une date ultérieure.

REPRÉSENTATIONS GRAPHIQUES

Voir : GRAPHIQUE

REPRÉSENTATIVITÉ

Elle permet à un individu ou à une organisation de parler valablement au nom de plusieurs personnes ou membres. On évoque notamment la représentativité des syndicats de salariés ou d'employeurs pour négocier et, dans certains pays, pour leur reconnaissance par les Autorités Publiques, ce qui leur donne des droits.

En statistiques, la représentativité est la qualité d'un échantillon qui correspond à l'ensemble objet de la mesure.

Les sondages, dans le domaine commercial comme en politique, utilisent des échantillons représentatifs de la population.

REPRISE

Après une phase de dépression, l'économie peut connaître une reprise, c'est-à-dire que la production augmente, que les investissements reprennent, que les capacités de production sont utilisées au maximum, etc. ; ces périodes de reprise sont caractérisées par une relative stabilisation des prix qui augmentent peu, par une diminution du chômage et par la création d'emplois.

RESCISION

Un contrat est rescindable lorsqu'il y a lésion (désavantage) manifeste (flagrante) pour une des parties contractantes. La rescision est prononcée par les tribunaux ; c'est une annulation judiciaire.

⇒ contrat

RÉSEAU

Ensemble organisé d'individus qui réfléchissent et agissent en commun pour mener à bien un projet, une idée, une action, une politique ou au contraire s'y opposer. Le terme anglo-américain synonyme de « network » est fréquemment utilisé, y compris dans le titre de certaines organisations spécialisées.

Un « old boys network » est un réseau d'anciens élèves d'une école, d'une faculté, etc.

⇒ fireseautage

RÉSEAU CELLULAIRE

Voir : TÉLÉPHONIE MOBILE

RÉSEAU DES RÉGIONS INNOVANTES EN EUROPE

en anglais : INNOVATING REGIONS IN EUROPE – IRE

Plate-forme de collaboration et d'échange d'expériences entre les régions de l'UNION EUROPÉENNE – UE (plus de 200) créée en 1994.

⇒ Politique Régionale de l'Union Européenne

Internet : **http://www.innovating-regions.org**

RÉSEAU D'INFLUENCE

Les décideurs économiques ont nécessairement aujourd'hui autour d'eux, en plus des collaborateurs de leur entreprise ou de leur administration, des conseils extérieurs qui constituent un « réseau d'influence » : experts spécialisés, « éminences grises », économistes influents, communicants stratèges avertis, intellectuels ou scientifiques, etc.

⇒ lobby

RÉSEAU EUROCITÉS

Réseau créé en 1986 par l'UNION EUROPÉENNE – UE pour **regrouper les grandes métropoles** (actuellement une centaine) qui jouent un rôle vital dans la construction européenne.

Internet : **http://www.eurocities.org**

RÉSEAU EUROPÉEN DE PRÉVENTION DE LA CRIMINALITÉ

Voir : MAFIA

RÉSEAU EUROPÉEN DE PROMOTION DE L'ENTREPREUNARIAT FÉMININ – WES

en anglais : EUROPEAN NETWORK TO PROMOTE WOMEN'S ENTREPRENEURSHIP

Créé en 1998 par l'UNION EUROPÉENNE – UE, ce réseau qui comprend les pays membres de l'UE, l'Islande et la Norvège, a pour objectif de **promouvoir l'entrepreunariat féminin**, c'est-à-dire la création d'entreprises par les femmes.

Internet : **http///europa.eu.int/comm/entrpreneuship/craft/craft-women**

RÉSEAU JUDICIAIRE EUROPÉEN EN MATIÈRE CIVILE ET COMMERCIALE – RJEMCC
en anglais : EUROPEAN JUDICIAL NETWORK IN CIVIL AND COMMERCIAL MATTERS – EJN

Organisme créé en 2001 par l'UNION EUROPÉENNE – UE – pour apporter un **appui juridique aux personnes ou aux entreprises qui sont confrontées à des litiges transfrontaliers**.

Internet : **http://europa.eu.int/comm/justice_home/ejn**

RÉSEAUTAGE

Action de créer un « réseau » (ensemble organisé d'individus qui réfléchissent et agissent en commun) pour défendre une idée, un parti politique, un projet ou s'opposer à un autre.
⇒ lobby

RÉSEAUX TRANSEUROPÉENS

Dans le cadre de la politique des transports de l'UNION EUROPÉENNE – UE, celle-ci a mis en place **un ensemble de programmes destinés à développer et à améliorer à travers tous les États membres de l'UE, les grandes voies de communication**, notamment ferroviaires (avec la promotion du ferroutage), routières et navigables.

L'UE a défini un certain nombre de projets prioritaires à réaliser à l'horizon 2020 et a créé en 2004, une Agence Ferroviaire.

L'UE fonde ses projets, en ce qui concerne les transports terrestres et aériens, sur l'évolution des « **indices d'accessibilité potentielle** » **par la route, par le rail et par voie aérienne** qui sont établis par l'European Spatial Planning Observation Network – ESPON.

Les **télécommunications et les transports de l'énergie sont aussi concernés**.

Même s'il n'est pas directement inclus dans les programmes des réseaux transeuropéens, le transport maritime, en particulier sur le plan de la sécurité maritime (création en 2003 de l'Agence Européenne pour la Sécurité Maritime) fait l'objet d'études et de suivi par l'UE.

Internet : **http://europa.eu.int/comm/energy_transport**

⇒ Agence Ferroviaire Européenne ; Agence Européenne pour la Sécurité Maritime EUROPEAN SPATIAL PLANNING OBSERVATION NETWORK ; ferroutage ; UNION EUROPÉENNE

RÉSERVE DE PROPRIÉTÉ
Voir : LIVRAISON

RÉSERVE OBLIGATOIRE

C'est une partie de leurs avoirs que, dans de nombreux pays, les banques sont tenues de déposer à la Banque Centrale de l'État concerné ; ces réserves sont rarement rémunérées.

De même, les Banques Centrales de l'UNION EUROPÉENNE – UE (zone euro) sont tenues de déposer des « réserves » à la BANQUE CENTRALE EUROPÉENNE – BCE ; ces réserves permettent un certain contrôle de la masse monétaire ; elles sont rémunérées au taux de 2 %.
⇒ banque centrale ; BANQUE CENTRALE EUROPÉENNE

RÉSERVES

Une entreprise a intérêt à se prémunir contre les risques et les aléas du futur.

Alors que pour la personne privée la constitution de réserves est toujours facultative, **les sociétés sont, en général, contraintes de constituer au moins une réserve légale**. Les réserves constituent, dans tous les cas, des bénéfices non distribués et, en principe, affectés durablement à l'entreprise ou des revenus non consommés. Les réserves sont constituées après la détermination du bénéfice. Les provisions sont portées en charges ; elles sont donc constituées avant la détermination du bénéfice (résultat).

Le terme de « réserves » est aussi utilisé pour désigner les devises et l'or détenus par la Banque Centrale.

Parmi les différents types de réserves, on trouve :

– La réserve légale

Elle est prévue par la loi dans la plupart des pays ; **elle doit être constituée par prélèvement** (en général 5 %) **sur les bénéfices** jusqu'à ce qu'elle atteigne une fraction du capital social (en général 10 %).

Cette réserve constitue une garantie pour les créanciers et les prélèvements sur ce fonds de réserve sont interdits.

– Les réserves statutaires

Les statuts d'une société prévoient habituellement **qu'au-delà de la constitution de la réserve légale, des réserves souvent appelées aussi « réserves contractuelles » peuvent être constituées** ; elles renforcent la garantie des tiers. L'affectation de ces réserves statutaires est soumise à la décision d'une assemblée générale extraordinaire.

– Les réserves de réévaluation

À moins de recourir à une comptabilité indexée (ce qui est rarement possible) **les valeurs immobilisées et une grande partie des éléments « circulants »** (matières, marchandises) **figurent à l'actif du Bilan de l'entreprise**. La dépréciation de la monnaie a pour effet de les sous-évaluer ; elle concerne aussi les immeubles, les équipements et leurs amortissements.

La constitution de réserves de réévaluation est la conséquence d'une réévaluation ; le plus souvent, celle-ci fait l'objet de dispositions légales très strictes. Ce type de réévaluation peut intervenir même lorsque la valeur comptable est nulle (par exemple en vue d'une cession de l'entreprise) si le prix du marché le justifie.

– Les réserves de renouvellement des immobilisations

Ces réserves sont facultatives ; **elles permettent à l'entreprise de mieux financer le renouvellement des immobilisations** ; elles ne peuvent en aucun cas remplacer les amortissements normaux.

– Les réserves de renouvellement des stocks

Compte tenu de l'évolution des prix, notamment pour certaines matières premières et pour de nombreux produits essentiels au fonctionnement de l'entreprise, celle-ci peut avoir intérêt à constituer **des réserves (facultatives) pour financer les stocks**.

– Les réserves de participation

Elles sont constituées par **un prélèvement sur les bénéfices pour permettre la participation des salariés aux fruits de l'expansion de l'entreprise**. Le calcul est fonction des dispositions législatives du pays concerné et des accords négociés soit par la branche d'activité concernée soit encore au niveau de l'entreprise avec les représentants du personnel.

– Les autres réserves facultatives

Les statuts (ou une décision de l'assemblée générale) peuvent prévoir d'autres réserves facultatives dans l'intérêt de l'entreprise.

⇒ bénéfices ; bilan ; immobilisation ; participation ; réévaluation ; provisions

RÉSERVES DE PARTICIPATION
Voir : RÉSERVES

RÉSERVES DE RENOUVELLEMENT DES IMMOBILISATIONS
Voir : RÉSERVES

RÉSERVES DE RENOUVELLEMENT DES STOCKS
Voir : RÉSERVES

RÉSERVES DE RÉÉVALUATION
Voir : RÉSERVES

RÉSERVES FACULTATIVES
Voir : RÉSERVES

RÉSERVES LATENTES
Voir : RÉSERVES OCCULTES

RÉSERVES LÉGALES
Voir : RÉSERVES

RÉSERVES OCCULTES
Elles ne sont pas mentionnées au Bilan. Des telles réserves se forment **lorsque l'actif du Bilan est sous-évalué ou lorsque les amortissements sont surévalués** et ne correspondent plus à l'usure normale. Le même phénomène se produit lorsque les dettes sont surévaluées (cette situation peut caractériser une banqueroute).
La législation de la plupart des pays est à cet égard très rigoureuse et interdit ce type de réserves. Elles peuvent cependant se former sans qu'il y ait une intention de les dissimuler ; ce sont des réserves « latentes » qui seront en temps utile reprises normalement en comptabilité.
⇒ banqueroute

RÉSERVES STATUTAIRES
Voir : RÉSERVES

RÉSIDENT
La législation fiscale (et parfois la législation sociale) distingue, dans de nombreux États, les personnes physiques qui y ont leur résidence habituelle et les personnes morales qui y ont leur siège social, d'une part et, d'autre part, celles qui résident à l'étranger.
La résidence habituelle ou le siège social à l'étranger les fait classer comme « **non résidents** ».
En diplomatie, le Représentant officiel d'un État dans un autre pays où il réside est un « Représentant résident ».

RÉSILIENCE
Caractéristique mécanique d'un matériau ; par extension, qualité appréciée des collaborateurs d'une entreprise : **capacité à réagir face à une grave difficulté professionnelle, à rebondir après un échec, à prendre en charge rapidement une difficulté importante dans le domaine technique ou commercial**.

RES NULLIUS
Locution latine juridique signifiant qu'un bien est abandonné (qui n'a pas de « maître », de propriété) et n'appartient à personne.

RÉSOLUTION DES PROBLÈMES DANS LE MARCHÉ INTÉRIEUR – SOLVIT
Réseau mis en place en 2002 par l'UNION EUROPÉENNE – UE – pour résoudre les difficultés administratives de fonctionnement du marché intérieur.
SOLVIT peut intervenir pour trouver des solutions aux problèmes des citoyens ou des entreprises qui ne trouvent pas de réponse auprès des administrations, notamment en ce qui concerne les qualifications professionnelles, les diplômes, la formation, les permis de séjour, les droits de vote, la sécurité sociale, les contrôles aux frontières, l'accès aux marchés des produits et des services, les marchés publics, la fiscalité, la libre circulation des capitaux, l'établissement d'une agence, d'une filiale ou d'un bureau, etc.
Le système se fonde sur un réseau de Centres SOLVIT que tous les États membres ont créés au sein de leur propre administration.
Internet : **http://europa.eu.int/solvit**
⇒ marché intérieur ; UNION EUROPÉENNE

RESPONSABILITÉ
Obligation de réparer un préjudice. La responsabilité peut résulter de l'inexécution d'un contrat, du fait de choses que l'on a sous sa garde ou encore de personnes dont on doit répondre.
La responsabilité est aussi **l'obligation d'assumer une fonction, d'exercer un mandat, de rendre compte** (devant une autorité, des électeurs, etc.) ou encore de **rendre des comptes**.
La responsabilité est pénale si des faits délictueux ont été commis.
La « **responsabilité sociale des entreprises – RSE** » est une notion récente qui tend à **intégrer dans les activités des entreprises et leurs relations** (clients, fournisseurs, administrations) **des préoccupations sociales et environnementales**.

RESSOURCES
Elles sont constituées par l'ensemble des facteurs de production : travail et capital mais aussi le sol (qui est à l'origine de toutes les ressources naturelles).
Les ressources sont aussi **les performances d'un individu** mais aussi ses revenus.
Dans l'entreprise, les « ressources humaines » désignent la gestion du personnel.
⇒ ressources humaines

RESSOURCES HUMAINES
Les termes de « relations humaines » sont aussi utilisés pour désigner toute l'activité de gestion du personnel dans l'entreprise, y compris avec les organes représentatifs des salariés (syndicats, délégués du personnel, comités d'établissement et d'entreprise, etc.) et généralement tous les aspects sociaux (sécurité au travail, protection sociale, conditions de travail, embauches, licenciements, etc.).
La responsabilité des ressources humaines est, dans l'entreprise, confiée au « Directeur des Ressources Humaines – DRH ».
Certains économistes donnent à « la ressource humaine » une définition réductrice : c'est l'homme au travail.

RESTRUCTURATION
Réorganisation complète d'une entreprise ou d'une organisation ; elle peut concerner certains services (production, commercial, administratif) ou la totalité de l'entreprise

avec des changements importants de politique et de stratégie, impliquant des conséquences parfois lourdes : licenciement de personnel, délocalisation, transfert de certaines activités vers des sous-traitants, etc.
La restructuration peut aussi concerner tout un secteur de l'activité économique d'un pays : sidérurgie, textile, charbon, etc. L'UNION EUROPÉENNE – UE – peut, dans de telles circonstances, apporter son appui, notamment dans le cadre de sa politique régionale.
⇒ Politique Régionale de l'UNION EUROPÉENNE

RÉSULTATS D'EXPLOITATION
Le résultat d'exploitation est la somme qui se dégage à l'issue d'une période déterminée, dans une entreprise, après avoir tenu compte d'un certain nombre d'opérations. En fonction des normes comptables en vigueur, **les entreprises établissent, en fin d'exercice un « résultat d'exploitation » ou « résultat » qui comporte en comptabilité,**
– au débit les soldes des comptes de charges,
– au crédit les soldes des comptes de produits.
Les comptes comprennent notamment
– **dans les charges**, les variations de stocks, les achats de marchandises destinées à être revendues en l'état, les matières premières, les matières consommables, les dotations aux amortissements et aux provisions, l'impôt sur les bénéfices, les salaires, etc.,
– **dans les produits**, les variations de stocks, les ventes de marchandises et de produits fabriqués, les subventions, les reprises d'amortissements et de provision etc.
C'est la technique de gestion comptable mise en œuvre qui recommande et prévoit la détermination de différents résultats d'exploitation.
Les entreprises distinguent notamment :
– le résultat d'exploitation courant avant impôt, le résultat d'exploitation avant les charges et produits financiers,
– le résultat d'exploitation hors événements exceptionnels,
– etc.
Dans plusieurs pays, les termes « comptes d'exploitation » sont devenus inusités et remplacés par le « compte de résultats ».
Les plans comptables en vigueur imposent généralement des dénominations très précises et significatives.
⇒ charges ; produits ; résultats

RÉSULTAT D'EXPLOITATION AVANT AMORTISSEMENTS ET ÉVÉNEMENTS EXCEPTIONNELS – REAA
C'est un élément de la mesure de la santé d'une entreprise dans le cadre de son activité normale. Le REAA est donné par le compte de résultats d'une année donnée (ou d'une autre période) sans tenir compte ni des amortissements, ni des produits ou charges exceptionnels.

RÉSULTAT EXCEPTIONNEL
C'est la différence constatée par la comptabilité d'une entreprise, entre les produits exceptionnels et les charges exceptionnelles pour un exercice déterminé, dans une entreprise.

RÉSULTAT NET COMPTABLE
C'est la différence, calculée pour l'exercice comptable d'une entreprise déterminée, **entre le résultat courant augmenté éventuellement du résultat exceptionnel** (qui constituent ensemble le **résultat brut**) d'une part, les impôts et la participation des salariés aux fruits de l'expansion (aux bénéfices) d'autre part.

RÉTENTION
Voir : DROIT DE RÉTENTION

RETENUE À LA SOURCE
C'est surtout en matière d'impôt sur les salaires et d'imposition du revenu de capitaux que la législation fiscale de plusieurs pays impose la retenue à la source. Le bénéficiaire d'un salaire, d'un dividende ou d'intérêts encaisse donc directement le montant net après déduction de l'impôt retenu par l'employeur ou la banque.
De nombreux pays de l'UNION EUROPÉENNE (à l'exception notamment de la France) pratiquent la « retenue à la source » en matière d'impôt sur les salaires.
⇒ salaire

RETRAITE
Situation d'une personne qui n'exerce plus, en raison de son âge, d'activité professionnelle ; la retraite est aussi la somme perçue périodiquement par l'intéressé.
La législation fixe généralement l'âge de la retraite (ou le nombre d'années de travail) ainsi que les conditions pour bénéficier d'une pension de retraite ou de vieillesse ; de nombreux régimes légaux, complémentaires, de veuvage, progressif, de préretraite, etc. coexistent suivant les pays.

RETURN ON ASSETS – ROA
Termes anglo-américains signifiant « **rendement de l'Actif – RDA** ».
C'est la mesure du rapport entre le résultat net de l'entreprise et la totalité de ses actifs ; c'est donc la rentabilité.
On utilise aussi les termes de « **rendement du capital** ».

RETURN ON EQUITY – ROE
Sigle anglo-américain de la Bourse signifiant « **rendement des capitaux propres – RCP** », c'est-à-dire le taux de rentabilité des fonds propres d'une entreprise. C'est un ratio qui compare le bénéfice net aux capitaux investis.
On dit aussi **taux de rentabilité financière** ».
⇒ rentabilité

RETURN ON INVESTMENT – ROI
Termes anglo-américains signifiant « **rendement de l'investissement – RDI** ».
C'est le taux de rentabilité des investissements (ou d'un investissement significatif), c'est-à-dire le rapport entre le résultat net d'impôts de l'entreprise ou de l'activité concernée (pendant une période donnée) et les capitaux investis.

REVALORISATION
Augmentation qui peut concerner un produit, une monnaie (par rapport à d'autres), une image de marque, des conditions de travail (salaires, primes) ou encore des prix, etc.

REVENU DE TRANSFERT
Voir : REDISTRIBUTION DU REVENU

REVENU DISCRÉTIONNAIRE
Lorsque les besoins de première nécessité ont été couverts ou satisfaits, il reste généralement un excédent, le « revenu discrétionnaire » dont le sujet économique peut disposer à sa guise. Le plus souvent, avec cet excédent, il procède, entre autres, à l'acquisition de biens parfois de luxe ou de prestations de services (voyages, distractions, etc.).
⇒ revenu

REVENU DU CAPITAL
Le revenu du capital est l'intérêt, la rente ou le dividende.
Ce revenu est en général soumis à un impôt spécial : l'impôt sur le revenu des capitaux. Indirectement les bénéfices et les dividendes sont les résultantes d'investissements, donc de capitaux qui avant de procurer un rendement ont dû être constitués.
⇒ capital ; dividende ; intérêt ; rente

REVENU DU TRAVAIL
C'est l'ensemble des revenus (c'est-à-dire les sommes perçues en contrepartie d'un travail) **qui proviennent d'une occupation salariée** quel que soit le statut du travailleur : ouvrier, employé, cadre. C'est aussi l'ensemble des revenus des professions indépendantes.
⇒ revenu

REVENU PERSONNEL D'ACTIVITÉ
C'est la contrepartie directe d'une **activité productive ou de services**. Le revenu personnel d'activité se distingue donc du revenu personnel de la propriété y compris intellectuelle.
⇒ activité productive ; propriété ; propriété intellectuelle ; revenu

REVENU IMPOSABLE
La plupart des revenus sont imposables.
Le revenu imposable est déterminé en fonction de la somme des différentes catégories de revenus ; l'imposition varie en fonction de la nature du revenu, en tenant compte éventuellement des frais engagés pour obtenir ce revenu. On distingue bien évidemment le revenu imposable d'une personne physique de celui d'une société.
⇒ revenu

REVENU NATIONAL
Voir : PRODUIT INTÉRIEUR BRUT

REVENU PERSONNEL DISPONIBLE
C'est essentiellement le revenu du travail (salaires) et de la propriété dits « revenus primaires », moins les prélèvements fiscaux et sociaux et plus les revenus dits de « répartition » ou « de transfert » (allocations, indemnités sociales, etc.).
⇒ impôts

RÉVOCATION
C'est l'annulation d'un acte juridique ou le retrait d'une proposition.
Le terme est aussi utilisé pour le retrait des pouvoirs d'un dirigeant de société ou d'un fonctionnaire d'une administration (c'est, dans ce cas, une sanction disciplinaire).
La révocation est parfois dite « ad nutum », expression latine signifiant « par un simple signe », c'est-à-dire par la seule décision de celui (ou de ceux) qui en a le pouvoir.

RÉVOCATION DE TESTAMENT
Un testament peut être révoqué totalement ou partiellement. Il faut recourir à un notaire pour établir un nouveau testament. On pourrait aussi faire établir une déclaration de modification de volonté.
Dans ce contexte on remarquera qu'un legs est caduc lorsque le bien légué disparaît dans sa totalité du vivant du testeur.
⇒ legs ; testament

RÉVOLUTIONS ÉCONOMIQUES
Tous les systèmes économiques (capitaliste, socialiste, communiste...) ont été créés et affectés par le génie de l'homme. Il leur a été imposé une évolution permanente.

On peut distinguer 4 étapes marquantes dans l'évolution récente de l'humanité :
1) **La phase de l'exploitation des richesses du sous-sol sur une échelle industrielle** (minerais, charbon), **la création d'engins à moteur** (la machine à vapeur, le chemin de fer) ; la maîtrise de l'électricité ;
2) la phase de la découverte de **l'or noir** (pétrole), la fabrication de métaux légers de matières plastiques, l'invention de l'automobile et de l'avion, l'exploitation du caoutchouc naturel et la fabrication de matières synthétiques ;
3) la phase de l'énergie nucléaire, d'alliages très résistants, l'électronique et ses dérivés, l'informatique ;
4) **la phase de la conquête de l'espace, le développement exponentiel des techniques de communication et la mondialisation des échanges.**

À chaque étape, ces révolutions ont eu une influence significative sur les connaissances et le niveau de vie.

REVOLVING CRÉDIT
Voir : CRÉDIT REVOLVING

RICARDO David (1772-1823)
Économiste et financier anglais.
De nombreux économistes se sont inspirés des théories de RICARDO dont l'œuvre majeure est *Principes d'économie politique et de l'impôt* publiée en 1817 dans laquelle il aborde de façon exhaustive tous les aspects de l'économie dans sa conception de l'époque.
Mais c'est après une étude sur la *Monnaie* (1811) que RICARDO analyse avec pertinence les **relations entre les salaires** (ouvriers), **le profit** (capitalistes) et **la rente foncière** (propriétaires) d'abord sur la base du marché du blé et qu'il étend en suite à l'ensemble de l'agriculture : **le prix de chacun des produits est celui dont le coût de production est le plus élevé** (sol peu fertile). C'est la théorie de « la rente foncière ».
À la suite d'Adam SMITH mais aussi de QUESNAY, RICARDO va défendre le libre-échange en élaborant sa théorie sur les échanges internationaux : dans une économie libre où règne la division du travail, chaque pays a intérêt à se spécialiser dans ce qu'il est le plus apte à produire ; ce sont les avantages (ou les coûts) comparés qu'il faut prendre en compte. C'est la « **loi des coûts – ou des avantages – comparés** ».
⇒ avantages ; capitalistes ; coûts ; division du travail ; libre-échange ; marché ; monnaie ; profit ; QUESNAY ; rente ; salariés ; SMITH

RICHESSE
En économie, le terme caractérise l'opulence, la fécondité, la fertilité, l'abondance de certains biens, etc. ; au sens figuré, il s'agit des sources d'un bien : on évoque telle ou telle origine pour un enrichissement.
La richesse d'un pays ou d'une région est mesurée par deux agrégats économiques importants, le Produit Intérieur Brut – PIB – et le Produit National Brut – PNB.
⇒ Produit Intérieur Brut ; Produit National Brut

RIGHT LIVELIHOOD AWARDS
Voir : PRIX NOBEL ALTERNATIF

RIGIDITÉ
Frein ou absence d'adaptation à une évolution économique, sociale, culturelle ou technique, avec un certain caractère de fixité, de permanence : rigidité des marchés (peu ou

pas d'évolution de l'offre et de la demande), des salaires, de l'organisation, de la législation et même des idées et des esprits.

RISQUE
C'est l'éventualité qu'une action ou une activité, un fait ou encore une faute, peut entraîner des dommages corporels ou matériels avec leurs conséquences.
On distingue entre **les risques certains et les risques incertains**.
Le risque, qu'il soit de nature industrielle, commerciale ou financière, **impose, pour l'entreprise, de le mesurer et de recourir**, pour éviter une menace d'appauvrissement et d'autres inconvénients, **à la constitution de provisions** (provisions pour risques, provisions pour dépréciations, etc.) **mais aussi de l'assurer**. Mais il n'y a pas de moyens de se prémunir totalement contre le risque, quel qu'il soit.
⇒ assurance ; provision

RISQUE DUCROIRE
Le risque qu'une créance ne puisse être recouvrée existe aussi bien dans le commerce intérieur qu'extérieur. **Les créances relatives au commerce extérieur présentent davantage de risques** ; ces risques peuvent être couverts par une assurance spéciale qui porte le nom d'assurance ducroire ou un crédit spécifique ducroire.
⇒ assurance ducroire ; ducroire ; provision ducroire

RISTOURNE
En fin d'exercice, **l'entreprise peut accorder une remise exceptionnelle (ristourne) sur l'ensemble des achats qui ont été effectués par un client déterminé**.
La ristourne peut être aussi l'excédent dégagé par un assureur sur l'ensemble des primes dont il reverse une partie aux assurés.
⇒ escompte ; escompte commercial ; escompte rationnel ; rabais ; remise

ROAMING
Voir : GMS

RODBERTUS Johann (1805-1875)
Économiste et homme politique allemand, il est précurseur de MARX et de LASALLE. Il appartient à l'École du Socialisme scientifique.
Selon RODBERTUS, seul le travail crée les biens et les valeurs et en conséquence tout le revenu du travail doit aller au travailleur. La terre et le capital doivent être transférés à l'État. Il propose aussi la fixation par l'État de l'ensemble des salaires ouvriers.
⇒ LASSALE ; MARX

RÔLE DE L'ÉTAT EN MATIÈRE D'INTÉRÊT
L'intérêt est considéré comme un instrument de la politique économique. L'État peut émettre des emprunts et agir sur l'offre et la demande de crédit. Il intervient d'une manière indirecte lorsqu'il soutient le cours de ses emprunts, lorsqu'il accorde des garanties de change et des exemptions fiscales.
L'intérêt à un rôle à jouer en matière monétaire et conjoncturelle et exerce une influence sur le taux d'emploi et la balance des paiements. Les taux d'intérêt du marché résultent, actuellement, davantage de la politique économique que de la loi de l'offre et de la demande en matière de crédit. Le crédit semble parfois privilégier l'utilité sociale ; si l'État intervient directement en limitant le taux de l'intérêt, l'offre de capital peut diminuer ce qui favorise l'apparition de marchés clandestins.
Pour les pays de la « zone euro » c'est la BANQUE CENTRALE EUROPÉENNE – BCE – qui, ayant en charge la politique monétaire des pays participants, fixe le taux de base utilisé ensuite par les banques pour déterminer le taux des crédits qu'elles consentent.
⇒ BANQUE CENTRALE EUROPÉENNE ; politique monétaire ; intérêt ; crédit

ROMPU
Désigne une quantité de titres boursiers inférieure à un seuil déterminé pour la vente, l'achat, la participation à une augmentation de capital, etc. ; les rompus sont généralement négociables et leur regroupement rend possible la participation à l'opération envisagée.
Les rompus sont aussi **les titres boursiers qui restent la propriété d'un actionnaire** qui n'a pas voulu ou qui n'a pas pu participer à une « Offre Publique d'Achat – OPA » ou une « Offre Publique d'Échange – OPE ».
⇒ Offre Publique d'Achat ; Offre Publique d'Échange

ROOSA
Titres (obligations) non négociables émis par le gouvernement américain. Les banques centrales étrangères désireuses de contribuer à la stabilité du dollar souscrivent à ces obligations (sans pouvoir les faire circuler) **pour soutenir le dollar** ; c'est donc une forme de prêt très spéciale. L'idée est venue d'un sous-secrétaire d'État américain du nom de ROOSA.
On utilise fréquemment les termes de « **Bonds Roosa** » ou « **Obligations Roosa** ».
⇒ obligation

ROSCHER Wilhelm Georg-Frédéric (1817-1894)
Historien et politologue allemand, professeur aux Universités de Göttingen et de Leipzig (Allemagne). Il fait partie de « l'École Historique allemande » (en matière économique).
Il a publié en 1848 un *Précis d'économie politique* qui reflète sa conception de la méthode historique.
⇒ LIST ; SCHMOLLER

ROSTOW Walt Whitman (1916-2003)
Économiste américain, professeur à l'Université de Harvard (E-U), WW. ROSTOW est célèbre par une **théorie de la croissance** qu'il a exposée dans son ouvrage : *The Stages of economic Growth : a non communist Manifesto* – « Les étapes de la croissance : un manifeste non communiste » (1960) ; il distingue **cinq étapes dans l'évolution économique** :
– la société traditionnelle,
– les préalables au décollage (suppression des obstacles à la croissance, épargne, investissement),
– le décollage (c'est le concept de « take off ») avec le démarrage industriel,
– l'évolution vers la maturité (progrès technique et investissement),
– l'ère de la consommation avec l'émergence de nouveaux besoins.
Cette théorie a été largement critiquée.

ROTATION
Mobilité, évolution, modification, alternance ou fréquence de changement concernant certains éléments dans une organisation structurée (entreprise, institution, magasin, etc.) ; elle concerne aussi bien le capital que les stocks, le personnel, les clients, etc.

ROYALTIES
Voir : LICENCE
Voir : FRANCHISE

RUEFF Jacques Léon (1896-1978)
Ingénieur français, diplômé de l'École Polytechnique (Paris), haut fonctionnaire, conseiller du gouvernement, membre de l'Académie Française et économiste, **J. RUEFF est le père du « franc Poincaré »** et l'initiateur de la convertibilité or du franc français (1928) comme il est aussi à l'origine du « nouveau franc » ou « franc lourd » (1960).
Partisan du libéralisme, il s'oppose à la suprématie du dollar et propose une profonde réforme du système monétaire international. Il est notamment l'auteur d'un ouvrage sur *Le lancinant problème de la balance des paiements* (1966).
Il énonce, en 1920, la « loi Rueff » selon laquelle il y a une corrélation entre l'assurance chômage et le nombre de chômeurs indemnisés, certains préférant ne pas travailler en dessous d'un certain seuil.
J.L. RUEFF fut aussi membre de la COUR DE JUSTICE de la COMMUNAUTÉ EUROPÉENNE DU CHARBON ET DE L'ACIER – CECA – et à la COUR DE JUSTICE DES COMMUNAUTÉS EUROPÉENNES.
⇒ COUR DE JUSTICE EUROPÉENNE ; franc Poincaré ; nouveau franc

RUPTURE DE STOCK
Il y a une rupture de stock chaque fois qu'un article demandé n'est pas disponible (donc lorsqu'il n'est pas en stock) ; dans une entreprise de production la rupture de stock des produits ou marchandises nécessaires à la fabrication entraîne l'arrêt (temporaire ou prolongé) de celle-ci. Les entreprises mettent en œuvre des techniques de plus en plus élaborées pour assurer une gestion optimale des stocks.
⇒ gestion des stocks ; stock critique ; stock de sécurité ; stock moyen ; stock-outil

RURAL
L'économie distingue le rural (tout ce qui est en dehors d'une agglomération, à la campagne) de ce qui est urbain (la ville).
On parle de zone rurale, de structure rurale, de population rurale, notamment lorsque le secteur géographique concerné a une population inférieure à 2000 habitants (mais, dans certains pays, cette notion a d'autres seuils, plus haut ou plus bas).
Le « rurbain » est un individu qui vit à la campagne mais travaille en ville ; si le nombre de rurbains tend à croître dans un secteur géographique déterminé, on parle **d'exurbanisation ou de rurbanisation** si la zone s'urbanise peu à peu.
⇒ urbain

RURBAIN
Voir : URBAIN

RYTHME D'APPROVISIONNEMENT OPTIMAL
Les termes « quantité économique de commande » sont fréquemment utilisés puisqu'il s'agit de déterminer, pour un produit donné ou une marchandise déterminée, non seulement le rythme des commandes mais la quantité à commander.
L'objectif est de minimiser le coût total (frais de passation des commandes, c'est-à-dire le coût d'acquisition et l'ensemble des dépenses de stockage, c'est-à-dire le coût de possession) tout en évitant la rupture de stock.
C'est la formule de WILSON qui permet de calculer, avec le plus d'exactitude possible, sur la base des coûts d'acquisition et des coûts de possession, le rythme des commandes et les quantités à commander. Les calculs font appel aux moyens informatiques.
⇒ coût d'acquisition ; coût de possession ; gestion des stocks

SAINT-SIMON Claude Henri de ROUVROY, comte de (1760-1825)

Entrepreneur (au sens large du terme), économiste français libéral et progressiste, SAINT-SIMON est **considéré comme le premier socialiste de l'ère industrielle**. Estimant qu'une classe d'élites riches exploite les masses populaires, il entend réformer le système et créer une classe industrieuse regroupant les travailleurs avec les agriculteurs et les artisans dont il veut améliorer la condition **et dont le gouvernement du pays sera l'émanation** avec à sa tête les « savants », c'est-à-dire ceux qui dans chacun des domaines de l'activité du pays, sont les meilleurs. Penseur reconnu de l'économie sociale, **ses théories sont à l'origine de la création de coopératives**. Il est l'auteur notamment de :
– *La réorganisation de la société européenne* (1814) qui propose la création d'une zone de libre-échange entre les différents États qui composent « l'Europe des peuples » ;
– *L'organisateur* (1819) ;
– *Le système industriel* (1823) ;
– *Le catéchisme des industriels* (1824).

De nombreux économistes et disciples adopteront les thèses de Saint-Simon notamment sur la base d'un ouvrage qui en reprend l'essentiel, publié en 1829 *L'exposition de la doctrine de Saint-Simon*.

Le « saint-simonisme » deviendra un mouvement de réflexion influent en France, aux États-Unis, en Amérique du Sud et dans de nombreux pays européens.

SAINT-SIMONISME

Voir : SAINT SIMON

SAISIE

Moyen forcé qu'utilise quelqu'un pour se faire payer ou pour faire exécuter une obligation.

La saisie est mise en œuvre par le créancier à la suite d'un jugement ou d'un acte officiel lui permettant d'agir contre le débiteur.

En informatique, la saisie est la mise en mémoire au moyen d'un ordinateur d'informations (textes, images, sons, etc.) destinées à être traitées immédiatement ou ultérieurement, éventuellement à être envoyées par INTERNET.
⇒ saisie-arrêt ; saisie-brandon ; saisie-conservatoire ; saisie-exécution ; saisie-gagerie

SAISIE-ARRÊT

Le créancier qui ne serait pas payé a la possibilité de faire saisir des sommes d'argent ou des biens qui se trouvent entre les mains de tierces personnes et qui appartiennent au débiteur. Le créancier peut également opposer un refus à ce que ces choses puissent être remises à autrui.

La saisie des salaires fait, en général, l'objet d'une réglementation très stricte de façon à préserver un minimum de revenu pour l'individu concerné et sa famille.
⇒ salaire ; créancier

SAISIE-BRANDON

Les fruits et les produits de moissons sont considérés comme étant des biens meubles.

Leur propriétaire n'a plus le droit de faire la récolte ou la moisson si ces biens doivent être vendus pour éteindre une dette.

C'est en fait la « saisie d'une récolte sur pied » terme plus utilisé que « saisie-brandon ».
⇒ saisie-arrêt

SAISIE-CONSERVATOIRE

Elle a pour objectif de rendre indisponible pour leur propriétaire des biens mobiliers appartenant à un débiteur. Elle requiert que le créancier dispose d'un titre exécutoire (jugement, acte de notaire ou d'huissier...) et peut concerner une somme d'argent, des meubles ou des créances qui se trouvent entre les mains d'un tiers.
⇒ saisie-arrêt

SAISIE-EXÉCUTION

À la suite d'un commandement (c'est-à-dire un acte officiel imposant une obligation) consécutif à un jugement ou à un autre titre exécutoire (écrit permettant l'exécution donc le pouvoir d'agir), **le créancier peut faire saisir des biens appartenant au débiteur, les faire vendre pour se faire payer sur les prix des biens saisis**.

Le terme de « saisie-vente » est plus volontiers utilisé.
⇒ saisie-arrêt

SAISIE-GAGERIE

Après un commandement, c'est-à-dire un acte officiel (notamment par huissier) demandant un paiement, **le propriétaire d'un immeuble qui l'a loué à des locataires, peut faire saisir-gager pour obtenir le loyer qui lui est dû**, les biens du locataire qui se trouvent dans cet immeuble. Il existe donc un droit réel sur les biens saisis.

La saisie-gagerie est le plus souvent désormais remplacée par la saisie-conservatoire.
⇒ saisie conservatoire ; saisie-arrêt

SAISIE VENTE

Voir : SAISIE EXÉCUTION

SAISINE

Formalité par laquelle on engage un procès devant un tribunal.

SAISONNIER

Personnel dont l'activité est fonction des saisons, dont le travail est lié à la saison (dans l'agriculture les périodes de récolte, dans l'hôtellerie la saison des vacances, etc.).

Le terme désigne aussi un article spécifique à une saison : maillots de bain en été, tenues de ski en hiver.

Le terme qualifie généralement tout ce qui est lié aux saisons ; par exemple, en économie on parle de mouvements saisonniers, de fluctuations saisonnières, de migrations saisonnières ; il y a aussi le chômage saisonnier ; en statistique, on parle de variations saisonnières.

SALAIRE

À l'origine, le salaire constitue la rémunération forfaitaire pour un travail déterminé. De nos jours, où l'économie tient de plus en plus compte du besoin et d'un ensemble de considérations sociales, **la rémunération globale peut** comporter des suppléments sous forme d'allocations diverses (familiales, de logement, de déplacement, de cherté de vie, etc.) qui reviennent aussi bien aux salariés qu'aux non-salariés.

Le travail a été et est toujours rémunéré de différentes façons :
- **Le salaire au temps** prévoit un montant déterminé pour une présence déterminée (heure, jour, mois) ; le rendement passe au second plan ; l'intérêt, l'engagement et la satisfaction éprouvée peuvent être laissés à l'appréciation de chacun ; cette forme de salaire est peu intéressante aussi bien pour l'employeur que pour le salarié.
- **Le salaire aux pièces ou alors à une tâche déterminée** incite le salarié à fournir le maximum de son énergie, de ses connaissances et de son talent ; formule alléchante, en principe, pour l'employeur et pour le salarié ; cette forme de salaire a reçu des critiques parfois très graves (surmenage, maladie, retraite anticipée…).
- **Le salaire à primes** : en plus d'un salaire de base, le salarié touche soit une prime de quantité, soit une prime pour économie de temps, soit une prime de qualité, soit encore une prime au mérite.

Mais d'autres techniques et formules sont utilisées notamment :
- **Le système HALSEY** : le gain est partagé entre l'employeur qui fournit l'équipement et le salarié qui réalise l'économie ;
- **Le système ROWAN** : dans ce système, la prime qui revient au salarié est décroissante ;
- **Le système des Points**, inventés par Charles BEDAUX (1887-1944), forme scientifique de rémunération où interviennent la pénibilité du travail, la dépense d'énergie, le temps requis pour exécuter une certaine tâche.

SALAIRE RÉEL

Le salaire nominal peut n'être qu'une illusion si l'on ne connaît pas le pouvoir d'achat. Le salaire réel est le salaire à prix constant donc le pouvoir d'achat réel du salaire. Il en est de même pour le billet de banque.

Lorsque les prix montent moins vite que les salaires, on peut en conclure que le salaire réel est en augmentation et vice versa.

⇒ impôts invisibles ; pouvoir d'achat ; salaire nominal

SALAIRE NOMINAL

Le salaire nominal est la mesure du salaire à prix courant. Le salaire nominal fait donc intervenir les prix de façon à déterminer si le niveau de vie a augmenté ou baissé. Pour les signes monétaires (billet de banque) la valeur nominale est celle qui y est inscrite, donc sans tenir compte du pouvoir d'achat réel.

Les salaires peuvent augmenter sans que le salarié soit plus riche, si les prix augmentent dans les mêmes proportions.

⇒ salaire réel ; impôts invisibles

SALAIRES AUXILIAIRES

Notion comptable concernant le calcul du prix de revient dans une entreprise : il s'agit des salaires pour des travaux qui ne concernent pas directement le produit fabriqué concerné mais s'imposent pour tout ce qui intervient indirectement dans la fabrication.

⇒ matières auxiliaires ; matières consommables ; matières premières

SAMUELSON Paul Anthony (1915-)

Économiste américain, professeur au Massachusetts Institute of Technology – MIT – à Cambridge (EU), **Prix Nobel d'économie en 1970**, P. SAMUELSON est l'auteur d'un célèbre manuel d'économie *Economics : An Introductory Analysis* – « *L'économie : une analyse introductive* »(1948).

P. A. SAMUELSON a participé à l'élaboration d'une théorie des échanges internationaux avec les économistes HECKSCHER ET OHLIN : c'est le « **théorème HECKSCHER-OHLIN** » auquel est généralement associé le nom de SAMUELSON (« théorème HECKSCHER-OHLIN-SAMUELSON – HOS »).

Spécialiste d'économétrie et d'analyse de l'économie, il a été un conseiller écouté auprès du gouvernement américain.

⇒ HECKSCHER ; OHLIN ; théorème HECKSCHER-OHLIN

SANCTION

Les jugements des tribunaux peuvent comporter des pénalités, amendes et dommages et intérêts. Mais d'autres institutions ont le pouvoir d'infliger une sanction pour réprimer l'inobservation d'une règle, l'inexécution d'un ordre, le non-respect d'un règlement.

Le « carton rouge » sanctionnera, au cours d'un match, le footballeur qui a commis une faute, l'administration fiscale sanctionnera par une pénalité le retard du paiement d'un impôt, l'UNION EUROPÉENNE – UE – infligera une sanction (amende) à l'entreprise qui n'a pas respecté les règles de la concurrence, etc.

La sanction est généralement une peine mais ce peut être aussi une récompense dépendant d'une interdiction, d'un ordre ou d'un contrôle (un examen est sanctionné par un diplôme).

SARGENT Thomas J. (1943-)

Économiste américain, professeur à l'Université de New York (EU), il est l'un des **fondateurs de la « nouvelle macroéconomie classique »**. Utilisant de nombreux modèles mathématiques, **ses théories macroéconomiques concernent notamment la rationalité des comportements individuels** ; il ne conçoit la **politique économique que basée sur l'anticipation qui trouve sa source dans les prévisions et la statistique**. Il est l'auteur de *Recursive macroeconomic Theory* – « *Théorie de la macroéconomie récursive* ».

SAUVY Alfred (1898-1990)

Économiste et démographe français, ingénieur de l'École Polytechnique (France), Directeur de l'Institut de Conjoncture et fondateur de l'INSTITUT NATIONAL D'ÉTUDES DÉMOGRAPHIQUES (France), professeur à l'Institut d'Études Politiques et au Collèges de France (Paris), A. SAUVY s'est fait remarquer par de très nombreux ouvrages dont beaucoup sont une référence pour les études démographiques. On peut notamment citer :

La conjoncture et la prévision économique (1938)
Richesse et population (1943)
Théorie générale de la population (1952 et 1954)
Le pouvoir et l'opinion (1949)

et celui qui propose une nécessaire organisation pragmatique de l'État *Plan Sauvy* (1960).

A. SAUVY a toujours mis l'homme au centre de ses réflexions. Il en observe attentivement et avec rigueur le comportement dans tous les domaines. A. SAUVY est un libéral équilibré dont les œuvres sont empreintes d'un optimisme à la fois économique et démographique. **On a cité son idéal** : « **En avant et non en arrière** ».

Il a démontré que l'insatisfaction du consommateur et l'augmentation de son niveau de vie sont des facteurs de la croissance économique : c'est « **l'effet Sauvy** ».

Internet : (Institut National d'Etudes Démographiques – France) : **http://www.ined.fr**

SAY Jean-Baptiste (1767-1832)

Économiste et industriel français, il a inauguré en 1830 la chaire d'économie politique au Collège de France (Paris).

Chef d'entreprise pragmatique il témoigne de son expérience personnelle pour défendre ses **idées libérales et la libre concurrence**.

Considéré comme « moderne », il publie en 1815 son *Catéchisme d'Économie Politique* dans lequel il défend notamment une **théorie dite « Loi des débouchés » ou « de Say »** (ou encore « théorème de Say ») que KEYNES a repris en énonçant « **les produits s'échangent contre des produits** », mais SAY démontre que **la surproduction est possible** et qu'elle peut trouver son origine dans le manque de dynamisme des producteurs.

⇒ KEYNES ; loi des débouchés ; théorème de SAY

SCANNEUR
en anglais : SCANNER

Matériel informatique constituant l'un des périphériques d'un ordinateur parmi les plus courants (avec l'imprimante). Le scanneur numérise un document c'est-à-dire **convertit les données** (image, lettres, dessin, etc.) **sous forme numérique** pour une utilisation de reproduction, d'édition, de transmission par INTERNET, etc.

Le scanneur a été développé pour de multiples applications : reconnaissance d'images (photos) ou d'empreintes digitales pour des contrôles de sécurité, d'accès dans des locaux, de suivi du transport de marchandises, etc.

SCHÉMA DE PONDÉRATION

La pondération consiste à donner à chacun des éléments d'un ensemble un « poids » différent en leur attribuant un coefficient dit coefficient de pondération.

Les organismes de statistiques utilisent très fréquemment, et dans de nombreux domaines, des schémas de pondération pour rendre les statistiques plus fiables et comparables dans le temps comme dans l'espace (entre plusieurs pays, par exemple). En analysant notamment les variations de prix des biens de consommation on cherche à en déterminer les répercussions sur les ménages. **L'indice des prix à la consommation** retient ainsi les changements de prix de tout un ensemble de biens et de services qui ont un poids différent dans le « panier » de consommation (c'est-à-dire l'échantillon représentatif choisi), l'organisme de la statistique se basant sur un schéma de pondération ; ce schéma tient compte de l'évolution des habitudes de consommation et il est révisé périodiquement.

⇒ coefficient de pondération ; indice des prix ; pondération

SCHÉMA DE WALRAS (EN MATIÈRE DE RÉPARTITION DES REVENUS)

L'économiste L. WALRAS a mis en évidence **l'interdépendance de différents marchés à partir de la circulation monétaire** ; cette théorie peut être représentée par un schéma.

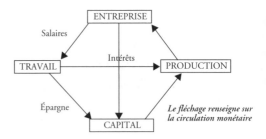

Le fléchage renseigne sur la circulation monétaire

Le schéma met ainsi en évidence **l'interdépendance des marchés** ; cependant, la théorie admet comme principe de base la liberté totale des opérations et ne peut tenir compte d'incidents ou d'événements qui perturbent éventuellement la situation monétaire.

⇒ WALRAS

SCHENGEN
VOIR : ACCORD DE SCHENGEN

SCHMALENBACH Eugen (1873-1955)

Économiste allemand et professeur, il a fondé à l'Université de Cologne (Allemagne), « **l'École de Cologne** » (« Kölner Schule »).

Il s'est particulièrement consacré à **l'économie de l'entreprise** ; il a mis l'accent notamment sur le calcul du prix de revient, la comptabilité analytique d'exploitation, la planification comptable, la conception de plans de financement et de bilans dynamiques.

⇒ bilan ; comptabilité analytique ; plan de financement ; planification

SCHMIDT Helmut (1918-)

Économiste, homme politique allemand, éditeur de l'hebdomadaire *die Zeit*, et professeur. Il est à l'origine d'un théorème qui porte son nom : « **le théorème de Schmidt** ».

Selon ce théorème « **les profits du présent se transforment en investissements pour demain et seront ainsi créateurs d'emplois après-demain** ». Comme social-démocrate, il a trouvé une **justification au profit**.

H. Schmidt élu député en 1952, entre en 1958 au Comité Directeur du Parti Social Démocrate – SPD. Il sera Sénateur (Ministre) du Land de Hambourg puis il entre dans le Gouvernement du Chancelier Willy BRANDT dont il est notamment ministre de l'Économie et des Finances. Chancelier de la République Fédérale Allemande (Premier ministre) de 1976 à 1982, il se retire de la vie politique en 1987.

H. SCHMIDT a, dans les très hautes fonctions qu'il a assumées, témoigné d'une **profonde connaissance des problèmes économiques, politiques et sociaux, apportant à leurs solutions son énergie et son pragmatisme**.

SCHMOLLER Gustav von (1838-1917)

Économiste allemand, homme politique et professeur aux Universités de Halle, Strasbourg et Berlin (Allemagne) Il fait partie de « **l'école historique allemande** » (en matière d'économie) dont il est le principal animateur. Il soutient une politique interventionniste de l'État dans son « Manifeste d'Eisenach » (1872).

Dans ses deux autres ouvrages *Die Volkswirtschaftslehre und ihre Methoden* – « L'économie politique et ses méthodes » (1894) *et Grundriss der allgemeinen Volkswirtschaftslehre* – « Principes d'économie politique » (1904) il montre la **néces-**

sité de placer l'étude de l'économie à la fois dans la société et dans l'histoire.
⇒ LIST ; ROSCHER

SCHNEIDER Erich (1900-1970)
Éminent économiste, mathématicien et professeur allemand. Il compte parmi ceux qui ont eu recours (pour la première fois) à l'économie mathématique.
Pendant la Seconde Guerre mondiale (1939-1945) il a enseigné en Scandinavie puis à l'Université de Kiel (Allemagne) ; il fut directeur de l'Institut pour l'Économie Mondiale (Institut für Weltwirtschaft).
Ses nombreuses publications ont été consacrées à l'économie générale mathématique, à l'économie de l'entreprise et à la statistique.

SCHOLES Myron S. (1941-)
Économiste canadien, professeur à l'Université de Stanford en Californie (EU), M.S. SCHOLES partage avec R. MERTON, le **Prix Nobel d'économie** en 1997, pour ses travaux avec F. BLACK **sur l'évaluation des instruments financiers dérivés en utilisant des formules mathématiques novatrices**.
M.S. SCHOLES et F. BLACK ont notamment mis au point un modèle mathématique qui porte leurs noms permettant de calculer la valeur d'une option négociable d'achat ou de vente en faisant intervenir le cours anticipé de l'action et celui du coût anticipé de l'option exercée en tenant compte d'éléments variables tels que la durée de l'option.
⇒ dérivé

SCHULTZ Théodore William (1902-1998)
Économiste américain, professeur au State College de l'Iowa, (EU) puis à l'Université de Chicago (EU), il partage, en 1979 avec A. LEWIS, le **Prix Nobel d'économie**, pour **avoir ouvert la voie de l'économie dans les pays en développement**.
Spécialiste d'économie rurale et des pays du Tiers Monde il est conseiller de nombreuses organisations non gouvernementales ou officielles.
Son œuvre majeure *Investing in People – The Economics of Population Quality* – « *Investissement dans le capital humain* » (1981) démontre la nécessité, pour assurer le développement économique, d'investir dans l'éducation, la formation et la protection de la santé.

SCHUMAN Robert (1886-1963)
Homme d'État français, né au Luxembourg et ayant fait des études de droit en Allemagne, R. SCHUMAN commence après la Première Guerre mondiale (1914-1918) une longue carrière politique de député. Après la seconde Guerre mondiale (1939-1945) c'est le début d'une fulgurante carrière de ministre et de Président du Conseil (Premier ministre).
C'est au titre de ministre des Affaires Étrangères qu'il fait, le 9 mai 1950, une déclaration historique qui permettra la naissance de l'UNION EUROPÉENNE : c'est le PLAN SCHUMAN, inspiré par Jean MONNET.
Ce sera d'abord le TRAITÉ DE PARIS (1951) qui crée la COMMUNAUTÉ EUROPÉENNE DU CHARBON ET DE L'ACIER – CECA – puis le TRAITÉ DE ROME (1957), qui fonde la COMMUNAUTÉ ÉCONOMIQUE EUROPÉENNE – CEE – et le Marché Commun.
Économiste visionnaire et travailleur, infatigable, Robert SCHUMAN s'est vu décerner par l'Assemblée Parlementaire Européenne (devenue le Parlement Européen – PE) en 1960, le titre de « Père de l'Europe ».
⇒ COMMUNAUTÉ EUROPÉENNE DU CHARBON ET DE L'ACIER ; COMMUNAUTÉ ÉCONOMIQUE EUROPÉENNE ; MONNET ; PARLEMENT EUROPÉEN ; UNION EUROPÉENNE

La **FONDATION SCHUMAN** regroupe des parlementaires des pays européens qui souhaitent diffuser les idées européennes et qui œuvrent pour la démocratie ; la FONDATION accorde des bourses à des chercheurs et coopère avec de nombreuses institutions européennes.
La FONDATION SCHUMAN a son siège à Paris (France).
Internet : **http://www.robert-schuman.org**

SCHUMPETER Joseph Alois (1883-1950)
Économiste américain d'origine autrichienne, il est d'abord professeur à l'Université de Bonn (Allemagne) puis aux États-Unis à Harvard.
Considéré comme l'un des économistes majeurs du XXe siècle, il publie son premier livre en 1908 : *Das Wesen und der Hauptinhalt der theorischen Nationalökonomie* – « *La nature et le contenu principal de la théorie de l'économie nationale* » puis une œuvre importante, en 1912, *Theorie der Wirtschaftlischen Entwicklung* – « *Théorie de l'évolution économique* ».
Les travaux de SCHUMPETER ont surtout concerné les cycles économiques. La dynamique des entreprises capitalistes, dont l'objectif est le profit, les contraint à innover constamment : ainsi elles participent à une expansion qui se fait par des cycles successifs, périodes plus ou moins longues.
On retrouve cette théorie dans trois de ses œuvres :
– *Business Cycles : a Theoritical Historical and Statistical Analysis of the Capital Process* – « *Les cycles en affaires : analyse théorique, historique et statistique du processus capitaliste* » (1939)
– *Capitalism, Socialism and Democracy* – « *Capitalisme, socialisme et démocratie* » (1942)
– et surtout sa monumentale *History of economic Analysis* – « *Histoire de l'analyse économique* » publiée après la mort de J. A. SCHUMPETER en 1954 (l'édition française date de 1983) et qui, selon l'auteur lui-même, est « celle des recherches intellectuelles que l'homme a menées en vue de comprendre les phénomènes économiques ».
J.A. SCHUMPETER, sans renier l'intérêt économique du capitalisme, le considère comme devant être, à terme, supplanté par le socialisme.

SCHWAB Klaus (1938-)
Né en Allemagne, Klaus SCHWAB poursuit ses études à Fribourg et à Zurich (Suisse) avant de devenir professeur en stratégie industrielle à l'Université de Genève (Suisse).
Klaus SCHWAB est mondialement connu pour avoir créé le WORLD ECONOMIC FORUM – WEF – ou FORUM MONDIAL DE L'ÉCONOMIE, un laboratoire d'idées qui rassemble des compétences de tous horizons avec une approche pluridisciplinaire. Le WEF se réunit annuellement à DAVOS (Suisse).
Fondateur du WEF, Klaus SCHWAB y met en œuvre **sa théorie des « parties prenantes »** (« Stakeholders ») qui prend en compte tous ceux qui de loin ou de près sont concernés par un projet, une action, une organisation.
Klaus SCHWAB est aussi, avec Hilde SCHWAB, le créateur de la « SCHWAB FOUNDATION FOR SOCIAL

PARTNERSHIP » – « FONDATION POUR L'ENTRE-PRENEURIAT SOCIAL » qui a pour objectif de relever le niveau de vie des populations ; le siège de l'organisation est à Genève (Suisse).
Internet : **https://www.schwabfound.org**
⇒ mondialisation ; stakeholders

SCHWARTZ Anna Jacobson (1915-)
Économiste américaine, **spécialiste des questions monétaires et statistiques.**
Elle a publié de nombreux ouvrages, en collaboration notamment avec Milton FRIEDMAN, parmi lesquels on peut citer :
– *A monetary History of the United States 1867 – 1960* – « Histoire monétaire des États-Unis 1867 – 1960 » en 1963 ;
– *Money in Historical perspectives* – « L'argent dans une perspective historique » en 1987 ;
– et *International Financial Crises, Myths and Reality* – « Crises financières internationales, mythes et réalité » en 1998.
⇒ FRIEDMAN

SCISSION
Opération juridique par laquelle une entreprise cède certaines de ses activités (avec le patrimoine industriel, commercial et de service concerné) **à une ou plusieurs autres sociétés**, éventuellement créées pour les accueillir.
Lorsque la scission est la suite de difficultés, elle est parfois qualifiée de « vente par appartements ».
La scission est généralement soumise aux mêmes règles, aux mêmes contraintes et à des conséquences similaires à celles de la fusion.

SCREENING
Terme anglo-américain signifiant « **examen détaillé** » et « **analytique** ».
Le screening peut concerner une étude, un projet, un compte rendu, un processus (de fabrication, d'action commerciale etc.) qui est « passé au crible » pour en tirer des conséquences et une conclusion.

SECRET
De nombreux salariés, fonctionnaires et membres de professions libérales sont tenus au « devoir de réserve », c'est-à-dire qu'ils ont obligation de ne pas s'exprimer publiquement au sujet de leurs activités.
Certaines professions imposent à ceux qui les exercent un secret professionnel leur interdisant de faire connaître les informations dont ils disposent : médecin pour l'état de santé de ses patients (c'est le secret médical), expert près d'un tribunal pour les affaires dont il est chargé, comptable vis-à-vis de la comptabilité qu'il établit, etc.
Le « secret de fabrication » concerne une méthode, un procédé, une formule chimique ou un savoir-faire technique qui ne peut pas être divulgué par les salariés de la société.
Certains contrats de travail incluent des dispositions précises (**clause de non-concurrence**) qui obligent le salarié à ne pas se faire embaucher, à l'issue de son contrat de travail, par une entreprise concurrente ou dans une société appartenant à la même branche professionnelle.
Les législations sanctionnent le non-respect du secret professionnel ou d'une clause de non-concurrence.

SECTEUR CLÉ
Voir : SECTEUR ÉCONOMIQUE

SECTEUR DOMINANT
Voir : SECTEUR ÉCONOMIQUE

SECTEUR ÉCONOMIQUE
C'est l'économiste australien Allen G.B. FISCHER qui proposa, en 1936, de **décomposer l'activité économique en secteurs, et de classer les entreprises suivant la nature de leur principale activité.**
La classification traditionnelle distingue :
– **le secteur primaire** (activités d'extraction minière, d'exploitation du sol, l'agriculture, et celle du sous-sol) ;
– **le secteur secondaire** (industries de transformation, entreprises de production) ;
– **le secteur tertiaire** (tous les services, banques, assurances, transports, médias, production audiovisuelle, spectacles, tourisme etc.) ;
Un secteur quaternaire est ajouté par certains économistes : c'est le secteur des services au secteur tertiaire (recherche, maintenance informatique, communication).
Cette classification est évolutive (par exemple, certaines entreprises agricoles sont devenues des entreprises industrielles) et la distinction entre les secteurs n'est pas toujours facile, d'autant qu'une entreprise peut exercer une activité dans plusieurs secteurs différents.
On distingue aussi, suivant d'autres concepts, le « **secteur des entreprises** » du « **secteur de l'État** » (administration et entreprises publiques), le « **secteur des ménages** », etc.
En fonction des capitaux nécessaires, on différencie parmi les entreprises, **un secteur lourd** (rôle important des immobilisations) et un **secteur léger** (peu d'immobilisations).
On utilise aussi les termes de **secteur clé** » pour définir une activité présentant un intérêt important ou vital pour l'économie d'un pays. Les termes anglo-américains de « leading sector » sont fréquemment utilisés pour qualifier un « secteur clé ». Le « **secteur dominant** » est celui dans lequel une entreprise ayant de multiples activités exerce la principale d'entre elles.
Le « **secteur privé** » concerne toutes les entreprises de nature privée par opposition au « **secteur public** ».
⇒ branche économique ; secteur léger ; secteur lourd ; secteur privé ; secteur public

SECTEUR LÉGER
Secteur économique qui a besoin d'importants capitaux et de relativement peu d'immobilisations (valeurs immobilisées).
⇒ secteur ; secteur lourd ; secteur privé ; secteur public

SECTEUR LOURD
Secteur économique dans lequel les immobilisations, y compris les équipements, jouent un rôle prépondérant ; c'est le cas dans les secteurs primaire et secondaire mais aussi dans le tertiaire et le quaternaire : les équipements sont, dans ces deux derniers, souvent très coûteux et d'une durée d'utilisation très courte, compte tenu de l'évolution technologique extrêmement rapide.
⇒ secteur ; secteur léger ; secteur privé ; secteur public

SECTEUR PRIVÉ
C'est l'activité économique et sociale prise dans le sens le plus large qui est déployée par l'homme, avec ses propres moyens (propriété foncière, capitaux financiers, valeurs immobilisées et valeurs d'exploitation).
⇒ branche économique ; secteur ; secteur léger ; secteur lourd ; secteur public ; secteur économique

SECTEUR PUBLIC

C'est l'activité économique et sociale dont l'État et les collectivités par l'intermédiaire de leur appareil administratif sont les **forces motrices**. Ce secteur comprend donc les administrations et les entreprises publiques mais aussi les entreprises dans lesquelles l'État n'est pas le seul actionnaire, les établissements publics à caractère industriel et commercial et les sociétés d'économie mixte.

Plusieurs pays ont mis en place des structures adaptées pour contrôler et coordonner au niveau de l'État, de la région ou de la commune, la gestion du secteur public ; certaines des entreprises du secteur public peuvent cependant être soumises au droit commercial classique.

⇒ branche économique ; économie mixte ; secteur économique ; secteur privé

SÉCURITÉ SOCIALE ET PRÉVOYANCE SOCIALE

La garantie par l'État des risques sociaux (chômage, maladie, accident, retraite, etc.) est une notion relativement récente appliquée peu à peu par de nombreux pays après la Première Guerre mondiale (1914-1918) plus encore dès après la Seconde Guerre mondiale (1939-1945) alors que se mettaient en place des politiques sociales, même s'il existait, dès le début du XIXe siècle des « sociétés de secours mutuels » qui ne concernaient cependant qu'une faible part de la population.

Le développement des régimes d'assurance collective et de prévoyance a été considérable et la plupart des pays du monde ont mis en place des régimes de sécurité sociale, cependant dans certains d'entre eux, au seul bénéfice des salariés (pays du tiers monde).

La prévoyance s'est largement étendue à la famille (allocations familiales), **au chômage** (revenus de remplacement), **aux accidents du travail** (soins et revenus substitutifs), **à la vieillesse** (retraites), etc.

La « **Déclaration de Bilbao** (Espagne) », signée fin 2004, engage tout le secteur du Bâtiment des Travaux Publics et de la Construction en général dans une **stratégie d'amélioration de la santé et de la sécurité des travailleurs**.

Les régimes de Sécurité Sociale peuvent être plus ou moins protecteurs, très étendus ou limités, **mais tous sont fondés** :
– sur l'**assistance** qui est du rôle de l'État et des Autorités Publiques,
– et sur la **prévoyance**, c'est-à-dire l'**assurance** impliquant des cotisations le plus souvent partagées entre l'employeur et le salarié dans des proportions variables suivant les pays.

Certains pays ont mis en place des régimes qui assurent spécialement la protection des plus déshérités : aide sociale par le « revenu minimum d'insertion » pour faciliter la réinsertion professionnelle de certains chômeurs, « couverture maladie universelle » pour ceux qui ne bénéficient pas normalement de la sécurité sociale et pour couvrir les risques de maladie, de maternité et d'invalidité.

Le rôle économique (au-delà de leur aspect social) de ces systèmes de prévoyance est considérable.

L'UNION EUROPÉENNE – UE – a mis en place en 2004 une **carte européenne d'assurance-maladie** qui facilite la prise en charge des soins médicaux dans tous les pays de l'UE pour les citoyens de chacun des États membres.

SECURITIES AND EXCHANGE COMMISSION – SEC

Commission des Valeurs Mobilières et du Change, organe de contrôle de la Bourse américaine (130 00 sociétés cotées) créée en 1934. C'est l'autorité boursière des États-Unis qui joue un rôle majeur dans la réglementation et la surveillance des marchés mais aussi dans la protection des investisseurs.

Tous les pays ont mis en place des organes de surveillance de la Bourse, des sociétés qui y sont cotées quant à leurs opérations boursières et de leurs dirigeants.

En France, à la Bourse de Paris, c'était le rôle de la Commission des opérations de Bourse – COB – désormais remplacée par l'**Autorité des Marchés Financiers – AMF** (qui regroupe à la fois la Commission des Opérations de Bourse, le Conseil des Marchés financiers – CMF – et le Conseil de Discipline de la Gestion Financière – CDGF).

Au Royaume-Uni, le contrôle des opérations de la Bourse est sous la responsabilité du **Securities and Investment Board – SIB**.

⇒ Autorité des Marchés Financiers

Internet : **http://www.sec.gov**

SEGMENTATION

Terme synonyme de fractionnement, de division. De nombreux éléments ou événements peuvent notamment intervenir pour segmenter un marché.

SELA

Voir : PLAN BRADY

SELTEN Reinhard (1930-)

Économiste allemand, professeur à l'Université de Bonn (Allemagne), R. SELTEN est un **spécialiste de la théorie mathématique des jeux**, ce qui lui vaudra, en 1994, **le Prix Nobel d'économie** qu'il partage avec J. C. HARSANYI et J. NASCH.

SEN Amartya Kunar (1933-)

Économiste hindou, professeur à l'Université de Calcutta puis à celle de New Delhi (Inde), à l'Université de Harvard (E-U) et à celle de Cambridge (G-B).

Spécialiste de l'économie du bien-être et de celle du développement, c'est cependant l'ensemble de ses travaux qui lui vaudra le Prix Nobel d'économie en 1998 : il est le premier asiatique à recevoir cette distinction.

Se sentant profondément concerné par la misère et la famine qui sévissait dans de nombreux pays, A.K. SEN élabore les moyens de les mesurer et ses indicateurs de bien-être et de pauvreté seront utilisés par le Programme des Nations Unies pour le Développement – PNUD – pour améliorer l'efficacité de son action.

Toute son œuvre porte trace de sa volonté d'aider au développement des pays pauvres :
– *Collective Choice and Social Welfare* – « Choix collectif et bien-être social » (1970) ;
– *On Economic Inequality* – « À propos de l'inégalité économique » (1973) ;
– *Poverty and Famines : an Essay on Entitlement and Deprivation* – « pauvreté et famines : un essai sur l'allocation de ressources et la privation » (1981).

SÉRIE

Ensemble d'objets, suite d'articles, de biens, de personnes, etc. ayant des caractères communs ou de même nature.

L'économie et la statistique utilisent beaucoup la notion de série, qu'il s'agisse de séries simples, de séries multiples, de séries cumulées, etc.

SERMENT
Le serment est une déclaration faite par une personne dans une formule solennelle pour affirmer la vérité. Le serment judiciaire (on « prête serment » à la « barre du tribunal ») **peut être décisoire** (s'il met fin au litige) **ou bien supplétoire** (s'il fournit un complément d'information au juge).
Le serment peut être extrajudiciaire et c'est alors un engagement, une promesse solennelle.
Une forme particulière de serment concerne certaines professions dont l'exercice est une mission à laquelle on adhère solennellement : avocat, médecin, magistrat, expert et, dans certains pays, les militaires, etc., prêtent serment dans les formes prévues par la législation du pays concerné.

SERPENT MONÉTAIRE EUROPÉEN
La fin de la convertibilité du dollar en or et le flottement général des monnaies en 1971 perturbaient gravement la situation notamment monétaire, **dans la COMMUNAUTÉ ÉCONOMIQUE EUROPÉENNE – CEE**. Les six membres (République fédérale d'Allemagne, France, Pays du Benelux, et Italie) ont alors décidé par les « ACCORDS DE BÂLE » en 1972, de lier leurs monnaies entre elles et au dollar (c'est le « serpent dans le tunnel ») avec des marges d'écart de cours de ± 2,5 % ; puis les monnaies concernées se détachent du dollar (c'est le « serpent hors du tunnel »).
Les dévaluations successives du franc français l'ont fait sortir, à plusieurs reprises, du « serpent » qui trouvait ainsi ses limites ; mais il a cependant contribué à éviter des soubresauts trop catastrophiques des marchés des changes. Vis-à-vis d'autres devises le floating (flottement) continuait à fonctionner.
En 1979, le Système Monétaire européen (SME) mit fin au « serpent ».
⇒ Accords de Bâle ; COMMUNAUTÉ ÉCONOMIQUE EUROPÉENNE ; marges ou bandes autorisées ; Système Monétaire Européen

SERVEUR
Terme de la communication par INTERNET.
Le serveur est une entreprise, publique ou privée, une organisation, une administration ou une association qui, par INTERNET, fournit un certain nombre d'information et qui gère des banques (ou des bases) **de données que l'on peut consulter**, gratuitement ou contre paiement ; le serveur peut être spécialisé ou généraliste.
⇒ INTERNET ; banque de données

SERVICE
Activité professionnelle qui n'est pas productrice de biens mais complète ou accompagne celle-ci et répond à des besoins sociaux, domestiques, de loisirs, de santé, de protection sociale, de transport, d'assurance, etc.
Toutes ces activités sont regroupées parmi les services : on parle de secteur tertiaire. Le service est aussi une partie distincte d'un organisme administratif, d'une entreprise, d'une institution (service de production, service comptable, service commercial).
Le service public ou les services publics regroupent l'ensemble des moyens mis en œuvre directement ou indirectement par un État pour répondre aux besoins de l'intérêt général. L'UNION EUROPÉENNE – UE – considère comme « services d'intérêt économique général » les activités de services marchands qui remplissent des missions de service public ; l'UE, dans le souci d'apporter aux citoyens la meilleure qualité et les meilleurs prix pour ces services a mis en place, en 2003, les moyens d'en mesurer périodiquement les performances tout en incitant les États à les faire entrer dans le secteur concurrentiel et à limiter les aides, notamment financières qu'ils leur apportent.
De nombreux pays ont mis en place les conditions et les moyens nécessaires pour assurer un fonctionnement minimal des services publics d'intérêt général en cas de conflits sociaux.
Le service après-vente concerne l'intervention – et les moyens de celle-ci – d'un fournisseur pour assurer et garantir l'utilisation normale du bien acheté.
⇒ secteur économique ; service minimum

SERVICE APRÈS-VENTE – SAV
Service mis à la disposition de la clientèle après la conclusion de la vente et la livraison pour assurer non seulement les dépannages ou la réparation mais aussi garantir, dans les conditions convenues, le bon fonctionnement, pendant un certain délai. Le service après-vente (SAV) est un **élément important dans les relations commerciales**, que le client soit un simple consommateur ou une entreprise.
Le service après-vente, parfois appelé « **service clientèle** » joue aussi **un rôle de conseil** dans certains domaines vis-à-vis du client.

SERVICE MINIMUM
Termes utilisés dans certains pays pour qualifier les **règles et les moyens mis en œuvre pour assurer en cas de grèves, un fonctionnement minimal des services publiques** (transport terrestre et aériens, télécommunications, fourniture d'électricité, etc.).
Le service minimum doit intégrer la notion de « besoin essentiel » des citoyens et des entreprises pour l'élaboration de règles qui instaurent d'abord, en cas de conflits (avec leur prévention éventuelle), l'obligation de négociations et de préavis, mais qui nécessitent aussi la définition claire du « besoin essentiel » ; certains projets envisagent aussi l'intervention d'une autorité indépendante reconnue notamment par les Autorités Publiques et les syndicats (de salariés et d'employeurs).
L'Allemagne, l'Espagne, l'Italie et d'autres États ont mis en place, sous différentes formes, les conditions d'un service minimum.
⇒ grève

SERVITUDE
Autrefois, le mot se rapportait à l'état de celui qui devait servir, l'esclave. C'est aujourd'hui **un droit sur une propriété au profit d'une autre**. On parle alors du fonds dominant et du fonds assujetti ou servant.
La servitude peut avoir un caractère naturel, légal ou découler du fait de l'homme. Il existe de nombreuses formes de servitudes que l'on peut considérer comme des charges ou des obligations.
La servitude peut être apparente (elle est visible, tel un droit de passage), **continue** (elle ne nécessite pas d'action particulière), **personnelle ou encore réelle** (elle bénéficie aux différents propriétaires successifs).
Les législations nationales fixent des règles pour la mise en œuvre de ce droit administratif ou civil.
⇒ droit de propriété

SEUIL
C'est en économie, la limite qui détermine un changement, **au-dessous ou au-dessus duquel celui-ci se produira**.
Le seuil peut être une valeur absolue, un niveau, un ratio, un taux, etc.

L'effet de seuil est la conséquence du changement intervenu.
⇒ effet de seuil
▶ graphique n° 15

SEUIL D'ÉPARGNE
Si l'on trace graphiquement l'évolution de la consommation en fonction du revenu, pendant une certaine période et pour un pays déterminé, on constate que c'est à l'intersection des droites de revenu et de consommation que l'épargne commence à se former si le revenu est supérieur à la consommation ; dans le cas contraire, il s'agit d'une épargne négative.
⇒ seuil
▶ graphique n° 20

SEUIL DE PAUVRETÉ
La pauvreté est un fléau. Les études relatives à ce problème remontent à une époque assez récente ; le livre *The Other America – « l'Autre Amérique »* (1962) de Michael HARRINGTON a mis en évidence **le drame de la misère dans l'abondance**. Il faut prendre conscience du fait que dans les économies dites avancées, il y a des défavorisés qui n'ont pas de quoi satisfaire leurs besoins les plus élémentaires. La malnutrition, l'absence de formation sont une forme de pauvreté ; **le slogan « Much head, little hand but no heart » – « beaucoup de cerveau, peu de savoir-faire, mais pas de cœur »**, pourrait selon plusieurs auteurs, caractériser certaines économies.
La notion de pauvreté est cependant une notion très relative. On distingue **entre la pauvreté absolue** qui indique qu'au-dessous d'un niveau de revenu déterminé il paraît impossible d'exister, de vivre **et la pauvreté relative** qui exprime que le revenu de certains se situe au-dessous de la moyenne (moyenne nationale ou internationale).
La pauvreté – dite aussi paupérisation – a fait l'objet de nombreuses théories et d'études, notamment celles développées par MARX et ses disciples : elle touche, selon eux, les ouvriers victimes du capital.
Le Programme des Nations Unies pour le Développement – PNUD – détermine, notamment pour les pays dits sous-développés ou en voie de développement, leur niveau de pauvreté relative en calculant le revenu par individu et en le comparant à une moyenne (mondiale, régionale, etc.).
Le seuil de pauvreté représente donc un niveau de revenu insuffisant.
⇒ MARX ; Programme des Nations Unies pour le Développement

SHOPBOT – SHOPPING ROBOT
Termes anglo-américains de marketing, signifiant « celui qui trouve des niches » ou « des créneaux », c'est-à-dire des produits ou des services encore peu connus ou inconnus et qui, répondant à un besoin, sont susceptibles d'être développés.
⇒ niche

SHORT MESSAGE SERVICE – SMS
Termes anglo-américains signifiant : « Service de courts messages », plus fréquemment nommé par son sigle SMS.
Technique permettant d'envoyer et de recevoir de courts messages écrits, lus sur l'écran d'un téléphone (le plus souvent mobile).
L'utilisation de plus en plus fréquente de la technique SMS pour l'envoi de messages sur les téléphones portables a suscité la création d'un **« langage SMS »**, essentiellement phonétique.
Le SMS est en constant développement et l'évolution de la technique permet d'envoyer des messages de plus en plus longs, des fichiers et des photos : c'est le **« Multimédia Message Service – MMS »**, « Service de messagerie multi-support d'informations ».

SIDWICK Henry (1838-1900)
Économiste anglais, spécialiste d'une doctrine économique fondée sur l'utilité (« l'utilitarisme »). Il est l'auteur de *The Methods of Ethics – « Méthode de morale »* (1874).

SIÈGE
Lieu officiel et légal où est installée une administration, une institution, une organisation, une société ; le terme de siège social est synonyme.
Les législations leur imposent généralement l'obligation d'un siège donc d'une adresse même si l'activité principale n'y est pas forcément exercée. Il est alors question de siège de principal établissement.

SIGNIFICATION
C'est l'action de signifier, c'est-à-dire de communiquer un jugement ou un acte de procédure à quelqu'un ; cette formalité est généralement effectuée par un huissier.
⇒ procédure

SILVER MARKET
Termes anglo-américains de marketing, littéralement « marché argenté » pour désigner le **marché potentiel des « seniors »**, c'est-à-dire des personnes de plus de 60 ans, dont le nombre ne cesse d'augmenter et dont le pouvoir d'achat, dans de nombreux pays développés (avec les régimes de retraite en vigueur) est relativement élevé.

SILVER SPECIE STANDARD

SILVER BULLION STANDARD
VOIR : SYSTÈME MONÉTAIRE MÉTALLIQUE

SIMMEL Georg (1858-1918)
Philosophe, sociologue et économiste allemand, G. SIMMEL a **placé l'économie sous un éclairage culturel et sociologique**, notamment dans son ouvrage *Die Philosophie des Geldes – « Philosophie de l'argent »*.
G. SIMMEL analyse la vie économique sous l'angle du quotidien.

SIMON Herbert Alexander (1916-2001)
Économiste et sociologue américain, professeur à l'Université de Berkeley, à l'Illinois Institute of Technology puis à l'Université Carnegie-Mellon (EU), H.A. SIMON a reçu le **Prix Nobel d'économie** en 1978.
Spécialiste de l'étude des décisions dans les organisations et particulièrement l'administration, il a publié plusieurs ouvrages majeurs sur le sujet :
– *Administrative Behavior* – « Le comportement administratif » (1947) ;
– *Behavior. A Study of Decision Making Processes in Administrative Organisation* dont le titre de publication en français est « Administration et processus de décision » (1947) ;
– *Organizations* – « Organisation » avec J. MARCH (1958).
Dans *Models of Man* – « Types d'individus » (1957) H.A. SIMON démontre que face au nombre considérable d'informations, l'individu a une capacité limitée à faire un choix.

H.A. SIMON a aussi exploré tout ce qui touche à **l'intelligence artificielle**, publiant en 1979 *Models of Thought* – « Modèles de pensée ».

SIMULATION
Exercice créant artificiellement des situations sur l'hypothèse de données et de conditions variées. La simulation, en économie, permet de mieux prévoir une évolution, une situation future, etc. : elle est utilisée notamment en recherche.
⇒ recherche

SINE IRA ET STUDIO
Locution latine due à l'auteur romain Publius Cornelius TACITUS (55-120), signifiant « **sans haine, sans zèle et sans esprit partisan** » ; elle est utilisée, (peu couramment), pour souligner un **caractère objectif et impartial d'une action, d'une décision**, etc.

SISMONDI Jean Charles Léonard Sismonde de (1773-1842)
Historien et économiste suisse, SISMONDI a d'abord réalisé une œuvre importante d'historien avant de s'intéresser à l'économie.
Il publie en 1803 *De la richesse commerciale* puis en 1819 un ouvrage important *Les nouveaux principes d'économie politique*, suivi en 1837 des *Études sur l'économie politique*.
Opposé au capitalisme libéral dont il montre toutes les causes de déséquilibre, mais aussi au socialisme (il est partisan de la propriété privée), **il propose une organisation de l'économie dans laquelle l'État protège les prolétaires d'une exploitation sauvage et abusive des capitalistes**.

SIT-IN
Terme anglo-américain, littéralement « **s'asseoir sur** ».
Les travailleurs en grève ne se présentent normalement pas à leur poste de travail. **Dans le cas du « sit-in » les grévistes occupent les lieux de leur travail sans travailler** (le travail est bloqué). C'est ce qu'on appelle encore « **faire la grève sur le tas** ».
Le sit-in est aussi pratiqué sur la voie publique lors de manifestations revendicatives ou d'opposition, au cours desquelles les participants bloquent la circulation en s'asseyant.
⇒ grève

SITE INTERNET
C'est à la fois une adresse INTERNET mais aussi une ou plusieurs pages d'informations auxquelles l'INTERNET donne accès concernant une entreprise, une organisation, une administration ou une personne et ses activités.
Les sites des serveurs peuvent renvoyer à une multitude d'autres sites.
Les sites sont de plus en plus commerciaux, permettant notamment **d'acheter** (et de payer) « **en ligne** » mais aussi **d'obtenir** (gratuitement ou en payant) **une quantité considérable d'informations pratiques**.
Le « **portail** » est un site encore plus complet.
Le domaine est le nom générique et l'adresse INTERNET des sites des prestataires de service. Les sites sont en principe fréquemment actualisés (mis à jour).
Un site peut être interactif s'il permet l'échange d'informations.
Le terme « site web » est synonyme.
L'intranet assure dans le monde entier une liaison « interne » à une organisation, une entreprise, etc.
⇒ en ligne ; INTERNET ; intranet ; portail INTERNET ; serveur

SITUATION NETTE COMPTABLE
C'est **l'un des éléments financiers importants de la comptabilité générale de l'entreprise**. La situation nette comptable peut être déterminée de plusieurs façons, sur la base des éléments du Bilan annuel :
– valeurs immobilisées plus tous les éléments de l'actif circulant (stocks, créances, disponibilités) moins les capitaux étrangers ;
ou
– capitaux propres plus le bénéfice net (ou moins la perte nette) de l'année considérée.
Les évaluations doivent être conformes aux règles en vigueur, notamment aux directives du plan comptable officiel et, s'il y a lieu, aux instructions comptables internationales.
On établit parfois une « situation nette intrinsèque » qui, sur la base de la situation nette comptable, tient compte de la valeur réelle, intrinsèque (propre à l'élément considéré), en fonction de son utilisation, du marché, de son intérêt technique ou commercial etc.
⇒ actif circulant ; capitaux propres ; bénéfice ; bilan ; comptabilité

SITUATION NETTE INTRINSÈQUE (BILAN)
Voir : SITUATION NETTE COMPTABLE

SKILL
Terme anglo-américain signifiant « **savoir-faire** ».
C'est la compétence, la faculté d'un individu d'apporter son savoir à l'entreprise. Tout collaborateur peut montrer deux sortes d'aptitudes : faire bénéficier l'entreprise d'un savoir-faire fondamental en matière technique et appliquée, et y apporter une forme d'intelligence rationnelle.
⇒ skill-kill

SKILL-KILL
Littéralement, « **tuer la compétence** ».
Expression anglo-américaine par laquelle on veut exprimer que, dans certains cas, les facultés des collaborateurs sont freinées, voire bloquées ; ils doivent s'en tenir strictement aux consignes qui leur sont données. Ils ne peuvent pas prendre d'initiative et sont obligés d'exécuter le travail ordonné.
Le système tue totalement l'initiative.
⇒ skill

SLOW FOOD
Terme copié sur l'anglo-américain « fast-food » (nourriture rapide), littéralement « nourriture lente » **Par opposition au concept de « fast-food », celui de « slow food » ou « repas tranquille »** est un système de restauration (originaire d'Italie), offrant à coût réduit, dans une ambiance détendue, une nourriture de goût et variée, utilisant les produits du terroir, avec une organisation simple.
⇒ fast-food

SMITH ADAM (1723-1790)
Économiste et philosophe anglais, d'origine écossaise, professeur notamment à Oxford (Grande-Bretagne), A. SMITH est surtout **connu pour son œuvre majeure** publiée en 1776 *Recherche sur la nature et les causes de la richesse des nations* qui fait de lui le « **père** » de l'économie politique. Dans cette synthèse de toutes les connaissances de l'époque, il montre que **la richesse** (considérée comme la capacité d'acheter des biens dont le prix et la valeur d'usage) **a pour origine essentielle le travail de l'homme** rémunéré

par le salaire, **le capital qui provient de l'épargne** (source de l'investissement) **et la terre qui produit la rente**.
A SMITH prône **la liberté de la production et du commerce en limitant le rôle de l'État et son intervention**. Pour lui, l'impôt doit être établi en fonction des capacités contributives.
A. SMITH souligne aussi l'intérêt des échanges internationaux ; d'après sa théorie du « Vent for surplus » (« vendre le surplus ») : il faut utiliser les ressources non (ou mal) exploitées d'une nation pour développer l'exportation.
Les idées d'A. SMITH constituent la base de « **l'école classique** » à laquelle adhéreront de nombreux économistes.
⇒ capital ; épargne ; rente ; salaire

SMITH Vernon L. (1927-)
Économiste américain, **Prix Nobel d'économie** 2002 (avec D. KAHNEMAN), pour avoir notamment « **fait de l'expérience en laboratoire un instrument d'analyse économique empirique, en particulier dans l'étude des différentes structures de marché** ».
Il a mis au point des méthodes de laboratoire expérimentales qui permettent d'étudier les marchés et leur organisation.

SOCIALISME
Il s'agit de promouvoir le bien-être général en confiant la **propriété des moyens de production à des organismes coopératifs ou étatiques**. C'est au XIXe siècle qu'est né ce mouvement qui préconise de remplacer l'égoïsme du libéralisme par un comportement de solidarité générale.
Aux yeux des marxistes, le socialisme constitue une phase transitoire sur le chemin du communisme. Le communisme met en évidence que les biens sont communs, alors que le socialisme se contente d'une « mise en commun » des moyens de production. On fait souvent remarquer que le socialisme est plutôt une revendication éthique alors que les penseurs MARX et ENGELS ont démontré qu'il n'était rien d'autre que la résultante de l'évolution économique. C'est ce qu'on appelle le socialisme scientifique.
On constate, cependant, qu'à la suite des « révolutions du prolétariat » et de la disparition du capitalisme dans les pays communistes, la direction de l'économie a été prise par les partis politiques communistes.
⇒ communisme

SOCIALISME AGRARIEN
Théorie de la nationalisation ou de la collectivisation de la propriété foncière, notamment en neutralisant la rente foncière, c'est-à-dire en annulant son effet par un impôt foncier.
⇒ socialisme

SOCIAL MARKETING
Termes anglo-américains désignant une **activité de marketing ou de mercatique orientée vers les aspects sociaux au sens large**, notamment l'individu en société et tout ce qui le concerne.
⇒ marketing

SOCIÉTÉ ANONYME – SA
Société commerciale de capitaux dont les associés sont les actionnaires ; leur responsabilité est limitée à leurs apports.
Les législations précisent les conditions générales de l'organisation de la société anonyme dont le fonctionnement est défini par les statuts.

Généralement, les organes dirigeants de la société anonyme comprennent un **Conseil d'Administration avec un Président** ou, dans certains cas un **Directoire avec un Conseil de Surveillance**.
⇒ action ; conseil d'administration ; conseil de surveillance ; président-directeur général

SOCIÉTÉ ANONYME SIMPLIFIÉE – SAS
Type de société anonyme apparue à la fin du XXe siècle et qui n'a que très peu été mise en œuvre ; il avait pour but de rendre les opérations de fusion de grands ensembles plus rapides. Une des particularités de cette forme de société, c'est qu'elle pouvait être formée par une seule personne.
⇒ société anonyme

SOCIÉTÉ À RESPONSABILITÉ LIMITÉE – SARL OU sarl
Société commerciale qui existe sous une dénomination particulière ou bien sous une raison sociale, mais au sein de laquelle les associés, dont le nombre est restreint et qui ont une responsabilité limitée à leurs mises (apports) respectives.
Leurs droits sociaux peuvent être transférés dans des conditions déterminées à d'autres personnes.
Les législations accordent généralement à ce type de petite société plus de souplesse et moins de contraintes qu'à la société anonyme. Les termes de « société privée à responsabilité limitée » ou encore de « société de personnes à responsabilité limitée » sont utilisés dans certains pays.
Dans le domaine agricole, l'**Exploitation Agricole à Responsabilité Limitée – EARL** – est une société dont les statuts sont calqués sur ceux de la SARL ; ce type de société existe dans plusieurs pays.
Pour l'exercice d'activités libérales (individuelles), différentes formules de statut sont possibles suivant les législations mais celles-ci s'inspirent généralement des règles de la SARL ; c'est le cas notamment de la **Société d'Exercice Libéral à Responsabilité Limitée – SELARL**.
⇒ société commerciale

SOCIÉTÉ À RESPONSABILITÉ LIMITÉE – SARL – ET SOCIÉTÉ EN COMMANDITE SIMPLE – SCS
Société de personnes qui associe une société à responsabilité limitée – s.a.r.l. et une société en commandite simple - S.C.S. Ce type de société n'existe que dans certains pays.
Contrairement à la société en commandite simple classique, **le commandité est une société à responsabilité limitée – sarl. Les commanditaires sont tout à fait comparables à ceux de la commandite simple** ; cette conception juridique permet d'être simultanément associé, commandité et commanditaire. La responsabilité indéfinie et solidaire est assumée par une société et non par une personne physique.
⇒ coopérative ; société à responsabilité limitée ; société commerciale ; société de capitaux ; société de personnes ; société en commandite simple ; société en commandite par actions ; société en nom collectif

SOCIÉTÉ CIVILE
Forme de société se distinguant des sociétés commerciales par leur objet et leur forme ; on distingue ainsi :
– des sociétés civiles immobilières (construction, location) ;
– des sociétés civiles regroupant les membres de professions indépendantes (professions libérales) tels que les avocats, les architectes, les experts comptables, les ingénieurs conseils, les médecins, etc.

Les termes de société civile désignent aussi le corps social composé de l'ensemble des individus d'un pays par opposition à la classe politique.

SOCIÉTÉ COOPÉRATIVE
Voir : COOPÉRATIVE

SOCIÉTÉ DE BOURSE
Société spécialisée qui intervient sur les marchés financiers pour exécuter les ordres de clients. Ce rôle a longtemps été celui des « agents de change » qui avaient en général le monopole de négociation des valeurs mobilières.
En France, cette activité a été transférée en 1988 à la SOCIÉTÉ DES BOURSES FRANÇAISES – SBF – qui assure le bon fonctionnement des marchés, la coordination des différents acteurs, la publicité des informations et gère un fonds de garantie.
La plupart des pays ont mis en place des structures similaires.
⇒ Bourse

SOCIÉTÉ DE CAPITAUX
Dans les sociétés de capitaux, le rôle de l'associé est très limité. Ce type de société se distingue ainsi de la société de personnes. **Ce qui importe le plus, c'est l'apport, la réunion de capitaux importants.** Parmi les sociétés de capitaux, on connaît la société anonyme, la société en commandite par actions, la société à responsabilité limitée et avec quelques réserves, la société coopérative.
⇒ société anonyme ; société en commandite par actions ; société à responsabilité limitée ; coopérative

SOCIÉTÉ D'ÉCONOMIE MIXTE – SEM
Type de société, quelle que soit sa forme juridique, dans laquelle **la propriété est partagée entre l'État ou des collectivités publiques, territoriales (communes, régions, etc.) ou autres, et des personnes morales ou privées.**
Le terme est synonyme, dans certains pays, de « Régie Publique ».

SOCIÉTÉ D'ÉCONOMIE SOCIALE
Terme générique désignant les sociétés, quelle que soit leur forme juridique, dont **l'activité est orientée vers le service à ses adhérents, le profit n'étant pas l'objectif primordial.** On classe dans cette catégorie les **coopératives, mutuelles et associations sans but lucratif.**
On classe les sociétés d'économie sociale dans le « tiers secteur ».
⇒ association ; coopérative ; mutuelle ; tiers secteur

SOCIÉTÉ DE DÉVELOPPEMENT RÉGIONAL – SDR
Société créée avec l'objectif d'apporter un financement, à des conditions privilégiées aux entreprises d'une région déterminée.
Les SDR sont le plus souvent des sociétés par actions dont le capital est détenu par des entreprises privées (ou des personnes privées) et par des collectivités territoriales directement concernées : communes, régions, etc
Les SDR collectent des fonds par des emprunts (garantis par l'État), prennent des participations minoritaires et consentent des prêts et des cautions aux entreprises, le plus souvent des petites ou moyennes entreprises qui n'ont pas facilement accès au marché financier comme les grandes sociétés.

Les SDR qui étaient à l'origine en dehors des secteurs bancaires et financiers traditionnels s'en sont peu à peu rapprochées.
Sur l'exemple français des SDR se sont créées des sociétés de développement régional dans d'autres pays, notamment en Belgique et en Allemagne.

SOCIÉTÉ DE L'INFORMATION
L'ORGANISATION DES NATIONS UNIES – ONU – s'était fixé l'objectif d'élaborer une interprétation commune de la société de l'information ; le « Sommet mondial » qui lui a été consacré, fin 2003, à Genève (Suisse) a permis **d'établir « une feuille de route » pour les pays du monde entier concrétisant et coordonnant les efforts pour un développement généralisé de l'informatique** ; l'intégration de l'information et de la technologie numérique dans le développement des États est désormais une priorité mondiale avec une participation très active dans ce domaine, de l'UNION EUROPÉENNE – UE.

SOCIÉTÉ DE LOISIRS
Pays développé dans lequel toutes les formes de loisirs et de distractions peuvent s'exercer et s'épanouir compte tenu de l'évolution des congés, des revenus, de la diminution du temps de travail et de la variété des moyens mis en œuvre et proposés pour satisfaire ce besoin.
Une partie des activités de loisirs est, dans de nombreux pays, en charge des associations.
⇒ association

SOCIÉTÉ DE MASSE
Voir : MASSE

SOCIÉTÉ DE PERSONNES
Société dans laquelle le rôle de la personne physique est prédominant, aussi bien au point de vue collaboration qu'au point de vue des finances. Ce type de société est dit « intuitu personae » (terme latin, littéralement « en considération de la personne »). On distingue, en général, deux types de sociétés de personnes :
– la société en nom collectif – SNC ;
– la société en commandite simple – SCS.
Il y a donc une association de personnes physiques et réunion de capitaux avec une responsabilité solidaire et illimitée (à l'exception des commanditaires de la société en commandite simple).Les commanditaires de la société en commandite par actions ont une responsabilité qui est limitée à leur apport.
⇒ société de capitaux ; société en commandite simple ; société en nom collectif

SOCIÉTÉ DE SERVICES ET D'INGÉNIERIE EN INFORMATIQUE – SSII
Société spécialisée dans les services informatiques. Les SSII ont connu un développement considérable depuis le milieu du XXe siècle ; **leurs activités concernent l'ingénierie** (mise au point de projets, développement de logiciels et de progiciels pour leurs clients), **l'assistance, le conseil et des prestations de services divers.**
Ces sociétés sont dites aussi SSCI : « société de services et de conseils en informatique ».
⇒ informatique

SOCIÉTÉ ÉCRAN
Société créée dans le seul but d'en cacher une autre, de la rendre anonyme et bien souvent avec l'objectif d'échapper à ses obligations juridiques, administratives et fiscales.
La société écran est fréquemment domiciliée (siège social) dans un « paradis fiscal ».
⇒ paradis fiscal

SOCIÉTÉ EN COMMANDITE PAR ACTIONS – SCA
Société commerciale qui comporte deux catégories d'associés :
– les commandités qui sont détenteurs de parts d'intérêt (qui donnent lieu à une cession de créance en cas de transmission) ;
– et les commanditaires qui sont de véritables actionnaires.
⇒ société anonyme ; société à responsabilité limitée ; société commerciale ; société de capitaux ; société de personnes ; société en commandite simple ; société en nom collectif

SOCIÉTÉ EN COMMANDITE SIMPLE – SCS
Société commerciale qui est considérée comme société de personnes. Elle est réglementée par le droit commercial et comprend deux catégories d'associés :
– les commandités qui sont indéfiniment et solidairement responsables ce qui implique qu'ils pourront perdre plus que le montant de leurs apports ; le cas échéant leur fortune personnelle (privée) peut être appelée à combler un passif,
– les commanditaires qui ont une responsabilité strictement limitée à leurs apports.
Aux deux catégories, il est remis des parts d'intérêt dont le transfert impose certaines formalités (c'est une cession de créance, réglementée par le Code Civil).
⇒ coopérative ; société anonyme ; société à responsabilité limitée ; société commerciale ; société de capitaux ; société de personnes ; société en commandite simple ; société en nom collectif

SOCIETAS EUROPAEA OU SOCIÉTÉ EUROPÉENNE – SE
Type de société adopté en 2001 par l'UNION EUROPÉENNE – UE – permettant de créer, dans un État membre de l'UE une entité unique fondée sur le droit de l'UE.
Cette société Européenne devrait offrir une grande souplesse, sans les contraintes des législations nationales puisque cette société est reconnue dans les différents pays de l'UE ; mais ceux-ci doivent nécessairement faire évoluer leurs législations et ont l'obligation de prendre les mesures permettant la création de telles Sociétés Européennes ; l'Autriche, la Belgique, la Finlande, le Danemark et la Suède ont modifié leur droit national en conséquence.

SOCIÉTÉ FINANCIÈRE INTERNATIONALE – SFI
Voir : BANQUE MONDIALE

SOCIÉTÉ INDUSTRIELLE
Entreprise dont l'activité, la taille (effectif de salariés) et le volume des capitaux mis en œuvre, la fait considérer comme appartenant à l'industrie, c'est-à-dire produisant des biens en quantité importante à partir de matières premières ou de produits semi-finis : sidérurgie, produits métallurgiques, textile, automobile, matériel, machines, etc.
À l'opposé il y a la société artisanale.

SOCIÉTÉ INTERPROFESSIONNELLE DE COMPENSATION DE VALEURS MOBILIÈRES – SICOVAM
Organisme créé en 1984 et chargé, en France, de la gestion des titres boursiers dématérialisés. Les opérations se traitent informatiquement par écritures en compte.
Les titres étaient distingués par un code distinct dit « Code SICOVAM » qui figurait dans les cotes de la bourse jusqu'en 2002. Dans le cadre d'une normalisation internationale, la plupart des pays, notamment en Europe, ont mis en place une nouvelle classification des produits financiers, le **Code ISIN** « International Securities Identification Numbers » avec des structures pour assurer rapidement toutes les opérations de transfert des titres.
⇒ Bourse ; manteau et feuilles de coupons

SOCIÉTÉ UNIPERSONNELLE
Voir : ENTREPRISE UNIPERSONNELLE À RESPONSABILITÉ LIMITÉE

SOCIÉTÉ UNIVERSELLE
Type de société existant dans certains pays. **La société universelle réunit les biens meubles et immeubles des sociétaires dont le but est la réalisation de gains.** Les immeubles personnels des associés ne sont apportés qu'en jouissance. Normalement, on forme ainsi des sociétés commerciales ou civiles qu'on appelle encore « sociétés particulières ».

SOCRATE (470-399 avant J.C.)
Philosophe grec dont nous n'avons aucun écrit mais qui nous est connu par son disciple PLATON qui en a expliqué et développé les **méthodes de dialogue**, universellement employées depuis : la dialectique qui utilise la contradiction pour convaincre et la maïeutique, « l'art d'accoucher les esprits ».
⇒ dialectique ; maïeutique ; PLATON

SOCRATES
Très important programme d'action de l'UNION EUROPÉENNE – UE – en matière d'éducation.
Il répond à l'objectif ainsi fixé pour 2000-2006 : « la coopération européenne ouvre bien des portes à l'éducation ; ce serait formidable que chacun puisse en profiter pleinement » (Mme V. REDING, Membre de la Commission, chargée de l'éducation et de la culture).
Le programme comprend plusieurs volets adaptés aux besoins :
COMENIUS : enseignement scolaire
ERASMUS : enseignement supérieur
GRUNDTVIG : éducation des adultes
LINGUA : enseignement et apprentissage des langues
MINERVA : technologie de l'information et des communications dans le domaine de l'éducation.
D'autres programmes complètent l'action de l'UE dans les domaines de l'éducation et de la culture :
– éducation et formation tout au long de la vie
– jumelages entre les établissements d'enseignement
– eLearning (INTERNET, développement du numérique)
– égalité des chances
– Leonardo da Vinci pour l'apprentissage et la formation en alternance

– jeunesse
– etc.

Internet : **http://europa.eu.int/comm/education/programmes/socrates**

⇒ ERASMUS ; LINGUA ; Politique Éducation et Formation de l'UNION EUROPÉENNE ; UNION EUROPÉENNE – UE

SOFTWARE

Terme anglo-américain de l'informatique **désignant l'ensemble des logiciels** (les programmes qui commandent le fonctionnement) **d'un ordinateur** dont tout ce qui est matériel et machines est désigné par le terme de « **hardware** ».

⇒ hardware ; logiciel

SOGO-SHOSHAS

Type de société japonaise de négoce, spécialisée dans la commercialisation de produits très variés sur le marché intérieur et vers l'étranger, directement ou par des filiales étroitement contrôlées par la société-mère.

SOLDE

En comptabilité, c'est la différence entre les totaux des deux côtés d'un compte, dans la comptabilité à partie double ; le solde peut être débiteur ou créditeur.

Pour le compte de bilan, le solde, au moment de l'arrêté de compte, s'inscrit pour équilibre du côté le plus faible ; ce solde est repris au début de l'exercice suivant en débit ou en crédit selon qu'il s'agit d'un compte d'actif ou de passif.

Pour le compte de gestion, les soldes sont transférés, en fin de période, à un compte principal (« résultats » ou « pertes et profits »).

Ces comptes sont « balancés » par virement de leurs soldes respectifs.

Le terme s'applique aussi au salaire ou à la rémunération de certaines catégories de fonctionnaires (militaires, notamment) mais il est alors féminin (la solde).

Les soldes (nom féminin pluriel) sont une opération commerciale de vente de marchandises à prix réduits pour différents motifs ; certaines législations restreignent l'utilisation de cette méthode de vente.

SOLDES DE GESTION

Ce sont les soldes qui découlent du résultat – positif ou négatif – des différents comptes de gestion d'une entreprise pendant une période déterminée. Ils sont aussi désignés par les termes de « soldes intermédiaires de gestion ».

On trouve ainsi, suivant les comptabilités et normalement :
– la marge commerciale,
– la valeur ajoutée,
– la production de l'exercice,
– l'excédent brut d'exploitation (ou l'insuffisance),
– le résultat d'exploitation,
– le résultat courant avant impôt,
– les plus ou moins-values de cession,
– le résultat exceptionnel,
– le résultat de l'exercice.

Les soldes de gestion permettent de suivre l'évolution comptable de la gestion de l'entreprise et de faire des comparaisons au niveau national, européen et international.

⇒ Bilan

SOLIDARITÉ ACTIVE

Il y a solidarité active, si plusieurs créanciers liés entre eux par une convention se trouvent confrontés à un débiteur. Le paiement peut être fait à un quelconque des créanciers ce qui libère le débiteur de son engagement. Cependant, l'exécution de l'obligation doit pouvoir être partagée entre l'ensemble des créanciers.

⇒ solidarité passive

SOLIDARITÉ PASSIVE

Plusieurs débiteurs sont liés vis-à-vis d'un seul créancier par une convention. Le paiement peut être réclamé à un quelconque des débiteurs et le règlement effectué par l'un d'entre eux va libérer tous les autres envers le créancier. Cette solidarité pourrait aussi résulter de la loi ou d'un testament. Enfin, celui qui paye peut exercer un recours contre les autres débiteurs.

⇒ solidarité active

SOLOW Robert Merton (1924-)

Économiste américain, professeur au Massachusetts Institute of Technology – MIT – (EU), il reçoit, en 1987, le **Prix Nobel d'économie**.

R.M. SOLOW est connu pour ses **travaux sur la croissance économique**, publiant notamment, en 1970, *Growth, Theory, an Exposition* – « Un commentaire sur la théorie de la croissance ».

Spécialiste d'économétrie, il élabore un **modèle mathématique démontrant que l'accroissement des capitaux est un facteur d'augmentation de la production** ; il prouve aussi l'importance économique du progrès technique.

Parmi ses autres ouvrages, on peut citer :
– *Capital Theory and the Rate of return* – « Théorie du capital et taux de rentabilité » (1963) et
– *Price expectations and the Behaviour of the Price Level* – « La prévision en matière de prix et le comportement du niveau des prix » (1970).

R.M. SOLOW a présidé l'Académie des sciences des États-Unis.

Le « **paradoxe de Solow** » a fait l'objet de nombreux commentaires : il énonce que l'informatisation ne peut améliorer la production dans l'entreprise que si elle est accompagnée d'une réorganisation qui la prend en compte.

SOLVIT

Voir : RÉSOLUTION DES PROBLÈMES DANS LE MARCHÉ INTÉRIEUR

SOMBART Werner (1863-1941)

Économiste, historien d'origine allemande, professeur à l'Université de Wroclaw (Breslau) en Pologne et à l'Université de Berlin (Allemagne), il s'est fait connaître par une **analyse de l'œuvre de MARX et des théories socialistes**.

Ses livres concernent le comportement de l'homme en société, et toute son œuvre fait intervenir l'histoire et l'évolution de la civilisation pour mieux comprendre l'économie.

Parmi ses œuvres majeures, on peut citer :
– *Le socialisme et le mouvement social du XIXe siècle* (1896);
– *Le capitalisme moderne* (1902);
– *L'économie sociale allemande au XIXe siècle* (1903);
– et plus encore *Le bourgeois, contribution à l'histoire morale et intellectuelle de l'homme économique moderne* (1913).

SOMMET

Réunion de responsables au plus haut niveau, d'un pays, d'une organisation, d'une entreprise pour généralement se fixer en commun des orientations de politique générale, déterminer un programme d'action et prendre des décisions stratégiques qui engagent l'avenir.

Dans le cadre de l'UNION EUROPÉENNE – UE – le sommet est la réunion des Chefs d'État ou de Gouvernement des pays membres de l'UE. La Constitution de l'UE fixe officiellement le titre d'une telle réunion : c'est le CONSEIL EUROPÉEN.
⇒ UNION EUROPÉENNE.

SOROS George (1930-)
Né à Budapest (Hongrie), G. SOROS fait des études d'économie à Londres puis s'installe aux États-Unis où il bâtit une immense fortune au travers des FONDS D'INVESTISSEMENT dont le plus connu est le « QUANTUM ENDOWMENT FUND ».

G. SOROS, reconnu comme un **brillant économiste** par de nombreuses universités qui l'ont honoré (New York, Oxford, Budapest, Yale, Bologne) est aussi **un spéculateur aux réussites aussi spectaculaires que ses échecs** : attaquant (en 1992) les monnaies européennes il a échoué contre le franc français qui a été soutenu par les Banques Centrales d'Allemagne et de France.

Mais G. SOROS **a aussi une activité philanthropique internationale de grande envergure** notamment par l'OPEN SOCIETY INSTITUTE – OSI – qui rayonne dans le monde entier par une trentaine de filiales (à Paris, à Bruxelles), œuvre pour la défense des libertés et lutte contre les conséquences négatives de la mondialisation ; c'est d'ailleurs le thème de son ouvrage, publié en 2002 (parmi une dizaine d'autres) *George Soros on Globalization* – « *George Soros et la globalisation* ».

Internet : **http://www.soros.org**
⇒ Banque centrale ; globalisation financière ; mondialisation ; monnaie

SOULTE
Lorsque plusieurs personnes se partagent quelque chose et que la part de chacun est d'inégale valeur, la soulte représente la somme à verser pour rétablir l'équité.

En ce qui concerne l'entreprise, lorsqu'un associé se libère de sa promesse d'apport par un immeuble d'une valeur supérieure à celle de la promesse, la société doit verser la différence à l'associé ; dans le cas contraire, c'est l'associé qui versera la soulte.

Le terme de soulte désigne aussi la différence entre la somme obtenue par la vente d'un bien hypothéqué et la créance qui devait être remboursée.
⇒ créance ; hypothèque

SOUMETTRE
En informatique, lors de travaux « en ligne » par INTERNET et à l'issue de ceux-ci, ce verbe est synonyme de « CONFIRMER et ENREGISTRER ». En anglais, on utilise le verbe « to record ».
⇒ en ligne ; INTERNET

SOUMISSION
C'est la réponse de fournisseurs concurrents sollicités sur la base d'un « cahier des charges » à la suite d'un « appel d'offres » d'une administration d'une entreprise publique ou d'une entreprise privée pour la fourniture d'équipements et d'accessoires ou l'exécution de travaux. Dans certains cas, la soumission doit être faite à date fixe, sous pli fermé, toutes les offres étant alors confrontées ensemble.

L'entreprise qui soumissionne, en réponse à un appel d'offres, est dite « soumissionnaire ».
⇒ appel d'offres ; cahier des charges

SOURÇAGE
Activité de prestation de services pour mettre en relation des grossistes, des centrales d'achat, des importateurs ou des exportateurs dans le monde entier pour obtenir le meilleur produit au meilleur prix.

SOUS-CAPITALISATION
Voir : SURCAPITALISATION

SOUSCRIPTION
Engagement par écrit.

En matière financière, c'est l'engagement vis-à-vis d'une société d'apporter quelque chose en espèces, en nature ou en industrie ou encore de prêter une certaine somme d'argent : souscription d'actions, souscription d'emprunts ou d'obligations.

L'engagement peut généralement aussi concerner un achat (souscription d'un livre), un abonnement, un engagement quelconque, etc.

SOUS-EMPLOI
Il peut concerner une entreprise, un groupe d'entreprises ou un secteur lorsque les infrastructures et tous les autres moyens ne sont pas suffisamment employés.

Au niveau général de l'économie, le sous-emploi est une situation dans laquelle la capacité de production n'est pas globalement utilisée dans sa totalité. Il y a alors chômage et on enregistre un ralentissement de la production ; certaines usines ferment.

Ce sous-emploi peut être **d'origine technologique** (nouvelles techniques qui bouleversent les marchés), il peut **être conjoncturel, structurel et même saisonnier**. Il est généralement objectif mais peut aussi être subjectif : vieillesse, incompatibilités, maladie, etc.

Le sous-emploi caractérise aussi le fait de ne pas utiliser pleinement les capacités d'une machine, d'un moyen, d'une ressource, etc.
⇒ chômage ; emploi ; plein emploi ; production ; salariés

SOUVERAINISME
Le philosophe français Jean BODIN (1530-1596) a inventé la conception politique du « **souverainisme** » qui donne à l'État un pouvoir total et absolu ainsi qu'une indépendance complète et sans restriction.

Le terme a évolué et qualifie aujourd'hui une position politique donnant les pouvoirs et la primauté à un « État-nation » en s'opposant à un quelconque transfert de sa souveraineté à une instance supranationale ou européenne.

Le souverainisme (avec ses partisans, les souverainistes) s'oppose ainsi au fédéralisme.
⇒ Bodin ; fédéralisme

SPAAK Paul Henri (1899-1972)
Avocat, journaliste et homme politique belge, il présidera la première Assemblée de l'ORGANISATION DES NATIONS UNIES – ONU – en 1946.

Plusieurs fois chef du gouvernement belge, il participe activement à la création du BENELUX puis à la préparation du Traité de Paris (1951) et du traité de Rome (1957) qui fonde la COMMUNAUTÉ ÉCONOMIQUE EUROPÉENNE – CEE.

Il est considéré comme l'un des « pères fondateurs » de l'UNION EUROPÉENNE – UE.

SPAM
Terme anglo-américain que l'on peut traduire par « **message polluant** ».
On utilise volontiers en français, le terme de « **pourriel** », contraction de « courrier pourri ».
Message publicitaire diffusé sous forme de courriel (e-mail) par INTERNET. Cette technique est dite « SPAMMING » (littéralement « arrosage du réseau »).
L'abondance des « spams » a suscité la mise en place de moyens techniques pour éviter leur prolifération mais leur efficacité reste limitée.
L'UNION EUROPÉENNE – UE – a pris des mesures pour l'interdiction paneuropéenne des spams envoyés aux particuliers.
⇒ INTERNET ; spamming

SPAMMING
Terme anglo-américain que l'on peut traduire par « arrosage ».
Technique de diffusion sur INTERNET de courrier publicitaire et d'annonces commerciales (« spams ») le plus souvent non sollicités par le destinataire.
Une Directive de l'UNION EUROPÉENNE – UE – impose que les législations nationales des pays membres de l'UE interdisent ce type de courrier s'il n'y a pas d'accord préalable de l'internaute.
Il existe des logiciels antispam pour éviter, dans certaines limites, la réception de spams.
⇒ INTERNET

SPARRING PARTNER
Termes anglo-américains empruntés au sport de la boxe et que l'on peut traduire par « **entraîneur conseil** ».
Proche, discret et influent **collaborateur d'un dirigeant économique ou politique auprès de qui celui-ci confronte ses idées ; il a aussi pour mission d'intervenir pour défendre l'action de celui-ci auprès de l'environnement, la faire savoir, faire connaître ses engagements et ses projets.** Le sparring partner fait partie de réseaux d'influence ; il stimule, incite à l'action et apporte ses conseils au dirigeant dont il est le collaborateur.
⇒ réseau d'influence

SPÉCIALISATION
Concentration d'une activité, d'une production ou d'une tâche sur un ou plusieurs éléments précis et déterminés.
La division des tâches et donc la spécialisation caractérisent l'organisation du travail dans de nombreux domaines.
En matière internationale, la spécialisation est la production d'un bien par le pays qui est le mieux préparé et équipé pour le faire.
⇒ coûts comparatifs ; RICARDO

SPÉCULATION
Raisonnement théorique sur l'évolution d'une situation ou d'un prix, d'une action ou d'une décision.
Dans beaucoup de domaines dans lesquels la spéculation est financière, on spécule à la hausse ou à la baisse avec l'intention de réaliser un gain important (généralement imposable) malgré les risques. On spécule sur le cours des actions, sur celui des métaux, précieux ou non, sur les devises, etc.
La spéculation, si elle est parfois contestable au plan de l'éthique, peut avoir des effets régulateurs sur les marchés.

SPENCER Herbert (1820-1903)
Philosophe et psychologue anglais plus qu'économiste, mais aussi enseignant, ingénieur et journaliste. La contribution de H. SPENCER est surtout marquée par son ouvrage *Principles of Sociology* – « *Principes de sociologie* » (1877) qui analyse les structures sociales et leur organisation, notamment les institutions politiques, professionnelles et industrielles.

SPEND MANAGEMENT
Termes anglo-américains pour « **gestion de la maîtrise des dépenses dans l'entreprise** ».

SPIN-OFF
Terme anglo-américain, littéralement « **essaimer** » ou « **se débarrasser** ».
C'est le fait, pour une entreprise de se séparer ou de céder un secteur ou une partie de son activité. L'essaimage est souvent pratiqué pour des motifs stratégiques soit parce que la partie cédée n'est pas considérée comme rentable. Suivant les modalités de la cession, celle-ci peut s'organiser par des échanges d'actions.

SPIRALE
En géométrie, c'est une courbe ouverte qui s'écarte progressivement de manière régulière ou irrégulière du point de départ en accomplissant des révolutions autour de ce point.
Par extension, on désigne ainsi une évolution importante, souvent irréversible, et toujours dans le même sens, de différents éléments qui interviennent dans l'économie : prix, salaires, inflation ou déflation (spirale inflationniste ou déflationniste), impôts, etc.

SPONSORING
Terme anglo-américain signifiant « **parrainage** » **C'est un appui, généralement financier, de la part d'entreprises à des associations culturelles, sportives, éducatives, etc., à des organisations en principe sans but lucratif ou à des fondations.**
Le sponsor ou parrain fait ainsi une action de promotion ou de publicité dont il attend, bien évidemment, des résultats. Les bénéficiaires lui apportent aussi une aide efficace sous différentes formes.
Le mécénat est moins orienté vers la publicité ou la stimulation des ventes d'un produit ; il a pour objectif la promotion d'une entreprise en général et de son image de marque par des actions culturelles ou éducatives qui peuvent être importantes mais volontiers discrètes.
⇒ marketing ; mécénat ; merchandising

SPORT
Le sport est une activité aux multiples facettes que pratique une part très importante de la population des pays de la planète ; **l'ensemble des activités sportives sur terre, en mer et dans les airs représente, au plan mondial, une masse financière considérable et une activité économique très importante :** infrastructures sportives, équipements collectifs et individuels, sportifs professionnels et amateurs (ainsi que leurs contrats), sponsoring, mécénat, droit de retransmission par la radio et la télévision des compétitions, etc.
Au niveau mondial, le COMITÉ INTERNATIONAL OLYMPIQUE – CIO, créé en 1894, est l'autorité suprême du mouvement olympique ; c'est une organisation non gouvernementale, sans but lucratif, qui regroupe dans plus de 200 pays, les fédérations sportives, les comités et les associations ainsi que les sportifs pour « **bâtir un monde pacifi-**

que et meilleur en éduquant la jeunesse par les moyens du sport sans discrimination d'aucune sorte et dans l'esprit olympique » (Charte Olympique du Baron Pierre de Coubertin).
Le siège du CIO est à Lausanne (Suisse).
⇒ mécénat ; sponsoring
Internet du CIO : **http://www.olympic.org**

SRAFFA Piero (1898-1983)
Économiste et universitaire italien, professeur à Cambridge en Angleterre où il rejoint J. M. KEYNES et son équipe, P. SRAFFA est célèbre pour avoir publié la correspondance de D. RICARDO dont il est un disciple (comme il l'est aussi de F. QUESNAY) mais aussi pour son œuvre magistrale *Production de marchandises par des marchandises* dans laquelle il étudie les rapports entre la valeur et l'utilité pour la formation du prix.
⇒ KEYNES ; prix ; QUESNAY ; RICARDO ; valeur

STABEX ET SYSMIN
STABEX est un « système de stabilisation des recettes d'exportation » des Pays d'Afrique, des Caraïbes et du Pacifique – ACP – dans le cadre de la « CONVENTION DE LOMÉ » signée avec la **COMMUNAUTÉ ÉCONOMIQUE EUROPÉENNE – CEE**. Il avait l'objectif d'éviter les effets désastreux pour l'économie de certains pays des fluctuations du marché des matières premières agricoles.
SYSMIN est un « système spécial pour les produits miniers » **afin de préserver les ressources des pays concernés et le niveau des prix**.
L'ACCORD DE PARTENARIAT DE COTONOU (en 2000) a intégré ces aides dans les programmes de développement des Pays ACP.
⇒ CONVENTION DE LOMÉ ET ACCORD DE COTONOU ; UNION EUROPÉENNE

STABILISATION MACRO-ÉCONOMIQUE
Il s'agit de mesures ou de politiques gouvernementales qui, par différents mécanismes, visent à **contourner** ou à **enrayer les phases de récession**. L'inflation est combattue et il y a une tendance au maintien des prix à un certain niveau. La stabilisation devrait alors, par le biais de dépenses gouvernementales accrues, **augmenter la demande, accroître la production, réduire le chômage et rétablir les équilibres fondamentaux**.
⇒ chômage ; inflation ; récession

STACKELBERG Heinrich Von (1905-1946)
Économiste allemand qui s'est fait connaître essentiellement par deux théories économiques :
– celle du « tableau de Stackelberg » qui croise, sur un marché déterminé le nombre (variable) de demandeurs et celui (variable) des offreurs ainsi que les diverses situations de l'offre et de la demande : monopole, oligopole, monopsone, oligopsone dans différentes hypothèses ;
– celle du « duopole de Stackelberg » ou « duopole asymétrique » dans lequel, face à une multitude de demandeurs, deux entreprises offreurs s'affrontent, l'une acceptant cependant, et au moins provisoirement, la situation dominante tendant vers le monopole de l'autre.
H. von STACKELBERG est l'auteur de *Der Typische Fehlschluß in der Theorie der gleichgewichtslosen Marktformen* publié en français sous le titre « *L'erreur dans la théorie des formes du marché* ».
⇒ duopole ; monopole ; monopsone ; oligopsone

STAGFLATION
Période pendant laquelle une inflation assez forte se manifeste, l'économie stagne, le chômage augmente et l'économie est sur le point d'entrer dans une phase de récession.
⇒ chômage ; inflation ; récession

STAKEHOLDERS
Terme anglo-américain, littéralement « **parties prenantes** ». Théorie popularisée par Klaus SCHWAB, créateur du WORLD ECONOMIC FORUM – WEF – FORUM ÉCONOMIQUE MONDIAL – **par laquelle il prend en compte, dans le cadre d'un projet, d'une action ou de l'organisation d'une entreprise, tous ceux qui sont directement et indirectement concernés** et pas seulement les acteurs, le profit ou le résultat. Ainsi seront considérés l'environnement, la conformité aux objectifs de développement durable, l'impact sur l'ensemble des salaires, les populations et leur bien-être, la satisfaction des collaborateurs, leur confiance etc.
⇒ développement durable ; SCHWAB ; WORLD ECONOMIC FORUM ; mondialisation

STAKHANOVISME
Méthode et attitude d'un groupe de salariés qui au prix d'un travail parfois exténuant fait du zèle et dépasse volontairement les rendements et les normes fixées, pour être reconnu (et même décoré).
Le premier stakhanoviste fut le russe A. G. STAKHANOV, ouvrier soviétique qui donna l'exemple de records (mineur, il a extrait le 31 août 1935 quatorze fois plus de charbon que fixé par la norme).
⇒ communisme

STANDARD DE POUVOIR D'ACHAT – SPA
Pour permettre de comparer avec le maximum de fiabilité les prix ou les dépenses de consommation dans les différents pays, ceux-ci sont exprimés en unités « standards de pouvoir d'achat » qui prennent en compte les niveaux de prix ou de dépenses respectifs et les taux de change s'il y a lieu.
⇒ consommation ; dépenses ; pouvoir d'achat ; prix

STANDARD INTERNATIONAL TRADE CLASSIFICATION – SITC
Le commerce international a très vite rendu nécessaire l'établissement d'une **classification des produits et des marchandises**, notamment pour répondre à des besoins fiscaux (droits de douane, taxes diverses) et statistiques (importations, exportations). Chaque pays a rédigé sa propre nomenclature et c'est en 1950 seulement qu'a été élaborée par la Commission Statistique de l'Organisation des Nations Unies – ONU – une classification approuvée par le Conseil Économique et Social de l'ONU : la **Classification Standard du Commerce International – SITC**, très détaillée et régulièrement tenue à jour (la dernière modification étant la « Revision 3 »).
Mais il est apparu indispensable d'harmoniser cette classification SITC avec les autres nomenclatures de produits (il en existe plus d'une centaine) pour établir un outil d'usage véritablement mondial et universel : c'est la « **Base de données internationales Code 2004** ».
L'UNION EUROPÉENNE – UE – a sa propre classification reprise dans le **Tarif Intégré Communautaire – TARIC** – qui est un tarif douanier commun pour l'ensemble des pays membres de l'UE.
Internet : **http://www.intracpa.org**
http://www.unstats.un.org/unsd
⇒ Tarif Douanier Commun

STANDARDISATION
Technique mise en œuvre dès le milieu du XIXe siècle, notamment dans l'industrie, pour harmoniser les caractéristiques (notamment dimensionnelles) des pièces, articles, accessoires, machines etc., utilisés et les rendre interchangeables. À la standardisation a succédé la normalisation, beaucoup plus élaborée et contraignante, mais favorisant considérablement les échanges.
⇒ normes

START UP
Terme générique utilisé pour désigner une entreprise de création récente, en phase de démarrage ou en voie de développement, souvent soutenue par des investisseurs ou des collectivités publiques.
Une « START-UP », notamment dans les domaines de haute technologie peut être accueillie au sein d'une « **pépinière d'entreprises, encore appelée « incubateur »**, qui met à sa disposition des moyens tels que locaux et/ou matériels ; cette formule est connue aussi sous le terme de « **portage** ».
Le financement est souvent apporté par une société de « **capital-risque** ».
⇒ capital risque ; pépinière d'entreprise ; portage

STATISTIQUE
Science étroitement liée à l'économie et qui, à partir de données, d'éléments et d'observations concernant un groupe d'individus, des activités, des faits ou des incidents permet, par l'analyse systématique et mathématique de mesurer une situation, d'en faire la synthèse et d'en suivre l'évolution pendant une période déterminée.
Les statistiques sont d'un usage très général, en économie comme en sociologie ; elles sont souvent à l'origine de doctrines et de lois dans ces domaines.
L'utilisation des statistiques impose une grande rigueur notamment quant aux mesures des éléments pris en compte (ou de l'échantillon représentatif de ceux-ci) et leur harmonisation tout au long d'une étude.
La statistique peut être descriptive ou mathématique, en faisant alors appel au calcul des probabilités.
L'**économétrie** associe la théorie économique, les mathématiques et les statistiques.
Tous les pays disposent d'organismes chargés d'élaborer des statistiques sur de très nombreux sujets.
Les statistiques jouent un rôle majeur, non seulement pour guider les gouvernements dans le choix de leurs orientations politiques, économiques et sociales, mais aussi dans la vie courante de l'individu : l'importance de la statistique du taux de chômage en son évolution est considérable.
L'**UNION EUROPÉENNE – UE – a son propre outil statistique, EUROSTAT** (dont le siège est à Luxembourg – Grand-Duché de Luxembourg), qui rassemble non seulement pour tous les États membres mais aussi pour leurs partenaires dans le monde entier, des statistiques comparables et fiables, régulièrement publiées.
Internet EUROSTAT : **http://europa.eu.int/en/comm/eurostat**
⇒ cliométrie ; économétrie

STATUT
Le statut est l'ensemble des droits et des obligations d'une catégorie déterminée de personnes : statut du fonctionnaire, statut du militaire, etc. mais aussi la position ou la situation, avec ses caractéristiques, d'un individu : statut de l'ouvrier, de l'enfant, de la femme, des minorités, etc.
On évoque aussi le **statut social** qui qualifie la place que quelqu'un occupe dans la profession, la ville, la nation : le prolétariat, l'aristocratie, les bourgeois, etc.
Les statuts sont la loi de base d'une société commerciale, industrielle ou de service ou encore d'une association, d'une organisation, etc.
Les statuts sont alors élaborés et rédigés par écrit lors de la création de la société ou de l'association par ses fondateurs, approuvés par une assemblée générale constitutive et peuvent être modifiés en cours de la vie de l'organisme concerné.
Toutes les législations imposent (y compris aux associations) un certain formalisme quant à la rédaction et des mentions obligatoires : forme, objet social, dénomination (nom) de la société (c'est la raison sociale), siège social, capital social (pour les sociétés), durée, modalités de fonctionnement, nombre des associés ou administrateurs, etc.
L'objet social de la société ne peut pas être illicite ou contraire à l'ordre public.
Les statuts sont soumis à une publicité, généralement dans un journal d'annonces légales, au Registre du Commerce et des Sociétés, etc. ; les associations font aussi l'objet d'une publicité fixée par la loi en vigueur dans le pays concerné.
⇒ assemblée générale ; association ; objet social ; Registre du commerce et des Sociétés

STATUT AVANCÉ
Statut intermédiaire entre le « statut d'association » à l'UNION EUROPÉENNE – UE – et l'adhésion pure et simple à l'UE.
Ce type de statut est demandé par des États bénéficiant du statut d'association souhaitant renforcer leurs liens avec l'UE.
⇒ UNION EUROPÉENNE

STELLAGE
Terme d'origine allemande, signifiant « placer ».
En cas d'opération sur le marché à terme conditionnel de la Bourse, une quantité déterminée de titres peut être achetée ou vendue à un cours fixé d'avance, différent pour l'achat ou la vente, la décision n'étant prise qu'au moment de la liquidation de l'opération.
⇒ Bourse

STIGLER George (1911-1991)
Économiste américain, professeur aux Universités de l'Iowa et du Minnesota puis à celle de Columbia à New York et à Chicago (EU).
G. SIGLER a poursuivi des **travaux sur l'organisation industrielle** (production, structures, coûts, etc..) qui lui ont valu le **Prix Nobel d'économie** en 1982. Président de l'AMERICAN ECONOMIC ASSOCIATION, il a publié en 1946 une œuvre majeure : *The Theory of Price* – « *Théorie des prix* ».

STIGLITZ Joseph (1943-)
Économiste américain, professeur aux Universités de Yale, Princeton, Stanford et Columbia de New York (EU) ; il partage avec G. AKERLOF et M. SPENCE le **Prix Nobel d'économie** en 2001.
Spécialiste du relationnel dans le monde des affaires et du travail, il est partisan de la négociation et du compromis.
Éminent collaborateur du Gouvernement américain et de la BANQUE INTERNATIONALE POUR LA RECONS-

TRUCTION ET LE DÉVELOPPEMENT – BIRD – il s'oppose cependant aux orientations du FONDS MONÉTAIRE INTERNATIONAL – FMI.
Il publie en 2002 *Globalisation and its Discontents* dont le titre français est « *La grande désillusion* » puis en *2003 The Roaring Nineties* (« *Les folies des années 1990* ») dont le titre de l'édition en France est : « *Quand le capitalisme perd la tête* », une histoire de l'économie mondiale contemporaine dans laquelle il dénonce les méfaits du capitalisme trop libéral malgré la prospérité dont il est à l'origine.
J. STIGLITZ reprend dans cet ouvrage la nécessité d'un juste équilibre entre le marché et l'intervention de l'État.
⇒ BANQUE INTERNATIONALE POUR LA RECONSTRUCTION ET LE DÉVELOPPEMENT ; FONDS MONÉTAIRE INTERNATIONAL

STIRNER *Johann Kaspar Schmidt* (1806-1856)
Philosophe, économiste anarchiste et collaborateur de K. MARX, l'allemand J. STIRNER est connu pour l'ouvrage qu'il a publié en 1845 *Der Einzige und sein Eigentum* – « *L'unique et sa propriété* » dans lequel il donne à l'homme son seulement une place unique mais aussi le droit de tout considérer comme sa propriété.
J. K. STIRNER est ainsi conduit à s'**opposer à tout libéralisme** et à proposer que la **propriété soit également répartie entre tous**.

STOCK CRITIQUE
Voir : GESTION DES STOCKS

STOCK DE SÉCURITÉ
Voir : GESTION DES STOCKS

STOCK MOYEN
Voir : GESTION DES STOCKS

STOCK-OPTIONS
Termes anglo-américains signifiant « **option de souscription d'actions** ». Droit donné à un dirigeant de société, ou à des salariés, d'obtenir ou d'acheter à des conditions déterminées et en général préférentielles, des actions de l'entreprise.
À la suite d'excès, parfois considérables et concernant des sociétés en difficultés, plusieurs pays ont mis en place des législations encadrant les conditions d'attribution des stock-options tout en favorisant leur accès à tous les salariés de l'entreprise (avantages fiscaux notamment).
L'UNION EUROPÉENNE – UE – après l'analyse les dispositions en vigueur dans les États membres a notamment proposé **des exemples de « bonne pratique »** limitant les risques pour les salariés et les abus trop fréquents pour les dirigeants.
⇒ action

STOCK-OUTIL
Dans l'entreprise, ce stock est un stock minimum qui doit garantir d'un côté la continuité de l'activité et qui, d'un autre côté, évite un surcroît de dépenses.
En effet, la tenue d'un stock entraîne des charges d'entreposage, de conservation, d'assurance, etc. Un stock trop élevé est coûteux, un stock trop faible crée des dysfonctionnements et peut éventuellement provoquer une paralysie totale de l'entreprise.
Certains auteurs parlent du stock minimum idéal et mettent en évidence la notion de stock réel. **Le stock optimum est celui qui n'est ni trop élevé ni trop faible et qui tient compte du coût**.

Les méthodes de gestion des stocks font intervenir le coût d'acquisition du produit ou de la marchandise (les dépenses pour se les procurer) et le coût de possession (les dépenses de stockage).
⇒ gestion de stock ; stock critique ; stock de sécurité ; stock moyen

STONE *John Richard Nicholas* (1913-1991)
Économiste anglais dont les travaux, sous la responsabilité de John Maynard KEYNES et en collaboration avec James MEADE ont permis **d'unifier et donc de comparer les comptabilités nationales**.
La mise en œuvre du PLAN MARSHALL (aide américaine aux pays occidentaux) après la fin de la seconde Guerre mondiale (1939-1945) rendait nécessaire de **mieux connaître leur situation économique au travers de leurs comptabilités nationales qu'il fallait homogénéiser**.
La BANQUE MONDIALE aura le même souci d'une vision comparative de la situation des pays demandeurs de prêts : Richard STONE y répondra comme il le fera pour l'ORGANISATION DES NATIONS UNIES – ONU – dans une approche plus large.
Richard STONE a dirigé à CAMBRIDGE, à partir de 1945, une équipe de chercheurs statisticiens qui formèrent « l'École des Économètres » avec l'appui d'outils informatiques.
Richard STONE a obtenu le Prix Nobel d'économie en 1984.
⇒ Banque Mondiale ; École des Économètres ; KEYNES ; MARSHALL ; MEADE ; ORGANISATION DES NATIONS UNIES

STOP AND GO
Littéralement « arrêt-marche ».
Expression anglo-américaine employée en matière d'analyse de la conjoncture ; elle désigne une période d'arrêt de la croissance suivie d'une reprise économique, les différentes phases pouvant se succéder (croissance dite « **en escalier** » si la tendance est positive, en « **coups d'accordéon** » s'il ne se dégage pas une évolution satisfaisante).
⇒ conjoncture

STOXX
Voir : INDICES BOURSIERS

STRATÉGIE
En termes militaires c'est l'art d'organiser les troupes pour affronter l'ennemi.
Par extension, c'est l'élaboration et la préparation des actions qui vont permettre d'atteindre un but, l'objectif fixé, notamment en matière économique ou politique.

STRATÉGIE DE LISBONNE
Ensemble des opérations mises en œuvre par l'UNION EUROPÉENNE – UE – pour promouvoir l'emploi et lutter contre le chômage.
Lancée en 1997 (« Sommet de Luxembourg ») la stratégie pour l'emploi a été confirmée en 2000 lors du « Sommet de Lisbonne » (Portugal) : les Chefs d'État et de Gouvernement ont fixé un **nouvel objectif pour l'UE** : « **devenir l'économie de la connaissance la plus compétitive et la plus dynamique au monde, capable d'une croissance économique durable accompagnée d'une amélioration quantitative et qualitative de l'emploi et d'une plus grande cohésion sociale** ». Les Conseils Européens de Stockholm (Suède), de Barcelone

(Espagne) en 2001 et 2002 et ceux qui ont suivi, ont confirmé l'objectif fondamental de l'UE : **le plein emploi.**
La « stratégie de Lisbonne », dite aussi « Agenda de Lisbonne » ou « Processus de Lisbonne » ou encore « Programme de Lisbonne » va au-delà des questions d'emploi et de lutte contre le chômage : **elle concerne la compétitivité même de l'UE dans le monde ; elle fait l'objet, à cet égard, d'un suivi très attentif.**
⇒ emploi ; Politique de l'emploi de l'UNION EUROPÉENNE ; programme de Lisbonne ; UNION EUROPÉENNE

Internet : **http://europa.eu.int/comm/ employment_social/employment_strategy**

STRATIFICATION SOCIALE
La société humaine a toujours été composée de groupes d'intérêts. On ne peut pas vraiment créer une société sans classes dans laquelle régnerait l'égalité la plus absolue. **La vie en société est donc marquée par la hiérarchie, le pouvoir et le prestige et donc par une superposition de « strates sociales » ou de « couches sociales ».**

STREET MARKETING
Termes anglo-américains signifiant « **mercatique de rue** » c'est-à-dire l'utilisation, en termes d'action commerciale, de la rue comme support ou comme lieu d'information.
⇒ marketing

STRESS
Terme anglo-américain signifiant « **pression** » et qualifiant l'état d'une personne particulièrement fatiguée, débordée et surmenée par une abondance de tâches, de responsabilités et de sollicitations de toutes sortes.
Le stress peut conduire à la déprime ou, pire, à la dépression.
Le « **stress positif** » est une forme de stress qui, au contraire, conduit l'individu à se surpasser même s'il est fatigué, pour atteindre effectivement les objectifs fixés pour créer, innover, investir et s'améliorer dans les domaines de sa compétence.

STRUCTURE
Organisation cohérente d'un système, d'une entreprise, d'une institution ou d'un régime.
Dans l'entreprise, la structure peut être **fonctionnelle** (rassembler ceux qui exercent les mêmes fonctions en y incluant les différents niveaux de responsabilité), **hiérarchique** (en fonction du lieu de subordination) **ou informelle** (pas d'organigramme contraignant).
Le terme peut aussi concerner tel ou tel élément de l'économie pour en qualifier l'organisation : marché, concurrence, consommation. On oppose parfois la structure stable et dans une certaine mesure, pérenne, à la conjoncture, évolutive.
⇒ conjoncture

SUBLIMAL
Voir : AMBIANT ADVERTISING

SUBROGATION
C'est la substitution (ou le remplacement) d'une personne ou d'une chose à une autre. La législation prévoit qu'un tiers peut payer, donc exécuter une obligation à la place du débiteur. Le tiers est alors subrogé dans les droits du créancier initial qui a été désintéressé. **La subrogation peut résulter de la loi ou d'une convention.**
La subrogation peut intervenir dans d'autres domaines où il y a une obligation.
⇒ créancier ; débiteur ; obligation

SUBSIDIARITÉ
Le terme, que l'on trouve dans les œuvres du philosophe grec ARISTOTE (384-322 avant J.C.) est désormais utilisé largement pour qualifier le concept d'intervention de l'UNION EUROPÉENNE – UE.
Le principe de subsidiarité désormais formellement inscrit dans la Constitution de l'UE, lui impose de n'intervenir que si et dans la mesure où les objectifs de l'action envisagée ne peuvent être réalisés avec efficacité par les États membres mais le seraient en faisant l'objet d'une exécution en commun par l'UE.
L'UE n'entreprendra donc une action et ne mettra en œuvre un programme que si, effectivement, les États membres, pris isolément chacun, ne peuvent pas obtenir un résultat aussi efficace que si la réalisation en était faite par l'UE, ceci, bien évidemment dans le cadre des objectifs de la politique de l'UE.
Deux autres principes vont guider l'action de l'UE lorsqu'elle intervient :
– **le principe de partenariat et d'additionalité** : l'UE intervient en partenariat avec les acteurs locaux concernés (communes, régions, États) et ses financements s'ajoutent à ceux des autres intervenants,
– **le principe de proportionnalité** : l'intervention de l'UE doit être aussi simple et souple que possible et se limiter aux seules nécessités de la réalisation des objectifs fixés.
⇒ ARISTOTE ; Constitution de l'UNION EUROPÉENNE ; POLITIQUE RÉGIONALE DE l'UNION EUROPÉENNE ; UNION EUROPÉENNE

SUBVENTION
Aide économique, sociale ou technique, attribuée, en général sous forme financière, par l'État, les collectivités publiques (le plus souvent territoriales) l'UNION EUROPÉENNE – UE – ou une Institution nationale ou internationale.
Économiquement, la subvention est condamnable.
Dans la plupart des cas, ces aides sont accordées à des entreprises ou à des organisations, qui, sans ce concours, éprouveraient d'importantes difficultés. Les appuis financiers ou d'autres ne sont défendables et utiles que s'ils sont accordés ponctuellement et temporairement. **La plupart des pays ont recours aux subventions.** Il s'agit le plus souvent d'aides financières et d'aides camouflées telles les allégements fiscaux.
Au point de vue comptable, on fait la distinction entre les **subventions d'exploitation**, les **subventions d'équipement**, les **subventions d'équilibre** ; ce sont des produits par nature enregistrés au crédit du compte résultat de l'exercice.
Les subventions faussent le jeu normal de la concurrence ; **les aides que les États accordent sont donc particulièrement contrôlées dans le cadre du fonctionnement du « marché unique » de l'UNION EUROPÉENNE – UE.** Celle-ci accorde aussi elle-même des subventions aux États, aux collectivités publiques et aux entreprises.
⇒ aides ; concurrence ; Politique Européenne de Concurrence ; UNION EUROPÉENNE

SUCCESSION
Ensemble des biens (et parfois de problèmes…) qu'un individu laisse à son décès.
La succession fait généralement l'objet d'une « **déclaration de succession** » (dans de nombreux pays auprès d'un notaire). Les héritiers se partagent les biens dans les conditions fixées par le **testament** (s'il y en a un) et, de toutes façons suivant les règles fixées par la législation (c'est la « **dévolution de la succession** »), éventuellement après un

inventaire des biens (la succession n'est acceptée que « **sous bénéfice d'inventaire** ») ; une succession peut être refusée.
Dans une entreprise, la succession est la transmission d'une personne à une autre d'un pouvoir, d'une responsabilité, d'une fonction à la suite d'un départ, d'une mutation, d'une nouvelle organisation ou d'un décès.

SUIVEUR
En termes de gestion d'entreprise, **c'est celui qui**, plutôt que d'être le premier avec un produit déterminé **sur un marché** (c'est l'innovateur) va aborder celui-ci plus tardivement avec un produit similaire, éventuellement copié, en saisissant les opportunités et en adaptant sa stratégie à l'expérience de celui qui y fut le premier.
La dénomination « suiveur » est utilisée dans certaines activités sportives comme synonyme d'accompagnateur.

SUIVI
Ensemble des **mesures mises en œuvre pour surveiller** un processus, une fabrication, la commercialisation d'un produit, les commandes, les livraisons, etc., notamment pour éviter des dysfonctionnements, des dérèglements, des pannes, des réclamations, etc. ; le suivi est formé de contrôles, de surveillances organisées...

SULLY
Voir : BETHUNE Maximilien de, DUC DE SULLY

SUPERMARCHÉ
Voir : GRANDE SURFACE

SUPERSTRUCTURE
Par principe, il ne peut pas y avoir de superstructures sans infrastructures. La superstructure est l'ensemble de ce qui est construit au-dessus des fondations d'un immeuble, d'une usine, d'un atelier.
L'économie marxiste utilise le terme pour caractériser un ensemble de concepts, d'idées, de règles ou d'institutions qui forment un tout cohérent et qui reposent sur une base.

SUPPLY CHAIN
Termes américains signifiant « chaîne de logistique » ; le concept de « supply chain » concerne toute la chaîne logistique des **flux de produits, des fournisseurs jusqu'aux clients**. Il a pour objectif **d'optimiser ces flux** de telle sorte que les chaînes d'approvisionnement en amont et en aval de l'entreprise limitent ses stocks et réduisent les besoins en fonds de roulement.
Le concept de « supply chain » peut aussi s'appliquer aux services.

SUPRA
Terme latin.
Dans la langue juridique et administrative, cela veut dire : **voir ci-dessus mentionné**.
⇒ infra

SURBOOKING
Terme anglo-américain signifiant « **surréservation** ».
Pratique commerciale fréquente, utilisée dans le transport aérien mais aussi maritime et terrestre consistant à vendre plus de billets que ne le permettrait la capacité des moyens mis en œuvre.
Il conduit les transporteurs à repousser le voyage de l'utilisateur concerné. L'UNION EUROPÉENNE – UE – a édicté à cet égard, des règles précises, notamment en fixant des dédommagements pour les particuliers lésés utilisant les transports aériens.

SURCAPITALISATION
Le bien de production constitue un capital ; tout excès de création de biens de production entraîne un recul du profit additionnel ; ce recul peut être total ou partiel.
Le phénomène de surcapitalisation, encore appelé suraccumulation ou encore surinvestissement, peut avoir un effet de crise.
À l'inverse, on peut être confronté à un manque d'existence de biens de production ; on pourrait, en effet, produire plus, consommer davantage et réaliser des gains additionnels plus importants : c'est une **situation de sous-capitalisation**.

SURCHAUFFE
Situation dans laquelle, à un moment donné, l'économie atteint la limite supérieure de ses possibilités (production et personnel). L'offre et la demande se trouvent en déséquilibre, ce qui peut mettre en marche le processus de l'inflation, conduire à un accroissement de la dette et à des situations difficiles sur le plan des échanges commerciaux internationaux.
⇒ emploi ; plein-emploi ; sous-emploi ; suremploi

SUREMPLOI
Lorsque la capacité de production d'une économie se développe d'une manière significative, on atteint d'abord une situation de plein emploi (le chômage est quasiment nul, limité à une faible marge de chômage naturel incompressible de l'ordre de 1 % de la population active) puis il faut recourir aux heures supplémentaires, aux travailleurs étrangers et, dans des cas extrêmes, mettre en œuvre des formations accélérées pour satisfaire la demande de la main-d'œuvre. On peut craindre alors des effets néfastes si une telle situation perdure : augmentation des prix due à l'augmentation des salaires, dépréciation monétaire, etc.
Le suremploi caractérise aussi l'utilisation d'un moyen ou d'une ressource au-delà de ses capacités normales.
⇒ chômage ; conjoncture ; plein emploi ; salaire ; sous-emploi ; surchauffe

SURENDETTEMENT
Voir : ENDETTEMENT

SURESTARIE
Terme du transport maritime.
Frais à payer lorsque le délai imparti pour le déchargement ou le chargement de la cargaison d'un navire est dépassé. Les frais de surestarie s'ajoutent aux frais normaux (estaries).
⇒ estarie ; connaissement ; contrat d'affrètement ; starie

SÛRETÉ
Terme juridique synonyme de garantie ou de caution.
La sûreté peut être personnelle, c'est-à-dire qu'une personne s'engage et donne sa garantie au créancier ; elle est liée à ce que l'on appelle « la surface » (la capacité financière) de celui qui donne sa garantie.
La sûreté peut être réelle lorsque ce sont des biens qui garantissent la créance ; cette sûreté apparaît plus solide que la sûreté personnelle, à moins que celle-ci ne soit une banque ou un organisme spécialisé.
⇒ garantie

SURPLUS
Quantité d'un bien produite, existante, disponible et qui dépasse ce qui avait été prévu ou programmé.
On parle aussi de la « **répartition des surplus** » en matière de répartition bénéficiaire, surtout dans les sociétés anonymes lorsqu'une première répartition (réserve légale, réserve statutaire, dividende) a déjà été effectuée.
⇒ bénéfice

SURPRODUCTION
Les quantités produites sont en disproportion avec les besoins et la demande. La surproduction peut concerner un bien ou plusieurs et même l'économie en général.
Elle peut être évitée par une bonne connaissance du marché quand il s'agit d'un bien déterminé ; elle est souvent due à la saturation du marché ou à l'apparition de nouveaux concurrents.

SUSTAINABILITY IMPACT ASSESSMENT
Expression anglo-américaine, couramment utilisée dans d'autres langues, et qui signifie en français « **évaluation de l'impact en termes de durabilité** ».
Il s'agit d'une méthodologie qui permet d'analyser toutes les conséquences, y compris économiques, d'une politique de « développement durable ».
⇒ développement durable

SWAP
Terme anglo-américain de la finance signifiant « échange ».
Il existe, notamment sur les marchés boursiers et bancaires, y compris internationaux, **de multiples formules de SWAP**, dans des conditions définies à l'avance.
Les échanges peuvent concerner des créances, des devises, des dettes, etc.
Un swap peut, par exemple, consister en un échange de conditions de taux d'intérêts sur des capitaux dont les montants sont identiques ou, s'il s'agit de dettes, d'un échange de celles-ci dans des devises différentes.
Les techniques de mise en oeuvre de ces « crédits croisés » ne peuvent être réalisées que par des spécialistes mais cet impératif n'a pas freiné leur développement sur les marchés boursiers.

SWEET EQUITY
Termes anglo-américains, littéralement « action sucrée ».
Il est naturel qu'une entreprise cherche à s'attacher des collaborateurs en leur offrant une participation et donc une intégration plus forte. Il s'agit d'une pratique, surtout américaine, qui consiste à créer des actions spéciales qui sont acquises par des membres du personnel de l'entreprise et qui restent bloquées pendant un certain temps. De cette façon une entreprise estime pouvoir mieux compter sur les « collaborateurs actionnaires » pendant un certain temps. De même le capital ainsi constitué se trouve fixé pendant un certain temps. Les actionnaires ordinaires pourraient cependant manifester leur désaccord.
L'actionnariat des salariés – notamment sous forme d'attribution d'actions gratuites ou à prix réduit (par rapport au nominal ou au cours) – **répond au même objectif** sans avoir l'inconvénient du « sweet equity ». Certaines législations favorisent par différentes dispositions l'actionnariat des salariés.
Le système s'apparente à celui des « stocks-options ».
⇒ action ; capital ; stock-options

SYNDIC
Terme utilisé dans certaines professions pour désigner un mandataire, c'est-à-dire une personne (ou une société spécialisée) qui va assurer la représentation d'une société, d'une organisation ou d'un groupe constitué, pour certains actes administratifs ou juridiques.

SYNDICALISME
Autrefois, le travailleur était isolé vis-à-vis de l'employeur. Le contrat de travail résultait d'un accord entre l'employeur et le salarié. Le salarié se trouvait toujours dans une position de faiblesse.
Les actions collectives ont été longtemps interdites, même après la révolution française (1789). C'est seulement vers la fin du XVIIIe siècle que des lois ont finalement autorisé la formation de syndicats ouvriers.
Le syndicalisme se donne comme mission de défendre les intérêts des salariés et de changer les rapports sociaux ; il ne recule pas toujours devant la violence.
Très souvent les mouvements syndicalistes ont été imprégnés d'anarchie.
Le syndicalisme ouvrier a cependant beaucoup évolué et les législations comme les accords avec les organisations patronales, contribuent à améliorer les relations entre les syndicats et les employeurs.
Le syndicalisme est rarement indépendant ; il y a souvent, suivant les pays, une appartenance politique, même si elle n'est pas officiellement déclarée.
Les actions entreprises par les syndicats de travailleurs ne s'arrêtent plus au bien-être et au mieux-être du travailleur, mais vont même en direction de changements structurels du monde du travail et de la vie en société.
Du côté des employeurs, des syndicats patronaux ont été constitués dès le début du XIXe siècle dans la plupart des pays ; les entrepreneurs se trouvent, en général, dans la position dominante. Bien que l'esprit de concurrence règne dans ce milieu, les responsables ont compris que l'union fait la force.
Les syndicats ouvriers et les syndicats patronaux ont des problèmes communs à résoudre ; ils parviennent souvent à les résoudre par le dialogue et la concertation, favorisés dans la plupart des pays par la législation, les conventions collectives et les accords d'entreprise.
La syndicalisation des salariés, comme celle des chefs d'entreprise est extrêmement variable, suivant la branche d'activité mais aussi le pays.
Il existe aussi un syndicalisme paysan ou agricole plus catégoriel et moins marqué par une antinomie salariés/patrons.
⇒ chômage ; monopole bilatéral en matière de marché du travail ; salaire

SYNDICAT
Les Autorités Publiques, le pouvoir et les gouvernements ont longtemps combattu, parfois dans la violence, les regroupements d'ouvriers d'un même métier, d'une même profession, d'une même entreprise alors que ceux-ci défendaient leurs intérêts moraux et matériels : c'est la finalité même des syndicats qui ne seront reconnus dans la plupart des pays qu'à la fin du XIXe siècle et, pour l'ORGANISATION INTERNATIONALE DU TRAVAIL – OIT – qu'en 1948.
Le droit syndical et la liberté d'adhésion figurent désormais dans certaines constitutions ainsi que dans la « Charte des Droits Fondamentaux » intégrée dans la Constitution de l'UNION EUROPÉENNE.
Le syndicalisme concerne toutes les catégories de personnel (ouvriers, employés, cadres, dirigeants) **ainsi que les employeurs, chefs d'entreprise et patrons qui ont leurs propres organisations.**
Les uns et les autres sont officiellement représentés dans de nombreuses instances nationales, européennes et internationales.
Depuis la fin de la Première Guerre mondiale (1914-1918) et plus encore de la Seconde Guerre mondiale (1939-1945) les syndicats ont joué, par leurs actions et au prix souvent de grèves, un rôle majeur dans l'évolution sociale et le progrès économique et social.

Tous les pays connaissent un foisonnement important de leurs législations sociales et au plan national s'ajoutent toutes les dispositions qui s'appliquent aux pays membres de l'UNION EUROPÉENNE – UE – pour la défense et la protection des salariés.

Le **taux de syndicalisation** des salariés comme des chefs d'entreprise (patronat) est très variable suivant les professions et les pays mais, globalement, il est plus élevé dans les États de l'Europe du Nord (où prévaut la négociation collective) qu'au Sud.

Les syndicats constitués souvent localement sont regroupés dans les régions, au plan national européen et international, notamment en fédérations et en confédérations.

Au niveau de l'UE, on peut citer :
– la **Confédération Européenne des Syndicats – CES** – regroupe les organisations syndicales de salariés et,
– l'**Union des Confédérations de l'Industrie et des Employeurs d'Europe – UNICE** – celles, du patronat.

Elles ont l'une et l'autre leur siège à Bruxelles (Belgique).

Internet :
CES : http://www.etuc.org
UNICE : http://www.unice.org

⇒ convention collective ; droit du travail ; patronat

SYNDICATION
Technique utilisée par la presse (journaux, périodiques divers) consistant en l'achat d'articles par une publication à une autre ; la syndication concerne parfois plus de la moitié des articles d'un périodique, même si le lecteur n'est pas toujours informé.

SYNERGIE
Mise en commun de plusieurs ensembles différents et leur association qui sera plus qu'une simple addition : leur somme subit un effet d'amplification.

On peut résumer l'effet de synergie par la formule « l'union fait la force » mais la prudence dans la mise en œuvre reste nécessaire.

Résultat d'une coopération, d'une fusion, l'objectif est tout d'abord la rationalisation ; puis on envisage une conjugaison des compétences, du savoir et des moyens d'action de différentes unités.

SYSMIN
Voir : STABEX

SYSTÈME
Toutes les sciences ont recours aux méthodes inductives et déductives dans l'intention de façonner un système, c'est-à-dire un ensemble organisé, cohérent qui est formé pour être considéré dans son entièreté et dont on peut déduire des règles, des lois, des procédés ou des évaluations. Certains économistes définissent la théorie économique comme un système de notions et de lois.

L'observation montre que les lois économiques sont souvent des phénomènes qui se répètent ; de plus, on constate que certaines lois ont une durée de vie restreinte. Mais **il faut s'abstenir de vouloir généraliser et systématiser** ; c'est donc seulement si les phénomènes sont clairement définis et compris qu'il devient possible de faire des projections dans l'avenir et de proposer des modifications.

Le terme système est aussi utilisé pour désigner un mode d'organisation concernant une activité notamment dans le domaine économique (Système Monétaire Européen par exemple).

SYSTÈME DE PRÉFÉRENCES GÉNÉRALISÉES – SPG
Mis en œuvre dès 1968 par de nombreux pays industrialisés à l'initiative de la CONFÉRENCE DES NATIONS UNIES SUR LE COMMERCE ET LE DÉVELOPPEMENT – CNUCED, le SPG a pour objectif de faciliter l'exportation des produits (à l'origine surtout industriels) des pays en développement : réduction des droits de douane et suppression des barrières administratives, sans qu'il y ait nécessairement réciprocité.

Le SPG concerne aussi les pays d'Afrique des Caraïbes et du Pacifique – ACP – partenaires avec l'UNION EUROPÉENNE – UE – de la Convention de Lomé et de l'Accord de Cotonou.

Le SPG est dérogatoire aux règles de l'ORGANISATION MONDIALE DU COMMERCE – OMC .

L'UE a révisé, pour la période 1995-2004, le SPG pour le moderniser et l'adopter.

La Commission Européenne a proposé un certain nombre de mesures à appliquer pour la période 2004-2014 afin d'améliorer l'aide aux pays en développement pour y réduire la pauvreté en leur facilitant l'obtention de moyens financiers par le biais d'une participation plus importante au commerce international.

⇒ CONFÉRENCE DES NATIONS UNIES SUR LE COMMERCE ET LE DÉVELOPPEMENT ; CONVENTION DE LOMÉ ET ACCORD DE COTONOOU ; ORGANISATION MONDIALE DU COMMERCE

SYSTÈME EUROPÉEN DES BANQUES CENTRALES
Voir : BANQUE CENTRALE EUROPÉENNE

SYSTÈME FISCAL
Un concept formé par l'ensemble des lois, règles et dispositions qui font participer les citoyens aux charges et dépenses d'un pays.

Dans ce contexte, le système peut donner la préférence aux impôts directs, ou aux impôts indirects.

⇒ impôt ; impôt direct ; impôt indirect

SYSTÈME MONÉTAIRE
Les différentes nations et unions de nations cherchent toujours à organiser leurs opérations monétaires.

L'organisation monétaire repose sur un support métal ou d'autres éléments et références qui inspirent une certaine confiance ; c'est l'**étalon monétaire**. Historiquement, on distingue entre le système métallique et le système non métallique. Des systèmes plus organisés ont été mis en place à certaines époques par différents pays tel le Système Monétaire Européen – SME.

⇒ Système Monétaire Européen ; système monétaire métallique ; système monétaire non métallique

SYSTÈME MONÉTAIRE EUROPÉEN – SME
Les États membres de la Communauté Économique Européenne ont toujours eu le souci d'une **solidarité monétaire** favorisant la stabilité nécessaire à la mise en œuvre de leurs **politiques économiques**, en particulier, la libre circulation des marchandises.

Le « Serpent Monétaire Européen » répondait à cet objectif et, de 1971 à 1979, il a contribué à éviter des catastrophes économiques malgré les limites de la mesure que certains ont considérée comme un échec.

Le nouveau régime du SYSTÈME MONÉTAIRE EUROPÉEN a largement contribué jusqu'au 1ᵉʳ janvier 1999 (avènement de l'euro) à **une réelle cohésion monétaire entre les pays membres de l'UNION EUROPÉENNE**.

Le dispositif mis en place comportait un régime de change fixe entre les monnaies et un étalon commun, l'ECU (« European Currency Unit »), tout en permettant des variations de change entre les monnaies. L'ECU était composé d'une quantité déterminée de chacune des monnaies, en fonction du Produit Intérieur Brut – PIB – du pays de la monnaie considérée et de la part de ce pays dans le commerce extérieur extra communautaire. L'ECU est donc ainsi un « **panier de monnaies** ». Pour chacune des monnaies participantes, il était établi un « **cours pivot** » avec des marges de fluctuation possibles de plus ou moins 2,25 %. De 1979 à fin 1998, le SME connaîtra de nombreuses évolutions avec des dévaluations et des réévaluations de plusieurs monnaies, l'adhésion au système de certaines monnaies et la suspension d'autres, mais **le SME a joué un rôle majeur par l'obligation qu'il faisait aux États d'une politique monétaire cohérente, les préparant à l'euro**.

Au 1ᵉʳ janvier 1999 l'euro a remplacé l'ECU à parité (1 euro pour 1 ECU) pour les pays adhérents de la Zone euro et un nouveau mécanisme de change, avec les mêmes principes, sera alors appliqué pour les pays n'ayant pas adopté l'euro.

⇒ Accord de Bâle ; Banque Centrale Européenne ; ECU ; euro ; Système Européen des Banques Centrales ; système monétaire

SYSTÈME MONÉTAIRE MÉTALLIQUE

Système monétaire basé sur un ou plusieurs métaux. On parle de l'étalon monétaire. Tous les systèmes monétaires métalliques font partie de l'histoire de la monnaie.

On a connu le **monométallisme – or**, le **monométallisme – argent**, le **bimétallisme** (basé sur l'or et sur l'argent) et en théorie on pourrait imaginer le polymétallisme qui n'a jamais dépassé le stade de l'imagination.

En cas de monométallisme, seul le métal-étalon est admis à la frappe libre. En cas de bimétallisme, l'or et l'argent constituent donc la base du système et peuvent être apportés à l'Institution qui représente l'État en vue d'une conversion en pièces et vice versa.

Selon que l'étalon est l'or, l'argent ou les deux simultanément, on parle de « **Gold specie standard** », de « **Silver specie Standard** » ou de « **Gold and Silver specie standard** ». Les monnaies-étalon constituent, tout comme la monnaie de papier, qui fut directement représentative de l'or, de l'argent ou des deux à la fois, des monnaies manuelles qui ont force libératoire et cours légal. En cas de bimétallisme, un rapport de valeur doit être établi entre l'or et l'argent.

Lorsque dans un système bimétalliste la libre frappe de pièces dans l'un ou l'autre des étalons est interdite, le système bimétallisme est dit boiteux.

⇒ monnaie ; monnaie de papier ; monnaie scripturale ; système monétaire ; système monétaire non métallique

SYSTÈME MONÉTAIRE NON MÉTALLIQUE

Dans ce système il n'y a plus de métal en circulation. Généralement des billets représentatifs de métal et convertibles en métal ou non composent ce qu'on appelle la **monnaie de papier**. Toutefois, dans un tel système, il reste la monnaie dite « **de billon** » (menue monnaie métallique en alliages divers).

Le système non métallique concerne aussi la monnaie scripturale. Normalement, cette dernière peut être transformée en billets. **Lorsqu'une monnaie non métallique ne peut être transformée en billets on dit qu'elle a « cours forcé »**. Ce sont les gouvernements qui en décident.

Il est tout à fait concevable, en l'absence de métal, que la référence d'une monnaie soit une monnaie étrangère.

La monnaie électronique est également une monnaie non métallique.

⇒ monnaie ; monnaie de papier ; monnaie électronique ; système monétaire métallique

TABLEAU DE BORD

Ensemble d'informations et d'indications périodiques importantes qui permettent aux chefs d'entreprises (et aux hommes politiques) d'avoir des références dans l'exécution de leurs programmes d'action et éventuellement y apporter toutes les corrections nécessaires.

Les éléments d'un tableau de bord sont, pour une entreprise, en partie, issus de la comptabilité mais proviennent aussi d'autres sources ; des informations de nature technique, commerciale ou concernant le personnel y figurent ainsi que des ratios adaptés à l'activité de l'entreprise.

Des techniques informatiques permettent de présenter le tableau de bord sous des formes synthétiques et synoptiques, en fonction des préoccupations et des objectifs de celui à qui il est destiné.

TABLEAU DE RÉPARTITION DES CHARGES

Document comptable d'information établi dans les entreprises pour répartir les charges en fonction de différents critères, de l'organisation, des plans comptables obligatoires et des règles comptables adoptées et des activités de l'entreprise.

C'est un tableau qui est employé en comptabilité analytique d'exploitation (comptabilité industrielle ou comptabilité de rendements).

La comptabilité générale regroupe sous la rubrique « charges par nature » les éléments essentiels qui entrent dans la composition du prix de revient (coût de fabrication pour les entreprises industrielles ou prix de revient commercial pour les entreprises commerciales) ; l'établissement du prix de revient de fabrication nécessite d'abord de valoriser les entrées et les sorties de matières (matières premières, matières consommables) puis de prendre en compte les différents frais de fabrication.

Généralement, l'imputation des charges ne peut pas être faite directement et l'entreprise crée des sections (ou centres de coûts ou encore centres de profits) qui peuvent être fonctionnels ou opérationnels.

Les données pour le tableau de répartition des charges sont fournies par la comptabilité générale et plus spécialement par le compte de charges.

En comptabilité de rendement, ces charges sont ventilées en fonction de clés de répartition pour aboutir finalement au prix de revient.

Ce tableau de répartition des charges apparaît donc, dans son principe, comme un outil de travail indispensable pour déterminer les coûts et les prix de revient.

Ce tableau est à double entrée :
– verticalement, les charges sont classées par nature,
– horizontalement, de gauche à droite, on fait les imputations sur les sections auxiliaires et sur les sections principales.

Il y aura lieu de choisir, pour l'utilisation d'un tel tableau, les unités d'œuvre, c'est-à-dire des unités de mesure : heures/machine, mètres, tonnes/kilomètres, pièces étalon, etc.

Ce tableau permet de connaître le coût total par section et la répartition des différentes charges entre elles.

C'est l'analyse de ce tableau qui permettra les décisions de gestion qui s'imposent.

Dans l'hypothèse :
– d'un montant de salaires, pour une période donnée, de 400,
– d'un montant d'impôts de 70,
– et de charges locatives de 115,

Le tableau de répartition des charges pourrait se présenter ainsi, à titre d'exemple :

CHARGES PAR NATURE	MONTANT	SECTIONS AUXILIAIRES			SECTIONS PRINCIPALES		
		1	2	3	production 1	production 2	distribution
SALAIRES	400	40	39	86	72	91	72
IMPÔTS	70	70					
CHARGES LOCATIVES	115	115					
	585						
		225			73	92	60
			39		15	14	10
				86	42	24	20
					202	221	162
						585	

⇒ charges ; produits

TABLE DE MORTALITÉ

Tableau donnant des informations statistiques sur les décès classés suivant différents critères et différentes rubriques, par pays, par région ou plus largement encore.

Les tables de mortalité permettent de connaître l'espérance mathématique de vie.

Les tables de mortalité sont établies par des professionnels spécialisés, les actuaires.

⇒ actuaire ; espérance mathématique

TABLEUR

Logiciel d'ordinateur permettant la présentation de tableaux répondant à tous les besoins avec de multiples présentations. Le tableur est parfois désigné sous le nom commercial du programme utilisé (Lotus, Excel, Multiplan, Visicalc, etc.) ; de nombreux logiciels permettent de réaliser des graphiques, schémas et d'autres dispositions visuelles à partir de données chiffrées.

⇒ grapheur

TACITE RECONDUCTION

La tacite reconduction est une formule fréquente dans de nombreux contrats qui sont ainsi, lorsqu'ils arrivent à échéance, prolongés ou renouvelés d'une même durée, sans aucune formalité.

La tacite reconduction est d'usage dans les baux de location, les assurances, les abonnements à un service, etc.

Pour éviter la tacite reconduction il appartient à l'un des contractants, dans les conditions (délai notamment) fixées au contrat, de résilier celui-ci.

⇒ contrat

TAKE OFF
Voir : ROSTOW

TANGIBLE KNOWLEDGE
Termes anglo-américains pour « **connaissance significative** » ou « connaissance tangible ».
Ce sont les connaissances que l'on est en mesure d'apprécier chez un individu pour les mettre en valeur. Ce sont des caractéristiques très concrètes auxquelles on peut donc avoir accès.
Pour certaines caractéristiques l'accès aux éléments est plus difficile, parfois impossible : attitudes comportementales, facultés de jugement ; on parle alors de connaissances inaccessibles, intangibles.

TARIF AUTONOME
Tarif douanier établi unilatéralement par un pays. Il peut être modifié à tout instant.
La latitude des États est limitée par les accords conclus, bilatéralement (avec un autre pays), multilatéralement (avec plusieurs autres pays) ou dans le cadre de l'ORGANISATION MONDIALE DU COMMERCE – OMC.
⇒ douane ; ORGANISATION MONDIALE DU COMMERCE ; tarif conventionnel ; tarif douanier

TARIF CONVENTIONNEL
Tarif douanier résultant de conventions ou d'accords bilatéraux ou multilatéraux. Les droits d'un tel tarif sont généralement moins élevés que les droits autonomes mais ne peuvent être modifiés qu'avec l'accord de tous les signataires de l'arrangement conclu.
Les accords signés dans le cadre de l'ORGANISATION MONDIALE DU COMMERCE – OMC – aboutissent à des tarifs conventionnels.
⇒ douane ; ORGANISATION MONDIALE DU COMMERCE ; tarifs autonomes ; tarif douanier

TARIF DE REPRÉSAILLES
Lorsqu'un pays pratique des tarifs douaniers exorbitants à l'égard d'un autre, le pays qui s'estime lésé peut également appliquer des tarifs élevés à l'égard du premier pour l'amener, éventuellement à composition, c'est-à-dire trouver un compromis.
Ce sont de véritables tarifs de combat.
Les accords commerciaux internationaux et les règles de l'ORGANISATION MONDIALE DU COMMERCE – OMC – tendent à limiter de telles pratiques et, dans certains cas, à les interdire.
L'OMC dispose désormais de moyens permettant d'imposer aux pays, en conflit dans ce domaine, de revenir à des pratiques convenables.
Une situation identique se présente lorsqu'un pays prend des contre-mesures ou des mesures de rétorsion à l'égard d'un autre.
⇒ mesure de rétorsion ; ORGANISATION MONDIALE DU COMMERCE ; tarif douanier

TARIF DOUANIER
Il s'agit de l'ensemble des droits de douane appliqués par un pays.
On distingue, dans la plupart des pays :
– **des tarifs généraux** : tarifs autonomes, unilatéraux ainsi que tarifs conventionnels ; bilatéraux ou multilatéraux ;
– **des tarifs doubles** : tarifs minimums et tarifs maximums ;
– **des tarifs spéciaux** : tarifs de représailles, tarifs prohibitifs, tarifs préférentiels ;
– **des tarifs ou régimes spéciaux** tels le transit, l'entrepôt, le port franc et les zones franches, le drawback, l'admission temporaire etc.
De nombreux pays peuvent, par accord entre eux, décider d'harmoniser leurs législations douanières et créer ainsi une union douanière, une zone de libre-échange ou une zone franche.
⇒ admission temporaire ; contingentement ; dumping ; drawback ; entrepôt ; prohibition ; tarif autonome ; tarif conventionnel ; tarif de représailles ; tarif préférentiel ; transit ; union douanière ; zone de libre-échange ; zone franche

TARIF DOUANIER COMMUN – TDC
L'**Union Douanière** intervenue en 1968 entre les États de la COMMUNAUTÉ ÉCONOMIQUE EUROPÉENNE – CEE – **puis la mise en œuvre du « marché unique »,** marché intérieur sans frontières entre tous les états membres de l'UNION EUROPÉENNE – UE – en 1993, **a imposé d'organiser, notamment au plan douanier, les échanges extérieurs avec les pays tiers (n'appartenant pas à l'UE). Le TARIF DOUANIER COMMUN – TDC –** fixe les droits de douane, identiques quel que soit le pays d'entrée de la marchandise à l'entrée de l'UE. Ce TDC s'insère dans un CODE DES DOUANES COMMUNAUTAIRE – CDC – qui fixe les règles communes du droit douanier ; il est complété par une base de données multilingue, le TARIF INTÉGRÉ COMMUNAUTAIRE – TARIC – créé en 1987.
Internet : **http://europa.eu.int**
⇒ douane ; UNION EUROPÉENNE

TARIFICATION
Tableau établi pour fixer un tarif, un droit à payer, un impôt, un salaire, une amende, etc.
⇒ tarif douanier ; tarif préférentiel

TARIF INTÉGRÉ COMMUNAUTAIRE – TARIC
Voir : TARIF DOUANIER COMMUN

TARIF PRÉFÉRENTIEL
Tarifs douaniers particulièrement bas à l'égard d'un autre pays pour faciliter les relations d'affaires. C'est une dérogation tarifaire qui a souvent un caractère spéculatif.
L'UNION EUROPÉENNE – UE – a mis en place un système de tarifs préférentiels – le Système de Préférences Généralisées – SPG – pour faciliter et élargir les possibilités d'exportation des pays en développement et des pays émergents.
⇒ pays émergents ; pays en développement ; Système de Préférences Généralisées

TARIF PROHIBITIF
Voir : PROHIBITION

TASK FORCE
Termes anglo-américains fréquemment employés pour désigner un « groupe de travail » ou un « groupe d'études » composé d'experts qui ont un objectif fixé.

TAUSSIG Frank William (1859-1940)
Économiste américain **spécialiste de la statistique et des échanges internationaux.**

TAUX
C'est d'abord le prix qui est fixé dans un contrat ou par l'usage.
C'est aussi l'intérêt produit pour 100 unités d'une somme, pendant une période déterminée.
Le taux est aussi un pourcentage : taux de rentabilité, taux d'actualisation, taux d'endettement, taux d'escompte, taux de croissance, etc.

TAUX D'ABSENTÉISME
C'est le nombre des absents dans une entreprise, une administration, une organisation, par rapport à l'effectif normal, c'est-à-dire le nombre total de salariés ; il peut être calculé aussi en nombre d'heures.
L'absence prise en considération peut avoir de nombreuses causes mais ni le chômage ni le licenciement ne sont pris en compte pour la détermination du taux d'absentéisme.

TAUX D'ACTIVITÉ
Pourcentage de personnes exerçant une activité rémunérée, classée suivant différents critères, dans une région ou un pays mais aussi une entreprise, à un moment donné. Il permet la comparaison de l'activité dans le temps.
Dans une entreprise le taux d'activité est le pourcentage d'utilisation réelle des installations ou d'une machine.
Pour un pays ou un ensemble de pays, le taux d'activité mesure la population active par rapport à la population totale.
⇒ population active ; quote-part de personnes capables de travailler

TAUX DE CHANGE
Pour obtenir une quantité déterminée de devises (monnaies étrangères) avec une certaine quantité de monnaie nationale, on recourt au marché des changes sur lequel s'établit un cours (un prix) en fonction de l'offre et de la demande.
Lorsque le cours risque d'évoluer considérablement, la Banque Centrale du pays concerné ou la BANQUE CENTRALE EUROPÉENNE – BCE – pour l'euro, peuvent intervenir pour stabiliser ce prix par des achats ou des ventes de devises.
La cotation d'une monnaie étrangère se fait au certain ou à l'incertain.
⇒ Banque Centrale ; BANQUE CENTRALE EUROPÉENNE ; certain ou incertain ; change

TAUX DE CHÔMAGE
Voir : QUOTE-PART DE CHÔMEURS

TAUX DE COMPRESSIBILITÉ DE LA CONSOMMATION
Lorsque le revenu augmente, il y a une tendance à l'accroissement ou à la dilatation de la consommation. En cas de réduction des revenus, c'est le phénomène de la diminution ou de la compression qui se manifeste.
Entre les deux phénomènes : dilatation et compression il n'y a pas nécessairement de symétrie en cas d'augmentation ou de diminution du revenu.
⇒ taux de dilatation de la consommation

TAUX DE CROISSANCE
Dans le sens général c'est un pourcentage d'augmentation ; en économie, c'est le rapport de la différence entre la valeur finale et la valeur initiale d'une grandeur macroéconomique, d'une part, et la valeur initiale de cette grandeur, d'autre part.
La période d'observation s'étend en général sur une année. Lorsque l'observation s'étend sur plusieurs années (périodes) on peut déterminer un taux de croissance annuel moyen.
Le taux de croissance d'un pays est généralement mesuré par l'évolution (sur une période déterminée) par celui de son Produit Intérieur Brut – PIB.

TAUX DE DILATATION DE LA CONSOMMATION
Le nombre de consommateurs, la structure de la population et le revenu influent sur les besoins et les désirs. Il faut aussi tenir compte du niveau de vie et du mode de vie.
Si le revenu augmente, les consommateurs amplifient leurs dépenses de préférence et de plus en plus dans le domaine des services, des loisirs, des produits de luxe et dans celui de l'épargne. Mais aucune règle ne permet de définir dans quelles proportions la consommation se développe ou diminue en fonction de l'évolution du revenu.
⇒ taux de compressibilité de la consommation

TAUX DE MORTALITÉ
Voir : TABLE DE MORTALITÉ

TAUX DE RENDEMENT
C'est le taux de rapport d'un capital pour un prêteur, dans des conditions déterminées.
Pour certain titre boursier on calcule le « **taux de rendement actuariel brut – TRAB** » qui est un taux de rendement tenant notamment compte de l'inflation et, éventuellement, d'autre éléments d'évolution économique.
⇒ Bourse ; escompte ; taux effectif ; taux nominal ; taux réel

TAUX D'INFLATION
Le taux d'inflation mesure l'écart qui existe entre l'activité économique créatrice de biens et de services et les prix qui sont réclamés pour les acquérir respectivement pour en profiter. Le taux d'inflation mesure aussi l'écart de l'indice des prix entre deux dates ; l'indice des prix est généralement obtenu par calcul à partir d'un échantillon dont la composition est fixée par les institutions statistiques officielles, soit au niveau d'un pays, d'une région ou d'un groupe de pays tels que l'UNION EUROPÉENNE.
Les prix peuvent être considérés comme élevés même si les augmentations s'opèrent à une cadence lente. Inversement des prix bas peuvent subir des augmentations rapides ; les réactions ne sont pas uniformes selon qu'il s'agit de constater le niveau des prix sur la consommation et les effets que peut avoir sur la fréquence d'accroissement des prix.
⇒ biens ; consommation ; Effet BALASSA-SAMUELSON ; inflation ; prix ; services

TAUX D'INTÉRÊT CRÉDIT LOMBARD
C'est le taux d'intérêt fixé par la Banque Centrale en matière de crédit lombard, spécifique à certains pays (Allemagne, Belgique, pays du Benelux).
⇒ crédit lombard ; taux directeur

TAUX D'INTÉRÊT NOMINAL
Un titre de créance ou d'emprunt indique le taux de l'intérêt ou du rendement dont bénéficie l'acheteur du titre.
C'est le taux nominal, le taux contractuel ou le taux convenu (entre un créancier et un débiteur).
⇒ escompte ; intérêt composé ; intérêt simple ; taux réel ou taux de capitalisation

TAUX DIRECTEUR

C'est le taux qui sert de base à l'octroi de crédits bancaires ; on l'appelle aussi « taux d'intervention » ou « taux Refi ».
Les taux directeurs sont déterminés par les Banques Centrales.
La BANQUE CENTRALE EUROPÉENNE – BCE – fixe le taux directement pour les pays de la zone euro de l'UNION EUROPÉENNE – UE. La plupart des autres taux d'intérêt dépendent de ce taux directeur (taux d'escompte, taux lombard pour certains pays, etc.).
⇒ Banque Centrale ; BANQUE CENTRALE EUROPÉENNE ; taux d'intérêt ; taux d'intérêt lombard

TAUX EFFECTIF D'INTÉRÊT

C'est le taux de revient qui intéresse l'émetteur d'un emprunt ou l'emprunteur et qui lui permettra d'en calculer le coût total réel.
⇒ escompte ; intérêt composé ; intérêt simple ; taux effectif global ; taux nominal ; taux réel

TAUX EFFECTIF GLOBAL – TEG

De nombreuses législations imposent dans un contrat de prêt à un particulier (crédit immobilier, crédit à la consommation, etc.) **non seulement de faire figurer le taux nominal d'intérêt de l'emprunt mais aussi le taux effectif global.** Celui-ci tient compte de la formule adoptée pour le prêt, des conditions de celui-ci, de la périodicité des remboursements, des assurances (décès, chômage, etc.) des frais de gestion, des frais de dossier, des commissions.
Une Directive de l'UNION EUROPÉENNE – UE – a, depuis 2002, imposé une uniformisation des modes de calcul du TEG dans tous les pays membres de l'UE dans la perspective d'une harmonisation des règles du crédit et pour une concurrence meilleure et transparente.
⇒ emprunt ; taux d'intérêt nominal

TAUX MARGINAL DE SUBSTITUTION OU TMS

Un échange de biens peut se faire sous un angle de vue objectif ou subjectif. Le taux marginal de substitution exprime la variation de la consommation d'un bien par rapport à un autre, sans qu'il y ait une différence d'utilité.
Dans le domaine de la production, on détermine de même un « taux marginal de substitution technique – TMST » qui concerne la variation d'un facteur de production sans qu'il y ait de changement dans la quantité produite.
⇒ échange

TAUX RÉEL OU TAUX DE CAPITALISATION

C'est l'appréciation du revenu qu'une somme rapporte réellement, en fonction du taux nominal.
– pour un titre de rente ou une obligation, le revenu sera le taux nominal mais il faut tenir compte du cours du titre en Bourse : s'il baisse, le taux réel théorique va croître et s'il y a hausse, le taux réel théorique diminue ;
– pour un emprunt on distingue :
 - le taux d'intérêt réel qui tient compte du taux d'inflation (c'est le différentiel) ;
 - le taux de rendement prévu qui fait intervenir l'évolution des taux au cours du temps, l'inflation et le pouvoir d'achat.

Pour le particulier c'est le taux effectif global – TEG – qui est à prendre en considération.

On utilise aussi le terme de « taux réel » pour définir l'écart entre un taux d'intérêt nominal et le taux d'inflation sur une période déterminée.
⇒ emprunt ; inflation ; intérêt composé ; intérêt simple ; obligation ; rente ; taux effectif global ; taux nominal

TAXE

Généralement synonyme d'impôt perçu au profit de collectivités ou d'administrations : taxe foncière, taxe sur les salaires, etc., par extension, c'est un impôt : taxe sur la valeur ajoutée – TVA – par exemple.
⇒ taxe professionnelle ; taxe sur la valeur ajoutée

TAXE PROFESSIONNELLE

Taxe assimilable à un impôt à titre professionnel : cet impôt s'est longtemps appelé « patente » ; dans certains pays c'est l'impôt commercial communal.
Ce type de taxe est un frein à la création d'entreprise et à l'emploi car il est souvent basé sur l'investissement et, dans certains cas, sur l'emploi (masse salariale).
Les pays qui l'ont adopté étudient, pour certains, les conditions de sa suppression et de son remplacement par un impôt moins pénalisant.
L'impôt généré par cette taxe professionnelle est souvent affecté aux collectivités publiques territoriales (communes, régions, etc.).
⇒ impôt

TAXE SUR LA VALEUR AJOUTÉE – TVA

Les taxes sur le chiffre d'affaires et sur la consommation se sont développées depuis le début du XXe siècle mais c'est en France que fut « inventée » en 1954 la technique de la TVA désormais largement répandue dans le monde.
La valeur ajoutée est donc, en règle générale, la différence entre le prix de vente et le prix d'achat d'un produit ; elle est soumise à un impôt qui a pris le nom de taxe sur la valeur ajoutée (TVA).
La TVA n'étant pas un élément de coût (contrairement à l'impôt sur le chiffre d'affaires classique), celle payée à l'achat est déductible de la charge fiscale de l'entreprise due à ce titre. Il faut donc distinguer entre TVA sur achats (TVA déductible ou TVA en amont) et TVA sur ventes ou TVA en aval). Le consommateur final supporte la TVA et ne peut plus la répercuter.
La mise en œuvre du « marché unique » entre pays membres de l'UNION EUROPÉENNE – UE – a nécessité la mise en place de règles adaptées à la libre circulation des marchandises, les taux de TVA n'étant pas harmonisés même si, à l'avenir, les écarts devraient diminuer (les taux normaux s'échelonnent suivant les pays entre 15 % et 25 %, mais il y a des taux réduits et des taux majorés) ; le principe actuellement adopté est la perception de la TVA dans le pays de consommation avec un ensemble de règles d'application communes et notamment une assiette uniforme ; mais l'objectif est le paiement dans le pays d'origine.
Le système actuel impose des déclarations périodiques de tous les assujettis pour les opérations intra-communautaires (pour l'efficacité des contrôles et pour l'établissement des statistiques, chaque entreprise a un code TVA spécifique). Parmi les exceptions, la TVA est, pour les particuliers et pour la plupart des produits, acquittée dans le pays d'achat.
⇒ prix ; valeur ajoutée

TAXE TOBIN
Voir : TOBIN

TAX PUSH INFLATION
Terme anglo-américain, littéralement « l'impôt qui pousse l'inflation » ; on constate, en effet, que des augmentations d'impôt peuvent avoir des répercussions inflationnistes.

TAYLOR Frederick Winslow (1856-1915)
Ingénieur américain, il est **le père de l'organisation scientifique du travail « OST » dite encore « taylorisme ».**
Son ouvrage majeur *Principles of Scientific Management – « Principes de la direction scientifique »* (1911) fixe les principes de cette division du travail planifié et du travail à la chaîne, déterminant, pour chaque opération, une norme pour l'ouvrier qui l'exécutera mais n'aura aucune liberté de penser (séparation des tâches).
TAYLOR associe ainsi, pour un rendement maximal, l'homme et la machine.
⇒ FORD ; travail

TCHANG KAÏ-CHEK (1887-1975)
Homme d'État chinois, connu aussi sous le nom de JIANG JIESCHI. Bien que formé en Russie, à Moscou, il a pris dès 1927 ses distances avec le communisme ; il a longuement lutté contre le Parti Communiste chinois et MAO TSE TOUNG ; chassé par celui-ci en 1949, il s'installe à **TAÏWAN** (connu jadis dans les pays occidentaux sous le nom de **FORMOSE**) et dirige jusqu'à sa mort, la République de Chine ou « Chine Libre ».
⇒ maoïsme ; MAO TSE TOUNG

TCHATCHE
Terme à la mode signifiant bavardage, suite de propos parfois sans intérêt mais exprimés avec bagout. La tchatche est couramment pratiquée dans les relations commerciales.

TEAM EUROPE
Réseau de conférenciers créé par la Commission européenne en 1989, constitué d'experts indépendants (juristes, universitaires, enseignants, consultants) **sélectionnés pour animer des conférences, des séminaires, des débats ou des réunions de formation.**
Les membres du réseau s'expriment en leur nom propre et ils s'engagent pas la COMMISSION EUROPÉENNE. Le réseau couvre l'ensemble des pays membres de l'UNION EUROPÉENNE – UE – notamment à partir des Représentants de la COMMISSION EUROPÉENNE dans les capitales des pays membres.
Internet : **http://www.tecis.be**

TEAMWORK
Terme anglo-américain pour « **travail d'équipe** » ou « **travail en équipe** » ; il désigne un travail industriel, commercial, administratif ou intellectuel fait en commun par un groupe d'individus qui forment une véritable équipe. C'est ce qu'on appelle le « travail d'équipe ».
Certains travaux, notamment ceux qui font appel à la créativité, continuent à demeurer l'apanage de l'individu même si la confrontation des idées au sein d'un « brain trust » peut en amplifier les résultats.
⇒ brain trust

TECHNOCRATIE
L'ensemble de ceux qui détiennent un pouvoir du fait de leurs compétences techniques. Le terme a une connotation généralement péjorative pour désigner les technocrates d'un gouvernement, d'une organisation, d'une institution nationale ou internationale ou encore d'une entreprise.
Le terme de « dirigeant » peut généralement mieux convenir.

TECHNOLOGICAL GAP
Expression anglo-américaine, littéralement « **trou ou fossé technologique** » qui caractérise l'écart qui existe entre deux ou plusieurs économies en matière de recherche fondamentale et dans la mise en application en matière de production de biens et de prestations de services.
⇒ gap

TECHNOLOGIE
Mise en œuvre pratique des techniques et ensemble des moyens utilisés pour leurs applications.
La haute technologie désigne les techniques et le savoir-faire utilisés dans les industries qui appliquent les résultats des plus récentes recherches et les découvertes scientifiques dans de nombreux domaines : électronique, informatique, matériaux de synthèse, matériels et instruments de recherche médicale, etc.

TECHNOPÔLE
Zone géographique concentrant des laboratoires scientifiques de recherche ou d'analyse, des entreprises de haute technologie et des sociétés des secteurs tertiaire et quaternaire avec souvent la présence de jeunes entreprises en phase de développement de pépinières d'entreprises, de centres de formation, etc.
Le technopôle bénéficie souvent d'aides (État, région, UNION EUROPÉENNE – UE – et d'avantages, notamment fiscaux) et **sa création est le plus souvent la concrétisation d'une politique d'aménagement du territoire**, favorisant la création d'emplois dans les régions en déclin touchées par les crises des industries de base (charbon, sidérurgie, etc.).
⇒ aménagement ; secteur économique ; technologie

TÉLÉPHONIE MOBILE
Système de télécommunication permettant les communications téléphoniques entre des équipements mobiles, c'est-à-dire non reliés entre eux par un système de fils.
Les territoires concernés sont divisés en cellules (d'où le terme synonyme de « réseau cellulaire ») équipés d'une station fixe qui reçoit et diffuse les appels.
La couverture du monde entier est assurée, à condition que les équipements nécessaires aient été construits.
La norme européenne de la téléphonie est la norme GSM « Global System for Mobil Communication » – « système global pour les communications mobiles ».
L'usage de ce type de téléphone a connu un développement considérable en quelques années et certains pays ont aujourd'hui **un nombre d'abonnés supérieur à celui du téléphone fixe classique**, d'autant que la téléphonie mobile s'adapte à de nouvelles technologies permettant la réception de fax, de messages écrits et des images avec des liaisons INTERNET.
L'utilisation de ce téléphone impose aux constructeurs d'en fixer clairement le « **débit d'absorption spécifique** – DAB », c'est-à-dire l'énergie émise par le mobile au niveau **de la tête des utilisateurs** pour éviter de possibles problèmes de santé ; **les « opérateurs »** (les sociétés de service qui en assurent l'exploitation) ont aussi des contraintes concernant les antennes relais nécessaires.
⇒ GSM ; mobile

TÉLÉVENTE
Technique de vente (produits, services) n'utilisant que le téléphone.

TEMPS DE TRAVAIL
C'est la durée du travail ; elle fut longtemps laissée à l'initiative de l'artisan ou de l'employeur, de l'agriculteur ou de celui qui exerce une profession indépendante, mais la législation sociale a fixé, pour le salarié, des règles strictes et des limites fixées par jour, semaine, mois ou année.

Il existe une grande variété de modalités du temps de travail et des horaires ainsi que de leur rémunération. Les législations (lois, conventions collectives et règlements d'entreprises) en vigueur en fixent les limites de durée, mais aussi le salaire minimum correspondant.

La réduction du temps de travail (jusqu'à une trentaine d'heures par semaines, dans certaines professions) n'est plus un objectif ; l'évolution à la baisse a été très nette depuis la fin du XXe siècle dans les pays industrialisés ; la tendance est désormais à une certaine augmentation mais aussi à une globalisation (à l'année) comme l'est aussi la durée totale du temps d'activité (allongement de l'âge de la retraite).

Certains pays ont mis en place des congés qui compensent certaines des heures de travail effectuées au-delà d'une limite : c'est la « récupération du temps de travail – RTT ».

L'**idéologie marxiste** parle du temps de travail nécessaire, donc le temps qu'il faut à un travailleur pour produire l'équivalent de la force de travail qu'il met en œuvre.

Le temps de travail « **socialement nécessaire** » est celui dont on a besoin pour produire une unité d'un bien ; ce temps est bien évidemment variable d'une entreprise à l'autre, en fonction de la productivité, etc.
⇒ travail

TEMPS GRIS
Dans une entreprise, c'est la **période accordée aux salariés pour s'équiper en fonction du travail à accomplir** (vêtements de protection, casques, lunettes, etc.) mais aussi faire une pose ou se laver ; c'**est donc un temps qui n'est pas directement productif.**

TENDANCE
Elle indique l'évolution d'un phénomène sur une période déterminée : tendance à la hausse, tendance à la baisse, tendance de la mode, etc.

TERROIRISME
Concept orienté vers la promotion d'une région, d'un terroir, de ses hommes, de ses ressources et de ses produits. Les identités régionales marquent de plus en plus l'économie au plan politique. Même sans aller jusqu'à revendiquer une totale indépendance, de **nombreuses régions de l'UNION EUROPÉENNE – UE** – obtiennent plus d'autonomie et de liberté dans de nombreux domaines notamment au plan commercial (défense des produits régionaux ou « du terroir », intérêt pour certain label garantissant l'origine régionale d'un produit) **ou culturel** (patrimoine régional, œuvres littéraires régionales, etc.).

TESTAMENT
C'est un acte unilatéral de dernière volonté par lequel une personne, dans l'éventualité future de son décès, dispose de ses biens par une déclaration faite en conformité avec la loi.

La plupart des législations admettent **différentes modalités et types de testaments**, (tout en prohibant certaines formes) avec des modalités qui peuvent varier d'un pays à un autre :
– le testament **authentique** qui est reçu par un notaire en présence de témoins (en principe 2) ou par deux notaires ;
– le testament **olographe** doit être écrit en entier, daté et signé de la main de celui qui fait son testament (le testateur) ; à son décès, un notaire ou un tribunal, suivant les législations, établira le procès-verbal de son ouverture ;
– le **testament par déclaration orale**, nécessairement fait en présence de témoins et qui ne peut pas être révoqué ; compte tenu des difficultés ultérieures possibles pour son application, de nombreuses législations l'interdisent ;
– le testament **mystique ou secret** est un testament signé par le testateur et déposé, sans être ouvert, chez un notaire en présence de témoins ou d'un deuxième notaire ;
– le testament **conjonctif ou conjoint** est celui de plusieurs personnes ; il est interdit par la plupart des législations.

Des règles adaptées concernent les testaments des militaires sur les théâtres d'opérations extérieures, ceux faits en mer ou à l'étranger par des nationaux d'un autre pays.
⇒ succession

TESTAMENT AUTHENTIQUE
Voir : TESTAMENT

TESTAMENT MYSTIQUE
Voir : TESTAMENT

TESTAMENT OLOGRAPHE
Voir : TESTAMENT

TESTAMENT PAR DÉCLARATION ORALE
Voir : TESTAMENT

TEST OF ENGLISH AS A FOREIGN LANGUAGE – TOEFL
Test classique de connaissance de l'anglais des affaires très largement utilisé par les entreprises et les organismes de recrutement ; des tests similaires existent dans de nombreuses autres langues (allemand, français, espagnol, etc.) ; leur organisation est généralement en charge d'organismes économiques, en particulier les chambres de commerce.

THÉORÈME DE SAY (OU LOI DE SAY)
Jean-Baptiste SAY (1767-1832) a formulé « **personne ne produit sans l'intention d'acquérir un autre bien qui puisse être d'utilité pour lui ou bien contribuer à la production future. Ainsi chacun devient par la production ou bien consommateur de ses propres produits ou bien acheteur ou consommateur des biens créés par d'autres personnes** ».

Ce qui signifie que chaque produit crée son débouché et qu'ainsi il ne peut, en théorie, y avoir de surproduction.

KEYNES énonce ainsi ce théorème (dit aussi « **loi des débouchés** ») : « **les produits s'échangent contre des produits** ».

Certains économistes contestent que J.-B. SAY soit à l'origine de cette loi.
⇒ biens ; consommateur ; production ; produit ; SAY ; surproduction

THÉORÈME DE SCHMIDT
Voir : SCHMIDT

THÉORÈME HECKSCHER-OHLIN OU LOI DE PROPORTION DES FACTEURS DE PRODUCTION

L'activité d'un pays se déroule suivant un circuit « besoin – coût – prix » avec des spécialisations. HECKSCHER et OHLIN ont mis en évidence (1930) que les méthodes de production (les technologies) ne sont plus liées à un pays déterminé ; la production est donc devenue migrante. Le théorème HECKSCHER – OHLIN énonce qu'en période longue les coûts et les rémunérations des facteurs de production ont une tendance à s'équilibrer dans les échanges internationaux.

L'économiste SAMUELSON s'étant associé aux études de HECKSCHER ET DE OHLIN, la loi de proportion des facteurs de production est parfois nommée « Loi HECKSCHER – OHLIN- SAMUELSON – OHS ».

⇒ échanges internationaux ; Effet BALASSA – SAMUELSON ; HECKSCHER ; OHLIN

THÉORIE DE LA DÉPRÉCIATION DU FUTUR D'UN EMPRUNT

L'économiste BÖHM-BAWERK, mais également I. FISHER et H. VON STACKELBERG ont fait leur l'adage « un tien vaut mieux que deux tu l'auras » : **entre le moment d'un prêt et celui du remboursement, le capital peut se dévaloriser, il est naturel que l'emprunteur verse alors une indemnité (un intérêt) qui représente la dépréciation.**

⇒ BÖHM-BAWERK ; FISCHER ; intérêt ; intérêt composé ; intérêt simple ; STACKELBERG ; théorie de la productivité du travail ; théorie de l'offre et de la demande ; théorie du prix du temps ; théorie du taux d'intérêt

THÉORIE DE LA PRODUCTIVITÉ DU TRAVAIL EN MATIÈRE D'INTÉRÊT

D'après cette théorie qui s'applique surtout au prêt à la production, **l'intérêt provient de l'augmentation en valeur du capital en fonction du temps**. L'entrepreneur compte bien obtenir un rendement du capital emprunté lui permettant de restituer ce qu'il a emprunté, intérêts compris, et ce supplément l'incite à poursuivre son activité, et donc a accroître sa productivité.

⇒ BÖHM-BAWERK ; FISCHER ; intérêt ; intérêt composé ; intérêt simple ; STACKELBERG ; théorie de la productivité du travail ; théorie de l'offre et de la demande (en matière d'intérêts) ; théorie keynésienne de l'intérêt ; théorie du prix du temps ; théorie psychosociologique

THÉORIE DE L'OFFRE ET DE LA DEMANDE EN MATIÈRE D'INTÉRÊT

Cette théorie est fondée sur l'offre et la demande de capital. L'intérêt est considéré comme un prix. Si, a priori, cette réflexion est logique on constate toutefois que, d'une part l'on se trouve confronté à un marché imparfait et que, d'autre part la thésaurisation et l'autofinancement soustraient des éléments importants à l'offre de capitaux.

Certains auteurs font allusion à cette « élasticité inverse » qui veut que celui qui dispose de moyens faibles se met à épargner davantage si le taux d'intérêt est bas pour s'assurer un revenu minimum.

D'autres font remarquer qu'entrepreneurs et spéculateurs s'orientent plus vers le profit que vers le taux d'intérêt.

⇒ BÖHM-BAWERK ; FISCHER ; STACKELBERG ; théorie de la productivité du travail ; théorie de l'offre et de la demande (en matière d'intérêts) ; théorie keynésienne de l'intérêt ; théorie du prix du temps ; théorie psychosociologique

THÉORIE DU DÉVELOPPEMENT DES FORCES PRODUCTIVES NATIONALES

Théorie élaborée vers 1830 et due à l'économiste allemand F. LIST, professeur à l'Université de Tübingen (Allemagne). Selon lui, **il ne peut y avoir de libre concurrence qu'entre pays qui se situent à un même niveau d'évolution**, sinon ceux qui ont atteint un niveau plus élevé vont inonder les autres de leurs produits et les empêcher de progresser ; ce n'est pas un rejet du libre-échange, mais une façon de leur permettre de soutenir la concurrence.

La théorie de LIST visait essentiellement la Grande-Bretagne très industrialisée alors que sa patrie, l'Allemagne, morcelée était, à l'époque en retard, sur sa rivale. **Il justifiait donc le libre-échange pour la Grande-Bretagne et le protectionnisme pour l'Allemagne.**

⇒ LIST ; protectionnisme éducateur

THÉORIE DU PRIX DU TEMPS EN MATIÈRE D'INTÉRÊT

Le service rendu à l'emprunteur consiste à lui permettre d'avoir immédiatement un capital à sa disposition, alors qu'il lui faudrait un temps déterminé pour le constituer. L'emprunteur achète donc du temps dont le prix est l'intérêt.

L'Église catholique a longtemps soutenu la thèse que le temps n'est pas susceptible d'appropriation puisque Dieu seul en dispose. À cela d'autres ont ajouté que raisonnablement parlant, le temps n'est pas un bien au sens économique.

⇒ BÖHM-BAWERK ; FISCHER ; intérêt ; intérêt composé ; intérêt simple ; théorie de la productivité du travail ; théorie de l'offre et de la demande ; théorie de KEYNES ; théorie du prix du temps ; théorie psychosociologique

THÉORIE DU SALAIRE

On connaît, en ce qui concerne le salaire, un certain nombre de théories, dont certaines n'ont qu'une valeur historique.

La loi d'airain

Elle est fortement imprégnée de malthusianisme. Elle a été formulée par F. LASALLE, économiste et homme politique allemand du XIXe siècle. **Cette théorie défend la thèse que le salarié ne doit gagner qu'un minimum lui permettant d'assurer la subsistance de sa famille et la sienne.** Si le salaire augmentait, le nombre de naissances s'élèverait et le nombre de bras disponibles (compte tenu d'un décalage dans le temps) aurait comme conséquence une baisse des salaires. Toutefois, si le salaire descendait au-dessous du minimum vital cela aurait un effet destructeur sur le nombre de salariés et ainsi de suite. C'est une théorie que plus personne n'oserait soutenir. La situation dans de nombreux pays dont une partie de la population est en dessous de ce minimum, vient contredire la théorie de LASALLE.

Le fonds des salaires

La théorie est due à J. S. MILL. Elle a été révisée plusieurs fois. **Le principe de base est le suivant : pour obtenir le salaire moyen on divise le capital disponible réservé au règlement des salaires par le nombre de salariés.** Cette théorie a une incidence démographique puisque tout est fonction du nombre de salariés. Cette théorie paraît tout à fait utopique et semble ignorer de nombreux éléments qui interviennent dans la formation du salaire et son utilisation par l'individu (crédit notamment). D'autres hypothèses ont été formulées en reprenant des principes similaires :

« le volume des salaires ne peut pas dépasser la quantité de biens disponibles » ;
« la hausse des salaires n'est réelle que s'il y a un accroissement parallèle de la production ».
J. S. MILL a cependant eu le mérite de souligner l'importance de l'emploi, de la production et du revenu qui sont des grandeurs macro-économiques que J. M. KEYNES reprendra sans ses analyses.

Dans un régime totalitaire, la dénomination « fonds des salaires » est employée pour la partie de la production exprimée en valeur et réservée aux salariés.

Travail et productivité marginale
D'après cette théorie, **le salaire s'alignerait sur le rendement marginal du salarié** ; le salaire du dernier salarié engagé est déterminant pour le salaire de tous.

L'offre et la demande en matière de salaires
Le salaire est un prix qui se forme sur un marché parfait ou imparfait. En cas de marché parfait, le salaire dépend de la productivité marginale du travail. **Normalement le marché est imparfait, l'offre est le plus souvent rigide et la demande souffre d'un manque d'élasticité.**
⇒ chômage ; intervention de l'État en matière salariale ; KEYNES ; LASALLE ; MILL ; salaire

THÉORIE DU TAUX D'INTÉRÊT NATUREL

L'économiste K. WICKSELL a distingué au début du XXe siècle entre l'intérêt « naturel » et l'intérêt « actuel » qui est fonction du volume monétaire (monnaie matérielle et immatérielle). Selon lui, **le taux de ces deux intérêts provoque des mouvements de prix parce qu'ils sont différents.** On oppose à cette théorie, qu'en période longue, le taux d'intérêt du marché ne peut pas dépasser l'intérêt naturel étant donné que le premier dérive du second. Et puis on objecte que, de toute manière, le taux d'intérêt naturel est « théorique ».
⇒ BÖHM-BAWERK ; FISHER ; intérêt composé ; intérêt simple ; théorie de KEYNES ; théorie de l'offre et de la demande en matière d'intérêts ; théorie du prix du temps ; théorie du taux d'intérêt naturel ; théorie psychosociologique ; WICKSELL

THÉORIE ÉCONOMIQUE

En se basant, notamment sur des modèles mathématiques, la théorie économique a pour objectif d'analyser, de décrire et d'expliquer les relations entre les grandeurs économiques puis, éventuellement d'en tirer des lois.
On distingue trois notions dont chacune constitue un couple complémentaire :
– celle de la micro-théorie et de la macro-théorie,
– celle de l'analyse statistique et dynamique,
– et celle de l'analyse partielle et totale.
⇒ analyse ; macro-économie ; micro-économie

THÉORIE KEYNÉSIENNE DE L'INTÉRÊT

Pour J. M. KEYNES, le taux d'intérêt est d'une importance capitale. Il a toujours souligné le rôle économique majeur de la liquidité et de la quantité de monnaie. Selon lui, **le taux d'intérêt agit sur l'investissement tout en tenant compte de la productivité marginale du capital.**
KEYNES a longtemps défendu les taux d'intérêt faibles mais il a changé d'opinion par la suite.
Aujourd'hui le chef d'entreprise se laisse guider plutôt par la productivité marginale future du capital ; il fait des calculs prévisionnels en y incorporant les risques.
⇒ BÖHM-BAWERK ; FISHER ; intérêt composé ; intérêt simple ; théorie de Keynes ; théorie de l'offre et de la demande (en matière d'intérêts) ; théorie du prix du temps ; théorie du taux d'intérêt naturel ; théorie psychosociologique

THÉORIE MONÉTAIRE DU REVENU

La théorie quantitative analyse l'élément monnaie en tenant l'argent économique à l'écart du raisonnement. L'économiste Von WIESER a fait valoir au début du XXe siècle que des variations de la monnaie devaient se faire par référence à la théorie de la valeur considérée en général.

Le marginaliste VON WIESER a retenu la théorie de la valeur marginale, mais selon l'économiste AFTALION, il ne l'aurait appliquée que d'une manière trop timide.

AFTALION a avancé que l'importance réservée à la dernière unité monétaire est due à son pouvoir d'achat, ce qui veut dire **qu'il faut considérer l'utilité du bien que cette unité monétaire crée et la satisfaction du besoin qu'elle produit par l'intermédiaire de l'échange.** La dernière unité concernée est celle dont le sujet économique peut se servir pour satisfaire ses besoins pendant une période de temps déterminée. L'ensemble des unités monétaires à la disposition du sujet économique devant être prises en considération, il faut alors prendre en compte le revenu. Ajoutons que tout détenteur de biens monétaires leur réserve une valeur tout à fait personnelle.

AFTALION a retenu la formule suivante pour exprimer la théorie du revenu en matière monétaire :

si   R est le revenu nominal,
       P le prix moyen,
       Q la production

et si   R est la variable initiale qui provoque la modification de P,

on peut écrire :   R = PQ
et donc   P = R/Q

⇒ AFTALION ; monnaie ; revenu ; théorie psychologique de la monnaie ; théorie quantitative de la monnaie ; Von WIESER

THÉORIE PSYCHOSOCIOLOGIQUE DE L'INTÉRÊT

Jusque dans les années 1930, le taux d'intérêt et le niveau des prix se trouvaient en parallèle. Depuis, les prix ont, dans la quasi-totalité des pays, connu des phases de très fortes augmentations alors que les taux d'intérêt n'augmentaient pas dans les mêmes proportions.

Les taux d'intérêt sont fonction de l'emploi donné aux capitaux.

On remarque ainsi qu'en période de guerre les taux montent alors qu'en période d'accalmie ils baissent.

On constate également que **l'intérêt est considéré comme un revenu « dominé » alors que le salaire se trouve dans un rôle « dominant ».**

Beaucoup de spécialistes pensent que la plupart des épargnants restent insensibles aux variations du taux d'intérêt réel.

En matière d'intérêt, l'État qui recourt lui-même à l'emprunt, exerce une influence certaine sur le prix de l'argent.

La Banque Centrale Européenne – BCE – fixe, pour les États de la Zone euro, le taux de base.

⇒ Banque Centrale Européenne ; BÖHM-BAWERK ; FISCHER ; intérêt composé ; intérêt simple ; taux d'intérêt nominal ; taux d'intérêt réel ; théorie de KEYNES ; théorie de l'offre et de la demande en matière d'intérêt ; théorie du prix du temps ; théorie du taux d'intérêt naturel ; théorie psychosociologique

THÉORIE PSYCHOLOGIQUE MONÉTAIRE

Il apparaît aujourd'hui que la théorie du revenu de Von WIESER n'a pas atteint un degré de satisfaction suffisant parce qu'il aurait appliqué seulement en partie, la théorie de l'utilité marginale. Or, de nombreux économistes estiment que la valeur d'un bien ou d'un service dépend à la fois de sa rareté et de son utilité. La monnaie constitue dans ce cas, l'élément quantitatif. Le revenu indique toujours les limites dans lesquelles nous pouvons nous servir de la monnaie. C'est l'utilité espérée qui l'emporte ici sur l'utilité réelle.

L'économiste A. AFTALION a mis en évidence les motifs de l'appréciation de la valeur, notamment la satisfaction que l'homme espère tirer de la dernière unité de son revenu :
– l'homme n'a pas les mêmes réactions lorsqu'il procède à des échanges ;
– les uns donnent la préférence aux satisfactions directes et immédiates, d'autres remettent leur choix et leurs décisions à plus tard, autrement dit, ils épargnent ;
– chacun fait ses propres évaluations sur la valeur future de la monnaie.

⇒ AFTALION ; monnaie ; rareté ; satisfaction ; utilité ; Von WIESER

THÉORIE QUANTITATIVE DE LA MONNAIE

Le pouvoir d'achat de la monnaie représente sa valeur. Lorsque la quantité de monnaie croît alors que la quantité de biens et de services offerts ne change pas, la monnaie perd de sa valeur. Inversement, la valeur de la monnaie s'amplifie lorsque son volume diminue. S. MILL, D. RICARDO, d'autres représentants de l'école classique et après eux, Milton FRIEDMAN, ont basé la théorie monétaire sur l'aspect quantitatif.

Deux approches ont marqué cette théorie :
– l'une, dite quantitative mathématique, voulait que les variations de prix ne peuvent être dues qu'à un facteur monétaire, que les modifications du volume monétaire s'effectuent automatiquement et que les variations de prix sont rigoureusement proportionnelles aux modifications du volume monétaire ;
– l'autre, appelée théorie quantitative souple, considère que c'est toujours le seul facteur monétaire qui entraîne une variation des prix ; elle concède toutefois que les changements du volume monétaire, dans la mesure où ils ne sont pas dus à une modification dans le volume des transactions, provoquent, dans un délai plus ou moins rapproché, des modifications du niveau des prix.

L'économiste FISCHER a trouvé qu'il y a une relation étroite entre les prix et la monnaie.
Il a exprimé ce phénomène par l'égalité :
$MV + M'V' = PQ$ (c'est l'« équation de FISCHER »)
dans laquelle M est la monnaie métallique et les billets, M' la monnaie scripturale,
V et V' sont la vitesse de circulation des monnaies matérielles et immatérielles,

P le prix des biens et des services,
Q la somme des opérations monétaires d'une période d'observation déterminée.
⇒ FRIEDMAN ; MILL ; monnaie matérielle ; monnaie immatérielle ; vitesse de circulation de la monnaie ; RICARDO

THÉORIES MONÉTAIRES

Elles analysent la relation qui existe entre la monnaie et le prix.
On distingue notamment trois grandes théories :
– la théorie quantitative des « classiques » ;
– la théorie du revenu (Von WIESER) ;
– la théorie psychologique.
⇒ AFTALION ; FISCHER ; MILL ; RICARDO ; théorie du revenu ; VON WIESER

THÉSAURISATION

Monnaie matérielle et immatérielle qui restera en dehors des circuits économiques. En d'autres termes, c'est la monnaie inactive, qui ne rapporte rien.
La thésaurisation peut aussi concerner toutes sortes de biens.
⇒ monnaie

THINK TANKS

Terme américain que l'on peut traduire par « **club de réflexion** » notamment dans le domaine économique.
Il s'agit d'institutions privées, indépendantes, sans but lucratif qui ont pour objectifs d'abord la réflexion et l'étude, puis l'intervention dans les débats publics. Ces organismes ont une structure souvent complexe avec des financements qui associent le mécénat (éventuellement par des fondations) et des subventions publiques ainsi que des ressources propres (colloques, publications, contrats de recherches etc.).
Bien qu'en théorie pluridisciplinaire, les « think tanks » ont une orientation marquée dans les domaines de l'économie en général et de la politique économique.
Ils sont, à l'origine, essentiellement américains mais se sont développés en Europe (où ils sont environ 150 pour les 25 États de l'UNION EUROPÉENNE – UE), notamment en Allemagne, Autriche, Pologne et Royaume-Uni. Leur rayonnement est mondial pour les plus importants, parmi lesquels :
– BROOKING INSTITUTION fondée en 1916, établie à Washington et qui compte 150 chercheurs dont la moitié pour les études économiques.
Internet : **http://www.brookings.edu**
– CONFERENCE BOARD à New York ;
– AMERICAIN ENTREPRISE INSTITUTE à Washington ;
– RAND (« RESEARCH AND DEVELOPEMENT ») à Santa Monica (Californie) qui compte un millier de chercheurs ;
– INSTITUTE FOR INTERNATIONAL ECONOMICS à Washington ;
– ECONOMICS POLICY INSTITUTE à Washington.
En Europe, l'on peut citer à Bruxelles (Belgique), l'« EUROPEAN POLICY CENTER ».
Internet : **http://www.theepc.be**
et à Paris (France), « Notre Europe » fondé par J. DELORS, l'un et l'autre reconnus comme « think tanks » avec des forums de réflexion, des réunions, des débats et de nombreuses publications.
⇒ DELORS

THORNTON Henry (1760-1815)
Économiste et banquier anglais, spécialiste des questions financières, H. THORNTON a développé et mis en œuvre le système du prêt d'une Banque Centrale aux banques commerciales et d'affaires dans un pays déterminé.

TIERCE OPPOSITION
Terme juridique.
Celui qui n'était pas directement concerné par un procès peut cependant quereller une décision (attaquer un jugement) qui lui porte tort : il forme une tierce opposition, dans les conditions prévues par la loi.

TIERS
Désigne une personne, un organisme, un pays, etc. qui n'est pas directement concerné par un contrat, un accord, une affaire, etc.

TIERS MONDE
À l'origine de cette expression se trouve la publication du publiciste français Emmanuel-Joseph SIEYES (1748-1836) intitulé : « *Qu'est-ce que le Tiers-État ?* » Plus tard, ce fut le démographe français Alfred SAUVY (1898-1991) qui a introduit au XXe siècle, la notion de Tiers Monde. Certains ont employé les mots « pays exclus » pour désigner un État défavorisé socialement et économiquement. **Ces pays du « tiers monde » ont été d'abord désignés comme des « pays en voie de développement – PVD » ; les termes ont été remplacés par « pays en développement – PED » ; ces pays représentent une part importante quoique évolutive de la population mondiale.**
Les pays du tiers monde peuvent avoir des carences dans certains domaines et pas dans d'autres et leurs caractéristiques de « pays en développement » sont très variées. Elles concernent aussi bien la politique et la culture que l'économie (industrie, transport, revenu, niveau de vie) ou le domaine social (protection et prévoyance, santé, etc.).
L'évolution de ces pays est souvent chaotique ; la prise de conscience internationale suscite l'intervention d'organismes comme l'ORGANISATION DES NATIONS UNIES – ONU, la BANQUE MONDIALE, l'ORGANISATION MONDIALE DU COMMERCE – OMC – mais aussi la mise en œuvre au plan international du « développement durable ».
Certains de ces pays émergents qui connaissent un développement significatif en pratiquant l'économie de marché et en accédant aux financements internationaux sont regroupés dans une alliance, le G 22.
⇒ BANQUE MONDIALE ; développement durable ; G 22 ; ORGANISATION DES NATIONS UNIES ; pays émergents ; pays en développement ; quart monde ; SAUVY

TIERS-SECTEUR
Voir : ÉCONOMIE SOCIALE

TIME-SHARE OU TIME-SHARING
Terme anglo-américain signifiant « **temps partagé** ».
Le « time-share » est l'achat dans une propriété immobilière (maison, appartement) **d'un temps d'occupation pendant une période déterminée** (une semaine, un mois par an, par exemple). Il n'y a donc pas d'achat du bien immobilier lui-même, contrairement à la « propriété en temps partagé » ou « multipropriété ».
⇒ propriété en temps partagé

TINBERGEN Jan (1903-1994)
Physicien, économiste et humaniste hollandais, il fut le premier à recevoir, en 1969, avec R. FRISCH, le **Prix Nobel d'économie**.
J. TINBERGEN est considéré comme l'un des pères de la **macroéconomie**. Travaillant notamment pour la SOCIÉTÉ DES NATIONS – SDN – puis pour l'ORGANISATION DES NATIONS UNIES – ONU – mais aussi pour l'ORGANISATION DE COOPÉRATION ET DE DÉVELOPPEMENT ÉCONOMIQUE – OCDE – et pour la BANQUE MONDIALE, où il est à la tête du Comité de Planification du Développement ; **il donne aux actions qu'il mène alors, dans tous les domaines qui touchent à l'économie, un objectif de bien-être social.**
J. TINBERGEN a établi le principe qu'en économie il faut avoir les moyens de ses objectifs : « Un objectif par moyen et un moyen par objectif ». C'est la « **RÈGLE DE TINBERGEN** » reprise sous une autre forme par R.A. MUNDELL et M. FLEMING.
⇒ bien-être ; FLEMING ; FRISCH ; macroéconomie ; MUNDELL ; ORGANISATION DES NATIONS UNES ; règle de TINBERGEN ; SOCIÉTÉ DES NATIONS

TITRE
En économie, **les titres sont les valeurs mobilières**, essentiellement les actions et les obligations, cotées ou non, au porteur ou nominatives ; on utilise aussi les termes de titres de participation ou de titres de placement.
En matière de métaux précieux, le titre est le rapport qui existe entre le poids du métal fin (or ou argent) dans un alliage, par rapport au poids total. Dans la plupart des pays ce rapport fait l'objet d'un contrôle officiel.
Le **titre est encore ce qui désigne un livre**, un rapport, un ouvrage, une publication de presse, etc.
C'est aussi une qualification de fonction ou de diplôme.

TITRE INTERBANCAIRE DE PAIEMENT – TIP
Système simple mis en place dans certains pays donnant, au moyen d'un formulaire standardisé, l'ordre à une banque de payer une somme déterminée à une certaine date ou régulièrement.
Le TIP est plus souple et plus sécurisé que le chèque.

TITRE SUBORDONNÉ
C'est un terme boursier désignant une valeur mobilière assimilée à une obligation et dont le remboursement est soumis à des conditions.
⇒ obligation ; titre subordonné remboursable ; titre subordonné à durée indéterminée

TITRE SUBORDONNÉ A DURÉE INDÉTERMINÉE – TSDI
Terme boursier désignant une valeur mobilière sans droit de vote, à durée indéterminée c'est-à-dire qu'elle n'est remboursable qu'à la date fixée pour la fin de la société concernée ou en cas de liquidation de celle-ci.
⇒ titre subordonné

TITRE SUBORDONNÉ REMBOURSABLE – TSR
Terme boursier à ne pas confondre avec le sigle anglo-américain TSR « Total Shareholder Return », rentabilité totale (d'un titre) pour l'actionnaire.

C'est un titre assimilé à une obligation, sans droit de vote, à durée déterminée et remboursable à une date d'échéance fixée.
⇒ total shareholder return ; titre subordonné ; titre subordonné à durée indéterminé

TNT
Sigle signifiant : « Télévision Numérique Terrestre ».
Technique de diffusion numérique de la télévision qui, à partir de 2005 en Europe devrait permettre la diffusion d'images à très haute performance et d'une qualité bien supérieure en utilisant notamment des systèmes de compression des images.

TOBIN James (1912-2002)
Économiste américain et professeur à l'Université de Yale (EU), J. TOBIN a reçu, en 1981, le **Prix Nobel d'économie** pour son « **analyse des marchés financiers et ses relations avec les choix des dépenses, l'emploi, la production et les prix** ».
Appartenant au courant des « néo-keynésiens », J. TOBIN a poursuivi **d'importants travaux sur la circulation de la monnaie et sur les portefeuilles boursiers**.
Partisan de l'interventionnisme de l'État en matière économique, il conseillait le Président américain J. F. KENNEDY avant de s'opposer au Président R. REAGAN.
Deux idées importantes ont consacré l'œuvre de J. TOBIN :
– le « **ratio Q de TOBIN** » ou le « **quotient Q de TOBIN** » ; c'est le rapport entre la capitalisation boursière d'une entreprise et ses fonds propres (ou actif net) au prix de leur renouvellement ; selon J. TOBIN, l'investissement boursier sera d'autant plus positif (et donc les perspectives de bénéfices) que le rapport Q est élevé ;
– la « **Taxe TOBIN** » : dès 1972, J. TOBIN a proposé de taxer toutes les transactions financières internationales au taux de 0,1 %, pour non seulement lutter contre la spéculation financière mais surtout constituer des fonds qui assureraient – en contrôlant leur emploi – le développement des pays pauvres.
J. TOBIN a finalement jugé cette taxe inapplicable même si l'idée a été très largement reprise notamment en Europe et par les antimondialistes (ou altermondialistes) en particulier le MOUVEMENT INTERNATIONAL ATTAC (« Association pour une TAXE TOBIN d'aide aux citoyens »).
L'ORGANSATION DES NATIONS UNIES – ONU – a été, fin 2004, saisie du projet sur l'initiative officielle de la France ; mais si ce type d'impôt mondial est techniquement réalisable, il n'est valable et efficace que s'il est réellement universel, accepté et adopté par un consensus international de tous les États.
⇒ Bourse ; capitalisation boursière ; fonds propres ; globalisation financière ; KEYNES ; monnaie ; mondialisation

TOILE (la)
Voir : WEB

TONTINE
Forme d'épargne inventée par le banquier italien Lorenzo TONTI en 1653.
Adaptée aux conditions actuelles des marchés financiers, elle connaît dans certains pays, un regain d'intérêt ; **elle permet la constitution, par le paiement de cotisations d'une épargne collective, mutualisée et capitalisée qui sera, à l'échéance convenue, versée aux cotisants, soit en capital soit sous forme de rente viagère.**
⇒ capital ; épargne ; rente viagère

TOKYO INTERNATIONAL FINANCIAL FUTURES EXCHANGE – TIFFE
Voir : MARCHÉ À TERME INTERNATIONAL DE France

TOMBSTONE
Terme anglo-américain, littéralement « pierre tombale ».
Information généralement donnée par une publication financière spécialisée, de la conclusion d'un emprunt international important consenti à une société ou à un État, en indiquant tous les organismes bancaires ou financiers participant.

TONNE ÉQUIVALENT PÉTROLE – TEP
Unité standardisée pour comparer dans les bilans énergétiques, la puissance des différentes énergies mises en œuvre dans l'industrie : gaz, charbon, lignite, etc. par rapport au pétrole.
Le « pouvoir calorifique inférieur – PCI » de la tonne équivalent pétrole est, par convention, de 41688 kilojoules par kilo de produit.

TOOKE Thomas (1774-1858)
Économiste anglais, **spécialiste des problèmes monétaires et des prix**. Selon T. TOOKE c'est l'évolution de l'économie qui doit réguler l'émission des billets laissée ainsi sur l'initiative des banques.
T. TOOKE est aussi **l'auteur d'une monumentale histoire des prix**.

TOOLBARS
Terme anglo-américain du langage INTERNET signifiant « **barres d'outils** » : c'est un logiciel facilitant l'accès depuis un ordinateur, à un moteur de recherche pour trouver plus rapidement et plus aisément l'information recherchée.
⇒ moteur de recherche

TORRENS Robert (1780-1864)
Économiste anglais qui fut l'un des acteurs influents du « PEEL'S ACT » ou « BANK CHARTER ACT » qui, en 1844, sépara les activités bancaires de la BANQUE D'ANGLETERRE de ses activités d'émission de billets.
R. TORRENS est l'auteur de « *An Essay on the Production of Wealth* » – « *Essai sur la production des richesses* » (1821).

TOTAL SHAREHOLDER RETURN – TSR
Terme anglo-américain de la Bourse exprimant la rentabilité totale d'un titre pour l'actionnaire.
Le TSR est pratiquement la plus-value réalisée par un actionnaire sur une période donnée en cumulant la valeur boursière à un moment donné et les dividendes rapportés à l'investissement initial.
Le TSR se détermine le plus souvent sur une période de plusieurs années par exemple 5 ou 10 ans.
Le sigle TSR signifie aussi « Titre subordonné remboursable ».
⇒ titre subordonné remboursable

TOYOTISME
Le constructeur japonais d'automobiles Toyota possède ses propres méthodes d'organisation. **On organise, conçoit ou coordonne et contrôle tous les processus d'après le principe du « just-in-time » (juste à temps). Les stocks et les délais de livraison sont strictement adaptés aux besoins pour tendre vers zéro.**

L'impératif de la qualité est constamment présent ; la devise est « ne livrer que des produits sans reproches ». D'autres entreprises ont, dans le monde, mis en place une organisation inspirée du « toyotisme ». Le « toyotisme » est aussi appelé « Ohnisme » du nom de l'ingénieur japonais qui a créé ce système.
⇒ just-in-time

TRAÇABILITÉ
Caractéristique d'un produit indiquant notamment au consommateur, toutes les opérations successives de production et de transformation en particulier dans le domaine agroalimentaire.
La traçabilité répond à une préoccupation de sécurité ; elle permet de reconstituer le parcours d'un produit. L'exemple significatif est celui de la viande pour laquelle sont indiquées l'origine de l'animal, ses caractéristiques, les conditions de son élevage, la date de l'abattage, etc.
En cas de risque sanitaire, l'on peut ainsi remonter toute la chaîne alimentaire et prendre les mesures nécessaires.
L'UNION EUROPÉENNE – UE – a renforcé en 2004, la réglementation de la traçabilité pour assurer un contrôle plus efficace des produits.
La traçabilité contribue à l'amélioration de la qualité.
⇒ consommateur ; qualité

TRACKERS
Terme anglo-américain de la Bourse, signifiant « **fonds indiciels** ». Nés aux États-Unis, en 1993, sous le nom de « EXCHANGE TRADED FUNDS – ETF », **les trackers désignent des fonds de titres négociables en Bourse en répliquant un indice boursier de référence**.
Un tracker regroupe l'ensemble des valeurs composant un indice boursier (notamment l'EUROSTXX 50 et le CAC 40), avec la même pondération et en général pour une valeur égale à 1/100 de l'indice.
Le portefeuille du tracker offre ainsi une diversité dont bénéficie aussi l'épargnant pour qui ce panier d'actions offre toutes les possibilités d'un titre unique coté journellement et négociable à tout instant.
Il existe au niveau mondial près de 300 trackers, certains spécialisés (secteurs d'activité, zone géographique ou place de cotation, etc.).
⇒ Bourse ; cote ; indice boursier

TRADER
Terme anglo-américain signifiant « **négociateur** ».
Le trader est surtout un spéculateur, qui négocie sur les marchés de la Bourse ; **il pratique le « trading », opération financière de négoce de titres boursiers**.
Le trader peut agir dans le cadre de sociétés spécialisées ou exercer à titre individuel (c'est le « day trader »).

TRADING
Voir : TRADER

TRAITE
Voir : ESCLAVAGE
Voir : LETTRE DE CHANGE

TRAITÉ
Contrat ou accord formel au niveau international entre deux États (traité bilatéral) ou plusieurs (traité bilatéral), éventuellement avec ou entre des organismes internationaux.

Un traité signé par les parties contractantes (leurs représentants sont les plénipotentiaires) **doit**, pour pouvoir être exécuté et mis en œuvre, être ratifié par ceux (ou celui) à qui la constitution de chacun des États concernés en a donné le pouvoir.
Sous un autre angle de vue, les traités sont des ouvrages didactiques des publications dans le domaine juridique et économique.

TRAITÉS CONCERNANT L'UNION EUROPÉENNE
Voir : UNION EUROPÉENNE

TRANSACTION
Il s'agit d'un contrat par lequel les parties conviennent de mettre fin à une contestation existante ou à une contestation qui risque de se produire ; on transige et on « fait des concessions ».
Le terme est aussi utilisé pour désigner une **opération commerciale** (vente, achat).
⇒ contrat

TRANSFERT
C'est la transmission d'un droit, d'une somme, d'un bien d'un compte à un autre, éventuellement d'une personne d'une organisation à une autre dans le cadre d'un contrat ou d'un accord.
⇒ transmission

TRANSIT
Le transit est une mesure dérogatoire au système douanier ; il autorise que des marchandises passent sur le territoire d'un pays sans qu'il n'y ait ni importation ni exportation ; c'est un droit de passage.
Le terme désigne aussi la **situation d'un voyageur en attente** dans un aéroport ou une gare entre deux voyages.
⇒ tarif douanier

TRANSITAIRE
Spécialiste chargé des opérations administratives et douanières d'exportation et d'importation de marchandises.
Dans le transport international de marchandises, certains pays distinguent des **transitaires actifs** lorsque les opérations sont confiées à des nationaux et d'autres qui sont appelés **transitaires passifs** lorsque l'entremise est faite par des étrangers.

TRANSIT INTERNATIONAL ROUTIER – TIR
Le transport des marchandises en suspension des droits de douane et des taxes a fait l'objet d'une « Convention Internationale pour la circulation des marchandises « élaborée par l'ORGANISATION DES NATIONS UNIES – ONU – et signée à Genève (Suisse) en 1975.
Cette convention TIR a pour objectif un minimum de contraintes pour faciliter le transport routier international tout en apportant un maximum de garanties aux administrations douanières.
L'UNION EUROPÉENNE – UE – constitue un seul territoire pour le TIR.
Internet : **http://europa.eu.int/comm/taxation_custom/dd1**

TRANSMISSION
Transfert d'un droit à quelqu'un, par exemple : titre boursier transmissible (par opposition à ceux qui ne le sont pas).

TRANSPARENCY INTERNATIONAL – TI
Principale organisation internationale non gouvernementale de lutte contre la corruption.

TI rassemble des représentants de la société civile du secteur privé et des gouvernements dans une coalition mondiale contre la corruption avec un objectif de prévention et de réformes des systèmes.

TI publie un rapport annuel sur la corruption dans les États avec un classement de ceux-ci au plan mondial, dans ce domaine. Il établit notamment un « indice de perception de la corruption » qui concerne actuellement 133 pays ainsi que d'autres ratios tels que celui de « l'impact de la corruption selon le revenu » et « l'impact de la corruption selon le développement du pays ».

Le Secrétariat de TI est à Berlin (Allemagne) avec un Centre d'Études et de Recherche à Londres (Angleterre).

Internet : **http://www.transparency.org**
⇒ corruption

TRANSPORT
Voir : RÉSEAUX TRANSEUROPÉENS.

TRAVAIL
C'est l'activité de l'homme qui est accomplie dans les domaines industriels, intellectuels, commerciaux, sociaux, etc. En fonction du travail fourni, l'homme est rémunéré et peut participer à la consommation. Si le travail donne un sens à la vie, on parle cependant communément de la pénibilité du travail.

On distingue de nombreuses formes de travail :
– « **en continu** », c'est-à-dire que le personnel se succède par « **poste** » (en général de 6 h à 8 h) en assurant le travail 24 h sur 24 h, 6 jours (et même éventuellement 7) par semaine ;
– « **à la chaîne** » : chacun effectue sur une chaîne de montage un travail déterminé ;
– « **en équipe** » : plusieurs ouvriers formant une équipe se succèdent dans la journée ;
– « **saisonnier** » : les tâches sont limitées à une période déterminée de l'année ;
– « **posté** » : plusieurs équipes se succèdent (le travail posté peut concerner la journée ou la journée et la nuit) ;
– « **temporaire** » : l'activité est exercée pendant un temps limité ; on dit encore « **travail intérimaire** » ; des sociétés spécialisées assurent l'intermédiaire entre l'entreprise (besoins exceptionnels, remplacements) et des salariés disponibles ; on peut aussi ranger dans cette catégorie les « **intermittents** », c'est-à-dire des personnes qui alternent des périodes d'activité et des périodes de chômage, notamment dans le monde du spectacle (télévision, cinéma, théâtre, etc.) ;
– « **au noir** » : activité non déclarée au plan administratif, fiscal et sans protection sociale.
⇒ temps de travail ; travail au noir ; travail temporaire

TRAVAIL COMPLEXE
Travail accompli par des travailleurs qualifiés ou même hautement qualifiés, souvent spécialement formés.
C'est une notion marxiste qui s'oppose au « travail simple ».
⇒ marxisme ; travail

TRAVAIL INTÉRIMAIRE
Voir : TRAVAIL TEMPORAIRE.

TRAVAILLEUR
Celui qui participe directement ou indirectement à la production, soit comme salarié, soit comme agent économique indépendant ; on distingue également entre ceux qui fournissent une contribution manuelle (travailleur manuel) et ceux dont l'activité est intellectuelle (travailleur intellectuel).

Plus généralement, le travailleur est celui qui appartient au monde du travail et, avec une connotation marxiste, qui est exploité par le capitalisme.
⇒ marxisme

TRAVAIL TEMPORAIRE
Les entreprises ont souvent recours à l'intervention de remplaçants lorsque des membres du personnel sont absents (maladie, congé, formation, etc.) Il en est de même pendant des périodes de pointe où l'activité impose de recourir à des travailleurs appelés intérimaires. Des entreprises spécialisées font le lien entre l'offre et la demande de travailleurs temporaires ; les salariés sont alors embauchés dans le cadre de contrats à durée déterminée.

Le travail temporaire est souvent appelé « **travail intérimaire** » ou « **intérim** ».

Les législations ont, le plus souvent, fixé des **règles strictes** pour ce type de travail.

TRAVELER'S CHÈQUE OU TRAVELLER'S CHÈQUE
Voir : CHÈQUE DE VOYAGE

TRENTE GLORIEUSES
Termes inventés par l'économiste français J. FOURASTIÉ (c'est le titre de l'un de ses ouvrages) pour **qualifier la longue période de prospérité que non seulement la France mais de nombreux autres pays européens ont connue de la fin de la Seconde Guerre mondiale (1945) jusqu'aux difficultés économiques des années 1973-1975 et suivantes.**
⇒ FOURASTIÉ

TRÉSORERIE
Dans l'entreprise, c'est l'**ensemble des actifs liquides** ; si la comptabilité générale dégage le résultat, les bénéfices ne sont pas forcément disponibles et se trouvent donc dans la caisse, dans les comptes bancaires ou d'autres comptes d'actif ; la trésorerie doit, de toute façon, faire l'objet d'une rigoureuse gestion, d'autant qu'il peut y avoir des sorties importantes de trésorerie à certains moments.

La trésorerie d'un État est généralement gérée par l'Administration du Trésor ou Trésor Public.
⇒ Trésor public

TRÉSORERIE NETTE
En comptabilité, c'est la différence entre les valeurs réalisables à court terme plus le disponible, et les dettes à court terme de l'entreprise.
⇒ valeurs disponibles ; valeurs réalisables

TRÉSORERIE POSITIVE ET NÉGATIVE
La notion de fonds de roulement qu'on met en rapport avec les éléments cycliques de l'actif et du passif du bilan pose le problème de la trésorerie ; les trésoreries positives ou négatives correspondent à des fonds de roulement excédentaires ou déficitaires et la gestion de la trésorerie doit avoir pour objectif la croissance et l'indépendance de l'entreprise.

TRÉSOR PUBLIC
Désigne, dans de nombreux pays l'administration des finances de l'État. Le Trésor Public (ou Trésor) est à la fois le banquier (emprunteur et prêteur) et le caissier de l'État.
⇒ bons du Trésor

TREUHANDANSTALT
Institut allemand de droit public, chargé, à partir de 1990, de la mise en œuvre de la politique de privatisation des entreprises d'État de la République Démocratique Allemande (Allemagne de l'Est), engagée par le Gouvernement allemand après la réunification de l'Allemagne.
Le siège de la Treuhandanstalt (littéralement « établissement de fiducie ») était à Berlin (Allemagne).
Les activités de l'organisme ont cessé fin 1994.
⇒ fiducie

TRÊVE DES CONFISEURS
L'expression indique qu'au moment des fêtes de Noël et de fin d'année on connaît habituellement un certain calme au plan social et au plan politique dans de nombreux pays.

TRIANGLE D'INCOMPATIBILITÉ
Voir : MUNDELL

TRIANGLE MAGIQUE
Selon certains économistes, la politique économique de l'État reposerait sur les trois sommets d'un triangle :
– le plein emploi,
– la stabilité des prix,
– l'équilibre du commerce extérieur.
Cependant, d'autres éléments interviennent, la représentation graphique de la politique économique d'un État peut alors être un carré (« carré magique ») avec la croissance économique ou encore un hexagone (« hexagone magique ») avec la répartition des revenus et la protection de l'environnement.
⇒ carré magique ; commerce extérieur ; hexagone magique ; plein emploi ; politique économique ; prix

TRIBUNAL COMPÉTENT
La compétence d'une juridiction (tribunal, cour, etc.) s'apprécie en fonction de la nature des affaires, des montants financiers en jeu, de l'attribution dans un contrat ou par le domicile des parties à celui-ci, du lieu de sa conclusion, etc.
Un « Atlas Judiciaire Européen », élaboré par l'UNION EUROPÉENNE – UE – permet de fixer, en fonction de différents critères, le tribunal compétent pour juger un litige.

TRIBUNAL (EUROPÉEN) DE PREMIÈRE INSTANCE
Voir : COUR DE JUSTICE EUROPÉENNE

TRIBUNAL PÉNAL INTERNATIONAL – TIP
Voir : COUR PÉNALE INTERNATIONALE

TRUST
Voir : FIDUCIE

TRIFFIN Robert (1911-1993)
Économiste belge, professeur aux Universités de Harvard et de Yale (EU), R. TRIFFIN fut un éminent spécialiste des problèmes monétaires internationaux.
Collaborateur du FONDS MONÉTAIRE INTERNATIONAL – FMI – il engage une complète réforme monétaire au plan international (c'est le PLAN TRIFFIN – 1960) mais constate aussi la situation paradoxale du dollar américain qui joue un rôle majeur dans les échanges internationaux alors que la balance commerciale des États-Unis, largement déficitaire, est un facteur de dépréciation du dollar (c'est le PARADOXE de TRIFFIN).

R. TRIFFIN a contribué à la création de l'ORGANISATION EUROPÉENNE DE COOPÉRATION ÉCONOMIQUE – OECE – et plus encore à la mise en place du SYSTÈME MONÉTAIRE EUROPÉEN – SME.
On lui doit notamment *Europe and the Money Muddle* – « *L'Europe et le désordre monétaire* » (1957) et *The World Money Mare* – « *Le labyrinthe de la monnaie dans le monde* » (1966).
⇒ FONDS MONÉTAIRE INTERNATIONAL ; ORGANISATION EUROPÉENNE DE COOPÉRATION ÉCONOMIQUE ; SYSTÈME MONÉTAIRE EUROPÉEN

TROY OU TROY-WEIGHT
Système de mesure de poids anglo-américain pour les métaux précieux et les pierres précieuses :
– 1 livre ou pound-troy vaut :   373,242 g (ou 12 ounces)
– 1 once-troy vaut : . . . .   31,1035 g (ou 480 grains)
– 1 grain vaut :. . . . .   0,065 g

TULLOCK Gordon (1922-)
Économiste américain, professeur à l'Université de l'Arizona (EU), G. TULLOCK est surtout l'auteur, avec J. BUCHANAN d'un ouvrage fondamental sur le rôle économique de l'État : *The calculs of Consent. Logical Foundations of Constitutional Democracy* – « *Le calcul du consentement . Fondations logiques de la démocratie constitutionnelle* » (1962) qui justifie la démocratie constitutionnelle dans le domaine économique en ce sens que les décisions économiques résultent du choix rationnel des individus. C'est le « public choice » qui mesure l'intérêt général des choix politiques du gouvernement par l'analyse économique.
⇒ BUCHANAN

TUTELLE
Régime juridique qui assure la protection d'une personne dont les capacités intellectuelles ou physiques ne lui permettent pas de remplir valablement les actes de la vie courante.
La législation organise la tutelle des enfants mineurs privés de parents, de certains malades, des vieillards séniles, etc.
Un tuteur est désigné pour représenter les personnes placées sous tutelle.
La curatelle est une forme d'assistance à des personnes dont les facultés sont altérées mais qui peut cependant agir elle-même ; un curateur est désigné pour assister la personne concernée.
La tutelle est aussi le contrôle qu'exerce une administration sur une organisation ou une autre administration.

TYCOON
Terme anglo-américain désignant à l'origine un capitaliste milliardaire, ancien communiste de HONGKONG, ayant investi en CHINE.
Par extension, un « TYCOON » est un important et riche homme d'affaires ou industriel. On dit aussi un « magnat », propriétaire et animateur d'un empire économique ou encore « brasseur d'affaires ».

TYPES DE MARCHÉS
Il s'agit de caractériser les marchés en fonction du degré de leur perfection : marchés parfaits et marchés imparfaits.
⇒ formes de marché ; mécanisme du marché ; STACKELBERG

TYPOLOGIE
Système de classification en différents types applicable dans de nombreux domaines. Dans un ensemble ou une série, on détermine telle ou telle catégorie, telle ou telle propriété spécifique qui permettront de classer les éléments de l'ensemble ou de la série.

UNE
En terme de journalisme, la « une » est la première page d'un journal. C'est à la « une » que figurent la ou les informations essentielles.
Le centre de la « une » est le « ventre ».

UNIFORM RESOURCE LOCATOR – URL
Adresse standardisée pour les communications par INTERNET.
Les termes d'« **adresse universelle** » sont couramment utilisés pour l'URL.
L'adresse URL comporte habituellement les mentions :
– du type de service, le plus souvent « http » pour « hyper text transmission protocol » – « protocole de transfert des pages hypertextes » sur le web ;
– du nom (site, domaine) ;
– de la localisation (pays) ou des indications « .com » ou « .org »
⇒ web ; world wide web

UNION AFRICAINE – UA
Décidée à l'occasion du 37e sommet de l'ORGANISATION DE L'UNITÉ AFRICAINE – OUA – à Lusaka (Zambie) en 2001, cette organisation internationale a été officiellement créée en juillet 2002 à Durban (Afrique du Sud) ; elle remplace désormais l'OUA qui regroupait 53 pays du continent africain et traduit la continuité du mouvement créé en 1963 ; **elle a pour ambition de mieux assurer la paix et la stabilité politique mais aussi de préparer les pays africains à gérer les défis du XXIe siècle.**
L'UA prend l'UNION EUROPÉENNE – UE – comme modèle dans ses objectifs et se fixe un projet de marché commun pour un meilleur développement économique. Son organisation comprend 17 Institutions dont, notamment, une Commission, un Conseil Exécutif, un Parlement Panafricain, une Cour de Justice, une Banque Centrale.
L'UNION AFRICAINE devrait pouvoir bénéficier de l'aide accrue des pays occidentaux décidée lors du « sommet du G 8 » au Canada en 2002 à travers le NOUVEAU PARTENARIAT ÉCONOMIQUE – NEPAD.
Le siège de l'UA est à Addis-Abéba (Éthiopie).
Internet : **http://www.africa-union.org**
⇒ ORGANISATION DE L'UNITÉ AFRICAINE ; UNION EUROPÉENNE ; NOUVEAU PARTENARIAT ÉCONOMIQUE

UNION DE L'EUROPE OCCIDENTALE – UEO
Voir : POLITIQUE ÉTRANGÈRE ET DE SÉCURITÉ COMMUNE DE L'UNION EUROPÉENNE

UNION DOUANIÈRE ET ÉCONOMIQUE
Processus d'entente entre deux ou plusieurs pays qui se déroule par étapes.
La première étape a pour objectif la **suppression des obstacles douaniers.**
La seconde étape impose **une concertation effective des politiques économiques et peut, éventuellement conduire à une union politique.**
L'union douanière conduit forcément à une politique douanière uniforme vis-à-vis d'autres pays non membres.

De nombreux exemples d'unions douanières et d'unions économiques montrent l'intérêt que les États portent à ce type de coopération :
– le Zollverein allemand qui a regroupé les États allemands entre 1834 et 1918 et qui participa efficacement au développement de l'économie allemande ;
– l'**Union économique belgo-luxembourgeoise** instaurée en 1921 et étendue aux Pays-Bas en 1948 en formant le Benelux ;
– l'**Union économique et monétaire** créée au sein de l'**UNION EUROPÉENNE,**
– et d'autres réalisations regroupent, dans des organisations à vocation économique, des États d'Afrique, d'Asie ou du continent américain.
⇒ Benelux ; Union Économique et monétaire ; Zollverein

UNION DU MAGHREB ARABE – UMA
Créée en 1989, l'UMA regroupe les cinq États du Maghreb, la Lybie, la Tunisie, l'Algérie, le Maroc et la Mauritanie.
Par le Traité de Marrakech (Maroc) ces pays se sont fixés pour objectif d'édifier et de consolider un ensemble régional intégré qui participe à l'équilibre mondial, à sa sécurité et sa stabilité.
Entre les cinq États partenaires les projets concernent les domaines socio-politiques, culturels et économiques, notamment la création d'une union douanière, d'une zone de libre-échange et d'un marché commun.
L'UMA est partie prenante au NOUVEAU PARTENARIAT POUR LE DÉVELOPPEMENT DE L'AFRIQUE – NEPAD – renforçant ainsi les liens avec l'UNION EUROPÉENNE – UE.
Mais le développement de l'UMA est freiné par le litige qui oppose, depuis 1975, l'Algérie et le Maroc au sujet du Sahara occidental.
L'UMA comprend un Conseil de la Présidence, un Conseil des ministres des Affaires Étrangères et différentes commissions.
Le siège de l'UMA est à Rabat (Maroc).
Internet : **http://www.magrhebarab.org**
⇒ NOUVEAU PARTENARIAT POUR LE DÉVELOPPEMENT DE L'AFRIQUE

UNION ÉCONOMIQUE BELGO – LUXEMBOURGEOISE
Voir : BENELUX

UNION ÉCONOMIQUE ET MONÉTAIRE
L'Europe a connu, notamment au XIXe siècle, une expérience d'union monétaire (l'UNION LATINE) et au XXe siècle celle, économique et monétaire, du BENELUX. D'autres unions monétaires ont été réalisées dans des zones économiques avec, soit une monnaie commune, soit avec des monnaies ayant une parité fixe. Mais aucune n'a l'ampleur de l'union économique et monétaire réalisée au 1er janvier 1999 au sein de l'UNION EUROPÉENNE – UE.
Après une tentative en 1969, sous l'impulsion de P. WERNER et de R. BARRE, c'est sur l'initiative de J. DELORS que sera mis en place en 1989 un programme adopté par le Traité de Maastricht en 1992. L'EURO

devient la monnaie officielle le 1ᵉʳ janvier 1999 ; **des États de l'UE qui respectent et s'engagent dans le cadre d'un « Pacte de stabilité et de croissance »** qui porte notamment sur la stabilité des budgets des États concernés en limitant le déficit à 3 % du Produit Intérieur brut – PIB – avec de fortes incitations pour le diminuer en deçà de ce seuil que certains pays ont tenté de remettre en cause.

L'évolution de la situation économique et sociale a effectivement contraint de nombreux pays de l'UE à dépasser les strictes limites du « Pacte de stabilité et de croissance », d'autant que la coordination des politiques économiques des États membres pourrait être plus forte. La Commission Européenne s'est d'abord montrée assez ferme vis-à-vis des pays en infraction, notamment ceux dont le déficit budgétaire dépassait le seuil de 3 % du PIB, sans engager à leur encontre des procédures de sanctions. Mais la Cour Européenne de Justice qui a été finalement saisie, a condamné, en 2004, les mesures de suspension des procédures décidées par les ministres des Finances contre l'Allemagne et la France, restaurant ainsi le caractère impératif du « Pacte de stabilité et de croissance » dont les États de la Zone euro ne peuvent s'affranchir.

Cependant, **sans déroger aux règles du Traité de Maastricht**, les ministres des Finances des pays de la Zone euro et les Gouverneurs des Banques Centrales de l'UE, ont pris la décision, fin 2004, de **reconnaître les circonstances exceptionnelles qui ne permettraient pas de les respecter**, autorisant ainsi une lecture plus pragmatique du « **Pacte de stabilité et de croissance** ». Et au côté du Président de la Banque Centrale Européenne, un « **Monsieur euro** » veille à la politique économique et monétaire de l'UE.

La monnaie unique, qui concerne effectivement 12 pays de l'UE depuis le 1ᵉʳ janvier 2002, impose le respect de critères économiques (**les « critères de convergence »**) et une organisation au sein de laquelle la BANQUE CENTRALE EUROPÉENNE – BCE est responsable de la politique monétaire des États concernés (Zone euro ou Euroland) dans le cadre du Système Européen des Banques centrales – SEBC.

Internet : **http://europa.eu.int**
⇒ BANQUE CENTRALE EUROPÉENNE ; BARRE ; BENELUX ; EURO ; UNION LATINE ; WERNER.

UNION ÉCONOMIQUE ET MONÉTAIRE DE L'OUEST AFRICAIN – UEMOA

Elle regroupe les États suivants : Bénin, Burkina-Faso, Côte-d'Ivoire, Guinée-Bissau, Mali, Niger, Sénégal et Togo, avec l'objectif de « réussir ensemble l'intégration ».

Créée en 1994, l'UMOA a une très large **mission de coopération** entre les partenaires dans les domaines de l'économie, de l'aménagement du territoire, du développement (y compris social) de l'environnement, de l'énergie, de l'industrie et de l'artisanat, du tourisme et des relations internationales. L'ensemble de ces États a une **monnaie unique, le Franc de la Communauté Financière Africaine – FCFA** – garanti par la France par rapport à l'Euro.

La structure de l'UEMO comprend :
– un Conseil des Chefs d'État,
– un Conseil des ministres,
– des organes de contrôle,
– des institutions spécialisées, notamment :
  - la BANQUE CENTRALE DES ÉTATS DE L'AFRIQUE DE L'OUEST – BCEAO,
  - la BANQUE OUEST-AFRICAINE DE DÉVELOPPEMENT – BOAD.

Le siège de l'UEMOA est à Ouagadougou (Burkina-Faso).

Internet : **http://www.uemoa.int**
⇒ BANQUE CENTRALE DES ÉTATS DE L'AFRIQUE DE L'OUEST ; BANQUE OUEST AFRICAINE DE DÉVELOPPEMENT ; Franc CFA et Franc CFP

UNION EUROPÉENNE

L'UNION EUROPÉENNE – UE – se construit, depuis la fin de la Seconde Guerre mondiale (1939-1945), sous l'impulsion, à l'origine, de quelques hommes qui ont eu une vision à long terme et ont su faire partager leurs desseins aux Gouvernements.

L'UNION EUROPÉENNE constitue, en 2004, un ensemble de 25 États pour une population totale de 450 millions d'habitants.

Les étapes de la construction européenne et les Traités

Les étapes de cette construction sont jalonnées de succès majeurs, d'avancées économiques et sociales, de bonds en avant, mais aussi d'échecs, de difficultés et parfois même, de reculs.

L'écrivain V. HUGO appelait déjà de ses vœux « les États-Unis d'Europe » à la fin du XIXᵉ siècle mais c'est après la Première Guerre Mondiale (1914-1918) que l'idée européenne est portée par quelques hommes politiques dont A. BRIAND qui, en 1929, a un « projet d'union européenne fédérale ».

Les courants de pensée européens se renforcent immédiatement après la Seconde Guerre mondiale. W. CHURCHILL, dès 1946, puis au Congrès de La Haye (Pays-Bas) en 1948, propose une Europe fédéraliste alors qu'en France, le Général DE GAULLE est partisan d'une Europe des États.

Le CONSEIL DE L'EUROPE voit le jour en 1949 pour assurer le respect des Droits de l'Homme et de la Démocratie.

Les « Pères fondateurs », notamment ADENAUER, DE GASPERI et SPAAK vont unir leurs forces pour soutenir la déclaration de R. SCHUMAN qui, le 9 mai 1950, propose sur une idée de J. MONNET, « une Europe organisée et vivante qui apporte à la civilisation l'indispensable maintien des relations pacifiques avec l'ambition non pas de coaliser mais d'unir les hommes ».

Le **TRAITÉ DE PARIS**, signé en 1951, **est la première étape** ; l'Allemagne, la Belgique, la France, l'Italie, le Luxembourg et les Pays-Bas s'unissent pour la Paix, la Reconstruction et la Solidarité en mettant en commun leurs productions de charbon et d'acier : c'est la **COMMUNAUTÉ EUROPÉENNE DU CHARBON ET DE L'ACIER – CECA.**

Après l'échec de la COMMUNAUTÉ EUROPÉENNE DE DÉFENSE – CED – en 1954, le **TRAITÉ DE ROME** sera, **en 1957, une étape majeure** ; il crée la **COMMUNAUTÉ ÉCONOMIQUE EUROPÉENNE – CEE** – et met en place un processus d'intégration et, à terme, politique des États membres. Le Traité est un chef-d'œuvre d'organisation juridico-administrative institutionnel qui, avec des évolutions, reste la base du fonctionnement actuel de l'UNION EUROPÉENNE – UE – en attendant que la Constitution ne vienne en modifier certaines dispositions.

En 1968, une « union douanière » supprime les droits de douane pour les échanges de marchandises entre les pays membres auxquels se joignent, en 1973, le Royaume-Uni (qui avait en vain tenté de rejoindre la CEE en 1963 et en 1967), le Danemak et l'Irlande.

Malgré les efforts de P. WERNER et de R. BARRE, en 1969, l'idée d'une monnaie unique à l'intérieur de l'Europe ne pourra pas être mise en œuvre et ne le sera que trente ans plus tard.

En 1975, la CEE va coordonner ses aides aux pays africains en difficultés en signant la CONVENTION DE LOMÉ (qui sera renouvelée en 2000 à COTONOU et concerne 78 États d'Afrique, des Caraïbes et du Pacifique – ACP).

En 1979 se met en place le SYSTÈME MONÉTAIRE EUROPÉEN – SME – avec une monnaie commune « fiduciaire » (monnaie de compte), l'ECU « European Currency Unit ».

La Grèce va adhérer en 1981, l'Espagne et le Portugal en 1986.

En 1987, l'**ACTE UNIQUE EUROPÉEN** mettra en place pour le 1er janvier 1993, le « grand marché unique intérieur » avec quatre libertés fondamentales :
– liberté de circulation des personnes,
– liberté de circulation des marchandises,
– liberté de circulation des capitaux,
– liberté de circulation des services.

Le **TRAITÉ SUR L'UNION EUROPÉENNE (TRAITÉ DE MAASTRICHT)**, signé en 1992, va organiser l'union économique et monétaire avec une monnaie unique, l'euro pour les États qui le souhaitent et qui se conforment aux critères économiques fixés par le Traité (les « critères de convergence »).

En 1995, l'Autriche, la Suède et la Finlande vont adhérer à l'UNION EUROPÉENNE (la Norvège, par référendum s'y oppose).

En 1997, le **TRAITÉ D'AMSTERDAM** va renforcer le rôle législatif du PARLEMENT EUROPÉEN.

Au 1er janvier 1999, l'euro deviendra la monnaie officielle de 11 États auxquels s'ajoutera la Grèce au 1er janvier 2002, formant ainsi la « Zone euro » ou « euroland » dont se sont exclus le Royaume-Uni, le Danemark et la Suède ; d'autres pays, notamment parmi les nouveaux adhérents, pourraient faire partie de la zone euro : Lituanie, Estonie, Slovénie et Chypre peut-être en 2007.

Le **TRAITÉ DE NICE, en 2001**, (entrée en vigueur en 2004) va simplifier le système initial de fonctionnement de l'UE sans pour autant résoudre le difficile problème de son organisation qui souffre de l'absence d'une Constitution (le droit communautaire n'a pour source que l'ensemble des Traités) mais aussi d'un manque de transparence, d'efficacité et de souplesse et de démocratie, tout particulièrement dans la perspective d'un élargissement à 25 États, puis à 27 et, à terme peut-être à plus de 30 !

Lancé en 1997, le processus de l'élargissement conduit, après des négociations menées avec chacun des pays candidats, à l'adhésion, au 1er mai 2004, de 10 États (le Traité d'adhésion a été signé à Athènes – Grèce – en 2003) : **Chypre, Estonie, Hongrie, Malte, Lettonie, Lituanie, Pologne, Slovénie, Slovaquie, République Tchèque**. À l'UE à 25, devraient s'ajouter, **en 2007, la Bulgarie et la Roumanie** ; enfin, ultérieurement, **la Turquie**.

Mais d'autres pays, notamment ceux des Balkans orientaux (la Croatie pourrait intégrer l'UE peut-être dès 2007), sont susceptibles de demander leur adhésion à l'UE, **à condition de respecter les trois critères d'adhésion (les « critères de Copenhague »)** définis dès 1993 :
– être un État de droit, pleinement démocratique,
– avoir une économie de marché viable et concurrentielle au sein de l'UE,
– pouvoir intégrer la totalité de la législation de l'UE.

Fin 2001, les 15 États membres de l'UE engagent un large débat sur l'avenir et décident d'une **CONVENTION EUROPÉENNE CHARGÉE DE PRÉPARER LES RÉFORMES** ; cette CONVENTION propose en 2003 un projet de **CONSTITUTION** qui, en juin 2004, a été définitivement mise au point et formellement décidée par les Chefs d'État ou de Gouvernement des 25 États membres de l'UE ; signée à Rome (Italie) le 29 octobre 2004, elle devra être ratifiée par les États, dans les conditions prévues par leurs Constitutions respectives avant 2009.

Le Traité établissant la Constitution de l'UE est aussi appelé **« Nouveau Traité de Rome »**.

L'**UNION EUROPÉENNE** a un drapeau (bleu avec 12 étoiles), un hymne (musique de l'Ode à la joie, prélude du 4e mouvement de la IXe symphonie de Beethoven) et une devise (« unie dans sa diversité », en latin « in varietate concordia »).

L'organisation de l'Union Européenne

LE CONSEIL EUROPÉEN réunit périodiquement les Chefs d'État et de Gouvernement des États membres pour définir les grandes orientations politiques de l'UNION EUROPÉENNE, dresser le bilan des actions menées et fixer les objectifs pour l'avenir.

LE PARLEMENT EUROPÉEN – PE – est la « voix des citoyens » ; élus au suffrage universel pour un mandat de 5 ans, les députés européens (626, puis 732, à partir de 2004) siègent à Strasbourg (France), Bruxelles (Belgique) et Luxembourg (Grand-Duché de Luxembourg). Le PE partage avec le CONSEIL, le pouvoir législatif, exerce le contrôle démocratique des Institutions européennes et adopte le budget de l'UE.

LE CONSEIL DE L'UNION EUROPÉENNE est la « voix des États membres » et le principal organe de décision de l'UE. Il est constitué, en fonction des sujets abordés, par les Conseils des ministres spécialisés (il existe neuf configurations) et son rôle essentiel est d'adopter la législation de l'UE (les Directives et les Règlements, notamment) ; il détermine et coordonne les orientations politiques de l'UE et conclut tous les accords internationaux.

La Présidence du Conseil de l'UE est assurée alternativement pour 6 mois par chacun des États membres : le Luxembourg et le Royaume-Uni en 2005, l'Autriche et l'Allemagne en 2006, la Finlande et le Portugal en 2007, puis la France pour le premier semestre 2008.

LA COMMISSION EUROPÉENNE est le « moteur » de l'UE ; elle propose la législation (droit d'initiative), les politiques et les actions puis après décision, les met en œuvre et les contrôle. Elle est désignée, sous le contrôle du PE pour 5 ans, avec un Président à sa tête et 20 Commissaires (25 après l'élargissement en 2004, réduite à 18 membres après 2014) qui ont chacun une responsabilité dans un domaine déterminé. Les Commissaires sont entourés d'experts et de fonctionnaires qui siègent, pour la plupart, à Bruxelles (Belgique).

LA COUR DE JUSTICE EUROPÉENNE interprète et contrôle l'application du « droit communautaire », c'est-à-dire l'ensemble de la législation de l'UE. Elle est composée de 15 (en 2004, 25) juges et d'avocats généraux qui siègent à Luxembourg (Grand-Duché de Luxembourg).

Un **TRIBUNAL DE PREMIÈRE INSTANCE** a été créé à côté de la COUR DE JUSTICE pour les affaires de concurrence et les litiges entre les Institutions de l'UE et leurs fonctionnaires.

LA COUR DES COMPTES EUROPÉENNE, à Luxembourg (Grand-duché de Luxembourg) a la responsabilité de vérifier les recettes et les dépenses de l'UE ainsi que la correcte gestion des budgets.

LA BANQUE CENTRALE EUROPÉENNE – BCE – à Francfort (Allemagne) définit la mise en œuvre de la politique économique et monétaire de l'UE, dans le cadre du **SYSTÈME EUROPÉEN DES BANQUES CENTRALES – SEBC** ; elle gère la monnaie unique, l'euro pour les États de la « zone euro ».

LE COMITÉ ÉCONOMIQUE ET SOCIAL – CESE – est une institution consultative qui représente les syndicats de salariés, les employeurs, les agriculteurs, les professions indépendantes, les associations, etc. Il siège à Bruxelles (Belgique) et comprend 222 membres (344 après l'élargissement de l'UE à 25).

LE COMITÉ DES RÉGIONS – CdR – représente l'ensemble des collectivités en charge des régions de l'UE ; il est consultatif et siège à Bruxelles ; il comprend 222 membres qui seront 344 après l'élargissement à 25 États.

LA BANQUE EUROPÉENNE D'INVESTISSEMENT – BEI, à Luxembourg, assure le financement des politiques et des actions de l'UE.

LE MÉDIATEUR est l'intermédiaire entre les citoyens et les institutions de l'UE.

LES AGENCES EUROPÉENNES (ou COMMUNAUTAIRES) sont des organismes spécialisés pour remplir, au nom de l'UE, des missions déterminées.

⇒ ADENAUER ; Agence communautaire ; BANQUE CENTRALE EUROPÉENNE ; BANQUE EUROPÉENNE D'INVESTISSEMENT ; BARRE ; BRIAND ; COMMISSION EUROPÉENNE ; COMITÉ ÉCONOMIQUE ET SOCIAL ; COMITÉ DES RÉGIONS ; COMMUNAUTÉ EUROPÉENNE DE DÉFENSE ; CONSEIL DE L'EUROPE ; CONSEIL DE L'UNION EUROPÉENNE ; CONSEIL EUROPÉEN ; Contitution Européenne ; CONVENTION DE LOMÉ ET ACCORD DE COTONOU ; CONVENTION EUROPÉENNE ; COUR DES COMPTES EUROPÉENNE ; COUR EUROPÉENNE DE JUSTICE ; DE GASPERI ; DE GAULLE ; Directive ; euro ; HUGO ; lois européennes ; marché intérieur ; MÉDIATEUR ; MONNET ; PARLEMENT EUROPÉEN ; Politique de l'UE ; Règlement ; SCHUMAN ; Système Monétaire Européen ; SPAAK ; Union économique et monétaire ; WERNER

Internet : **http://europa.eu.int**

(site accessible dans les 20 langues de l'UE)

UNION LATINE

Au cours des siècles, plusieurs expériences de monnaie commune entre les pays ont été tentées mais la plus importante **a rassemblé une dizaine de pays sur l'initiative de la Belgique, de la France, de la Grèce, de l'Italie et de la Suisse qui adoptent, à partir de 1865, un système dans lequel les pièces d'argent et surtout d'or sont frappées avec des caractéristiques uniformes et ont cours légal dans les pays partenaires.**

La Première Guerre mondiale (1914-1918) mettra fin définitivement à l'Union Latine et il faudra attendre 1999 pour que soit créée une monnaie unique, l'euro.
⇒ euro

UNITÉ CENTRALE
en anglais : CENTRAL PROCESSING UNIT – CPU

C'est le « cœur » d'un ordinateur c'est-à-dire le microprocesseur qui permet l'exécution des instructions et des commandes. Cette unité centrale comprend notamment des unités de traitement et des unités de commande.

C'est le microprocesseur qui fait la qualité et la puissance d'un ordinateur ; il est composé de transistors (circuits intégrés).

Autour de l'unité centrale, les « périphériques » donnent à l'ordinateur la possibilité d'une variété considérable de travaux.
⇒ périphérique ; microprocesseur

UNITÉ EUROPÉENNE DE COOPÉRATION JUDICIAIRE – EUROJUST

Organisation créée en 2002 pour renforcer la lutte contre la grande criminalité organisée et la coopération judiciaire entre les États membres. Chaque État membre délègue auprès de cet organe un magistrat.

Internet : **http://europa.eu.int/comm/justice**

UNITED NATIONS INTERNATIONAL CHILDREN'S EMERGENCY FUND – UNICEF
FONDS DES NATIONS UNIES POUR L'ENFANCE
FONDS INTERNATIONAL DE SECOURS À L'ENFANCE – FIS

L'UNICEF a été créée en 1946 par l'ORGANISATION DES NATIONS UNIES – ONU – pour apporter une aide à l'enfance dans de très nombreux domaines : prévention et traitement des maladies endémiques, malnutrition, mauvais traitements, abus, conditions de travail, protection dans tous les domaines, etc.

L'UNICEF intervient dans la quasi-totalité des États du monde, soit pour améliorer les conditions de l'enfance notamment dans les pays en voie de développement ou touchés par des crises graves, soit pour recueillir des fonds (publics ou privés) pour ses actions.

L'UNICEF a son siège à New York (EU). Son organisation comprend un conseil d'Administration désigné par le Conseil Économique et Social de l'ONU et un Directeur Exécutif pour assurer la gestion avec des Comités Régionaux.

L'UNICEF fait intervenir, pour assurer sa promotion, des « Ambassadeurs » et « Ambassadrices » bénévoles, personnalités connues, souvent du monde du spectacle.

L'UNICEF a élaboré, en 1989, une convention relative aux « Droits de l'Enfant – CRD – « élément important au même titre que les droits de l'homme, pour un développement humain durable.

Internet : **http//www.unicef.org**
⇒ ORGANISATION DES NATIONS UNIES

UNIVERSAL MOBILE TELECOMMUNICATION SYSTEM – UMTS

Termes anglo-américains pour « Système universel de télécommunication mobile ».

Technologie spécifique des réseaux téléphoniques dits de « troisième génération », utilisant des antennes réparties sur la zone géographique concernée permettant de « couvrir » un territoire déterminé pour des liaisons « sans fil » avec l'acheminement éventuel d'images et de sons.
⇒ téléphone mobile

UPSIZING

Dans le cadre du développement de la « nouvelle économie » c'est-à-dire l'ensemble des entreprises qui innovent notamment dans les nouvelles technologies, des entreprises avec des activités et des prestations de services nouveaux ont été créées ; **dans ces entreprises (les « start-up ») qui connaissent un réel succès, on manque souvent de personnel compétent**. On qualifie le besoin d'embauche, dans ces entreprises, par le terme d'upsizing, littéralement **« augmenter la taille »**.
⇒ downsizing ; start-up

URBAIN

Tout ce qui concerne la ville, son organisation, ses infrastructures, ses moyens de transport, de loisir, les conditions de travail qu'elle offre, son développement, etc.
Le terme urbain s'oppose à rural, qui concerne la campagne. Le « **rurbain** » est un individu qui habite la campagne mais travaille en ville ; le développement de ce mode de vie peut conduire à l'exurbanisation (ou rurbanisation) une urbanisation lente de la zone de résidence de ceux qui travaillent en ville.
⇒ Rural

USB

Sigle anglo-américain de l'informatique pour « UNIVERSAL SERIAL BUS », c'est-à-dire **la connexion entre un ordinateur et le matériel périphérique qui y est connecté**.
Le « **port USB** » est le point de connexion de l'ordinateur.
La « **clé USB** » est un périphérique, c'est-à-dire un matériel annexe à l'unité centrale de l'ordinateur (les microprocesseurs) qui apporte des moyens d'utilisation complémentaires, notamment des capacités de mémoire supplémentaires.
⇒ périphérique

USINE À GAZ

Par extension et avec une connotation assez péjorative, les termes désignent une **construction intellectuelle compliquée et peu claire ou une organisation trop structurée et incapable de fonctionner avec souplesse et efficacité**.

USUCAPION

Voir : PRESCRIPTION ACQUISITIVE

USUFRUITIER

Personne physique ou morale qui, sans être propriétaire d'un bien, en a la jouissance et peut en percevoir les fruits, c'est-à-dire les revenus.
L'usufruitier a un droit réel établi par la loi, par un contrat ou par un testament ; l'usufruitier a pour obligation de conserver le bien en bon état.

En droit, on parle d'usufruitiers légaux : droit de jouissance des parents sur les biens de leurs enfants mineurs, droit d'usufruit du conjoint survivant sur les biens de la personne décédée, etc.

USURE

Taux de prêt qui excède beaucoup celui habituellement pratiqué pour des emprunts de même nature.
Certains États fixent périodiquement le taux limite au-dessus duquel on considère qu'il y a usure : c'est alors un délit.
⇒ emprunt ; prêt

UTILITÉ

Lorsqu'un bien est en mesure de satisfaire un ou des besoins on dit qu'il a de l'utilité ou qu'il est utile.
L'utilité possède plusieurs caractères :
– **elle est subjective** ; en effet une relation s'établit entre le sujet économique, le besoin éprouvé et le bien dont il suppose qu'il va lui permettre d'aboutir à la satisfaction du besoin ; l'intensité du besoin varie d'un sujet à l'autre et se modifie dans le temps ;
– **elle est neutre**, ce qui veut dire qu'en économie l'aspect moral est généralement inexistant ;
– **elle procure, en cas de combinaison d'unités de différents biens, une utilité totale** qui est égale à la somme de l'utilité de chacun des biens : ils ont donc chacun une utilité relative les uns par rapport aux autres ; l'économiste PARETO a utilisé le terme « d'ophélimité » ;
– **elle est concrète**, c'est-à-dire qu'il ne s'agit pas de l'utilité en soi mais de l'utilité d'une quantité déterminée de ce bien ;
– **elle est considérée par certains économistes (K. MENGER notamment) comme mesurable : elle est alors dite cardinale** ;
– **elle est dite ordinale**, (par opposition à cardinale) **si le consommateur sans la mesurer** (à partir d'une échelle de valeur), **manifeste ses préférences** ; l'utilité est alors seulement hiérarchisée.
On parle aussi d'utilité publique ou collective pour caractériser les services publics d'un pays, d'une région, d'une commune.
⇒ besoin ; biens ; MENGER ; ophélimité ; PARETO

UTILITY

Terme anglo-américain, littéralement « utilité », désignant une **société de services au sein des collectivités publiques : fourniture d'eau potable, assainissement, traitement des déchets, environnement, etc.**
Les besoins des populations dans le monde sont considérables et les « utilités » connaissent un développement important et continu.

VADEMECUM
Terme latin, littéralement « que l'on emporte avec soi ».
Ouvrage, guide ou manuel de grande utilité que l'on a près de soi, à portée de main pour le consulter fréquemment.

VALEUR
1. Généralités
On dit que la valeur est « ce qui correspond à la finalité intrinsèque de l'être » ; les valeurs sont nombreuses, diversifiées mais très relatives. Il faut distinguer entre valeurs matérielles, morales, individuelles et collectives ; certaines d'entre elles se manifestent dans le présent alors que d'autres sont reportées dans le futur.

La monnaie sert de commune mesure aux valeurs ; c'est une facilité, mais, d'une façon générale, la **valeur résulte de l'appréciation donnée par l'homme à un bien ou à un service** ; il n'y a donc pas de valeur absolue en économie.

Mais l'homme est confronté constamment à une contradiction : la valeur d'usage peut être très grande alors que la valeur d'échange est faible, ou la valeur d'usage faible et celle d'échange très grande : c'est le « **paradoxe de PROUDHON** ». À titre d'exemple on cite l'eau qui a une valeur d'usage importante et le diamant dont la valeur d'usage est faible ; leurs valeurs d'échange sont à l'inverse.

Mais il faut aussi distinguer **dans ces valeurs d'usage celles qui sont objectives et celles qui sont subjectives.**

Les économistes analysent aussi la **valeur** « **coût de production** » ou encore la « **valeur travail** » (K. MARX) et la « **valeur utilité** » et celle de l'« **utilité marginale** » (celle du dernier élément d'un ensemble).

⇒ loi de GOSSEN ; MARX ; monnaie ; PROUDHON ; utilité ; valeur travail ; valeur coût de production ; valeur utilité

2. Valeur, date et devises
(Valuta)
Cette dénomination est souvent **utilisée pour le calcul des intérêts** ; c'est la « **date de valeur** » ; on utilise aussi le terme « **jour de valeur** » : c'est la date à partir de laquelle une opération est effectivement portée au crédit ou au débit du compte d'un client. Cette date est habituellement mentionnée dans les « conditions générales » de la banque à moins qu'elle ne soit négociée avec le client.
On parle de date valeur ou d'échéance.

Dans une optique différente **on trouve la dénomination valeur pour désigner la valeur monétaire ou l'étalon monétaire d'un pays.**

L'expression allemande « Valuta-Akzept » désigne un effet de commerce (lettre de change) libellé en devises. De tels effets sont utilisés en matière de financement d'opérations de commerce extérieur.
⇒ lettre de change

VALEUR AJOUTÉE
Élément comptable permettant de déterminer la valeur créée par une entreprise au cours du processus de production. Elle est égale à la différence entre la valeur de la production et l'ensemble des charges en provenance de l'extérieur.

Schématiquement, l'on peut représenter ainsi la valeur ajoutée, à partir de la comptabilité de l'entreprise :

CHARGES		PRODUITS
consommations de l'exercice		production stockée
sous-traitance		
services extérieurs		
impôts et taxes	valeur ajoutée brute	
salaires et charges		production et fabrication vendues
dotations aux amortissements		
provisions		
charges financières et impôts sur les bénéfices		
résultats		production immobilisée
Total des charges	Valeur ajoutée	Total des produits

On calcule dans certains cas une valeur ajoutée nette qui est la valeur ajoutée brute moins les dotations aux amortissements.

La valeur ajoutée est à la base du calcul de l'agrégat le plus important de l'activité économique d'un pays, d'une région ou d'un groupe de pays, le Produit Intérieur Brut – PIB – qui est la somme des valeurs ajoutées brutes de l'ensemble des activités industrielles, commerciales et de services : c'est le total des richesses créées.
⇒ Produit Intérieur Brut ; taxe sur la valeur ajoutée

VALEURS CORPORELLES
Termes comptables désignant, dans une entreprise, **l'ensemble des biens que l'on peut physiquement mesurer, compter ou peser** : ce sont les terrains, les constructions, les installations, le matériel, l'outillage, etc.

Ces termes sont peu usités et la comptabilité préfère les termes d'immobilisations corporelles.
⇒ valeurs d'exploitation ; valeurs incorporelles

VALEURS D'EXPLOITATION
Termes comptables désignant, dans une entreprise, **les stocks** (matières premières, produits consommables, etc.) **et l'ensemble des produits en cours de fabrication et finis** (non vendus).

Dans un sens plus large, ce sont toutes les valeurs qui ne font pas partie intégrante du cycle « argent-marchandises-argent » ; on y trouve donc aussi le compte « clients », le compte « effets à recevoir », etc.

VALEURS DISPONIBLES
Terme de la comptabilité de l'entreprise.
On comprenait sous cette expression surtout l'encaisse et les avoirs en banque.

Cette notion a évolué et doit être prise au sens le plus large ; en effet, est disponible tout ce qui peut être employé immédiatement ou dans un intervalle de temps rapproché, y compris, le cas échéant, une partie des valeurs réalisables telles que les marchandises, les effets à recevoir négociables ou à l'échéance très rapprochée, les titres de placement.
⇒ valeurs réalisables ; trésorerie nette

VALEUR D'UNE PIÈCE DE MONNAIE EN OR
Il y a plusieurs valeurs :
- **la valeur nominale** : c'est celle qui figure sur l'avers de la pièce ; on dit aussi « valeur faciale » ;
- **la valeur intrinsèque** : elle représente la valeur au cours officiel du métal fin que la pièce renferme ; le cours officiel résulte de la loi monétaire de l'État concerné ; dans de nombreux pays les pièces en or ont eu un cours légal jusqu'à la Première Guerre mondiale (1914-1918) ; leur convertibilité a alors cessé ;
- **la valeur de fabrication** ; elle représentait, avant 1914, la valeur intrinsèque diminuée des frais de fabrication.
- **la valeur commerciale** qui est la valeur actuellement fixée par le cours de la Bourse.

On peut acquérir des pièces d'or (ou d'argent), notamment des pièces françaises, suisses ou américaines en fonction du cours de l'or.
⇒ prix de l'or et de l'argent

VALEURS IMMOBILISÉES
Termes de la comptabilité de l'entreprise.

Elles se composent de l'ensemble des valeurs qui se trouvent à la disposition de l'entreprise et qui lui permettent de réaliser une production et une activité commerciale. Il s'agit des biens corporels (terrains, immeubles, machines, installations) et des biens incorporels (brevets, licences, marques de fabrique, concessions etc.).

Il faut ajouter aussi les valeurs immobilisées financières (participations supérieures à 25 % du capital d'autres entreprises, autres valeurs mobilières, prêts consentis par l'entreprise, etc.).

Les valeurs immobilisées font partie intégrante de l'actif du Bilan.

Arithmétiquement, elles constituent également une partie du capital de base qu'on range au passif du Bilan.
⇒ actif ; amortissements ; bilan ; capitaux circulants ; dettes ; passif ; provisions

VALEURS INCORPORELLES
Termes comptables désignant, dans une entreprise, **l'ensemble des biens lui appartenant et qui n'ont pas d'existence physique** : brevets, licences, savoir-faire, études et projets de recherche et de développement, fonds commercial, marques, etc.

Les termes sont aussi utilisés pour désigner les services d'une façon générale ; ils sont alors synonymes de « biens immatériels ».

Ces termes sont cependant peu usités et, **en comptabilité, l'on préfère utiliser les termes d'immobilisations incorporelles.**
⇒ immobilisation ; valeurs corporelles

VALEUR MONÉTAIRE
Voir : MONNAIE

VALEURS RÉALISABLES
Termes de la comptabilité de l'entreprise.

Ces valeurs figurent à l'actif du Bilan et sont formées par les stocks, les créances, les titres de placement... Ce sont des valeurs qu'on peut transformer en argent liquide, dans un délai plus ou moins rapproché ; certains postes sont cependant difficiles à transformer : les créances douteuses ou les stocks sans valeur d'utilisation, notamment.
⇒ valeurs disponibles ; trésorerie nette

VALEUR TMT
Désignation des valeurs boursières des titres des secteurs « technologie-médias-télécommunications – TMT ».
⇒ Bourse

VALIDATION
Rendre valable, reconnaître les qualités et l'intérêt d'un processus de fabrication, d'une marchandise pour un certain usage, etc.

La validation des acquis professionnels, c'est-à-dire de l'expérience et des compétences acquises dans un métier ou un domaine déterminé, peut faire considérer ces acquis comme équivalents à un diplôme ou permettre d'effectuer une formation d'un niveau supérieur.
⇒ bilan de compétences ; qualification

VALUE ENGINEERING
Terme anglo-américain, littéralement le **« coût de l'ingénierie »**.

Les travaux préparatoires et analytiques qui précèdent la mise en œuvre d'un processus de fabrication ont pour objet **de déterminer les coûts et de les réduire** : c'est le « value engineering ».
⇒ coûts

VARIABILISATION DES COÛTS
Technique qui a pour objectif une adaptation systématique de l'entreprise dans le domaine de la production aussi bien qu'au plan commercial, en fonction de l'évolution des coûts ; ceux-ci sont potentiellement variables et leur suivi peut permettre leur meilleure optimisation.
⇒ coût

VARIABLE
Élément ou donnée qui, dans un ensemble, peut avoir différentes valeurs en fonction, notamment, de la conjoncture, du marché, d'événements extérieurs, de l'organisation.

La variation est la modification, l'évolution, le changement de cette variable.

VARIABLE ENDOGÈNE, VARIABLE EXOGÈNE
Dans les **modèles d'analyse économétriques**, les variables, c'est-à-dire **les éléments qui prennent des valeurs différentes et concernent ou expliquent l'intérieur du modèle sont les variables endogènes.** Au contraire, ces variables peuvent être **externes au modèle**, provenir ou se développer sans être expliquées par le modèle, ce sont les variables exogènes.

VARIANCE
Terme de **statistique**.

C'est le carré de l'écart type.

Dans une série numérique non ordonnée, la variance correspond à la moyenne des carrés des écarts par rapport à la moyenne de la série.

La variance caractérise la dispersion d'une série statistique. Elle peut être calculée avec ou sans pondération.

Si $\bar{X}$ est la moyenne d'une série,

X_i la 1re valeur de la série,

$X_i - \bar{X}$ l'écart de la 1re valeur par rapport à la moyenne $\bar{X}$ de la série,

n le nombre de valeur de la série,

la variance V sera :

$$V = \frac{\sum (X_i - \bar{X})^2}{n}$$ sans pondération et

$$V = \frac{\sum n_i (X_i - X)^2}{n}$$ avec pondération

l'écart-type sera alors $X = \sqrt[2]{V}$
⇒ écart-type ; moyenne

VARIATION
Voir : VARIABLE

VAUBAN Sébastien LE PRESTRE, marquis de (1633-1707)
Ingénieur et urbaniste militaire français qui fut le grand constructeur des places fortes du règne du roi de France Louis XIV, **VAUBAN est aussi un savant agronome et un éminent économiste dont les réflexions et les études ne connaîtront souvent qu'une application dans les siècles suivants** notamment dans le domaine de l'impôt avec son *« Projet d'une dixme royale »* (1706), de la démographie ou de la statistique.

VEBLEN Thorsten Bunde (1857-1924)
Américain, d'origine norvégienne, il est à la fois philosophe, économiste, mais aussi historien et anthropologue. Professeur à l'Université de Chicago (EU) il connaît le succès avec son ouvrage *Théorie de la classe de loisir* – 1899 – dans lequel **il considère que les instincts plus que la raison mènent les individus**.
Il compte parmi les institutionnalistes et il est considéré comme **le père de l'institutionnalisme américain qui propose l'étude économique par l'analyse du fonctionnement des institutions et leur histoire**.
⇒ institutionnalisme

VEILLE ÉCONOMIQUE
Voir : INTELLIGENCE ÉCONOMIQUE

VENTE
C'est un contrat par lequel un vendeur échange contre de l'argent une marchandise dont la propriété est transférée à l'acheteur.
La vente est l'action commerciale essentielle ; il ne suffit pas de produire, il faut vendre.
La vente peut revêtir de multiples aspects et ses principales dispositions juridiques sont réglées par le Code civil dans la plupart des pays.
La législation de l'UNION EUROPÉENNE – UE – vise à **interdire les ventes forcées dues à un marketing agressif et les pratiques commerciales trompeuses** ainsi qu'à harmoniser les réglementations des États membres de l'UE sur les pratiques commerciales déloyales.
Les termes de **« vente par appartements »** ne concernent pas l'immobilier mais sont employés lorsqu'une entreprise qui connaît des difficultés cède, une par une, certaines de ses activités.
Par contre, la **« vente à la découpe »** consiste pour le propriétaire d'un immeuble composé de plusieurs appartements à vendre successivement chacun de ceux-ci.
Dans l'immobilier, la **« vente en l'état futur d'achèvement »** concerne un bien (maison individuelle ou appartements d'un immeuble) que l'on acquiert sur la base d'un plan et d'un cahier des charges, alors que la construction n'est pas réalisée ; le prix est payé au fur et à mesure de l'avancement des travaux.
⇒ contrat de vente

VENTE À RÉMÉRÉ
Contrat par lequel le vendeur a la possibilité de récupérer le bien vendu. Dans ce cas il devra en rembourser le prix ainsi que tous les frais en rapport avec l'opération de rachat. Le droit de rachat devrait être exercé dans un délai déterminé par la législation en vigueur.
On dit aussi « réméré ».
⇒ vente

VENTE AUX ENCHÈRES
Technique consistant à vendre une chose, un article, une marchandise au plus offrant, au meilleur prix proposé.
Les ventes aux enchères publiques (ou par adjudication) ont lieu en général dans les salles de vente (local spécialisé dans ce type de vente), et se font de vive voix, en principe par l'intermédiaire d'un spécialiste (notaire) sous la direction d'un responsable compétent (commissaire priseur). Ce type de vente est réglementée dans la plupart des pays.
Les acheteurs éventuels offrent un prix (dont le montant va croissant) : on dit qu'ils enchérissent, c'est-à-dire, font « monter les enchères » (par extension, les termes sont utilisés pour qualifier les moyens utilisés pour obliger quelqu'un à aller plus loin dans une proposition ou un accord).
Les enchères « à l'américaine » consistent à conclure la vente avec le dernier enchérisseur même si son offre n'est pas la plus élevée.
Les **« enchères hollandaises »** sont des enchères qui permettent la mise en vente d'une quantité déterminée d'objets identiques ; les enchérisseurs indiquent le prix qu'ils offrent (éventuellement dans une fourchette de prix fixée par le vendeur) et la quantité demandée ; le prix est celui offert par le meilleur enchérisseur qui acquiert la quantité qu'il a demandée ; les autres enchérisseurs peuvent acquérir au même prix, dans les limites de quantité fixée.
La vente aux enchères peut concerner l'introduction en Bourse d'actions d'une société.
On parle aussi de **« vente à l'encan »** en cas de vente aux enchères publiques de biens meubles par décision de justice.
Pour les enchères publiques, la vente est consentie à l'**adjudicataire** ; si celui-ci ne peut en payer le prix, il y a « folle enchère ».
⇒ folle enchère

VENTE CROISÉE
Voir : CROSS-SELLING

VENTE DE MARCHANDISES « DISPONIBLES »
Le vendeur doit livrer la marchandise sur première demande de l'acheteur.
⇒ vente

VENTE PAR CORREPONDANCE – VPC
Vente sur catalogue qui a connu un développement important et qui est aujourd'hui pratiquée par de nombreuses, et parfois très importantes, sociétés spécialisées.
Les produits vendus par correspondance sont de toutes natures et concernent tous les besoins des consommateurs.
Les ventes et les achats à distance par INTERNET (« on line – en ligne ») se sont considérablement mutipliés et constituent désormais une part importante de l'activité commerciale, le « catalogue » étant lui-même consultable (y

compris parfois avec des démonstrations et des animations) sur le site INTERNET de l'entreprise ; le paiement peut lui-même être effectué par INTERNET (les paiements « en ligne » sont généralement sécurisés).
⇒ INTERNET ; vente

VENTE « POIDS À CONSTATER AU DÉBARQUEMENT OU À DESTINATION »
Le prix à payer pour une livraison de marchandises est déterminé au débarquement (transport maritime) ou au déchargement (transport terrestre). Le vendeur a la possibilité de faire procéder à la pesée des marchandises au départ. Dans ce cas l'acheteur en devient propriétaire et supporte les risques en cas de non-livraison.
⇒ vente

VENTE « SAUF BONNE ARRIVÉE DU NAVIRE »
Terme du commerce maritime.
Les risques de la navigation incombent à l'acheteur. Au cas où le contrat de transport maritime ne serait pas exécuté, le vendeur pourrait, dans certains cas, invoquer une « **fortune de mer** » c'est-à-dire un événement grave survenu en mer causant des dommages au navire et à sa cargaison, pour expliquer que le navire n'a pas pu atteindre le port de destination. Le vendeur ne peut pas non plus être rendu responsable des avaries.

VENTE SUR ÉCHANTILLON
L'acheteur n'acceptera pas d'autres marchandises que celles conformes à l'échantillon.
⇒ vente

VENT-FOR- SURPLUS THEORY
Termes anglo-américains, littéralement « **théorie pour utiliser les surplus** ».
Si la capacité de production d'un pays n'est pas exploitée totalement, le commerce extérieur peut apporter une possibilité de l'utiliser ; cette notion est assez complexe ; elle a été soutenue par l'économiste et philosophe Adam SMITH qui proposait d'utiliser les ressources non exploitées d'un pays pour développer des activités d'exportation. A. SMITH manifestait ainsi son intérêt pour le **développement du commerce international**.
⇒ exportation ; production ; SMITH

VENTRE
Voir : UNE

VENTURE CAPITAL
Termes anglo-américains que l'on peut traduire par « **capital spéculatif** », « **capital-risque** » ou « **capital de risque** ».
Il est d'usage que ceux qui apportent des capitaux demandent des garanties en cas d'ouvertures de crédits et de prêts lors de la création d'une entreprise ; la garantie est alors exclusivement dépendante de la réussite de l'opération. C'est pour ce motif qu'on parle de « capital-risque » : celui qui investit, notamment le banquier, assume le risque de l'entreprise qu'il finance.
Certains organismes financiers et des banques d'affaires se sont spécialisés pour intervenir ainsi, notamment dans les domaines de haute technologie ; ce sont les sociétés de capital-risque.
⇒ crédit ; investissement

VERBATIM
Rapport précis ou analyse détaillée d'un fait, d'un événement, d'une situation en général rédigé par écrit.

VIAGER
Il s'agit d'une **forme particulière de rente** : le propriétaire d'un bien immobilier vend son bien avec un paiement, par l'acquéreur (le débit-rentier) sous forme de versements réguliers, pendant toute la durée de la vie du vendeur (crédit-rentier) ou pendant un temps déterminé. L'acquéreur n'entre en possession du bien qu'au décès du vendeur ou à l'expiration du temps fixé.
La rente viagère fait l'objet de barèmes qui tiennent compte de l'âge du crédit-rentier ; ils peuvent être revalorisés en fonction de l'évolution du coût de la vie.
Dans certains cas, le débit-rentier verse comptant à la signature du contrat une partie de la somme due (le « **bouquet** »), le solde étant converti en une rente.
La rente d'un immeuble en viager est parfois qualifiée de « **vente à fonds perdus** ».
⇒ rente

VICE DU CONSENTEMENT
C'est un fait ou un ensemble de faits tels que **le consentement n'existe pas** : il a été donné par erreur ou sous l'effet de la violence ou en raison de manœuvres dolosives ou frauduleuses. **Les vices de consentement entraînent la nullité de l'acte.**
⇒ dol ; erreur ; violence

VICE RÉDHIBITOIRE
Il s'agit d'un vice qui n'est pas apparent mais caché ; c'est un défaut qui n'apparaît pas clairement et ne se révèle qu'ultérieurement. Un tel vice permet de demander l'annulation du contrat.

VICKREY William Spencer (1914-1996)
Économiste canadien, professeur à l'Université Columbia de New York (EU). C'est le **grand spécialiste et le théoricien des marchés d'enchères** ce qui lui vaudra le **Prix Nobel d'économie** en 1996. Ces travaux ont aussi concerné la fiscalité, les assurances, le crédit et les problèmes de prix des services publics.

VICO Giambattista (1668-1744)
Philosophe, juriste, poète et écrivain italien, G. VICO est l'auteur d'une œuvre littéraire très importante et abondante, surtout consacrée à la civilisation. Mais c'est la *Scienza nuova* – « *Science nouvelle* » qui émerge de ses réflexions : G. VICO y propose l'instauration d'un monde favorable à l'épanouissement de la nature humaine, à son évolution et à son harmonieux développement.

VILETÉ DE PRIX
Le prix de vente d'un bien doit être correctement fixé. Il ne doit donc être ni exorbitant, ni trop bas ; **ceci signifie qu'une vente à vil prix ou à un prix injustifié peut être annulée** sous certaines conditions et éventuellement rescindée par un tribunal.
Ce terme de vileté est pratiquement inusité.
⇒ prix

VILLERMÉ Louis René (1782-1863)
Chirurgien français, passionné de sociologie et s'y consacrant peu à peu pleinement, L. R. VILLERMÉ s'intéresse à **tous les aspects de la vie des différents milieux sociaux mais plus particulièrement aux ouvriers de l'industrie**. On lui doit

une monumentale étude *Tableau de l'état physique et moral des ouvriers dans les fabriques de coton, de laine et de soie* (1840).

VINTAGE
C'est théoriquement l'appellation d'un vin de Porto qui a plus de dix ans d'âge. **Par extension, le terme est utilisé dans de nombreux domaines pour qualifier un produit bien adapté, de qualité,** même s'il n'est pas de la dernière mode ou très récent ; **une personne « vintage » sera, par son expérience professionnelle, toujours parfaitement adaptée aux techniques nouvelles et au fait de l'actualité.**

VIOLENCE
C'est un vice du consentement.
Il y a violence si le consentement a été donné sous l'effet de manœuvres qui sont de nature à faire pression sur un être normal et raisonnable ou l'influencer.
La violence peut être physique (voies de fait) ou elle peut aussi être morale (chantage).
⇒ dol ; vice du consentement

VIRUS
Programme conçu pour détruire certaines des capacités ou endommager les parties les plus vitales d'un ordinateur.
L'infection par un virus peut détruire des fichiers, des applications, se propager de proche en proche par INTERNET, se multiplier ou encore permettre de manipuler à distance les mémoires d'un ordinateur.
Il existe sur le marché des programmes antivirus efficaces mais la véritable protection est dans la copie des travaux effectués (« sauvegarde ») sur disquette ou CD-ROM.
⇒ INTERNET

VISCOSITÉ
Voir : FLUIDITÉ

VISIOCONFÉRENCE
Réunion de plusieurs personnes qui sont cependant physiquement éloignées les unes des autres et qui communiquent, discutent et délibèrent en utilisant tous les moyens de transmission de la parole et de l'image par INTERNET.

VITESSE DE CIRCULATION DE LA MONNAIE
Elle représente le nombre d'opérations de toute nature qu'une même unité monétaire permet d'effectuer en un temps déterminé (en principe une année). La monnaie rend donc d'autant plus de services (au sens économique du terme) qu'elle change de détenteur, mais il faut constater que la vitesse de circulation change avec les habitudes de ses détenteurs.
Cette vitesse de circulation de la monnaie peut être schématisée par une formule.

Si **M** est le volume monétaire,
  P le volume des paiements,
  V le nombre moyen de paiements pendant une période donnée et donc la vitesse de circulation de la monnaie,
on peut écrire :
$P = M \times V$
Une partie du volume monétaire ne circule pas, il est thésaurisé.
Si **R** est le volume des revenus encaissés,
et **V'** la vitesse de circulation corrigée,
on peut écrire :
$R = M \times V'$
On introduit ici la notion de revenu ; on parle alors de « l'income velocity of money », c'est-à-dire de **« la vitesse-revenu de la monnaie ».**
⇒ monnaie ; thésaurisation

VOIES DE RECOURS
Ensemble des moyens définis par la loi pour contester, sur le fond ou sur la forme, le jugement d'un tribunal ou d'une cour de justice.

VOLATILITÉ
Terme synonyme d'instabilité, de mobilité, de fluctuant.

VOLONTÉ GÉNÉRALE
Exprime le souhait, l'opinion ou encore l'action d'une collectivité dans une démocratie, c'est-à-dire lorsque la souveraineté est exercée par le peuple ou par ses représentants. Cette « volonté générale » est donc le reflet de celle du peuple.
Le terme s'utilise aussi dans le cadre d'une organisation ou d'une institution lorsque le système d'organisation et les décisions tiennent compte des volontés individuelles de chacun pour dégager et forger une « volonté générale ».

VOSTRO OU LORO
Termes italiens d'origine latine, littéralement « votre » ou « leur » (au pluriel VOSTRI ou LORI).
Dans le domaine bancaire, il est d'usage que les banques étrangères se fassent ouvrir des comptes auprès d'établissements bancaires établis sur le territoire national. Pour les banques qui accueillent c'est-à-dire les banques correspondantes chacun de ces comptes est un compte « vostro ».
⇒ nostro

VOUCHER
Dans le commerce du tourisme, c'est un bon d'échange remis par une agence de tourisme ou un organisateur de voyages (« tour operator ») pour obtenir une prestation déterminée (transport, logement, repas, etc.).
Dans une tout autre acception, le terme désigne un titre négociable représentant une part d'actif d'une entreprise publique, acquise par une personne privée (terme peu usité).

WAGE PUSH INFLATION
Terme anglo-américain, littéralement « **inflation par l'augmentation des salaires** ».
Si un ou plusieurs des éléments des coûts de production augmentent, notamment si l'entreprise cède à des revendications salariales qui font baisser la productivité, l'entreprise essaiera de reporter cette hausse des coûts sur le consommateur en augmentant les prix.
⇒ demande ; productivité

WAGNER Adolph Heinrich Gotthill (1835-1917)
Économiste allemand, professeur aux Universités de Vienne (Autriche), de Hambourg, de Fribourg et de Berlin (Allemagne).
Il a élaboré une loi selon laquelle l'augmentation du rythme et le développement de l'activité économique, et donc du niveau de vie, conduisent à une croissance constante des dépenses publiques : c'est la « **Loi de WAGNER** » ; l'administration doit, en effet, s'adapter et participer à cette évolution, les besoins de services d'intérêt général, notamment, ayant tendance à augmenter.
Il a publié de nombreux ouvrages sur la banque et le crédit ainsi que des manuels d'économie politique et de droit.

WALRAS Auguste (1800-1866)
Économiste et philosophe français, auteur de *De la nature de la richesse et de l'origine de la valeur* (1831) et de *Théorie de la richesse sociale* (1848) deux ouvrages dont son fils Léon WALRAS s'inspirera dans ses travaux.
⇒ WALRAS Léon

WALRAS Léon (1834-1910)
Économiste français, professeur à l'Université de Lausanne (Suisse) auteur d'un ouvrage marquant : *Éléments d'économie pure* publié en 1874.
Pour L. WALRAS, l'économie pure est une science, l'économie appliquée un art et l'économie sociale analyse la répartition des richesses ; ensemble, ces trois divisions de l'économie forment un tout.
Reprenant les travaux de son père Auguste WALRAS, il démontre par une formulation mathématique l'équilibre général de l'économie compte tenu de l'indépendance des marchés dans une situation de libre concurrence parfaite.
L. WALRAS poursuit son raisonnement **en mettant en évidence l'équilibre entre l'investissement et l'épargne**, les taux d'intérêt étant un prix d'équilibre entre l'offre et la demande.
L. WALRAS est à l'origine des théories néo-classiques de l'**École de Lausanne, le marginalisme**, qui introduit la notion essentielle de l'**utilité marginale d'un bien** : c'est l'augmentation de l'utilité que procure, pour le consommateur, l'unité supplémentaire d'un bien toutes choses égales par ailleurs.
La démonstration sera reprise par PARETO.
⇒ PARETO ; WALRAS Auguste

WAP OU W@P
Voir : WIRELESS APPLICATIONS PROTOCOL

WAR DRIVING
Terme anglo-américain, littéralement « **conduite de guerre** ». C'est le piratage des réseaux de transmission de données informatiques. C'est un type « d'écoute » de réseaux informatiques si ceux-ci ne sont pas suffisamment protégés.
⇒ INTERNET ; wi-fi

WARRANT COMMERCIAL
C'est un effet de commerce qui permet d'emprunter soit en gageant des marchandises stockées dans des « magasins généraux », soit par le nantissement de biens mobiliers (outillage, matériel, récolte, etc.).
⇒ effet de commerce ; gage ; magasins généraux ; warrant financier ; nantissement

WARRANT FINANCIER
Le « warrant financier » a actualisé, à partir des années 1980, la technique du « warrant commercial » en créant un nouveau type de valeurs mobilières ; ce warrant donne le droit d'acheter ou de vendre des supports très variés (action, devise, indice boursier, matière première, etc.) **à un prix fixé jusqu'à une date d'échéance déterminée**.
L'établissement financier qui crée le warrant en assure la diffusion par **des quantités minimales fixées (c'est la quotité)** en distinguant les opérations :
– **de droit d'acheter**, c'est le « CALL WARRANT » (donc en supputant une hausse du cours concerné),
– **de droit de vendre**, c'est le « PUT WARRANT » (donc en envisageant une baisse du cours).
Les warrants engendrent un « effet de levier » important positif ou négatif.
Les warrants sont journellement cotés en Bourse.
⇒ effet de levier ; quotité ; valeur mobilière ; warrant commercial

WEB
Voir : WORLD WIDE WEB

WEB AGENCY
Terme anglo-américain pour « metteur en toile ».
Société spécialisée dans les services concernant INTERNET et notamment la réalisation de sites et de portails.
Toutes les entreprises, organismes, institutions et collectivités ont, pour la plupart, un site INTERNET (**un « serveur »**) ouvert au public et ont besoin, pour la conception et la maintenance, de prestataires de services spécialisés.
⇒ INTERNET ; serveur

WEBCAM
Littéralement « **caméra sur le web** » ou « **caméra sur la toile** ».
Caméra numérique reliée à un ordinateur permettant, par INTERNET, de transmettre, en temps réel, des images.
Une WEBCAM peut faire partie d'une installation privée ou concerner un lieu public (surveillance, contrôle, information, etc.).
⇒ INTERNET ; toile ; world wide web

WEBER Alfred (1868-1959)

Économiste, sociologue et homme politique allemand, professeur à Prague (République Tchèque) et à Heidelberg (Allemagne), En raison de son attitude « critique » à l'égard du « Nationalsozialismus » (« National Socialisme ») il a été mis à la retraite prématurément dans les années 1930. Ses travaux ont porté notamment sur **l'histoire culturelle** ; il a publié *Kulturgeschichte als Kultursoziologie* – « *Sociologie culturelle* ». Ses études ont aussi porté sur les **problèmes sociaux et économiques en Allemagne et en Europe**.
⇒ WEBER Max

WEBER Max (1864-1920)

Juriste, sociologue, économiste allemand.
L'importance de M. WEBER réside dans ses **recherches méthodologiques** ainsi que dans ses travaux socio-religieux. Il a mis en évidence la relation entre **l'éthique protestante et la naissance du capitalisme**. Max WEBER est aussi l'auteur d'une **œuvre politique importante** qui témoigne de l'évolution de la pensée politique européenne au tout début du XXe siècle.
Il ne faut pas le confondre avec Alfred WEBER.
⇒ WEBER A.

WEBMASTER

Terme anglo-américain que l'on peut traduire par « **administrateur de site web** » ou encore par « **maître de la toile** ».
Le terme s'applique aussi bien au **responsable de l'administration générale d'un site INTERNET ou INTRANET** qu'à celui qui, dans une structure plus importante, a la responsabilité de son développement, a des fonctions techniques ou de coordination ou s'occupe des problèmes de commercialisation.
⇒ INTERNET ; INTRANET ; toile ; web

WELCOME PACKAGE

Voir : GOLDEN HANDSHAKE

WELFARE STATE

Littéralement « **État providence** ».
Terme anglo-américain qualifiant un **État qui accorde à ses citoyens un cadre social en mesure de redresser (d'équilibrer) les règles du marché**. Les termes « État social » ou « État de bien-être » sont synonymes.
⇒ bien-être

WERNER Pierre (1913-2002)

Homme politique et économiste du Grand-Duché de Luxembourg dont il fut ministre des Finances et Premier Ministre, P. WERNER restera dans l'Histoire surtout comme **l'inspirateur majeur de** « **l'union économique et monétaire européenne** ». Auteur, avec le français Raymond BARRE du « PLAN WERNER » il préconisa dès 1970, **le** « **système monétaire Européen** » mis en place en 1979 et « **l'Union économique et monétaire** » entre les pays de la communauté Économique Européenne (CEE) ; reprise par J. DELORS en 1989, cette idée ne sera effectivement concrétisée que lors de la mise en œuvre du Traité de Maastricht avec l'entrée en vigueur de l'euro (1er janvier 1999) et sa mise en circulation (1er janvier 2002).
⇒ BARRE ; DELORS ; euro ; COMMUNAUTÉ ÉCONOMIQUE EUROPÉENNE ; Système monétaire Européen ; Union économique et monétaire ; UNION EUROPÉENNE

WHITE COLLAR WORKER

Voir : OPEN-COLLAR-WORKER

WI-FI

Acronyme anglo-saxon pour « Wireless Fidelity », littéralement « **haute fidélité sans fil** » ;
Technologie de réseau local sans fil permettant la transmission de données informatiques par INTERNET. Le Wi-Fi utilise un système de bornes d'accès pour couvrir une zone déterminée.
Le Wi-Fi est pour l'informatique ce que la technologie GSM (Global System for Mobile Communications ») est au téléphone cellulaire.
⇒ GSM ; INTERNET

WICKSELL John Gustav Knut (1851-1926)

Mathématicien, homme politique et économiste suédois, J. WICKSELL a élaboré la **théorie du taux d'intérêt naturel** ; c'est la théorie dite aussi de « l'équilibre général » dans laquelle, à côté du taux d'intérêt réel ou naturel, fonction de l'offre de capital, **il y a un taux d'intérêt nominal** qui est lui, le prix de la monnaie, soit tel qu'il est déterminé par le marché, soit tel qu'il est fixé par la Banque Centrale.
Les entreprises selon WICKSELL vont donc tenir compte de ces deux taux, pour investir ou non et donc influer sur l'activité économique.
⇒ Banque Centrale ; intérêt ; théorie du taux d'intérêt naturel

WIESER Friedrich Von (1851-1926)

Économiste autrichien, homme politique (il fut ministre du Commerce) et professeur à l'Université de Vienne (Autriche), Von WIESER a étudié particulièrement les **rapports entre l'utilité et la valeur**.
Conscient d'un nécessaire rôle économique pour l'État il veut avec lui encadrer et canaliser les excès du libéralisme, tout en réclamant le respect et l'égalité des droits économiques fondamentaux pour tous.
⇒ libéralisme ; utilité ; théorie monétaire du revenu ; valeur

WILLIAMSON Oliver E. (1932-)

Économiste américain, ingénieur du Massachusetts Institute of Technology – MIT – collaborateur du Gouvernement des États-Unis, professeur aux Universités de Pennsylvanie, de Yale et de Berkeley (E-U), O. E. WILLIAMSON est un **spécialiste des coûts des transactions (ou des échanges)** pour lesquelles il propose une organisation adaptée, aussi bien pour les marchés, les entreprises qu'au niveau de l'état. Deux ouvrages ont fait connaître les travaux de O. E. WILLIAMSON : *Markets and Hierarchies* – « *Marchés et Hiérarchies* » (1975), et *The economic Institutions of Capitalism* – « *Les institutions de l'économie capitaliste* » (1985).

WINDOW-DRESSING

Voir : HABILLAGE DU BILAN

WIRELESS APPLICATION PROTOCOL – WAP OU W@P

Termes anglo-américains, littéralement « **protocole d'application sans fil** ».
Cette technologie permet d'accéder, sous certaines conditions, au réseau INTERNET avec un téléphone cellulaire (téléphone mobile) utilisant notamment la norme GSM (« Global System for Mobile Communications » – « Système global pour les communications mobiles »).
L'accès à de nombreuses informations est ainsi rendu possible ainsi que l'envoi de courriels (« courriers électroniques » ou « e-mails »).
⇒ GSM ; INTERNET

WORLD ECONOMIC FORUM – WEF
Voir : MONDIALISATION

WORLD WIDE WEB – WWW OU W3
Termes anglo-américains signifiant littéralement « **la toile d'araignée autour du monde** ». Le WEB est structuré en pages multimédias, regroupées sur un site ou un domaine. **La recherche se dit « surfer » sur « la toile ».**

Le sigle « www » précède l'adresse d'un site INTERNET qui comprend aussi le nom (entreprise, organisation, association, individu, etc.) et généralement la localisation du site (pays) « .com » ou « .org ».

Ces indications (en lettres minuscules) et la mention « http:// » (hyper text transmission protocol – protocole de transfert des pages hypertextes sur le web (« la toile ») constituent l'**URL** (« **Uniform Resource Locator** » ou « **localisateur** ») c'est-à-dire l'**adresse d'un site** en conformité avec le système standardisé d'adressage.

⇒ Uniform Resource Locator

XÉNOPHOBIE
Mot d'origine grecque qui signifie « **la peur des étrangers** ». La xénophobie se concrétise en matière économique par **des discriminations** : emploi, salaires, prêts à la consommation ou immobiliers, etc.
⇒ apartheid ; discrimination

XÉNOPHON (430-355 avant J.C.)
Élève de SOCRATE (470-399 av. J.C.), rival de PLATON (427-348 av. J.C.), le philosophe grec XÉNOPHON fut aussi militaire, historien (il est l'auteur de plusieurs traités d'histoire) et agriculteur. C'est son expérience de chef d'entreprise agricole qui lui inspira le premier ouvrage d'économie *L'économique* (vers 380 av. J.C.) dans lequel il conseille sur l'art d'administrer et d'exploiter.

YIELD MANAGEMENT
Terme anglo-américain, littéralement « **gestion du rendement** ».
C'est en pratique la gestion des taux de remplissage et leur évolution dans les services : hôtellerie, transports (aérien notamment), clubs de vacances, etc.

ZAIBATSU
Type de holding japonais créé dès le XIXᵉ siècle.
Même si ce type d'entreprise a évolué – **on les désigne aujourd'hui sous le nom de ZAÏKAI** – leur organisation, le plus souvent à base d'intérêts familiaux, reste extrêmement complexe avec une concentration aussi bien verticale qu'horizontale, regroupant des activités financières, industrielles et commerciales.
⇒ holding

ZAÏKAÏ
Voir : ZAIBATSU

ZOLLVEREIN
Union douanière allemande, initiée par l'économiste et politologue F. LIST, créée en 1834 et qui a réuni 25 États (Länder) d'Allemagne malgré la réticence de certains (Hambourg, Brème, Mecklenbourg, etc.). Le Zollverein a regroupé aussi l'Alsace-Lorraine annexée (de 1871 à 1918) et le Grand-Duché de Luxembourg (de 1842 à 1918).
Le Zollverein a bien répondu à ses deux objectifs : libre-échange à l'intérieur et protectionnisme vis-à-vis de l'extérieur.
Le Zollverein a été dissous en 1918.
⇒ libre-échange ; LIST

ZINZINS
Voir : INVESTISSEURS INSTITUTIONNELS

ZONE D'ACHALANDAGE
Voir : CHALAND

ZONE DE LIBRE-ÉCHANGE DES AMÉRIQUES – ZLEA
en anglais : FREE TRADE AREA OF THE AMERICAS – FTAA
Organisation internationale regroupant 34 pays du continent américain (Amérique du Nord et Amérique du Sud) et des Caraïbes créée en 1994 et dont l'objectif est de mettre en place, en 2005, une zone de libre-échange entre tous les pays membres, de l'Alaska à la Patagonie.
L'organisation est soutenue par la BANQUE INTERAMÉRICAINE DE DÉVELOPPEMENT – BID – et l'ORGANISATION DES ÉTATS AMÉRICAINS – OEA.
Cependant, la ZLEA est en concurrence avec les trois autres organisations majeures du continent américain, l'ASSOCIATION DE LIBRE-ÉCHANGE DE L'AMÉRIQUE DU NORD – ALENA – qui regroupe les États-Unis, le Canada et le Mexique d'une part, le MARCHÉ COMMUN DU SUD – MERCOSUR – qui rassemble le Brésil, l'Argentine, le Paraguay et l'Uruguay, et la COMMUNAUTÉ ANDINE – CAN – qui comprend la Bolivie, la Colombie, l'Équateur, le Pérou et le Vénézuela, d'autre part.
Internet : **http://www.ftaa-alca.org**
⇒ libre-échange ; ASSOCIATION DE LIBRE-ÉCHANGE DE L'AMÉRIQUE DU NORD ; BANQUE INTERAMÉRICAINE DE DÉVELOPPEMENT ; COMMUNAUTÉ ANDINE ; MARCHÉ COMMUN DU SUD ; ORGANISATION DES ÉTATS AMÉRICAINS

ZONE EURO
Voir : EURO

ZONE FRANCHE
Le régime de la zone franche est assimilable à celui du port franc ; c'est une portion de territoire qui échappe à la douane en bénéficiant souvent de dispositions favorables notamment fiscales mais aussi de services à prix réduits, d'avantages divers, etc. Les biens qui y sont, en principe, déposés sont exportés ultérieurement.
Certains pays ont créé des « zones franches » qui n'ont pas d'activité d'exportation : il s'agit de zones industrielles qui bénéficient de privilèges particuliers, notamment pour y faciliter la création d'emplois.
⇒ port franc

Graphiques

Sommaire

1 - Formation du prix en régime de concurrence parfaite
2 - Coûts et degrés d'activité
3 - Isocoût, isoquant
4 - Effet Giffen
5 - Offre atypique
6 - Courbe de Phillips
7 - Élasticité de l'offre
8 - Élasticité de la demande
9 - Écart inflationniste et écart déflationniste
10 - Emploi
11 - Conjoncture
12 - Croissance organique
13 - Loi des rendements
14 - Monopole : ventes, coûts, bénéfices en régime de monopole parfait
    14-1 - Représentation globale
    14-2 - Représentation unitaire
15 - Point mort ou point critique
16 - Production minimum
17 - Production optimale
18 - Rendement marginal et coût marginal
19 - Rendement moyen et rendement marginal
20 - Fonction de consommation macroéconomique et fonction d'épargne macroéconomique

Les graphiques qui illustrent certaines définitions sont indiqués par le signe ▶ après les commentaires.

Graphiques

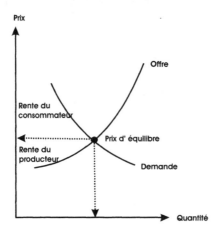

Graphique 1 - **Formation du prix en régime de concurrence parfaite.**

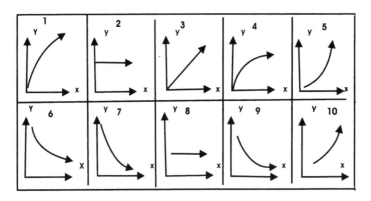

X = Quantités
Y = coûts

1. coût total
2. coûts fixes
3. coûts variables proportionnels
4. coûts variables moins que proportionnels
5. coûts variables plus que proportionnels
6. coût total moyen
7. coûts fixes moyens
8. coûts proportionnels variables moyens
9. coûts variables moins que proportionnels moyens
10. coûts variables plus que proportionnels moyens

Graphique 2 - **Coûts et degrés d'activité.**

Graphiques

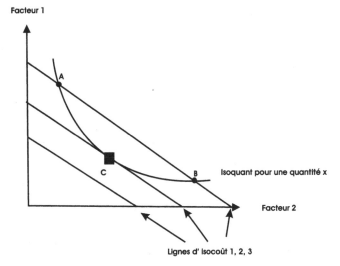

La combinaison (1, 2) admet 2 combinaisons sur la ligne d'isocoût 3 (A; B) pour une quantité x (trop onéreuses).

Meilleure possibilité :
La combinaison des facteurs de production (1, 2) montre un point de contact entre la ligne d'isocoût 2 et l'isoquant (C).

La ligne d' isocoût 1 est peu intéressante du fait qu'il n'y a ni d' intersection ni de contact avec l'isoquant.

Graphique 3 - **Isocoût, isoquant.**

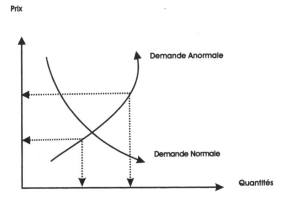

→ Elasticité de la demande
→ Elasticité de l'offre
→ Offre atypique

Graphique 4 - **Effet Giffen.**

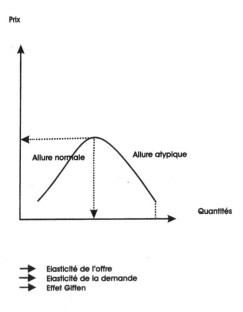

Graphique 5 - **Offre atypique.**

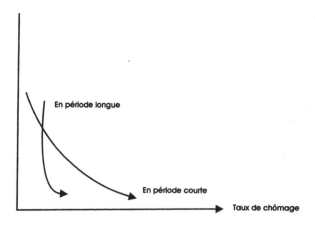

Graphique 6 - **Courbe de Phillips.**

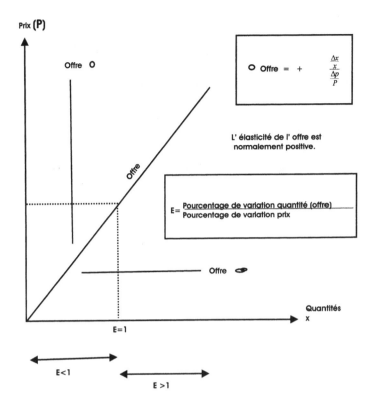

Graphique 7 - **Élasticité de l'offre.**

Graphiques

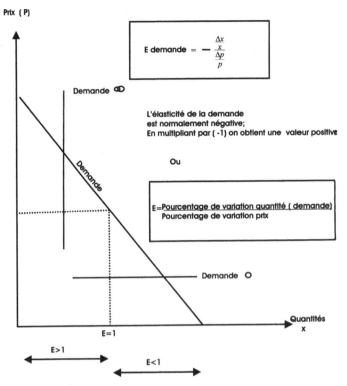

Graphique 8 - **Élasticité de la demande.**

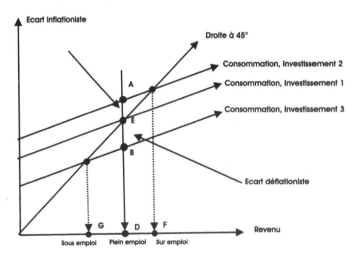

Graphique 9 - **Écart inflationniste et déflationniste.**

Graphiques

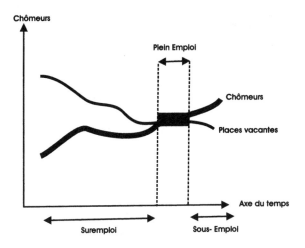

Graphique 10 - **Emploi.**

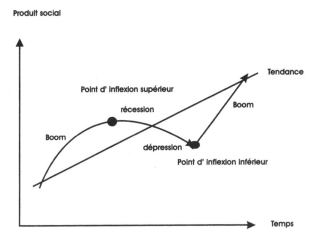

Graphique 11 - **Conjoncture.**

Graphiques

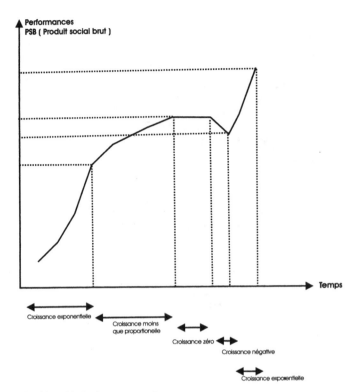

Graphique 12 - **Croissance organique.**

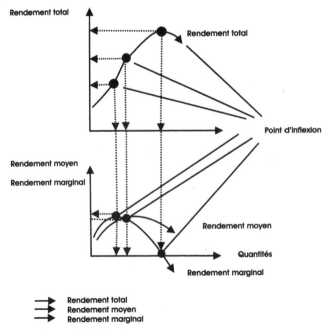

Graphique 13 - **Loi des rendements.**

Graphiques

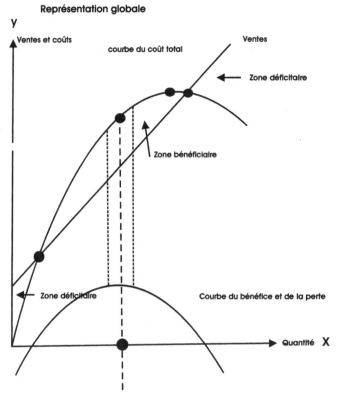

Graphique 14.1 - **Monopole** : ventes, coûts, bénéfice en régime de monopole parfait.

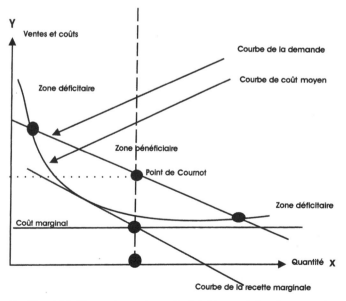

Graphique 14.2 - **Monopole** : ventes, coûts, bénéfice en régime de monopole parfait.

Graphiques

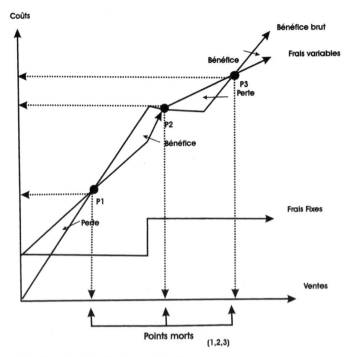

Graphique 15 - **Point Mort ou point critique.**

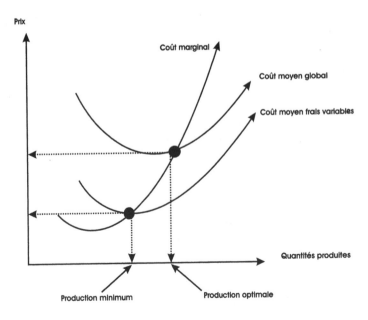

Graphique 16 - **Production Minimum.**

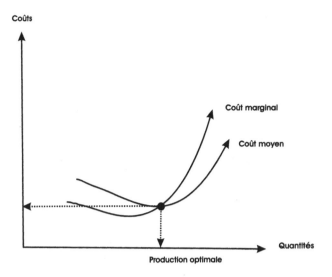

Graphique 17 - **Production optimale.**

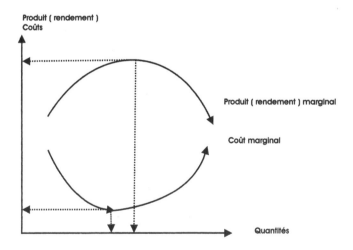

Graphique 18 - **Rendement marginal et coût marginal.**

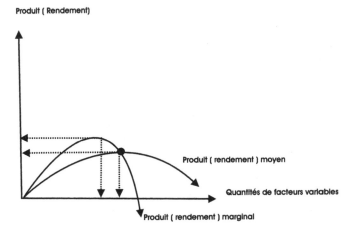

Graphique 19 - **Rendement moyen et rendement marginal.**

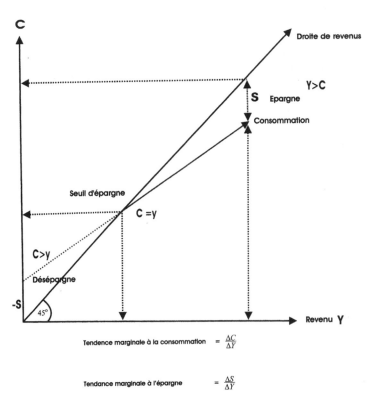

Graphique 20 - **Fonction de consommation macroéconomique et fonction d'épargne macroéconomique.**

Sigles & acronymes

Nous donnons, face à l'acronyme ou au sigle, l'appellation complète, commentée dans l'ouvrage, avec, si nécessaire, la mention « Voir » qui renvoie à une autre appellation.
Les sigles et les acronymes d'usage très courant sont classés dans l'ouvrage par ordre alphabétique avec leur définition mais, par commodité, figurent aussi dans cette liste.
Pour la facilité de la lecture, nous n'avons pas utilisé d'abréviation.

A

AAA :	AMERICAN ARBITRATION ASSOCIATION *Voir* : ARBITRAGE
ACP :	PAYS D'AFRIQUE, DES CARAÏBES ET DU PACIFIQUE
ADB :	ASIAN DEVELOPMENT BANK *Voir* : BANQUE ASIATIQUE DE DÉVELOPPEMENT
ADF :	AFRICAN DEVELOPMENT FUND *Voir* : BANQUE AFRICAINE DE DÉVELOPPEMENT
ADSL :	ASYMETRIC DIGITAL SUSCRIBER LINE *Voir* : ADSL
AEE :	AGENCE EUROPÉENNE POUR L'ENVIRONNEMENT
AELE :	ASSOCIATION EUROPÉENNE DE LIBRE ÉCHANGE
AESA :	AGENCE EUROPÉENNE POUR LA SÉCURITÉ AÉRIENNE
AESM :	AGENCE EUROPÉENNE DE LA SÉCURITÉ MARITIME
AGETAC :	ACCORD GÉNÉRAL SUR LES TARIFS DOUANIERS ET LE COMMERCE
AICESIS :	ASSOCIATION INTERNATIONALE DE CONSEILS ÉCONOMIQUES ET SOCIAUX ET INSTITUTIONS SIMILAIRES
AIE :	AGENCE INTERNATIONALE DE L'ÉNERGIE
ALEA :	ASSOCIATION DE LIBRE ÉCHANGE ASIATIQUE
ALENA :	ACCORD DE LIBRE ÉCHANGE NORD-AMÉRICAIN
AMBA :	ASSOCIATION OF MBAs
AMF :	AUTORITÉ DES MARCHÉS FINANCIERS
AMI :	ACCORD MULTILATÉRAL SUR LES INVESTISSEMENTS
ANASE :	ASSOCIATION DES NATIONS DE L'ASIE DU SUD-EST
AOC :	APPELLATION D'ORIGINE CONTRÔLÉE
AOP :	APPELLATION D'ORIGINE PROTÉGÉE *Voir* : CONSOMMATEUR
APE :	AGENCE DES PARTICIPATIONS DE L'ÉTAT
APEC :	ASIAN PACIFIC ECONOMIC COOPERATION
ASEAN :	ASSOCIATION OF SOUTHEAST ASIAN NATIONS *Voir* : ASSOCIATION DES NATIONS DE L'ASIE DU SUD-EST
ASEM :	ASIAN EUROPEAN MEETING
ATV :	ACCORD SUR LES TEXTILES ET LES VÊTEMENTS *Voir* : ACCORD MULTIFIBRES

B

BAD :	BANQUE AFRICAINE DE DÉVELOPPEMENT
BAD :	BANQUE ASIATIQUE DE DÉVELOPPEMENT
BFR :	BESOINS DE FONDS DE ROULEMENT *Voir* : BESOINS
BICE :	BANQUE INTERNATIONALE DE COOPÉRATION ÉCONOMIQUE *Voir* : CONSEIL D'ASSISTANCE ÉCONOMIQUE MUTUELLE
BID :	BANQUE INTERAMÉRICAINE DE DÉVELOPPEMENT
BII :	BANQUE INTERNATIONALE D'INVESTISSEMENT
BOAD :	BANQUE OUEST AFRICAINE DE DÉVELOPPEMENT
BSA :	BON DE SOUSCRIPTION D'ACTIONS *Voir* : BON DE SOUSCRIPTION
BSO :	BON DE SOUSCRIPTION D'OBBLIGATION *Voir* : BON DE SOUSCRIPTION

C

CAE :	CONSEIL D'ANALYSE ÉCONOMIQUE
CAF :	COUT, ASSURANCE ET FRET *Voir* : CAF
CAEM :	CONSEIL D'ASSISTANCE ÉCONOMIQUE MUTUELLE
CAN :	COMMUNAUTÉ ANDINE DES NATIONS *Voir* : PACTE ANDIN
CAO :	CONCEPTION ASSISTÉE PAR ORDINATEUR
CCC :	COMPULSORY PRODUCT CERTIFICATION SYSTEM
CD-ROM :	COMPACT DISC-READ ONLY MEMORY
CDC :	CODE DES DOUANES COMMUNAUTAIRE *Voir* : TARIF DOUANIER COMMUN
CDEAO :	COMMUNAUTÉ ÉCONOMIQUE DES ÉTATS DE L'AFRIQUE DE L'OUEST
CE :	COMMUNAUTÉ EUROPÉENNE *Voir* : COMMUNAUTÉ ÉCONOMIQUE EUROPÉENNE *Voir* : MARQUAGE CE
CEAP :	CONSEIL DE COOPÉRATION ÉCONOMIQUE ASIE PACIFIQUE *Voir* : ASIAN PACIFIC ECONOMIC COOPERATION

CECA :	COMMUNAUTÉ EUROPÉENNE DU CHARBON ET DE L'ACIER
CED :	COMMUNAUTÉ EUROPÉENNE DE DÉFENSE
CEEAC :	COMMUNAUTÉ ÉCONOMIQUE DES ÉTATS DE L'AFRIQUE CENTRALE
CEN :	COMITÉ EUROPÉEN DE NORMALISATION
CENELEC :	COMITÉ EUROPÉEN DE NORMALISATION ÉLECTRONIQUE
	Voir : COMITÉ EUROPÉEN DE NORMALISATION
CES :	CONFÉDÉRATION EUROPÉENNE DES SYNDICATS
CESE :	COMITÉ ÉCONOMIQUE ET SOCIAL (EUROPÉEN)
CFA :	COMMUNAUTÉ FINANCIÈRE AFRICAINE
	Voir : FRANC CFA ET FRANC CFP
CFAO	CONCEPTION ET FABRICATION ASSISTÉES PAR ORDINATEUR
	Voir : CONCEPTION ASSISTÉE PAR ORDINATEUR
CFP :	COMMUNAUTÉ FINANCIÈRE DU PACIFIQUE
	Voir : FRANC CFA ET FRANC CFP
CFR :	COST AND FREIGHT
	Voir : COÛT ET FRET
CFROI :	CASH FLOW RETURN OF INVESTMENT
CIF :	COST, INSURANCE AND FREIGHT
	Voir : CIF
CIO :	COMITÉ INTERNATIONAL OLYMPIQUE
CIP :	CARRIAGE AND INSURANCE PAID TO
	Voir : CIP
CMU :	COUVERTURE MALADIE UNIVERSELLE
	Voir : SÉCURITÉ SOCIALE ET PRÉVOYANCE SOCIALE
CNUCC	CONVENTION CADRE SUR LES CHANGEMENTS CLIMATIQUES
	Voir : PROTOCOLE DE KYOTO
CNUCED :	CONFÉRENCE DES NATION UNIES POUR LE COMMERCE ET LE DÉVELOPPEMENT
CNED :	CONFÉRENCE DES NATIONS UNIES POUR L'ENVIRONNEMENT ET LE DÉVELOPPEMENT
COD :	CASH ON DELIVERY
COMECOM :	COUNCIL FOR MUTUAL ECONOMIC ASSISTANCE
	Voir : CONSEIL D'ASSISTANCE ÉCONOMIQUE MUTUELLE
CPI :	COUR PÉNALE INTERNATIONALE
CPT :	CARRIAGE PAID TO
	Voir : CPT
CPU :	CENTRAL PROCESSING UNIT
	Voir : UNITÉ CENTRALE
CRM :	CUSTOMER RELATIONSHIP MAMAGEMENT
CSN :	COMMUNAUTÉ SUD-AMÉRICAINE DES NATIONS
CUM :	CUSTOMER VALUE MANAGEMENT
	Voir : GESTION DU CAPITAL CLIENT
CVA :	CASH VALUE ADDED

D

DAF :	DELIVERED AT FRONTIER
	Voir : RENDU FRONTIÈRE
DATAR :	DÉLÉGATION A L'AMÉNAGEMENT DU TERRITOIRE ET A L'ACTION RÉGIONALE
	Voir : AMÉNAGEMENT DU TERRITOIRE
DDU :	DELIVERED DUTY UNPAID
	Voir : RENDU DROITS ACQUITTÉS
DDP :	DELIVERED DUTY PAID
	Voir : RENDU DROITS ACQUITTÉS
DEQ :	DELIVERED EX QUAY
	Voir : RENDU À QUAI
DLP :	DIGITAL LIGHT DISPLAY
DES :	DELIVERED EX SHIP
	Voir : RENDU EX SHIP
DRH :	DIRECTION DES RESSOURCES HUMAINES
	Voir : RESSOURCES HUMAINES
DSLAM :	DIGITAL SUSCRIBERLINE ACCESS MULTIPLEXER
DTS :	DROITS DE TIRAGE SPÉCIAUX
DVD :	DIGITAL VIDEO DISC

E

EAR :	AGENCE EUROPÉENNE POUR LA RECONSTRUCTION
EARL :	EXPLOITATION AGRICOLE A RESPONSABILITÉ LIMITÉE
	Voir : SOCIÉTÉ A RESPONSABILITÉ LIMITÉE
EBAN :	EUROPEAN BUSINESS ANGEL NETWORK
	Voir : BUSINESS ANGEL
EBIT :	EARNINGS BEFORE INTEREST AND TAXATION
	Voir : EBIT
EBITDA :	EARNINGS BEFORE INTEREST, TAXES, DOTATIONS AND AMORTIZATIONS
	Voir : EBITDA
EBN :	EUROPEAN BUSINESS AND INNOVATION CENTRE NETWORK
	Voir : EURO INFO CENTRES
EbS :	AGENCE TÉLÉVISÉDE L'UNION EUROPÉENNE PAR SATELLITE
ECSA :	ASSOCIATION EUROPÉENNE D'ÉTUDES DES COMMUNAUTÉS EUROPÉENNES
EDIG :	GROUPE EUROPÉEN DES INDUSTRIES DE L'ARMEMENT
	Voir : DÉSARMEMENT
EEA :	EUROPEAN ECONOMIC AREA
	Voir : ESPACE ÉCONOMIQUE EUROPÉEN
EEAC :	EUROPEAN ENVIRONMENT AND SUTAINABLE DEVELOPMENT ADVISORY COUNCILS
	Voir : POLITIQUE ENVIRONNEMENTALE DE L'UNION EUROPÉENNE
EEE	ESPACE ÉCONOMIQUE EUROPÉEN
EER :	ESPACE EUROPÉEN DE LA RECHERCHE
	Voir : RECHERCHE
EFSA :	EUROPEAN FOOD SECURITY AUTHORITY
	Voir : AUTORITÉ POUR LA SÉCURITÉ DES ALIMENT

Sigles & acronymes

EFTA :	EUROPEAN FREE TRADE ASSOCIATION *Voir* : ASSOCIATION EUROPÉENNE DE LIBRE-ÉCHANGE
EITO :	EUROPEAN INFORMATION TECHNOLOGY OBSERVATORY
EMEA :	AGENCE EUROPÉENNE POUR L'ÉVALUATION DES MÉDICAMENTS
EONIA :	EURO OVERNIGHT INDEX AVERAGE
EOTA :	EUROPEAN ORGANISATION FOR TECHNICAL APPROVALS *Voir* : ORGANISATION EUROPÉENNE POUR LES AGRÉMENTS TECHNIQUES
EQUIS :	EUROPEAN QUALITY IMPROVEMENT SYSTEM
EPF :	ÉTABLISSEMENT PUBLIC FONCIER *Voir* : AMÉNAGEMENT DU TERRITOIRE
ERP :	ENTERPRISE RESSOURCE PLANNING SYSTEM
ESPON :	EUROPEAN SPATIAL PLANNING OBSERVATION NETWORK *Voir* : AMÉNAGEMENT DU TERRITOIRE
ETF :	FONDATION EUROPÉENNE POUR LA FORMATION
ETSI :	INSTITUT EUROPÉEN DE NORMALISATION DES TÉLÉCOMMUNICATIONS *Voir* : COMITÉ EUROPÉEN DE NORMALISATION
EU-OSHA :	AGENCE EUROPÉENNE POUR LA SÉCURITÉ ET LA SANTÉ AU TRAVAIL
EUMC :	OBSERVATOIRE EUROPÉEN DES PHÉNOMÈNES RACISTES ET XÉNOPHOBES
EURADA :	ASSOCIATION EUROPÉENNE DES AGENCES RÉGIONALES DE DÉVELOPPEMENT
EURATOM :	COMMUNAUTÉ EUROPÉENNE DE L'ÉNERGIE ATOMIQUE
EURIBOR :	EUROPEAN INTERBANK OFFERED RATE
EURL :	ENTREPRISE UNIPERSONNELLE À RESPONSABILITÉ LIMITÉE
EUROFOUND :	FONDATION EUROPÉENNE POUR L'AMÉLIORATION DES CONDITIONS DE VIE ET DE TRAVAIL
EUROJUST :	UNITÉ EUROPÉENNE DE COOPÉRATION JUDICIAIRE
EXW :	EX WORKS *Voir* : EXW

F

FAS :	FREE ALONGSIDE SHIP *Voir* : FAS
FAO :	FOOD AND AGRICULTURAL ORGANISATION *Voir* : ORGANISATION DES NATIONS UNIES POUR L'ALIMENTATION ET L'AGRICULTURE
FCA :	FREE CARRIER *Voir* : FCA
FCF :	FREE CASH FLOW
FEI :	FONDS EUROPÉEN D'INVESTISSEMENT *Voir* : BANQUE EUROPÉENNE D'INVESTISSEMENT
FIDA :	FONDS INTERNATIONAL DE DÉVELOPPEMENT AGRICOLE *Voir* : ORGANISATION DES NATIONS UNIES POUR L'ALIMENTATION ET L'AGRICULTURE
FIME :	FÉDÉRATION INTERNATIONALE DES MAISONS DE L'EUROPE *Voir* : MAISONS DE L'EUROPE
FISE :	FONDS INTERNATIONAL DE SECOURS À L'ENFANCE *Voir* : UNITED NATIONS INTERNATIONAL CHILDREN'S EMERGENCY FUND
FOB :	FREE ON BOARD *Voir* : FOB
FOQ :	FREE ON QUAY *Voir* : FRANCO SUR WAGON
FOR :	FREE ON RAIL *Voir* : FRANCO SUR WAGON
FOT :	FREE ON TRUCK *Voir* : FRANCO SUR WAGON
FSC :	FOREIGN SALES CORPORATIONS
FTAA :	FREE TRADE AREA OF AMERICAS *Voir* : ZONE DE LIBRE-ÉCHANGE DES AMÉRIQUES
FTD :	FLUX DE TRÉSORERIE DISPONIBLE *Voir* : FREE CASH FLOW

G

GAEC :	GROUPEMENT AGRICOLE D'EXPLOITATION EN COMMUN
GAEO :	GROUPE ARMEMENT DE L'EUROPE OCCIDENTALE *Voir* : DÉSARMEMENT
GATT :	GENERAL AGREEMENT ON TARIFFS AND TRADE *Voir* : ACCORD GÉNÉRAL SUR LES TARIFS DOUANIERS ET LE COMMERCE
GCC :	GESTION DU CAPITAL CLIENT
GEIE :	GROUPEMENT EUROPÉEN D'INTÉRÊT ÉCONOMIQUE
GIE :	GROUPEMENT D'INTÉRÊT ÉCONOMIQUE
GIEC :	GROUPE D'EXPERTS INTERGOUVERNEMENTAL SUR L'ÉVOLUTION DU CLIMAT
Gmat :	GRADUATE MANAGEMENT ADMISSIONS TEST
GPS :	GLOBAL POSITIONING SYSTEM *Voir* : GPS
GRP :	GROSS RATING POINT *Voir* : POINT DE COUVERTURE BRUT
GSM :	GLOBAL SYSTEM FOR MOBILE *Voir* : GSM

H

HNWI :	HIGH NETWORTH INDIVIDUAL
HTTP :	HYPERTEXT TRANSMISSION PROTOCOL *Voir* : WORLD WIDE WEB

I

IAS :	INTERNATIONAL ACCOUNTING STANDARD

Les 3 000 mots **essentiels** *de l'économie et des affaires*

Sigles & acronymes

IASB :	INTERNATIONAL ACCOUNTING STANDARDS BOARD
IASC :	INTERNATIONAL ACCOUNTING STANDARDS COMMITTEE
IBAN :	INTERNATIONAL BANK ACCOUNT NUMBER SYSTEM *Voir* : IBAN
ICAO :	INTERNATIONAL CIVIL AVIATION ORGANIZATION *Voir* : ORGANISATION DE L'AVIATION CIVILE INTERNATIONALE
ICPO :	INTERNATIONAL CRIMINAL POLICE ORGANISATION *Voir* : EUROPOL
IDA :	ÉCHANGE DE DONNÉES ENTRE ADMINISTRATIONS
IDB :	INTERAMERICAN DEVELOPMENT BANK *Voir* : BANQUE INTERAMÉRICAINE DE DÉVELOPPEMENT
IEEP :	INSTITUT FOR EUROPEAN ENVIRONMENTAL POLICY *Voir* : POLITIQUE ENVIRONEMENTALE DE L'UNION EUROPÉENNE
IES :	INSTITUT D'ÉTUDES ET DE SÉCURITÉ
IFA :	INSTITUT FRANCAIS DES ADMINISTRATEURS
IFAC :	INTERNATIONAL FEDERATION OF ACCOUNTANTS
IFO :	INSTITUT FÜR WIRTSCHAFTSFORSCHUNG
IFRS :	INTERNATIONAL REPORTING STANDARD
INCOTERMS :	INTERNATIONAL COMMERCIAL TERMS *Voir* : INCOTERMS
INTERPOL :	INTERNATIONAL CRIMINAL POLICE ORGANISATION *Voir* : EUROPOL
IOP :	INDICATION D'ORIGINE PROTÉGÉE *Voir* : CONSOMMATEUR
IPCC :	INTERNATIONAL PANEL ON CLIMATE CHANGE *Voir* : GROUPE D'EXPERTS INTERGOUVERNEMENTAL SUR L'ÉVOLUTION DU CLIMAT
IPE :	INFO POINTS EUROPE
ISBN :	INTERNATIONAL STANDARD BOOK NUMBER *Voir* : ISBN
ISIN :	INTERNATIONAL SECURITIES IDENTIFICATION NUMBERS
ISSN :	INTERNATIONAL STANDARD SERIAL NUMBER *Voir* : ISBN

K

KAS :	KONRAD ADENAUER STIFTUNG *Voir* : ADENAUER

L

LCD :	LIQUID CRISTAL DISPLAY
LCR :	LETTRE DE CHANGE RELEVÉ *Voir* : LETTRE DE CHANGE
LEA :	LIGUE DES ÉTATS ARABES *Voir* : LIGUE ARABE
LIBOR :	LONDON INTERBANK OFFERED RATE
LIMEAN :	LONDON INTERNATIONAL MEANE RATE

M

MATIF :	MARCHÉ À TERME D'INSTRUMENTS FINANCIERS *Voir* : MARCHÉ À TERME INTERNATIONAL DE France
MBA :	MASTER IN BUSINESS ADMINISTRATION
MEBF :	MERCOSUR-UE BUSINESS FORUM *Voir* : MERCOSUR
MEDEA :	INSTITUT EUROPÉEN DE RECHERCHE SUR LA COOPÉRATION MÉDITERRANÉENNE ET EURO-ARABE
MFA :	MULTIFIBER ARRANGEMENT *Voir* : ACCORD MULTIFIBRES
MMS :	MILTIMEDIA MESSAGE SERVICE *Voir* : SHORT MESSAGE SERVICE
MONEP :	MARCHÉ DES OPTIONS NÉGOCIABLES DE PARIS *Voir* : OPTIONS SUR ACTIONS
MPEG :	MOVING PICTURES CODING EXPERTS GROUP
MSAC :	MOST SERIOULY AFFECTED COUNTRY

N

NAFTA :	NORTH AMERICAN FREE TRADE AGREEMENT *Voir* : ACCORD DE LIBRE-ÉCHANGE NORD-AMÉRICAIN
NAIRU :	NON ACCELERATING INFLATION *Voir* : CHÔMAGE
NAO :	NATIONAL AUDIT OFFICE
NATO :	NORTH ATLANTIC TREATY ORGANISATION *Voir* : ORGANISATION DU TRAITÉ DE L'ATLANTIQUE NORD
NAWRU :	NON ACCELERATING WAGE RATE OF UNEMPLOYMENT *Voir* : CHÔMAGE
NEH :	NEW ECONOMIC HISTORY *Voir* : NORTH
NEP :	NOVAÏA EKONOMITSCHESKAÏA POLITIKA
NMT :	NOUVEAU MARCHÉ TRANSATLANTIQUE *Voir* : NEW TRANSATLANTIC MARKET
NOEI :	NOUVEL ORDRE ÉCONOMIQUE INTERNATIONAL
NPI :	NOUVEAUX PAYS INDUSTRIALISÉS
NTM :	NEW TRANSATLANTIC MARKET

O

OAA :	ORGANISATION DES NATIONS UNIES POUR L'ALIMENTATION ET L'AGRICULTURE
OACI :	ORGANISATION DE L'AVIATION CIVILE INTERNATIONALE
OAEO :	ORGANISATION DE L'ARMEMENT DE L'EUROPE OCCIDENTALE *Voir* : DÉSARMEMENT
OAS :	ORGANIZATION OF AMERICAN STATES *Voir* : ORGANISATION DES ÉTATS AMÉRICAINS

OCDE :	ORGANISATION DE COOPÉRATION ET DE DÉVELOPPEMENT ÉCONOMIQUE
OCDPC :	OFFICE DES NATIONS UNIES CONTRE LES DROGUES ET LA CRIMINALITÉ INTERNATIONALE *Voir* : MAFFIA
OCS :	ORGANISATION POUR LA COOPÉRATION DE SHANGAÏ *Voir* : ORGANISATION DES PAYS EXPORTATEURS DE PÉTROLE
OCVV :	OFFICE COMMUNAUTAIRE DES VARIÉTÉS VÉGÉTALES
OEA :	ORGANISATION DES ÉTATS AMÉRICAINS
OEB :	OFFICE EUROPÉEN DES BREVETS *Voir* : BREVET
OECE :	ORGANISATION EUROPÉENNE DE COOPÉRATION ÉCONOMIQUE *Voir* : ORGANISATION DE COOPÉRATION ET DE DÉVELOPPEMENT ÉCONOMIQUE
OHMI :	OFFICE DE L'HARMONISATION DANS LE MARCHÉ INTÉRIEUR
OIPR :	OBSERVATOIRE INTERNATIONAL DE PROSPECTIVE RÉGIONALE
OMC :	ORGANISATION MONDIALE DU COMMERCE
OMD :	ORGANISATION MONDIALE DES DOUANES
OMPI :	ORGANISATION MONDIALE DE LA PROPRIÉTÉ INTELLECTUELLE
ONG :	ORGANISATION NON GOUVERNEMENTALE
ONU :	ORGANISATION DES NATIONS UNIES
OPEP :	ORGANISATION DES PAYS EXPORTATEURS DE PÉTROLE
OPR :	OFFRE PUBLIQUE DE RETRAIT
ORATE :	OBSERVATOIRE EN RÉSEAU DE L'AMÉNAGEMENT DU TERRITOIRE *Voir* : AMÉNAGEMENT DU TERRITOIRE
ORD :	ORGANE DES RÈGLEMENTS DES DIFFÉRENDS *Voir* : ORGANISATION MONDIALE DU COMMERCE
ORSE :	OBSERVATOIRE SUR LA RESPONSABILITÉ SOCIÉTALE DES ENTREPRISES
OSI :	OPEN SOCIETY INSTITUTE *Voir* : SOROS
OST :	ORGANISATION SCIENTIFIQUE DU TRAVAIL
OTAN :	ORGANISATION DU TRAITÉ DE L'ATLANTIQUE NORD

P

PAM :	PROGRAMME ALIMENTAIRE MONDIAL *Voir* : ORGANISATION DES NATIONS UNIES POUR L'ALIMENTATION ET L'AGRICULTURE
PCB :	POINT DE COUVERTURE BRUTE
PDA :	PERSONAL DIGITAL ASSISTANT
PEA :	PLAN D'ÉPARGNE EN ACTIONS *Voir* : PLAN D'ÉPARGNE
PECA :	PROTOCOLE AUX ACCORDS EUROPÉENS SUR L'ÉVALUATION DE LA CONFORMITÉ ET L'ACCEPTATION DES PRODUITS INDUSTRIELS
PEE :	PLAN D'ÉPARGNE D'ENTREPRISE *Voir* : PLAN D'ÉPARGNE
PEIR :	PLAN D'ÉPARGNE INDIVIDUEL POUR LA RETRAITE *Voir* : PLAN D'ÉPARGNE
PEL :	PLAN D'ÉPARGNE LOGEMENT *Voir* : PLAN D'ÉPARGNE
PEP :	PLAN D'ÉPARGNE POPULAIRE *Voir* : PLAN D'ÉPARGNE
PER :	PRICE EARNING RATIO
PIED :	PETITS ÉTATS INSULAIRES EN DÉVELOPPEMENT
PERT :	PROGRAM EVALUATION AND RESEARCH TASK PROGRAM EVALUATION AND REVIEW TECHNIC *Voir* : PROGRAMME PERT
PESC :	POLITIQUE ÉTRANGÈRE ET DE SÉCURITÉ COMMUNE
PESD :	POLITIQUE EXTÉRIEURE DE SÉCURITÉ ET DE DÉFENSE
PLASMA :	PLASMA DISPLAY PANE
PME :	PETITES ET MOYENNES ENTREPRISES *Voir* : PETITES ET MOYENNES ENTREPRISES : DÉFINITIONS *Voir* : POLITIQUE DE L'UNION EUROPÉENNE PETITES ET MOYENNES ENTREPRISES
PNL :	PROGRAMMATION NEUROLINGUISTIQUE
PNUE :	PROGRAMME DES NATIONS UNIES POUR L'ENVIRONNEMENT *Voir* : POLITIQUE ENVIRONNEMENTALE DE L'UNION EUROPÉENNE

Q

QCM :	QUESTIONNAIRE À CHOIX MULTIPLES

R

RAPEX :	RÉSEAU EUROPÉEN DE SÉCURITÉ DES PRODUITS *Voir* : CONSOMMATEUR
RDA :	RENDEMENT DE L'ACTIF *Voir* : RETURN ON ASSETS
RDI :	RENDEMENT DE L'INVESTISSEMENT *Voir* : RETURN ON INVESTMENT
REAA :	RÉSULTAT D'EXPLOITATION AVANT AMORTISSEMENTS ET ÉLÉMENTS EXCEPTIONNELS
RES :	RACHAT DE L'ENTREPRISE PAR LES SALARIÉS *Voir* : MANAGEMENT BUY OUT
RFID :	RADIO FREQUENCY IDENTIFICATION
RMI :	REVENU MINIMUM D'INSERTION *Voir* : SÉCURITÉ SOCIALE ET PRÉVOYANCE SOCIALE
RSE :	RESPONSABILITÉ SOCIALE DES ENTREPRISES *Voir* : RESPONSABILITÉ

RTT :	RÉCUPÉRATION DU TEMPS DE TRAVAIL *Voir* : TEMPS DE TRAVAIL	TSDI :	TITRE SUBORDONNÉ À DURÉ INDÉTERMINÉE
ROA :	RETURN ON ASSETS	TSR :	TITRE SUBORDONNÉ REMBOURSABLE
ROE :	RETURN ON EQUITY	TVA :	TAXE SUR LA VALEUR AJOUTÉE
ROI :	RETURN ON INVESTMENT		

S

SAARC :	ASSOCIATION DE L'ASIE DU SUD POUR LA COOPÉRATION RÉGIONALE
SAV :	SERVICE APRÈS VENTE
SDR :	SOCIÉTÉ DE DÉVELOPPEMENT RÉGIONAL
SE :	SOCIETAS EUROPAEA
SELARL :	SOCIÉTÉ D'EXERCICE LIBÉRAL À RESPONSABILITÉ LIMITÉE *Voir* : SOCIÉTÉ A RESPONSABILITÉ LIMITÉE
SFI :	SOCIÉTÉ FINANCIÈRE INTERNATIONALE *Voir* : BANQUE MONDIALE
SIB :	SECURITIES AND INVESTMENT BOARD *Voir* : SECURITIES AND EXCHANGE COMMISSION
SME :	SYSTÈME MONÉTAIRE EUROPÉEN
SMS :	SHORT MESSAGE SERVICE
SSCI :	SOCIÉTÉ DE SERVICES ET DE CONSEILS EN INFORMATIQUE
SSII :	SOCIÉTÉ DE SERVICE ET D'INGÉNIERIE EN INFORMATIQUE
STG :	SPÉCIALITÉ TRADITIONNELLE GARANTIE *Voir* : CONSOMMATEUR

T

TARIC :	TARIF INTÉGRÉ COMMUNAUTAIRE *Voir* : TARIF DOUANIER COMMUN
TDC :	TARIF DOUANIER COMMUN
TEP :	TONNE ÉQUIVALENT PÉTROLE
TIP :	TITRE INTERBANCAIRE DE PAIEMENT
TNT :	TÉLÉVISION NUMÉRIQUE TERRESTRE *Voir* : TNT
TOEFL :	TEST OF ENGLISH AS FOREIGN LANGUAGE
TPI :	TRIBUNAL PÉNAL INTERNATIONAL *Voir* : COUR PÉNALE INTERNATIONALE
TRAAB :	TAUX DE RENDEMENT ACTUARIEL BRUT *Voir* : TAUX DE RENDEMENT

U

UEBL :	UNION ÉCONOMIQUE BELGO-LUXEMBOURGEOISE *Voir* : BENELUX
UEMOA :	UNION ÉCONOMIQUE ET MONÉTAIRE DE L'OUEST AFRICAIN
UMA :	UNION DU MAGHREB ARABE
UMTS :	UNIVERSAL MOBILE TECOMMUNICATION SYSTEM
UNESCO :	UNITED NATIONS FOR EDUCATIONAL, SCIENTIFIC AND CULTURAL ORGANIZATION *Voir* : ORGANISATION DES NATIONS UNIES POUR L'ÉDUCATION, LA SCIENCE ET LA CULTURE
UN (O) :	UNITED NATIONS (ORGANIZATION)
UNICEF :	UNITED NATIONS INTERNATIONAL CHILDREN'S EMERGENCY FUND
URL :	UNIFORM RESOURCE LOCATOR
USB :	UNIVERSAL SERIAL BUS *Voir* : USB

V

VAT :	VALEUR AJOUTÉE DE TRÉSORERIE *Voir* : CASH VALUE ADDED
VPC :	VENTE PAR CORRESPONDANCE

W

WADB :	WEST AFRICAN DEVELOPMENT BANK *Voir* : BANQUE OUEST AFRICAINE DE DÉVELOPPEMENT
WCO :	WORLD CUSTOMS ORGANIZATION *Voir* : ORGANISATION MONDIALE DES DOUANES
WWW :	WORLD WHITE WEB *Voir* : WEB
WES :	RÉSEAU EUROPÉEN DE PROMOTION DE L'ENTREPRENEURIAT FÉMININ
WTI :	WEST TEXAS INTERMEDIATE *Voir* : BARIL

Z

ZLEA :	ZONE DE LIBRE-ÉCHANGE DES AMÉRIQUES

Glossaire

Avec la collaboration du Professeur Edmond KLEIN.

Avec la traduction des termes français, classés par ordre alphabétique, en allemand et en anglais.
Les noms propres des auteurs sont en italiques et indiqués sans traduction, sauf exceptions.

Les mots-clés en langue étrangère, d'usage courant en français, sont traduits ou, s'il y a lieu, repris dans la langue d'origine ; ils sont alors en majuscules.

Français	Allemand	Anglais
A		
À L'AMIABLE	auf gütlichem Weg	friendly settlement
À PRIX LIMITÉ	Preislimit	limited price
À TOUT PRIX	Zu jedem Preis	at any price
À VUE	Auf Sicht	sight (at)
ABATTEMENT	Freibetrag	abatement; allowance
ABC	American Audit Bureau of Circulation	American Audit Bureau of Circulation
ABONDER	Im Überfluss besitzen	abound in; have plenty of
ABONNEMENT	Abonnement	suscription
ABSENTEE OWNERSHIP	stiller Teilhaber	absentee ownership; sleeping partner
ABSENTÉISME	Arbeitsversäumnis	absenteeism
ABSORPTION	Absorption	absorption
ABUS D'AUTORITÉ	Amtsmissbrauch	abuse of authority
ABUS DE BIENS SOCIAUX malversation	Unterschlagung von Gemeingut.	misuse of company property
ABUS DE BLANC-SEING	Missbrauch der Blankounterschrift	misuse of blank signature
ABUS DE POSITION DOMINANTE OU DE DOMINATION	Missbrauch einer herrschenden Stellung auf dem Markt	misuse of a dominant market position
ACCÉLÉRATEUR	Akzelerator	booster; speeding-up; accelerator
ACCEPTATION D'UNE LETTRE DE CHANGE	Akzept, Wechselannahme	acceptance of a bill
ACCIDENT DU TRAVAIL	Arbeitsunfall	occupation accident; accident of work
ACCISES	Akzisen	excise; duty
ACCORD D'AGADIR	Agadir Agreement	Agadir Agreement
ACCORD D'ENTREPRISE	Betriebsabkommen	company agreement
ACCORD DE BÂLE	Basler Abkommen	Basle Agreement
ACCORD DE COTONOU	Vereinbarung von Cotonou	Cotonou Agreement
ACCORD DE LIBRE-ÉCHANGE NORD AMÉRICAIN – ALENA	NAFTA Nordamerikanisches Freihandelsabkommen	NORTH AMERICAN FREE TRADE AGREEMENT – NAFTA
ACCORD DE MARRAKECH	Vereinbarung von Marrakech	Marrakech Agreement
ACCORD DE RÈGLEMENT	Vereinbarung; Abkommen	settlement; agreement
ACCORD DE SCHENGEN	Abkommen von Schengen	Schengen Agreement
ACCORD GÉNÉRAL SUR LES TARIFS DOUANIERS ET LE COMMERCE – AGETAC	GENERAL AGREEMENT ON TARIFFS AND TRADE – GATT	GENERAL AGREEMENT ON TARIFFS AND TRADE – GATT
ACCORD MULTIFIBRES OU ARRANGEMENT CONCERNANT LE COMMERCE INTERNATIONAL DES TEXTILES	MULTI-FIBRE ARRANGEMENT – MFA – Multifaservereinbarung oder Abmachung über den Internationalen Textilhandel	MULTI-FIBRE ARRANGEMENT – MFA
ACCORD MULTILATÉRAL SUR L'INVESTISSEMENT – AMI	Multilaterale Abmachung über die Investition	Multilateral Agreement on Investments
ACCORDS DE BRETTON WOODS	Vereinbarungen von Bretton Woods	Bretton Woods Agreement
ACCORDS DE GRENELLE	Abmachungen von Grenelle	Grenelle Agreement
ACCORDS DE LA JAMAÏQUE	Vereinbarungen von Jamaika	Jamaïca Agreement
ACCORDS DU LATRAN	Lateranverträge	Lateran Agreement
ACCORDS DU LOUVRE	Louversches Abkommen	Louvre Agreement
ACCORDS DU PLAZA ET DU LOUVRE	Plaza Abkommen und Louversches Abkommen	Plaza and Louvre Agreement

Les 3 000 mots **essentiels** *de l'économie et des affaires*

Glossaire

Français	Allemand	Anglais
ACCORDS PRÉFÉRENTIELS	Präferenzabkommen	agreement of preferential treatment (tariffs)
ACCOUNT MANAGER	Buchhalter	account manager
ACCOUNT-TRADE MARKETING	ACCOUNT-TRADE MARKETING	ACCOUNT-TRADE MARKETING
ACCRÉDITATION	Beglaubigte Beauftragung	accredited/entrusted mission
ACCRÉDITIF	Akkreditiv	credentials; letter of credit
ACHALANDAGE	Kundschaft	customer; clientele
ACHAT	Kauf	purchase
ACHAT À CRÉDIT	Kreditkauf	purchase on credit
ACHAT À TERME	Zielkauf	purchase on terms
ACHAT AU COMPTANT	Barkauf	cash purchase
ACHAT FERME	Festkauf	firm order
ACHETEUR	Käufer	buyer
ACHETÉ-VENDU	Gekauft – Verkauft	buying-selling
ACOMPTE	Anzahlung, Akontozahlung	deposit
ACONAGE	« Güterabfertigung »	despatch; consignment
ACQUIS COMMUNAUTAIRES	Errungenschaften der Gemeinschaft	Community acquis
ACQUIT	Quittung	receipt
ACQUIT-À-CAUTION	Zollvormerkschein mit Sicherheitsleistung	bond note
ACROBAT Logiciel informatique en format PDF Portable Document Format INTERNET	ACROBAT (EDV – Programm)	ACROBAT (computer program)
ACTE AUTHENTIQUE	Öffentliche Urkunde oder Notarielle Urkunde	notarised deed
ACTE DÉLICTUEUX	Straftat	criminal offence
ACTE SOUS SEING PRIVÉ	Privaturkunde	private document
ACTE UNIQUE (UE)	Einheitsakt (EU)	Single European Act
ACTIF	Aktiva	assets
ACTION	Aktie	share; stock
ACTION À BON DE SOUSCRIPTION D'ACTIONS – ABSA	Aktie mit Anrechtschein auf Zeichnung von Aktien	share holding the right to subscribe new shares
ACTION À BON DE SOUSCRIPTION D'OBLIGATIONS CONVERTIBLES EN ACTIONS – ABSOC	Aktie mit Anrechtschein auf Zeichnung von Konvertiblen Obligationen	share holding the right to subscribe convertible debentures
ACTION À DIVIDENDE PRIORITAIRE	Aktie mit Vorzugsdividende	priority divideand shares
ACTION À DROIT DE VOTE PLURAL (OU DOUBLE)	Mehrstimmrechtsaktie oder Doppelstimmrechtsaktie	multi-voting share; multiple voting share; double-voting share
ACTION À ORDRE	Orderaktie	registered shares transferable by endorsement of the share certificate; order share
ACTION AU PORTEUR	Inhaberaktie	transferable share; bearer share
ACTION COLLECTIVE	Kollektive Handlung	global action/activity
ACTION D'APPORT	Aktie die auf Sacheinlagen beruht	founder's share; promotor's share
ACTION D'OR	Goldene Aktie	golden share
ACTION DE CAPITAL	Kapitalaktie	capital share
ACTION DE JOUISSANCE	Genussanteil	bonus share; dividend share
ACTION DE NUMÉRAIRE	Aktie in Form von Geld	cash shares
ACTION EN COMBLEMENT DU PASSIF	Aktion für die Tilgung der Schulden	action on payment/redemption of debts
ACTION EN NULLITÉ	Nichtigkeitsklage	action of annulment; nullity suit
ACTION EN REVENDICATION	Geltendmachung von Ansprüchen	suit for recovery of title
ACTION GRATUITE	Gratisaktie	bonus share
ACTION JUDICIAIRE OU ACTION EN JUSTICE	Klage	suit
ACTION NOMINATIVE	Namensaktie	registered share
ACTION ORDINAIRE	Normale, einfache Aktie	ordinary share

Glossaire

Français	Allemand	Anglais
ACTION PRIVILÉGIÉE	Vorzugsaktie	preferential share; preferred share/stock
ACTION RÉVOCATOIRE	Anfechtungsklage des Gläubigers	action to set aside; action for annulment
ACTION SUBROGATOIRE	Einsetzung in Rechte und Stelle eines Anderen	subrogation action
ACTIONNARIAT	Aktionariat	shareholding/shareholding public
ACTUAIRE	Aktuar	registrar; recorder; actuary
ACTUALISATION	Aktualisation	time-adjustment
AD GUSTUM	ad gustum	ad gustum
AD LIBITUM	AD LIBITUM	AD LIBITUM
AD NUTUM	AD NUTUM	AD NUTUM
AD VALOREM	ad valorem	ad valorem
ADELMAN Irma (1930-)		
ADENAUER Konrad (1876-1967)		
ADHÉRENT	Anhänger	adherent; follower; partisan
ADJUDICATION	Vergabe	allocation
ADMINISTRATION	Verwaltung	administration
ADMINISTRÉ	Bürger	citizen
ADMISSION TEMPORAIRE	Zeitweilige Zulassung	temporary admission
ADRESSE UNIVERSELLE	Allgemeingültige Adresse; Uniform Resource Locator	Uniform Resource Locator
ADSL Ligne asymétrique numérique	ADSL; Asymmetric Digital Subscriber Line	Asymmetric Digital Subscriber Line
ADULTÉRATEUR DE MONNAIE	Banknotenfälscher oder Münzfälscher	forger of banknotes
AFFACTURAGE	Factoring	factoring
AFFECTATION	Zuführung	allocation
AFFRÉTEUR	Charterer	charterer; freighter
AFTALION Albert (1874-1956)		
AGENCE	Agentur	agency
AGENCE D'ÉVALUATION FINANCIÈRE – ADEF	Agentur für Finanzielle Notierungen/Bewertungen	Agency of Financial Valuation
AGENCE DE NOTATION ou AGENCE D'ÉVALUATION FINANCIÈRE – ADEF	Agentur für Finanzielle Notierungen/Bewertungen	rating agency
AGENCE DE SÉCURITÉ DE RÉSEAU EUROPÉEN ET D'INFORMATION – ENISA	Europäische Agentur für Internetsicherheit und Auskunft – EANA	EUROPEAN NETWORK AND INFORMATION SECURITY AGENCY – ENISA
AGENCE DES PARTICIPATIONS DE L'ÉTAT – APE	Agentur der Staatlichen Beteiligungen	Agency of Government Interests
AGENCE EUROPÉENNE DE LA SÉCURITÉ AÉRIENNE – AESA	Europäische Agentur für Flugsicherheit	European Agency for Safety and Air Control
AGENCE EUROPÉENNE DE LA SÉCURITÉ MARITIME -AESM	Europäische Agentur für die Sicherheit des Seeverkehrs	European Agency for Maritime Safety
AGENCE EUROPÉENNE POUR L'ENVIRONNEMENT – AEE	Europäische Umweltagentur	European Environment Agency
AGENCE EUROPÉENNE POUR L'ÉVALUATION DES MÉDICAMENTS – EMEA	Europäische Agentur für die Beurteilung von Arzneimitteln	European Agency for the Evaluation of Medicinal Products
AGENCE EUROPÉENNE POUR LA RECONSTRUCTION – EAR	Europäische Agentur für den Wiederaufbau	European Agency for Reconstruction
AGENCE EUROPÉENNE POUR LA SÉCURITÉ ET LA SANTÉ AU TRAVAIL – EU.OSHA	Europäische Agentur für Sicherheit und Gesundheitsschutz am Arbeitsplatz	European Agency for Safety and Health at Work
AGENCE FERROVIAIRE EUROPÉENNE	Agentur der Europäischen Eisenbahnen	Agency of Euroean Railroad Companies
AGENCE INTERNATIONALE DE L'ÉNERGIE – AIE	Internationale Agentur für Energie	International Energy Agency
AGENCE INTERNATIONALE POUR LE DÉVELOPPEMENT – IDA	Internationale Agentur für Entwicklung	International Development Agency
AGENCE MULTILATERALE DE GARANTIE DES INVESTISSEMENTS – MIGA	Multilaterale Agentur für die Garantie der Investitionen	Multilateral Agency for the Guarantee of Investments

Les 3 000 mots essentiels de l'économie et des affaires

Glossaire

Français	Allemand	Anglais
AGENCE SPATIALE EUROPÉENNE – ESA	Europäische Weltraumorganisation	European Space Agency – ESA
AGENCE TÉLÉVISÉE DE L'UNION EUROPÉENNE PAR SATELLITE – EbS	Fernsehagentur der Europäischen Union für Übertragung durch Nachrichtensatellit	Television Agency of the European Union for the broadcasting by satellite
AGENCES COMMUNAUTAIRES	Agenturen der Europäischen Gemeinschaft	European Agencies (EU)
AGENDA 2000	Agenda 2000	AGENDA 2000
AGENDA 21	Agenda 2001	AGENDA 21
AGENT DE CHANGE	Börsenmakler	broker
AGENT ÉCONOMIQUE	Wirtschaftssubjekt	economic agent; transactor
AGIO OU AGGIO	Agio	Agio
AGIT-PROP	Turbulentes Treiben-Propaganda	Agit-prop
AGLIETTA Michel (1938-)		
AGRÉGAT	Aggregat	aggregate
AGRÉGATS FINANCIERS P1, P2, P3	Finanzaggregate P1,P2 und P3	finance aggregates P1,P2 and P3
AGRÉGATS MONÉTAIRES M1, M2, M3 et M4	Währungs – oder Geldaggragate M1, M2, M3 und M4	monetary aggregates M1, M2, M3 and M4
AGRÉMENT	Genehmigung	endorsement
AIDE AU DÉVELOPPEMENT	Entwicklungshilfe	development assistance
AIDE HUMANITAIRE	Humanitäre Hilfe	humanitarian aid
AIDES	Unterstützungen	support; aid; allowance
AJUSTEMENT	Anpassung	fit; fitting; adjustment
AKERLOF George A. (1940-)		
ALEXANDRE III LE GRAND (356-323 avant J.-C.)	Alexander III der Große	Alexander III the Great
ALIÉNABLE	Übertragbar	transferable
ALIENATION	Übertragung	transfer
ALLA RINFUSA	alla rinfusa	alla rinfusa
ALLAIS Maurice (1911-)		
ALLÉGEMENT	Ermäßigung	discount
ALLOCATION	Zulage	allowance
ALLOCATION D'ACTIFS	Zuteilung von Aktiva	asset allocation
ALTERMONDIALISTE	weltweite Ausdehnung; Globalisierung	globalization
AMBIENT ADVERTISING	publicité ambiante	ambient advertising
AMÉNAGEMENT DU TEMPS DE TRAVAIL	Gestaltung der Arbeitszeit	working period planning
AMÉNAGEMENT DU TERRITOIRE	Landesplanung und Stadtplanung oder Raumplanung	Town planning and rural planning
AMNISTIE	Straferlaß	amnesty
AMORTISSEMENT	Abschreibung oder Absetzung für Abnutzung	amortization
AMORTISSEMENT (types et principes de calcul)	Abschreibung (Arten, Methoden und Berechnung)	amortization (methods, types, calculation)
AMORTISSEMENT D'UN EMPRUNT	Anleihentilgung	redemption of a loan
AMORTISSEMENT DE CADUCITÉ	Abschreibung von Konzessionen	provision for nullity; amortization for caducity
AMORTISSEMENT DÉCROISSANT	Abschreibung abnehmende Annuitäten	decreasing amortization
AMORTISSEMENT DÉGRESSIF EN FONCTION D'UNE PROGRESSION ARITHMÉTIQUE	Abschreibung Fallende degressive aufgrund einer arithmetischen Reihe	writing down related to arithmetic sequence
AMORTISSEMENT DÉGRESSIF EN FONCTION D'UNE PROGRESSION GÉOMÉTRIQUE	Fallende Abschreibung aufgrund einer geometrischen Reihe	writing down related to geometric sequence
AMORTISSEMENT DÉROGATOIRE	Abschreibung abweichende	derogatory writing down
AMORTISSEMENT DIRECT ET INDIRECT	Direkte und indirekte Abschreibung	direct and indirect amortization
AMORTISSEMENT DU CAPITAL SOCIAL	Amortisation von Aktien	amortization of the share capital
AMORTISSEMENT EXCEPTIONNEL	Ausserordentliche Abschreibung	extraordinary amortization

Glossaire

Français	Allemand	Anglais
AMORTISSEMENT PAR ANNUITÉS CONSTANTES	Abschreibung, gleichbleibende oder lineare	linear amortization
AMORTISSEMENT VARIABLE	Veränderliche Abschreibung	variable amortization
ANALOGIQUE	analog	analogical
ANALYSE	Analyse	analysis
ANALYSE DE LA VALEUR	Wertanalyse	value analysis
ANALYSE EX-ANTE	ex ante-Analyse	ex ante analysis
ANALYSE EX-POST	ex post-Analyse	ex post analysis
ANALYSE FINANCIÈRE	Finanzanalyse	finance (financial) analysis
ANALYSE TRANSACTIONNELLE – AT	Transaktionelle Analyse	transaction analysis
ANARCHISME	Anarchismus	anarchism
ANARCHISTE	Anarchist	anarchist
ANATOCISME	Anatozismus	compound interest; capitalization of interest accrued
ANNUAIRE UNIVERSEL	Universal Jahrbuch	Yearbook; almanac
ANNUALITÉ	Jährlichkeit	by year; yearly
ANNUITÉ	Annuität	annual payment/instalment; annuity
ANNULATION DU CAPITAL SOCIAL	Annulierung des Kapitals oder Zurückziehung des Kapitals	invalidation/cancellation of the share capital
ANONYMAT	Anonymität	anonimity
ANTICHRÈSE	Immobiliar Pfandnutzungsvertrag	antichresis; assignment of the revenue from real estate as a security for a debt
ANTICIPATION	Antizipation	anticipation
APARTHEID	Apartheid; Apartheidpolitik	apartheid
APPARIEMENT	Paaren, Paarweise Zusammenstellen	to set up in pairs
APPEL	Berufung	appeal
APPEL D'OFFRES	Ausschreibung	advertisement; publication; tender
APPEL PUBLIC Á L'ÉPARGNE	Öffentlicher Aufruf zum Sparen	public invitation to save money
APPELLATION D'ORIGINE CONTRÔLÉE – AOC	Geschützte Herkunftsbezeichnung	trade mark
APPOINTEMENTS	Dienstbezüge	salary; emoluments
APPORT EN ESPÈCES	Geldeinlage oder Barleistung	payments in cash; contribution in cash; cash contribution; allowance in cash
APPORT EN INDUSTRIE	Einbringen von Fachkenntnissen in eine Gesellschaft als Einlage	bringing-in of know-how
APPORT EN NATURE	Einbringung von Sachwerten	bringing-in in kind; contribution in kind; allowance in kind
APPRENTISSAGE	Lehre	training
APPROVISIONNEMENT	Bedarfsdeckung	supplying
APUREMENT DU PASSIF	Schuldenbereinigung auch Bilanzbereinigung	clearance of debts; wiping off
ARBITRAGE	Schiedsspruch	arbitration ; arbitrage
ARC LATIN	Lateinische Partnerschaft	Latin partnership
ARISTOCRATIE	Aristokratie	aristocracy
ARISTOTE (384-322 avant J.-C.)		
AROBAS ou AROBACE ou AROBE ou ARROBE, s'écrit @	AROBAS, AROBACE, @	« at »
ARRÉRAGES	Ausstehende Gelder	outstanding money
ARRÊT	Urteilspruch oder Rechtspruch	sentence
ARRÊTÉ	Amtliche Aufforderung	decree; decision
ARRÊTÉ DE COMPTE	Ausgleich eines Kontos	settlement of account
ARRHES	Reugeld	to make a deposit/downpayment
ARRIÉRÉS	Rückstände	arrearage; payment arrears

Glossaire

Français	Allemand	Anglais
ARROW Kenneth (1921-)		
ARTISAN	Handwerker	craftsman; maker
ARTISANAT	Handwerk	handicraft; craft
ASCENSEUR SOCIAL	« Sozialer Aufstieg »	social rise
ASIAN EUROPEAN MEETING – ASEM	Asian European Meeting – ASEM	Asian European Meeting – ASEM
ASSEMBLÉE GÉNÉRALE – AG	Generalversammlung	annual general meeting
ASSIETTE	Bemessungsgrundlage	basis of tax assessment
ASSIGNATION	Vorladung	summons before the court; subpoena; writ of summons; serving of a summons
ASSISTANT SOCIAL EN ENTREPRISE	Sozialhelfer (betrieblicher)	company social assistant
ASSOCIATION	Vereinigung	association
ASSOCIATION D'ASIE DU SUD POUR LA COOPÉRATION RÉGIONALE – SAARC	Vereinigung Südasiens für Regionale Zusammenarbeit	SOUTH ASIAN ASSOCIATION FOR REGIONAL COOPERATION – SAARC
ASSOCIATION DE LIBRE ÉCHANGE ASIATIQUE	Association of Asian Free Trade	Association of Asian Free Trade
ASSOCIATION DES NATIONS DE L'ASIE DU SUD-EST – ANASE	Vereinigung der Nationen Südostasiens	ASSOCIATION OF SOUTHEAST ASIAN NATIONS – ASEAN
ASSOCIATION EUROPÉENNE D'ÉTUDES DES COMMUNAUTEÉ EUROPÉENNES	European Community Studies Association	European Community Studies Association
ASSOCIATION EUROPÉENNE DE LIBRE ÉCHANGE – AELE	Europäische Freihandelzone EUROPEAN FREE TRADE ASSOCIATION – EFTA	EUROPEAN FREE TRADE ASSOCIATION – EFTA
ASSOCIATION EUROPÉENNE DES AGENCES REGIONALES DE DÉVELOPPEMENT – EURADA	Europäische Vereinigung der Regionalagenturen für Entwicklung	European Association of the Regional Development Agencies
ASSOCIATION INTERNATIONALE DES CONSEILS ÉCONOMIQUES ET SOCIAUX ET INSTITUTIONS SIMILAIRES – AICESIS	Internationale Vereinigung der Wirtschafts- und Sozialräte und vergleichbarer Institutionen	International Association of Economic and Social Councils and similar Institutions
ASSOCIATION OF MBAs – AMBA	Vereinigung der MBA	ASSOCIATION OF MBAs
ASSOCIATION TO ADVANCE COLLEGIATE SCHOOL OF BUSINESS – AACSB INTERNATIONAL	ASSOCIATION TO ADVANCE COLLEGIATE SCHOOL OF BUSINESS – AACSB INTERNATIONAL	ASSOCIATION TO ADVANCE COLLEGIATE SCHOOL OF BUSINESS – AACSB INTERNATIONAL
ASSOCIATION TYPOGRAPHIQUE INTERNATIONALE – ATYPI	Internationale Typographische Vereinigung	International Typography Association
ASSURANCE	Versicherung	insurance
ASSURANCE « VALEUR A NEUF »	Neuwertversicherung	original value insurance
ASSURANCE CONTRE LE CHÔMAGE	Arbeitslosenversicherung	unemployment insurance
ASSURANCE DUCROIRE	Delkredereversicherung	delcredere insurance/agreement
ASSURANCE VIE	Lebensversicherung	life insurance
ASSURANCES SOCIALES	Sozialversicherungswesen	social insurance
ASTREINTE	Konventionalstrafe, Erzwingungsstrafe	periodic penalty payment
ATOMICITÉ	Atomizität	atomicity
ATTRIBUTION	Zuteilung	allotment
AU JOUR LE JOUR	Von Tag zu Tag	daily; day by day
AU MARC LE FRANC	Anteilmäßige Verteilung	equalization; equal distribution
AU MIEUX	Bestens	at best
AU PAIR	Pari	at par
AU PORTEUR	Auf den Inhaber ausgestellt auch Inhaberpapier	bearer (stock)
AU PRIX DU MARCHÉ	Zum Marktpreis	at market price
AUDIT	Betriebsrevision	audit
AUDITEUR	Revisor	auditor
AUGMENTATION DE CAPITAL DANS LA SOCIÉTÉ ANONYME PAR APPORT D'ESPÈCES OU EN NATURE	Kapitalerhöhung in der aktiengesellschaft durch Einbringen von flüssigen Geldmitteln oder durch Zahlung in Natura	increase by investment of capital brought in

Glossaire

Français	Allemand	Anglais
AUGMENTATION DE CAPITAL DANS LA SOCIÉTÉ ANONYME PAR INCORPORATION DE RÉSERVES, DE BÉNÉFICES ET DE REPORT À NOUVEAU	Kapitalerhöhung in der Aktiengesellschaft durch Eingliederung von Rücklagen, Gewinnen und Vorträgen auf neue Rechnung	increase of capital by integration/incorporation of reserves, profit and balance brought forward (carried over)
AUGMENTATION DE CAPITAL DE LA SOCIÉTÉ COMMERCIALE	Kapitalerhöhung der Handelsgesellschaft	increase of capital; capital increase; increase in capital; to raise equity
AUGMENTATION DE CAPITAL PAR CONVERSION EN ACTIONS DES CRÉANCES DE TIERCES PERSONNES	Kapitalerhöhung durch Umwandlung von Schulden in Aktien	increase of capital by conversion of loan notes to stock
AUSTÉRITÉ	Sparpolitik	budget stringency, economy measure
AUTARCIE	Autarkie	autarchy; self-sufficiency
AUTHENTIFICATION	Öffentliche Beglaubigung	authentication
AUTOCONTRÔLE	Autokontrolle	self-control
AUTOFINANCEMENT	Eigenfinanzierung	in-home financing; self financing; internal financing
AUTOGESTION	Selbstverwaltung	autonomy; self-government
AUTOMATE VOCAL	Stimmenautomat	voice machine
AUTORISATION	Genehmigung	clearance
AUTORISATION DE DÉCOUVERT	Genehmigung für ungedeckte Vorschüsse	permission for uncovered advances
AUTORISATION DE PRÉLÈVEMENT	Bankeinzugsgenehmigung	bank entrance permission
AUTORISATION DE PROGRAMME	Programmgenehmigung	program permission
AUTORITÉ DE LA CHOSE JUGÉE	Einem Schiedsspruch Rechtskraft verleihen	lend an award legal force
AUTORITÉ DES MARCHÉS FINANCIERS – AMF	Behörde der Finanzmärkte	Securities and Exchange Commission – SEC (US); Securities and Exchange Board – SIB (UK)
AUTORITÉ EUROPÉENNE POUR LA SÉCURITÉ DES ALIMENTS – EFSA	Europäische Behörde für Lebensmittelsicherheit	EUROPEAN FOOD SECURITY AUTHORITY – EFSA
AUTORITÉS	Autoritäten	authorities
AUTORITÉS MONÉTAIRES	Währungsautorität	currency authority
AVAL	Wechselbürgschaft oder Avalierung	backing; support
AVANCE	Vorschuss	advance
AVANTAGE	Vorteil	advantage
AVANTAGES ACQUIS	Erworbene Rechte	acquired rights
AVARIE	Havarie	damage, injury, breakdown
AVEU	Geständnis	confession
AVOCAT	Rechtsanwalt oder Anwalt auch Advokat	barrister; counsellor; attorney
AVOIR	Vermögen	(financial) property
AVOUÉ	Nicht Plädierender Rechtsanwalt	attorney-at-law
AWARENESS « conscience »	Bewusstsein; Kenntnis	AWARENESS
AXIOME	Axiom	axiom
AYANT DROIT	Berechtigter	beneficiary

B

Français	Allemand	Anglais
BACK UP (réserve)	Reserve	BACK UP
BAIL	Mietvertrag	lease
BAIL OUT (sortie d'affaire)		BAIL OUT
BAILEY Samuel (1791-1870)		
BAILLEUR	Vermieter oder Verpächter	landlord
BAILLEUR DE FONDS	Geldgeber oder Kapitalgeber	financial backer
BAISSE	Baisse	fall
BAISSIER	Baissier	BEAR ; BEARISH
BAKER		
BAKOUNINE M.Al. (1814-1876)	*BAKOUNIN M.Al. 1814-1876*	
BALANCE DES PAIEMENTS	Zahlungsbilanz	balance of payments

Glossaire

Français	Allemand	Anglais
BALASSA (1928-)		
BANCOR	Bancor	Bancor; term for international currency suggested by Keynes
BANDES OU MARGES AUTORISÉES	Bandbreiten	band width; range
BANQUE	Bank	bank
BANQUE AFRICAINE DE DÉVELOPPEMENT – BAD	Afrikanische Entwicklungsbank	AFRICAN DEVELOPMENT BANK – ADB
BANQUE ASIATIQUE DE DEVELOPPEMENT – BASD	Asiatische Bank für Entwicklung	ASIAN DEVELOPMENT BANK – ADB
BANQUE CENTRALE	Zentralbank	Central Bank
BANQUE CENTRALE DU LUXEMBOURG – BCL	Luxemburgische Zentralbank – LZB	Luxembourg Central Bank
BANQUE CENTRALE EUROPÉENNE – BCE	Europäische Zentralbank	European Central Bank
BANQUE COMMERCIALE	Handelsbank	commercial bank; deposit bank; retail bank
BANQUE D'AFFAIRES	Geschäftsbank	merchant bank; investment bank
BANQUE DE CRÉDIT À LONG ET À MOYEN TERMES	Lang -und Mittelfristige Kreditbanken	credit bank to long and average terms
BANQUE DE DÉPÔTS	Depositenbank	bank of deposits
BANQUE DE DONNÉES	Datenbank	database
BANQUE DE FRANCE	Banque de France	Banque de France
BANQUE DES RÈGLEMENTS INTERNATIONAUX – BRI -	Bank für internationalen Zahlungsausgleich – BIZ	BANK FOR INTERNATIONAL SETTLEMENT – BIS
BANQUE ÉLECTRONIQUE	Elektronische Bank	electronic bank
BANQUE EUROPÉENNE D'INVESTISSEMENT – BEI	Europäische Investitionsbank	European Investment Bank
BANQUE EUROPÉENNE DE RECONSTRUCTION ET DE DÉVELOPPEMENT – BERD	Europäische Bank für Wiederaufbau und Entwicklung	European Bank of Reconstruction and Development
BANQUE INTERAMÉRICAINE DE DÉVELOPPEMENT – BID	Interamerikanische Bank für Entwicklung	INTER AMERICAN DEVELOPMENT BANK – IDB -
BANQUE INTERNATIONALE D'INVESTISSEMENT – BII	Internationale Investitionsbank	International Investment Bank
BANQUE INTERNATIONALE DE COOPÉRATION ÉCONOMIQUE – BICE	Internationale Bank für Wirtschaftliche Zusammenarbeit	International Bank for economic cooperation
BANQUE INTERNATIONALE POUR LA RECONSTRUCTION ET LE DÉVELOPPEMENT – BIRD	Internationale Bank für den Wiederaufbau und die Entwicklung	International Bank of Reconstruction and Development
BANQUE MONDIALE	Weltbank	World Bank
BANQUE NATIONALE DE BELGIQUE – BNB – NATIONALE BANK VAN BELGIË – NBB	Belgische Nationalbank	Belgian National Bank
BANQUE OFF SHORE	off shore bank	off shore bank
BANQUE OUEST AFRICAINE DE DÉVELOPPEMENT – BOAD	Westafrikanische Bank für Entwicklung	WEST AFRICAN DEVELOPMENT BANK – WADS
BANQUE UNIVERSELLE	Universalbank	universal bank
BANQUEROUTE	Bankrott	bankruptcy
BARÈME	Berechnungstafel	calculation board
BARIL	Barrel	barrel
BARRE Raymond (1924-)		
BARRÈRE Alain (1910-)		
BARRIÈRE (Schranke)		
BARRO Robert J. (1944-)		
BAS DE BILAN	Umlaufvermögen	floating capital/assets; circulating assets; current assets
BASE	Basis	basis; base; rate
BASE D'IMPOSITION	Steuerbemessungsgrundlage	tax calculation base
BASE DE DONNÉES	Datenbasis	database

Français	Allemand	Anglais
BASTIAT Frédéric (1801-1850)		
BAUER Otto (1882-1950)		
BAUHAUS	BAUHAUS	BAUHAUS
BAUMOL William J. (1922-)		
BECCARIA Cesare Bonesana, Marquis de (1738-1794)		
BECH Joseph (1887-1975)		
BECKER Gary Stanley (1930-)		
BÉNÉFICE	Gewinn	profit
BÉNÉFICE MONDIAL	Weltgewinn	worldwide profit
BÉNÉFICIAIRE	Begünstigter	beneficiary; payee
BENELUX (Acronyme de Belgique – Nederland – Luxembourg)	BENELUX	BENELUX
BERTRAND Jacques		
BESOINS	Bedürfnisse	requirements
BEST OF (florilège)	bestseller	bestseller
BESTSELLER	bestseller	bestseller
BÊTA (indicateur)	bêta	BÊTA
BÉTHUNE Maximilien de, Duc de SULLY (1560-1641)		
BEVERIDGE Lord William Henry (1879-1963)		
BIEN FONGIBLE	Fungibles Gut	fungible goods
BIEN INFÉRIEUR	Inferiores Gut	inferior goods
BIEN NON FONGIBLE	Nicht fungibles Gut	non-fungible goods
BIEN-ÊTRE	Wohlstand	prosperity
BIENS	Güter	goods; property
BIENS PUBLICS	Öffentliche Güter	public property
BIG BANG	big bang	big bang
BILAN	Bilanz	balance sheet
BILAN D'APTITUDES	Bilanz der Fähigkeiten	balance of ability; balance of capability
BILAN DE COMPÉTENCES	Bilanz der Kompetenzen	balance of competence
BILAN DÉRIVÉ	Abgeleitete Bilanz	diverted balance
BILAN ÉCONOMIQUE ET SOCIAL	Wirtschafts-und Sozialbilanz	economic and social balance
BILAN SOCIAL	Soziale Bilanz	social balance
BILLET A ORDRE	Eigenwechsel oder Solawechsel	promissory note
BIMÉTALLISME	Bimetallismus	bimetallism
BIO–INFORMATIQUE	Bio-Informatik	organic information technology
BIONOMICS, la biologie et l'économie	BIONOMICS	BIONOMICS
BIT	BIT	BIT (Binary Digit)
BLACK FRIDAY ; vendredi noir	Schwarzer Freitag (Börsenkrach)	BLACK FRIDAY
BLACK MONDAY ; lundi noir	Schwarzer Montag (Börsenkrach)	BLACK MONDAY
BLACK-COLLAR-WORKER	BLACK-COLLAR-WORKER	BLACK-COLLAR-WORKER
BLANC Louis (1811-1882)		
BLANCHIMENT DES CAPITAUX	Geldwäsche	MONEY LAUNDERING
BLANC-SEING	Blankounterschrift	FREE HAND; SIGNATURE TO A DOCUMENT DRAWN IN BLANK
BLOCAGE	Stopp	pegging ; freezing ; freeze
BLOCH-LAINÉ François (1912-2002)		
BLOCUS	Blockade	blockade
BLOG (web-log) (journal de bord par le web)	BLOG (web-log)	BLOG (web-log)

Glossaire

Français	Allemand	Anglais
BLUE CHIPS (jetons bleus) (actions, valeurs les mieux côtés)	BLUE CHIPS	BLUE CHIPS
BLUM Léon (1872-1950)		
BOBOS (bourgeois bohêmes)	BOBOS	BOBOS
BODIN Jean (1530-1596)		
BOGUE	BUG	BUG
BÖHM BAWERK Eugen von (1851-1914)		
BOISGUILBERT ou BOISGUILLEBERT Pierre Le PESANT, Sieur de (1646-1714)		
BOLCHEVISME	Bolchevismus	bolchevism
BON DE CAISSE	Kassenschein	cash cheque
BON DE SOUSCRIPTION	Zeichnungsschein	form of application; subscription form
BON DU TRESOR	Schatzschein	treasury bill
BONDS ROOSA	ROOSA BONDS	ROOSA BONDS
BONIFICATION	Bonifikation	interest-rate subsidy
BONUS	Bonus	BONUS
BONUS-MALUS	BONUS-MALUS	BONUS-MALUS
BOOM (forte hausse)	BOOM	BOOM
BOOSTER (survolter; doper)	BOOSTER	BOOSTER
BOSS DAY (la journée du patron ; Journée de l'Entreprise	BOSS DAY	BOSS DAY
BOSTON CONSULTING GROUP – BCG	BOSTON CONSULTING GROUP – BCG	BOSTON CONSULTING GROUP – BCG
BOTTLENECK (goulot d'étranglement)	BOTTLENECK, Flaschenhals; Engpass	BOTTLENECK
BOUKHARINE Nicolas I. (1888-1938)		
BOUQUET	bouquet	bouquet
BOURSE	Börse	Stock Market; Stock Exchange
BOURSE D'AMSTERDAM	Amsterdamer Börse	Stock Market of Amsterdam
BOWLEY Sir Arthur Lyon (1869-1957)		
BOX (boîte ; modem)	Modem	Box; modem
BOYCOTT Charles Cunningham (1832-1847)		
BOYCOTT Boycotte ou Boycottage	Boykott	Boycott; boycotting
BOYER Robert (1943-)		
BRADAGE	Verkauf zu Schleuderpreisen	sales; selling off; knochdown price
BRADY		
BRAIN STORMING (remue méninges)	BRAIN STORMING	BRAIN STORMING
BRAIN TRUST (groupe d'experts)	BRAIN TRUST	BRAIN TRUST
BRANCHE ÉCONOMIQUE	Wirtschaftszweig oder Industriezweig	economic sector
BRAND (Marque)	Marke	BRAND
BRAND STRATEGY (stratégie de marque)	BRAND STRATEGY	BRAND STRATEGY
BRANDING (marquage)	BRANDING	BRANDING
BRANDT Willy (1913-1992)		
BRAUDEL Fernand (1902-1985)		
BRETTON WOODS	BRETTON WOODS	BRETTON WOODS
BREVET	Patent	patent ; licence
BRIAND Aristide (1862-1932)		
BRICKS AND MORTAR (fait de briques et de mortier ; à la méthode traditionnelle)	BRICKS AND MORTAR, Traditionelle Arbeitsmethode	BRICKS AND MORTAR
BRIEFING	BRIEFING	BRIEFING
BUBBLE ECONOMY, « L'économie bulle »	BUBBLE ECONOMY	BUBBLE ECONOMY
BUCHANAN James Mc Gill (1919-)		
BÜCHER Karl (1847-1930)		

Glossaire

Français	Allemand	Anglais
BUDGET DE L'UNION EUROPÉENNE	Budget oder Haushaltsplan der Europäischen Union	EU general budget
BUG	BUG	BUG
BUGDET	Haushaltsplan	budget
BUILT- IN FLEXIBILITY (adaptabilité incorporée)	BUILT- IN FLEXIBILITY	BUILT- IN FLEXIBILITY
BULBE DE TULIPE	Tulpen Bubble	BUBBLE-TULIPE
BULLE	Blase hier Seifenblase	bubble
BULLETIN DE PAIE	Lohnzettel, Gehaltsabrechnung	wage slip
BUNDESBANK	BUNDESBANK	Federal Bank
BUREAU INTERNATIONAL DU TRAVAIL – BIT	Internationales Arbeitsamt – IAA	International Labour Office (Agency)
BUREAUCRATIE	Bürokratie	bureaucracy; officialdom
BURKE Edmund (1729-1797)		
BURN OUT (brûler par le feu)	BURN OUT stress	BURN OUT stress
BUSINESS ANGELS	BUSINESS ANGELS	BUSINESS ANGELS
BUSINESS AS USUAL (les affaires continuent)	BUSINESS AS USUAL	BUSINESS AS USUAL
BUSINESS TO ADMINISTRATION – B TO A – (B2A)	BUSINESS TO ADMINISTRATION – B TO A – B2A	BUSINESS TO ADMINISTRATION – B TO A – (B2A)
BUSINESS TO BUSINESS – B TO B – (B2B)	BUSINESS TO BUSINESS – B TO B – B2B	BUSINESS TO BUSINESS – B TO B – (B2B)
BUSINESS TO CONSUMER – B TO C – (B2C)	BUSINESS TO CONSUMER – B TO C – B2C	BUSINESS TO CONSUMER – B TO C – (B2C)
BUTOIR	Prellbock	date line; dead line
BUZZ MARKETING, marketing par la rumeur	BUZZ MARKETING	BUZZ MARKETING

C

Français	Allemand	Anglais
C I F ou C A F (Cost, Insurance and Freight, coût, assurance et fret	C I F	C I F or C A F
C I P (Carriage and Assurance Paid to, port et assurance payés jusqu'à)	C I P	C I P (Carriage and Assurance Paid to)
C P T (Carriage Paid to/port payé jusqu'à)	C P T (Carriage Paid To)	C P T (Carriage Paid To)
C TO B (C2B) CONSUMER TO BUSINESS	C TO B C2B CONSUMER TO BUSINESS	C TO B (C2B) CONSUMER TO BUSINESS
C TO C (C2C) CONSUMER TO CONSUMER	C TO C C2C CONSUMER TO CONSUMER	C TO C (C2C) CONSUMER TO CONSUMER
CABET Étienne (1788-1856)		
CABINET	Kabinett	cabinet
CABOTAGE	Kabotage	coastal trade; costal trade
CAC 40	CAC 40	CAC 40
CADASTRE	Kataster	cadastral survey
CADRE	Leitender Angestellter	executive ; manager
CAHIER DES CHARGES	Lastenheft	tender specification; articles and conditions
CAISSE D'ÉPARGNE	Sparkasse	Savings Bank
CALCUL À POSTERIORI	Nachkalkulation	post-calculation
CALCUL À PRIORI EN MATIÈRE DE PRIX DE REVIENT ET DE COÛT	Vorkalkulation	pre-calculation
CALCUL DU PRIX DE REVIENT UNITAIRE : SYSTÈME DE LA DÉTERMINATION DE QUOTIENTS	Divisionskalkulation	cost price: unit price system
CALCUL ÉCONOMIQUE	Wirtschaftsrechnung	economic calculation
CALL CENTER (centre d'appel téléphonique)	Anrufzentrale	CALL CENTER
CAMBISTE	Wechselmakler	foreign exchange dealer ; broker
CANCELLATION (annulation)	Annulierung	CANCELLATION
CANTILLON Richard (1680-1733 ou 1734)		
CAPACITÉ JURIDIQUE	Rechtsfähigkeit	legal capacity
CAPITAL	Kapital	capital; assets
CAPITAL CULTUREL	Kulturelles Kapital	cultural capital

Les 3 000 mots essentiels de l'économie et des affaires

Glossaire

Français	Allemand	Anglais
CAPITAL ÉTRANGER A COURT TERME	Kurzfristiges Fremdkapital	short term foreign assets
CAPITAL ÉTRANGER A LONG TERME	Langfristiges Fremdkapital	long term foreign assets
CAPITAL HUMAIN	Menschliches Kapital	human capital
CAPITAL PERMANENT	Permanentes Kapital	fixed capital
CAPITAL PROPRE	Eigenkapital	shareholders' equity, capital resources
CAPITAL RISQUE	Risikokapital	venture/risk capital
CAPITALISME	Kapitalismus	capitalism
CAPITALISME PÉRIPHÉRIQUE	Peripherer Kapitalismus	peripheral capitalism
CAPITALISME MONDIAL	Weltkapitalismus	world capitalism
CAPITALISME MONOPOLISTIQUE D'ÉTAT	Monopolisticher Staatskapitalismus	monopolistic state capitalism
CAPITALISTE	Kapitalist	capitalist/investor
CAPITAUX CIRCULANTS	Umlaufvermögen	circulating/working capital
CARIBBEAN COMMUNITY (ASSOCIATION DE LIBRE ÉCHANGE DES CARAÏBES – CARIFTA	CARIBBEAN COMMUNITY – CARIFTA	CARIBBEAN COMMUNITY – CARIFTA
CARICOM (marché commun et communauté économique des Caraïbes)	Caricom	Caricom
CARRÉ MAGIQUE	Magisches Viereck	Magic Square
CARRIÈRE	Karriere	career ; job expectations
CARTE DE CRÉDIT	Kreditkarte	credit card
CARTE DE PAIEMENT	Zahlkarte	pay(ing)-in slip; deposit slip
CARTEL	Kartell	cartel; trust
CARTEL D'EXPORTATION ET D'IMPORTATION	Export – Importkartell	export – import cartel
CARTEL DE CRISE	Krisenkartell	crisis cartel
CARTEL DE PRIX	Preiskartell	price cartel
CARTEL TERRITORIAL	Gebietskartell	territorial cartel
CAS FORTUIT	Zufall	accident
CASH BACK	CASH BACK	CASH BACK
CASH BURN RATE (ratio de l'argent brûlé)	CASH BURN RATE	CASH BURN RATE
CASH FLOW RETURN OF INVESTMENT – CFROI (flux de trésorerie, retour d'investissement)	CASH FLOW RETURN OF INVESTMENT – CFROI	CASH FLOW RETURN OF INVESTMENT – CFROI
CASH VALUE ADDED – CVA (valeur ajoutée de trésorerie – VAT)	CASH VALUE ADDED – CVA	CASH VALUE ADDED – CVA
CASH-COW (vache à lait)	CASH-COW	CASH-COW
CASH-FLOW (flux de trésorerie ; capacité d'autofinancement)	CASH-FLOW	CASH-FLOW
CASIER JUDICIAIRE	Strafregister	criminal record
CASTE	Kaste	CASTE
CASTEL Charles Irenée, Abbé de Saint Pierre (1658-1743)		
CASTRO Fidel (1926-)		
CASUAL FRIDAYS	CASUAL FRIDAYS	FUNKY BUSINESS; CASUAL FRIDAYS
CATÉGORIES SOCIOPROFESSIONNELLES	Sozioberufliche Kategorien	socio-professional categories
CAUSE RÉELLE ET SÉRIEUSE	Reale und ernsthafte Ursache	real and serious cause/subject matter
CAUTION	Bürge, Bürgschaft	surety; guarantor; security; deposit
CAUTIONNEMENT	Sicherheitsleistung oder Bürgschaftsleistung	deposit
CAVALERIE	Wechselreiterei	ridering
CAVIARDER	caviarder	caviarder
CENTRALE D'ACHATS	Einkaufszentrale	purchasing centre
CENTRALISATION	Zentralisation	centralisation

Glossaire

Français	Allemand	Anglais
CENTRE D'AFFAIRES	Handelszentrum	business centre
CENTRE D'ÉTUDES PROSPECTIVES ET D'INFORMATION INTERNATIONALES – CEPII	Zukunftsorientiertes Forschungs-und internationales Informationszentrum	Centre for prospective studies and international information
CENTRE DE PROFIT	Betriebsergebniszelle	working/operating results centre
CENTRE DE TRADUCTION DES ORGANES DE L'UNION EUROPÉENNE – UE	Übersetzungsamt der Einrichtungen Organismen der Europäischen Union – UE -	Translation Centre for the Bodies of the European Union
CENTRE EUROPÉEN POUR LE DÉVELOPPEMENT DE LA FORMATION PROFESSIONNELLE – CEDEFOP	Europäisches Zentrum für die Entwicklung der Berufsausbildung	European centre for the development of vocational training
CENTRE INTERNATIONAL POUR LE RÈGLEMENT DES DIFFÉRENDS RELATIFS AUX INVESTISSEMENTS – CRDI	Internationales Zentrum für die Beilegung der Meinungsverschiedenheiten im Bereich der Investitionen	International arbitration centre for the settlement of investment disputes
CERCLE DE QUALITÉ	Gütekreis	quality control circle
CERCLE VERTUEUX	Tugendhafter Kreis	vertuous circle
CERCLE VICIEUX	Teufelskreis	vicious circle
CERTAIN et INCERTAIN	Mengennotierung und Preisnotierung	quote direct exchange; quote indirect exchange
CERTIFICAT	Bescheinigung Zertifikat	certificate
CERTIFICAT D'INVESTISSEMENT	Investitionsbescheinigung	certification of investment
CERTIFICAT D'UTILITÉ	Nützlichkeitsbescheinigung	certificate of usefulness/of useful purpose
CERTIFICAT DE DEPÔT	Hinterlegungsbescheinigung	certificate/letter of deposit; depositary receipt
CERTIFICAT DE VALEUR GARANTIE – CVG	Garantiertes Wertzertifikat	warranted certificate
CERTIFICAT INDEXÉ	Indexierte Zertifikate	BULL ; BEAR
CERTIFICATION	Beglaubigung	certification
CHAEBOL	CHAEBOL	CHAEBOL
CHALAND	Kunde	customer
CHAMBRE	Kammer	Chamber; corporation
CHAMBRE D'AGRICULTURE	Landwirtschaftskammer	Chamber of agriculture
CHAMBRE DE COMMERCE	Handelskammer	Chamber of Commerce
CHAMBRE DE COMMERCE INTERNATIONALE – CCI	Internationale Handelskammer	International Chamber of Commerce
CHAMBRE DE COMPENSATION	Verrechnungsstelle	Clearing House
CHAMBRE DE MÉTIERS	Handwerkerkammer; Handwerkskammer	Trade corporation; Chamber of handicrafts
CHANGE	Wechsel oder Geldwechsel	foreign exchange transaction
CHANGE MANUEL	Einfacher Wechsel	exchange of money
CHANGE SCRIPTURAL	Giralwechsel	Giro transfer/endorsement/bank exchange
CHARGES	Aufwendungen oder Aufwand	running costs/cost/expenditure/expense
CHARGES À PAYER	Noch zu zahlende Kosten	financial expenses (not yet paid)
CHARGES PAR NATURE	Aufwand	cost types
CHARGES PAYÉES D'AVANCE	Im Voraus bezahlte Kosten	prepaid/forehand-paid costs
CHARGES SUPPLÉTIVES	Kalkulatorische Kosten	auxiliary/calculatory/additional costs
CHARISME	Charisma	charisma
CHART (graphisme).	Graphik	CHART
CHAT (débat en ligne	CHAT	CHAT
CHATTERBOT (logiciel d'ordinateur)	CHATTERBOT	CHATTERBOT
CHE GUEVARA (1928-1967)		
CHEF DE PRODUIT	Produktleiter	production manager
CHEMIN DE FER	Eisenbahn	Rail-Road
CHEPTEL	Viehbestand	livestock
CHÈQUE	Scheck	cheque: check
CHÈQUE CERTIFIÉ	Beglaubigter Scheck	marked/certified cheque
CHÈQUE DE VOYAGE	Reisescheck	traveller's cheque

Glossaire

Français	Allemand	Anglais
CHÈQUE EN BLANC	Blankoscheck	blank cheque
CHÈQUE EN BOIS	Ungedeckter Scheck	uncovered/unpaid/dud cheque
CHÈQUE POSTAL	Postscheck	cheque drawn on Post Office Bank
CHÈQUE-EMPLOI	" Lohnscheck"	"cheque – employment"
CHICAGO BOARD OF TRADE – CBOT	CHICAGO BOARD OF TRADE – CBOT	CHICAGO BOARD OF TRADE – CBOT
CHICAGO BOARD OPTIONS EXCHANGE – CBOE	CHICAGO BOARD OPTIONS EXCHANGE – CBOE	CHICAGO BOARD OPTIONS EXCHANGE – CBOE
CHICAGO BOYS (« les gars de Chicago ») adeptes du monétarisme de l'américain MILTON FRIEDMAN	CHICAGO BOYS	CHICAGO BOYS
CHICAGO MERCANTILE EXCHANGE – CME – (l'un des plus importants marchés boursiers à terme du monde)	CHICAGO MERCANTILE EXCHANGE – CME	CHICAGO MERCANTILE EXCHANGE – CME
CHIFFRE D'AFFAIRES – CA	Umsatz oder Warenumsatz	turnover
CHIP ; PUCE	CHIP	CHIP
CHIPSET (jeu de puces)	CHIPSET	CHIPSET
CHÔMAGE	Arbeitslosigkeit	unemployment
CHÔMAGE ACCIDENTEL	Unfallbedingte Arbeitslosigkeit oder Zufällige Arbeitslosigkeit	unemployment due to accident
CHÔMAGE CONJONCTUREL	Konjunkturelle Arbeitlosigkeit	standstill
CHÔMAGE FRICTIONNEL	Friktionnelle Arbeitlosigkeit	frictional unemployment
CHÔMAGE RÉSIDUEL	Residuale Arbeitlosigkeit	residual unemployment
CHÔMAGE SAISONNIER	Saisonbedingte Arbeitlosigkeit	seasonal unemployment
CHÔMAGE STRUCTUREL	Strukturelle Arbeitlosigkeit	structural unemployment
CHÔMAGE TECHNIQUE	Technische Arbeitlosigkeit	lay off; temporary layoff
CHRISTIANISME	Christentum	Christianity
CHRONOGRAMME	Zeitdiagramm	time/chronometric chart
CHURCHILL Winston Leonard Spencer – SIR – (1874-1963)		
CIBLE	Zielscheibe	target; objective
CINQ SAGES (LES)	Die Fünf Weisen	The five Sages or Wise men
CIRCUIT ÉCONOMIQUE	Ökonomischer Kreislauf oder Wirtschaftskreislauf	economic channels/network; circular flow; economic circular flow (of income)
CITATION	Vorladung	citation/writ of summons/subpoena of witnesses
CITOYEN EUROPÉEN	Europäischer Bürger	European Citizen
CLAMP DOWN (serrer la vis)	Reduzierung/Verringerung	CLAMP DOWN (clampdown on imports)
CLARK Colin Grant (1905-1989)		
CLARK John Bates (1847-1938)		
CLARK John Maurice (1884-1963)		
CLASS ACTIONS (plaintes consolidées)	CLASS ACTIONS	CLASS ACTIONS
CLASSE	Klasse	class
CLASSEMENT SANS SUITE	Einem Antrag nicht stattgeben	classification without continuation
CLAUSE « ENVIRON »	Ungefährklausel	approximate clause
CLAUSE « PARI-PASSU »	« Pari – Passu » Klausel	pari – passu clause
CLAUSE ABUSIVE	Klausel des Mißbrauchs	breaching clause; unfair terms of contract
CLAUSE ARRÊT	Klausel Standstill	CLAUSE STANDSTILL
CLAUSE COMPROMISSOIRE	Schiedsvertragsklausel	arbitration clause
CLAUSE DE LA NATION LA PLUS FAVORISÉE	Meistbegünstigungsklausel	most-favoured nation treatment, clause of the most favoured nation
CLÉ DE RÉPARTITION	Schlüssel, Verteilungsschlüssel	distributor, distribution key
CLEARING (compensation)	CLEARING	CLEARING

Français	Allemand	Anglais
CLICKS AND MORTAR (« fait de clics et de briques »)	clicks and mortar	clicks and mortar
CLIENTÉLISME	Stammkundschaft	regular customers
CLIOMÉTRIE	"Cliometrie"	"cliometry"
CLIVAGE	Spaltung oder Spaltung in mehrere Lager	division
CLUB	Club oder Klub	club
CLUB DE PARIS	Pariser Zirkel	club of Paris
CLUB EUROPÉEN DES RESSOURCES HUMAINES	Europäischer Klub der Menschlichen Ressourcen	European club of human resources
CLUB SERVICE	Service Club	Service Club
COACHING (mentor, entraîneur)	Mentor	coaching
COASE Ronald Harry (1910-)		
CO-BRANDING (« alliance de marques » ou « co-griffage »)	Markenzusammenschluss	co-branding
COCOM (COORDINATING COMMITEE OF MULTILATERAL EXPORT CONTROLS)	COCOM (COORDINATING COMMITEE OF MULTILATERAL EXPORT CONTROLS) Koordinierungskomitee für Multilaterale Kontrolle der Ausfuhr	COCOM (COORDINATING COMMITEE OF MULTILATERAL EXPORT CONTROLS)
CODE	Kode	code
CODE À BARRES ou CODE-BARRES	Balkenkode	bar-code
CODE CIVIL	Bürgerliches Gesetzbuch	code of civil law
CODE DE BONNE CONDUITE (code de l'honneur)	Kodex des Anständigen Benehmens auch Gesetze der Höflichkeit oder auch Ehrenkodex	code of conduct
CODE DE COMMERCE	Handelsgesetzbuch	commercial code
CODE DE PROCÉDURE CIVILE	Zivilprozessordnung	code of civil procedure
CODE DE PROCÉDURE PÉNALE ou CODE D'INSTRUCTION CRIMINELLE	Strafprozessordnung	code of penal procedure
CODE DES DOUANES COMMUNAUTAIRES – CDC	Zollgesetzbuch der Gemeinschaft	European Community customs regulations code
CODE PÉNAL	Strafgesetzbuch	penal code
CODÉCISION	Mitentscheidung	codecision
CODIFICATION COMPTABLE	Kodifizierung der Buchhaltung	accountancy codification
CODIFICATION DES PRODUITS	Kodifizierung der Produkte	product codification
COEFFICIENT DE PONDÉRATION	Wägungsfaktor	average factor
COGESTION	Mitbestimmung	joint management
COLLABORATIVE COMMERCE	collaborative commerce	collaborative commerce
COLLECTIF	collectivity; joint partnership	collectivity; joint partnership
COLLECTIVISATION	Kollektivierung oder Überführung in das Gemeineigentum	collectivization
COLLECTIVITÉ	Gemeinschaft, Kollektivität, Gruppe	authority; collectivity
COLLÈGE DE BRUGES	Kollegium von Bruges (Brügge)	College of Bruges
COLONISATION	Kolonisierung	colonization
COMBLEMENT DU PASSIF	Bilanzbereinigung	audit and verification of the balance sheet; to make good liabilities; to make up adeficit
COMITÉ D'ENTREPRISE – CE	Unternehmensausschuss	works council
COMITÉ D'HYGIÈNE, DE SÉCURITÉ ET DES CONDITIONS DE TRAVAIL	Komitee für Gesundheitslehre, Sicherheit und Arbeitsbedingungen	health, security and working conditions committee
COMITÉ DE BÂLE	Basler Komitee	Basilea Committee G 10
COMITÉ DES FORGES	COMITÉ DES FORGES	COMITÉ DES FORGES
COMITÉ DES RÉGIONS – C d R	Komitee des Regionen	council of the regions
COMITÉ DES REPRÉSENTANTS PERMANENTS – COREPER	Komitee der Permanenten Vertreter	council of the permanent representatives
COMITÉ ÉCONOMIQUE ET SOCIAL – CESE	Wirtschafts-und Sozialkomitee	economic and social committee

Glossaire

Français	Allemand	Anglais
COMITÉ EUROPÉEN DE NORMALISATION – CEN	Europäisches Komitee für Normierung	European Standards Committee
COMITÉ INTERNATIONAL OLYMPIQUE	Das Internationale Olympische Kommittee	International Olympic Committee
COMITOLOGIE	Komitologie	comitology
COMMANDITAIRE	Kommanditist, beschränkt haftender Gesellschafter, Geldleiher	sleeping partner; limited partner
COMMANDITÉ	Unbeschränkt haftender Gesellschafter oder Teilhaber	active partner
COMMERÇANT	Kaufmann, Geschäftsmann	businessman/dealer
COMMERCE AMBULANT	Straßenhandel	street-hawking
COMMERCE EN LIGNE	On line Handel	on-line/e-business
COMMERCE ÉQUITABLE	Gerechter Handel	fair trade
COMMERCE ÉTHIQUE	Ethischer Handel	ethical trade
COMMERCE FORAIN	Jahrmarktshandel	fair trade; stall-keeping trade; annual fair
COMMERCE INTERNATIONAL – THÉORIES	Internationaler Handel – Theorien	international trade theories
COMMERCE INVISIBLE	Unsichtbarer Handel	invisible trade
COMMERCE SOLIDAIRE	Solidarischer Handel	interdependant trade
COMMERCE TRIANGULAIRE	Dreieckhandel	triangular trade
COMMERCE VISIBLE	Sichtbarer Handel	visible trade
COMMISSAIRE AUX COMPTES	Vereidigter Buchprüfer	auditor; chartered accountant
COMMISSAIRE PRISEUR	Versteigerer oder Auktionator	auctioneer
COMMISSION	Provision oder Kommission	commission; commission fee
COMMISSION DES OPÉRATIONS DE BOURSE – COB	Kommission der Börsenoperationen	Securities and Exchange Commission – SEC – US/Financial Service Authority – FSA UK
COMMISSION EUROPÉENNE	Europäische Kommission	EC Commission
COMMON ACCESS FOR EVERYBODY	CYBERCAFÉ	cybercafe
COMMUNAUTARISME	« Kollektivismus »	communitarism
COMMUNAUTÉ DES ÉTATS INDÉPENDANTS – CEI	Gemeinschaft der Unabhängigen Staaten	Community of independent states
COMMUNAUTÉ ANDINE DES NATIONS – CAN	Gemeinschaft der Nationen der Anden oder Gemeinschaft der Andenstaaten	ANDIN
COMMUNAUTÉ ÉCONOMIQUE DES ÉTATS DE L'AFRIQUE CENTRALE – CEEAC	Wirtschaftsgemeinschaft der Zentralafrikanischen Staaten	ECONOMIC COMMUNITY OF CENTRAL AFRICA – ECCA
COMMUNAUTÉ ÉCONOMIQUE DES ÉTATS DE L'AFRIQUE DE L'OUEST – CEDEAO – (ou CEAO)	Wirtschaftsgemeinschaft der Westafrikanischen Staaten	ECONOMIC COMMUNITY OF WEST AFRICAN STATES – ECONOWAS
COMMUNAUTÉ ÉCONOMIQUE EUROPÉENNE – COMMUNAUTÉ EUROPÉENNE DU CHARBON ET DE L'ACIER – CECA	Europäische Gemeinschaft für Kohle und Stahl EGKS	EUROPEAN ECONOMIC COMMUNITY OF COAL AND STEEL
COMMUNAUTÉ EUROPÉENNE	Europäische Gemeinschaft	European Community
COMMUNAUTÉ EUROPÉENNE DE DÉFENSE – CED	Europäische Verteidigungsgemeinschaft	European Community of defense
COMMUNAUTÉ EUROPÉENNE DE L'ÉNERGIE ATOMIQUE – EURATOM	Europäsche Gemeinschaft für Atomenergie	European Community of nuclear energy
COMMUNAUTÉ EUROPÉENNE DU CHARBON ET DE L'ACIER – CECA	Europäische Gemeinschaft für Kohle und Stahl – EGKS	European coal and steel Community – ECSC
COMMUNAUTE SUD-AMERICAINE DES NATIONS	Gemeinschaft der Südamerikanischen Staaten	Community of South American States
COMMUNICATION	Kommunikation	COMMUNICATION CORPORATE (marketing corporate)
COMMUNICATION CORPORATE (communication institutionnelle)	COMMUNICATION CORPORATE (marketing corporate)	COMMUNICATION CORPORATE (marketing corporate)
COMMUNISME	Kommunismus	communism
COMPACT DISC – READ ONLY MEMORY – CD-ROM	COMPAKT DISK – READ ONLY MEMORY – CD-ROM	COMPACT DISC – READ ONLY MEMORY – CD-ROM

Français	Allemand	Anglais
COMPAGNIES COMMERCIALES	Handelskompanien	commercial companies/partnership
COMPENSATION	Kompensation, Ausgleich	compensation; clearance; clearing
COMPÉTENCE	Zuständigkeit	Area of jurisdiction
COMPÉTITIVITÉ	Wettbewerbsfähigkeit	competitiveness
COMPLEXE	Komplex, Anlagenkomplex	industrial complex/estate
COMPLICE	Komplize, Helfershelfer, Mittäter	accessory; accomplice; aider and abettor
COMPORTEMENT ÉCONOMIQUE	Wirtschaftliches Verhalten	economic behaviour
COMPRESSION	Zusammendrücken	compilation
COMPROMIS	Kompromiß oder Vergleich	compromise/arrangement/arbitration
COMPTABILITÉ PLURIMONÉTAIRE	Plurimonetäre Buchhaltung	multicurrency accounting
COMPTABILITÉ ANALYTIQUE D'EXPLOITATION	Betriebsbuchhaltung oder Fabrikbuchhaltung	cost accounting
COMPTABILITÉ EN PARTIE DOUBLE	Doppelte Buchhaltung	double-entry book-keeping
COMPTABILITÉ GÉNÉRALE	Finanzbuchhaltung	financial accounting
COMPTABILITÉ NATIONALE	volkswirtschaftliche Gesamtrechnungen	national accounts
COMPTANT	Bar, Gegen Bar, Barzahlung	cash
COMPTE COURANT	Konto Korrent	current account
COMPTE COURANT D'ASSOCIÉ OU D'ACTIONNAIRE	Kontokorrent eines Gesellschafters	current account of a partner or stockholder
COMPTE DE COMPTABILITÉ	Konto in der Buchführung	bookkeeping account
COMPTE EN BANQUE OU COMPTE BANCAIRE	Bankkonto	bank account
COMPULSORY PRODUCT CERTIFICATION SYSTEM – CCC	compulsory product certification system – CCC -	compulsory product certification system – CCC -
CONCENTRATION	Zusammenschluß	concentration; association; merger; fusion
CONCEPT	Konzept, Begriff, Auffassung	CONCEPT – STORE
CONCEPT – STORE (concept de magasin)	concept-store	concept-store
CONCEPT DE COMPTABILITÉ GENERALE	Rechnungswesen	accounting; accounting matters; accountancy
CONCEPTION ASSISTÉE PAR ORDINATEUR – CAO	Computergestütztes Konzept	computer-assisted design
CONCESSION	Konzession oder Genehmigung	concession; licence
CONCILIATION	Schlichtung	conciliation; arbitration; composition
CONCORDAT	Vergleich-Vergleichsvereinbarung	agreement between debtors and creditors; compulsory composition
CONCOURS BANCAIRES ET FINANCIERS	Bankunterstützung und Finanzielle Unterstützung	co-operation of banks and financial institutions
CONCURRENCE	Konkurrenz	competition
CONCURRENCE COMPLÈTE	Vollständige Konkurrenz	principle of complete competition
CONCURRENCE FISCALE	Steuerlicher Wettbewerb	tax competition
CONCURRENCE MONOPOLISTIQUE	Monopolistische Konkurrenz	monopolistic competition
CONCURRENCE PARFAITE	Vollkommene Konkurrenz	perfect competition
CONCURRENCE PURE	Reine Konkurrenz	pure/mere competition
CONCUSSION	Übermäßige Gebührenerhebung	misappropriation; exaction
CONDILLAC *Étienne BONNOT de* (1714-1780)		
CONDITION	Bedingung	condition ; stipulation ; terms
CONDORCET *Marie J. A. N. CARITAS, Marquis de* (1743-1794)		
CONFÉDÉRATION	Staatenbund – Bund	confederation; confederacy
CONFÉRENCE DES NATIONS UNIES POUR L'ENVIRONNEMENT ET LE DÉVELOPPEMENT – CNUED	Konferenz der Vereinten Nationen für Umwelt und Entwicklung – KVNUE -	UNITED NATIONS CONFERENCE ON ENVIRONMENT AND DEVELOPMENT – UNCEAD
CONFÉRENCE DES NATIONS UNIES POUR LE COMMERCE ET LE DÉVELOPPEMENT – CNUCED	Konferenz der Vereinten Nationen für Handel und Entwicklung – KVNHE -	UNITED NATIONS CONFERENCE ON TRADE AND DEVELOPMENT – UNCTAD

Glossaire

Français	Allemand	Anglais
CONFÉRENCE INTERGOUVERNEMENTALE – CIG	Zwischenstaatliche Konferenz	Intergovernmental Conference
CONFRONTATIONS	Konfrontationen oder Gegenüberstellungen	confrontation; comparison; collation; identification by confrontation
CONFUSION	Verwirrung	confusion
CONGÉ SABBATIQUE	Sabbatjahr	sabbatal year off
CONGLOMÉRAT	Konglomerat	conglomerate
CONJONCTURE	Konjunktur	economic prospects; present economic situation; business climate, business cycle
CONJONCTURE SECTORIELLE	Branchenkonjunktur	sectorial prospects; sectoral business climate
CONNECTED THINKING (réseau d'idées)	Vernetztes Denken	connected thinking; brain storming; think tank
CONNECTIQUE	Verbindungssystem	connection system
CONSEIL CONSTITUTIONNEL	Verfassungsrat	constitutional council
CONSEIL D'ADMINISTRATION	Verwaltungsrat	board of administration; board of directors
CONSEIL D'ANALYSE ÉCONOMIQUE – CAE	Wirtschaftsforschungsrat	board of economic analysis
CONSEIL D'ASSISTANCE ÉCONOMIQUE MUTUELLE – CAEM	Rat für Gegenseitige Wirtschaftliche Unterstützung	COUNCIL FOR MUTUAL ECONOMIC ASSISTANCE – COMECOM
CONSEIL D'ÉTAT	Staatsrat	council of State
CONSEIL DE COOPÉRATION ÉCONOMIQUE ASIE – PACIFIQUE – CEAP	Asiatisch – Pazifische Wirtschaftskooperation	ASIAN PACIFIC ECONOMIC COOPERATION –APEC
CONSEIL DE COOPÉRATION ÉCONOMIQUE ASIE-PACIFIQUE – CEAP	Wirtschaftlicher Rat für Zusammenarbeit Asien-Pazifik	ASIAN PACIFIC ECONOMIC COOPERATION – APEC
CONSEIL DE L'EUROPE	Europarat	Council of Europe
CONSEIL DE L'UNION EUROPÉENNE (CONSEIL DES MINISTRES)	Ministerrat der Europäischen Union	Council of Ministers of the EU
CONSEIL DE SURVEILLANCE	Überwachungsrat	board of supervisors
CONSEIL EUROPÉEN	Europäischer Rat	European Council
CONSERVATION DE TITRES	Wertpapierverwahrung	holding securities in trust
CONSIDÉRANT Victor (1808-1893)		
CONSIGNATION	Hinterlegung	deposit; depositing
CONSIGNATION D'EMBALLAGES	Pfandbetrag für Verpackungsmaterial	distraint on packaging
CONSOLIDATEUR	« Konsolidierer »	consolidator; funder
CONSOLIDATION	Konsolidation	consolidation; funding
CONSOMMATEUR	Verbraucher	consumer
CONSOMMATION GLOBALE ou DÉPENSES DE CONSOMMATION	Globalkonsum	global consuming
CONSOMMATION OPTIMALE	Optimaler Verbrauch	highest degree of/best/maximum consuming
CONSTITUTION	Verfassung	constitution
CONSTITUTION EUROPÉENNE	Europäische Verfassung	European constitution
CONSULTING (conseil)	Consulting/Beratung	consulting
CONSUMER TO BUSINESS (C 2 B ; C to B ; du consommateur au fabricant)	consumer to business	consumer to business
CONSUMER TO CONSUMER (du consommateur au consommateur ; C 2 C ou C to C)	consumer to consumer	consumer to consumer
CONTINGENTEMENT	Kontingentierung	apportioning; fixing of quotas
CONTRAT	Vertrag	contract; agreement ; deed
CONTRAT ACCESSOIRE	Nebenvertrag	supplementary agreement; accessory contract
CONTRAT ALÉATOIRE	Vom Zufall abhängender Vertrag	aleatory contract; risky transaction
CONTRAT BILATÉRAL	Zweiseitiger Vertrag	bilateral contract
CONTRAT COMMUTATIF	Tauschvertrag	commutative contract; barter agreement
CONTRAT CONSENSUEL	Nicht formgebundener Vertrag oder formloser Vertrag	consensual contract
CONTRAT DE BIÈRE	Bierkontrakt	exclusive/licence contract

Français	Allemand	Anglais
CONTRAT DE SOCIÉTÉ	Gesellschaftsvertrag	company contract; company agreement
CONTRAT DE TRAVAIL	Arbeitsmietvertrag, Dienstverhältnis, Dienstvertrag	contract of employment/labor contract
CONTRAT DE VENTE	Kaufvertrag	bill of sale agreement; contract of sale
CONTRAT DÉDIÉ	Gewidmeter Vertrag	contract on administration of assets/property
CONTRAT PIGNORATIF	Pfandvertrag	contract based on pledge/pawn
CONTRAT PRINCIPAL	Hauptvertrag	basic/main contract
CONTRAT RÉEL	Realvertrag	real contract
CONTRAT SOLENNEL	Formgebundener Vertrag	formally correct/indue or proper or regular form contract
CONTRAT SYNALLAGMATIQUE	Zweiseitiger Vertrag	mutual/reciprocal contract
CONTRAT UNILATÉRAL	Einseitiger Vertrag	unilateral contract
CONTREFAÇON	Fälschung	counterfeiting; imitation
CONTRE-MESURES	Gegenmaßnamen	countermeasures
CONTRIBUABLE	Steuerzahler	taxpayer
CONTRIBUTIONS	Abgaben	taxes
CONTRÔLE DES CHANGES	Devisenkontrolle oder Devisenbeschaffung	exchange control
CONTRÔLE BUDGÉTAIRE	Budgetkontrolle	budgetary control
CONTRÔLE DE GESTION	Betriebskontrolle	audit
CONVENTION	Abkommen	convention
CONVENTION COLLECTIVE	Kollektivvertrag	collective agreement
CONVENTION DE COMPTE	Bankkontovertrag	bank account contract/agreement
CONVENTION DE LOMÉ ET ACCORD DE COTONOU		Lomé Convention and Agreement of Cotonou
CONVENTION DE GENÈVE	Genfer Abkommen	Geneva Convention
CONVENTION EUROPÉENNE	Europäische Konvention	European convention
CONVENTIONS COMMERCIALES	Handelsverträge	trade/trading agreement/pact
CONVERSION	Umwandlung	conversion; change
CONVERTIBILITÉ	Konvertibilität	convertibility
COOKIE (témoin persistant)	cookie	cookie
COOPÉRATION RENFORCÉE	Verstärkte Zusammenarbeit	closer cooperation
COOPÉRATIVE	Genossenschaft	co-operative society; mutual association
COPYRIGHT (droit d'auteur)	Urheberrecht	COPYRIGHT
CORPORATE CULTURE	Unternehmenskultur	corporate culture
CORPORATION	Berufsverband	corporation; company; guild
CORPORATISME	Korporativismus	corporate/corporativeness
CORPS (Imprimerie)	Hauptteil	block capital
CORRUPTION	Korruption	corruption; bribing; bribery
COSMÉTIQUE	Kosmetik	beauty culture
COST KILLING ou COST CUTTING (chasse aux coûts)	COST KILLING oder COST CUTTING	COST KILLING or COST CUTTING
COST PULL INFLATION	COST PULL INFLATION	COST PULL INFLATION
COST PUSH INFLATION (INFLATION PAR LES COÛTS OU INFLATION ABSOLUE)	COST PUSH INFLATION	COST PUSH INFLATION
COTE OFFICIELLE ou COTE BOURSIÈRE	Kurszettel	official rate
COTISATION	Beitrag	contribution; rating; quota; share
COUCH POTATOES (téléspectateur passif)	COUCH POTATOES	COUCH POTATOES
COUDENHOVE – KALERGI Richard (1894-1972)		
COUP D'ACCORDÉON	Zieharmonikaoperation	Stop and Go; capital restructuring
COUPON	Kupon oder Coupon oder Zinsschein (Obligationen)	interest coupon
COUPONING (couponnage)	COUPONING	COUPONING; Reply coupon
COUR D'ASSISES	Schwurgericht	court of assizes

Les 3 000 mots **essentiels** *de l'économie et des affaires*

Glossaire

Français	Allemand	Anglais
COUR DE CASSATION	Kassationshof	supreme court of appeal(s)
COUR DE JUSTICE EUROPÉENNE	Europäischer Gerichtshof	EC Court of Justice
COUR DES COMPTES EUROPÉENNE	Europäischer Rechnungshof	EC Court of Auditors
COUR EUROPÉENNE DES DROITS DE L'HOMME	Europäischer Hof für Menschenrechte	European Court of Human Rights
COUR INTERNATIONALE D'ARBITRAGE	Internationaler Schiedsgerichtshof	International Court of Arbitration
COUR PÉNALE INTERNATIONALE – CPI	Internationaler Strafgerichtshof	International Criminal Court
COURBE DE LAFFER	Lafferkurve	Laffer chart
COURBE DE PHILLIPS	Phillipskurve	Phillips chart
COURNOT *Antoine Augustin* (1804-1877)		
COURRIEL	Elektronische Post	e(lectronic)-mail
COURS D'ÉQUILIBRE	Gleichgewichtskurs	balanced rate
COURS DE CHANGE RELATIVEMENT FIXES	Relativ Fixe Wechselkurse	floating
COURS DE CHANGE ABSOLUMENT RIGIDES	Absolut fixe Wechselkurse	fixed exchange rates
COURS DE CHANGE FLEXIBLES	Flexible Wechselkurse	floating exchange rates
COURS DE LA MONNAIE	Geldkurs	cash rate; rate of exchange
COURS DIRECTEUR	Leitkurs	central rate
COURS FORCÉ	Zwangskurs	forced rate
COURS LÉGAL D'UNE MONNAIE	Gesetzlicher Kurs	legal rate
COURTAGE	Maklergebühr	brokerage; commission
COURTIER	Makler	BROKER
COURTIER	Makler	broker/jobber
COÛT	Kostenpunkt oder Kostenpreis	matter of expense/cost-price
COÛT D'ACQUISITION	Anschaffungskosten	prime/original/first/actual purchase cost
COÛT D'OPPORTUNITÉ	Opportunitätskosten oder Entgangener Nutzen	opportunity cost
COÛT DE POSSESSION	Lagerungskosten	storing charges; storage cost
COÛT ET FRET	Kosten und Frachtspesen	cost and freight – CFR
COÛT FIXE MOYEN	Fixe Feste Durchschnittskosten	fixed average costs
COÛT HISTORIQUE	Anschaffungswert	cost value
COÛT MARGINAL	Grenzkosten	marginal cost
COÛT PRÉÉTABLI	A priori Kosten	a priori cost
COÛT PSYCHIQUE	Psychischer Kostenfaktor	psychological cost factor
COÛT STANDARD	Standardkosten	standard/basic cost
COÛT TOTAL	Gesamtkosten	global cost
COÛT TOTAL MOYEN	Gesamtdurchschnittskosten	global average cost
COÛT VARIABLE MOYEN	Variable Durchschnittskosten	variable average cost
COUVERTURE	Deckung	cover/margin/security
COUVERTURE MÉTALLIQUE	Metalldeckung	Cooke ratio
CRACKER Pilleur/cyber pirate/braqueur informatique)	CRACKER	CRACKER/cyber pirate
CRAWLING – PEG (parité glissante/change glissant)	CRAWLING – PEG	CRAWLING – PEG
CRÉANCE	Schuldforderung oder Forderung	claim; credit
CRÉANCIER	Gläubiger	creditor
CRÉANCIER – GAGISTE	Pfandgläubiger	pledgee; pawnee
CRÉANCIER CHIROGRAPHAIRE	Nicht bevorrechtigter Gläubiger	unsecured creditor
CRÉATION ET DESTRUCTION DE MONNAIE	Geldschöpfung und Geldvernichtung	money creating and destruction of money
CRÉDIRENTIER	Rentenberechtigter	recipient of an allowance/income/annuity
CRÉDIT	Haben	credit
CRÉDIT « TRIGGER » (déclencheur de crédit)	Kredit Auslöser	credit trigger
CRÉDIT – BAIL	Anlagenmiete	leasing

Français	Allemand	Anglais
CRÉDIT « ROLLOVER » (crédit à taux variable)	« Rollover » Kredit	Rollover Credit
CRÉDIT « STANDBY »	Standby Kredit	Standby Credit)
CRÉDIT « STRAIGHT » (d'aplomb/droit)	« Straight » Kredit	Straight Credit
CRÉDIT DOCUMENTAIRE – CREDOC	Dokumentarkredit	documentary letter of credit
CRÉDIT LOMBARD	Lombardkredit	Lombardcredit
CRÉDIT REVOLVING	Revolving credit	Revolving credit
CRÉNEAU	Marktlücke	NICHE
CRÉNEAU DE DEMANDE	Nachfragelücke	market gap/opening
CRIÉE	Öffentliche Versteigerung oder Auktion	public auction
CRISE ÉCONOMIQUE ET CRISE ÉCONOMIQUE MONDIALE	Wirtschaftskrise und Weltwirtschaftkrise	economic crisis/business depression/slump
CROISSANCE	Wachstum	growth/development/expansion
CROISSANCE « GOLDENAGE » (« l'âge d'or de la croissance »)	« Golden Age – Wachstum »	GOLDENAGE Growth
CROISSANCE CYCLIQUE	Zyklisches Wachstum	cyclical growth rate
CROISSANCE EXPONENTIELLE	Exponentielles Wachstum	exponential growth rate
CROISSANCE LINÉAIRE	Lineares Wachstum	regular/constant growth
CROISSANCE ORGANIQUE	Organisches Wachstum	natural growth
CROSS – SELLING (vente croisée)	Cross-selling	cross-selling
CROWDING OUT EFFECT (EFFET D'ÉVICTION)	Verdrängungseffekt	crowding out effect
CULTURE D'ENTREPRISE	Betriebszugehörigkeit	Corporate Culture
CURATELLE	Pflegschaft; Kuratel; Vormund	Trusteeship/guardianship
CUSTOMER – VALUE MANAGEMENT – CVM – (GESTION DU CAPITAL CLIENT)	Kundschaftsverwaltung/Umgang	CUSTOMER – VALUE MANAGEMENT – CVM
CUSTOMER RELATIONSHIP MANAGEMENT – CRM – (gestion des relations avec les clients)	Kundenbetreuung	CUSTOMER RELATIONSHIP MANAGEMENT – CRM
CUSTOMISATION (Personnalisation/adaptation)	CUSTOMISATION	CUSTOMISATION
CYBER – CAFÉ (Common Access for Everybody) Accès facile, ordinaire pour chacun)	CYBER – CAFÉ (Common Access for Everybody)	CYBER – CAFÉ (Common Access for Everybody)
CYBERCASH (monnaie électronique)	CYBERCASH	CYBERCASH (ELECTRONIC CASH)
CYBERCRIMINALITÉ	CYBERKRIMINALITÄT	cyber crimininality
CYBERMALL (centre commercial électronique)	CYBERMALL	CYBERMALL Webmall/on line
CYBERMONEY (monnaie électronique	ELEKTRONISCHES GELD; CYBERMONEY	CYBERMONEY
CYCLES ÉCONOMIQUES	Ökonomische Zyklen oder Wirtschaftszyklen	Economic Cycles

D

Français	Allemand	Anglais
DATABASE MARKETING (mercatique informatisée)	DATABASE MARKETING	data base marketing
DATE DE VALEUR	Fälligkeit oder Wert	falling due; maturity (due date)
DATION	Erfüllung oder Leistung	payment
DATION EN PAIEMENT	Abtretung an zahlungsstatt	cession/transfer/assignment in lieu of payment
DAVAZANTI Bernardo (1529-1606)		
DAVENANT Charles Sir (1656-1714)		
DAY TRADER	DAY TRADER	DAY TRADER
DAY TRADING (spéculation au jour le jour)	DAY TRADING	DAY TRADING
DE FACTO (de fait)	de facto	in fact
DE GASPERI Alcide (1881-1954)		
DE GAULLE Charles (1890-1970)		
DE JURE (de droit)	von Rechts wegen	De iure/entitled
DE MAN (1885-1953)		
DEADLINE (date butoir)	Stichdatum	deadline

Les 3 000 mots **essentiels** *de l'économie et des affaires*

Glossaire

Français	Allemand	Anglais
DEAL (marché, un accord).	Abkommen	deal
DÉBIRENTIER	Rentenschuldner	annuity charge debtor
DÉBIT	Soll, Debet	debit
DÉBITEUR	Schuldner	debtor
DÉBLOCAGE	Freigabe	decontrol/floating/deblock/release
DÉBOUCHÉ	Absatzmarkt	market/outlet
DEBREU *Gérard* (1921-2004)		
DEBT DEFLATION	Debt-deflation	Debt-deflation
DÉCENTRALISATION	Dezentralisation	decentralization
DÉCHARGE	Entlastung	release discharge
DÉCHÉANCE	Verfall	fall/forfeiture
DÉCIDEUR	Beschlussfasser	decision maker
DÉCISION	Entscheidung oder Beschlussfassung	decision
DÉCLARATION DE PARIS	Pariser Deklaration	Declaration of Paris
DÉCLARATIONS FISCALES ET SOCIALES	Steuererklärungen und Erklärungen an die Sozialversicherungen	tax declaration; national insurance declaration; tax return (US)
DÉCOLLAGE	Abheben, Wirtschaftlicher Aufschwung	take off
DÉCOLONISATION	Entkolonialisierung	decolonization
DÉCONSOLIDATION	Entkonsolidation	un/deconsolidation
DÉCOTE	Abschlag oder Kursabschlag oder Steuerherabsetzung	backwardation/tax abatement
DÉCOUVERT	Ohne Deckung oder ungedeckt	uncovered balance/overdraft
DÉDOMMAGEMENT	Abfindung; Entschädigung	golden handshake; indemnification; indemnity; compensation
DÉDUCTION	Deduktion	deduction
DÉFAISANCE	Abstoßen von Gütern	defeasance
DÉFICIT	Defizit oder Fehlbetrag	deficit
DEFICIT-SPENDING	Defizitpolitik	deficit spending
DÉFLATION	Deflation	deflation
DÉGRÈVEMENT FISCAL	Steuerherabsetzung	tax abatement
DÉLAI	Frist oder Termin; Zeitraum	delay/deadline
DÉLAI D'ATTENTE	Wartezeit	waiting period
DÉLÉGATION	Übertragung von Macht -oder Amtsbefugnissen	transfer; assignment; delegation
DÉLIBÉRÉ	Beratung vor der Urteilsverkündung	consultation/private sitting (of judges)
DÉLIT	Vergehen	offence/tort/violation
DÉLIT D'INITIÉ	Insiderdelikt	insider delict
DELIVERED AT FRONTIER – DAF – (rendu frontière)	DELIVERED AT FRONTIER – DAF; Lieferung frei Grenze	DELIVERED AT FRONTIER – DAF
DELIVERED DUTY PAID – DDP	DELIVERED DUTY PAID – DDP	DELIVERED DUTY PAID – DDP
DELIVERED DUTY UNPAID – DDU	DELIVERED DUTY UNPAID – DDU	DELIVERED DUTY UNPAID – DDU
DELIVERED EX QUAY – DEQ	DELIVERED EX QUAY – DEQ	DELIVERED EX QUAY – DEQ
DELIVERED EX SHIP – DES	DELIVERED EX SHIP – DES	DELIVERED EX SHIP – DES
DÉLOCALISATION	Auslagerung oder Verlagerung ins Ausland	offshoring
DELORS *Jacques* (1925-)		
DEMAND PULL INFLATION (inflation par attraction de la demande)	DEMAND PULL INFLATION	DEMAND PULL INFLATION
DEMAND SHIFT INFLATION (inflation par l'évolution de la demande)	DEMAND SHIFT INFLATION	DEMAND SHIFT INFLATION
DEMANDE	Nachfrage	demand
DEMANDE DE MONNAIE	Geldnachfrage	demand of money
DEMANDE GLOBALE	Gesamtnachfrage	global demand
DÉMARCHAGE	Kundenwerbung	canvassing of customers

Glossaire

Français	Allemand	Anglais
DÉMOCRATIE	Demokratie	democracy
DENG XIAOPING (1904-1997)		
DÉPART USINE	Ab Werk	ex works
DÉPENSES	Ausgaben	expenses/expenditure
DÉPLACEMENT DE PERSONNES	Bewegung von Personen	transfer of people
DÉPÔT	Hinterlegung	deposit
DÉPÔT DE BILAN	Konkursanmeldung	declaration of insolvency
DÉPÔT LÉGAL	Gesetzliche Hinterlegung	registration of copyright; deposit
DÉPRESSION	Depression	depression
DÉRIVÉ	Derivate	swaps
DESARMEMENT	Abrüstung	disarming/disarmament
DÉSÉCONOMIE D'ÉCHELLE	Stufenleiterverluste	scale losses
DÉSÉQUILIBRE	Ungleichgewicht oder Unausgewogenheit	imbalance/adverse trade balance
DÉSINDUSTRIALISATION	Entindustrialisierung	disindustrialization
DÉSINFLATION	Rückgang der Inflation	disinflation
DÉSINTÉRESSEMENT	Abfindung	buying out/paying off
DÉSINVESTISSEMENT	Desinvestition	disinvestments
DESKSHARING	DESKSHARING	DESKSHARING
DESKSHARING (partage des bureaux)	DESKSHARING	DESKSHARING
DESTUT DE TRACY Antoine Louis Claude, Comte (1754-1836)		
DÉSUTILITÉ	Negativer Nutzen	out of returns/negative yields
DÉTERMINISME	Determinismus	determinism
DETŒUF Auguste (1883-1947)		
DETTE EXTÉRIEURE	Auslandsschuld oder Auslandschuld	foreign debt
DETTE FLOTTANTE	Schwebende Staatsschuld	floating debt
DETTE PUBLIQUE	Staatsschuld	National debt
DEUX CENTS FAMILLES	"Zweihundert Familien"	"Two Hundred Families"
DÉVALUATION	Abwertung oder Devaluation	devaluation; depreciation; dumping
DÉVELOPPEMENT DURABLE	Dauerhafte Entwicklung	Social accountability international :
DÉVELOPPEUR	Entwickler	developer
DEVISE	Devise oder Ausländisches Zahlungsmittel	currency
DEVISE DIRECTRICE	Leitwährung	leading currency
DEVOIR D'INGÉRENCE	Einmischungpflicht	interference/meddling/intervention obligation – duty – liability
DF (directeur financier)	Finanzchef	CHIEF FINANCIAL OFFICER – CFO – Numbercruncher
DIAGRAMME	Diagramm	diagram/chart/graph
DIAGRAMME D'EDGEWORTH	Edgeworth Diagramm	Edgeworth chart
DIALECTIQUE	Dialektik	dialectics
DIALOGUE	Dialog oder Zwiegespräch	dialogue
DIALOGUE 5 + 5	Dialog 5 + 5	dialogue 5+5
DIASPORA	Diaspora	Diaspora
DICHOTOMIE	Dichotomie	dichotomy
DIES A QUO	Dies a quo	Dies a quo
DIES AD QUEM	Dies ad quem	Dies ad quem
DIFFÉRENTIEL	Differential	calculus; gear; margin between the rates of interest
DIFFUSION	Diffusion oder Verbreitung oder Streuung	dispersion/spread/distribution
DIGITAL CERTIFICATE (signature électronique certifiée)	DIGITAL CERTIFICATE	DIGITAL CERTIFICATE
DIGITAL LIGHT PROCESSING – DLP	Digital Light Processing	Digital Light Processing

Glossaire

Français	Allemand	Anglais
DIGITAL MARKET (marché numérique)	DIGITAL MARKET	DIGITAL MARKET
DIGITAL SIGNATURE (signature électronique)	DIGITAL SIGNATURE	DIGITAL SIGNATURE
DIGITAL SUBSCRIBER LINE ACCESS MULTIPLEXOR – DSLAM – (ligne numérique d'abonné en regroupement)	DIGITAL SUBSCRIBER LINE ACCESS MULTIPLEXOR – DSLAM	DIGITAL SUBSCRIBER LINE ACCESS MULTIPLEXOR – DSLAM
DIGITAL VIDEO DISC – DVD – (disque numérique vidéo).	DIGITAL VIDEO DISC – DVD	DIGITAL VIDEO DISC – DVD
DIRECT COSTING (méthode du coût variable)	DIRECT COSTING	DIRECT COSTING
DIRECT MARKETING (vente directe)	DIRECT MARKETING	DIRECT MARKETING
DIRECTION D'ENTREPRISE ET HIÉRACHIE	Leitungsstellen und Hierarchie	management
DIRECTIVE EUROPÉENNE	Europäische "Direktive", Verhaltungsmaßregel	European directions/instructions
DIRECTOIRE	"Directoire" oder Direktorium oder auch Vorstand	board of directors
DIRIGISME	Dirigismus	planning; economic planning; controlled finance; planned economy
DISAGGIO OU DISAGIO (moins-value)	Disagio	Disagio/loss of value/bad offer
DISCOUNT CENTER (magasin avec rabais ou boutique de remises)	DISCOUNT CENTER	DISCOUNT CENTRE
DISCRIMINATION	Ungleichbehandlung; Diskriminierung	discrimination
DISQUE DUR	Festplatte	Hard Disc
DISSOLUTION	Auflösung	dissolution/winding up
DISTRIBUTION	Verteilung auch Streuung	distribution/allotment/spread
DIVERSIFICATION	Diversifikation, Verschiedenartigkeit	diversification
DIVIDE ET IMPERA (séparer ou diviser et gouverner)	Teile und herrsche	Divide et impera (split and reign)
DIVIDENDE	Dividende	dividend
DIVIDENDE INTERMÉDIAIRE	Zwischendividende	interim dividend
DIVISIA François (1889-1964)		
DIVISION DU TRAVAIL	Arbeitsteilung	division of labour
DO (directeur opérationnel)	CHIEF OPERATING OFFICER – COO	CHIEF OPERATING OFFICER – COO
DOCTEUR HONORIS CAUSA	DOCTEUR HONORIS CAUSA; Ehrendoktor	DOCTOR HONORIS CAUSA (honorary doctor)
DOCTRINE	Doktrin	doctrine
DOCUMENTS OBLIGATOIRES	Obligatorische Dokumente	compulsory documents
DOL	Betrug	fraud
DOMAINE	Bereich	domain/field/scope
DOMICILIATION	Domizilierung	domiciliation
DOMMAGES ET INTÉRÊTS	Schadenersatz	damages
DON MANUEL	Handschenkung	direct donation
DONATAIRE	Donatar	donee
DONATEUR	Donator	giver/donor
DONATION ENTRE VIFS	Schenkung unter Lebenden	donation inter vivos
DOT GONE	DOT GONE	Dot gone
DOTATION	Zuführung, Speisung	endowment/appropriation
DOTCOM	Punkt-com	dotcom
DOTS PER INCH – DPI ou dpi (points par pouce)	DOTS PER INCH – DPI ou dpi Punkte pro Zoll	DOTS PER INCH – DPI ou dpi
DOUANE	Zoll	customs
DOUANIER	Zöllner	customs officer
DOUBLE IMPOSITION	Doppelbesteuerung	double taxation
DOUBLE MARCHÉ	Doppelter Markt	dual market
DOUGLAS Paul (1892-1976)		
DOW JONES	DOW JONES	DOW JONES

Français	Allemand	Anglais
DOWNSIZING (réduire la taille)	DOWNSIZING	DOWNSIZING
DRAWBACK (rembours ou retrait)	DRAWBACK	DRAWBACK
DRIVE-IN	DRIVE-IN	DRIVE-IN
DROIT	Recht	law
DROIT DU SANG ET DROIT DU SOL	jus soli und jus sanguinis	jus soli and jus sanguinis
DROIT À POLLUER	Recht auf Umweltverschmutzung	Right to pollute
DROIT ACQUIS	Erworbenes Recht	vested interests
DROIT AD VALOREM (suivant la valeur)	Ad valorem Gebühren	to the value fees
DROIT ADMINSITRATIF	Verwaltungsrecht	administrative law
DROIT CAMBIAIRE	Wechselrecht	exchange law/exchange broker rights/fee(s)/ draft law
DROIT CANON	Kirchenrecht katholisches	Canon law
DROIT COMMUNAUTAIRE OU DROIT DE L'Union Européenne	Recht der Europäischen Union	laws/jurisdiction of the EU
DROIT CORPOREL	Rechte Materielle	Substantive law/rights
DROIT D'AUTEUR	Autorenrechte	royalties
DROIT DE DOUANE	Zollgebühren	duty
DROIT DE L'UNION EUROPÉENNE	Recht der EU	EUROPEAN JURISDICTION
DROIT DE PRÉFÉRENCE	Vorzugsrecht	right of first refusal; preferential right
DROIT DE PROPRIÉTÉ	Eigentumsrecht	title
DROIT DE RECOURS (DROIT CAMBIAIRE)	Regreß – Wechselrecht	right of appeal
DROIT DE RÉTENTION	Zurückbehaltungsrecht	right of retention
DROIT DES PEUPLES À DISPOSER D'EUX-MÊMES	Selbstbestimmungsrecht	right of self-determination
DROIT DU TRAVAIL	Arbeitsrecht	labour legislation
DROIT INCORPOREL	Immaterielle Recht	immaterial intangible rights
DROIT INTERNATIONAL	Recht Internationales	International law
DROIT INTERNATIONAL PUBLIC	Völkerrecht	International Public Law
DROIT INTERNATIONAL PRIVÉ	Privatrecht Internationales	International Private Law
DROIT NATIONAL	Nationalrecht	National Law/Legislation
DROIT NATIONAL PRIVÉ	Recht: Nationales Privates Recht	Private National Law
DROIT NATIONAL PUBLIC	Recht: Nationales öffentliches Recht	Public National Law
DROIT NATUREL	Naturrecht	natural law
DROIT RÉGALIEN DE l'ÉTAT	Hoheitsrecht	sovereign rights
DROIT RURAL	Agrarrecht oder Landwirtschaftsrecht	agricultural law
DROIT SPÉCIFIQUE	Spezifische Gebühren	specific duties/taxes
DROITE DE BUDGET	Budgetgerade	straight line of budget
DROITS COMPOSÉS	Zusammengesetzte Gebühren	compound duties
DROITS DE L'HOMME	Menschenrechte	human rights
DROITS DE TIRAGE SPÉCIAUX – DTS	Sonderziehungsrechte	special drawing rights
DROITS DU CITOYEN	Bürgerrechte	civil rights
DRUCKER Peter (1909-)		
DUBOIS PIERRE (1250-1321)		
DUCROIRE	Delkredere	del credere
DUE DILIGENCE	DUE DILIGENCE	DUE DILIGENCE
DUESENBERRY James Stemble (1918-)		
DUOPOLE OU DYOPOLE	Dyopol	duopoly
DUPONT DE NEMOURS Pierre Samuel (1739-1817)		
DUPRÉ DE SAINT MAUR Nicolas François (1695-1774)		
DUPUIT Jules (1801 – 1866)		

Glossaire

Français	Allemand	Anglais
DUTYFREE	duty-free; zollfrei	duty-free
E		
e. BRAND (marque en ligne)	e. BRAND	e. BRAND
e. COMMERCE OU COMMERCE EN LIGNE	e-Handel oder on line Handel	e.BUSINESS" "e.Trade"
e. ÉCONOMIE	e – Wirtschaft	e- ECONOMY
e. LEARNING	e. LEARNING	e. LEARNING
e. TRADE	e. TRADE	e. TRADE
e.BUSINESS	e.BUSINESS	e.BUSINESS
EBIT	EBIT	EBIT – Earnings before Interest and Taxation
EBITDA	EBITDA	EBITDA – Earnings before Interest, Taxes, Dotations and Amortizations
ÉCART	Abweichung	deviation (from the course); depart (from the rule)
ÉCART INFLATIONNISTE	Inflatorische Lücke	inflationary gap
ÉCART-TYPE	Standardabweichung	variance
ÉCHANGE	Austausch, Tausch, Tauschgeschäft	exchange/trade
ÉCHANGE DE DONNÉES ENTRE ADMINISTRATIONS – IDA	Informationsaustausch zwischen Verwaltungen	civil service data exchange
ÉCHANGES INTERNATIONAUX (ÉCOLE SUÉDOISE)	Internationaler Handelsverkehr (Schwedische Schule)	international trade (Swedish School)
ÉCHANGES INTERNATIONAUX CROISÉS	Internationaler Gekreuzter Handel	international cross-trade
ÉCHANTILLON	Muster	sample
ÉCHELLE	Maßstab, Maßskala oder Skala	scale
ÉCHELLE MOBILE	Lohnskala, auch Lohnanpassung	sliding scale
ÉCOLE AUTRICHIENNE D'ÉCONOMIE	Wiener Schule/(Wirtschaft)	SCHOOL OF VIENNA/(Economy)
ÉCOLE DE CHICAGO	Chicago Schule (Wirtschaft)	SCHOOL OF CHICAGO (Economy)
ÉCOLE DE FRIBOURG-EN-BRISGAU	Freiburger Schule (Wirtschaft)	SCHOOL OF FREIBURG (Economy)
ÉCOLE DE LAUSANNE	Lausanner Schule (Wirtschaft)	SCHOOL OF LAUSANNE (Economy)
ÉCOLE DE VIENNE	Wiener Schule (Wirtschaft)	SCHOOL OF VIENNA (Economy)
ÉCOLE NÉOCLASSIQUE	Neoklassische Schule (Wirtschaft)	NEO-CLASSICAL SCHOOL (Economy)
ÉCONOMÉTRIE	Ökonometrie	econometry
ÉCONOMICITÉ	Wirtschaftlichkeit	viability
ÉCONOMIE	Wirtschaft	economy/business
ÉCONOMIE CLASSIQUE	Ökonomie Klassische	Classical Economics
ÉCONOMIE D'ÉCHELLE	Stufenleiterersparnis	economy of scale
ÉCONOMIE DE L'ENTREPRISE	Betriebswirtschaftslehre	theory of business management
ÉCONOMIE DE SOCIÉTÉ	Gesellschaftliches Wirtschaften	Associative Economy; Team Economy
ÉCONOMIE FERMÉE	Geschlossene Wirtschaft	closed (blocked) economy
ÉCONOMIE MIXTE	Gemischte Wirtschaft	mixed economy
ÉCONOMIE PARALLÈLE	Parallele Wirtschaft	parallel economy
ÉCONOMIE POLITIQUE	Volkswirtschaft	political economy
ÉCONOMIE ROBINSONNIENNE	Robinson Wirtschaft	ROBINSON ECONOMY
ÉCONOMIE SOCIALE DE MARCHÉ	Soziale Marktwirtschaft	free-market social economy
ÉCONOMIE SOCIALE OU TIERS SECTEUR	Soziale Wirtschaft; solidarische Wirtschaft	social economy
ÉCONOMIE SOLIDAIRE	Solidarische Wirtschaft	joint economy
ÉCONOMIE SOUTERRAINE	Untergrundwirtschaft	black economy
ÉCONOMIE VULGAIRE	Vulgärwirtschaft	Vulgar Economy
ÉCRÉMAGE	Absahnen auch Verlagerung	creaming/shifting/transfer/removal
ÉCU	ECU europäische Währungseinheit	ECU (European Currency Unit)
EDGE (système d'augmentation de la vitesse de transmission des données pour le développement du GSM)	Enhanced Data Rates for GSM Evolution	Enhanced Data Rates for GSM Evolution

Français	Allemand	Anglais
EDGEWORTH Francis Ysidoro (1845-1926)		
e-EUROPE 2005	e- Europa 2005	e-EUROPE 2005
EFFET BALASSA-SAMUELSON	BALASSA-SAMUELSON Effekt	BALASSA-SAMUELSON effect
EFFET BOOMERANG	"Boomerangeffekt"	boomerang-effect
EFFET BOULE DE NEIGE	Schneeballeffekt	snowball effect
EFFET D'ANNONCE	Anzeigeneffekt	results of advertising
EFFET D'ENTRAÎNEMENT	"Verwicklungseffekt"	implication effect
EFFET D'ÉVICTION	Verdrängungseffekt	ousting effect
EFFET DE CONTAGION	Ansteckungs-oder Kontaminationseffekt	effect of contagion
EFFET DE LEVIER	"Hebeleffekt"	action leverage
EFFET DE PRESTIGE	Prestigeeffekt	effect of prestige
EFFET DE SEUIL	"Schwelleneffekt"	minimum level effect
EFFET GIFFEN	Giffen- Fall	Giffen – Effect (Case)
EFFET PIGOU	Pigou Effekt	Pigou Effect
EFFET SAUVY	Sauvy Effekt	Sauvy Effect
EFFET SNOB	Snob-Effekt	Snob-Effect
EFFET SUSPENSIF	Aufschiebende Wirkung	suspensory effect
EFFICACITÉ	Wirksamkeit, Leitstungsfähigkeit	efficiency, effectiveness
EFFICIENCE	Effizienz, Wirkungskraft, Nutzeffekt, Leistungsfähigkeit	efficiency, effectiveness
ÉGALITÉ	Gleichheit, Algebraische Gleichung	equality
ÉLARGISSEMENT DE L'UNION EUROPÉENNE – UE	Erweiterung der Europäischen Union	widening of the EU
ÉLASTICITÉ	Elastizität	elasticity
ELDORADO	ELDORADO	ELDORADO
ELECTRONIC BANKING	ELECTRONIC BANKING	ELECTRONIC BANKING
ELECTRONIC CASH (espèces électroniques ou monétique)	electronic cash	ELECTRONIC CASH
ELECTRONIC MAIL OU E-MAIL	ELECTRONIC MAIL oder E-MAIL	ELECTRONIC MAIL or E-MAIL
e-MAGAZINE OU e-ZINE (Magazine « en ligne » ou « on line »	e-magazine oder e Zin	e-MAGAZINE OU e-ZINE
EMBARGO	Embargo; Handelssperre	embargo
EMBRANCHEMENT PARTICULIER	Privatgleisanschluss	branchline
EMERGING MARKETS (marchés émergents)	Emerging Markets	EMERGING MARKETS
ÉMISSION	Emission oder Ausgabe	emission
EMMANUEL Arghiri (1911-2001)		
EMPHYTÉOSE	Erbpacht	hereditary lease
EMPLOI	Beschäftigung	employment
EMPRUNT	Anleihe	loan
EMPRUNT FORCÉ	Zwangsanleihe	compulsory loan
EMPRUNT À LA GROSSE AVENTURE	Seedarlehen	bottomry (respondentia)/ marine/maritime loan
EN ESPÈCES	Bar, in bar, Barzahlung oder barzahlen	cash
EN LIGNE	on line	on line
EN NATURE	in Naturalien oder in Natura	in kind
EN VRAC	Verladung oder Lieferung in loser Form	in bulk
ENCADREMENT	Betreuung, Einrahmung	care; care-taking
ENCAISSE	Kassenbestand	ready cash; cash balance
ENCHÈRE	Mehrgebot oder Auktion	bidding
ENDÉMONISME	Endemonismus	endemonism
ENDETTEMENT	Verschuldung	running into debt

Français	Allemand	Anglais
ENDOSSEMENT « VALEUR À L'ENCAISSEMENT »	Indossament "Wert zum Einzug"	net value endorsement
ENDOSSEMENT EN BLANC	Blankoindossament	blank endorsement
ÉNERGIE	Energie	energy
ENGAGEMENT	Verpflichtung	engagement
ENGEL Ernst (1821-1893)		
ENGLE Robert F. (1943-)		
ENRICHISSEZ-VOUS !	"Werdet reich ! oder bereichert euch !"	make money; enrich yourselves
ENSEIGNE	Firmenzeichen oder Ladenschild	sign; label
ENTENTE	Vereinbarung, Abkommen	agreement; deal; convention; clause
ENTERPRISE RESOURCE PLANNING SYSTEM – ERP – (progiciel (ou application) de gestion intégré)	ENTERPRISE RESOURCE PLANNING SYSTEM – ERP	ENTERPRISE RESOURCE PLANNING SYSTEM – ERP
ENTREPÔT DOUANIER OU DE DOUANE	Zolllager	customs warehouse
ENTREPRENEUR	Unternehmer	contractor; entrepreneur
ENTREPRISE	Unternehmen	company; firm
ENTREPRISE FABRIQUANT DES PRODUITS ACCESSOIRES AUX PRODUITS PRINCIPAUX	Kuppelproduktion, Kuppelprodukte	accessory production; Accessory Products
ENTREPRISE UNIPERSONNELLE A RESPONSABILITÉ LIMITÉE – EURL	Einmannunternehmen mit Beschränkter Haftung	one-man business; with limited responsibility
ENVIRONNEMENT	Umwelt	environment
ÉPARGNE	Ersparnis	saving(s)
ÉPARGNE MICRO-ÉCONOMIQUE (DEFINITION)	Mikroökonomische Definition des Sparens	micro-economic definition of saving
ÉQUATION (ÉGALITÉ) DE I ET S	Gleichheit von I und S	Equality of I and S
ÉQUATION DE CAMBRIDGE	Cambridge Gleichung (Wirtschaft)	Cambridge equation (Economy)
ÉQUATIONS ET ÉCONOMIE	Gleichungen und Wirtschaft	Equations and Economy
Équations de comportement :	Verhaltensgleichungen	Behaviour Equations
Équations de structure :	Strukturgleichungen	Structural Equations
ÉQUILIBRE	Gleichgewicht	balance
ÉQUILIBRE COURANT	Laufendes Gleichgewicht	floating or running balance
ÉQUILIBRE DE NASH (OU ÉQUILIBRE DE COURNOT)	Nashes Gleichgewicht oder Cournotsches Gleichgewicht	Equilibrium of Nash or Equilibrium of Cournot
ÉQUILIBRE PERMANENT	Permanentes Gleichgewicht	permanent equilibrium
ÉQUITÉ	Gerechtigkeit, Rechtschaffenheit	equitableness; equity; fairness
ERASMUS		
ERHARDT Ludwig (1897-1977)		
ERREUR	Irrtum	error; error in judgement; miscalculation
ESCLAVAGE	Sklaverei	slavery
ESCOMPTE	Diskont	discount
ESCOMPTE COMMERCIAL	Diskont auf Hundert	discount on hundred; commercial discount
ESCOMPTE RATIONNEL	Diskont im Hundert	rational discount; discount in hundred
ESCOMPTE SUR FACTURE	Skonto	discount
ESCROC	Gauner, Schwindler	cheat; swindler; sharper; crook
ESCROQUERIE	Gaunerei	fraud; swindle; cheat
ESPACE BOUTIQUE	Ladenraum	shop; store
ESPACE ÉCONOMIQUE EUROPÉEN – EEE	Europäischer Wirtschaftsraum	EUROPEAN ECONOMIC AREA – EEA
ESPÉRANCE MATHÉMATIQUE	Mathematische Lebenserwartung	mathematical expectation of life
ESPERLUETTE (Signe « & » utilisé signifiant « et »)	Zeichen für "und" (&)	And (&)
ESSOR	Aufschwung	progress; growth; upswing; impetus
ESTARIE	Löschungstage, Liegetage, Liegezeit	lay-time; lay-days

Glossaire

Français	Allemand	Anglais
ÉTABLISSEMENT FINANCIER	Geldinstitut	financial establishment; credit institution; bank
ÉTALON	Währung oder Währungsmetall oder Standard	standard; money standard
ÉTAT FÉDÉRAL	Bundesstaat	federal state
ÉTAT QUI FAILLIT À SA TÂCHE	Staatsversagen	Government Failure
ÉTATISATION	Verstaatlichung	nationalization
ÉTHIQUE	Ethik	ethics
ÉTUDE DU COMPORTEMENT DU MARCHÉ	Marktverhaltensforschung	market behaviour research
EUCKEN Walter (1891-1950)		
EURATOM	EURATOM	EURATOM
EURES (Services Européens de l'Emploi)	European Employment Services	European Employment Services
EUREX	EUREX	EUREX
EURIBORD	EURIBORD	EURIBORD
EURO	EURO	EURO
EURO INFO CENTRES – EIC	Euro Info Centres	EURO INFO CENTRES – EIC
EUROBAROMÈTRE	Eurobarometer	Euro Barometer
EUROCOMMUNISME	EUROLKOMMUNISMUS	EUROCOMMUNISM
EUROCORPS	EUROCORPS	EUROCORPS
EURODESK	Eurodesk	EURODESK
EURODEVISES	Eurodevisen; Eurowährungen	EURO CURRENCIES
EURODOLLARS	Eurodollar	EURODOLLARS
EUROGROUPE	Euro-Gruppe	Euro Group
EUROJUST	EUROJUST	EUROJUST
EUROMED	EUROMED	EUROMED
EURONEXT	EURONEXT	EURONEXT
EURO-OBLIGATION	Eurobligation	EURO-OBLIGATION; Euro-Bond
EURO-OVERNIGHT INDEX AVERAGE – EONIA	EURO-OVERNIGHT INDEX AVERAGE – EONIA	EURO-OVERNIGHT INDEX AVERAGE – EONIA
EUROPASS	EUROPASS	EUROPASS
EUROPE	Europa	EUROPE
EUROPE DES PATRIES	Europa der Vaterländer	EUROPE OF NATIONS
EUROPE DIRECTE	Europa Direkt	EUROPE DIRECT
EUROPEAN ENVIRONMENT AND SUSTAINABLE DEVELOPMENT ADVISORY COUNCILS – EEAC – (POLITIQUE ENVIRONNEMENTALE DE L'UNION EUROPÉENNE)	EUROPEAN ENVIRONMENT AND SUSTAINABLE DEVELOPMENT ADVISORY COUNCILS – EEAC	EUROPEAN ENVIRONMENT AND SUSTAINABLE DEVELOPMENT ADVISORY COUNCILS – EEAC
EUROPEAN INFORMATION TECHNOLOGY OBSERVATORY – EITO	EUROPEAN INFORMATION TECHNOLOGY OBSERVATORY – EITO	EUROPEAN INFORMATION TECHNOLOGY OBSERVATORY – EITO
EUROPEAN QUALITY IMPROVEMENT SYSTEM – EQUIS	EUROPEAN QUALITY IMPROVEMENT SYSTEM – EQUIS	EUROPEAN QUALITY IMPROVEMENT SYSTEM – EQUIS
EUROPOL (OFFICE EUROPÉEN DE POLICE)	EUROPOL EUROPEAN CRIMINAL POLICE ORGANIZATION	EUROPOL EUROPEAN CRIMINAL POLICE ORGANIZATION
EUROSTAT	EUROSTAT	EUROSTAT
EURYDICE	EURYDICE	EURYDICE
ÉVALUATION DE L'IMPACT EN TERMES DE DURABILITÉ	Impaktbewertung mit Bezug auf die Dauerhaftigkeit	SUSTAINABILITY IMPACT ASSESSMENT
ÉVASION FISCALE	Steuerflucht	flight from taxation
EVENTMARKETING (événement marchand)	EVENTMARKETING	EVENTMARKETING
EX WORKS	ab Werk	ex works
EXCÉDENT BRUT D'EXPLOITATION – EBE -	Betriebsüberschuss	gross profit excess in exploitation
EXCÉDENT DE POUVOIR D'ACHAT	Kaufkraftüberhang	excess of purchasing power (spending)

Glossaire

Français	Allemand	Anglais
EXCESS – DEMAND THEORY (théorie de la demande supplémentaire).	EXCESS – DEMAND THEORY	EXCESS – DEMAND THEORY
EXCHANGE TRADED FUNDS – ETF	EXCHANGE TRADED FUNDS – ETF	EXCHANGE TRADED FUNDS – ETF
EXÉCUTION FORCÉE	Zwangsvollstreckung	execution; distraint; distress
ÉXÉCUTION PROVISOIRE	Vorläufige Ausführung oder Vorläufige Vollstreckung	provisional enforcement of the law
EXEQUATUR	Exequatur	exquation
EXIT TAX (impôt de sortie ; la herse)	Exit Tax; Ausfuhrsteuer	EXIT TAX
EXODE	Exodus, Abwanderung	exodus
EXONÉRATION	Befreiung	exoneration; exemption
EXPATRIÉ	Emigrierter Arbeitnehmer	expatriate
EXPERT	Sachverständiger	expert; connoisseur
EXPERT – COMPTABLE	Wirtschaftsprüfer	chartered accountant
EXPROPRIATION	Enteignung	expropriation
EXTENSIF/INTENSIF	Extensiv/Intensiv	extensive/intensive
EXTERNALISATION	Niederlassung oder Ansiedlung im "Ausland" mit Bezug auf die Produktion	foreign production station/settlement
EXTINCTION	Erlöschen eines Rechts oder einer Schuld	extinction of a debt
EXTORSION	Erzwingung, Erpressung	extortion; blackmail
EXTOURNER	herausnehmen	take out
EXTRANET	EXTRANET	EXTRANET
EXTRAPOLATION	Extrapolation auch Schlußfolgerung	conclusion
EXURBANISATION	Verstädterung ausserhalb der Stadt	exurbanization

F

Français	Allemand	Anglais
F A S (franco le long du navire)	free alongside ship	free alongside ship
F C A (franco transporteur)	free carrier	free carrier
F O B (franco à bord (F A B)	free on board – F O B	free on board
F O Q (franco sur le quai)	free on quay	free on quay
FACILITÉS	Erleichterungen	facilitation; exemptions
FACTEUR	Faktor	factor
FACTOR	factoring house	factoring house
FACTORING ou AFFACTURAGE	Factoring	factoring
FACTURE	Rechnung	invoice; bill; note
FAILLITE	Konkurs	bankruptcy; failure
FAIT DU PRINCE	"Machtwort der Obrigkeit", Willkürmaßnahme	act of authority
FASCISME	Faschismus	fascism
FAST FOOD (nourriture rapide)	Fast Food	Fast Food
FAUTE	Fehler	error; mistake
FAUX PAUVRES ET FAUX RICHES	"Scheinarme und Scheinreiche"	seemingly poor and seemingly rich
FAUX-MONNAYEUR	Geldfälscher	forger; falsifier
FAYOL Henri (1841-1925)		
FEDERAL RESERVE	federal reserve	federal reserve
FEDERAL RESERVE BANK	Federal Reserve Bank	Federal Reserve Bank
FEDERAL RESERVE SYSTEM – FED	FEDERAL RESERVE SYSTEM – FED	FEDERAL RESERVE SYSTEM – FED
FEDERAL TRADE COMMISSION – FTC	FEDERAL TRADE COMMISSION – FTC	FEDERAL TRADE COMMISSION – FTC
FÉDÉRALISME	Föderalismus	federalism
FÉDÉRATION	Föderation/Bündnis	FEDERATION
FÉDÉRATION INTERNATIONALE DES BOURSES DE VALEURS – FIBV	Internationale Föderation der Effektenbörsen oder Wertpapierbörsen	INTERNATIONAL FEDERATION OF STOCK EXCHANGE
FEEDBACK (effet de retour)	FEEDBACK	FEEDBACK

Glossaire

Français	Allemand	Anglais
FENCING (mettre à l'abri de, protéger, enclore)	FENCING	FENCING
FERMAGE	Pachtzins – Pachtgeld	farm rent
FERROUTAGE	Schiene – Straße" oder Huckepackverkehr	piggyback transport; combined rail-road transport
FERTILISATION CROISÉE	"Gekreuzte Fruchtbarmachung"	cross fertilization
FEUILLE DE ROUTE	"Marschroute" oder Vorgezeichneter Weg	waybill
FIDÉICOMMIS	Nießbrauch, Vermächtnis des Nießbrauches	trust
FIDÉICOMMISSAIRE ou SUBSTITUTION FIDÉICOMMISSAIRE	Letztbedachter	beneficiary
FIDÉJUSSION	Bürgschaft	surety; security
FIDUCIAIRE	Treuhandgesellschaft	fiduciary; trustee trust agency
FIDUCIE	Fiducie, Pfand	trust
FILE D'ATTENTE	Schlange auch Menschenschlange	queue; line
FILIALE	Filiale, Niederlassung	subsidiary; affiliated firm; provincial branch
FILIÈRE	Reihenfolge	negotiable delivery note
FINANCEMENT	Finanzierung, Kapitalbeschaffung, Geldaufbringung	financing
FINANCIAL SERVICE AUTHORITY – FSA	FINANCIAL SERVICE AUTHORITY – FSA	FINANCIAL SERVICE AUTHORITY – FSA
FIREWALL (pare-feu ou barrière)	FIREWALL	FIREWALL
FIRME	Firma	firm
FISC	Fiskus	Tax authority; tax administration
FISCALITÉ	Steuerwesen	financial and taxation system
FISHER Irving (1867-1947)		
FIXING (fixage, fixation d'un cours)	Fixing	FIXING
FLÈCHE ou PILLULE EMPOISONNÉE	Giftpfeil	Poisoned Arrow
FLEXIBILITÉ	Flexibilität, Geschmeidigkeit	flexibility
FLOOR		floor
FLOTTANT	Fluktuierende Gelder oder heißes Geld	floating
FLOTTEMENT	Schwankung auch "Floating"	floating
FLUCTUATION	Fluktuation, Fluktuieren, Marktbewegung	fluctuation
FLUIDITÉ	Flüssigkeit	capacity of capital being adaptive to fluctuation
FLUX	Fluss	flux; flow
FOGEL Robert William (1926-)		
FOLLE ENCHÈRE	Differenzbetrag bei Versteigerungen zu Lasten des Erstehers	Disproportianate bidding
FONCTIONALISME	Funktionalismus	functionalism
FONCTION D'ÉPARGNE MACROÉCONOMIQUE	Makroökonomische Sparfunktion	Macroeconomic function of savings
FONCTION DE CONSOMMATION MACROÉCONOMIQUE	Makroökonomische Konsumfunktion	Macroeconomic function of consumption
FONCTION DE CONSOMMATION MICROÉCONOMIQUE	Mikroökonomische Konsumfunktion	Microeconomic function of consumption
FONCTION DE LA DEMANDE	Nachfragefunktion	Demand function
FONCTION DE PRODUCTION	Produktionsfunktion	Production function
FONCTION DE TAXATION	Besteuerungsfunktion	Taxation function
FONCTION PUBLIQUE	Staatsdienst, Öffentlicher Dienst	public sector
FONDAMENTALISME	Fundamenlismus	fundamentalism
FONDATION	Stiftung	foundation
FONDATION EUROPÉENNE POUR L'AMÉLIORATION DES CONDITIONS DE VIE ET DE TRAVAIL – EUROFOUND	Europäische Stiftung für die Verbesserung der Lebens – und Arbeitsbedingungen	European Foundation for the improvement of life and working conditions
FONDATION EUROPÉENNE POUR LA FORMATION – ETF	Europäische Stiftung für Ausbildung	European Foundation for Formation
FONDATION KONRAD ADENAUER	Konrad Adenauer Stiftung	Konrad Adenauer Foundation

Les 3 000 mots **essentiels** *de l'économie et des affaires*

Glossaire

Français	Allemand	Anglais
FONDS COMMERCIAL	Firmenwert, Goodwill	goodwill
FONDS COMMUN DE PLACEMENT – FCP	Investmentfonds	investment-funds
FONDS D'ARBITRAGE	Schiedsfonds oder Arbitragefonds	Hedge fund
FONDS DE COHÉSION	Kohäsionsfonds	Cohesion fund
FONDS DE COMMERCE	Geschäftsvermögen, Geschäftsausstattung	business goodwill
FONDS DE ROULEMENT BRUT	Betriebsfonds, Brutto-Barvermögen	gross operating capital, gross working capital
FONDS DE ROULEMENT ÉCONOMIQUE	Wirtschaftlicher Betriebsfonds	operating capital
FONDS DE ROULEMENT EXTÉRIEUR	Fremdes Barvermögen	external operating capital
FONDS DE ROULEMENT FINANCIER	Finanzielles Barvermögen	operating capital, financial working capital
FONDS DE ROULEMENT NET	Nettobarvermögen	net operating capital, net working capital
FONDS DE ROULEMENT PROPRE	Eigenes Barvermögen	private working capital
FONDS DE ROULEMENT TOTAL	Gesamtes Umlaufvermögen	Global working capital
FONDS DE SOLIDARITÉ DE L'UNION EUROPÉENNE	Solidaritätsfonds der Europäischen Union	European Solidarity Fund
FONDS DE SOLIDARITÉ NUMÉRIQUE – FSN	Numerischer Solidaritätsfonds	Numerical fund for solidarity
FONDS DES NATIONS UNIES POUR L'ENFANCE – UNICEF	United Nations International Children's Emergency Fund – UNICEF	UNITED NATIONS INTERNATIONAL CHILDREN'S EMERGENCY FUND – UNICEF
FONDS DU VICE	Fonds der Laster	Corruption funds
FONDS ÉTHIQUE	Ethischer Fonds	Ethics fund
FONDS EUROPÉEN D'INVESTISSEMENT – FEI	Europäischer Investitionsfonds	European Investment Fund
FONDS EUROPÉEN D'ORIENTATION ET DE GARANTIE AGRICOLE	Europäischer Fonds für Landwirtschaftliche Orientierung und Garantie	European Fund for Agricultural ORIENTATION AND GUARANTEE (SECURITY)
FONDS EUROPÉEN DE DÉVELOPPEMENT – FED	Europäischer Entwicklungssfonds	European Development Fund
FONDS EUROPÉEN DE DÉVELOPPEMENT RÉGIONAL – FEDER	Europäischen Fonds für Regionale Entwicklung	European Fund for Regional Development
FONDS INTERNATIONAL DE SECOURS À L'ENFANCE – FIS	UN Funds for Children, Fonds der Vereinten Nationen für die Kindheit	UN Funds for Children/child care
FONDS MONÉTAIRE INTERNATIONAL – FMI	Internationaler Währungsfonds – IWF	International Monetary Fund – IMF
FONDS PROFILÉS	Profilierte Fonds	Profiled or shaped funds
FONDS PROPRES	Eigenmittel, Eigenkapital	shareholders equity, share capital and reserves
FONDS SOCIAL EUROPÉEN	Europäischer Sozialfonds	European Social fund
FONDS SOLIDAIRES	Solidarische Fondsanlagen	solidary funds
FONDS SPÉCULATIFS	Spekulative Fonds, Hedge funds	Hedge funds
FONDS STRUCTURELS	Strukturelle Fonds	Structural funds
FONGIBLE	Fungibel	fungible
FORCES DE PROGRÈS	Fortschrittliche Kräfte	country's ressources
FORCE DE VENTE	Vertriebsabteilung	Vertriebsabteilung
FORCE MAJEURE	Fall höherer Gewalt	Act of God
FORCE PUBLIQUE	Öffentliche Gewalt - Polizei	police
FORCES VIVES	Wirkende Kräfte	lifeblood
FORCLUSION	Rechtsausschluß	foreclosure
FORD Henry (1863-1947)		
FOREIGN SALES CORPORATIONS – FSC	FOREIGN SALES CORPORATIONS – FSC	FOREIGN SALES CORPORATIONS – FSC
FORMALITÉS	Förmlichkeiten, Formalitäten, Formvorschriften	Formality, ceremony, matter of form
FORMATION DU PRIX	Marktpreisbildung	marketpricing
FORMATION POLITIQUE DES PRIX	Politische Preisbildung	Political Formation of prices
FORMES DE MARCHÉS	Marktformen	Market forms

Glossaire

Français	Allemand	Anglais
FORMULE DE WILSON (GESTION DES STOCKS)	Wilsonsche Formel (Lagerhaltung)	Wilson Formula (stock management; storekeeeping
FORMULE ÉXÉCUTOIRE	Vollstreckungsformel	Executory formula
FORUM MONDIAL DE L'ECONOMIE	WORLD ECONOMIC FORUM – WEF-	WORLD ECONOMIC FORUM – WEF-
FORUM SOCIAL MONDIAL	WORLD SOCIAL FORUM – WSF-	WORLD SOCIAL FORUM – WSF-
FOUCAULT Michel (1926-1984)		
FOURASTIÉ Jean (1907-1990)		
FOURCHETTE	Spanne oder Marge	bracket; range, margin
FOURIER Charles (1772-1837)		
FOURNISSEUR D'ACCÈS INTERNET -FAI	Internetanschluss	Internet provider
FRAIS	Auslagen, Kosten	expenses; cost
FRAIS DE TRANSPORT	Transportkosten	transport charges; freightage
FRANC CFA et FRANC CFP	CFA – Franken und CFP – Franken	CFA – Francs and CFP – Francs
FRANC LOURD	Schwerer oder neuer Franken	New French Franc
FRANC POINCARÉ	Poincaré Franken	Poincaré Franc
FRANCHISE	Franchise; Konzession	franchise; exemption
FRANCO SUR WAGON (telle gare de départ)	Frei Waggon Versandbahnhof	free on rail; free on truck
FRAUDE	Betrug oder Fälschung	fraud; deception
FREE CASH-FLOW – FCF – (flux de trésorerie disponible)	FREE CASH-FLOW – FCF	FREE CASH-FLOW – FCF
FREE LANCER personnes offrant ses services comme collaborateur indépendant	FREE LANCER	FREE LANCER
FREE-LANCE	freiberuflich	free-lance
FRIEDMAN Milton (1912-)		
FRISCH Ragnar Anton Kittil (1895-1973)		
FUND RAISING (rassemblement, augmentation des fonds)	FUND RAISING	FUND RAISING
FUNKY BUSINESS (travail enchanteur)	FUNKY BUSINESS	FUNKY BUSINESS
FUSION	Fusion; Fusionierung, Zusammenschluß	merger
FUSION – ACQUISITION	Fusionierung oder Fusion durch Erwerb oder Zusammenschluß	Mergers and Acquisitions
FUTURES (contrats à terme)	FUTURES	FUTURES
G		
G 5		
G 7		
G 8		
G 9		
G 10		
G 20		
G 22		
G 33		
G 90		
G P S	global positioning system	global positioning system
GAGE	Pfand	security
GALBRAITH John Kenneth (1908-)		
GALIANI Ferdinando (1728-1787)		
GALLUP George Horace (1901-1984)		
GAMME	Warenangebot, Sortiment, Kollektion	range; series; scale
GAP (trou)	Gap; Lücke	gap
GARANT	Bürge auch Garant	guarantor
GARANTIE	Garantie, Gewährleistung, Bürgschaft, Sicherheit	guaranty; pledge

*Les 3 000 mots **essentiels** de l'économie et des affaires*

Français	Allemand	Anglais
GATT (ACCORD GÉNÉRAL SUR LES TARIFS DOUANIERS ET LE COMMERCE)	GATT	GATT
GEANT (GIGABIT EUROPEAN ACADEMIC NETWORK)	GEANT (GIGABIT EUROPEAN ACADEMIC NETWORK)	GEANT (GIGABIT EUROPEAN ACADEMIC NETWORK)
GEARING (engrenage)	gearing	gearing
GÉLINIER Octave (1916-2004)		
GÉNÉRIQUE	Oberbegriff, Markenlos	generic
GENTLEMAN'S AGREEMENT (accord, en principe non écrit, sur l'honneur	Gentlemen's Agreement	GENTLEMEN'S AGREEMENT
GEORGISME	Georgismus	Georgism
GÉRANCE	Geschäftsführung, Führung eines gewerblichen Unternehmens auch Inpachtnahme	management (of business)
GÉRANT	Geschäftsfüher oder Verwalter	manager
GESTION DE FAIT	Geschäftsführung ohne Auftrag	Management without commission
GESTION DE PORTEFEUILLE	Portofolioverwaltung	portfolio management
GESTION DE STOCKS	Lagerverwaltung	stock control
GESTION DE TRÉSORERIE	Verwaltung der Zahlungsmittel	cash management
GESTION DU CAPITAL CLIENT – GCC	Verwaltung des Kundenkapitals	Customer Value Management – CVM
GESTION DU SAVOIR	Wissenverwaltung	knowledge management
GIDE Charles (1847-1932)		
GIFFEN Robert (1837-1910)		
GISCARD D'ESTAING Valéry (1926-)		
GLASNOST	Glasnost	glasnost
GLOBAL BANKING	GLOBAL BANKING	GLOBAL BANKING
GLOBAL DISTRIBUTION SYSTEM – GDS – (système mondial de distribution – SMD)	GLOBAL DISTRIBUTION SYSTEM – GDS	GLOBAL DISTRIBUTION SYSTEM – GDS
GLOBAL HARMONISATION TASK FORCE – GHTF	GLOBAL HARMONISATION TASK FORCE – GHTF	GLOBAL HARMONISATION TASK FORCE – GHTF
GLOBALISATION FINANCIÈRE	Finanzielle Globalisierung	financial globalisation
GLOBALSTORE	GLOBALSTORE	GLOBALSTORE
GO – BETWEEN (intermédiaire)	GO – BETWEEN	GO – BETWEEN
GODWIN William (1756-1836)		
GOLD AND SILVER BULLION STANDARD	GOLD AND SILVER BULLION STANDARD	GOLD AND SILVER BULLION STANDARD
GOLD AND SILVER SPECIE STANDARD	GOLD AND SILVER SPECIE STANDARD	GOLD AND SILVER SPECIE STANDARD
GOLD BULLION STANDARD	GOLD BULLION STANDARD	GOLD BULLION STANDARD
GOLD EXCHANGE STANDARD	GOLD EXCHANGE STANDARD	GOLD EXCHANGE STANDARD
GOLD SPECIE STANDARD	GOLD SPECIE STANDARD	GOLD SPECIE STANDARD
GOLDEN BOYS (faiseurs d'Or)	GOLDEN BOYS	GOLDEN BOYS
GOLDEN HANDSHAKE (poignée de main en or ; généreuse indemnité).	GOLDEN HANDSHAKE	GOLDEN HANDSHAKE
GOLDEN HELLO (salut doré)	GOLDEN HELLO	GOLDEN HELLO
GOLDEN PARACHUTE (parachute en or ; généreuse compensation)	GOLDEN PARACHUTE	GOLDEN PARACHUTE
GOLDEN SHARES (actions ou parts en or)	GOLDEN SHARES	GOLDEN SHARES
GONDOLE	Warenstand im Selbstbedienungsladen	gondola; island shelves
GOODWILL (survaleur)		goodwill
GORBATCHEV Michail (1931-)	*GORBATCHOV Michail* 1931-	
GOSSEN Herman Heinrich (1810-1858)		
GOULOT D'ÉTRANGLEMENT	Flaschenhalseffekt, Engpass	Bottle neck
GOURNAY Vincent de (1712-1759)		
GOUVERNANCE D'ENTREPRISE	Betriebsführung	management (of business)
GOUVERNANCE MONDIALE	Weltführung	World Leadership

Glossaire

Français	Allemand	Anglais
GRADUATE MANAGEMENT ADMISSIONS TEST	GRADUATE MANAGEMENT ADMISSIONS TEST	GRADUATE MANAGEMENT ADMISSIONS TEST
GRAMEEN BANK		
GRAND – LIVRE	Hauptbuch	ledger
GRANDE MURAILLE DE CHINE	Chinesische Mauer	CHINESE WALL
GRANDE SURFACE	Großverkaufsfläche	supermarket
GRANDS COMPTES	Hauptkonten, Wichtige Konten	principal/main account
GRANGER Clive W. J. (1934-)		
GRAPHEUR	Logistische Elektronische Graphische Darstellungen	logistic electronic graphical representation
GRAPHIQUE	Graphik, Graphische Darstellung, Schaubild	diagram; graph; chart
GRAVEUR	Elektronische Graviermaschine	engraver;
GREATER MIDDLE EAST	Großer Mittlerer Orient	GREATER MIDDLE EAST
GREENBACK	greenback	greenback
GREENMAILING (courrier vert)	greenmailing	greenmailing
GREENSHOE MANUFACTURING	GREENSHOE MANUFACTURING	GREENSHOE MANUFACTURING
GREENSPAN Alan (1926-)		
GRESHAM Thomas (1519-1579)		
GRÈVE	Streik, Arbeitsniederlegung	strike
GRILLE	Lohn- und Gehaltstafel auch Tariftabelle	grid
GROSSE	Vollstreckbare Ausfertigung	engrossment
GROSS–RATING POINT – GRP	GROSS–RATING POINT – GRP	GROSS–RATING POINT – GRP
GROUPE	Gruppe, Gremium, Team	group; team
GROUPE DE RIO	Rio Gruppe	Rio Group
GROUPE D'EXPERTS INTERGOUVERNEMENTAL SUR L'ÉVOLUTION DU CLIMAT – GIEC	Zwischenregierungs Arbeitsgemeinschaft für Klimaentwicklung	INTERNATIONAL PANEL ON CLIMATE CHANGE – IPCC
GROUPE DE CAIRNS	CAIRNS GRUPPE	CAIRNS GROUP
GROUPE DE PRESSION	Druck von Gruppierungen oder von Organisationen	pressure-group; lobby
GROUPEMENT AGRICOLE D'EXPLOITATION EN COMMUN – GAEC	Vereinigung gemeinschaftlicher Bewirtschaftung im Agrarsektor	grouping of common exploitation in rural economy
GROUPEMENT D'INTERÊT ÉCONOMIQUE – GIE	Wirtschaftliche Interessengemeinschaft	Economic Interest Grouping
GROUPEMENT EUROPÉEN D'INTERÊT ECONOMIQUE – GEIE	Europäische Wirtschaftliche Interessengemeinschaft	European Economic Interest Grouping
GROUPEMENT FONCIER AGRICOLE	Boden – und Agrargemeinschaft	Soil and Agricultural Grouping
GROUPEMENT FORESTIER	Forstwirtschaftliche Vereinigung	forestry group
GSM (Système global pour les communications mobiles)	GLOBAL SYSTEM FOR MOBILE COMMUNICATIONS	GLOBAL SYSTEM FOR MOBILE COMMUNICATIONS
GUERRE ÉCONOMIQUE	Wirtschaftskrieg	economical war(fare)
GUERRE FROIDE	Kalter Krieg	Cold War
GUEVARA Ernesto dit CHE (1928-1967)		
GUITTON Henri (1904-1992)		
GUTENBERG Erich (1897-1990)		

H

HAAVELMO Tryve (1911-1999)

Français	Allemand	Anglais
HABEAS CORPUS	HABEAS CORPUS	HABEAS CORPUS
HABILLAGE DU BILAN	Aufmachung der Bilanz	WINDOW-DRESSING; (balance sheet)
HABITUS (bien portant)	HABITUS	HABITUS
HACKER (bidouilleur ou fouineur)	HACKER	HACKER
HALLSTEIN Walter (1901-1982)		
HAMMOURABI (1728-1686 avant J.-C.)	Hammurabi	Hammurabi

Les 3 000 mots **essentiels** *de l'économie et des affaires*

Glossaire

Français	Allemand	Anglais
HANSEN Alvin Harvey (1887-1975)		
HARCÈLEMENT	Belästigung	harassment
HARD CORE (NOYAU DUR)	HARD CORE	HARD CORE
HARD DISCOUNT	HARD DISCOUNT	HARD DISCOUNT
HARDWARE (matériel et machines)	HARDWARE	HARDWARE
HARROD Roy Forbes (1900-1978)		
HAUSSE	Hausse	rise; increase
HAUSSE SAUVAGE DES PRIX	Preistreiberei	forcing up the prices
HAUSSIER (haussier)		bull
HAUT COMMISSARIAT DES NATIONS UNIES POUR LES RÉFUGIÉS – UNHCR	Hohes Kommissariat der Vereinten Nationen für Flüchtlinge	OFFICE OF THE UNITED NATIONS HIGH COMMISSIONER FOR REFUGEES
HAUT DE BILAN	Anlagevermögen	fixed assets; invested capital; noncash assets
HAUTE CONJONCTURE	Hochkonjunktur, Boom	boom
HAUTE FIDÉLITÉ – Hi-Fi	Höchste Originaltreue High Fidelity	Hi-fi High Fidelity
HAUTE MER	Hochsee	open sea
HAYEK Friedrich August von (1899-1992)		
HEADHUNTER (chasseur de tête)	Kopfjäger; HEADHUNTER	HEADHUNTER
HECKSCHER Eli Filip (1879-1952)		
HEDGE FUNDS	HEDGE FUNDS	HEDGE FUNDS
HEDGING (couverture)	HEDGING	HEDGING
HÉDONISME	Hedonismus	hedonism
HEGEL George, Wilhelm, Friedrich (1770-1831)		
HÉGÉMONIE	Vorherrschaft, Vormachtstellung auch Hegemonie	predominance
HERCULE	Herkules	Hercules
HÉRITAGE CULTUREL	Kulturelles Erbe	cultural heir
HÉTÉRODOXIE	Heterodoxie	heterodoxy
HEXAGONE MAGIQUE	magical hexagon; magisches Sechseck	magical hexagon
HICKS John Richard Sir (1904-1989)		
HIGH NETWORTH INDIVIDUAL – HNWI – (haute richesse nette individuelle)	HIGH NETWORTH INDIVIDUAL – HNWI	HIGH NETWORTH INDIVIDUAL – HNWI
HIGH TECH (haute technologie)	high technology	high technology
HILDEBRAND Bruno (1812-1878)		
HILFERDING Rudolf (1877-1941)		
HIRE AND FIRE (embauche et débauche)	hire and fire	hire and fire
HOBBES Thomas (1588-1679)		
HOBSON John Atkinson (1858-1940)		
HOLDING (le contrôle)	holding	holding
HOMO ECONOMICUS (l'homme économique)	Wirtschaftsmensch	homo economicus
HORAIRE	Arbeitszeit	working hours
HORAIRE	Arbeitszeit, Fahrplan, Flugplan, Zeitplan, Vorlesunggsplan	schedule
HORS-LIGNE	OFF-LINE	OFF-LINE
HOT LINE (numéro d'urgence)	HOT LINE	HOT LINE
HOT MONEY (capitaux flottants ou capitaux fébriles)	HOT MONEY	HOT MONEY
HOTSPOTS (points névralgiques)	HOTSPOTS	HOTSPOTS
http (protocole de transfert des pages hypertextes sur le Web)	http – Hyper Text Transmission Protocol	http – Hyper Text Transmission Protocol
HUBS AND SPOKES (moyens et rayons)	HUBS AND SPOKES	HUBS AND SPOKES
HUGO Victor (1802-1885)		
HUIS CLOS	Ausschluss der Öffentlichkeit auch Geschlossene Gesellschaft	foreclosure

Français	Allemand	Anglais
HUISSIER	Gerichtsvollzieher	Bailiff marshel
HUMAN DEVELOPMENT INDEX – HDI – (INDICATEUR DE DÉVELOPPEMENT HUMAIN)	HUMAN DEVELOPMENT INDEX – HDI	HUMAN DEVELOPMENT INDEX – HDI
HUME David (1711-1776)		
HYPER-INFLATION	Hyperinflation	hyper inflation
HYPERMARCHÉ	Einkaufszentrum oder Supermarkt	shopping centre; supermarket
HYPOTHÈQUE	Hypothek	mortgage
HYSTÉRÉSIS	Nachlauf	hysteresis

I

Français	Allemand	Anglais
IBAN (Système International Bancaire des Numéros de Compte)	IBAN	International Bank Account Number System
IBN KHALDÜN Abu (1332-1406)		
ICÔNE	Piktogramm	ICON
IDÉOLOGIE	Ideologie	Ideology
ILLÉGALITÉ	Rechtswidrigkeit	Illegality
ILLICÉITÉ	Unzuläßigkeit	Inadmissible
ILLUSION MONÉTAIRE	Geldillusion	Financial illusion
IMMATRICULATION	Eintragung, Registrierung, Zulassung	entry, permission
IMMEUBLE	Immobilie	estate
IMMOBILISATION	Immobilisierung auch Feste Anlage	immobilization
IMMUNITÉ	Immunität, Nichtverfolgbarkeit, Schutz vor Strafverfolgung	Immunity
IMPATRIÉ	Eingebürgerter ausländischer Arbeitnehmer	impatriate
IMPÉRIALISME	Imperialismus	domination
IMPORTATION	Einfuhr	Import(ation)
IMPÔT	Steuer	Tax
IMPÔT INDIRECT	Indirekte Steuer	Indirect tax
IMPÔT BAGATELLE	Bagatellsteuer	Bagatelle tax
IMPÔT DIRECT	Direkte Steuer	Direct tax
IMPÔT FONCIER	Grundsteuer	Land tax
IMPÔT INVISIBLE	Unsichtbare Steuer	Invisible tax
IMPÔT NÉGATIF	Negative Steuer	Negative tax
IMPÔT SUR LA FORTUNE	Vermögenssteuer	Property tax
IMPÔT SUR LE REVENU	Einkommensteuer	income tax
IMPÔT SUR LE REVENU DES CAPITAUX	Kapitalertragsteuer	Capital yields tax
IMPÔT SUR LE REVENU DES PERSONNES PHYSIQUES	Einkommensteuer der natürlichen Personen	personal income tax
IMPÔT SUR LES SOCIÉTÉS	Körperschaftssteuer	Corporation tax
IN BONIS (dans les biens)	IN BONIS	IN BONIS
IN EXTENSO (intégralement, totalement)	integral	completely
IN FINE (à la fin)	Am Schluss; in fine	at the end
IN STATU QUO ANTE	IN STATU QUO ANTE	IN STATU QUO ANTE
INCAPACITÉ JURIDIQUE	Rechtsunfähigkeit	legal incapacity
INCENTIVE	INCENTIVE	INCENTIVE
INCOMPATIBILITÉ	Unvereinbarkeit oder Inkompatibilität	Incompatibility
INCOMPÉTENCE	Unzuständigkeit	Incompetence
INCONVERTIBILITÉ	Inkonvertibilität	Inconvertible
INCOTERMS	International Commercial Terms	International Commercial Terms
INCUBATEUR	Brutkasten oder Inkubator	incubator
INDEMNITÉ	Entschädigung	Indemnification

Glossaire

Français	Allemand	Anglais
INDEMNITÉ DE MAUVAIS TEMPS	Schlechwetterentschädigung	Indemnification for bad weather
INDEXATION	Indexbindung oder Indexierung	Indexing
INDICATEUR	Indikator oder Anzeiger	Indicator
INDICATEUR DE DÉVELOPPEMENT HUMAIN – IDH	Menschlicher Entwicklungsindikator; International Commercial Terms	Human Development Index
INDICATEURS CONJONCTURELS	Konjunkturanzeiger	Indicator of the economic situation
INDICE	Index oder Indexziffer	Indexing
INDICE (boursier)	Börsenindex	benchmark; shareindex; stock index
INDICE DE POUVOIR D'ACHAT	Kaufkraftindex	Index of the purchasing power
INDICE DES PRIX A LA CONSOMMATION	Index der Lebenshaltungskosten	Index of the cost of living
INDICES BOURSIERS	Börsenindex	Stock price averages; stock exchange index
INDIGENT	Mitteloser, Hilfsbedürftiger	someone who needs help; indigent, poor; needy
INDIVISION	Gesamthandsgemeinschaft, oder Miteigentum	joint possession
INDU	Nicht geschuldet, unberechtigt	undue money
INDUCTION	Induktion	induction
INDUSTRIALISATION	Industrialisierung	industrialization
INDUSTRIE	Industrie	industry
INÉGALITÉS SOCIALES	Soziale Ungleichheiten	social inequalities
INFLATION	Inflation	inflation
INFLATION (CAUSES)	Inflation (Ursachen)	inflation causes
INFLATION GALOPANTE	Galoppierende Inflation	galloping inflation
INFLATION (EFFETS)	Inflation (Auswirkungen)	inflation effects
INFLATION CAMOUFLÉE OU LARVÉE	Verdeckte Zurückgestaute Inflation	camouflaged inflation
INFLATION ET DÉFLATION ADAPTÉES	Anpassungsinflation und Anpassungsdeflation	adapted inflation and deflation
INFLATION GOUVERNEMENTALE	Regierungsinflation	governmental inflation
INFLATION IMPORTÉE	Importierte Inflation	imported inflation
INFLATION OUVERTE	Offene Inflation	open inflation
INFLATION PAR LE PROFIT	Gewinninflation	inflation by the profit
INFLATION PAR LES COÛTS OU INFLATION ABSOLUE	Kosteninflation oder Absolute Inflation	cost push inflation
INFLATION RELATIVE	Relative Inflation	relative inflation
INFLATION SURNOISE	Schleichende Inflation	latent (subreptecious) inflation
INFLUENCE	Einfluß	influence
INFORMATIQUE	Elektronische Datenverarbeitung – EDV	data processing
INFRA (voir ci-dessous, ci-dessous mentionné ou voir plus loin)	infra	infra; further on
INFRACTION	Zuwiderhandlung, Verstoß, Übertretung	infringement
INFRASRUCTURE	Infrastruktur	infrastructure
INGÉNIERIE	Engineering	engineering
INITIÉ	Insider oder Eingeweihter	Initiate; insider, those in the know
INJONCTION	Aufforderung	injunction
INJUSTICE	Ungerechtigkeit	injustice
INNOVATEUR	Neuerer	innovator
INNOVATION	Neuerung, Innovation	innovation
INOPPOSABILITÉ	Nichtanwendbarkeit oder Nichteinwendbarkeit	inapplicability
INPUT	input	input
INPUT – OUTPUT (MÉTHODE)	input – output Methode	input – output method
INSOLVABILITÉ	Zahlungsunfähigkeit	insolvency
INSTANCE	Instanz aber auch Klage, Prozess, Prozesshandlung	authority
INSTITUT D'ÉTUDES DE SÉCURITÉ – IES	Forschungsinstitut für Sicherheit	research institute for safety

Glossaire

Français	Allemand	Anglais
INSTITUT DE CONJONCTURE	Konjunkturinstitut	economic service
INSTITUT EUROPÉEN DE RECHERCHE SUR LA COOPÉRATION MÉDITERRANÉENNE ET EURO-ARABE – MÉDÉA	Europäisches Forschungsinstitut für die Mittelländische und Euro-Arabische Zusammenarbeit	EUROPEAN INSTITUTE FOR RESEARCH concerning MEDITERRANEAN AND EURO-ARAB COOPERATION
INSTITUT EUROPEEN POUR LA POLITIQUE ENVIRONNEMENTALE	EUROPÄISCHES INSTITUT FUR UMWELTPOLITIK	INSTITUTE FOR ENVIRONMENTAL POLICY – IEEP
INSTITUT FRANÇAIS DES ADMINISTRATEURS – IFA	Französisches Institut für Verwalter	French institute for managers
INSTITUT FÜR WIRTSCHAFTSFORSCHUNG – IFO	INSTITUT FÜR WIRTSCHAFTSFORSCHUNG – IFO	institute of economic research
INSTITUT MONÉTAIRE EUROPÉEN	Europäisches Währungsintitut	European Monetary Institute
INSTITUT MONÉTAIRE LUXEMBOURGEOIS	Luxemburgisches Währungsinstitut	Luxembourg Monetary Institute
INSTITUT UNIVERSITAIRE EUROPÉEN DE FLORENCE	Europäisches Universitätsinstitut von Florenz	European University Institute of Florence (Firenze)
INSTITUTIONALISME	Institutionalismus	institutionalism
INSTITUTIONS	Institutionen	institutes; institutions
INSTITUTIONS COMMUNAUTAIRES	Institutionen der Gemeinschaft	community institution
INSTITUTIONS EUROPÉENNES	Europäische Institutionen	European institutions
INSTITUTIONS FINANCIÈRES	Finanzbehörden	financial institutions
INSTRUMENT	Mittel, Urkunde, Gerät	instrument
INSUFFISANCE D'ACTIF	Unzulänglichkeit des Vermögens	Insufficiency; shortage
INTÉGRATION	Eingliederung, Integration, Einverleibung	integration
INTELLIGENCE ÉCONOMIQUE	Wirtschaftsintelligenz	economic intelligence
INTELLIGENCE ÉMOTIONNELLE	Emotionale Intelligenz	emotional intelligence
INTENSIF	Intensiv	intensive
INTERDICTION DE GÉRER	Verbot ein Unternehmen zu führen	prohibition to manage
INTERESSEMENT	Belegschaftsbeteiligung	profit sharing
INTERÊT	Zins	share/stake
INTERETS COMPOSES	Zinseszinses	compound interest
INTÉRIM	Interim, Übergangszeit, Vorübergehende Beschäftigung	interim
INTERMÉDIAIRES	Mittelsmann, Vermittler, Zwischenhändler oder Zwischenproduktion	intermediaries
INTERMÉDIATION	Vermittlung	intermediation
INTERNATIONAL FEDERATION OF ACCOUNTANTS – IFAC	INTERNATIONAL FEDERATION OF ACCOUNTANTS – IFAC	INTERNATIONAL FEDERATION OF ACCOUNTANTS – IFAC
INTERNATIONAL ACCOUNTING STANDARD – IAS	INTERNATIONAL ACCOUNTING STANDARD – IAS	INTERNATIONAL ACCOUNTING STANDARD – IAS
INTERNATIONAL ACCOUNTING STANDARDS BOARD – IASB	INTERNATIONAL ACCOUNTING STANDARDS BOARD – IASB	INTERNATIONAL ACCOUNTING STANDARDS BOARD – IASB
INTERNATIONAL ACCOUNTING STANDARDS COMMITTEE – IASC	INTERNATIONAL ACCOUNTING STANDARDS COMMITTEE – IASC	INTERNATIONAL ACCOUNTING STANDARDS COMMITTEE – IASC
INTERNATIONAL FINANCIAL REPORTING STANDARDS – IFRS	INTERNATIONAL FINANCIAL REPORTING STANDARDS – IFRS	INTERNATIONAL FINANCIAL REPORTING STANDARDS – IFRS
INTERNATIONAL MONETARY CONFERENCE	INTERNATIONAL MONETARY CONFERENCE	INTERNATIONAL MONETARY CONFERENCE
INTERNATIONAL ORGANIZATION FOR STANDARDIZATION -ISO-	INTERNATIONAL ORGANIZATION FOR STANDARDIZATION -ISO-	INTERNATIONAL ORGANIZATION FOR STANDARDIZATION -ISO-
INTERNAUTE	"Internaute" oder Benutzer des Internetnetzes	web surfer
INTERNET	worldwide web	worldwide web
INTERPOL	Interpol	Interpol
INTERVENTION DE L'ÉTAT EN MATIÈRE SALARIALE	Staatlicher Eingriff im Lohnbereich	government intervention on salaries
INTERVENTIONNISME	Interventionismus, Staatliches Eingreifen	interventionism

Glossaire

Français	Allemand	Anglais
INTRANET	INTRANET	INTRANET
INTRODUCTION EN BOURSE	Börseneinführung	introduction in stock exchange
INTUITUS PERSONAE (en raison de la personne)	INTUITUS PERSONAE	intuitus personae
INVENTAIRE	Inventar oder Inventur	inventory
INVENTAIRE À JOUR FIXE	Stichtags-Inventur	inventory spot check; effective day inventory
INVENTAIRE INTERMITTENT OU PÉRIODIQUE	Periodische Inventur	periodical inventory
INVENTAIRE PERMANENT	Permanente Inventur oder Laufende Inventur	permanent inventory
INVENTAIRE TOURNANT	Drehendes Inventar	turning inventory
INVESTISSEMENT	Investition	investment
INVESTISSEMENT BRUT	Bruttoinvestition	gross investment
INVESTISSEMENT DE REMPLACEMENT	Ersatzinvestition	replacement of investments
INVESTISSEMENT GLOBAL	Globale Investition	global investment
INVESTISSEMENT NET	Nettoinvestition	net investment
INVESTISSEMENTS DIRECTS A L'ÉTRANGER – IDAE	Direkte Investitionen im Ausland	direct investments abroad
INVESTISSEMENTS DIRECTS ÉTRANGERS	Vom Ausland direkt herrührende Investionen	foreign direct investments
INVESTISSEURS INSTITUTIONNELS	Institutionelle Investoren	institutional investors
IRRÉDENTISME	Irredentismus	irredentism
ISBN	INTERNATIONAL STANDARD BOOK NUMBER	ISBN
ISLAMISME	Islam	Islam
ISOCOÛT	Isokosten	Iso costs
ISOLATIONNISME	Isolationismus	isolationism
ISOQUANT	isoquant	isoquant

J

Français	Allemand	Anglais
JACOBIN	Jacobinisch	Centralizing, rabid radical, jacobine
JAURÈS Jean (1859-1914)		
JETON	Marke, Münze, Spielmarke, Kontrollmarke	Token,
JEVONS William Stanley (1835-1882)		
JIANG JIESHI (1887-1975)		
JIDOKA	Jidoka	jidoka
JOBBER (courtier)	JOBBER	JOBBER
JOBLESS GROWTH (croissance sans emploi)	JOBLESS GROWTH; Wachstum ohne Zunahme an Arbeitsplätzen	JOBLESS GROWTH
JOINT VENTURE (coentreprise)	JOINT VENTURE	JOINT VENTURE
JOUISSANCE	Nutzung oder Genuß	pleasure
JOUR CHÔMÉ – JOUR FÉRIÉ – JOUR OUVRABLE – JOUR OUVRÉ	Arbeitsfreier Tag – Feiertag – Werktag – Arbeitstag –	non-working day
JOUR FÉRIÉ	Feiertag	holiday
JOUR OUVRABLE	Werktag	working day
JOUR OUVRÉ	Arbeitstag	wrought day
JOURNAL	Tagebuch, Journal	Newspaper; diary; day-book; journal
JOURNAL D'ANNONCES LÉGALES	Amtsblatt oder Staatsanzeiger auch Memorial	newspaper of legal announces
JOURNAL OFFICIEL	Amtsblatt Staatsanzeiger	official newspaper
JUDAÏSME	Judentum	Jewish culture; Judaism; Jewishness
JUGEMENT	Urteil, Richterspruch, Aburteilung	sentence
JUGLAR Clément (1819-1905)		
JUNK BONDS (obligations pourries)	JUNK BONDS	JUNK BONDS
JURIDICTION	Gerichtsbarkeit	jurisdiction
JUST IN TIME (juste à temps – JAT)	JUST IN TIME	JUST IN TIME

Français	Allemand	Anglais
JUSTICE	Gerechtigkeit, Justiz	justice
JUSTICE ÉCONOMIQUE	Wirtschaftliche Gerechtigkeit	economic justice
JUSTICE SOCIALE	Soziale Gerechtigkeit	social justice

K

Français	Allemand	Anglais
KAHN Richard Ferdinand Baron de Hampstead (1905-1989)		
KAHNEMAN Daniel (1934-)		
KAÏZEN	Kaïzen	kaïzen
KALDOR Nicholas (1908-1986)		
KALECKI Michael (1899-1970)		
KANBAN		
KANTOROVITCH Leonid Vitalievitch (1912-1986)		
KAUTSKY Karl Johannes (1854-1938)		
KEYNES John Maynard (1883-1946)		
KINDLEBERGER Charles P. (1910-)		
KING Grégory (1648-1712)		
KITCHIN Joseph		
KLEIN Lawrence Robert (1920-)		
KNIES Karl (1810-1880)		
KNOW-HOW (savoir comment savoir-faire)	KNOW-HOW	KNOW-HOW
KNOWLEDGE WORKER (celui qui a la connaissance)	KNOWLEDGE WORKER	KNOWLEDGE WORKER
KNOWLEDGE STOCK MARKET	KNOWLEDGE STOCK MARKET	KNOWLEDGE STOCK MARKET
KOLKHOZE	Kolchose oder Kolchos	Kolkhoz; collective farm
KONDRATIEFF Nicolaï Dimitrevitch (189-1938)		
KOOPMANS Tjalling Charles (1910-1985)		
KOTLER Philip		
KRACH (catastrophe financière majeure et brutale)	KRACH	KRACH
KROPOTKINE Piotr Alexeïevitch Prince (1842-1921)		
KUZNETZ Simon (1901-1985)		
KYDLAND		

L

Français	Allemand	Anglais
L'INTENDANCE SUIVRA	"die Verwaltung folgt"	the administration will come hereafter
LA PROPRIÉTÉ C'EST DU VOL	"Eigentum bedeutet Diebstahl"	property is flight
LABEL	Gütezeichen, Garantiezeichen, Herstellerzeichen	LABEL
LAFFER Arthur (1940-)		
LAMBDA	lambda	lambda
LANDRY Adolphe (1874-1956)		
LANGE Oskar (1904 -1965)		
LANGUE DE BOIS	Sterotype Redewendungen auch, Geschulte Sprüche	hackneyed phrases
LASSALLE Ferdinand (1825-1864)		
LATIFUNDIA		
LAW John (1671-1729)		
LE PLAY Frédéric (1806-1882)		
LE ROUX Pierre (1797-1871)		
LEADING SECTOR	führender Sektor	LEADING SECTOR
LEAN PRODUCTION (production tendue)	LEAN PRODUCTION	LEAN PRODUCTION
LEARNING BY DOING (apprendre en faisant)	LEARNING BY DOING	LEARNING BY DOING
LEASE BACK (cession-bail)	LEASE BACK	LEASE BACK

Glossaire

Français	Allemand	Anglais
LEASING OU CRÉDIT-BAIL	LEASING	leasing
LÉGATAIRE	Vermächtnisnehmer auch Legatar	legatee
LÉGISLATION DU TRAVAIL	Arbeitsrecht	labour laws
LÉGISLATION SOCIALE	Sozialgesetzgebung	social legislation
LÉGITIME DÉFENSE	Notwehr	self – defence
LEGS	Vermächtnis	legacy
LEGS A TITRE UNIVERSEL	Bruchteilsvermächtnis	residuary bequest/legacy, residue of one's estate
LEGS UNIVERSEL	Gesamtvermächtnis	universal legacy/general legacy
LÉNINE Vladimir Illitch OULIANOV dit (1870-1924)		
LEONTIEF Wassily (1906-1999)		
LEROY-BEAULIEU Paul (1843-1916)		
LÉSION	Benachteiligung	lesion, injury; prejudice to a party in a contract
LETTRE DE CHANGE OU TRAITE	Wechsel, oder Tratte, oder gezogener Wechsel	bill of exchange/draft
LEVER	Kapitalbeschaffung, oder eine Option Ausüben oder eine Steuer Erheben	providing (of capital); raise (of taxes)
LEVERAGED MANAGEMENT BUY OUT – LMBO	LEVERAGED MANAGEMENT BUY OUT – LMBO	LEVERAGED MANAGEMENT BUY OUT – LMBO
LEWIS Arthur Sir (1915-1991)		
LIBÉRALISATION	Liberalisierung	liberalization
LIBÉRALISME	Liberalismus	liberalism
LIBRE – ÉCHANGE	Freihandel oder Mandel	free trade
LICENCE	Lizenz	licence
LICENCE, MASTÈRE, DOCTORAT – LMD	Lizenz, Master, Doktorat	licence, doctorate
LICENCIEMENT	Entlassung oder Verabschiedung	dismissal
LICITATION	Versteigerung	sale by auction
LIFE	Life	Life
LIGNE DE PRODUITS	Angebotspalette	product line
LIGNES DIRECTRICES	"Leitgeraden" oder Hauptorientierungen	main line
LIGUE ARABE	Arabische Liga oder Liga der arabischen Staaten	Arab league
LINÉAIRE	Verkaufsfläche	linear
LIPIETZ Alain (1947-)		
LIQUIDATION	Abwicklung oder Liquidation	liquidation/settlement
LIQUID CRISTAL DISPLAY – LCD	Liquid Cristal Display	Liquid Cristal Display
LIST Friedrich (1789-1846)		
LITIGE	Streitfall	dispute, litigation
LIVRAISON	Lieferung auch Zustellung	delivery
LIVRE BLANC – LIVRE VERT	Weißbuch – Grünbuch	white paper/green paper
LOBBY (groupe de pression).	LOBBY	LOBBY
LOCATAIRE	Mieter	tenant/lodger
LOCATION	Mieten, Vermietung, Verleih	hiring/leasing/renting
LOCKE Kohn (1632-1704)		
LOCK-OUT (mettre à la porte)	LOCK-OUT	LOCK-OUT
LOGICIEL	SOFTWARE	SOFTWARE
LOI DE KING OU EFFET KING	Kingscher Effekt	rule of King
LOI ENGEL – SCHWABE	Engel – Schwabe Gesetz	Engel – Schwabe rule
LOI RUEFF	Rueff Gesetz	Rueff rule
LOI SARBANES – OXLEY	Gesetz Sarbanes-Oxley	Sarbanes-Oxley rule
LOI DE GRESHAM	Greshamsches Gesetz	rule of Gresham
LOI DE WAGNER	Wagneresches Gesetz	Wagner rule

Français	Allemand	Anglais
LOI DES COÛTS COMPARÉS	Gesetz der komparativen Kosten	rule of the comparative costs
LOI DES DÉBOUCHÉS	Gesetz der Absatzmärkte	rule of the outlets
LOI DES RENDEMENTS	Ertragsgesetz	rule of the outputs
LOIS DE GOSSEN	Gossensche Gesetze	rules of Gossen
LOIS ÉCONOMIQUES	Wirtschaftgesetze	economic laws
LOIS EUROPÉENNES	Europäische Gesetze	European laws
LONDON INTERBANK MEAN RATE – LIMEAN	LONDON INTERBANK MEAN RATE – LIMEAN	LONDON INTERBANK MEAN RATE – LIMEAN
LONDON INTERBANK OFFERED RATE – LIBOR	LONDON INTERBANK OFFERED RATE – LIBOR	LONDON INTERBANK OFFERED RATE – LIBOR
LONDON INTERNATIONAL FINANCIAL FUTURES EXCHANGE – LIFFE	LONDON INTERNATIONAL FINANCIAL FUTURES EXCHANGE – LIFFE	LONDON INTERNATIONAL FINANCIAL FUTURES EXCHANGE – LIFFE
LORO	LORO	LORO
LOTERIE	Lotterie	lottery/draw
LOTO	Lotto, Lottospiel	lotto
LOUAGE	Vermietung – Werkvertrag	letting/renting
LOW COSTS OU LOW COST AIRLINES (lignes aériennes à bas prix)	Billigflieger	LOW COSTS OU LOW COST AIRLINES
LOYER	Miete	rent
LUCAS Robert Emerson Jr. (1937-)		
LUTHER Martin (1483-1546)		
LUTTE DES CLASSES	Klassenkampf	class struggle
LUXE	Luxus oder übertriebener Aufwand auch Verschwendung	luxury/wealth
LUXEMBURG Rosa (1871-1919)		

M

MACHIAVELLI Niccolo (1469-1527)

Français	Allemand	Anglais
MACRO-ÉCONOMIE	Makro – Ökonomie	macroeconomics
MACROTHÉORIE	Makrotheorie	macro theory
MAFIA	Mafia; Maffia	mafia
MAGALOGUE (magazine et catalogue)	Magalog (Magazin und Katalog)	magalogue (magazine and catalogue)
MAGISTRATURE	Magistratur	the judicial authorities
MAÏEUTIQUE	Mäeutik	maieutics
MAILING (publipostage)	Mailing	mailing
MAINSTREAM (tendance générale)	MAINSTREAM; allgemeine Tendenz	MAINSTREAM
MAINTENANCE	Materialerhaltung	upkeep/maintenance
MAISONS DE L'EUROPE	Europahäuser	houses of Europe
MAJORITÉ	Mehrheit	majority
MALADIE PROFESSIONNELLE	Berufskrankheit	occupational disease
MALTHUS Thomas Robert (1766-1834)		
MALTHUSIANISME	Malthusianismus	Malthusianism
MALUS	Strafe	penalty
MANAGEMENT (fonctions dirigeantes dans une entreprise)	MANAGEMENT	MANAGEMENT
MANAGEMENT BUY IN – MBI	MANAGEMENT BUY IN – MBI	MANAGEMENT BUY IN – MBI
MANAGEMENT BUY OUT – MBO – (rachat de l'entreprise par les salariés – RES)	MANAGEMENT BUY OUT – MBO	MANAGEMENT BUY OUT – MBO
MANAGER	MANAGER	MANAGER
MANDARIN	Mandarin	mandarin
MANDAT	Auftrag, Vollmacht	mandate/power of attorney
MANDEL Ernest (1923-1995)		

Glossaire

Français	Allemand	Anglais
MANDEVILLE Bernard DE (1670-1733)		
MANICHÉEN	Manichäisch, Manichäer	Manichean
MANSHOLT Sicco Leendert (1908-1995)		
MANTEAU ET FEUILLE DE COUPONS	Mantel und Bogen	coat and sheet of coupons
MANU MILITARI	Mit Waffengewalt; manu militari	by force/by the force of law and order
MANUFACTURE	Manufaktur	manufacture; factory; mill; works
MAO TSÉ-TOUNG (1893-1976)	Maoismus	Mao Tse – tung
MAOÏSME	Maoisme	Maoism
MARCHAND	Händler, Kaufmann	merchant/stallholder
MARCHANDAGE	Handeln, Feilschen oder Markten	bargaining/haggling
MARCHANDISE	Ware	goods/merchandise
MARCHÉ	Markt	market
MARCHÉ Á TERME	Terminmarkt	futures market
MARCHÉ À TERME ALLEMAND	Deutsche Terminbörse	German futures market
MARCHÉ À TERME D'INSTRUMENTS FINANCIERS – MATIF	financial futures market	financial futures market
MARCHÉ À TERME INTERNATIONAL DE FRANCE – MATIF	Internationaler französischer Terminmarkt	body regulating activities on the French stock exchange
MARCHÉ COMMUN	Gemeinsamer Markt	common market
MARCHÉ CONTESTABLE	Umstrittener Markt	contestable market
MARCHÉ GRIS	Grauer Markt	grey market
MARCHÉ INTÉRIEUR	Binnenmarkt	home market
MARCHÉ NOIR	Schwarzhandel oder Schwarzmarkt	black market
MARCHÉ PRIMAIRE	Primärer Markt	primary market
MARCHÉ PUBLIC	Öffentlicher Auftrag	public market
MARCHÉ SECONDAIRE	Sekundärer Markt	resale market, secondary market
MARCHÉAGE	Marketing	Marketing
MAREYAGE	Seefischhandel	fish trade
MARGE COMMERCIALE	Handelsspanne	commercial margin
MARGE D'INTERÊT	Zinsspanne	interest margin
MARGINALISME	Marginalismus	marginalism
MARKETING (commercialisation)	MARKETING	MARKETING
MARKETING CORPORATE (mercatique institutionnelle)	MARKETING CORPORATE	MARKETING CORPORATE
MARKETING TÉLÉPHONIQUE	Telephonmarketing	telephone marketing
MARKOWITZ Harry Maurice (1927-)		
MARQUAGE « CE »	Markieren "CE"	marking "CE"
MARQUE	Marke oder Warenzeichen	mark; brand
MARSHALL Alfred (1842-1924)		
MARSHALL Georges C. (1880-1959)		
MARX Heinrich Karl (1818-1883)		
MARXISME	Marxismus	Marxism
MASSE	Masse	mass
MASTER IN BUSINESS ADMINISTRATION	MASTER IN BUSINESS ADMINISTRATION	MASTER IN BUSINESS ADMINISTRATION
MATÉRIALISME	Materialismus	materialism
MATERNAGE	bemutern	mothering
MATIÈRES AUXILIAIRES	Hilfsstoffe	auxiliary matters
MATIÈRES CONSOMMABLES	Betriebsstoffe	consumable matters
MATIÈRES PREMIÈRES	Rohstoffe	raw materials
MATRICE	Matrix	mould, matrix

Glossaire

Français	Allemand	Anglais
MAYO Elton (1880-1949)		
Mc CLOSKEY Donald Nansen (1942-)		
MEADE James Edward (1907-1995)		
MÉCANISME DES PRIX	Preismechanismus	mechanism of the prices
MÉCANISME DU MARCHÉ	Marktmechanismus	mechanism of the market
MÉCÉNAT	Mäzenatentum	sponsoring
MÉDECIN DU TRAVAIL	Betriebsarzt, Werksarzt, Arbeitsmediziner	medical officer/company doctor
MÉDIANE	Medianwert	median
MÉDIATEUR	Vermittler	mediator
MÉDIATION	Vermittlung, Mediationsakte	mediation
MELTING POT (creuset)	Schmelztiegel	MELTING POT
MÉMORIAL JOURNAL OFFICIEL	Amtsblatt	memorial/official journal
MENDÈS France Pierre (1907-1982)		
MENGER Carl (1840-1921)		
MERCANTILISME	Merkantilismus	mercantilism; self-interested spirit
MERCATIQUE	marketing	marketing
MERCHANDISING	MERCHANDISING (sales promotion)	MERCHANDISING (sales promotion)
MERCIER DE LA RIVIÈRE Pierre Paul (1719-1801)		
MERCOSUR		
MÉRITOCRATIE	Meritokratie	meritocracy
MERTON Robert Cox (1944-)		
MÉSO–ÉCONOMIE	Meso-Ökonomie	meso – economy
MESURE	Maßnahme	measurement
MESURE D'INSTRUCTION	Strafrechtliche Voruntersuchung	measure instruction
MESURES DE RÉTORSION	Vergeltungsmassnahmen, Gegenmaßnahmen	retaliatory measures, reprisal
MÉTAL PRÉCIEUX	Edelmetall	noble metal/precious metal
MÉTHODE	Methode oder Verfahrensweise	method
MÉTHODE COMPTABLE D' ÉVALUATION DES STOCKS	Buchhalterische Bewertungsmethode der Lagerbestände	assessment concerning stock on hand
MÉTHODE PERT	Pert Methode	Program Evaluation and Research Task; Program Evaluation and Review Technic
MICRO-ÉCONOMIE	Mikro-Ökonomie	micro economic
MICROMISATION	Mikromisation	micromization
MICROPROCESSEUR	Mikroprozessor	microprocessor
MICRO-THÉORIE	Mikrotheorie	micro – theory
MIDDLE OFFICE (suivi des opérations)	MIDDLE OFFICE	MIDDLE OFFICE
MILL James (1773-1836)		
MILL John Stuart (1806-1873)		
MILLER Merton M. (1923-2000)		
MILLS Charles Wright (1916-1962)		
MINORITÉ	Minderheit	minority
MINSKY Hyman P. (1919-1996)		
MINUTE	Originalurkunde oder Urkundenurschrift	original
MIRABEAU Victor RIQUETTI, MARQUIS DE (1715-1789)		
MISE À PIED	Zeitweiliger Ausschluss vom Arbeitsplatz oder Entlassung	laying off
MISE EN DEMEURE	In Verzug setzen	injunction/formal notification
MISES Ludwig Von (1881-1973)		
MITIGATION DE LA PEINE	Strafmilderung	mitigation of the sentence
MOBILE	Mobiles Gerät	mobile

Glossaire

Français	Allemand	Anglais
MOBILES	Beweggründe	motives
MOBILITÉ SOCIALE	Soziale Mobilität	social mobility
MODE	Modus	mode/method
MODÈLE	Modell	model
MODÈLE BLACK ET SCHOLES	Black and Scholes Modell	Black and Scholes Model
MODÈLE MUNDELL-FLEMING -IS-LM	MUNDELL-FLEMING Modell -IS-LM	MUNDELL-FLEMING model -IS-LM
MODÈLE ÉCONOMIQUE	Wirtschaftsmodell	economic model
MODEM (modulateur-démodulateur)	MODEM	MODEM
MODIGLIANI Franco (1918-2003)		
MOINS-VALUE	Minderwert	depreciation
MONDIALISATION	Globalisierung	globalisation
MONÉTARISME	Monetarismus	monetarism
MONEY MAKER (faiseur d'argent)	MONEY MAKER	MONEY MAKER
MONNAIE	Geld	currency/money
MONNAIE ACTIVE	Aktives Geld	active money
MONNAIE MATÉRIELLE	Materielles Geld	material currency
MONNAIE DE PAPIER	Papiergeld	paper money
MONNAIE ÉLECTRONIQUE	Elektronisches Geld	electronic/plastic money
MONNAIE FIDUCIAIRE	Zeichengeld	fiduciary currency
MONNAIE IMMATÉRIELLE	Immaterielles Geld	immaterial currency
MONNAIE OISIVE	Untätiges Geld	idle currency
MONNAIE SCRIPTURALE	Giralgeld oder Giralgeldwirtschaft	representative money
MONNET Jean (1888-1979)		
MONOCOTATION	Mononotierung	mono quotation
MONOMÉTALLISME	Monometallismus	monometallism
MONOPOLE	Monopol	monopoly
MONOPOLE BILATÉRAL	Beiderseitiges Monopol	bilateral monopoly
MONOPOLE BILATÉRAL EN MATIÈRE DE SALAIRE	Bilaterales Lohnmonopol	bilateral monopoly as regards wages (salaries)
MONOPOLE DU COMMERCE EXTÉRIEUR	Monopol des Aussenhandels	monopoly of the foreign trade
MONOPSONE	Monopson oder Nachfragemonopol	monopsony (e)
MONTAGE DÉCONSOLIDANT	Dekonsolidierungs-Schnitt	weakening assembly
MONTCHRESTIEN ANTOINE DE (1576-1621)		
MONTESQUIEU Charles DE SECONDAT, BARON DE LA BRÉDE ET DE(1689-1755)		
MORAL SUASION (pression morale)	moralisches Unterdrucksetzen	moral suasion; pressure
MORATOIRE	Moratorium	moratorium
MORE (MORUS) Thomas dit SAINT Thomas MORE (1478-1535)		
MORGENSTERN Oskar (1902-1977)		
MOTEUR DE RECHERCHE	Suchmotor	search motor
MOTOCULTURE	Motorisierte Landwirtschaft	mechanized farming
MOUVEMENT	Bewegung	movement
MOVING PICTURES CODING EXPERTS	Moving Pictures Coding Experts Group	Moving Pictures Coding Experts Group
MOYENNE	Mittel	average
MOYENNE ARITHMÉTIQUE PONDÉRÉE	Gewogener Arithmetischer Durchschnitt	arithmetic weighted mean
MOYENNE ARITHMÉTIQUE SIMPLE	Arithmetisches Mittel (einfaches)	simple arithmetic mean
MOYENNE GÉOMÉTRIQUE	Geometrisches Mittel	geometric mean
MOYENNE QUADRATIQUE	Quadratisches Mittel	quadratic mean
MULLER – ARMACK Alfred (1901-1978)		

Français	Allemand	Anglais
MULTIGESTION	Multigestion	multimanagement
MULTINATIONALE	Multinationale Gesellschaft	multinational
MULTIPLICATEUR	Multiplikator	multiplier
MULTIPLICATEUR EN MATIÉRE DE CRÉATION ET DE DESTRUCTION DE MONNAIE	Geldschöpfungs – und Geldvernichtungmultiplikator	multiplicator in terms of creating and deleting money
MULTIPROPRIÉTÉ	Multieigentumsrecht	timeshare/time – sharing (concerning the right of ownership
MUN *Thomas* (1571-1641)		
MUNDELL *Robert A.* (1932-)		
MUTUAL FUNDS (Fonds mutuels ou Fonds communs de placement)	MUTUAL FUNDS	MUTUAL FUNDS
MUTUELLE	Auf der Gegenseitigkeit basierende Einrichtung	mutual insurance company
MYRDAL *Karl Gunnar* (1898-1987)		
MYSTERY SHOPPING (client-mystère)	MYSTERY SHOPPING	mystery shopping
N		
NANOTECHNOLOGIE	Nanotechnologie	nanotechnology
NANTISSEMENT	Verpfändungsvertrag	security
NARCOBUSINESS	NARCOBUSINESS	NARCOBUSINESS
NASDAQ	NASDAQ	NASDAQ
NASH *John Forbes* (1928-)		
NATION	Nation	nation
NATIONAL AUDIT OFFICE – NAO	NATIONAL AUDIT OFFICE – NAO	NATIONAL AUDIT OFFICE – NAO
NATIONALISATION	Nationalisierung	nationalization
NATIONALISME	Nationalismus	nationalism
NATIONALITÉ	Nationalität oder Staatsangehörigkeit	nationality
NATIONAL-SOCIALISME	Nationalsozialismus	National Socialism
NAZISME	Nazismus	nazism
NÉGOCE	Handel	business; trade
NÉGOCIATION COLLECTIVE	Kollektive Verhandlung	collective negotiation
NÉO LIBÉRALISME	Neo- Liberalismus	neo-liberalism
NÉOCAPITALISME	Neokapitalismus	neo-capitalism
NÉPOTISME	Nepotismus oder Vetternwirtschaft	nepotism
NETDAYS	Netdays	netdays
NET- ÉCONOMIE	Net- Ökonomie	net-economy
NETTING	NETTING	NETTING
NETWORK (réseau)	NETWORK	NETWORK
NEW DEAL (nouvelle donne ou nouveau partage)	NEW DEAL	NEW DEAL
NEW ECONOMIC HISTORY – NEH	NEW ECONOMIC HISTORY – NEH	NEW ECONOMIC HISTORY – NEH
NEW ECONOMY	NEW ECONOMY	NEW ECONOMY
NEW TRANSATLANTIC MARKET – NTM (Nouveau Marché Transatlantique – NMT)	NEW TRANSATLANTIC MARKET – NTM	NEW TRANSATLANTIC MARKET – NTM
NEWS LETTER (lettre spécialisée ou lettre confidentielle)	News Letter	House organ
NICHE ou CRÉNEAU	Marktlücke oder Nische	niche; gap
NIKKEI	NIKKEI	NIKKEI
NIVEAU DE VIE	Lebensstandard	standard of life/of living
NIVEAU DES PRIX	Preisniveau	price-level
NO LOAD (fonds pour lesquels, il n'y a pas, à l'achat, de frais d'entrée lors de la souscription.)	NO LOAD	NO LOAD
NOBEL	NOBEL	NOBEL
NOMENCLATURE	Nomenklatur	nomenclature

Glossaire

Français	Allemand	Anglais
NOMENKLATURA	Nomenklatura	Nomenclatura
NOMINAL	Nennwert	nominal value
NOMINATIF (titres nominatifs)	Namens-oder Rektapapier	registered shares
NON ACCELERATING INFLATION RATE OF UNEMPLOYMENT – NAIRU	NON ACCELERATING INFLATION RATE OF UNEMPLOYMENT – NAIRU	NON ACCELERATING INFLATION RATE OF UNEMPLOYMENT – NAIRU
NON ACCELERATING WAGE RATE OF UNEMPLOYMENT – NAWRU	NON ACCELERATING WAGE RATE OF UNEMPLOYMENT – NAWRU	NON ACCELERATING WAGE RATE OF UNEMPLOYMENT – NAWRU
NON FONGIBLE	nicht fungibel	NON FONGIBLE
NON OLET ou PECUNIA NON OLET (l'argent n'a pas d'odeur).	NON OLET or PECUNIA NON OLET	NON OLET or PECUNIA NON OLET
NON RÉSIDENT	Nichtansässiger	nonresident/foreign national
NO-NAME PRODUCTS (produit sans marque)	NO-NAME PRODUCTS	NO-NAME PRODUCTS
NON-LIEU	Einstellung des Strafverfahrens oder Einstellung des Verfahrens	no grounds for prosecution
NORME	Norm, Normung	standard
NORTH Douglas Cecil (1920-)		
NOSTRO (notre)	NOSTRO	NOSTRO
NOTAIRE	Notar	notary; lawyer
NOTATION	Bewertung	RATING
NOTATION SOCIALE	Soziale Bewertung	social rating
NOTORIÉTÉ	Offenkundigkeitsurkunde	renoun
NOUVEAU FRANC	Neuer Franken	New Franc
NOUVEAU MARCHÉ	Neuer Markt	New Market
NOUVEAU PARTENARIAT POUR LE DÉVELOPPEMENT DE L'AFRIQUE – NEPAD -	NEW PARTNERSHIP FOR AFRICA'S DEVELOPMENT	NEW PARTNERSHIP FOR AFRICA'S DEVELOPMENT
NOUVEAUX PAYS INDUSTRIALISÉS – NPI	Neue Industrieländer	Newly Industrialized Countries
NOUVEL ORDRE ÉCONOMIQUE MONDIAL	Neue Internationale Wirtschaftsordnung	New World Trade Order
NOUVELLE ÉCONOMIE	Neue Ökonomie	New Economy
NOVAÏA EKONOMITSCHESKAÏA POLITIKA – NEP	NOVAÏA EKONOMITSCHESKAÏA POLITIKA – NEP	new economic policy – NEP
NOVATION	Novation oder Umwandlung	novation; innovation
NOYAU DUR	Harter Kern	hard core
NUE PROPRIÉTÉ	Mittelbarer Besitz	bare ownership
NULLITÉ	Nichtigkeit	nullity; incompetence
NUMBERCRUNCHER (broyeur de nombres et de chiffres)	Numbercruncher	Numbercruncher
NUMÉRAIRE	Geld, Bargeld, Metallgeld auch Kapitaleinlage	currency
NUMERIQUE	digital	digital
NUMERUS CLAUSUS	numerus clausus	numerus clausus

O

Français	Allemand	Anglais
OBJECTIF	Ziel	objective
OBJET SOCIAL	Gesellschaftszweck	objective of a firm
OBLIGATION	Verpflichtung, Obligation, Schuldverschreibung	obligation
OBLIGATION CONVERTIBLE – OC ou OCA	Umwandelbare Obligation	convertible obligation
OBLIGATION INDÉXÉE	Obligationen Indexierte	index-linked obligation
OBLIGATION REMBOURSABLE EN ACTION – ORA	In Aktien rückzahlbare Obligationen	bond redeemable in share(s)
OBSERVATOIRE EUROPÉEN DES DROGUES ET DES TOXICOMANIES – OEDT	Europäische Beobachtungsstelle für Drogen und Drogensucht	EUROPEAN MONITORING CENTER FOR DRUGS AND DRUG ADDICTION – EMCDDA
OBSERVATOIRE EUROPÉEN DES PHÉNOMÈNES RACISTES ET XÉNOPHOBES – EUMC	Europäische Beobachungsstelle für rassistische Phänomene und Xenophobie Fremdenhass	EUROPEAN MONITORING CENTER FOR RACIST SND XENOPHOBIC PHENOMENA

Glossaire

Français	Allemand	Anglais
OBSERVATOIRE INTERNATIONAL DE PROSPECTIVE RÉGIONALE – OIPR	Internationales Observatorium für Regionale Zukunftsforschung	INTERNATIONAL MONITORING CENTER FOR REGIONAL PROSPECTIVE
OBSERVATOIRE SUR LA RESPONSABILITÉ SOCIÉTALE DES ENTREPRISES – ORSE	Observatorium für die Gesellschaftliche Verantwortung der Betriebe	Business for Social Responsibility – BSR
OBSOLESCENCE	Veraltung	becoming obsolete/antiquated
OFF – LINE (HORS – LIGNE)	OFF-LINE	OFF-LINE
OFF (officieusement, confidentiellement)	vertraulich	off the record
OFF SHORE (au large des côtes, hors du territoire)	OFF-SHORE	OFF-SHORE
OFFICE COMMUNAUTAIRE DES VARIÉTÉS VÉGÉTALES – OCVV	Europäisches Amt der Vielfalt der Pflanzen	European Office for Plant Varieties
OFFICE D'AIDE HUMANITAIRE DE LA COMMISSION EUROPÉENNE – ECHO	Amt für Humanitäre Hilfe der Europäischen Kommission	Humanitarian Office of the European Commission
OFFICE DE L'HARMONISATION DANS LE MARCHÉ INTÉRIEUR (MARQUES, DESSINS ET MODÈLES) – OHMI	Amt für Harmonisierung im Binnenmarkt Marken, Zeichen, Modelle	Office for Harmonization in the single market (home market); (trade-mark, brand, model)
OFFICE DES PUBLICATIONS	Publikationsbüro	Publishing Office
OFFICE EUROPÉEN DE LUTTE ANTI-FRAUDE – OLAF	Europäisches Amt für die Bekämpfung der Fälschung des Betrugs]	European Officefor the fight (combat) against fraud
OFFICE FRANÇAIS DE CONJONCTURE ÉCONOMIQUE – PFCE	Französische Wirtschaftskonjunkturdienststelle	French Office for the economic trends and business cycles
OFFRE	Angebot	offer
OFFRE ATYPIQUE	Atypisches Angebot	atypical offer
OFFRE AU-DESSOUS DU PRIX RÉEL	Preisunterbietung	dumping
OFFRE PUBLIQUE D'ACHAT – OPA	Öffentliches Aktienkaufangebot	raider
OFFRE PUBLIQUE D'ÉCHANGE – OPE	Öffentliches Aktientauschangebot	acquisition by exchange of shares
OFFRE PUBLIQUE DE RETRAIT – OPR	Öffentliches Rückkaufangebot	acquisition by redemption of shares
OFFRE PUBLIQUE DE VENTE OPV	Öffentliches Aktienverkaufsangebot	public offer to sell
OFFRES RÉELLES	Wirkliches Angebot	payment into court
OHLIN Bertil Gothard (1899-1979)		
OHNISME	OHNISMUS	OHNISM
OLIGARCHIE	Oligarchie	oligarchy
OLIGARQUE	oligarchisch	oligarc
OLIGOPOLE	Oligopol	oligopoly
OLIGOPOLE BILATÉRAL	Beiderseitiges Oligopol	bilateral oligopoly
OLIGOPOLE CÔTÉ OFFRE	Angebotsoligopol	oligarchical offer
OLIGOPOLE PARTIEL CÔTÉ DE L'OFFRE	Angebotsteiloligopol	partial offer oligopoly
OLIGOPOLE PARTIEL CÔTÉ DE LA DEMANDE	Nachfrageteiloligopol	partial demand oligopoly
OLIGOPSONE	Oligopson oder Nachfrageoligopol	oligopsony
OLSON Mancur (1932-1998)		
OMBUDSMAN (MÉDIATEUR)	Ombudsmann	negotiator; mediator; middleman
ON–LINE	ON -LINE	ON -LINE
ONE TO ONE MARKETING	ONE TO ONE MARKETING	ONE TO ONE MARKETING
ONUS PROBANDI INCUMBIT ACTORI (celui qui réclame l'exécution d'une obligation doit la prouver)	ONUS PROBANDI INCUMBIT ACTORI	ONUS PROBANDI INCUMBIT ACTORI
OPEN COLLAR WORKERS (cols ouverts)	OPEN COLLAR WORKERS	OPEN COLLAR WORKERS
OPEN MARKET POLICY ou OPEN MARKET	Offenmarktpolitik	OPEN MARKET POLICY or OPEN MARKET
OPÉRATEUR	Operator	operator
OPÉRATION	Eintragung einer Geschäftsoperation	operation; transaction
OPERATIONS RESEARCH	OPERATIONS RESEARCH	OPERATIONS RESEARCH
OPHÉLIMITÉ	Ophelimität oder Nützlichkeit	satisfaction due to feeling of usefulness, advantages or profit

Glossaire

Français	Allemand	Anglais
OPINION	Meinung	opinion
OPPOSITION	Opposition, Widerstand, Gegensätzlichkeit, Einspruch	opposition; contrast; difference
OPTIMUM	Optimum	optimum; optimal
OPTING OUT (option de sortie)	OPTING OUT	OPTION OUT
OPTION SUR ACTIONS	Option auf Aktien, Devisen und Wertpapieren	option on shares; stock option
OPTION SUR DEVISES	Option auf Währungen Devisen]	currency option
ORDONNANCE	Rechtsverordnung	order; authorization
ORDONNANCEMENT	Arbeitsplanung oder Zahlungsanweisung im Staatshaushalt	sequencing; timing
ORDRE	Berufsverband, Gerichtsordnung, Verwaltungsordnung, Öffentliche Ordnung	order
ORDRE DE BOURSE	Börsenauftrag	order to buy (to sell) at the stock-exchange
ORESME Nicolas (1320-1383)		
ORGANES SOCIAUX	Organe der Gesellschaften	social/society agents
ORGANISATION MONDIALE DE LA SANTÉ – OMS	Weltorganisation für Gesundheit oder Welgesundheitsorganisation	WORLD HEALTH ORGANIZATION – WHO
ORGANISATION DE COOPÉRATION ET DE DÉVELOPPEMENT ÉCONOMIQUE – OCDE	Organisation für Zusammenarbeit und Wirtschaftliche Entwicklung	Organization for Economic Cooperation and Development
ORGANISATION DE L'AVIATION CIVILE INTERNATIONALE – OACI	Organisation der Internationalen Zivilen Luftfahrt	INTERNATIONAL CIVIL AVIATION ORGANIZATION – ICAO
ORGANISATION DE L'UNITÉ AFRICAINE – OUA	Organisation der Afrikanischen Einheit – OAE	Organization of the African Union
ORGANISATION DES ÉTATS AMÉRICAINS – OEA	Organisation der Amerikanischen Staaten	ORGANIZATION OF AMERICAN STATES – OAS
ORGANISATION DES NATIONS UNIES – ONU	Organisation der Vereinten Nationen	UNITED NATIONS (ORGANIZATION)– UN (O)
ORGANISATION DES NATIONS UNIES POUR L'ALIMENTATION ET L'AGRICULTURE – FAO	Organisation der Vereinten Nationen für Nahrungsmittel und Landwirtschaft	FOOD AND AGRICULTURAL ORGANIZATION – FAO
ORGANISATION DES NATIONS UNIES POUR L'ÉDUCATION, LA SCIENCE ET LA CULTURE – UNESCO	Organisation der Vereinten Nationen für Erziehung, Bildung, Wissenschaft und Kultur	UNITED NATIONS ORGANIZATION FOR EDUCATION, SCIENCE AND CULTURE – UNESCO-
ORGANISATION DES PAYS EXPORTATEURS DE PÉTROLE – OPEP	Organisation der Erdölexportländer oder Erdölausfuhrländer	OPEC ORGANIZATION OF PETROLEUM EXPORTING COUNTRIES
ORGANISATION DU TRAITÉ DE L'ATLANTIQUE NORD – OTAN	Nordatlantikpakt	NORTH ATLANTIC TREATY ORGANIZATION – NATO
ORGANISATION EUROPÉENNE DE COOPÉRATION ÉCONOMIQUE	Europäische Organisation für Wirtschaftliche Zusammenarbeit	EUROPEAN ORGANIZATION FOR ECONOMIC COOPERATION
ORGANISATION EUROPÉENNE POUR LES AGRÉMENTS TECHNIQUES – EOTA	Europäische Organisation für Technische Genehmigungen	EUROPEAN ORGANIZATION FOR TECHNICAL APPROVAL
ORGANISATION INTERNATIONALE DE LA FRANCOPHONIE – OIF	Internationale Organisation der Francophonie (der Französischsprechenden)	INTERNATIONAL ORGANIZATION OF FRENCH SPEAKING COUNTRIES
ORGANISATION INTERNATIONALE DU TRAVAIL – OIT	Internationale Arbeitsorganisation	INTERNATIONAL LABOUR ORGANIZATION – ILO
ORGANISATION MÉTÉOROLOGIQUE MONDIALE – OMM	Weltmeteorologische Organisation	WORLD METEOROLOGICAL ORGANIZATION – WMO
ORGANISATION MONDIALE DE LA PROPRIETE INTELLECTUELLE	Weltorganisation für Geistiges Eigentum	World Intellectual Property Organization
ORGANISATION MONDIALE DES DOUANES – OMD	Weltorganisation der Zollverwaltungen	WORLD CUSTOMS ORGANIZATION – WCO
ORGANISATION MONDIALE DU COMMERCE – OMC	Welthandelsorganisation – WHO	WORLD TRADE ORGANIZATION – WTO
ORGANISATION NON GOUVERNEMENTALE – ONG	Nicht Regierungsgesteuerte Organisation	NON GOVERNMENTAL ORGANIZATIONS
ORGANISATION POUR LA COOPÉRATION DE SHANGHAÏ	Organisation für die Zusammenarbait von Shanghaï	Shanghaï Organization for Cooperation

Français	Allemand	Anglais
ORGANISATION SCIENTIFIQUE DU TRAVAIL	Wissenschaftliche Organisation der Arbeit	scientific organization of labour
ORGANISME DE PLACEMENT COLLECTIF DE VALEURS MOBILIÈRES – OPCVM	Kollektiver Placierungsorganisation für Wertpapiere	global securities/placing investment agency
ORGANISME GÉNÉTIQUEMENT MODIFIÉS – OGM	Genetisch veränderte Organismen	genetically manipulated organisms – GMO
ORTHODOXIE	Orthodoxie oder Rechtgläubigkeit	orthodoxy
OULÈS Firmin (1904-1992)		
OURS (les nôtres)	OURS	OURS
OUT PLACEMENT (replacement externe)	OUT PLACEMENT	OUT PLACEMENT
OUT PLACEUR	OUT PLACEUR	OUT PLACEUR
OUT PUT (sortie)	OUT PUT	OUT PUT
OUTILS DE TRADING	Werkzeuge des Trading	trading tools; tools of trade
OUVRIR LE PARAPLUIE	Den Regenschirm Öffnen	" to open the umbrella"
OWEN Robert (1771-1858)		

P

Français	Allemand	Anglais
PACAGE	Weideplatz Recht]	right of pasture
PACKAGING	Warenverpackung	PACKAGING
PACTA SUNT SERVANDA	PACTA SUNT SERVANDA	PACTA SUNT SERVANDA
PACTE ANDIN	Andenpakt	ANDIN AGREEMENT
PACTE BRIAND – KELLOG	BRIAND – KELLOG Pakt	BRIAND – KELLOG AGREEMENT
PACTE D'ACTIONNAIRES	Pakt unter Aktionären – Gesellschaftern	shareholders agreement
PACTE DE STABILITÉ	Stabilitätspakt	stability pact/treaty/agreement
PACTOLE	Quelle des Reichtums	gold mine; jackpot
PAIEMENT	Zahlung	payment
PAIEMENT DE L'INDU	Zahlung eines nicht geschuldeten Betrags	payment of a debt not owed
PAIR	Pari	par of exchange
PANCAPITALISME	Pankapitalismus	pancapitalism
PANDÉMONIUM	Pandämonium	pandemonium
PANEL	Panel	panel
PANEM ET CIRCENSES (du pain et des jeux)	Brot und Zirkusspiele	PANEM ET CIRCENSES
PANIER DE LA MENAGÈRE	Warenkorb	basket of goods/commodities
PANIER DE MONNAIES	Geldkorb	basket of currencies
PANTOUFLER	in den Privatsektor übergehen, überwechseln	to switch to private sector
PAPIER COMMERCIAL	Handelspapier	trade paper; bill of exchange
PAPIER FINANCIER	Finanzpapier	bank credit note
PAPIER–MONNAIE	Ungedeckte oder Unvollständig Gedeckte Währung	paper money
PARADIGME	Paradigma	paradigm
PARADIS FISCAL	Steueroase	tax haven
PARADOXE DE GIFFEN	Giffensches Paradoxon	GIFFEN PARADOX
PARADOXE DE L'ÉPARGNE	Ersparnisparadoxon	savings paradox
PARADOXE DE LEONTIEF	Leontiefsches Paradoxon	LEONTIEF PARADOX
PARADOXE DE SOLOW	Solowsches Paradoxon	SOLOW PARADOX
PARADOXE DE TRIFFIN	Triffinsches Paradoxon	TRIFFIN PARADOX
PARAÉTATIQUE	Parastaatlich	parastatal
PARAFISCALITÉ	Parafiskalität	parafiscal measures
PARETO Vilfredo Frederico Damaso, Marquis de (1848-1923)		
PARI	Wette	bet
PARITÉ	Parität, Gleichwertigkeit, Austauschverhältnis zwischen zwei Währungen	parity; equality

Glossaire

Français	Allemand	Anglais
PARITÉ À CRÉMAILLÈRE	Verzahnte Parität	interlocked parity
PARJURE	Meineid	perjury
PARLEMENT EUROPÉEN – PE	Europäisches Parlament	European Parliament
PARQUET	Staatsanwaltschaft auch Markt der offiziell notierten Werte (Börse)	Department of Public Prosecution; market for official quotations of securities
PART DE FONDATEUR	Gründeranteil(e)	founder share(s)
PART DE MARCHÉ	Marktanteil	share of the market
PART SHARE		part share
PARTANCE	Abfahrt	departure
PARTICIPATION	Beteiligung	partnership
PARTICULIER	Privatperson	private; individual
PARTIE CIVILE	Privatkläger	civil part
PARTIE DOUBLE	Doppelte Eintragung	double part
PASSAVANT	Zollpassierschein	transit; permit
PASSIF	Passiva	liabilities
PATCH	Patch	patch
PATERNALISME	Patriarchalismus auch Politik der Bevormundung	paternalism
PATRONAT	Arbeitgeberschaft, Unternehmerschaft	employers
PAUPÉRISME	Massenelend	pauperism
PAYER RECTA	Sofortzahlung Rektazahlung	to pay recta
PAYS ACP AFRIQUE – CARAÏBE – PACIFIQUE	ACP Länder Afrika-Karibik-Pazifik	ACP Countries
PAYS ÉMERGENTS	Emporkommende Länder	emerging countries
PAYS EN DÉVELOPPEMENT	Entwicklungsländer	developing countries
PDG (président-directeur général ou directeur général)	Generaldirektor	CHIEF EXECUTIVE OFFICER – CEO
PÉAGE	Benutzungsgebühr oder Maut	toll
PÉCULAT	Amtsunterschlagung	peculation
PEINE	Strafe	punishment; penalty
PENN William (1644-1718)		
PENSÉE ÉCONOMIQUE	Wirtschaftliches Denken oder Wirtschaftliche Denkweise	economic thinking
PENSION	Pension oder Ruhegehalt	pension allowance
PENTE ET MESURE D'UNE PENTE EN MATIÈRE DE DROITES ET DE COURBES	Neigung und Messung der Neigung einer Geraden oder einer Kurve	slope; inclination and measuring of…
PÉNURIE	Knappheit	shortage
PÉPINIÈRE D'ENTREPRISES	"Brutstätte für Unternehmen"	seedbed of companies (firms)
PERCEPTEUR	Steuereinnehmer	tax collector
PÉREMPTION	Rechtsverwirkung	forfeiture; final term
PÉRÉQUATION	Ausgleich	equalization
PERESTROÏKA (restructuration du système)	PERESTROÏKA	PERESTROÏKA
PERFORMANCE	Leistung	achievement
PÉRIODE	Periode	period
PÉRIODICITÉ	Periodizität oder Regelmäßige Wiederkehr	periodicity
PÉRIPHÉRIQUE	Peripheriegeräte	peripheral
PERROUX François (1903-1987)		
PERSONA GRATA (PERSONA NON GRATA)	PERSONA GRATA	PERSONA GRATA
PERSONAL DIGITAL ASSISTANT – PDA	PERSONAL DIGITAL ASSISTANT – PDA	PERSONAL DIGITAL ASSISTANT – PDA
PERSONAL IDENTIFICATION NUMBER – PIN	PERSONAL IDENTIFICATION NUMBER – PIN – Persönliche Identifikationsnumer	PERSONAL IDENTIFICATION NUMBER – PIN
PERSONNALISME	Personalismus	personalism
PERSONNE MORALE	Juristische Person	legal entity

Glossaire

Français	Allemand	Anglais
PERSPECTIVE	Aussicht	prospect
PERTE SUR ÉMISSION (OBLIGATIONS)	Verlust bei Ausgabe von Schuldverschreibungen	loss on issue ofdebenture bond
PETER (PRINCIPE DE)	PETER PRINZIP	PETER (PRINCIPLE)
PETITE ET MOYENNE ENTREPRISE – PME – MICRO ENTREPRISE – DÉFINITIONS	Mittlere und Kleinbetriebe – Mikrounternehmen Definitionen	small and medium-sized companies/firms
PETITS ÉTATS INSULAIRES EN DÉVELOPPEMENT – PEID	Small Island Developing States Network	Small Island Developing States Network
PÉTITION	Petition	petition
PÉTRODOLLAR	Petrodollar	petrodollars
PETTY William Sir (1623-1687)		
PHARE	Phare	PHARE program
PHELPS Edmund S. (1933-)		
PHILLIPS Alban William (1914-1975)		
PHONING (démarchage de clients potentiels par téléphone)	phoning	phoning
PHYSIOCRATIE	Physiokratie	physiocracy
PICTOGRAMME	Piktogramm	pictogramme
PIETTRE André (1906-1994)		
PIGE	Zeilenhonorar	free-lancing
PIGOU Arthur Cecil (1877-1959)		
PIRATAGE INFORMATIQUE	Eindringen in ein EDV – System	data processing hacking
PIRATERIE	Seeräuberei oder Seeräuberische Handlung	piracy
PIXEL	picture Element	picture element
PLACARD	Kalt stellen	neutralize
PLACEMENT	Geldanlage, Kapitalanlage, Stellenvermitttlung	placement; investment
PLAFOND	Höchstgrenze	upper limit
PLAIDOIRIE	Plädoyer	pleading
PLAIDOYER	Plädoyer	pleading
PLAIGNANT	Kläger	plaintiff, petitioner
PLAINTE	Beschwerde	complaint
PLAN	Plan	plan
PLAN BRADY	Bradyplan	BRADY Plan
PLAN COMPTABLE	Kontenrahmen	chart of accounts
PLAN D'AUTOFINANCEMENT	Eigenfinanzierungsplan	plan of self-financing
PLAN D'ÉPARGNE	Sparplan	austerity programme
PLAN D'INVESTISSEMENT	Investitionsplan	investment plan
PLAN DE FINANCEMENT	Finanzierungsplan	financing plan
PLAN DE REDRESSEMENT	Wiederankubelungsplan auch Sanierungsplan	capital reconstruction scheme
PLAN MARSHALL	Marshallplan	MARSHALL PLAN
PLAN MÉDIA	Mediaplan	media plan
PLAN TRIFFIN	Triffin Plan	TRIFFIN PLAN
PLANCHER, LIMITE INFÉRIEURE	Schwelle	low level
PLANIFICATION	Volkswirtschaftliche Planung	planning
PLANISME	Planwirtschaft	planned economy
PLASMA (PLASMA DISPLAY PANEL)	Plasma (Plasma Display Panel)	Plasma (Plasma Display Panel)
PLATON (427-348 av. J.-C.)	Plato	Plato
PLEIN EMPLOI	Vollbeschäftigung	full employment
PLÉNIPOTENTIAIRE	Bevollmächtigter	plenipotentiary
PLOTEUS – Portail (site) INTERNET de la Commission de l'UNION EUROPÉENNE – UE	PLOTEUS	PLOTEUS
PLUS – VALUE		increase of (in) value

Les 3 000 mots **essentiels** *de l'économie et des affaires*

Glossaire

Français	Allemand	Anglais
POINT D'INTERVENTION EN MATIÈRE MONÉTAIRE	Interventionspunkt im Monetären Bereich	intervention (action(point (rate))
POINT DE COUVERTURE BRUTE – PCB	Brutto – Deckungs Punkt	gross-rating point – GRP
POINT MORT ou POINT D'ÉQUILIBRE	Nutzschwelle, Toter Punkt	break-even-point
PÔLE	Pol, Schwerpunkt, Entwicklungszentrum	crucial (focal) point
PÔLE DE COMPÉTENCE OU DE COMPÉTITIVITÉ	Kompetenzpol; Wettbewerbspol	competence or competitiveness pole/center/area/field
POLICE (Imprimerie)	Schrift	type-face
POLICE D'ASSURANCE	Versicherung, Versicherungspolice auch Versicherungsvertrag	insurance policy
POLICE D'ASSURANCE-VIE BASÉE SUR DES FONDS D'INVESTISSEMENT	Fondspolicen	insurance policy based on investment funds
POLITIQUE D'ÉLARGISSEMENT DE L'UNION EUROPÉENNE :	Erweiterungspolitik der Europäischen Union	enlargement/extension policy of the EU
POLITIQUE DES PETITES ET MOYENNES ENTREPRISES DE L'UNION EUROPÉENNE	Politik der Europäischen Union : Klein und Mittelbetriebe	EUROPEAN UNION: SMALL AND MEDIUM-SIZE(D) BUSINESS PROGRAMM
POLITIQUE AGRICOLE DE L'UNION EUROPÉENNE – PAC	Gemeinschaftsagrarpolitik der Europäischen Union oder Gemeinsame Agrarpolitik der Europäischen Union	farming policy of the EU
POLITIQUE COMMERCIALE	Handelspolitik	marketing policy
POLITIQUE COMMERCIALE DE L'UNION EUROPÉENNE – UE	Handelspolitik der Europäischen Union	marketing policy of the EU
POLITIQUE CULTURELLE DE L'UNION EUROPÉENNE	Kulturpolitik der Europäischen Union	cultural policy of the EU
POLITIQUE D'AUSTÉRITÉ	Sparpolitik	austerity policy
POLITIQUE DE L'ÉDUCATION ET DE LA FORMATION DE L'UNION EUROPÉENNE	Politik der Europäischen Union : Erziehung und Ausbildung	EUROPEAN UNION: EDUCATION AND PROFESSIONALTRAINING
POLITIQUE DE L'EMPLOI DE L'UNION EUROPÉENNE	Beschäftigungspolitik der Europäischen Union	EUROPEAN POLICY: JOB-CREATION AND EMPLOYMENT PROGRAMM
POLITIQUE DES PRIX	Preispolitik	pricing policy
POLITIQUE DES REVENUS	Einkommenspolitik	revenue/income policy
POLITIQUE DES TRANSPORTS DE L'UNION EUROPÉENNE	Verkehrspolitik	EUROPEAN POLICY: TRANSPORT(ATION) POLICY
POLITIQUE DE VOISINAGE DE L'UNION EUROPÉENNE	Nachbarschaftpolitik der Europäischen Union	European Neighbourhood Policy
POLITIQUE DU CRÉDIT	Kreditpolitik	credit policy
POLITIQUE ÉCONOMIQUE	Ökonomische Staatstätigkeit auch Wirtschaftspolitik	economic policy
POLITIQUE ÉCONOMIQUE – BUTS POURSUIVIS	Wirtschaftspolitik – Zielsetzung	economic policy: objectives
POLITIQUE ENVIRONNEMENTALE DE L'UNION EUROPÉENNE	Umweltpolitik der Europäische Union	EUROPEAN UNION: environmental audit ; eco-audit
POLITIQUE ÉTRANGÈRE ET DE SÉCURITÉ COMMUNE DE L'UNION EUROPÉENNE – PESC	Gemeinsame Aussen-und Sicherheitspolitik der Europäischen Union	EUROPEAN UNION: COMMON FOREIGN AND SECURITY POLICY
POLITIQUE EUROPÉENNE DE CONCURRENCE	Europäische Wettbewerbspolitik oder Europäisches Konkurrenzpolitik	EUROPEAN POLICY OF COMPETITION
POLITIQUE EUROPÉENNE DE SÉCURITÉ ET DE DÉFENSE	Europäische Sicherheits- und Verteidigungspolitik	EUROPEAN POLICY OF DEFENSE AND SECURITY
POLITIQUE FINANCIÈRE	Finanzpolitik	EUROPEAN UNION: FINANCE POLICY
POLITIQUE FISCALE DE L'UNION EUROPÉENNE	Steuerpolitik der Europäischen Union	EUROPEAN UNION: FISCAL POLICY
POLITIQUE INDUSTRIELLE DE L'UNION EUROPÉENNE	Industriepolitik der Europäischen Union	EUROPEAN UNION: INDUSTRIAL POLICY
POLITIQUE MIXTE	Gemischte Politik	MIXED POLICY
POLITIQUE MONÉTAIRE	Geldpolitik oder Währungspolitik	MONETARY POLICY

Glossaire

Français	Allemand	Anglais
POLITIQUE RÉGIONALE DE L'UNION EUROPÉENNE	Regionalpolitik der Europäischen Union	EUROPEAN UNION: REGIONAL POLICY
POLITIQUE SOCIALE	Sozialpolitik	SOCIAL POLITICS
POLITIQUE SOCIALE DE L'UNION EUROPÉENNE	Sozialpolitik der Europäischen Union	EUROPEAN UNION: SOCIAL POLITICS
POLLICITATION	Einseitiges Angebot	tentative offer
POLLUTION	Umweltverschmutzung	pollution
POLYARCHIE	Polyarchie	polyarchy
POLYPOLE	Polypol	polypole
PONDÉRATION	Gewichtung	weighting
POPPER Karl Raimund (1902-1994)		
POPULATION ACTIVE	Am Erwerbsleben Beteiligte Bevölkerung	working population
POPULATION GLOBALE AU REGARD DE L'ÉCONOMIE	Gesamtbevölkerung im Blickpunkt der Wirtschaft	global population with regards to economy
PORT FRANC	Freihafen	free (bonded) port
PORTABILITÉ	Tragfähigkeit	carrying capacity
PORTABLE	Tragbar	portable
PORTAGE	Sammelexport	management buy out
PORTAIL INTERNET	Internet Portal	Internet gate (access)
PORTE – FORT	Für die Erfüllung eines Vertrages durch einen Dritten einstehender Vertreter	guarantee
PORTEFEUILLE	Portofolio, Ressort, Wertpapier – oder Wechselbestand	portfolio
POSITION	Position oder Haltung, Lage, Stellung	position
POSSESSION	Besitz	possession
POURRIEL	Spam	spam
POUVOIR	Vollmacht	power; authority
POUVOIR D'ACHAT	Kaufkraft	purchasing power
POUVOIR D'ACHAT D'UNE MONNAIE	Binnenwert des Geldes auch Kaufkraft des Geldes	purchasing power of a currency
PRATIQUE	Berufserfahrung, Geschäftsfahrung	professional experience
PRÉCARITÉ	Schwierige Lage, Bedenklichkeit, Unsicherheit	precariousness
PRÉCAUTION	Vorsichtsmaßnahme	precaution; caution; cautiousness
PRÉFÉRENCES	Präferenzen	preferences
PRÉLÈVEMENT	Abschöpfung	sampling
PRÉMISSE	Prämisse	premise
PREMIUM	Premium	premium
PRENEUR	Abnehmer, Mieter, Pächter	taker; buyer; payee; lessee
PRESCOTT (1941-)		
PRESCRIPTION ACQUISITIVE OU USUCAPION	Rechtserwerb durch Verjährung	acquisitive (positive) prescription
PRESCRIPTION EXTINCTIVE	Rechtsverlust durch Verjährung	loss of rights through prescription
PRÉSIDENT DIRECTEUR GÉNÉRAL	Verwaltungsratsvorsitzender	CEO
PRÉSOMPTION	Vermutung	presumption; assumption; supposition
PRESSION	Druck	pressure
PRESTATION	Leistung, Dienstleistung	performance; services; invisibles
PRESTATIONS FAMILIALES	Familienzulagen	familiy allowance/allocation
PRÊT	Darlehen	loan of money; advance
PRETIUM DOLORIS (prix de la douleur)	Pretium Doloris, Schmerzensgeld	smart money; sum of money allowed for injuries received
PREUVE LITTÉRALE	Schriftlicher Beweis	written proof/evidence
PREUVE TESTIMONIALE	Zeugenbeweis	evidence (proof) by witnesses

Glossaire

Français	Allemand	Anglais
PRÉVISION	Vorausschätzung	prevision; forcast; estimate; provision; reserve
PRÉVISIONNISTE	Wirtschaftsvorschau – Experte	forecaster
PRÉVOYANCE SOCIALE	Soziale Fürsorge	state insurance; social welfare
PRICE EARNING RATIO – PER	PRICE EARNING RATIO – PER- Kapitalisierungskoeffizient des Betriebsergebnisses	PRICE EARNING RATIO – PER
PRICING POWER	Pricing Power	pricing power
PRIME	Prämie	bonus;bounty; subsidy;
PRIME DE REMBOURSEMENT D'UNE OBLIGATION	Schuldverschreibung mit Prämienzahlung bei Rückzahlung	redemption premium
PRIME RATE (taux préférentiel)	Prime rate; Basistarif; Vorzugstarif	base rate
PRIME SUR ÉMISSION D'ACTIONS	Ausgabeprämie Aktien	issuing (issuance) premium on shares
PRIME SUR ÉMISSION D'OBLIGATIONS	Prämie auf der Ausgabe von Schuldverschreibungen	issuing (issuance) premium on bonds
PRIME TIME (période de grande écoute)	prime time	prime time
PRINCIPE	Grundsatz, Prinzip	principle
PRINCIPE DE LA VALEUR INFÉRIEURE	Niederwertsprinzip	principle of (the) value, lower value
PRINCIPE DE MINIMUM	Minimumprinzip	principle of the minimum
PRINCIPE DE PETER	Peter Prinzip	PETER PRINCIPLE
PRINCIPE DE PRÉCAUTION	Prinzip der Vorsichtsmaßnahme	precaution principle
PRINCIPE DE RÉALISATION	Realisationsprinzip	realization principle
PRINCIPE DE RÉPARTITION DU REVENU	Verteilungsprinzipien des Einkommens	distribution of income principle
PRINCIPE DU MAXIMUM	Maximumprinzip	principle of the maximum
PRIVATE BANKING	private banking	private banking
PRIVATISATION	Privatisierung	privatization
PRIVILÈGES	Vorzugsrechte	privileges
PRIX	Preis	price
PRIX DE L'OR ET DE L'ARGENT	Gold-und Silberpreis	gold and sinver rate
PRIX DE REVIENT D'ACHAT	Bezugs oder Einstandspreis	cost (original cost) price
PRIX DE REVIENT DE FABRICATION	Herstellungspreis	cost of production
PRIX Ig. NOBEL	Ig. Nobelpreis	Ig.NOBEL-PRIZE
PRIX MINIMUM	Mindestpreis	minimum price; reserve price; upset price
PRIX NOBEL	Nobelpreis	NOBEL PRIZE
PRIX NOBEL ALTERNATIF	Alternativer Nobel Preis	Alternative Nobel Prize
PRO FORMA	PRO FORMA	PRO FORMA
PROCÉDURE	Prozedur oder Verfahren	procedure
PROCESSEUR	Prozessor	processor
PROCURATION	Vollmacht	power; authority
PROCUREUR	Staatsanwalt	prosecutor
PRODUCTION	Produktion	production
PRODUCTION COMPLÉMENTAIRE	Kuppelproduktion	supplementary; complementary production
PRODUCTION DE L'EXERCICE	Produktion des Geschäftsjahres	output/production of the business (working) year
PRODUCTION DÉPENDANT DU FACTEUR CAPITAL	Kapitalintensive Produktion	capital-intensive production
PRODUCTION DÉPENDANT DU FACTEUR SALAIRE	Lohnintensive Produktion	wage-intensive production
PRODUCTION MINIMUM	Betriebsminimum	minimum variable cost production
PRODUCTION OPTIMALE	Betriebsoptimum	optimum global cost production
PRODUCTIVITÉ	Produktivität	productivity; productiveness
PRODUIT	Produkt aber auch Ertrag	product; proceeds; yield
PRODUIT DÉRIVÉ	Derivat	derivative product
PRODUIT INTÉRIEUR BRUT – PIB	Bruttoinlandsprodukt – PIB	Gross Domestic Product – GDP

Glossaire

Français	Allemand	Anglais
PRODUIT NATIONAL BRUT – PNB	Bruttosozialprodukt	Gross National Product – GNP
PRODUITS À RECEVOIR	Antizipative Erträge	yields/proceeds to receive
PRODUITS PAR NATURE	Erträge	proceeds; earnings; revenues
PROFIT	Gewinn – Profit	profit, gain
PROFIT PUSH INFLATION (profit poussé par l'inflation)	PROFIT PUSH INFLATION	PROFIT PUSH INFLATION
PROFIT WARNING	PROFIT WARNING	PROFIT WARNING
PROGRAMMATION NEUROLINGUISTIQUE – PNL	Neurolinguistische Programmierung	neurolinguistic programming
PROGRAMME	Programm	programm
PROGRAMME DE LISBONNE	Lissaboner Programm	Lisbon Agenda
PROGRAMME HERCULE DE L'UNION EUROPÉENNE	EUROPEAN UNION: HERCULES PROGRAMM	EUROPEAN UNION: HERCULES PROGRAMM
PROGRÈS	Fortschritt	progress
PROHIBITION	Prohibition	prohibition
PROLONGATION EN MATIÈRE DE LETTRE DE CHANGE	Wechselverlängerung auch Wechselprolongation	prolongation (renewal) of a bill of exchange
PROMOTION	Förderung auch Verkaufsförderung	promotion
PROPENSION	Hang	propensity
PROPRIÉTAIRE	Eigentümer	owner
PROPRIÉTÉ	Eigentum	property; ownership
PROPRIÉTÉ EN TEMPS PARTAGÉ	Eigentum time Sharing	time-sharing property (ownership)
PRORATA TEMPORIS	PRORATA TEMPORIS	PRORATA TEMPORIS; in proportion to time
PROROGATION	Verlängerung; Zahlungsaufschub	postponement; adjournment; prolongation; extension
PROSPECT	Prospekt	prospect
PROSPECTION	Marktforschung	market study
PROSPECTIVE	Prognose des Wirtschaftsablaufs	prospective
PROSPECTUS	Prospekt	prospectus; catalogue
PROTECTION	Schutz, Unterstützung, Schutzmaßnahme	protection; aid
PROTECTION SOCIALE	soziale Sicherheit	social cover(ing)
PROTECTIONNISME	Protektionismus	protectionism; protective system
PROTECTIONNISME ÉDUCATEUR (OU PROTECTIONNISME DES INDUSTRIES NAISSANTES)	Erzieherischer Protektionismus	protection (ism) of new industries
PROTÊT EN MATIÈRE DE LETTRE DE CHANGE	Wechselprotest	protest of a bill of exchange
PROTOCOLE	Protokoll	protocol
PROTOCOLE AUX ACCORDS EUROPÉENS SUR L'ÉVALUATION DE LA CONFORMITÉ ET DE L'ACCEPTATION DES PRODUITS INDUSTRIELS – PECA	Protokoll zu den Europäischen Abkommen über die Bewertung, die Konformität Übereinstimmung und die Annahme von Industriellen Produkten	Protocol to the European Agreements on the evaluation, the conformity and the acceptance of industrial products
PROTOCOLE DE KYOTO	Protokoll von Kyoto	KYOTO PROTOCOL
PROTOCOLE DE MADRID	Madrider Protokoll	Madrid Protocol
PROUDHON Jean Joseph (1809-1865)		
PROVISIONS	Rückstellungen	provisions
PROVISION DUCROIRE	Delkredereprovision	delcredere (guarantee) commission
PUBLIC CHOICE	public choice	public choice
PUBLICITÉ	Werbung	publicity; advertising
PUBLICITÉ RÉDACTIONNELLE	Redaktionelle Werbung	editorial publicity (in newspapers)
PUBLIREPORTAGE OU PUBLI-INFORMATION	Werbungsreportage oder Werbungsinformation	publicity/advertising in newspapers with direct reference to sponsors
PUCE	Tablette; Chip	chip
PUMP PRIMING CONCEPT	PUMP PRIMING CONCEPT	PUMP PRIMING CONCEPT

Les 3 000 mots **essentiels** *de l'économie et des affaires*

Français	Allemand	Anglais
PURE PLAYER	Pure Player	pure player
PURGE HYPOTHÉCAIRE	Hypothekenlöschung	cancellation of the mortgage
PUTATIF	Putativ	putative

Q

Français	Allemand	Anglais
QCM (QUESTIONNAIRE A CHOIX MULTIPLES)	Fragebogen mit Antwortauswahl oder Multiple Choice Fragebogen	multiple choice questionnaire
QUAIAGE	Anlegegebühr	wharfage; quayage; dock dues; dock rent
QUALIFICATION	Qualifizierung, Befähigung auch Bewertung einer Straftat	qualification; estimate
QUALITÉ	Güte- Qualität	quality
QUARANTAINE	Quarantäne	quarantaine
QUART MONDE	Vierte Welt	Fourth World
QUARTETTE	Quartett	quartet(te); four; foursome
QUASI-CONTRAT	Quasivertag oder Vertragsähnliches Rechtsverhältnis	quasi-contract; implied contract
QUASI-DÉLIT	Unvorsätzliches Vergehen	technical offence
QUASI-LIQUIDITÉS	Quasi-flüssige Geldmittel	quasi-money; near-money; secondary liquidity
QUATRE DRAGONS	« Vier Drachen »	FOUR DRAGONS; DRAGON STATES
QUÉRABLE	Holbar, Abholbar	portable
QUESNAY François (1694-1774)		
QUIET PERIOD	période calme	quiet period
QUIÉTISME	Quietismus	quietism
QUINZOMADAIRE	Zweimonal pro Monat stattfindend	twice a month
QUIRAT	Schiffspart	share (joint-ownership) of a ship
QUITUS	Entlastung	full discharge
QUIZ	Quiz	quiz
QUORUM	Quorum	quorum
QUOTA	Quote	quota; basic quota
QUOTE-PART DE CHÔMEURS	Arbeitslosenquote	percentage unemployment rate
QUOTE-PART DE PERSONNES CAPABLES DE TRAVAILLER	Erwerbsquote	ratio of gainfully-employed persons to total population
QUOTE-PART DE PROFIT	Gewinnquote	rate/quota/ratio of profit
QUOTE-PART DU SALAIRE DANS LE REVENU NATIONAL	Lohnquote mit Bezug amt das Volksein kommen	ratio of wages/salaries to GNP
QUOTIENT	Quotient	quotient
QUOTIENT FAMILIAL	Bewertungsziffer bei der Einkommensteuerberechnung : «Familienquotient »	family quotient

R

Français	Allemand	Anglais
RABAIS	Rabatt	rebate ; discount
RACHAT	Rückkauf, Wiederkauf, Beitragsnachzahlung auch Rentenablösung und Loskauf	repurchase
RACHAT DE L'ENTREPRISE PAR LES SALARIÉS – RES	Firmenaufkauf durch die Belegschaft	MANAGEMENT BUY OUT
RADIATION	Löschung oder Streichung auch Hypothekenlöschung	radiation
RADIO FREQUENCY IDENTIFICATION – RFID	RADIO FREQUENCY IDENTIFICATION – RFID	RADIO FREQUENCY IDENTIFICATION – RFID
RAIDER	RAIDER	RAIDER
RAISON D'ÉTAT	Staatsräson	reason of State
RAISON SOCIALE	Firmenbezeichnung	corporate name
RANDOMIZATION (avec le hasard)	Randomization	RANDOMIZATION
RANKING	ranking	ranking

Glossaire

Français	Allemand	Anglais
RAPPORT	Bericht oder Ertrag auch Beziehung und auch Meßzahl	report/ratio
RAPPORTEUR	Berichterstatter	reporter/rapporteur
RARETÉ	Knappheit	scarcity
RATIO	RATIO	RATIO
RATIO COOKE	Kennzahl oder Kennziffer Cooke	Cooke ratio
RATIO D'AUTONOMIE FINANCIÈRE	Finanzielle Unabhängigkeit	ratio of financial autonomy
RATIO D'ENDETTEMENT	Verschuldungskennziffer	debt ratio
RATIO DE COUVERTURE	Deckungskennzahl	ratio of cover
RATIO DE FINANCEMENT DES INVESTISSEMENTS	Kennzahl der Investitionsfinanzierung	ratio of investment financing
RATIO DE LIQUIDITÉ	Liquiditätskennzahl	working capital ratio
RATIO DE RENTABILITÉ	Rentabilitätskennzahl	ratio of profitability
RATIO Q DE TOBIN	Ratio Q von Tobin	Tobin Q ratio
RATION D'AUTOFINANCEMENT	Eigenfinanzierungskennziffer	ration of self-financing
RATIONALITÉ	Wirtschaftlichkeit	rationality
RATIONALITÉ LIMITÉE	Beschränkte Wirtschaftlichkeit	limited rationality
RÉACTIVITÉ	Reaktivität	reactivity
RÉASSURANCE	Rückversicherung oder Reassekuranz	reinsurance
RECAPITALISATION	Wiederkapitalisierung; Neukapitalisierung	recapitalization
RECEL	Hehlerei	concealment
RECENSEMENT	Zählung	census
RECETTE	Einnahme	income
RECETTES	Einnahmen	receipts
RECHERCHE	Forschung	research
RECHERCHE APPLIQUÉE	Angewandte Forschung oder Zweckforschung	applied research
RECHERCHE FONDAMENTALE	Grundlagenforschung oder Wissenschaftliche Forschung	fundamental research
RÉCLUSION	Haft	reclusion
RECOMMANDATION	Empfehlung	recommendation
RECONNAISSANCE DE DETTE	Schuldschein	acknowledgement of debt
RECONNAISSANCE MUTUELLE	Gegenseitige Anerkennung	mutual recognition
RECOUVREMENT	Einziehung, Inkasso, Postauftrag	collection
RÉCUSATION	Ablehnung wegen Befangenheit	challenge
RECYCLAGE	Wiedereingliederung	reintegration
REDÉPLOIEMENT	Wiederentfaltung	further development
REDEVANCE	Abgaben	duties; taxes
REDISTRIBUTION	Neuverteilung, Umverteilung des Einkommen	redistribution
RÉDUCTION DU CAPITAL SOCIAL	Reduzierung des Gesellschaftskapitals	reduction of the company capital
RÉÉVALUATION	Aufwertung oder Revalvation	reevaluation
RÉFÉRÉ	Einstweilige Verfügung	provisional order
REFERENCE	Referenz	benchmark, reference, bur also sample-book or pattern-book
RÉFÉRENCE	Bezug, Hinweis, Referenz	reference
RÉFÉRENCE PRÉVISIONNELLE	Bezugssystem in der Betriebsplanung und der Kostenrechnung	reference system in the operational planning and cost calculation
RÉFÉRENCEMENT	Referenzierung	correlation
RÉFÉRENCER	Auf eine Belegstelle verweisen	to refer to (a voucher site/place)
RÉFÉRENDUM	Referendum	referendum
RÉFORME	Reform	reform
REFUS DE VENTE	Verkaufsweigerung	refuse to sell

Glossaire

Français	Allemand	Anglais
RÉGIE	Regiebetrieb oder Öffentlicher Wirtschaftsbetrieb	public utility or public business concern
RÉGIME	Regime, Staatsform, Wirtschaftssystem	regime; system of government
RÉGION	Region, Gebiet, Seegebiet	area
RÉGISTRE DU COMMERCE ET DES SOCIÉTÉS – RCS	Handelsregister	trade register
RÈGLE	Bestimmung, Vorschrift, Regel	regulation
RÈGLE D'OR BANCAIRE	Goldene Bankregel	golden bank rule
RÈGLE D'OR BILANTAIRE	Goldene Bilanzregel	golden balance rule
REGLE DE TAYLOR	Taylorvorschrift	Taylor's regulation
RÈGLEMENT	Vereinbarung, Zahlung, Verordnung, Vorschrift	agreement
RÈGLEMENT EUROPÉEN	Europäische Vorschrift, Regelung	European regulation
RÉGLEMENTATION	Gesetzliche Regelung	legal regulation
RÉGRÉSSION ÉCONOMIQUE	Wirtschaftsrückgang	economic recession
RÉGULATION	Regelung oder Steuerung	control
RELANCE ÉCONOMIQUE	Wiederankurbeln der Wirtschaft	economic step up, boost
RELATIONNEL	Relational	relational/ly
RELATIONS HUMAINES	Zwischenmenschliche Beziehungen	interhuman relations
RELATIONS PUBLIQUES	Öffentlichkeitsarbeit	PUBLIC RELATIONS
RELOCALISATION	Relokalisierung Neue Örtliche Zuordung eines Unternehmens]	relocation/relocalization
REMBOURSEMENT	Rückzahlung	repayment/reimbursement
REMISE	Mengenrabatt aber auch Rimesse Steuererlass und Schulderlass	quantity discount
REMISE DE DETTE	Schulderlass	remission of debt
REMPLOI	Schütt-aus-Hol-Zurück-Verfahren	re-employment
RENDEMENT	Ergebnis	result; output ; return
RENDU À QUAI	DELIVERED EX QUAY	DELIVERED EX QUAY
RENDU DROITS ACQUITTÉS	DELIVERED DUTY PAID	DELIVERED DUTY PAID
RENDU EX SHIP	DELIVERED EX SHIP -	DELIVERED EX SHIP -
RENDU FRONTIÈRE	DELIVERED AT FRONTIER	DELIVERED AT FRONTIER
RENTABILITÉ	Rentabilität	profitability
RENTE	Rente	revenue
RENTE VIAGÈRE	Leibrente	life annuity
RÉPARTITION DU BÉNÉFICE	Ausschüttung des Gewinnes aber auch Gewinnverteilung	distribution of the benefit
RÉPARTITION DU REVENU	Verteilung des Volkseinkommens	distribution of income
RÉPARTITION SECONDAIRE DES REVENUS	Sekundäre oder Untergeordnete Verteilung	secondary distribution of income
REPORT	Übertrag, Report, Prolongationsgeschäft	carryforward
REPRÉSENTATIONS GRAPHIQUES	Graphische Darstellungen	charts
REPRÉSENTATIVITÉ	Vertretungsvollmacht, Repräsentativer Charakter	representativeness
REPRISE	Aufschwung	recovery
RES NULLIUS	RES NULLIUS	RES NULLIUS
RESCISION	Auflösung	rescission
RÉSEAU	Netz	network
RÉSEAU CELLULAIRE	Zellulares Netz	cellular network
RÉSEAU D'INFLUENCE	Einflußnetz	network of influence
RÉSEAU DES RÉGIONS INNOVANTES EN EUROPE	Netz der innoviezenden Regionen Europas	INNOVATING REGIONS IN EUROPE – IRE
RÉSEAU EUROCITÉS	Eurocity network	Eurocity network
RÉSEAU EUROPÉEN DE PRÉVENTION DE LA CRIMINALITÉ	Europäisches Netz zur Verhinderung der Kriminalität	European Network to prevent crime/criminality

Glossaire

Français	Allemand	Anglais
RÉSEAU EUROPÉEN DE PROMOTION DE L'ENTREPREUNARIAT FÉMININ – WES	Europäisches Netz zur Förderung des Weiblichen Unternehmungsgeistes	EUROPEAN NETWORK TO PROMOTE WOMEN'S ENTREPRENEURSHIP
RÉSEAU JUDICIAIRE EUROPÉEN EN MATIÈRE CIVILE ET COMMERCIALE – RJEMCC	Europäisches Justizielles Netz für Zivil- und Handelssachen	EUROPEAN JUDICIAL NETWORK IN CIVIL AND COMMERCIAL MATTERS – EJN
RÉSEAUTAGE	Networking	networking
RÉSEAUX TRANSEUROPÉENS	Transeuropäische Vernetzung	transeuropean networks
RÉSERVE DE PROPRIÉTÉ	Eigentumsvorbehalt	reserve property
RÉSERVE OBLIGATOIRE	Obligatorische Rücklagen	obligatory reserve
RÉSERVES	Rücklagen	reserves
RÉSERVES DE PARTICIPATION	Beteiligungsrücklagen	reserves of participation
RÉSERVES DE RÉÉVALUATION	Aufwertungsrücklagen	reserves of revaluation
RÉSERVES DE RENOUVELLEMENT DES IMMOBILISATIONS	Rücklagen für die Erneuerung von Anlagegütern	reserves for the renewal of fixed assets
RÉSERVES DE RENOUVELLEMENT DES STOCKS	Rücklagen für die Wiederbeschaffung von Vorräten	reserves of renewal of stocks
RÉSERVES FACULTATIVES	Freiwillige Rücklagen	optional reserves
RÉSERVES LATENTES	Latente Reserven	latent reserves
RÉSERVES LÉGALES	Gesetzliche Rücklagen	statutory legal reserves
RÉSERVES OBLIGATOIRES	Mindestreserven	obligatory reserves
RÉSERVES OCCULTES	geheime Rücklagen	concealed reserves
RÉSERVES STATUTAIRES	Statutarische Rücklagen	statutory reserves
RÉSIDENT	Ansässiger	resident
RÉSILIENCE	Elastizität; Strapazierfähigkeit; Zähigkeit	impact strength; resilience
RÉSOLUTION DES PROBLÈMES DANS LE MARCHÉ INTÉRIEUR – SOLVIT	Lösung von Problemen im Binnenmarkt	resolution of problems in the home market; SOLVIT
RESSOURCES	Mittel, Ressourcen	resources
RESSOURCES HUMAINES	Menschliche Ressourcen	human resources
RESPONSABILITÉ	Haftung	liability
RESTRUCTURATION	Neugliederung, Umstrukturierung	reorganization
RÉSULTAT D'EXPLOITATION AVANT AMORTISSEMENTS ET ÉVÉNEMENTS EXCEPTIONNELS – REAA	Betriebsergebnis vor Abschreibungen und Außerordentlichen Vorgängen	result before depreciation and exceptional events
RÉSULTAT EXCEPTIONNEL	Ausserordentliches Ergebnis	exceptional result
RÉSULTAT NET COMPTABLE	Buchhalterisches Nettoergebnis	countable net income/accountable
RÉSULTATS D'EXPLOITATION	Betriebsergebnis	result of an enterprise
RÉTENTION	Zurückbehaltungsrecht	retention right
RETENUE À LA SOURCE	an der Quelle einbehalten	deduction at source/basic deduction
RETRAITE	Ruhestand	retirement
RETURN ON ASSETS – ROA – (rendement de l'Actif – RDA)	RETURN ON ASSETS – ROA – Erträge der Aktiva	RETURN ON ASSETS – ROA –
RETURN ON EQUITY – ROE – (rendement des capitaux propres -RCP)	RETURN ON EQUITY – ROE – Ertrag des Kapitals	RETURN ON EQUITY – ROE –
RETURN ON INVESTMENT – ROI – (rendement de l'investissement – RDI)	RETURN ON INVESTMENT – ROI – Ertrag der Investition	RETURN ON INVESTMENT – ROI
REVALORISATION	Revalorisierung, Revalvation, Anhebung	reevaluation/rise
REVENU DE TRANSFERT	Transferierung von Einkünften	transfer of income
REVENU DISCRÉTIONNAIRE	Dem freien Ermessen überlassenes Einkommen	the income left to (free) discretion
REVENU DU CAPITAL	Kapitalertrag	capital income (revenue
REVENU DU TRAVAIL	Einkünfte aus nicht selbständiger und selbständiger Arbeit	labour income
REVENU IMPOSABLE	Steuerpflichtiges Einkommen	assessed income
REVENU NATIONAL	Volkseinkommen	national income

Les 3 000 mots essentiels de l'économie et des affaires

Glossaire

Français	Allemand	Anglais
REVENU PERSONNEL D'ACTIVITÉ	Persönliche Einkünfte die aus einer Tätigkeit herrühren	personal income due to activity
REVENU PERSONNEL DISPONIBLE	Verfügbares Persönliches Einkommen	personal available income
RÉVOCATION	Widerruf, Aufhebung, Absetzung	revocation
RÉVOCATION DE TESTAMENT	Widerruf eines Testaments	revocation of will
RÉVOLUTIONS ECONOMIQUES	Ökonomische Revolutionen	economic revolutions
REVOLVING CREDIT	REVOLVING CREDIT	REVOLVING CREDIT
RICARDO David (1772-1823)		
RICHESSE	Reichtum	wealth/richness
RIGHT LIVELIHOOD AWARDS	RIGHT LIVELIHOOD AWARDS	RIGHT LIVELIHOOD AWARDS
RIGIDITÉ	Starrheit, Strenge, Rigidität	rigidity
RISQUE	Risiko	risk
RISQUE DUCROIRE	Delkredererisiko	risk guarantee commission
RISTOURNE	Rückvergütung	refund
ROAMING (GMS)	ROAMING GMS	ROAMING (GMS)
RODBERTUS Johann (1805-1875)		
RÔLE DE L'ÉTAT EN MATIERE D'INTÉRÊT	Staat und Zins	role of the State as regards interest
ROMPU	Odd Lot	odd lot/broken
ROOSA (Obligations Roosa)	Roosa obligationen	Roosa Bonds
ROSCHER Wilhelm Georg-Frédéric (1817-1894)		
ROSTOW Walt Whitman (1916-2003)		
ROYALTIES	ROYALTIES	ROYALTIES
RUEFF Jacques Léon (1896-1978)		
RUPTURE DE STOCK	Zeitweilig nicht mehr vorrätig oder zeitweilige Unterbrechung des Vorrats	out-of-stock condition
RURAL	Ländlich auch Landwirtschaftlich	rural
RURBAIN	Städtisch und ländlich auch Stadt- und Dorfbewohner	rurban/urban and rural
RYTHME D'APPROVISIONNEMENT OPTIMAL	Optimaler Bedarfsdeckungsrhythmus	optimal satisfaction of requirements satisfaction

S

Français	Allemand	Anglais
SAINT – SIMONISME	Sankt – Simonismus	Simonism
SAINT- SIMON Claude Henri de ROUVROY, comte de (1760-1825)		
SAISIE	Pfändung	seizing/seizure
SAISIE – ARRÊT	Sicherungsbeschlagnahme	seizure by court order
SAISIE – BRANDON	Pfändung der Ernte oder der Früchte auf dem Halm	Brandon seizure (seizing of crops and fruit on the stem)
SAISIE – CONSERVATOIRE	Handelsrechtliche Sicherungspfändung	according to trade law safeguard seizing
SAISIE – ÉXÉCUTION	Beschlagnahme zwecks Veräusserung einer Sache	seizure in the purpose of sale
SAISIE – GAGERIE	Pfändung von beweglichen Sachen des Mieters	seizing of mobile goods of the tenant
SAISIE VENTE	Beschlagnahme – Verkauf, Zwangsvollstreckung	seizure sales; execution
SAISINE	Befassen eines Gerichtes mit einer Sache oder Anrufung eines Gerichtes wegen einer Sache	calling up at court
SAISONNIER	Saisonbedingt oder Jahreszeitlich bedingt	seasonally
SALAIRE	Lohn	wage/wages/salary
SALAIRE NOMINAL	Nominallohn	nominal wage
SALAIRE RÉEL	Reallohn	real wage
SALAIRES AUXILIAIRES	Hilfslöhne	auxiliary/compensation wages
SAMUELSON Paul Anthony (1915-)		

Français	Allemand	Anglais
SANCTION	Ahndung, Bestrafung, Strafe aber auch Anerkennung, Billigung	sanction/punishment
SARGENT Thomas J. (1943-)		
SAUVY Alfred (1898-1990)		
SAY Jean-Baptiste (1767-1832)		
SCHÉMA DE PONDÉRATION	Wägungsschema	diagram/chart of ponderation/weighing
SCHÉMA DE WALRAS (EN MATIÈRE DE RÉPARTITION DES REVENUS)	Walrassches Schema im Bereich der Einkommenverteilung	Walras pattern concerning income distribution
SCHENGEN		
SCHMALENBACH Eugen (1873-1955)		
SCHMIDT Helmut (1918-)		
SCHMOLLER Gustav von (1838-1917)		
SCHNEIDER Erich (1900-1970)		
SCHOLES Myron S. (1941-)		
SCHULTZ Théodore William (1902-1998)		
SCHUMAN Robert (1886-1963)		
SCHUMPETER Joseph Alois (1883-1950)		
SCHWAB Klaus (1938-)		
SCHWARTZ Anna Jacobson (1915-)		
SCISSION	Spaltung, Unternehmensaufspaltung	splitting/fragmentation
SCREENING (examen détaillé et analytique	Screening	screening
SECRET	Berufsgeheimnis, Fabrikgeheimnis, Geheimhaltung	job secrecy
SECTEUR CLÉ	Schlüsselsektor	main sector
SECTEUR DOMINANT	Dominierender Sektor	dominating sector
SECTEUR ÉCONOMIQUE	Wirtschaftssektor	sector of the economy
SECTEUR LÉGER	Leichter Sektor	light/flat sector
SECTEUR LOURD	Schwerer Sektor	heavy/peek sector
SECTEUR PRIVÉ	Privatsektor	private sector
SECTEUR PUBLIC	Öffentlicher Sektor	public sector
SÉCURITÉ SOCIALE ET PRÉVOYANCE SOCIALE	Sozialversicherung und Sozialfürsorge	social security and social welfare
SECURITIES AND EXCHANGE COMMISSION – SEC	SECURITIES AND EXCHANGE COMMISSION – SEC	SECURITIES AND EXCHANGE COMMISSION – SEC
SEGMENTATION	Aufteilung, Unterteilung	allocation/fragmentation
SELA (PLAN BRADY)		BRADY Plan
SELTEN Reinhard (1930-)		
SEN Amartya Kunar (1933-)		
SÉRIE	Reihe, Serie, Folge	series/row
SERMENT	Eid	oath
SERPENT MONÉTAIRE EUROPÉEN	Europäische Währungschlange	European Currency Snake (system)
SERVEUR	Server	server
SERVICE	Dienstleistung	service
SERVICE APRÈS VENTE – SAV	Wartung oder Wartungsdienst	after sales service
SERVICE MINIMUM	Gesellschaft für regionale Entwicklung	minimumservice
SERVITUDE	Servitute	constraint
SEUIL	Schwelle	threshold/level
SEUIL D'ÉPARGNE	Sparschwelle	threshold of saving/saving level
SEUIL DE PAUVRETÉ	Armutsschwelle	poverty line
SHOPBOT – SHOPPING ROBOT (celui qui trouve des niches ou des créneaux)	SHOPBOT – SHOPPING ROBOT	niche

Glossaire

Français	Allemand	Anglais
SHORT MESSAGE SERVICE – SMS – (Service de courts messages SMS)	SHORT MESSAGE SERVICE – SMS	SHORT MESSAGE SERVICE – SMS
SIDWICK Henry (1838-1900)		
SIÈGE	Sitz	place of residence; headquarters
SIGNIFICATION	Zustellung einer Urkunde eines Urteils	significance/signifying
SILVER BULLION STANDARD	SILVER BULLION STANDARD Papiergeldwirtschaft	SILVER BULLION STANDARD
SILVER MARKET (marché argenté)	SILVER MARKET	SILVER MARKET
SILVER SPECIE STANDARD	SILVER SPECIE STANDARD Metallgeldwirtschaft	SILVER SPECIE STANDARD
SIMMEL GEORG (1858-1918)		
SIMON Herbert Alexander (1916-2001)		
SIMULATION	Simulation, Unternehmensspiel auch Planspiel	simulation
SINE IRA ET STUDIO	SINE IRA ET STUDIO	SINE IRA ET STUDIO/without fear
SISMONDI Jean Charles Léonard Sismonde de (1773-1842)		
SITE INTERNET	Internet Standort	SITE INTERNET
SIT-IN (s'asseoir sur)	SIT-IN; Sitzstreik	SIT-IN
SITUATION NETTE COMPTABLE	Reinvermögen	countable clear assets
SITUATION NETTE INTRINSÈQUE (BILAN)	Eigentliches, Wahres oder Echtes Reinvermögen	intrinsic clear assets
SKILL (savoir-faire)	skill	skill
SKILL-KILL (tuer la compétence).	skill-kill	skill-kill
SLOW FOOD (nourriture lente)	slow food	slow food
SMITH Adam (1723-1790)		
SMITH Vernon L. (1927-)		
SOCIAL MARKETING	SOCIAL MARKETING	social marketing
SOCIALISME	Sozialismus	socialism
SOCIALISME AGRARIEN	Agrarsozialismus	agrarian socialism
SOCIETAS EUROPEA	Societas europea	societas Europea
SOCIÉTÉ À RESPONSABILITÉ LIMITÉE – SARL – ET SOCIÉTÉ EN COMMANDITE SIMPLE – SCS	Gesellschaft mit beschränker Haftung & Einfache Kommanditgesellschaft – Gmbh & K.G.	limited liability company and limited liability partnership
SOCIÉTÉ À RESPONSABILITÉ LIMITÉE – SARL ou Sarl	Gesellschaft mit beschränkter Haftung – Gmbh	limited liability company
SOCIÉTÉ ANONYME – SA	Aktiengesellschaft – AG	limited company
SOCIÉTÉ ANONYME SIMPLIFIÉE – SAS	Aktiengesellschaft Vereinfachte Form	simplified limited company
SOCIÉTÉ CIVILE	Zivilgesellschaft	civil company
SOCIÉTÉ COOPÉRATIVE	Genossenschaft	co-operative company
SOCIÉTÉ D'ÉCONOMIE SOCIALE	Gesellschaft des Sozialen Wirtschaftlichseins	social economy company
SOCIETE D'ÉCONOMIE MIXTE – SEM	Gemischte Wirtschaftsgesellschaft	mixed investment company
SOCIÉTÉ DE BOURSE	Börsengesellschaft	stock company
SOCIÉTÉ DE CAPITAUX	Kapitalgesellschaft	joint stock company
SOCIÉTÉ DE DÉVELOPPEMENT RÉGIONAL – SDR	regionale Entwicklungsgesellschaft	company of regional development
SOCIÉTÉ DE L'INFORMATION	Informationsgesellschaft	information society
SOCIÉTÉ DE LOISIRS	Freizeitgesellschaft	society of leisure
SOCIÉTÉ DE MASSE	Massengesellschaft	mass society
SOCIÉTÉ DE PERSONNES	Personengesellschaft	partnership
SOCIÉTÉ DE SERVICES ET D'INGENIERIE EN INFORMATIQUE – SSII	Gesellschaft für Dienstleistungen und Engineering in der EDV	ingeniery service company in data processing
SOCIÉTÉ ÉCRAN	Scheingesellschaft; Scheinfirma	"Screen" company; dummy firm
SOCIÉTÉ EN COMMANDITE PAR ACTIONS – SCA	Kommanditgesellschaft auf Aktien	limited partnership with share capital

Glossaire

Français	Allemand	Anglais
SOCIÉTÉ EN COMMANDITE SIMPLE – SCS	Einfache Kommanditgesellschaft	limited liability partnership
SOCIÉTÉ FINANCIÈRE INTERNATIONALE – SFI	Internationale Finanzgesellschaft – IFG	International Finance Company
SOCIÉTÉ INDUSTRIELLE	Industriegesellschaft	industrial society
SOCIÉTÉ INTERPROFESSIONNELLE DE COMPENSATION DE VALEURS MOBILIÈRES – SICOVAM	Interprofessionelle Gesellschaft für den Ausgleich bei Wertpapieren	interprofessional company for the compensation of securities
SOCIETE INTERPROFESSIONNELLE DE COMPENSATION DES VALEURS MOBILIERS	INTERNATIONAL SECURITIES IDENTIFICATION NUMBERS – ISIN	INTERNATIONAL SECURITIES IDENTIFICATION NUMBERS – ISIN
SOCIÉTÉ UNIPERSONNELLE	Einmanngesellschaft auch Einmannbetrieb	unipersonal company
SOCIÉTÉ UNIVERSELLE	Universalgesellschaft	universal company
SOCRATE (470-399 avant J.C.)	SOKRATES	SOCRATE
SOCRATES (UE)	SOCRATES EU	SOCRATES (EU)
SOFTWARE	SOFTWARE	SOFTWARE
SOGO – SHOSHAS	SOGO – SHOSHAS	SOGO – SHOSHAS
SOLDE	Saldo	balance
SOLDES DE GESTION	Gewinn und Verlust Betriebssaldi	balances of management
SOLIDARITÉ ACTIVE	Ausgleichung unter Gesamtgläubigern	active solidarity
SOLIDARITÉ PASSIVE	Ausgleichungspflicht unter Gesamtschuldnern	passive solidarity
SOLOW Robert Merton (1924-)		
SOLVIT	SOLVIT	SOLVIT
SOMBART Werner (1863-1941)		
SOMMET	Gipfel	Summit
SOROS George (1930-)		
SOULTE	Ergänzungssumme	auxiliary hums
SOUMETTRE	Genehmigung zur Genehmigung vorlegen	submit/hand in
SOUMISSION	Auschreibung	tender
SOURÇAGE	Bezugsquellenaustausch	exchange of source/sourcing supply
SOUS-CAPITALISATION	Unterkapitalisierung	under - capitalization
SOUSCRIPTION	Zeichnung, Subskription	subscription
SOUS-EMPLOI	Unterbeschäftigung	under-employment
SOUVERAINISME	Souveränismus	souverainism/sovereignism
SPAAK Paul Henri (1899-1972)		
SPAM (message polluant)	spam	spam
SPAMMING (arrosage)	spamming	spamming
SPARRING PARTNER	Sparring Partner	sparring partner
SPÉCIALISATION	Spezialisierung	specialization
SPÉCULATION	Spekulation	speculation
SPENCER Herbert (1820-1903)		
SPEND MANAGEMENT (gestion de la maîtrise des dépenses dans l'entreprise)	SPEND MANAGEMENT	SPEND MANAGEMENT
SPIN – OFF (essaimer ou se débarrasser)	SPIN – OFF	SPIN – OFF
SPIRALE	Spirale, Spirallinie	spiral
SPONSORING (parrainage)	SPONSORING	SPONSORING
SPORT	Sport	sports
SRAFFA Piero (1898-1983)		
STABEX ET SYSMIN (système de stabilisation des recettes d'exportation et système spécial pour les produits miniers)	STABEX and SYSMIN	STABEX and SYSMIN
STABILISATION MACRO-ÉCONOMIQUE	Stabilisation Makroökonomische Stabilisation	macroeconomic stabilization
STACKELBERG Heinrich Von (1905-1946)		

Glossaire

Français	Allemand	Anglais
STAGFLATION	Stagflation	stagflation
STAKEHOLDERS (parties prenantes)	stakeholders	STAKEHOLDERS
STAKHANOVISME	Stakhanovismus	stakhanovism
STANDARD DE POUVOIR D'ACHAT – SPA	Standardkaufkraft	standard purchasing power
STANDARD INTERNATIONAL TRADE CLASSIFICATION – SITC	STANDARD INTERNATIONAL TRADE CLASSIFICATION – SITC	STANDARD INTERNATIONAL TRADE CLASSIFICATION – SITC
STANDARDISATION	Standardisation, Vereinheitlichung	STANDARDIZATION
START UP	start up	start up
STATISTIQUE	Statistik	statistics
STATUT	Statut, Statuten, Status	statute; status
STATUT AVANCÉ	Vorstadium oder Zwischenstadium	preliminary state
STELLAGE	Stellage	stellage
STIGLER George (1911-1991)		
STIGLITZ Joseph (1943-)		
STOCK – OPTIONS (option de souscription d'actions)	stock-options	stock-options
STOCK – OUTIL	Eiserner Bestand	buffer stock
STOCK CRITIQUE	Kritischer Lagerbestand	critical stock
STOCK DE SÉCURITÉ	Sicherheitslagerbestand	safety stock
STOCK MOYEN	Durchscnittlicher Lagerbestand	average stock
STONE John Richard Nicholas (1913-1991)		
STOP AND GO (Littéralement arrêt-marche)	STOP AND GO	STOP AND GO
STOXX	STOXX	STOXX
STRATÉGIE	Strategie	strategy
STRATÉGIE DE LISBONNE	Lissabonner strategie	Lisbon Strategy
STRATIFICATION SOCIALE	Soziale Stratifikation oder Schichtung	social stratification
STREET MARKETING (mercatique de rue)	STREET MARKETING	STREET MARKETING
STRESS (pression)	STRESS	STRESS
STRUCTURE	Struktur, Aufbau, Verwaltungsaufbau	structure; structuring
SUBLIMAL	Sublim	sublimal
SUBROGATION	Einsetzung in die Rechte eines Anderen	subrogation
SUBSIDIARITÉ	Subsidiarität oder Ergänzung auch Ergänzungsprinzip	subsidiarity
SUBVENTION	Subvention	subsidy
SUIVEUR	Nachahmer oder Begleiter	follower
SUIVI	Fortlaufende Bemühung	follow-up
SULLY (BETHUNE MAXIMILIEN de DUC DE SULLY) (1560-1641)	SULLY BETHUNE MAXIMILIEN de DUC DE SULLY	SULLY (BETHUNE MAXIMILIEN de DUC DE SULLY)
SUPERMARCHÉ	Supermarkt	supermarket
SUPERSTRUCTURE	Superstruktur oder Oberbau oder Überbau	superstructure
SUPPLY CHAIN (chaîne de logistique)	SUPPLY CHAIN	SUPPLY CHAIN
SUPPLY CHAIN	supply chain	supply chain
SUPRA (ci-dessous)	supra	supra
SURBOOKING (surréservation)	surbooking; Überbuchung	surbooking
SURCAPITALISATION	Überkapitalisierung	over-capitalization
SURCHAUFFE	Konjunkturüberhitzung	overheating; inflation
SUREMPLOI	Überbeschäftigung	overemployment
SURESTARIE	Uberliegegeld	demurrage
SÛRETÉ	Sicherheit	safety stock
SURPLUS	Überschuß, Überhang	surplus
SURPRODUCTION	Überproduktion	overproduction

Français	Allemand	Anglais
SUSTAINABILITY IMPACT ASSESSMENT (évaluation de l'impact en termes de durabilité)	SUSTAINABILITY IMPACT ASSESSMENT	SUSTAINABILITY IMPACT ASSESSMENT
SWAP (échange)	SWAP	SWAP
SWEET EQUITY (action sucrée)	SWEET EQUITY	SWEET EQUITY
SYNDIC	Verwalter	manager; official receiver
SYNDICALISME	Syndikalismus	syndicalism
SYNDICAT	Syndikat, Gewerkschaft	syndicate
SYNERGIE	Synergie oder Zusammenwirken	synergy
SYSMIN	SYSMIN	SYSMIN
SYSTÈME	System	system
SYSTÈME DE PRÉFÉRENCES GÉNÉRALISÉES – SPG	European Generalized Preferential System Verallgemeinertes Vorzugssystem	European generalized preferential system
SYSTÈME EUROPÉEN DES BANQUES CENTRALES	Europäisches System der Zentralbanken	European system of Central Banks
SYSTÈME FISCAL	Steuersystem	tax system
SYSTÈME MONÉTAIRE	Geldsystem oder Monetäres System	monetary system
SYSTÈME MONÉTAIRE EUROPÉEN – SME	Europäisches Währungssystem – EWS	EUROPEAN MONETARY SYSTEM – EMS
SYSTÈME MONÉTAIRE MÉTALLIQUE	Metallwährung	hard currency system
SYSTÈME MONÉTAIRE NON MÉTALLIQUE	Nichtmetallisches Währungssystem	soft currency system

T

Français	Allemand	Anglais
T N T (Télévision Numérique Terrestre)	"TNT"	"TNT"
TABLE DE MORTALITÉ	Volkssterbetafel	mortality table
TABLEAU DE BORD	Arbeitsablaufschaubild	dashboard
TABLEAU DE RÉPARTITION DES CHARGES	Betriebsabrechnungsbogen – BAB	table of burden-sharing
TABLEUR	Tabulator	spreadsheet
TACITE RECONDUCTION	Stillschweigende Erneuerung	renewal by tacit agreement
TAKE OFF	take off	take off
TANGIBLE KNOWLEDGE (connaissance significative ou connaissance tangible)	tangible knowledge	tangible knowledge
TARIF AUTONOME	Autonome Tarife	autonomous tariff
TARIF CONVENTIONNEL	Vertraglich vereinbarte Tarife	conventional tariff
TARIF DE REPRÉSAILLES	Represalientarife	tariff of reprisals (retaliation)
TARIF DOUANIER	Zolltarif	customs tariff
TARIF DOUANIER COMMUN – TDC	Zolltarif der Gemeinschaft	European Union customs tariff/rate
TARIF INTÉGRÉ COMMUNAUTAIRE – TARIC	Integrierter gemeinschaftlicher Tarif – IGT	European Union integrated tariff
TARIF PRÉFÉRENTIEL	Vorzugstarif	preferential tariff/rate
TARIF PROHIBITIF	Prohibitivtarif	prohibitary tariff
TARIFICATION	Tarifgestaltung oder Tarifierung	tariffing
TASK FORCE (groupe de travail ou un groupe d'études)	task force	task force
TAUSSIG Frank William (1859-1940)		
TAUX	Satz, Quote, Ziffer	rate
TAUX D'ABSENTÉISME	Arbeitsversäumnisquote	absentee rate
TAUX D'ACTIVITÉ	Beschäftigungsquote	activity ratio
TAUX D'INFLATION	Inflationsrate	rate of inflation
TAUX D'INTÉRÊT CRÉDIT LOMBARD	Lombardsatz	Lombard Credit interest rate
TAUX D'INTÉRÊT NOMINAL	Nominaler Zinssatz	nominal interest rate
TAUX DE CHANGE	Wechselkurs	rate of exchange
TAUX DE CHÔMAGE	Arbeitslosenquote	rate of unemployment
TAUX DE COMPRESSIBILITÉ DE LA CONSOMMATION	Reduzierbarkeitsrate des Verbrauchs	consumption reducting rate

Glossaire

Français	Allemand	Anglais
TAUX DE CROISSANCE	Wachstumsrate	growth rate
TAUX DE DILATATION DE LA CONSOMMATION	Erweiterungsrate des Verbrauchs	consumption expanding rate
TAUX DE MORTALITÉ	Sterblichkeitsverhältnis	death rate
TAUX DE RENDEMENT	Rendite	yield
TAUX DIRECTEUR	Leitzins	directive/leading rate
TAUX EFFECTIF D'INTÉRÊT	Effektiver Zinssatz	effective rate of interest
TAUX EFFECTIF GLOBAL – TEG	Realer Gobaler Zinssatz	effective global interest rate
TAUX MARGINAL DE SUBSTITUTION OU TMS	Grenzrate der Substitution	marginal substitution rate
TAUX RÉEL OU TAUX DE CAPITALISATION	Tatsächlicher Satz oder Kapitalisierungssatz	real rate of capitalization
TAX PUSH INFLATION (l'impôt qui pousse l'inflation)	tax push inflation	tax push inflation
TAXE	Taxe – Gebühr	tax; duty
TAXE PROFESSIONNELLE	Gewerbesteuer	trade tax
TAXE SUR LA VALEUR AJOUTÉE -TVA-	Mehrwertsteuer – MWST-	value added tax – VAT
TAXE TOBIN	TOBIN TAX	TOBIN TAX
TAYLOR Frederick Winslow (1856-1915)		
TCHANG KAÏ – CHEK (1887-1975)		
TCHATCHE (bavardage, suite de propos parfois sans intérêt)	small talk; loses Gerede	small talk
TEAM EUROPE	TEAM EUROPE	TEAM EUROPE
TEAMWORK (travail d'équipe ou travail en équipe)	TEAMWORK	TEAMWORK
TECHNOCRATIE	Technokratie	Technocracy
TECHNOLOGICAL GAP (trou ou fossé technologique)	Lücke	gap
TECHNOLOGIE	Technologie	technology
TECHNOPÔLE	Technopol	technopole
TÉLÉPHONIE MOBILE	Mobiles Telefon – GSM – Handy	mobile telephone system/telephony
TÉLÉVENTE	Fernsehshopping	TV-sales/telesales
TEMPS DE TRAVAIL	Arbeitszeit	working time
TEMPS GRIS	Leerlaufzeit	idle running; wastage of energy
TENDANCE	Tendenz auch Trend	tendency/trend
TERROIRISME	Förderung einer Region oder einer Gegend	regional development
TEST OF ENGLISH AS A FOREIGN LANGUAGE – TOEFL	TEST OF ENGLISH AS A FOREIGN LANGUAGE – TOEFL	TEST OF ENGLISH AS A FOREIGN LANGUAGE – TOEFL
TESTAMENT	Testament	will ; testament
TESTAMENT AUTHENTIQUE	Notarielles Testament	authentic will
TESTAMENT MYSTIQUE	Geheimes Testament	secret will/testament
TESTAMENT OLOGRAPHE	Eigenhändig geschriebenes Testament	hand-written/holographic will
TESTAMENT PAR DÉCLARATION ORALE	Durch Mündliche Erklärung errichtetes Testament	oral/by oral declaration will
THÉORÈME DE SAY (OU LOI DE SAY)	Saysches Theorem	SAY theorem
THÉORÈME DE SCHMIDT	Theorem von Schmidt oder Schmidtsches Theorem	SCHMIDT theorem
THÉORÈME HECKSCHER-OHLIN OU LOI DE PROPORTION DES FACTEURS DE PRODUCTION	Heckscher-Ohlin Theorem oder Verhältnisgesetz der Produktionfaktoren	HECKSCHER-OHLIN theorem
THÉORIE MONÉTAIRE DU REVENU	Monetäre Theorie des Einkommens	monetary income theory
THÉORIE DE L'OFFRE ET DE LA DEMANDE EN MATIÈRE D'INTÉRÊT	Theorie von Angebot und Nachfrage Zins	theory of offer and demand as regards interest
THÉORIE DE LA DÉPRÉCIATION DU FUTUR D'UN EMPRUNT	Theorie der Zukunftsrisiken einer Anleihe	theory of potential/future loan risk/depreciation

Glossaire

Français	Allemand	Anglais
THÉORIE DE LA PRODUCTIVITÉ DU TRAVAIL EN MATIÈRE D'INTÉRÊT	Theorie der Arbeitsproduktivität Zins	theory of labour productivity as regards interest
THÉORIE DU DÉVELOPPEMENT DES FORCES PRODUCTIVES NATIONALES	Theorie der Entwicklung des Nationalen Produktionsapparates	theory of the development of the national production/productivity
THÉORIE DU PRIX DU TEMPS EN MATIÈRE D'INTÉRÊT	Theorie des Preises der Zeit im Zinsbereich	time-cost theory as regards interest
THÉORIE DU SALAIRE	Lohntheorie	theory on wages
THÉORIE DU TAUX D'INTÉRÊT NATUREL	Theorie des natürlichen Zinses	theory of the natural interest rate
THÉORIE ÉCONOMIQUE	Wirtschaftstheorie	economic theory
THÉORIE KEYNESIENNE DE L'INTÉRÊT	Keynesische Theorie des Zinses	KEYNES' theory on interest
THÉORIE PSYCHOLOGIQUE MONÉTAIRE	Psychologische Geldtheorie	psychological monetary theory
THÉORIE PSYCHOSOCIOLOGIQUE DE L'INTÉRÊT	Psychosoziologische Theorie des Zinses	psychological theory on interest
THÉORIE QUANTITATIVE DE LA MONNAIE	Quantitätstheorie des Geldes	quantity theory of money
THÉORIES MONÉTAIRES	Monetäre Theorien	monetarist theories
THÉSAURISATION	Geldhortung	hoarding
THINK TANKS (club de réflexion)	THINK TANKS	THINK TANKS
THORNTON Henry (1760-1815)		
TIERCE OPPOSITION	Einspruch von Drittpersonen	opposition by third party
TIERS	Dritter	third
TIERS – SECTEUR	Dritter Sektor	third sector
TIERS MONDE	Dritte Welt	third world/the uncommitted countries
TIME-SHARE ou TIME-SHARING (temps partagé)	TIME-SHARE ou TIME-SHARING	TIME-SHARE ou TIME-SHARING
TINBERGEN Jan (1903-1994)		
TITRE	Wertpapier, Rechtsanspruch, Feingehalt, Adelstitel, Akademischer Titel	stock/securities/legal claim/title/grade
TITRE INTERBANCAIRE DE PAIEMENT – TIP	Bank-an- Bank Geschäft oder Zahlungsmittel zwischen Banken	interbank title of payment
TITRE SUBORDONNÉ	Untergeordnetes Wertpapier	subordinate security
TITRE SUBORDONNÉ A DURÉE INDÉTERMINÉE – TSDI	Untergeordnetes Wertpapier mit unbegrenzter Lebensdauer	subordinate security with no specification of duration
TITRE SUBORDONNÉ REMBOURSABLE – TSR	Untergeordentes rückzahlbares Wertpapier	subordinate refundable security
TOBIN James (1912-2002)		
TOILE (la)	Netz	web
TOKYO INTERNATIONAL FINANCIAL FUTURES EXCHANGE – TIFFE –	TOKYO INTERNATIONAL FUTURES EXCHANGE – TIFFE –	TOKYO INTERNATIONAL FINANCIAL FUTURES EXCHANGE – TIFFE –
TOMBSTONE (pierre tombale)	tombstone; Grabstein	TOMBSTONE
TONNE ÉQUIVALENT PÉTROLE – TEP	ton to oil equivalent	ton to oil equivalent
TONTINE	Tontine	tontine
TOOKE Thomas (1774-1858)		
TOOLBARS (barres d'outils)	toolbars	toolbars
TORRENS Robert (1780-1864)		
TOTAL SHAREHOLDER RETURN – TSR – (rentabilité totale d'un titre pour l'actionnaire)	TOTAL SHAREHOLDER RETURN – TSR	TOTAL SHAREHOLDER RETURN – TSR
TOYOTISME	just-in-time; Toyotismus	just-in-time
TRAÇABILITÉ	Herkunftsnachweis	traceability
TRACKERS (fonds indiciels)	TRACKERS	TRACKERS
TRADER (négociateur)	TRADER/Händler/Unterhändler	TRADER
TRADING	TRADING	TRADING
TRAITE	Menschenhandel oder Sklavenhandel oder Wechsel im Wechselrecht	slave trade/draft; bill (of exchange)

Les 3 000 mots essentiels de l'économie et des affaires

Glossaire

Français	Allemand	Anglais
TRAITÉ	Abkommen, Handelsvertrag aber auch Lehrbuch	treaty
TRAITÉS CONCERNANT L'UNION EUROPÉENNE	Die Europäische Union betreffende Verträge	treaties concerning the European Union
TRANSACTION	Kompromiss, Vergleich	transaction/compromise
TRANSFERT	Transfer oder Transferierung oder Übertragung	transfer
TRANSIT	Transit	transit
TRANSIT INTERNATIONAL ROUTIER – TIR	Internationaler Straßentransittransport – TIR	International road transport
TRANSITAIRE	Transithändler	forwarding agent
TRANSMISSION	Übertragung	transmission/transfer
TRANSPARENCY INTERNATIONAL – TI	TRANSPARENCY INTERNATIONAL – TI	TRANSPARENCY INTERNATIONAL – TI
TRANSPORT	Transport, Beförderung	transport/forwarding
TRAVAIL	Arbeit	work
TRAVAIL COMPLEXE	Komplexe Arbeit	complex/complicated work
TRAVAIL INTÉRIMAIRE	Interim Arbeit	temporary/interim job
TRAVAIL TEMPORAIRE	Zeitlich begrenzte Arbeit	temporary job
TRAVAILLEUR	Arbeitender	worker
TRAVELER'S CHEQUE OU TRAVELLER'S CHEQUE	Travellerscheck	TRAVELER'S CHEQUE/TRAVELLER'S CHEQUE
TRENTE GLORIEUSES		TRENTE GLORIEUSES
TRÉSOR PUBLIC	Staatskasse, Schatzamt, Finanzverwaltung, Fiskus	the Treasury
TRÉSORERIE	Bargeldbestand, Zahlungsvermögen, Liquiditätsstand	liquidity ratios
TRÉSORERIE NETTE	Nettogelddisposition	clear treasury
TRÉSORERIE POSITIVE ET NÉGATIVE	Positiver oder negativer Bargeldbestand	positive and negative treasury
TRÊVE DES CONFISEURS	Soziale Ruhe während der Weihnachtszeit	political truce in the Chamber at New Year
TRIANGLE D'INCOMPATIBILITÉ	Inkompatibilitätsdreieck	triangle of incompatibility
TRIANGLE MAGIQUE	Magisches Dreieck	magic triangle
TRIBUNAL (EUROPÉEN) DE PREMIÈRE INSTANCE	Erstinstanzliches Europäisches Gericht	European Court of first authority
TRIBUNAL COMPÉTENT	Zuständiges Gericht	court of competence/of competent jurisdiction
TRIBUNAL PÉNAL INTERNATIONAL – TIP	Internationales Strafgericht	International Penal Court
TRIFFIN Robert (1911-1993)		
TROY OU TROY – WEIGHT	TROY oder TROY – WEIGHT	TROY or TROY – WEIGHT
TRUST	TRUST	TRUST
TULLOCK Gordon (1922-)		
TUTELLE	Vormundschaft	tutelage/guardianship
TYCOON (capitaliste milliardaire)	tycoon	tycoon
TYPES DE MARCHÉS	Markttypen	types of markets
TYPOLOGIE	Typologie	typology

U

Français	Allemand	Anglais
UMTS (Système universel de télécommunication mobile)	UMTS Universal Mobile Telecommunication System	Universal Mobile Telecommunication System
UNE	Titelseite	title/front page
UNIFORM RESOURCE LOCATOR – URL – (adresse universelle)	UNIFORM RESOURCE LOCATOR – URL	UNIFORM RESOURCE LOCATOR – URL
UNION AFRICAINE – UA	Afrikanische Union	African Union – AU
UNION DE L'EUROPE OCCIDENTALE – UEO	Westeuropäische Union	Western European Union
UNION DOUANIÈRE ET ÉCONOMIQUE	Wirtschafts – und Zollunion	Economic and Customs Union
UNION DU MAGHREB ARABE – UMA	Maghrebinische arabische Vereinigung	Union of the Arab Maghreb
UNION ÉCONOMIQUE ET MONÉTAIRE	Wirtschafts-und Währungsunion	Economic and Monetary Union

Glossaire

Français	Allemand	Anglais
UNION ÉCONOMIQUE BELGO – LUXEMBOURGEOISE	Belgisch – Luxemburgische Wirtschaftsunion	Belgo – Luxembourg Economic Union
UNION ÉCONOMIQUE ET MONÉTAIRE DE l'OUEST AFRICAIN – UEMOA	Wirtschafts-und Währungsunion Westafrikas	Economic and Monetary Union of West African Countries
UNION EUROPÉENNE	Europäische Union	European Union
UNION LATINE	Lateinische Union	Latin Union
UNITÉ CENTRALE	EDV – Gerät: Mikrozessor	CENTRAL PROCESSING UNIT – CPU
UNITÉ EUROPÉENNE DE COOPÉRATION JUDICIAIRE – EUROJUST	Europäische Einheit der Juristischen Zusammenarbeit	European Union of juridical/legal cooperation
UPSIZING (augmenter la taille)	upsizing	upsizing
URBAIN	Städtisch	urban
USB	USB	UNIVERSAL SERIAL BUS
USINE À GAZ	Gaswerk	gas works
USUCAPION	Ersitzung dinglicher Rechte durch Verjährung	usucapion
USUFRUITIER	Nutznießer	beneficiary
USURE	Wucher	usury
UTILITÉ	Nutzen	utility
UTILITY (utilité, société de services)	Dienstleistungszsellschaft	service/utility
V		
VADEMECUM (que l'on emporte avec soi)	VADEMECUM	VADEMECUM
VALEUR	Wert	value
VALEUR AJOUTÉE	Erzeugter Wertzuwachs	produced added value
VALEUR D'UNE PIÉCE DE MONNAIE EN OR	Wert der Goldmünze	value of a gold coin
VALEUR MONÉTAIRE	Währung oder Wert des Geldes	money value
VALEUR TMT	TMT Werte	TMT Value
VALEURS CORPORELLES	Materielle Güter	tangible assets
VALEURS D'EXPLOITATION	Betriebswerte oder betriebsnotwendige Werte	inventory
VALEURS DIPONIBLES	Barmittel	cash/liquid funds
VALEURS IMMOBILISÉES	Anlagekapital oder Anlagegüter	non-current assets
VALEURS INCORPORELLES	Immaterielle Güter	intangible/non tangible assets
VALEURS RÉALISABLES	In Geld umsetzbare Werte	ready convertible assets
VALIDATION	Anerkennung, Gültigkeit auch Nostrifikation	validation
VALUE ENGINEERING (coût de l'ingénierie)	VALUE ENGINEERING	VALUE ENGINEERING
VARIABILISATION DES COÛTS	Variabilität der Kosten	variability of cost(s)
VARIABLE	Variable oder Veränderliche Größe	variable
VARIABLE ENDOGÈNE, VARIABLE EXOGÈNE	Endogene Variablen, Exogene Variablen	endogene Variables; exogene variables
VARIANCE	Streuung oder Varianz	variance
VARIATION	Veränderung Variation oder Abweichung	variation
VAUBAN Sébastien LE PRESTRE, marquis de (1633 – 1707)		
VEBLEN Thorsten Bunde (1857-1924)		
VEILLE ÉCONOMIQUE	Wirtschaftliche Wachsamkeit	economic watchfullness/vigilance
VENTE	Verkauf	sale/selling
VENTE « POIDS A CONSTATER AU DÉBARQUEMENT OU A DESTINATION »	Verkauf mit Gewichtsfeststellung bei der Entladung am Bestimmungsort	sale with establishing of weight on unloading at the point of destination
VENTE « SAUF BONNE ARRIVÉE DU NAVIRE »	Verkauf « Einlaufen des Schiffes in den Hafen vorausgesetzt »	sale " provided that the ship will arrive"
VENTE À RÉMÉRÉ	Verkauf mit Wiederkaufsvorbehalt	sale on repurchase right
VENTE AUX ENCHÈRES	Versteigerung	auction sale
VENTE CROISÉE	Gekreuzter Verkauf	CROSS-SELLING

Glossaire

Français	Allemand	Anglais
VENTE DE MARCHANDISES « DISPONIBLES »	Verkauf von verfügbarer Ware	sale of spot goods
VENTE PAR CORREPONDANCE – VPC	Versandgeschäft durch Versandfirmen	mail order trading
VENTE SUR ÉCHANTILLON	Kauf nach Muster	sale on sample
VENT-FOR-SURPLUS THEORY (théorie pour utiliser les surplus)	VENT-FOR- SURPLUS THEORY	VENT-FOR- SURPLUS THEORY
VENTRE	« Bauch »	belly
VENTURE CAPITAL	Riskokapital	capital venture/venture capital
VERBATIM	wörtlich	verbatim
VIAGER	Einkommen auf Lebenszeit	life annuity
VICE DU CONSENTEMENT	Fehlerhaftigkeit durch Willensmangel	incorrect/vice assent
VICE RÉDHIBITOIRE	Verborgener Mangel	redhibitory defect
VICKREY William Spencer (1914-1996)		
VICO Giambattista (1668-1744)		
VILÈTE DE PRIX	Ungerechtfertigter Preis	unjustified/unwarranted price
VILLERMÉ Louis René (1782-1863)		
VINTAGE	Vintage	vintage
VIOLENCE	Gewalttätigkeit/Gewalt	violence
VIRUS	Virus	virus
VISCOSITÉ	Viskosität oder Zähflüssigkeit	viscosity
VISIOCONFÉRENCE	Videokonferenz	videoconference
VITESSE DE CIRCULATION DE LA MONNAIE	Umlaufgeschwindigkeit des Geldes	speed of circulation of the currency
VOIES DE RECOURS	Rekursmöglichkeiten	grounds for appeal
VOLATILITÉ	Flüchtigkeit, Mangelnde Stabilität, Preisunsicherheit	volatility
VOLONTÉ GÉNÉRALE	Allgemeiner Wille	general will/opinion
VOSTRO OU LORO (votre ou leur ; au pluriel VOSTRI ou LORI)	VOSTRO or LORO	VOSTRO or LORO
VOUCHER	voucher	voucher

W

Français	Allemand	Anglais
WAGE PUSH INFLATION (inflation par l'augmentation des salaires)	WAGE PUSH INFLATION	WAGE PUSH INFLATION
WAGNER Adolph Heinrich Gotthill (1835-1917)		
WALRAS Léon (1834-1910)		
WAR DRIVING (conduite de guerre)	WAR DRIVING	WAR DRIVING
WARRANT COMMERCIAL	Warrant, Lagerschein	stock warrant
WARRANT FINANCIER	Finanz-Warrant	financial warrant
WEB	WEB	WEB
WEB AGENCY (metteur en toile)	WEB AGENTUR	WEB AGENCY
WEBCAM	WEBCAM	WEBCAM
WEBER Alfred (1868-1959)		
WEBER Max (1864-1920)		
WEBMASTER (administrateur de site web)	WEBMASTER	WEBMASTER
WELCOME PACKAGE	WELCOME PACKAGE	WELCOME PACKAGE
WELFARE STATE (État providence)	Wohlfahrtsstaat	WELFARE STATE
WERNER Pierre (1913-2002)		
WHITE COLLAR WORKER	WHITE COLLAR WORKER	WHITE COLLAR WORKER
WICKSELL John Gustav Knut (1851-1926)		
WIESER Friedrich Von (1851-1926)		
WI-FI (haute fidélité sans fil)	Wireless Fidelity	Wireless Fidelity
WILLIAMSON Oliver E. (1932-)		

Glossaire

Français	Allemand	Anglais
WINDOW-DRESSING (HABILLAGE DU BILAN)	WINDOW-DRESSING	WINDOW-DRESSING
WIRELESS APPLICATION PROTOCOLE – WAP ou W@P (protocole d'application sans fil)	WIRELESS APPLICATION PROTOCOL – WAP oder W@P	WIRELESS APPLICATION PROTOCOL – WAP or W@P
WORLD ECONOMIC FORUM – WEF	WORLD ECONOMIC FORUM – WEF – Weltwirtschatsforum	WORLD ECONOMIC FORUM – WEF
WORLD WIDE WEB – WWW ou W3 – (la toile d'araignée autour du monde)	WORLD WIDE WEB – WWW or W3	WORLD WIDE WEB – WWW oder W3
X, Y, Z		
XÉNOPHOBIE (la peur des étrangers)	Xenophobie; Ausländerfeindlichkeit	Xenophobia
YIELD MANAGEMENT (gestion du rendement)	YIELD MANAGEMENT	YIELD MANAGEMENT
ZAIBATSU	ZAIBATSU	ZAIBATSU
ZAÏKAÏ	ZAÏKAÏ	ZAÏKAÏ
ZINZINS	ZINZINS	zone/area/field of institutional investers
ZOLLVEREIN (union douanière)	Zollverein	Zollverein; Customs Union
ZONE-EURO	ZONE-EURO	Euro-Zone
ZONE D'ACHALANDAGE	Kundenkreis auch Fester Kundenstamm	customers; clients; clientele
ZONE DE LIBRE-ÉCHANGE DES AMÉRIQUES – ZLEA	FREE TRADE AREA OF THE AMERICAS – FTAA; Freihandelszone des Amerikanischen Kontinents	FREE TRADE AREA OF THE AMERICAS – FTAA
ZONE FRANCHE	Free Zone; Freizone	free zone

Composition : Compo-Méca sarl
64990 Mouguerre

Achevé d'imprimer sur les presses de l'Imprimerie BARNÉOUD
B.P. 44 - 53960 Bonchamp-lès-Laval
Dépôt légal : Avril 2005 - N° d'imprimeur : 504.024
Imprimé en France